本书根据 1894 年在巴黎出版的，
由 E.Dentu 所编辑的三卷本法文版梅尼瓦尔回忆录译出。

Mémoires pour servir
a l'histoire de **Napoléon** Ier depuis

1815 **jusqu'à** **1802**

1802~1815

关于拿破仑一世的私人回忆

帝国浮沉

上

(Claude-François de Méneval)

〔法〕克劳德·梅尼瓦尔 / 著

徐晓飞 / 译

社会科学文献出版社

SOCIAL SCIENCES ACADEMIC PRESS (CHINA)

序

康罗贝尔元帅最近做了一件事情，让我感到无比光荣。有一天，他推心置腹地对我说："啊！您真的要加倍努力才能达到您祖父的那种声望和水准。拿破仑看人的眼光一向毒辣，该是怎样一个优秀的人才能获得他的赏识和信任啊。"能从这位久经沙场的军人口中听到这样的奉承话——他曾经在克里米亚、意大利、非洲以及圣普里瓦都战斗过——我既感激又自豪。这也是为什么我会引述他的话来开启这本书。所有有幸见过他的人都知道他有一种与生俱来的和蔼气质。这也是这位高尚及令人尊敬的元帅最突出的特点之一。他对我祖父的赞扬，既是出于他和蔼的性格，也有一种英雄惺惺相惜之感。我在这里还想补充一点：这些称赞都是有理有据的。凡是接触过我祖父的人，不论是亲身和他共事过，或是仅仅拜读过他的文字，都认同这位拿破仑一世的贴身秘书是一个体面、真诚而又谦卑的人。

他对拿破仑的忠诚持续到了他生命的最后一刻。一直以来，他都在坚持不懈地四处捍卫他和拿破仑之间的这段伟大回忆。他坚信，时间将会证明这位伟大的指挥者（他一直是这么称呼拿破仑的）就是照耀那段风云历史的光芒，并驱散所有掩盖了这位法兰西皇帝荣光的错误批判和偏见。我在今天出版的这本回忆录，是我的祖父在他生命的最后时光里写成的，他在停笔之后不久就去世了。我们可以在这本书中发现来自他的第一部作品《拿破仑与玛丽·路易莎》的部分情节，但是我们认为，本书中的大部分内容都是读者此前从没有接触过的全新细节和轶事。话说回来，现在的这一代人应该都完全没有读过《拿破仑与玛丽·路易莎》，毕竟这本书已经绝版多年了。

除了对书中部分内容做了长度上的调整以及其他格式上的修改之外，我虔诚地尊重了作者在这本回忆录里呈现的观点和视角。虽然我和他对某些历史事件和历史人物有不同的看法，但是我认为把我自己的观点投射进这本书中是不合适的。

我们希望大众可以热情地接纳这部作品，并在阅读这本书时获得相应的乐趣。我们认为这本书有这样的实力：它展现的是一个体面又真诚的男人，他的嘴里从没有说过一句谎言！[①] 要是这本书真的可以获得我期许的那种成功的话，我所有的付出就都是值得的。

N. 德·梅尼瓦尔
1893 年

---

① 出自梯也尔在法国国会中的纪念发言。——作者注

目 录

上

下

前　言

皇帝曾经对我说过："按照自然规律，我肯定会先于您去世。在我死后，您又会何去何从呢？我觉得您会开始写作的。"他突然抛出死亡这个话题，当时的我完全没有做好心理准备。拿破仑怎么可能会死呢？看到我当时愣在那里，他接下去讲道："您是无法抗拒心中那份想'撰写回忆录'的欲望的。"当时，我完全不相信我会活得比他更久。不过，那时的我又怎么会想到，仅仅在几年之后，他这样一棵高大的橡树就会被一场猛烈的风暴击败。反倒是我这样受他荫庇的小苗却可以在他死后继续生长。拿破仑在弥留之际对他的遗嘱执行人们下达了许多指示。其中有一条就指定了包括我在内的几个人，希望这些人可以"在知识以及为人处世等方面教导他的儿子"，并且"及时将有关他切身利益的消息告诉他"。可惜，这位伟人的直系继承人英年早逝，使得我无法完成这一光荣的使命。结束对逝去皇子的哀悼后，我回想起他父亲对我说过的话语。那是很久之前，他躺在圣赫勒拿岛的病榻上，从他虚弱的双唇中流出的那些话语。我时常思忖，我没有任何理由再继续保持沉默了。以前，我一直认定自己能力不足。因此当我想要提笔写下我的回忆录时，总是犹犹豫豫的，唯恐自己无法很好地完成这个任务。但是，时间的流逝逼迫着我要在自己离开这个世界之前，记录下我在拿破仑身边度过的漫长生涯，记录下这些回忆。纵使我的文字在他的面前定是苍白无力的，我也要尝试用拙笔勾勒出这位伟人的轮廓。而且，我的文字绝对是忠诚于他的。与他共事的这段回忆对我来说将永远是珍贵而神圣的，谨以此书表达我对他的感激之情。借用蒙田的一句名言"这就是一本充满善意的书"，这部作品没有任何矫饰，它唯一的优点就是诚实。我希望展示一个原原本本的拿破仑，也不会回避他成名之后人们对他的种种评判。但是我不会理会那些带有盲目主观偏见的指责，某些戴着有色眼镜的人士大概已经准备好要来对我说教了。我将秉持公正和包容的态度来进行叙述。

虽然我会批评少数几个人无法饶恕的行为，但是对于其他被裹挟在时代洪流中的人，我无意苛责。用拿破仑自己的话来说，"只有没有罪的人才能扔出第一块石头（《约翰福音》)"。

我是在 1802 年 4 月被派到拿破仑身边的，当时的他还是执政府的第一执政。此后我跟随他四处奔波，直到我们从莫斯科灾难般地败退。多年的劳累使得我在回到巴黎后，必须要休养一段时间。皇帝心中一直牢记着自己的使命和目标，他虽然深知我急需休养，但是也不愿意让我离他太远。因此他将我任命为皇后的首席秘书，在此之前他一直拒绝任命任何人担任这个职务。如此，我也就顶着这个名号被安排在了皇后的身边。当时，皇后刚刚被任命为法国的摄政。我再次见到皇帝的时候，他要求我向他保证，只要我的健康状况允许，我就会立即回到他的身边。此后我每次有幸见到他，他都会提醒我不要忘记这个约定。1813 年到 1814 年这段时间，他只要在巴黎，就会在晚上特别召见我。而就算他因为战争而奔波在外，我也会每天给他写信。

我在这本书中讲述的故事，展现的是他私人生活的一个个片段。我不会专门渲染他作为征服者和立法者的那一面。不过，话虽如此，但是他的这一生震古烁今，政治事务不可避免地会渗透进他生活的方方面面。他作为历史人物的一面总会是他最主要的身份，因此我们在书中也不会跳过拿破仑人生中的重要历史篇章。

　　我同样会在书中讲述一些更鲜为人知的故事，我自己在加入拿破仑的内阁之前的经历。我从青年时开始担任首席谈判代表的秘书，此后我见证了吕内维尔会议、《教务专约》以及《亚眠和约》谈判场上的重要时刻。我是在《亚眠和约》签订后才被召进第一执政内阁的。通过讲述这些故事，我得以短暂地回顾一下执政府以及帝国头几年的时光。因此我将会稍微提到一下我自己的个人故事，并不是因为我想要从中获得什么虚荣的乐趣。既然大家将要读到我写下的这些历史材料，那么大家就有权利了解作为作者的我是一个怎样的人。作者可以有很多的写作动机，可以是尊重某人的临终遗言，或是出于责任心，认为自己必须记下自己的所见所闻以让后人更好地评判这段历史，又或者是因为他受到友人的恳求，不得不发声。不论如何，读者们都应该事先知道以下几点：作者的写作动机、他到底是怎么认识他笔下的这些人物的，以及他当时担任的职务是否真的可以接触到他笔下的这些信息。因此我认为，简单地叙述一下我是如何来到拿破仑身边的，以及我获得他的信任的历程，是很有必要的。我没法拿出很多的物证来向读者们证明我所写都是事实，因此，希望我的这些人生故事可以弥补这一不足吧。所有我没有亲眼见证或者经手的事情，我都不会写下来。

　　我不打算写一本流水账，把所有大小事件都记录下来，毕竟很多拿破仑的事迹是家喻户晓的。我所引用的事例都是为了主题服务的，那些广为人知的事实也不例外。本书包含的内容庞杂，因此我无法保证书中的每一个部分都很有条理。但是，只要是能遵循时间顺序来写的地方，我都尽力这样去写了。

　　我在这里必须要解释一下为什么我没有获得玛丽-路易莎皇后的许可就在书中写了关于她的故事。一直到 1830 年为止，巴黎和帕尔马之间还有一些断断续续的联络。但是此后两地之间的联络彻底中断了。这一持续的静默以及我们和她与拿破仑共治的那段时光之间的距离都让我觉得我可以动笔写一写关于皇后的事情了。我动笔的时候，已经是皇帝下葬将近 30 年后了。所有关于那个时期的事情，都已经属于历史的范畴了。这次悲剧的亲历者中，最多也就还剩几个尚在人世，时间已经带走了那段历史中的风云人物。那些还活着的，要么已经被今人所淡忘，要么就已经改头换面，追逐新的利益去了。我们这个国家已经不大记得皇帝的这位妻子了。她在法国停留时间很短暂，她和法国仅有的那些联系也被彻底遗忘，她和拿破仑之间唯一的孩子也已经去世，她的第二故乡彻底抛弃了她。上述种种原因都导致今天我们难觅她在我们身边留下的踪迹。她加冕成了一个纯粹的奥地利君主，她治下政府的目标就是要清除曾经的法兰西帝国在意大利残存的记忆。她之后新的婚姻也成功地斩断了她和法国之间所有的联系。我们对她以及她和皇帝之间的婚姻所能做的评价也属于历史的范畴了。我将会尽力不带偏见地写下关于她的文字，既不一味捍卫她，也不会对她有任何诽谤或中伤。

在我的文字中，我将忠实于我的感觉和印象。在叙述事实的时候，如果我认为某事情有可原，那么我会把自己的感受说出来，具体的决断则要读者自己来进行了。我将会讲到玛丽－路易莎皇后的到来在法国激发的那种期盼：欧洲最伟大光荣的帝国和欧洲最古老强大的帝国之间的联姻让所有这些期待都显得触手可及。我也将毫无保留地讲述作为两国和解象征的这段婚姻内部存在的问题，以及原本迎接皇后到来的祝福之声是如何转变成了斥责的尖叫。

我希望我不甚完美的文字，可以准确并符合事实地描述这个伟人。我既不会为了迎合他的反对者而故意贬低他，也不会把他塑造成一个十全十美的神。要精准地把握好这个度还是很困难的。拿破仑是一位前无古人的伟大人物，上帝把无法比拟的天才倾注在了他的身上。对他声誉的任何攻击都是不合适的。这份天才给拿破仑带来了无限的运气，也使他经受了无数的考验。后人对他庄严的记忆既有不朽的荣光也有无尽的伤痛。这份记忆在更高的层面上激发了一种对他的仰慕，汇集了所有人的信念。其中，人民是最爱戴他的。大众在他身上看到了一种真诚的爱国情怀。他对管理国家提出的种种杰出设想成为法国走向荣耀和繁荣的基石。即便在他去世后，他的遗产依旧在为法国接下来的政权保驾护航。他的公民和军事美德，他的英雄主义情怀，他的牺牲精神，他的坚忍不拔都是我们学习的榜样。他对外敌的那份厌恶更是把民族主义精神根植在我们心中。他打造了我们今天所熟知的这个法国。拿破仑这个名字对法国来说就是守护神一般的存在：他代表了我们这个民族、这个国家的尊严、崇高和荣耀等不灭的情感。这个民族继承了他的遗产，并为这位使法国伟大的男人感到自豪。

虽然此前已经有无数关于拿破仑的著作出版，但是读者们的好奇心依旧没有得到满足。每有一本新书出版，人们都希望在里面发现一些新的故事、一些劲爆的爆料。事实上，有关拿破仑的历史，还得要等待将来的人们去完成。现在的一部分作者，会把一些行为和言语错误地归于他，由此把拿破仑打造成一个公式化的人物。虽然他们的出发点是好的，但是他们对拿破仑的叙述太过有传奇色彩。因此这些作品往往无法做到公正地评价他，抑或是真实地刻画他在公众场合以及私下里的形象，也就无法忠实地呈现他的本色。另一部分作者则坚信拿破仑是一个工于心计的人。他的外表下总是隐藏着什么见不得人的诡计，他能达成如此大的成就完全是因为他就是一个极其虚伪的人。这些人似乎忘记了，他清楚地知道自己几斤几两，因此他不喜欢遮遮掩掩。不论是在内政还是外交上，他都一贯直爽坦诚，有时候甚至会被认为是粗鲁。他正直的本性和对名誉的重视也不允许他用谎言或腐败的手段来达成目的。就算他总体上来说是一个独断专行的人，到了具体的执行层面，他也要依赖他的各位大臣。如果没有他们的帮助，他是什么都做不成的。从这一点上看来，大臣们也没什么好隐瞒的。这些流言的源头，就在敌人的秘密会议中。不过，反法同盟的这些作者并没有写出全部的事实。这些外国的君主没办法，可能也不愿意对他们的这个伟大敌人所做的事情，都被他们的大臣们毫不犹豫地就做了。毕竟掌控着国事的本来就是君主的大臣们。而且，这些大臣也不是事事都告诉自己的主人的。在人民的眼中，这些大臣才是真正在做事、承担责任的人。而在一个集权政府里，这些责任本都会落在君王的身上。这些大臣都是唯结果论的，只要能达到目的，那么任何手段都是可以接受的。

不过，我不打算在我的这本书里只写那些秘密，拿破仑的政府里也没有大家想象的那么多秘密。但是，我讲到的事情里面可能有一部分是鲜为人知的，或者是完全无人知晓的。我也会在书中尝试着厘清人们在盲目争论的一些问题。我在书中提到的大部分事情，以及它们的结局，都有着重大的意义。其他的一些事情被提到则完全是因为它们和拿破仑这个人相关。我急切地想要让大家了解到这个天选之子的内心和性格。因此，我把所有不相关的，以及纯属恶意中伤的轶事都排除掉了。

我在这里要再重复一遍：我写作这本回忆录的最主要目的是给未来研究拿破仑的人们提供一些历史素材。至于评价他统治的成果，或者检视他的这些成果是从何而来之类的任务，还是留给更有经验的人去做吧。关于这方面的资料已经非常丰富了，应该由一个专业人士来处理它们。① 最终，由拿破仑的成就和天才铭刻的那个时代不会被人们忘记。真相的步伐总是缓慢的，但是随着它逐渐发出光芒，阴霾总是会慢慢散去的。随着时间的积累，人们将会慢慢认识到拿破仑的伟大之处，他将会被以社会道德认可的方式推上荣耀的顶峰。人们将认识到他是一个脱离低级趣味的人，他是一个正直而又宽宏大量的人，他没有任何狭隘的个人情感，他拥有所有的勇气，他总是在为了让人类生活得更好而努力。最终，他所有的行为背后都有一个统一的动机：让法国成为世界上最伟大、最繁荣的国家。或许这些荣耀对当时老旧的法国社会来说太过沉重了，他没有足够的时间来让这个社会恢复青春。在这一点上，时间和命运都辜负了他。

① 梯也尔先生。——作者注

第一章

我的早年生活

大革命如暴风雨般日渐激烈，来势汹汹。当它终于叩响马扎林学院①的大门时，我还只是一个在校生。就像僧侣们离开一个大门被粗暴打开的修道院那样，我走出了马扎林学院。此时的我没有任何坚定的人生目标。我全身上下都沉浸在一个隐约的渴望中：期盼以大学之所学在文学领域中大展身手，纵使我在这方面其实并无天赋且一窍不通②。人们评价初出茅庐的学生所用的这句俗语的确有道理，当时的我年少轻狂，正打算放浪形骸一番。几篇孩子气的文章让我有机会接近当时文学界的一位泰斗：尊贵的帕利索③以他一贯的亲切态度接纳了我。他对待所有被他纯粹的风格吸引，前来寻求指导的年轻人都是这样。

帕利索其实天生是一个殷勤客气的好人。只需一个聪慧机敏的女人，就可以看出他有一个机灵的脑瓜和一颗糊涂的心。但是就是这样的一个人，却被引诱去选择了最棘手的文学类型：讽刺文学。

① 巴黎大学下属的学院之一，后被拿破仑指定为法兰西学会所在地。（编者按：全书脚注如未做说明，则为译者所添加。）
② 原文此处使用拉丁语表达：invitâ Minervâ。
③ 帕利索，全名夏尔·帕利索·德·蒙特诺瓦，18世纪法国著名的剧作家。

应舒瓦瑟尔公爵的要求，帕利索创作了戏剧《哲学家们》。这一剧作给他制造了不少死敌。当时，以伏尔泰（隐藏敌人）、狄德罗和达朗贝尔（公开对手）为首的哲学家小团体让这位大臣先生①颇为不安。因此他希望将嘲讽这一强大的武器加入到他对付他们的手段中来。而帕利索咄咄逼人的夸张手法自然会激起哲学家们的不满，让他们愤怒地痛骂帕利索。此后，复仇的欲望启发了帕利索，让他在创作中借鉴蒲柏《群愚史诗》②中的讥讽风格。他刺向敌人们的那些尖锐文字，在他们的心中点燃了无法扑灭的怒火。他们的恨意，通过追随者们代代相传，一直困扰着帕利索，直到他的耄耋之年。

帕利索时常对我提起，这场争斗在他的生命中播撒了无数痛苦的时光，而他获得的唯一补偿仅仅是蓬帕杜夫人③的一个微笑。她自认这个微笑已经足以报答他了。他还清晰地记得面见蓬帕杜夫人那天的情形：舒瓦瑟尔公爵是她的马车夫，公爵把这位《哲学家们》的作者介绍给了蓬帕杜夫人。她屈尊停下了片刻，对着帕利索点了一下头，绽放了一个她最优雅的微笑来聊表谢意，从始至终都没有对他说过一句话。面对蓬帕杜夫人，老好人帕利索只能局促地不停鞠躬。

帕利索一生中曾三度成为法兰西学院院士候选人。但是一个由奈容（狄德罗的遗嘱执行人）和拉朗德（哲学界的第欧根尼）领导的小团体也接连三次击败了他。在他最后一次成为候选人时，应

---

① 舒瓦瑟尔公爵自1758年至1770年担任法国首席大臣。《哲学家们》于1760年首演。

② 18世纪英国诗人亚历山大·蒲柏的名作，蒲柏对莎士比亚作品大胆的改编使得他遭到当时英国学界的普遍批评。于是他写作了《群愚史诗》，将他的批评者们统统讽刺为"沉闷女神"的宠儿。

③ 法王路易十五的情妇，舒瓦瑟尔的盟友，在相当程度上控制着当时法国的朝政。

谢尼埃①的请求，波拿巴将军②亲自来到法兰西学院投票支持帕利索。但是阴谋诡计却将这一守护帕利索的盾变成了攻击他的矛。突然间，流言四起，人们纷纷表示听说波拿巴将军将自己的一票投给了帕利索的竞争对手勒布朗神父。大家现在已经忘记勒布朗神父曾翻译了一首叫《卢克丽霞》的诗以及一部叫《曼科·卡帕克》的悲剧。在这部悲剧中，主角的陨落由下面这句已经成为谚语的话引出：

你相信曼科·卡帕克可以犯下如此的罪行吗？③

勒布朗神父这个人畜无害的诗人，从没有伤害过任何人的自尊，就这样当选了。波拿巴将军对这个结果感到震惊。对此，谢尼埃表示："将军，您在这里（指法兰西学院）可不是常胜将军。"

对数次失败的尝试感到心灰意冷的帕利索放弃了法兰西学院的荣誉。他回归到家庭中，通过家的温暖，以及时不时地给《群愚史诗》添几笔来抚慰自己被学术界伤害的心灵。依靠他和弗朗索瓦·德·纳沙托④的友谊得来的马扎林图书馆终身管理员的职位加

① 帕利索的学生，下文会出现。
② 此处以及以后出现的"波拿巴将军""将军""总指挥官"等若无特别告知，都指的是拿破仑。
③ 原文：*Crois-tu d'un tel forfait Manco-Capac capable?* 句尾发音重复，故读音拗口。另因剧名与主角人名相同，故此句可作两种解释：一为译者勒布朗神父的原意"你相信曼科·卡帕克竟能犯下如此罪行吗？"，二为"你相信《曼科·卡帕克》这部剧竟译得如此差吗？"。法兰西学院多位文学批评家曾以此句一语双关地表示批评，后成为谚语。——编者注
④ 法国政治人物，少年时期以诗作受到启蒙运动领导人的赏识。大革命爆发后曾担任国民立法议会主席、内政部长、督政府督政官及元老院议长等职，屹立法国政坛数十年。

上执政府及帝国政府发放给他的养老金足以支撑他走完自己的写作生涯。要不是那些启蒙运动哲学家对他的恨意绵延不绝，他的作品是绝对可以为他叩开法兰西学院的大门的。

在帕利索的住所，我遇到了许多天赋或高或低的文学家。玛利-约瑟夫·谢尼埃从青年时期开始就受到帕利索的大力培养，他的才华也是最为出众的，但是壮志未酬就英年早逝。抒情诗人勒布伦和翻译了奥维德《变形记》的圣-安热都因为觉得现在这个姓更富有诗意而改了姓，他们本来一个姓埃库沙尔，另一个姓法里奥。费利克斯·诺加雷是法国的安提西尼①。虽然他经常装出一副愤世嫉俗的样子，但是他对帕利索的友谊是真挚的。勒古韦、塔尔马和孔塔小姐有时会登门拜访法兰西喜剧院资格最老的作家（指帕利索）。帕利索大部分的夜晚都在朋友的拜访以及小规模的惠斯特牌局②中消磨掉了。他很少再去剧院了。他哀叹戏剧艺术的没落：就像所有老人一样，当下的种种缺点总是能强化他对过去的美好回忆，让他扼腕叹息。只有塔尔马和孔塔小姐可以把他重新带进剧院。此时，一颗新星正在戏剧界冉冉升起，马上就要加入她们的队伍。本就乐于充当伯乐的帕利索自然以他一贯对待新人的热情支持了这匹千里马。

布尔甘小姐从小就立志成为法兰西喜剧院的头牌女演员，她曾经在铸币厂设计师安托万那儿上过几节课。安托万此后将她介绍给了帕利索。当时的她年方十六，是个漂亮、冒失、风风火火的天真小姑娘。她轻而易举地就把这个老头争取了过来，毕竟帕利索本就迫不及待地想沉浸在她的温柔乡里了。布尔甘小姐的老师安托万先

---

①　古希腊哲学家，犬儒学派创始人，苏格拉底的弟子之一。——编者注
②　一种源自英国的纸牌游戏，桥牌的前身。

生曾错把自己对舞台的热情认作自己在戏剧方面过人的天赋。他的朋友列肯拼尽全力地与安托万对戏剧的痴迷进行斗争才得以阻止安托万抛弃自己体面的工作而投身前途未卜的戏剧事业。他就算是真的进了戏剧这个行当，也只能碌碌无为地度过一生。安托万先生自然对他的朋友充满感激，但他还是不由自主地惋惜自己胎死腹中的登台首演：在高乃依①的《阿拉贡的唐璜》中担纲主角。因此当布尔甘小姐要迎来自己的首演时，这成了安托万生活的唯一重心。在自己的邻居帕利索这里，安托万为自己最喜爱的学生找到了一个演员们公认的"庇护者"。几乎每个晚上，布尔甘小姐都会和她的老师一起来到帕利索面前，向他表演自己选择的首演剧目中的不同段落。她从这位诗人这里收获了不少的鼓励和建议。

而在我有幸于帕利索的住处认识的其他人中，法兰西学院院士、著名语法学家于尔班·多梅尔格以他朴实和可爱敦厚的性格而显得与众不同。他对语法学情有独钟：他简直就像崇拜神灵一样膜拜语法。他对于深入研究以及传播这门艺术的狂热驱使他向语法系统里引进了一些不招人喜欢的术语和革新。他和勒布伦这个暴躁诗人的争吵以及他作诗时的怪癖都为他招来了许多刻薄的挖苦。但是他丝毫不受这些影响，依旧那么幸福快乐和无忧无虑。对所有可能打扰他闲适生活的人和事都抱着某种敌意的他干脆把所有这些事情一股脑儿地扔给一个年轻的仆人去打理。纵使这个仆人经常把事情处理得一团糟，他也毫不在意：他是个近乎极致的享乐主义者。

正是在于尔班·多梅尔格家里，我有幸见到了波拿巴将军众多兄弟中的一位。当时他刚刚结束督政府指派的任务从埃及归来。路

---

① 皮埃尔·高乃依，17世纪法国著名剧作家，与莫里哀和拉辛并称三杰。

易·波拿巴①把他在巴黎大部分的空闲时光用在了参加各种讲座上。他经常登门拜访巴黎的各位文学家、艺术家和教授。这些讲座和拜访为他打下了文学基础，他对文学本来就有一种天生的鉴赏品味。日后无论是在他生涯的巅峰期，还是他被迫隐退后，文学鉴赏这一爱好都为他带去了极大的慰藉。他是一个直爽的好人，这一性格也让他把"尽人事，听天命"作为自己的座右铭。直到人生的最后一刻，他也没有背离这一座右铭。他对我一直处处关照。尽管当时没人可以预料到他日后可以晋升到如此高位，但他自身的能力以及他与波拿巴将军之间的亲缘关系已经让他拥有了超人的地位。在他的荫庇下，我度过了我的青年时光，踏出了我在那段特殊岁月里迈入政界的最初几步。

波拿巴将军从埃及归来

路易·波拿巴从埃及归来之后不出数月，波拿巴将军出人意料地来到了弗雷瑞斯②。

此前，就在他从埃及班师回朝的途中，科西嘉岛再一次见到了她这个威名远扬的孩子。当时他被迫停泊在阿雅克肖③的港口内，暂避恶劣的海况。因为天气瞬息万变，他希望可以尽量避免因检疫造成的延误。而波拿巴将军到访阿雅克肖的消息甫一传出，当地的国库主计官巴伯里先生，也是波拿巴一家的朋友，就忙不迭地乘着

---

① 拿破仑的弟弟，跟随拿破仑远征埃及，日后成为荷兰国王。因反对拿破仑对英国和沙皇俄国的外交政策，被迫退位，于1846年逝世。
② 法国南部港口小城，位于土伦和尼斯中间，受命从埃及班师的拿破仑在此登陆。
③ 科西嘉首府。

小艇来到波拿巴将军的战舰旁，祝贺他荣归故里。波拿巴向巴伯里要了一些报纸（他已经好长时间没看过报纸了）以及水果。他同时表达了希望可以早日上岸，到自己的同胞们中去的心情。就在巴伯里先生为了搜集报纸和水果四处奔波时，他的父亲老巴伯里，作为当地卫生委员会的主席，向自己的同僚们指出了波拿巴将军应该获得上岸许可的几点理由：波拿巴将军到来的消息点燃了当地人民心中的热情，他应该获准尽快上岸从而满足人民对他的渴望。一开始，委员们强调规则就是规则，他们每个人身上都肩负着守卫人民健康的重任，拒绝特事特办。而这将影响拿破仑的计划。主席本就认定船上并没有病人，再加上他是狂热且忠诚的拿破仑支持者，因此他想了另一个办法：他向委员会提议他们至少应该亲自前往拿破仑的战舰旁，向他表示祝贺。这一动议没有遭到什么阻挠就通过了。委员会的成员们全部搭乘小艇向拿破仑的战舰驶去。而小艇的船长早就被主席买通了，他故意将小艇撞向停泊着的战舰。这样一来，因为这起"事故"，委员会的成员就都被迫接触到了战舰上的船员。如此这般，所有的禁令都将被解除，老巴伯里笃定他的同僚自己是不会愿意经受检疫的。这一计划经过精准实施，大获成功。拿破仑在贝尔蒂埃、缪拉、安德烈奥西等众多将领的簇拥下赶忙上前来安抚委员们。他们旋即一起上了岸，拿破仑将军在岸上受到了人民的热烈欢迎。

　　受制于逆风而被困在科西嘉岛的波拿巴将军决意在他滞留的这段时间内尽可能多地做些事。他做的第一件事就是改善当地驻军的生活条件：他发现这些被叫来欢迎他的士兵普遍处于悲惨的境地。原来在过去的 19 个月里，这些士兵没有收到任何的军饷和津贴。主计官巴伯里为了让他们能活下去，已经用尽了所有的办法，甚至动用了自己的私人资金。了解到这一点后，拿破仑将军马上取出自己的全部财产（将近 4 万法郎）用来缓解他们的燃眉之急。他只留下了必要的一点钱用来支付往来巴黎的邮资。在感谢主计官和他的家人所展现出的大公无私的精神的同时，他也对政府毫不关心士兵福祉的态度表达了愤慨。这些细节都是由巴伯里先生亲自告诉我的，他当时正是阿雅克肖的国库主计官。

这之后发生的事情，则是由另一个亲历者，时任埃及远征军总指挥官波拿巴将军的秘书阿梅代·若贝尔告诉我的。迫不及待地想要重新上路的拿破仑一直在等待有利的风向，可以将他带出阿雅克肖的港湾。在经历了三次风向转换的误报之后，时任海军少将冈托姆派一名军官来向拿破仑报告终于吹起了南风，机不可失，应该马上出发。当时将军正在参加当地政府为他举办的舞会，接到这个消息后，一行人都来不及换衣服，穿着舞会的衣服就扬帆起航了，目标是土伦①。当时一个英军中队正驻扎在土伦附近，但是所幸军舰并没有被发现。大概在葡月 16 日（公历 1799 年 10 月 7 日）的傍晚时分，舰船偏离航向，转而朝着尼斯背后高耸的山脉漂去：直到第二天的清晨我们才发现已经到了弗雷瑞斯附近。在距离弗雷瑞斯附近约 1 里格的位置，有一个叫圣拉斐尔的小型军事哨所，哨所指挥官搭乘一艘小艇靠到军舰旁。此时总指挥官拿破仑将军不顾冈托姆少将在夜间对他的劝阻，决定转乘小艇并上岸。哨所指挥官于是让拿破仑登上了他的小艇。拿破仑的随扈们转而从圣拉斐尔登陆并取道陆路前往弗雷瑞斯与拿破仑会合。军舰就抛锚在了弗雷瑞斯对面的海上，一直保护着拿破仑将军的骑兵连继续前往土伦完成他们的检疫，而拿破仑则毫不拖延地向着巴黎疾驰而去。

---

① 法国南部最主要的军港。

　　我不会尝试去描述波拿巴将军的登陆在整个法国激起的那股狂热。不论他走到哪里，整个法国都箪食壶浆地迎接这位她等待了许久的解放者。在这里我要阐明一个之前比较模糊的问题：人们普遍认为拿破仑是违抗了督政府的命令从埃及班师回到法国的。但是我在 1850 年 5 月 15 日刊发的《军事观察者》中发表的一些此前不为人知的信件应该可以让读者们重新审视这一主张的合理性。当时，我在发表这些信件的时候，是希望它们可以让人们对这件事有一些新的看法：让大家可以确凿地知晓波拿巴将军在埃及到底有没有收到督政府寄出的这些信件，这些信件又是否允许他班师返回法国。虽说这个历史问题到了今天除了满足一下人们的好奇心之外大概也没什么其他价值了，但我还是要说一下这个谜团是如何被解开的。

　　刊发的这一系列往来信件共计 7 封。打头的那封信已经广为人知了，许多书籍文章都引用了其中的内容。这封信上注明的日期是共和历 7 年牧月 7 日（1799 年 5 月 26 日），信上有三名督政府督政官的签名。这也是《共和三年宪法》①中规定的，判断督政府发出的文件有效的条件。此后，这封信在同一天被督政府主席梅兰·德·杜艾转交给了海军上将布吕克斯。这封信在此前总是被单独出版，也没有任何亲历者出来为其作证，因此一直到今天，大家普遍都认为这封信是伪造的。拉里维埃－勒珀是前督政府督政官，也是这封信的三个署名人之一。他曾经信誓旦旦地保证自己不记得在任何有关召回波拿巴将军的信件上签字。但是，在这件事情上，拉里维埃－勒珀怕是记错了。这封信以及信上他的签名都是真实存在的，直到今天它们的原件都还被保存着。

---

　　①　即《法国一七九五年宪法》。——编者注

德·布列纳先生在他的回忆录里干脆直接声称这整个问题都是荒谬的，但是这样做并不怎么令人信服。毕竟，这本回忆录根本不是他自己写的，回忆录里的引证的可信度自然要大打折扣。至于为什么我认为这本回忆录不是他自己写的，我会在之后进行说明。

阿梅代·若贝尔先生和欧仁·梅兰将军对此事的回忆则更加可信一些。若贝尔当时是翻译秘书，梅兰则是拿破仑将军在埃及军中的副官。在拿破仑将军远征埃及的整个期间，这两人都一直待在他身边。此后，他们也是和他一起班师返回法国的。因此，这两人当时和德·布列纳一样处在一个有利的位置：可以获知拿破仑将军发出的命令，以及在他决定班师前后身边发生的种种事情。而在从埃及返回法国的航行路途中，他们没有听闻任何让他们怀疑是督政府的命令将拿破仑将军召回了法国的消息。他们一致表示拿破仑是在英国报纸上看到了关于法国军队在德意志和意大利战场上节节败退的消息之后才决定返回法国的。这些报纸是由英国海军专门寄送到法国陆军大本营的。

这些目击者的证词，虽然不是决定性的证据，但的确倾向于让我们认为波拿巴将军在埃及根本就没有收到上文提到的那封督政府寄出的召回拿破仑的命令。而就在这些督政府的往来信件被公之于众后，连拿破仑自己都不得不出来澄清这个事实。他在圣赫勒拿岛口述的记录中提到了，他在共和历7年花月27日（1799年5月13日）收到了关于法国国内艰难境况的信件。当时他正在指挥阿卡围城战，而这些关于法国的消息也是他决定结束战役并前往亚历山大港的主要原因。而从时间上推算，这些信件不可能包含督政府召回他的命令，因为那份命令文件是同年的牧月7日（5月26日）才签署，牧月23日（6月11日）才从巴黎寄出的。而拿破仑在阿卡收到的那些信件，很可能是此前由约瑟夫·波拿巴①寄出，由希腊人布尔巴基转交的。而真正让这件事情尘埃落定的，则是之后由贝特朗将军告诉我的，拿破仑在圣赫勒拿岛上告诉他的信息。不论是出于他高洁的品行还是他饱经磨难的经历，我们都可以充分地信任贝特朗将军。

共和历 7 年葡月 17 日（1799 年 10 月 9 日），督政府认为波拿巴将军当时还在埃及，而实际上他已经在弗雷瑞斯登陆了。就在他前往巴黎的路上，在里昂和弗雷瑞斯中间的某个地方，他遇到了一个信使。这位信使身上正携带着寄给"埃及远征军总指挥"的一些急件公函。这些公函撤销了原先发出的将拿破仑召回法国的命令，并吩咐他继续留在非洲。所以，在阅读这些急件的时候，波拿巴将军同时得知了两个消息：督政府曾经发函将他召回法国，以及之后督政府又发函撤销了这个命令并希望他留在埃及。督政府同样在信函中表达了政府将任命勒古布将军执掌法军欧洲主力的意愿。可以这样说，当法军几乎失去整个意大利，战火延烧到了瓦尔河时，督政府意识到他们迫切地需要求助于波拿巴将军的才能，并强烈地希望他回到法国。但是此后，随着我们在苏黎世取得胜利，在荷兰战场上取得优异的战果后，他们又像冲出风暴的水手那样，马上忘记了自己曾经许下的誓言。他们又紧赶慢赶着派人去撤回在三个月前，他们迫于共和国当时的危急形势而发出的命令。因此，直到波拿巴将军到达巴黎，他才真正收到了所有督政府发给他的命令：应该由海军上将布吕克斯在他成功登陆埃及时交给他的召回他的命令、这位海军上将从卡塔赫纳发给他的信件的复印本，以及巴拉斯②

---

① 拿破仑的长兄。——编者注
② 保罗·巴拉斯，是当时督政府的五位督政官之一。

和塔列朗①寄给他的信函。

　　对于督政府任命勒古布的这一决定，拿破仑并不完全认可。他对勒古布颇有称赞，也认为他拥有一名合格军人的素质。但他对于军中损失勒古布这员大将也并不很伤心。因为，在莫罗案件之前，拿破仑皇帝一点都不喜欢勒古布，因为勒古布总是对他怀有满满的恶意，以至于他认为勒古布完全无法在他手下做事。曾经有一天，勒古布在穿过杜伊勒里花园的时候透过窗户看到了杜伊勒里宫中的拿破仑皇帝。他注视拿破仑的目光中充满着如此重的恨意，拿破仑这辈子都没有忘记。之后以莫罗被逮捕为契机，他才重新对勒古布改观。1804年，莫罗将军被逮捕。在他的家里搜出了许多勒古布在霍恩林登战役②时写给莫罗将军的信，敦促他不应继续踟蹰不前、优柔寡断，鼓励他杀伐决断。经此一事，之后在百日政权期间，勒古布回到他身边时，拿破仑皇帝迫不及待地欢迎了他，并重新在军中对他委以重任。

关于将波拿巴将军召回法国的信函

一

致东方军团总指挥波拿巴将军

共和历7年牧月7日，巴黎

　　将军公民③，奥地利和沙俄新近投入的巨量兵力以及战争的严重和紧迫程度要求共和国将她的军队集中起来。鉴于此，督政府决

---

①　夏尔·莫里斯·德·塔列朗，是当时督政府的外交大臣。
②　1800年在今德国南部进行的一次战役，最终法国取得对奥地利的决定性胜利，终结了第二次反法同盟。
③　法国大革命期间，法国社会普遍以"公民"取代"先生"作为对男性的尊称。

定让海军上将布吕克斯竭尽其所能在地中海取得制海权，到达埃及并将您的军队带回来。关于登船以及运输的具体方法，他将和您探讨解决。将军公民，您需评估是否可以将一部分士兵安全地留在埃及。如您决定留下部分士兵，督政府在此授权您可将其指挥权移交您认可的最适人选。

督政府将愉快地欢迎您继续领导共和国的军队，这支您至今统领有成的军队。

署名：塔列朗，拉里维埃－勒珀，巴拉斯

二

督政府致海军上将布吕克斯的函

（秘书长总长拉加德手书，梅兰·德·杜艾签发）

共和历 7 年牧月 7 日，巴黎

将军公民，督政府考量现下形势后，认为我们须集中共和国所有有生力量。鉴于此，督政府命您从速与西班牙舰队会合。联合舰队甫一组成，即寻找英国舰队。若您的舰队兵力胜过敌人——我们认为很有可能——请攻击敌人。待英弱，无法阻您，请即驶往埃及，让当地法军上船。您将和波拿巴将军一同商讨具体的实施方案。如他认为必要，可将部分士兵留在埃及。

请将内附信函转交波拿巴将军。此信将向他阐明督政府的计划。

督政府主席

署名：梅兰

秘书长

署名：拉加德

［依据督政府在共和历 7 年芽月 14 日（1799 年 4 月 3 日）发出的命令，海军部长布吕克斯被任命为布列斯特海军舰队的指挥官（与西班牙的海军元帅同级）。督政府之所以做出这样的安排，就是为了让马萨雷多元帅①不要有受到一个下级军官指挥的不满。］

三

代海军部长塔列朗公民致海军上将布吕克斯的亲笔信

共和历 7 年牧月 7 日，巴黎

看吧，我亲爱的布吕克斯，您的任务变得和您最初期盼的一样了。我为您感到高兴。您不再有疑虑，您有的是一个目标，一个明确的目标，一个特别重要的目标。督政府给波拿巴的命令里只有一个字。我会和巴拉斯一起再给他寄一封信，我会补充几句话。向拿破仑阐明我们国内外情形的这个任务，督政府就交付给你了。把他带回来。我们强烈建议你对此次任务的内容保密。再见了，祝您一切顺利。我永远都是您的后盾。

署名：Ch. -Maur. 塔列朗

P. S. 我的意见是，我们在热那亚的领事贝尔维尔可以接你的班。这件事还没有最终确定下来，但是不到下一个十日的头几天，

———————————

① 指当时西班牙海军统帅唐·约瑟夫·马萨雷多。

督政府是不会做出最终决定的。西哀士将在 20 日到 24 日之间到达巴黎。

四

海军上将布吕克斯致东方远征军总指挥波拿巴公民

共和历 7 年牧月 29 日，卡塔赫纳

将军公民，

督政府已命我和西班牙舰队会合，并攻击敌军。击败敌军后，我将前往埃及，并带回您指挥的军队。

现舰队已会师，联合舰队拥有 42 艘风帆战列舰。但是，这支舰队还不足以胜过英国海军：他们在地中海部署了 60 艘风帆战列舰。但只要运兵得当，我们可在其聚拢成一支舰队前攻击。这也是我现在的打算，前提是成功说服西班牙舰队将领以及马德里宫廷。

将军公民，我在此通知您，在成功击败英国舰队后，我将马上前往亚历山大港。因此，希望您早做准备，我们的舰队在埃及的海岸停留的时间越短越好。将军，您要相信我的决心。我会排除一切艰难险阻，尽快赶到您身边。但我现在也很难给您一个准确的到达时间。但是，鉴于海战的不可预知性，我不知能否在敌军集结前攻击他们。因此，将军公民，我须劝告您，我派出的军舰告知您舰队即将到达前，请您不要过早准备登船。

将军公民，相信我，那天将会是我人生中最美好的一天。对我指挥的这支勇猛的军队，那将会是荣耀而幸福的一天，他们将把祖国的大英雄们带回去。

请接受我最亲切诚挚的祝福。

署名：E. 布吕克斯

P. S. 我许诺了给您送信的这个希腊人，您将给他 500 金路易作为酬谢。将军公民，虽然这是一笔巨款，但我认为您应该毫不犹豫地把钱给他。

第五封和第六封信是由代海军部长塔列朗分别在牧月 13 日和 27 日写给海军上将布吕克斯的。这两封信主要是重新传达督政府在牧月 7 日发出的命令，同时强调这一命令必须执行。

七

海军上将布吕克斯致约瑟夫·波拿巴的函的底稿

共和历 7 年葡月 22 日，巴黎

公民，对于令弟平安归来，请接受我诚挚的致意。您家庭的幸运就是我们整个国家的运气。闻您今晚或明天将出发前往弗雷瑞斯。我在此向您寄送一些您并令弟可能感兴趣的文件：

1. 我在瓦多①停泊时收到的督政府信函。我基于此函给令弟写了那封我在巴黎给您展示过的信。由此您也可知，在和西班牙舰队会合之后，敌军优势如何使我无法进行下一步预定计划。

2. 两封督政府寄给令弟的信函，我本应负责将这两封信送到他手中的。

3. 塔列朗公民寄给令弟的信函，其中包含督政官巴拉斯的一封信。

4. 塔列朗转寄给我的关于这些命令的信函副本。

---

① 指意大利西北部港口城市瓦多利古雷。

我分享您的喜悦，此致。

署名：E. 布吕克斯

雾月政变后不久，执政们还在卢森堡宫中办公。我正在时任上校路易·波拿巴的家中，他刚刚被任命为第五龙骑兵团的长官。他当时住在沃日拉尔路上的拉特雷穆瓦耶酒店里。他向我展示了一份15页左右的对开本手稿，全部都是拿破仑手写的。这是在他还只是一个炮兵中尉的时候，为里昂学院主办的一次有奖征文准备的演讲稿。征文比赛的题目是："为了人们的幸福，我们最应该向他们灌输什么事实和情感？"路易·波拿巴曾经努力地想辨认这份手稿，但是迫于困难重重，最终他还是放弃了这个计划。这也是我第一次看见拿破仑的字迹：我当时确信眼前出现的是天书。但是，一种强烈的好奇和兴趣驱使我向路易·波拿巴请求将这份手稿交付给我。我想要看看我是不是会比他更能干或者运气更好。经过8天的艰苦奋战，我终于解码了这份手稿，只把四五个没辨认出来的单词留了白。我把这份手稿和我的翻译一起带到路易·波拿巴上校的跟前。他对我的翻译很满意，然后他突然抓住原稿，然后把它扔到壁炉里去了，我根本来不及阻止他。跳跃的火苗瞬间就吞噬了这份珍贵的遗物，我什么也没能救下来。

从我读了的这份底稿来看，这份演讲稿是未完成的，还欠缺一点收尾的部分。这也使得我怀疑这份演讲稿是不是真的像此前宣布的那样赢得了竞赛，我连他能不能参加竞赛都不清楚。我对这份演讲稿也只有一些残存的记忆了。我记得那是一份充满想象力的稿子，其本身没有多少艺术性或者章法，但是有一种满溢的博爱主义和朦胧的感性，搭配着年轻人特有的那份纯朴和激昂。① 这份讲稿中有几点尤其让我感到惊讶：整篇文章生动地展现出的那份感性和忧郁；那份对歌剧《乡村中的占卜师》② 的热情，仿佛拿破仑单单为了这一部作品就愿意为作者建立一尊雕像；以及他在讲稿结尾处的一句话。

或粗略地勾勒几根线条，或仔细地描述，作者在这篇讲稿中描绘出了一些引人深思的风景，让读者仿佛身临其境。他把读者带往罗马的圣彼得大教堂中神父的小屋，向他描绘了一位饱经磨难的旅人第一次进入这被一盏明灯点亮的大教堂时的感受。这就是我在读完这份珍贵的手稿之后所留下的印象，如果我今天重新读一遍这份手稿的话，说不定这份印象也会因此改变。

对于熟悉他的人来说，拿破仑当时喜爱《乡村中的占卜师》这件事可能会显得奇怪：他一向钟情于意大利歌剧胜于法国歌剧，更何况他也不喜欢让－雅克③的作品。他背下了这部田园牧歌中的所有小调子，并时常喜欢唱上两句。虽说他的歌喉不像卢梭评价路

---

① 我听到别人说起，皇帝在年轻的时候，每每读到阿尔诺·巴屈拉尔的《情感的考验》，都会忍不住落泪。——作者注

② 法国作家卢梭创作的单幕歌剧。——编者注

③ 他对《新爱洛伊斯》的评价和伏尔泰差不多。至于他对卢梭的政治理论有什么看法，下面这段文字可以证明。这段文字是斯坦尼斯拉斯·吉拉丁在回忆录里提到的，这位作者的秉性有口皆碑，因此这段记录应该是真实的。下面就是这段题为《第一执政造访埃默农维尔》的文章。来到杨树岛后，第一执政在让－雅克的坟前停下了脚步。他说如果这个人从未存在过的话，法国会获得更长久的和平稳定。这时吉拉丁公民问道："执政公民，您为何这么说呢？"拿破仑回答说："因为正是这个人为法国大革命打下了基础。"对此吉拉丁回复说："执政公民，我相信您总不会抱怨这场革命吧。"拿破仑回说道："哈哈，我是不是和卢梭一样打破了脚下这片土地的安宁，估计只有未来的人才能评断了。"说完他就又如往常那样闲庭信步了起来。吉拉丁在他还在世的时候，曾在我以及其他人的面前说过同样的话。——作者注

易十五所说的那样"是他的王国里最不着调的声音"，但他也并不是时时都在调上的。他在成年之后也保持了这些青少年时期的爱好，更发展出了对意大利歌剧的喜爱。意大利歌剧也是他在繁重的工作中最好的调剂。①

但是，整个讲稿中最让我印象深刻的部分，还数它最后的那句话。我在此后的日子里都会时常回想起这句话。俗话说，"上天总是让濒死之人说出预言。"大众想象总是把某种预言的能力和上天以及濒死之人联系在一起，这句话就属于这种预言。

在那一天，伟大、威严同时又不幸的拿破仑写下了这句话，仿

---

① 虽然他对意大利音乐情有独钟，但是这不能成为剥夺他法国人身份的理由。有人攻击他有意大利人的秉性，而且只讲意大利语，这是错误的。鉴于这种谬论今天已经没什么市场了，我也就不打算在这上面浪费太多的时间。不过，我希望借此机会引述一段美国报纸《美利坚先驱报》当时关于此事的评论。这段评论的作者是世界上最了解皇帝的人之一，两人之间的友谊就如血缘那般牢固。"拿破仑不是在意大利出生的，他于1769年8月15日生在科西嘉岛上的阿雅克肖。这个岛自1764年开始就被法国占领了。1768年，这个岛就被整体并入了法国。在率领法军打进去之前，拿破仑从没去过意大利。因此他不可能沾染上意大利人的习性。他的父亲夏尔·波拿巴在1777年被任命为科西嘉省的代表，进入宫中。他带着拿破仑上了路，并把后者留在了勃艮第的欧坦，接受初中教育。之后，这位父亲又为自己的儿子在香槟的布里埃纳军校拿到了一个学位。拿破仑此后从那里继续前往巴黎的军校学习，并在1787年被任命为了炮兵军官。因此，他一句意大利语也不会说。考虑到他从小就去了勃艮第、香槟以及巴黎，他的言行举止完全是法兰西式的，而且是旧法兰西式的。他在马赛时，当地还驻扎着从瓦朗斯以及格勒诺布尔而来的部队。他从中结识了前制宪会议成员穆尼尔、雷纳尔神父以及其他的支持自由思想的人。他张开双臂拥抱了这些思想。在他第一次休假时，他在自己出生的城市待了将近一个月的时间，主要是为了做些历史研究，当时他在写一篇关于科西嘉革命的论文。论文以优美的法语写成，他将其寄给了雷纳尔神父。这位著名的作家在给他的回复中提到，他的作品处处闪耀着一流的才华。拿破仑根本就不会讲意大利语。他在短暂造访家乡科西嘉的时候，学习了几个词，在意大利打仗的时候，又学习了几个词，不过这是军官们都会做的事情。不过，与某些人的说法相反，拿破仑这辈子除了法语之外从没有完美掌握过其他任何一门语言。"
对此我们还可以补充一点，拿破仑确实是一名出色的作家。——作者注

佛是预见到了他将来的命运。我说的就是下面这句话：

> 伟人们就像是流星，注定要燃烧自己从而点亮他们的时代。

德·拉斯卡斯先生在《圣赫勒拿岛回忆录》中记载，德·塔列朗亲王，或是为了向皇帝献殷勤，或是受了他的命令，曾经派人在里昂搜寻这份讲稿，并把他呈送给了拿破仑。拿破仑读了几页之后就把它扔进火里烧掉了。这时我才知道，这份讲稿的确是被送去参赛了。我读到的那份只不过是它的底稿，是它最开始时的样子。最终版讲稿的一些修改痕迹大大降低了底稿的色彩并摧毁了它的原创性。这份未完成的底稿，就像拿破仑的其他文件一样，最终都到了他弟弟的手中。在 1826 年出版的古尔戈将军的汇编中，我又找到了这篇讲稿，但它和我 1800 年读过的那份相比已经面目全非了①。我此前一直希望圣勒伯爵②还保留着我给他的那份翻译。但是亲王在 1840 年 3 月 31 日从佛罗伦萨寄给我的一封信让我意识到我的希望还是落空了。我并不是出于底稿的文学价值才为它的遗失而感到惋惜。要是这份底稿无法证明拿破仑是如何成长为一个天选之子的，今人对它大概也没多大的兴趣。作者本身对它也不怎么重视，毕竟他在经历十年失而复得这份稿子之后，想做的事情只是把它扔进火堆里。他就是在这样的条件下把这份讲稿交给了自己的弟弟，并要求他将其烧掉。让我懊恼的是，路易·波拿巴太过虔诚地执行了他的要求。

----

① 出版的这篇讲稿是从《里昂学院档案》中摘录的。其中并没有提到拿破仑，头奖被颁给了道努先生的作品。——作者注

② 圣勒伯爵是路易·波拿巴在退位后的封号。

共和历 7 年，征兵令找上门来了。当时的我一点也不觉得自己适合去当兵。我的身型一点也不魁梧，健康状况更是堪忧，这些都使得我完全不适合战争的辛劳，也使我远离军旅生涯。但是，每个公民都应该为祖国奉献自己，无人得以例外。我为了豁免兵役做出了种种努力和活动，最终他们决定暂缓一年征召我。在我上下活动期间，我认识了各个阶层的许多人士，最终我也是这样被带到了第一执政面前。上帝总是通过明显的道路将一个人导向他的人生标的，人们是不能质疑这些道路的。而我为了逃脱法律的这种种努力则是一条鲜为人知的暗道，将我带到一个人的羽翼之下。这个人以执法严苛而闻名，他此前几乎完全开发了兵役法的潜力。

路易·波拿巴当时已经是第五龙骑兵团的上校，他的部队刚被派往旺代河。他希望我在佩尔什地区的韦尔讷伊和他会合。他当时正驻扎在那里。我在 6 月的最后几天到达了那里，那时候在旺代的平叛工作已经基本上完成了。而第一执政①在执政之后也马上将目光投向了这个不幸的地方，并马上投身到恢复当地秩序的工作中去。在拿破仑执政之前，历届政府为了恢复旺代所做的工作都没什么成效，是拿破仑结束了这场残酷的战争。这场战争是如此残酷，以至于从中脱颖而出的胜者面对自己的战果都会流下眼泪。他之所以能成功，也要归功于他一贯的陟罚臧否以及坚毅的决心。朱安党人②的头头脑脑们本就离心离德，再加上他们接连遭遇失败，又完全无力阻挡我方的攻势，最终还是投降了。坚持抵抗的只有一人：弗罗泰。对拿破仑的成功感到震惊的他同意进行谈判，但同时又鼓励他的副手们要坚持住。他写给副手们的书信揭露了他的表里不

---

① 第一执政是执政府时期拿破仑的头衔。
② 发动叛乱的保王党。

一。他此后被移送军事法庭，并和他的几个同党一起被枪决了。弗罗泰之死也为这场血腥的战争画上了一个句号。役时当地百姓精神普遍还高度紧张，因此在弗罗泰行刑的那天，人们都紧闭大门，整个韦尔讷的街道上人迹绝灭。弗罗泰是在吉达尔将军在阿朗松的家中被抓获的，当时他正在那里避难，而吉达尔将他出卖了。同样是这个吉达尔，日后将牵扯进南部的一起革命密谋中，并在马莱事变①中落得一个悲惨的下场。

　　我挂名在第五龙骑兵团待了 6 个月，然后我就得以毫不引人注目地结束我的"军事训练"。深知我对于军旅生涯毫不感冒的路易·波拿巴上校将我引荐给了他的兄长约瑟夫·波拿巴。当时约瑟夫·波拿巴刚刚从驻罗马大使馆归国，1797 年 12 月罗马的暴动迫使他必须离开自己的岗位。他的大使身份并没有保护他的权利免于受到侵害。一些革命党人当时正在法国大使馆中避难，但是教皇国的军队攻了进来，他们对革命党人进行了屠杀。在这一骚乱中，约瑟夫·波拿巴的生命受到了威胁，他更是眼睁睁地看着迪福将军在他身边被杀害。迪福将军本来已经和约瑟夫妻子的妹妹定下了婚约，这位女士就是之后的贝尔纳多特元帅夫人，今天的瑞典王后。迪福将军是在帮助约瑟夫·波拿巴劝告革命党和教皇国军队双双停火时受到致命伤的，他是被自己的忠诚给害死了。归功于他在整个可怕事件中表现出的英勇无畏和冷静，大使才得以幸免。四年之前，罗马城的暴民就曾杀死过一位法国军官巴瑟韦尔。不过，这次大使得以逃出生天，并在西班牙大使达萨拉的住处获得了庇护。

　　约瑟夫·波拿巴当时正好在创作一本叫作《莫伊娜》的小说。这本小说虽说不怎么重要，但也因其简洁的主题、温柔的情感以及

① 1812 年的一起失败的反对拿破仑的政变。

高雅的风格而备受尊崇。以上种种形势最终把我和这位尊贵的
"梅塞纳斯①"联系了起来。他以最大的善意接纳了我，并且此后
一直关心着我，我这辈子都会为此感激他。当他被指派去与美国代
表团和谈②时，他好心地将我任命为他的私人秘书。与美国的和谈
很幸运地以 1800 年 9 月 30 日双方签署和约而告终。法方的签字代
表是国务参事约瑟夫·波拿巴、勒德雷尔以及弗勒里厄，美方的代
表则是埃尔斯沃思、戴维以及默里先生。这一有效期 8 年的公约，
郑重地确立了美国的中立地位。这是一次对英国的胜利。船只悬挂
哪国国旗就由哪国保护这一延续至今的重大原则也在公约中被明确
表达了。只有用于战争的武器弹药不受这一原则的保护。中立船只
的无害通过权被正式以规定的方式确定下来，对港口的封锁权则被
限制在已经被封锁的地区。

　　负责招待美国人的秘书是皮雄先生，他是一个火气旺盛的年轻
人，他掌握的一些特殊知识在谈判过程中帮了我们很大的忙。为了
报答他对国家的服务，之后不久他就被任命为总领事，总管对美外
交事务。此后，在远征圣多明各③时，他负责为军队和舰队提供补
给。因此他颇为不幸地签署了一些损害了国家利益的合同。参政院
组织了一个委员会，负责审查这位总领事的管理能力和可靠性。最
终委员会得出的结论是，皮雄先生是一个绝对牢靠的人，但是批评
了他在此事上的失职。因为这份报告，皮雄先生被解职了，而他为
国家造成的所有金钱损失都由他自己承担。我认为皮雄先生的不幸
值得大众的同情。这一公正但严苛的判罚，让皮雄先生心生不满，

---

① 全名盖乌斯·梅塞纳斯，是罗马帝国第一任皇帝奥古斯都的谋臣。

② 1798～1800 年间美国和法国曾短暂地在加勒比海爆发海战，但是双方并没有正
　式宣战。

③ 今海地，当时法国在加勒比海最富庶的殖民地，1791 年爆发了独立起义。

促使他在 1814 年出版了一本小册子，其中充斥着针对业已垮台的帝国政府的不公正攻击。法王的复辟政权对他这样的表现非常满意，并把他召进了复辟政权的政府中，特命他担任国务委员。

莫尔特枫丹的宴会，我第一次见到拿破仑

为了庆祝与美国签署和约，政府在和约签署的两日后于莫尔特枫丹举行了庆祝酒会。第一执政携家眷一起参加了酒会。列席酒会的还有第二和第三执政、各部部长以及来自参政院、元老院、立法院、保民院的头头脑脑和成员们。各国驻法的外交使团也被邀请来参加酒会。在以上这一大群人中，有许多位都曾在此前以不同的头衔在美国工作过，他们在酒会上得以重逢。德·拉法耶特侯爵和德·拉罗什福科 – 利昂古先生也在宴会的现场。他们好心地邀请了当时恰好在巴黎的美国人来参加宴会，还充当翻译，帮助约瑟夫·波拿巴和不会讲法语的部分美国人沟通。也正是他俩提出以徽章和题词的方式来回顾美国独立战争中的高光时刻。当时到场的有许多风姿绰约的女士，其中最突出的还数第一执政的两位妹妹：勒克莱尔夫人和缪拉元帅夫人。

莫尔特枫丹的酒会办得精彩极了。当地的美景和飨宴相辅相成，把宴会的华丽程度带到了另一个高度。当时莫尔特枫丹就已跻身法国景色最优美的地点之列。再加上莫尔特枫丹地主们所做的修缮以及装饰带来的品味的提升，莫尔特枫丹现在简直毫无敌手了。当地的城堡和公园本身没有什么值得称道的地方，但当地的湖泊以及点缀其中的绿色小岛，加上在湖面上航行的大小优雅船只以及环绕着湖泊的那一丛丛灌木以及林荫小道，共同呈现了一幅让人沉醉其中的美景。这些湖泊就像被道路分割开的一片片宽阔水面，由一

道道水闸连接在一起，绵延两里①。周围的山丘都披着绿色的衣裳，高大的树木是它们头顶的皇冠。山坡上则散布着许多砂岩，有些异常巨大。在其中一块岩石上，刻着下面这句话：

它那巨大的，不可摧毁的身姿，倦怠了时间。②

在这个湖光熠熠的小山谷中，你几乎可以找到所有不同种类的风景。大自然灵动和死寂的部分在这里交相辉映。一簇簇别致的小村庄和磨坊点缀在山谷中，为其带去生机和活力。在另一边，则是一片广阔的干燥沙地，仿佛是一片沙漠。这片沙地中的几处摩尔③风格的废墟为这片景致画下了收尾的几笔。

加拉以及其他巴黎最负盛名的音乐家在宴会的头一天献上了一场精彩的音乐会。翌日，人们则参加了一场盛大的围猎。那天晚上，在城堡面前的第一片湖面上，举行了烟火表演。在岸边，人们点燃了一根方尖碑，它的底座上绘着象征法兰西共和国和美国友谊的画作。在烟火绽放的那一刻，湖面上出现了一支小船队，在彩灯的照耀下挥舞着相互嵌套的美国和法国国旗。

烟火表演结束后，就轮到戏剧表演了。弗勒里、达赞库尔以及孔塔小姐、德维耶纳小姐、梅泽雷小姐一同表演了两部小戏剧。舞台是背靠着公园搭建的，观众可以毫无遮挡地看见舞台后方公园中的景色：一棵被火把照亮的小树，在光影对比的效果中仿佛让人置身童话世界。法兰西喜剧院的演员们以一贯的高水准完成了演出。

---

① 此处单位是法国古里，1 里约合 4 千米。
② 出自法国诗人雅克·德·里尔的著作《花园》。法语原文是：*Sa masse indestructible a fatigué le temps.*
③ 摩尔人是欧洲对中世纪时生活在伊比利亚半岛和北非地区的穆斯林的称呼。

弗勒里和孔塔小姐同时作为宾客参加了宴会，他们以端庄和亲切的举止征服了列席的宾客。莫尔特枫丹的地主们非常喜爱这两位德艺双馨的艺术家。他们此后在那年的冬天数次邀请两位在他们位于巴黎罗谢路上的豪宅中共进晚餐。在两部戏剧的间歇，加拉以及孔塔小姐和德维耶纳小姐还为庆祝两国之间重归于好而高歌了一曲。

宴会最终以一场盛大的舞会收尾。总共有超过 1200 人受邀参加了舞会。第一执政和波拿巴夫人①在 1 点钟时离场返回了巴黎。也正是在这里，我第一次见到了拿破仑。但我当时并没有引起他的注意。当时的我，看着他被这么多有头有脸的人簇拥着、尊敬着，完全不敢想象有一天我会被呼唤到他的身旁，成为他的近侍。他对待所有人都是如此的亲切，并且完全不吝于暂时从工作中抽身来尽情享受宴会的欢愉。他把自己的办公室搬到了城堡的图书馆中，但是大部分的时间那里都空无一人。他可以和每个人谈论那个人的特长，他甚至可以和加拉一起聊音乐。

在第一执政短暂驻足莫尔特枫丹期间，瓦兹省的省长康布里先生向他颁发了几枚继承自古罗马皇帝们的黄金奖章。这些奖章是在瓦兹省境内一处小山环抱的平地处发现的，人们认为在那里还能看见一个军事设施的遗迹。第一执政将这些奖章赠送给了美国外交使团，嘱咐他们将其带回美国去。

第一执政和拉法耶特先生聊了很长时间，他非常赏识这位将军。虽然他不认为拉法耶特在那夺取了无数人性命和荣耀的大革命中做出的行为都是值当的，但是第一执政认为他行事一直光明磊落，也都是出于好心。

拉法耶特先生的盛名都出自他对自身理想的坚持，自巴黎人民

---

① 指拿破仑的第一任妻子约瑟芬·德·博阿尔内。

攻陷巴士底狱那时起就一直是这样。自 1789 年以来，他从来没有后退过一步。他也从没有踏下白色的战马，没有放弃领导国民自卫军。他一直梦想法国可以采取和美国一样的政治制度。而正因为他脑中充满了这些乌托邦式的想法，他一直不愿承认两国之间的现实差别，或改变需要很长的时间，又或者人民在不断变化的立场。雾月政变破坏了他过去信仰的一切。当他身边的人或是出于政治信仰或是精于算计而纷纷改变时，他一成不变地坚持着他的信念，纵使他身边的人早就都是朝秦暮楚之徒了。拉法耶特先生的坚持在当时是鲜见的。一部分人对此感到如鲠在喉，但是另一些人则由心底里升起对他的尊敬。

不论拿破仑对他私下里有什么看法都好，这样一个人物对他来说是极有价值的。当时，对于这样一个无法忽略的人才，他肯定是想要好好使用的。因此他表达了希望任命拉法耶特为护宪元老会成员的想法。拉法耶特先生感谢了拿破仑的好意，但是他表示自己打算退休了，并不希望重返政坛。他希望拿破仑可以将任命状转给他的儿子。拿破仑对此表示了理解。尽管拿破仑需要的是他而不是他的儿子，他也没有进一步逼迫拉法耶特。但是他依旧定期邀请拉法耶特来做客并和他维持了友好的关系。而此后，拉法耶特先生也的确一直远离政治。他的顾忌，不论出于什么原因，都是值得尊敬的。但是，此后事情发生了变化。具体原因我们不得而知，可能是因为他不满自己的抵抗毫无作用，或是因为那种默默无闻的状态让他疲倦了，又或是因为他强烈的信念让他觉得对于建立终身执政制的那次投票是一个很好的再次吸引人们注意力的机会。他本可以缺席那次投票的，但是他不光参与了投票，还在投票时直接针对第一执政，并向他寄去了那封著名的信，我们在这里无须赘述了。① 这

---

① 拉法耶特在公投中反对任命拿破仑为终身执政，是当时极少数投下了反对票的人。

次投票也没有产生他预期的效果。第一执政和拉法耶特先生之间的关系自然疏远了，他也不再关心拉法耶特先生了。

《吕内维尔条约》的谈判与签订始末

就在我上文记述的宴会过去不到一个月，第一执政的兄长约瑟夫被任命为法国派往吕内维尔和会的全权代表。奥地利方面的全权代表则是前奥地利驻圣彼得堡大使科本茨尔伯爵。此前代表奥地利和波拿巴将军签订《坎波福尔米奥和约》的就是他。当通过电报获知科本茨尔到达斯特拉斯堡的消息后，约瑟夫·波拿巴马上就离开了巴黎，都没来得及带上他的夫人。她只能稍后再和他会合。科本茨尔伯爵在斯特拉斯堡没待几天就又上路了。到达吕内维尔后，得知法国代表还没有到达的他决定继续上路前往巴黎。最终法国和奥地利的全权代表在半道上相遇了。因为后者希望继续前往巴黎，我便把自己在约瑟夫·波拿巴马车上的位置让给了他。我上了科本茨尔伯爵的马车，和他的使馆秘书奥佩先生一起，回到了巴黎。

德·塔列朗先生将自己在安茹路上的房子让给了这位奥地利公使居住，他们是旧相识了。翌日，第一执政接见了科本茨尔伯爵，两人此后还进行了多次谈话。在巴黎待了8天之后，两位谈判代表出发前往吕内维尔。他们在11月初到达了那里。和谈甫一开始，这位奥地利公使就宣称他无法在英国代表不在场的情况下签订任何协议，因为奥地利和英国之间当时尚有协议捆绑。第一执政则早已将与英国完成和解列为谈判的第一要务。奥托先生担任法国代表在伦敦进行交涉已经有一段时间了，主要目标是与英国达成换俘协议，同时签订一份海军停火协定，大体内容和对奥和约一致。①

英国此前表达了以缔约国身份参与吕内维尔和会的意愿：这个要求看起来非常可疑。如果他们真的那么想达成和平协议，大可以单独来和我们谈，不需要联合奥地利一起。英法之间的相对外交基础和奥法之间完全不同。跟英国之间，什么都是需要谈的：两国在过去 20 年间基本什么协定都没有签署。而自从 1789 年的大革命以来，共和国的战争已经彻底改变了欧洲的模样。英国则通过蚕食法国及其盟友，显著地扩张了她的海外领土，尤其是在印度建立了几乎不成比例的霸权。所有这些谈判的要点都将是第一次被正式交涉。而我们和奥地利之间早已搭建好了一个共同的基础，要做的只不过是更新已有的条约而已。因此与这两个国家同时进行谈判将会面临重重困难，这些困难会让我们在谈判中寸步难行。因此法国政府怀疑英国的这一提议心怀叵测。为了迫使英国人露出他们的真面目，法国政府提出了以下这几点要求：

> 1. 可以允许一名英国谈判代表前往吕内维尔，但是我们同时要求海上的敌对行为必须和陆上一样马上停止，以保证缔约各方都尽量在同一状况下进行谈判。（这一要求是正当的。法国不能一边和这两个国家中的一国停火，一边和另一国保持交战的状态。如果说海上停火可以让法国重新建立起商业往来，恢复和各个殖民地的联系，并重整她在埃及的军队，陆上

---

① 关于约瑟夫·波拿巴领导下的我们在吕内维尔条约、教务专约以及亚眠和谈中的外交往来的记录，都是基于官方资料的。补充的部分则主要是关于下列议题的一些细节：允许一名英国代表参加在吕内维尔的谈判，条约中提及的赔款分担稍微偏向莱茵河左岸丧失领地的亲王们一点，以及亚眠和会前在伦敦进行的前期谈判工作。——作者注

停火则可允许奥地利重整自己的军队，并用从英国那里获得的金钱加固防御工事，以便在战事重开时取得优势。作为回复，英国内阁称不会允许任何携带军火的船只进入我国被封锁的港口和城市，但马耳他除外。在 14 天的窗口期内，只有粮食获准进出。而当时，除了马耳他以外的各个港口根本就不缺粮食。因此这一举措事实上让停火变得毫无意义。）

2. 第一执政接下来提出可以在海上及陆上的敌对行为持续的情况下进行谈判，历史上的许多谈判都是这样进行的。这是我们加速达成和约的手段，因为反法同盟的这两个强国，受到法军不断胜利的逼迫，将会有意缩短谈判的时间，以避免法方的谈判筹码与日俱增。（英国内阁认为这一条件是不可接受的。）

3. 接着我方提出了另一个提议：我们愿意接受英方提出的停火条件，不论这些条件对我方有多么不利。但前提是，英方必须与我们单独议和。（我方提出这一条件后，对奥地利的军事行动被延后了 8 天，英国内阁拒绝了这一提议。）

4. 作为最后的一个提议，法国政府提出要求让 6 艘运输舰在谈判中进入亚历山大港。（这一点迎合了英国政府此前提出的停战原则。这次运输任务大概可以带回东方军团中的 4000 人。与之相比，奥地利可以从延长的陆上停火中获得更大的好处：他们可以在英国的援助下扩充他们的资源和军队。这一条件同样也是迫使英国加快谈判步伐的手段：他们想要避免我们的舰队到达埃及，因为他们自己的舰队需要超过一个月的时间才能再次出海。所有这些提议都被英国人拒绝了。这也不奇怪，因为只有政府真心希望议和才会接受这些条件，当真心想和彼此沟通的时候，是很快就可以达成协议的。）

　　这一连串的否决向我们展示了英国人其实并没有多少求和的意思。虽然他们以"和奥地利共进退"为借口参加了吕内维尔和会，但是很显然英国并不打算为了盟友牺牲自己，也并不舍得为了让盟友获得喘息之机而放弃自己已获得的成果。他们来吕内维尔仅仅是为了拖延时间，他们来参加议和单纯就是来找茬的。拿破仑当时就说："允许一个英国外交官参加吕内维尔和谈，只会让英国获得梭子和丝线，并重新编制一个反法联盟而已。"不过，最终这些阴谋诡计都不过是让议和延宕了一年而已。雾月政变后，英国充满鄙夷地在1800年的1月拒绝了和谈，到了1801年3月21日，她还是跑来央求着我们签订了和平协议①。

　　在拿破仑皇帝于圣赫勒拿岛上口述的，马蒂厄·迪马将军记录的《军情概要》中，第三个摘要的下方可以找到拿破仑皇帝说的这样一段话："对于一个真正的法国人来说，那短短几个月内发生的事情就像是一出令人满意的戏剧一样。1800年1月，法国求和。格伦维尔勋爵报之以一连串的冷嘲热讽，其中不乏各种奇怪的含沙射影。他要求让数百年来统治法国，让法国海晏河清的那个王室血脉重新登上王位。他还要求第一执政表明他执政的合法性。而今天，还是那同一个格伦维尔勋爵，哭着喊着要和共和国议和，他甚至愿意做出新的让步以求得和平。"

　　"有关海军停火的谈判不欢而散，而在陆上，神圣罗马帝国皇帝将因戈尔施塔特、乌尔姆以及菲利普斯堡割让给法国以换取陆上休战延长6周的时间。数月之后，《吕内维尔条约》拯救了奥地利皇室，并让欧洲大陆重归平静。而在这之后不久，圣詹姆士朝廷②

----

① 指1801年英法重启和谈，并最终于1802年签订《亚眠和约》。
② 圣詹姆士宫是英国王室的正式皇宫，因此圣詹姆士朝廷也就成了英国朝廷的别名。

也签署了《1801 年伦敦和约草案》。英国的寡头们狼狈地承认法兰西共和国，共和国现在不光扩张到了比利时诸省，还有皮埃蒙特、热那亚以及整个意大利。与此同时，英国又增加了几百万债务呢？这就是皮特①冲动政策的结果。"

我下面要记述的文字也是由拿破仑大帝口述的，但是并没有出版在他名下的回忆录中。

只有在比利时整体被割让给奥地利的情况下，皮特才会真的愿意和谈。因此，他们申请参与吕内维尔和会的时候，根本就不是出于诚心。在奥托先生和格伦维尔勋爵就海上停火进行谈判的 6 周时间内，但凡后者有任何期望和平的心态，他都会在他的私密谈话中透露这样的信息。但是他说的话都让人往相反的方向去联想。而当我们就《伦敦和约草案》谈判的时候，从霍克斯伯里勋爵口中讲出的第一句话就让我们意识到英国人这次是诚心诚意来谈判的。马蒂厄·迪马先生认为英法谈判的关键在于那 6 艘战舰是否被许可进入亚历山大港，由此可见他还是太不谙世事了。如果真是这样的话，那英国和法国就是都疯了。打个比方，如果一支 10 万人的军队在将领指挥的一次侦察行动中丧失了 30 或 40 个轻骑兵之后就撤退，难道他们是因为这样轻微的人员损失而撤退吗？不是的，他们的撤退也是侦察任务的一部分。

回到 1800 年吕内维尔和会刚开始的时候，英国拒绝了所有我方的提议，科本茨尔伯爵坚持在英国代表团缺席的情况下，奥地利

---

① 指小威廉·皮特，1783 年至 1801 年任英国首相。

不会签署任何协议。因此，虽然法国和奥地利全权大使们还在吕内
维尔进行着和谈，但敌对行动还是重开了。在停火期延长后回到巴
黎的莫罗将军，于 11 月 19 日又重新出发去领导莱茵军团了。在莫
罗将军启程前，第一执政热情地接见了他，并赠送给他一对镶钻的
优质手枪。在把手枪交给他的同时，第一执政向他表示之所以手枪
上没有雕刻他的那些军事胜利，是因为地方不够，雕不下所有的胜
利。莫罗漠不关心地收下了这一礼物，他的冷漠反应受到了大家的
瞩目。

鉴于敌对行动已经重启，第一执政开始安排他针对冬季攻势的
计划。迫于国内形势严峻，他无法远离政府，也就不得不放弃了亲
自上阵领兵。在这次攻势中注定要打头阵的就是莱茵军团。第一执
政肯定没有忘记在上次攻势时，莫罗将军对他的大胆计划展现出的
冷漠，因此这次他只是简单地命令莫罗将军进攻，让他自己随机应
变地决定具体的计划。莱茵军团是法军阵中最精锐的一支力量：总
共有超过 13 万人，都是久经沙场的老兵，并且指挥官们也都经验
丰富。将这样一支军队全权交给莫罗将军并给他指挥的自由，这完
全驳斥了此前那些认为波拿巴嫉妒莫罗的赫赫战功的无脑批评。

莫罗将军手下的参谋长拉奥里将军先于他上路，并早他两天到
达了吕内维尔。他并没有去拜访法国公使，而是径直前往了奥地利
公使的住所。当莫罗到达吕内维尔时，法国公使还没等他登门拜
访，就主动去他下榻的旅店找他了。我是和约瑟夫·波拿巴一起去
找莫罗的，他在一个由一盏台灯照明的低矮房间里接待了我们。他
当时身穿一件蓝色的礼服，上面并没有标明他的军阶，嘴里则抽着
烟斗。这次拜访既短暂又没什么实际成果。莫罗对我们的漠不关
心，以及拉奥里对我们的回避都让我们意识到这位指挥官和他的近
侍对我们大概不怎么友好。在重新启程之前，莫罗将军来拜访了约

瑟夫·波拿巴，并在后者的住所见到了科本茨尔伯爵。在进行了一番不到半小时的笼统谈话之后，他就重新登上了早已等在门前的马车。

1800 年 7 月 28 日，和奥地利的和约草案在巴黎正式签署，但是德意志人的皇帝①并没有批准这一协定。而 6 周之后，奥地利则以割让因戈尔施塔特、乌尔姆以及菲利普斯堡为筹码要求重新开启和谈。如果奥地利没有采用这种拖延战术，没冒着战争的风险，而是直接进入和谈的话，她本来是可以保住曼托瓦和托斯卡纳的，将撒丁王国国王重新扶上皮埃蒙特的王位也是可以的。这些都是我方在和约草案中向奥地利做出的提议。但是，法方的克制反而让奥地利蹬鼻子上脸，不光提出了更多的要求，还必须要英国全权大使也到场。而就在双方争论不休的时候，停火协议也逐渐到期了。奥地利当时更希望在战场上博一把，但是波拿巴将军的回归让胜利重新回到了我们的旗帜下。维也纳政府的期望落空了。我方霍恩林登以及此后一系列战役的胜利让维也纳门户洞开，奥地利飘忽不定的谈判立场也就此终结。战事重开的一个月之后，莫罗和奥地利的卡尔大公在施泰尔签订了新的 30 日停火协议。科本茨尔伯爵也同意抛开英国人单独和我方议和。但是，此前那样宽大的条件已经一去不复返了。在霍恩林登战役的胜利之后，谈判的形势已经不可同日而语了。因此法兰西的敌人们联起手来密谋的结果却是让法国愈发伟大，并让拿破仑走上了他权力的巅峰。它们三次拒绝了对它们异常宽大的和平协议。法国政府越克制，它们的野心就越大，它们大概从过去的经验里什么都没有学到吧。

---

① 此处的德意志人的皇帝指神圣罗马帝国皇帝，也就是奥地利哈布斯堡王室的弗朗茨。

奥地利公使在谈判中最固执地坚持的原则就是保留德意志教会领地。他要求德意志的教会选侯和亲王们，为他们在莱茵河左岸丧失的领土，在莱茵河右岸获得相应的补偿。奥地利认为，消灭这些教会领地选侯将会对它在德意志地区的影响力以及统治力带来致命的影响。但是，奥地利要求的补偿会占据莱茵河右岸的几乎所有土地，而那些本来可以继承右岸土地的亲王，就会丧失他们因为左岸土地流失而应得的补偿。更何况，通过压榨世俗利益来保证教会权威的做法，以及德意志破碎为成百上千个独立的主权小邦国带来的不便，早就需要改革了。因此，四个教会选侯中只有一个保留了选侯权，它的主教府被从美因茨转移到了雷根斯堡。

奥地利的另一个核心诉求则是在意大利保留托斯卡纳大公国。而在和会刚开始的时候，奥地利本是可以达到这个诉求的。此后，奥地利满足于仅仅获取她自己觊觎的三块领地。但是，她最终会像失去德意志那般失去意大利。作为对奥地利大公的补偿，他获得了萨尔茨堡公国。而在综合考量了法国的海洋权益、新生的意大利诸国的安全以及从这些国家清除奥地利影响力的紧迫性等因素后，第一执政决定趁这个胜利的机会尽量多取得一些成果。而科本茨尔伯爵对约瑟夫·波拿巴提出的那些个人提议更是让法国的这位全权代表坚持奥地利必须割让托斯卡纳，这一要求获得了同意。一封最后通牒被送交奥地利公使的手中。尽管他使出了浑身解数，维也纳的朝廷还是被迫屈服了，他们只能对没有同意法国最初的请求而后悔不迭。1801年2月9日，和约正式签订了。《吕内维尔条约》让法国获得了整个比利时以及曼托瓦的主权，并且将法国的边界推到了莱茵河以及意大利的阿迪杰河一线。条约同时通过废除教会领地的方式，推倒了德意志神圣罗马帝国的哥特式建筑。① 同时，通过大幅度地减少那些无助又无力防卫自己的小封建王公领地的数目，条约最终为莱茵邦联的建立打下了基础。

在吕内维尔的和谈过程中，有一件事情很引人注目。1 月 16 日，意大利战场交战双方的领兵者布律纳将军和贝勒加德将军，在特雷维佐达成了停火协议。这一协定中，奥地利将保有曼托瓦要塞，法军在距其 800 托阿斯②的地方将其围困。而在 8 天之后签订的《吕内维尔条约》中，曼托瓦要塞和加尔达渔村、锡尔苗内、费拉拉以及安科纳等处的要塞还有维罗纳和莱尼亚诺的城堡都被割让给了我们。我们的外交官应该为此感到自豪，他们获得了比我们的军队还丰厚的战果。

在谈判中，约瑟夫·波拿巴熟练、坚定而又无私的处理辅助了第一执政的天才以及权力。因此，保民院认为应当向这位法国全权代表表示国民的感谢。

就在吕内维尔的和谈暂时中断的时候，小胡子到达了吕内维尔，带来了圣尼凯斯路上杀人机器爆炸③的消息。我们可以轻易地想象这条可怕的消息在这个小镇里造成了怎样的轰动效应。科本茨尔伯爵向法国公使表达了他的震惊，同时也祝贺他的弟弟从这一危机中幸运逃生。市内的各民政及军事长官也表达了类似的情绪。

许多当时在吕内维尔的人，日后都走上了不同的道路。

国务参事波塔利斯、西梅翁和勒德雷尔的儿子们当时在法国代

---

① 欧洲的教堂多以哥特式风格修建，因此此处指代教权。
② 旧法国长度单位，1 托阿斯＝1.949 米。
③ 指 1800 年 12 月 24 日发生在巴黎的一次刺杀拿破仑的"圣尼凯斯路密谋"。"杀人机器"是密谋者为简单爆炸装置起的名字，故此次密谋也被称为"杀人机器密谋"。小胡子是一条通信犬。

表团中。头两位在帝国政府垮台后，继续为掌权的政府服务。而第三位，在体面地为国家担任了多年省长后，选择忠于他的信仰并在帝国政府垮台后退休。他在退休后将部分余热发挥在了指导玻璃制造上，这一点成为日后其家族财富的基础。其他的空闲时间，他则全部用在文学研究上了。

代表团的秘书德·拉福雷先生将德·穆斯捷先生带到了吕内维尔。德·穆斯捷是路易十六的一位大臣的儿子，而德·拉福雷先生则在这位大臣手下担任过驻美国领事。德·拉福雷先生对这个年轻人视如己出，这个年轻人日后也成了他的女婿。在和会进入尾声的时候，穆斯捷被任命为驻萨克森公使团的秘书。此后，他一直在大使馆中充满热情地工作。他的父亲，作为里尔伯爵①最忠实的仆从，一直希望把他拉到敌对阵营中去，但都无功而返。不过，当波旁王朝复辟后，此前已经不顾他父亲威胁剥夺继承权的穆斯捷，这次却顺从了他的父亲。他的父亲当时已经以胜者的姿态回到了新国王的身边。我在这里必须补充一点，穆斯捷仅仅是出于帮助老朋友的心态才做出了这样的选择。在 1827 年顺利完成出使西班牙的任务之后，他结束了自己的外交官生涯。

克拉克将军是以该市市长以及省军事长官的身份来到吕内维尔的。在和会召开的那一天，他以一次丰盛的晚宴以及其后的舞会庆作为雾月政变的周年纪念。而在和会召开的过程中，他几乎每个礼拜都会在家中召集一次舞会。谈判代表们则轮替着在对方的家中共进晚餐。当地的长官以及市民代表一般都会被邀请参与这些晚宴。同时人们还会小赌怡情一把，或者去剧院观赏一场一小时左右的戏剧表演。在谈判的间隙，我们还安排了几次在吕内维尔境内的观

---

① 即路易十八。——编者注

光。我们参观了孚日省的玻璃工坊、造纸坊以及各种各样的工厂、罗西耶尔的种马场还有迪厄兹及穆瓦昂维克的盐矿。

本来为代表们选择的住处是斯坦尼斯瓦夫国王的旧城堡，但是因为考虑到翻新这个城堡既花时间又要花一笔不小的钱，最终我们还是租了两栋房子供代表们居住。法国代表住在德·弗雷内尔先生的家中。他的儿子，就像大部分的洛林地区军官一样，在奥地利的军中服役。

吕内维尔住着不少退休的将军，他们经常被邀请到代表们的家中。在我们驻留那里期间，有一位将军来到了吕内维尔。他仿佛是专程为了炫耀他的金质奖章而来的。貌似是因为一位人民代表的一个疏漏，他才得以被提拔到这样高的位阶。他这种天真的自吹自擂在一时间成了这个小镇上的欢乐源泉。人们经常让他讲一个他在战场上的故事——他的勇猛和俊俏外表吸引了苏沃洛夫①的注意，后者对侍从大喊："这个将恐惧和死亡带到我们阵中的法国年轻人是谁？"侍从回答："元帅，他是利埃博将军！"苏沃洛夫则喊道："我说呢！"

第20团的少校雨果先生是一个满腔热忱的活泼军官。在此前的战役中，他一直在莫罗将军麾下。这次他则在克拉克将军的指挥下负责吕内维尔的城防。当约瑟夫·波拿巴成为那不勒斯国王的时候，他将这个和会期间新认识并赏识的将领招至麾下。雨果将军此后跟随国王前往西班牙，立下赫赫战功，并伴随国王一起在1813年回到法国。此后，他出版了数本回忆录，其中讲述了他经历的数次战役，特别是在西班牙的那些军事行动。为他的回忆录作序的是他的儿子阿贝尔·雨果，其自身就是数本畅销书的作者。这位将军

① 沙俄著名将领，1800年去世。

最小的儿子正是享誉欧陆的维克多·雨果。他创作了一大批的小说和诗篇。我认为，虽然这些作品中反映出的思想有些异常出色，有些则还略有欠缺，但是他的作品风格是继往开来的。

养育雨果和他的哥哥们长大的母亲对于大革命的纲领一直怀有敌意，但是他们从幼年教育中获得的这些偏见马上就被他们成年后的评判取代了。自从他母亲去世后，维克多·雨果对拿破仑的天才的衡量也逐渐重回公正的轨道。今天的他则是拿破仑的政治遗产最主要的仰慕者之一。同时他也是那时法国军事辉煌的仰慕者，而他的父亲就参与实现了这一辉煌。

在这里我也必须提一下年轻的阿纳托尔·德·拉沃厄施廷在吕内维尔的经历。他是由他的父亲带到那里去见他的叔叔科本茨尔伯爵的。在来到吕内维尔的时候，阿纳托尔还是一个十二三岁的惹人喜爱的孩子。1789 年大革命的一系列事件，消灭了封建权益，给拉沃厄施廷家族带去了全方位的损失。阿纳托尔本可以继承的家族财富也因此消失殆尽。他本可以一直富有的。他祖母德·让利斯夫人的第一任丈夫布吕拉尔·德·锡耶里本已将在锡耶里的田产指明给他。布吕拉尔在大革命中遇难了。科本茨尔伯爵看起来还是挺喜欢他这个侄儿的。他向阿纳托尔的父亲提议将他带回奥地利以完成学业，并在奥地利军队中服役。但是这个小孩的法兰西本能，以及他对浸满胜利荣光的法军制服的偏爱都让奥地利外交官收回了他的好意，也让他不再对侄儿的未来承担任何责任。

在离开巴黎返回维也纳之前，科本茨尔伯爵向阿纳托尔的父亲许下了华丽的诺言，但是这些好意最终都无疾而终。科本茨尔深知我和阿纳托尔父子之间的情谊，因此他专门将他年轻的侄儿引荐给我，考虑到我在政府首脑的哥哥身边的这个位置可以让我在将来帮助他。拉沃厄施廷就此留在了我和约瑟夫·波拿巴身边，没有跟随科本茨尔先生离去。这个小孩日后和我的关系愈发亲近，仿佛是我的弟弟一般。他在极年轻的时候就进入了枫丹白露军事学校。从学校毕业后，他进入了骑兵部队。他的勇猛和过人的素质让他在军中平步青云。到 26 岁时，他已经是一名上校了，并指挥第三猎骑兵团参加了那场灾难般的滑铁卢战役。帝国的崩溃让他那本来一帆风顺的事业戛然而止。

这一尤其难忘的岁月见证了无数伟大而英武的思想。这些希望的覆灭在拉沃厄施廷热情宽厚的心中该留下了怎样的印象啊！这样一个伟大而光荣的时代后面接上的是哥特思想的回归，是一个王公的回归。他的统治依附于他家族的不幸以及对我们制度的仇恨。与他的朋友雅克米诺和迪朗一起，拉沃厄施廷将他的愤慨和轻蔑以戏剧的形式抒发了出来。这出戏剧欢快的外表更加凸显它的讽刺性。他们一个接一个地来到托赫托尼咖啡馆，穿上仿照旧制度风格设计的荒谬戏服，滑稽地打扮成路易十六的杂技演员的样子。他们嘲讽这些愚钝的人，大革命的风云变幻都无法叫醒他们。他们就像埃庇米尼德斯①一样，仿佛在 1788 年睡着了，到了 1814 年又突然苏醒了过来。阿纳托尔和他的伙伴们在咖啡馆中的表演是如此的真实，其引发了巨大的反响：当权者们决定直取"罪魁祸首"。阿纳托尔逃亡到了比利时，他的家族发源于此。他在布鲁塞尔附近安下了家，并在那里忠实地生活下去。直到 1830 年七月革命后，他才返回法国，并且重新进入了军队。他此后一直在塞纳 - 瓦兹省率领军队，军衔也从少将晋升为了中将。

偏题的闲话就说到这里。和约签订后，双方的谈判代表都离开

① 古希腊预言家和诗人，传说他在洞窟中沉睡了 57 年，醒来就获得了预言的能力。

吕内维尔回到了巴黎。我还记得，当时我和西梅翁打算请吕内维尔的那些演员来表演几个节目作为庆祝。因此在和约签订后的那个夜晚，我们都把自己关在房间里构思戏剧。但是塔利亚①并没有眷顾我们。我们最终只写出了一些诗歌对句，其中的大部分还是我那在阿波罗剧院工作的兄弟写的。

科本茨尔伯爵和约瑟夫·波拿巴是一起返回巴黎的。他们开会讨论了条约中关于补偿德意志亲王们的条款的具体执行。因为莱茵河左岸被割让给法国，他们丧失了各自的领地。《吕内维尔条约》的第七条规定德意志皇帝应该在帝国的中心部分为这些被驱逐出莱茵河左岸的亲王补偿领地。具体的安排则有待私下决定。这些德意志世俗亲王的补偿得到确保，领地也有可能增加，而他们都会将此归功于拿破仑，第一执政对此表示满意，也就没有督促这些补偿尽快落实到位。但是，德意志的拖延以及奥地利的矫饰让这件事情延宕了超过一年。决心落实《吕内维尔条约》带来的所有好处的法国政府决定介入，并挫败了那些妄图将法国挡在补偿分配过程之外的阴谋诡计。沙俄宫廷被要求和法国一起敦促措施的落实。因此，当时沙俄驻慕尼黑大使德·比勒以及条约签订后新上任的法国驻慕尼黑大使德·拉福雷先生一同前往雷根斯堡，向帝国议会②提交了补偿的大致方案。

经过 7 个月的讨论，拨款以及补偿的最终分配终于得到了落实。法国在执行过程中施加的控制力成为她在德意志地区建立影响力的先声。德·塔列朗先生的追随者们把法国在此事中的功劳几乎都归功于这位部长先生了。不可否认，他在这一伟大政治构想的执

---

① 古希腊神话中掌管喜剧的缪斯女神。
② 神圣罗马帝国议会，位于雷根斯堡。

行过程中扮演了重要的角色，但是这一构想归根结底还是第一执政的。沙俄在雷根斯堡的整个行动中都只是扮演了一个旁观者的角色，法国对此事有全面的控制权。她的统治力以及与会各方夸大的要求都绝妙地帮助了她。

对补偿的分配引发了数起纠纷。根本没有人在意什么公平公正。我可以毫不夸张地说，那些待分配的土地就跟上了拍卖会一样。但是，这些扭扭捏捏的不满旋即就噤声了。在纠纷中得利的亲王们自然要闷声发大财，而那些利益受到侵害的，也不敢到第一执政耳边去抗议。而数年之后，我们了解到，当时他对于事态的真实情况也是有怀疑的。驻在一个德意志小邦国宫廷的法国大使成功地整理了一个名单，列出了会议上发生的所有敲诈勒索，以及他们的祸首。第一执政将这份名单交到了公共财政部长莫利安伯爵的手中，要求他将所有这些非法所得投入到一个偿债基金中。但是此后出于战争以及其他一系列考量，他没有将这个措施执行到底。复辟的波旁王朝则拯救了这些有罪者的钱包。他们不光逃脱了惩罚，还可以声称自己是帝国政府的受害者和敌人，以此换取新政府的好感，真是一石二鸟。

1801 年夏天的大部分时光，约瑟夫·波拿巴都是在他莫尔特枫丹的庄园中度过的。巴黎城中有头有脸的人物们，许多都聚集在这里。其中包括第一执政的姐妹们，巴乔基公爵夫人、勒克莱尔夫人和缪拉元帅夫人；吕西安·波拿巴和科本茨尔伯爵则几乎整个夏天都住在那里；诗人卡斯蒂创作了诗歌《会说话的动物》以及其他天真机敏又独立的作品；德·斯塔尔夫人当时正是德·夏多布里昂先生的赞助人，她大声朗读《阿特拉》或《勒内》的每个夜晚都是那么让人沉醉。斯坦尼斯拉斯·吉拉尔丹是埃尔芒翁维尔庄园的主人，在 1827 年他去世时，所有人以及启蒙的自由之友都真心地为他默哀；米奥先生因他的各种成就和行政才能而闻名；勒德雷尔，一个记者、作家以及机智风趣的谈话者（这三人都是约瑟夫·波拿巴一贯及忠诚的朋友）；勒尼奥·德·圣－让－当热利出众的能力和清晰的头脑让他无所不能；德·若古先生，优雅的典范，钟情英雄主义，虽然此后在1814年他对波旁王朝的感情复苏了，但当时看起来他对约瑟夫·波拿巴的感情也是真挚的；诗人阿尔诺、安德里厄、布夫莱尔、丰塔纳；布夫莱尔夫人、前贵族德·萨布朗夫人，友好又风趣；马尔蒙公爵、肖夫兰、马蒂厄·德·蒙莫朗西，后者因为当时是德·斯塔尔夫人的情夫，因此也时常到访莫尔特枫丹；除此之外还有许多法国和其他国家的政治家和文学人士，他们都在这个美丽的地方度过了愉快的时光。

白天人们都在打猎、钓鱼、散步以及游戏中度过。到了晚上，则有音乐或朗诵，时不时还有一些小短剧或哑谜游戏。科本茨尔先生从心底里熟悉我们法国的诗人，尤其是剧作家，他时不时地会充满热情地演绎一段戏剧场景，经常会演成滑稽戏；他时常会组织一些小游戏、哑谜，或复刻名画场景。他自己总是参与其中，而第一执政的姐妹们则会在其中扮演重要的角色。科本茨尔说得一口毫无口音的法语，他全身上下除了名字之外也没有一点德意志的感觉。尽管他既笨拙又矮胖，但是他的礼仪总是那么得体。大体上，他的谈话总是简单而风趣；他的那种风趣机智是巧妙而易懂的，并没有什么深奥之处。他总是那么活泼，而他的情绪有时则很多变。有时候，他正把一个愉快的轶事讲到兴头上，他的笑容会突然消失，代之以沉重的表情，他的肢体动作也会像一台机器那样突然莫名地停止。他总是看起来对什么事情都很满意，所有给他的提议仿佛正是他心中所想的东西。这种矫揉造作的虚假情感让约瑟芬夫人很不高兴，因为她永远猜不到他到底想要什么。

他唯一的秘书奥佩先生，是一个典型的德意志大使馆雇员。他是一个人过中年的矮小男人。他的眼角布满了皱纹，整个人仿佛都因为那解码旧地图和外交文件的工作而疲惫不堪。作为一个极其重视形式的人，他很乐于向人展示他对于自己职业中那些微小细节的渊博知识。他不知疲倦地声明那些小细节的重要性，同时强调自己丰富的经验。他作为当时奥地利大使馆的随员在巴黎住过很多年。他是一个好人，极其忠诚于科本茨尔伯爵，作为回报，伯爵也很喜欢他。德·斯塔尔夫人①总是手中转着一朵花或一束石楠，来加入我们的谈话。不论谈话的内容幽默也好，严肃也好，她那总是充满了风趣的话语都让其不那么沉重。

约瑟夫·波拿巴出于好心，也邀请了我的老朋友帕利索到了莫尔特枫丹。我将他带到那里待了几天。他一辈子都是在名流的客厅和休息室中度过的，他在那些地方获得了巨大的成功。到了莫尔特枫丹后，这位路易十五时期幽默风格的过来人发现他有点格格不入了。每个时代都有属于自己的思想、品味和特征。由于帕利索年岁已高，人们对他的到来表示了感谢和尊敬。尽管人们都对他以礼相待，他也努力地想要融入这个环境中，但是人们可以明显地发现，他感觉自己和这个环境格格不入。此后他愉快地重新回到独处中，离开了那个和他习惯不符，也不关注他的回忆的世界。

诗人卡斯蒂②总会在晚上朗诵他白天写作的诗句。他在莫尔特枫丹写作了《会说话的动物》的部分内容。人们总会看见他独坐

① 斯塔尔夫人：法国评论家、浪漫主义文学家，代表作有《论文学与社会制度的关系》《论德国与德国人的风俗》《法国大革命主要事件思考》等。——编者注
② 詹巴蒂斯塔·卡斯蒂：意大利诗人、戏剧家，代表作有《会说话的动物》《野兽的宫廷和议会》等。——编者注

在湖边的那些百年古树下，背靠树荫下散落的岩石，寻找灵感。鉴于他超人的才能，灵感总是会在他脑中涌现。卡斯蒂是维也纳的"桂冠诗人"，他接替梅塔斯塔西奥①成为皇帝的御用诗人，这个头衔也在他任内寿终正寝了。他是由科本茨尔带到莫尔特枫丹来的。虽然他那时候已经年近耄耋，但是还保持着他年轻时的那份热忱和活力。他钢铁般的身躯让他挺过了一场只有最烈性的药物才能治愈的疾病。这场疾病唯一留下的线索就是他时不时的抽噎，这在某种程度上影响了他的发音。勒克莱尔夫人和缪拉元帅夫人选择了他作为她们顽皮的受害者，因此他陷入了和两位夫人的苦战。有时当他陷入沉思时，她们会跑过来打掉他的假发；有时当他正在就一步棋冥思苦想时，她们会跑过来打乱他的棋盘。因此他对两位夫人很是不满，并拒绝为她们写诗句，尽管这对他来说是易如反掌的事情。他和巴乔基公爵夫人的关系则好得多，他为她创作了一首田园牧歌。人们某一天的早上在客厅壁炉架上的镜子那里发现了这首诗歌。这首诗歌以她夫姓的谐音"巴西奥"以及"奥克希"②为词眼创作，描绘了埃丽萨夫人③那双美丽的眼睛。

安德里厄是到访莫尔特枫丹的常客。他是那么善良聪慧，他创作的那些诗歌和戏剧，即便是伏尔泰也会发出溢美之词。他曾一度为了政治理想而放弃文学创作，在保民院被取消后他又重新回到了文学的怀抱。他迫不及待地想要把卡斯蒂的《会说话的动物》翻译成法语，但他从没有真的实现这一目标。他此后翻译了卡斯蒂的无

---

① 梅塔斯塔西奥：查理六世御用诗人，意大利戏剧家，曾为裴高列西、莫扎特等作曲家的多部歌剧撰写脚本。——编者注

② Bacciocchi 这个姓氏在意大利语中的谐音可拆分为两个词：Baccio 意为"美丽的"，occhi 意为"眼睛"。——编者注

③ 巴乔基公爵夫人本名埃丽萨·波拿巴。

数故事中的一个《亚历山大六世的教皇诏书》，也就此满足了。

在莫尔特枫丹时常进行的围猎及狩猎是由贝尔蒂埃将军和德·阿纳库尔先生指挥的。两人都为各自的任务暗自练习过了，前者是猎犬训练师，后者则是猎人队长。莫尔特枫丹的地主们的热情好客是崇高且可敬的。他们以天生的彬彬有礼以及简单而又深情的礼仪让所有客人都沉醉其中。

吕西安·波拿巴在普莱西-沙尔芒的庄园距离莫尔特枫丹很近，两地之间因此多有交流，共同增强了两地的吸引力。这两处庄园都没有招摇之处，但是它们的确聚集了风格不同的两批人马。从这个角度上来说，普莱西和莫尔特枫丹是对手。普莱西钟爱悲剧表演，这些表演都是在一个叫拉封的演员的指导下进行的。吕西安刚刚失去了他的妻子克里斯汀·博耶，她为他留下了两个女儿。其中的一个嫁给了罗马亲王加布里埃利，另一个，在第一任丈夫逝世后，改嫁给了杜德利·斯图尔特勋爵。和弟弟关系不错的巴乔基公爵夫人，在普莱西度过了自己的夏天，温暖地庇护了诗人丰坦。圣克鲁斯侯爵夫人帮助巴乔基公爵夫人管理这座庄园。侯爵夫人是一个西班牙人，是吕西安在他马德里的大使馆里结识的。据说她在吕西安那里很能说得上话。

约瑟夫·波拿巴此前经常进行从莫尔特枫丹到马尔梅松[①]的短途旅行，而我总是有幸能在这些旅行中陪伴他。我们总会在那里过大半天，吃完晚饭后才返回莫尔特枫丹。马尔梅松的晚餐只上一桌，经常会变成家庭聚餐。第一执政会坐在桌子的一头，路易·波拿巴的夫人坐在他身旁，约瑟芬夫人则坐在桌子的另一头。第一执政的副官也会被允许同桌用餐，此外就座的一般还有另一位执政、

---

① 马尔梅松城堡是拿破仑第一任妻子约瑟芬的居所。

一位大臣，以及一两位小姐。陌生人是很罕见的。

我接下来会简要地概括一下从《吕内维尔条约》签订到《教务专约》签订这期间发生的事情——这段时间的主轴就是这位已经足以影响欧洲命运的伟人权力的进一步扩大。

英国一直以来对她海上霸权的滥用、暴君般对待其他海洋强国的船队的行为、我们的胜利以及此后条约的签订，加上第一执政领导的政府的智慧和技巧都在欧洲人民的心目中产生了一种革命性的效应。英国曾经享有的影响力在快速下降。她的暴政已经引起了北方列强的反抗：它们颁布了协议，明确了对中立权益的尊重。沙皇保罗一世①以他一贯的热忱领导着这个联盟。英国对所有这一协议缔约国的贸易禁运以及她此后背信弃义地攻击哥本哈根等行为都加强了这一反对她的联盟。第一执政当时不惜一切代价也要和保罗一世取得共识。当时在法国还有7万沙俄俘虏，第一执政让他们吃好穿好后就把他们全都送还了俄国，并没有要任何赎金。这一举动打动了保罗一世。而就在他和法国达成紧密联盟，并紧锣密鼓地执行俄法之间的协议时，他被无情地刺杀了。今天的人们都对这一刺杀事件的细节了如指掌，我没必要在这里再重复一遍。《箴言报》②是这样报道此事的："保罗一世于3月24日夜里至25日凌晨间驾崩。英军舰队在31日驶出了海峡。"历史会告诉我们，这两件事情之间到底有没有联系。

这一灾难性事件的后果就是保罗一世热切支持的联盟的解体。不久后，俄国的整体外交方针都会出现大的转变。迪洛克将军被派往圣彼得堡，为登基的新沙皇送去祝福，并进一步推进其父先沙皇

---

① 当时的俄罗斯沙皇。
② 当时法国的官方报纸，政府公告均在此报上发表。——编者注

和第一执政之间确立的关系。迪洛克受到了热情的接待，人们也向他表示俄国会继续和法国保持友好的关系。但是，大概六周之后，亚历山大沙皇就和英国签署了协议，完全抛弃了他父亲的计划，屈服于英国的淫威。

克莱贝尔将军去世后，遵循按资排序的原则，法军的指挥权落到了梅努的手中。他是一个英勇的军官，一个出色的行政管理者，但是他缺乏军事素养。他全身心地投入到为法国在埃及争取权益的事业中，为此他不惜成为一个穆斯林，并娶了一个土耳其女人。而东方远征军的将领们，不论是因对指挥官缺乏信心，或是因为个人矛盾，对他的命令都是阳奉阴违，这也导致了此后远征的失败。英国人抓住这个机会，将一支军队派往埃及，并和奥斯曼土耳其的军队联合。第一执政多次尝试将补给和援军派往埃及，最终都是无用功。梅努犯下的错误是没有集中力量在登陆点攻击英军，把他们直接赶回海里。他将军队分成了数股，导致我们到处都没有数量优势，他就是这样以少敌多，输掉了尼科波利斯战役。阿伯克龙比将军在此役中殒命。在开罗的贝利亚尔将军和亚历山大港的梅努将军只得被迫投降，并接受敌军开出的条件：他们允许让法军带着他们的武器返回法国。

在大概同一时间，帕尔马王子和王妃以里窝那伯爵和伯爵夫人的名义，一同来到了巴黎。《吕内维尔条约》让他当上了伊特鲁里亚国王。他们在巴黎待了数月，参加了许多宴会。第一执政认为，让一个姓波旁①的来到巴黎会是一个妙计（一个因为他而成为国王的波旁，这个全能的男人可以让别人成为国王，自己却不打算当国王）。同时，在杜伊勒里宫中接待一个来自曾经统治法国的血脉的

---

①　当时的伊特鲁里亚国王路德维科一世出自西班牙波旁王朝。

亲王，他的出现在巴黎一点波澜都掀不起来，所有见到他的人都能清楚地看见他毫无价值。

《教务专约》的谈判与签订始末

《吕内维尔条约》的谈判之后，紧接着进行的就是《教务专约》的谈判。第一执政一直坚信应该重新在法国确立宗教的地位。他深知宗教对一个国家、一个民族的重要意义。天主教在精英层面中仿佛就快咽气了，但凡是对公共事务有一丁点影响力的人似乎都做好了拥抱新教的准备。但是，法国广大的人民依旧信仰罗马天主教。在大多数的省份，这一纽带都是无法打破的。尽管第一执政当时享有极高的声望，但是他的影响力还远没有达到可以在这两种宗教中二选一的程度。

如果选择新教的话，那么国内的动荡是可以预见的，可能会更加暴力，因为人们对宗教战争还记忆犹新。难道说，在我们这个文明大发展以及首脑本身规定了各党派团结与和解的年代，我们还要创造新的分裂吗？而除了他生来就是罗马天主教徒之外，他也并不希望抛弃天主教选择其他宗教，多重原因都推动着他倾向于选择罗马天主教。被天主教国家环绕着的法国，需要天主教带来的各种益处。抛弃她古老的信仰不光会降低法国的声誉，更会引发欧洲对大革命的错误的忧虑。

通过保证罗马天主教的地位，第一执政确保了教皇对他的支持，在当时，这种支持对他的政府只有好处没有坏处。意大利也因此继续依附于法国。拿破仑主要存疑的地方是能不能让天主教重新回到福音教的纯洁状态，同时确保精神权力和俗世权力的分离。在他眼中，这一分离才是保证宗教和平的决定性因素。这一重大成果，在之后的时间里也被基本保持了下来，也可能是造就了欧洲此后和平的重要原因之一。大部分的宗教争端都被束之高阁了。在这件事情上，第一执政是超越了他所处的时代的，他在许多其他事情上的真知灼见也是如此。在未来的某一天，人们将毫无疑问地实现他的想法，但是宗教上的事情总是要慢慢来的。这样的改革是不能依靠政府部门里的方案来实现的，它们只能依靠时机；它们必须要在正确的时机出现，人力是不能加快这一进程的。现阶段最重要的事情是要重新把被宗教问题分裂的人民联合起来，并在这一过程中满足最广大的法国群众的心愿。这些考量中的一部分是由各个国务参事构思出来的，他们也负责将《教务专约》谈判的核心思想告知保民院和立法院。

抱着上述这些对未来的计划，第一执政决议尝试与教廷和解。为此他遭到了来自他的政府不小的阻力。科林斯大主教斯皮纳被派到巴黎来开启谈判。法国政府提出的草案在做出一些修改后获得了枢密院会议的通过。之后，为了增加协议的庄重性以及确保其迅速实施，教廷派出枢机卿孔萨尔维红衣主教，后者在 6 月初到达了巴黎。他和第一执政进行了数场会议后，谈判正式开始了。参与的各方有教皇的外交使团，包括孔萨尔维红衣主教、科林斯大主教、卡塞利神父——他也是教皇的神学顾问——以及法方全权代表约瑟夫·波拿巴。第一执政还指派了国务参事以及贝尼耶神父去协助他。贝尼耶此前是昂热-圣洛地区的助理神父，作为旺代叛乱政府的神父，他此后协助埃杜维尔将军在当地进行的和解工作让第一执政很是满意。

孔萨尔维红衣主教到达巴黎 8 天之后，我们召开了一次全国宗教会议。45 名大主教及主教以及 80 名教会代表在巴黎圣母院参与了会议。会议宣布了关于高卢教会原则的一份新宣言，表示法兰西教会认可教皇作为其领袖，但是他在法国的世俗事务中没有任何权力。这一宣言为将来的协定打下了基础，并且支撑了正在进行中的谈判。但是谈判的过程还是很漫长，最终是在孔萨尔维红衣主教的两点疑虑得到澄清后，才决定同意协定的内容：其一，第一执政可能被其新教徒占多数的国务参事们说服；其二，法国可能建立一个独立的高卢教会。此前已经由科林斯大主教斯皮纳同意的草案成了最终的协议。7月15日，协议得到签署，并在8月15日得到教皇诏书的确认。为了感谢贝尼耶神父做出的贡献，他被授予了奥尔良大主教的席位。

当《教务专约》的内容公之于众后，被拿破仑称为"共和党人以及其意识形态拥护者们"的群体，就严厉地批评了这一和罗马教廷达成的协议。他们声称这是要找回哥特思想，将外部势力引入法国，并且在一个已经确立宗教平等的国家给予罗马天主教特权。另外一些没有那么激动的人群则表示，虽然这一协定有一定的好处，但新法条本应允许神父结婚的。而最令人遗憾的疏漏则是《教务专约》中并没有条款规定教皇应该在多长时间内给主教授职。这一问题在条约谈判时是有被讨论过的，但当时我们认为教皇一方已经做出了足够大的让步，再要求这一条就不大合适了。这一疏漏此后成了教皇手中的一件可怕武器。那些批评法国政府没有为神父争得结婚权，或是没有设立一个独立的高卢教会的人，忘记了一点：这样的改革是不能拍脑袋进行的，在当时的条件下，我们已经取得了足够的优势，而这些要靠时间积累才能修成正果的改革则必须要慢慢等待。

不管对内容如何争论，《教务专约》在现实生活中带来的结果是正面的。它是与最广大的法国人民之间的和解宣言。一方面，它取消了宣誓以及未宣誓的神父之间的区别；另一方面，它也抚慰了那些在革命中获取了教会资产的人良心上的不安。道德规范再次获得了宗教制裁强有力的维护，人们对宗教见解的尊重保证了法治的进行。同时，《教务专约》也标志着我们往理性改革的方向踏出了重要的一步，这也是拿破仑所期望的。教士阶层不再是政府中的一个影响力量，他们获得了稳定的工资收入，也受到规则的严格监管，保证了他们在接下来的许多年中遵纪守法，被限制在法律给定的框架中。他们被政府首脑的铁腕控制着，要不是之后政府遇到了多重困难，给了他们可乘之机，他们是永远不可能妄想再次解放自己的。不能否认，罗马教廷此后的种种侵犯行径强烈地考验了大帝的耐心，并且削弱了他设立的一些保证国家权益不受教会侵害的措施。教士阶层的影响力，以及随着我们军队的失败而愈发升起的敌意造成了许多问题，也使得批评《教务专约》这一伟大法令的那一方占据了争论的高地，至少在表面上看起来是这样的。这个本意是依据和平博爱的上帝的旨意，让教会重归和平的条约，为法国政府酿就了苦果。但是，如果拿破仑成功地平定了整个欧洲，他是绝对可以解决所有这些问题的。

就在罗马准许了《教务专约》的同时，它还发出了一封神父信。信中劝告法国的主教们主动辞去自己的职务，并给了他们3个月的时间做出答复。绝大部分的在职主教都迎合了教皇的意思，去函表示同意。只有一小部分已经跑到英国去了的退休主教表示不服从。他们自己联合起来组成了一个"小教会"，几乎没有获得任何人的关注。而这份取消大革命时期主教区和总主教区的教皇诏书得到了执行。23个旧总主教区和134个主教区被废除，在其基础上仅仅建立了10个总主教区以及50个主教区。

《教务专约》的具体条款并没有被马上公之于众。在谈判结束后，我们也没有把消息告知保民院及立法院。这一耽搁表面上的原

因是我们需要所有旧主教都退职，而一小部分逃亡海外的主教可能
会拒绝退职。但最主要的原因还是我们害怕这样唐突地把关于人们
良心安宁的这个问题扔到充斥着喜爱胡乱联想的政客们的保民院
中，会引起激烈的争论。直到立法院的第二届会议开幕后，《教务
专约》才被公开。参政院趁这一空隙准备了符合国家需要和启蒙
进步要求的一系列协调政府宗教系统的规章制度。

　　我在这里必须提到一项措施，它和《教务专约》联系在一起，
正是这个措施让我们得以尽早向保民院和立法院通告这项《教务
专约》。这两个议会的会期，尤其是保民院，总是充满了暴力的反
对。大部分提交给他们的法案都被极不友善地接受，有两个甚至被
否决了。而保民院里更是充斥着充满敌意的话语。因此，第一执政
深信他在那里不会获得任何诚心诚意的配合。他认为那些演说家要
么是不怀好意，要么是被他们不合时宜的对大众自由的狂热引向了
歧途。他们的存在对他设想中的进步措施将会是致命的。而宪法规
定的，每年改选保民院及立法院五分之一议员的这个时机，对他来
说是一个很好的清除议会中他顽固的反对者的机会。具体如何改选
五分之一的议员，宪法里是没有讲清楚的。护宪元老院可以自由选
择通过选举或者是抽签的方式来进行改选。而在最终的改选中，20
名最不听话的保民院议员被清除出去了。虽然政府在护宪元老院这
一行为中施加的影响力是显而易见的，但是，我必须强调，这是不
违法的。这一清洗行为——我觉得这是一个恰当的名字——直到今
天都还被许多可敬的独立人士所诟病。这些人普遍都是钟情于书本
上的教条而疏于现实生活中的实践。他们中的大部分都信奉这样的
教条："原则大于国家。"但是，在当时，这一举措是非常必要的。
当面对来自一批认为新生的政府很弱小，并且妄图通过系统性反对
来使他们自己变得不可取代的人的压力时，我们到底应该继续坚定

地追求通行善法还是暂时放弃这一想法？我想我们都知道第一执政
在这种情况下会做出怎样的选择。

《教务专约》是 4 月 5 日召开的特别会期中提交的第一份法
案，获得了大比数通过。4 月 18 日，复活节周日，人们在巴黎圣
母院中咏唱了一曲《赞美颂》来庆祝宗教礼拜的复兴以及《亚眠
和约》的签订。第一执政身着刺金的绿色法袍参加了仪式，他佩
剑的护手上镶嵌了一颗名叫"摄政王"的华美钻石。奥尔良公爵①
在路易十五年幼时购买了这颗钻石用以装饰王冠，因此它得名
"摄政王"。大革命期间，这颗钻石被从仓库中偷了出来，此后被
政府发现并保护了起来。第一执政以远低于其实际价值的价钱购买
了这颗钻石。

卡普拉拉红衣主教主持了弥撒，巴黎的诸外交使团都在场。新
被任命的主教正式进行了宣誓仪式。到了夜晚，整座城市都被点亮
了。属于"自由思想"那个团体的一些将军以吹毛求疵的争吵表
达了自己的反对，他们得到的只有人们轻蔑的微笑而已。但是他们
的这一连串反应都表明他们正在进行着不利于第一执政生命安全的
密谋，第一执政也注意到了这一点。最终他们冷静下来之后，还是
放弃了这些密谋。许多重要的将军都参与了这一密谋，其中一些脑
袋发热的甚至建议让第一执政遭受和罗慕路斯②相同的命运。贝尔
纳多特将军也在这些人当中。拿破仑一贯不重视自己的人身安全，
在得知这一密谋后，也拒绝采取任何措施。他一直坚持着自己的这
种自制。因为这种对自己的克制，他仅仅是把密谋的主要领导人们
找来斥责了一番，或是把其中的一些人打发走了而已。贝尔纳多特

---

① 在路易十五登基初期，路易十四的侄子奥尔良公爵担任摄政王。——编者注
② 罗马城的建立者及第一任国王，后世史学家猜测他是被元老院谋杀的。

将军被责令收拾包袱返回了西部军队，他之前就是从那里来的巴黎。自此之后，他和国家元首之间的关系变得愈发奇怪和别扭，以至于他的参谋长西蒙准将，此后不久就离开了军队。我在这一时期曾经见过拿破仑。他当时对贝尔纳多特将军是如此的不满，以至于他甚至考虑过要把贝尔纳多特将军送上军事法庭。好在约瑟夫·波拿巴，也就是贝尔纳多特将军的大舅子及时介入，他才得以逃脱法律的制裁。

在罗马派来商讨《教务专约》的三名神父中，孔萨尔维红衣主教和斯皮纳勋爵都是非常开明的人。而负责向他们提供形式、圣灵以及教宗礼仪等多方面建议的卡塞利神父则是一个简单而忠诚的人。他这一生都在研究神学问题，这些神学问题也把他层层包裹住了。特利腾大公会议正式裁决了神职人员必须保持独身，孔萨尔维红衣主教虽然没有公开地批评这一裁决，但是在谈话中他并没有拒绝让神职人员结婚的这一想法。他也不排斥戏剧表演，他自己也说他很乐意到场观看一次道德剧的演出。他的这一系列评论，虽然并没有任何约束力，但可视为他对在巴黎环绕着他的这种自由思想精神做出的一些微小让步。而在公共场合，他只能遵照教会的精神来讲话。他之所以可以如此自由地就神父结婚一事发表看法，是因为我们在谈判中决定不考虑这个问题，或是出于对第一执政意见的尊重，或是后者不想给本就棘手的谈判火上浇油。

《教务专约》大概是拿破仑政府最重要的一条法令。在讨论过它的政治意义和综合意义之后，如果我们不提一下第一执政的个人情感在其中扮演的角色，那么我们是无法完整地鉴赏这份伟大的文件的。许多人一直觉得，在拿破仑眼中，宗教不过是一种约定俗成的迷信思想。通过复兴天主教，他只不过是在满足自己的野心，并没有考虑过宗教带来的社会影响。所有持有这一观点的人都忘记了

　　拿破仑本人是特别虔诚的教徒——我还要补充一下，他是一个真正的天主教徒。他一贯认为宗教信仰是道德和正派作风的基石。他既厌恶那些四处宣传宗教有害论的持"自由思想"的愤世嫉俗的人，也同样恐惧宗教偏见对人类智慧带来的伤害。如果说仅仅因为他在私下谈话或讨论中，考虑到天主教会在历史上的起起伏伏，批评了天主教会的大臣们有时太过拘泥于宗教信仰，就认为他完全看不到基督教在文明教化方面发挥的作用，或者认为他是一个没有信仰的怀疑主义哲学家，这可就大错特错了。他对圣灵教导的敬重来自他的信仰和他早年的教育，你可以看看吕埃教堂那远达马尔梅松城堡的钟声在他心中唤醒的宗教思想，还有他在圣赫勒拿岛上的最后时光中向宗教寻求慰藉。通过在法国复兴罗马天主教，他为法国填补了那部分的空虚，同时他也听从了自己心中的宗教本能。

　　在法国复兴天主教的第一个措施就是建立大众祷告部。波塔利斯受命管理该部门，此前他是专门负责处理与大众祷告相关事务的国务参事，此后他就是部长了。波塔利斯是一名博学的律师，同时也是一名口吐莲花的演讲者。他温和的性格让他天生就适合调解争端。他曾被人批评说太过于灵活，这个指控大概不无道理。但是在处理交付给他的这些职责时，太过灵活与其说是缺点不如说是他的优势。西塞罗所说的"一个能言善道的好人"① 说的就是他这样的人。

　　斯皮纳勋爵在《教务专约》签订后被升格成为红衣主教，他在巴黎逗留了一段时间，充当教皇国驻巴黎的代办。之后他被卡普拉拉红衣主教取代，后者被任命为正式的教皇亲身代表。卡普拉拉红衣主教9月就到达了巴黎，但是直到隔年的4月9日，第一执政

————————

① 原文使用拉丁语：Vir bonus et dicendi peritus。

才接见了他。

我们则将里昂大主教派往罗马充任大使。他是第一执政的表舅。拿破仑的外祖母在二婚时嫁给了费沙先生。费沙先生当时是瑞士雇佣兵团的上尉，被热那亚共和国雇佣驻扎在当时还属于热那亚的科西嘉岛。里昂大主教就是这段婚姻的结晶。本来在大革命开始时，他已经离开了教会，以俗世身份生活在意大利。他在雾月政变后重新回到了教会中，在他外甥的帮助下，他迅速爬到了教会权势的顶点。1801 年，他被任命为里昂大主教，两年后，又被提拔为红衣主教。他到罗马是去接卡科的班，后者在《教务专约》签订时是我们驻罗马的代办。《基督教的特性》一书的作者德·夏多布里昂在大赦后结束逃亡回了法国。他的亲密好友丰塔纳先生，将他引荐给了第一执政的妹妹巴乔基公爵夫人，以及他的弟弟吕西安·波拿巴。这对姐弟对外宣布他们将赞助德·夏多布里昂先生。而《基督教的特性》一书在法国出版时，正值基督教在法国的复兴，因此引发了巨大的轰动。因为此前宗教思想被压迫了太久，在获得解放后，它们传播得比以前更快了。这是这本书出版的最佳时机，第一执政本人也很欢迎这本书的出版。归功于巴乔基公爵夫人对作者的支持，加之第一执政对于这本支持他观点也支持《教务专约》的书籍的出版也非常满意，第一执政认为这是一个必须报答的恩情。他遂将这位作者任命为驻教廷使团参赞。

《亚眠和约》的谈判与签订始末

第一执政对我方从埃及的撤退感受很深。克莱贝尔的不幸去世是一场灾难，要是他还活着的话，法国很可能可以保持在埃及的战果。《伦敦和约草案》的签署有力地把人们的注意力从埃及战役的失败上转移走了。第一执政自就职以来一直谋求的目标终于达成了。

此前，他首先尝试过直接请求英国国王帮助双方达成一个对双方都有利的和平协定，这一请求没有产生任何效果。之后，双方尝试过第二次和谈，但是当时英国方面认为自己新上任的政府位置还不稳固，谈判也无疾而终。而当《吕内维尔条约》实现陆上停火后，即使是诸如小威廉·皮特、邓达斯或是格伦维尔这样的主战派也意识到必须要和法国议和了。因此他们自觉地辞去了职务，为新政府让出了位置。在英国的贵族和商人们眼中，他们这样做是不愿意承担政治实验的责任，而实验终将证明和平对于这两个重要阶级来说才是最优解。

当时马上要由阿丁顿和霍克斯伯里接掌的英国内阁，发布了他们将像捕获战船一样抓捕法国渔船的命令。当时法国驻伦敦专员是奥托先生，他正在为双方交换战俘而进行活动。在接到这样一个违反了所有战争规则的命令后，他宣布自己已经获准离开英国。他在英国继续待下去也没什么意义了。但是法国政府不会采取报复行为，法国军舰也会戒绝与渔船的接触。作为对法国专员这一布告的回复，英国的新内阁取消了这一针对法国渔船的命令。这一命令本身就让这场战争显得原始，为文明国家所不齿。而这一命令的取消则表明了他们对我们敌意的减轻。在就这一问题进行的讨论中，英国政府抛出了和解的可能性。事实上，仅仅一个月之后，奥托先生就接到英方的通知，希望可以派出一名全权代表到巴黎参与和谈。第一执政热情地欢迎了这一提议，他授权奥托先生接受英方的提议，并尽快开始前期谈判。我们给奥托先生的指示是，在谈判中不需要虚张声势，但是最好可以确定和约的基础条款。霍克斯伯里勋爵之后交给奥托先生一份他亲自手写的概要，其中包括了英国可以同意的和约内容。这些条款规定法国应当将英国最宝贵的殖民地——埃及和马耳他，正式割让给英国。我方此前就认为这些条款不可接受，第一执政也拒绝了它们。这时，霍克斯伯里勋爵询问法方的谈判要求是哪些，奥托先生给出了下面这些提议：

> 埃及归还奥斯曼帝国；
>
> 马耳他的城防将被拆毁，并交回给马耳他骑士团；
>
> 锡兰岛割让给英国；
>
> 好望角及其他殖民地归还法国及其盟友；
>
> 葡萄牙保持其领土完整。

英国政府针对这些条款开始讨价还价，但是他们同时也宣称他们愿意接受关于马耳他的条款。英国放弃了它对马提尼克的声索，但是期望保留当时的西属特立尼达以及法属多巴哥，同时荷属的德默拉拉、埃塞奎博以及伯比斯应该成为自由港；英国同时提供了另一种可能，它愿意放弃特立尼达，但是作为交换它将保有法属多巴哥、圣卢西亚以及荷属德默拉拉、埃塞奎博以及伯比斯。

这两个选项都会让法国面上无光，因为它必须要牺牲荷兰或西班牙中的一个。为了避免让这些国家丢失英国主张的这些重要殖民地，第一执政同意放弃多巴哥，但是英国政府拒绝仅仅获得这一个小岛，即便奥托先生之后追加了库拉索也于事无补。

最终，经过6个月的谈判，双方签署了《伦敦和约草案》。其主要内容是：法国及其盟友将保有它们除锡兰和特立尼达外所有的殖民地，好望角将开放给双方进行自由贸易，埃及归还给奥斯曼土耳其，各方承认爱奥尼亚群岛共和国，葡萄牙保持其领土完整，英国人将撤离马耳他并将其归还给马耳他骑士团，该岛的独立权利有待商定。双方都同意最终的和会将在亚眠举行，到时候双方将最终解决一些现在还悬而未决的问题。

在这里我认为我们应该回顾一下拿破仑在此前英国于 1800 年拒绝求和之后写下的几点看法，这会极大地帮助我们理解接下来的事情。

1. 英国内阁会不会拒绝第一执政的求和提议，从而背负延长战争苦难的骂名？

皮特之所以拒绝谈判，是因为他期盼战争的继续将迫使法国不得不请回波旁王室并将比利时还给奥地利。如果这两个要求合理合法，那么他大可以拒绝和谈而不用担心名誉受损。但是，如果这两个要求既不合理又不合法，他就会让他的国家背负战争的丑恶。现在我们来具体分析一下。共和国已经获得了欧洲各国的承认。经过 1796 年马姆斯伯里勋爵和督政府之间的协议，英国自己也承认了共和国。这位谈判代表拜访了巴黎和里尔，并和夏尔·拉克鲁瓦、勒图尔纳以及马雷等督政官进行了谈判。退一步说，让波旁王室返回法国根本不是战争的目标。而比利时诸省是奥地利皇帝早在 1797 年的《坎波福尔米奥和约》中就割让给法国的。当时马姆斯伯里勋爵在里尔的谈判中也代表英国接受了这一点。比利时诸省现在在法理上是共和国的一部分，而想要把它们分离出去就是要篡夺、撕碎、解体一个大家都承认的政权。

2. 拒绝这一提议到底是不是一件好的政策，是否符合英国的利益？

皮特拒绝和谈的政策是否符合英国的利益呢？他难道真的期望通过延长战争来获得比利时吗？通过让世界重返和平，并因此获得更长远的利益难道不是更明智的策略吗？如果他同意和谈的话，撒丁国王、那不勒斯国王、托斯卡纳大公和教皇都将重获王位，并巩固自己的王位，奥地利也肯定会获得米兰，法国也会退出荷兰、瑞士和热那亚。英国说不定可以将自己的影响力扩展到那些国家去呢。奥斯曼土耳其将重获埃及，骑士团将回到马耳他。而获得锡兰、好望角和特立尼达的英国将可以确保自己在西印度和东印度的存在。对于1799年的英国来说，这是多么美妙的战果啊！这些好处都是实打实的，而他们后面落空的那些妄想则本来就不切实际。1799年时，反法同盟在意大利的确处于上风。但是它们在瑞士、荷兰以及东方都遭受了失败。法国刚刚经历了政权交换，一位军事才能和知识储备都久经考验的人代替了五个窝里斗的庸人①。是整个民族的期盼将这个人送上了权力的宝座。仅仅是听到他的大名，旺代的叛军就臣服了，俄军也直接撤回了维斯瓦河②以东。格伦维尔勋爵自己也承认，就算第一执政愿意放弃比利时，法国人民也不会答应，这是一场获得法国举国上下支持的战争。柏林、维也纳和伦敦在1799年还可以自欺欺人，毕竟当时情势还刚有新的展开。但是，英国政客们到了1800年还在犯同样的错误难道可以被原谅吗？1800年的战争大概率是会倒向法国这一边的，她将重新征服意大利。就算她在意大利获得的是惨胜，英国想要让法国割让比利时也将意味着长期的巨额金钱补贴。因为为了达成这一目标，英国必须要拉拢奥地利、沙俄和普鲁士，或者至少它们中的一个。而1800年的战争是无论

① "五个窝里斗的庸人……"指督政府的五位督政官。
② 维斯瓦河在今波兰境内，自南向北将波兰分成两半，并注入波罗的海。

如何也不可能让英国达成这个目标的。人总是不能高估自己的机会的。

3. 法国需要继续打仗吗？

共和国的利益和英国的利益是相反的。如果共和国当时签订了和约，那肯定是在她失去整个意大利的情况下。也就意味着她因为一场结果未定的战役就撤退了。这不光是不体面的，更会促使欧洲的所有王公联合起来对抗她。1800 年的战争怎么看都是在朝着对共和国有利的方向发展。俄国人退兵了，旺代的叛乱平定了，国内的各种势力得到了控制，而人民则对政府充满了信心。只有在恢复了意大利的力量平衡之后，共和国才能，也才应该求和。签订任何劣于坎波福尔米奥的和约都只会伤害并威胁她自己。在当时法国那种混乱而无主的情况下，战争对于维系国家的能量和统一都是必要的。否则，其他国家将会要求共和国减税并削减军队数量。如此一来，两年之后，法军将会以更大的劣势站在战场上。

4. 在这一情况下，拿破仑最关心的是什么呢？

拿破仑需要战争。数次意大利战役、坎波福尔米奥议和、远征埃及、雾月政变、人民共同的那种将他送上高位的愿望毋庸置疑地提升了他的地位。一份劣于《坎波福尔米奥和约》的协议将会断送所有他在意大利的斩获，因此会改变法国的精气神。这样他就不会拥有那股强大的力量，并用以结束大革命。他也就不可能建立一个值得信赖的、持久的政权。他当时清楚地认识到了这一点，因此迫不及待地想听到伦敦的答复。当英国拒绝议和后，他内心是窃喜的。英国的寡头政府越是侮辱共和国，就越是在帮拿破仑的忙。他对自己的一名部长说："这是我们能得到的最好的答复了。"从那一刻起，和这些头脑发热的政客打过交道后，他就知道自己实现天命的道路上没什么阻碍了。皮特固然拥有许多议事技能，对国内事务也了如指掌，但是他对政治根本就是一窍不通。一直以来，英国对于欧陆事务都知之甚少，尤其是不了解法国国情。法国的荣耀达到了顶峰，整个欧洲都臣服于她。而就在侮辱了法国的仅仅几个月后，格伦维尔勋爵就不得不跟法国签订和约，一份远比《坎波福尔米奥和约》对我们有利的和约：我们由此获得了皮埃蒙特和托斯卡纳。

但是要是我们东方军团的指挥权没有因为刺客的匕首而落入一个虽然优秀却毫无军事才能的人手中的话，埃及就会永远是法国的一部分了。英国人和法国人都认为，如果克莱贝尔还活着的话，阿伯克龙比将军是肯定会被击败的。当时奥斯曼政府已经表露出将埃及割让给法国的迹象了。这狂热的 20 年是多么重大地影响了世界格局的平衡啊！

想要不慢慢品味 1801 年的这段绝妙的时光是不可能的。拿破仑成为政府首脑才过了不到两年，共和国的伤口就都开始愈合了。金融秩序得到了恢复，公共秩序获得了重组，我们起草了《民法典》，旺代的叛乱被平定，教会再次得到统一，巴黎和地方各省都如火如荼地进行基础设施的翻新和修饰工作，四处都在修建道路和运河。我们和美国、奥地利、普鲁士、沙俄、巴伐利亚、奥斯曼土耳其、巴巴里海岸的摄政们①、那不勒斯、西班牙、葡萄牙都签署了和约。为这些和约锦上添花则是与英国签署的和约草案。同时，

---

① 巴巴里海岸是当时欧洲对北非摩洛哥、阿尔及利亚、突尼斯和利比亚的称呼。

政府将在即将到来的雾月 18 日在整个共和国举行一场庄严的周年庆典，庆祝我们自这一天以来取得的无数成就。

签署与英国的和谈条约草案后过了 8 天，双方都指派了各自的谈判全权代表：法方选择了代表法国谈判《吕内维尔条约》和《教务专约》的约瑟夫·波拿巴，英方则选择了康沃利斯勋爵。

英方全权代表在一个月后抵达了巴黎。双方在巴黎召开了一些预备会议。从这些会议中人们已经可以看出，问题的焦点所在就是马耳他问题。事实上，这个问题在一年后会导致和会暂时中止。双方就这一问题唯一可以谈的地方似乎就是选择一个第三方来保证这个小岛的独立；在亚眠和会的讨论中，双方还会多次探讨这个问题。

1801 年 12 月初，第一次会议正式开始了。西班牙和巴达维亚共和国①也列席参加了协商。西班牙代表是当时的西班牙驻法大使达萨拉爵士。巴达维亚共和国则派出了希默尔彭宁克先生，他是这个法国建立的共和国的全权驻法公使。两位公使与其说是参与者不如说是见证人。在 1802 年 1 月前，达萨拉爵士都没有来到亚眠，或是参与任何相关的讨论。英国内阁此前曾想要派团参加吕内维尔和会，现在抗议荷兰和西班牙使团参与亚眠和谈，并宣称法国在荷兰和西班牙政府中有太大的影响力。康沃利斯勋爵后来没有再坚持这一要求，看来只是走个过场罢了。会议的商讨在法国和英国公使的住处交替使用法语进行。刚开始的几场讨论是围绕着马耳他展开的，英国代表似乎很后悔此前过分简化了这个问题。英国公使看起来对这个小岛未来的命运很是关注。他希望该岛的驻军可以由多国驻军来保证。他也要求，如果法语继续作为岛上的官方语言的话，

---

① 1795 年至 1806 年间法国在今荷兰领土上建立的傀儡国。

那么英语也应该是官方语言。法国代表则要求马耳他骑士团由一个
宗教军事骑士团转型为一个慈善性质的骑士团，岛上的城防措施应
该全部拆除。该岛将成为一个大型检验检疫站，开放给所有在地中
海和黎凡特地区有贸易活动的国家使用。英方代表拒绝了拆除城防
工事的要求，因为和约草案中有一条专门规定了该岛应该被恢复成
战前的样子。

因为和约草案中还有许多诸如选择马耳他的保护国等有待讨
论的条款，英国政府对于凡是有关马耳他的和约草案条款都多有
顾忌，并严格要求遵照草案的文字描述的这一点和它费尽心机地
想要歪曲草案的精神是背道而驰的。原来英国当时坚持拒绝拆毁
马耳他的城防是有私心的，这一点在此后他们撕毁《亚眠和约》
时才为世人所知。双方都从各个角度检视并小心仔细地讨论了这
个问题，本来应该可以迅速达成共识。但是，事与愿违，困难
越讨论越多，不光是关于这一个条款，甚至蔓延到了和约草案中
的其他条款上。

终于，经过长时间艰苦的谈判——在此期间法方代表的精明和
克制多次受到考验——双方终于签署了条约。那只在吕内维尔公正
地指导了和会进程的手，在亚眠签署了海上和平协定。那些由草案
打下基础的条款在最终条约中得到了确认。荷兰在最终条约中还减
少了损失，好望角被归还给了它。

而双方激烈争论的马耳他问题，与其说是被解决了，不如说是
被避开了。马耳他将被归还给耶路撒冷圣约翰骑士团。法语和英语
都不会是岛上的语言，人们在岛上将说马耳他语。英国军队必须在
3 个月内撤出马耳他岛。当地驻军的一半将由马耳他人担任，另一
半将由那不勒斯国王派出 2000 人来补充完整。马耳他的独立将由
英国、法国、奥地利、西班牙、沙俄、普鲁士共同保证，同时该岛

宣布永久中立。

迪皮伊先生是此次法国代表团的秘书。他此前曾在动荡时期担任法兰西群岛①的行政长官9年，并成功地将其保留在了法国。因为在此次谈判中立下的功劳，他被任命为国务参事，并在此后被选入护宪元老会。他的妻子是那不勒斯王后的近侍之一，他的女儿则在日后被皇帝许配给了德·奥德纳尔德先生，他是皇后的骑术教官之一。

就像在吕内维尔时那样，波塔利斯代表的儿子也一同来到了亚眠。在这两个条约的间歇期，他和一位荷尔斯泰因家族的小姐结婚了。在果月政变②的动荡中，他的父亲曾在她的家中避难。

英方在和会上的代表康沃利斯勋爵，是一个68岁上下的正直的老人。他身材高挑，面相高贵，是一个行事坦荡而善良的人。他的秘书是梅里先生，似乎是唐宁街专门指派给前者的，负责缓和他那从军队中带来的坦率作风造成的影响。这位秘书拥有典型的英式内敛性格，特别难对付。他那棘手的态度和英国代表坦白和善的风格完全不同。尽管遇到了许多问题——针对具体字眼的争吵，英式外交的老旧常规、又长又晦涩的便条以及谈判途中产生的大量问题，这两位代表的合作还是挺愉快的。出现的问题也不都是梅里先生的错，康沃利斯勋爵也不止一次地以权压人。

而接下来发生的这件事情，更是让我们见识到了这位英国代表光明正大的行事风格，为这位值得敬重的代表的任务画下了完美的句点。当时，最后一次交涉已经结束，双方已经就最终的条约达成了一致，双方也立誓肯定会签字。庄严的仪式将于翌日在

---

① 今毛里求斯。
② 1797年督政府发动的政变。

市政厅中举行。而就在签字仪式的前一晚，一位从伦敦来的信使带来了要求康沃利斯勋爵修改条款的命令：将涉及为战俘提供衣食的金额的某些条款修改得对英国更有利。康沃利斯勋爵此前已经向约瑟夫·波拿巴宣告任何事情都不会阻碍和约的签订。因此，尽管受到了政府给他要求更改条约为英国获得一笔补偿金的命令，但他考虑到自己已经进行了宣誓，因而宣告他不会违背自己许下的诺言。

3月15日早上11点，步兵和骑兵分列前往两位代表的住所，将他们的马车护送到了市政厅。现场演奏着军乐，民众的欢呼声响彻云霄。市长和他的副手们接待了两位代表，当地的省长和其他官员也向他们表达了祝贺。在法国代表的命令下，我们正式宣布签字仪式即将开始。市政厅的大门洞开，人群有秩序地进入市政厅。两位代表随后庄严地签署了和约，并且热情地拥抱了对方。他们的拥抱是如此热情，以至于市政厅内爆发的掌声余音不绝，不止一名看热闹的人流下了激动的泪水。当晚，整个城市灯火通明，一出慈善戏剧也在市内上演，所有收入都被捐给了穷人。迪皮伊先生担负起了将条约带回巴黎的重任。在他抵达的一个半小时后，荣军院的礼炮向全城通报了这个好消息。巴黎城中大大小小的广场上，人们庄严地宣告和平的降临。

正是在亚眠谈判的其中一次会议上，英国代表透露了一个承认第一执政为法国国王的提议。这和格伦维尔勋爵在1800年所说的话已经大不相同了。新一届的英国政府已经认识到，想要召回旧王朝的王公们是很容易的。但是，如果想要把他们重新扶上他们原来的宝座，不论是对他们的仆从还是对找回他们的人来说，都将充满艰难险阻。而这些困难难道不会让他们怀疑这个召回他们的人吗？他们近侍的成见和浮夸、新崛起的势力、人们思想上的革命、新的政治制度、新的军事制度，所有这些难道不都是在合力反抗波旁王朝在法国的持久复辟吗？

不管怎样，拿破仑没有理会这一暗示。他不想依靠外部势力的恩典来行使统治权，更不需要获得外部势力的许可。当两年后，法国再次抬起王座时，他加冕为皇帝，而不是国王；他的统治绝不是波旁王朝的延续。一个新的时代已经曙光初露了，欧洲已经被改变了。拿破仑不想重建一个专制王权制度，他想建立的是君主立宪制。

普遍和平，即反法同盟一直拒绝给予拿破仑的这一和平，肯定会使得人们有时间完成那些本来只是临时性的制度。当时的情势使得我们只能采取独裁制度，而当时的一系列措施也只是暂时的，终究是会被一个顺应时代的政治制度取代的。而拿破仑绝对是建立这一制度的最佳人选。在这里我必须要愉快地提一件与此相关的事情。1827 年 3 月 3 日，在众议院的一次议程中，塞巴斯蒂亚尼将军就一份在科西嘉重新设立陪审团制度的请愿发表了讲话。在讲话中，他认可了帝国政府在该省仅仅是暂停而不是摧毁了这一制度。他同时还补充说，帝国政府当时大部分的措施都是暂时的，有朝一日都是会取消的。

英国和法国的公使都把自己的住所打理得很好。我们常常交替着被邀请到两人的住所。希默尔彭宁克先生在家中举办了许多茶会，他的妻子和长女会充当招待大家的主人。希默尔彭宁克夫人在巴黎留下了风姿绰约的名声。她深谙既做贤内助又当好母亲的方法，并大获成功。她的女儿当时 16 岁，生着一张俊俏的脸庞。她的坦率和谦卑吸引了公使团里所有的年轻小伙子。这个家庭中的每个人在一呼一吸中都散发着简单而又淳朴的美德。

有时候我们必须往巴黎或伦敦派出信使，从而就谈判中的重要内容获取更多的指示。在等待他们归来的间隙中，我们在索姆省安排了几次短途出行。我们在圣瓦莱里看了海，还在阿布维尔参观了服装和地毯厂。

康沃利斯勋爵每天都会在巴黎的路上骑马，当作锻炼身体。此时陪伴在他左右的一般都是他的儿子奈丁格尔上尉，他是以这个名字将他儿子介绍给我们的。而他的儿子布罗姆勋爵，以及他的女婿辛格雷顿上校也来和他一起住了一段时间。在晚餐后，康沃利斯勋爵和奈丁格尔上尉一般都会回到勋爵的房间里，整夜饮酒，这也是英国的风俗。

条约签订后过了两天，康沃利斯勋爵就返回了伦敦。在离开亚眠前，他从这里的多处工厂购买了许多棉绒，并把它们带回了英国以证明我们在这方面的先进性，这算是对亚眠的恭维吧。归功于他正派而崇高的性格，他离开后，留下了值得尊敬的名声。他当时认为参与条约的签署将会是他漫长而光荣的职业生涯中最后的一个行为，他还因此祝贺了自己，可以用一次和平的使命来结束自己的政治生涯。但是，一段时间过后，他就接受了去印度就职的任命。在到达印度后不久，他就去世了。

在谈判期间，法国公使都住在德·福勒维尔先生的家里。这位先生曾经是制宪议会①的成员，并以其观点的极端而闻名于委员会的右派成员。当时尚在中年的德·福勒维尔夫人还是非常漂亮的。在失去了她如偶像般崇拜的儿子之后，她出于极度的悲伤，将她儿子的尸体做了防腐处理之后保存在了卧床的下方。她的女儿嫁给了米尼耶将军，也是索姆省的长官。德·福勒维尔夫人从小接受的是和男人一样的教育，她会勇敢地骑马、击剑以及游泳。同时，这一

---

① 正式名称是"国民制宪会议"，1789 年至 1791 年间存在。

男性化的教育也没有抹去她身上的卓越的女性特质，尤其是她的和善、谦卑。

基内特先生当时是索姆省的省长。他时常会在傍晚举办派对，总能聚集一大批出色的宾客。亚眠市长德布雷先生也会在他的家中举办雅致的聚会。我们曾经被邀请去聆听一次朗诵。朗诵的内容是《绿绿》①这首诗中还没发表的一首题为《缝纫工厂》的歌曲。这首歌是在作者的笔记里翻找出来的，由作者的一位亲戚演绎。演唱者浓厚的鼻音不论怎么听都没有增强这首歌的美感。这首歌感觉上远远不如格雷塞创作的其他歌曲，但是又的确有他作品的那种风格以及那种语言的连续性。这首歌肯定是被其作者藏了起来的，而作者肯定也是作品质量最好的裁判，其评价也是最不会遭受质疑的。我相信自那之后，这首歌最终还是被出版了。这一个小插曲提醒了我们，亚眠以格雷塞为荣，而我们正站在他出生的这片土地上。

路易·波拿巴的婚讯

1802年1月份，正是在亚眠和会进行的过程中，我们听闻了约瑟芬夫人的女儿奥坦丝·德·博阿尔内②和日后成为荷兰国王的路易·波拿巴的婚讯。这桩婚事是强行撮合的，两人的心其实都另有所属。在远征埃及之前不久，彼时还是拿破仑的侍从官的路易·波拿巴在前往圣日耳曼大街康庞夫人管理的学校找他姐姐卡罗琳时，经常会见到他姐姐的一位好友欧亨尼娅·德·博阿尔内小姐。

---

① 原文是 *Vert-Vert*，讲述了原本只说拉丁语的鹦鹉因学习世俗语言在修道院被捕的幽默故事，德籍法国作曲家雅克·奥芬巴赫以此为灵感创作了同名三幕歌剧《绿绿》。拿破仑在圣赫勒拿岛流放时喜欢念这首诗。

② 她是约瑟芬的养女，与拿破仑并无血缘关系。

他深深地爱上了她。当他接获前往土伦的命令并在那里等待出发远征的时候，他的心中充满了与所爱之人被迫分离带来的痛苦。贝尔纳多特当时开了一个恶趣味的玩笑，将三色旗高高悬挂在他临时充作大使馆的房屋上，这激怒了维也纳的市民。因此拿破仑将军不得不推迟自己离开巴黎的旅程，因为当时这位督政官害怕这一事件会让欧陆战火重燃。在此期间，在拿破仑出发前往埃及的头一天晚上，欧亨尼娅小姐嫁给了拿破仑的另一位侍从官拉瓦莱特。

路易·波拿巴第一次接到奥坦丝·德·博阿尔内小姐的婚约，是在他刚从马伦哥战役的战场上归来的时候。那时的他心心念念的还是自己的初恋情人，因此拒绝了婚约。为了避开后续的纠缠，他自荐要求前往普鲁士，期盼可以被派遣到波茨坦去。此后他被任命为掌管第五龙骑兵团的上校，并在他姐夫伯克莱尔将军的麾下一同前往葡萄牙。途中，一场小病小痛发展成了痼疾，迫使他在巴雷日停留并用温泉疗养。在他返回巴黎后，他接受了与奥坦丝·德·博阿尔内小姐的婚约，后者也是百般不情愿才同意的。

这个强扭的结合也为此后一次黑暗的诽谤埋下了隐患。路易·波拿巴夫人在婚后的第 10 个月诞下一名男婴。第一执政对这个孩子的偏爱更是给这个骗人的流言火上浇油。尽管其被证实是荒谬的，但是这个流言，加上他们之间本就缺乏感情，趣味也完全不同等原因，都使得这对夫妻之间矛盾重重。

约瑟芬夫人是急切地想要撮合这段姻缘的。她经常害怕拿破仑会因为她没有生育能力而跟她离婚。因此她希望通过尽可能地增加她和拿破仑之间的联系来让后者更难与她离婚。当时教堂还没有重新获准开门，因此婚礼庆典是在胜利路上一所房子的客厅中举行的，卡普拉拉红衣主教为这对夫妻赐福。而缪拉此前结婚也不是在教堂进行的，这次一起补上了赐福仪式。人们都说第一执政并不打算借此机会为他和约瑟芬的结合祝圣。他和约瑟芬的婚姻只是普通的民事结合。而他此后和约瑟芬离婚时，人们才注意到这一件此前完全被忽略了的小事情。

第二章

读者们，请原谅我如此长篇累牍地讲述我最初走入这段故事时的经历。在当时，这段故事就是我生命的全部。这段故事的开端是如此辉煌，包括了陆上和约、《教务专约》以及海上和约。它们标志着一个新时代的到来，也正好是我回忆的一部分。当欧洲因为两份和约的签订而重归和平的时候，我成为拿破仑的幕僚。也正是从那个时候开始，我们两人的命运紧紧地捆绑在了一起。就像那个时代的许多人一样，我也体会到了这位有感染力的天才向靠近他的人施加的那种磁铁般的吸引力。作为他的伙伴，我义无反顾地回应了这股力量，此后我一直都在围绕着他这颗太阳公转。"举世无双"这句格言，放在这个语境下来形容他，可以说再贴切不过了①。

初入第一执政的内阁

1802 年的 3 月底，我和约瑟夫·波拿巴一起回到巴黎。有一天，他突然把我拉到一旁，告诉我说第一执政想要见我，而且翌日

---

① 举世无双，此处的原文是拉丁语 Nec pluribus impar，是路易十四的格言，一般和他太阳王的标志同时出现。

就要在杜伊勒里宫进行接见。他悄悄告诉我，国家元首是想要将我召进他的内阁中：他对德·布列纳的工作不甚满意，一旦我熟悉了他的工作内容，我就会取代他的位置。我知道，约瑟夫·波拿巴是出于对我的关心和善意而提出这个建议，他一直都很关心我的前途。但是，我对于这份提议还是感到很不安。我乞求他说服第一执政放弃这个想法，并表示我不觉得我的能力足以胜任后者给我安排的岗位。我也向约瑟夫·波拿巴坦白了我的担忧：我害怕进入第一执政的内阁之后，会被束缚在那里。约瑟夫·波拿巴则尽他所能地劝说我不要放弃这个机会：这是一个可以让我在事业上更进一步的大好机会，也是他为我这个朋友争取来的。我记得，当时在场的贝尔纳多特将军也帮着他一起劝我，希望我可以回心转意。贝尔纳多特向我点明，说能和这样一位伟人共事会让我未来的人生变得无比幸福，因为我将随时都可以亲眼见证他那激励人心的天才特质。看起来他对第一执政的敬仰和忠诚仿佛无以言表。

4月2日的一大早，约瑟夫·波拿巴将一封迪洛克将军寄来的信交到了我手上。信中告知我第一执政将会在那天下午5点钟接见我。这封信名为邀请，实为命令，我只得接受。迪洛克将军将我带到约瑟芬夫人那里，后者极其优雅且礼貌地接见了我。她善解人意地和我谈起了将我召进杜伊勒里宫的这件事情。她的善意鼓舞了我，我对她说出我真实的想法：我不想接受这份邀约，在我看来它就像是黄金的锁链一样。她最终成功地说服了我，我同意只在第一执政身边待三年的时间。时间一到，我就可以自由地退休。同时她也向我保证第一执政会给我一个体面的职务作为奖赏，她会尽全力保证第一执政同意这样的安排。我之所以谈起这件事情，是为了向大家展示机敏的她可以多么容易地进入他人脑中，并引起别人的妄想。我事后回想一下，我当时有什么理由相信第一执政会同意这种安排呢？我有什么理由相信他会同意我定下的游戏规则呢？

约瑟芬夫人告诉我她会留我在宫中吃晚饭，让我不胜荣幸。过了一会，路易·波拿巴夫人进入了会客室，谈话内容也就变成了普通的客套。时间一点点地流逝，终于，在大概 7 点钟的时候，通往我们所在房间的楼梯上传来了急促的脚步声，侍从宣布第一执政到了。约瑟芬夫人向他介绍了我。他放下架子，和善地接待了我，瞬间就让因为尊敬而畏手畏尾的我放松了下来。他快步走进了饭厅，我也跟随者约瑟芬夫人以及她的女儿一起进入了那里。约瑟芬夫人让我坐在了她的身旁。晚餐本身只持续了 20 分钟，其间第一执政一直在跟我聊天。他聊到我的学业，还有帕利索。他谈话的风格是如此和善及简单，让我完全放松下来，也向我展示了这样一个龙威燕颔的人私下里是多么亲切和平易近人。

回到会客厅后，我们见到了达武将军。第一执政和他在厅里一边来回踱步一边谈话。一刻钟过后，第一执政就消失在他来时的楼梯那里，从头到尾都没有跟我提起他叫我来的那件事情。此后，我和约瑟芬夫人一起待到晚上 11 点。我请求她告诉我，我是不是应该离开了。当时的我满脑子都认为第一执政已经把我给忘记了。她让我留下，并向我保证第一执政会派人来叫我的。果不其然，一个男佣来叫我了。我跟随着他穿过一个长长的走廊，走下一条楼梯，来到一扇小门前，他敲了敲门。这扇门上有个小窗，我不禁好奇地检视起这小窗来。这道门看起来就好像从来没有被打开过一样，像个牢房。我不自觉地抬起我的目光，尝试着想看看我能不能认清门上镌刻的但丁的句子：

抛弃一切希望吧，你们这些由此进入的人……①

　　一位引导员从小窗里向外看了一眼，和男佣说了几句话之后，把门打开了。我被领进一个灯光昏暗的小会客厅。就在他去报告我的到来时，我抓紧时间环顾了一下四周：我想熟悉一下我的牢房。房间里的家具包括一些绿色摩洛哥羊皮革包裹的椅子、一个华丽的多层写字桌。这个写字桌由镀金铜雕装饰，还镶嵌了许多花梨木马赛克，拼成各种乐器的形状。之后我才了解到，这些都是曾属于路易十六的家具，革命后被当作废品扔进了仓库里。一排矮书橱沿着房间的一面一字排开，顶上散布着一些文件。

　　在通报了我到达后，我被领入一个房间，见到了坐在写字台前的第一执政。一个阴影中的三分叉枝状大烛台将强光投射在桌子上。屋子里的其他空间则笼罩在半明半暗中，只有壁炉中的火苗散发着些许光芒。当时第一执政背对我坐着，正在阅读一份文件。他直到阅读完毕前都没有注意到我已经进入房间。然后他将椅子转过来，正对着我。此前，我一直站在他的书房门口，这时看到他转了过来，我才走上前去。他用他那可以洞穿一切的目光检视了我一会，还好这已经不是我第一次看见这个目光了，不然我肯定会被吓坏的。他告诉我，他想要将我纳入麾下，并询问我是否真的想要承担他将要赋予我的重任。

　　我略带拘谨地回复了他，口中说的还是"我对自己不是很有信心，但是我会尽最大努力不辜负您的期望的"这种套话。我没有说出我的顾虑，因为我知道他不会喜欢听到这些顾虑的，更何况

　　① 原文是意大利语 Lasciate ogni speranza voi che entrate……出自但丁《神曲》地狱篇的第三首。

晚餐时他接待我的方式已经大大地减轻了这些顾虑。

　　他看起来对我的回复没有不满。因为他马上就从座位上站起来，径直走向我，脸上带着半开玩笑的神情，拽了拽我的耳朵，我知道这表示他欣赏我。他紧接着说："好，明天早上 7 点您再来一趟，这次直接到这里来就好。"以上就是我在加入这个圣地前发生的全部谈话。我一直把这个地方想象成一个充满了无形神谕以及雷声和闪电的地方。

　　这也就算是我的授职仪式了，真是特别简单。这个职位背后的责任让当时的我不胜惶恐。

　　在这一短暂的接见和简洁的对话结束之后，第一执政对我做了一个手势，我觉得他的意思是我可以走了，然后就离开我走进了相邻的一个会客厅，那里肯定有什么重要的事情在等待着他。这一简单的开端让我稍微安下心来，此后我跟在一直等在门外的向导身后，按原路离开了那里。我走过的那些昏暗走廊空无一人，孤独和寂静统治着一切。我在离开宫殿的路上一个人都没有遇到，只有骑兵表演场的大门处有一个卫兵在把守。

　　我回到了马尔伯夫酒店，那里是约瑟夫·波拿巴当时的住所。他当时已经就寝，但我还是叫醒了他，并把在杜伊勒里宫发生的事情原原本本地告诉了他。他鼓励了我，然后我就回到了我在他住所占据的房间里。我当时的精神状态高度紧张，根本没有睡意。我需要那个宁静的夜晚，我要好好思考一下白天发生的事情：那天简直充满预料之外的事情。我在脑中走马灯般地把这些事情都回想了一遍：我被介绍给波拿巴夫人时的情形、我被介绍给第一执政时的情形、他们简单的家庭生活、那顿简单又温馨的晚餐，还有拿破仑当晚对我的接见。我的脑中简直就是一团糨糊。我发现自己正在不由自主地追逐一个我从没有想过的目标。我发现自己注定会走上一条和我梦想中完全不同的道路。这些想法对于当时的我来说还是一下子显得有些难以接受。

我当时只有 24 岁。我从没有求过命运女神什么，她想让我干什么呢？这一新的发展对我肯定是有好处的，但是我真的适合这个新岗位吗？难道我不是在把脖子伸进一个我无力承担的铁犁中吗？当时的我，就像所有踏入未知的人那样，处于非常困惑的状态。这些思考也让我难以入眠。天还没亮，我就起床动身前往杜伊勒里宫了。我比约定的时间早到了。

我之前还一直担心自己会在复杂的宫殿里迷路，或者要艰难地向卫兵解释清楚我到底是谁。但是，出乎我意料，整个过程如行云流水一般。我顺利地到达了昨晚的那扇小门前，路上什么问题都没有发生。我还记得那个门上的小窗，引导员一见到我就把我领进了书房，里面还空无一人。第一执政当时正在会客室中，接待财政部长戈丹先生，日后他成了加埃塔公爵。书房里有一面向外凸出的窗户，我走到窗户旁的桌子那里坐下来，等待第一执政。等了将近两个小时后，他终于来了，手中攥着一张纸。他似乎毫不在意自己的书房里突然多了我这么个大活人，仿佛我一直都是书房的一部分，一直都在那里坐着。他径直地开始向我口述一份给财政部长的便条。他是如此健谈，以至于我基本听不懂他在说什么，也仅仅记下了他所说内容的大概一半。完全没有询问我是否听见他说了什么，或是否完成了记录，他直接就把那张纸抽走了。当我向他指出我的字迹是难以辨认的鬼画符时，他表示部长很熟悉这里面讲到的问题了，他自己能搞清楚的。说完，他就返回了会客厅。戈丹先生到底有没有读懂那张便条，对我来说也成了一个谜。当时我坐在书房里，一直祈祷那张便条不要被打回来，更加不要让我向他解释我到底写了些什么，因为我自己也不知道上面写的什么。但是，我直到今天也再没有听人提起过那张便条。

第一执政几乎很快就回到了书房中，他派人找来了迪洛克将军，并让他在宫中给我找一个房间，同时让他邀请我和宫中的女官和侍从官们同桌进餐。迪洛克将军正是负责这一事务的人。

就在这个时候，布列纳进入了书房。他对于我也在书房里表现得很是惊讶。这也是我第一次在第一执政的书房中看见他。第一执政让他把我此前坐着写便条的那个窗边的位置让给我，让他自己到外面的房间去找个地方坐。布列纳之前一直不知道我已经被第一执政召入内阁了。刚开始，他只是好奇地看着我，跟我打招呼的时候也比较冷淡。但是，没过多久，他的态度就变得友好起来。迪洛克将军带着我前去进午餐，我们离开了布列纳。后来我了解到，他更习惯自己在房间里吃饭。

午饭过后，我回到书房。第一执政很晚才回来，并且大部分的时间里他都在会客室里接待客人。这也给了我充足的时间，来思考我的新职位，并给我处理我和布列纳的工作的空闲。

拿破仑其人

在接着讲我的故事之前，我想大致勾勒一下这个时期我看到的拿破仑的形象。

他这时候的身体特别健康。在不久之前，他刚刚摆脱一个从执政府的第二年就开始困扰他的内科病。那是一种慢性皮肤病引起的顽疾，之前的治疗一直治标不治本，病痛也逐渐深入了他的身体。直到不久前，他那位技术精湛的医生科维萨尔才将病根彻底铲除。关于拿破仑染上这一疾病的经过，我是听人这么说的：当年在围攻土伦的时候，他指挥的炮兵队伍中有一名炮手阵亡。但是炮击肯定不能停止，因此拿破仑决定亲自上阵，手操捣锤为大炮填充了数次火药。数日后，他就染上了一种奇痒无比的恶性皮肤病。这时人们才发现，那位死去的炮手是被感染了的。拿破仑从他的手上拿过装填器，也就因此被传染了。当时出于年轻人的粗心，以及公务繁忙，他并没有彻底治疗，仅仅是服用一些可以让症状消失的药物就满足了。但是这也让毒素深入他的身体，并极大影响了他的健康。人们还说，这也是拿破仑在意大利还有埃及战役时外表看起来如此瘦削和羸弱的原因。到了执政府建立后的第二年，随着他的健康每况愈下，他认为必须要接受彻底治疗了。拉那将军督促他去寻求科维萨尔医生的帮助。拉那将军的岳父将科维萨尔带到马尔梅松城堡，科维萨尔医生是他的医师和好友。拿破仑将自己的治疗托付给了医生。这位新医生选择以起泡法来治疗拿破仑：他开的药和嘱咐的饮食调理都取得了很好的效果。拿破仑越是了解科维萨尔，就越是尊敬后者。他加冕为皇帝后，将科维萨尔召唤到身旁，作为自己的首席，也是唯一的医生。

拿破仑当时稍微有一点肥胖。随着此后他经常泡澡来缓解疲劳，他的肥胖程度也增加了。每日不定时泡澡是他早年养成的习惯。而在他的医生指出频繁泡热水澡会让他变得虚弱并且使他变得臃肿之后，他就极大程度地改变了这一习惯。

拿破仑的身高算是普通水平（大概 5 尺 2 寸）①。他身型结实，上半身略微有点长。他的头特别大，颅骨发育得很好。他的脖子很短，肩膀很宽。他胸脯的大小和他结实的身体很是匹配。当然，他的头脑比身体更加强壮。他的腿形状优美，双足小而精致。他的双

---

① 此处以及本书所有提到的尺都是法尺，寸都是法寸。法国的尺寸比英国的要更长，5 尺 2 寸大致相当于 1.7 米。

手精致而饱满，手指由下往上逐渐变细。他很是以自己这双手为荣。他的额头又高又宽。他的眼睛是灰色，既有穿透力又灵动。他的鼻梁很直，鼻子很漂亮。他的牙齿也不错，嘴型更是完美。他的上唇略微往嘴角下沉，颧骨略微突出。他的皮肤很光滑，肤色很白，不过是那种暗示着良好血液流通的白。他的头发是漂亮的栗色。直到远征埃及时，他都留着整齐覆耳的长发。自那之后，他把头发剪短了。他的刘海很薄，露出他那承载了无数伟大思想的额头。他的脸型和其他样貌特征都出人意料的普通。一句话总结，就算是跟现存最优美的古典时代的胸像相比，他也不会在尊贵和庄严上输掉半分。

　　他的这一形象，一直到他统治的最后时期也不会有大的变化。在此基础之上，我想加一些其他的细节。这都是我经过和他多年的亲密共处之后发现的。当他生气的时候，他的脸上会出现一种可怖的神情。你可以明显感到，在他的额头和双眉间有什么东西在旋转；他的眼睛中会燃起火焰；他的鼻孔会伴随着体内的风暴而胀大。但是这些一时的变化，不论原因为何，都不会导致他思维混乱。他似乎可以很好地控制这些情感的爆发。并且，随着时光流逝，这样的爆发越来越罕见。他的头脑一直都保持着冷静。永远不会有气血上涌到那里，它们总是会回流到心脏中去。在日常生活中，他脸上的神情总是冷静的。他总是在沉思，表情也会略微显得严肃。当他心情很好，又或是想要讨好某人时，他的面部表情是那么甜蜜而充满爱意，他的脸上也会挂着一轮最优美的微笑。和熟人在一起时，他总是喜欢开玩笑，笑声很洪亮。

　　当他的身材在统治的后期愈发臃肿时，脂肪也主要堆积在他的躯干上，而没有怎么影响到他的下半身。也正是因为这样，在他倒台之后，人们总是会评价他的上半身会让人想起一个宏伟庄严的雕塑，而他的"底座"则和他的伟大完全不成比例。

如果不提到他那顶帽子和那件大衣的话，我对拿破仑的描述就会是不完整的。他的帽子不带坠饰或是流苏，唯一的装饰就是那个由黑色丝线绑着的三色帽徽。他的灰色大衣总是覆盖在那身简单的上校军装之上。这顶帽子和这件大衣已经成为他的标志。即便是在他住所里那些衣服镶金嵌银的将军和民政长官中间，他的这套行头也散发着光芒。

由拿破仑幼时校长及校监们提供的相反评价来看，他小时候的表现完全不会让人猜到他将来会成为一个这样的人物。事实上，一直到他从军校毕业后，他才真正开始好好学习。他经常跟我说，自从毕业后，他时常每天工作 16 个小时。但是，他其实一直拥有那些优秀品质的苗子，他的教育也帮助这些品质苗壮成长了起来。此后在一系列事件的帮助下，它们长成了我们今天所熟知的样子。这些主要的品质是：对于自身尊严的感知及自豪、战士的本能、改革者的天资、对秩序和自律的热爱。在他还是一个孩子时，一次不公正且丢人的惩罚让他悲伤到伤害健康的程度。而一次对他父亲的无理中伤更是促使他拿起武器去讨回公道，即便葬送自己的前途也在所不惜。他当时还只有 14 岁。同年，也就是 1783～1784 年的冬天，他正是布里埃纳军校里的孩子王。他将落在学校中庭里的雪收集起来，搭建了城堡和防御工事。之后，在他指挥下，大家进行了模拟攻城战，用雪球和冰块做成的炮弹被四处抛掷。他当时就已经既是一名工程师又是一名将军了。当 16 岁来到巴黎军事学院时，他被学校的挥霍作风和散漫震惊了。于是他向副校长提交了一份建议书，提出一个改革的方案。这一方案中的主要思想日后都被他应用到枫丹白露、圣西尔以及圣日耳曼军校中。

说回在布里埃纳军校的时候。有一次，他在假日期间负责剧场安保。那天演《恺撒之死》。他在努力保证剧场入口处的秩序。这时，学校门房的妻子来了。虽然她根本没有买票，但她觉得她自己一直以来为大家服务理应可以让她获得剧院中的一个位置。因此她在大门处引发了骚动，拼命想要摆脱剧院的守卫。她招引来了正在执勤的拿破仑，后者只说了一句话，就恢复了秩序："把这个放肆的女人拉走！"

那些在拿破仑年轻时就认识他的人都一致认为他本性是温和、内敛以及喜欢沉思的；他不喜欢嘈杂的场合；比起其他成就，他更钟情于科学研究。但是，人们也传说他曾经尝试过取悦文学女神。人们认定他创作过一些诗作，但是这不过是些短暂的尝试。我也从没有听他承认过那些作品是他写的。关于这方面，我还有一点可以补充：我不止一次地听到他对诗歌这种艺术形式发表看法。除了认可真正的诗歌是思想最高级最绝妙的表达方式之外，他普遍认为韵文是一种无聊的消遣，既耗费大量时间又没有任何意义。诗歌的机理，半句和韵脚带来的束缚完全不适合他丰富而又活泼的思想。虽然不写诗，但是拿破仑生来就是一个诗人。他广阔的思想、他演讲和笔尖的原创性以及他的宣言都证明他的想象力强大而富饶。和柏拉图一样，他的散文中包含了远超许多诗人诗句的诗意；也和柏拉图一样，他时刻准备着把每一位头戴花冠的诗人赶出共和国的边界。

我手中有一个他交给我的皮夹，其中保存着他最重要的私人文件：他的受洗证书、他的婚约、一些信件以及几张纸。这些纸上有一些文辞优美的思考和写作片段，并没有任何和创作诗词有关的痕迹。但是，这也并不代表他就从来没有写过任何诗词。讲到这里，我就要讲一下几年前在《两世界评论》中的一篇文章。文中提到人们发现了一些拿破仑年轻时的作品，其中一部分是手稿。这个故事让我想起小说家们惯用的激起人民兴趣的伎俩：在什么废墟或者几百年没人进入过的地窖里发现了他的手稿。如果我没记错的话，这篇文章声称这些文件被托付给了费沙红衣主教（了解拿破仑对他这位表舅看法的人都知道，拿破仑肯定不会选他作为自己的亲信）。而这位红衣主教在离开里昂时将文件转交给了自己教区内的一位神父。然后这位神父将这些文件锁在了一个盒子里，之后这个盒子又被一个杂货商买到了云云。这个故事特别不可信。

既然已经离题写了这么多关于拿破仑童年和青年时的事情，我觉得正好可以在这里提一样他的品行特征：他永远保持着对父母以及他的伯祖父吕西安副主教的尊敬。在自己的侄子夏尔·波拿巴①去世后，吕西安领班神父副主教就是波拿巴家族的族长了。拿破仑的父亲在他 10 岁的时候将他带来了法国。而当他父亲在蒙彼利埃去世时，拿破仑只有 15 岁。他在那个时候写给母亲和伯祖父的信件都体现出丧父之痛②。拿破仑从小就和父亲分隔两地，父子之间了解也不多。夏尔·波拿巴并没能教育他的孩子们，他将这个重任交给了自己的妻子，一个性格刚强的女人。后者温柔体贴地完成了自己作为母亲的职责。她给自己孩子带去的从来都只有高尚和宽厚的情感。在帮助他们培育天生的优点的同时，她也小心地剔除他们身上不好的习性。

拿破仑在 1787 年失去他的父亲，那时他还在巴黎军校就读。他父亲在约瑟夫的怀抱中离世。费沙神父以及德·佩尔蒙夫人当时也在场。前者日后成了红衣主教，后者则是阿布兰特公爵夫人的母

---

① 拿破仑的父亲。

② 这些信件都已经出版了，包括下文提到的他给蒂索医生写的那封信。包含这些信件的书本标题是《拿破仑·波拿巴的早年传记》，作者是科斯东男爵。——作者注

亲。夏尔·波拿巴对他的长子说了一席话，希望他放弃使他远离家庭的军旅生涯，并表示如果他可以回到科西嘉继承自己的位置，自己会很欣慰。之后，他将自己六个孩子的名字一一念出，并托付给了自己的长子，要求他在年龄所允许的范畴内尽可能地为他们扮演父亲的角色。约瑟夫那一年 17 岁。

1802 年，蒙彼利埃市议会投票决定建一尊雕像纪念夏尔·波拿巴。拿破仑感谢了议员们的好意，但是考虑到他父亲的逝世已经是 18 年前的事了，他给他们发去这样的回复："如果我是昨天刚刚失去父亲的话，那么这样高规格地表示我的惋惜就是适当而自然的。但这件事情距今已经将近 20 年了，因此我觉得这么做与公共利益不符。"可见他之所以拒绝这一致敬，是因为他认为其动机与其说是纪念他父亲，不如说是庆祝他自己的荣耀。这件事情之后，路易·波拿巴将父亲的遗体迁至自己在圣洛的庄园重新安葬，并在那里竖起了一座纪念碑。

拿破仑作为炮兵中尉驻扎在瓦朗斯时，曾返回科西嘉探望过他的家人。当时，他的伯祖父吕西安副主教已经因为痛风而卧床多年。拿破仑此时刚满 18 岁，因为不忍心看到伯祖父受苦，他悄悄给蒂索医生写了一封信。在信中，他仔细描述了这位病人的症状，并且用自己感人的惦念，哀求医生可以出于仁心，用超群的技术提出一些治愈，或者至少减轻他伯祖父痛苦的方法。他并没有收到回信。这封信肯定是湮没在这位名医当时收到的千百封请求帮助的信件中了。

5 年后，拿破仑又得到一次休假的机会，他一刻也没有耽搁，旋即就返回科西嘉。到达科西嘉后，他再次见到自己的伯祖父：他躺在病榻上，已经快不行了。这一悲伤场景在他脑海中唤醒了诸多回忆：这位高尚的人是如何亲切对待自己的侄子们，尤其是拿破仑自己。那些场景仿佛就在他眼前。社会上流传的所谓吕西安副主教对自己的侄子们说过的话是不对的。他侄子们对于他逝去都非常伤心，对于他们来说，他就像是第二位父亲一样。失去他对于波拿巴家来说，相当于失去一位领路人和保护者。不论是对他还是自己的父亲，拿破仑都怀抱感激之情。

杜伊勒里宫中的人们

自从进入杜伊勒里宫之后，我就一直对检视我所在的这个房间乐此不疲。我也会一直会盯着拿破仑办公桌上的那些文件看，但是我并不敢真的去碰它们，因为我不敢想象他这么小心的一个人会在入职第一天就这么相信我，我也不觉得自己值得这样的信任。他选择来作为办公室的这个房间中等大小，光源则只有墙上的一扇窗户，开的角度很特别，可以向外看到花园。房间里最主要的家具就是一张壮观的办公桌，摆放在屋子正中央，覆盖着镀金铜雕。桌子的四条腿则被雕刻成狮身鹰首兽的样子。桌子的设计就像是一个盒子，自带一个滑动的顶盖，因此桌子能在不影响桌面上摆放的纸张的情况下合上。椅子是古典时代的设计，椅背上覆盖着绿色羊绒装饰织物。织物上有丝绸细带做出皱褶效果，并以丝绸细带封边。通常来说，第一执政只有在签名时才会坐在他的办公桌旁。一般他都是坐在一个绿色塔夫绸覆盖着的长沙发上。沙发旁有一方小桌，上面放着当日所有收到的信件。每天早上，前一天的信件都会被从小桌上转移到写字桌上，为当天新的信件腾出位置。一个多扇屏风将他和壁炉中炙热的火焰隔开。我的办公桌就被安排在他手边。在拿破仑住过的所有宫殿和宅邸中，他的工作室都是这样安排的。他从不安排什么秘密办公室。但是，如果空间允许的话，他总会在相邻的房间里挂一幅常用的地图。测绘办公室负责人会在他需要的时候来到这个房间。而当拿破仑讲到的话题需要在地图上展现时，我会来到这个房间中记录他说的话。在书房深处的角落里放着两个书橱，这两个书橱之间，放着一个人们俗称调节器的巨大精确摆钟。一个长长的釉瓷壁橱背靠着其中一面墙放置着，高度大概到一个人的胸口，顶部是大理石的。壁橱里面放着几个纸箱子。房间里还散布着几张椅子，还有一个小的普鲁士腓特烈大帝骑马铜像。这些就是执政工作室里简单的家具陈设。其中唯一的奢侈之物就是那个办公桌。那是他在工业博览会上购置的，是熟手制造商毕昂内①的杰作。就像其他和他有关的事物一样，拿破仑简朴的品味在这里一览无遗。

　　内阁唯一的附属房间就是一间测绘室或者地图室，掌管这里的也总是同一名军官。他以前在克拉克将军的麾下服务，他的儿子屈维莱－弗勒里先生则是一名优秀的文人。在经过努力的学习并在路易大帝高中②荣誉毕业后，他被派去指导奥马勒公爵殿下的教育，并在日后成为他的秘书。

　　图书管理员是里博先生，他在远征埃及时就跟随在波拿巴将军身旁。他是博学多才的文学家，也是学识渊博的书籍收藏家。他曾是开罗科学与艺术委员会成员，也曾担任克莱贝尔将军的秘书。在1807 年，他突然就辞职了，也没有告诉我们为什么。人们怀疑是因为德尼纳神父那时候成了他的上级，让他觉得受到了冒犯。德尼纳神父是位学者，创作了包括《意大利的革命》等在内的多本珍

---

① 拿破仑御用金匠马丁·纪尧姆·毕昂内，最著名的作品是月桂叶金王冠，其中"拿破仑金叶子"至今被视为法国国宝。——编者注

② 自路易十四统治时期起，法国开始重视文学，国王将路易皇帝高中设为皇家中学。——编者注

贵著作，还曾担任腓特烈大帝的藏书管理员。他在美因茨被引荐给拿破仑。为了向他表明自己对他的敬仰，并且展示对他才能的认可，拿破仑将他任命为首席图书管理员。但是这只不过是一个名誉职位罢了。里博先生返回奥尔良附近的乡下生活后，皇帝曾命令我去将他请回来官复原职。我给他写了数封急件，他一封都没有回复。皇帝不得已开始寻找替代人选。我向他推荐了巴尔比耶先生，文人圈子里都知道他精通目录学。我之所以会知道他这方面的才能，是因为我离开学校后曾有幸在他手下工作过一段时间。当时他奉命为督政府以及立法机构建立图书馆。所有人都支持对他的任命，因此这位学识丰富的目录学家被任命为皇帝的图书管理员。巴尔比耶先生是《匿名作者及假名作者字典》以及其他许多目录学及文献学著作的作者。他的所有作品都以公正的批判精神而闻名。

阿梅代·茹贝尔先生，日后会加官进爵并成为法兰西文学院院士，当时还是政府的东方语言翻译秘书。他在力所能及的范畴内为内阁处理了大部分的翻译工作。作为一个翻译官，他享有第一执政的绝对信赖，他也因此负责翻译了许多非常重要的文件。

勒洛涅·德·依德维尔则在几年后成为内阁的北方诸语翻译秘书。他此后也成为参政院审理长以及议会议员。德·依德维尔曾以法国驻当地使团随员的身份在德国、波兰、俄国、瑞典和丹麦等国家都派驻过多年。他在内阁里有一个特别重要的工作：从我国外交官发回的文件以及外国发表的信息中抓取有关敌军组成和动向的资讯，并提交一份概括这些信息的详细报告。德·依德维尔先生的报告是如此清晰和准确，以至于皇帝对外国军队的动向像对法国军队一样了如指掌。在对德意志和俄罗斯的战役中，德·依德维尔先生一直骑马跟随在拿破仑左右。他那时的职责包括审问战俘以及询问所过之处的当地居民，并翻译所有交到他手中的信件。得益于德·

依德维尔的热忱和洞察力，皇帝总是可以获得一些对自己很重要的信息。

拿破仑身边许多人都来自他年轻时代的老相识。在他身边的除布列纳之外，还有这么一些人：洛里斯东上校，他和拿破仑是布里埃纳时代的校友；迪皮伊神父此前是布里埃纳军校校长，现在他安稳体面地在马尔梅松城堡享受退休生活。马尔梅松的藏书不多，即使有藏书也都存放在拿破仑的书房里。迪皮伊先生从没进入过那间书房，但是他依旧被任命为马尔梅松的图书馆管理员。他是一个体面人。他对他这位学生可以说是顶礼膜拜。相比读书或做研究，他一直对打理经济事务更有热情，这是他继承自管理布里埃纳军校时的习惯。因此他退休后最主要的工作就是管理酒庄。虽然马尔梅松城堡不比香槟省，没什么珍贵葡萄品种给他管理，但是迪皮伊先生在加尔什和叙雷讷都购买了一些葡萄苗圃。通过某种秘密方法，他成功让这些葡萄褪去了那种叙雷讷葡萄本有的青涩和酸味，并成功用这些葡萄酿出了甜美冒泡的香槟酒。马尔梅松的清洁工是一个叫奥特的男人，他以前是布里埃纳军校的清洁工。这个正派的人和他的妻子也在马尔梅松过上了平静的休养生活。拿破仑的军校同学德马兹兄弟，自然也没有被遗忘。哥哥在1806年被任命为博彩业管理员。和拿破仑很亲近的弟弟则被任命为皇家动产管理人。此后在百日王朝期间，他还担任了宫廷大臣这一职务。

当我在1802年进入杜伊勒里宫时，宫中事务是这样安排的：第一执政不再和所有人一起进餐。他总是和约瑟芬夫人以及其他一些家人共进晚餐。每周三是例行举办国务会议的日子。在那一天，他就会邀请国务参事们和部长们来一起吃晚餐。他总是自己一个人吃午饭，午饭的内容也很简单。至于搭配的饮品，兑水的勃艮第红酒和一杯咖啡就足以让他满足。因为其他时间他都忙于工作，因此一般在午餐时间接见一些他的聊天对象。这些人一般都是文学家或艺术家。迪洛克将军是他的宫廷主管，他的职责包括管理宫廷的各项开支，维护宫内秩序以及监管宫殿安全。他同样负责主持军官、贵妇以及侍从官用餐的餐桌。宫卫队当时主要由 4 名掌管卫队的将军（拉纳、贝西埃尔、达武、苏尔特）以及 8 名侍从官（勒马鲁瓦、卡法雷利、洛里斯东、科兰古、萨瓦里、拉普、丰塔内利上校以及勒布伦上尉）组成。其中，丰塔内利上校是意大利军官，勒布伦上尉则是第三执政的儿子。宫中还有 4 名主管（德·吕赛、雷米萨、迪德洛和迪德洛尔先生）以及 4 位女官（德·吕赛、塔卢埃、雷米萨和洛里斯东夫人）。每个礼拜，都会有一名卫队将军、一名侍从官以及一名宫殿主管在拿破仑身旁执勤。

宫殿主管主要负责宫中各项服务、维护礼节，同时还要检查剧院。女官们的职责则包括陪伴约瑟芬夫人，同时她们也负责引荐各国大使夫人及其他来宾的夫人。每周都会有一名女官在约瑟芬夫人身旁待命。而如果遇到庆典或是其他重大场合，所有女官和宫殿主管则都会在场。当班的卫兵将军同时负责主持卫兵及军官们的晚餐餐桌。那时候，第一执政的家就已经跟宫廷很相似了。作为政府首脑，他家中发生了很多变化。因为他已经位高权重，身边围绕的人也就变得越来越多，参与的事务愈发重要。他和国家高级公务员以及各个外部势力的代表之间也发展出了繁杂的关系网络。但是，抛开这些不看，拿破仑的私生活其实并没有发生变化。

针对第一执政的谋杀行动

在执政府建立的第一年，发生了多起想要危害第一执政性命的密谋，主谋者都是雾月政变中被打倒的人。这些密谋中的一部分被掐灭在了萌芽阶段，另一些则没有获得成功。其中最广为人知的，就是计划在歌剧院用刀捅死第一执政的那个密谋。不知是出于他对自己昭昭天命的自信，还是因为他对危险从来都不屑一顾，拿破仑一直坚信密谋者们都是一群无能鼠辈，不会成功。因此，直到那次事件前，他一直不大去惩治这些人。但是，雪月3日的这次袭击抹去了他的这种安全感，并让他看到处理这些人的必要性。最显著的例子就是护民院中那些胆大包天的雅各宾党人，正是他们谋划了歌剧院的血腥灾祸。这一决定的结果是一项严厉措施的出台，日后一些研究拿破仑的历史学家对其多有诟病。爆炸是在第一执政的马车通过后数秒内发生的，我不会描述这次密谋中使用的杀人机器的具体细节，但是请允许我这里讲述一下这次爆炸的后果：将近80人受伤，巴黎的一整个街区都被爆炸的威力震撼、有几栋房子更是被严重地损毁了。这一骇人的罪行引起了大众的广泛愤慨，更让第一执政怒发冲冠。这一针对他性命以及巴黎一部分群众性命的攻击促成了对歌剧院密谋者的定罪，且逮捕了其他130名相关人士。这些人要么是在雅各宾恐怖统治期间犯下过累累罪行，要么是危险的狂热分子。这份名单是由富歇拟定的。而警方的侦察则在一个月后揭露了杀人机器的真正制造者：他们是乔治①领导下的一群保王党。乔治一直是第一执政的主要敌人，处心积虑地想要摧毁他。法院在没有开庭审理的情况下就取缔了这群人的社团，当然是一次专制的行为。但是，如果你熟悉当时的状况的话，你就可以完全理解，在当时想要合法地对他们发起诉讼是多么地不方便。不论是谁都应该承认下面几点：大众是希望严惩这些备受憎恨的嗜血之

---

① 此处的乔治指乔治·卡杜达尔。他一直致力于让波旁王朝在法国复辟。1804年他因为密谋败露而被捕，并被绞死。1814年波旁王朝复辟后，他被路易十八追授为法国元帅。

徒的；而大众意愿本身也可算是法庭意志的一种形式；我们当时必须让这些可恶可恨的人为他们的所作所为付出代价，而不是像以前一样对他们睁只眼闭只眼；将这些血染祖国，伤害祖国的人驱逐出境既满足了舆论，也是对维护公共安全立下的承诺；虽然第一执政以慈悲为怀，宽宏大量，但是他也不能在他大部分的保守派顾问面前显得软弱；他在之后也释放了许多被逮捕的雅各宾党人，至于那些与密谋没什么关系的人，他也为他们减了刑。事实上，有一些雅各宾党人只是被命令不许离开法国，并接受警方的监视而已。只有那些最凶恶、最冷酷的，会对社会安全造成极大危害的人才受到了驱逐出境的待遇。我后来认识了这些人中的一个，他对我说，所谓的驱逐出境在实践中也更多只是一种威胁，而不一定真的会实施。这个人就是菲利克斯·勒佩勒捷。他当时上了驱逐名单，但是后来第一执政主动赦免了他。虽然他满脑子都是极端思想，但他也是一个体面人。作为他那个小镇的镇长，他以卓越的管理技巧和能力而闻名。镇长也是他在帝国统治时唯一同意接受的职位。出于对原则的坚持，他还拒绝了授勋的荣誉。但是到了百日政权时期，他意识到了当时只有拿破仑才可以拯救法国免受外敌奴役，因此他终于团结到了拿破仑身边，成为众议院的一名议员。他的爱国主义情怀也使得他成了波旁复辟政权的敌人，这一次他们判刑将他流放。

拿破仑及家人的日常生活

经过这次对雅各宾党人的惩处之后，拿破仑又找回了他的那份安全感，不再为他可能遭遇的威胁而忧虑。每次有警察或者他近旁的人向他递交这方面的报告，他总是听得很不耐烦。他还是保持着一贯的冷静，也没有改变他的生活起居习惯。他并没有让这个插曲影响他的工作。我进入这位执政的宫中时，完全看不见任何暗示着怀疑或恐惧的预防措施。他的生活方式总是非常居家的，尤其是在马尔梅松城堡。工作、锻炼或射击之外的时间，他一般都是和约瑟芬一起度过。他总是独自吃午饭，那对于他来说是一个放松的时间。他会在这期间接见他想要与之聊天的人，聊一些关于科学、艺术和文学的话题。他总是和家人一起享用晚饭，饭后，他会到工作室去转一圈。如果那里有事情需要他处理，他就待在那，如果没有，他会回到客厅下棋。一般来说，他喜欢以不拘礼节的方式和人谈话。他喜欢和人讨论问题，但是也不会强行让别人接受他的观点，更不会在讨论中矫揉造作地表示出自己的地位或智力优于别人。而当他和女士们聊天时，他喜欢品评她们的服装打扮，或者给她们讲悲伤或讽刺的故事：多数都是鬼故事。到就寝时间时，约瑟芬夫人会跟着他回到卧室。拿破仑一般花在睡前准备上的时间不长，他以前也常说他每次回到床上总是充满喜悦。他曾经表示，人们应该竖立许多雕像来纪念床和马车的发明者。但是，纵使他是那么享受柔软的床，纵使他经常累得直接瘫在床上，他也不止一次地要在深夜从床上爬起来。他从前总会在躺下 1 小时后就精神百倍地醒来，仿佛他已经睡了一整晚。而每当他在床上躺下，他的妻子就会坐在床脚开始读书。她读书的声音很好听，他也乐于听她读书。在马尔梅松城堡的时候，拿破仑则会在花园里度过自己的闲暇时光。但就算是这样，他也不会浪费任何一点时间。

约瑟芬在白天基本上想干什么就干什么。每天白天都会有许多访客来找她，她习惯和朋友以及新老熟人一起享用午餐。她没有什么消遣娱乐的爱好：她既不会画画，也不是音乐家。她的房间里有一面竖琴，每次她在没什么其他事好做的时候就会去弹奏这面竖琴，每次她弹的都是同一段旋律。她之后开始织锦，也会让她的朋友和访客来协助她。马尔梅松城堡会客厅里家具上的罩布就是她这样亲自织出来的。看到她的生活逐渐忙碌起来，拿破仑很是开心。我们和英国议和后，约瑟芬得以和英国的植物学家以及伦敦的苗圃管理者们通信。从他们那里，她获得了许多珍稀的或全新种类的植物和灌木，可以将其加入她的收藏之中。她曾把这些英国寄来的信件交给我，并让我将它们翻译成法语。在马尔梅松城堡的时候，约瑟芬则会定期去她那漂亮的温室视察，她对这个温室很有热情。到了晚上，她喜欢下双陆棋，也下得很好。

家庭成员参演的戏剧在马尔梅松城堡中也时常上演，地点一般是一个可以容纳 200 人的小剧院。欧仁·博阿尔内总是可以出色扮演男佣的角色。他和姐姐奥尔唐斯是剧场最主要的演员，他们也的确有相应的才能。除了他们之外，参演的还有布列纳、洛里斯东、德农以及其他在第一执政住所里的女官和军官。米绍是剧院经理。他是一名优秀的演员，同时也是法兰西戏剧院的股东。他同时还负责演出剧目的指导以及彩排工作。拿破仑经常会观赏这些表演。一般都是一些轻喜剧，很能博他的欢心。他也热衷于在剧终后点评这些演员的表现。他的评价，大部分都是正面又有趣的，这也向我们证明了他很重视这些表演。到了周日，城堡中则会举行小型舞会。拿破仑经常也会跳上一曲，他很享受这种淳朴恬静的生活。

当拿破仑在马尔梅松休养时，他仿佛就是他那一大家子人中的父亲。褪去围绕在身边的伟大光环后，他那简单而又高贵的举止以及约瑟芬夫人优雅而令人愉悦的亲近感都让人倍感着迷。在空闲时，第一执政常会带着我一起阅览他的书橱。他也会在这时告诉我他觉得我应该阅读哪本书。他认为诗歌没有什么意义，因此也建议我不要把时间浪费在诗歌上面。这是因为他听说，我就像所有其他初出校门的年轻人一样，总是想要试试看自己有没有写诗的才华，而这些尝试的结果都异常惨烈。每当他看见我空闲下来，他就会觉得我是在构思一首新的诗歌。后来当我告诉他我对诗歌没什么兴趣之后，他对我说："您是正确的，这是一门空洞的科学。"

拿破仑并不是一直对诗歌抱有这样的看法的。更准确的说法是，他认为当时的著名诗人们都过分纠结于社会对他的议论。在他登上执政府的高位后，他不光结交了许多科学家，也同样结交了很多的诗人和文学家。他对勒梅西埃的态度既尊敬又和蔼；迪西和贝尔纳丹·德·圣皮埃尔对于他展现出来的态度也没什么好抱怨的。他尤其看中迪西和勒梅西埃在悲剧创作方面的才能。据说，他曾为迪西准备好了退休后在元老院中谋一个位置，之后更是打算为他授勋。但是，从之后的发展来看，迪西残忍地拒绝了他的提议。但是，不知出于什么心态，当路易十八在 1814 年授予他同样的荣誉时，迪西就欣然接受了，一并接受的还有 6000 法郎的退休金，尽管他在 1800 年的时候将同样的勋位奖章称作奴隶的胸牌。

勒梅西埃大胆的想法和表达、他丰富多彩的点子以及他的创造力都让第一执政注意到了他。但是要说第一执政被他深深吸引，应该也谈不上。不论如何，他当时已经准备好奖励勒梅西埃的才能了，但是第一执政提出的这些荣誉和帮助也同样被他拒绝了。执政府建立的第二年后，当时的大环境还是"纯洁的"。这里借用了一下帝国垮台后那些为自己的变节开脱的人的话，他们都表示那时候拿破仑的荣耀还是"纯洁的"。勒梅西埃突然就离开了马尔梅松，想必是当时的政治形势伤到了他作为共和党人的心吧。他走后，我们并没有派人去召回他。这种对他的漠不关心则将他彻底推向了系统性反对我们的一方。自那之后，他就毫不掩饰他对拿破仑的恨意了，并在1817年出版的《文学课程》中公开宣誓了这一仇恨。不过，我们也不应该过于严苛地批判诗人们。因为他们长期持续处在兴奋的状态中，因此他们倾向于变得神经兮兮的。再加上他们普遍对俗世的东西都不太关心，迪西和勒梅西埃就是这种典型。这些特质都让我们不能太严苛地评判他们。拿破仑在这些经验中领教了诗人的敏感性，还有他们思维的跳跃性以及排外性。这些特点都向他展示了诗人们确实不堪用。他通过自己吃的这些亏，对诗人的看法和著名的贝朗热先生一致。我曾听贝朗热评价说诗人们除了写诗之外干什么都不合适，他一贯是那么谦卑和脱俗。

我一直对拿破仑伟人如此简单朴素感到十分惊讶，毕竟在外人看来他是一个如此强势的人。我以为他会是一个既无礼又性格多变的人。但是，我发现他实际上是一个耐心、宽容而又很好相处的人。他一点也不会苛求别人，而且他不论走到哪里都总是那么欢乐，常常喜欢大笑以及开别人的玩笑。有时候他还会带着一点令人着迷的天真感。但是，他的这种亲近并不强求对方也以同样的方式来对待他。而自从我为他工作的第一天开始，他就希望我和他待在一起时可以完全放松下来。因此，从一开始我在他面前就不会觉得尴尬或者难为情。我自然还是会被他震撼到，但是我不再害怕他了。而我在他身边看到的一切都在强化我的这一看法：他和约瑟芬之间愉快又充满感情的互动；他麾下的军官们对他绝对的忠诚；他和其他执政和部长之间友善的关系；他和士兵之间的亲近。

在我讲述的这个时候，埃及战役还不算是老黄历，人们关于那场战役的回忆也都还非常清晰。我也听人们说起了很多战役期间他对军队需求的关心和照顾。据说阿卡围城战结束时，他下令所有战马都要被用于运送伤员。而当他的掌马官维果涅认为总指挥的马理应受到特殊照顾不必参与这一任务时，拿破仑大发雷霆。阿梅代·茹贝尔先生当时是波拿巴将军的翻译官，他对我讲了这么一个故事：有一天他看见将军从战壕中归来，又累又渴。他就上前去告诉将军，当地的基督徒送来了一皮囊的酒作为礼物。波拿巴马上下令把酒送到了伤病所。

　　刚好讲到埃及战役，我打算在这里提一下一份档案，它普遍被研究拿破仑的历史学家们忽略了。我之所以能获知这份文件的存在，还得感谢一个人的好意。他在艺术方面天赋过人。他也的确在艺术领域取得了巨大成就，时尚界纷纷被他优雅又有格调的作品征服。除此之外，他还投身慈善事业，为此赢得了国民们的感激。他还是伦敦慈善基金会的创办者，该慈善组织致力于帮助贫穷的法国人。无数捐赠人，其中不乏几位欧洲国王们，都为救济处的建设做出了贡献。救济处的大门向全国的穷苦大众敞开。

　　德·奥赛先生是在法军轻步兵第 2 旅 3 团 2 连的命令簿上找到我提到的这份档案的。这本命令簿是在开罗发现的，法军离开后，它被蒙克利夫将军的儿子交到了神父摩尔先生的手上。最终这本命令簿被借给了威灵顿公爵。下面就是这份档案：

　　法兰西共和国，
　　自由—平等

　　　　　　　　　　　　　　　　　　于开罗大本营
　　　　　　　　　　　　　　　　　共和历 7 年，雪月 1 日

　　命军乐团于每日正午时分在医院对开的广场上演奏各民族小调。以期鼓舞伤兵的心情，并让他们回忆起过往战役中最美好的时刻。

各指挥官请下令让各团军乐队轮流演奏。

以总指挥之名：

亚历山大·贝尔蒂埃

这种对病人的关爱，对悲伤且饱受思乡之苦的伤兵的关爱，展现的是一种纤细的情感。就像奥赛伯爵所说的，是一种母亲般的关怀。而这一关怀也正是拿破仑性格的基石之一。

第一执政从埃及战役时保留下来的癖好甚至在他的口味中也可以体现出来：他一直对埃及的物产情有独钟。在很长一段时间内，他最喜欢的食物都是抓饭和椰枣。在他马尔梅松和圣克劳两处庄园的私人花园中，都养着他从埃及带回来的瞪羚。他很喜欢亲自用手给它们喂食。有时候他还会把自己的鼻烟壶给它们闻。它们很喜欢烟草的味道，在一分钟之内就可以把鼻烟壶吸个干净，然后跟没事一样地走开。说到动物，在圣克劳的小公园里，有段时间还曾经养过欧洲盘羊。它们从科西嘉送来。但是它们野性实在太强了，根本没法圈养。

德·布列纳先生的失宠

德·布列纳先生，就是那个事实上被我代替的人，是拿破仑在军校时期的同学。他们的军旅生涯是同时开始的，布列纳此后随着拿破仑在意大利和埃及征战。这些联系，这些习惯，以及他面对第一执政时圆滑的处事方式都使得他们特别亲密，他也深受第一执政的信赖。这种亲密和信赖仿佛会一直持续下去。当时第一执政已经将布列纳任命为特殊国务参事，给予他的权力和特权都让他成了政府中的重要人物。他有权直接向某些部长过问他们工作的具体细节。拿破仑一直把布列纳当作自己人对待，也常会和他一起前往圣克劳的花园里，或是步行，或是乘坐双人马车。德·布列纳先生当时近乎独立，他从不在宫中用餐或就寝。他刚在圣克劳附近购置了一处漂亮的房产，并进行了一番豪华的装修。他以前经常在那里举办晚宴。各个部长，尤其是富歇，以及元老院议员和其他国务参事之类的人经常接到晚宴的邀请。他生活作风之奢侈已经远远超过他的个人财产可以支持的程度。第一执政知道这一点。虽然此后他们的关系表面上还是一如往常，但是我有时从第一执政说的话里可以隐约感到他对布列纳的不满。他当时自然没有跟布列纳挑明。我觉得他对布列纳是有牢骚的，只不过他当时还没有仔细想明白这件事情。最终让他不再犹豫的是发生在库隆兄弟身上的不幸事件，这件事也成了压死骆驼的最后一根稻草。

那天是周三，刚好是内阁会议的日子，我正忙着在第一执政书房工作的时候，看见他急匆匆地走了进来。他一进来就问我布列纳是不是在他自己的办公室里，在得到我肯定的答复后，他把布列纳叫到门口。布列纳来了，脸上带着困惑的表情，似乎很不理解为什么执政神情如此激动。执政用严肃的语气对他说："把所有你身上和我有关的文件和钥匙都交给梅尼瓦尔，然后就请您离开吧。再也不要让我看见您。"话音刚落，他就转身回到内阁会议室中，并重重地砸上了门。德·布列纳先生一开始被这通激烈的训斥搞得有点困惑，待他回过神来，就陷入了极度绝望中。我尽我所能地尝试让他冷静下来。我尝试着用一些充满希望的话来安抚他。但是说出来的这些话我其实根本不相信，在接到一个这么简短严重的决定之后，还有什么希望呢？在他离开后的头两三天里，我们之间还有通信。但之后在第一执政的明令禁止下，我们之间彻底断了来往。引起这次爆发的是下面这件事情。

　　大概就在我被召进拿破仑内阁的那段时间，受益于他和陆军部长的关系，布列纳获得了一份提供军备和马具的合同。鉴于他不方便让自己的名字出现在合同上，真正在合同上签名的是库隆兄弟。布列纳提供了公司的启动资金，之后一家银行为库隆兄弟提供了80万法郎的贷款，但是前提是布列纳作为这笔贷款的担保人。不久之后，库隆兄弟的生意就失败了，而银行自然找上了作为担保人的布列纳。这时，布列纳拒不承认自己和库隆兄弟之间有任何关系。但是因为这单担保包含有地契、估清单、报告书等文件，都是由布列纳写的，银行自然将他告上了法庭。一审中他输了，但是上诉后他赢得了二审。然而，最终当对方将事情告到最高法院时，他在终审中败诉了。

　　布列纳参与的这件投机倒把的事情让拿破仑很反感，他本来对这些商场上的事情就很不感冒。这起诉讼的缘由及其牵扯出的丑闻更是让他感到恶心。他再也没有原谅过自己的这位老同学和前秘书。他时常会跟我长时间地讨论这件事情，这些讨论总是会让他感到很痛苦，并最终以他尖刻抱怨布列纳而收场。

　　我要是在这里把拿破仑对布列纳的种种牢骚和批评都列举出来，那就有点显得我是一个小人了。但是，俗话说墙倒众人推，破鼓万人捶。布列纳搞出这么一出事情之后，大家就纷纷开始检举他此前不检点的行为，其中有许多都属于情节严重的问题。这更加让第一执政不满。本来布列纳还保留着第一执政在杜伊勒里宫中给他的房间钥匙，他还想着可以和第一执政重归于好。但是第一执政派迪洛克将军去把那把钥匙给要了回来。第一执政也拒绝了再和他见面。他随后下令，把布列纳房间里的家具，包括他在吕埃的房产中的家具全部充公。布列纳在吕埃的房产是他在购买圣克劳的这栋房子之前购入的，他之前和家人都住在那里。当然，现在他只能羞耻地住在圣克劳的房子里了。但是他还是对家具充公这一决定表示反对，他觉得那些家具都是已经送给他的礼物，应该算他的财产。迪洛克将军把这一观点反馈给了第一执政，后者表示他的命令必须马上执行，不得有半分延迟。同时他也咬牙切齿地表示，自己送给布列纳的是钱，根本不是家具。

不过，看在过去的友谊和共事的情面上，拿破仑在这之后还是给了布列纳一个任务：列席旁听对乔治和莫罗密谋案中牵扯到的个人的审判，并在每次庭审结束后给拿破仑提交一份报告。我把这些报告交给第一执政，他读完后，这些报告就都被存放在档案库里了。如果它们还在那里的话，人们可以把报告的内容和布列纳的回忆录里面关于庭审的描述对比一下，这样就可以知道这两个版本在思想和语言上有什么差别了。就像我之前所说的，我不认为那本以布列纳名义出版的回忆录真的是他自己写的。1825 年，我曾在巴黎见过他，他跟我说有人命令他要写一本不利于皇帝的书。"尽管他对我做了很多过分的事情，"他接着说，"但是我永远不会下定决心做这样的事，我宁愿让我的手枯萎。"但是，随着他能力的不断下降，他的财务状况愈发艰难，再加上他对于失宠一事深深的不满，都让他在日后不敌金钱的诱惑。当出版商找到布列纳表示要出版他的回忆录的时候，他正在荷尔斯泰因躲债。据说，出版商向他许诺 3 万法郎，而他要做的只不过是在成品上签个名。德·布列纳先生当时已经身患重病，他同意让那本回忆录以他的名义出版，几年之后，他就在卡昂的医院中病逝了。他为这本书做出的唯一贡献，就是一些离题的不完整的笔记。数名专业写手之后在这些笔记的基础上完成了这本书，而这些写手的名字书中也有提到。因为笔记中缺漏的部分太多，写手们只能自己做调查来补全缺失的部分。至于调查用的资料，自然是由出版商提供的。

如果这本回忆录真的是德·布列纳先生亲自写的，那么他就不会说他担任拿破仑皇帝驻汉堡公使时曾经帮助里尔伯爵的助手草拟了一份支持这位王公的布告，他也不会说他在 1814 年受到了路易十八的感谢。他更不会说拿破仑在 1805 年曾经告诉他自己根本不打算真的入侵英国，所有那些登陆的计划以及繁杂的准备工作都只不过是骗人的把戏。之所以德·布列纳先生不会讲述这段自己和拿破仑的私下对话以及拿破仑对他的悄悄坦白，是因为拿破仑自从 1802 年 10 月 20 日后就再也没有见过他了。当拿破仑皇帝不计前嫌在 1805 年将他任命为驻汉堡全权代表时，他照例接见了德·布列纳。但是仅此而已，拿破仑皇帝在此前和此后都一直拒绝接见他或者和他通信。我此前在其他场合提到过，当拿破仑皇帝需要了解公使报告之外的信息时，一直都是我去联系德·布列纳先生。负责联系法国驻慕尼黑大使奥托先生的人也是我。拿破仑皇帝一直想尽一切办法要获取军队前方以及军队后方的情报。

到此我就把我所有想说的关于德·布列纳先生的话都说完了，之后我也再也不会提起这个话题。

第一执政最终还是走出了对他旧同学的这份不满，他甚至还祝贺自己摆脱了这个枷锁。做一个不合适的比喻，他所做的就像路易十四在失去马扎然之后做的事情一样。有一天他对我说到和此事相关的话："我已经废除了机要秘书这个职位，它的缺点太多了，我已经被迫认清这一点。我希望你以后对外只说自己是第一执政的随员。你还很年轻，未来还有很长的路。其他的事情到那时候再说吧。"这个加到我头上的随员的身份，并没有明确的条例规定。这个身份也是第一执政没有给我德·布列纳之前享有的种种特权的原因，毕竟他们之前已经相识多年，关系也特别亲密。但在实际操作中，惯性的作用还是很强大。我还是时常成为第一执政，后来是拿破仑皇帝事实上的秘书，甚至是机要秘书。在日常政务中，我常常代表拿破仑皇帝跟各部部长们通信。甚至有的时候，因为他已经上马准备出发或是其他什么原因来不及给信件签名，他会授权我把这封信和另外一封由我签名的信一起寄出去。我自制的性格让我没有做出任何越权的事情。要是一个比我更大胆的人在我这个职位上，他可能就会尝试做一些越权的事情了。每当他完成一天的公务，前去约瑟芬夫人的会客厅中和她共处 1 小时时，第一执政总会争取我让我戴上帽子跟他一起去。我虽然有时候会同意，但是一般我更喜欢独自享受这难得的空闲时光。而之后，我经常因为待在他的书房里处理要务而没多少时间能留给我的家庭和朋友。最终，我对于自己在第一执政，后来是拿破仑皇帝的家庭和秘密中占据这样一个无人知晓的位置还是挺高兴的。我也没有四处去宣扬我的职位或是让别人注意到自己。顺带一提，我这种内敛也是很让他高兴的。他也从没有怀疑过我什么，我知道他不是那样的人。但是他喜欢就我内敛的性格开我玩笑。他以前常说，他身边有几个女士和先生大概都不知道我是谁。我觉得这句话有可能是真的。事实上，的确有那么几个宫廷大臣对我只知其名不知其人。在弗勒里·德·夏布隆于 1815 年在圣赫勒拿岛上写成的《拿破仑统治回忆录》中，有一条记录里提到拿破仑皇帝说过这样的话："梅尼瓦尔和费恩平时的生活状态是如此封闭，以至于有些宫廷大臣在宫中工作了 4 年都还从没有见过他们。"他还是完全信任我的，也没有改变他的信件都由秘书来拆封的这个习惯。

执政府的组成人员

在接着讲我去到第一执政身边时他在忙着干什么之前，我应该稍微介绍一下政府里面协助他一起治理国家的都有谁。

他的其他两位同僚，大家都很熟悉了：冈巴塞雷斯和勒布伦。前者是一位博学的律师。得益于他的审慎与学识，他得以毫发无伤地度过风云变幻的大革命年代。雾月政变时，他还是督政府下的司法部长。他博学以及圆滑的名声吸引了波拿巴将军。此后，冈巴塞雷斯证明他在任何情况下都是一名极有技巧的政治家。他是拿破仑忠实的顾问，后者完全相信他的判断，并曾事无巨细咸决于他。他为人有一点点古怪，因此有的人会就这一点开他玩笑，但这并不代表人们不敬重他。

第三执政是勒布伦。他曾在莫普大法官手下做事，为后者撰写演讲稿和其他与法庭相关的文字。在当时法国高等法院系统改革的大背景下，这些作品让勒布伦那高尚的思想和杰出的风格风行一时。他是一个纯粹而优雅的作家，他把自己所有的空闲时间几乎都奉献给了他的文学品味。他同时对金融事务和社会经济也很有研究。从三级会议一直到元老院，他在自己参与的议会中总是会以卓越的金融知识和对睿智改革的热忱而吸引大家的注意。他的知识储备和他绝佳的写作才能让他成为对拿破仑很有用的合作者。而他和善的性格又保证了拿破仑不用担心他日后变成一个无法掌控的批评者。

对这两个人的选择证明了拿破仑的处事技巧。这个三人集团也集合了当时人们能想到的条件最优秀的人。

内阁中则总共有 8 名成员，我认为这些人里面排第一位的应该是外交部长，当时是塔列朗。他的名气是如此之大，以至于我觉得我无须再在这里赘述什么了。他和波拿巴将军之间的联系还得说回到《坎波福尔米奥和约》。聪明的他当时就看出将军卓越的能力迟早会让他在未来成为政府首脑。鉴于塔列朗是这么一个富有远见的人，他自然迅速把宝押在了拿破仑身上。塔列朗非常熟悉处事的那一套道理，工作中的他是一个才华横溢、很会密谋以及能力极强的人。他既熟悉庙堂之上的条条框框，心中又是一个革命党。正是他的这种二重性让他赢得了拿破仑的喜爱。他本来就是一个精明而善于调解的人，处理外交事务时真是如鱼得水。这些特质让他成了领导外交事务的不二人选，也让他成了第一执政指定的人选。

警务部长是富歇，第一执政的同僚们是拒绝选择他的。我觉得他们是对的。这是一个毫无道德底线的人，他在革命期间扮演了一个血腥的角色。但是，他对于各种密谋和秘密了如指掌，他极强的随机应变能力，他伪装出来的那种直率和独立，以及他深谙的那种说服他人相信他是不可替代的能力最终还是胜过了人们对他的反感。他也就得以继续坐在他从督政府时期开始就占据的这个位置上。这个人的外貌总是让我想起马拉。我在年轻的时候曾多次见过马拉。富歇比马拉更高，人很瘦削；他的头发和眉毛颜色都异常苍白；他的眼睛总是充满血丝，他的皮肤则是青紫色的。他是如此健谈，以至于对方会认为他正在一股脑地把自己脑袋里面所有的想法都倾倒出来。他对第一执政的忠诚确凿无疑。有时候他来马尔梅松找拿破仑会扑个空。这时他就会来找我，并带着我一起在花园中散步。一边散步，他会一边对我大说特说他是怎样忠于职守和尽心尽力；他是怎样恐吓各个阶层对时局不满的人；那种将他整个淹没的狂热；以及他是如何时刻准备着为第一执政上刀山下火海。最后，他总是以同样一句话收尾："您一定要把我刚刚告诉您的话都说给第一执政听哦！"

而可以说是最重要的部长职位之一的财政部长，由戈丹先生担任。此前他是首席财政官，专门负责管理税务。之后他又做过国库署长，以及邮政局长。此前戈丹先生曾经在都政府时期两次拒绝出任财政部长的邀请。直到雾月政变后，他才接受了第一执政的邀请。当他刚刚开始这份工作的时候，接手的是一个绝对的烂摊子：国家信用破产；税款无法定期收缴，税源也减少了；国库异常空虚；总而言之一句话：国家破产近在咫尺。但是，等到我进入政府的这一时期，这位新部长已经重振了人民的信心；公共服务重回正轨；旧的金融管理部门复旧迎新；秩序取代了混乱；他更是促成了新国债的发售，其优惠几乎和最好的银行和商行能提供的一样。拿破仑常说，戈丹先生在短短的数月之内就完成了清除邪恶旧制度的余毒并重建正确的信用和审核制度所需的一切；他认为这位部长是一位体面而富有才华的管理者，虽然步子迈得不快，但总是步步为营，稳扎稳打，让人放心。之后拿破仑还曾补充到，戈丹先生给他留下的这一套系统，在之后的 15 年里都只需要小修小补就可以了。他完全不需要砍掉其中的任何一条措施，因为这些措施都是戈丹渊博学识和长久经验的结晶。

当时，贝尔蒂埃将军是陆军部长。因为在担任自己的幕僚长时于意大利和埃及的优异表现，拿破仑将陆军部交给了他。贝尔蒂埃同时依旧担任波拿巴将军的幕僚长。他担任这一职位仿佛是上天注定的，而他也安于这个职位，并没有其他野心。第一执政曾将许多任务托付给他，他都完美完成了。也正因如此，对他特别满意的拿破仑在自己的整个统治期间持续地给他送去各种礼物和荣誉。

海军部长一职则掌握在德克雷海军上将手中。他能升到这一位置，还得感谢他强健的勇气，以及他过往执行任务时所展露出的技巧。他是一个机敏而博学的人，因此他说起话来总是才气四溢。他为人勤勉，也是一个正直的行政官员。但是他和拿破仑有点八字不合，拿破仑总是抱怨他行事不够主动，且总是拒绝主动出击的方案。因此德克雷非常不喜欢离开巴黎，因为他害怕他一离开就会人走茶凉。但最终，他还是出于一时的暴躁和沮丧递交了辞呈。拿破仑是希望他留下来的。他为此专门给德克雷写信，还专门派出心腹冈巴塞雷斯劝告德克雷收回辞呈。

据说德克雷保护了许多水平糟糕的人，同时出于个人情感忽略了一些优秀的海员。这样的行为自然为他带来了许多敌人。拿破仑清晰地知道法国需要一支强大的海军，但是他全情投入构思的海上征战却并没有得到他期待的结果。因此他觉得自己被迫要延后发展我们这支重要国防力量的计划。这支国防力量是我们打击英国霸权，并迫使这个不断组织和资助反法联盟的政府求和的中流砥柱。但是，抛开这个插曲不谈，德克雷对国家元首的忠诚有目共睹，一直到最后都是如此。

当时的内政部长则是沙普塔尔先生。这位部长先生不光是一个出色的学者。他对农业和商业问题的渊博知识、他在工业制造和艺术领域对化学的应用、他作为一个政府人员的才能以及他对公共教育事业的研究都让他成为执掌内政部的不二人选：这个部门的职责十分庞杂，在胜任的人中，无人能出其右。

阿布里亚尔先生作为司法部长，则热忱而诚实地主导了地方法官重组的工作。他此前是一位律师，也是革命的忠实支持者。在大革命期间，他出色地完成了多项工作。在担任部长之前，他是最高法院的检察官。我进入政府几个月后，他就被国务参事雷涅先生，日后的马萨公爵取代了。当时政府刚刚经历了重组，警务部被取消了，其职能也被统一划给了大法官，也就是司法部长。

国库则由巴尔贝－马布瓦先生管理。他曾是圣多明戈的长官，对这一殖民地的管理做出了重要的贡献：包括进行有益的改革、消除弊政以及改善殖民地的财政状况。此后他被任命为元老院成员，但是在果月政变中被认定为保王党，并被驱逐出境遣送到了圭亚那。但由于他已经在圣多明各习惯了热带环境，因此与他众多一同被驱逐的狱友不同，他活了下来。当雾月政变发生时，他已经获准搬到了奥莱龙岛①上，第一执政将他从流放中召回。他先是任命巴尔贝－马布瓦先生为国务参事，在迪弗雷纳先生死后，又任命他为国库部长。这一职位在当时已经被提升到部长级别了。马布瓦先生作为一个严格正直的行政人员的名声以及上天赋予他的有条不紊的性格都确保他成为国家钱袋子可靠而又警觉的看守人。

波塔利斯先生是《民法典》的主要起草者之一，他拥有天赐的口才且博学。他在当时主要负责管理教会事务。此后他被提拔为了宗教祷告部的部长。他善于和解的精神、对法律的渊博知识以及他那罕有的使人信服的华丽的口才在和教士们打交道时都非常管用。

政府内部还有一名国务卿，他的职责主要是在执政们参与的部长会议上做会议记录。同时他还负责向各部门的长官传达各种决定和政令，联署他们的文件，并保管所有政府内部的私人及机密文件。尽管名义上他并不是部长，但是国务卿的职责实际上和部长差不多：不光要为各个部门提供协助，有时候还要代替这些部门做事。这一职位一开始由马雷先生担任，后来变成了巴萨诺公爵。前者勤勤恳恳、一丝不苟地追踪了国民大会中的重要讨论，这也成为他管理国内事务的开端。他是有关国民大会会期报告的第一作者，这份报告也成为此后《箴言报》的基础。他是该报的创始人。他对外交领域的知识则来自此前他在伦敦和里尔主导的外交谈判。当时他是外交部政治事业局的局长，和他谈判的对手则是马姆斯伯里勋爵。马雷先生是天生的和事佬。头脑发达、记忆力可靠、那股政

---

① 位于法国西部海岸处的岛屿。表示他已经从南美洲回到了法国。

治敏锐更是无法动摇。在拿破仑看来，马雷是合作最为愉快的几位同僚之一。因此他也最常派马雷去做事。

参政院分为 5 个部门：立法、内政、财政、陆军以及海军事务。其职责主要是起草法案，国务参事们也要负责在立法机构中支持自己的法案。在参政院中，讨论和决策的内容主要包括：政府机关的规章、诉讼程序中的公共事务、法院和政府机关之间的冲突、政府内部不同机关之间的冲突、有关国家事务管理的所有问题，以及间或提起一些外交事务。

参政院是新政府内部将各个部门绑在一起的铰链，同时所有政府发出的重要法案也是在参政院被进一步详细阐明的。不同的部门由不同的国务参事负责，并根据所属部门的不同有特定的职责。第一执政每周会主持几次全体会议，如果他不在的话，则由冈巴塞雷斯主持全体会议。极少数时候，主持会议的会是第三执政。会议上的讨论完全自由；每名国务参事都有自由表达观点的权利，无论是什么观点。第一执政甚至会鼓励冲突和反对的声音，并表示自己希望在这些会议上被启发。有时尽管他屈服于多数人的意见，但还会坚持自己没有被说服。他将各种各样的能人都召集到了参政院中，有革命党人也有保王党人。唯一的要求就是他们要诚实，并且要愿意帮助他完成自己的使命。因此，参政院是一个世上罕有的各种能人志士的集合体，他们都以同样的热情在为同一个目标而奋斗。

国务参事的人数是没有限制的，在我进入政府的时候，大概有 25 名专职国务参事。除此之外，还有大概 12 名特派国务参事，以国务参事的头衔从事各种各样的工作。在常任的这些国务参事中，大概只有布莱·德·拉默尔特先生、勒尼奥·德·圣－让－当热利先生、德费尔蒙先生以及贝利埃先生是一直留在这一岗位上的。他们一直到帝国灭亡时都在担任专职国务参事。其他的人则或者被临时调去别的岗位，或者永久调岗，又或者被提拔到无法和国务参事的职责兼容的职位。而特派国务参事则会在有需要时被召来，并针对与他们职责相应的问题发表看法，或参与相关的讨论。其他有才能的人士，尤其是那些在特定领域有渊博知识的人会被某个部长专门呼唤来为国务参事提供建议。各个部长都会四处寻找这些有专门知识的人才。

拿破仑成为终身执政

我来到第一执政身边时，他的时间都花在以下几件事情上：特赦流放者、建立数所高中（为日后建立庞大的大学系统打响了头炮）、修改宪法中限制第一执政只能做十年的条款，还有就是建立法国荣誉军团勋章制度。

事实上，在我到达后仅仅过了两周，就出台了一项召回流放者的法令，元老院也发布敕令大赦了他们。只有下列几类人没有被赦免：曾经领兵对抗过共和国的人、曾经在外国军队中服役的人、依旧为波旁家服务的人、通敌的将军和人民代表以及此前拒绝辞职的教士。政府命令不受赦免的人数应当控制在 1000 人以内，同时在接下去一年的时间内应该逐步减少至 500 人。在此前逃离法国并在外国组成反法集团的 15 万人中，有十分之九的人都是出于恐惧、强制驱离或者不切实际的幻想的破灭才离开法国的。这些人可以放心地回家了。而更重要的问题则是将还没有被出售的产业交还给原主人，这也是那些最重要和对共和国最有敌意的家族最为关心的问题。如果继续拒绝退回他们的产业，那么就等于迫使他们成为激烈的反政府者。但是如果把所有的产业都归还给他们，他们就根本不会表示感激。这些流亡者手中最主要的财富就是法国的林地。因此双方达成了一个妥协：面积超过 300 阿庞①的林地不会被退回。如此一来，虽然政府孤立了这些手中大部分的财产是林地的家族，但是拿破仑皇帝依靠此后一个个单独的归还令赢得了这些家族的支持。正是因为我们退还了他们的产业，尤其是林地，这些贵族在复辟时期才得以建设那些广阔的宅邸。这些豪华宅邸支持了日后被称作圣日耳曼城区②的兴旺，以及其贵族居民巨额的财富。

这一大胆而慷慨的政策，正是因为第一执政才成为可能。为了展示新政府的力量，他愿意承担任何不好的结果。这一政策获得了大部分人的支持，仅有一小部分共和党人和将军表示反对。看见这些他们认定的敌人，已经被他们征服的人又回来和胜利者一起分享战利品让他们心如刀割。

这一法令是以元老院敕令的形式发布的。在掌权的过程中，拿破仑感受到了用大量形式上的东西来包裹他斡旋的这些必要改革的重要性。这样可以掩盖这些改革专制的本质并保证人们能更为平静地接受它们。因此他决定在几个罕见的场合将国家的第一机关和政府的重要行动联系在一起。而随着时间的流逝，他扩展了这一对国家治理权力的分享。许多人可能并不认可让元老院介入国家政治事务的行为。但是，因为元老院只有在政府首脑要求的情况下，才拥有发布元老院敕令的特权。我们认为这样可以避免元老院权力过大以及因此可能带来的危险。在帝国最繁荣的岁月里，元老院尊重了这一规则。但是，一有可乘之机，它就马上把这个提案当成了废纸并背叛了拿破仑皇帝。正是这个人创造、扩大了元老院的权力并给予它光荣。它却用拿破仑皇帝亲手交到其手中的这件武器反过来攻

---

① 旧时法国的土地面积单位，和英亩大致相当。1 阿庞 = 3420 平方米。

② 巴黎著名的贵族区，位于塞纳河左岸。

击了拿破仑皇帝。

因为这次大赦，两位饱受前朝王公信任的人请求并获准重新返回了法国。其中一位是布雷特伊男爵，他被引荐给第一执政。后者很乐意跟这位男爵交谈，并从这位重要见证人的口中了解那些外交任务，以及获取那些王公小团体的具体细节。布雷特伊男爵向第一执政引荐了自己的侄子，并乞求他在政府中给自己的侄子一个位置。小布雷特伊顺利地被接纳了，并被任命为参政院的助理办案员。此后他被派往管理《普雷斯堡和约》中割让给法国的奥地利省份，之后更是在帝国内部以及莱茵河以东担任行政职务。他热忱的服务一直持续到1814年，直到旧的回忆卷土重来，他才改投他阵。但是，公正起见，我还是要在这里补充一点：布雷特伊男爵的侄子一直都很感激年轻时拿破仑对他的态度。

而另一位返回法国的流亡者是德·卡洛讷先生。他并没有享受多久大赦带来的好处，因为他返回法国后仅仅过了一个月就死了。他此前和贵族以及地方法院的缠斗、一系列密谋、他未酬的壮志以及他破灭的梦想都导致了他的短命。但是，即便这样，他也没有放弃成为财政部长的计划。他指望可以用自己过人的才智和巧言令色来诱导第一执政。他的朋友中有一位和我有些交情，这位朋友坚持让我为德·卡洛讷争取到一个面见第一执政的机会。这位朋友坚信只要德·卡洛讷能见到第一执政，他就一定能说服后者。但是，第一执政拒绝接见他，前者清晰地知道后者手中财政资源的价值以及后者的毫无底线。更何况，前者当时没有一点更换财政部长的意思。他的一个兄弟此前已经向他提议将勒德雷尔先生放到财政部长的位置上。勒德雷尔先生是一名国务参事，也是一个才能和才智都很卓越的人。当时拿破仑是这样回复他的兄弟的："我充分认可你的门客，认为他有这个能力，但是我觉得以他的全部才智，也很可能只能给我带来一潭清水。而我的好戈丹却总是能给我带来大量的埃居①。"

就在第一执政紧锣密鼓地准备为流亡者们重新打开法国的大门时，对于那些罔顾政府的善意，对其敌意没有丝毫减少的人，他也在加大驱逐力度。德·达马夫人和德·尚瑟内茨夫人依旧在与敌人通信；德·达马夫人此前就因为她极端的观点和对政府的不断攻击而吸引了我们的注意力，之后更是发现她藏匿了伊德和利莫埃兰这两个参与了雪月3日杀人机器密谋的人。警察将她押送到了边境，并将她驱逐出境。当时她的丈夫已经在境外流亡多年。德·尚瑟内茨夫人是一个姓波特的荷兰人的女儿，因此她被勒令返回荷兰。她此前定期与德·沃德勒伊先生通信。后者是阿图瓦伯爵②领导的小团体的一员，这个团体中还包括阿拉斯主教、迪泰耶、维约、瑞士上校罗尔男爵等其他成员。

拉阿尔普此前已经因为狂热的传教活动而被监视在巴黎，之后在公开宣布自己是无神论者后，他被转移到距离首都20里的地方。他此前愤怒地攻击哲学和新授职的教士所引发的丑闻是导致他这次被驱离的原因。他身边围绕着一群将他视作先知的人，这助长了他的狭隘和极端傲慢。此后，到了1802年年底，他才获准返回巴黎。之后没过几个月，他就在巴黎去世了。

大赦流亡者后，紧接着到来的法律则是有关布置公共教育机构的，同时这也是一个建立大学的草案。法律规定在全法国每个上诉法院的辖区都设立一所高中。这些公立学校的教师都由政府指派，

---

① 旧时法国货币单位，法国大革命时被废除，但是19世纪普遍将5法郎银币称作埃居，此处用作金钱的代称。

② 路易十五和路易十八的弟弟，路易十八逝世后登基为查理十世，在1830年七月革命中被迫退位，流亡英国。

并由国库付薪水。为了确保这些机构能够获得成功，法律还设立了 6400 份奖学金，其中 2400 份专供军人子弟以及法院、行政和地方公务员子弟①。剩下 4000 份奖学金则根据初中学生的考试结果来分配。这一法律还同时建立了针对法律、自然科学、物理、数学以及艺术的专门学校，以及一所军校。

正是得益于此法，一位年轻人在马赛高中接受了教育。此后，他凭借过人的天资、罕见的才能以及广博的知识爬升到了一流文学家和政治家的位置：他就是梯也尔先生。他来自一个商人家庭，家里主营和黎凡特相关的贸易。他从小由母亲（玛丽 - 约瑟夫·谢尼埃的大侄女）和祖母养育长大，她俩当时都挣扎在贫穷的边缘。她们都来自法国南部保王党家庭。在听闻倒霉的昂冈公爵被处决的消息后，她们对第一执政的敬仰之情转变成了仇恨。她们的恨意是如此之深，以至于当马赛的地方官员一开始提出推荐她们把展现出天赋的孩子以奖学金生的身份前往市内的高中深造时，被她们拒绝了。尽管贫穷的家境让她们不可能不对法律提供给她们的这一好处动心。直到一些友人苦口婆心地劝服了她们后，她们才决定接受政府的这一善举。小梯也尔就这样上了推荐名单，并获得了由第一执政亲自选择发出的奖学金。此后奖学金中还专门追加了 1200 法郎作为小梯也尔购置校服和各类服装的资金。拿破仑未卜先知一样看到了这个男孩的教育会结出怎样了不起的果实。在提到这一轶事的时候，梯也尔先生以他一贯的风格打趣道："拿破仑在帮助我的时候肯定没有想到，他是在帮助教育一个未来研究他的历史学家。"

在保证军人、公务员和其他人的儿子可以享受到教育红利的同时，拿破仑在之后还会同样为他们女儿的教育提供帮助。他对男孩

---

① 当时创立的这些学校都还不招收女性。

和女孩的教育一视同仁,都很重视。女子学校也就这样被创立了。我想提前在这里讲一下这些教育机构,因为之后我就没时间好好讲了。1806 年的时候,建立了 3 所女子学校,招收了 300 名学生。到了 1809 年,在埃库昂城堡和旧圣丹尼修道院建立的女子学校迎接了 600 名学生。这些学生中的一部分完全不用交任何学费,而剩下的则只需交一半的学费。这些学校的目标是教育出可以和她们的父辈承担一样责任的女性。食宿费是每人每年 1000 法郎。女子学校的收费有一部分会用来抵付学校的支出。而最后,到了 1810 年,又有 6 所女子学校开业,迎接了 600 名学生:都是已逝的荣誉军团勋章获得者留下的孤儿。这些学校的食宿费更少,每年只要 400 法郎。这些学校的基本要求都与埃库昂和圣丹尼的那些学校一样,但是具体规定则更加严格,甚至可以说是向修道院看齐的。学校招生的最低年龄从 4 岁到 12 岁不等,并可在学校中一直待到 21 岁。拿破仑皇帝将这些学校都交给奥坦丝王后打理。他亲自起草这些学校的规章、亲自选择教师、亲自选定校址,并且对于和学校秩序和经济有关的问题都逐一过问。他还像家长一般亲自指导了对他指示的执行工作。

荣誉军团勋章制度在同一时间被确立。这一法案最初被提交到参政院的时候,受到了激烈的反对。但是第一执政单凭借着陈述道理,就成功地捍卫了这一法案。参政院对法案的讨论是自由进行的。此后护民院和立法院都投票通过了这一法案,但是得票数远比政府预计的要少。第一执政的口才、他高屋建瓴的观点,还有此法的阐述者和倡导者在护民院和立法院内进行的论证,还是不能说服一部分人。这些人死守着大革命的绝对平等观点,坚持认为这种区别对待的行为尽管不是特权,依旧破坏了大革命的精神和原则。但是建立一种独特的、不以特权颁发的勋章,这一想法本身就是一种平等：不论是普通士兵还是元帅，不论是普通公民还是王公或权贵，任何人都有权接受这份荣誉。这一制度更是在此后创造了许多奇迹。对于我来说，这样一个制度不需要为自己辩护，清者自清。

而修改宪法中规定第一执政只能担任十年这一条文的计划则在拿破仑、他的两个同僚、他主要的元老院议员和主要的立法议会成员之间引发了大量的讨论。冈巴塞雷斯是第一执政在这一棘手的谈判中的主要发言人。元老院在商讨后决定将第一执政的任期延长十年，但是这一举措也只不过可以稍微弥补一下拿破仑的担忧而已。当这一元老院敕令被递交参政院后，后者在公告中将延长十年变为终身执政。第一执政希望将这一意愿提交给民众以获得民众的认可。因此，执政府发布了一条政令，法国人民将要回答下面这个问题："拿破仑·波拿巴应该成为终身执政吗？"在 3570250 名参与投票的公民中，有 3568585 人投赞成票。当时向元老院报告这一消息的草稿是我负责带给第三执政勒布伦的。我让他重新读了一遍草稿，并提出了他的修改建议。

针对民众在投票中近乎一致地支持拿破仑成为终身执政以及此后建立帝国这件事情，存在很多质疑的声音：有人声称登记投票结果的公务员影响了选民；有的人则质疑选民名册的真实性；最后，还有些人声称自从宪法建立以来，所有交付全民公投的提案都获得了通过，人民从来没有否决过任何提案，暗指政府甚至要采用什么手段来获得大多数人的支持。但是，经历过那个时代的人就会知道，执政府根本不需要用什么引诱、威胁或者造假的手段。整个国家的常理，是一种本能，是从来不会出错的。这一常理让整个国家认识到了拿破仑就是那个会保护它最宝贵利益的人，拿破仑就是那个真正热爱它的人，拿破仑就是那个正在努力奋斗让公正、有序以及平等重新照耀法国的人。整个国家对波拿巴将军过去所做的一切的感激之情和它对第一执政可以带来的光明未来的期待是不可分割的。拿破仑可以充满信心地请求一场全民公决。当一个政府对自己的民心如此自信，以至于它敢于依靠民意时，人民是不会否决它的。

这段时间发生的其他大小事件

大概在我进入第一执政的内阁 6 周前，政府禁止了两部戏剧的演出。之所以会讲起这件事情，仅仅是因为此事使剧作者失宠，造成的轰动一直到我到达马尔梅松时还余波未散。第一部戏剧叫《爱德华在苏格兰》，由亚历山大·迪瓦尔创作。这位作者此前很受约瑟芬夫人以及第一执政的喜爱。他这部作品的读本就很受欢迎，在面向公众首演时也大获成功。但是，人们注意到一些著名的保王党人士在某些段落会非常用力地鼓掌，他们希望公众在其中找到一些影射的内容。第一执政之前还没观看过这部戏剧，在听闻这件事后就去看了这部戏剧。他觉得这部戏剧蛮有趣的，但是他同样注意到了隔壁一些包厢在某些段落会突然大声一齐鼓掌。发现那些包厢里都是一些新近回国的流亡者后，他自然感到不满。黎塞留公爵就在这些因为鼓掌而显得突出的前流亡者中，日后在复辟时期，他会出任部长的高位。尽管他当时依旧在为俄国人做事，但是他还是获得了返回巴黎的许可。但是，在这件事情后，他被要求马上离开巴黎以及法国领土。迪瓦尔先生当时因为害怕被这些流放者的轻率行为牵连，已经跑到了雷恩的家中避难。但是，第一执政派人告知他，他可以返回巴黎。第一执政还补充说他并没有对迪瓦尔感到不满。

第二部戏剧的标题是《等候室》。虽然在写作的时候作者并没有任何恶意，但是剧中的有些情境和台词可以被用在当时的政治环境中。而政府的敌人是以如此明显的恶意在使用这些情境和台词，以至于该剧无法再进行任何演出。此前第一执政已经因为《爱德华在苏格兰》中那些虚构的暗讽所展现的恶意而不满，这次的剧作者迪帕蒂先生更是彻底失去了他的喜爱。迪帕蒂先生当时是驻扎在巴黎的工兵，并没有定期的休假。此事之后，他被要求马上前往布列斯特，并在那里登船参加前往圣多明各的远征。但是，他在布列斯特没有待多久。在远征开始前，他就获准重新回到巴黎，并继续了他在文学上的征程。在他此后创作的许多风趣的戏剧中，有几篇是奉献给拿破仑的荣光的。在拿破仑皇帝和女大公玛丽·路易斯的婚礼上，在杜伊勒里宫里表演的那部寓言芭蕾舞剧《小时》就是由他编排的。1814年，他还为国民护卫队的军乐团写了一首回旋曲。这首曲子是拿破仑皇帝与护卫队将官告别时由迪帕蒂写的。当时拿破仑皇帝正准备领军出征，并将皇后和皇子托付给护卫队的将官们。

既然我讲到了戏剧，我觉得可以在这里提一下，在大概同一时间，我为当时最悦目的歌剧芭蕾舞女演员服务的一段经历。德·吕赛先生作为皇宫的主管，这个剧院也归他管辖。他也很严肃认真地管理着这个歌曲和舞蹈的"共和国"。剧院中年龄不算年轻的一位演员舍维涅小姐在一次芭蕾舞表演中伤到了膝盖。并因此在很长的一段时间里无法登台。德·吕赛先生对于她的长期缺席逐渐感到厌烦，并指派了一名医生去给她做一次检查。医生在报告中指出，这位女舞者的膝盖已经硬化，因此他也不确定她什么时候能重新登台。也正因为这份报告，她的名字曾经一度出现在退休人员的名单上。舍维涅小姐深知自己只要再休息上两三个礼拜，是肯定可以重新登台继续表演的。因此她觉得就这样把她排除在外很不公平，她也因此很是绝望。她和她的丈夫（著名建筑师塞莱里耶）一起，向所有可能帮她改变这一决定的有些影响力的人都发出了求助信。而我正巧在这一批她求助的人中间。我成功帮她要到了三个礼拜的假期，这也正是她迫切想要的。她日后的重新登台证明医生的观点也不都是正确的。她的舞蹈能力一点都没有下降，而歌剧院在此后的很长一段时间里都继续享受着她作为舞者和演员带来的成功。

正是在大概同一时期，第一执政对雷尼耶将军有许多不满，后者刚刚在决斗中杀死了德斯坦将军。这两位将军都刚刚从埃及归来，当时在梅努将军接替死去的克莱贝尔将军指挥军队的时候，他们俩就有过一次激烈的争论。埃及战役倒霉的结局本来就让拿破仑很不高兴：如果胜利了的话，法国将获得巨大的利益，而拿破仑自己也将获得巨大的个人荣耀。因此他下令整个战役中犯下的错误都应该被忘记，所有会让大家想起这件无法挽救的失败的东西都应该被忘记。因此他对于这场决斗异常愤怒，我觉得他这么生气也是应该的。他将雷尼耶将军放逐到后者在涅夫勒省的庄园，并隆重纪念了德斯坦将军，还为他的遗孀发放了一笔养老金。这一降临在我们最出色将军之一身上的灾祸还有另一个原因，那就是雷尼耶将军此前对梅努将军强烈的不满。后者在军事才能上远远不如前者，但因为后者资历更老，所以被任命为埃及远征军的总指挥。这一不愉快的对立也葬送了我们在埃及的事业。第一执政是认可梅努将军的行政才能的，但是，他对梅努将军展现出的喜爱还是为了保护后者免受我们在埃及一系列失败引发的情绪的影响，尽量控制事件发酵，让这些情绪尽快消失。

同一年（1802）的某一天，科维萨尔医生在协助我侍奉第一执政起床时报告了比沙的死讯（他在前一天晚上去世），他还不到三十岁。这位年轻的医生是一位前途光明的学者。他在生理学上的研究不仅极大地丰富了科学事业，这些充满新想法和卓有成效的研究还极大拓宽了生理学的范围。他的逝世勾起了我们对德索的回忆。德索是比沙的导师，也是外科学的骄傲。第一执政命令内政部长准备一套最好的方案来纪念这两位学者。在接获部长的报告后，他下令在主宫医院的一间病房门口安置一块大理石板，在上面记录下两位医生为人类做出的贡献，让后世永远牢记他们。

　　英国和法国之间敌意的结束意味着法国领土再次对英国人开放了，许多英国人来到了巴黎。在那些跟康沃利斯勋爵同车来到巴黎的英国显贵中，有一位英国国务大臣的儿子。他以自己强烈的爱国主义情怀和能量而闻名。他是皮特的朋友，两人也有相同的原则。这人就是兰斯顿侯爵的儿子，年轻的亨利·佩特勋爵。他不光是父亲头衔的继承人，也和父亲有相同的政治观点和品质。他的父亲在1806年接替皮特成为财政大臣。陪同 H. 佩特勋爵的是他的导师：来自日内瓦的知名作家杜蒙。杜蒙也是米拉波①生前的好友和合作伙伴，前者也针对后者写了一本很有趣的书。佩特和杜蒙都被引荐给了第一执政，后者非常喜欢他们。而英国人大批量地来到巴黎，则是在《亚眠和约》签订后。许多英国议会议员、律师、军官以及其他达官显贵都慕名来到巴黎求见第一执政。他们都是由英国大使梅里先生引荐给第一执政的。就像我前面提到的，他以前是亚眠和会中英国使团的秘书。这些人中第一个要提的应该是福克斯先生。他当时正在写一本关于斯图亚特王朝最后两位君主的书。但是这位著名的外国人来到巴黎，与其说是为了在我们的档案库里搜寻这方面的资料，不如说是为了认识这位和他意气相投的非凡人物。在拿破仑这边，他就像是被自然引力吸引到了福克斯那里。他非常

---

①　曾任法国国民制宪会议主席。——编者注

喜欢福克斯，并且从一开始就将福克斯接纳进了自己的亲密圈子，并和他私下进行了许多谈话。据说，虽然两人在政治话题上并不总是能达成一致，但是讨论的结果总是让双方都更加尊重彼此。第一执政要求我们所有的档案库和公共机构都要向福克斯先生敞开大门。他也陪着福克斯先生去过档案库几次，比如参加第二次工业产品展。这一展览是在福克斯先生于巴黎逗留的最后时间段开设的。

在乔治密谋暴露前的这一整年中，我都没有在杜伊勒里宫里见过莫罗将军。因此对于这位将军我没什么好说的，但他的个性众所周知。我那时获悉他拒绝了第一执政的所有主动示好，也拒绝了后者的一切邀请。他和于洛小姐的婚姻约瑟芬夫人也有出一份力。自从两人结婚后，他的岳母就竭尽所能地在这两个军事荣耀上的对手间挑拨离间，制造事端。于洛夫人曾经抱怨她必须要等一会才能见到约瑟芬夫人，并表示自己没心情在候客室等待约瑟芬夫人。莫罗将军则曾极其轻佻地讲起一些或针对第一执政个人，或针对执政府的充满敌意的尝试。这一由冷淡发展来的敌意，最终让莫罗先生堕入了一个与他的荣誉不相匹配的密谋中：通敌。他和敌人联手攻击自己的祖国，最终死在了祖国敌人的行列中——被一枚法国炮弹杀死。

在 1802 年年中，沙皇和普鲁士国王曾在普鲁士的东部港口城市梅梅尔进行了一次会晤。当时这场会晤并没有受到人们过多的关注。当时普鲁士国王已经登基 5 年了，而亚历山大沙皇则刚刚继承他倒霉父亲保罗一世的皇位。后者 3 个月前在圣彼得堡的宫殿中被刺杀了。当时的这两位王公都是年轻人，他们迫切希望互相认识。沙皇提议进行一场友善的会晤，普鲁士国王旋即同意了。年轻貌美的普鲁士王后陪同国王参与了会晤，为两位君主之间的亲密友谊做出了极大的贡献。这一友谊的结果就是从那一刻起，普鲁士被纳入了俄国的势力范围。

第一执政努力不表现出自己对这一会面的不满，尽管他不在现场，同时他也很好奇会议上会发生什么。因此他派出了宫中的一位军官，同时也是一名精明的观察者，前去参加了这次会晤。迪穆斯捷骑兵少校是一名杰出的军官，并且有许多古老的美德。他被委以向两位王公表达第一执政的祝贺的重任。事后，他成为将军。他为普鲁士国王带了一封第一执政的亲笔信，拿破仑在信中表达了他对《吕内维尔条约》中对普鲁士的补偿等安排正式得到落实感到满意。这一补偿也极大增加了普鲁士国王治下的领土。而对国王的岳父，拿骚－奥兰治亲王的补偿也同样按照后者的意愿得到了确认。条约同样约定给巴伐利亚、符腾堡以及巴登的王室提供大量补偿。这些王室都和俄国皇室有家族联系。这一消息到达的时机恰好，受到了两位王公的热烈欢迎，并且使沙皇愿意和第一执政一起分割为莱茵河左岸丧失土地的小君主们准备的土地。这一沙皇和普鲁士国王参加的远离他们首都的会议是此后德意志君主们和北方君主们之间许多会议的前奏，同样也是 12 年后那一系列会议的先声。

就在大致同一个时间，宫中的另一位军官被派往了阿尔及尔，执行另一项任务。尽管我们已经与北非（Barbary States）诸国达成了和约，摄政手下的那些海盗，屈服于他们打家劫舍的习惯，又开始袭扰我们的海岸，甚至还袭击我们的军舰。第一执政派出莱谢戈海军上将带领一支舰队来到阿尔及尔城下。他在海军副官于兰的陪同下上了岸，后者是受托来要求当地首领（Dey）① 为这些侮辱以及对我们贸易行为造成的伤害而提供补偿的。于兰魁梧的身材、威严的态度以及他衣服上华丽的刺绣都给这些野蛮人留下了极深的印

---

① 北非地区的地方统治者。

象。这一印象补全了此前第一执政的信和法国舰队的外表带来的压力。首领接受了我们提出的所有要求，释放了监狱中关押的法国人以及我们盟友的国民，还往巴黎派出了一名满载礼物的大使。

我在杜伊勒里宫见证了共和国最后一次 7 月 14 日周年纪念庆祝。当天，在骑兵演习场举行了盛大的游行。在游行现场，第一执政为各个轻步兵团统一举行了授旗仪式。仪式上轻步兵团的代表是上校以及从每个团派出的 3 名军官。就在游行开始前，塞纳省的省长以及巴黎的两位区长向第一执政赠送了一匹着华服的法国种良驹。外交代表团则受到了庄严的接见。杰出的外国人都由各自的大使或全权代表的大臣引见。在巴黎的 12 个区，都有由政府资助的结婚典礼。整个节日庆祝的高潮则是一系列的筵席、灯饰以及烟火。

次年的 7 月 14 日，杜伊勒里宫没有组织任何庆典。第一执政和约瑟芬夫人当时不在巴黎，他们正在下塞纳省和瓦兹省进行为期三周的旅行。

在 1804 年的这一天，当时已经是皇帝的拿破仑策马前往了荣军院。道路的两旁布置着士兵，为拿破仑在前方开路的则是元帅和帝国的优秀军人们、卫队上校们和侍从官们。皇后在皇帝姐妹姑嫂、她的女官、她的内臣以及她的马术教练的陪同下，先于拿破仑皇帝在中午就抵达了荣军院。教皇派来的红衣主教使节主持了一场弥撒。宗教仪式结束后，举行了一场授勋仪式。拿破仑亲手将勋章从总管手中接过，并一一交给每位受勋人。仪式的最后是一首《赞美颂》。当晚，所有公共建筑都被点亮，杜伊勒里宫的露台上举行了一场音乐会，新桥上燃放了烟火。

第三章

1802 年，第一执政住在马尔梅松的某天夜晚，被一位来自西班牙的信使叫醒了。信使带来了驻里斯本大使拉纳将军发来的紧急信函。在了解到信函中的内容后，拿破仑命令信使准备好马上原路返回。为了解释这件事情的前因，我必须要稍微往前回溯一下。

在 1801 年的 11 月，当时还是执政卫队唯一指挥官的拉纳将军，因为卫队在财务中发生的一些违规行为而不得不辞去指挥官的职务。事情是这样的：第一执政此前答应了将军会支付他家中装修的开销。但是当账单寄到第一执政那里的时候，他却拒绝付钱，因为账单上的数字远远超过他的预期。拉纳将军一向花钱大手大脚，对记账也一窍不通，况且他每次需要钱而向拿破仑求助时，后者都会满足他。而看到第一执政坚决不付钱后，拉纳为了付清他买家具的钱，能想到的最好的办法就是直接挪用卫队公款。这样的行为当然是不可容忍的，拉纳也丧失了指挥官的职务。经此一事，执政卫队进行了重组，以更好地达到其设立的目的。原本的单一指挥官被分割为 4 个，每人都是一名上将。拿破仑还将拉纳将军送往里斯本，以此来稍微疏远他。这样做既是为了平息这一事件造成的骚乱，更是为了终结拉纳和他之间的这种过分亲昵。这一亲昵带来的放肆才是这次问题产生的根源。我还记得我在这一时期见过这位将军：当时我们一起在约瑟夫·波拿巴家进晚餐，那是他被确定派往葡萄牙之后的事情。我当时从他满嘴的充满怨恨的讽刺挖苦中可以听出他很不高兴。德·尚皮尼先生当时也在场，他当时刚被任命为驻维也纳大使。

　　刚开始，因为对外交惯例完全不熟悉，拉纳将军在新岗位上干得并不是很成功。整个葡萄牙内阁，尤其是外交大臣若昂·唐·阿尔梅达勋爵，都是彻底倒向英国的。所有法国大使提交的外交文件都会被转交到英国大使菲茨杰拉德勋爵的手上，就连对文件的答复也是由葡萄牙政府和他一起准备的。而葡萄牙的摄政王，要么是被他的大臣们蒙蔽，要么就是被他们支配，总之也对法国大使没什么好感。不久，拉纳将军就感觉自己作为军人的自豪、自尊和耐性都使他忍受不了这样的公然蔑视了。在没有通知葡萄牙或是法国政府的情况下，他突然就离开了里斯本，还让家人都跟着他一起上路了。他在路上的第一个驿站做了自我介绍并要求对方提供马匹。驿站的局长告诉他，除非看到了命令，否则没法答应他的要求。但是拉纳将军还是蛮横地要求他立刻准备好马匹，甚至还把手放到了佩剑上，并威胁说如果对方不马上按要求照办的话他就要攻击对方。驿站的局长因此被迫屈服了。拉纳将军匆忙地穿过了葡萄牙和西班牙，就在他马上要到达巴约讷[①]的时候，他派出自己的贴身侍从快马向前去将一封宣告自己回归的信件交给第一执政。等到侍从从巴黎获得答复后，在返回的路上，于奥尔良遇到了他的主人。当时第一执政计算了一下，觉得拉纳将军应该怎么也不会超过巴约讷，所以命令他在哪遇到信使就在哪停下来原地待命。但是，拉纳收到命令的时候已经到了奥尔良。他觉得既然自己距离巴黎已经这么近了，自己肯定可以直接前往巴黎。他也是这么做的，但是第一执政

---

　　① 靠近西班牙边界的法国城市。

坚决拒绝接见他。

　　与此同时，葡萄牙政府被笼罩在巨大的焦虑中：必须要指责拉纳将军这种突然离开的行为，但是又不能招致法国的怨恨。此外，塔列朗部长也极其反对将军的这一做法。鉴于后者对外交惯例的破坏，塔列朗坚持这位驻里斯本大使应该被撤职。如果换了其他任何人，第一执政都不会容忍这样的行为。不过，他知道虽然拉纳将军不是一名外交官，但他是一个忠诚的人，并且不让自己受骗上当的这点判断力他还是有的。因此他最终决定接见拉纳将军，并对后者提供的解释表示满意，但是依旧责备了后者的行为。

　　阿尔梅达勋爵在巴黎四处播撒黄金，疏通关节，就是为了不让拉纳将军再回到葡萄牙。摄政王也得到了消息，他派出两名自己的亲信来到巴黎，这一点他自己的大臣也不知道。这两人中的一个是法国人，我刚好认识，他在葡萄牙居住多年。当阿尔梅达大臣向摄政王报告说拉纳将军已经彻底失宠时，摄政王自己派出的密探则回禀称两人之间已经重归于好，拉纳将军重新获得了第一执政的喜爱。考虑到葡萄牙必须做一个决定，摄政王决定邀请拉纳将军返回葡萄牙。因此，正当葡萄牙的大臣们开心地想着他们能从这件事情中因祸得福时，第一执政向摄政王表示他同意将拉纳将军再次派往里斯本，并且他也会忘记葡萄牙政府种种让他不愉快的行为。但是，作为交换，他认为摄政王也应该做出一点让步：解除外交大臣的职务，后者对英国的偏心以及后者的恶意正是这整件事情发生的原因。摄政王对于这一安排简直不能更高兴了，他马上接受了这一条件：阿尔梅达勋爵被解职，而拉纳将军回到了里斯本。后者在整件事情中大获全胜。摄政王一开始接见他时展露出的那种热情更多是假装出来的，但是此后，他和拉纳将军的关系逐渐亲近起来，也真心实意地喜欢上了他。拉纳将军是一个天生就很敏锐的人，他自然清楚当时自己处在一个怎样有利的位置上。

葡萄牙的贵族们当时普遍贫穷却又高傲，都端着架子不愿意迈出主动示好的第一步。拉纳将军因此举行了一场奢华的舞会，并邀请了大使馆花名册上的所有人。他亲自主持了这次舞会，舞会办得极其讲究，此后一段时间里成了整个里斯本所有人都在讨论的唯一话题。而那些不在场的贵族则纷纷抱怨他们没有受到邀请。他们对此收到的回复是：如果大使事先知道他们希望收到邀请，那么他是肯定会邀请他们的。如果他们愿意莅临自己的府上，他将不胜荣幸。这些葡萄牙的贵族子弟纷纷涌到法国大使馆，将他们的名字写在了花名册上。此后拉纳将军举办了第二场舞会，所有人都被邀请了。人们迫不及待地接受了邀请，并且自那以后，葡萄牙贵族们就经常出入法国大使馆了。得益于他和摄政王之间亲密的关系，这位法国使节还可以帮助许多穷困的贵族。他在宫廷中的口碑很好，而人们也总是乐于听取他的推荐。法国大使馆也因此几乎什么都可以管辖，葡萄牙政府也完全没有尝试限制这一点。其他强权的大使馆都没有这么好的待遇。我们这位大使在里斯本的影响力是如此稳固，以至于在拉纳将军返回法国后，他还是可以控制葡萄牙走向拿破仑想要的方向。

根据人们的计算，葡萄牙政府此前为了阻止拉纳将军返回里斯本而在巴黎花费的金钱可以达到 400 万法郎。这笔巨款中的大部分到了谁的手上，想必不用我说大家也知道。当这个消息传到拉纳将军耳中的时候，他开玩笑地说道："真是一群蠢人！如果他们直接把这个钱给我，只需给一半我都不会回里斯本去的！"

因此，实际上我们大使鲁莽的性格反而比一个老练外交官的技巧要更好地服务了法国的利益。而第一执政也比他的外交部长更清楚地看见了这一优势。拿破仑的确不论做什么事情都是从国家利益的角度出发的。

就像自然规律一样，但凡有一件成功的喜事发生了，就一定会有人出于嫉妒跳出来贬损这一成功的意义。这次的情况是这样：那是葡萄牙的大臣们正在巴黎到处撒钱希望阻止拉纳将军返回里斯本的时候，而传闻拉纳将军在听到这个消息之后吓了一跳。他一心血来潮就派萨克森驻巴黎大使德·比瑙先生去见了葡萄牙驻法国大使德·苏萨先生。将军向后者提议说如果他们给他一百万法郎，那么他就会坚决拒绝返回法国，不管第一执政怎么向他施压都没用。

下面这些都是德·苏萨夫人①告诉我的。那天她正好在马尔梅松，第一执政正好要去找约瑟芬夫人，他们就这样遇到了。他把她拽到一边问道："德·苏萨先生是什么意思？"他有点恼火地接着说："贿赂我的大使让他不要返回里斯本？"

德·苏萨夫人这时抗议说这个提议是别人提给她丈夫的，不是德·苏萨先生自己提出来的。

"谁能证明这一点呢？"第一执政说道。

"执政卫队的钱箱！"德·苏萨夫人喊了出来，由此影射拉纳将军此前执掌执政卫队时挪用公款的事情。

第一执政了解将军的诚实和正直，一言不发地转身背对德·苏萨夫人。

看到第一执政的行为所暗示的缄默的反对，德·苏萨夫人有点担心。于是她找到约瑟芬并向她讲述了刚刚第一执政和自己之间发生的事情。约瑟芬建议她马上回到巴黎，把嘴闭上，并且8天内不

---

① 在第一段婚姻中被称作德·弗拉奥夫人，因此她也是莫尔尼公爵的祖母。——作者注

要见任何人。这样第一执政就能看到她没有跟任何人沟通。德·苏萨夫人采纳了这一建议，马上回家装病，一个人都不见。我一直不懂她们为什么要为了一件小事情搞这么大阵仗：第一执政很快就忘记了他和德·苏萨夫人之间的这一次争吵，也再没跟她提起过这件事情。

在《亚眠和约》签订后的头 6 个月，第一执政在马尔梅松城堡过着一种近乎闲散的生活，整日脑中都梦想着下面这些事情：在政府的各个部门进行的改革和改进；可以给农业和工业发展提供的鼓励措施；可以在巴黎和地方各省进行的改造和装饰工事（他打算走遍法国的所有省份）；还有就是保持和平的艺术。

在他忙碌生活的这一休憩时光中，他设想了一种由各个海上强国参与的联盟。这些列强将把北非人赶出非洲的海岸地区，这些土地将被用来种植蔗糖、咖啡、棉花以及其他那些要从遥远的殖民地运来的物产。如果他关于这一联盟的设想可以实现的话，那么他就不需要计划重新征服圣多明各的远征了。这一设想是约瑟夫·波拿巴提出的，第一执政很是赞许。约瑟夫·波拿巴急切地希望《亚眠和约》的 4 个缔约国都加入这个联盟。的确，欧洲竟然会容许在她的对面就有这样一个海盗窝，实在是可耻。这些海盗一直厚颜无耻地敲诈她，他们每年还将在海上和陆上抓获的俘虏都变成境遇悲惨的奴隶。在这些海盗眼中，没有什么东西是神圣的。他们还拒绝我们的艺术和我们的文明。想要将约束文明国家的这些程式介绍给他们，让他们接受，并和他们建立文明国家之间的这种关系是不可能的。

而埃及的丢失则意味着，殖民近在咫尺的北非诸国，并种植美洲岛屿上的物产对于多方势力来说变得愈发的有利可图。海军部在内部仔细地研究了攻占这一广阔区域的计划。事实上我们向着实现这一计划的方向迈出了第一步。在这一任务中，西班牙政府派出了巴迪亚，一位聪明而敢于探险的旅行者。共和历 10 年热月 14 日的《箴言报》报道了两位受命探索这些国家的西班牙学者经过了巴黎。这一探索计划可能就是《亚眠和约》破裂的原因。随后战事重开也导致第一执政无法继续执行这一计划：欧洲舞台上发生的各种大事迫使他暂时放弃自己的计划，但是他并没有忘记这一计划。自从和英国的战事重开之后，这一计划一直是他重点思考的几件事情之一。

1808 年 4 月 18 日，拿破仑因为西班牙的事务而来到了巴约讷附近的马拉克城堡中。在这里，他给海军部长写了下面这封信：

> 德克雷先生，请把在阿尔及尔的远征既想成一次陆军战役又当作一次海军战役。如果法国可以在非洲海岸的这一部分获得一个立足点的话，英国是肯定会有所反应的。在海岸上有没有一个港口可以作为舰队躲避优势敌人的地点？我们的军队登陆后，可以从哪些港口进行补给？敌军可以同时一次性封锁多少个港口？在埃及的时候，只有亚历山大港这一个港口。罗塞塔是一个很危险的港口，但是我们也把它算上了。我觉得在这里，大概有十几个港口吧。这些港口能停泊多少护卫舰、双桅帆船和运输船？冈托姆海军上将的船队可以进入阿尔及尔的港口并在其中躲避优势敌军吗？什么时候当地的空气会好，就不用再担心瘟疫，我猜是十月。
>
> 在仔细研究了对阿尔及尔的探索后，就要好好研究对突尼斯的探索。把研究的成果用机密信件的方式寄给冈托姆，这样他在来巴黎之前就可以获得这些必要的信息：它们最远应该可

以到达奥兰①，应该包含设想中的所考察的陆上和海上两个方面。在陆上探索的主要关注点是哪里有水源和道路。我觉得这一探索和考察大概需要 2 万人。我们要让敌人认为我们探索的目标是西西里，当他们发现我们真正的目标是阿尔及尔的时候，大概会吓一跳吧。您不需要在一个月之内回复我，您应该专注在搜集信息上。这样当您回复我的时候就不会提到什么"但是""如果"或者"（失败了是）因为"。

派一名您手下的工程师，选一个口风严的，搭一艘双桅帆船出发。让他去找泰恩维尔先生，注意一定要选一个圆滑而有才华的人。这位工程师应该对陆军和海军方面的知识都有一些了解。他应该在那些城防工事的里里外外都走走，然后回家后马上把他看到的东西都记录下来。这样一来他就可以为我们带回事实，而不是他自己做的梦。选人的时候和桑松一起商量着来，看看选谁最好。您可以在外交部和战争部的档案库里找到具体的信息。仔细浏览一遍这些档案库，当然还有您自己的档案库，我们在法国总是有很多关于这些国家的问题。

我们咨询了数位在阿尔及尔摄政国政府中担任过行政或外交职务的法国人。同样被咨询的还有当地法国机构的领导、曾被派往当地执行特殊任务的工程师以及海军军官。让·邦-圣安德烈先生曾是督政府驻阿尔及尔专员，他向海军部提交了一份详细的报告书，其中回答了所有向他提出的问题。

拿破仑的注意力同样还放在了重新组织学会和研究院这件事情上。"学院"这个名字被取消了。法兰西学会被分成了 4 个部门：

① 阿尔及利亚西部海滨城市，该国第二大城市。

第一个被命名为"物理及数学科学教室"；第二个被称作"法语和法国文学教室"，也就是此前的法兰西学术院；第三个被称为"古代历史和古代文学教室"；第四个则是"美术教室"。共和历六年的法律创建的伦理和政治科学教室被合并进了文学教室中。第一执政觉得前者很是多余。我不会去具体讨论他用来支持这一观点的理由。我在这里只说一句，他做出这一决定的主要动机并不是如人们传说的那样因为他不喜欢哲学：他经常就哲学问题发表观点。但是他当时认为，在那个时候，还不太适合讨论政治问题。

《亚眠和约》签订后的第 8 或第 9 个月，第一执政主要在马尔梅松和圣克劳这两地居住。他在那年的春天曾在圣克劳居住过。这座宫殿虽然不大，但是称得上是一座漂亮而舒适的宅邸，也符合拿破仑的生活习惯和需求。同时，宫殿还有一座极好的花园。他的工作室特别大，四面墙上基本铺满了书，从地面一路堆到天花板。他在这里的办公桌是由他自己设计的，形状就像是一把低音提琴，在琴翼的位置上散布着拿破仑的文件。他一般坐的地方则是一张覆盖着绿色塔夫绸的长沙发，就在壁炉的旁边。壁炉架的上面摆放着大西庇阿和汉尼拔①的胸像。在长沙发的后面，在房间的角落里放着的则是我的写字台。他的书房和一个卧室连在一起，但并没有使用那个卧室。他的套房在楼上，通过一个私人楼梯可以进入书房。这个套房包含了三个装饰朴素的房间。在一楼的那个卧室可以透过窗户看见花园，卧室中唯一的装饰就是一个恺撒的胸像。而第一执政的书房后面则是一个客厅，他是在那里接见外交部长的。后者因为工作的特殊性，一般不向参政院提交报告。这个客厅里同样也会接

---

① 大西庇阿是古罗马将军，汉尼拔则是迦太基统帅。第二次布匿战争中的扎马战役上，大西庇阿击败了汉尼拔，使得罗马赢得了战争的胜利。

待私客。这个房间中的装饰是一幅精美的卡尔十二世①肖像画。第一执政对这幅肖像画很不满意，于是将其替换成了自己尊敬的古斯塔夫·阿道夫②的画像。

帕伊谢洛在那年的春天被第一执政召来了巴黎。后者想要让他执掌歌剧院和高等音乐学院。拿破仑非常敬仰这位知名作曲家的才能。他曾特别喜欢《妮娜》③ 中的田园曲《太阳已经落山了》④。他是如此喜欢这首曲子，以至于他说他可以每天晚上都听它。帕伊谢洛当时已经年过六旬了。他对于来到巴黎一事还是有所保留的：他害怕让他的仇敌们看见自己的头上长出的银丝，也害怕他会破坏自己在音乐界的名声。拿破仑体面地欢迎了他，巴黎的其他音乐家也都很尊敬他。他只接受了乐团指挥这一项任命，并且在创作上也只限于弥撒和圣歌。他在巴黎创作的唯一一部歌剧是《普洛塞庇娜》。这部歌剧并没有大获成功，这一挫折让他有点难过。在法国居住了 3 年之后，他对家乡的思念以及希望将夫人带回到温暖气候中的愿望都让他返回了意大利。皇帝在他返回前给了他一笔丰厚的养老金以及大量赏赐。接替他乐团指挥职务的是勒叙厄尔先生，他本身也很尊敬后者的才能。回到意大利后，帕伊谢洛还是每年都会为皇帝寄去一首圣歌，庆祝皇帝的节日。他还重新阐释了佩尔戈莱西的《圣母悼歌》，并在皇家教堂做了演出。我保存了来自这位优秀人物的信件，都是他寄作品时一起寄来的。在信件中他表达了对

---

① 1697 年 ~1718 年为瑞典国王，在大北方战争中输给了彼得大帝领导的俄国，导致瑞典衰败。

② 古斯塔夫·阿道夫二世，1611 年 ~1632 年为瑞典国王，瑞典历史上唯一一位获封大帝的君主。

③ 全名《妮娜》或《那个被为爱疯狂的女孩》，是帕伊谢洛在 1789 年首演的歌剧。

④ 原文此处使用意大利语原名 "Gia il sol si ciela dietro alla montagna"。

皇帝的感激和敬仰之情。虽然意大利人普遍讲话夸张，但是我相信他的这番表白是真心实意的。

也就是在同一时间，我们也派人找来了卡诺瓦。他来到圣克劳给拿破仑雕刻一尊胸像，在接下来几天，他全情投入到这一工作中。为了让这位知名的雕刻家可以更好地工作，第一执政那几天都在房间外的大客厅吃午餐。此后这间客厅被波拿巴家族成员的画像装饰了起来。拿破仑成为皇帝后，他每周日都会和碰巧在巴黎的家庭成员一同进晚餐，然后就会在这个客厅中和他们共度傍晚的时光。客厅对开的一个巨大露台则连接起了拿破仑和约瑟芬的私人房间，当然，约瑟芬的房间后来是玛丽－路易斯的了。

有时候在雕刻告一段落的时候，我会继续陪在卡诺瓦身旁，并和他一起在花园中散步。他对花园中的那些雕塑很不满意，并告诉我它们就是优秀品味逐渐堕落的明证。他为路易十五时期的艺术家，尤其是布歇①，竟然只能把他们的才能挥洒在一些可怜的作品上而感到非常惋惜。但是我觉得，别人也可以用同样的这句话来批评卡诺瓦。他把拿破仑雕像的模板带回了意大利。这尊雕像非常逼真，并且体现出了拿破仑的那份尊贵，也因此受到大家的喜爱。但是，有一点我不是很能理解：我觉得逼真应该是肖像画或者雕像最基本的一点，但是他在雕刻头部的时候却进行了理想化的处理。不过无论他是打算通过这样做来给作品增加怎样的伟大光彩，他都不可能打造出比拿破仑的脸更具有英雄气质的面庞。

卡诺瓦完成这尊胸像后，他为拿破仑雕刻了一尊巨像，后者在1811年被送到了巴黎。这尊雕像可能是一件值得尊敬的艺术品，但是头部不够逼真以及雕像的赤身裸体都让皇帝很不高兴。没有经

---

① 洛可可风格代表画家，路易十五宫廷中的首席画师。

过任何公开展览就被藏进了卢浮宫。这也是 1815 年威灵顿公爵获得的那尊雕像，要么就是他购买的，要么就是那时的法国政府送给他的。这尊雕像被当作战利品带回了英国，并放在一个与其毫不相称的地方，胜者这样做也不怎么高尚。一位既有才华又热爱祖国的法国雕塑家有一次在伦敦散步时，看见前方有许多人都在一处宅邸半开的大门前驻足停留，那正是威灵顿公爵的宅邸。出于好奇，他走上前去，眼前的一幕让他震惊了：他发现吸引大家注意力的，正是卡诺瓦为拿破仑雕刻的那尊美丽的雕像。它被放置在楼梯的底部，被当作了一个衣架，上面挂着披风和帽子！

我记得，某天第一执政在约瑟芬的房间待了一个小时后，带了一首四行诗回来。他把四行诗扔到办公桌上，并说那是范妮·德·博阿尔内夫人创作的。那首诗基于"波拿巴"这个词玩了一把文字游戏。我现在只记得最后一句了：

"好处都会是我们的。"[①]

第一执政觉得作者的本意是好的，但是这首诗写得实在是不怎么样。但是他谈起德·博阿尔内夫人的优秀品质时还是很高兴的。德·博阿尔内夫人是约瑟芬的姑姑。他时常称赞她性格的仁慈和善良。尽管他当时还刚认识这位女士没多久，这个第一印象一直保持了下去，因为此后他一直保护着她的儿子和孙女。她的儿子在 1804 年被任命为元老院议员，代表亚眠地区。而当拿破仑皇帝和玛丽·路易斯女大公大婚后，她的儿子被任命为了后者的侍从。在

---

① 此处原文是 "La bonne part sera la nôtre." 直译是 "好东西会是属于我们的。" 而波拿巴在法语中拼写是 Bonaparte，与 "好东西" 发音相似，因此此处的双关是 "波拿巴会是属于我们的。"

1806 年，拿破仑将这位元老院议员第一段婚姻生下的女儿斯蒂芬妮·德·博阿尔内，许配给了巴登大公的儿子卡尔亲王。他在 1811 年登基成为新一任巴登大公。

在上文提到的那件关于四行诗的讨论后没过几天，约瑟芬夫人来敲响了办公室的大门。她旋即进入了办公室，后面跟进来一位男仆。这个男仆一声不吭地把一个布料盖着的篮子放在了房间的中央，然后就退了出去。正当拿破仑看着眼前的这个谜团疑惑不解的时候，约瑟芬夫人把篮子上罩着的布撤了下来。一个身高不超过 18 法尺①的男人从篮子的底部颤颤巍巍地爬了起来，双手搭在篮子的把手上，一双乌黑锃亮的眼睛看向我们。他的眼中毫无神采。这个侏儒身上穿着全套的轻骑兵军装：红色的桶状军帽、短外套和短上衣，还有军靴。他的腰上还别着一把佩剑，总是晃到他那一双小短腿的中间。在身体发育上来说，除了他异常矮小的身材之外，他没什么特别吓人的地方：他的四肢都发育得很好，他的五官虽然呆滞，但是也没有任何缺陷。但是，这个人还是让人止不住地感到恶心：这个侏儒表情明显麻木呆滞；他就像是机械一样；他的头脑似乎也注定永远不会成长（人们说他那时候已经 17 岁了！）；他身上带着一种患病造成的虚弱感；他的皮肤苍白而又同时因为黄疸而略微发黄；他的外表也皱皱巴巴而且病恹恹的。这样一个畸形的生物简直就是大自然的一个残酷玩笑。将这样一个东西和一位受尽自然恩宠的威严人物面对面地放在一起，对于我这个旁观者来说是一种鲜明的对比。拿破仑那出色而使人印象深刻的机体很明显也受到了这一痛苦景象的折磨。其他什么评价都没有说，他马上请求快点把这个侏儒从他眼前拿走。

---

① 约合 49 厘米。

1802 年 9 月，皮埃蒙特正式并入法国。合并的消息没有引发任何的问题，大家都知道这迟早要发生：自从其国王退居撒丁岛后，皮埃蒙特的王位就一直空悬。它在法国的手中或者是作为给某方补偿或者和其他外交手段一起使用。在《亚眠和约》和《吕内维尔条约》中，大家都没有讨论这个国家的命运，而俄国又没有要求将其退还给萨伏伊王室，那它就以元老院敕令的形式被并入法国了。儒尔当将军此前一直担任这些省份的军事和民政长官。皮埃蒙特并入后，他被梅努将军取代了。当时第一执政对儒尔当有一些成见，不过之后他将这些成见都抛弃了。在圣赫勒拿岛上的时候，他表达了对误解儒尔当的后悔之情，对儒尔当的评价也让双方都能感到敬意。

这件事情发生的另一件事情，引起了人们更多的讨论，这就是由该国君主死亡带来的帕尔马及皮亚琴察公国与法国的合并。在《吕内维尔条约》中，奥地利丧失了托斯卡纳。托斯卡纳被交给了帕尔马王子，后者当时已经与西班牙国王卡洛斯四世的女儿结婚了。法国政府当时马上将他送到了他的王国，后者加冕为伊特鲁里亚国王。第一执政是靠自己巨大的影响力将这个王位送给了这位王子，作为交换，帕尔马及皮亚琴察公国被割让给法国。但是拿破仑希望当时的帕尔马及皮亚琴察大公应该继续统治那里直到去世。而后者在西班牙国王的怂恿下，希望公国可以在自己死后并入伊特鲁里亚。他在自己的遗嘱中将帕尔马及皮亚琴察女大公任命为了伊特鲁里亚摄政，以他儿子的名义执政。人们无视了他这份遗嘱。法国行政官员们进入公国开始接管工作。约瑟芬夫人的门客莫罗·德·圣梅里被派往那里作为行政长官。由伊特鲁里亚王国退还给法国的厄尔巴岛也和皮埃蒙特在同一时间并入了法国。

就这样，拿破仑的力量将两个国家并入了法国。这两个国家在此后的历史中走上了迥异的发展道路。其中一个国家的主权将被交给奥地利的一位女儿，作为短暂联盟的虚幻保证；另一个则为世界上最伟大帝国的建立者提供了庇护，在他的两次失败中提供了一个避难的港湾！①

　　大概就是在这一时期，拿破仑在书房中长期伏案的这种单调生活暂时中断了。他在大概十月底的时候进行了一次两周的旅行，前去视察下塞纳省和瓦兹省的工厂。约瑟芬夫人陪同拿破仑一起进行了这次旅行。在出发前，拿破仑为安德烈奥西将军举办了欢送会，后者被任命为驻伦敦大使。在旅行中，第一执政参观了圣西尔军校，并仔细视察了学校的运行和管理细节。在伊夫里，他视察了因亨利四世那次著名胜利②而闻名的战场。在当地市长和诸多公民的陪同下，他还视察了两军对垒的阵地。并用他的军事本能验证了提供给他的信息，还用他那鹰一般的眼睛评价了双方采用的策略的优劣。在埃夫勒，20名年轻姑娘为约瑟芬献上了鲜花以及诗文。卢维耶和埃尔伯夫的布料纺织厂和罗米伊的铜锻造厂引起了第一执政的注意，并获得了他的称赞。

　　在离开巴黎两天后，第一执政在当地民众的簇拥下到达了鲁昂。他在城中待了3天，主要的时间都花在了侦察城市周围的高地（他每到一个大城市后做的第一件事）以及此后对当地工厂的视察上。他以一贯善于调查的精神仔细检视了这些企业，完全是出于他期盼国家更加兴旺的愿望。他接见了许多人：大主教、省长、市

---

①　前者指拿破仑第二任妻子，奥地利哈布斯堡王室的玛丽·路易斯。两人在1810年成婚，作为法国和奥地利结盟的标志。法兰西第一帝国覆灭后，玛丽·路易斯获封帕尔马女大公，并在帕尔马去世。后者则指1814年拿破仑第一次退位后，被流放至厄尔巴岛。

②　指1590年的伊夫里战役。此战中亨利四世率领的新教军队成功击败了法国的天主教部队。

长、司法和商业人员、军队和民政官员、科学学会，以及当地的主
要公务员。他和每个人都进行了长时间的谈话，谈及他们每个人负
责的方面，也涉及提升该省整体福祉。他去剧院露了个面，获得了
全场的掌声欢迎。表演结束后，还有为他举行的接风宴。当地的政
府官员也都被引荐给了约瑟芬，后者以她一贯的优雅和圆滑接见了
他们。

　　离开鲁昂后，第一执政前往了勒阿弗尔。在途中，他还在考德
别克、博尔别克和伊夫托稍作停留。到达勒阿弗尔后，他在早上 5
点登上一艘小帆船，在蒙卡布里耶先生的陪伴下前往翁弗勒尔，后
者也是负责开船的人。在返回巴黎的路上，他则到访了迪耶普、特
雷伯、弗尔治以及博韦。在他路上经过的每一个工业城镇，当地都
会为他准备一场地方物产展览，方便他检视。

　　他的这次出巡，主要目的是让到访区域能获得更好的发展。我
觉得不用我说，大家也知道他出游的主要目的不是享乐。这次出巡
其实还有政治层面上的意义：让我们永恒的敌人看到，人民和他们
的领袖之间关系多么融洽，并展示后者有多少的国家资源可用。第
一执政和约瑟芬夫人不论到哪里都受到了热烈的欢迎。在每一个他
们经过的城镇，围观的人群都仿佛是他们的护卫队和礼兵。

　　这次出巡之后不久，拿破仑又去视察了当时刚刚开始建设的乌
尔克运河。时间正值 1 月末，那天早上天气很不错，他在早上 6 点
整的时候离开了巴黎，身旁有几个将军和 3 名侍从官陪同。5 个小
时内，他沿着运河的工地骑行了 18 里[①]。他当晚在里斯过夜，睡
在德·阿尔维尔将军家中。后者是他的侍从官科兰古上校的叔叔。
约瑟芬夫人则提前一天就已经到了里斯。第二天，天刚蒙蒙亮，第

----

① 法国古里，18 里约合 72 公里。

一执政就骑马到了马勒伊，运河正是从此地引水的。他在那里见到了巴黎市长以及市长身旁的首席工程师热拉尔，两人正在指挥施工。在回程的路上，他在莫城停留了两个小时。他在市政厅的大厅中接见了当地的副省长、市长以及其他主要的官员。他在当晚回到了巴黎。整个旅程中，我都骑马伴随在他身旁。我很高兴可以暂时摆脱窝在办公室里的生活。直到不再需要工作时，我才开始怀念待在办公室中的生活。

1802 年同样见证了富歇的退休以及警务部的取消。大法官雷涅先生，也是日后的马萨伯爵，被任命为警务和司法部的部长，两个部委合并成了一个部门。拿破仑对富歇的厌恶促成了他的离职。我觉得这种厌恶是很正常的。这位狂暴的男人管理他部门的方式一直以来都让第一执政感到非常焦虑。尽管他明令禁止了这样的行为，富歇还是经常打着"必要监管"的名号干涉他的家务事和私事，这极大地冒犯了拿破仑。因此他很高兴自己可以摆脱这样一个人的监控。在他看来，富歇一直是一个可疑的人：后者惯用腐败的手段，而且总是喜欢探头探脑地四处都插一脚。但是，就在去职两年后，富歇又重新回到了政府中。拿破仑此后在 1810 年再次出于同样的本能免了他的职务，但是在 1815 年的时候他又将后者召了回来。任何拥有清晰理性的人都不会相信什么命运的安排，但是任谁都会被这个邪恶的天才震惊的：拿破仑对他没有任何照顾的义务，反而对他有明确的反感和厌恶。他也因此两次被调职疏远，但是又两次官复原职，放肆地在参政院中指手画脚，并以他一贯的狡猾和阴谋诡计影响着皇帝的命运，最终参与了推翻皇帝的密谋。

拿破仑过去常常将地方各省省长以及巴黎警察局长提交的报告和警务部长提交的报告两相对比，两者永远不一致。

为了和私人治安力量区分开来，我们将拿破仑手下另外的治安力量称为官方警察，主要包括宪兵队第一督查手下的力量以及巴黎的驻军。此外还有一些不怎么重要的治安力量，他一般都会忽略来自他们的报告。一位退休的少校则负责掌管巴黎的武装警察力量。他是这一行业所能允许的最诚实的人了，也从不搞什么阴谋诡计。

叙尔维利耶伯爵（也就是约瑟夫·波拿巴）对第一执政先是废除警务部而后又将其重新建立的动机问题，做过如下的评价：

警务部是由督政府，而不是国民公会①，在 1796 年创立的机关。大革命期间同类的机构是公共安全委员会②。拿破仑认为警务部是一个既有的制度，他也将其一直保持到了他认为该机构不再有用为止。在 1802 年的和约签订后，他将该部门和司法部合并。这样就可以用地方法官和检查总长们缓慢而有条理的程序取代一个特殊部门激烈、快速而专制的行为。但是此后各种密谋风行，司法系统缓慢的步调不再适合情势的发展。回到那种警察专制的手段变得必要了起来。一开始负责执行这一工作的是雷亚尔，他在大法官的手下做事。但是时间证明这样还不足以达到我们的目标，因此警务部就被重建了。在拿破仑的思维中，原则上是不应该有这样一个部门的。但是上面那些则是重建警务部的明显理由。

拿破仑的治理方式之一，就是拆开人们的信件检查，这也是世界上几乎所有国家都喜用的方法。如果说这种方式应该被容忍的

---

① 1792 年~1795 年法国的一院制立法机构，掌握立法和行政权，恐怖统治在此期间发生。1795 年解散后，法国进入督政府时期。

② 恐怖统治期间法国实际上的最高行政机关，罗伯斯庇尔依托该机关在恐怖统治期间建立了独裁统治。

话，它只能在下面这种情形中被容忍：国家元首的德行和审慎可以抹去所有可能的风险。但是这样的保证并不是到处都有的，而就算我们能找到这样一个国家元首，他也不是永生不死的。在他掌握权力后，第一执政在邮政总局中发现了一个被称作"黑色办公室"的部门。这个部门中有几个职员，长时间的工作让他们头发变灰了。他们当时负责拆封邮政局长（当时是拉瓦莱特先生）分配给他们的信件。拉瓦莱特先生日后历任大使和元老院议员等职务，还封了爵位。当时几乎所有人都在使用这个部门。地方的军政长官有权拦截并拆封阅读任何信件。他们还可以把信件的复印件或原件送到巴黎以供督政官、部长和他们的朋友们阅读。在将自己的侍从官拉瓦莱特任命为邮政局长的同时，第一执政禁止了任何向官员传递信件内容的行为，各地的邮局管理人员将作为这方面的执法者。这一措施证明拿破仑心中是想要缓和这一系统中独断专制的部分的。邮政总局有一份名单，只有名单上的人的信件往来会被拆封并仔细检视，这份名单中包括下面这些人：外国政府派驻在巴黎的各种人员、一些牵扯进政治密谋中的人、政府各个部门中一些尚未得到新政府完全信任的人以及其他一些由于各种各样的原因而受到怀疑的人。通过拆封这些信件，我们的确获得了一些重要信息。但是不论我们从信中得到的信息多么严重，拿破仑从不认为这些是可以为某人彻底定罪的理由。因此，在最终定罪前，这些信一般都会被保存起来。有时候，这一手段也会被用来处理一些私事：谴责某人，或是帮助某位朋友。正是拿破仑手中掌握的多种多样的信息，加上他的睿智和克制帮助他挫败了许多的阴谋诡计。我不会尝试从道德的角度上来为这样侵犯邮政隐私的手段做任何辩护，因为拿破仑的继承人们都不会有他这样的审慎以及洞察力。但是，在他的手上，这一手段是没有任何危险的，还经常十分有用。信件只是提供一个标记而已，皇帝最终还是依靠调查、研究相互冲突的报告（这些报告总是能启发他）来得到真相的。有赖于这一整套系统，他总是如有神助一般地可以在他施以恩威的对象最意想不到的时候拨乱反正、补偿不公，并提供恩惠和帮助。

尽管人们都知道，那些不希望自己的信件被阅读的人基本不会通过信件的方式传递信息，但是我们还是经常可以从信件中获得重要的信息。我还记得有一天皇帝指着半掩房门外的富歇对财政部长说："派人去审查那个人的信。"他忘记财政部长已经不能使用"黑色办公室"这件事了。富歇大概率不会踩进这样的陷阱里，他就算在信里写了什么信息，也是误导政府用的，他当时已经不在政府之中了。而那些最重要的秘密都是由邮政局长直接告知给元首的。只有他本人可以阅读这些信件。这些信函是以密封的状态交到皇帝手上的，在他读完之后也会被马上烧毁，不会留下任何痕迹。如果"黑色办公室"发出的信件里包含任何私人事务，或者是路易十五喜好的那种事情，那么他们当即就会被警告不要做这种超出规定范围的事情。我在这里必须要补充一下，邮政局长从来没有犯过这种错误。

1803年1月的最初那几天中，我们获知了勒克莱尔将军在开普敦死于黄热病的消息。他此前是圣多明各殖民地的上将，被派往当地镇压叛乱，但是这次远征最终失败了。第一执政对于这一损失感到非常痛心。翌日，图卢兹的来信宣告了迅信号进港的消息，将军的遗体就在那艘船上。勒克莱尔夫人，也是波拿巴的妹妹，和她的儿子陪伴在遗体旁。勒克莱尔夫人当时正值青春年华，她拒绝了一切在法国可以享受的荣华富贵和诱惑，陪伴她的丈夫踏上了旅程，履行她作为母亲和妻子的职责。波利娜尽管对环绕在她身边的奉承和尊崇并不是完全免疫，但是她感受到了自己体内流淌的波拿巴家族的血液。在开普敦动乱时，她拒绝了丈夫下达的让她携子乘船离开的命令。她要和他共同面对危险。在他死前卧床的时期，她寸步不离地照料了他。她回到法国时心已经碎了，她此后再也没能完全恢复过来。一年之后，她失去了自己年幼的儿子。她的儿子名叫德尔米德，为他命名的是他的教父拿破仑，后者当时沉迷莪相①的诗歌。

贝尔纳多特的儿子和勒克莱尔将军的儿子大致同岁，获得的名字是奥斯卡。拿破仑也是他的教父，而施洗礼也因此被延后到他从埃及归来之后。贝尔纳多特对拿破仑极尽阿谀奉承之能事。他一直参与针对拿破仑的密谋，但是事发后又总是能找到合适的关系来脱罪。这其中就包括了约瑟夫·波拿巴和他的妻子，贝尔纳多特对他们也是时而逆反，时而顺从。

第一执政为勒克莱尔穿了 10 天的丧服。后者的逝去深深地触动了他：他不光失去了一个忠诚的妹夫，更失去了一名优秀的军官，他在书房和战场上都是拿破仑的好帮手。他卓越的教育和优秀的服务让他得以快速晋升，从和平年代的视角来看，会觉得这样的晋升太快了。21 岁的时候，他就已经是将军了。他是从意大利、土伦（他当时与拿破仑并肩服役）、弗勒鲁斯和阿尔卑斯军队里一步一步走到这个位置的。督政府时期，他被任命为马赛的司令官。他在那里认识了马赛炮兵司令的妹妹。当时波拿巴一家已经都搬到了马赛。拿破仑将军在之后被任命为意大利战场总指挥后，将他召到了米兰，纳入麾下。当时勒克莱尔是一个准将。拿破仑将自己的妹妹以婚姻的方式托付给了他。这位富有魅力的女士，是当时最漂亮的几位少女之一。此前弗雷龙一直在热烈地追求她。在热月政变

---

① 传说中 3 世纪爱尔兰的吟游诗人。

之后，弗雷龙会成为"花花公子"（属于保王党的一支——编者注）的领导者。但是在当时，这位日后因血腥的行为而被雅各宾党人称作"南方拯救者"的人还没有什么名气。

勒克莱尔没有参与拿破仑的埃及远征。在此期间，他正在意大利和法国西部服役。此后他被派往里昂收拾局面，并被赋予了临时的权力。当时从意大利撤出的军队散布在里昂以及周边的村镇中。他成功地重新在军队中树立起了纪律。在雾月政变中，勒克莱尔将军强烈地支持了波拿巴将军。而前者被任命为圣多明各远征军的司令，则是在顺利完成了第一执政指派给他的带领两万法军进入西班牙对抗葡萄牙的任务之后。第一执政在掌权之后，授权杜桑-卢维杜尔以法国的名义管理圣多明各岛。杜桑是一名准将，他以前是奴隶。同时他也是一名聪明的政治家和富有技巧的行政官员。他在黑人中的巨大影响力将他推到了法国政府面前。野心勃勃的杜桑在接下来一年的时间里承认了法国本土的权威。但是私底下，他一直在秘密谋划把法军全部赶走，让自己成为这个岛屿唯一的主人。当他觉得时机到了之后，就撕下自己的面具，举起反抗的大旗并宣布圣多明各独立。法国的荣誉和利益都要求这个人必须被重新按回到正轨上去。因此远征圣多明各这件事就这样定下来了。那些逃亡到法国的克里奥尔人迫切地希望法国可以出兵。而这次远征中暴露出的那些致命的问题是众所周知的：没有采取审慎的措施；将那些有理由被认为是可疑的黑人将军和士兵留在了他们的岗位上；黄热病的爆发带走了法军精锐力量的十分之一；杜桑·卢维杜尔的诡谲和他采取的一系列行动，所有这些因素共同造成了远征的失败。我们扣押的多封杜桑的机密信件最终使得我们逮捕并将他押送到了法国。他被关押在汝拉的城堡中，并在两年后死在了那里。第一执政清楚地知道杜桑追求的野心勃勃的目标，他也完全不相信后者能有什么诚意。他其实更希望可以在一开始就把杜桑从岛上赶出去。他更希望杜桑以流亡者而不是囚犯的身份来到法国。但是，既然后者已经公开背叛了法国，那么拿破仑就不能继续容忍他自由自在地活在世上了。

圣多明各有害健康的气候，再加上劳累以及其他的问题都迅速将勒克莱尔将军带进了坟墓。罗尚博将军接替他成为总指挥，他最终因为自己的严苛丢了这个岛屿，丢失的这个过程是从他前任的过分宽容开始的。第一执政是希望自己的妹妹带着儿子陪伴她的丈夫一起去圣多明各的。而当他听闻将军的遗孀到达土伦的消息后，马上派出了自己的一名侍从官到当地找到这位母亲和她的孩子，并把他们接回了巴黎。

英国政府对我们主要的不满之一就是塞巴斯蒂亚尼上校在埃及执行的任务。这位法国使者执行的任务是如此的光彩夺目；他对谢赫们和马穆鲁克头领们保证拿破仑将军（现在已经是法国的政府首脑了）并没有忘记他们，他会一直保护他们；以他的名义慷慨播撒的礼物等都引起了英国的怀疑。

在他交给第一执政的报告中，塞巴斯蒂亚尼上校指责伦敦政府正在为了离间埃及的首领和奥斯曼中央政府之间的关系而私下活动。这一指责是很正确的，但是他没有提起当地英国指挥官对他热情的接待。自从《亚眠和约》签订以来，英法两国之间已经建立了关系，拿破仑对于英国此次对这一关系展现出的恶意感到很是生气。因此他决定要将塞巴斯蒂亚尼上校的报告发表出来，尽管这份报告应该是绝密的才对。同时，就在将其发表在《箴言报》上之前，他想起来了要把这份报告给阿梅代·茹贝尔先生看一眼。后者是陪着上校进行那次旅行的，同时他也对这些东方国家很了解。茹贝尔先生在半夜被叫到了国务卿马雷先生的家中，后者向前者展示了那份报告。茹贝尔建议这位部长先生删除几个段落：在他看来，这些段落只会造成对方的烦恼和恼怒。但是因为这份报告要刊登在第二天出版的《箴言报》上，这些修改来不及提交给拿破仑去获得他的批准。而国务卿既不愿意承担删减文件的责任，也不敢推后出版的日期。因此这篇报告仅仅是做了一些不痛不痒的修改就上了《箴言报》，也成了此后两国之间不断升级的争执的起点。这些争执最终在不久的将来造成了英法之间和平的破裂。

在 1802 年年末的时候，一些来自瑞士各州的代表来到了巴黎。第一执政找他们来是为了让他们在他面前进行一场辩论，摆出各自关心的问题并最终达成和解：在过去的 5 年中，赫尔维蒂共和国[①]内部都因为种种问题而陷入分裂。自从拿破仑掌权以来，他已经做过数次这方面的尝试了。在吕内维尔，他强迫各国承认赫尔维蒂共和国的独立。但是自那以后，包括其国内各个力量的角力和冲突带来的多次革命、其境内军队的横行以及其贵族阶级向欧洲各国政府请求干涉在内的因素都使得这个倒霉的国家陷入一系列自相残杀的战争以及无政府状态。[②] 最终它不得不向法国求援，希望后者可以终结这一切。此前法军按照赫尔维蒂政府的意愿撤离更是加剧了敌对各方的情绪。

最终需要法国决定的是找到一种瑞士可以使用它新近取得的独立的方法。但是在讨论这个问题之前，有人提出应该在瑞士设立一个世袭的掌权者，或者一名世袭会长。针对这一提议的讨论是围绕

---

① 1798 年~1803 年法国扶植的存在于今瑞士境内的共和国，脱胎于业已崩溃的旧瑞士邦联。当时瑞士国内贵族、城市居民、农民、教士等各阶级之间矛盾异常尖锐。法国也期望掌控并分裂瑞士，进而吞并瑞士的法语区和意大利语区。

② 自 1798 年到 1802 年底，赫尔维蒂共和国国内总共发生了 4 次政变，政治动荡。

着巴登藩侯进行的。达尔贝格男爵（此后成为达尔贝格公爵）是这个小国的使节，也是一名归化的法国人。他是这些谈判的斡旋人。这些谈判是如此的繁杂且耗时，巴登宫廷最终决定为他们这位使节在法国进行的外交工作给予补偿。但是，法军撤出后爆发的种种问题使得这一安排最终破产。

当阿洛伊斯·瑞定领导的联邦乱党在战场上占据优势后，被击败的各方决定向法国政府求援，并请求后者调停。第一执政举办了数场会议，其中有一场持续了6小时之久。参加这些会议的人选是第一执政从联邦党人和中央集权党人中分别挑选的，总共有十人。他认真地听取了敌对双方的观点，并尽可能中立地跟他们进行了讨论。他既以一个瑞士公民的身份，又以法国和意大利这两个伟大国家领袖的身份跟他们进行了谈话，为他们提供了贤明的建议。他不断展示着自己的克制和逻辑，最终说服了瑞士代表们。他指派了4名元老院议员（巴尔特雷米先生、勒德雷尔先生、富歇先生以及德莫尼耶先生）去和瑞士代表们达成共识，并起草一份和解令。和解令的基础应该是各州之间地位的绝对平等、贵族阶级主动放弃自己的特权、国债公正分割，以及在联邦组织中，18个州的宗教、习俗、语言和利益应该互相接受。

这一贤明而公正的政策抚平了各方的情感，得益于我们的调停，瑞士终于重获和平。各方都接受了这一调停，而阿洛伊斯·瑞定这位自封的寡头政治最热忱的支持者也出现在了第一届议事会上。并且他也承认，强大调解人的这次介入带来了许多的好处。所有的州都在各个场合表达了对第一执政的感激之情。

1803年4月9日的法案设立了助理办案员这一职位。一开始他们只有 16 名，主要职责是在参政院的各个部门担任报告员。他们大部分都是有才华的年轻男子，受过良好的教育，来自古老的家族。第一批任命的那些报告员，几乎全都在日后爬上了政府的高位。鉴于之后的经验证明了这一职位的有效性，他们的人数也在日后获得了显著的增加。可以这么说，这些助理办案员就像是帝国的一所官员学校的学员，一旦他们对政府事务熟练掌握之后，就会出任政府内部的高级职位。出于这一原因，他们被广泛分配到了国家的方方面面：中央各部、地方各省府以及普通市县、各个法院的公诉人办公室、各种财政管理机构。此后，他们还担负起了每周将包含各部部长工作成果的文件呈交给皇帝的任务：要么是他在大本营的时候，要么是他在法国国内出巡的时候。而在战时，他们主要听命于国务卿，但是很多时候各个部队的军需将官会使唤他们并派他们去执行临时的任务。他们大部分人都在各个被占领国的大本营中服务。作为对他们服务的奖励，在回国之后他们往往会获得许多工作了多年的人都得不到的提拔。而除极个别例外，他们从来没有辜负过皇帝对他们的信任。从来没有人对他们的行事有过任何抱怨，尤其是对于他们的诚实和忠诚。几乎所有此前有成员出任过司法事务、财政事务或其他主要政府事务代表的家庭都向政府提供了助理办案员，他们总是能提供有益的服务。拿破仑经常为他在这一职位中获得的好处而恭喜自己。

我觉得在这里应该讲一下普鲁士国王在 1803 年 2 月向波旁家的族长做出的那个提议。当时那位族长正在华沙隐居。这一提议的内容主要是让他放弃对法国王位的宣称权，以换取土地和金钱上的收益。综合考虑了第一执政和普鲁士君主之间有良好的关系、拿破仑在共和历 8 年果月 20 日（1800 年 9 月 7 日）给里尔伯爵的答复①以及普鲁士国王给华沙摄政总统的指示之后，人们普遍认为这一提议是由拿破仑提出的。我们今天之所以能知道普鲁士国王给梅耶先生的指示，是通过路易十八自己的记录。他记下这些指示的时候，兰斯大主教（也是塔列朗的叔叔）和埃奇沃斯神父也在场。如果拿破仑真的给普鲁士国王做过这样的暗示，那我是没有听见的。无论拿破仑对于这一陨落家族的不幸有怎样的看法，他一直觉得踏出第一步的不应该是他。这个主意很有可能源于普鲁士，因为当时觉得这个宣称者在普鲁士境内住得越来越久，总有一天会搞出

---

① 在雾月 18 日的革命刚结束时，里尔伯爵就派人从各个方面接触了第一执政，向他许诺金钱，换取复辟。大概 9 个月之后，这位王公用下面这封信做出了对政府首脑的最后一次引诱：

"将军，您应该知道，我久仰您的大名。要是您怀疑我对您怀有二心，那就像您的朋友那样亮明您的立场吧。从原则上来说，我是一个法国人。我有幸生为法国人，我的理性也会让我一直是法国人。不，洛迪、卡斯奇里恩以及阿尔克莱的胜利者，意大利的征服者，是不能将名利置于真正的荣耀之上的。但是这样您就会丧失宝贵的时间，我们可以携手保证法国的荣耀。我之所以会说我们，是因为我需要一个波拿巴来达成这个目标。同时，他如果想要达成这个目标，也不能缺了我。将军，欧洲正在注视着您，荣耀在等待着您，我迫不及待地想要让和平重临我的国家。"

第一执政是这样回复的：

"先生，我收到了您的来信。您在信中向我坦诚地表达了您的想法，我对此向您表示感谢。您不应该期待您可以返回法国，为此您必须要跨过成千上万的尸体。为了法国的安宁和幸福，请牺牲您的个人利益。历史会铭记您的作为。我对您家族遭遇的不幸，并不是铁石心肠。听闻您过着平静的退隐生活，我很高兴，我也会心甘情愿为您继续过这样的生活做出自己的贡献。"

第一执政的回复，是由布里耶纳手写的。觊觎者的亲笔信此后一直在我的手上，和亚历山大皇帝那张著名的铅笔短笺一起保存在皇帝的文件夹中。在奥斯特利茨的惨败之后，这位王公是在一棵树底下写了这张短笺，为了说服达武元帅，奥地利皇帝和拿破仑皇帝刚刚达成了停火协议，同时保证他自己以及俄军的撤退。其实停火协议要等到第二天才会生效。

这些文件后来都在从莫斯科撤退的途中，在奥尔沙被毁掉了。——作者注

什么幺蛾子的，尤其考虑到众所周知的波拿巴对波旁家的态度。

拿破仑没有反对普鲁士国王的这一提议，但是他也表态称自己不会以任何形式参与其中。这位未来的皇帝对这一想法特别感兴趣，因此人们完全有理由认为他对这样的提议并不陌生。但是拿破仑是很谨慎小心的。而且他太聪明了，不可能看不出一个稍微有点常识的人都能看出来的事情：要求波旁家的人放弃他们的权力，等于事实上承认了由人民投票赋予的统治权还必须由拿破仑之前的那个统治家族批准才算是正式确认。

人们自然就会想到，路易十八是为了自己的利益而把这个提议算到了对手的头上：这样他可以声称这是间接承认了他的权力。他也可以抓住这个机会，在这个合适的时机，以这个宣言的形式把自己再次呈现在欧洲的面前，有些人还想把这称作英雄的行为。我觉得我可以公正地说，这位亲王没有任何能让他成为英雄的品质。英雄主义首先就表示整件事情中有某种危险，但是路易十八根本没什么危险。他是一个既阴险狡诈又自私的人。浑身上下本能性地想的都是自己的正统性，这也是为什么他总是不会对自己的事业感到绝望。他唯一的武器就是那些阴谋和一些布告：前者总是被如此仔细规划过，以至于人们怎么都追溯不到他的头上，而他在后者中还追求着一些文学上的声誉。对于他这些欺诈性的操作和他在某些必须发声的时候从隐居地投掷出来的布告，我是这样看的：前者对于他的理想来说实在太过掉价，后者到更像是处在他这个位置上的人必须要做的事情。

我不觉得自己能质疑复辟政权发布的这些档案文件的真实性。我不能基于复辟政权对一封信的篡改就这么说：那是一封拿破仑皇帝寄给若阿基姆·缪拉国王①的信，复辟政权在篡改了这封信之后

---

① 法国军事家、元帅。1808 年～1815 年任那不勒斯国王乔阿基诺一世。

将其发表了出去。德·布拉卡先生在皇帝书房的档案里找到了这封信的草稿，在对其做出了一些安排后（这样可以更好地达到发表这封信的效果）他把这封信发表在了《箴言报》上。我在百日政权的时候，见过这封信的副本，是由德·布拉卡先生的一位秘书弗勒里奥神父手写的。他在篡改的部分都在旁边用红色的笔做了标记。

某些政府只要稍微有利可图就会毫不犹豫地撒谎，我不会在这些谎言中寻找我否认流言的依据，我觉得直接说这些和波旁家的谈判主要是在他们和普鲁士的代表之间进行的会更为简单。拿破仑明确表示了不想知道这些谈判的进展。这些代表的狂热和柏林政府的意见都让他们的提案变得像是事先商量好了一样：这是拿破仑自己对于这一问题的评价。

我忘记解释一下王位觊觎者是怎么跑到华沙去的了。当保罗一世在 1800 年年末和督政府达成和解后，他对于里尔伯爵的态度就发生了一百八十度的转变。两年前他曾在米陶①热情地欢迎了后者。尽管当时正值隆冬时节，保罗一世还是下令让里尔伯爵马上离开俄罗斯的领土。在危难之中，后者向普鲁士国王请求庇护。普鲁士国王准许他在华沙安顿下来。但是，前者也不希望触怒法国政府，因此他知会了第一执政。第一执政对觊觎者被安顿在普鲁士境内的一个城市中没有表示反对，优雅地容忍了这件事。

为了佐证我说过的路易十八不是一个拥有英雄品质的人，我必须要提一下下面这件事情：在 1796 年的 4 月份，里尔伯爵在威尼斯政府的要求下离开维罗纳时，以符合他地位的骄傲和庄重向威尼

---

① 今拉脱维亚的叶尔加瓦，这里作者使用的是该城的德语名称。

斯政府提出了以下两个要求：将自己的名字从《黄书》^①上移除，同时威尼斯政府要将亨利四世的甲胄归还给他。但是，出于对在旅行时被威尼斯政府出卖或被法国抓获的恐惧，他让拉沃吉翁公爵假扮成国王坐在他的马车里，而自己则穿着简朴的衣服作为伪装。他就这样逃出了法军控制的区域。这是维罗纳的长官在寄给威尼斯参议院的信中提到的事情。包括这份报告在内的文件则是在法国占领威尼斯后被带回法国的。

这位亲王从来没有丢失这份对自己正统性的本能感觉。伯尼奥先生在1814年被复辟政权任命为内政大臣，因此他也负责帮助刚从英国归来的路易十八搬进杜伊勒里宫居住。这位大臣后来告诉我，国王走过所有房间时都漫不经心，完全没有在听伯尼奥先生为他介绍的各个房间的功能。而到了此前拿破仑用作书房的房间时，路易十八就拒绝再往前走了。当时他流亡英国时用的写字台已经被搬进了那个房间。他命人搬进来一个扶手椅，然后就在写字台边静静地坐了下来，仿佛他不过是刚刚离开皇宫去散了一个小时的步。

此前属于法国的路易斯安纳已经作为《1763年条约》^②的一个秘密条款被割让给了西班牙。当地居民对这一安排表达了不满，而当时的凡尔赛政府也对此表示遗憾，此后凡尔赛政府还继续和当地进行了一段时间的通信，但是最终还是将他们遗忘了。英国从没有停止垂涎这一省份，后者和英国在美洲的殖民地接壤。我国的港口和商业诸城，一直期盼能出现一个重新夺回这一殖民地的机会，这样对于去往安德烈斯群岛的船运来说会是利好。第一执政一直知道商界的这一愿望，再加上他对未来的考量，于是与马德里宫廷开

① 意大利语为Libro d'Oro，是一本记录了威尼斯共和国境内所有贵族的书本，类似电话黄页。
② 指结束七年战争的《巴黎条约》。

始了就重新取回路易斯安纳一事的谈判。到了 1800 年年末，法国与西班牙之间签订的一份协议让我们重新拥有了路易斯安纳。当《亚眠和约》濒临破裂的时候，拿破仑想到了一个重要的问题：我们的海军力量无法在面对优势的英国舰队时保护我们所有的殖民地，而对于英国来说，占领路易斯安纳会是一件尤其简单的事情。因为预见到了战争一旦开打，路易斯安纳就会是第一个受到攻击的地方，拿破仑希望将其放到一个英国碰不到的地方，并让其永远断绝染指路易斯安纳的念想：将后者整体让给美国。因此他向美国人提议，可以将路易斯安纳让给他们，以换取金钱补偿。而他预想这些金钱补偿将帮助我们打这场即将到来的与英国的战争。

美国方面派出了一名使节来到巴黎，他是来要求和平期间我们查封美国船舶的补偿的。这位使节并没有从美国政府那里得到"获取整个殖民地"这么高的要求，他只是希望可以获得新奥尔良。因此美国使节一直是抱着略带怀疑的态度在听取这些提议。他觉得这些提议里面肯定有什么陷阱，会阻止他达成此行的目的。与此同时，一名新的美国使节门罗先生抵达了巴黎。他获得了美国政府的全权授权。巴尔贝-马布瓦先生是法方的谈判代表，他马上就接触了门罗先生。美国第一使节利文斯通先生提议用 3000 万买下路易斯安纳，而马布瓦先生主张得 8000 万才行。最终美国使节接受了 8000 万的价码，但是提出其中的 2000 万必须用来补偿美国公民遭受的损失，所以实际的金额被削减到了 6000 万。拿破仑本计划只要能卖到 5000 万就满足了，但是现在他则要求那 2000 万被用作补偿的款项也必须纳入我们的国库中。不过，他在此期间不断收到的有关英军武备的消息以及英国政府不断施加的无理要求都软化了拿破仑的立场，并迫使他希望尽快达成协议。他最害怕的就是战事在协议达成前就重开，那么到时候他就只能许诺一张空头支票给美国人了。1803 年 4 月 13 日，双方签署了两份协议。第一份是关于付款方式的，这样一来就不会把法国放弃主权一事和金钱买卖问题混为一谈。在这一转让中，还加入了一个要求。拿破仑明确要求契约中加入下面这一条：路易斯安纳的居民必须可以继续居住在当地，并且他们的自由、财产权和宗教信仰都必须得到保障。

英国人对于美国人获得路易斯安纳这一点感到非常的愤怒。也正因如此，我们的敌人永远地丧失了在美洲重构霸权的机会。拿破仑的预见性也因此被证明是完全正确的。而在协议签署后过了没几天，战争就爆发了。但是此时路易斯安纳已经成了美国领土，所以英国人对这个殖民地什么都做不了。

与此同时，英国已经箭在弦上了：她召集了一万名新水手，民兵组织也被动员起来，他们谎称是因为法国和荷兰正在港口中准备大批对抗英国的武器装备。我们向英国大使提供了令人信服的解释，但是这一切都没有什么效果，伦敦政府心意已决。很明显，在签署《亚眠和约》的时候，英国政府只是想要一份停火协议而已，他们早就想好了要在对他们有利的时候打破和约。

此前，皮特先生的突然辞职一度让人们揣测这表示着英国愿意与法国和解。事实上，皮特自己也承认他这个宣誓与法国永世为敌的人是不能和后者签订和约的。他的自尊也不允许他接受那些和他此前期盼的如此不同的条件。因此，他认为他的职责就是退休。继承人是他的一位支持者：阿丁顿先生，他是查塔姆勋爵（皮特的父亲）医生的儿子。阿丁顿先生是皮特的同窗，并且在之后也一直是后者的朋友。而皮特虽然退下来了，但是他依旧领导着英国政府。《亚眠和约》签订后不久，本来欢迎和约签订的英国就发现和平成了她的负担：在战争期间，英国享受了贸易垄断，她可以榨取海上和殖民地的利益，而和平的到来为英国带来了竞争对手，同时减少了她的利润。第一执政当时派出了他的侍从官洛里斯东到伦敦去作为批准和约的送信人。后者在伦敦受到了人民的热情接待。人们将其马车的马匹们解套，人们将他宛如胜者一样地带到了唐宁街。但是，英国政府和大商人们并没有展现出和民众一样的热情。

法国一丝不苟地履行了她在签署和约时许下的承诺。在3个月内，法军就撤出了那不勒斯王国和教皇国。相比之下，英国还没有就从马耳他撤军一事做出任何的安排，他们甚至暗示要延长对马耳他的占领。英国的报纸则以最恶毒的文章侮辱法国的政府首脑，甚至肆意传播虚假报告。即便是在议会的两院中，对法国的仇恨也如火山爆发一般喷涌而出。而《箴言报》上的文章（几乎都是由第一执政口授）则以愤慨而不失尊严的方式回应了这些恶毒的攻击。拿破仑认为这些记者的诽谤非常微妙。来自敌对国家和敌对政府的侮辱是不奇怪的，但是在一个新近才和法国和解了的国家，这些英国小册子竟然被如此容忍甚至保护，向他展示了英国政府是多么不想和他保持友好关系：它们对法国展现了一些非常有敌意的情绪。英国人责怪拿破仑在接见英国使团时，对威特沃斯勋爵多有呵斥。事实上，在那时候，政府首脑在公开场合和外国大使谈判还是不那么寻常的事情。各国的君主们甚至在和他国政府打交道时都是要让他们自己的大臣们当中间人的。这样一个打破常规的举动自然会深深冒犯一个不愿意自己的政策被公之于众的政府。此前英国政府一些毫无来由的举动为拿破仑带来的愤慨在某种程度上让他觉得自己应该以其人之道还治其人之身。但是我们在这里也要承认，这种情感带来了极为糟糕的影响，它也只能带来糟糕的影响。像拿破仑这样一个伟大的人，最好是不应该有这样的情感。

法国政府就英方对这些下作攻击和卑鄙诽谤的容忍提出了激烈的抗议。伦敦内阁则回应说，鉴于英国法律规定了言论自由，虽然他们理解法方的委屈和不满，但是他们对此的污蔑性挑唆引起了人们的注意。在法国大使的要求下，英国司法大臣以煽动谋杀的罪名起诉了佩尔蒂埃。下议院议员梅肯托施先生担任了这位小册子作者的辩护律师，最终后者仅仅被判处少量的罚金。他之后也并没有支付这些罚金。而这位著名的律师也在当年被任命为英属印度法庭中最重要的法官之一。

在佩尔蒂埃的报纸《大杂烩》刊发的小册子中，引发法国政府最强烈反对的是一首题为《妠婆媂》[1] 的颂歌，由当时还是小年轻的夏尔·诺迪埃创作。我在这里必须要指出，人们是怎样夸大了拿破仑对这位作家迫害的程度。我甚至相信是作家自己夸大了他所受迫害的严重性，这样他就可以通过这些想象出来的迫害来创造某些感情，并且自封为一个英雄。我个人没有听说过第一执政的政府针对这个人采取过任何的措施。诺迪埃是一个想象力非常丰富的人，满脑子都是所谓的骑士精神。正是这种"骑士精神"促使他总是站在胜利者的对立面，他根本不管失败者是谁：共和党人、流亡者、朱安党人或者是倒台政府的那些朋友。他年轻时的那些友情和爱情将他卷进了保王党的密谋中。愿望落空使得他在第一执政掌权时对后者升起了仇恨之心。而帝国政府并没有抚平这份仇恨。他的憎恶在《妠婆媂》中展现了出来，这是一份恶毒的抨击。这样一篇文章自然受到了各个敌对政府报纸的欢迎，也自然让警察注意到了它的作者。但是，如果认为在这么一个虚弱的敌人和一个强大国家的领袖之间可能有某种私人的持续的竞争，未免是太往前者的脸上贴金了：这个作者肯定是有才华的，但是他毕竟还是一个无名氏。拿破仑有许多事情要处理，不会在他引发的某些虚弱恨意上浪

---

① 此处原文为 La Napoléone，是法语中拿破仑这一姓名的女性形式。

费时间。他只会将这些东西知会政府的警务部门，在这件事情的处理上，他的确也是这么做的。

　　诺迪埃抱怨的所谓迫害也不是特别的暴力：他在圣佩拉吉被关押了几个月之后就被送回在贝桑松的家中了。他激动的精神状态让他此后再次做出挑衅行为，这些行为也给他带去了更多的耻辱。他那一直未曾减少的敌意、他和那些情绪激动的人之间的联系、他对独立的热爱以及他那诗人的想象力都让他离开家乡，跑到瑞士的汝拉山中去尽情胡思乱想去了。在过了一段时间这种四处游荡的生活后，他自由返回了贝桑松。在贝桑松，他甚至受到了省长让·德·布里的保护。他获准教授一门文学课。同时，得益于有关部门的宽宏大量，他可以无忧无虑地生活。之后，他去了伊利里亚①。在那里，他成了之前迫害他的人——前警务大臣富歇的秘书。当时富歇正是那些省份的长官。诺迪埃在那段时间里，在帝国政府里担任了各种肥差。他甚至在伊利里亚掌管了一份报纸，并获得了该省之后数任长官的保护。1814年的事件将他带回了法国。我可能花在诺迪埃先生身上的笔墨有点过多了，但是，通过这一系列的细节，我希望展示的是，他假装受到的那些严酷对待，在现实中都是经不起仔细推敲的。

　　借着这个机会，我还想说明一点：这位诺迪埃在1815年出版的书中曾指出拿破仑的军队里有什么秘密社团，这些都是他想象出来的，完全可以归咎于他对小说的热爱以及他对阴谋论的狂热。即便皇帝拥有那么多信息来源，军队中发生的任何事情都逃不过他的眼睛，但他从来没有在军队中发现什么由一名领袖或者秘密会议领

———————

① 今亚得里亚海东岸分属意大利、斯洛文尼亚和克罗地亚的领土，当时是法国的伊利里亚诸省。

导的秘密组织、隐藏团体或者非拉铁非教会有关的蛛丝马迹。拿破仑的铁腕和他警觉的双眼都杜绝了军队中出现秘密组织的可能性：他的铁腕一直在积极限制那些打着"自由"或者"独立"旗号的麻烦和混乱倾向。如果真的有这一类的秘密尝试获得了一定的成功，则要么是发生在他不再掌权之后，要么是在他统治的末期：当时他的权力和影响力都随着接连的失败而在渐渐消失，下面对他的服务也渐渐不再热忱。因此，只有出于诺迪埃这种喜爱空想的脑袋的自然倾向，才会把一些完全没有关系的罕见和割裂的事实，或者一些独立的尝试联系起来。

关于夏尔·诺迪埃的这些离题的事情并不会让我忘记在那段紧张的时期中发生的一件事情，这件事情差一点造成了致命的影响。在1803年年初，第一执政当时正在圣克劳。他想要驾驶一辆由四匹年轻的马匹牵引的马车。约瑟芬夫人和她的女儿坐在车里。在圣克劳的花圃前，拿破仑攀上了驾驶座。在来到花圃和私人公园交界处的栏杆那里时，他丧失了对这些年轻暴脾气马匹的控制。它们是如此剧烈地冲向栏杆，以至于拿破仑被从驾驶座上甩了出来，摔到了十步之外的碎石上。一开始在他启程时，我就有点担心。但是看着他之后平静地渐行渐远，我也逐渐放下心来。而之后突然一声尖叫和马车骤然停止让我害怕发生了什么事故。我急忙跑上前去，到事发地点时，我刚好看到第一执政坐在地上整理着思绪。幸运的是，这次落马没有造成严重的后果：没有骨折、没有骨头扭伤，而且也没有内伤的痕迹。事后，拿破仑身上有只有几处擦伤和刮伤，并被迫将右臂吊起来一段时间。这也使得他在之后的几天里无法签署任何文件。

威特沃斯勋爵在6月被任命为英国驻法国大使，但是他直到11月中才到达巴黎。安德烈奥西将军当时一直在等待英国大使离开伦敦，甫一得到威特沃斯勋爵已经离开的消息后，他就出发了。威特沃斯的任务是要打破和约。经过了此前一系列的敌意和毫无根据的批评指责之后，英国政府用一个笨拙的宣言完成了这一系列具有攻击性的行为。这一宣言自然是基于完全错误的借口之上的。根据不列颠的传统，在宣战之前，英国政府已经下令，不光是法国军舰，法国商船和港口也要被视作敌对目标。因此，在正式宣战之前，敌对行为就已经开始了。英国已经开始在港口中和大洋上抓捕法国船只，对属于法国和荷兰的船只、货物和船员的封锁也早在公开宣战前就开始了。正是为了应对英国政府这种不公地查封人员和船只，违反国际法的行为，第一执政下令逮捕宣战时法国领土上的所有英国人，不分军民。

但是，和英国大使的对话还在继续，他也还继续留在巴黎。第一执政为了维持和平，尝试了所有的手段。他也宣称，在不违反《亚眠和约》的前提下，他愿意向英国提供后者认为必要的所有安全保障。但是英国政府提出的提议都是违背和约条款的。基于和约的条款，第一执政提议让签署条约的列强来做出仲裁。他特别提出马耳他岛应该交给沙皇保管。后者在收到仲裁的请求后，提出自己可以作为调解人。他同意接管岛屿 10 年，并且要求该岛的治理权应该归属当地俄国驻军指挥官，而不是骑士团的团长。

4 月 25 日，威特沃斯勋爵提出了英国政府的最后通牒（这一最后通牒是口头传递的，而不是以书面的形式）：英国将继续占有马耳他 10 年的时间，同时地中海上的另一个当时属于那不勒斯王国的小岛兰佩杜萨岛也要被交给英国。这位大使同时宣布，除非法方在 7 日内接受最后通牒的要求，否则英国就将宣战。这些专横的举动遭到了第一执政的反对。依旧希望维持和平的第一执政提出马耳他应该交由俄国托管，直到法国和英国最终解决双方之间的种种分歧为止。威特沃斯勋爵则回复说，因为俄国拒绝接管该岛，所以这样的安排是不可行的。这就是假话了，毕竟沙皇已经同意接管马耳他岛了。英国政府当时认为，拿破仑要求英国从马耳他撤军仅仅是为了维护自己的尊严，因此他们提出后者应该同意在条约中加入一个允许英国继续驻军的秘密条款。第一执政以该条款不可执行，并且配不上法国为由拒绝了这一诡计。

最终，想要尝试所有能达到和解的方法的拿破仑提出了最后的权宜之计：英国可以无限期地在马耳他驻军，但是作为交换，法军将占领塔兰托湾。拿破仑认为，塔兰托在地中海中的险要位置和马耳他差不多。在他看来，法国依据条约占领塔兰托将引发列强的干预。它们会要求英军退出埃及，以确保法军退出那不勒斯。但是英国不愿意在这一点上做出任何让步，同时不惜一切代价也要让她的士兵继续留在马耳他岛上。而另一方面，法国则宁愿开战，也不愿意就这样让英国获得处在地中海心脏部位的这个战略要地。威特沃斯勋爵甚至不愿意听一听第一执政的提议，就说，既然英国政府提出的绝对条件①被拒绝了，那么他必须要求取回自己的护照。此后他就立刻离开了巴黎并前往加莱，他在那里等待着安德烈奥西将军抵达多佛。

作为接受托管马耳他的要求，俄国政府曾经在其和解计划中要求将兰佩杜萨岛割让给英国。如果我们同意这个要求的话，那么假使未来马耳他岛又再次落入英国手中，后者就会在地中海上拥有两个坚不可摧的堡垒：毕竟到了英国人手中，兰佩杜萨很快就会被建设得固若金汤。不过，拿破仑一直都坚称，法国不会容忍英国在地中海一手遮天。俄国在提议中还提出了法军撤离瑞士和意大利的要

---

① 原文使用拉丁语：sine qua non。

求，除此之外，还有一些《亚眠和约》中没有的内容：撒丁国王应该在意大利获得失去皮埃蒙特后相应的补偿等。俄国这一系列的提议都清楚地展示了它对英国的偏袒。事实上，俄国宰相沃伦佐夫和俄国驻法国大使马尔科夫伯爵都是公开的英国支持者。马尔科夫伯爵的反法情绪简直无人能出其右。他以前常常会雇用诽谤者和污蔑者来对政府和第一执政个人进行大量的侮辱和中伤。此外，他还会审查他主人的命令。他常常会这么说："的确，沙皇有自己的意愿，但是俄国也有她自己的意愿。"第一执政此前就已经饱受俄国大使这一敌对态度的折磨。当战事重开，而且不知道何时才会结束的时候，他认为这位大使在巴黎的存在就不但令人不快，而且变得危险了。因此法方向俄方要求替换这个人，此后一名代办被派到巴黎接替了他的位置。与此同时，法国政府也召回了埃杜维尔将军，后者在圣彼得堡也留下了一个代办：德·雷纳瓦尔先生。

第一执政此前一直与普鲁士关系融洽，现在他想要进一步加强联系两国的纽带。他觉得，面对英国这样一个强敌，他需要一个亲密可靠的盟友。这样在进攻和防守时都可以助他一臂之力。借用他自己的话，他希望获得的是："一个清晰、强大而且完整的联盟。仅仅是宣布这一联盟本身，对于欧洲来说，就会是对和平以及各个势力现状的永久保证，对英国来说也会是这次战争结束后的一个警告。"在选择这一盟友时，拿破仑需要在奥地利和普鲁士中二选一，而他是倾向于后者的。因此，他向普鲁士政府提议建立攻防联盟。

《亚眠和约》的终结也中断了拿破仑平静而闲适的生活，他命中注定无福消受这样的生活。要不是他总是忙于永不停歇的战事，他的这些天才将会给在和平年代给他带去怎样的创造力以及无与伦比的名誉和权势啊！他已经将和平的橄榄枝和战争的桂冠结合在一

起了：整个欧洲都被他降服了。还有什么荣耀在等待着他呢？那自
然是要发展农业、工业、科学以及艺术。此前他在战争中通过一系
列的胜利让法国变得强大和受人畏惧，并因此让她幸福，现在他会
让法国在和平发展中收获同样的快乐。但是，这些他喜爱沉浸其中
的对于和平与繁荣的畅想，在他命中注定的那条浩瀚而波涛汹涌的
道路面前，还是消散了。如果说此前他那坚强而敏锐的头脑中还有
什么关于自身未来幻想的话，从那天开始，他将所有这些幻想都永
久地祛除干净了。他的心对于互惠互利和坦率的手段是多么敏感。
他心中充盈着对祖国的骄傲和荣誉感。英国人的背信弃义在他这颗
敏感的心中留下了深刻印象：英国政府或指挥或资助了一系列针对
第一执政权力和性命的可恶诡计；作为内战的混杂残余，60 名刺
客被呕吐到了我们的海岸上，想要实现一个懦夫的罪恶行径；暗处
的人们在密谋，想要收买那些立下赫赫战功的法国将领；谎言和腐
败无孔不入；以上的种种事情都让他心中充满了最大的愤慨。他不
得不承认，跟这个势不两立的敌人之间，不可能去期盼有什么停火
协议或者和平。他能依靠的也只有他强大的力量和不同寻常的手
段，因为这将是一场你死我活的斗争。自从那一刻起，他就只关心
一件事情了：将所有英国曾经尝试加到我们身上的伤害都还回去。
他的生活习惯改变了，此前他沉睡中的才能也被彻底唤醒了。现在
的他既勇敢又大胆。面对我们永恒的敌人为他制造的艰巨挑战，他
奋起迎击，甚至还更胜一筹。他的行动变得非常激烈。自那以后，
他开启了一段新的人生：一段充斥着行动和斗争的人生；一段辛
劳、危机四伏而充满大胆想法的人生；一段他一刻都不能松懈，一
刻都不能偏离航道的人生。就像一个无畏的运动员那样，他进入了
这一恢宏的斗争。这场斗争将会创造出如此多的奇观，它们会将他
高高抬起，而后又重重摔下。

在宣战时逮捕所有在法国旅行的英国人是一个有力的措施。作为对一个国家犯下的丑陋的而又无法容忍的违反国际法的行为的报复，这样的措施是正当的。在这一最初行动后不久，我们就迅速占领了汉诺威选侯国①。在荷兰地区集结的法军获命进入德意志地区。他们在5月26日离开奈梅亨，并在6月5日进入了汉诺威选侯国的首都。根据在苏林根签订的协议，法军将占领汉诺威在易北河以西的全部领土，汉诺威军队将退守劳恩堡，并且承诺在战争期间不进攻法军。汉诺威境内所有属于英王的城堡、火炮、弹药以及金钱都被交给了法国军队。英王拒绝批准这一协议，因此法军追赶上了已经退入劳恩堡的汉诺威军队，并且将他们缴械。当时英国政府已经派出了一支运输船队打算把这些人接走。要是成功的话，这将是一支一万六千人的军队，但是英国的运输船到得太晚了。

警觉于战火的逼近，哥廷根大学通过著名的海涅向第一执政请求保护。大学请求后者可以采取措施保证学校人员和财产的安全，同时下令避免任何可能影响学术研究的事件的发生。第一执政命令陆军部长做出了肯定的答复，并指挥莫蒂埃少校要保护所有的大学，尤其是哥廷根大学。

拿破仑那时就已经下定决心要在英国登陆，这样就可以直接在伦敦决定和约的条款。他致力于打造一支可以将十五万军队运送至海峡另一边的船队，他认为十五万人大概就足够完成这次远征了。他决定使用小船来执行这一任务，这些小船既适合航行和调整，也可以很好地适应登陆一侧的港口。这些小船被分成了三类：护卫舰炮艇、单桅帆船炮艇以及驳船。船队中同样加入了一些更大的船只，用来运送马匹、火炮和补给。我们还沿着海岸购买了一些大型

_____

① 当时汉诺威和英国是共主邦联。

的捕鱼帆船。所有的港口，甚至是河口，都被用作制造所需船舶的船坞。各个省、市镇以及行会还自发地向政府提供了许多炮艇、平底船、单桅帆船以及护卫舰。巴黎的商人们则决议捐款建设一艘带有 120 门大炮的战舰，取名为巴黎商业号。大到行会，小到个人，大家都捐款建设了大小不一的船舶，共同组成了法国的舰队。

　　第一执政下令在海岸上建立 6 个营地。这些营地将负责为等待上船的士兵提供补给。这些士兵的任务则是将这场英国政府强加在我们身上的无休止的战争带到英国的国土上去。而为了可以同时从多点共同进攻英国，拿破仑同样下达了远征爱尔兰的命令。为此他组织了 18000 人，驻扎在布列斯特。马尔蒙将军当时正在荷兰领导着一支 22000～25000 人的军队，他也预备往爱尔兰进发。第一执政决定将这两支军队交由奥热罗元帅指挥。我们与在法国的爱尔兰难民和在爱尔兰本土的爱尔兰人都达成了协议，奥热罗将直取都柏林。如果爱尔兰起义军方面有任何延宕的话，他将会在都柏林固守，等待与马尔蒙将军会合，并共同等待大部队的登陆。英国不正当的攻击行为将我们置于新的险境之中，在对此做出了完全的安排，保证了法国内政外交上的安全后，第一执政在约瑟芬夫人的陪同下离开巴黎前往北部诸省。此时距离战事重开过去了大概一个月的时间。他视察了我国在拉芒什海峡①以及北海沿岸的所有港口，同时还视察了皮卡第、比利时和列日地区的工业城镇。他在布鲁塞尔和安特卫普待了几天，并在 8 月 10 日经由兰斯和苏瓦松回到了圣克劳的家中。这次持续六周的出巡主要是用在组织舰队以及在布罗涅准备一直入侵的军队这两件事情上了。拿破仑最关心的就是这次远征需要的人力和物资。在旅程中，每到一处，他都可以感受到

①　法语中对英吉利海峡的称呼。

当地居民对英国的恼怒。这场战争因此成为我们全民族的战争。他也因此督促各地居民都要协助政府建设并装备法国的舰队。这一爱国主义狂潮席卷了整个法国。如果真的把全国投票决议通过的那些造船资金提到的船舰都造出来的话，会远远超过我们远征需要的船舰数目。而除开这些不谈，全国大量的爱国礼物和主动捐赠也为舰队的武装和维护提供了很大一部分所需的资金。在布罗涅以及邻近的港口和洼地中，我们总共集结了两千多艘各式船舰，同时邻近河流的河床被加深拓宽（我们建立了一系列的项目团体和维修团体来对这些河床进行合适的改造）。我们同样采取了大量的措施来保护分散在海岸各处的舰队分支。总而言之一句话，在执行这一难忘的事业的过程中，我们没有遗漏任何一点细节，完全对得起拿破仑在脑海中构建的想法。拿破仑的天才在这一过程中也得到了最完整的体现。

在同一个地点集结如此数量的战船，肯定会让人们坚信即将入侵英国的就是这支舰队。而为了误导敌人，拿破仑决定在其他距离遥远的地方同样集结法国和西班牙的舰队：总共在土伦、罗什福德、加的斯、费罗尔以及布列斯特准备了将近六十艘风帆战列舰。它们将在合适的时候快速地聚拢到布罗涅，并在海面上停留14天。得益于这些船舰在海峡中依托它们的数量优势为我方提供的海上优势，我们将得以让十六万士兵穿过海峡登陆英国。他们都在布罗涅和其他港口中待命。在和海军部长充分地讨论了许多其他方案后，第一执政决定采用这一方案。

为了执行这一要求绝对的决心和技巧的行动，拿破仑选择了海军上将拉图什－特威尔。在他寄给后者关于此事的信件中，他要求拉图什－特威尔认真地思考一下他将要执行的这一计划，并告诉拿破仑他认为最好的执行计划的方式是什么。拿破仑在这之后才正式签署了命令，并告知拉图什 – 特威尔他已经被任命为地中海舰队的监军，并且他希望对英作战的胜利将使得他可以将这位海军上将提拔到了一个如此显赫的位置，以至于后者将不再对权位有任何的欲望。

拿破仑同时告诉了这位总指挥官他手下掌管的船舰的数目以及地点，同时还有英军巡洋舰和舰队的位置。这些消息都是第一执政的外国统计办公室告诉他的，这个办公室是如此高效，以至于第一执政可以像伦敦的海军部一样熟练地掌握英国海军的实时情况。他接下去补充道："现时，在埃塔普勒 – 布罗涅 – 维姆勒 – 昂布勒特斯一线拥有两千艘炮艇、单桅帆船、驳船等各式船舰。可以运输 14 万士兵和 1 万匹马。让我们在 6 小时内制服海峡，我们就将称霸世界。"

拿破仑希望整个计划可以在冬天前完成。"假设海军上将可以在 7 月 30 日前开始行动，那么他可能在 9 月中旬到达布罗涅。那时候的夜晚足够长，天气一般也不会太坏。"

就在计划伟大远征的同时，第一执政还和海军部长一起策划了许多扰乱敌军视线的海上远征。这些远征的目的是加强并补给我们的殖民地，去夺取可以用作我方避风港的岛屿，以及尽可能损害英国的商船队。几乎每天，拿破仑和海军部长的通信内容都是在组织这一系列的行动。

这些远征获得的成果有大有小。不过，实话实说，它们并没有达成拿破仑预想中的结果。

我在这里只会简短描述一下拿破仑在巡视法国北部诸省时人们对他表达的敬意；当地的人们为他和他的妻子准备的阿谀而壮丽的接风会；他们通过的那一道道凯旋门；他们经过的城镇从当地最著名的家庭中挑选出的人组成的仪仗队和他们身着的华丽制服；那些

身着白衣，捧着鲜花的姑娘；各地民政、军事和教会领袖所做的发言；各地唱诵的《赞美颂》；一连串的彩灯、舞会和音乐会；安特卫普民众举行的胜利游行是如此珍贵：他们在一系列的画布上画出了历史人物、神话人物、世俗人物和幻想生物。总之，我将简短描述一下城市和乡村的居民是以怎样的热情聚集到了一起，为拿破仑喝彩，也为了表达他们对英国的反对。当时的报纸对这些事情的报道，没有一句夸张的话。

拿破仑此行的主要目的是现场看一看①沿海各省提供的海军资源，同时鼓舞军队抵抗英国的精神。带着这样的目的，他按照惯例到访了港口、造船厂、军火库以及炮台。他在各地长时间接见了民政、海军以及陆军长官。全身心投入到改进准备工作以及纠正弊政中。在这一过程中，他不吝赏罚。而《箴言报》也记录了他的这一部分旅程，这些记录都是史料了。

德·罗克洛尔先生当时是梅赫伦大主教。他专程来到安特卫普，向第一执政和约瑟芬夫人表达敬意。此后，在1813年，我经常会在总理大臣冈巴塞雷斯的会客厅里见到这位教士。他是一个正直而身体结实的老人，尽管已经八十二岁了，但精神像中年人一样。拿破仑以特殊的礼遇接待了他。德·罗克洛尔先生之所以能得到如此礼遇，还有赖于他在自己教区高明的治理手段，以及他在当地促进和谐团结的精神。他非常聪明，并且此前就已经是法兰西学术院院士了。在拿破仑到访安特卫普之后4～5年，他就从这个职位上辞职了。此后他被任命为圣丹尼教务会的议事司铎。德·普拉特神父当时是普瓦捷主教，接替他的位置成了梅赫伦大主教。当我再次在总理大臣的会客厅里见到德·罗克洛尔先生的时候，他已经

---

①　原文使用拉丁语 de visu。

超过 92 岁了。时间几乎没有改变他。虽然他的视力越来越差了，但是他的双腿还是那么强健。我看见他的时候，他总是站着的。那时，他的记忆则奇异地受到了损伤。他的记忆到他任桑利斯主教的时候就戛然而止了：当时的他是法王路易十五的首席宫廷大神甫，深受国王的喜爱，并且享受着宫中各位夫人特殊的庇护。他完全记不起来大革命期间发生的事情了。在长寿这方面，西梅翁伯爵则更令人惊叹。他的年纪远比德·罗克洛尔先生要大，但他还是耳聪目明，身体健康得很。

　　第一执政是在离开布鲁塞尔的前一晚，在那里接见了普鲁士国王的私人顾问隆巴尔先生。他为前者带去了一封普鲁士国王的亲笔信。信件的主要内容是对第一执政到达布鲁塞尔表示祝贺，同时也希望法国可以采取一些措施来减轻由于当地法国驻军而对下萨克森居民收取的费用。隆巴尔先生的任务可不只是为了保护普鲁士的利益而已。他还受命要找出拿破仑有意对汉诺威和德国地区其他一些部分的占领将持续到什么时候。这些问题是俄国向普鲁士政府提出的。拿破仑在当时只关心一件事情：达成和普鲁士的同盟。因此他以最友好的方式接待了隆巴尔先生，与他进行了长时间的谈话，并且对他展示出了极大的信任。拿破仑提到了他有多么重视与普鲁士国王之间的友谊；他表达了希望与这位君主联合以推动普鲁士利益的真诚愿望；因此他也愿意做任何事情来取悦这位国王。他的关注点，以及北方各方势力的关注点，都是要终结英国在海上的专制统治。而实现这一目标的唯一途径就是要对英国关闭所有在德港口。他要求普鲁士随时和法国保持一致，这样两者的联盟才会是真实而有效的。拿破仑以他那不可抵挡的魅力做出了上面的一系列解释，这些都给普鲁士使者留下了深刻的印象。他对于两人谈话的报告让普鲁士国王感到很高兴。但是后者一贯踌躇且立场不坚定，这位国王害怕他和法国的关系太过深入了。因此他在回复中只是做了一些让人失望的提议、包括提议中立等，并最终以"此事应该隔日再议"为由拒绝了结盟。

隆巴尔先生是在柏林的法国难民中的一员。他是一名出色的文学家和政治家。他从小被灌输中立的理念。忠实于他的理念，他一直凭借着君主对他的信任在后者的议事会上宣扬普鲁士应该保持中立。他的政治理念以及他对故国法国的偏袒导致他受到了诸如他已经将自己出卖给了法国政府之类的不公指控。1806年普鲁士被召入战争前夕他已退休，这对于普鲁士来说是一个灾难。

每当第一执政要写信给那位国王的时候，他总是会一边笑着一边对我说："我们必须要注意我们信件的文笔才行啊，普鲁士国王的内阁里有人的法语说得、写得特别好。"他指的正是隆巴尔先生。

教廷的公使卡普拉拉红衣主教也在这次出巡中陪同在第一执政身边。这样一个以虔诚，宽容和崇高而闻名的教士的在场，在这样一个饱受宗教争执困扰的国家，被认为是很有必要的。他的调解精神使得他非常有资格来平息这些争端。在那慕尔，红衣主教本应是要下榻在那个教区的主教家里的。事实上，主教宫都做好接待他的准备了。但是此前我们接到了许多关于那个主教作风不正的报告，甚至还寻花问柳，因此我们觉得公使可能会在他的住所找到一些不那么正经的人。这一事件使得许多此前仅仅是在那慕尔私下传播的讽刺诗文彻底公开化了。基于主教败坏的名声，他被下令辞去自己的职务。他虽然照做了，但在此之前，他还公开要求教会必须在他死前把他做主教的工资付给他。

结束这次出巡后，拿破仑在圣克劳度过了9月和10月。他以一贯的热忱投入工作，主要的时间都花在了下面3件事情上：布罗涅远征的具体细节、国内事务、随着与英国战事再开带来的和欧洲各国的各种协商。

到了 1803 年的 11 月初，第一执政又到布罗涅进行了第二次出巡。这次出巡持续了 2 周。这次出巡的目的主要是探访布罗涅以及维姆勒的港口，并检视他此前要求的那些帮助舰队的下属各支部队聚集的工作进行得如何。他在锚地停留了一天一夜。他还登上了一艘小型炮艇，并在前线参与了法军舰队和巡航中的英军三桅战舰打的一场遭遇战。当时英方指挥是基斯海军上将。在我方单桅帆船和岸上炮台的炮火压制下，敌军撤退了。6 周后，拿破仑突然离开巴黎，踏上了一次沿着法国海岸的旅程。这次出巡总共持续了 10 天。这次旅行的通知是在出发前 2 小时才发出的，出行所需的马匹也是以贝西埃尔将军的名义准备的。之前的那次出行也是以同样秘密的方式筹备的，那次用的是迪洛克将军的名义。之所以警惕性这么高，是因为我们当时怀疑有人在密谋绑架拿破仑。

正当拿破仑的精力都集中在这些准备工作上时，当整个法国都在集中力量准备海上战事因而在莱茵河和阿迪杰河的边界防守松懈时，奥地利正在暗度陈仓，往巴伐利亚、施瓦本和瑞士调兵遣将。同时奥地利也在增强在意大利的军队。俄国则在波多利亚①、维斯瓦河东岸以及利沃尼亚②集结军队。时刻准备着南下波美拉尼亚，配合瑞典人和英国人的进攻。每 500 名俄国人中就有 4 人被征召进了军队。而英国人也在大肆集结军队，随时准备着运往库克斯港③，与瑞典人和俄国人会合。那不勒斯宫廷也在准备集结自己的军队。拿破仑注视着所有这些动静。他在意大利的防守上采取了预

---

① 今乌克兰中西部和西南部。
② 今拉脱维亚和爱沙尼亚领土的大部。
③ 德国港口城市，位于易北河入海口。

防措施。同时，他也不遗余力地提醒奥地利，他这些安排都是出于和平的目的。他还为奥地利指明了后者真正应该关心什么。

莫蒂埃元帅在确保汉诺威臣服后，回到了巴黎。他在巴黎被任命为近卫队的 4 名将军之一。贝尔纳多特将军则代替他去指挥在汉诺威的军队。

就在第一执政不在巴黎期间，他的妹妹波利娜，勒克莱尔将军（1802 年在圣多明各逝世）的遗孀嫁给了卡米洛·博尔盖塞亲王，后者来自罗马最著名且最富有的家族之一。这位亲王在很年轻的时候就拥抱了法国大革命的原则，他曾在意大利的法军中服役，并参与了拿破仑将军的那些难忘战役。他让自己隶属于这位总指挥，后者反过来也特别照顾他。因此拿破仑对他妹妹和博尔盖塞亲王的结合感到非常满意。当人们向他提议这门婚事时，他非常满意地同意了。婚礼是在约瑟夫·波拿巴的莫尔特枫丹庄园举行的。波利娜跟随她的丈夫去了罗马。几个月后，她在罗马失去了自己的儿子德尔米德，也就是波拿巴将军的教子。在拿破仑建立帝国后，元老院发布了一条敕令，给予了博尔盖塞亲王法国公民权以及法国亲王的权利。

正是在第一执政结束 10 天的布罗涅旅程返回巴黎的那一天，立法院正式开议。根据传统，议程是由内政部长开启的。召开两院会议不仅仅是为了递交那些立法院等待批准的新法案，我们当时面临着巨大的风波，必须召开两院会议。人们当时都能感受到一个巨大阴谋的蛛丝马迹，但是具体的细节当时还不为人所熟知。我们大概知道乔治和他的团伙已经，或者马上就要渗透进法国的内部。同时有一些同谋已经进入巴黎，在谎言的伪装下躲藏了起来。当时警察对这些人藏身之处的调查并不怎么成功，社会上弥漫着焦虑的情绪。

现在的人们很难想象那种焦虑是怎样让第一执政夜夜无眠，这一点我可以作证。当时是1804年的1月，在他的身边正编织着一系列的密谋，而他对这些密谋的细节一无所知，他相当于是在黑暗中跟这些密谋做着斗争。当时的他感到似乎脚下的大地都在震动，而他呼吸的每一口空气仿佛都在提醒他有一个未知的危险。但是他的精神并没有被打倒。他比自己的警察掌握的信息来源更多，后者把时间都浪费在了墨守成规和没有用的繁文缛节上。他的洞察力将他引向了一些重要的发现，并让他找到了这一阴谋的隐藏线索。

拿破仑非常愤怒，激起他怒火的主要是针对他的这一恶劣密谋，以及皮特对于指责他想要永远打仗的人的回应。皮特是这样回应的："我并不想要一场永恒的战争，我想要的是一场终生的战争。"自那以后，拿破仑心智的冷静与平和仿佛就一直受到一种精神压力（如果用这个词不会太过分的话）的干扰。但是这一干扰并没有改变他宽厚和善的本性。他并不是因为担心自己的个人安危才表现出这个样子的：在这方面他一直保持着一种无人可以撼动的乐观主义精神。所有或公开或荫庇的保护措施对他来说都是让人反感的。他相信自己的命运，并且把自己毫无保留地交给了命运。但是我注意到了，他更倾向于在公共场合发火，私下里他就不是这样的。这是因为他希望在发火的时候身边有很多见证者。人们常说拿破仑从不做任何无用功，因此他总是在公共场合让自己的不满爆发出来。一般爆发的方式都是斥责，许多时候是很严厉的斥责。但是，也就仅限于此了，他只会在口头上爆发。他认为这样的场景有利于让大家保持警觉，同时可以让大家的情绪高涨起来，尤其是遇到逆境时。

在我们国内谋划的这些事情都是位于我们的边境处，受到英国使节们和在伦敦流亡的法国王公们联合密谋支持的。这些阴谋的教唆者是英国派驻在一些小国宫廷中的大使们：在慕尼黑的弗朗西斯·德雷克爵士；在斯图加特的史宾赛·史密斯（他是跟他同姓的那个海军上将的兄弟）。英国的官员威克汉姆则回到伯尔尼继续进行他的腐败行径，此前在 1795 年、1796 年和 1797 年他在皮什格鲁①身边就没少干这样的事情；泰勒在卡塞尔扮演着同样的角色。

梅埃·德·拉图什是一个在恐怖统治期间曾以极端思想闻名，并引起政府怀疑的人。当时，他被流放到了奥尔良，但是此后他成功地从那里逃了出去，并经由根西岛到达英国。他声称自己是巴黎的一群心怀不满的共和党人派出的使者，并以这个名义获得了大臣霍克斯伯里勋爵以及阿图瓦伯爵身边那一群流亡者的注意。梅埃声称自己迫切地希望为波旁家服务，并将功补过，为推翻拿破仑而奋斗。他成功获取了霍克斯伯里勋爵和流亡者们的信任。他们将他派往慕尼黑的弗朗西斯·德雷克爵士那里，负责执行针对法国的宏大密谋。这位官员在给梅埃下达了指示并给了他一笔钱之后，就将他派往巴黎，去到那个想象出来的雅各宾党人委员会（梅埃声称这个会议是存在的）上去讨论推翻波拿巴的最佳手段。到达斯特拉斯堡②后，梅埃为了取得重返法国的许可，就急不可耐地向当地的省长泄露了自己此行的目的。这位省长在听完他揭露的真相之后，将他送去了巴黎。在巴黎，梅埃将他从弗朗西斯·德雷克爵士那里得到的指示统统告诉了政府。政府批准他继续跟这些人通信，警察还用自己的各种手段来帮助他继续通信。此后，在信件中，梅埃先生假装已经买通了第一执政办公室的领路人。他还说，得益于这个

---

① 法国大革命战争期间的著名法国将领，保王党人，并因此在 1797 年果月政变中被流放。1803 年他秘密返回法国密谋领导保王党起义，事情败露后被捕，死在狱中。

② 法国东部边境城市，和德意志诸邦国隔莱茵河相望。

人的帮助，他得以进入第一执政在圣克劳的秘密书房，并获得其中存放的文件。他声称他已经把这些文件交给雅各宾党人委员会的秘书去抄写了。其实，这些文件都是梅埃先生自己制造出来的。不消说，他和书房的领路人之间也没有什么秘密合作，而这位委员会秘书和委员会本身一样，都是想象出来的。为了让梅埃先生的报告更为可信，他必须要在报告里提到我的名字。但是，第一执政并不希望他的心腹成为被怀疑的对象。因此梅埃先生被要求在信中加上一段信息：我是第一执政的秘书，和委员会的秘书不是同一个人。委员会的这位秘书是迪洛克将军的密友，第一执政一般将我没空做的事情交给这位秘书做。这也是在这场迷惑英国人的骗局中拿破仑允许他的内阁扮演的唯一一个角色。德·罗塞上尉以梅埃"将军"侍从官的身份被派到了弗朗西斯·德雷克爵士和史宾赛·史密斯身边。他声称自己可以领导法国的数个省在合适的时机发动叛乱。梅埃先生和德·罗塞上尉总共从英国人那里拿到了将近 20 万法郎，这都是英国政府慷慨地交给他们的。法国政府随即将梅埃和德·罗塞与英国官员之间关于这一腐败行径的信件往来披露给了驻在巴黎的各个外交使团。各个外交使团一致谴责了英国政府这一可耻的政策。所有参与了这一事务的英国官员都被他们此前驻在的外国宫廷清退了，之后我们再也没有听说过关于他们的任何消息。

两个月后，在汉堡的另一位英国官员兰博爵士又开始继续进行他同僚的那些计策。但是，吸取了他同僚耻辱的教训，他这次要更加小心谨慎。1804 年 10 月的一个晚上，一队法军士兵逮捕了他，同时还查获了他所有的文件。他的文件被带回巴黎进行进一步的检视，但是这一检视并没有带来什么新的发现。此后普鲁士国王以下萨克森行政圈领导的身份介入此事，让兰博重获自由。关于此事，第一执政和普鲁士国王之间还进行了机密而友好的信件往来。遗憾的是，普鲁士国王寄来的这些信件都丢失了。他和许多其他君主的信件原件都从帝国档案库里消失了。

正在这一时期，一份书刊的出版让人们得知了此前波旁家族的王公们曾经尝试过和法军中的某些人、法国国内的某些居民建立联系。德·蒙特盖拉尔先生此前是一名深受法国王公们信任的流亡者，并曾受命与皮什格鲁及莫罗将军进行协商。他此后找到了执政府，并向执政府提供了关于这些协商的珍贵的信息。政府委托他写了一本书，其中全面展示了皮什格鲁的背叛行为，并且揭发了所有英国政府主导的阴谋诡计（不管有没有法国王公的参与和帮助）。德·蒙特盖拉尔先生向第一执政寄去了许多文稿，其中就包括一份关于皮什格鲁在共和历 3 年、4 年和 5 年种种背叛行径的报告书。其中包括了秘密通信的内容、对于通信中使用的密码的解释以及通向各种人名的线索。而他另一份文稿的标题则是《M. J.-G. 德·蒙特盖拉尔流亡岁月的秘密回忆录》。在这两份文稿中，他承认了自己是一名双面间谍。同时，他也揭露了许多英国官员和流亡王公们之间的密谋，以及那个流浪小朝廷中的种种幻觉。第一执政下令，这些文稿应该被正式印刷出版。这种欢迎背叛者，同时将他们的丑闻为我所用的手段显示了第一执政的统治能力。这些书中的古怪细节，以及对某些人的刻画（尤其是对觊觎者的刻画）都帮助大众更好地认清了他们的嘴脸。如果说这些书稿对于歌颂作者的良心没什么帮助的话，它们至少向我们证明了第一执政优秀的头脑。

当时我被委派去和德·蒙特盖拉尔先生通信，同时把拿破仑划拨给他的钱付给他。在我和他通信的期间，我从他那里收到了许多文稿，其中只有一部分被出版了：比如那些关于建立第四王朝①、在拿破仑皇帝治下重建意大利王国以及法国自古以来对罗马公国的统治权等话题的文章。

1814 年，正如大家期待的那样，蒙特盖拉尔伯爵改变了论调，开始侮辱那位他曾经顶礼膜拜的偶像。我不知道他这样子讨好路易十八是不是真的帮到了他。毕竟他此前曾经是路易十八不忠诚的亲信，而且后者当时被他在帝国政府中的种种告密行为搞得很是憔悴。

既然我讲起蒙特盖拉尔伯爵了，那么我就必须要提一下他兄弟的所作所为。蒙特盖拉尔伯爵有一位兄弟，他是一名教士。他写了一本 1787 年到 1818 年间的《简明法国史》。这本书的每一页都充斥着不公的言论以及错误，很明显是作者在极其阴暗的愤世嫉俗的状态下写的，他就是这样的一个人。这本书对他来说唯一的作用仿佛就是给他一个猛烈抨击拿破仑和帝国其他有头有脸的人物的场所。这本书对时间的缩减和书的标题完全不符。作者并没有单纯简短描述那一时间段内发生的所有重大事件，而是非常仔细小心地略过了所有不能让他痛骂拿破仑的事情。尽管这本书是如此不完整，它还是为作者赢得了一封来自富瓦将军的祝贺信。后者更看重这样的简明历史可以让学习历史变得更容易，而没有被书中展示的情绪恶心到。在这位教士死后，人们以他的名义出版了一套大部头的《法国史》。这套《法国史》和这位作者的那本《简明法国史》差不多，只不过更长更啰唆。而且其实这套《法国史》的作者应该是他的兄弟。教士在生前一直拒绝和蒙特盖拉尔伯爵合作，人们问

---

① 法国大革命前统治过法兰西王国的分别有墨洛温王朝、加洛林王朝以及卡佩王朝。因此拿破仑创建的拿破仑王朝被一些历史学家称为"第四王朝"。波旁王室是卡佩王朝的旁支。

起前者关于后者的近况时，教士总是这么回答："我已经有 30 年没有回答过这个问题了。"

　　另一份我在这里应该提一下的书刊，是在上述事件的两年后，也就是 1806 年出版的。其中披露了一些关于流亡王公们，尤其是阿图瓦伯爵在法国内战中扮演角色的事实。这本书的标题是《关于旺代战争始末的历史回忆录》，它的作者是沃邦伯爵。他是沃邦元帅的侄孙，同时他也在革命后作为阿图瓦伯爵的侍从官和后者一起前往了圣彼得堡。当时这位亲王是前去寻求叶卡捷琳娜女皇[①]对波旁王室的支持的。在结束这次旅程后，沃邦伯爵还参与了在基伯龙[②]的战事，并在战役结束后前往约岛[③]和自己的王公会合。此后，他在保王党集团中亲眼所见的那些愚蠢荒谬又卑鄙无耻的行为终于让他泄了气。趁着此后大赦的机会，他返回了法国。受到警务部门怀疑的他被关押在了圣殿塔中，也正是在狱中，他完成了自己的回忆录。他的回忆录中充满了最愤恨的回忆，而且其中揭露的事实对于他曾经的主子们很是不利。政府在收缴这些回忆录后，觉得应该把握住这个机会，于是就将回忆录以原作者的名义出版了。

---

① 叶卡捷琳娜大帝在 1796 年去世，因此统治的末期刚好和法国大革命重叠。
② 1795 年 7 月，保王党流亡者在英国的帮助下曾经尝试在基伯龙登陆，但是失败了。
③ 位于旺代省外海的岛屿。

第四章

乔治 - 莫罗密谋案始末

对保王党密谋的挖掘以及在巴黎逮捕的一些刺客的供述都让第一执政意识到了昂冈公爵就住在埃滕海姆[1]。迪穆里埃[2]也曾在那里被人发现过，说不定如今依旧在埃滕海姆。因此第一执政得出了埃滕海姆就是阴谋中心的结论。在我接下去讲述对倒霉的昂冈公爵的逮捕及审讯时的种种情况之前，我必须稍微倒回去讲一些之前发生的事情。我并不想重提这些伤心往事，当时的审判中出现太多错误了。但是，我觉得为有关拿破仑的回忆伸张正义是我的职责所在。同时，这也是遵循他给我的重要忠告。所以我要在此分享一下我对于这件事情的认知。对这件事情的叙述已经被党派纷争搅和得不像样子了。人们今天对这件事情重要性的认知是正确的。由英国政府引发的这位孔代家族后裔的死亡带来了悲惨的恶果。其最受人们关心的原因是其对拿破仑政治生涯的影响，也正因如此，这件事情在今天我们的历史中占据着一个如此重要的位置。因此我将再次

---

① 位于莱茵河东岸，和法国隔河相望的德意志城市，当时位于巴登选侯国境内。

② 夏尔·弗朗索瓦·迪穆里埃，是当时的保王党阴谋家。此前在大革命战争期间曾任法国将军。

尝试勾勒出这件事情的主要轮廓，这样公正的读者可以在了解到整个局面后针对这一严酷的行为得出自己的结论。在这件事情发生后，拿破仑是在命运以及他对国家元首职责坚定解读的驱使下承担了所有的责任，以他一贯的那份崇高和坦诚以及自尊。之后，他也承认这件事情对他的荣誉带来的损害远大于益处。

英国政府本来是不屑于考虑法国对英国本土发起入侵的这种情况的。但是，当他们在英国的海岸上亲眼见到了对方在做的种种令人惊叹的武器准备后，他们开始警觉了。他们也的确应该警觉。最终，英国政府对法国的这次远征是如此重视，以至于他们开始以非常状态来准备防御对策：英格兰南部的堡垒和壕沟成倍增加；他们放水淹没了临近的一些区域；各位大臣以及贵族阶层中的主要人物都穿上军装来到了前线，和志愿兵站在一起；所有能扛得动武器的男人都被征召出来接受军事训练；一连串的警报和恐慌引发了社会的总体性焦虑，从海边一路到伦敦都是这样。许多家庭举家搬离了海边的居所，前往内陆避难。

英国政府在尽全力避免这一风暴的同时，也在尽其所能地避免其吹袭到英国本土。英国动用了所有奸诈的外交手段，并且在欧陆上四处挥洒金钱，希望可以借此诱导欧陆上的列强参与战争，并在大陆上牵制住她的敌人。

这些努力都还不足以让她彻底安心，英国又转而求助于阴谋的力量。在 1804 年的年初，在伦敦居住的那些法国王公们，在英国大臣们的支持下，开始对执政府领袖发起个人攻击。一份来自英王枢密院的命令嘱咐这些法国流亡者到莱茵河的右岸去，并声称如果他们不去的话，就会取消他们的年金。同时，这份命令还规定了每名军官和士兵能获得多少钱。昂冈公爵此前已经取得了巴登选侯的许可，可以在埃滕海姆安顿下来。埃滕海姆是莱茵河右岸的一座小城，离河大概二里。就在这些流亡者遵循枢密院的命令逐一在阿尔萨斯①的边界处集结时，一些坚定的保王党人在朱安党领袖的指挥下悄悄从迪耶普的海岸处上了岸。他们此前都是在旺代叛乱平息后逃亡到伦敦去的。上岸后，他们采取迂回路线前往巴黎，一路上都躲藏在孤立的农场和小木屋中，由支持他们的农民庇护。乔治·卡杜达尔、里维埃（阿图瓦伯爵的侍从官）、波利尼亚克兄弟、皮什格鲁以及其他 50 名密谋者都是这样到达的巴黎。之后他们一直避开警察的视线躲藏在巴黎。

法国警方在伦敦的密探报告说英国正在准备一些针对法国的宏大密谋。当时，从英国散布出来的风声传遍了欧洲，甚至传到了我们的殖民地：执政府气数已尽，它的领导者已经时日无多，曾经统治法国的旧家族即将再一次登上王位。在伦敦，人们开始重新印发曾经针对克伦威尔②的小册子《杀人和谋杀是两码事》，不过这次针对的是第一执政。一份由法国流亡者主管的报纸（《大杂烩》）在它的报头上开始刊登一幅拿破仑的肖像画：他的脖子上被划了一道黑线。宣告流亡者们不日将在旺代登陆的报告从四面八方飘来。第一执政从这一地区获得的消息促使他将一名侍从官萨瓦里上校派往旺代。后者的报告证实了第一执政的担忧：当地的确存在秘密的反抗运动。

第一执政这时想起在巴黎的监狱里还关押着许多被指控从伦敦前来取他性命的人。在海岸上以间谍罪和串联罪的名义抓获他们时，本来是足以依此把他们直接送上军事法庭的。但是因为他们被指控刺杀国家元首，因此都被关押在监狱中，等待指控落实。第一

① 法国东部边境地区，和德意志隔莱茵河相望。
② 在英国内战中击败并处死了英王查理一世，此后以护国公的身份统治当时作为共和国的英国，直到 1658 年逝世。

执政命令将这些人中的一部分推上军事法庭，期望可以从他们口中问出一些关于他们此行目的的信息。在这群人中，两人被审讯并判了刑。对死亡的恐惧并没有让他们开口，他们直到死前都在威胁政府称大灾难即将到来。

此后，梅埃·德·拉图什先生和德·罗塞上尉发回的报告（关于他们的任务，我在前文已经叙述过了）揭露了英国派驻慕尼黑、斯图加特和卡塞尔的大使们正在莱茵河的右岸酝酿阴谋。第一执政当时已经确定国家，以及他个人都面临着巨大的危险。但是那时还有很多细节隐藏在黑暗中，因此他命人再次取来了被逮捕的朱安党人的名单。在关于这些朱安党人的监狱记录中，我们知道有一个人在上次西部动乱的时候曾经担任过乔治的侍从或亲信，因此我们怀疑他会知道一些关于这个大密谋的事情。凯雷尔此后被审讯并判了刑，而在此期间我们都没能撬开他的嘴。但是，就在行刑的前一晚，对死亡的恐惧终于让他开口了。他说他已经在巴黎待了 6 个月了；他是和乔治以及其他 6 名密谋者一起来到巴黎的，他一一供出了他们的名字；他们在到达巴黎后不久，又有 15 个人加入；他们还在等待更多人的加入，巴黎是他们此前一致同意的会面地点。凯雷尔的供词让他被赦免，同时也将政府引向了一些重要发现，该组织的一名前特使：一个叫特罗榭的人，他是欧城的一名钟表匠。第一执政派出了他的侍从官萨瓦里，带着钟表匠的儿子前往迪耶普。钟表匠年纪大了，不能出这么远的门。预计会有新的一批流亡者在迪耶普上岸。萨瓦里上尉在小钟表匠的陪同下，一到迪耶普就直奔贝维尔而去，那里也正是流亡者们将要上岸的地方。但是，因为那几天天气一直不好，再加上巴黎的密谋者们向外传出的消息，那艘在贝维尔的悬崖前游弋了数日的横帆双帆船并没有上岸。据说，贝里公爵①就在那艘船上，本来是要登陆的。

就在同一时间，在国务参事雷亚尔的指挥下，警察们依据凯雷尔的供词进行了积极调查。他们据此找到许多藏匿在巴黎的人。此后不久，对乔治和他亲信的逮捕让我们知晓了皮什格鲁和莫罗将军在这一密谋中扮演的角色。乔治在之后的审问中多次表示，他一直在等待一名法国亲王的到来，之后才会开始他的行动。而随着调查进一步深入，我们发现了这一密谋的重要性，其内部丝丝缕缕牵扯的东西也都逐渐浮出水面。从其内部分支的广度，我们可以判断出国家以及第一执政个人是面临着多么大的危险和威胁。英国外交官员和密探在法国边境之外酝酿的这些阴谋诡计，甚至可以直接触动巴黎，都证明了英国对这些活动的积极支持。后者的政府就是反法同盟的灵魂。乔治的参加意味着他们是做好了谋杀的打算的；莫罗将军的名号则是用来号召军队哗变的；最后，波旁家的王公作为密谋的领导人，将发出行动开始的信号。

在发现的信息中，有一条引起了大家的高度关注：有一个乔治的小团体并不知道的人曾和乔治进行过会晤。除了乔治之外，他还见过波利尼亚克先生和里维埃先生，后者对他都表现出了极大的敬意。这自然就让我们认为这样一个重要的密谋肯定由一名地位极高的长官领导。此人一定就在法国，或者在离法国不远的地方。他肯定有极大的权力，可以在敌人垮台的同时让别人承认他。即使乔治之后不说，这一点我们也能猜出来。因此，我们的结论是，和乔治见过面的这个人肯定就是这位领导人物，而且他肯定是波旁王室的一名王公。接下来，我们就把所有波旁王室的王公都检视了一遍。下面的这些人，我们都知道他们的行踪：里尔伯爵（路易十八）、

---

① 阿图瓦伯爵的小儿子。

阿图瓦伯爵、昂古莱姆公爵和贝里公爵、孔代亲王、波旁公爵以及奥尔良亲王（最后这位一直远离这些密谋过着平静的生活）。那么这样一来就只剩下昂冈公爵了，拿破仑一直没有掌握他的行踪。因此，当时我们考虑过这位王公就是我们此前提到的那个神秘人物。尽管对那个神秘人的描述有很多都和这位公爵不符，尤其是那位神秘人"完全不为巴黎所知"这一条。但是，这并没有让我们停止对他的怀疑。昂冈公爵在莱茵河岸边的现身、他和聚集在那里的流亡者之间的书信往来、英国政府在这一阴谋中的参与（这一点是基于警察搜集的信息确定的）、这位王公缺席了他喜爱的打猎、他在莱茵河岸边的散步，以及他疑似经常前往斯特拉斯堡等信息都强化了此前一直就存在的这一推测：他就是那位因为名声和地位被推举上去的阴谋的领导者。之后，我们马上就认定昂冈公爵此前悄悄来到了巴黎，并待了一段时间，然后才返回的埃滕海姆，这一切都是在 8 天的时间里发生的。我们当时是如此确信这一推测，以至于我们搜查了圣日耳曼城区的主要住宅，以确认这位王公是不是藏身其中，或者他们正在为了接待他的到来而做什么秘密的准备。甚至有人认为他可能是藏身于奥地利大使的家中。而此后那份表明迪穆里埃就在埃滕海姆担任这位王公的顾问的报告几乎将推测变为确信。迪穆里埃正是内战的发起者，以及最积极资格最老的密谋者。

政府随即向下莱茵省①的省长谢先生发出了一系列的指示，后者发回的报告证实了人们此前的怀疑。自从警务部不再作为一个独立部门存在后，警察们就丧失了那个危急时刻所必需的凝聚力和能力。因此相比警察的报告，第一执政更相信自己的预感。有一天他在起床后找来了宪兵队首席长官蒙塞将军，并让后者秘密派一名情

---

① 斯特拉斯堡是下莱茵省的省会。

报官员到埃滕海姆，去盘查清楚那边到底在发生什么，并将昂冈公爵见过的所有人列一份名单出来。之后，在没有告知警务部的情况下，蒙塞将军将密探发回的报告交给了第一执政。在这份报告中提到的昂冈公爵的"朋友"名单中，我们发现了迪穆里埃和一名叫史密斯的英军上校。直到后来我们才知道，这位密探错把蒂默里将军当成了迪穆里埃，只不过德语中前者的发音听起来像是后者。而那位叫史密斯的英军上校其实只是昂冈公爵近侍中的一名德意志上尉，名叫施密特。这份报告在当时证实了第一执政的观点：昂冈公爵指导着一个以巴黎为大本营的阴谋。迪穆里埃的参与看起来就像是一个决定性的证据。在拿破仑看来，这位将军一定是整个阴谋的核心人物。拿破仑当时并不知道迪穆里埃和前朝的诸位王公之间各自保持着怎样的关系：他在埃滕海姆现身这件事情被认为已经足够了。拿破仑当时认定，只要逮捕这个人并获取他手中的文件，就可以获得关于密谋的组织以及手段的准确信息。

为了避免鲁莽行事，他还听取了他最贤明顾问的意见。他在阅读了蒙塞将军的报告后马上针对此事召集了一个类似枢密院的委员会。这一委员会中有其他两名执政、大法官、外交部长、国务参事雷亚尔，还有富歇，尽管后者当时已经不是部长了。富歇熟知通过四处活动来让自己变得重要的这门艺术。他时常回来找第一执政并向他报告各种各样的消息。这些消息都是富歇从自己保留在警务部内的探子那里得到的。他对这些探子的影响力和后者对他的信任常常让他可以比大法官更快地报告新的信息。

因为这次会议上的辩论没有留下官方记录，因此各方表达的观点就只能全靠推测了。但是，应该可以确定的是，其他两位执政都表示这件事情应该从长计议，而富歇则激动地表达了必须要杀鸡儆猴，一举终结所有密谋的观点。我们将从此后陆续出版的回忆录中找到关于此事的确切结论。

我会在后面提一下塔列朗先生在第一执政最终做出的决定上施加了怎样的影响力。对于应该怎样处理这样一个严重的事情，拿破仑犹豫了很长时间。他一开始打算将昂冈公爵和乔治一并起诉，并让他们同时受审。但是，他又很不愿意将一位王公和一个普通的杀人犯放在一起。接着，他想到可以通过让这位王公在最高法院前受审的方式来让大家关注对他的审判。但是，包括引发派系示威在内的其他种种考量最终促使他放弃了这个打算。现在看来，这其实应该是最好的安排。他最终决定抛弃缓慢而庄重的民事法庭，转而采用快速而私密的军事法庭来处理此事。军事法庭是一件让人望而生畏的武器，可以将恐惧直直捣入敌人的心中。当然，他一直保有特赦的权力。

就是在这样的情势下，我们迎来了共和历 12 年风月 19 日（1804 年 3 月 10 日）。那天我没有在杜伊勒里宫用晚餐。晚上 10 点，第一执政派人来召我进宫。我到达宫中之后，在他书房旁边的一个房间里见到了他。他的脚下散落着几张地图，他正在其中寻找莱茵河的地图。在帮他将这些地图在房间中央的一张桃花心木桌上摊开后，我记录下一封他口述给陆军部长贝尔蒂埃的信。信中要求后者在当晚将他的侍从官科兰古将军和奥登内将军分别派往斯特拉斯堡和塞莱斯塔，准备逮捕昂冈公爵。正当第一执政在口述这封信的时候，贝尔蒂埃来到了宫中，不久后科兰古将军也来了。第一执政就将关于这次行动剩下的内容直接口述给了贝尔蒂埃。同时他在地图上指出了奥登内将军应该走的路径。之后，他向我口述了一封给塔列朗部长的信，信中讲到了接下来我们要采取的外交手段。根据这一命令，外交部长将会将一封信交到科兰古将军的手上。这封信是给埃滕海姆男爵的，后者是巴登选侯国的大臣。科兰古将军必

须在获知昂冈公爵被捕的那一刻将这封信交给埃滕海姆男爵。信中是这样说的:

　　英国派出的土匪强盗接连进入法国的一系列诉讼结果都让第一执政坚信英国的官员和密探在针对他个人和法国国家安全的密谋中扮演了一定的角色。那时,外交部长就已知会选侯国政府,要求逮捕正在奥芬堡开会的法国流亡者们。此后,第一执政又得知昂冈公爵和迪穆里埃将军等人就在埃滕海姆,没有选侯殿下的许可,他们不可能待在那里。第一执政一想到自己视为亲友的这位王公竟然窝藏了他最大的敌人,甚至允许他们这么明目张胆地密谋反对自己,心中就充满了悲痛。在这样不寻常的形势下,第一执政认为自己的职责要求他派出两小队人马前往奥芬堡和埃滕海姆抓捕这些密谋者。他们煽动的那些犯罪在本质上就把所有参与其中的人都排除在人类的法则之外了。科兰古将军是奉第一执政的命令在行事。毋庸置疑,他在执行任务的过程中肯定保持着对选侯殿下最高的敬意。

　　第一执政在给陆军部长的信中则做出了如下的指示:科兰古将军将带着两百龙骑兵,经由斯特拉斯堡前往奥芬堡,并在那里逮捕流亡者以及英国政府的官员;奥登内将军则应前往塞莱斯塔,他将在那里召集300名龙骑兵,并一同在里诺跨过莱茵河。在那里,他们将秘密地包围埃滕海姆城堡,并首先逮捕昂冈公爵以及迪穆里埃还有他身边的所有人。科兰古将军要时刻和奥登内将军保持通信,一旦他听闻后者到达了埃滕海姆,就要马上把塔列朗的信交给巴登选侯的大臣,为侵犯他的领土道歉:我方是因为事态紧急才被迫采取这样的隐秘手段。

下面是这个难忘夜晚的场景还原，如果我可以这样说的话：第一执政、陆军部长贝尔蒂埃、科兰古将军和我都聚集在杜伊勒里宫的一个大房间中。那个房间以前是路易十六的卧室，之后也被皇帝用作同样的用途。这个房间中只有两盏三分叉的枝状大烛台，被灯罩罩着。因此蜡烛的光亮只能照亮方圆几步的范围。那位部长和我在那张桃花心木桌的一个桌角处就着一盏烛光写字。第一执政则就着另一盏烛光，俯身看着桌上的地图。他之后将科兰古将军叫上前去，手上拿着指南针向后者展示从斯特拉斯堡到里诺的道路，并向他指出莱茵河上渡口的位置，以及埃滕海姆小村的位置和通向那里的道路。

当我那天晚上刚刚遵从第一执政的命令抵达杜伊勒里宫时，我还不知道他在那天下午都见了谁。我之后得知他分别和其他两位执政、司法部长、外交部长以及富歇进行了谈话。两天之后，我遇到了刚刚结束早朝的富歇，后者对我说："拿破仑将军也太不慎重了，他总有一天会泄露天机①的……"他暗示的就是抓捕昂冈公爵的命令。第一执政在早朝时讲到了最近萦绕在他心头的事情：流亡者的诡计。他对于这些近在咫尺的阴谋诡计太过容忍了，然后他就提到了昂冈公爵和迪穆里埃的名字。但是，执政府邸中的所有人，包括波拿巴夫人，都还不知道抓捕的命令已经下达了。第一执政之后在巴黎又待了几天，然后就离开杜伊勒里宫前往马尔梅松了。尽管我坐的马车就紧跟在他的马车后面，他还是给我指派了一些护卫士兵，都是为了保护他的文件。

整个巴黎的群众对这一连串戏剧性事件中的每一件都抱有极大兴趣，今天我们很难去想象当年的盛况。逮捕乔治，几乎和逮捕昂

---

① 原文是法国俗语"把猫放出袋子"。

冈公爵同时进行。这一逮捕也证实了密谋确有其事，并不是传言。
这也极大地引发了群众对国家元首的惦念和同情心。当时人们都郑
重其事地祈祷，希望参与密谋的煽动者都会被抓获并受到严厉
惩罚。

在马尔梅松逗留的那段时间，第一执政总是忧心忡忡，并且几
乎什么事情都没有做。那段时间他只接见了马雷先生、塔列朗先
生、富歇先生、雷亚尔先生、大法官雷尼耶先生以及冈巴塞雷斯先
生。风月 25 日（3 月 16 日），消息传来，昂冈公爵已经于前一晚
在埃滕海姆城堡被逮捕。我们当即下令将他带到巴黎来。他在风月
29 日抵达巴黎。

第一执政对于这一密谋的所有细节都了如指掌。他知道英王的
枢密院此前发出了让孔代军队中的流亡者都要到莱茵河右岸去，否
则就剥夺他们地位附带年金的法令。这一法令发出的时间刚巧就是
昂冈公爵出现在那里的时间，也是乔治和他的刺客们来到巴黎的时
间。而那些在埃滕海姆、奥芬堡以及莱茵河右岸各处的流亡者那里
收缴来的信件中揭露的事实，加上那些由特别信使寄给拿破仑的信
件、他收集的信息以及他收到的各种报告都彻底打消了他最后的一
点迟疑。在收缴上来的文件中，有一份来自昂冈公爵的记录，其中
是他对一位名叫沃波莱尔将军的来信的回复。从中我们可以得知，
这位王公拒绝了这位将军给他提出的建议。虽然他当时面临重重险
境，但是他不打算逃跑。在那些文件中还有一封来自一位德·拉内
上校的信，信中提出了同样的建议。"如果跟我想的一样的话，"
这位军官还补充道，"这些格外保护我们政府的坚定看法是：让欧
洲重归平静的唯一方法就是达成一个正当的和约，而这一和约的基
石自然是重建君主制。各方势力也认同这一看法。"这些文件证明
了 3 件事情：的确有人在谋划针对法国政府的敌对计划、昂冈公爵

的确参加了这一计划、他和莱茵河右岸的那些流亡者也确有联系。富歇此前曾声称我们会在这位王公的家中找到一个装着所有关于这次密谋详细情况和内部分支信息的行李箱。但是人们在埃滕海姆并没有发现一个这样的行李箱。富歇的断言只是一个推测。当然，也有可能是昂冈公爵被他的那些忠心耿耿的军官说服了，认为的确有可能会有人来抓捕他。因此他把所有可能影响到他同党的文件都转移走了，而自己留下来面对危险。

在这位王公抵达巴黎的那一天，拿破仑给《箴言报》发去了这样一份通知。这份通知出现在了第二天的报纸上，其中总结了他对于此事了解到的信息：

共和历 12 年风月 28 日（1804 年 3 月 19 日），巴黎

英国此时不光在将皮什格鲁、乔治和一整批的杀人犯送往巴黎，她还在聚集所有的流亡者，并付给他们军饷。后者现在正在德意志。3 个月前，一份来自孔代亲王的通告将他们都召集了起来。整个汉堡的人都知道，有一个叫米利亚尔的人正在他们那里花钱雇用这些可怜虫并把他们派往莱茵河流域。这样的军团每天都在源源不断地抵达莱茵河的右岸。这些人都是英国召唤来为她的诡计服务的玩偶和受害者。

一位波旁王公带着一位参谋长和几位其他人员已经驻扎在那里等着指挥整个行动。盖梅内亲王将和其他几位军官在 3 月 25 日到达那里，完成对这些团伙的组织。

欧陆列强都急忙反对和谴责这种制造麻烦的行为。就像英国政府此前花费大力气组织的针对第一执政的犯罪一样，她的这一系列新的尝试也是不会成功的。

昂冈公爵在 3 月 20 日下午大概 3 点钟的时候到达了巴黎的维莱特城门①。他在那里被关押了一会，直到将他转移到文森城堡②的命令传来。他在傍晚 5 点钟的时候进入了文森城堡。

上述提到的这位昂冈公爵，当时被指控犯了如下罪状：武装反抗共和国、曾经或依旧收受英国的金钱、参与英国组织的危害共和国内政和外交安全的密谋。当天，政府就下令，他将在军事法庭受审。军事法庭将由巴黎军事长官指定的 7 名成员组成，法庭会在文森城堡开庭。根据这一命令，巴黎的军事长官指定了以下 7 人来组成军事法庭：在巴黎驻扎的步兵和骑兵部队中的 5 名上校、精英宪兵队的 1 名少校将担任报告人、巴黎要塞的指挥官于兰将军将担任法庭的主席。这些军官是分开到达文森城堡的。事先他们并不知道要审判的人是谁，到了地方才知道是昂冈公爵。他们对于密谋的具体细节都是不清楚的，但是针对第一执政的攻击计划，以及他一旦去世后可能会引发的混乱和无序都让他们感到愤怒。他们坚信，这些阴谋诡计的领导者就是前朝的一位王公。

担任报告员的队长多唐古是第一个去审问这位王公的。这位公爵哀叹着自己极端严峻的处境，表达了希望面见第一执政的意愿。对此，多唐古建议他可以在自己审讯报告的末尾处写几句话请求获得接见。这位王公写下了下面这几句话：

> 在这份审讯报告上签字之前，我郑重地请求和第一执政进行一次私下会面。我的家世、我的地位、我思考的方式以及我

---

① 位于巴黎东北面的城门。原址今天是巴黎的维莱特公园。
② 位于巴黎东边的军事堡垒。

现在悲惨的状况都让我希望他不会拒绝我的请求。

签名：L. A. H. 德·波旁

　　这份向一个宽宏大量的敌人请求慈悲的感人恳求，永远都不会被交到预想的收件人手中。

　　这份资料被呈现在了军事委员会面前。只有一位法官（巴鲁瓦将军）认为这份请求接见的申请应该被转交给第一执政。虽然没有拒绝这个向第一执政的求助，但是这些军官都认为，依据严苛的军事刑法，当时的形势足以给这位王公定罪了。他们做出这一认定的理由有以下几个：昂冈公爵在审讯中的回复、他被逮捕时的形势，还有就是这些审判人此前就认定这位王公是巴黎密谋的参与者甚至领导者。这些军官都是可敬的人，但是在杀伐决断之时，他们都是不会被自己的良心动摇的。而当时的第一执政已经确信昂冈公爵肯定会被判刑了。但是他同时也坚信，如果有什么事情发生的话，法院会在执行判决之前跟他说一声的。关于这一点的证据就是，在审判的同时，他命令自己的国务卿马雷（他当时在马尔梅松，此后专程赶回了巴黎）给国务参事雷亚尔写一封信，派后者到文森城堡去亲自审问昂冈公爵，然后将审讯的结果亲自回禀给自己。如果我没有记错的话，马雷先生是在晚上7点左右离开马尔梅松启程前往巴黎的。等到他把信交到雷亚尔手上，肯定已经超过10点了。而就像笼罩在这整件事情上的那种命中注定感一样，雷亚尔此前已经连续8天忙于工作了，连着几晚都没有睡觉，刚好在那天晚上，他因为疲劳倒下了。他命令自己的男仆不许在第二天早上5点前叫醒自己，不论谁给他发来信息都不要理会。而一封来自国务卿办公室的信件看起来并没有严重到要违抗雷亚尔先生命令的地步，因此他没有被叫醒。国务卿的那封信是第二天早上才和其他信件一起交到他手中的。他看到信后马上以最快的速度穿好衣服赶向文森城堡，但是他在路上遇到了萨瓦里上校，后者告诉他，昂冈公爵已经被处决了。当时骑着马的萨瓦里此后继续上路赶往马尔梅松，并在早上8点钟抵达了那里。他马上就被领进了第一执政的书房，我也在场。萨瓦里简短地讲述了判决的内容和判决的执行情况。一听到昂冈公爵曾经请求面见自己，第一执政马上打断萨瓦里并问他知不知道雷亚尔在哪里，以及他是不是没有去文森城堡。往常第一执政都会继续询问请求的细节之类的信息，但是这次他没有这么做。听到后者没有去文森城堡后，拿破仑一言不发地开始在书房中来回踱步，双手背在身后，直到随后雷亚尔先生前来觐见。在听完了他的解释并和他讲了几句话后，拿破仑陷入了沉思。之后过了一会，他戴上帽子，说了句："很好！"然后就走出了房间。他没有表达任何肯定或谴责的意思。他的这一表现让雷亚尔先生很惊讶，也有点担心。我们听见第一执政缓缓走上了楼梯，去了书房上的小卧室里。他把自己关在里面很久，我们很长时间都没有再见到他。

　　同一天，关于审判的官方报告被交到了他的手上。这份报告给他带去了新的悲痛。法律的精神完全没有得到尊重。他在报告中注意到了如此多不合规定的地方以及遗漏的信息，以至于他下令这份报告必须要重写。因此，虽然第一执政坚信昂冈公爵肯定会被定罪，但是具体定什么罪，他是交由军事法庭自行处理的。如果说是人们传闻的那样，第一执政亲自定下了罪名，那么军事法庭肯定会事先接到命令，要遵守法律要求的形式。但实际上，不论是法庭的主席或是法官，还是报告员自己，当庭的所有人显然都无视了这些形式。可以说，这一判决是如同凌厉的鼓点一般快速做出的。因此，我对于当庭主席认为自己无权将昂冈公爵在审讯记录的末尾写下的会面请求转交给第一执政这一点，也是感到相当遗憾的。如果于兰将军足够强大，顶住了那些他声称旁人对他做出的评价，并遵从自己良心的话，他不光会给自己带来极大的荣耀，还会帮助第一执政避免此后这一处决带来的对他敌意的成倍增长：因为一旦这份请求被交到拿破仑手上，他接下去会做什么是不难预料的。

这些就是我亲眼所见的全部事实。我在这里讲的都是我亲眼看见或者亲耳听见的事情。我还可以补充一句：在昂冈公爵受审，到他被判刑，再到行刑的这段时期，第一执政和军事法庭之间没有任何口头或书信沟通。不论是我此前针对此事的调查，或是其他有心之人的调查都没有找到任何证明这样的沟通曾发生过的证据。

如果我可以提一下我的私人情感的话，我可以毫不犹豫地说，第一执政因为这一邪恶的针对他个人的密谋而感到愤怒是很正当的。并且他也希望将敌人投掷给他的霹雳原样奉还，以战争来回答战争。难道人们指望他一点防卫工作都不做，就静悄悄地让自己被杀掉吗？在我看来，他一直都坚信莱茵河畔那些聚集在一起的流亡者是受到一位波旁王公领导的；而这位领导人就是昂冈公爵；昂冈公爵的使命就是在乔治和他的同党们实行密谋后进入法国；而且，因为第一执政派出的军官在迪耶普出现的缘故，贝里公爵无法在诺曼底登陆，更是让这个任务成为昂冈公爵的使命。他深知如果自己死亡，等待法国的就会是一个凶险的未来，以及一场血腥的革命。因此，在一种深刻且正当的憎恶的驱使下，拿破仑下令劫持昂冈公爵并对他进行审判。他深信对昂冈公爵的指控足以给后者定罪。但是拿破仑脑中还是在做着激烈的斗争，我们可以从下面这些事情中看到这一点。首先就是他下达命令给雷亚尔先生，派后者去文森城堡亲自审问昂冈公爵。还有，拿破仑独自前往马尔梅松这件事情本身与其说是为了让自己下定决心，不如说是他想要杜绝一切外在的干扰，并冷静地做出决策。他在这期间甚至连约瑟芬都不见，就把自己关在房间里，一关就是好几个小时。约瑟芬经常来敲门，他也不开门。

尽管他在马尔梅松收到的报告以及从流亡者们那里收缴来的信件都让他认定昂冈公爵肯定对密谋是知情的，但我觉得，如果人们及时把这位王公的求援信息交到他手上，他会开恩的。因为他已经极大地羞辱了敌人，他对此已经满足了。但是当这一不可挽回的大错已经铸成时，拿破仑大胆揽下了所有责任。他不能去责备那些遵从自己心中的正义感做出审判的勇敢而又忠诚的军官。他甚至都不愿意向大家解释为什么国务参事雷亚尔没能及时赶到文森城堡。没人会相信他的。而且人们肯定会指责他想要通过虚假的借口来逃避责任，他的自尊不允许他还要在这样的指控面前捍卫自己。因此，他下定决心要承担此事的全部责任。他将发生过的事情作为机密严格保护起来，并且不希望其他任何人受到拖累。他也让自己陷入了缄默：即便是最暴力、最执着的攻击也没有打破这一缄默。

当人们回顾这一段关键的时光，并思考当时国家面临着怎样的危险时，人们将不得不承认，拿破仑当时作为一国的元首，履行了一个痛苦的职责。比起去指控他犯下了什么罪行，我们更应该怜悯他：他当时必须要承担所有的憎恶，而富有预见性的他当时肯定就知道这在未来将意味着怎样悲惨的后果。而被判刑者的身份，还有法国的敌人们出于仇恨突然对昂冈公爵表达出铺天盖地的同情和怜悯，都将本该是严峻刑罚的一件事情转变成了一次严重的兽行。

而对于敌人们不遗余力地通过此事给他带来的难堪，拿破仑在民众热情的关爱中找到了慰藉。人民对于政府严厉挫败了一起迫在眉睫的危机非常满意。但是，这件事情在上层社会引发的震动也的确是巨大的。这一震动产生的唯一原因大概就是对昂冈公爵的逮捕、判决以及行刑从头到尾都如此隐秘和草率。第一执政的大臣、官员以及侍从们都是在阅读了《箴言报》后才知道发生了什么。那一天马尔梅松都被悲伤笼罩着。我到今天都还清晰地记得，当天晚上，约瑟芬夫人的客厅里是多么安静。第一执政背对着壁炉架站着，德·丰塔纳夫人则在一旁为他朗读了几本书。我记不清这些书的标题了。约瑟芬的神情满是忧郁，双眼也是湿润的，她坐在沙发的一个边角那里。而其他为数不多的几个人，则退到了房间外的走廊里，低声交谈着这件包裹了一切的事情。一些人陆续从巴黎抵达了马尔梅松，但是看到房间里这哀伤的气氛，他们都站在门外没有进去。而第一执政并没有注意到这些人，不知是因为他太过焦虑、过于沉浸在思绪中，还是在认真听德·丰塔纳夫人念的故事。财政部长就那样在同一个地方站了超过 25 分钟，也没人去跟他搭话。因为他已经到这里了，所以也不打算就这样回去，他走上前去问第一执政有没有什么命令给他，后者只是摆了摆手作为回复。

我觉得应该在这里复制一下拿破仑在弗勒里·德·夏布隆的《1815 年的拿破仑》① 这本书的书页空白处用铅笔做的注释。书中有很长一段关于昂冈公爵被逮捕及审讯的内容。我亲自抄写了拿破仑的这些注释，没有做任何改动。我觉得这样做既有趣又能帮助我们更好地理解这件事情。下面就是这段原文及注释：

> 拿破仑是不太关心昂冈公爵的事情的。后者已经受到了一个军事法庭的公正审判和惩罚。早在 1797 年的时候，莫罗将

---

① 这本书的全名是《百日政权：关于拿破仑在 1815 年的私人生活、返回法国以及统治法国这段历史的回忆录》。

军就在果月政变时给督政府的报告中，抱怨过这位王公在奥芬堡和皮什格鲁以及后者的密探们在军队中策划的密谋。之后，这位王公又参与了乔治和皮什格鲁的密谋。他也因此被逮捕，并被一个主管此事的审判庭判处了死刑。这整件事情中只有一点是不合规矩的：他是在距离法国边境 3 里的巴登周边被逮捕的。但拿破仑是巴登家族的保护者。正当奥登内带领 300 名龙骑兵从新布里萨克越过莱茵河前往埃滕海姆抓捕这位王公和他的密探时，他已经派他的侍从官科兰古中校去要求引渡这位公爵了。

就书中关于昂冈公爵的死对法国而言是解决了一个心头大患云云，皇帝是这样回答的："昂冈公爵赢得的死亡极大地伤害了拿破仑的舆论风评，在政治上对他来说一点用都没有。"

而就书中所说的约瑟芬、奥坦丝王后、冈巴塞雷斯和贝尔蒂埃都恳求拿破仑救昂冈公爵一命这件事情，皇帝还补充了下面这段话："这是错的。在其他任何人知道他被逮捕之前，昂冈公爵就已经被押解到了文森城堡，并且被审判和处决了。再者说，当时大家都对阿图瓦公爵的所作所为而愤慨不已。后者当时正在巴黎策划谋杀。因此杜伊勒里宫中的人普遍对这一消息表示满意，在各位大臣的亲友以及其他关心国家的人群中也是一样。"

这本书中同时还说，是缪拉迫切地想要处决昂冈公爵，他认为杀死一名波旁家的人是为拿破仑和他的家庭，为法国做了一件大好事。他之所以这么做也是因为受到了以富歇为首的几个弑君者的怂恿。拿破仑手迹的一个注释中否认了这一主张："这是错的。拿破仑知道一旦军事法庭认定昂冈公爵有罪，就会在 24 小时内处决他。"

　　我还要补充一点：曾经有走私客向拿破仑提出可以把躲藏在英国的那些前朝王公交到他手上。而对此，拿破仑的回复是：如果这些王公的脑袋上有一根头发掉下来，他就会绞死这些走私客。这样一个人可不会觉得死掉一个波旁家的人对他会是什么好事情。

　　对于书中就此事对塔列朗的批评，拿破仑是这么回复的："塔列朗亲王在这件事情的处理中表现出了一名忠诚部长的素质，而皇帝也从没有就这件事情批评过他。如果昂冈公爵的事情再次发生的话，皇帝还是会做一样的事情。法国的利益、皇冠的尊严和正当复仇的法律都迫使他不得不那么做。"

　　这本被皇帝做了如上文注释的书中还说，在很长的一段时间内，人们一直将逮捕昂冈公爵归咎于科兰古将军。时至今日，很多不了解当年细节的人还是这么觉得。对此，皇帝在空白处是这么写的："这真是荒诞可笑。拿破仑的侍从官科兰古服从了德·塔列朗的命令前往巴登，他也必须服从这个命令。他的命令还包括要在奥登内抓捕王公的同时，要求引渡他，同时为侵犯巴登领土这件事情道歉。奥登内也必须要服从命令，带领 300 名龙骑兵越过莱茵河去抓捕那位王公。军事法庭也必须在认定他有罪的情况下判他死刑。不论昂冈公爵是有罪还是无罪，科兰古和奥登内都要服从命令。如果有罪，那么军事法庭就必须要判他死罪，如果无罪，那么军事法庭就必须要将他无罪释放。因为没有命令可以影响法官的正义感。如果科兰古被任命为一个审判昂冈公爵的法官，他肯定是会谢绝的。但是当他接受的是一个外交任务时，他就必须要服从命令。道理就是这么简单，我觉得我不需要再说第二次了。的确，波旁家的党羽们至今都还在因为科兰古在此事中微不足道的参与而污蔑他，说什么他就是因为干了这件事情才深受皇帝喜爱的。应该为昂冈公爵的死负责的是阿图瓦伯爵。是他在伦敦指挥并要求皮什格鲁和乔治谋杀拿破仑，也是他命令贝里公爵和昂冈公爵要在拿破仑死后分别由贝维尔和斯特拉斯堡进入法国。"

我前面已经讲过塔列朗在昂冈公爵的悲惨命运中扮演的角色了。他在共和历 12 年风月 17 日，也就是 1804 年 3 月 8 日写给第一执政的一封信可以佐证我的说法。我必须要在这里提一下，这位前部长在 1814 年将所有关于昂冈公爵或是西班牙那一系列事件的私人信件全部从帝国档案库中移除并烧毁了。但我下面要讲到的这封信逃脱了这一命运。当这封信和其他所有从帝国档案库中取出的文件一起放在写字台的柜子里时，这封信滑到柜子的后面去了，并就此被遗忘了。很久之后才被重新发现。我将这封信读过一遍又一遍。这封信完全是由德·塔列朗先生手写的，写在一张双面大页纸上，并且有他的签名。这封信肯定有朝一日会被出版的。莫莱先生和梯也尔先生都读过这封信。持有这封信的人不允许带走任何复制件。我当时一看到这封信就认出它来了，因为我之前在它被寄给第一执政的时候见过。这封信的内容就是其作者（塔列朗）对自己和将军（也就是当时第一执政的头衔）一次谈话内容的思考。在这次谈话中，他们聊到了法国人民是多么热爱他的统治，他们将全部的希望都放在了他的身上，如果有什么事情可以动摇他们的这份信任，那肯定是下面几件事中的一件：拿破仑决定扮演蒙克①的角色；刚被发现计划密谋的成员是果月党人，而且是波旁家族的一员在领导他们；或者是国家安全要求我们抓捕所有的密谋者之类的。在最后一段中，德·塔列朗先生补充说第一执政的侍从官科兰古是一个审慎而忠诚的人。无论你交给他什么任务，他都会很好地完

---

① 全名乔治·蒙克，是克伦威尔去世后的苏格兰驻军司令，在请回查理二世完成王政复辟的过程中扮演了重要的角色。在这里是表示拿破仑会帮助波旁王室完成复辟。

成，并且完全符合第一执政的意思。

这份包含指责语气的信函似乎是为了清楚反驳塔列朗亲王的主张才被保存到今天的。在帝国倒台后，塔列朗亲王不停重复，说自己是坚决反对给昂冈公爵定罪的。但事实是，他尽自己所能给昂冈公爵定罪。

这一糟糕事件给拿破仑的命运造成了致命影响。这件事情在他敌人们的手上成了一件他们用来对抗他的如此成功的武器，纵使他们其实从没有在任何场合表示过对波旁家的任何关心。这一武器是如此有效，以至于所有参与过这件事情的人之后都拼尽全力地要把所有责任甩开。这其中就包括了维琴察公爵①。人们对于他参与这一灾难性事件的斥责让他的人生充满了憎恨。他又怎么会知道昂冈公爵被逮捕后会这么迅速就被处决呢？他不知道跟我讲过多少次，因为这件事情他在自己家庭中经受的那些不快。还有就是他在到达圣彼得堡之后，因为同样的原因要克服的重重困难！他接管法国驻俄罗斯大使馆之后做的第一件事情，就是要说服亚历山大沙皇、后者的大臣，以及俄国的贵族，他和这一悲剧毫无关联。下面两封信讲到的就是这件事情。这两封信都是在拿破仑皇帝不知道的情况下写的，后来在 1814 年的《讨论日报》上发表了。

法国大使德·科兰古先生致全俄罗斯皇帝陛下的一封信的副本

1808 年 4 月 2 日，圣彼得堡

陛下：

您从莱茵河收到的信息已经证明我无罪了。我在过去三年中都忍受着恶毒的诽谤。那些都是陛下您此前不可能知道的细

_____

① 也就是科兰古，他在 1808 年被拿破仑封为维琴察公爵。

节。我要感谢陛下您对我的信任，允许我将这些信息呈现到您面前。它们会让您相信，我与逮捕昂冈公爵这件事情毫无关系。

第一执政在将给我的命令发到斯特拉斯堡时，还发了一封命令给奥登内将军，大众将我们的任务搞混了。奥登内将军接到的命令是前往埃滕海姆并在那里劫持昂冈公爵。我呈现在陛下您眼前的命令和其他文件可以向您证明我们两人的任务是多么不同。因此，我和这一不幸的事件之间毫无关系，也不可能有什么关系。

我属于陛下您

签名：科兰古

亚历山大皇帝陛下对法国大使科兰古将军的答复

通过我在德意志的大使们，我知道将军您和您提到的那个可怕事件之间没有关系。您发给我的文件只会增强我的这一信念。我很乐意告诉您，并且向您保证，我发自内心地尊重您。

亚历山大

1808 年 4 月 4 日，圣彼得堡

报纸在这两封信件的前面还配上了一篇文章，是由别人发到报社去的。文章说，抓捕昂冈公爵的人是奥登内将军，将前者转移到斯特拉斯堡城堡中的也是他。文章还提到，这位将军比德·科兰古先生提早一天出发，并且他在出发前就收到自己的命令了。而交给他的这一任务也不是那种会交给多个人共同完成的任务。同时文章还表示，就算假设奥登内被安排在了某个人的手下，那个人也不会是一个年龄和服役年限都比他低的人。文章还说，奥登内将军对于之后发生的事情是如此的悲痛，以至于他在贡比涅因伤心过度去世了。而科兰古也几乎不可能预见到这次行动的结果。将这位王公从斯特拉斯堡押解到文森的命令是通过急报站①发出的。而当德·科兰古先生回到巴黎的时候，人们已经为昂冈公爵的死亡痛哭了好几天了。文章还表示，就像迪洛克一样，在执政府转为帝国的时候，科兰古已经完成了他的职务所要求的职责。最后文章表示科兰古的任务有两个，如下面的这两封来自陆军部长的信的副本所示：

共和历 12 年风月 21 日（1804 年 3 月 12 日），巴黎

陆军部长致科兰古公民

第一执政要求他的侍从官，科兰古公民，沿着驿站前往斯特拉斯堡。他将在那里督促海军正在那里修建的小船的建造和下水。他将听取当地省长以及梅埃公民的建议，找出最佳的抓捕散布在奥芬堡和弗莱堡的英国政府密探的方法，尤其要注意莱赫男爵夫人，除非她已经被逮捕了。

罗塞上尉正在英国外交官身边执行任务，并已经取得了他们的信任。罗塞会告诉他所有关于那个危害国家安全以及第一执政性命的密谋的所有信息。

科兰古公民将告诉莱茵河右岸那些城市的地方官员，他们

----

① 此处的急报站指的是 1794 年投入使用的由克劳德·沙普发明的传递信息的体系，又称目视急报站。是通过一座座信号塔，以目视来完成远距离通信的，并不是后来使用电流的电报。

庇护那些想要损害法国和平安宁的人就是把自己暴露在巨大的危险之中。如有必要，他将和第五陆军师的指挥官将军一起安排一支足以执行这些命令的队伍。

他将会为第一执政做一份关于罗塞上尉任务的特殊报告。

（这段摘抄中省略了两个关于罗塞上尉的段落。）

陆军部长

亚历克斯·贝尔蒂埃

这篇文章的作者还补充说，所有当时第一执政身边的人、埃滕海姆的居民，还有这位将军给安排了任务细节的人都知道那些针对科兰古的指控都是错误的。他和昂冈公爵的逮捕之间唯一的联系只有他和所有法国人共享的那份悲伤，以及他因此背负的残忍的悲哀，在过去的10年中，他都必须要以毫无瑕疵的人生来对抗这一指控。只有一次，他被迫要对一位伟大的君主解释这件事情，更多是为了报答君主对他的信任，而不是要驱散前者脑中本就不存在的疑虑。上文提到的两封信就可以证明这一点。

我们并不打算就这篇文章做任何评论。我们只需要补充一点就足够了：科兰古先生的敏感性使他在亚历山大的宫廷中处于一个很不利的位置。虽然原则上说，时刻保持敏感不应受到苛责，但这也使得他在俄国无法以必要的能力和独立性来为拿破仑服务。他的目标是要赢回圣彼得堡对他不利的舆论，并且要去除这一不利舆论可能在他成功完成任务的道路上造成的所有困难。但同时，他也对沙皇有了一种不言自明的义务，这一点在未来造成了不好的结果。他让后者获得了优势，而这位沙皇深知怎么从中获利。沙皇富有魅力而又迷人的风度在我们这位大使的头脑中施加了巨大的影响力，让后者完全放下了警惕。同时还让他无法正确认识到法国外交部的政策，也无法协助该政策在俄国的实施。这是他这个驻俄大使软弱而又偏心的行径给拿破仑留下的印象，纵使拿破仑完全肯定他的忠诚和纯洁的意图。也正是因为这一印象，皇帝此后满足了科兰古返回法国的愿望。维琴察公爵在1811年5月被召回法国，接替他位置的是洛里斯东将军。

真相就是，科兰古将军当时并不知道等待着昂冈公爵的是怎样的命运。后者被处决的时候，这位侍从官要么还在斯特拉斯堡，要么正在忙于驱散聚集在奥芬堡的流亡者。逮捕这位王公不是他的任务，但是要说他对此什么都不知道也是不可能的。毕竟当第一执政将这一系列有关抓捕的命令口述给贝尔蒂埃将军和我的时候，他是在场的。同时他还和第一执政一起在地图上确定了莱茵河左岸的里诺和右岸的埃滕海姆的位置。他还接到了要和奥登内协同的命令，同时要将一封来自塔列朗的信带到斯特拉斯堡去，并要在获知奥登内将军任务结果的那一刻将这封信交到巴登选侯的大臣手中。最后，不要忘记他还获得了12000法郎的款项用来支付这一路上的各种开支。

在圣赫勒拿岛上时，皇帝出于他一贯的公平和仁慈，在自己写下的评价中给了维琴察公爵最好的证词。这些证词我都在自己的初版《回忆录》里原样引用了。

我之所以要讲述上面这些事情，只是为了还原事实，并且驱散围绕在维琴察公爵身上与参与此事有关的争议，还原真相。我一直很尊敬也很敬佩这位大使的人格，但和我的个人情感无关，这是公正的评价。

对昂冈公爵的逮捕和审判在欧陆上激起了巨大轰动。针对此事，俄国和瑞典的宫廷都爆发出了对我们的敌意：前者屈服于英国的压力，后者的君主更是被对第一执政的仇恨冲昏了头脑，断绝了和法国政府的一切关系。俄国宫廷开始为昂冈公爵服丧，尽管后者和他们没有任何关系。圣彼得堡和斯德哥尔摩的内阁向雷根斯堡议会①发去了抗议信。俄国驻巴黎的大使接到命令要正式就法国侵犯巴登领土一事发出抗议。塔列朗部长对俄国的这一自负行为给予了傲慢的回复，俄国这是在干涉法国和盟友之间的关系。俄国和瑞典发到雷根斯堡议会的照会没有获得任何回复。巴登选侯拒绝了这两个强权的干涉请求。奥地利、普鲁士以及其他欧陆强权也没有参与这场俄国和瑞典尝试挑起的论战。在言辞激烈地回复了俄国发来的公文后，第一执政又陷入了缄默。在这件事情的整个过程中，他都让自己保持了缄默。

不管事实是什么，这一不幸的事件都为拿破仑的敌人们提供了攻击他的借口。他们从来没有放过任何一个可以呵斥他的机会。他们似乎认为，之前所有那些针对他性命的密谋：杀人机器密谋、乔治的密谋，还有其他独立的谋杀尝试都是完全合法正当的行为，因此他也完全无权自卫。同时，同样的这些敌人却原谅了亚历山大皇帝在造成了他父亲的罢黜和死亡的阴谋中扮演的角色。

正是在这样的情况下，夏多布里昂先生开始了对拿破仑的第一轮攻击。在《教务专约》公布后，这位作家被任命为法国驻罗马使团的秘书。他自封为"基督教界的天才"，但是他在基督教世界的首都却得到了冷遇，这伤害了他作为作家的自尊。而且，大使（费沙红衣主教）和夏多布里昂先生这位秘书的关系也很不融洽。后者完全不能接受自己要寄人篱下，声称自己拥有指导使馆内事务的权利。他也不放过任何一个可以取代大使的机会。红衣主教自然

---

① 指神圣罗马帝国的帝国议会。

不会容忍这样侵犯他权威的行为。第一执政觉得自己不能再保持沉默了。为了结束这一争吵，他听从了他的妹妹巴乔基夫人的强烈恳求，将夏多布里昂召回并任命为驻瓦莱共和国①代办。在这位受命者看来，这个职位显然有些寒酸。他的野心是要当全权大使，并且他认为自己值得被破格提拔。但是小小的瓦莱共和国在外交中扮演的角色不足以让我们委派一名全权大使到那里去。代办这个职位是没有自己的秘书的，同时工资也只有 12000 法郎。这份去瓦莱的委任书唯一让他满意的地方，就是不再有一个上级管着他了。来自他友人的开导让他觉得自己不久就可以被提拔到一个更重要的位置上去。因此，他在接下去的一段时间里，都没有赴任。而当文森城堡的灾难发生时，他早就已经接到对他的指示了。但是他认为，这件事情给他提供了一个拒绝这个配不上自己的职位的理由。不过，和疯传的舆论不同，他寄给外交部长塔列朗的辞职信既不是简短到无礼，也没有充斥着怒火。夏多布里昂先生只是简单地在信中指出，他的妻子身体不好，而医生对他说，如果他们搬到瓦莱那样气候恶劣的地方去的话，可能会对她有致命的影响。他接着说，因此，他被迫要辞掉政府托付给他的这个职务，他恳求部长说服第一执政接受他的辞呈。在结尾处还表达了他的敬意。就算这些并不是信件里的原话，但是它们肯定大致表达了信件的主旨和内容。你还可以在外交部的档案库里找到这封信。如果说这封信的动机，即作者在信中指出的原因，也就是威胁夏多布里昂夫人的致命疾病，不是真的，那这封信不就是在撒谎吗？而如果，是正直的怒火促使这位生病女士的丈夫写下了这封信，那么在我们看来，他应该遵循正人君子的行事之风直接说出来。我不知道其他人会怎么看待《基督教

---

① 法国在今瑞士的瓦莱州建立的共和国，又名罗讷共和国，首都位于锡永。

的特性》的作者在这件事情中的表现，我自己觉得，他在这件事中既没有分寸，也没有展示出真正的勇气。我觉得这样说是不过分的。

　　拿破仑不觉得这是什么重要的事情，而夏多布里昂先生做出此事的动机也很容易被拿破仑误解。他对此反应冷淡，并且也不再关心夏多布里昂先生了。而之后，出于广纳英才的考虑，他希望再赋予夏多布里昂先生一个与其才能相称的职位。但是，后者当时坚持着一种虚弱的抵触情绪，最终让拿破仑决定忽略他。这位出色的作家是被自己的傲慢和极端的想法给带进这一抵触情绪中的，至少我们可以认为他的这些情绪都是真实的。但是，有一点是值得注意的：出于某种怪癖或是过度自负，夏多布里昂子爵认为自己远胜拿破仑。他总是将自己和拿破仑放在一起比较，并把他们各自的性格设定成好人和坏人的原则，就像是光明神（夏多布里昂）和黑暗神（拿破仑）一样注定要永久地斗争下去。

　　希望大家容忍我在这里打断线性叙事，来把夏多布里昂的故事讲完。这位作者结束圣地旅行归来后，成为《法兰西信使》的写手之一，他当时也很需要这份收入。那份促使他反抗拿破仑巨大优势的自负之刺，现在开始促使他在给《法兰西信使》的供稿中展示他对国家元首的敌意。虽然他也承认自己能力不行，但他还是在继续写这些稿子。最终，这些稿子导致这份杂志被禁了。这之后，夏多布里昂先生又找到了另一个反抗皇帝的机会。他出于冒犯皇帝的心理，悼念了自己的一位表兄弟。他的这位表兄弟是在为一位波旁王公执行秘密任务时被捕并被处死的。而在 1811 年，夏多布里昂先生出版了他从巴黎前往耶路撒冷的游记。在这本游记中，他对皇帝大加赞赏，重新赢得了皇帝对他的喜爱。皇帝一直是尊敬后者的才华的。在此前的一年，拿破仑已经向他展示了自己容忍的证明：本来《基督教的特性》不在十年赏①的获奖报告中，但是拿破仑又把它放了上去。他更是将这位作者推荐到了法兰西学会。但是，因为后者倔强地拒绝对当选发言做任何的修改，他最终没有当选。在这篇发言稿中，夏多布里昂先生乐于回溯他对大革命充满憎恶的回忆。并且，在这个专注文学讨论的平台上，他却打算讲一讲国民公会的代表们和弑君者们②。法兰西学会的委员会在审查了这份发言稿后，决定不予通过。

　　夏多布里昂先生的自负、不安生以及跳跃的想象力都让他无法忍受他当时堕入的那种被遗忘的状态。但是，他的傲气将他限制在了那种状态中。不过，他还是决定派他的一个朋友去探探警务部长的口风。当时皇帝刚刚命令警务部长设立一个类似文学委员会的组织，其中包括了诸如埃斯梅纳尔、埃蒂安、热、蒂索以及《十字军远征历史》的作者米肖在内的许多人。警务部长为他安排了一次和罗维戈公爵③的会面。这次会面让双方都很满意。如果夏多布里昂先生是一个沉着稳重的人的话，那么这次重建的和平应该是可以很持久的。他当时在找到部长先生的时候就明确表示了，他希望这次和解不仅仅是一次暂时的休战。1848 年 8 月 1 日的《宪法报》上刊登了一篇文章，是由一个聪慧的女人写的。她在这次的和解中扮演了中间人的角色。这篇文章也揭露了许多此前只有少数几个人知道的细节。当时，夏多布里昂先生希望皇帝可以帮他一个小忙，这样可以让这一和解在舆论看来更为正当。他向皇帝提交了一份建立公共图书馆部的建议书，同时提出，他可以被任命为该部门的领

---

① 1810 年举行的十年赏。十年赏是拿破仑创立的奖励科学、文学、艺术等工作的制度，计划每十年颁发一次。作者在本章的结尾处会有更为详细的介绍。
② 国民公会在 1792 年年末进行了对路易十六的审判，并最终投票决定处死国王。
③ 也就是此前多次出现的拿破仑的侍从官萨瓦里，他在 1807 年获封罗维戈公爵。

导者。拿破仑并没有拒绝这一提议。但是，当时正值与俄国开战的前夕。这份报告中提到的事情在人力物力上都会造成很多困难，同时马上做这件事看起来也不太恰当，因此当时大家都没有把它放在心上。而与俄国开战后的一系列事情更是让人们彻底忘记了这一提案和它的作者。而之后，夏多布里昂先生看见自己最大的敌人被命运女神抛弃了，满脑子就只剩下一个想法：摧毁他。他那出于反对、反抗和敌意的本能反应充斥在他针对那个伟大又不幸的男人的愤怒攻击中。他对自己才华的信心、对夏多布里昂血脉优越性的坚持以及对旧王朝复辟必将为他带来的种种好处的笃信都让他失去了对自己的控制，丧失了一切的克制。

拿破仑从第一执政到帝国皇帝

此前一系列妄图通过杀死第一执政从而在法国国内引发一场革命的尝试让人们开始思考，即便是终身任职国家领袖大概也有不够的地方。此后数月中，人们都发现了创建一个世袭头衔的重要性。而终身执政明显只是这一头衔的一个预备步骤而已。第一执政的内务府人员以及家庭成员们都非常关心这一重要的事情。在各位女士和先生聚集的会客厅中，这个问题逐渐从边缘问题变成了所有人都在讨论的事情。而大家普遍都认为应该创建一个世袭头衔。约瑟芬也是这么希望的，虽然她也时常对亲信表示，她的丈夫被提升到一个世袭的尊贵位置上，让她对自己的未来产生了许多担忧。两个月前，元老院已经在一份提交给第一执政的演说中做了一些暗示。国家的其他机关也纷纷追随了这个例子，做出了暗示。境外那些流亡者和王公的阴谋诡计驱散了国内大部分人对于创立世袭头衔一事的疑虑。

　　护民院主动提出了这一问题，同时也咨询了元老院的意见。五分之四的国务参事投票赞成设立世袭制。他们讨论这一提议的时候，第一执政不在现场。听闻现场辩论非常激烈，他希望可以收到每位国务参事提交的署名意见书。他也没有因为一些国务参事反对这一提议就讨厌他们。事实上，他很尊重那些没有盲目服从于他的意见的人。他们自由地，也是出于善意地表达了自己的想法，这没什么好忏悔的。对于那些面对他放弃了自己主张的人，他反而没有那么信任了。尽管法律并不要求元老院进行投票，但是第一执政看重这一机构的意见。这个机构不仅充满了智慧，而且，虽然被掌握在他手中，但还是以其独立性而闻名。

　　护民院表达了这一愿望后，当时在巴黎的立法院议员也联署了这一提议。当时正值立法院休会期。之后，这一提议被提交给了元老院。5月18日，元老院颁布敕令，正式赋予拿破仑·波拿巴世袭皇帝的尊位。全民公投的结果也进一步确认了国家各个主要机关做出的决定。在所有3524254名登记选民中，有3521475人投票支持拿破仑登上帝位。反对者只有2579人。

　　在议程结束后（元老院在议程中宣布第一执政成为皇帝），元老院全体成员前往了圣克劳，并将他们刚刚通过的元老院敕令交到了拿破仑手上。然后元老院去向约瑟芬表达了祝贺。当天整个宫中的人都是一副震惊的样子，和处在整个事件中心的那个男人平和的神态形成了巨大的反差。圣克劳宫殿的台阶上以及周边地区人山人海。在典礼结束后，我刚好在其中一个会客室里，和几位军官以及侍从官聊起了这个话题。这也是当天人们口中谈论的唯一一个话题。此时，一个身着制服的男仆找到了我。他衣服的所有衣缝处都装饰着金色的流苏，腿上穿着白色的丝绸袜。他大声地对我说了下面这句话："先生，皇帝想要见您！"这句话让在场的每个人都打了个激灵。人们面面相觑，一开始是带着惊讶，不久后就绽放出微笑：就好像是在告诉对方他们不是在做梦，他们都清醒着呢。

有些人会毫不犹豫地告诉你在第一执政和他的同僚们以及他们的亲信之间发生的那些所谓的"机密谈话"，以及第一执政是怎样派这些人去和国家主要机关中有影响力的人沟通的，是怎么讨论出那些真真假假的促成或让这一巨大变革正当化的理由，是如何分配官职的云云。在拿破仑为什么可以成为皇帝这件事情上，人们八仙过海，各显神通，做出了许多错误的推测。人们还没有忘记恺撒、奥古斯都和克伦威尔的例子。根据他们的理论，拿破仑不过是复制了这些著名古代和近代的野心家的例子而已，毫无独创性。人们总是喜欢将简单的事情想得特别复杂，并在其中加入很多狡诈诡计。他们曾试图散布一个这样的消息：拿破仑狡诈地策划了一个事件，这个事件不光符合他的心意，还可以改变舆论的风向。人们还说，他是通过各种暗箱操作促成了从执政府到帝国的这一转变；说他将自己包裹在了掩饰和缄默中；说人们最开始向他提出这个想法的时候，他的那份惊讶是装出来的；说当元老院把敕令交给他的时候，虽然他表面上显得冷漠，但是心里早就乐开了花；或者说他一直拒绝就此事发表看法；说他虽然最后还假惺惺地说他自己其实什么都不想要，但其实他先是强迫军队支持他称帝，而后又用军队来威胁元老院。因为丹麦君主弗雷德里克三世①拥有的特质，当1660年丹麦各个阶层决定赋予他绝对权力的时候，没有历史学家会觉得是什么见不得人的手段促成了这一决定。拿破仑同样不需要要什么花

---

① 1648年~1670年任丹麦国王。1660年时，弗雷德里克三世依托自己超高的民望，在丹麦确立了君主专制，打击了国内的贵族阶级。

招或者去欺骗谁。他在意大利和埃及获得的一系列胜利以及管理措施都使他获得了巨大的荣耀和影响力。"成功"是一个拥有魔力的词，它可以对人们造成巨大影响。他的成功帮他赢得了几乎全体法国人的一致支持。同时，"成功"也让他开始坚信自己拥有将法国推举成欧陆一流强国的力量。而近来的一系列针对他权力的努力都证实了他的观点：只有一个稳定的政府才能抵御反革命势力。他也研究过国民的倾向。当他被任命为终身执政的时候，这一公投受到了大众的普遍肯定。他接下来想要做的就是钦点一名继承人，这也是第二步的计划。如果这个继承人是一个拿破仑培养的人，那么这个继承人就很难拥有足够的力量和崇敬来一帆风顺地继续拿破仑的道路。而如果这个继承人是一位身经百战的将军，比如像莫罗那样的人，这位继承者继位之后做的第一件事情大概就是摧毁前任的成果。而当国家元首终身任职和选择继承人这两个问题逐渐发酵时，自然会唤醒建立世袭头衔这一个想法。而在这样的情况下，国家的各个主要机构自然会自发地寻找这一问题的答案，不需要有谁来强迫它们这么做。恐怖统治可怕的毫无限制以及督政府的软弱无能都给法国留下了深刻的印象。因为人们都还牢记着拿破仑此前遭受的那些危险，人们逐渐开始担忧他未来还会面临什么威胁，同时也对他离去后法国会何去何从而感到焦虑。人们害怕会看到暴力的反动势力回归。人民已经厌倦了变化，并且坚决不愿意再经历大风大浪。因此，最终大家都希望可以受到一个持久政府的保护。

拿破仑曾经在雾月政变后的第二天对世袭头衔发表过的看法，在这时候被人用来攻击他现在的所作所为。但是，自那以来，无论是事态的发展，还是民众与日俱增的对世袭君主制的渴望无疑都改变了他在这一问题上的想法和论调。拿破仑当时反对建立世袭制度的理由是因为我们必须要让欧洲意识到，一个共和国是可以存在的，接下来几年的时间就可以证明这一点。同时，他当时还表示，共和政权在法国要想稳定下来，就必须要有各个国家权力机关步调一致地支持。而此后的经验都证明了法国缺乏这样的协调一致。拿破仑在议会中遭遇的对他改革法案的阻挠都让他有理由担心，这样的反抗，假以时日会变得更加系统化。护民院对他的反对并没有受到民众的支持，人民都是同情他们的领袖的，并且为他的治理措施鼓掌。国民们希望可以保留这个政府，因此他们将最高的权力交到了政府的第一执政手中。这样一来，第一执政官可以不用再受危险的不确定性，同时国家的政府系统也可以免受刺客的威胁。正是基于这样的情感，军队、政府主要公职人员以及元老院都向拿破仑发表了讲话，希望他可以完成自己的工作。舆论这一近乎一致的情感承认了拿破仑的秘密抱负。但是事情发展得远比他预计的要快。对于自己竟然如此轻易地就完成了这一转变，他还是有理由感到很惊讶的。因此他并不需要欺骗或强迫舆论。舆论早就在往他期盼的那个方向流动了。此后他一直专注于管理舆论趋势，小心前进，并且在其中调和新秩序以及从大革命那里继承而来的优势。人民忽视了的难题都没有逃脱拿破仑极富预见性的双眼。他只能自己来约束急不可耐的民众和军队，并杜绝所有的匆忙冒进。他此前已经宣布了，只有在法国人民同意的情况下，他才会接受帝位。他当然知道自己肯定可以得到民众的同意，但其实他也可以选择不这么做。最终投票展现出的近乎一致的回复是符合他的预期的。同时也肯定了他向法国人民发出的投票的呼喊。

不像恺撒那样，他不需要和内部具有威胁性的反对派做斗争。他在会议上遇到的反对只是少数共和党人出于善意提出的期望。他们都信服拿破仑有能力将法国建设得足够强大，并迫使欧洲与她和平共处。而拿破仑深知欧洲各个王室对于法国大革命的仇视。就像我之前说到的，他的远见远超常人，这也使得他对于共和国的未来更加没有信心。如果他纯粹只是为自己考虑的话，假以时日，他完全可以和外国政府互相理解并达成一致。但是，他的目标远比这个要宏伟，他的抱负远比这个要远大。他是大革命利益的代言人，通过对旧君主们做出一些妥协，他期望可以确保大革命的理念对他们的永久征服。但是如果法国继续分离在这些旧王国之外的话，大革命的理念就有灭亡的危险。这是一个艰难的事业，虽然决定完成这一事业的那个人拥有足够的天才，但是这一事业还是要求他要极其的审慎、灵活以及坚定。尽管拿破仑也犯过许多错，但是这些错误更多的是时势使然，并不是他哪里做错了。他也是有能力可以改正这些错误的，只可惜上天给他的时间不够多。要是他拥有足够的时间的话，拿破仑是可以成功的。尽管他当时已经身穿紫袍，但是外国势力从来都是把他看作自由理想的拥护者以及各种特权的敌人。能表明这一点的证据就是，他们从来没有和他和解过，因为他们坚信他是不会为了他们而牺牲大革命的原则的。哪怕打垮他后，他们也无法获得一夜安眠。同时，他们对法国的怀疑和敌意明显在帝国垮台后也依旧没有消失。

今天的人们可能会问，是什么力量给了拿破仑那种抱负，敢于登上帝位，并建立一个新的王朝。人们在这里不得不承认，上帝的安排多么有深意。当我们看到，那个高傲的复辟政权，那个想着自己已经牢牢地在帝国废墟被重建了的复辟政权，是如何在舆论支持的几个人的努力下就轰然倒塌、颜面扫地的。这是一个民族的复仇。这个旧血脉，那些国王，不承认它的权利。他们赶走了一个伟大的人，他们声称那个人非法，仅仅是因为那个人不是出身尊贵的王室。但是赋予他王冠的是国民，是国民的感激之情。总之，帝国的建立标志着一个新时代的到来，并为宪法理念在欧洲的胜利铺平了道路：

尊贵的血统屈服于国民的权利和利益，削弱了旧王室的威望。

帝国的创立本身是一场革命，而元老院则希望在其中为自己谋利益，并且试图引入一些对自己有利的法律规章：主要是关于世袭的诸多特权以及巨大的权力。护民院和立法院则要求给自己涨工资。如果一个人出于庸俗的野心，那么他肯定会认为以这些让步来换取一顶皇冠完全值得。但是拿破仑没有被冲昏头脑，他的眼光看得更高。他不愿意让元老院议员成为世袭职位，因为这样等于是将国家的未来交到了这个机构手中。而他们在未来一旦与君主发生冲突，就会阻碍国家的前进。同时，如果国家面临危难时，这个机构很可能会宣布独立于君主，甚至在合适的时机和敌人勾结。尽管他已经预料到了这一切，但是这些事情还是在 10 年之后一一发生了。

下面的段落节选自叙尔维利耶伯爵（约瑟夫·波拿巴）的一封信。这封信回复了人们对于拿破仑继承了法国君主制的批评。这个选段很好地总结了创立世袭制度的动机，远比我能做的总结要好：

意大利军队的将军发出的声明让下面这一点变得很清楚了：如果拿破仑掌权的话，他不会建立一个共和国。这是他在雾月政变后就已经想明白了的事情。拿破仑的君主制也是自这一天而始的。这一制度必须经过下面这段发展：由选举产生的暂时职位开始，然后变成终身的职位，最后成为世袭的职位。而促成世袭头衔最终宣布的，则是乔治和莫罗的密谋。（拿破仑）作为有任期限制的执政，一次奇袭就可以推翻他；而作为终身执政呢，一次暗杀也可以终结他；世袭制对他来说就是一面盾牌。此时，仅仅杀死他一个人已经不够了，还要推翻整个政权才行。这就是事实：自然规律就倾向于世袭制度，这一制度是必然的。

法国的君主制下，有封建权力、有一个封闭的特权贵族阶级、卖官鬻爵盛行。多少职位都是父死子继。还有那些高等法院、修道院以及掌握领地的教士阶层。国库中的公共财富和君主的私产也分得不清不楚。难道说拿破仑重新建立这些东西了吗？他确立了个人自由以及财产自由。他向所有人开放公共职位。他树立了政治平等、民事平等以及权利和税收上的一律平等。他确立了宗教信仰自由，建立了陪审团制度，建立了民事登记制度、建立了神职人员的工资制度。他还创建了不以特权区分的授勋制度。他还将大众的钱袋子和君主自己的小金库分割开来，并且下令要将公共支出记录出版。荣誉军团勋章是在帝国成立之前创建的，但是这一勋章并没有只颁给某一个阶级。所有为国家做出贡献的人都可以获得这一勋章，这一勋章也是对所有有才能的人的奖赏。那时的确是有一名君主，但是拿破仑是一个皇帝，不是一个国王。他专门选择这个称号，不是出于无意、异想天开或是幼稚地爱慕虚荣。帝国君主立宪制的确是一种君主制，因为君主是存在的。但是它和法国的国王君主制还是大有不同的。

对昂冈公爵的审判是一出大戏的第一幕，这出戏的终章则是给乔治及其同伙定罪。这出阴谋是由法国王公领导的流亡者组织的，他们的密探是两位著名将军（皮什格鲁和莫罗）。而就像我之前提到的，这个密谋由英国资助。后者将她的国家资源提供给密谋者，还容忍她的官员及使节为密谋者服务。

我不会大书特书拿破仑多么希望可以对这些犯人中的一些人网开一面，纵使他们对于和其他杀人犯联合起来密谋摧毁他和国家这件事情一点都不感到羞愧。我也不会用过多的笔墨来描述他的家庭成员为了这些犯人，是多么努力地从中斡旋。处决乔治这件事情没有引起过多惋惜情绪。不管其目的为何，谋杀都是一件可恨的行为。但还是有那么几个希望他可以获得特赦的人。有一天，我见到一位女士在两位高大姑娘的陪伴下来到了马尔梅松，她们就是来给乔治求情的。没有人接见她们。这位女士不是保王党中地位最显赫的探子，事实上保王党人普遍都看不起她。她来自布列塔尼的一个家族，并且是一位国民公会议员的姐妹。她丈夫的一个侄子是元老院的助理办案员。她曾经对他说，如果他接受荣誉军团勋章的话，那么她就再也不会在自己家里接待他。

法国政府正大光明地处理了对被告人的起诉以及对他们罪名的调查。我们没有遗漏任何一种情况，或是这一密谋各个阶段的任何一个细节。考虑到皮什格鲁和莫罗此前的职务，我们也保证了他们在整个过程中没有可乘之机。所有关于这一密谋的细节都被发表在《箴言报》以及其他成百上千的刊物上。关于这件事情，那些喜欢写秘史、野史的人没什么东西好写的。至于流言说什么皮什格鲁和那个叫怀特的英军上尉都在狱中被勒死，都是荒谬至极的诽谤中伤。我们已经对这个恶毒可恨的诋毁做出了回应，我觉得在这里也没必要再补充什么了。

莫罗在被定罪后，请求前往美国隐居。他的这一请求获得了批准。拿破仑一笔勾销了对这位将军的两年有期徒刑的判罚，并且对他前往美国一事也没有表示反对。有传闻说，法官们受到了私下的压力，必须要判莫罗将军死刑，这样一来拿破仑就可以对他的敌人展示慈悲，以此来打垮他。拿破仑太聪明了，他不会对自己的敌人做这样的事情。不过关于这件事，什么样的风言风语没有呢？有几位历史学家曾经转载过这些像是小说情节一样的故事，然后得出结论说这些故事很可能都是真的。但是如果一件事情只需要看起来可能就被认定为事实的话，那我们为什么不说审判莫罗的法官们是迫于他的名望，或者是被他的支持者们施压呢？要知道，他的罪行是得到了确认的，他在密谋中也扮演了重要角色。拿破仑肯定对于最终的判决结果非常不满。他觉得法庭上的成员出于对莫罗个人的厌恶而扭曲了司法。不过我觉得他的这个想法应该是错的。不过无论如何，他这份不满并没有持续多长时间。他后来产生了一个与其品行相称的想法。他派人去向莫罗提议，后者应该要求私下里面见自己。如果不是他派去传话的那个人水平太差，在那种情况下，莫罗很可能会欣然接受这一主动示好的。而这样一次谈话可能会让这位新奥古斯都在舆论中留下最好的印象。

拿破仑以警务部的资金购买了大树堡庄园以及安茹路上的房产，这些不久前都是莫罗将军的产业。他将大树堡赠给了贝尔蒂埃元帅，那栋巴黎房产则给了贝尔纳多特元帅。后者对于这一赏赐还是一如既往地不知感恩。

正当乔治在塞纳省的巡回法庭受审时，拿破仑想起了布列纳。"你知道，"他向我问道，"布列纳不在巴黎吗？你要查一下他在不在巴黎，然后写信让他去旁听庭审。每天晚上，他都要把听见的事情以报告的形式写下来发给你。他很适合做这样的事情。"此后，布列纳就经常将报告发给我，然后我再把它们转交给拿破仑。正是因为做了这件事情，大概一年之后，布列纳被任命为驻汉堡全权代表。拿破仑重新起用他证明了两点：一是拿破仑一直记得他之前为自己提供过的服务，再有就是拿破仑宽宏大量地原谅了他。虽然他这位同窗在汉堡的行事不是无可指摘，但拿破仑还是容忍了他。有一次我们在德意志地区的军事行动需要了解军队的前方和后方到底在发生什么。因此拿破仑希望驻汉堡和慕尼黑的大使可以每周给他发回报告。布列纳先生总会在报告附带的信里索要荣誉军团十字勋章。我收到的命令则是不要回复这些信件。而随着这样的信件越来越多，我从皇帝那里获得了这样的答复："因为他崇拜金牛犊①，我会给他钱，但是荣誉军团勋章，我是只颁给……"

经历过这些风暴后，帝国诞生了。所有那些腐败、密谋和谋杀到头来都只不过是把有些人想用这些卑鄙手段摧毁的那个男人推上了更高的位置。就像赫拉克勒斯一样，他在摇篮中掐死了毒蛇：这预兆着他那流传千古的威名。

新的帝国宫廷

新宫廷的架构借鉴了旧法兰西王室以及神圣罗马帝国皇室采取的结构，但是我们剔除了其中奴化或中世纪的糟粕。职位被分为帝国要职以及宫廷要职。拿破仑希望和同僚们②分享自己的晋升：一位被任命为总理大臣，一位被任命为财务大臣。皇帝的两个兄弟，约瑟夫和路易，前者被任命为大选侯，后者则被任命为皇室总管。拿破仑为他在军队中的同志创建了 20 个元帅的职位，作为对过去服务的报答，其中 4 个被授予克勒曼、勒费弗尔、佩里尼翁以及塞律里埃这四位退休的将军。另外 14 个则被授予现役将军。他们都在此前的战役中证明了自己，并且会在将来再次被征召。这些将军是：贝尔蒂埃、缪拉、蒙塞、儒尔当、马塞纳、奥热罗、贝尔纳多特、苏尔特、布律纳、拉纳、莫蒂埃、内伊、达武以及贝西埃尔。还有 2 个职位则留待以后。

---

① 《摩西十诫》中的典故。——编者注
② 指除了他之外的其他两位执政。

皇帝有自己的宫廷大臣、骑士等。在皇后这边，则有她的宫廷女官。宫内诸位总管也获得了留任。宫廷大臣和宫廷女官中的一部分来自古老的贵族家庭，他们希望在帝国宫廷中占有一席之地。但是也有一些贵族家庭要么保持着对旧王室的忠诚，要么是觉得作为反对派很光荣。

宫中开始采用全新的礼节，这一礼节也以法律的形式确定了下来。此前可以接触到拿破仑的人有些不能再随便见他了。到那时为止，军官们都有可以接近国家元首和可以面见国家元首的特权。但那之后，这一特权就只有宫廷大臣和其他新来的人有了。这些人此前都是要仰赖军官们帮助的。而引入这一套新宫廷礼仪激发了许多军官的不满。他们很不情愿地屈服了，嘴里还在抱怨。

这些新习惯一点点地在宫中推广开来。虽然军队对拿破仑的爱戴一如既往，但士兵心中都因为他们丧失的权力而感到很遗憾，而对于篡夺他们这项权力的那些人，他们是一直看不上眼的。之所以要将此前和旧宫廷有关系的家族的成员引入帝国宫廷，是为了要将这些家庭置于皇帝的眼皮子底下，并让他们对新秩序燃起兴趣，让他们不再参与不满者的密谋，让他们远离有害的影响，并且在宫廷内实现社会各阶层的融合。同时，这些深谙上流社会行事风格的仆从也更合适跟外国人打交道。

不论拿破仑对于他刚刚经历的可怕危机有多么困惑，也不管他登上帝位这期间发生的事情以及他组织帝国宫廷和政府这些事情多么复杂，拿破仑的注意力还是一直在他被迫进入的那场和英国的大战上。就在上述的事情发生的同一时间，他还在推动着行政措施、外交谈判以及军事准备。他下令在海岸边建立多个营地，其中有一个设在贡比涅。因为这个营地距离巴黎很近，也可以轻易到达，第一执政（之后成了皇帝）去贡比涅的城堡里待了几天，并视察当地的营地建设。那个营地里主要都是龙骑兵部队。他们的指挥官是巴拉盖·迪里埃将军。他当时担任这一等级军队的监察长。在他的指挥下，龙骑兵们在皇帝的眼前进行了多种练习，既有马下的，也有骑着马进行的。以此展示自己作为骑兵和步兵的能力。但是这些操演的结果不怎么让人满意，这个计划也被放弃了。

在那些来到贡比涅向新君主表达敬意的省级长官中，有一个叫奥克塔夫·德·塞居尔的人。他是苏瓦松的副省长，也是塞居尔伯爵的长子。塞居尔伯爵当时已经被拿破仑任命为国务参事，之后被任命为大司仪。这位年轻人当时被寄予厚望，拿破仑对他的家族也是格外关心。但是，在营地解散后，这位年轻人回到苏瓦松就失踪了。在接下去的许多年里，都没人知道他的下落。家庭的悲伤，被一些不好的联想所毒化，并因此让他的家人和社会舆论开始厌恶他。直到 1809 年战争结束之后，人们才又听闻了奥克塔夫·德·塞居尔的消息。原来他当时是顶着假名到瓦兰上校指挥的第 6 骠骑兵团中去服役了。他小心地保守了关于自己身份的秘密，一守就是6 年。战争期间，他被俘虏，并且身体也残废了。然后他被送去了匈牙利，居住在巴希·杜·凯拉伯爵的庄园中。后者是一名流亡者，也是杜·凯拉伯爵夫人①的岳父。出于对自己战俘生活的担忧，以及生活的困窘，他不得不写信给自己的兄弟，并将自己的行踪告诉家人。他是以换俘的方式回到法国的。拿破仑一直对于德·塞居尔伯爵的遭遇深表同情，当时他儿子失踪的时候，拿破仑就给他写过一封感人的信。自那之后，拿破仑也一直没有忘记这一失踪谜团。最终，他某一天听说奥克塔夫·塞居尔在伪装下登上了泰瑟

---

① 路易十八的首席情妇。

尔①舰队中的一艘船。当时他正在布罗涅附近的蓬德布里克，在一幢乡下的房子里，他的大本营设在那里。拿破仑马上通知了奥克塔夫的兄弟菲利普，后者当时正在宫中，在宫廷大元帅的手下当副队长。拿破仑告诉了他自己获知了这一消息，同时给他指派了一个任务，好方便他去找自己的兄弟。菲利普·德·塞居尔在任务中什么线索都没有找到。要么是奥克塔夫聪明到可以躲过搜查，要么就是拿破仑得到了错误的消息。

奥克塔夫回到法国后，他已经丧失了宝贵的年华，在仕途上的晋升变得很困难了。皇帝亲自问他是否希望继续他的军旅生涯，后者回复说他只想当一名士兵。拿破仑对于奥克塔夫展现出来的骑士精神很是感动，但是觉得他这样去做只有年轻人才应该做的事情太浪费了。因此他将后者任命为军官，理由是他曾经是综合理工学院的一名学者。奥克塔夫的第二次战场经历很是不幸。在1812年战役刚刚开始的时候，他就在维尔纽斯②附近被俘虏了。他直到帝国垮台后才回到法国。此后他加入了国王的卫队。他陷入了严重的抑郁，一直无法驱散萦绕着他的低落情绪，最终他因此自杀了。

这个不幸的男人，在死之前就早已开始规划自己的死亡了。他此前一直和自己的兄弟菲利普住在同一个房间里。而他的儿子雷蒙就睡在房间旁边的储藏室里，他可以听见自己的父亲经常在深夜醒来并在房间里踱步。嘴里说着一些模糊的感叹句，当时的雷蒙还不理解那些句子是什么意思。最终，有一天晚上，奥克塔夫来到了一个欠他钱的朋友的家中，当着那个朋友的面撕毁了他的欠条。然后他来到了圣米歇尔桥，仔细在自己的口袋里装满石块。当时河水的水位还不高，他

---

① 荷兰的一个岛屿。

② 今立陶宛首都，当时属于沙俄。

就来到河床的中心处躺下，就这样安详又坚定地等待自己的死亡。第二天当人们发现他的时候，他就这样躺着，已经无力回天了。

　　既然我讲到了这位德·塞居尔家族的成员，那么我就再补充一些关于这个家族的细节吧。在我还是一个孩子的时候，我曾在沙特奈住过两年。沙特奈是巴黎近郊的一个漂亮的小村庄，当时德·塞居尔伯爵也和妻子、孩子以及他年迈的父亲塞居尔元帅，一起住在那里。当时他们的生活很是窘迫，距离贫困只有一步之遥。德·塞居尔伯爵和伯爵夫人的财产几乎都被昂贵的外交任务消耗光了。而他们在圣多明各的重要财产也因为那个殖民地的丧失而付诸东流，这也造成了他们现在悲惨的境地。德·塞居尔先生的信念当时支撑着他在困境中生活，他当时靠着自己的笔头过活。此前，他创作过许多严肃的书籍、轻松的戏剧以及歌曲。他还为元老院和五百人院的议员们撰写讲稿，其中最主要的客户是阿登省的博丹议员。他的长子奥克塔夫结婚时，我是在场的。结婚对象是奥克塔夫的表亲德·阿格索小姐。虽然结婚当时出现了吉兆，但是他们的结合并不幸福。阿格索家族拥有的弗雷斯纳城堡距离沙特奈并不远。我还记得当时在附近的农民中疯传一个流言：据说弗雷斯纳农场的一头牛每次被从兽群中驱赶出来的时候，都会强行进入一个墓地，并冲向一个埋在那里的激进革命党人的坟墓，然后用角翻起坟墓上的草皮。这在当地被视作上帝的报复行为。

　　拿破仑在掌权之后将所有有才之人都召集到了身边，无论他们的出身或是他们此前的表现和观点。德·塞居尔先生的才华自然逃不过他的双眼。雾月政变后，这位前法国驻圣彼得堡和柏林大使成为立法院的成员。一年后，他又被召进了元老院，并在其中做出了有益的服务。而到帝国建立时，他也被委派了宫中的重任，也就是大司仪。拿破仑庇护了他的整个家庭，并且让他们沐浴在自己无穷无尽的仁慈中。德·塞居尔伯爵的父亲，前陆军部长和法兰西元帅，在革命后失去了自己的退休金。拿破仑恢复了他的退休金。而当这位老军官到杜伊勒里宫来向拿破仑致谢时，后者以和前者的军衔相匹配的旧礼仪向他致敬。至于德·塞居尔伯爵的长子，因为当时人们都认为他志在当公务员，因此被任命为了苏瓦松副省长，相信读者们都还记得吧。他的次子则进入军队中。他首先被派到了俗称"波拿巴骠骑兵"的部队中，这是当时预备役中的一支，驻扎在第戎。为了让他待在自己身边，拿破仑之后将他任命为了宫中的副官，然后是中士，再之后是侍从主管。拿破仑之后让他和德吕赛小姐结婚了，后者是一位宫廷主管的女儿。然后又赐予了他 10000 法郎的皇粮收入，还有许多国外的昂贵产业。在 1813 年，又将他任命去指挥自己仪仗队 6 个团中的一个。

德·塞居尔夫人是著名的司法大臣德·阿格索①的孙女。她因高尚的品格以及其他友善的品质而闻名。她也因此被任命为母亲协会的副主席，玛丽·路易斯皇后此后会成为该协会的主席。

帝国垮台也并没有从德·塞居尔伯爵那里夺走所有皇帝此前慷慨赐予他的好处。的确，在帝国刚刚垮台的时候，他和玛丽·路易斯皇后一起在布卢瓦，全副身家只有 300 个金路易。但是不久之后，他就以前元老院议员的身份重新成为世袭法兰西贵族，并重新获得了那份属于他的年金。

在 1815 年的百日政权期间，他再次出任大司仪。我在这里必须要赞赏一下德·塞居尔伯爵：他时常会对皇帝曾给予他和他的家庭的帮助表示感激，直到他去世，他都一直虔诚地保留着对那段时光的回忆。

---

① 全称亨利·弗朗索瓦·德阿格索，1668～1751 年在世，被伏尔泰称作法国有史以来最有知识的法官。

拿破仑的军务、政务与家务

在枫丹白露待了一段时间后，皇帝经由默伦到达了洛赛埃城堡。这座城堡属于奥热罗元帅，后者热切地恳求，希望可以有幸在那里接待皇帝。皇帝在那里待了一整个白天：人们为他准备了一场庆典。可见奥热罗当时臣服于这位受命运女神眷顾的天才。当时公园的门外有许多为了见一眼皇帝而从周边地区跑来的群众，皇帝表示希望可以把公园的大门打开，让他们进来。

近来让法国和巴黎心神不宁的这一系列事件都使人们意识到应该重建警务部，此前这个部门已经被并入司法部了。富歇不可避免地再次成为警务部的大臣。为了尽可能地降低这杯鸩毒的影响力，拿破仑给这位新大臣安排了四位国务参事。他们负责与下辖的四个区域之间的通信与执行事宜。为了实现这一目标，帝国诸省也被分割为三个区，或者区域。第四个区域则是巴黎警察厅。

皇帝总是挂念着布罗涅的军营，就算他人不在那里，精神也在那里。他每天要给陆军大臣、海军大臣以及国库大臣写好几封信。还有就是给海军上将布吕克斯以及率领陆军的各位将军写信，告知他们自己刚刚做好的计划。他总是会将自己的一个命令重复多遍，希望这样可以让他们时刻保持细心。尽管巴黎和布罗涅之间距离并不遥远，而信使的出现更是进一步缩短了两地之间的距离。但是拿破仑还是觉得，为了能让他们更快更好地执行自己的命令，他亲自出现在布罗涅是必需的。适合出海的时机越来越近了。因此，他在距离布罗涅半里的一个叫蓬德布里克的小村子里租了一栋房屋，并将自己的大本营设在了那里。这是一个外表寒酸的普通乡间房屋：有一栋主楼，以及左右各一个厢房，还有一些外屋。拿破仑带着一部分内务府的军事和民政人员搬了过去。几乎所有他的骑士都是上校或者将军。许多宫廷大臣也有军衔。拿破仑有一段时间曾经每天都不定时地离开蓬德布里克前往布罗涅，除非是被什么紧急情况耽搁了。他一般到了晚餐时间才回来，并且会邀请三两将军或者高级陆军或海军将领，或者是炮兵或工兵将领与他共进晚餐。如果大臣们有什么要事需禀报的话，他们会从巴黎到这里来。元老院的一位助理办案员会每周带给他一份文件夹，里面是本周各位大臣讨论的话题。每周日，弥撒会在会客室里进行，为此我们还准备了一个便携式圣坛。整个房子里面的军事和民政人员都会出席弥撒。

蓬德布里克的位置使得皇帝可以出人意料地来到布罗涅，并亲眼查看准备的情况，同时也可以在紧急的时候及时提供帮助。因为他还是觉得自己距离行动的现场不够近，他在附近的高地上选择了一块地方，从那里可以俯瞰整个海洋，他把那里命名为"秩序塔"。从那里他可以直接看见英军的舰队以及他自己舰队中的数支编队。据说恺撒就是从这里起航征服不列颠的，这是一个好兆头。拿破仑命人在这里建造了一栋带有数个房间的木头房子，他在那里住了几天。在其中一间屋子里放了一台硕大的望远镜。通过这个望远镜，海上发生的一切都能看得一清二楚，最远甚至可以看到英国的海岸。在距离他不远的地方，还建起了许多供海军将军和海军大臣使用的小屋。在他的命令下，秩序塔上还搭起了一个炮兵阵地，架起了许多口径异常巨大的迫击炮。这些火炮可以发射大量的炮弹，覆盖 3000 托阿斯①的距离。那些离我方舰队太近的英军舰船总是会被这些炮弹击中。这些新火炮发射的声响是如此巨大，以至

---

① 大致等于 6000 米。

于炮兵们的血液都会上涌，他们脚下的大地都会颤抖。在他住在木头房子的那段日子里，拿破仑经常会视察营地和海岸，或者搭乘一艘平底船指挥他的舰队和英军舰队之间一些小规模的战争。他时常会亲自上前操作一门火炮。

他监督了物资装船的过程，并且尝试了许多种装载的方法，因为他急切地希望可以在 20 天之内将所有的物资和弹药都装上船。他认为，诸如如何装载弹药、补给、马匹和包裹，以及它们最优的、占据空间最小的排列方式之类的问题都是战争的重要部分。他命令士兵和水手们在白天和晚上都要训练，演练装载和登陆的流程。他把很大一部分时间都花在了和士兵及水手们的共同训练上，分担他们的辛劳，同时督促他们要加倍努力，并以他心中的那份信心来鼓励他们。在布吕克斯上将以及其他海军和陆军主要将领的陪同下，他或步行或骑马，来回巡视了海岸。得益于这一刻不停的审慎行为，每天我们都会在武备的细节上做出新的改进，士兵和水手的训练也取得了最好的结果。

在岸上的军队都住在用泥巴和树枝搭建的小屋中，军营里分割出了不同的街区。每个团、每个旅、每个师都有自己专属的区域。区域和区域之前都由宽阔的大道隔开。在这些小屋的正面，人们可以读到很多官兵们写下的字句：它们要么是表达爱国情感，要么是宣誓对皇帝的忠诚，有些话很有英雄气质，其他的就很滑稽了。

炮艇则会在布吕克斯上将的指挥下在各种时候从大部队中脱离出去，冒着英军舰艇的炮火予以还击。在岬角上的火炮以及海滩上岸炮的支持下，炮艇们总是可以击退英国人的攻击。

每当我想起这些英雄的时刻，想起拿破仑的天才是怎样支撑他准备入侵不列颠列岛的庞大计划，想起他是多么坚决地要直取我们永恒敌人的心脏，我总会免不了感到懊悔。我之所以会感到懊悔，是因为皇帝一贯是慧眼识珠之人，但他当时却听从了法兰西学会学者们的意见。当时他们研究了美国人富尔顿的发明，也就是蒸汽动力航行的实践应用问题。经过 2 个月的辩论和实验之后，这些学者表示这一发明是虚幻的，是不可行的。而之后的经验已经向我们展示了到底是谁错了。

在远征英国这件事情上，荷兰投入的努力不比法国少。在埃斯科河和默兹河入海口的港口处集结了将近 450 艘荷兰船舰。而带领这些船舰来和法国舰队会合可不是一件易事。拿破仑希望这样一件光荣的事情应该由荷兰海员来做。最终荷兰政府选择了维于埃尔上校来指挥这一任务。而在他拒绝这一任命后，当时只是上尉的他的兄弟主动请缨，并被选上了。维于埃尔上尉此前已经退役好几年了，但是，因为他的兄弟被选上了，而后者又恳求他出山，他最终接受了这一危险的任务。尽管英国舰队在悉尼·史密斯勋爵的指挥下不停阻挠，但是两支舰队还是在奥斯坦德成功会师了。维于埃尔在这次战役中出色的指挥能力，以及他在面对英军战舰正面攻击时的毫不畏惧，使得他被提拔为准将。不仅如此，拿破仑将这位勇敢又出色的军官任命为自己的侍从官。维于埃尔海军上将在进入法军队列后还因自己的才干而被任命为法国北部海岸的监察长，同时也被选入了元老院，更是归化成为法国人。在很长的一段时间内，他都是世袭法兰西贵族中最耀眼的几位成员之一。

皇帝是在布罗涅获知了海军上将拉图什-特威尔的死讯。后者于 1804 年 8 月 19 日死在了自己指挥的"布森托"号上。当时"布森托"号正在土伦港中停泊。皇帝对这一损失感到非常的悲痛。不论是这次布罗涅的远征，还是在组织我们的海军上，皇帝都对这位将领的才华和能量寄予了厚望。

为了代替海军上将拉图什-特威尔，拿破仑必须要在布吕克斯、维尔纳夫和罗西利这三位海军上将中做选择。布吕克斯不能从领导

布罗涅舰队的岗位上调开，因为他非常适合这个岗位。皇帝很认可
罗西利海军上将的热忱，但是担心他已经太久没有在大海上指挥过
军队了。海军大臣德克雷将皇帝引导向了维尔纳夫海军上将，后者
当时正指挥着罗什福尔的舰队。拿破仑之后将会为选择了这位将军
而感到非常后悔，这位将军的确勇敢而又老练，但他太优柔寡断了。

　　就在皇帝住在布罗涅营地的那段时间里，约瑟夫·波拿巴被任
命为第 4 步兵团的上校，同时他也被任命为大选侯。约瑟夫自从在
意大利战役中于拿破仑将军的麾下服役后，就以少校的军衔从军中
退役了。就像这本书的开头记载的那样，他在之后成了文职官员。
皇帝一直很看重自己的这位哥哥，认为他是一个能文能武的人才。
他那时候觉得自己的哥哥必须要重新进入军队了。而在布罗涅军营
解散后，第 4 步兵团的上校被提拔为准将。因此当皇帝此后将他任
命为自己的副官并派他领军的时候，他就已经是准将了。他指挥的
那支军队在《普雷斯堡和约》①　签订后攻占了那不勒斯。

　　拿破仑在布罗涅的生日庆典是那么宏大和壮观，所有在场的人
都见证了一次辉煌的奇观。拿破仑高高坐在王座上俯瞰着下方的营
地和海洋。他的头顶上撑着由缴获的各国军旗编织成的天棚，身边
围绕着他的大臣、元帅、主要官员、元老院议员、议会代表以及其
他军队中的成员。他的王座周围聚集了 10 万名士兵，他们既是盛
典的观众，也是这一胜利庆典的表演者。荣誉军团的总管主持了授
勋仪式。勋章都放在贝亚尔②和杜盖克兰③的头盔或盾牌上。这些

---

① 1805 年奥地利与法国在普雷斯堡（今斯洛伐克首都布拉迪斯拉发）签订的和约。

② 贝亚尔原名皮埃尔·特拉鲁，通称骑士贝亚尔，是 15 世纪末 16 世纪初的法国
骑士，他被认为是骑士精神的象征。

③ 贝特朗·杜盖克兰是百年战争初期法国优秀的军事领袖和民族英雄，被誉为布
列塔尼之鹰。

头盔和盾牌是为了此次仪式专门从博物馆中拿来的。皇帝亲自将每个人的勋章交到他们手上。仪式上为他准备的椅子并不像前面提到的那些盔甲一样是一个特别好的选择。人们就这把椅子开了很多恶意的玩笑，这把椅子是达戈贝尔国王①的王座。

在 3 小时的时间中，大批的军队在皇帝的宝座前列队走过，伴随着成百上千的"皇帝万岁！"的呼喊，以及 1000 面鼓的响声，还有 3000 门礼炮的致敬。在此期间，人们的注意力也短暂地被海滩上的一阵喧嚣吸引过去：一支由 50 艘船舰组成的舰队在暴风中从勒阿弗尔到达布罗涅，就在英国舰队的眼皮子底下。

人们在军营外面沿着海滩架起了一张张餐桌，每张餐桌都摆了 400 份餐具。荣誉军团全部的成员有 2000 人之多，他们在这些桌子边落座。因为海上暴风吹袭，烟花表演因此被推迟到了第二天。

当人们在准备这一会被传颂多年的庄重仪式时，拿破仑不在布罗涅。他当时正在进行为期 10 天的视察之旅，到访了加莱、敦刻尔克、弗尔内和奥斯坦德的港口。此前皇帝曾经写信给奥坦丝公主，抱怨已经很久没有见到她了。因此她带着自己的儿子拿破仑②，在缪拉亲王和夫人的陪同下，于庆典结束后来到布罗涅住了几天。他们住在利亚纳河畔的一个乡间小庄园里，距离大本营不远。她常常把自己的儿子带去给皇帝看，后者很喜欢他这个小侄子。

拿破仑是在他住在加莱的那段时间里免除了沙普塔尔先生内政大臣的职务。在选择继承者的这段时间里，宗教祷告大臣波塔利斯暂时管理这个部门。两天之后，德·尚皮尼先生被任命为内

---

① 7 世纪的法兰克人之王，墨洛温王朝的最后一名实权君主。
② 奥坦丝的长子和次子都取名为拿破仑。

政大臣。沙普塔尔先生进入了元老院。我曾经听过拿破仑对于这位大臣的抱怨：后者不怎么跟他说话，他觉得两人私下的联系太少也太过疏远，并且后者也不怎么告诉他自己部门里发生的事情。可能拿破仑受到了个人偏见的影响，他想起了之前在同一个部门的一次失败实验：他将该部门交给了拉普拉斯，但最终还是不得不让吕西安·波拿巴顶替了后者的位置。他可能因此觉得，学者除了自己的研究领域之外做任何工作都力不从心，他们无法全身心投入行政管理那些庞杂的细节中去。但是，沙普塔尔先生是一个颇有实操能力的学者，因此应该不是出于这个原因。而且事实上，他在此后也一直颇受拿破仑的喜爱和敬重。皇帝此后一直都在各种场合展示自己对这位学者才华的敬重，并且多次向后者证明了自己对他的喜爱。

　　沙普塔尔先生是在 1800 年 11 月接替吕西安·波拿巴的，一开始只是在后者缺席的时候代理职责，之后就正式接替了后者的岗位。人们都知道，吕西安去职的原因主要是一本叫《恺撒、克伦威尔和波拿巴之间的相似点》的小册子的发行。当时的人们普遍认为这本小册子是在就建立新王朝这件事情给舆论打预防针。这本小册子刚一出版，吕西安·波拿巴的政敌富歇就跳出来说这本小册子造成的影响很坏，还冒犯了国家各个机关、军队以及社会各阶层中那些还保有共和情怀的人。这本小册子不太可能是两兄弟共同谋划的结果。就像我之前提到的，拿破仑不需要探民众的口风，或是让社会准备好接受世袭制度。他心里面很清楚，社会上是有这样的倾向的。《相似点》的作者是当时吕西安和巴乔基夫人的亲信丰坦。后者当时刚刚从流亡中归来，正领着内政部发给他的津贴。他是一个很有野心的人，也就趁这个机会创作了这个小册子来聊表他对自己资助人的热忱，同时还能把自己的名号打响。吕西安接受了丰坦的作品并承担了全部的责任：他允许这部作品带着内政部的公章发行，并且允许其在各省的出版。在警务大臣那份多有夸张的报告的推波助澜下，拿破仑责备了自己的弟弟。这一事件，再加上两人在政治和政府事务上的不同看法，还有吕西安时常炫耀自己是强大的哥哥唯一信任的人之类的事情，都让两人关系冷淡了。吕西安被派去了西班牙，负责说服该国政府和法国联合起来并迫使葡萄牙断绝和英国的关系。

所以这份小册子的出版是当时内政大臣的行为。而无论是否获得了拿破仑的首肯，吕西安这一举动都证伪了许多人乐于宣称的言论：吕西安反对自己的哥哥关于未来的计划，或者他们之间不和就是因为吕西安抵触他哥哥的这些想法之类的。

吕西安·波拿巴在西班牙圆满地完成了自己的任务。他成功地将这个国家拉出了英国的影响范围。同时他还和马德里之间达成了一系列对法国非常有益的外交协议。回到巴黎后，他先是担任了护民院议员，然后又担任了参议员，并且在莱茵河左岸获得了一个元老院席位。他在护民院中用出众的才华支持了政府的法案，法兰西学会将他吸纳为院士。

吕西安此后一直在平静中享受着第一执政给他的家庭带来的财富和荣誉，同时还有他自己的名声和才华为其赢得的尊敬。但是一桩婚事的出现，将他召唤了来，分享他哥哥的崇高命运。当时拿破仑不同意吕西安的婚事，这一争执也再次破坏了两人之间友好的关系。拿破仑尝试以各种方法严厉反对他弟弟的婚事，但都无济于事。他甚至下令禁止巴黎第 10 区的区长主持这场婚礼。之后吕西安就突然离开了巴黎，去到了桑利斯的普莱西－沙尔芒，他在那里拥有一处乡下产业。他在那里参加了由村庄的神父举行的民事和宗教仪式，那位神父刚好也是桑利斯的市长。这一切都在第一执政还没来得及介入的时候就完成了，鉴于这种公开违抗国家元首和家族的行为，吕西安必须要离开法国。他请求获准前往意大利退隐，并最终在教皇国安顿了下来。教皇充满敬意地接待了他，并在此后赐予他卡尼诺亲王的头衔。他也不再继续佩戴荣誉军团的勋章。有一次，他在罗马向一位法国将军展示了他放在柜子里的这枚勋章。当将军建议他戴上这枚勋章的时候，他回答说："不，没人应该这般羞辱自己。"他一直没有尝试与哥哥和解，因为他无法接受这一和解的必需条件：与自己的妻子离婚。皇帝最后尝试的一次会见是由那不勒斯国王约瑟夫于 1807 年在曼图瓦组织的，会晤结束后他们就分开了，并且直到 1815 年都再没有见过面。

拿破仑对弟弟吕西安婚姻的不满在不久后又被重新激发出来。这次是因为他最小的弟弟热罗姆·波拿巴在美国的婚姻。热罗姆当时正在海军中以上尉的军衔服役，他在 1803 年年末迎娶了一位名叫伊丽莎白·帕特森的小姐，后者是巴尔的摩一位商人的女儿。他当时 19 岁。拿破仑以国家元首和一家之长的双重身份禁止这一婚姻被注册到民政记录中。他没有通过法庭就直接宣布这一婚姻无效，理由是这一婚姻没有获得他的首肯，没有发布结婚公告，而且两位当事人都是未成年人。他要求教会高层取消这一婚姻。但是当时教皇已经出于某些原因开始对皇帝不满，因此他选择站在这个新教女人一边，拒绝切断将她和一位天主教徒联系在一起的宗教纽带。

被皇帝召回的热罗姆·波拿巴直到 1805 年 4 月底才回到法国。他搭乘一艘美国的船舰，机警地躲过了英军舰队[1]，到达了里斯

---

① 《亚眠和约》破裂的几个月后，英国人捕获了鹰号双桅帆船。他们将这艘船当作战利品带到了斯皮特黑德。他们那时还以为抓住了这艘船的指挥官热罗姆。——作者注

本，他的妻子和岳父陪伴在他身旁。他在那里被迫和这两人分别。
在经过一番伤感的离别谈话后，他出发前往马德里，而他的妻子和
岳父则马上返回了美国。

作为指挥官和海军准将，热罗姆圆满完成了许多拿破仑交给他
的任务，让后者很满意。之后他离开海军加入陆军，他从很早之前
就想这么做了。1807 年，手下指挥着巴伐利亚和符腾堡军队的他
在西里西亚打了一场大胜仗。他把腓特烈大帝在那个省份修建的堡
垒一个接一个地打掉了。《提尔西特和约》签署后，根据和约的条
款，他成为威斯特伐利亚国王。他在 1807 年 8 月娶了符腾堡国王
的女儿凯瑟琳。这位公主高尚的品格以及逆境下令人敬仰的作为都
为她在历史上赢得了一席之地，同时也值得所有人的赞美①。这场
婚姻也掐灭了伊丽莎白·帕特森的最后一点希望，她同意取消她在
1803 年缔结的婚姻。1808 年，她向当时的法国驻美国大使蒂罗将
军表示，现在的形势要求她做出一个痛苦而耻辱的自我牺牲，她愿
意做出这样的牺牲。同时她也将自己和她儿子的命运交到了皇帝的
手中。拿破仑当时正在西班牙，他是这样回复的：他将很高兴见到
她的儿子。而如果她愿意将他送来法国的话，拿破仑会将他纳入自
己的保护之下。他之所以拒绝承认她的婚姻，完全是出于政治上的
考虑。同时拿破仑还表示自己已经下定决心会为她的儿子提供一个
合她心意的未来，只不过在操作上要保持审慎和隐蔽。

因为他们各自在结婚时没有征求国家元首的许可，或是直接忤
逆他的意思，因此吕西安和热罗姆·波拿巴的名字都不在元老院敕
令中规定的帝国家族的世袭头衔名单中。把他们排除在外的理由是

---

① 1814 年第一帝国垮台后，凯瑟琳没有和热罗姆离婚，而是选择陪伴后者一同
流亡。

正当的：拿破仑作为国家元首的权威和他作为一家之长的权威是无法分割开来的。如果需要的话，我们可以找出许多例子来支持拿破仑对于这种权威的要求。在我们当代来看，英王乔治三世的儿子萨塞克斯公爵就是一个好的例子。他在罗马和穆蕾小姐成婚，但是他们的婚姻还是被取消了。纵使他们非常谨慎，还回到英国举办了第二次婚礼也是于事无补。这一婚姻还是因为没有获得君主的首肯而被宣布无效。

皇帝前往亚琛，并在当地停留了 8 天。抵达后的第二天，他接见了诸位大使以及全权代表。后者为他带来了新的国书以及各自的君主向拿破仑荣登帝位表达的祝福。塔列朗在会晤时向皇帝引见了这些使节。

拿破仑去视察了亚琛的工厂，他还去参观了距离亚琛600托阿斯①的一个叫作波赫赛特的小工业聚集地。他视察了当地所有的工厂，并且参加了所有为他举办的庆典。他还分别接见了当地的省级和市政长官、法官、军官以及教士。他还出席了亚琛大教堂举行的《赞美颂》吟唱会。教士们向他展示了查理大帝的遗物，也是查理大帝建立了这座教堂。他们还向拿破仑展示了其他教堂保存的圣人遗物，此前这些遗物都会吸引大批的朝圣者来到亚琛。这些遗物在大革命期间一度四散各地，但是教堂又重新把它们招领了回来。

在 8 月 15 日，也就是他生日来临的前夕，皇帝和先他一步到达的皇后约瑟芬一起趁他在亚琛的这个机会，庆祝了查理大帝的生日。他安排了一系列场面宏大的军事、公众和宗教庆典。教堂里举行了一次主教弥撒，皇后带着她的所有宫臣列席参加。这一系列活

---

① 约等于 1200 米。

动并不是在向圣人的传奇致敬，而是在向那个西方帝国的建立者致敬。拿破仑认为自己正是要重建那个帝国。

皇帝待在亚琛的这段时间里，还发生了一些更加属于私人范畴的事情，我将在接下来稍微说几句。

科兰古将军在昂冈公爵事件中间接扮演的角色是拿破仑对他优待的根源。另外，洛里斯东将军则是拿破仑在军校的同窗，此后也是拿破仑最出色，也是资格最老的侍从官之一。在拿破仑还是第一执政的时候，内务府中的许多重要职责就都是交给洛里斯东的，最重要的莫过于内务总管了。因此，当帝国建立的时候，洛里斯东将军自然觉得大骑士这一职务应该属于自己。而当这一头衔被赋予科兰古将军的时候，他自然很不高兴。科兰古的资历远没有他老。他专门就这一问题去找皇帝抱怨。他肯定是在这期间说了什么冒犯了拿破仑的话。因此，在结束了和皇帝于亚琛进行的一场异常激烈的会晤后，洛里斯东接到了即刻出发前往土伦的命令。他将跟随维尔纳夫海军上将一起出海，准备接管一支正在转运中的七八千人的部队。他在这次远征的途中，非常大胆地攻占了位于多米尼克的钻石堡。这个堡垒之前一直是马提尼克岛上贸易和运输的麻烦根源。之后，他参与了特拉法加那场后果严重的战役。战役结束后他回到了巴黎。那时，所有关于他和拿破仑在亚琛的不好回忆似乎都消失了。皇帝看起来忘记这件事情了，但是从洛里斯东将军在1814年的态度来看，他应该还是记得的。在他结束海上征程后，洛里斯东官复原职，并且在大陆军团①中获得了极其重要的指挥官的位置。这一经历最终让他在复辟政权时成为法兰西元帅。

如果没记错的话，也正是在亚琛，要么就是在布罗涅，穆顿上

---

① 1805年由拿破仑设立的法国陆军主力军团。

校被引见给了皇帝。他后来成了洛博伯爵。这位军官当时正在指挥第3列兵团。他反对拿破仑称帝，并且在公投时投下了反对票。皇帝对于穆顿上校在自己的兵团中训练出的纪律还有他展露出的对兵法的知识非常满意，他急切地希望可以将这样一个有才干的军官招到自己身边。因此他就派人去找了穆顿上校，他知道穆顿上校反对自己，但是选择无视这件事情。一场简单的谈话就改变了这位军官的心意。拿破仑将他任命为自己的侍从官，并且从那天起就对他展示出了极大的信任，这位军官也以出色的服务回报了这份信任。

正当皇帝在亚琛的时候，他获知了一个消息，让他对德·塔列朗先生很不满意。这件事情主要是关于拿破仑想要给拿骚家族在领地上一点好处，因为他很关心这个家族。他是准备亲自来和普鲁士国王商讨决定这个问题的。他当时和普鲁士国王的关系特别好。但是就在这个时候，他得知在法国驻海牙大使的帮助下，拿骚家族已经开始就同样一个问题与荷兰政府进行谈判了，目标是要从荷兰政府那里取得1200万的补偿款。皇帝向外交大臣写了一封公文，抱怨称荷兰政府已经因为履行承诺准备舰队和武器装备一事而承受了巨大的财政压力，怎么又会突然做梦一样要为奥兰治亲王提供这么大一笔巨款呢？拿破仑接下去又跟大臣密谈了我国大使对此事的参与。但是，德·塔列朗先生装作对此事毫不知情。因此，德·赛蒙维尔先生被召唤到亚琛面见皇帝，后者要求他对此做出解释。我们派驻海牙的使节因此就将他从外交大臣那里收到的个人关于此事的指示全盘托出了。皇帝勃然大怒，并谈及要解除德·塔列朗先生的职务。由所获得的这些资料武装起来的拿破仑，静静等待着这位大臣的到来，后者预期要来和他一起工作。他将这些资料都放进了一张小桌子的抽屉里，并且嘱咐我，在他要求的时候将这些文件带进去给他。我不知道这次会晤中间发生了什么，但是一直到德·塔列朗先生离开，也没人来找我要这些文件。我之后再也没有就此事听到过任何的消息，而且皇帝和这位大臣之间的关系也没有明显变化。毋庸置疑，借用一下拿破仑的评价，德·塔列朗用了他那娴熟的推脱技巧。在一番漫长的对话之后，他成功让自己逃了出来，而且也没有提供任何皇帝希望从他嘴里听到的解释。但是，像这样的事情，依旧极大损害了拿破仑对这位大臣的信任。

皇帝之后继续进行自己的出巡，还到了科隆、美因茨和科布伦茨①。最终在 10 月中回到了圣克劳，这次出巡总共持续了 3 个月。

在这次出巡中，有很多法令是他主动在途经诸如亚琛、科隆、波恩、科布伦茨及美因茨以及其他城市时颁布的。其他则是看到大臣发给他的报告之后，或者在他返回之后下达的。这些法令都证明了，拿破仑对于所有提给他的建议都会仔细地考虑。而且当他在地方寻访时，总是在积极地思考各个城市及省份可以做得更好的地方，或者有什么它们应该做的事情。也正是在亚琛，他脑中开始构思十年赏这个制度。这些奖项每十年颁发一次。奖项的提名工作由法兰西学会的四个下属机构完成，奖项将被颁给下面这些人才：科学、文学、绘画、雕塑以及音乐这几个分野中最佳作品的创作者；艺术和生产领域最有益的机械的发明者；有益国家农业和工业持续发展的最优秀企业的创办者。而在第一个十年马上要到来的 1814 年发生的一系列灾难性事件，都使得这一高尚的计划无法实现。这一计划本来可以为文学和艺术领域带来有益的鼓励。

---

①　均为莱茵河沿岸的德意志重镇。

第五章

教皇与加冕礼

帝国的建立正式解决了世袭制度这一问题。拿破仑天生就带着所有那些伟大的品质。而皇帝,这一现代欧洲最崇高的头衔,用来称呼一个万国之上的国家元首,是再合适不过了。既然这个称号已经被大家承认了,那么对于这个被古老欧洲国家包围的帝国来说,改造临近宫廷的礼仪就成了必须要做的事情:清除其中的特权或者卑躬屈膝的元素。而如果首位法国人的皇帝,作为一个全新世系的始祖、法国的宗教重建者、最为强大的天主教君主,需要获得宗教祝圣仪式的话,只有教皇有资格做祝圣人,也只有巴黎有资格做祝圣的地点。关于是否要让教皇参与皇帝的祝圣和加冕典礼这个问题,参政院中进行了激烈的辩论。在会议的自由讨论中,许多人表示反对,他们认为这个计划很可能会给罗马教廷新的自夸资本。但是拿破仑坚持自己的观点,最终说服了大家。法国驻罗马大使费沙红衣主教担负起了谈判的责任。谈判花费了很长时间,教皇支支吾吾,各位有影响力的红衣主教则时而支持时而反对,最终巴黎也做出了让步,他们终于接受了大使的提议。听闻教皇同意方案时,拿破仑正在美因茨,他给前者写了一封经过仔细斟酌的信,让前者显得很是尊贵。在信中,拿破仑恳请教皇来到巴黎并为首位法国人皇帝的祝圣和加冕仪式赋予宗教感。11 月初，皇帝的一位侍从官卡法雷利将军带着这封信以及邀请教皇前来巴黎的一封邀请函出发了。拿破仑的信中没有任何关于解决当时悬而未决的宗教问题的字眼，这又让教皇很是迷惑了一阵。不过，在 11 月 2 日，他最终下定决心离开罗马，那时正好是诸圣节后的第二天。

25 日，皇帝以进入森林打猎为由离开了枫丹白露宫。此前他就获知了教皇在前往巴黎的路上经过圣埃……十字架①的准确时间，他在同一时间到达那里。他从自己的马上下来，教皇也走下了马车。两人互相拥抱，然后一同登上了拿破仑的马车：拿破仑先进入马车，然后让教皇坐在了他的右手边。红衣主教们和教皇的其他随从则登上了我们准备的另一辆马车。一行人一路到达了枫丹白露宫，两位元首受到了下面一行人的欢迎：卡普拉拉红衣主教、各部大臣以及皇帝的主要军官们。在卧室中稍微休息了一会，教皇就去分别见了皇帝和皇后。4 点钟的时候，拿破仑回访了教皇，并且和教皇陛下一起闭门会谈了半个小时。在此期间，各部大臣以及其他显要人物都被引见给了教皇。在接下来的两天中，教皇都是和皇帝一起共进晚餐的，其间后者不断向前者伸出欢迎之手。我听说拿破仑在他们的许多谈话中谈起了下面这件事情：教皇曾经强迫他在一份文件上签名。这份文件是路易十四临终时迫于神父的压力签署的，文件否认了 1682 年《教士宣言》的内容。后者是由博须埃起草的，是宣布高卢教会自由的基础性文件。当时教皇也承诺会保守这一秘密，不将这一纵容的行为公之于众。

28 日，教皇在皇帝的陪同下，搭乘同一辆马车前往巴黎。他

---

① 此处指的是枫丹白露的圣埃雷姆十字架。作者在原文中对埃雷姆做了隐蔽处理。

下榻在卢浮宫的花神馆。在法国首都逗留的这段时间中，他在这里接见了许多国家机关和宗教社团的领导，他们都对他发表了讲话。人们在其中注意到了立法院主席的讲话。社会各个阶层的人们都希望可以获得面见教皇的特权，并且获得后者的祝福。每天都有一大批群众聚集在他的窗户底下，双膝跪地乞求可以获得他的祝福。教皇有时会出现在杜伊勒里宫的阳台上，有时拿破仑也会陪在他身边。两人的现身总是能获得人们最大声的喝彩欢迎。

12 月 2 日，加冕典礼在巴黎圣母院举行。教皇是在大批神父和高级教士的陪同下从花神馆去往大教堂的。他身着华丽的长袍，在他前方为他开道的是一个持十字架的修士，修士骑着一头身着华服的驴子，修士的头上戴着一顶圆形的宽檐帽，手上举着一个巨型的镀金十字架。这一新奇的场面激起了群众的极大兴趣，巴黎人此前从没见过这样的场景。

3 小时之后，拿破仑才追随教皇从杜伊勒里宫出发。他坐在国家的马车之中，马车因为玻璃和镀金的装饰而闪闪发光。在马车的前门和后门旁都站着年轻的侍从。行进队伍的宏大和整个仪式的恢宏是一致的。我不会讲述典礼的细节，这些细节大家到处都可以读到。我会专心讲述拿破仑加冕礼上最让人震惊的一件事情。教皇在进行了一贯的圣油礼和祝福礼之后，正准备取过放在圣坛上的皇冠。但此时皇帝突然自己将它拿了过来，并亲手将其戴在了头上。之后他也是亲自为约瑟芬加冕的。教皇成了一个普通的旁观者。关于此前人们以给予罗马教廷过多自夸动机为由而提出的异议，这一举动相当于一个回应。这一举动也震惊了在场的所有人。

在加冕礼的前夜，皇帝庄重地接待了元老院成员，同时，关于建立帝国的投票结果也呈现在他面前。绝大部分之前就同意他成为终身执政的选民，这次也投下了赞成票。只有大概 2000 人投票拒绝承认拿破仑称帝。而帝国加冕礼之后的几天中，拿破仑大部分的时间都花在了接见主教，接见选举委员会、科学社团以及军队代表团的主席上面。在战神广场上，我们向帝国的各支部队、国民卫队以及118个省份颁发了新的军旗：上面绣着一只鹰。同一天，皇帝和教皇一起参加了杜伊勒里宫的庆典，两人坐在同一张桌子旁。他们都身着礼服，由宫中的军官领袖们提供服务。人们以一系列的庆典、烟火表演和彩灯悬挂庆祝了我们刚刚完成的事情。

　　既然讲到了皇帝的加冕礼，我觉得这是一个适当的机会，可以原原本本地讲述一件轶事。为拿破仑著书立传的各位作者们，都把这件事情编得没了谱。拿破仑为大众想象提供了如此多的素材，以至于后者特别喜欢瞎编乱造。但是，当人们依据自己的幻想给这个人物加上各种奇特的叙述之后（拿破仑自己完全不需要这些故事的点缀），他们常常会夺去他的伟大之处，让他变得跟庸人没什么区别。我接下来要讲的这件事情也是一样，人们用想象给此事加上了一个结局。人们都说加冕礼其实是这样结束的，但这不过是纯粹的瞎想罢了。此前，在德·博阿尔内夫人和拿破仑将军结婚的前几天，她找来了她的公证人，并和他谈了一些事情。拉吉多先生到达之后，马上就被带到了德·博阿尔内夫人面前，她当时还没起床呢。他进入房间后，本来在房间里的人就都出去了，只有一个年轻人例外。公证人没有发现这个年轻人的存在，他当时站到了一个窗洞那里。在谈了关于即将到来的婚礼的一些安排之后，德·博阿尔内夫人提出要听一下人们都是怎么评价这桩婚事的。拉吉多先生也没有丝毫隐瞒地告诉她，她的朋友们都觉得她不应该嫁给这个身无分文的士兵，他的年龄还比她小。以后她肯定需要在军队里支持他，他还有可能在军队中死掉，让她带着孩子变得无依无靠。德·博阿尔内夫人接下去问了他的个人观点。他毫不犹豫地表示自己赞

同一一观点。同时他还补充说，依靠着她的财产（她当时有 25000
法郎），她完全可以嫁得更好。他认为职责要求自己把这些话说出
来。在这份热忱下，他还说到，自己毫不怀疑这位士兵是一个值得
尊敬的人，但是他除了自己的剑和帽子之外一无所有。德·博阿尔
内夫人对拉吉多先生的建议表示感谢，然后她笑着呼唤了那位还站
在窗前的年轻人。那位年轻人当时一直在用自己的手指敲击窗户，
仿佛完全没有关注刚刚的那段谈话。不消说，这个年轻人就是波拿
巴将军。"将军，"德·博阿尔内夫人说道，"您听到拉吉多先生刚
刚说的那些话了吗？""是的，"他回答道，"他诚实地说出了自己
的看法，他说的那些话让我很尊敬他。我希望他此后也可以继续处
理我们的事务，他刚才的行为已经赢得了我对他的信任。"而拉吉
多先生听完这一席话后才知道这位陌生的年轻人是谁，他显得很惊
慌。但是，他完全不需要为自己的耿直而感到懊悔。拿破仑一直恪
守着"波拿巴将军"做出的许诺。他将拉吉多任命为王室经费的
公证人，并且一直宽厚地对待他。此后他再也没有提起过自己是在
怎样的场合下认识了拉吉多先生。这就是这个小故事的原貌。所有
其他的细节都是人们想象出来的。这些想象出来的故事是这么说
的：在加冕礼的当天，皇帝身着帝国的饰物，身上佩戴着那把镶嵌
了摄政王宝钻的佩剑。他专门派人找来了拉吉多先生并向后者展示
了自己的这身行头，还对后者说："拉吉多，这就是那顶帽子，这
就是那把剑！"虽然这个故事编得很是有趣，但是很遗憾，皇帝当
时脑袋里思考着更为重要的事情，没空考虑这种小小的复仇。当天
只发生了一件事情，证明皇帝的思绪的确稍微回到了之前那些默默
无闻的日子中，那是他对他最亲近的、关系最好的兄弟的一句感
叹：他看着身着华服的自己和哥哥，感慨道，"约瑟夫，如果父亲
现在能看见我们的话！"这一感想与其说是出于骄傲，不如说是出

于对家庭的情怀。在拿破仑的内心中，家庭总是超越那令人迷醉的荣耀或是身居高位带来的显赫。

信件与礼仪

君主制的重新建立也意味着内阁信件的礼节和格式都要做出相应的调整。皇帝命令我去外交部和国家图书馆找来各种文件和传统资料。在这些资料的帮助下，他起草并采纳了新的信件礼仪。

此前，君主亲手写的信件都要由两根丝绸缎带绑起来，然后在缎带的末尾处盖上皇室封章。依据信件内容的不同，要选择红色或是蓝色的缎带。皇帝弃用了这一关于亲笔信的传统，它们将只是简单地被放在信封里。同时，在旧礼仪中还规定了包括第一行应该在多高的地方开始，"陛下"在信中可以出现多少次等其他很多写信时的要求。这一整套旧礼仪都被抛弃了。此前，级别最高的君主们在信件中互相之间的称呼是"我的兄弟先生"；对于其他人，他们则唤作"我的兄弟"或是"我的兄弟和表亲"：加上"表亲"这个词就表明了收信人较低的地位。杜伊勒里宫的内阁则将"我的兄弟先生"采纳为对所有他国元首的称呼。对教皇的称呼则保持为"神圣的父亲"或者"神圣的陛下"，寄给他的信件的结尾也和此前一样要用下面这句话："愿主在未来保佑您继续领导我们的母亲，神圣的教会！"而此前，对公主和王子、其他显贵、军队元帅及配偶还有红衣主教的称呼是，像我之前说的"男表亲"和"女表亲"①。如果是给"男表亲"或"女表亲"的信件，那么结尾要这么说："此致，我向主祈祷他将您置于他神圣而高贵的守护之下。"

---

① 原文此处是法语"表亲"一词的阳性和阴性形式。

如果是给其他人的信，那么则是这样结尾："在他神圣的护佑下。"我们保持了这一格式。而此前，国王写给上述没有提到的其他人的信一般是以"某某先生"开头的。但是，现在我们对所有人的称呼都是先生，后接此人的姓名和头衔。这些修改以及上述我已经提到过的改动，就是我们对当代的时代精神做出的所有妥协。

新帝国的所有组织都在路易·波拿巴亲王的次子出生时得到了第一次实践的检验。皇帝向元老院发去了一份消息，邀请后者将路易·波拿巴在执政府时期出生的长子和现在出生的次子一起注册下来，并将注册文书存入档案库。元老院在庄严的会见中，将一份官方证书交给了首席大法官，证书证明注册已经完成。同时，元老院也向皇帝发去了祝贺。

拿破仑此前已经借着自己登上帝位的机会，向英国国王发去了新的求和信。他从来没有指望这个提议可以大获成功，但是他不愿意放过任何一个机会，去揭露英国政府丝毫不打算和谈的真实嘴脸。这封信是寄给英王的，而英方的回信则是由大臣穆格拉甫发给德·塔列朗先生的。信件的主要内容是，英国君主在没有和它的盟友，尤其是俄国进行商讨之前，无法就这一提议做出回复。因此他拒绝对皇帝的提议发表任何看法。同时，这封信也让我们开始怀疑列强之间正在准备新一轮的反法同盟。这封信与此前的一系列通信相比，展示出了更多的尊敬，但是在求和这件事情上，还是一如既往地不够坦诚。

加冕意大利国王始末

立法院的历届会议此前都是由内政大臣开启的，但是共和历13年（1805年）的这次会议则由于皇帝的到场而更显壮丽。皇帝带着象征君主权威的全套器具，亲自主持了这一会议。

为了永久纪念《民法典》带来的好处，并纪念皇帝亲临立法院会议，人们在立法院的会议室中竖起了一尊皇帝的雕像。而为了这尊雕像的揭幕，立法院专门安排了一次特殊会议，皇后带着皇室的亲王和公主们，还有内务府的先生小姐们，加上首席大法官和首席财政官，一并出席了会议。缪拉元帅和马塞纳元帅应立法院主席的邀请，来为雕像揭幕。这次特殊会议是在晚上7点举行的，会议结束后，主席在自己的家中举行了一场绝妙的庆典，皇帝也出席了庆典。

大概也就是在这个时候，一个科西嘉农家老妪在一位年轻女性的陪同下被带到了皇帝面前。老妪说这位年轻女性是她的侄女。这位老妪名叫卡米耶·阿丽，是拿破仑的乳母，她想要再见拿破仑一面。拿破仑非常亲切地接待了她并且热情地拥抱了她。与自己这位光荣的乳儿重逢后，这位可怜的老妪开心地哭了出来。皇帝要求我满足她的一切愿望并好好招待她，让她开心。她一句法语都听不懂，也不会说①。她在巴黎待了3个月，每天都陶醉其中。她被引见给了教皇，后者很乐于听她说话，并且她对宗教的那份简单的虔信让后者很是感动。整个宫廷的人都希望见她一面，她也很好地扮演了自己的角色。在慈爱地谈起自己乳儿的同时，她也没有忘记自己的利益。她在返回科西嘉的时候看不出一丝的不快：她要回到科西嘉去好好讲一讲自己的这次旅程，好好地炫耀一下皇帝和约瑟芬赐予她的礼物和金钱。她回到科西嘉后，拿破仑将自己从父母那里继承来的遗产中最好的一部分赐予了她。同时，她侄女的丈夫，一

---

① 科西嘉语与标准意大利语依托的托斯卡纳方言之间亲缘关系很近，与法语基本无法互通。

个叫卡尔伯尼的人，被任命为博凯尔①的税官。

在加冕礼后不久，皇帝开始着手宗教团体的改革，他只打算保留那些真正有用的团体。就在这个时候，他收到了来自耶稣会总会长的一封信。总会长在信中提出让他的修道会为皇帝服务。当时耶稣会已经开始渗透进巴黎了。他们已经吸收了许多学校里的年轻人，并且正在将这些年轻人训练成反对帝国政府的密使。皇帝对于这个修道会在教育方面发挥的作用是很尊敬的。但他很厌恶后者在各种密谋中的参与。同时，他们还是外国政府的喽啰和打手②，而他一直怀疑这个外国政府的意图为何。这也是为什么拿破仑一直禁止他们留在法国。他们则依托着各种各样的假名进入法国：什么信仰之父，Paccariste，Ligoriste，耶稣崇拜者之类的。但是他一直警惕地注视着他们私下的这些活动。每当在给他的报告上读到，或是在报纸上看到有关帝国某处又成立了什么新社团的消息，他总是本能地意识到这又是另一个耶稣会的假名社团。接着他就会写信给警务大臣或者内政大臣，指责他们的疏漏，同时督促他们在这件事情上要打起一百二十分的精神。

所有这些对国内和国际事务的关心、对宴会和庆典的注意都只不过是附带的，拿破仑关心的重点一直都放在应对英国的入侵方案上。维尔纳夫海军上将在指挥法国、荷兰和西班牙的联合舰队时犯过一些错误，这让拿破仑开始怀疑自己巧妙的方案到底能不能成功：也就是用这些舰队来保护登陆船队穿过海峡。他同时燃起了远征印度的计划，此后更是花费了超过 1 个月的时间来解决这一伟大远征途中可能遇到的问题。

---

① 位于法国南部的加尔省，距离科西嘉不远。
② 耶稣会的信条是绝对效忠教皇。

　　他这样做并不代表他就要牺牲布罗涅的远征了，但是在他看来，直接攻击英国这一遥远而最为富庶的领地可以为布罗涅的远征创造有利的条件：英国舰队将会被我们的派出的舰队吸引走。而这些舰船在将士兵运输到位后，可以依托广阔的大洋摆脱与英国舰队的任何遭遇战，从而回到我们的海岸，帮助掩护跨海登陆任务的进行。不过，在仔细权衡了远征印度的利弊，以及考虑到我们的布罗涅远征准备的完成度后，拿破仑决定继续按照原计划推进，不把计划搞得那么复杂。他认为远征印度的计划要求的运气成分过高，因此他将这一计划延后到更有利的时机再进行。与此同时，他在焦急地等待维尔纳夫海军上将领导的舰队的到来。在选择应该由谁来领导对英属印度的进攻时，他很是为难了一阵。他对他的元帅们以及从他的军校中毕业的将军们的才能自然都是很赞赏的。但他觉得他们所有人都缺少指挥一场远征所必需的所有优秀品质，因为在那种情况下，他们将要被迫独自做出许多决策。在这件事情上，我曾经听见他惋惜德赛将军的逝去。他高度赞赏后者作为士兵和政治家的卓越能力。如果当时德赛将军还活着的话，他肯定会将1801年战役的计划交给德赛将军去执行。莫罗当时不敢执行这一战略。拿破仑在构思需要领袖独立执行的军事远征时，总是会想起德赛。也许他丧失了这位卓越指挥官的事实曾经不止一次地迫使拿破仑放弃自己的计划。皇帝对这位将军的悼念不仅是出于对他才能的敬重，还是出于对朋友的崇拜。德赛和他的心灵是相同的，前者本可以成为第二位亚历山大的赫费斯提翁①。

　　除了对英国的入侵之外，还有一件事情是皇帝非常关心的：他

---

① 赫费斯提翁是亚历山大的挚友以及左膀右臂，一些史学家认为两者是同性恋人的关系。

急切地想要一劳永逸地确定意大利的命运。与意大利人的愿望相契合，他将伦巴第①的王冠赐给了自己的哥哥约瑟夫。约瑟夫拒绝了这顶王冠，声称他希望保持自己作为法国亲王的身份，同时保持他对法国皇位的继承权。人们还说，他是害怕向法国纳贡这一行为会触怒自己的新子民，他知道意大利人不喜欢别人把他们的钱带出他们的国家。说到底，他的最大动机还是因为他毫无野心。拿破仑的这个计划失败了，而他又不愿意把创造出来的这个头衔赐给外人，很可能还是富有敌意的外人手中。因此他决定将意大利国王和法国皇帝的头衔合二为一。

在他于巴黎逗留的最后几天里，拿破仑在庄严的会晤中接见了意大利副总统梅齐②。同时在场的还有咨询参议院成员和意大利各个社团的代表。梅齐向拿破仑宣读了赋予他意大利王冠的宣言。

第二天，为了处理掉关于意大利的其他事宜，同时为他将来针对这个半岛的计划做好准备，他来到了元老院。他为自己的妹妹埃利萨取得了成为世袭皮诺比翁公主的认可。她的丈夫也因此成为皮诺比翁亲王。同时她的丈夫还被要求指挥防御海岸的士兵并负责厄尔巴岛和科西嘉岛之间的通信。

在元老院的同一次会议中，皇帝要求元老院以敕令的方式颁布意大利王国的宪法。

就在皇帝被宣布成为意大利国王的同一天，海军上将布吕克斯因为结核病死在了巴黎，年纪很轻。他此前一直拖着病体，以自己

---

① 意大利北部最富庶的地区，中心为米兰。伦巴第人是日耳曼人的一支，曾经在公元6世纪到8世纪统治意大利中部和北部，并建立伦巴第王国。
② 弗朗切斯科·梅齐是当时意大利共和国的副总统。该国是1802~1805年存在于今天意大利北部的由法国控制的傀儡国。首都是米兰。之后提到的咨询参议院是该国的一院制立法机关。

的忠诚和抱负带来的能量支撑着自己执行指挥布罗涅船队的艰难任务。这位海军将领是精力充沛的，但是身体则是最虚弱的。此前，目睹了他因为虚弱的体魄而不停挣扎的拿破仑专门问他是否觉得自己有足够的精力来对抗指挥事务给他带来的疲劳。要么是出于对远征计划的全情投入，要么是不愿意显得能力不如海军上将拉图什－特威尔，布吕克斯将自己的热忱和活动都翻了倍。但是不久，他就力竭倒下了，不得不被带到巴黎。一直到他死前的最后一刻，他都像是一个溺水者那样紧紧地抓着自己总指挥的职位不放。最终是死亡结束了这一痛苦的挣扎。拉克罗斯海军上将接替了他的职务。

皇帝在 4 月 1 日启程前往意大利。此前他已经安排好了一切事务，并且任命约瑟夫在自己离开的这三个月内主持元老院以及其他大小行政事务。在出发的前一天，他还在圣克劳和教皇进行了告别会晤。4 天之后，教皇和他的随从们带着各种昂贵的礼物也离开了。教皇大人是在冬天到达巴黎的，而他一直等到春天来了才动身返回罗马。在帝国首都驻足的这段时期，他获得了特别的照顾。他视察了所有的公共机构，同时还视察了大部分的工业机构。在他到访国立印刷局的时候，局长马塞尔向他展示了一份宏伟的印刷作品：被翻译成 150 种语言的《周日祷词》①，并且是以这 150 种语言各自的文字印刷的。教皇在圣母院中主持了几次弥撒。他还在巴黎所有的教区教堂中都依次主持过弥撒。无论他走到哪里，人们都向他展现出了最大的尊重和敬意。他在 4 月的第一周离开了巴黎。他对《教务公约》带来的法国的宗教复兴很是满意，但是他此行最主要的愿望都落了空。本来他期待通过亲自来到巴黎，可以从皇帝那里获得一些感激，再加上现在天主教在法国重新建立起的影响

---

① 原文是拉丁语：L'Orasion Dominicale。

力，他觉得这些影响力会让拿破仑不再那么坚决。这样他可以从皇帝那里获得一些让步。但是他的愿望落空了。他有一个由红衣主教和主教组成的秘密委员会，这些教士脑袋里装的都是老旧的"教廷全能"的那一套观念。他们从法国的这次宗教革命中只看到了强化教皇绝对权力主义的机会。在这个秘密委员会的鼓动下，教皇多次与新皇谈话，但都失败了。在所有教皇要求的让步之中，就包括要求取消博须埃那四条保证高卢教会自由的提案，同时还要取消1682年的法国教士宣言。他同时还要求教士应该获得监管学校的权力，同时政府应该发布宣言指出天主教是法国的主导宗教。教皇是以教会纪律为名提出这些要求的。拿破仑怀着对教会领袖最大的敬意，坚定地拒绝了这些要求。另一个问题则是在教皇国重建公使馆，这一点对于教廷的意义更大。拿破仑在这一点以及其他问题上则必须要显得灵活一些。因此教皇在离开巴黎时很是后悔自己屈尊离开了罗马，因为他觉得自己屈尊跑这一趟没有收获应有的回报。教皇陛下此后在皮埃蒙特又遇到了皇帝，而后在斯杜皮尼吉皇家城堡再次和后者告别。之后他继续启程前往罗马。在他启程离开永恒之城前去为新查理曼在后者的首都加冕8个月后，他又回到了罗马。人们当时普遍注意到，其他少数几位获得教皇加冕的君主都是亲自前往罗马去从圣彼得的继承人手中获得祝圣的。教皇利奥三世在罗马加冕查理曼为西部帝国的皇帝。查理曼既是教廷的施恩人，也是一手赐予教廷权力的人。

拿破仑是在约瑟芬皇后的陪伴下踏上前往意大利的旅程的。而预定要为意大利国王加冕的米兰大主教卡普拉拉红衣主教则早就上路了。皇帝让他的大司仪和他宫廷的一部分人也同样提前出发。剩下的人则陪同他一起上路，德·普拉特神父和德布罗利神父担任随行神甫。这两位高级教士脱离了此前的幻想，似乎已经完全接受了我国建立的这个新政权。这两位神父争先恐后地表达了他们对这位将法国抬升到万国之上的天才的敬仰和忠心。他们在旅程中和皇帝侍从官们谈话的语气既世俗又欢快，同时他们对宫中的各位女士也是非常殷勤有礼。他们两位都是非常机敏的人，但是德·普拉特神父尤其擅长说个不停。所有正在跟他谈话而想要暂停一下去使用手帕或是喘口气的人都是不幸的。只要他一开始讲话，那其他人就再也没有机会插嘴了。拿破仑给了德·普拉特先生许多赏赐。但是，一看到帝国开始走下坡路，突然发现自己侍奉的人现在成了"朱庇特司卡班"①，这位战神的神甫就开始在自己的一些作品里为这段不好的时光当众认罪。他写的那些东西比较能显示他的头脑灵活，不大能让人看出他的真诚。总之，他犯下了最骇人听闻的不忠行径。

德·普拉特先生是在偶像被推翻之后才开始侮辱偶像的，但是德布罗利先生则早就开始这么做了。他先是担任了阿奎主教，然后是根特主教。他的态度和言语在皇帝和教皇的关系转差的时候就开始发生变化了。他对帝国政府的疏远既迅速，又让人惊讶。在这位高级教士的眼里，这位曾经的天选之子成了宗教的敌人，成了反基督教的人。他坚决地站在了皇帝的对立面。他也固执倔强地拒绝了拿破仑做出的一切和解的尝试。因为他不愿意从皇帝手中接过任何东西，因此他甚至不愿意接受荣誉军团的勋章。他是如此狂热，以至于他想要的不再是殉道者的棕榈叶（那时候棕枝主日刚刚过去）而是不畏迫害者的棕榈叶。他被关押在了万塞讷城堡，并被要求辞去他的主教职务以重获自由。但是，他并不认为自己已经丧失了主

---

① 司卡班是莫里哀笔下一名擅长欺瞒的负面角色，朱庇特司卡班是德·普拉特神父日后给拿破仑起的外号。

教的权威，还是继续秘密地跟教士们通信往来。并因此给自己带来了进一步的耻辱。帝国倒台后，他的主教职务得以恢复，但是他和荷兰政府的关系依旧不好。三年后，布鲁塞尔巡回法庭以拒绝服从国家法律为由缺席审判了他，并将他驱逐出境。但是同时，他的确是一个正直的人，他的学识和无懈可击的品行也让他受到广泛地尊重。

皇帝在去往意大利的路上，于里昂和都灵做了短暂的停留。在越过塞尼山①时，我们采取了那个时代惯用的方式：马车被拆开，人们都要步行走过陡峭的步道，每一步都很艰难。一部分值得信赖的步履矫健的人，要么直接用肩扛，要么用轿子将旅行者和行李扛在肩上。剩下的登山者则乘着某种雪橇，拄着金属包头的棍子，灵巧熟练地在前方带路。当我们于1807年再次翻越这座山的时候，一条宽阔且坡度平缓的优质道路已经取代了上文提到的混乱。这条路是如此好走，以至于我们的马车都没有在中间卡住。到达亚历山德里亚之后，拿破仑造访了他下令建造的巨型防御工事，还从那里俯瞰了整个马伦哥的战场②。在这片5年之前还是战场的原野上，拉纳元帅组织了一系列演习。拿破仑此前专门派人从巴黎取来了他在那个值得纪念的日子所穿的大衣和所戴的帽子。在观赏演习的那天，他专门穿上了这件大衣，戴上了这顶帽子。这一套旧制服极大地鼓舞了士兵们的热情。他们中的许多人都曾经见识过这套制服在战场的熊熊大火中反射出的金光。这套制服又脏又暗的装饰也让他们生动地回忆起了法国军队的荣耀，又回忆起了那场带来了绝妙胜

① 今位于法国的萨伏伊省，掌握有西阿尔卑斯山脉中的一个重要山口，是由法国进入意大利的必经之路。

② 1800年6月14日，拿破仑指挥的法军在马伦哥战役中击溃了奥地利军队，并将奥地利人逐出了意大利。

利的战役。

皇帝在亚历山德里亚见到了自己的弟弟热罗姆，后者在从美国回来后就马不停蹄地赶到了这里，只为了见皇帝一面。他是从热那亚来的，他此前指挥着"鹰"号双桅横帆船到达了热那亚。这次会面充满了争吵：皇帝拒绝承认他弟弟和帕特森小姐之间的婚姻，他们结婚时都还是未成年人。这场婚姻已经迎来一个孩子的降生，迫使热罗姆激烈地抗议拿破仑的反对。但是，他最终还是被迫屈服于他哥哥的愿望并在会面后马上回到了热那亚。他在那里登上了自己的船，等待着皇帝的到来。

离开亚历山德里亚后，拿破仑来到了帕维亚，他在那里待了 2 天，并接见了一个从米兰前来祝贺他的庞大代表团。这个代表团也使得他 5 月 13 日进入首都①时的场景变得更加恢宏。米兰人以热情的游行欢迎了拿破仑的到来，出于意大利人的民族性格，这些游行比往常更为令人瞩目。从他抵达米兰到加冕礼举行之间的 15 天都被用来完成加冕典礼的各项准备了。他拜访了位于米兰市中心的米兰主教座堂②，这座教堂也是伦巴第的骄傲。这是一座巨大的教堂，由无数的大理石雕塑装饰。他下达了完成这座教堂建设的命令，此前的很长一段时间里，人们都忽视了这座教堂，这也成了米兰人的一个心病。1805 年 5 月 26 日，正是在这座大教堂里举行了恢宏的意大利国王加冕仪式。人们从蒙扎③取来了伦巴第国王们加冕典礼用过的铁王冠。后者此前一直作为历史遗物被保存在蒙扎。拿破仑亲自为自己戴上了这项王冠，就像他在巴黎圣母院时做的那样。同时，他还大声地念出了王冠上的铭文：上帝赐之于孤，触碰

---

① 指米兰。
② 原文使用意大利语 Duomo。
③ 同样位于伦巴第的城市。

它的诸位要当心！①

约瑟芬皇后并没有被加冕为意大利王后，她一直坐在圣坛右边的回廊里欣赏了整个典礼。典礼结束后举行了一系列的庆典和大众娱乐节目，其中就包括在一个竞技场里进行的运动比赛。它是照着古罗马的风格来准备的，但只不过是对古典运动的拙劣模仿罢了。斯卡拉大剧院②在表演中拿出了压箱底的功夫。当时雄踞意大利歌唱家第一位宝座的是著名的马尔切斯。他是这个国家音乐学院里创造的最令人惊艳的阉伶③之一。马尔切斯的声音受到了所有人的景仰，在那次登台之前，他已经 15 年没有演出过了，那次表演也是人们最后一次聆赏他的歌声。他对自己从事的艺术的热爱使得他在年事已高的情况下依旧可以进行表演。在加冕典礼的时候，他已经 63 岁了。得益于他高超的技巧，他的声音一直是那么悦耳、纯净，带着一点迷人的甜蜜。他同时还是一个出色的演员。

而在热那亚并入帝国时④，为热那亚公爵、热那亚元老院代表和热那亚民众准备的会晤典礼，是一个更加宏伟的场面。拿破仑创建了铁王冠勋章，同时一份确定意大利王国组织形式的宪法性文件也被提交给了立法院。欧仁亲王宣誓成为总督。宪法规定意大利的王冠是世袭的；女性无法继承，君主如果要收养一名继承人的话，只能是一名法国人或是意大利人；而只要外国军队撤出那不勒斯、

① 原文是意大利语：Dio mi la diede, guai à chi la tocca!
② 位于米兰的剧院，是世界上最著名的歌剧院之一。
③ 为了保持与女性相近的音域，将年轻男子在性成熟前去势的行为自拜占庭帝国时期就有记载，这样产出的歌者称作阉伶。16 世纪开始，意大利成为欧洲阉伶制造的中心，这一风潮一直持续到 18 世纪，女性被大规模地允许登台后才逐渐消失。
④ 热那亚并入法兰西第一帝国是在 1805 年 6 月，下文会提及为什么热那亚领导人们当时都在米兰。

爱奥尼亚群岛以及马耳他，拿破仑就会将王冠传给自己或亲生或收养的一名合法子嗣；同时自那一刻起，意大利的王冠将永远不能和法兰西的皇冠属于同一个人，并且拿破仑一世的继承人将永远居住在意大利的领土上。

在为自己新王国的组织提供了宏观和微观层面的指示后，拿破仑离开了米兰，开始巡视意大利诸省。人们在卡斯奇里恩战役的发生地蒙泰基亚罗的平原上组织了一个人数众多的军营。就像在马伦哥那时候一样，皇帝观赏了演习，并且授予了赏赐和勋章。他接着造访了曼图瓦、渔村、维罗纳和莱尼亚诺的要塞。这一系列秀肌肉的行为都是为了震慑当时我们在德意志地区蠢蠢欲动的敌人，让他们见识到我们军事资源的丰富、军队的英姿飒爽、军队对战争的了如指掌以及我们高昂的斗志。

热那亚和帝国的合并是在米兰完成的。拿破仑之所以做出这个决定，是出于以下三个原因：这个共和国不稳定的局势；他希望得到该共和国的港口，尤其是拉斯佩齐亚港，这个港口又大又安全，足以建设一个大型的海军营地；同时还必须提到当地人民都希望加入法国这一点。通过并入法国，热那亚人期盼一个更加稳定安全的未来，同时还希望他们的商业往来可以受到法国的庇护。这也是为什么热那亚的元老院和公爵本人决定前往米兰，并将他们的愿望告诉皇帝。

当皇帝在博洛尼亚停留时，一支来自卢卡公国的代表团，出于同样的动机，也来请求皇帝将他们的国家纳入保护范围。他并不需要通过恫吓来迫使这两个小国家表达这样的想法，成为帝国的一部分对他们自己有如此多的好处，以至于他们很自然地就表达了这样的愿望。拿破仑拒绝了卢卡人的请求，但他还是给了他们一部宪法，同时将卢卡的主权交给了他的妹妹埃丽萨。后者将卢卡并入了皮奥恩比诺公国。皮奥恩比诺公国是元老院在 3 个月前交给她的。①

皇帝在帕尔马仅仅逗留了 24 小时，他在那里接见了莫罗·德·圣梅里先生。后者跟约瑟芬皇后是同乡，还有亲戚关系。依托自己的这层关系，他已经被任命为国务参事，同时是帕尔马、皮亚琴察、瓜丝塔拉三地的总监。这位总监是一个聪明而正派的人，自从大革命开始后，他就同时展示了坚韧而又不乏克制的品质。他对这些地方的管治方式很是宽松，基本上是整日沉浸在艺术和文学中。他的管治方式和拿破仑主动且讲究实效的治理模式并不是很一致。他指派波多尼以奢华的方式重印了《论舞蹈》，这让皇帝很不高兴。帕尔马地区民兵的哗变就被归咎于莫罗·德·圣梅里的软弱。政府此前专门派出了朱诺作为临时专员去镇压哗变。政府召回了德·圣梅里，帕尔马诸城也被分割成几个省，并入了法国的行政系统，成为帝国组织架构的一部分。莫罗·德·圣梅里返回法国后，受到了皇帝冷淡的接待。他被扫进了记忆的垃圾堆里，只获得了一份普通的退休金，还是约瑟芬皇后慷慨地自掏腰包给他加了一点钱。

拿破仑遵守了他对热那亚代表团的承诺。他亲自前往热那亚去接受帝国新子民的致敬，同时也现身于当地政府各部门的组织工作中。内政大臣此前已经先一步到达了热那亚，而首席财政官当时也在那里，他是受命去当地建立法国政权的。人们以欢迎解放者的姿态欢迎了拿破仑，他们组织了热情洋溢的游行，表达了对拿破仑的

---

① 本段有比较严重的时间轴问题。正如作者提到的，1805 年 6 月 22 日拿破仑撰写了宪法，同时将卢卡交给了自己的妹妹。之后到了 7 月的时候，"卢卡和皮奥恩比诺公国"才正式建立。此前卢卡一直是一个共和国并不是公国，而且也还不是"两个小国家"，这里可能是作者记错了。

感激和敬仰。同时人们也以他之名组织了华丽的庆典。他本人参加了热那亚港口举办的庆典，那个庆典就像是童话故事一样壮观。皇帝当时下榻在多里亚宫，他和约瑟芬皇后在整个宫廷的簇拥下，穿过了多里亚宫的露台，走下了那通向大海的华丽大理石台阶。当年安德烈亚·多里亚①也正是走下这些台阶登上他的桨战船的。皇帝则在这里登上了一个巨大的圆形浮亭，亭子的柱子都漆着白色和金色的油彩，由100名身着华服的男划桨手驱动。他登船后，这个圆形的亭子马上朝着海湾开始前进，那里正在举行划船比赛。到了夜幕四合的时候，许多的浮岛就像是变魔法一样和这个漂浮的神殿连接在了一起，在碧波上建起了一个草木繁盛的花园。花园中还点缀着雕像和喷泉。天色彻底暗下来之后，烟火表演开始了。烟火照亮了整个海港，同时照亮的还有环绕着海港建设的一系列建筑。

　　皇帝在热那亚再次见到了他的弟弟热罗姆。自从两兄弟在亚历山德里亚和解后，热罗姆已经被提拔为中校。他被委任带领舰队前往阿尔及尔，并要求当地的迪伊②交还被巴巴里海盗绑架的热那亚人。既然他们已经成了和我们一样的公民，热那亚人就有权马上受到法国的保护。波拿巴的名号和中校的坚定让迪伊屈服了，后者一开始是拒绝服从的。热罗姆在离开热那亚一个月后，将那些他从奴隶制下拯救出来的热那亚人和意大利人带回了那个港口。这次幸运的远征让他赢得了热那亚人民的爱戴，他们以激昂的感谢对他的归来表示了欢迎。

　　尽管皇帝在热那亚的狂欢氛围中待了8天，但是他并没有忘记重要的事情。他一直以来最关心的事情还是对英国的战争，这也是

---

①　公元15世纪至16世纪时热那亚共和国的海军上将，上文的多里亚宫是他的居所。

②　迪伊是当地对总督的称谓。——编者注

他愿意接纳热那亚的主要原因。他和皇后离开这座城市后在都灵逗留了一天。在热那亚共和国与帝国合并后，首席财政官的临时特权失效了，因此他以总督的身份留在了那里。皇帝在返回巴黎的路上，拜访了塞尼山的修道院，修士们在那里为他准备了午餐。这也是他在路上唯一的停留，此后他马不停蹄地全速赶回了枫丹白露宫。约瑟芬全程都陪伴在他身旁，她以惊人的耐力忍受了这样快速旅行时必然带来的疲劳及艰苦。皇帝本来是想要照顾她，不让她一起上路的，但约瑟芬坚持认为，只要她和拿破仑在一起，这样艰苦的长途跋涉就不算什么。在这次快速的旅程中，本来为皇帝的马车组织了由士官、卫兵和轻骑兵组成的护卫团，但是他们最终都被高速行驶的马车甩在身后了。皇帝对他们的热忱表示了感谢，此后也再没有尝试过这样的事情了。

与拿破仑一起工作

我觉得，作为一个可靠的史官，我应该在这里讲一下我陪伴他的漫长岁月中，他真的对我发火的那个故事。这个故事也可以让我们一窥拿破仑的性格。

那时候我已经在他的内阁里工作了3年。在此期间，我多次从他那里获得了证明他喜爱和满意我的证据。一直以来我和他的关系都没有遇到什么问题，但是一次特殊的情况打破了这一宁静。自从《亚眠和约》破裂以来，内阁里的工作量就大幅度增加了。由于我一直不停地在工作，因此内心燃起了对娱乐消遣的渴望。当时的我还很年轻（我当时只有27岁），因此尚不成熟。我对于前途既没什么大的抱负，也不怎么关心，因此我肯定是要充分利用我剩下的那几个小时的休闲时光来暂时逃离我那长期伏案的单调生活。而当时正是歌剧院蒙面舞会的黄金岁月。拿破仑自己也经常参与其中。我经常参加这些舞会，也总是能在那里遇到一些熟人，渐渐地我就习惯和他们聚会了。因此我们会组织一起去剧院看戏或是一起晚餐。每周我们总会在罗伯特餐厅晚餐一两次，桌子上几乎从来不会超过8个人，最多就10个人。主持晚餐的一般是一到两名我们称作"客气女士"的女性。大概是命中注定吧，我经常来往的这些男士都是皇帝不怎么喜欢的人。在这些人之中有一名温和的前国民公会议员，是拿破仑的同乡，也是他家族的好友。我认识这个人很长时间了，他是一个敏锐而聪明的人。虽然他对时局不满，但是也造不成什么伤害。之后我为他在政府里谋得了一官半职，他被派去皮埃蒙特的一个副省会。他是如此富有技巧而忠诚地完成了自己的任务，以至于皇帝觉得他的才能值得更高的职位，并将他委任为省长。那群人中剩下的人都是银行家，他们中的一部分曾经因为被政府审查而感到不满，但他们都没有到对政府怀有敌意的地步。尽管他们认为自己有权发牢骚，但他们都是圆滑的人，知道不能在我面前表达这些观点。就算他们真的跟我发牢骚，我也不会听的。我就这样沉浸在这些不谙世事的享乐中，全然不知乌云正在我的脑袋上集结。有一天，我去见约瑟芬皇后的时候，她刚好和我说起了歌剧院的舞会。她说起了皇帝在那里见到的一些人，这让他多少有点妒忌。她开玩笑地对我说，她知道我在那里经常见一个喜欢的人，她还表扬了我的品位。然后她告诉我，她知道那个人的名字。她接着说，我选择那个人的原因肯定是因为那个人的教名是约瑟芬。我否认了我和那个女士之间有任何她提到的这些感情，并且恳求她告诉我她都是从哪里听说这些事情的。承蒙她的好意，她毫不迟疑地就告诉了我，她是从拿破仑那里听到这些消息的。这就让我开始思索了。考虑到皇帝是多么喜欢开玩笑，他对我的缄默就让我很惊讶

了。之后，在仔细思考了这件事情之后，我因这样的隐瞒行为感到
很是受伤，并且决定等他亲口对我提这件事情。两天后，我在圣克
劳的家庭会客厅外面的一个回廊里遇到了他，他当时正和科维萨尔
医生一起散步。

　　就在我从他们跟前走过的时候，皇帝挡住了我的去路。然后他
抓起我的胳膊，用嘲笑的眼神看着我，对科维萨尔说："看啊，这
就是那个跟我的敌人厮混在一起的男人。"因为之前从约瑟芬那里
听来的事情，我已经对这一言语攻击做好了准备。而皇帝以他一贯
的直率跟我说话也让我放下心来。我本来不应该如此看重这件事情
的，但是他此前对我的缄默让我很不高兴，因为这暗示着某种怀
疑。这驱使我严肃地回复了他的这番话，表示我并不觉得他对我的
指责是合理的，如果和我在·起的人真的是他的秘密敌人的话，那
他们找我就是找错人了。同时，我还表示他不应该怀疑我对他的忠
诚，就算是有人在我面前暗示任何对他不利的事情，我也是不会允
许的。在我讲话的期间他都没有打断我，而我说完这番话后，看他
没有什么要补充的，我就走了。科维萨尔一开始对于皇帝对待我的
方式还很震惊，听完我的这一番话后也站到了我这一边，开玩笑地
说他愿意为我担保。在那一天接下去的时间里，没人再提起早上发
生的事情。

　　而一直到那时候为止，大家都是容许我晚上不在书房里的。有
时候我会第二天白天再回到书房里，但总是可以在早上9点的晨会
之前抵达。每当皇帝穿过书房去主持晨会的时候，我总是已经将他
需要的文件都准备好了。当天早上到达的信件也都已经拆开放在他
常坐的沙发椅旁边的小桌子上了。他总是会在经过桌子的时候瞄一
眼那些信件，但是他基本不会停下来，除非我告诉他当天有紧急的
信件。我不知道是不是有警察的报告将我之前提到的那些朋友间的

聚会曲解了。但是自从我知道皇帝了解了我的这些聚会后，我发现他总是会在我到达之前来到书房。我同时还得知，皇帝时常会在晚餐后，在我离开之后，问起我在哪里。看起来他是在为自己将来的爆发搜集证据，积蓄不满。这时，一个我负责寄出的包裹适时地引起了他的爆发，这个包裹出于某种原因没有被及时送到地方。有一天，我到达书房的时候，掌门官告诉我皇帝言辞激烈地表示要见我。就在掌门官离去的时候，皇帝出现了。他语气特别激烈地对我说了一番话，同时用一种看起来是装出来的愤怒批评我忽略了书房里的工作。他还说我一直都不专心工作，总是缺勤，说我绝对是在马虎对待他的事情，并表示因为我的过错，他丢失了一个重要的包裹。然后，没等我做任何的解释，他就出门去把信使找来，把自己的怒火都发泄在了信使的头上。回来之后，他唐突地把自己写字桌上所有的包裹都打开了，然后告诉我，他不希望我之后打开任何他的信函。然后说，他虽然毫不怀疑我对他的忠诚，但是不再能相信我是一个细心的人了。上面这一番说话和行为都是一气呵成地完成的，以至于我一句话都插不进去。我以前从没有见他这么激动过。这次争吵之后，他就去参加晨会了。之后他又直接去进了早餐，没有再回到书房里。就在晚餐开始前的几分钟里，我被召唤进了跟他书房连着的那个小会客厅。我进去的时候，他正和国务卿在一起工作。我进来之后，拿破仑就站了起来，然后沉着冷静地向我走来。在这位大臣的见证下，他像是父亲一样地对我说了一番话，他讲到了他对我的信任，讲到了我的职责，以及正确地完成这些职责是多么光荣的事情。他还讲到了我的前途，以及他真心是为了我好，等等。他是如此慈爱地对我说了这番话，以至于我本来都打算要冷淡地面对他了，但还是不由得深受感动。他告诉我，我必须要停止缺勤的行为了，因为他一周七天都要工作。事实上，当天晚上，他在派人叫我之前，已经自己在书房里待了 25 分钟。当我应召进入书房后，他尽可能地以最热情诚恳的方式接纳了我。他叫我亲爱的梅尼瓦洛①，这也是他经常对我用的亲昵称呼。他没有再提起当天白天的争吵，也尝试着让我忘记它。这场争执就这样结束了，在之后上天注定我要和他一起共度的岁月里，再也没有发生类似的事情。他一直是那么好，那么耐心，那么宠溺地对我。此后有一次，我忘了具体的情形是什么了，但是我提起了这次的争吵。"我亲爱的梅尼瓦尔"，他对我说，"有时候我不得不将我对某人的信任暂时隔离观察一下"。

　　皇帝对我的言语攻击自然是为了要伤害我的情感的，但是从某种程度上来说，这样的攻击是合理的。在仔细回想了这件事情后，我不得不承认，如果有时候平静的脑海里刮起风暴，如果有时候风暴袭进最不为生活苦恼的人的头脑中，那么即便是这样一个机智而敏感的人，这样一个日理万机的人，也会在小事情上败倒在人类不完美的本质下。拿破仑托付于我的事务和文件足够重要，会让他为它们的安全而担忧。更何况，虽然这位伟人也不免受到俗世情感的干扰，但是在逆境中，他总是可以保持自制、保持冷静、保持平和，并且总是脑力全开。所以，我不会因为发生的这些事情而怨恨他，他也不会这样对我。但是，我也必须要说，当时我受到的那些限制，是到那时为止我觉得最难接受的。

　　第二天早上，皇帝书桌上的信件都没有开封。他进入书房后，自己打开了一两封信，然后就把剩下的都交给了我，并有点不耐烦地说："梅尼瓦尔，拆开这些信！"我并没有去碰之后到达的那些

---

① －ot，是法语中的小称词缀，这里拿破仑称呼作者为"我的小梅尼瓦尔"是一种爱称。

信封。我当时一直觉得我的工作量已经很大了，我不想看着它再增加。我下定决心要趁这次争吵的机会彻底摆脱这件工作。随着我的工作量越来越大，这份工作也变得越来越累人了。给君主的信件开封包括下面这两项工作：首先根据与信件有关的大臣将信件分门别类排好，还要在每封信的空白处简短地总结一下这封信的内容。而现在我时常没空做这份工作。我经常在做这件事情的途中被打断，被叫去写下皇帝口述的事情。我就不用再提如果有包裹寄错了或者寄丢了的话，我身上会多出多少工作了。早在 1803 年至 1804 年间，当英国的大使们在距离我国边境咫尺之遥的那些官邸里制造动荡、发展密谋，甚至激发腐败的时候，我就向拿破仑建议他必须要为自己的包裹提供更多的安全措施。他做的唯一一件事情就是在他往返马尔梅松和巴黎的旅途中给我提供了一个骑马的护卫。他总是在特别晚的时候启程去马尔梅松或巴黎。不过这个护卫也只不过是为了保护他的文件袋不要丢失而已。

在我这一连串思考的最后，我打算补充一点：皇帝逐渐习惯自己打开自己的信件了。当我没有更紧急的事务要处理的时候，我也会帮他做这件事情。他的脑袋本来就急切地需要事情来做，而他从来都无法满足自己脑袋的胃口。同时他的脑力是随着所做事情的增加而增长的，因此拆信这一活动很好地满足了他的需要。他每拆开一封信后，就会马上读完这封信并且当下做出答复，还会为此暂时把其他的信件放在一边。他会把所有不需要回复的信件扔到地上。有时候大臣会来问我，皇帝对某某报告做何反应。当他们听到皇帝将信件扔到了一边没有答复之后，他们就知道那是什么意思了。拿破仑曾经把这称作做工作最好的方式：不要回复它。当他不在的时候，我会负责拆开他缺席期间寄来的信件。如果这些信件里包含紧急信息的话，那么我就要将信件带去给他，无论他在哪里。或者要在他回来后马上把信件交到他手上，即便他那时候是在私人房间里。这一习惯就这样被建立了，之后我们也一直是这么做的。而我之前跟各位读者分享的那些小庆典和娱乐活动，之后由于一系列的事情，以及我必须要陪伴皇帝进行一次出巡等原因，都不再举行了。

布洛涅远征与欧陆大战

我不能不讲一下这个小插曲，不过它也打断了我原本的叙事。下面我就会回到我的叙事上去。布罗涅的远征部队已经部署好了，所有的大小船舶也做好了出海的准备。关于登船以及登陆的重复性训练已经让部队可以毫不混乱地快速精准地完成任务，这一点在这样的远征中是必不可少的。每一个团、每一个旅和每一个军都有分配给自己的位置，也知道应该登上哪艘船。士兵和海员们都收到了事无巨细的指示。此前的风向一直不利于我们将英国的船只封锁在港口里，并控制海面。而此时风向也开始转好了。伦敦的内阁会议笼罩在恐惧中。英国在她的岛上瑟瑟发抖，面对着自己从未遇到过的巨大危机。她还在四处撒钱，并动用了自己所有的外交资源，希望可以拉拢奥地利或者俄国。而为了护卫布罗涅船队自由地渡过拉芒什海峡而必须组成的足够的海军力量所需的策略也成功了。通过娴熟的整合策略，拿破仑成功地将法国和其盟友的舰队在远海上组织在了一起。我必须要补充一下，因为他对于海战的经验不足，他在执行自己的计划时，时不时地需要一些辅助，但是他的海军大臣并不总是可以为他提供这些协助。在这样一次浩大的海上远征开启的前夕，这位大臣的肩头要担负起很多责任，但他总是不能很好地履行自己的职责。他在海上是一名勇猛的军官，但是在会议中，他总是畏首畏尾。本来当时的情形应该可以反过来影响负责指挥全局的海军上将的。不过，尽管他是一个勇猛的人，但他实在是太过摇摆不定，太过软弱，以至于他一个人就足以让他手下的资源彻底瘫痪、无效。大臣和海军上将的含糊其辞让皇帝变得非常不耐烦。从海上传来的消息总是让他一会很丧气，一会又重新受到鼓舞，最终，他自己都开始怀疑这次远征到底能不能获得成功。但是，所有的准备工作又都已经完成了。皇帝虽然在经受着这一系列不确定性的折磨，但还是期待着他可能下一刻就会获得关于哪支舰队出现的消息，他是那么急切地期待着这支舰队的消息。就是在这个时候，他获知他的希望破灭了，维尔纳夫海军上将在进入加的斯后受到了优势敌军的封锁①。拿破仑那时只能放弃一切幻想，开始专心准备迫在眉睫的与奥地利之间的大陆战争。他也因此决定解散布罗涅的营地。用他的话说，他总是会用两种方式来表达同一主题。因此他下达了关于解散营地的秘密命令，但是他并没有明显地表示自己对这次远征的成功失去了信心。最后，他向德·塔列朗先生口述了起草宣言的指示。

有一些研究拿破仑的历史学家此前曾经说过，在维尔纳夫海军上将的惨败证明进攻英国的计划不再可行后，拿破仑马上找来了达吕先生，并且一口气向后者说明了自己对抗奥地利的计划：包括各支部队应该从哪里开始进军，一直说到他们攻入维也纳为止。但这不是拿破仑的风格。我毫不怀疑他可以脱口而出一个这样的计划，这也不是他第一次研究关于在德意志地区的作战了。而将战斗的计划交给达吕先生也是非常令人放心的。但是，他一般是不会让别人知道他的秘密的，除非他认为为了完成自己的计划，他必须要信任

_____

① 指特拉法加海战，法国海军精锐经此一役几乎全军覆没。

某个人。那么好了，在当时的情况下，他没有什么理由去完全信任达吕先生。事实是，拿破仑找来了这位先生，并且派他去找陆军大臣德让将军。当时距离他自己动身前往巴黎还有 4 天时间。他让达吕先生去给陆军大臣送一封信，并且让达吕先生尽可能地帮助陆军大臣完成信中的命令，这样一来就可以避免政府被蒙在鼓里。下面就是这封信的全文。

皇帝致陆军大臣的信：

德让先生，陆军大臣想必已经给您下达了许多命令，让我军驻意大利和莱茵河地区的军队进入战备状态。您可以认定，这场战争一定会到来。我已经下令为军队准备必需的大衣和军靴。如果您在巴黎有可以调动的物资，请务必告诉我。您必须告知所有骑兵部队，不惜一切代价给自己换上全新的战马。我觉得您可以为此给他们提供 100 万法郎。我已经临时又给您划拨了 220 万法郎，其中的 100 万用来购买拉火炮的战马，12 万用来采购大衣和军靴。要特别留心炮兵运输队用的马车，让他们在桑皮尼制造那些马车，那里有一个运输车市场，当地应该有更多这方面的储备。我预设您已经知道我要在美因茨和斯特拉斯堡补充行军干粮了，我在那两地准备了很多干粮。我们现在用的是 20 个月前制造的那些干粮，那里会驻扎大概 2 万人。那些 12 个月前制造的干粮先放着不动，因为有可能只需要几场战役就能解决问题，我到时候会尽快赶回海岸。加快赶制共和历 14 年①批次军服，尽快把它们生产出来。您要为整

---

① 公历 1805 年。

个第五陆军师准备战马：总共 9000 匹龙骑兵战马，8000 匹或者 9000 匹轻骑兵或骠骑兵战马，4000 匹到 5000 匹重骑兵战马，加上 1500 匹给卫兵的马，我这还没算参谋部领导呢。我希望继续采用在布罗涅采用的管理方法，尤其是针对面包和肉类配给。要马上开始在兰道、斯特拉斯堡和施派尔筹集葡萄酒和白兰地。兰道将会是主要集合地之一。我相信范德贝尔格派去斯特拉斯堡的人数应该就是他派来布罗涅的这些人。先头部队已经启程，具体事项您要去问他。我之前让您在斯特拉斯堡提供 50 万份口粮，但我觉得您这样安排也没问题：兰道准备 20 万份，斯特拉斯堡准备 20 万份，施派尔准备 10 万份。我希望您寄给我两份报告：第一份告诉我每个骑兵团有多少战马可以继续服役、每个团的财政状况如何，以及他们凭借自己的努力可以找来什么样的马匹；第二份告诉我大部队各团的军服状况如何，以及他们什么时候能收到共和历 14 年批次军服。陆军大臣会指示你如何将大部队组织成 7 个军团。不要忘记野战医院的问题，您要马上开始着手准备组织这支庞大军队涉及的各个细节。我在这里可以告诉您，也只告诉您，我希望军队在葡月 8 日跨过莱茵河，按照这个时间节点来做准备。我必须补充一点，这封信只是给您一个人看的，其他任何人都不得阅读这封信的内容。要掩盖真相，就说我只是要调走 3 万人去护卫我们在莱茵河的边境。这个秘密是瞒不住军中的各位军官的，您要让他们了解到跟您统一口径的重要性。此致，我向主祈祷他将您置于他神圣而高贵的守护之下。

拿破仑

自我的布罗涅帝国行营

共和历 13 年，果月 18 日

　　我在这里誊写的这封信是拿破仑经常给各个大臣们发出的成千上万封信件的一个样本。在这些信件里，他总是会提供最事无巨细的描述，把所有的事情都给安排好。他觉得，为了让人们准确地执行他的命令，他必须要这么做。他还经常会重复这些命令，为了激起他们工作的热忱。

　　人们此前曾传说，对英国的进攻计划不过是做做样子。他们这样说的理由是当时欧陆上的大战迫在眉睫，这肯定迫使他抛弃了在这时带着自己的精锐离开大陆的想法。实际上，世上再没有比进攻英国更认真、更真诚的计划了。拿破仑此前一直期待可以通过重大的让步，确保和普鲁士结盟，以在大陆上牵制奥地利。按照他那样准备下来，对英国的征服是很有可能成功的，并且大概在 3 个月内就可以结束。第一次战役的胜利就可以让法军直取伦敦，而我们此前在苏格兰和爱尔兰埋伏的线人，加上英格兰人民对特权老爷们的大起义就可以解决余下的问题。而维尔纳夫海军上将犯下的错误（没有直接前去和布列斯特的舰队会师，而是选择进入加的斯）以及奥地利的宣战是让我们一开始延后，并最终放弃这一伟大远征的唯二原因。

　　这个远征计划让拿破仑受尽煎熬，忙前忙后做出了如此多的努力，并花费了如此巨额的开支，而且是注定可以成功的。但最终却葬送在了怯懦和令人难以置信的优柔寡断中。被迫放弃这样一个计划让拿破仑非常悲伤，同时也异常愤怒。但是他还是以充沛的精力支撑自己承受了这令人心灰意冷的一击。他将自己武装起来，吞下了这个无法挽回的苦果。他努力地思考登陆舰队现在能用来干什么：显然不能保持现在的状态，但是在他手上，这依旧是威胁英国的一支有力武器。

皇帝的第一个想法是在布罗涅的高地上组建一个有 6 万到 8 万人，后期达到 10 万人的营地。将登陆舰队的船舰数量减少到 500 艘，足以运输 55000 人和数千匹战马，以及其他火炮和给养。港口将建成一条船舶停泊线，这些船舶将交替驶出，权当演习。同时它们还能作为登陆力量时刻威胁英国本土，只要一支期待中的舰队抵达布罗涅，它们就可以马上执行登陆计划。

这一计划的优点是它将一个大军营安置在了一个很不错的位置，方便补给，也可以轻易地被转移到德意志地区。同时它也迫使英国必须要在自己的海岸上留下防守的士兵，以及将一部分舰队留在南部的海滩和泰晤士河上。

之后的一系列事件，以及反法同盟的组成都使得我们无法执行这一计划。到 1811 年，皇帝在启程前往荷兰之前打算执行这个计划。他命令人们将登陆舰队当时的状态告诉他。他希望花费 200 万法郎来对船队进行必要的维修并且建造一部分炮艇、单桅帆船以及驳船。这些船舶之后都会用上。还包括拆毁没用的船舶，用来建造新的船舰：他的目标是要打造一支可以运送 4 万人和 2000 匹马的船队。皇帝甚至还告知海军大臣，他会亲自前往布罗涅，让船舰在他的注视下出海，并借此鼓舞大家的士气。

布罗涅的远征是和他当时在瑟堡和安特卫普的武备一起筹划的。他觉得从这三个地方可以最好地威慑英格兰和爱尔兰的海岸。在他的计划里，这三个地方的行动将同时展开。三地合力将可以运送 10 万士兵以及六七千匹马。

英国政府马上警觉到它这位强大的敌手活跃而机敏的天才给自己带来的危险及威胁，它绞尽脑汁地要通过在其他地方给拿破仑制造麻烦来让他把精力分散到别处。之后与俄国的战争以及这场战争灾难性的后果都让这一远征计划再次被忽略了。这些远征计划早晚都是会成功的。

　　仇恨驱使着英国坚持不懈地针对法国，给法国四处制造麻烦。她的政策，就像腓特烈大帝曾说的那样，就是拿着钱袋子去挨个敲门，这样的政策也使皇帝一刻不得安宁。但是他的活动一直是和他面前的障碍一样成比例增长的。而他也强烈地透支了我的体力，后者远远比不上我热忱的心。当时形势的严重性极大地激发了他的能力，也造成工作量大幅提升。为了就这一点给各位一个概念，同时也能让大家自己来评价他的工作到底有多么庞杂，我觉得我需要告诉大家拿破仑在派人处理事情上建立起的新秩序。此前，当皇帝要么是因为他有一个计划的时机已经成熟，需要有人去执行，要么是因为他需要有人进行新计划的筹备工作，要么是他需要马上发出一些信函或包裹而必须半夜起床的时候，他也会派人去把我叫起来。有时候，我会在晚上给他一些需要他签名的文件。"我现在不签这些文件"，他会回复说，"我会在凌晨1点或者4点去找您，到时候我们一起工作"。在这种时候，我一般会让自己比预定的时间提早一些醒来。在下楼梯的途中，我总会经过他的小卧室的门前。我通常会进去问一下他是不是起床了。回答永远是"刚刚起床"，然后他这时候就会出现，穿着他的白色睡衣，头上系着一根马德拉斯绸的手帕。而如果他先我一步到达书房的话，一般我到的时候都会发现他正双手背后，来回踱步，时不时地伸手摸摸鼻烟壶。与其说是因为喜欢烟草，不如说是为了找点事情做。因为他一般只会闻烟草的味道，而且他的手帕从来都不会被鼻烟壶弄脏。他在口述一件事情的时候，想法也会同步发展。他的口述内容总是丰富而清晰，让你知道他的注意力都关注在了他现在讲的这件事情上。就像密涅瓦①全副武装从朱庇特②的脑袋里冒出来一样，他的想法也是这样从他的脑袋里冒出来的。有时候，当一段想法说完，或者当他还在说的时候，他会派人取来雪糕或雪葩。他曾经问过我，更喜欢哪一种，并且会非常体贴地告诉我哪种对我的健康更好。然后他就会回到床上，即便只睡一个小时也没关系，他可以马上入眠，就像从没有被打扰过一样。而大革命前宫廷在夜晚会享用的那些小吃在拿破仑的宫廷里是没有的。因为拿破仑不像旧王室的那些王公一样贪吃。但总会有一名帝国的大厨睡在办公室附近，这样就可以在皇帝需要的时候呈上此前做好的食物。

　　而当皇帝半夜醒来，但是又没什么事情可做时，他也会禁止人们在早上7点前叫醒我。在这样的情况下，我早上醒来后，总会发现我的办公桌上盖满了他审阅批注过的报告和文件。而当他结束早上9点的晨会回到书房后，他也总会发现他之前写下的回复和决策已经准备妥当等待发出了。

　　他的写字台上总是有关于海军和陆军状态的准确报告。这些报告总是被装在摩洛哥红的信封里，是由陆军大臣或海军大臣提交的。他此前定下的计划是海军和陆军行动的基准，这些报告会在每月的第一天进行更新。每份报告都会被分成一列一列的，每列包含不同的信息：步兵和骑兵部队的数量；部队长官的姓名；每一个营、中队、连有多少人；他们都是从哪个省征召的；其中征兵令征召来的人数有多少；部队集结或部署的地点在哪里；兵站的地点和兵力；兵站中部队的数量和装备的状态。如果组成了临时部队的

---

　　① 罗马神话中的智慧女神，相当于希腊神话中的雅典娜。

　　② 罗马神话中的主神，相当于希腊神话中的宙斯。

话，那么报告还会包括这些部队的组成、目的地以及他们出发和到达的时间。临时部队是由征召的士兵组成的。他们是由兵站统一招募的，当人数足以组成一个连、营或中队时，就会被派到前线的部队中去。这些部队会被组织成将军指挥的师或旅，还会配属火炮。这些部队时常要行进很长一段距离，同时部队配属的军官都是要去前线进行交接的军官。一旦到达前线，这些临时部队就会被拆散。军官和士兵会前往他们此前携带的番号所属的部队。这些报告同时也会描述工兵部队、炮兵部队以及火炮的炮台或炮位。报告会非常仔细地准备这些信息，因为皇帝经常可以获得验证这些信息正确与否的机会。如果说皇帝在战场上遇到了落单的士兵或是小股落单的部队，他只要扫一眼他们身上的番号就可以告诉他们，他们部队的宿营地在哪里，以及他们应该怎么到达那里。

而关于海军状态的列表则包含各级别船只的名称、指挥他们的军官的名称、海员的组成以及兵力、水手和海兵都是从哪个省份征召的、目前船坞中的船舶的名称以及它们各自的建设进度如何。关于进度的评估是在一个分为 24 等的系统中进行的。

皇帝在收到这些报告的时候总是会莫名愉快。他以前总是会开心地阅读它们，并且表示没有任何科学或文学作品可以给他带来如此的喜悦。而他那惊人的记忆力总是会捕捉并保存报告中的所有细节，以至于他比陆军大臣或海军大臣更了解各支部队的组成和装备情况。但是他对于报告中的拼写和某些名字的发音就没有那么熟悉了，他几乎从来都不会正确记住这些东西。但是就算他记不住具体的名字，只要你提到它们，就足以在他眼前生动地呈现出这个人或地点的样子。只要他见过一个人，或是拜访过一个地方，他就会永远记住它们，同时也会记住所有跟这个人或这个地点相关的信息。

他对伽桑狄的《摘录》①烂熟于心，同时也清晰地知道使用火炮类兵器涉及的无数细节。

当他阅读完一份报告或电讯并认为必须要做出长篇回复时；当他在观察和对比中突然产生了什么想法时；又或者是他此前产生的想法经过长时间的思考已经成熟，可以实施的时候，拿破仑会马上付诸行动。他无法像皮媞亚那样，一直坐在自己的三足椅上。②他会收束自己的想法，并关注在当下他注重的事情上。然后他会缓缓地站起来，并在他当时身处的房间里面来回踱步。他在口授自己命令的全过程中都会不停地这样来回踱步。他口述命令时的语气是严肃且抑扬顿挫的，而且总是一气呵成，从来不会中途停下来。而当他讲到主题的时候，人们能感觉到他迸发的灵感。他的语气会变得更为活泼，同时他也会不自觉地出于激动而做一些小动作：他的右臂会开始转动，同时右手会扯着自己的袖口。但是在这种时候，他的语速也不会比其他时候更快，他的脚步也依旧是平缓而克制的。

他总是能清楚地表达自己的想法。尽管有的时候他使用的并不是最正确的词汇，但是这些小错误总能让他的语言变得更有力量，同时总可以绝妙地表达他的想法。而且他并不经常在写作时犯这些错误，这些错误更像是热烈的即兴创作的结果。这些错误也并不经常发生，并且只有在命令必须马上发出，我们没有时间的情况下才会不经修改就原样发出。在他对元老院和立法院的演说稿、他的各种宣言、他写给各个君主的信件以及他命令各个大臣写作的外交照

① 指的是伽桑狄公爵雅克·巴西利安所撰《法国炮兵军官陆战服役实用摘录》（Aide-mémoire à l'usage des officiers d'artillerie de France attachés au service de terre），该书共2卷，详细记载了炮兵武器及操作技能等实战信息。——编者注
② 皮媞亚是古希腊时祭祀阿波罗的女祭司的统称，居住在德尔斐神庙中。古希腊人普遍认为皮媞亚可以传达阿波罗的神谕。皮媞亚发布神谕时一般就是坐在一个三足椅上。

会中，他的风格都是非常文雅的，同时总是和主题相应。

拿破仑很少自己提笔写东西。写字总是让他筋疲力尽：他的手跟不上他快速旋转的大脑的速度。他只有在必须写下一个念头而他身边又没有别人的时候才会自己提笔，但是写了几行之后他就会把笔放下。然后他就会召唤自己的秘书。如果秘书不在的话，他会去找第二秘书、国务卿、迪洛克将军或者当时值班的侍从官，这都取决于他当时想做事情的性质。谁第一个响应了他的呼唤，他就会用谁。他并不会对此感到不快，相反地，此时他的脸上总会带着一种得救了的满足神态。

他的字迹是一大堆相互之间没有连接的字母，没人可以读得懂：每个单词都基本少了一半的字母。他自己回头去看的时候也读不懂自己写了什么，他一般也懒得去读。如果人们希望他解释一下自己写了什么的话，他会直接把稿纸撕碎或者扔进火堆里，然后重新口述一遍：想法总是一样的，只不过这次是用不同的语言和风格表述出来而已。

尽管他总是可以发现别人的拼写错误，但是他自己的单词拼写却问题很多。这种疏忽已经成为习惯了，他不想因为注意拼写的细节而打断或影响自己的思路。计算是绝对要求精准度的，而拿破仑在这方面也常常会犯错。他可以解决最复杂的数学问题，但是他几乎无法不出错地完成简单的加法。不过我也必须要补充一点，有时候他是存心犯错的。举个例子，在计算组成他的营、团或师需要多少人时，他算出的结果总是比实际数字高。我们很难相信他这样做是为了欺骗自己，但是他的确时常认为夸大自己的军队力量是必要的。向他指出这类错误总是在做无用功：他自己是不会承认的，并且总是会固执地保持自己错误的计算结果。他的字迹难以辨认，而他自己也很讨厌去读难以辨认的字迹。他时常会写的都是那些不要求集中注意力的小纸条，或者短短的几行字。除了一些他每次都会写错的词语之外，这些字条一般是没有大的拼写错误的。举个例子，他总是会把"cabinet"写成"gabinet"，把"Caffarelli"写成"Gaffarelli"，把"afin que"写成"enfin que"，把"infanterie"写成"enfanterie"。前两个错误很明显是来自母语的影响①，也是他童年时期留下的唯一印记。后面的两个，"enfin que"和"enfanterie"则在意大利语中找不到类似的拼写。他并不精通这门语言，也一直避免在任何场合说意大利语。一般只有在面对不会讲法语的意大利人，或是难以用我们的语言清楚表达自己意思的意大利人时，他才会被迫讲意大利语。我听过他跟意大利人进行过几次对话，他讲的是一种意大利语化的法语：把词尾都换成 i，o 或者 a。②

人们说伏尔泰在自己的房间里总是会放几张桌子：一张桌子上放着自己刚刚开始创作的诗歌，其他的桌子上则放着一份新悲剧的文稿、一份历史著作的文稿以及一本小册子的文稿。这位作者会依据自己心情的变化，在各种类型的创作之间游走。拿破仑则会渐次处理与战争、外交、财政、商业和公共事业等议题相关的事务。他停下一份工作后，马上就会开始处理其他的工作。政府各个部门的事务在他这里都会获得特殊、完整且持续性的关注。他的想法从来不会混乱，也从不会疲劳，他也从没有想到要削减自己工作的时间。

对于他为什么可以一直保持头脑清醒，以及为什么可以毫不疲倦地延长自己的工作时长，拿破仑是这么解释的：所有的事情都在

---

① 法语中的 c 到了意大利语中时常会被 g 替代。

② 拿破仑出生的时候，虽然科西嘉已经被热那亚卖给了法国，但是一直没有被整合进法国的行政系统中。当时科西嘉岛的官方语言依旧是意大利语，拿破仑的母语则是科西嘉语，他是在 10 岁左右才开始学习法语的。

他脑袋里分门别类地安排好了，就像是一个碗橱一样。"当我需要中断某样工作时"，他曾经说，"我会关上其所在的那个碗橱的门，然后打开另外一扇门。这两件工作永远不会相互混淆，因此也永远不会让我感到烦恼或疲倦。当我想要睡觉的时候，我就把所有的门都关上，这样我就做好入眠的准备了"。

拿破仑几乎总是那个主动提出起草法律或规章的人。他脑袋中那些关于改进、提高和建设的想法让他的大臣们总是很忙，忙着指挥和监督执行过程中的种种细节。如果关于这点我有什么感到懊悔的地方的话，那就是下面这点：这个一刻不停运转的天才大脑是此前人类从没有拥有过的，而这也让他手下的人都习惯凡事听从他的指示，并且摈弃他们自己的想法。因此，他手下如此多的富有才华的人都渐渐麻痹了，当危险袭来时，他们都完全没有准备好。

拿破仑知道我不像他，没有那种可以随时入眠的能力，我在白天是睡不着的。因此当我们在晚上完成一样工作后，他会嘱咐我去泡个澡，他也经常会亲自下令让用人准备好我的洗澡水。

他以前有时候会一整天都不做任何事，但他也不会离开杜伊勒里宫，甚至不会离开自己的工作室。与平时相比，他的大脑在休憩的日子里是加倍运转的。因此休憩也只不过是表面上的休息而已。不过，在这样的日子里，拿破仑都会因为不知道自己应该做什么而感到困窘。他会去和皇后一起待 1 个小时，然后就会回到工作室里，坐在长沙发上。之后他会小睡几分钟，或者是假装小睡几分钟。之后，他就会过来坐在我写字台的桌角上，或者是我椅子的扶手上，有时候甚至会坐在我的大腿上。他会将手臂环绕着我的脖子，然后通过轻轻扯我的耳朵、拍我的肩膀或者拍我的脸颊来取乐。他会跟我讲一大堆没有关联的事情：讲他自己，讲自己的嗜好，讲他的身体，讲我，或者是讲他脑海中构思的一些计划。他很喜欢开人的玩笑，不过从不是那种尖锐或不怀好意的玩笑。相反地，他的玩笑总是带着善意，而且他自己总会笑得很大声。他的目光会扫过自己书房里一排排书本的书名，然后对每个作者发表看法，要么是赞美，要么是批评。在遇到下面这些作品时，他的目光则会出于欣赏而多停留一会：高乃依的悲剧，或是伏尔泰的《扎伊尔》《恺撒之死》《布鲁图斯》。他会读一会这些悲剧中的大段独白，然后合上书本。随即开始在房间中来回踱步，并大声朗诵《恺撒之死》中的台词。他最喜欢背诵的台词是下面这一段：

> 四十年来，我服务了人民，指挥了军队，战胜了敌人；
> 这世界，就在我的掌心，我掌握着它的命运；
> 而我一直都知道，在所有事件中；
> 国家的命运在瞬息间就会尘埃落定！

又或者是下面这段：

> 恺撒：辛布尔，你斗胆要求什么？
> 辛布尔：自由！
> 卡西乌斯：你向我们承诺过，你发过誓
> 　　要永远地废除至高无上的权威……

当他读书读累了，或者是背诵背累了的时候，他就会开始大声且跑调地唱歌。而当他心头全无烦恼，又或是他对于自己脑海中的想法感到满意时，这份愉悦会通过他选择的曲目传递出来：他会选择《乡村中的占卜师》或是其他旧歌剧里的曲子。他最喜欢的一首曲子是关于一个小姑娘的，她的爱人帮她治愈了一个有翼昆虫的叮咬。这是一首阿那克里翁风格的颂歌，整首歌只有一句歌词。这首歌以下面这句话结尾：

> 他的一个吻，此时就是一名医生。

而当他脑中思考着严肃问题的时候，则会高唱革命战歌和歌曲中的段落，比如《出征歌》（也叫《让我们一起来拯救帝国》）。又或者，他会哼唱下面这两行句子：

> 想要征服世界的人
> 要从征服自己的祖国开始！

这是一句给自己的忠告吗？我觉得他考虑的应该是国家的幸福。他所有的抱负，所有的力量都是为了让法国变得伟大而繁荣。他提起法国从来都是一腔热血，不论是在他头脑中，还是在他的心里，没有什么比得上法兰西。他思考的从来都是她的伟大。而尽管表面上他对自己的支持度表现得漠不关心，他其实时刻关心着她对自己的看法。

我在这里必须还要针对人们认为拿破仑比较迷信的这件事情发表一些看法。大家普遍都认定拿破仑是一个非常迷信的人。甚至还有人说他曾经去找过那位著名的勒诺尔芒夫人①。上天赋予了拿破仑巨大的才能和生动的想象力，因此他曾间或进入理想的世界中游荡，以此来暂时摆脱现实世界。但是，这样一个富有智慧的人，这样一个讲究实际的灵魂，是不可能认可预知未来或者其他违背自然

---

① 当时法国很著名的一个女人，自称可以预知未来。

法则的事情的。同样地，他也不可能让自己被那些"神迹"给吸引走。就像其他所有的天才那样，他相信自己是抱有天命的。从他踏入社会开始，他的人生就伴随着一系列的成功，此后他还经历了更多、更大、更不可思议的成功。这都让他意识到，自己不是普通人，自己注定要被召唤到世界的舞台上，扮演一个角色。"无论是葡月还是蒙泰诺泰"，他此前常说，"都没有让我觉得自己是一个超群的人。要等到洛迪之后，我才开始觉得我可能会成为我们政治舞台上一个决定性的角色。我心中那高远抱负的第一点火星也是在那时候点燃的"①。而他此后的平步青云也证明了他的想法。对他来说，这一信念才是神谕，比一个巫女虚荣的预言要靠谱多了。他的信念来自更高的地方。他的格言是："未来掌握在上帝手中。"他总是说，当他尽力做出了最好的安排后，到了决战的那一天，总是会有那么一刻，战役的成功与否不再取决于他自己，他必须要等待上天的决定。

在他执行自己最大胆的那些行动时，他总是能依赖自己的好运气。他接连不断的胜利为他带来的这份信心是上天许诺给他的。但是他也总是时刻准备着面对前方可能出现的挫折。他在构思自己的计划时，从不会把运气考虑进去。在最终决定自己的计划之前，他会以最缜密的心思仔细检视所有的细节。对于所有可能出现的问题，即便可能性非常低，他都会对其进行充分的讨论并且提出对策。我多次见过拿破仑满足地享受成功，但是我从没见过他对任何事情表现出吃惊的样子。他的对策是如此得当，并且他通过自己的

---

① 葡月指 1795 年的葡月 13 日反叛，拿破仑镇压了这场保皇党叛乱；蒙泰诺泰指 1796 年法国和奥地利之间进行的蒙泰诺泰战役，拿破仑指挥的法军取得胜利；洛迪则是 1796 年法国和奥地利之间进行的洛迪战役，拿破仑指挥的法军再次取得胜利。

计算和安排已经将不利因素出现的可能性降低到了最小。我觉得，他这么精心准备的计划如果失败了，那大概是唯一会让他感到惊讶的事情了。

我很难相信，拿破仑那强大而光明的内心会屈服于通灵术这种幼稚行为带来的诱惑。即便是在天命还没有被昭示于他的时候，也就是在他还默默无闻的时候，我也不觉得他会那么做。出于对约瑟芬那无比炽热的爱，他可能曾列席参加过一次巫女的占卜会。这是他为自己深爱的这个女人所做出的牺牲。这个女人因为自身心灵的感性而犯了这样的错误。但是无论如何，他都不赞同约瑟芬的这一缺点，并且经常指出它的荒谬之处。当他禁止她再去见勒诺尔芒夫人的时候，我是在场的。他甚至派人去逮捕了这个小丑般的著名人士。约瑟芬此前总是将她和那个女人的关系掩藏起来，搞得扑朔迷离。而就连她的私人金库的保管员都不知道皇后到底付给了那个女人多少钱。

人们普遍都相信，伟大的人们在他们人生的某一个阶段总会是迷信的。有些庸人总是幻想，伟人们肯定是借用了一些其他人所不知道的超自然手段才能达成如此的伟业。这些庸人整天说别人迷信，事实上自己才是最迷信的一群人。而其他的普通人呢，则只有通过将伟人们和一些人性的弱点连接在一起，才能咽下这口气。但是，我们总是给伟人们贴上的迷信标签到底代表了什么？这代表的是一种神秘的力量吗？又或者说，正好相反，这代表的是他们对自己的笃信，是他们对自身价值直觉性的认识？很明显地，一般人们指的都是前者。迷信，这种人类思想的谬误是不能够用来描述内在情感的。让拿破仑认为自己是神的使者，是带着某种使命来到这个世界上的这种情感，让他认为自己会在神的护佑下无畏地一直前进，并且肯定会取得胜利的这种情感，就是这种内在情感的例子。

当拿破仑此前说那颗能杀死他的炮弹还没有被铸造出来时，他并没有屈服于宿命论，他只是认为自己还没有完成上天赋予他的任务。当他在埃及登陆并认为自己看见了敌军的舰队时，他在写给督政府的信中说他希望运气可以再给他 5 天的时间。他脑海里所说的运气其实等同于全能的上帝！

他特殊的处境以及他对于自己拥有必须完成使命的认识都向他暗示了能够确保成功的最佳手段。因此，在埃及的时候，他命令自己手下的士兵要尊重穆罕默德的宗教，尊重它的使者，尊重它的信徒。当他自己列席参与穆斯林的典礼时，他也秉持着这一信条。这展示的是他作为老练政治家的手腕。他对穆罕默德教义的屈从也仅限于可以帮助他计划获得成功的方面。那些所谓他和信徒在金字塔里的会面啊，他们从他那里获得的誓言啊，他们对他的指示啊，等等，都不过是笨拙的异想天开，不值一驳。

在他生活的各方面，拿破仑都向我们展示出，他浑身上下都散发着一股来自全能的主的那深邃而神秘的知觉，这和迷信相去甚远。在听闻什么巨大危机的时候，或是当发现一件会影响法国利益的事情或是一件会影响他自己计划成功的事情时，又或者是在听闻什么出人意料的好运或是大灾祸的时候，他总是会不自觉地开始画十字。这不光是他年轻时宗教教育的残余，更明示了他将这些帮助或警示都归功于造物主的情感。他在战役的关键时刻总是会期待上天的帮助。他在谈话、公告和报告中都经常提及"手中掌握着一切的唯一仲裁者"。他在看见教堂时，或是听见教堂的钟声时，心头总会涌起宗教的思想。他在法国重建了天主教的信仰。在圣赫勒拿岛上，他于人生的最后时刻选择求助于宗教的慰藉。这些事情难道不都是他对天命信仰的证明吗？

　　拿破仑从意大利归来的 2 个月后，在欧洲的北部集结的那股风
暴终于爆发了。在此前的 6 个月中，皇帝都在密切注视着奥地利的
行为。后者还在尝试着欺骗他，向他保证两国之间的友谊，还假惺
惺地要调停法国和英国。对于我方所有关于他们军备的质疑，他们
的回复要么是打马虎眼，要么就是坚决地否定。这个大国伪善的面
孔隐藏起了敌意，赢得了一些时间。趁机开始了与俄国和英国的秘
密协商。沙皇将他的一名廷臣诺沃西利采夫伯爵派去了柏林。普鲁
士内阁则提出让后者获得许可前往巴黎。他们表示这位特使身负一
项特殊的任务，但是他们并没有告知我们任务的具体目的。虽然普
方对我们保持了缄默，但是拿破仑不愿意放弃任何一个与他们和解
的机会，因此下令要马上寄出对方要求的许可。这一任务日后无疾
而终，它的目标是要在法英之间进行一次新的干预。是俄国君主提
出了这一方案，他预想和奥地利一同进行干预，也准备好了承担全
部的责任。这样呈现出来的斡旋以及我们敌人之间的齐鸣都是法国
所不能接受的。因为其结果必定是要将其法律强加到法国的头上。
这三个大国的其中一个正在积极准备和法兰西帝国之间再打一场新
的战争，剩下两国则更是一直没有停止对我国政府的侮辱。它们三
者的联合自然会引起法国的怀疑。而正当拿破仑在等待对方告诉他
谈判的基础条件时，我们在巴黎突然就收到了奥地利部分军队跨过
因河①的消息。

　　大概就在同一时间，俄国廷臣诺沃西利采夫伯爵在巴黎的任务
已经到了收尾的阶段，当时法兰西帝国刚刚合并了热那亚共和国。
人们都知道这次任务真正的目标并不是和平，此前亚历山大沙皇刚

----

①　多瑙河的支流，流经瑞士、奥地利以及德国南部。当时，奥军跨过因河意味着
　　奥地利开始进攻法国的盟友巴伐利亚。

刚和皮特先生组成了新的同盟，因此他一点也不想避免战争的发生。带着那股骑士般的热情，他巴不得早点走上战场，早日完成对法国力量的限制。他派给那个使者的任务只有一个目标，就是配合奥地利的拖延战术，帮助奥地利赢得足够的时间，让后者完成准备工作。当奥地利觉得自己准备好了，合适的时机已经到来后就撕下了自己的伪装。其军队突然进入巴伐利亚的领土，为的就是在皇帝准备对英国的远征时打他一个措手不及。1805年9月23日，《箴言报》宣布，就在同月的21日，"德意志皇帝在没有任何前期谈判或解释，也没有宣战的情况下，入侵了巴伐利亚"。

拿破仑那个月正在进行对海岸地区的巡视，在巡视结束时，考虑到我们上文讲述的事件，他被迫放弃了对英国的登陆计划，同时宣布解散布罗涅的营地，对那个本已是他囊中之物的猎物投去最后的懊悔一瞥。他让此前集结在海边的军队行进到了莱茵河边。一份命令宣布了军队的新目的地，这支军队自那一刻开始也被称作"大军团"。皇帝的计划是要让他的各个军团全速行军至德意志的中部地区，避免奥地利军队和俄罗斯军队会师，同时他也希望可以在战场上分开对抗奥军和俄军。当时对爱尔兰的远征已经失去了意义，统率着那支远征军队的奥热罗元帅也获命要前往莱茵河。这支军队比大部队晚了2周抵达，因此也成为守卫后方的部队。皇帝写信给我们驻巴伐利亚的大使奥托先生，告诉他巴伐利亚的军队必须和贝尔纳多特指挥的部队会合，并听从后者的指挥。巴伐利亚的部队，加上来自符腾堡、巴登以及其他几支倾向法国的德意志君主国的军队，为法军增加了大概4万人。我们的军队以古罗马军团那样的速度和精准度从海边奔驰到了战场。

9月23日，皇帝去了军事学校。巴黎的省长和各个地方团体一起向他递交了巴黎的钥匙。他将钥匙还给了省长，以此表达对他们的信任。接着，他前往元老院，在那里谴责了奥地利、俄国和英国的三国联军，并且宣布自己要出发前去领军。出于审慎起见，此前负责维护国内秩序的国民卫队被重组为守护我国边境线和海岸的部队。他任命了4名此前曾是将军的元老院来负责统率国民卫队。他还用一些好处召回了一些依旧可以拿起武器作战的退伍士兵。

在拿破仑去国的这段时间，约瑟夫亲王将主持元老院和其他政府委员会。

9月24日，皇帝在皇后约瑟芬的陪同下离开了巴黎。此后他将后者留在了斯特拉斯堡，她的内臣们以及德·塔列朗先生也一起被留在了那里。10月1日，他抵达了埃特林根一处属于巴登选侯的城堡。老选侯在他儿子和孙子的陪同下到那里迎接了皇帝，并且确认了他们和皇帝的同盟。

第二天，皇帝来到了路易堡①。早已在那里等候他的符腾堡选侯为他举行了一场绝妙的欢迎宴会。这位王公当时不光是在他所有廷臣的簇拥下，他身旁还有自己的次子以及选侯夫人。选侯夫人是乔治三世②的长女。他将自己的卧室让给了皇帝。尽管人们普遍不认为选侯是一个特别慈爱的父亲，但是他房间里的所有物件都很能体现他作为父亲的一面：许多覆盖着家具的织物都是他孩子们的作品。皇帝的到来也让选侯不再犹豫了。他和法国君主签署了协议，承诺符腾堡将为法军提供一支自带战马、给养车以及火炮的部队。拿破仑在路易堡逗留了一个星期，此前他一直都是所有人关注的焦点，也获得了所有人的尊敬。为了让选侯开心，他甚至接受了和选侯的家庭一起公开享用晚餐的邀请。这位王公的次子保罗亲王，对

---

① 今德国的路德维希堡，原文使用法语化的名称路易堡。
② 当时的英国国王。

皇帝最殷勤。他时刻都在皇帝的身边，皇帝出游时他也总是骑马在一旁作陪。保罗亲王当时刚和一个来自萨克森－希尔德布格豪森的公主成婚。同样也是这位王子，日后却发生了情感的大转变，具体原因我也不知道。到了1806年我们与普鲁士打仗时，他在父亲不知情的情况下突然离开了斯图加特，并去向普鲁士国王宣誓效忠，后者将他安排进自己的军队里担任一名指挥官。我们在耶拿会战①中俘虏的普鲁士军官就有他。除了拒绝接见他之外，皇帝并没有就他的不忠而惩罚他。皇帝出于对他国王父亲的敬重，将他送了回去。他父亲之后将他囚禁在了城堡里。

巴伐利亚选侯此前请求奥地利，希望可以让巴伐利亚保持中立，但是没有成功。当奥军步步逼近时，他逃离了自己的首都，前往维尔茨堡②避难。直到皇帝到了林茨③后才见到他，是后者亲自赶来见他的。在战争开始后过了大概2周的时间，贝尔纳多特的部队就将奥地利军队赶出了慕尼黑，这位选侯也是在那时返回慕尼黑。皇帝在林茨接见了奥军将领尤来，后者是此前在乌尔姆被俘虏的军官之一，但之后拿破仑将他释放了。他此行是希望可以中止敌对行动并开启和谈。拿破仑问他是否获得了足够的权力，可以当场就确定和谈的基础。对此，这位将军回复说，他的主人在没有和盟友沙皇进行协商前不会同意任何条件。因此，这样的和谈尝试除了拖延法军前进的脚步之外没有其他任何的意义。德·尤来先生还给拿破仑带来了一封奥地利皇帝的信。在回信中，拿破仑指出后者去和亚历山大沙皇协商是错误的行为，因为亚历山大沙皇跟奥地利皇

---

① 1806年法军在耶拿会战中大败普鲁士，后者被迫退出第四次反法同盟。
② 当时的巴伐利亚首府慕尼黑位于南部，靠近与奥地利的边界。维尔茨堡则位于巴伐利亚的北部。
③ 奥地利北部城市。

帝的利益和关注点并不相同。他还指出，这场战争对俄国君主来说只不过是一时的心血来潮。但对于法国和奥地利来说，这场战争会耗尽双方的所有金钱和资源。同时，他也指出，他，拿破仑，是想要尽快解决这一争端的。但是，他在弗朗茨皇帝①面前也无法掩饰自己的忧虑，毕竟过去的那些延宕和密谋还历历在目。

　　巴伐利亚选侯犹豫了一段时间后决定接受和法国的联盟，并让他的军队加入了我们。这是奥军跨过因河前发生的事情。如此一来，就只剩下普鲁士还因为国王的个人情感而在保持中立了。贝尔纳多特的军队经过安斯巴赫公国一事给了柏林的主战派们以口实，得以说服国王采取一个威胁性的态度。因此，哈登贝赫大臣在听取我方就法军行军提供的解释时，态度非常恶劣。而亚历山大皇帝在柏林的突然现身则终于战胜了普鲁士国王的犹豫态度。两国君主于11月3日在波茨坦签订了同盟协议。双方在腓特烈大帝的坟墓旁立下誓言，完成了同盟的立约，这一仪式是由普鲁士王后准备的。但是，国王在协议中加入了一些限制性的条款，主要是迫于当时法军的军威，尤其是乌尔姆的陷落，这是一场当时我军战史上最辉煌的胜利。

　　我在这里要提一下冈兹堡的战斗，皇帝在这里丧失了一名优秀的军官，他此前是皇帝的侍从官。这位军官是拉屈埃将军的侄子，此前，他就因为自己尖刻的舌头而招致了拿破仑的不满。之后某些有权有势的人在皇帝面前说他的坏话，换来了他的嘲讽，这让皇帝更不喜欢他了。拉屈埃上校在对冈兹堡桥的进攻中领导第59步兵团勇猛杀敌，最终殉国。拿破仑对丧失这名军官表示了哀悼，并且下令所有当时在冈兹堡的军队都要出席他的葬礼。皇帝随后将自己

---

　　①　神圣罗马帝国末代皇帝。

的大本营搬到了奥格斯堡，这里也是他作战活动的中心。他在这个城市里待了 3 天，等待各个军团完成移动，同时他也正忙于处理有关军队管理的各种重要细节。他将整个城市围了起来，以防有人突然袭击。同时他还在城市中设立了一个总兵站，管理武器、军需库以及医院。他下令将所有在乌尔姆缴获的奥地利火炮都运输到这里。

　　皇帝当时住在前特里尔选侯那里。后者和他的姐妹莒妮宫德一起在自己的主教宫中接待了皇帝。① 他是萨克森家族的一名亲王，在《吕内维尔条约》中取消了他的选侯称号后，他就到奥格斯堡主教区退隐了。他将特里尔选侯的称号和奥格斯堡主教的称号合二为一了。这份主教职位带来的收入，加上他的许多其他年金（其中有一份甚至有 10 万弗罗林），让他在奥格斯堡可以过上很有尊严的生活。从他对皇帝的热情接待上就可以看出，他急切地想要就自己在老年还可以享受的舒适生活而对皇帝表达感激之情。他这份舒适是托拿破仑的福才能享受到的，因为世俗化是在拿破仑的影响下实施的。

　　在攻陷乌尔姆之前和之后发生的一系列战役取得了非常重要的成果。10 月 11 日，杜邦将军带领两个步兵团和一个骑兵旅到达哈斯拉赫村后，攻击了一支正从乌尔姆撤退的敌军。当时奥地利的马克将军正在努力想要挽救这支部队，并让其前往蒂罗尔和波西米亚。在 11 日这一整天中，杜邦将军成功地在以少打多的情况下（我军 7000 人对敌军 25000 人）坚持了下来，并打散了敌军，还俘虏了 2000 人。通过大胆的战术，他成功地阻止了这支敌军前往波西米亚。谁又能想到，这样一位前途可期的将军的军旅生涯会在 3

---

　　① 特里尔的选侯是特里尔大主教，因此他居住在主教宫中。

年后以那么可悲可叹的方式结束呢？其他从乌尔姆逃脱的奥军部队在阿尔贝克、诺尔斯海姆、讷德林根以及乌尔姆城外都遭遇了同样的命运。对乌尔姆的围困是从夺取埃尔欣根的桥梁和修道院开始的。我们是在极其恶劣的条件下取得了这些战果。士兵们站在及膝的泥泞中，受到各种物资短缺的威胁。但是皇帝的出现重振了他们的士气：皇帝本人也是浑身湿透，非常疲惫并且满身泥泞。我到今天都还记得那天看到埃尔欣根村时心中的那份震惊：蜿蜒的城防工事和堡垒屹立在多瑙河畔耸立的山丘上，四处都是被围墙围着的花园和鳞次栉比的房屋。这些花园和房屋里都是士兵，不断地从其中向外开火。而在这一切的顶端，矗立着堡垒般的修道院宏大的建筑群，收尾修道院的是大量的敌军火炮。内伊元帅经此一役获得了埃尔欣根公爵的头衔，这绝对是他应得的！

我们在埃尔欣根的修道院中逗留了 5 天，几乎每天都是在极度饥饿中度过的。皇帝每天早上都会从那里出发前往乌尔姆的前线阵地，他一般整个白天都会待在那里，有时候晚上也会在那待一段时间。法军已经成了俯视乌尔姆的所有高地的主人。皇帝下令炮击这座城市，并且向奥军总指挥马克将军发去了一封督促书。后者将他自己和大部分队伍都关在了那座城里。这位倒霉的将军马上就发现自己弹尽粮绝了。一开始，他还很勇敢，声称自己直到吃掉最后一匹马都不会投降。但他当时已经昏了头，以至于没有意识到，这等于是在告诉我们他没有给养了。在接下来的几天里，他一直在尝试进行交涉，提出了一些根本站不住脚的提议，希望可以挽回自己的一些荣誉和军事声誉。这些交涉自然都失败了。最终他被迫签署了有条件的投降协议，条件是，如果他在接下去的 6 天之内都无法解围的话，那么他就投降。皇帝当时已经确定法军控制了慕尼黑，从乌尔姆逃出的军队受到来自各个方向的攻击，俄军也没有跨过因河，因此马克肯定无望获救。他也就同意了马克的要求。但是，马克缩短了自己要求的时限。在 10 月 20 日，从正午到傍晚 6 点的这段时间内，乌尔姆城中困守的奥军总共有 33000 人，在 1 名总指挥、8 名陆军元帅和 7 名中将的带领下从皇帝面前缓缓走过。他们放下了自己的武器，这些武器都被转运回了法国。军官们被准许留在奥地利，前提是他们在换俘前都不能从事针对法国的行动。而第一批战俘则在第二天出发前往法国。皇帝对这些将官提供了很好的待遇，对总指挥也采取了对可怜虫应该采取的态度。他制止了一些针对失败者的带有侮辱性的评论。

21 日，政府对整个大军团的士兵发表了公告，祝贺他们，并且向他们宣布了我们在过去 14 天的战斗中所取得的巨大胜利。此后，政府又发布了政令，命令刚刚过去的这一个月（9 月 22 日至 10 月 24 日）将被认定为陆军整体的一次战役。

就在我们的陆军在乌尔姆取得了伟大功绩的第二天，我们的海军却遭遇到了巨大的灾难。正当我们的大军团在皇帝的领导下将大陆上的敌人打得抱头鼠窜、开辟通往维也纳的胜利大道时，我们卓越的联合舰队在特拉法加则遭遇了自己的末日。这支舰队本来是要护卫布罗涅的登陆部队穿越海峡的，本来是要实现如此崇高的理想的。这次惨败无限期地推后了拿破仑摧毁英国舰队的所有希望。为了抚慰他的心，他需要这场在乌尔姆的大胜，以及对他准备好的后续一系列军事行动可以获得成功的预期。皇帝觉得，此时留给他的唯一一个选项就是执行一个宏大的大陆封锁计划，以及所有为了完成这一计划所必须采取的非常手段。

倒霉的维尔纳夫，正是这次远征失败的罪魁祸首，也是特拉法加那场灾难的制造者。他在战后被英国人俘虏了。在被释放后，他于绝望中选择了自我了断。

在法军攻入维也纳前的一系列战役中，于杜伦施坦①进行的那场战斗是最值得称道的。主要是因为下面两点：莫蒂埃元帅当时身处极其危险的境地，而后他又非常幸运地逃出生天。这位元帅当时正在多瑙河左岸追逐敌军，那是一条非常狭窄的道路，右手边是多瑙河的河水，左手边就是高山。当时他身边只有半个军团的士兵，其他人都分散在后方的梯队中，和他相隔了一到两个队列的距离。一开始，莫蒂埃很轻松地就击退了在前方的敌军。但是，前方敌军渐渐地越来越多，人数上开始占据优势。与此同时，一支俄国部队从左手边的山上冲了下来，截断了他的退路，而且把他和他身后杜邦带领的部队分割开了。莫蒂埃就这样陷入了腹背受敌的处境，在他面前的只有两条路：奋力突围或以身殉国。在这样危急的情况下，他选择对抗较弱的那支敌军，并开始对从后方逼近的俄军发起冲锋。此时，本来被他追在后面打的敌军也转过头来开始攻击他的后部。就在这时，情势又发生了变化，杜邦的军队在之前听见大炮的声音后马上加快步伐赶了上来，此时已经赶到了俄军的后部，这下俄军也变得腹背受敌了。这支敌军最终仅仅侥幸从他们下山来的那条深谷又逃了回去，如果杜邦的部队再快一点封住这里的话，他们根本是逃不出去的。而莫蒂埃元帅在集合了杜邦的部队后，也就可以转头去继续攻击之前他在追击的那支俄军了。这支法国军团最终能平安无事，全部要归功于元帅的冷静、杜邦的神速以及部队将士们的英勇。这场战斗打响时，皇帝正在圣帕尔滕②。这是一个刚好位于杜伦施坦对面的村庄。当时，皇帝一听到响彻山谷的炮声，就知道情况不对，此后他一直驻扎在圣帕尔滕，直到收到莫蒂埃元

① 今奥地利的杜伦施坦。原文中的人物都将其拼作 Dirnstein（德恩施坦）疑为法语中的旧式拼法，下文统一用杜伦施坦取代。
② 今奥地利的下奥地利州州府，位于维也纳以西大约65公里处。

帅和他的军队都安然无恙的消息后才继续前行。

　　俯瞰了这整场战斗的杜伦施坦城堡，让人们想起了狮心王理查在这里被俘的事情①，更是放大了这场战斗胜利对我军士气的提振效应。看着这些古老的塔楼，许多思绪涌上拿破仑心头，这些都被佩莱将军记录在他的《1809 年战役史》中：

　　　　皇帝当时正骑马行进在梅尔克和圣帕尔滕之间的路上，贝尔蒂埃和拉纳陪伴在他的左右。这时一位守卫向他指出了杜伦施坦城堡的塔楼，我们已经可以远远地看见它了。皇帝继续一边骑着马一边开始对贝尔蒂埃和拉纳说：'他也曾在巴勒斯坦战斗过，他在拉卡时比我们要幸运，但是他可没你勇敢，我勇敢的拉纳！他击败了伟大的萨拉丁！……但即便这样，他还是险些没能回到欧洲的海岸。回到欧洲后，他又落入了远逊于他的人手中。奥地利公爵将他出卖给了德意志皇帝。后者将他囚禁了起来，而后世唯一记得的关于这位皇帝的事情就是他的这一罪行……只有布隆代尔，他廷臣里的最后一个人还忠诚于他。他的国家为了解救他付出了很大的牺牲……'拿破仑似乎无法将眼神从这些塔楼上移开。他补充道：'的确，当时就是这么一个野蛮的时代。时人是如此愚昧，连父亲牺牲儿子、妻子牺牲丈夫、臣民牺牲君主、士兵牺牲将军这样的行为都能被形容为是伟大的。当时的人真是做什么都不会感到羞耻。他们甚至不会掩饰自己对金钱和权力的欲望……自那时到如今，时代发生了多么大的变化啊！我们文明有了多么大的进步啊！

---

　　①　狮心王理查是 12 世纪时著名的英格兰国王理查一世，他最出名的事迹是率领了第三次十字军东征。在返回的途中，他一度被当时的奥地利公爵利奥波德五世囚禁在杜伦施坦城堡中。

你们都见过落到我手上的皇帝和国王们，乃至于他们的首都和国家，我从来没有朝他们要过任何赎金，或是做过任何有损他们荣誉的事情。至于这位利奥波德和亨利的继承人①，他已经半落入我的掌心了。但是尽管他背信弃义地攻击了我们，我们还是会像上次那样对待他，不会对他多加伤害！……'随着陷入自己深邃的思绪，皇帝沉浸在了一种悲伤的忧郁情感中，我们此前从没有见过他那个样子。不过，又有谁能跟得上欧洲的主人，王冠给予者那伟大的思绪呢？他是看到了怎样的景象啊！只有他知道他的敌人们有多么残暴。也只有他知道，一旦这些敌人拥有他时常对他们施加的统治力，他们胆敢做出什么样的事情。那个时候，谁又能预见到这位新的狮心王会落得一个羡慕 12 世纪狮心王命运的下场呢？

奥斯特利茨战役与战后和谈

当皇帝在圣波尔滕的时候，尤来将军赶到了那里。后者是第二次被奥地利的皇帝派来，再一次表达了希望可以达成停火协定的意愿。这次尝试也像第一次那样，并没有成功。而这次谈判的结果与其说是减缓，不如说是加快了法军前进的脚步。

翌日，大军团进入了维也纳，奥地利人决定放弃防御维也纳。尽管过河的桥梁并没有被切断，但他们是考虑过要如此阻挠我军跨过多瑙河的。柴捆和易燃物已经都准备好了，他们本打算等法军靠

---

① 指当时的神圣罗马帝国皇帝、奥地利大公弗朗茨二世。刚好继承了利奥波德五世奥地利公爵以及亨利六世神圣罗马帝国皇帝的头衔。

近后就把桥梁统统炸断。但是，内伊元帅和缪拉元帅以大胆的计谋出其不意地迅速夺取了多瑙河上的数座桥梁，尤其是塔波尔桥，为法国的主宰者们保留了这些宝贵的通道。

皇帝让自己住进了美泉宫①，他在那里逗留了两天。他也趁这段时间，组织好了维也纳的治安管理工作。拿破仑任命克拉克将军为该城的总督，并且命令他要严格保持军队纪律，并且保护城市中的平民。同时他还就保护后方做出了军事上的安排。然后他就离开美泉宫追逐俄国军队去了。当时俄国军队已经和奥地利的残军完成了会合，正在往摩拉维亚②撤退。

在离开美泉宫前，皇帝收到了蒂罗尔③投降的消息，他此前命令内伊将军前去占领此地。当这位元帅进入因斯布鲁克后，城中发生了一件感人的事情。第76步兵团的一名军官在军火库里发现了两面属于他们的旗帜，是在上次战争期间被敌人缴获的。当时他们整个团都为失去这两面军旗而感到悲伤。而这次得以如此光荣地收回两面布满弹孔的旗帜，让老兵们都不由得湿润了眼眶。内伊元帅将这两面军旗递还给该团的那个场景，简直就像家族大联欢一样。皇帝下令要将这一场景绘成画作，并且铸造在奖章上，以流芳百世。

在穿过维也纳后，法军继续按照部署追击俄军。负责殿后的军队在霍拉布伦遭遇了敌军，这个地方正好在从维也纳前往布隆④的半路上。这次遭遇触发了一场血腥的战斗，最终，巴格拉季昂⑤的军队被打得连夜逃脱，战场上尸横遍野，都是他的士兵。他还在身

---

① 哈布斯堡皇室在维也纳的夏宫，地位相当于法国的凡尔赛宫。
② 今捷克的东部地区，当时是哈布斯堡奥地利的领土。
③ 当时奥地利位于阿尔卑斯山区的领地，今北蒂罗尔和东蒂罗尔属于奥地利，南蒂罗尔则属于意大利。
④ 今捷克的布尔诺，作者使用了该城的德语名字。该城是摩拉维亚的历史中心。
⑤ 俄国将领，全名彼得·伊万诺维奇·巴格拉季昂。

后抛下了许多士兵，他们都成了我军的俘虏。俄军在他们经过的路上四处放火，焚毁了摩拉维亚最美丽的那些村庄。皇帝在前往霍拉布伦的路上就因为其中一个熊熊燃烧的村庄而被耽搁了一会。他在当地那些六神无主的居民间待了一个小时，并派出自己的护卫去帮助抢救他们的房屋，控制火势。

而法军那时已经精疲力竭了，尽管拿破仑不希望给俄军任何喘息之机，他还是觉得必须要让他的士兵们休息一天。他的先头部队在次日进入了布隆城中，他们在城中发现了大量的补给物资。在奥斯特利茨战役前，拿破仑在布隆逗留期间接见了普鲁士特使德·霍格维茨先生。后者是通过一条秘密楼梯来到他的会客室的。所有在场的旁人都被请了出去，最后负责介绍德·霍格维茨先生的是我。当时是皇帝准备动身的前夜，拿破仑希望尽快赶到位于布隆和奥斯特利茨之间的行营。伟大战役打响前，他在那里逗留了一个礼拜的时间。因此他当时拒绝和普鲁士国王派来的这位特使进行任何交流，当他以胜利的姿态返回维也纳后，他在抵达美泉宫的当晚就正式接见了德·霍格维茨先生。这位特使身上是带着波茨坦协议的，但他很小心地没有将其展示给皇帝。他向皇帝获得胜利表示祝贺，对此拿破仑回复说："命运女神真是改变了你的祝贺对象啊！"过去这 10 天的确改变了一切，普鲁士特使现在的观点和他刚刚抵达时的完全不同了。他非常明智地认定他已经失去了可以威胁法国的时机。他现在唯一的任务就是要努力让拿破仑忘记他的国王和政府此前展示出的敌对态度。

皇帝亲切地接待了德·霍格维茨先生，这位特使对法国的态度当时已经不再怀有敌意了。但是皇帝也毫不掩饰地批判了普鲁士政府背信弃义的行为。他向德·霍格维茨先生口述了条约的内容，后者表示同意。通过这一条约，拿破仑以同盟的形式主动给予了普鲁士一个获得长治久安的机会。他是希望两国的同盟可以永远持续下去的，但是普鲁士却愚蠢到完全没有珍惜他的这片苦心。

在布隆，奥地利将军尤来第三次面见了皇帝，这次陪同在他身边的是德施塔迪翁先生。这两位特使再次提出了奥地利此前两次在林茨和圣波尔滕提出的请求，希望可以就达成和平的条件取得共识。拿破仑同意了当场就开始和谈并决定和约的初步条款。但是他可不会只是达成停火协议而不好好利用自己的优势地位。奥地利特使觉得他们无法接受他提出的要求。

而俄国人在奥斯特利茨战役前，提出的议和条件是法军要撤回莱茵河，同时还有其他几个我们根本无法接受的提议，这和他们之后在布拉格尝试强加于皇帝的那些条款是一致的。当时，皇帝派出了萨瓦里将军从他的行营出发，前去向亚历山大皇帝致以问候，同时也要注意后者身边的情况。萨瓦里带回了一个人：多尔戈鲁科夫亲王，后者是沙皇的年轻顾问中最有影响力的人之一。这位军官认为当时法军已经进退维谷，他坚信拿破仑当时肯定迫不及待地想要避免一场近在眼前的灾难。皇帝下令大军后撤以寻找合适战场和营地的行为，更是肯定了多尔戈鲁科夫亲王的这一看法。他自信地对着皇帝发表了一番言论，还高傲地和皇帝辩论了一些政治问题，这都显示出他在这方面经验不足。他面对的是他主人最令人可畏的敌人，而他决定向后者证明其应该放弃自己征服的成果，应该放弃在意大利的领土，甚至还要放弃比利时。这一切都是为了实现欧洲的长治久安。拿破仑非常耐心和冷静地听完了这一番奇怪的论调，听完了他那些莫名的近乎自夸的暗示。拿破仑对此给出的唯一答复，就是去接着针对他即将要打的这场大仗进行最后的布署。

在这场名留青史的大战前夜，皇帝步行巡视了行营中的部队。尽管他本打算微服私访，但还是很快被认了出来，并且受到了士兵们难以言表的热烈欢迎。几乎像计划好的那样，营地中的每个帐篷外都燃起了火把，人们高高地举起火把，表示对皇帝的欢迎，同时也庆祝他加冕的周年纪念。拿破仑被这一自发的致敬行为深深触动了。在回到自己的帐篷后，想到明天残酷的战场将要夺取许多小伙子的生命，他就不由自主地感到懊悔。他还特别强调说，今晚是他人生中最美好的一个夜晚。

第二天，日出东方，阳光倾泻而下。奥斯特利茨战役开始了。

天刚破晓，皇帝就跃身上马，身旁簇拥着各位随行的元帅。当时战场上浓雾笼罩，这在那个时节预示着早晨的天气将会很好。随着雾气完全散去，他一声令下，所有元帅们都向着自己的部队奔驰而去。朱诺将军那天稍稍有点落在后面，我看到他带着坚毅的神情跃上马鞍，他是抱着必死的决心出征的。没过多久，战场上就响起了隆隆的炮火声。奥地利和俄国的两位皇帝在他们各自占据的高地上目睹了他们手下军队的全面溃败。这是拿破仑人生最辉煌最伟大的胜利之一。有赖于他炉火纯青的战术和愚笨的对手，没有人会怀疑这场战斗的伟大。这场战斗也彻底终结了此次持续两个月的战役。

列支敦士登的约翰亲王在第二天早上来到了我们的前哨站，他是前来请求皇帝和奥地利皇帝进行一次会晤的。拿破仑在犹豫了一会之后同意了他的请求。在这位亲王离开后，他不由自主地说道："这个人让我犯下了一个错误。和会从来都不应该在战斗结束后马上进行。我今天应该只是作为一个军人，没有别的角色。因此我应该乘胜追击，而不是坐下来听什么和谈。"双方最终确定在距离奥斯特利茨大概三里的萨尔－乌什茨磨坊附近的一个行营里进行会晤。

12月4日，皇帝在早上9点钟就策马前去赴会。伴随他一同前往的还有作为他军事廷臣指挥官的贝尔蒂埃元帅，皇帝身边主要的军事随扈和他的一部分卫队。他比奥地利皇帝早一点到达那里，后者在列支敦士登的约翰亲王和几位奥军少将及将军的陪同下姗姗来迟。在他身边负责护卫的是一支匈牙利骑兵。皇帝走上前去迎接奥地利皇帝，并且拥抱了他。他们两人向火堆靠近，而随扈则后撤到视野范围内的其他火堆那里，这样可以保证他们两人的谈话不被任何人听见。和谈持续了大约两个小时，两位君主就停火与和平协议的主要条款达成了一致。弗朗茨皇帝要求法国和俄国也要休战。皇帝答应了，条件是俄军必须撤出德意志以及普属和奥属波兰，全面退回俄国境内。当两位皇帝开始逐渐远离对方时，他们的随从才走上前来。有人听到了奥地利君主大概是在回复什么评论的时候对拿破仑说的一句话："我保证再也不会跟您战斗了。"

俄军此时已经陷入重围，出逃无望了。俄军的崩溃和逃窜是如此混乱，以至于亚历山大沙皇和自己的军官都失散了，还差点落入敌手。他向达武元帅发去了一面又一面的停火旗，只求可以休战。但元帅还是在继续进军。

梅尔菲尔德将军指挥的先头部队已经被达武元帅手下的士兵打得丢盔弃甲，他遂给后者发去了这样一张用铅笔写的字条：

> 瓦尔摩登伯爵上校将在一名号手的陪同下去找法国军团第3军总指挥，并告诉他今天早上6点到明天早上6点是停火期。德意志皇帝陛下正和法国人的皇帝在乌什茨进行和谈。
>
> 奉俄国皇帝陛下之命
> 签名：梅尔菲尔德，中将

对此，达武元帅则回复说，他不认为这张字条足以担保俄方的停火。并表示，他自然是应该处处提防这些战场诡计的，然后他还引用了许多例子，其中就包括在施泰尔发生的事情。最后他表示需要一封亚历山大沙皇亲笔写的保证书。德·梅尔菲尔德先生则表示他会尽快满足达武的要求，不久后他就没什么好担心的了。瓦尔摩登伯爵旋即出发去寻找沙皇，但是困于当时笼罩俄军的那种混乱和迷惑，他也不知道去哪里能找到皇帝。最终，在来来回回转了多次之后，他远远看见了一群卫兵。通过他们头上头盔的高度和样式，他认出了那些是皇家卫队。于是他立刻策马朝那个方向奔去，他在那里找到了亚历山大沙皇和他的外交大臣恰尔托雷斯基亲王。俄国君主在听闻达武元帅对他的要求后，马上表示自己写不了这样的东西，并命令恰尔托雷斯基亲王以他的名义写这封保证书。而后，瓦尔摩登上校指出，达武元帅在没有收到沙皇亲手写的保证书前是不会停止前进的，亚历山大这才被迫同意写下这封信。主要是他不希望成为步步逼近的法军的俘虏。由于当时现场没有笔墨，因此这封信是用铅笔写的，内容如下：

> 我已授权梅尔菲尔德将军告知达武元帅，为了让两国的最高首脑今天能在乌什茨进行会晤，我们已经达成了 24 小时停火协议。

> 签名：亚历山大

沙皇的一名侍从官在瓦尔摩登上校的陪同下将这张字条交到了达武元帅的手中。元帅这下不得不相信已经暂时休战了，而且两名皇帝正在会晤。于是他宣布暂停进军并驻扎在了约瑟夫多尔夫。他就是在那里写信知会了俄军统帅库图佐夫。后者随后写信告诉他，停火将维持到第二天早上 6 点，而且，为了避免任何不必要的误射或奇袭，双方应该在停火结束前一个小时互相照会。亚历山大沙皇终于从此前困扰他的困惑和极度焦虑中解放了出来，他躲避在摩拉瓦河右岸的霍利茨。俄军各支部队之间是如此分散，以至于亚历山大沙皇在接下来将近一周时间里都和他的侍从分隔两地。在此期间，他的大臣恰尔托雷斯基亲王事实上充当了他的男仆。

为了彻底还原真相，我必须要补充一点：俄国君主给出的那个保证并不全是真的。拿破仑皇帝和奥地利皇帝之间的确就法军和奥军的停火达成了一致，但是与俄军停火的事宜只是在原则上同意了而已，并没有正式通知俄方。而达武如果当时继续进攻一小时的话，是肯定是可以俘虏沙皇的。事后，这位元帅为了证明自己的清白，将那张字条交给了皇帝。皇帝命令我要好好保存这张字条，作为这次战争历史上最重要的文件之一。

皇帝对亚历山大沙皇展现出了极大的仁慈。他派出自己的侍从官萨瓦里去告诉后者，如果后者同意带领军队回撤的话，他会命令法军停止追击，让俄军可以自由撤回本国。他同时还在没有要求任何赎金的情况下，送回了雷普宁上校以及所有我方俘虏的俄国皇家卫兵。同时还寄去了一封恭维他们勇猛的信件。

同时，无论在热忱还是忠诚上，马塞纳元帅率领的那支在意大利的法军都丝毫不输大军团。这支法军面对的是卡尔大公率领的势均力敌的奥军。经过一系列血腥的战斗和一场大会战后，这位大公遭受了巨大的损失。而随着乌尔姆失陷以及法军进入维也纳的消息传来，奥军总指挥宣布撤退。在撤退的路上，法军一直在后面紧追不舍。在撤退途中，他每每期望控制一个堡垒以保护撤退中的奥军时，都会被法军击溃。他就这样边打边退地撤到了莱巴赫①。他在

---

① 今斯洛文尼亚首都卢布尔雅那，莱巴赫是其德语名称，当时此地属于奥地利。

那里得知,他那个跟自己差不多倒霉的兄弟约翰大公,已经撤出了蒂罗尔,并打算带自己的残兵败将进入匈牙利。

皇帝在回到美泉宫后,接见了从巴黎来的市长代表团。他命令代表团将我们在奥斯特利茨缴获的敌军军旗带回巴黎圣母院,他希望这些军旗被存放在那里。他发布了一系列的命令,给所有在奥斯特利茨以身殉国的士兵的遗孀及孩子发放津贴,将军、军官或普通士兵均一视同仁。他还更进一步地准许他们将"拿破仑"加在自己的名字中。他同时还下令,将在旺多姆广场上竖起一根胜利之柱,材料就是在奥斯特利茨缴获的奥国和俄国火炮熔化后的金属。

和谈一开始是在布隆展开的,不过随后不久就迁往普雷斯堡。1805 年 12 月 26 日,和约在那里签订。这一著名的和约确认了所有我们征服的成果,同时我们也获得了整个意大利。巴伐利亚获得了蒂罗尔。而在获得了奥地利割让给它们的领土后,巴伐利亚选侯国和符腾堡选侯国都升格为了王国。巴登选侯国虽然也获得了领土,但是依旧不足以成为王国,因此它被升格为了大公国。奥地利获得了萨尔茨堡。而此前因为《吕内维尔条约》而获得萨尔茨堡的斐迪南大公(前托斯卡纳大公)则转而获得了维尔茨堡。出于对他的好意,这块领地也被升格为大公国。拿破仑本来要求的战争赔款是 1 亿法郎,此后经过谈判,降到了 4000 万法郎。

双方在普雷斯堡签订和约的那一天,皇帝在施泰梅尔多夫城堡和卡尔大公举行了会晤。双方在会晤中都感受到了来自对方的尊重。在大公离开之前,皇帝将一把佩剑送给了他。

在俄军和奥军于奥斯特利茨经历惨败后,皇帝必须要和奥地利单独议和,无法强迫俄国也加入。虽然这是一个无法避免的必然结局,但他还是对此感到很懊悔。因为这样一来他就无法充分利用这次伟大胜利的成果。当时敌人手上还有一支完好无损的俄军,而那支从意大利逃进匈牙利的奥军也和从奥斯特利茨逃出的残兵败将完成了整合，假以时日可以成为一支凶悍的力量。此外，皇帝还要考虑到普鲁士对我们的敌意，还有他们那个国王摇摆而胆怯的性格。他随时有可能被我们的敌人说服而加入他们。这样拿破仑就会暴露在更大的危险之中，他也会因此觉得自己的后方不稳。他最终满足于让俄军撤出德意志和波兰，撤回俄国。他心底里还是很抗拒普鲁士政府这次背信弃义的行为。他们以模棱两可的态度避免了和法兰西帝国进行任何形式的结盟，还妨碍了拿破仑想要增强普鲁士力量的好意。这个政府虽然没有直接煽动奥地利进攻我们，但它难道没有让这个强国认为，一旦和法国开战，可以通过对那个法国抱有敌意的内阁施加影响从而轻易地把他们优柔寡断的国王拉到自己这边来吗？这一危险的不确定性将拿破仑暴露在了一个很有威胁性的危机面前，因此他被迫要无限期地延后实现自己的宏伟蓝图，延后他实现普遍和平的梦想。此前，在法军通过安斯巴赫时，拿破仑就见识过柏林政府的忘恩负义和敌意了。这次所谓的领土入侵根本不成立，此前奥地利军队和巴伐利亚军队都曾通过那些地区。从那时起，他对普鲁士国王那怯弱的性格就只剩下轻蔑和鄙夷了。他经常会表现出对这位君主的恼怒。而等到他亲自见过这个人之后，恼火就更强了。拿破仑觉得，由于这位国王出生时遭遇了倒霉的情况，因此注定在精神上和身体上都是如此笨拙①。他就此放弃了拉拢后者成为盟友的计划。他对普鲁士的偏好以及那份急切地想要加强联系的情感都从皇帝的心中消失了，取而代之的是他要将这个强国视作敌人的决心，以及对他永远不可能和这个强国成为盟友的笃信。

---

① 腓特烈·威廉三世出生时，他的父亲钟情于自己的情妇，根本无心关注他的教育。他的整个童年几乎都被父亲无视。

　　正当法军在奥地利势如破竹时，那不勒斯宫廷大概是吃错药了，公然违背了自己的中立承诺，将港口开放给我们敌人的军队和舰队。

　　拿破仑在奥斯特利茨获胜后听闻了这一既不审慎又不忠诚的行为。于是，他命令自己当时正在巴黎统筹事务的兄长约瑟夫马上前往马塞纳元帅指挥的意大利军中。他下令让约瑟夫领将衔，并以皇帝副官的身份接下这支部队的指挥权。约瑟夫将从那里南下进军那不勒斯，那不勒斯的王位正虚位以待。

　　此后皇帝接到报告说，他的兄长率领的这支前往那不勒斯的军队中有敲诈和虐待的行径发生。他马上下令镇压这样的行为。而一笔通过欺诈手段侵吞的 80 万法郎当时正好被存进了米兰的一家银行中。这家银行的首领们否认有这样一笔存款，而且逃避推诿不愿意偿还这笔款项。皇帝下令没收了这家银行的所有文件资料，并且对其发起了商业封锁。在所有的款项都补齐后，这一封锁令才被取消。

　　在和约获得批准后，皇帝就马上前往慕尼黑了。从那里，他给少将写了一封长信，其中包含关于执行条约内容的命令。就像拿破仑的所有其他决定那样，这份命令总结了那一贯的深谋远虑和精细准确。其中包括关于军队的所有安排：从敌军领土的各个部分上逐步撤出；对于割让给我们的省份进行占领；关于军队扎营的事宜；关于伤员转运的事宜；关于让巴伐利亚和符腾堡的君主获得条约许诺给他们的领土的事宜；战争赔款的支付；工兵和炮兵部队的下一步行动计划；让马尔蒙将军和马塞纳元帅返回意大利；等等。

　　约瑟芬皇后比皇帝早一步到达慕尼黑。人们在那里庆祝了欧仁亲王和巴伐利亚国王长女奥古斯塔公主的婚礼。用研究拿破仑的最好的历史学家蒂博多的话来说，这场婚礼就是链条的第一环。这跟链条将把新生的拿破仑王朝和欧洲各个古老的王室连接在一起。此前这位巴伐利亚公主已经和巴登世袭亲王订婚了，不过政治做出了另外的安排。这次，国家间的利益关系并没有影响到结成伉俪的两个人。他们之间依旧发展出了互惠的关系。

皇帝在一封信中将婚礼的消息告诉了元老院。他在信中与这一国家机关分享了他如父亲般享受的家庭的喜悦。同时他还告知元老院的议员们，他已经将欧仁亲王收为自己的养子。同时他还将欧仁亲王及其后代指定为意大利世袭王位的继承人。

共和历 14 年雪月 10 日（也就是 1805 年 12 月 31 日）是我们使用共和历的最后一天。格里高利历拥有在欧洲和美洲被广泛使用的这一优点。同时，共和历不仅使我们对外交往不便，导致我们的孤立，更大的问题在于它植根于一个对法国很不利的时期：欧洲各国一想起那个时期就涌起对法国的负面回忆。

国家的各个主要机关和巴黎的民众都准备好庄重地迎接从奥斯特利茨凯旋的胜利者们了。护民院全体议员前往卢森堡宫，去那里举起皇帝预先为他们准备好的旗帜。在护民院的推动下，元老院通过了法令，宣布将以法国人民的名义为拿破仑大帝竖立一个胜利纪念碑。元老院全体成员将一同去迎接皇帝，而皇帝寄给元老院的那封将此役缴获的军旗托付给元老院保存的信将被刻在大理石上，放置在会议室中。

巴黎地方政府激动但符合礼仪地将皇帝预先指定要悬挂在巴黎圣母院中的敌军军旗交到了巴黎教士的手中。

1806 年 1 月 26 日，在民众热烈的欢迎中，拿破仑和约瑟芬返回了巴黎。

第六章

法兰西粮草债券危机

皇帝当时为了处理法兰西银行面临的一个严重危机而快马加鞭地赶回了巴黎。关于引起这次危机的种种原因，我将在后面详细描述。当时公债贬值的情况已经很严峻了，其后，在伦敦布置的策略的影响下愈发恶化。当时英国的报纸对此倒是大肆夸耀了一番。这一策略就是要合力在市场上制造对巴黎金融市场不利的行情，引起大众对银行清偿能力的怀疑，进而引发社会的恐慌，这样就会驱使所有持有票据的人一窝蜂地前去将手中的票据兑换成钱，引发挤兑[①]。

此前，为了向法兰西粮草公司提供足够的资金来完成该公司名下的一笔业务，公司和法兰西银行在协商后发行了大量的债券，这是造成公众信心下降的主要原因。法兰西粮草公司此前负责为停泊

[①] 以下是从 1805 年 9 月 22 日的英国报纸《观察家报》上节选翻译的新闻："这是一次以摧毁法兰西银行为目标的行动计划。主要是要打它个措手不及。也就是说，我们要迫使它大量回收自己发行流通的票据，如此就可以让其陷入困窘的境地。我们之所以没有更早地报道这一计划，一是为了静观其结果，同时也是不想打草惊蛇。而就在我们这篇文章发出的同时，行动的第一枪已经打响了，因此现在在讨论它也不会再有什么不便。"——作者注

在布列斯特的西班牙舰队提供补给。而上面讲到的这笔庞大的业务是该公司代理人乌夫拉尔先生和西班牙国王签署协议后的成果，西班牙国王也将获得该业务利润收入的一部分。根据协议，该公司将负责向西班牙的各个美洲殖民地提供它们需要的所有物资。而作为回报，该公司也将可以按比例抽取这些地区生产的物资和金银。这一涉及商业买卖和银行交易的双重业务是前无古人的，即便是当时最富有的银行联合起来也无力资助这样的业务。但是，如果这个业务实现的话，将可以为法兰西粮草公司带来巨大的利润。而在等待西班牙的各个殖民地交付资金的时候，法兰西粮草公司需要大量的周转资本。当时该公司手上可以动用的资金远远不够。法兰西银行的其中一位董事本身也是军粮供应处的人，借助他的影响力，法兰西银行对粮草公司发行的债券是来者不拒的。另外，国库则在不停地用公债来交换该公司发行的期票。如此一来，法兰西银行发现自己发行的票据大大超过了自己拥有的资产，而国库的保险箱里有的只不过是该公司的期票，而不是什么有真正价值的东西。在整个1806财年，该公司成功地从国库中拿到了超过1亿的票据。关于这些票据协商的事情很快就走漏了风声，而那一系列恶毒的策略则夸大了情况的严重性。民众纷纷紧张了起来，都冲到银行那里，希望可以将自己手中的票据兑换成真金白银。

皇帝听说这次金融危机时，心中是很焦虑的。甫一回到巴黎，他就召集了一个委员会。在会上，他获知了所有有关物资公司业务的信息，以及此后该公司陷入的窘迫境地。财政大臣很难为这样的金融转账进行辩解。但是，由于他的正直和廉洁是毋庸置疑的，因此皇帝也只能批评他不够审慎，并且严厉指责了他。乌夫拉尔先生作为这次针对国库的致命事件的始作俑者之一，也被皇帝叫来参加了会议。当时拿破仑满脑子想的都是，如果他输掉了奥斯特利茨战役的话，这样的物资匮乏会让他陷入怎样的严峻境地，同时又会让法国遭受怎样不可估量的灾难，因此他以他能想到的最严厉的发言斥责了乌夫拉尔先生。其中，出于可以理解的暴怒，他说他希望自己可以立起一个足够高的绞刑架，然后将乌夫拉尔吊在上面，作为给全法国上的一堂课。乌夫拉尔先生当时站在大法官的座位后面，他面不改色地接受了这一攻击，也没有说一个字来为自己辩解。尽管皇帝非常粗暴地命令他滚开，他也只是平静地退出了房间。每当问题牵扯到银行家的时候，拿破仑总是会想起自己的痛苦回忆：雾月政变时，因为国库空虚，他必须要低声下气地去跟银行家们讨要维持政府运行的资金，他和这些银行家达成的约定和一个年轻贵族跟放高利贷者达成的约定没什么区别。这份抵触，纵然有些固执，但是熟识他的人都不会因此感到惊讶：他是如此厌恶投机的金融业务以及高利贷带来的利润；他又是如此重视整齐、秩序以及节俭。

　　拿破仑一刻不停地追踪着这些债券经纪人，当他不能用法律来制裁他们的时候，他就会用印刷品的方式把他们永远地钉在耻辱柱上。《箴言报》上到处都是把他们曝光出来接受大众鄙视的文章。对于那些胆敢声称自己是国家债权人的家伙，他都会一个一个地去检查他们的账户。最终他心满意足地发现，正好相反，他们的主张根本站不住脚，他们都是国家的债务人。他在意大利指挥军队时的种种经历都让他对这些债券和股票经纪人充满了偏见。我觉得很多时候这些偏见都是完全正确的。而在承包商中间，拿破仑发现了大量打劫国库和道德腐化的人，数量远远超过其他所有领域。因此他对这一阶层尤其反感。而他有多厌恶这些大发不义之财的人，他就有多敬重那些通过正当渠道致富的人。他们都是靠自己的诚实、勤劳和智慧赚得财富的。

　　就在乌夫拉尔先生被大骂一通之后的第二天，他的一位友人阿莱先生前来跟财政大臣共进晚餐。他跟大臣谈到了这位银行家遇到的困难，当时所有人的脑子里都在想着这件事情。他跟大臣说，自己很欣喜地听说，虽然这件事情一开始显得对乌夫拉尔先生很是不利，但这个困难已经在解决的路上了。他还说，虽然皇帝表面上对乌夫拉尔先生的解释很不满意，但实际上他内心里还是很快就承认了后者的金融才能。阿莱先生甚至夸张地说乌夫拉尔先生马上就会收到一枚荣誉军团勋章，这是作为皇帝对他才能的欣赏。大臣当时就惊呆了，原来世界上还有这么厚颜无耻的人。本来这次冒险计划的始作俑者就根本没什么可骄傲的，但是竟然有人可以不以为耻，反以为荣。不过，作为整个事件灵魂的这个男人，如果他的心里真的这么想，那也不奇怪。他对自己才能的自信无可动摇，并且他已经盲目地屈服于心中那股对巨大金融冒险计划的使命感。此后，在百日政权期间，皇帝找来了乌夫拉尔先生，他打算任命后者担任军需官。但滑铁卢战役终结了两人的所有联系。

拿破仑要求所有的银行家将他们手中持有的公债都退还给国库，还冻结了他们的资产，作为对尚未补齐部分的抵押担保。

官方文件①指出，乌夫拉尔先生和他的公司总共欠国库 1 亿 4000 万。其中 6000 万由西班牙付清了。这全靠西班牙政府从荷兰获得的一笔贷款，还有莫利安先生通过和奥普先生以及巴兰先生协作从墨西哥收回的西班牙银币。剩下的 8200 万则主要通过以下途径获得了解决：没收银行家们的不动产提供了 1400 万；参与掠夺国库的相关人物之间互相发起了一系列诉讼，因此国库也从判罚中挽回了大量损失；陆军部和海军部还是这些人的债权人，因此也收回了此前拖欠的资金；查封他们为陆军部和海军部供货的军需库又

---

①　前财政大臣莫利安先生出版的全新回忆录。——作者注

提供了一笔资金。最终，在他们偿清所有拖欠政府的债务前，针对
1806 年及 1807 年的军需品，政府只会支付他们三分之一或一半的
钱款。也是得益于这些权宜之计，皇帝继续允许他们为陆军部及海
军部供货。他克制住了自己的抵触情绪，没有执行他此前下达的针
对乌夫拉尔和他的公司的那些严厉手段。

　　国库大臣收受了来自银行家们的贿赂，犯下大错，因此他被免
职了。同时，他还必须用收受的巨额贿赂来支撑我们贬值中的公
债。他的妻子此后经常带着一大堆请愿书和辩解信到宫中来，皇帝
对此一概拒收。巴尔贝－马鲁瓦先生就这样失去了自己的职位。所
有人都对他的失陷而感到惊讶。人们普遍认为他就是守护国库的刻
尔柏洛斯①。他甚至因为严格履行自己的职责而树立了不少敌人。
但是还有这样一幅小漫画：画中他站在国库部大楼的露台上，拿着
小本本记录所有迟到的结算专员，而就在他背后，他的秘书正在从
这位大臣的口袋里取走数百万资金。人的一生中，脑袋总是有打盹
的时候。这时人们就会在自由意志的驱使下做出一些无法解释的行
为。皇帝肯定是这样看这件事情的：因为就在 2 天后，他将这位前
大臣任命为审计署的主席，这也是他认可后者诚信的证明。不久之
后，他又将后者升入了元老院。不过，肯定是因为自尊受伤后不可
能完全恢复吧：巴尔贝－马鲁瓦先生，这位被拿破仑从流亡中召回
的人，这位因拿破仑才拥有了人生的人，在 1814 年以无比的热情
协助推翻了皇帝。皇帝完全可以说他不知感恩。

　　巴尔贝－马鲁瓦先生此前是接替贝特朗－迪弗雷纳先生主管国
库署的。6 个月后，国库署正式被提升为了一个独立的部门。当
时，提名迪弗雷纳先生的是勒布伦执政。后者很敬重迪弗雷纳先生

---

①　古希腊神话中守护冥界大门的恶犬。

的正直和才华。迪弗雷纳先生没有让第一执政失望，他在簿记中引入了一个有序而清晰的新系统。这样一来，在任何时候都只需看一眼就可以掌握国库的具体情况。在拿破仑的眼中，这一制度创新有着无与伦比的价值。因此，他对失去迪弗雷纳先生很是悲伤。在迪弗雷纳先生死前不久，拿破仑去探望过他，同时命令在国库部办公大楼的一个房间里摆放一尊他的胸像。在任用迪弗雷纳先生这件事情上，他也展示出了自己在政治上的容忍：他很清楚地知道迪弗雷纳先生对波旁王室充满感情。在波旁王室复辟后，我才知道，当时迪弗雷纳先生接受这一职位时是获得了里尔伯爵首肯的。他当时给这位王公写了一封信，后者给他的回信在 1814 年公开发表了。不仅只有他认为里尔伯爵才是法国的合法主人：鲁瓦耶 - 科拉尔、贝凯 - 博普雷、居维叶、博舍龙 - 德波特等诸位先生以及其他很多人都跟路易十六的弟弟①保持了通信。

莫利安先生既正直，又对金融和财政领域了如指掌。他非常聪明，从来都不会搞砸任何事情。他是通过约瑟夫·波拿巴认识拿破仑的。针对我们不断贬值的公债，他向政府提交了一个偿债基金组织方案，同时他也被任命为了所在部门的长官。在巴尔贝 - 马鲁瓦去职后，皇帝召他进国库部，同时任命国务参事贝朗热去处理偿债基金的问题。莫利安先生在国库管理中做出了卓越的贡献：他创建了金融处，还做出了其他许多有益的改进。

政府通过强有力的措施，抹平了金融危机对公共信用造成的巨大损害。但是，在调查造成此次危机的过程中，警务部门发现保王党反对派们通过散布假警报的方式来欺瞒大众，并且在公债持有人群里制造了恐慌。他们还在破坏国家的信誉。

---

① 路易十八（里尔伯爵）是路易十六的弟弟。

警务部确定了 12 个或 15 个"无法矫正"的人，他们提议要将这些人赶出巴黎。这些人包括达沃夫人、德·舍夫勒斯夫人以及雷加米埃夫人；还有德·迪拉斯先生、拉萨尔先生、蒙龙先生以及其他一些先生。除了德·舍夫勒斯夫人之外，从慕尼黑发给警务部的命令要求驱逐名单上的所有人。富歇在执行命令的过程中还不忘告诉这些人，他只是在执行皇帝的命令。但是，实际上一开始就是他提出这件事情的。塔列朗先生当时正陪在皇帝身边，他和吕讷公爵夫人一直有联系。后者是德·舍夫勒斯夫人的岳母。正是塔列朗先生挽救了德·舍夫勒斯夫人。他还向皇帝建议，将后者任命为皇后宫中的近侍。但事实上，德·舍夫勒斯夫人是策划保王党密谋的头头，而吕讷府邸就是他们进行密谋的场所。后者此后作为约瑟芬的随扈时，总是一刻不停地讽刺这个，嘲笑那个。她的这张嘴也最终导致了这位女士的失势。尽管仁慈的皇后一直都容忍着她的大嘴巴，但拿破仑因为她的这些欠考虑行径很是受伤。他对这位固执而恶毒的反对者的耐性在某一天终于消失了。当另一位侍女告诉德·舍夫勒斯夫人，她被选上去侍奉西班牙王后玛利亚·路易莎时，她是这么回答的："我可不适合去当女狱卒。"对于德·舍夫勒斯夫人在受到宽恕，并且被亲自安排到皇后的身旁，此后又重新开始这种攻击性的行为，拿破仑感到非常不齿。他将她驱逐出巴黎 40 里，并且无论有多少人向他请愿，他都拒绝宽恕她或是让她返回巴黎。

雷加米埃夫人成为反对派的原因则主要有两个：一是斯塔尔夫人的引导，二是她自己对皇帝的仇恨。她之所以会记恨皇帝，是因为下面这件事情：她父亲贝尔纳先生此前在邮局主管的任上支持了一份期刊的出版。这份期刊是由他的朋友居约修士主编的，而且在当时还经常攻击第一执政以及他的家人。贝尔纳先生因此被逮捕了。他的女儿坚持自己的父亲是无辜的，并且进行了抗议，但都无济于事。贝尔纳先生被认定犯有背信罪，他原本是可能被送上法庭的，但最终只是被解职而已。此后，雷加米埃家的产业在1806年的金融危机中覆灭了，雷加米埃夫人也因此被迫要离开巴黎。她此后还是时常回到巴黎，一部分时间在那里度过，其他时间则待在科佩①。也正是在科佩，她认识了斯塔尔夫人这个喜爱争吵的人，还有后者身边的那个小圈子。因此，她也就被牵扯进了斯塔尔夫人失势的事件中。雷加米埃夫人的美貌受到整个时尚界的景仰，斯塔尔夫人对于能奴役这样一个美人，自然是感到非常高兴的。

人们总是在重复指出，这两个女人一个以眉毛而闻名，另一个则以机敏而著称：她们两人的结合就是"才华和美貌的联盟"。这种话让斯塔尔夫人非常受用。在雷加米埃夫人在科佩逗留的那段时间里，普鲁士的奥古斯特亲王疯狂地爱上了她。奥古斯特亲王是斐迪南亲王的儿子、腓特烈大帝的侄子。人们传说，他是如此深爱雷加米埃夫人，以至于他用自己的血写下了一份婚约。一段时间之后，他收到了答复，后者勉强答应了求婚，主要是因为他一直穷追不舍。正是为了她，他从画家热拉尔那里购买了一幅画：画中描绘的是科里纳②在米赛诺角吟诗的场景。雷加米埃夫人没有被驱逐出境。她是自己将自己流放到地方诸省去的。政府正式禁止她返回巴黎，还要等到她开始积极参与斯塔尔夫人的反对计划之后。她在沙隆、里昂和日内瓦待了3年之后，启程去意大利旅行了，并且直到1814年才返回法国。

至于斯塔尔夫人呢，她当时在政治家们中间是有影响力的，而

---

① 瑞士法语区的城市，位于瑞士和法国的边界。

② 科里纳是古希腊著名的女吟游诗人。

她却滥用了这种影响力。她之所以能够影响政治家，主要是因为以下几点：她在文学领域的声誉、她巾帼不让须眉的才华、她对名声的热情、她难以控制的对干预政府事务的习性、她喜爱辩论的本质以及她谈话时的那种魅力。她的谈话中总是充满诙谐又聪明的火花。斯塔尔夫人曾经一度是拿破仑将军热烈的崇拜者。尽管她那过分的恭维让他不是很喜欢她，但当他还在担任第一执政时接见过她。不过对于她的纠缠不休，他的反应很是冷漠。尽管人们传说其中还牵扯一些财务问题，但是对于斯塔尔夫人来说，热脸贴了冷屁股这件事本身就足以将自己的一腔热忱变成反感了。不久后，她就开始公开反对拿破仑了。这样一个弱女子对抗强大男性暴政的戏码自然引发了人们认为她大受迫害的想象。但是，下面这些事情，他们却没有告诉你：国家元首在 3 年的时间里一直忍受着她连续不断的敌意；在这段时间里，他警告了她，也劝告了她多次，她都置若罔闻；这些容忍不过是助长了她的气焰，她开始四处煽动人们起来反对他，就是为了惩罚他没有将自己招为顾问；她的会客室就是一个政治俱乐部，人们在里面痛骂政府的政策，也是在那里，人们毫不遮掩地号召别人起来反抗国家元首的权威；拿破仑想要跟这个女人和解，但是她不停地阻挠他；拿破仑是在整整忍耐了 3 年之后才决定将这个女人赶出巴黎的。但是，这个女人活跃的思想需要巴黎作为她的舞台。因为难以忍受自己要远离这个舞台，她用尽各种手段求人让她返回巴黎。她敲遍了所有的门，她甚至还偷偷溜到了她深爱的巴黎近旁，希望可以返回巴黎。在 1801 年的夏天，我在莫尔特枫丹与她和她的两个孩子共处了几个月的时间。当时的她正在使出浑身解数希望可以引诱这一美丽庄园的主人。于是她靠着这层关系从布卢瓦给我写了将近 20 封动人的信件。但是，我无法满足她的愿望。我一点都不同情这个女人，可怜之人必有可恨之处。她是其本性和判断力的受害者。拿破仑曾说，这个人的想象力非常超群，也是少有的聪明人，但她的判断力却和前两个才华不在一个水平线上。斯塔尔夫人被迫返回了科佩。自那之后，她就彻底放飞了自己的恨意，她还跑去我们的敌人那里以求共鸣。她那时写了一本书，书里充斥着她的怨恨。她还在其中表示希望法国早点遭遇大灾祸，这样法兰西才能睁开双眼，认识到拿破仑才是自己一系列灾难的始作俑者，并摆脱身上的枷锁。我觉得，为了她自己的名誉着想，这本书还是不出版的好。

在她去世后，这本名为《流亡的十年》的书出版了。我看过这本书。当时我看的那本书之前是属于军需长布瓦斯诺的。他在题目后面加了一句话"这本书证明拿破仑对这位女作者的迫害是正当的"。

这个女人恶毒的脾气和她容易激动的思想总是需要食粮的。她在科佩隐居时，为了填补自己的闲暇时光，来来回回换了好几个情人。巴朗特先生现在是一名退休官员了，当时他是日内瓦的省长。他就常常光顾斯塔尔夫人的府上。他对这个女人的容忍度之高，是超过了拿破仑所允许的范围的。就在这位官员频繁造访科佩城堡期间，他自己的儿子小巴朗特和斯塔尔夫人认识了。小巴朗特以自己令人赞叹的头脑马上就俘虏了她。她对他是如此着迷，以至于当小巴朗特离开科佩去巴黎一展宏图时，斯塔尔夫人悲伤到一度打算自杀。

人们曾经觉得，旧宫廷的那些旧贵族的威望让拿破仑很是着迷。其实，他之所以将一些旧贵族的代表召入自己的帝国宫廷中，是为了将他们都融入自己的系统之中，同时也是因为他决意要为法国所有名流负责。的确，他一直偏好这个阶级，因为他们曾长期服务于国家，并且普遍受过良好教育，这两点很是吸引他。他一直觉得贵族们更钟情于他创造的这一体系的稳定性。相比之下，共和党人总是对他的管治原则充满敌意，他们总是梦想一个理想的政府。这也是为什么，他继承了君主制的形式，但是没有全面复活旧制度。这也是他偏爱塔列朗先生的一个原因，后者是负责他那些吞并与和解工作的主要人物。融合旧贵族的工作从他刚刚掌权后就开始了：他将舒瓦瑟－普拉兰公爵和吕讷公爵都任命为参议员。此后他也一直成功地继续推进这一计划，毋庸置疑，如果他的统治可以持续更长时间的话，他可以消灭那个等级分明的社会。在和欧洲各国政府打交道的过程中，他意识到如果他从旧贵族家庭里选择自己的大使，他们一般都可以更好地在目的地的宫廷中执行任务。他们在贵族社会里的关系对他来说也很有用。

《普雷斯堡和约》与诸国的建立

1月23日，就在皇帝回到巴黎的时候，皮特先生结束了自己短暂而艰苦的职业生涯。这位大臣在22岁的时候进入议会，23岁就当上了财政大臣，在47岁的时候与世长辞了。此前，他通过自己的才智几乎一手操纵了英国和整个欧洲的命运。多年辛劳的工作让他筋疲力尽了：他的身体饱受家族疾病的折磨，奥斯特利茨战役的结果则在精神上极大地打击了他，后者打乱了他所有的计划。他遗留给国家的，是一场对抗法国大革命和其代表人物的你死我活的战争，还有不计其数的国家债务。此后，一系列突发的事件，以及无法预知的灾难最终让这一坚持和法国势不两立的政策获得了胜利。英国要等到皮特先生死后多年才能收获这一胜利的果实。后者在濒死时都饱受疑虑的困扰：自己的政策到底能不能成功？他也将这一疑虑带进了坟墓。

皮特是拿破仑最坚定的敌人。而接替皮特的人则是他自己最著名的敌人。这位继承者是和平的拥护者，因为他近期和法国首脑之间的关系，他更倾向于同法国和解。我们在这里说的当然就是：福克斯先生①。

将欧仁亲王和巴伐利亚公主撮合到一起的那项政策，此后决定了巴登世袭亲王②与约瑟芬皇后的一名侄女之间的婚姻。巴登的这位亲王此后在 1811 年继承了他祖父的位置，因为他的父亲已经在1801 年去世了。他的父亲是在从圣彼得堡返回的路上落马摔伤后去世的。他之所以会去俄国，是为了探望自己的女儿，亚历山大大公的妻子。亚历山大大公后来成了沙皇。而在 1806 年婚礼时，这位巴登亲王还有另外两位姐妹，她们已经分别嫁给了瑞典国王和巴伐利亚国王。这个家族等级的提升完全仰赖拿破仑，在 1803 年的时候他们掌握的还只不过是一个小小的藩侯国③。不过，虽然是这样，但他们家已经有三位女儿坐上后位了。

当时执政的巴登大公是真心感激拿破仑的，但他的心也被反法情绪搅动着。因此他的年轻继承人与拿破仑的养女之间的结合一开始就遭到了可憎密谋的阻挠。我还记得德·蒂亚尔先生在自己信件里的详细记录：他记录了这位年轻王公的母亲藩侯夫人，以及她的小舅子路德维希侯爵④，用了怎样侮辱性的语言来谈论拿破仑的兄

---

① 查尔斯·詹姆士·福克斯，英国历史上首位外务大臣。他此后还曾两度出任外务大臣一职。作者这里指的是他在 1806 年最后一次出任外务大臣。当时接替皮特出任英国首相的是格伦维尔，因此严格说来，福克斯并不是皮特的继任者。不过作者此处应该是注重外交政策因此才这么说的。

② 卡尔·路德维希·弗里德里希，日后的第二任巴登大公。

③ 1803 年，巴登藩侯国成为神圣罗马帝国的一个选侯国。1806 年，巴登选候国在获得了更多领土后，升格为巴登大公国。两次升格都是拿破仑支持的结果。

④ 路德维希·威廉·奥古斯特，第三任巴登大公。

弟以及嫂子和弟媳；他还记录了，这个充满恶意的小团体是怎样努力地想要离间这一对夫妇。德·蒂亚尔先生是皇帝的廷臣之一。此前在大革命后的流亡中，他和一些小德意志邦国的宫廷搭上了某些关系，因此他当时不带任何正式头衔就被派往卡尔斯鲁厄①，准备我们和巴登以及巴伐利亚的结盟事宜。

斯蒂芬妮公主的美德，加上皇帝的关心，让约瑟芬的这位侄女没有掉入别人为她准备的陷阱。在皇帝的关注下，这对夫妇达成了和解。而双方之间的和睦自从重新建立后，就再也没有被打扰过。这位大公的儿子不幸在很小的时候就去世了，因此当他在 1818 年去世后，继承他位置的是他的叔叔路德维希·威廉·奥古斯特侯爵。关于巴登大公儿子的早夭，社会上流传着一些非常阴暗的流言，至今在德意志地区，依旧有人相信这个儿子不是死了，而是失踪了。如果我们相信大众流言的话，那么这个孩子就是卡斯帕尔·豪泽尔。后者在 1828 年现身时引发了众多的猜测。这位新铁面人②的身边依旧围绕着谜团，德国人的想象力也如脱缰的野马，一发不可收拾。卡斯帕尔·豪泽尔的成长环境是如此的隔绝，以至于这个可怜的小孩在童年的最初几年连一个活人都没见过。因为他从没获得任何精神食粮，因此他的心智也一直没有得到发展。当他于 1828 年出现在纽伦堡时，他很难清楚地表达自己的意思，他说的话基本没人听得懂。然后这个可怜的小孩突然就被人从负责照顾他的人那里绑架走了。几天之后，人们发现了满身是血的他。就在他侥幸逃脱这次谋杀尝试后不久，他就被杀死了。犯下这一连续罪行

---

① 位于今德国的巴登 - 符腾堡州，当时是巴登大公国的首都。

② 铁面人是路易十四时期的一名神秘囚犯，一生辗转被关押在多个监狱中。伏尔泰宣称此人是路易十四的长兄，先王的私生子。大仲马在《三个火枪手》将其描写为了路易十四的孪生兄弟。

的人也一直没有被找到。人们认为，负责侦察此案的检察官们，鉴于事情的严重性，为了避免继续激起人们对他身世的兴趣，决定牺牲他的生命以换取自己的安全。人们都知道路德维希侯爵的想法，他也有充分的理由去铲除挡在他和王位之间的障碍，再加上人们总是喜欢给涉及身处高位的人的那些神秘事件加上一些悲剧性的不同寻常的原因。这三个原因一起，让人们围绕这件事情产生了许多非常奇异的推测。

斯蒂芬妮·拿破仑公主的丈夫，卡尔·路德维希·弗里德里希大公在死前曾经宣布，霍赫贝格伯爵有权继承王位。霍赫贝格是他同父异母的兄弟，是他的祖父卡尔·弗里德里希在1777年与霍赫贝格女伯爵之间贵贱通婚所留下的子嗣。大公这样允许霍赫贝格伯爵继承王位，是符合拿破仑心意的。拿破仑很关心霍赫贝格伯爵这一支的成员。这一支中有两兄弟都在法军中服过役，就在他的眼前，两人都取得了大家的认可。之后利奥波德·卡尔·弗里德里希亲王得以成为大公，也要感谢这一决定①。

斯蒂芬妮·博阿尔内和巴登世袭亲王的婚礼是在1806年3月4日举行的。此前，皇帝在收养欧仁亲王和奥坦丝王后之后，两人都在自己的名字里加上了"拿破仑"。斯蒂芬妮公主也做了同样的事情：

1806年3月3日，巴黎

朕希望，朕的女儿斯蒂芬妮·拿破仑公主可以享受她的头衔赢得的种种特权——在所有的会客室、宴会以及用餐时，她

---

① 1830年至1852年在位的第四任巴登大公，来自这个庶出的旁支。

都将和朕坐在同一边。朕不在时，她则可以坐在皇后的右手边。

签名：拿破仑

我们最近这次胜利的结果是在德意志地区建立了许多新的王国及大公国。此前拿破仑为外国君主做过许多事情，他们可能有一天都会忘记法国对自己的恩情。他觉得自己现在的势力已经足够稳固，这样的事情不能在他帝国的心脏位置再次上演。自然而然地，他会在自己的家庭中去选择支持者。他的大哥约瑟夫亲王被扶上了那不勒斯的王位。他的另一个兄弟路易获得了荷兰的王冠。他的妹夫缪拉亲王获得了在普鲁士割让的领土上建立起来的贝格大公国。欧仁亲王则成为意大利总督。这些王公都保持了自己在帝国宫廷中的头衔。之所以要将他的家庭成员派去担任这些独立君主国的君主，是因为拿破仑希望他们和母国之间的纽带可以永远提醒他们自己的根在哪里，以及他们对法国的义务。这样一来，他们就可以永远和母国保持一致。他也是出于同样的意愿而在意大利建立了那些封国和公国。一个全新的王朝，需要一个强大的中间阶层来支撑。这个阶层应该尤其注重维护制度的稳定，以及王位的稳固和显赫。借用拿破仑自己的话，这个层级同时也将成为"一个伟大帝国的连接点及支撑点"。这些崇高的尊贵头衔并不会对公众的自由造成任何损害，也没有违背法国大革命确立的平等原则。这些头衔并不能赋予携带者任何的特权或是优待。它们只是纯粹的荣誉称号罢了，它们对社会各阶层的所有公民开放，只要做出了相应的服务或拥有相应的能力，就可以获得这些称号。它们正是发放我们承诺给人民的、他们赢得的奖赏的手段。这些头衔还有一个好处，因为它们为各个有能力者提供了荣誉的证明，让他们可以接受大众的感谢，这样还可以在社会上形成一股正向的风气。

皇帝将瓜斯塔拉公国赐给了自己的妹妹波利娜·波尔吉斯。纳夏泰尔被升格为一个新的公国，并赐给了贝尔蒂埃元帅，拿破仑资历最老的侍从官。冈巴塞雷斯总理大臣成了帕尔马亲王。财政大臣勒布伦成了皮亚琴察亲王。塔列朗是贝内文托亲王。贝尔纳多特则是蓬泰科尔沃亲王。

皇帝在意大利建立了 12 个公国。这些公国的亲王头衔没有任何实权，但是每个都自带 6 万法郎的津贴，从皇帝的私人金库里拨款。这些公国分别是：达尔马提亚、伊斯的利亚、弗留利、卡多雷、贝卢诺、科内科亚诺、特雷维佐、费尔特雷、巴萨诺、维琴察、帕多瓦以及罗维戈。

那不勒斯王国则提供了另外 4 个公国亲王的头衔，分别是：加埃塔、奥特朗托、塔朗托还有勒佐。我在这里没有计算贝内文托和蓬泰科尔沃这两个公国。这两块嵌入那不勒斯领土的领地被合并进了那不勒斯。此举还让教皇国很不高兴，因为后者认为这两块地是自己的。

在意大利和那不勒斯的这些新公国被储存了起来，作为日后给新生人才的奖励。基于卢卡公国，皇帝创建了马萨公国。这个称号此前一直空悬，直到 1809 年才赐给了前大法官雷尼耶先生。1806 年 4 月，一个由荷兰的高级公务员组成的代表团来到了巴黎。他们此行是为了和皇帝就一个条约的基础达成共识，该条款旨在于荷兰建立立宪君主制。经过数月的谈判，6 月 15 日，荷兰王国建立了，王冠被赐予了路易·波拿巴。当时并没有人去征求他本人的意见，他其实更希望管理皮埃蒙特或热那亚。但是，拿破仑告诉他，他无权拒绝自己出于帝国的利益而为他铸造的这顶王冠。当时恰逢荷兰最后一名省督①逝世，他的继承人放弃了自己的权力。这也为新王上任扫清了障碍，同时也打消了路易的顾虑。

8 天后，按照计划，荷兰的路易国王带着奥坦丝王后和他们的孩子一同启程前往他要执掌的那个国家。在出发前的那个礼拜，他几乎一直与荷兰的代表团待在一起，以便从他们那里获得关于这个国家的基本知识。同时，他每天都会和皇帝开会。出发后，他先是到达了海牙附近的树堡。在那里逗留了几天后，他正式进入荷兰首都。荷兰的旧领主们在那里向他效忠，成为他的子民。此前，在他穿越法国领土的时候，人们就已经在以皇家的礼仪欢迎他。当他跨过边界进入荷兰后，当地的民众，不分阶层，都热情地欢迎了他。他们的脸上挂着显而易见的笑容。这位新君主一抵达，就马上以他标志性的刻苦和认真开始处理国务。他之后前往美因茨附近的威斯巴登，在当地泡了温泉。过去几年间他一直饱受疾病的折磨，他希望可以缓解自己的病情。虽然完全没有反抗的意思，但是路易国王新官上任后的那三把火就已经违背了拿破仑派他去荷兰的初衷。拿破仑的这位弟弟就是一个直性子的人，他从来都只遵从自己本性的呼唤行事，这是他一直以来的缺陷。他的婚姻不是出于自己的喜好，来当国王也不是自己想当的，他不愿意只当强势哥哥掌中的玩偶。他认为，既然他牺牲了自己的愿望和喜好来当了这个国王，那么他就理应可以当一个独立自主的国王，仿佛这个王位生来就是他的一样。因为他唯恐失去自己独立的治理权，再加上我们的敌人出于自身利益也乐于煽动他的种种反抗行为，我们马上就会见到他毫无畏惧地拒绝承担反抗拿破仑的结果。

《吕内维尔条约》在德意志地区造成的变化，经过《普雷斯

---

① 尼德兰七省共和国的最高领导人称作省督，或翻译为执政。

堡和约》被确定下来。这些变化已经打散了这个古老的德意志帝国，完全摧毁了它的体系。奥地利和其他德意志邦国为了破碎的领土互相争斗，帝国议会事实上已经解散了。包括帝国宰相选侯达尔贝格亲王在内的许多人都向拿破仑提出，让他保护德意志。因此他决定要建立一个包括南德意志诸国在内的新邦联。国相一选帝侯相成为协商中的主要代表。巴伐利亚国王、符腾堡国王、巴登大公、贝格大公以及黑森－达姆施塔特领地伯爵同意了重组的要求。奥地利对此事不置可否。出于期待从奥地利的遗产那里分一杯羹的动机，普鲁士显得更加积极。但是我们在协商过程中并没有去咨询普鲁士的意见。在所有做出的安排中，也没有普鲁士的位置。经过 3 个月的时间，秘密协商终于结束了。7 月 12日，各方签署了成立新邦联的条约。几天后，这一条约正式公之于众。法国人的皇帝被确定为邦联的保护人，邦联取名为"莱茵邦联"。这个名字也决定了其活动范围的界限。为了表彰主要协商代表的功劳，他被提升为亲王大主教。同时，皇帝建立了法兰克福大公国，并将其赐予了他。黑森－达姆施塔特领地伯国升格成了大公国。

当我们将这个条约签订的消息告诉德意志皇帝的时候，他的回复是他放弃了德意志皇帝的称号，自封为奥地利皇帝弗朗茨一世。同时，我们邀请普鲁士牵头组成北方邦联。计划中的这个北方邦联还将包括黑森－卡塞尔选国、萨克森的各个公国、梅克伦堡的两个公国以及其他的德意志小公国。柏林政府一开始热情地欢迎了这一提议，不过其内部很快就开始怀疑法国方面的诚意。柏林的大臣们选择相信某些错误的指控。这些指控都得到了普鲁士各位使节发回的报告的支持。不过这些报告都是在我们敌人的影响下写的。法国联盟的这些敌人说服了普鲁士国王，说拿破仑私下里其实是打算把普鲁士的省份送给北方邦联中的其他邦国，从而可以吸引他们加入莱茵邦联。但是，事实正好相反，是普鲁士希望通过北方邦联来征服萨克森王国，并主导汉萨同盟的城市。因此，拿破仑出于很好理解的政治考量，批准了萨克森王国不参加该邦联的决定，同时宣布汉萨城市不会参与任何邦联。柏林的宫廷屈服了，也再没有提出任何的异议。此前，它已经承认了莱茵邦联。当时它眼里的唯一目标就是要建立一个包含普鲁士各邻国在内的邦联。因此，尽管拿破仑出于自己的抱负，真心诚意地想要和这个竞争者结盟，但普鲁士对法国的怨恨还是就此生根发芽，开始苗壮成长了。

公共工程建设

就在他忙于进行这些高层次的政治布局时，皇帝也没有忘记对帝国管理细节的关注。他当时听说，布鲁塞尔的监狱中人满为患。原因是此前被关押的强盗们为了可以重获自由就四处告发说有逃脱了法律制裁的罪犯。这些被告发的人也没有经过认真的审讯就一股脑地都被抓了进去。针对此事，拿破仑给自己的私人顾问贝利埃写了下面这封信：

贝利埃先生，

近来我获知在布鲁塞尔的监狱里有很多被逮捕的人。他们很多人都缺乏生存所必需的物资。我希望你不要拖延，马上前往那里。你要在那里和我的帝国检察官、刑事法庭厅长以及当地省长一起商讨此事。你还要亲自逐一审问那些犯人。然后你要向我回禀两件事：为什么那里关了那么多人，以及为什么他们都没有出庭受审。你知道我一贯希望所有罪犯都受到严厉的惩罚，但我也不希望无辜的人受苦。这句话就是你处理此事的原则。此致，我向主祈祷他将您置于他神圣而高贵的守护之下。

签名：拿破仑

1806 年 3 月 17 日，巴黎

贝利埃先生此行的成果是，有 500 人被证实是清白的，他们获得了释放。皇帝命令大法官对贝利埃进行奖赏。

拿破仑此前下令要在卡鲁索广场建一座凯旋门，用以纪念法军在 1805 年的战役中获得的伟大胜利。他还打算在其他地方也建一些凯旋门。下面是他在 1806 年 5 月 14 日针对此事口述的一封信：

凯旋门是没有什么实际功能的建筑，它们什么都不能生产。如果不是我认为此举可以鼓励建筑学发展的话，我是不会下令建造它们的。我希望通过这些凯旋门，可以在接下去的 10 年里鼓励雕塑在法国的蓬勃发展。德农先生会给我提供一张蓝图。内政大臣将在星形广场建立另一座凯旋门。我们必须就设计的说明达成清晰的共识。我希望一座凯旋门是纪念马伦哥，另一座则纪念奥斯特利茨。我还会在巴黎的其他地方再建造两座凯旋门，一座是和平之门，另一座则是宗教之门。通过建造这四座凯旋门，我希望可以将法国雕塑艺术的发展往前推进 20 年。我们应该告诉德农先生建造四座凯旋门的计划，这样他就不会把本来适合一座凯旋门的主题放在另一座凯旋门上。我恳求达吕先生能够告诉我查理曼的雕像雕刻得怎么样了。我同时希望他可以和科雷特先生就我计划建造的两座喷泉的主题达成一致。这两座喷泉的其中一座将建在革命广场①，另一座则将建在巴士底狱的原址上。它们都会是宏伟的建筑。喷泉的设计中必须要包含雕像和浅浮雕。雕像和浮雕的主题可以从皇帝的经历中取材，也可以是大革命历史中的素材，还可以用法国历史上的人物和事件。总的来说，不能放过任何一个可以羞辱俄国人和英国人的机会。我们可以考虑在这些建筑上致敬一下征服者威廉②和杜盖克兰。

如果我在这里详细列举巴黎和帝国各省进行的各项市容改良和整备工作，或是对艺术、商业和工业的各种鼓励措施的话，就有点和本书的主题不符了。当时身处一场场宏伟战争之中的拿破仑，大部分的注意力都放在这些战场上的运筹帷幄和各种相关细节上了。而当他在大本营中难得闲下来的时侯，他会在脑中思考公共工程的情况。这些情况要么是大臣们发给他的报告中提到的，要么是他在经过各个旧省和新省③时自己观察到的。在思考这些事情时，他会在脑中把公共工程分成三类：一是已经开始的工作，二是正在检视

---

① 今协和广场。
② 诺曼底公爵，其后率军跨过海峡征服了英格兰，加冕为英格兰国王威廉一世。史称诺曼征服。
③ 指拿破仑上台前法国拥有的省份，以及拿破仑此后为法国征服的省份。下文的旧法国和新法国也是这个意思。

中的方案，三是各地提出的那些会利于一方的工程。而当敌人的暂时屈服让他可以稍微停下来休息一下时，他就会马上去了解各个工程的进度，督促它们的完成，以及发放与此相关的资金。所有这些工程上马和实施时都没有给国家带来债务负担。皇帝经常召集这方面有能力的人士，并主持开会。在这些会议上，人们会仔细讨论事先准备好的方案。如果经过仔细探讨后，大家都对这个方案感到满意，那么该方案就会被采纳。而如果经过讨论后认为还需要更多的信息，这个方案就会被延后执行。正是归功于这一套绝妙的公共工程系统在他那广阔帝国的广泛实施，拿破仑才得以在旧法国和新法国的各个角落都完成了各种各样的宏大工程：道路、运河、桥梁、喷泉，还有可以为许多舰队提供庇护的港口。这些工程中有一些甚至可以媲美古罗马人的成就。这正因为这样，他才可以重建，或是创造数量众多的各种手工作坊和工厂，让我国的民族工业获得长足的发展。此前需要从国外购买的物资，现在都可以在法国国内生产。他还做了其他很多事情，包括改善法国马匹的血统和培育。他在短短的 15 年里就将这些创造全部完成了。而即使是我国历史上的那些明君，在歌舞升平的状态下想要完成这些创造，这点时间大概也是不够的。

拿破仑当时对法国国内和国际上各项事务的进展都非常满意。整个民族都因帝国的荣耀和繁荣升起一种浓浓的自豪感，拿破仑对此也很是骄傲。因此他当时完全沉浸在了享受自身命运和大众欢愉的喜悦中。他应邀前往在格里尼翁城堡举行的一场庆典，这座城堡是他大方地赏赐给贝尔蒂埃元帅的。他在那里逗留了两天，在此期间，除了处理政事之外，他整个人都生机勃勃，心情极好。他毫无保留地参与了人们为他准备的娱乐节目。此间某次晚餐时，他在餐桌上听说格里尼翁城堡此前曾经属于那位鼎鼎大名的罗①，后者建立了一套以他名字命名的金融系统，拿破仑正打算批判一下这位投机商，但他注意到洛里斯东将军也在场，后者是这位金融家的后裔。因此他保持了克制，并且转移了话题，以便不伤害到他这位侍从官的感情。当晚，大家一起玩了许多小游戏，皇帝对在场的女士们都表现得非常彬彬有礼。他大概属于玩这些所谓的"纯洁小游戏"玩得最尽兴的那拨人，因为这些小游戏可以让他暂时忘记自己身上的重担。这位广阔帝国的首脑要处理如此多的重要政事，以至于他没有多少时间能用来娱乐。在接下去讲普鲁士那边发生的事情之前，我想稍微讲一下拿破仑的私人生活，这样大家也好知道他的工作方式、他的习惯以及管理皇室家族的那一套秩序。

作为惯例，每天都是我把早报带给皇帝。而此后在他梳洗着装的时候，我会为他朗读他圈出来的文章，或是其他我觉得他应该了解的文章。在我朗读的过程中，他几乎总是会不时地做出评论，有时候他还会直接给某位大臣下达通知或命令。

在早上梳洗时，他的首席医生科维萨尔和常任外科医生伊万也常常在场。但是一般他找医生来都只是为了谈天，很少是为了讨论自己的健康问题，他对后者几乎是毫不关心。他喜欢就医学的束手无策而开医生的玩笑。对此，他还可以讲出一连串开医生玩笑的俏皮话。科维萨尔在面对这些攻击时，总会以出众的机智捍卫自己。他的还击总是那么迅捷而巧妙。他承认医学中的确有许多不确定的因素，但同时，他又总是可以如此有力地为医学的用处和其提供的

---

① 此处指的是约翰·罗。他是苏格兰经济学家，在路易十五在位时担任法国的财政大臣。他成立的通用银行成为当时事实上的法国中央银行。他是纸币的拥趸，此后他的经济政策造成了著名的密西西比泡沫事件。泡沫破灭后，法国经济遭受了巨大打击，他也逃离了法国。他的全名是约翰·罗·德·洛里斯东。

服务辩解，以至于拿破仑的嘲讽都会被堵回嘴里。

　　既然我提到了关于医生的话题，我打算趁此机会来讲一下拿破仑的身体状况。他身体的底子本来就很好，又在年轻时戒除了种种恶习，因此他进一步加强了这个好底子。他拥有黄胆汁 - 血液气质的所有优势。尽管这种气质有一些缺点，但依旧是公认最好的气质①。我从没见过拿破仑生病，他只不过会偶尔呕出胆汁，不过之后又立刻跟正常人一样了。况且，呕出胆汁对他也算是健康的排毒。他曾经有段时间害怕自己罹患膀胱疾病，因为山上活跃的空气让他有点排尿困难，但后来我们发现这完全是无稽之谈。人们普遍都注意到了，但凡我们认为自己得了什么病，一般都是假的。关于此后杀死了皇帝的那种疾病，当时完全没有人注意到。我从没听到皇帝抱怨过他胃痛。我曾听一位医术精湛的医生坚持声称，科萨维尔在执政府时期为第一执政治愈的那种感染，如果不是从一开始就精心治疗的话，是不可能被根治的。他宣称，这些疾病发展后才服用的药物以及之后的精心护理，能做的都只不过是延缓病毒前进的步伐而已，并不能完全将其摧毁。他还说，病毒会时不时让其附着的器官紊乱，最终它会完全控制这个器官，并将病人杀死。这位医生坚信，这个病毒就是让拿破仑在圣赫勒拿岛上患病的元凶。

　　拿破仑是如此敏感，以至于只要有一点不好的气味就会让他感到恶心。他的嗅觉是如此灵敏，以至于他隔着老远就可以发现一个地下通道、酒窖或是下水道。又或者，他可以隔着很远就闻到味道，而此时他身边的人还什么都闻不到呢。关于这一点，我以前曾听他说过，他很不喜欢以前有时要 4 个人，甚至 6 个人同睡一张床

---

　　①　体液学说是源自古希腊的医学理论，认为人体由四种体液：血液、黏液、黄胆汁和黑胆汁组成。不同的体液对应不同的气质，体液在人体内的比例失衡就会让人生病。

的情况。他曾非常急切地想了解一些解剖学的知识。科维萨尔医生为此专门给他带来了一些蜡制的模型，表现的是心脏和胃的结构。皇帝当时会在午饭后花 1 个小时来研究这些东西。但是，研究这些我们作为动物身体的组成部分，让皇帝的脑中产生了很多令人不适的图像。他曾经尝试过对抗自身感官的反抗，但最终还是败下阵来。他被迫放弃了这些课程。但同样是这个人，在骑马穿过一个血腥的战场时，却完全不会被那些恶心的伤口或气味影响。他时常会下马，将手放在一个伤患的心脏处，感受他是否还在呼吸。他还会在军官的帮助下，将伤患扶起来，并给后者灌一点白兰地。他的仆人鲁斯唐身上总是带着白兰地。

如果我们可以认同这样的假设，那么人们可能会倾向于相信他的身体在某种程度上参与到了他那了不起的智力构造中。当人们在 20 年后再次于圣赫勒拿岛打开他的棺材时，拿破仑看起来就像是睡着了。他的牙齿还是一如既往地洁白，他的胡子和指甲似乎在他死后还继续生长了。他的手掌还保持着生者的颜色，它们依旧柔软而富有弹性。未来的某位传记作家在给这位伟人立传的时候，说不定会像普鲁塔克形容亚历山大大帝那样去描绘他的身体。尽管人们的理智拒绝相信灵魂是永生的，但是我们的情感大概可以承认这一点吧。这是一种感人的迷信，这也是人们赋予伟人留在尘世的躯体的特权，因为这不过是怀念他们的又一种方式罢了。

拿破仑对于个人卫生是很注意的。他会经常洗澡。他习惯自己擦拭手臂和宽阔的胸脯。他还喜欢开玩笑说自己的胸部是多么丰满。他的贴身男仆则会在最后仔细地擦拭他的后背和肩膀。但是他也经常会让更为强壮的鲁斯唐代替男仆来做这件事情。曾经是有专人来为他剃须的，不过，大概自从 1803 年更换了贴身男仆后，他就都是自己动手了。在他刮胡子的过程中，会有专人在他面前举着一面小

330 帝国浮沉：关于拿破仑一世的私人回忆（1802~1815）·上

镜子，在他需要的时候还会转动这面镜子。刮完胡子之后，他会在一个银制脸盆里用大量清水洗脸。那个脸盆挺大的，不知道的人大概会以为那是一个小缸。然后，仆人会用一个浸满了古龙水的海绵擦拭他的头发。小瓶里剩下的古龙水则会抹在他的肩膀上。他的法兰绒背心和他的羊绒短背心以及裤子是每天都换的。他一直穿的都是自己绿色或蓝色的军装大衣，他只穿这样的大衣。直到旁人提醒他某件大衣已经明显穿旧了，他才会不得已把它换下来。他购置服装的津贴一开始是 6 万法郎。他又减了 2 万法郎，包括所有服装类的支出。他经常会说，只要有 1200 法郎的月收入，再加上一匹马，自己就别无他求了。他很喜欢讲起自己还是炮兵中尉的时候是如何安排自己的开支，并且精打细算避免负债。尤其是因为当时，英军在科西嘉的胜利切断了家里给他的支持，同时他当时还负担着弟弟路易的所有生活开支。讲到这些事情时，他总是会举出几个他的侍从官，以及其他宫廷中将领作风奢侈的例子，并批评他们这样给下级军官们做了不好的示范。不过，他还是很喜欢使自己置身在壮观的大场面中。对于那些接受他赏赐的人，他总是这么说："在家里要精打细算，在公共场合就要讲究排场。"他自己就是谨遵这一格言行事的。没人比他更不在意自己穿的衣服、吃的食物，或是其他和自己有关的事情了。有一天，他告诉我，当他还是一个很年轻的军官时，他有时会搭乘那时被称作"宫廷马车"的东西从巴黎前往凡尔赛。"那个马车可舒服了，"他总是会这样补充，同时告诉我他在马车上认识了许多不错的人。唯一的问题就是，这种旅行方式一点都不迅捷，从巴黎到凡尔赛要花 5 个小时①。

---

① 从巴黎市中心到凡尔赛的距离大概是 21 千米，如果从巴黎的西部城门出发的话，距离更近。

　　尽管自从《亚眠和约》被破坏以来，帝国的内政和外交形势都发生了巨大的变化，但是皇帝每天的生活方式却并没什么改变。他的工作也好，用膳也好，就寝也好，都没有固定的时间。一般他会在早上 7 点钟来到工作室，衣服穿来穿去就是那么几种：平日里的白天，他一般身着白色羊绒背心和裤子，外面套一件跟他的卫兵一样的绿色猎兵大衣。如果是周日，或者要接见宾客，他就会换上带白色垂饰的那件蓝色大衣。他大衣上挂的是上校的肩章，大衣的纽扣口别着荣誉军团和铁王冠的勋章。荣誉军团的牌子和绶带则穿在大衣里面。同时他总是穿着白色的丝绸连裤袜。当他要骑马出巡的时候，为了节省时间，他不会更换连裤袜，仅仅是将带椭圆金搭扣的鞋子换成丝绸装饰的马靴就够了。

　　晨会在早上 9 点钟进行。军官都应该到场接受他们的命令，不属于近侍的军官此时也获准可以到场。而在晨会结束后，那些因为头衔或职务而在皇帝身边的人会趁此机会向皇帝致意，或是讲几句话。

　　10 点的时候，拿破仑一般会在距离工作室不远的一个小会客厅里独自用午餐。这餐饭一般用时不会超过 10 分钟，但如果他想要休息一会的话，用餐时间也会相对延长。他在用餐时常常会接见一些他想要与之聊天的仆人、学者或是艺术家。午饭后，他会回到自己的工作室，处理一些事情。之后他要么会去跟他的一位大臣一起工作，要么会去找一些他此前派人叫来的军官，要么会去主持参政院的会议。有时候，内阁中的工作会占据他所有的时间。首席大法官和财政大臣也会列席参加的大臣会议在每周三的中午召开，会一直持续到晚饭开始前。

　　晚餐一般会在 6 点钟呈上。但是当皇帝很忙的时候，他也不会在意时间。每周三，各个大臣会被邀请共进晚餐，每周日则是家庭宴会。除此之外的其他时候，他都是和皇后两人一起用晚餐的。拿破仑喜欢最简单的菜品。他只喝兑水的勃艮第红酒，很少不兑水直接喝。至于烈酒更是碰都不碰。此后他会在会客厅里喝一杯咖啡，午饭时一般也会喝一杯咖啡，不过也仅此而已。他会在会客厅里逗留 1 个小时，然后皇后会起身返回自己的卧室。一般就是在饭后的这个时间，他的图书管理员巴尔比耶先生会每周一次给他介绍新书。这些书有的是图书馆出资购买的，也有些是由书的作者寄给他以示敬意的。皇帝会用眼睛扫一遍这些新书。要是他不感兴趣，或者厌恶，就会把它们扔到地上或者丢进火堆里。在每周新书里，他只会保存一两本，难得会留下三本，以供此后细读。

当拿破仑离开皇宫，前去领军或是进行较长时间的出巡的时候，他会让图书馆定期告诉他近期出版的新书，同时附上对每本新书的分析。他也会习惯带着一个旅行图书馆随行。这个旅行图书馆是由几个带格挡的箱子组成的，里面存放的是著名的历史、文学或科学著作，都是缩印版的。但是有一些他喜爱的书没有缩印版，因此他一直打算印刷一整套的便携丛书。他第一次产生这样的想法是1808 年在马拉克，第二次是 1809 年在美泉宫。但是，因为这个计划牵扯许多翻译工作，进展缓慢且价格高昂，最终并没有实现。拿破仑关于这方面的想法和观点都可以在他发给巴尔比耶先生的字条和命令中找到。路易·巴尔比耶先生已经出版了许多相关资料，剩下的他也打算不日就出版。他是皇帝图书管理员的儿子。

晚饭后，有时候皇帝会回到工作室并在里面一直工作到就寝时间。有时候，他会整晚都待在皇后那里，在他们的那个会客室里接待一些来宾。这样的荣誉一般只有各位大臣、大臣夫人或是其他记录在一个特殊名单上的人才能获得。君主认为这些人的到场，要么是会让他们高兴，要么是对他们有用。

晚上 10 点是就寝的时间。同时，皇帝也会对第二天的事情做出安排。就寝时，皇帝有时候会返回工作室，不过这样的情况很少。他一般都是返回自己的小卧室里睡觉的。

皇帝几乎每周都会去打猎，使用猎枪或者围猎的情况都有。与其说他是喜欢打猎，不如说是为了锻炼身体。当他在巴黎时，打猎都在圣克劳或特里亚农：要么在布洛涅树林里，要么在圣日耳曼森林里，要么就是在凡尔赛的树林里。他冬天一般会搬进杜伊勒里宫居住，之后他的冬宫换成了爱丽舍宫，他在那里更加自由。他每年都会在圣克劳住一段时间，他很喜欢那里。而参加弥撒或是接见外交使团时，他会来到杜伊勒里宫。他会在朗布依埃或者贡比涅组织大规模的打猎活动，一般会持续 15 天到 3 周的时间，此间他都会住在当地。他有时也会在枫丹白露组织打猎，他会将大量廷臣带到枫丹白露宫。他在这个宫殿中居住的时间会稍长一些，大概有 6 周到 2 个月的时间，一般是在 9 月或者 10 月。

拿破仑很少去巴黎的剧院。巴黎各个剧院的头牌演员都会到皇宫的剧场里演出。演出的内容一般是悲剧或是意大利歌剧，极少数情况下，也会演一些法国歌剧。

这就是皇帝的生活方式。一般只有在战争爆发或是寻访旧法国和新法国时，他才会被迫中断这样的生活方式。

对帝国宫廷的管理遵从的是和管理国家一样的秩序。帝国有几大廷臣职务，宫廷内的事务就被分割成了多少个部分。宫廷的收入和支出每年都要进行结算。皇帝每年都会主持至少一次宫务会议。会上，他会仔细检视宫廷的各项支出，他总是能找到不止一个没有人注意到的进款，从而为宫廷博得额外收入。他会表扬那些精简开支的宫廷领班，并不是说他要鼓励精打细算，而是他最不能容忍铺张浪费或者工作马虎。迪洛克将军是宫廷大司马，他处理的都是最困难的工作，其中的支出非常细碎繁杂，很容易滋生问题。但是他一直处理得很好，很好地响应了皇帝的号召。其他领班也以他为榜样。所有这些宫内的部门都要接受几名主要人员一丝不苟的监管。

皇室成员一开始每年总共可以获得 2500 万法郎的津贴，这些资金一部分来自国库拨款，一部分来自皇室土地的收入。此后皇室津贴逐渐增长到了 3000 万到 3100 万法郎。皇室津贴的大头都花在了下面几件事情上：皇室不动产和动产的支出以及厨师长、大司马、侍从长以及护卫队的预算。维持不动产每年要消耗 300 万法郎，动产则每年需要 180 万法郎。厨师长每年总共需要 400 万法郎，大司马则需要大概 300 万法郎。侍从长的预算和大司马差不多。宫廷卫队每年则需要 80 万法郎。细看侍从长的预算的话，给各位侍女、侍从的津贴，供给各个部门、图书馆、印刷请柬、宫廷猎人以及仆人的开支等加起来总共是每年 120 万法郎。教堂以及各个居所的乐官，加上剧场的费用大概是 90 万法郎。皇帝的洗漱梳妆每年花费两万法郎。皇后的洗漱、四季服饰和珠宝首饰则每年要花费 60 万法郎。

每年皇室的收入中可以储蓄下来的部分大概有 1300 万到 1400 万法郎。如此这般，通过对宫廷支出有序而良好的管理，皇帝可以在保持自己宫廷的华丽程度不输任何人的情况下，积攒超过 1 亿的积蓄。这些积蓄中有一部分以金银的方式保存在杜伊勒里宫的地下室，上了三把不同的锁来看守。

拿破仑对宫廷支出事无巨细地关注，让他被某些人指责为贪财，至少他自己觉得有人这么想。有一天，当贝内文托亲王在场时，他说："塔列朗啊……人们都说我是一个贪财的人……"后者按照套路回答了这个问题，说拿破仑不过是一个很会存钱的人云云。皇帝接下去用强调的语气说："塔列朗啊，您很富有。当我需要钱的时候，我去找的肯定是您。您看啊，您把手放在良心上说说看，您跟着我赚了多少钱……?"贝内文托亲王云淡风轻地回复说自己一点都不富有，他拥有的一切都是皇帝的，因此，他表示自己其实一无所有。我觉得，这一段戏剧性的场景主要是出于皇帝对塔列朗的猜忌。这是我们从埃尔福特回来之后发生的事情。当时这位前大臣总是时不时地表现出拮据。也许这份拮据不是装出来的？或许塔列朗先生是因为投机生意失败了因此遭受了巨大损失？在某个时间点，他曾经把自己的藏书、藏画以及其他值钱的东西全都卖了。此后当命运女神再一次眷顾他的时候，他又把它们买了回来。

秘书部的趣闻

我那时每天都会骑1个小时的马，对我来说，这既是娱乐放松又有锻炼身体的意思。我当时已经感觉自己在工作上迫切需要一些辅助，因此我向皇帝提出，希望他给我找一个同事。然后他就想出一个主意：设立两个内阁秘书的职位，然后他将克拉克将军任命为另外的那名内阁秘书。当时后者正处于待业状态，因为伊特鲁里亚国王去世后，他在那里执行的任务也就结束了。此前皇帝貌似忽略了他，因此在皇帝前往阿尔萨斯的旅途上，他寸步不离，并且一有机会就出现在皇帝面前，希望可以唤醒皇帝对他的记忆。在结束这段短途旅行返回巴黎后，皇帝告诉我，为了保证他个人工作室继续平稳地运行，他决定要任命这位将军为内阁秘书，并且只负责一项工作：处理他和陆军大臣以及海军大臣之间的书信往来。他表示这样我的工作压力应该会减轻不少。克拉克将军也获得了一个私人办公室。但是因为每次给这两位大臣写信都要派人去找克拉克将军有点麻烦，皇帝并没有真的使用他的服务。一句话总结，就是这份工作成了一份闲职。而当 1805 年战争爆发的时候，剩下的那个内阁秘书的职位更是一直空缺的。克拉克将军和我一起跟随皇帝打完了这场战争，他被任命为维也纳总督。战争结束后，克拉克将军又被派往国外执行了一些任务。因此，原本属于他的那个内阁秘书职位也和另外那个一直空悬的职位一样，空在了那里。

　　因此，皇帝本来是想要减轻我的压力的，但是一直没有落实。就这样，内阁在没有大变动的情况下又过了一年。我再次向拿破仑提出了想要一个助手的申请。我当时最需要甩掉的担子，就是处理那些获得了皇帝答复后必须要封存起来的文件。因为我还有太多其他的工作，因此没法很好地整理这些文件。当皇帝提出想要再看一遍某个文件时，我很难迅速找到那封信稿或者公函。拿破仑在接下去的一段时间里一直没有满足我的请求，要么是向我许下一些他没有遵守的承诺，要么是找了一大堆的借口。他此前一直催促我结婚，并且向我保证，他会好好安排我的工作，以便让我拥有休息的时间。他和约瑟芬皇后帮我安排了多次相亲，其中一位女士还是约瑟芬皇后的亲戚。她当时还让我一定要到她家去见见这位女士。但当时我没有半点结婚的打算。更何况我当时已经打算好了，如果我真的要结婚的话，那我要为自己选择一个妻子。事实上，从那时算起，又过了 2 年，我才最终和某人定下了那不可撤回的誓言，那庄严的场景我终生难忘。

　　眼看着皇帝把自己许下的承诺一天天地往后拖，我变得非常沮丧，然后我就病倒了。这既是因为我心中忧虑，也因为我当时操劳过度。听闻这个消息后，皇帝马上对我表达了慰问，并且派了科维萨尔医生来看我，还给我带来了他的关怀。在等待我康复的这段时间里，他派人找来了皇后的私人秘书。德尚先生是当时最优秀的轻喜剧作家之一，虽然他当时已经年过半百了，但身体依旧硬朗而有活力，完全可以胜任更大的工作量。不过，皇帝从一开始就不指望让德尚先生习惯他的工作方式，尤其是他口述的习惯。他此后还轮替着找来了迪洛克将军、当值的侍从官以及国务卿来暂时顶替我的工作。在我短暂病倒的这段时间里，我的处境很奇妙，就像一个人虽然还没死却已经在报纸上读到了友人执笔为自己所写的讣告。我听说，只要负责记录的人因为速度不够快而没有及时记录下皇帝口授的内容时，皇帝就会大喊："我没法重复我之前说过的话。您打断我的思路了。梅尼瓦尔在哪儿！"他还会指着写字桌上越堆越多的文件大喊："要是和梅尼瓦尔一起工作的话，我不一会就能把这些清理掉……"他还告诉我，他当时把所有重要的工作都推后了，推迟到我康复之后再做。事实上，我全部的才能只不过是我对拿破仑所有做事的顺序和行事风格了如指掌而已。得益于我的这份熟悉，我大概能猜到事情发展的方向以及可能的结局。我也已经习惯了他各种想法的构造、他精确的风格以及他独特的表达方式。我常常可以用他此前用过的那些词汇和表达来写信。而当那封信件是关于一个棘手的事情，或是关于一件他很在意的事情时，他会在我写完信之后亲自读一遍那封信。他总是能在信中发现自己的风格，如果我可以这么说的话。那些长时间关注皇帝内阁事务细节的人，以及那些了解拿破仑工作方式的人都可以证明，我所说的这些都是事实。

我要在此坦白，我听到这些消息的时候受宠若惊。而知道皇帝非常看重我的帮助和我的工作后，我也很快就重获力量和勇气。当我 4 天后重新出现在他的书房中时，他喜出望外，我这可不是在夸张哦。我发现拿破仑那时对我比以往任何时候都要更加亲切。他授权我向他提名一位可以担任助理的人，同时他告诉我，我在此事上拥有绝对的自主权。而马雷先生（巴萨诺公爵）当时一直以国务卿的身份陪伴皇帝东奔西走。他总是让手下的一位部委领导跟在自己身边。因为工作的关系，我认识这个部委领导。我知道他在国务院中的工作让他对政府的方方面面都特别熟悉。我还知道他是一个特别勤勉且诚实的人。在跟他探讨这个问题之前，我还专门去找了马雷先生。他也强烈鼓励我将费恩先生的名字报告给皇帝。他还主动表示愿意做费恩先生的担保人。我也就因此请求这位大臣可以在皇帝面前支持我的提议，也算是支持他的部下。皇帝接受了我的提议。就我所知，费恩先生对这一安排跟我一样高兴，我从没见过一个更开心的男人了。他眼含热泪拥抱了我，不停向我表达感谢。

1806 年 2 月 3 日，皇帝下令重组内阁。根据这一命令的要求，帝国内阁将由一名主管秘书负责。主管秘书将由一名请愿报告官和一名档案员辅佐。我被任命为主管秘书，而我也将全权负责为所有皇帝口述的字条和信件签名。只有我一人有权进入君主的书房。我还负责掌管皇帝写字桌和文件包的钥匙。如果皇帝在我缺席的时候口述了任何字条或信件，又或者皇帝派人寄发了任何东西，上述涉及的文件副本都必须在我返回后第一时间交到我手上，没有副本至少也要有草稿。请愿报告官由德尚先生担任，他已经是约瑟芬皇后的私人秘书了。费恩先生则是档案管理员——他的职位此后变成了皇帝秘书。而皇帝之所以给德尚先生也安排了一个职务，是为了让约瑟芬皇后开心，同时也让她秘书的地位更高一些。人们都知道皇后心地善良，也总是很照顾自己人。皇帝出于对她的爱意，关于她的请求，只要自己觉得能做到都来者不拒。

在新系统刚开始运作的那段时间，皇帝还在书房里放了一个红木的盒子，里面放的是所有他觉得不应该存档的文件。只有我掌握那个箱子的钥匙。这一警惕的措施只实行了两三年，之后除了少数例外，所有的文件都会马上归档。

上文那个命令还为秘书们安排了两个卫兵，两人轮岗，每两周换一次班。他们还有自己的制服和佩剑，腰上还系着特别设计的腰带。

虽然皇帝已经任命了费恩先生，但我还是又等待了一段时间，这个任命才真正开始为我提供协助。虽然我们很认可费恩先生的能力和热忱，但一开始皇帝并不是很相信他。这里有很多原因：首先是习惯的力量；其次就是拿破仑不喜欢让很多人分享他的机密；而且他一贯喜欢按经验行事，当时他时刻都在进行重要而严肃的斗争，这更让他加倍小心。渐渐地，也是因为工作实在太多，他才开始将费恩先生叫进自己的工作室并对他口述命令或信件。这位秘书回到自己的房间后也总是可以写出很不错的副本。皇帝渐渐习惯了费恩先生的存在。一开始他只会对费恩先生口述与管理问题相关的东西，之后，因为我的身体彻底垮了，费恩先生才得以更自由地出入内阁。在我退休之后，他的自由度就更大了。

而德尚先生因 1806 年 2 月的改组令进入内阁后，我们通过他认识了许多他者在轻喜剧界的同僚：巴雷、拉代、德方丹、德普雷、皮卡尔以及德·维尼诸位先生。德·维尼先生是奥德翁剧院的演员。所有这些人都有着超凡的幽默感和才华。这些先生常常会来和我们一同吃午饭。

巴雷、拉代和德方丹三位先生是最早想出多人共写一部喜剧这个主意的人：由几名作者一起创作一部戏剧，但是戏剧依旧要有完整和谐的大纲、想法以及情节。这一密不可分的三人组也是沃德维尔剧院的创始人，他们的剧院经常上演庆祝法国荣耀的爱国戏剧。德尚先生为他们争取到了每人 4000 法郎的津贴。这笔钱是从报纸津贴里拨出的。我不知道这些作者在波旁家族复辟后是不是得以继续享有这笔津贴。

这三位津贴获得者中的一名激动地喊道：

哦，沃德维尔，你的产业里包括田野，真是太好了！①

对此，德尚谦虚地表示还应该加上下面这句：

还有牧场和泉水！②

这件趣闻让我想起了皇帝在马尔梅松接见过的一位文人。后者的一部悲剧曾在宫内的剧院中演出过，他也从皇帝那里获得了一份 6000 法郎的津贴。而在波旁家族复辟后，这位自吹自擂的诗人是这么评价拿破仑的："这个魔鬼般的男人！他一旦在人群里看到一个稍微比别人聪明一点的人，啪的一下，他就会用一份津贴去玷污那个人。"

此后，负责分发津贴和赏赐的大臣将这个人的津贴减少到了 3000 法郎。于是他的朋友们纷纷去恭喜他，毕竟复辟政权将他受到的侮辱减少了一半啊！

皇帝对于商业繁盛和工业兴旺的关心驱使他去视察了一处当时正处在黄金时期的企业：奥贝坎普先生在碧耶夫河谷中的朱伊创建的帆布工厂。拿破仑是在 1806 年夏日的一天到访那里的，约瑟芬也陪伴在身旁，还有部分廷臣也跟着一同前往。他对待这次考察的

---

① 原文此处田野在法语中是 Des Champs，拼起来刚好是德尚（Deschamps），等于用双关语来向德尚表示谢意。
② 原文此处牧场在法语中是 des prés，拼起来刚好是德普雷（Després）；泉水在法语中是 des fontaines，拼起来刚好是德方丹（Desfontaines），是德尚用双关语向友人回敬了谢意。

态度颇有几分严肃。他逐一查看了工厂中的工作间，并且仔细检视了生产的各个环节，急切地想要了解所有相关的细节，甚至还走上了工厂铺展帆布的草地。皇帝对这个企业谦虚的创始人表示，自己非常满意。然后，当皇帝更加仔细地端详了他一会后，惊讶地发现奥贝坎普先生竟然没有获得荣誉军团勋章。于是拿破仑解下自己纽扣孔上的十字勋章，将其递给了这位企业家，口中则是这么说的："这是我的十字勋章。我对于此行的所见非常满意。我希望奖励所有为祖国做出贡献的行为。您在您的工厂中对敌人发起的没有硝烟的战争跟战场上的正面对抗一样有效。"

反法同盟的复兴与破裂

1806 年 3 月，皇帝向战争及战争事务大臣下达了一系列命令。主要是向后者布置大军团的各支部队应该驻扎的地区。它们将分别负责驻守第 2、第 3、第 4、第 5、第 6、第 18、第 24、第 25 以及第 26 军区。此后，我方获知奥地利将《普雷斯堡和约》中许诺交给我们的科托尔湾①交给了俄国，因此决定暂缓将布劳瑙②堡垒交还给奥军，同时法军重新进入莱茵河流域。这起事件经过一段时间后获得了解决，皇帝也再次确认了此前让我军全部回国的命令。6月 22 日，他给陆军大臣发去了一份命令，定下了各支部队驻扎的军区。这次的安排和此前的命令稍有不同，但是大部分此前提到的军区在新命令中得到了保留。执行命令的这个任务就落在了当时还留在德意志的大军团参谋长肩上。此后，拒绝批准和俄方全权代表

---

① 位于今天的黑山共和国，亚得里亚海东岸的要地。
② 位于因河畔的奥地利城市。有趣的是，希特勒正是在这里出生的。

冯·乌布勒在巴黎达成的条约、在巴黎和英国举行的和谈的破裂以及普鲁士的动员都迫使我们收回了撤兵的命令。

而法军在德意志长时间的驻扎，自然给了人们许多指责法国首脑的借口。那些此前为改变舆论，并将整个欧洲推到法国反面做出了巨大"贡献"的诽谤性小册子又开始四处传播了。这次它们煽动了德意志人民的暴动。法军占领的主要城市中的书商们开始印刷、出版并四处兜售这些针对我们的诽谤。在这些书商中，有一个叫帕尔姆的纽伦堡书商被逮捕了。之后，经过军事法庭的审判，他被枪毙了。军法如山，同时为了保护我们的军队，我们也必须要做出这样严苛的行为。但是，此事在德意志地区造成了极其恶劣的影响，也带来了新的一波声讨皇帝的声浪，引发了德意志舆论怒火的爆发。帕尔姆被尊为德意志民族精神的烈士。因此，对其他几个因犯下同样罪行而被判死刑的犯人，参谋长决定暂缓处刑。他请求皇帝赦免他们，拿破仑在信函的最后做了如下批示：

> 1806 年 9 月 4 日于圣克劳——我批准贝尔蒂埃元帅依自己的判断行事，至于他要求的赦免，我觉得也并非不可。

但是，支配着柏林的恼怒和普鲁士政府下令进行的敌对准备，再次加剧了反法情绪。普鲁士既没有从奥地利和俄国的失败中学到任何经验，也没有从自己 1805 年那次失败的宣战意图中学到宝贵的一课。这次轮到她亲自入场了。这个强国在过去的五年中都因为自身的摇摆不定而让拿破仑很是困扰。她曾经有意和法国结成联盟，但又没有给出任何政治方案，私底下还倾向于反法同盟。这次她彻底决定押宝对抗法国了。

在奥斯特利茨大胜后，我们和普鲁士代表冯·霍格维茨伯爵在维也纳签署的攻守同盟协定中将汉诺威和其他重要的领地让给了普鲁士。作为交换，普鲁士要让出安斯巴赫藩侯国、纳夏泰尔封国以及克莱沃公国。拿破仑打算将安斯巴赫藩侯国让给巴伐利亚。我们要记得，贝尔纳多特的军队穿过这片领地给普鲁士政府对法国的敌意提供了一个借口。纳夏泰尔封国被赐给了贝尔蒂埃元帅，克莱沃公国则成为缪拉管辖的贝格大公国的一部分。这一交易对普鲁士来说非常有利。这是因为，尽管皇帝对普鲁士有诸多不满，他当时还是希望可以和普鲁士结成紧密的联盟。冯·霍格维茨伯爵在返回柏林后，发现亲英国和亲俄国的心态已经主宰了国王的御前会议，国王本人也参与到了反法同盟中。这位《维也纳条约》的谈判者自然被国王责备了，后者也拒绝批准这份协议。他要求普鲁士和法兰西帝国的同盟既不应该是进攻性的，也不应该是防御性的，并且普鲁士对汉诺威的占领只会是暂时性的，到英法议和为止。他认为，只有英法议和后，普鲁士才能正当地吞并这一选侯国①。这位君主是一个明显的和平主义者，他既想和法兰西帝国保持友好的关系，又想要继续和法国的敌人交好。但这样做的话明显会两边不落好，同时也肯定会让拿破仑不再相信普鲁士没有敌意。皇帝在获知普鲁士全国上下都对法国充满敌意，同时普鲁士国王根本无法控制情势后，决定将普鲁士军队认定为随时可能发动攻击的隐藏敌人。这个政府不敢和我国政府真的撕破脸，但是又撕毁对自己如此有利的《维也纳条约》。于是只能被迫接受另一份条件严苛得多的条约。新的条款基本上是强迫普鲁士要全面接管汉诺威，而普鲁士因为害怕触怒英国，一直不敢这么做。同时，新条款还要求普鲁士对英国封闭自己所有的港口。光这一条就让普鲁士损失了 400 艘各式船

---

① 当时汉诺威和英国是共主邦联。

舶，它们都被英国政府没收了。在新的条约达成后，普方对法国的怨恨增加了，但是还没有到爆发的时候。拿破仑在成立莱茵邦联时广泛地寻求了德意志各国的支持，而他并没有得到普鲁士的支持。也正是莱茵邦联的成立让普鲁士对法国的仇恨达到了顶点，但普鲁士还是不敢公开展示自己的敌意。事实上，普鲁士认为法国才是让自己丢失《维也纳条约》中许诺的诸多好处的原因，但其实是自作孽不可活。

正当法国和普鲁士之间的关系处在这种含混不清的状态时，皮特先生去世了，取而代之的是福克斯先生。这位新大臣抓住一个罕有的机会接近了法国政府，并主动表示愿意跟法国议和：当时有一位流亡者向福克斯先生提议要谋杀拿破仑。福克斯先生对此表示非常愤慨，并将此事告知了皇帝。双方正式恢复通信。雅茅斯勋爵成为两国政府的中间人。当英国撕毁《亚眠和约》时，他刚好在法国，因此和所有在法国的英国旅人一样被逮捕了。这次，应福克斯先生的要求，法国政府专门释放了他。英国政府表示，希望在和谈开始前先让她和俄国商讨一下。我们规避了这一提议。最终双方合议让俄国直接派一名谈判使者到巴黎来。这位使者冯·乌布勒先生和法国单独达成了协议。当时与英国的谈判正渐入佳境：当时的条款规定，英国将可以保有马耳他和好望角，但是将放弃所有其他的殖民地。而本来谈判中的一个难点，就是维持西西里国王斐迪南一世的王位一事。虽然让英国同时获得或同时影响马耳他和西西里对我们很是不利，但是因为双方都是带着善意来到谈判桌前的，因此我们很轻易地就达成了共识。在谈判过程中，除了放弃马耳他之外，法国政府甚至还同意让英国重新获得汉诺威。我们在做出这个决定时没有咨询普鲁士的意见，反正后者很明显不想要汉诺威。但是我们也加入了给普鲁士提供相应补偿，甚至是超额补偿的条款：

普鲁士将获得富尔达、霍伊阿以及其他一些封地作为补偿。拿破仑当时已经着手就这些条款去跟普鲁士交涉，以期获得后者的首肯了。就在和约马上就要签订的时候，福克斯却得了重病，并且没过多久就病死了。劳德代尔勋爵取代了雅茅斯勋爵，他是由伦敦的主战派派来终结和谈的。当时他们已经开始筹备新一次的反法同盟了。因此，劳德代尔勋爵自然撕毁了我们此前跟雅茅斯勋爵达成的所有协议，并盛气凌人地要求，各国保持当时各自占有的领土，但是普鲁士必须退出汉诺威。这样一来，英国得以保存自己所有的征服成果。同时法国和普鲁士政府从英国政府那里拿不到任何补偿，因为英国在欧洲大陆上唯一的领土就是汉诺威。此时情况就很明显了，伦敦根本不想求和。其唯一目的就是要让法国宣布将汉诺威归还给英国，由此使法国和普鲁士之间不可能达成任何和解。与此同时，沙皇也拒绝批准冯·乌布勒先生和我们在巴黎达成的协议。劳德代尔勋爵则要求取回自己的国书。

英国政府同时也成功地用自己炮制的虚假报告和各种狡诈的操作让普鲁士误入歧途，后者对我们的态度一天比一天恶劣。柏林宫廷、王后以及路易·斐迪南亲王都在向国王进献谗言，让德意志的每个人都怒发冲冠。美丽的普鲁士王后那时常常身着戎装，骑马带领自己冠名的军团列队游行，以此激发军队的斗志。路易·斐迪南亲王当时虽年轻而不谙世事，但血气方刚。他领导着一大群年轻军官。他们的脑袋里都是对腓特烈大帝的记忆，跟中了毒一样，每个人都高声呼唤战争，迫不及待地要和法国人一较高下。他们那时常常会到法国大使馆门口的台阶上磨剑，还会到普鲁士各个政府部门前用石头砸它们的窗户，因为他们觉得普鲁士政府对我国太过友好了。整个柏林都像烧糊涂了一样，满嘴呓语。国王被说服了，他觉得自己向法国宣战会是对全国和全民族愿望的回应。9月初的时候，皇帝获知了普鲁士开始武装以及王室卫队获命离开柏林开往前线的消息。他很是不安，并因此召见了普鲁士驻巴黎大使冯·克诺贝尔斯多夫先生，让他对此提供解释。后者当时已经开始按照反法联盟的诡计行事，他否认了这些消息，并说这些都是法国和普鲁士的敌人为了破坏两国之间友好的关系而编造出来的。这样坚决的否认可能真的让拿破仑放松了警惕。至于普鲁士出此一招的目的是什么，我不说大家都知道。但是，就在紧接着的 10 月 1 日，冯·克诺贝尔斯多夫先生递来了一份照会，彻底打破了这个假象。这份照会包含三条要求，其中最重要的第一条是这么说的："法军在德意志的存在是毫无道理的，因此国王希望法军可以即刻启程反向跨过莱茵河。国王希望自己在等待皇帝回复的时候，法军就应该开始移动，并且路上绝不停留……"普鲁士大使同时补充说，他"坚决要求"（这是他的原话）我方马上回复，因为回复必须在 10 月 8 日前交到普鲁士国王的手上。这样一份口吻傲慢的最后通牒和宣战书没什么区别。拿破仑本来并不打算彻底毁灭普鲁士，他是被迫应战的。他曾经真心诚意地期盼和平，而如果福克斯还活着的话，和平是可以实现的，普鲁士也就可以被拯救了。

柏林政府是如此急切地想要开启战端，它没等俄军抵达就独自进军了。在我军还没有获得任何移动的命令时，普军就一直出现在我军军营前，用他们能想到的所有侮辱来挑衅我们的士兵。

9 月 25 日，皇帝离开圣克劳前往美因茨。他已经提前将自己的卫队送走了，他们是在几天前离开巴黎的，坐的是安排好的马车。他也已经提前 14 天命令参谋长去搜集马匹，也要让巴伐利亚国王提供一些。因为拿破仑害怕自己在 9 月 11 日从法国派出去的那些马匹不能及时到达前线。10 月 1 日，皇帝进入德意志，并和总主教在阿莎芬堡一起吃了午饭。他在斐迪南大公的维尔茨堡宫殿里住了 2 天，此间，符腾堡国王亲自拜访了他，并和他进行了协商，最后双方就共同关心的问题发表了一些声明。拿破仑在维尔茨堡逗留的时候，下令在城中建立了一个大型仓库。他重提了一些旧的命令，同时也下达了新的命令。依靠他的深谋远虑，拿破仑为军队的各个部门提供了许多军事和管理上的措施。同时，即便是针对那些最不可能发生的战争隐患，他也做出了预防性的部署。要是把他的这些命令都记录下来，几卷书都写不完。我只说这么一句：即便是最小的细节，我们也没有漏掉。

我方在两军初次交手时就已经取得了许多重要的胜利。尤其是在萨尔费尔德战役中，年轻的路易·斐迪南亲王成了自己亲手点燃的战火吞噬的第一个遇难者。皇帝命令参谋长以他的名义为普鲁士国王写了一封信："谨以此向普鲁士国王表达自己对路易亲王逝世的慰问，他虽然英年早逝，但是他死得光荣。"我军的快速推进让皇帝在 10 月 13 日就抵达了耶拿。人生在世，没几次见识这种大场面的机会。他当即上马，那一整天里，他都在侦察当地的地形。之后，他对第二天的战斗做了安排。我军当晚很大一部分时间都用来拓宽一条陡峭的羊肠小道了。通过这条小道，我军可以将火炮运上一个俯瞰耶拿的高地，他将那里选择为自己的进攻点。拿破仑亲自到场观摩了这一工程，他还时不时地会因为心急而亲自举起火把为工兵照明。

破晓前，拿破仑还在马背上下达了最后的命令。他的种种努力换来了胜利的桂冠，到了日落的时候，普军已经被完全打散了。但是，要等到当晚，以及之后的几天里，人们才会了解到，我们在这场值得铭记的战斗中取得了怎样巨大的战果。当皇帝在傍晚进入耶拿城时，人们还不知道这场伟大胜利的全貌。此前皇帝刚刚造访了战场，关怀了那里的士兵，每场大战后他都会虔诚地这么做，风雨无阻。当天夜里，达武元帅的侍从官罗默夫带来了另一场胜利的消息。达武元帅在距离耶拿几里的地方取得了胜利，使耶拿的大胜变得圆满。这场胜利也让这位无畏的战士赢得了皇帝最热情的祝贺，以及奥尔施泰特公爵的头衔。那场战斗的情况是这样的：达武手上的第三军当时只剩三个师了，他面对的却是完整的普鲁士第二军。当他向贝尔纳多特求援时，后者出于狭隘的个人竞争意识不仅没有搭理他，还找了个借口提前脱战了。因此，被抛弃的达武只得独自面对人数至少是自己 2 倍的敌军。领导这支普军的是普鲁士国王和普军最精锐的两员大将：总指挥布伦瑞克公爵和默伦多夫陆军元帅，后者是腓特烈大帝的战友。虽然达武元帅手下的士兵数量处于劣势，但是他毫不犹豫地挡在了敌军的面前。在手下的古丁、弗莱昂以及莫宏率领的三支部队冷静及快速的支撑下，元帅的坚韧使他赢得了全面的胜利。我军在俄军到达前取得了这些辉煌胜利，彻底摧毁了普鲁士的陆军：柏林的大门向法军打开了。

皇帝其实在战争开始前就掌握了敌方的内部沟通信息，知道我方肯定可以取得胜利。他那时从格拉给普鲁士国王写了一封信，信中宣布，虽然他现在优势很大，但他愿意让后者的人民重获和平。同时他还说，普鲁士君主从没有在自己这里找到正经的宣战理由。他要求后者远离他那群疯子一样的顾问，他们 14 年前就妄想攻占巴黎，今天又煽动了这场战争。孟德斯鸠先生是拿破仑的传令官及管家，这封信也是由他负责递交给普方的。他被扣押在了普军的哨所，他手上的那封信则被转交给了普鲁士国王。据说普鲁士国王在第二天早上战斗开始后才看到这封信。不过，考虑到敌方当时的狂热，就算他在那天晚上就读到了那封信，大概也没什么用。

经此一役，普军的名不副实暴露无疑。普鲁士的残军四散奔逃，并且在法军的追击下一个接着一个地完蛋了。战争开始后仅仅过了一个月，敌方的陆军就不复存在了。

　　耶拿战役过后的第二天，皇帝召集了被我军俘虏的萨克森军官。通过我的老朋友穆斯捷的翻译，皇帝告诉他们，只要他们承诺此后不再与法国为敌，他就可以放他们回家。当时我方的萨克森俘虏总共有 6000 名士兵，以及 300 名军官。这一大方的举动为拿破仑赢得了萨克森国王的支持。这是一位值得敬重和尊敬的君主，此后，即便是在最艰难的情况下，他都保留了自己对拿破仑的友谊和忠诚。同时，这也意味着普鲁士又少了一个盟友。

　　拿破仑之后就启程前往柏林，路上在魏玛略作停留。亚历山大沙皇的妹妹①带着自己的所有廷臣来面见拿破仑，并请求后者保护自己的国家。尽管她的丈夫此时正执掌着一支俄国军队，皇帝还是按照礼节接见了她。同时，皇帝命令这座德意志的新雅典，最早的德意志文学的故乡，应该受到尊重。在经过罗斯巴赫时，拿破仑下令移除普鲁士在那里设立的纪念那场同名战役②的纪念碑。这个由一个小柱子建成的纪念碑被运到了法国。我军四面出击，痛击散落的敌国残军，这其中就包括普鲁士国王尝试在马格德堡重新组织的军队。他在逃跑的过程中，险些在魏森塞③被我军俘虏。当时由克莱因将军率领的一队法国龙骑兵已经切断了他的去路。此时，普鲁士将军布吕歇尔耍了个花招救下自己的国王：他骗克莱因将军说两国已经达成停火协议了。事实是，普鲁士国王的确提出了停火的请求，但是拿破仑拒绝了他。当天，将军就因为在如此重大的事情上

————————

①　指玛丽亚·帕芙洛娃，她是俄罗斯女大公，当时是萨克森－魏玛－艾森纳赫大公国继承人的妻子。下文"自己的国家"指的也是萨克森－魏玛－艾森纳赫大公国，不是俄国。此处讲述的是该大公国加入莱茵联邦的事情。

②　罗斯巴赫会战是普鲁士在七年战争中对法国和神圣罗马帝国联军取得的一场大胜，也是腓特烈大帝最辉煌的战绩。1757 年 11 月 5 日进行。此役中普军以几百人的伤亡为代价造成了联军近万人的伤亡。

③　柏林东北郊区。

轻信敌人而被通令批评了。

在此之前，当皇帝在维滕贝格时，收到一封布伦瑞克公爵的信，信是由后者的一名侍从带来的。这位公爵在信中恳求拿破仑可以对自己的国家①网开一面，并将其置于法国的保护之下。皇帝则借此机会狠狠地指责了布伦瑞克公爵一番：指责他在1792年以及这次战争中的所作所为，指责他用剑与火来威胁法兰西民族，指责他是怎样蛮横地要求我们勇猛的军队分阶段撤出德意志，还要求法军在普鲁士之鹰的注视下不战而逃，指责他今天又来摇尾乞怜，希望他曾经那样威胁和责难过的人民对他网开一面。拿破仑同时宣布自己不会采取什么报复手段，布伦瑞克"将军"将会受到和其他普鲁士军官一样的待遇。但我们不会把他当作一名君主，只会当他是一名将军。不过，法军会善待布伦瑞克公国的居民。他此间多次重复，摧毁普通民众的家庭是一个时间和金钱可以抚平的罪行，但是通过要求军队在普鲁士之鹰的注视下逃跑这种方式来侮辱一支军队，则是不可饶恕的罪行，只有这个人才能做得出来。

这个让拿破仑如此愤怒的布伦瑞克公爵，此后在奥尔施泰特被弹片打到了脑袋，受了致命伤，并被送回了布伦瑞克。不过他没有在那里等到法军的到来，他马上被送到了阿尔托纳②，并在那里咽气了。

皇帝为了证明自己对达武元帅卓越功业的肯定，以及对达武麾下军队勇猛的赞许，决定让他们的部队第一个进入柏林城。他自己则是到了10月底才抵达柏林。他在波茨坦逗留了2天，其间怀着

---

① 卡尔·威廉·斐迪南，当时是布伦瑞克-吕讷堡公爵。他长期在普鲁士军中服役，并在法国大革命前期领导反法的普奥联军。1792年，他签名发布了《布伦瑞克宣言》，宣称如果法国王室受到任何伤害的话，法国平民都将为此付出代价。因此，才有了下文拿破仑对他的指责。此处"自己的国家"指的是布伦瑞克-吕讷堡公国。该国此后被法军占领，并入法国建立的威斯特伐利亚王国。

② 位于今天的德国汉堡。

极大的兴趣探访了无忧宫①。他让自己的导游详细讲述了腓特烈大帝在这座官邸中生活的种种细节。在宫中的许多房间里，都有沾染了墨汁的写字台。国王的卧室里有一个巨大的凹室，腓特烈大帝此前就睡在那里面的小床上。他去世之后，他的床就被移走了。同样在那个房间里，还有很多移动式谱架，想必是举行音乐会时用的。腓特烈大帝会在音乐会上亲自吹长笛，还会和自家的管弦乐团一起演奏他亲自谱写的曲子。房间里所有的一切都在展示着这位国王对奢侈和排场的鄙夷。在他去世后，宫中的一切就再没有变过了。皇帝在波茨坦找到了这位国王的佩剑、他的将军绶带，以及他的黑鹰勋章②饰带。他急忙把它们据为己有，认为它们是无价之宝，并将它们陈列在了巴黎的荣军院。我们还在宫中见到了伏尔泰曾经住过的那个房间。这件客房的会客厅，或者说书房里挂着一幅光亮的挂毯。挂毯描绘的是攀在架子上的猿猴和鹦鹉。无忧宫的主管告诉我们，伏尔泰在的时候，这幅挂毯就挂在这里。普鲁士国王是为了羞辱他专门把它挂在那的。

我们在宫殿的藏书楼里看到了沙塔内·德·皮塞居尔写的兵书《论战争的艺术》，正好翻到国王最后读的那一页。我在一张小桌子上看到了一本 18 开摩洛哥红的精装书。书是在荷兰印刷的。就像藏书楼里的所有书一样，封面上写着一个 "P"。那是孟德斯鸠的《罗马盛衰原因论》，书中每一页的留白处都布满了腓特烈大帝亲自写下的笔记。我把这本书拿给皇帝，他将其保存在自己的藏书楼中。此后，塔列朗先生在圣克劳听我说起这本书后，问我能不能借去看看。我同意了。但是之后，尽管我多次催促，他再也没把这本书还回来。

---

① 相当于普鲁士的凡尔赛宫。
② 普鲁士最高级别的荣誉勋章。

皇帝离开波茨坦后到夏洛滕堡宫住了一夜，那里也是普鲁士国王休闲消遣的地方。他在进入这座美丽的宫殿时，受到了人们的奏乐欢迎。那个音乐就像是由几支骑兵部队的号手一起吹出来的一样。其实，演奏这段协奏曲的是那种在德意志随处可见的乐器。因为特别巨大，它被放在一个长廊里。

随行进入夏洛滕堡宫的人员在王后梳妆台的一个抽屉里找到了一份冗长的建议书。建议书是迪穆里埃写的，里面记录的都是伤害法国的最佳手段。

皇帝以胜利者的姿态进入柏林，从勃兰登堡门的凯旋门下经过，身边簇拥着他的元帅、侍从官，以及帝国仪仗队。11月的大部分时间，他都是在普鲁士的首都度过的。他占据了国王的宫殿（城市宫），这似乎意味着普鲁士的未来不甚光明。因为在拿破仑攻克的所有首都里，只有在柏林，他选择挤占当地君主的居所。拿破仑在柏林居住期间主要有三件引人注目的事情：他对普鲁士王族的优待、他对待哈茨费尔德亲王时的仁慈①，还有就是宣布著名的大陆封锁令。

通过滥用自己的海上霸权，英国当时禁止法国和中立国之间的

---

① 在下面这封11月6日晚上9点从柏林寄出，寄给约瑟芬皇后的信中，人们可以愉快地读到皇帝和哈茨费尔德亲王夫人会面时的情形："我的约瑟芬，我收到了你的来信。我觉得你在那封信里对我对女性的态度有点生气了。我真的是厌恶那些充满心机的女人。我更习惯优秀、温柔、随和的女人，我喜欢的也正是这类女人。如果前一种女人让我心情不好，这也不是我的错，是你的错。而且，你马上就要看到，我对一个优秀而感性的女人，哈茨菲尔德夫人，有多好。当我把她丈夫的信展示给她看后，她感伤而天真地抽泣着对我说了下面这番话：'啊！这的确是他的字迹！'她读信的语调直击人的灵魂，让我都感受到了那份痛苦。我于是跟她说：'夫人，把这封信扔进火堆里吧，我将永远不会有足够的力量来为您的丈夫定罪。'她把信烧了，并且显出很幸福的样子。自那以后，她的丈夫就得以一直安宁度日，两个小时之后就被释放了。你看，我的确是喜欢优秀、天真又温柔的女性。不过，也只有这个评价能衬得上你。"——作者注

海上贸易。为此，英国政府还宣布法国以及法国占领地的海岸线全部处于封锁状态。当然，封锁一直都只是停留在纸面上，英国并没有派出船只去封锁法国所有的港口。

但是，国际法一直认定，只有受到海军事实封锁的港口才算是受到"封锁"，这样史无前例的公然违反国际法的行为，驱使拿破仑以其人之道还治其人之身：禁止我方和英国进行任何形式的贸易。英国人不能靠近法国军队控制下的任何国家的海岸。任何英国人一旦做出这样的行为，就是违法。所有和英国或是英国殖民地有过沟通的船只统统会被依法收缴。所有英国生产的货物都会被没收。所有英语或英国的信件，无论内容是什么，邮局一经发现都要马上销毁。皇帝清楚地知道，这些措施是多么严苛。针对英国的海洋封锁，他以大陆封锁进行反击。英国不让他拥有海洋，他就不让英国获得大陆。这就是在柏林发布的这条法令的根源。法令正式宣布对大不列颠群岛进行封锁。我方随即向盟友的海军通告了这一法令，并且督促该法令的严格执行。

耶拿和奥尔施泰特会战的结果是普鲁士陆军的彻底毁灭。普军当初踏上战场时，可以说是有勇而无谋。借用拿破仑的表达，普军就像日出后的秋雾那样消散无踪了。坐镇总指挥的将军、指挥兵团的将军、各种大小亲王、步兵、骑兵、炮兵，统统都消失了，什么都没剩下。对这群残兵败将的追击就像是在打猎一样。普鲁士那些名冠欧洲的坚固堡垒，一个个都落入了法国人的手里，无一例外。而我们需要做的只不过是站在堡垒的门口，他们就会开门投降。普鲁士国王手里剩下的只有逃到奥德河以东的 2 万残兵败将，这个倒霉国王自己都只能逃难到哥尼斯堡去了。

马格德堡的投降总是能让人想起当年的乌尔姆：20 名将军、800 名各级军官，还有 22000 名士兵排着投降的队伍从内伊元帅面前走过。我们缴获了45面各类旗帜，其中包括5面军旗。还缴获了800门大炮、100万份火药、搭建一座大型浮桥的装备，还有大量的其他各类火炮。

热罗姆亲王率领着我们各个盟国组成的军队，获命去收服西里西亚。一个接着一个，他围攻并拿下了保护这个省份的7座堡垒。此后，他被召来和大军团会合，并参加了攻进华沙的战斗。战报中提到了他在那里做出的巨大贡献，以及他的勇猛：他时常会冲到敌人的阵地前。之后，他回到了西里西亚，并获得了攻占这个省份的荣耀。皇帝派人将符腾堡军在格洛高①缴获的敌军军旗的一部分送到了符腾堡国王那里，希望这样可以为莱茵邦联的其他军队树立一个榜样。

拿破仑进入柏林的时候，内心其实是很痛苦的。同时充满了对挑起这场战争的罪魁祸首们的怨恨，正是这场战争将他带进了这座首都。尽管这次出人意料的大胜，或者这一系列重要和巨大的战果满足了他的自尊，但要是此前可以和普鲁士联盟的话，他倒愿意用所有这一切来交换。现在，这场仗打成这样也意味着法国永远不可能和普鲁士结盟了。他一直偏爱的这场政治大梦落空了，这些战斗和荣耀就是表征。正因如此，对于那些点燃或助长了这股吞灭了他们自己国家战火的人，他极尽所能地去斥责和羞辱了他们。在他看来，对普鲁士国王的忠诚不再是一种美德了。他将所有对这位国王的过度热情统统视作最高等级的背叛和通敌。他的不满在他对普鲁士王后的严厉控诉中展露无遗，我觉得他的控诉完全是有道理的。这位王后当时已经被自己不理智的仇恨冲昏了头脑。本来以她的性别和她的地位，她应该克制自己

---

① 位于西里西亚，格洛高是德语名称，此地今天属于波兰，称作格沃古夫。

的。皇帝将她比作阿敏塔①，那个放火焚毁了自己宫殿的疯女
人。这位王后无节制的狂热和她丈夫的过度审慎一样，为普鲁士
王室带来了深重的灾难。

　　但另一方面，皇帝对于所有其他留在柏林的普鲁士王室成员都
是以礼相待的。他专程去拜访了国王的叔叔斐迪南亲王，并尽自己
所能地安慰了他，后者的儿子死在了萨尔费尔德。他还去拜访了亨
利亲王②的遗孀，以及国王的两个妹妹：她们一个刚刚经历生产，
另一个则卧病在床。他仔细照料这两位公主，同时为后者提供了她
需要的所有东西。之前，在战乱之中，她过得很是不好。拿破仑下
令政府要定期付给亨利亲王夫人和斐迪南亲王津贴，并且恢复了布
伦瑞克公爵两位妹妹的津贴。后者在奥尔施泰特的大战中受了致
命伤。

　　我们还免除了普鲁士几个独立小盟国的战争税。普鲁士此前对
莱比锡市征收的临时战争税也被免除。在莱比锡没收的英国货物被
交给了当地的商人，他们花 1000 万法郎把这些货物买了下来。普
鲁士强加在黑森－卡塞尔选侯国头上的战争税被转移到了选侯自己
的债务人那里，后者被要求要直接将他们欠选侯的钱交到军队的金
库中。总而言之，对于这些被迫卷入普鲁士和法国两个大国之间斗
争的城市和小邦国，皇帝竭尽所能地缓解了战争给它们造成的负
担。皇帝待在柏林时还不停地为议和而努力，最终，双方在夏洛滕
堡签署了停战协议。普鲁士国王拒绝批准这份协议，理由是协议中
规定的归属法军占领的一部分普鲁士领土处在俄军的控制下。皇帝
因此离开柏林，启程前往波森③。

----

①　文艺复兴时意大利诗人托尔夸托·塔索笔下的虚构人物。
②　腓特烈大帝的三弟，于 1802 年逝世。
③　今天波兰的波兹南，原文使用的波森是该地的德语名称。

如果说普鲁士军队已经被我们的伟大胜利吃干抹净了的话，俄国的军队却还完好无损。尽管当时季节已经发生了变化，皇帝还是毫不迟疑地就下令向俄罗斯进军。12 月 2 日，在帝国成立两周年的纪念日上，我们向军队下达了进军波兰的命令。法军的步步逼近，复活了波兰人那不死的愿望。波兰的土地上到处都是自发武装起来的人民，到处都是发表演说的人群，到处都组成了请愿代表团，他们的目的只有一个：重建他们的国家①。但是，拿破仑这时不愿意做出任何承诺。他在耐心地等待这场战役的结果。按照他自己的话来说，这场战役的结果将允许他来解决"这个巨大的政治问题"，"只有全知全能的上帝才是此事唯一的仲裁者。"在离开波森前，皇帝和萨克森选侯达成了和平协议，他很是尊敬后者的美德和忠诚。根据该协议，这位王公成了国王。在《提尔西特和约》签署后，他还兼任了华沙大公。

拿破仑下令要在巴黎建设一座光荣神庙。这一纪念建筑的正面会刻上这样的字句："拿破仑皇帝致大军团的士兵们。"这座神庙将建立在玛德莱娜教堂的原址上，命令还要求人们尽快将这个神庙的图纸送到皇帝面前。

皇帝离开波森后径直前往华沙。这一路的路况奇差，宫廷大司马迪洛克将军的马车在路上不小心翻了，导致他的肩骨骨折。他只得就地休息一晚，第二天才被人送到华沙。

皇帝进入波兰的旧都时，受到了全体民众箪食壶浆的欢迎。他只在那里待了 3 天。听闻俄军已经停止后撤并转头向边境前进后，皇帝在 12 月 23 日凌晨 1 点钟离开了华沙，前去应战。此后

---

① 1795 年 10 月 24 日，第三次瓜分波兰后，波兰亡国。

双方进行了数场战斗。尤其突出的是在纳谢尔斯克^①的战斗，此战中菲利普·塞居尔上校力战被俘。当拿破仑抵达纳谢尔斯克的时候，俄军正在撤离这座城市。因为他跟随敌军跟得太紧，以至于当他进入纳谢尔斯克的时候，自己的仆人还没有清理完他要过夜的那个小屋。他走进自己的小屋时，刚好看到仆人们从稻草堆下拖出一具尸体。

　　在普乌图斯克和戈韦岷的战斗结束了这一短暂的战争。俄国人在两处都遭遇了惨败，但因为当地过于泥泞，我军的大炮陷在了泥里，因此俄军逃脱了毁灭的命运。当地的泥泞是如此可怕，以至于士兵们会陷入其中，就此消失。我在这里要特别提一下，在这样艰苦的行军中，我们的士兵一直保持着不屈不挠的勇气和耐性。看到皇帝也和他们一起在滂沱大雨中前进时，他们所有的痛苦仿佛都消失了。而那份天生的活泼帮助他们顶住了所有的困难。有时候，人群中会口耳相传一个笑话，然后大家一起爆发出欢快的笑声。一名士兵眼见皇帝也艰难地在泥泞中跋涉，骑在马上摇晃不止，一步一滑，不由得哼起了一首当时很流行的歌谣：

　　　人生苦短，知足是福！^②

---

①　位于今天波兰的东部，当时属于普鲁士。
②　原文为法语：On ne saurait trop embellir; Le court escape de vie!

这句模仿齐纳斯给皮洛士①谏言的俏皮话让拿破仑嘴角绽放出了微笑，他没有因此生气。行军的苦难和糟糕的天气都让士兵们想出了很多跟波兰有关的玩笑。他们在当地经受的物资短缺总是可以启发他们讲出一些俏皮话。他们记住了4个波兰语单词，并且总是喜欢用这四个词来编一些笑话。这四个词分别是：kleba（面包）、voda（水）、niema（没有）、zara（马上）。士兵们是这么说的："当你问波兰人他们有没有 kleba（面包）的时候，他们总是告诉你 niema kleba（没有面包）。但是当问到有没有 voda（水）的时候，他们就会马上说'哦! zara zara zara（马上，马上，马上）!②'"

这一路上，雪和霜交替登场，让行军成为不可能的任务。皇帝于是回到了华沙。1807 年 1 月这一整个月，他都是在那里度过的。在部队休整的这段时间里，拿破仑为波兰的女士们组织了多场宴会和音乐会。他对其中的一位女士发展出了感情，后者在日后的艰难岁月里，也还是一直温柔而忠诚地对待他③。

贝内文托亲王④在华沙将冯·文森男爵引荐给了皇帝。男爵为皇帝带来了一封来自奥地利皇帝的信。后者在心中的抗议和提议并没有完全打消皇帝对这一强国模糊态度的疑虑。我们驻维也纳的大使安德烈奥西将军从 1806 年 9 月开始，一直到该年的 10 月，都在

---

① 两人皆是公约前 3 世纪的希腊人，皮洛士是伊庇鲁斯国王，齐纳斯是他的好友和谋士。此处的典故是这样的：当时皮洛士在意大利半岛南部战胜了罗马人，齐纳斯接连数次问他接下去的计划，最终皮洛士表示彻底击败罗马人后他就可以回家开怀畅饮，享受生活了。对此齐纳斯表示，他现在就可以这么做，何必一定要舍近求远呢？此处是士兵在开拿破仑的玩笑，说他不必那么辛苦一定要击垮俄国。

② 四个单词押韵。

③ 指拿破仑的波兰情妇玛丽·瓦莱夫斯卡。

④ 指塔列朗。——编者注

向我们发来警告，并禀报维也纳宫廷中有一些十分可疑的迹象。他来信告诉我们，维也纳宫廷肯定被牵扯进了什么政治密谋中。他还说，奥地利如今在欧陆上的情况就和奥斯特利茨战役前普鲁士的情况一样。同时，施塔迪翁伯爵仍掌控着维也纳政府的走向，操纵着所有的事情。他还报告，弗朗茨皇帝的军队正在以改换扎营地点为借口，在波兰边境集结。此外，奥军还是拒绝裁军，坚持必须要有13万人的常备军。最后，我国大军团的位置和胜利决定着奥地利以及整个欧陆的政治。

内伊元帅在给参谋长的信中也提到，通过审问战俘，他获得了新的信息。除开那些和普军以及俄军动向与行动有关的细节之外，他还提到"他们普遍相信，当俄军取得第一场胜利后，奥军就会从摩拉维亚开始佯攻，并进军西里西亚。而他们认为，考虑到俄军的数量优势，俄军是肯定会取胜的。"

皇帝在华沙的时候，见到了一位出生于1690年的波兰老兵。这位117岁的老人当时身体还很硬朗，而且记忆也没有半点衰退。他认识索别斯基国王①，并且记得小时候父亲告诉他，波兰国王是如何在1683年击败土耳其人，并为维也纳解围的。他的父亲当时就在战场上。这位老兵用波兰语向皇帝写了一封请愿信，信上字迹很是苍劲有力。作为回复，拿破仑下令给他100法郎拿破仑金币的津贴，同时还要预先支付一年的年金给他。

俄军对我军营地的一系列进攻迫使拿破仑冒着严寒重新踏上了战场。他离开华沙，和俄军在普鲁士－埃劳打了一场血腥的战斗，最终双方势均力敌。战场上的景象特别骇人：地上层层叠叠都是尸

---

① 扬三世·索别斯基，1674年至1696年任波兰国王和立陶宛大公，领导波兰－立陶宛联邦。是波兰历史上著名的明君。

体，鲜血不断从尸体身上流下来，在雪地上淌出一道道痕迹。战斗的前夜，我们是在埃劳村里度过的，战斗结束后的那天晚上我们回到了那里。皇帝沉痛哀悼了一员爱将的逝去：他的侍从官老科尔比诺将军。他是在传令时被杀死的。战斗的前一晚，我们和这位将军睡在同一堆稻草上，他还说起他隐隐约约觉得自己明天会殒命战场。

　　我在这里当然不会忘记讲讲战争史上最大胆的骑兵行动之一：奥普尔将军麾下的骠骑兵，加上由勒皮克将军指挥的皇家骑兵卫队组成的总共 24 支骑兵中队向俄军的步兵方阵所发起的冲锋。这些无畏的骑手冲进了俄军的核心，厮杀了一圈后又发起了一轮冲锋。他们一直冲到了俄军的第三列步兵前，并消灭了他们。在这次卓越的冲锋中，奥普尔将军受了致命伤。在死前，他用尽最后的力气写了一封给皇帝的信，聊表自己的忠心。拿破仑以下面这封信抚慰了这位勇敢军人人生的最后时光：

1807 年 2 月 9 日，普鲁士－埃劳

　　德·奥普尔将军先生，您的来信深深触动了我。您的伤势没有那么严重，不会让您的儿子失去父亲。您会活下去的，您会继续领导您勇猛的部队发起新的冲锋，您会获得新的荣耀。请您放心，我会关照您和您的孩子的。

签名：拿破仑

　　1807 年 3 月 6 日，拿破仑在奥斯特罗德①发布了命令，要用 24

---

　　①　东普鲁士城市，位于今日波兰境内，波兰语名称为奥斯特鲁达。

门在埃劳缴获的大炮为材料，为德·奥普尔将军立一尊雕像，雕像中的他将身着骠骑兵的戎装。

奥热罗元帅在这场灾难般的战斗中也负伤了。这个伤势，加上他此前一直罹患的风湿疼痛，影响了他的神智。我那时刚好看见他手里拿着自己的帽子，骑着马来到皇帝面前。尽管当时正是寒冬腊月，他还是汗如雨下。这位元帅以往在战场上表现得总是非常出色，现在却说自己已经完全理解不了给他的指示了，并请求皇帝撤换他。拿破仑亲切地听他说完了这一番话，然后安慰了他。之后，拿破仑命令孔庞将军去暂时指挥他的部队。第二天，这位元帅获准返回法国治病。

俄国人声称他们获胜了，还按照他们的传统在圣彼得堡高唱了一曲《赞美颂》。但是，就在那场血腥的战斗结束后，当晚他们就撤退了，把战场完全留给了我们。同时留给我们的还有数千名俘虏、40门大炮，以及16面旗帜。从埃劳战场上撤退的其中一支俄军撞上了萨瓦里将军临时指挥的第5军。原来负责指挥第5军的拉纳元帅正在华沙养病。这次遭遇发展成了奥斯特罗文卡会战。虽然战报上说这只是一次战斗，但事实上我们有三支部队投入了战斗。俄军被彻底击溃了。拿破仑对萨瓦里将军的应对很是满意，并给后者颁发了荣誉军团勋章。此后萨瓦里将军重新回到皇帝身边担任侍从官。

拿破仑在埃劳逗留了三天，每天都忙于安排转运伤员以及增加必需的补给。会战后过了几天，他回复了普鲁士国王的提议。他表示自己急切地想要结束普鲁士的不幸。他提议和普鲁士国王单独议和，并且将普鲁士王国重组为一个居中的势力，也是对抗俄国的藩篱。这一点对保持欧洲的长治久安尤为重要。贝特朗将军负责将这封信送到普鲁士国王的手上。之后，普鲁士将军克莱斯特将国王的回复带到了奥斯特罗德，他还获命在场进行一些口头解释。普鲁士国王表示自己不能抛开盟友单独议和。他提议应该组织一次普鲁士、俄国、英国和瑞典都出席的和会。普鲁士当时刚刚和英国签署了一份协定，并且已经收到了英国送来的第一笔拨款。她希望英国可以成为自己强大的盟友，同时也觉得拉上英国和俄国一起签署的和约，与单独议和相比，会对自己更加有利。皇帝在回复中则表示，尽管他自己也希望能和英国及俄国达成共识，但和会总是非常冗长，不适应普鲁士现在紧急的状况。这次一来一回的通信就没什么成果。不过，这次两个敌对阵营大本营间的通信并没有受到干扰。那段时间中，拿破仑先后在奥斯特罗德和芬肯施泰因度过。

　　离开埃劳后，皇帝开始找地方扎下冬季营地。一开始是在奥斯特罗德，这样可以更靠近他的士兵们。他在那里从2月底待到了3月底。他在奥斯特罗德下达了大量的命令，都是关于后勤的：为士兵和伤员们提供足够的面粉、葡萄酒、白兰地、朗姆酒以及啤酒，为马匹找到足够的饲料。他同时下令人们将普乌图斯克、华沙以及其他各地仓库的情况做成报告交到他跟前。他也去向各支部队的指挥官们咨询过他们麾下士兵的生活状况。士兵们的补给是他当时的第一要务，同时他也很关心医院的情况。随后的命令则是关于下面这些事情：保证营地的卫生和安全；骑兵的休整；在美因茨设立临时部队，并让这些部队进军到波茨坦和其他地方；召回在意大利的法军、波兰军团以及波兰骑兵，后者将组成一个警备军团，由波兰将军札勇切克指挥。他的其他命令还包括重设关于炮兵、工兵、补给、制服以及运输等勤务的资金；奖赏有功之人；还有监控敌军动向。

　　4月1日，拿破仑离开奥斯特罗德到达芬肯施泰因城堡，他在这里度过了4月和5月的日子。他还是以一贯饱满的热情进行着我前面提到的那些工作。他会不时地离开芬肯施泰因做短途的出巡，探访周围的士兵，视察他下令在维斯瓦河上修建的桥梁。在整个漫长的冬季行动中，拿破仑展示出了他是知道如何保证动静结合的：虽然他无时无刻不在迸发着新的想法，但是该耐心谨慎的时候还是会耐心谨慎的。他通过一刻不停地工作，消解自己的焦虑。他必须要精心准备对敌人的战争，除非他可以彻底摧毁他们，否则他们是一刻都不会让他安生的。他还要确保自己的盟友都乖乖听话，同时还得保证法兰西的安全。正因为他有如此多的职责，因此，虽然他如此高效地进行了准备，但准备的时间还是显得很短。

事实上，他拥有的时间也就刚好勉强满足他策划战争和治理广阔帝国的需要。

第七章

帝国外交进展及《提尔西特和约》的签署

正是在芬肯施泰因的宫中，皇帝获悉了塞巴斯蒂亚尼将军出使君士坦丁堡所取得的外交成果。至于这位大使此次在奥斯曼宫廷中为法国做出了怎样的贡献，我在这里就不细讲了。拿破仑高度赞扬了塞巴斯蒂亚尼将军所展现出的毅力和技巧，他成功激发了土耳其人的勇气，并且说服他们让自己的首都和博斯普鲁斯海峡都进入防御态势。同时，拿破仑还表扬了他在指挥各种事务，以及赢得奥斯曼好感的过程中所展示出的能动性和魄力。我们的大使所取得的圆满成功，让法国的影响力得以主导土耳其政府。皇帝也亲自采取了多种措施，以维持苏丹的亲法立场。他不停地给后者写去紧急的信件，督促他要亲自上阵领兵，同时也在不断提醒他回忆起塞利姆一世、塞利姆二世以及穆拉德三世、穆罕默德三世所取得的辉煌成就。最终，他总算让这位软弱却天赋异秉的王公心中升起了对英国压迫的愤慨。塞利姆①呢，出于对拿破仑的热情，希望可以获得一幅皇帝的画像，纵使这样违背《古兰经》教义，后者禁止一切对人脸的描绘。他这么做也是追随穆斯塔法三世的先例，后者因为仰

---

① 1789 年至 1807 年在位的奥斯曼苏丹，塞利姆三世。

慕腓特烈大帝，将一幅腓特烈大帝的画像挂在了自己的后宫中。这幅画也是当时第一幅进入后宫的画像。作为交换，塞利姆将一幅自己的画像送给了皇帝，皇帝将其挂在了自己的书房里。将这幅画带回芬肯施泰因的，是当时正巧路过君士坦丁堡的荣誉勋章获得者阿梅代·茹贝尔。他当时结束了出使波斯的任务，正在返回的路上。他随身带着的还有法特赫 - 阿里沙·卡扎尔①的画像。

在芬肯施泰因，皇帝还定下了他为大军团修建的纪念建筑的样式，也就是他之前在 1806 年 12 月 2 日下令建造的那幢建筑。那时的玛德莱娜教堂还只是刚刚打好了地基，它的建设在 1790 年就被暂停了。拿破仑此前经常思考这个工程应该怎么办，这次他彻底下了决心，将玛德莱娜打造成这个纪念建筑。负责筛选投标方案的法兰西学会院士送来了许多他们认可的设计方案，还专门挑出了一份他们最喜欢的方案。对投标方案的审查和检视是在内政部进行的，皇帝专门派自己的建筑师丰坦先生到场参加，并向他汇报现场的情况。但是后者的报告并没有被及时交到皇帝手上，因此他最后选择了维尼翁先生提交的设计方案。虽然这是排名第二的方案，但是皇帝很喜欢其规模和形式所体现出的那种恢宏感。皇帝希望这座新的纪念建筑在风格上远离当时的新式教堂建筑风格。他希望这座建筑可以让人们联想到古典时代的同类建筑，但同时又要在庄严感和宏伟度上超过当时所有的古典时期建筑。这幢建筑的建设中只会用到钢铁、大理石和黄金，不会使用一根木头。维尼翁先生的设计方案大致符合皇帝脑海中的这个设想，但是在总体设计和具体细节上还是略有欠缺。丰坦先生后来的评价也让皇帝后悔自己没有再耐心一点，等这位建筑师的报告交到自己手上之后再做决定。

---

① 伊朗卡扎尔王朝的第二位君主，当时正统治伊朗。

鉴于获选方案的设计者在实际的建筑建设方面毫无经验，建筑师龙德莱先生被选来辅助维尼翁先生，作为建筑施工中的监工。本来皇帝是想选丰坦先生，但是后者拒绝了。龙德莱先生是伟大的索弗洛①最著名的学生。索弗洛在濒死时也专门提到，龙德莱是唯一有能力完成圣女日南斐法大教堂的建设的人。这座教堂就是日后的先贤祠②。

玛德莱娜教堂是帝国建筑的一个宏伟典范。它是依据古希腊神庙的样子来建设的，并没有为了满足教堂的功能而做出妥协。曾经有人提议，拿破仑的陵墓应该修建在玛德莱娜里面。这样一来，帝国的建立者将可以长眠在这座宗教和民族的双重纪念建筑中。但是，复辟政府可不这么觉得，它决定将玛德莱娜改造成一个纯粹的对神祈祷的场所。

皇帝在芬肯施泰因接待了土耳其和波斯的使团。波斯大贵族米尔扎－里萨在3月初和土耳其大使一同到达了巴黎。波斯大使在4月底被召唤到芬肯施泰因，他在那里得到了大家的礼遇，同时和国务卿（博萨诺公爵马雷）搭上了线。商讨仅仅持续了几天，双方在5月8日就签订了协议。帝国内阁的翻译秘书，博学的东方学家茹贝尔负责两位代表之间的翻译工作。波斯大使向皇帝进献了一些珍珠和波斯披肩。要么是出于一个好廷臣的职责，要么是出于民族的荣誉感，总之，他声称这些是他个人为皇帝送上的礼物，因为他害怕皇帝会因为这些礼物太寒酸而看不起他的君主：他假装说他的主人的礼物还没有送达，因此要献上自己的礼物，并乞求雄狮可以收下来自蝼蚁的礼物。他跟随拿破仑检阅了军队。当时，在被炮火

---

① 全名是雅克－日梅恩·索弗洛，18世纪法国著名的新古典主义建筑师。
② 1744年由法王路易十五下令开始建设，教堂竣工恰逢法国大革命开始，此后被改为先贤祠。

犁过一遍的战场上，他脚踩华丽的拖鞋，身穿华美的拖地长袍，寸步不离地跟在皇帝身后。那天天气很热，他回到芬肯施泰因的时候已经要晕倒了。他倒在沙发上时，嘴里还不停蹦出钦佩的话语："太伟大了！太好看了！太壮观了！"然后他才开始小声抱怨："我要累死了。"

皇帝当时每天都会跟他一起在芬肯施泰因的花园中散步。某天发生的事情让这位大使很是困窘：那天他的指甲花颜料用完了。那是一种红色的染料，他习惯用它来给自己的指甲和手掌染色。而两手雪白的他出现在皇帝面前时的那份羞耻，和我们在巴黎宫中的某位熟人忘记戴手套时的那份窘迫一样。有一天，我们谈到了亚历山大大帝，这位大使当即表示，要到波斯去才能找到关于这位征服者最真实的历史。米尔扎－里萨在和约签订后就即刻启程回国了。加尔达那将军跟在他身后，很快也出发了。这位将军是皇帝的侍从官，当时被任命为我们派驻德黑兰宫廷的大使。拿破仑同时还选择了一些出色的军官，和他一起组成使团。他们将成为波斯军队的教官和随员。而加尔达那将军主动请缨前往德黑兰的原因，则是想要找到他的祖父埋藏在那里的宝物，他最后什么都没找到。

土耳其大使瓦希德－阿凡提（Seïb-Wahid-Emin-Effendi）是在一个月后抵达芬肯施泰因的。米尔扎－里萨有多么风趣和机智，这个人就有多无趣和愚蠢。这个人很喜欢摆官架子，总是吹毛求疵。他此次的任务是要增进两国之间的友谊，但他觉得自己获得的授权不足以让他和我们签署一份真正意义上的同盟协议。皇帝和他在芬肯施泰因城堡的花园里进行了一次协商，皇帝极力督促他和我们达成协议，同时还不停地向他做着手势，让他知道俄国已经派人来跟我们议和了。最终，为了迫使他做出决断，皇帝向他表示，如果法国和土耳其之间无法达成协议的话，那么法方在和俄国议和时就不可避免地要抛开奥斯曼政府。瓦希德对此的回复是，他需要新的指示，同时他还说自己已经向君士坦丁堡发去了信函，在 40 天之内就会收到回复。他乞求皇帝可以等一会。皇帝当时不想此事继续延宕下去，因此被他的这份固执搞得很不耐烦。

为了战事考虑，拿破仑决定前往但泽①，并在那里等待时局的进一步发展。他将土耳其大使也召唤来，并要求他在那里和维琴察公爵继续进行谈判。这次谈判也没有取得理想的结果。最终，这一系列的会谈毫无成果，而我们与俄国之间的战火又重新燃烧起来。瓦希德－阿凡提于是前往巴黎，在那里他获悉塞利姆苏丹的决定：他被免职了。

之后，《提尔西特和约》签署，土耳其也错过了和法国结成同盟的机会。本来这一同盟对两国都很有好处。而拿破仑在这些拉拢奥斯曼政府的努力都失败之后，自然对该国的态度冷淡下来。要么是因为派来芬肯施泰因的代表太过无能，要么是因为俄国对奥斯曼宫廷施加的影响，奥斯曼政府在整个谈判期间都显得非常固执而不知变通。但是，就算这样，我们也不能说法国与土耳其之间的友好共识就这么消失了。塔列朗对于他没有被选择去和土耳其或者波斯缔约倒是显得很不高兴。

我们和俄国议和了，但是对瑞典的战争还在继续。莫蒂埃元帅获命要占领波美拉尼亚②，并围困施特拉尔松德③，后者的驻军对我们的交通线是一大威胁。拿破仑觉得跟瑞典的这场战争正在变得越来越愚蠢。瑞典此前毫无理由地一把火烧了施特拉尔松德漂亮的

---

① 今波兰的格但斯克，当时属于普鲁士，德语称作但泽，波罗的海沿岸的重要港口城市。
② 今德国和波兰北部的波罗的海沿岸地区。
③ 位于今天的德国北部，是汉萨同盟中的城市。

郊区，有 2000 居民因此变得无家可归。拿破仑对此很是惋惜。

　　他觉得这个国家天生就是我们的盟友，但现在却和我们兵戎相见并遭受着巨大苦难，这实在是可怜。因此他命令莫蒂埃元帅可以尝试达成停火协议，这样我们和瑞典之间说不定可以重建友好的关系。这一关于停火协议的愿望实现了，但是，双方并没有签署任何条约。一开始达成的停火时间只有 10 天，皇帝之后将停火期限延长到了 7 月中。我们刚刚在提尔西特与俄国签署了和约，这边瑞典国王就撕毁了停火协议。他就像是专门等到拿破仑可以集中力量攻击自己的时候，才做出了这一鲁莽的决定。法军因此占领了波美拉尼亚，将瑞典人从那里赶了出去。同时，在施特拉尔松德和吕根岛①上的瑞典人也都被赶走了。瑞典国王就这样失去了自己在德意志地区的所有领土，返回了瑞典。

　　皇帝待在奥斯特罗德的时候，还组织了对但泽的围攻。为了保证他接下去战略的成功，他必须夺取这座城市。他本来是打算让维克托元帅去指挥围攻军队的，但后者在赴职的路上被普鲁士军官席尔俘虏了。在 1809 年对奥地利的战争里，我们会看到这位席尔扮演一个更重要的角色。勒费弗尔元帅因此成了围城战的指挥者，他的对手卡尔克洛斯元帅则以坚毅的勇气守卫着这座城市。亚历山大沙皇和普鲁士国王都深知守住这座堡垒的重要性，他们派出了许多增援部队，不过最终还是无济于事。来自巴黎军团的一位哨兵孤身登上并控制了英军的无畏号轻巡洋舰——这艘战舰有 24 门大炮，还满载着火药以及炮弹，当时正想要冲进来为普军解围。尽管勒费弗尔元帅在头脑上并不怎么出众，但是他在执行指派给他的这一任务时，展示出了全部的勇气和能动力。沙瑟卢将军则以出色的技术

---

　　①　位于施特拉尔松德对面的海上，是今日德国最大的岛屿。

执行了围城的战略。最终，在苦苦坚守了两个月后，眼看城破不可避免，卡尔克洛斯请求投降。但泽能坚持这么长时间，这位普鲁士将军功不可没。出于对他的认可，拿破仑批准他和他的军队可以有尊严地投降。勒费弗尔元帅在当天进入了这座城市。

皇帝是在 5 月 29 日获悉但泽投降的，那时他正在芬肯施泰因。他马上派出拉普将军前去接管那座城市。之后，拿破仑亲自去那里待了两天，为的是亲眼看看自己征服的这个地方。他对工兵在城中建设的防御工事表示了认可，同时还就这一出色的战果祝贺了勒费弗尔元帅。他将勒费弗尔元帅任命为新设的但泽公爵，并给了后者大量的赏赐。当时，各国还主动向勒费弗尔送来了一笔数目可观的金钱，具体数额我记不清了。但是他表示只有皇帝同意后他才能收下这笔钱，皇帝也批准了。在离开皇帝的时候，这位新获封的公爵滑倒了。他不是一个迷信的人，因此，爬起来之后，他只是开玩笑地说了句："老天哦，但泽城市是很好，但路是真不咋样。"此后，拿破仑在封赏了有功的将士之后，就经由马格德堡返回了芬肯施泰因。他要在那里准备新一轮的攻势。

尽管他一路都在取得胜利，同时军队的状态也很令人满意：他们在扎营时都完成了补员。但皇帝还是很为自己面前棘手的情况而焦虑：他的敌人很顽固，而他的盟友则不怎么可靠，同时他离开法国的时间也太久了。他很清楚，要不是他在耶拿取得了大胜，奥地利和西班牙肯定是会对他宣战的。因此，尽管坚信自己肯定可以战胜敌人，他还是强烈地希望签署一份对法国有利的和约，不再继续打下去了。拿破仑在和谈中很给敌人面子。他向俄国提出，和约的内容可以照搬去年 7 月我们和冯·乌布勒先生在巴黎签署的协议的内容。他也并不排斥向普鲁士国王归还后者的首都以及被占领的省份。普鲁士政府已经声明自己不会抛弃盟友单独和谈，事实上普鲁

士当时已经完全被俄国控制了。奥地利政府此前将冯·文森特派到
了华沙，皇帝将塔列朗留在华沙应付他。奥方提出，他们只是想参
与到协商中来。当我们迫使他们解释清楚这句话到底什么意思时，
奥方表示他们愿意作为和谈的中间人：其实他们打的小算盘是想要
借此来主导和谈，然后一旦我们遭遇挫败，他们就可以压倒我们。
为了和此前表达出的和平意愿保持一致，皇帝接受了这一强国的斡
旋。英国批准了和谈的提议，普鲁士也倾向于接受和谈。但此时沙
皇又说服普鲁士国王拒绝了和谈。沙皇的军队已经获得了强大的增
援。而沙皇的将军们将此前在埃劳的那场互有输赢的战争说成了俄
方的胜利，这也给了亚历山大信心。他向普鲁士国王做了很多极有
诱惑力的保证，并且引导后者和自己在巴尔坦施泰因①达成了协
议。这份协议的内容包括：让普鲁士王室重新上台、恢复各个德意
志邦国的独立地位，以及规定了在对法战争取得胜利的情况下对法
国的处置方案。这份协议相当于示威，为此后两国在 1813 年签署
的那份协议奠定基础，1813 年的协议取得了更大的成功。英国和
瑞典同意巴尔坦施泰因的协议条件，但是奥地利拒绝参与其中。此
后，反法同盟向皇帝提议，举行一次欧洲所有敌对国家都参加的大
型和会。在提出了一些自己的意见后，皇帝同意了这一提议。反法
同盟在什么条件都没提的情况下，表示想听听拿破仑提议的和谈基
础是什么。拿破仑马上回复，说自己的基础就是平等、互惠以及一
套公平合理的补偿机制。我们的敌人肯定是将拿破仑的这份克制认
作他虚弱的表征，因此他们更加期望可以在战场上扳回一局。我之
所以会这么想，是因为正当我们觉得已经扫清了阻挡和会举行的最
后一点障碍时，俄军就走出营地，开始攻击法军了。

———————

　① 今波兰的巴尔托希采，此处是该地的德语名称。

因为这突如其来的进攻，皇帝被迫匆忙离开了芬肯施泰因。我此后跟随他一直到了但泽。但是，此后我因为身体抱恙，不得不在那座城市里休息了 2 周的时间，之后我才重新回到拿破仑的身边。面对大股俄军的攻击，内伊元帅进行了顽强的抵抗。他边打边有序地后撤，并坚持到了法军完成集结的时候。这下轮到拿破仑发动攻击了。之后我们在希尔斯堡①和弗里德兰②取得了两场大捷。后面这场战斗有决定性的意义，俄军在战斗中被打垮了，被迫后撤到尼曼河③以东。盟友的失败也剥夺了普鲁士的最后一点资源，同时彻底断绝了整顿自身事务的希望。请求停火成了沙皇的唯一选项，他还表示在停火协议谈判时，可以顺便进行和谈。拿破仑自然轻松地接受了这一提议，他派出迪洛克将军去安排跟停火协议有关的事宜。

经过一段时间的休息，我恢复了健康，我军获得胜利的消息对此也有帮助。康复后的我迫不及待地想要回到皇帝身边。我在路上经过了哥尼斯堡，当时萨瓦里将军是这座城市的总督。6 个月后，皇帝封他为罗维戈公爵，以此表彰他的贡献以及他的忠贞不渝。在哥尼斯堡，我见到了贝内文托亲王，他正在那里等候皇帝的命令。我比他早出发几天。我是和蒂雷讷伯爵一起前往大本营的，他是皇帝的侍从和副官。我们在路上经过了韦劳④的森林，据说那里藏匿了许多逃难的农民，专门干打劫过路军队的事情。我们身边当时并没有护卫，但是很幸运的是，我们没有遇到任何不好的事情。

我抵达提尔西特的时候，皇帝已经在那里待了 3 天。而几乎就

---

① 今波兰的瓦尔米亚地区利兹巴克。
② 今波兰的代布日诺。
③ 位于今立陶宛和白俄罗斯境内。此处意味着俄军完全撤出了普鲁士领土。
④ 今俄罗斯加里宁格勒州的兹纳缅斯克，当时属于普鲁士。

在我抵达的同时，迪洛克将军也返回了我军的营地。此前他刚把两军达成并批准的停火协议送到亚历山大沙皇的大本营。我听说这是他第二次前往俄军大本营了，并且双方已经就两位皇帝的会晤达成了一致。两天后，会晤按计划举行。会晤的地点是在尼曼河中央一艘竹筏上搭建的一个帐篷里。拿破仑先到达了会面地点，因此是他穿过帐篷去见的亚历山大沙皇。两位君主见到对方后就自发地拥抱在了一起。这是一个美妙的场景。伴随着两岸士兵们的欢呼声，这一场景更是显得震撼。欢呼声先是从右岸开始，接着左岸的士兵也开始欢呼作为回应，两方的声音逐渐合二为一。翌日，双方在这个竹筏上又进行了第二次会晤，这次亚历山大沙皇把普鲁士国王也带来了。接着，两位外国君主在提尔西特住了下来，当时该城已经被暂时宣布为中立领土。两军也在尼曼河的两岸扎下营来，双方互相也发展出了友善的态度。

就在两位皇帝进入提尔西特城的那天，拿破仑在自己的这边举行了一场晚宴。接下去的两天中，两位皇帝相伴骑马出巡，普鲁士国王在一旁作陪。他们出训的目的是视察驻扎在当地的士兵。他们检阅了军队，品尝了士兵们喝的汤，还客套地互相夸奖了一番。亚历山大沙皇很高兴可以展示自己的精锐部队：俄国卫队和哥萨克正规军。拿破仑对他们很是欣赏，甚至为其中的一些人颁发了荣誉军团勋章。这两位皇帝也亲近了起来，当他们结束出巡后，沙皇是要去拿破仑家一起用晚餐的。拿破仑甚至都不同意亚历山大回去换一套衣服。他会直接派人到亚历山大的宅邸去寻找后者需要的东西。他还会让他的贴身男仆将自己的领带和手帕送给亚历山大。拿破仑身边总会带着一个存放各种必需品的珍贵的箱子。而因为亚历山大对这个箱子的做工和内部的收纳很是赞赏，在他们分别的时候，拿破仑就把这个箱子作为礼物送给了亚历山大。而如果他们在晚餐时间前就结束出巡回到家中，一般都是为了进行两个人的私下交谈。这时他们就会把普鲁士国王晾在一边，并进入和拿破仑的工作室连接在一起的一个小会客室里。拿破仑将亚历山大带进过自己的工作室几次。后者提出要看看他的地图，其中就有一张描绘土耳其欧洲领土的地图。我曾见过他们两人都俯身细看这幅地图，尔后又继续边踱步边说话。他们当时正在构想着各种瓜分欧洲的方案。看起来，他们唯一不能达成一致的问题就是，君士坦丁堡应该归谁①。

　　很明显地，拿破仑不希望在讨论这些问题的时候引发任何争端，从而破坏他们之间重建的和谐关系。为此，双方已经心照不宣地达成了共识：要维持现状，至少暂时是这样的。而且，仅凭我在内阁办公室里听到的谈话，我也很难把他们和此后发生的事情联系起来：这些谈话要么是开了个头从未结束，要么就是在外面开了个头，进入内阁后才结束的。除此之外，也没人再针对这些谈话写过什么文字了。在他们无拘束的谈话中，两位皇帝常常谈到国内的政局，以及国家的政体。尽管拿破仑竭尽全力尝试向他证明，只有世袭君主制才能保证民众的和平与幸福，但亚历山大还是认为世袭君主制是权力滥用和压榨人民的根源。拿破仑皇帝在此后谈起这些对话的时候，总是会说，亚历山大表达的这些观点并不是他的导师瑞士上校拉阿尔普教育的结果，而是出于他对神秘主义的喜爱。亚历山大沙皇虚伪的性格让我们可以料想到，尽管他看起来很认真地在和拿破仑争论，但那只是演戏而已。他摆出来对抗拿破仑的那些原则其实也不是他内心真实的想法。

　　亚历山大沙皇是一个高大、强壮并且优雅的人。他讲的法语毫无口音，并且总是可以优雅而得体地表达自己的想法。他待人接物

---

① "君士坦丁堡，"拿破仑说，"这意味着享誉世界的权威！"——作者注

的方式总是很亲切，而不会使人感到压迫。尽管他看起来不总是那么真诚，但他是很开放的。他在听拿破仑说话时总是摆出一副很感兴趣的样子，并且对拿破仑就像小孩子对父母那样尊敬。他在走路的时候，脑袋总是微微歪向一边。这是因为他有一只耳朵听不见，因此他习惯把头歪向一边听人讲话。又或者，他这样做是为了模仿亚历山大大帝？

普鲁士王后也来到了提尔西特，当时距离两位皇帝的尼曼河会晤已经过了 10 天或者 12 天，王后身边是她的首席女官沃斯伯爵夫人。王后的身材中等，但是气场十分强大。她的外表更是让人艳羡。尽管 32 岁的她那时已经青春不再，但她还是那么的美丽。她来和皇帝一起用晚餐的时候，我见过她。她打算靠自己的智慧和魅力来为普鲁士争取更宽大的条件。不过，尽管拿破仑对她装出了一副殷勤且尊重的态度，但这位饱受羞辱的王后所有的抱怨、祈求和胡搅蛮缠，她有资本进行的那些女性的花言巧语，在面对这位政治家不可改变的要求时，都是注定要失败的。她也的确失败了。况且，等这位王后到达提尔西特的时候，和约条款早就已经定下来了。要是说她做成了什么事情，大概就是加快了对普和对俄协定的签署吧。

就在王后到达后的第二天早上，各方签署了三份条约。其中一份是法国和俄国之间的条约，还有一份是法国和普鲁士之间的条约。第三份条约则是分开的，两位皇帝当时都同意这将是一份密约。当然，当这份条约签署时的情势不复存在后，密约也就被公开了。这份密约的内容是，法俄两国确认将一致地保证下面几件事情的实现：迫使英国和谈、瓜分除君士坦丁堡外的奥斯曼帝国在欧洲的所有领土、迫使葡萄牙和北方诸国对英国关闭他们的港口、再有就是要利用双方的影响力让奥地利对英国宣战。

在我们与俄国签订的条约中，有一条规定拿破仑皇帝是为了亚历山大沙皇着想，才将占领的部分普鲁士省份归还给普鲁士国王的。而普鲁士此次失去了相当于战前一半的领土。这两份公开条约中有了两个主要的条款：一是为拿破仑的幼弟热罗姆·波拿巴建立一个王国，二是在普鲁士丧失的波兰诸省上建立华沙大公国。华沙大公国被赐给了萨克森国王。但是大公国并不包括比亚韦斯托克①，该城被从普鲁士的波兰省份里划出，并让给了俄国。

在起草华沙大公国的那部宪法时，拿破仑主要有两个考虑：必须要保证该国居民的自由，但同时也要保证俄国和奥地利控制下波兰诸省的和平安宁。这部宪法废除了农奴制，确立了法律面前所有公民一律平等。宪法还宣布《拿破仑法典》将成为该国的民法典，同时要求国内无论民事还是刑事的所有法庭审理都要公开进行。该宪法还取消了包括旧波兰议会、旧波兰联邦以及一票否决权在内的所有波兰贵族特权。正是这些特权造成了此前波兰王国国内的种种问题和无政府状态。该国的行政权由大公行使，立法权则归属参政院和议会：前者由 18～30 人组成，后者由 100 名来自各地的议员组成。这两个议会拥有通过或否决法案的权力，但是只有大公可以提出法案。

萨克森国王的祖先曾经统治过波兰。而建立萨克森国王控制的波兰大公国这件事情对此后俄法两个帝国之间的关系产生了巨大影响。因此，我不能只是简单地陈述这个公国成立了。波兰大公国辖下的省份，曾经属于旧波兰王国。普鲁士在数次瓜分波兰中得到了这些省份，而在刚刚过去的战争中又丧失了所有这些领土。俄国很乐于从盟友的损失中分小小的一杯羹。亚历山大沙皇不可能不知道

---

① 今日波兰东北部最大的城市。

建立华沙大公国的意义。他当初帮助促成此事，只能是因为他那时候的力量不足以让他反对此事。此后，当俄国恢复过来，彻底吞下《提尔西特和约》许诺的好处，并且，当他完成了对芬兰的征服后，我们就会看到亚历山大沙皇开始对华沙大公国的扩张表示不满了。这份不满也不过是他迈向更大阴谋的一个垫脚石罢了。事实上，建立大公国应该就是重建波兰君主国的前兆。而正是重建波兰君主国这个关键问题导致了法俄联盟的破裂。《提尔西特和约》本可以成为重建波兰王国的手段，而这个被邪恶瓜分的勇敢国家没有获得重建，是值得惋惜的。受到他在普鲁士大胜的鼓励，皇帝曾经打算用西里西亚来向奥地利交换加利西亚①。如此一来，拿破仑就可以在最稳固的基础上重建波兰王国，一个缺失俄属波兰诸省的波兰王国。但是，这样的重建肯定是要花费时间的。在签署《提尔西特和约》的时候，拿破仑面临着很多障碍，使他无法实现自己的好意：亚历山大沙皇当时就算是出于廉耻心也不会继续慷自己的盟友之慨，如此一来，拿破仑既会触怒俄国，又无法和奥地利和解。他对于后者的各种动向一直很不放心。更何况，他当时急切地想要达成和约：他当时已经离开法国太长时间了，同时他距离法国也太远。再加上其他的考量，经过深思熟虑，权衡利弊之后，他决定放弃这个计划。此后他无疑对这个决定感到很懊恼。

在提尔西特达成的和俄国的联盟，以及此前让这一联盟得以实现的那两场不朽的会战，都将拿破仑皇帝的权力和荣耀提升到了顶点。这一联盟对法国的影响，自然也是巨大的。人们真的开始批评这一联盟，要等到莫斯科的那场灾难之后了。之后降临在帝国头上的厄运让人们开始频频抱怨，招致帝国毁灭的种子就在其中。在这

① 奥属波兰。

场厄运中，人们也纷纷表示，当初皇帝本可以在弗里德兰大捷后继续跨过尼曼河。他本可以带领一支强大的军队继续他的胜利，毕竟当时的俄军和普军已经基本被消灭了。拿破仑当然有充分的理由可以这样做，但是他有更充分的理由要在我们提到的这个时候停下来，去达成这份重要的《弗里德兰条约》。不过，政治家们责备他太过信任亚历山大沙皇，抑或是没有足够削弱普鲁士，又或是太过严苛地削弱了普鲁士，大概也都有道理。

拿破仑在柏林发布了对整个大不列颠群岛发起封锁的命令，在建立起了大陆封锁的同时，他也要求我们必须采取非常的措施来确保它的实施，从而保证能筑起对抗英国商贸的铜墙铁壁，没有漏网之鱼。海洋贸易的中断所造成的焦虑，倾向于逐渐消减参与到大陆封锁之中的国家的热情，这一点也是很好理解的。但是，第一个违反这一命令的强国却是受到损失最少的那个国家：俄国。通过和法国的联盟，俄国恢复了自信和自己的实力。开启这段联盟的《提尔西特和约》，带来一整套有益于俄罗斯帝国的优惠系统。而法国从这一条约中得到的从来都只有损失及危险。这份协议造成了以下几个主要后果：俄国轻易得到了芬兰、我们被卷进了那倒霉的西班牙战役、波兰也没有得到重建。与法国的联盟也再次激发了俄国永远无法满足的贪欲。这一大好局面，让沙皇重新想起了自己对奥斯曼帝国的领土宣称，并鼓舞他提出要分割奥斯曼帝国，并占领君士坦丁堡。拿破仑对此事义正辞严的拒绝则在亚历山大心中泼了一盆冷水。但是，他当时尽力将自己伪装起来，用迷惑人的友谊掩盖住了自己真实的情感。此后，等到我们经历了在西班牙的一系列麻烦，以及大陆封锁宣告终结后，这份情感就转变成了公开的敌意。《提尔西特和约》中的这些条款的确制造出了很多难题，但它们都不是不可攻克的。想要推翻纪念拿破仑荣光的那座美丽丰碑，还需要莫斯科的灾难和莱比锡的惨败。

在《提尔西特和约》签署后不久，英国政府就采取了最邪恶野蛮的行径之一，激起了欧洲的普遍愤怒。一支英国舰队突然出现在丹麦的海岸附近，舰队上有卡夫卡特将军指挥的总共 35000 名士兵。但是此前丹麦政府根本没有做过任何会给英国政府落下进攻口实的事情。英国政府给这一明目张胆违反国际法的行径找的理由，竟然是丹麦政府"看上去"打算将自己的海军和法国海军联合起来！当时的丹麦正处在和平的环境中，无论是在哥本哈根，还是在整个西兰岛上，政府都没有做任何防御的准备，因为没人能想到会有人去攻击这座岛。当时，丹麦的军队都在欧洲大陆上。从英国舰队上下来了一名使者，他直接命令丹麦政府马上将丹麦舰队的指挥权交到这支英国舰队的指挥将军手中。他没有进行任何协商，也没打算解释自己的无理任务，甚至都没有给丹麦政府提供另一个选项。当丹麦拒绝他的要求后，他还威胁要烧掉哥本哈根。这样无耻的最后通牒是不能被接受的。于是，在 1807 年 9 月 2 日这个沉重的日子里，英国人毫不客气地开始了对丹麦首都的炮击。高强度的炮击整整持续了 3 天。该城的一大块区域被炸成了灰烬，而为了避免哥本哈根的彻底毁灭，丹麦政府在 7 日被迫投降。当时，丹麦王储不在首都。他曾下令要将整个丹麦舰队焚毁，但是这一命令并没有被送到执行人的手上。最终，包括横帆双桅船、护卫舰等在内的 60 余艘大小舰艇，悉数落入了英国人手中。同样被英国人夺走的还有丹麦的所有海军军火。英国人把所有他们带不走的物资都一把火烧光了。欧洲整体上对这一野蛮的暴行感到非常愤慨，并且痛斥了英国。在面对本国议会的愤怒攻击时，英国政府表示，两位皇帝在提尔西特达成的密约让英国必须要实施此次对哥本哈根的远征，但此后英国政府也拿不出证据来支撑这些指控。当时，很多人都怀疑是塔列朗先生的朋友走漏了消息。尽管这些怀疑最终都被证明是无中生有，但是我必须要说，皇帝在这件事情之前，就已经发现过塔列朗先生所在部门走漏消息的情况。他还发现，有时外国列强的手里会出现我国外交部的重要文件。他曾经因为一次这样的叛国行为解雇并且驱逐了一名外交部秘书处处长，过了很久之后，他才允许这个人返回法国。

1807 年 5 月，帝国皇族中发生了一件不幸的事情，抵消了拿破仑和我国军队取得的那些胜利。荷兰王储的去世彻底浇灭了我们此前对这个孩子抱有的期望，也推翻了我们本来为他准备好的计划。如果他还活着，并且实现了这些计划的话，皇帝可能就不需要找一个外国公主再次结婚了。拿破仑很喜欢他的这个侄子，也就是他养女的儿子。当皇帝在圣克劳消夏时，这个孩子有时会被带到他工作室对着花圃打开的那扇窗的窗户下。每次在那里看见他，拿破仑都会走过去亲他一下。有时候，他会因为一些事情而不得不中断工作。当他重新回到工作室时，我有时会看见他怀中抱着这个孩子。那孩子的名字叫拿破仑－夏尔。他突然被死神从母亲怀中夺走时，还不到 5 岁。他的母亲在此后一段时间里都悲痛欲绝。拿破仑对此也非常悲伤。他专门派出自己的妹妹卡罗琳去安慰这对丧子的夫妇。这对夫妇当时已经退隐到了荷兰的罗宫。奥坦丝王后借此机会离开荷兰，前往比利牛斯山的温泉疗养。路易国王也陪在她身边，他也想试试看这些泉水对自己的健康有没有用。年龄的增长，加上荷兰潮湿的气候都极大地影响了他的健康。他在那里度过了 6 月和 7 月。年轻的荷兰王储死于咽喉支气管炎，当时人们对这种疾病还知之甚少。这种疾病发病突然，病情恶化速度也极快。拿破仑向社会征集关于治疗和预防这种疾病的论文，并为第一名的作者颁发了 12000 法郎的奖金。皇帝曾经打算将他的这位侄子立为自己的继承人。此前也有人注意到，14 年后，皇帝正是在同一天（5 月 6 日）撒手人寰，去和他的这个侄子团聚的。

当时发生的另一件不幸的事，就是塞利姆的废黜以及这位君主悲剧性的死亡。如果这位君主还活着的话，我们在 1812 年是肯定不会签署《布加勒斯特条约》这个灾难性条约的！

1807 年 7 月 9 日，两国互相交换了前一天正式签字批准的条约。佩戴着俄国圣安德烈勋章大绶带的拿破仑向沙皇走去。后者带领自己的卫队接待了他，身上佩戴着荣誉军团勋章绶带。拿破仑派人找来了俄国皇家卫队中最出色的士兵，并向他颁发了荣誉军团的金色老鹰，以展示自己对这名俄国护卫的尊敬。拿破仑还把自己的肖像画送给了普拉托夫将军，后者是哥萨克骑兵的指挥官。

在进行了 3 个小时的谈话后，拿破仑陪同亚历山大一起来到了尼曼河边，沙皇从那里登船启程。两位君主在分别前进行了深情的临别赠言。普鲁士国王则在礼节性的互访后向拿破仑皇帝告别，前往梅梅尔。拿破仑则立即出发前往哥尼斯堡。

俄国和法国的君主一起在提尔西特待了 20 天。他们在城中的住所靠得很近，就在同一条街上。在此期间，拿破仑和亚历山大对彼此都展示出了极大的友谊。看到他们如此亲密，又有谁不会将其视作欧洲和平的保证呢？我们必须相信，那个时候亚历山大展示出来的友好是真诚的。

拿破仑在哥尼斯堡停留了一天，并在那里定下了法军撤出其占领的各个普鲁士省份的时间，他还给每支军队定下了撤出后应该驻防的地点。

皇帝将萨瓦里将军从哥尼斯堡直接送去了圣彼得堡。这位将军收到了一系列或具体或宽泛的命令，但都不具有官方性质。他的主要任务是：让亚历山大沙皇保持《提尔西特和约》签署时的心态，并督促他执行条约中规定的各种事宜。同时，他还要督促俄方迅速选择一位大使，将其派往巴黎。然后他就要待在圣彼得堡，等待进一步指示。

拿破仑在离开哥尼斯堡后，抵达了德累斯顿，他在那里逗留了3天，并收获了萨克森国王感激和喜爱的证明。他还调整了大军团的主计官拉布耶里的职务，将后者任命为特别资产国库管理员。该职务将负责管理普鲁士和被征服的所有国家向我国提交的贡金，总值攀升到了超过6亿法郎。

之后，拿破仑就全速返回了圣克劳，在路上一点时间都没耽搁。他在7月27日上午5点钟抵达了圣克劳。他和家人共进了晚餐，当时总理大臣冈巴塞雷斯也在场。傍晚，他接待了各位大臣。第二天，他接受了各个国家机关对他的祝贺。

皇帝此次去国10个月，是到那时为止时间最长的一次。他返回法国时，大家都对他表示了热烈的欢迎。社会的各个阶层都因为自己享受的繁荣生活而对这个男人产生了感激之心，还有强烈的好感。他刚刚为法国赢下了前无古人的巨大胜利，并签署了人们能想到的最辉煌的和约。人们都认为，这次的和平将是长久而稳固的，因此大家的心中也都很庆幸。巴黎成了欢乐的海洋，在皇帝抵达的当晚，人们自发点亮了彩灯。

拿破仑回国之后关心的头等大事就是进一步提升国内的繁荣，并保持国内的稳定。在他离开法国的这段时间里，没有任何事情影响了法国的安全和稳定。紧接着，他将目光转向了外交：他要找到引导包括奥地利在内的各个欧洲国家对英国宣战的方法，简而言之，就是要充分实现他在《提尔西特和约》中预设的那些优势。

拿破仑同时还在推进威斯特伐利亚王国的建立，这也是条约中为热罗姆·波拿巴建立的那个国家。组成这个国家的主要是此前的黑森－卡塞尔选侯国、布伦瑞克公国以及其他普鲁士割让的德意志诸省。在1810年的时候，汉诺威也成为威斯特伐利亚王国的一部分。拿破仑派出了莫蒂埃元帅去占领上述这些国家。

卡塞尔拥有丰富的艺术品收藏，其中最优秀的藏画被挑选出来送到了巴黎。最有价值的两幅画被送给了约瑟芬皇后。它们是保卢斯·波特①最优秀的作品。皇后将它们挂在了马尔梅松城堡中。其中一幅画叫《阿姆斯特丹的农场》，这幅画还有一个更广为人知的俗称。另一幅叫《被野兽追逐的男人》。我还记得我在城堡里见过这两幅画。所有鉴赏家们都为这两幅画折服，它们当时还会出于保护的目的被绿色的帘子盖住。而当皇帝看着这两幅画时，他似乎总是后悔皇后接受了它们。他常说这两幅画本应被保存在博物馆。如果它们被放在博物馆里，他会比现在更加开心。因为他人生最大的快乐就是看见他的胜利丰富了法兰西的艺术珍品收藏。

此前，有人批评拿破仑是特权的维护者，以及绝对权力的复活者。拿破仑为威斯特伐利亚王国起草的这份宪法包含的条款，就是对这种批评的回应。跟此前给华沙大公国以及此后在巴约讷制定的宪法②一样，这份宪法也废除了农奴制；确立了法律面前人人平等；要求所有审判都要公开进行；同时规定所有公民无论出身都有权成为公职人员。在他还是第一执政的时候，他就已经给出了自己心系民权的证明：在将路易斯安纳让与美国时，他要求在条款里特

---

① 17世纪荷兰著名的动物和风景画画家。
② 指1808年拿破仑在巴约讷迫使西班牙国王退位。

别加入了一条保证这个殖民地的居民拥有各种自由、财产保障以及信仰保障的条款。拿破仑向新成立的威斯特伐利亚王国派出了许多法国行政管理人员，负责组织政府的各个部门，同时组成一个摄政会议，以待国王的到来。这一新王位建立后，拿破仑的弟弟热罗姆也和符腾堡国王的女儿进行了联姻。

两位未来夫妇的初次会晤是在巴黎附近的勒兰西城堡中举行的。聪明、风趣并且热衷享乐的热罗姆亲王当时还不到23岁。凯瑟琳公主比他大一岁。这一结合本来只是冷冰冰的政治联姻。但是，此后这对夫妇之间逐渐萌发出了真正的感情，巩固了两人的结合。符腾堡的凯瑟琳是一个美丽而有趣的公主。她在此后的人生中，即便面对困境，也一直保持了对伴侣的忠贞。在那段艰难的日子里，有那么多我们此前认为无懈可击的品格高洁之人都选择了背信弃义，她却一直典范长昭。打从一开始，这位公主就赢得了自己夫家人的喜爱。皇帝更是在第一眼看到她时就慈爱地拥抱了她。民事婚礼是在杜伊勒里宫的狄安娜长廊中举行的。典礼的场面非常宏大。第二天，主教长在宫中的教堂里为这位新婚夫妇主持了婚礼仪式。当天我们还在花园里举行了结婚喜宴，但是因为天降大雨，彩灯都被淋坏了，烟花也没放成。

威斯特伐利亚国王和王后在巴黎逗留了3个月。与此同时，三名国务参事（西梅翁、伯尼奥、若利韦）和拉格朗日将军组成的摄政会议正在忙碌地以新王的名义组织这个王国的政府，并为他树立权威。热罗姆国王由皇帝领进了研究治国学问的世界，他经常会和自己的哥哥谈话，也一直都和自己的摄政议会保持着联系。皇帝出发前往意大利的1周之后，威斯特伐利亚国王和王后离开巴黎，进入了他们的国家。一路上，热情民众夹道欢迎。他们在斯图加特逗留了1周的时间，其间符腾堡国王竭尽所能，让自己的女儿和她的丈夫成为受人尊敬的贵宾。1 周的时间里，每天都是连绵不断的餐会和庆典。想想看，他在 7 年之后的变化有多么大啊！这位老国王在那时候所做的一切示好和尊敬的行为看起来都是在报答那位慷慨的君王，他能戴上那顶王冠也要拜这位君王所赐。但是到了1814 年，拿破仑在他眼里不再是慷慨的君王，而成了一个单纯的手下败将，他也不再需要对这个人以礼相待了。这一态度的转变只能说是今时不同往日，这也是人性中最可鄙的部分。

帝国内政进展及政府部门调整

拿破仑从提尔西特归来后，对政府部门的组成做出了一个重大的调整。贝内文托亲王对于自己侍从长的称号很不满意，他期望和两位前执政获得同样待遇。拿破仑于是让他在副大选侯和外交大臣这两个职位中二选一。塔列朗先生是想辞去大臣职务的，但是他觉得离开外交部就会是自己失势的开始。他这么想也不无道理。虽然皇帝当时手上并没有这位大臣两面三刀的证据，但是他已经觉得自己不再能信任他了。因此，皇帝觉得更好的解决方案是把贝内文托亲王留在身边，并在有需要的时候才派他去执行任务。皇帝觉得，德·尚皮尼先生更适合在他的指导下主理外交部。德·尚皮尼先生此前已经受命进行过多次的外交谈判和商讨。皇帝很欣赏他的诚实，也认为他具备这一岗位所必需的那些特殊才能。我觉得，拿破仑没有趁着解职外交大臣这个机会彻底解除塔列朗的一切公职，是很遗憾的。因为这位大臣和某些外国官员结成的关系，加上他去讨好巴结的一些外国君主都让他拥有了一定的资源和影响力，可以在此后对皇帝发起致命一击。

德·尚皮尼将内政大臣的位置交给了科雷特先生，后者当时是法兰西银行的行长。而接替科雷特先生在法兰西银行职务的则是国务参事茹贝尔。克拉克将军接替了贝尔蒂埃元帅陆军大臣的职位。贝尔蒂埃元帅被提拔为了副警长，但他依旧担任大军团的参谋长。

也是在这个月，《民法典》的主要起草人之一，波塔利斯先生去世了。比戈·普雷阿梅纳接替了他在公共祷告部的职务。普雷阿梅纳先生是一名博学的律师，就像他的前任那样，他也参与了民法典的编撰工作。

1807 年 8 月发布的一份《元老院敕令》取消了护民院。即使是在这个机构刚被创建出来的时候，它也没能很好地完成自己的使命。它是政府机器中的一个齿轮，但是经验显示，这个齿轮不光没用，有时候甚至还有害。护民院的成员大多数都是非常有能力的人，新政府是不能忽视这些人的。护民院中潜藏的危险主要是，这些人都爱逞口舌之强，而且沉浸在他们支持的那些共和国理想里，因此他们在议会中也会公开宣传并支持这些主义和教条。因此，尽管他们中十分之九的人对政府并没有恶意，也并不敌视政府的权威，但他们总是会在辩论里引入反对的精神，以及本能般的怀疑。这也驱使他们会拒绝一些大家都认为对社会有益的法案，最典型的例子就人们热切期盼的民法典条款。护民院这个创造本身就和"稳定"这个概念不相兼容。此后，尽管护民院经历了许多调整，但还是无法解决这个机构本身致命的缺陷。必须取消这一机构，同时大大简化讨论和订立法条的过程。我们整个民族早就疲于听这些人叽叽喳喳地讨论那些乌托邦般的理想了。它只有一个愿望，那就是可以摆脱这个机构造成的烦乱和不安。为此，它就要依托那个它可以信任的男人。人民本就对这个机构事事反对他而感到不满，因此对这次修改宪法是鼓掌欢迎的。有些思维过于活跃的人，声称拿破仑是为了摆脱一个惹他厌烦的批评者才取消护民院的，还说他本就讨厌一切公开的讨论。其他更为公正的人则发现，取消护民院后，立法院因此重新获得了完整的权力。不仅如此，全新的议事方法剔除了护民院里的那些争吵，从而也清除了阻碍政府持续前进的纷扰，保证了立法工作更好地进行。新的议事方法是这样的：立法院委任的各个委员会检视提交法案，委员会中包括立法院最资深的那些成员；参政院负责起草法案，并与这些委员会就法案进行磋商；在出现分歧的情况下，总理大臣和财政大臣则会主持由参政院各个部门以及各个立法院委员会参加的会议，并促使他们在会上达成共识。接着，参政院的发言人会向所有立法院成员详细阐释法案背后的理路。然后，议会的主席会发表自己的看法。当议会认为法案已经获得充分的讨论后，就进入到投票环节了。如果立法院委员会认为某法案不可接受，委员会的每位成员都有向整个议会发表自己反对意见的自由。如此一来，立法机构就拥有了足够的权威和独立性。而对法案的审阅工作也是由立法机构选择的成员来进行的。

另外一个值得提及的举动就是对审计署的重组。这一重要的措施是在取消护民院后不久进行的。人们普遍认为这是政府的一个明智之举，因为当时预算委员会已经明显力不从心了。但是，即便是最好的东西，也是会有瑕疵的。人们发现，每年交给君主的收支表并没有被政府公开。同时，也只有那些年收入超过1万法郎的市镇预算案受到了审计署的审查。针对第一点，政府马上发布了后续命令，纠正了这个问题。命令规定审计署的报告要并入每年提交给立法机关的记录中。尽可能地发展这一公共簿记系统也是政府的利益所在，因此，人们在审计署这个机关中所能找到的瑕疵肯定是会逐渐消失的。本来，伴随着经验的累积以及和平重新降临，更多关于审计的改革会纷至沓来，对于其他各项服务来说也是如此——但我们并没有足够多的时间。就像拿破仑之前常说的："时间是一切的组成要素！"

　　1806 年，皇帝被迫撤去了巴尔贝 - 马鲁瓦先生在国库的职务。这次，巴尔贝 - 马鲁瓦先生获得了审计署主席的任命。这也是拿破仑不忘旧情的一个明证。有许多人是托拿破仑的福才得以中止流亡或被放逐的生涯。但是，在之后那段艰难岁月里，他们完全忘记了他们对拿破仑造成的伤害，也不顾拿破仑对他们的恩情，只记住了拿破仑之后对他们的惩罚。且不说这些惩罚都有理有据，仅就忘恩负义这一点，拿破仑和他们都是很不一样的。

　　驱使拿破仑签订《提尔西特和约》的一个主要原因是他当时需要新的措施来将英国挡在欧陆之外。带着这个目标，他的大脑开始满负荷运转。这也是为什么他那时开始动用在西班牙拥有的全部影响力，要让这个没落的强国加倍努力地对抗我们共同的敌人。他严苛地要求西班牙政府配合我们向葡萄牙施压，让后者加入并执行大陆封锁政策系统。这边，皇帝已经号召里斯本政府对英国封锁葡萄牙的港口、逮捕英国公民、没收英国商品并对英国宣战。葡萄牙政府并没有听从这些指示。英葡之间有一个秘密协议（英国议会都不知道这份协议的存在），安排了后者逃避柏林命令的事宜。拿破仑因此决定要用武力让这个国家臣服。他在巴约讷集结了朱诺将军率领的 25000 名法军，命令他们入侵葡萄牙。皇帝同时也在和海军大臣德克雷共同组织在法兰西岛①、安的列斯群岛以及非洲海岸附近进行的小股海军攻势，主要目的是摧毁那里的英国贸易和船只。他孜孜不倦地增加船坞中在建的海军舰艇数量，建立新的海事机构，总之是尽己所能地在发展法国海军的力量。同时，他还将注意力放在了如何更好地充实国库上。因此，他将一部分战争赔款直

————————

　　①　今日的毛里求斯。

接划给了国家财政。这份对公共事务的热情也延伸到了以下这些方面：对公共工程的重视、研究保护商业和工业的措施、研究改革地方法院的方式和改善教区教士生活的方法，以及如何推动科学、艺术和文学的发展。人们普遍热情地庆祝了圣拿破仑节[①]。所有人的心中都充满了自信，因为陆上和平已经在提尔西特达成了，而当时人们普遍相信，海上和平不久也会到来。翌日，也就是在 8 月 16 日，拿破仑为立法院主持了盛大的开幕典礼。当时现场人山人海，更让典礼显得宏大。拿破仑用坚定而洪亮的声音向立法院致辞。在致辞中，拿破仑讲到了他为法国的幸福和伟大所做的一切，并描述了他正在构思的进一步完善我国各项制度的方案。在这一庄严仪式的最后，他陈述了法兰西帝国当时的辉煌景象。

一年前建立世袭贵族制度的《元老院敕令》，正是这一整体繁荣的果实。伴随帝国的建立，以及 1806 年建立的各个封地，世袭头衔的创建是自然而然的。1807 年 3 月 1 日，元老院登录了两份法案，其中一份确定了设立亲王、公爵、伯爵、男爵以及骑士等 5 个头衔；另一份法案是关于世袭财产的建立及组成的规章制度。就像荣誉军团制度一样，拿破仑建立的贵族制度和平等的原则也并不冲突。这也是新的贵族制度和旧的封建贵族不一样的地方。老贵族的这些陈腐气息，新贵族一概没有。在开始评价帝国贵族制度之前，我们应先充分讨论这个制度。这一制度是全新组织思想的成果。按照拿破仑的说法，这一思想本应会成为代表我们这个世纪的东西。老的贵族阶级是脱离人民的，在人民和贵族之间有着不可逾越的障碍，这样一来，人民自然对贵族怀有敌意。而通过建立一个对所有人开放，只要有才能就可以跻身其中的贵族制度，拿破仑制

[①]　第一帝国时，拿破仑的生日为圣拿破仑节，时间是每年的 8 月 15 日。

衡了我们旧有的封闭的贵族阶级，并为后者的转变铺平了道路。拿破仑想要达成下面三个目标：将旧法国和新法国融合在一起；实现法国和欧洲的和解；通过将贵族和为国家提供的服务挂钩，来彻底清除欧洲的封建残余。通过将旧贵族和新贵族融合在一起，旧贵族引以为傲的那些东西都会被抹除。博沃亲王夫人的才华和她对皇帝的感情都是广受赞誉的。在听闻自己的长子被封为男爵后，她也只能尽力强迫自己认识到，这个称号只是一个恩典①。但是，她忽略了一点，那就是随着时间的推移，她的儿子是可以重新取回他生来就有的那个称号的。这些旧贵族成员均顶着那些象征着曾经提供服务或带来荣誉的姓氏。在战争结束后，这两种贵族制度就会合二为一，成为统一的贵族制度，永载史册，他们其实都会重新获得自己的这些古老称号。

在 6 月 30 日和 9 月 23 日，皇帝为 9 名元帅发放了每人总共 20 万到 100 万法郎不等的奖赏，为 34 名将军发放了每人总共 10 万法郎的奖赏。平均每人获得了超过 15 万法郎的赏赐。而所有的这些奖赏，没有花国库一分钱。它们都是从敌人的战争赔款里直接划进军队特别金库的。这些赏赐中包括拿破仑在波兰、汉诺威、威斯特伐利亚、荷兰和意大利为自己留下的财产。同样可以在这次慷慨赏赐中按比例分一杯羹的，还有总理大臣、财政大臣、其他几位大臣以及一些公务人员。我在这里讲的还仅仅是皇帝在生日前后赏赐的人而已。随着战争的胜利不断地将财富积聚到拿破仑的手中，他其实一直都在封赏新旧功臣和文武官员。那些对我国有功的外国人也没有被遗忘。我们的征服战争带来了所有资源共同组成的"非常

---

① 德·博沃家族是法国著名的贵族家族，该家族的长子只被封为男爵这一最低等的贵族称号，在显赫的旧贵族看来，实际上是一种对家族的侮辱。

财产"，这一财产是专门用来封赏对法国有功之人的。拿破仑也从来没有用这部分财产来中饱私囊。

　　皇帝一直都很希望我可以结婚。他总会跟我提起这件事情。他总是这么说："什么时候才打算结婚啊？"我此前也不是没有想过这个问题。但是我很珍稀自己的独立和自主，我不想让皇帝或者皇后插手我的婚事。直到一段时间之后，我才决定正面面对这个问题，最终这个问题得到了圆满解决，我心满意足。我从一个受人尊敬的家族中选择了我的妻子①，而且在整个过程里谁也没能影响我的决定。我从不后悔做出这样的选择，因为我们两人面前的未来非常光明，足以实现我们的抱负。皇帝曾经多次跟我这样说过："您有幸被我培养，我一定会让您变得富有。和平一定会到来，到时候我就可以好好地兑现我的诺言。您再耐心地等一等，不会有损失的。"一般这种时候都是皇帝可以不为公务烦恼的时候，他此时会生起善心。我之所以一字一句地引用这些话，是因为它们已深深地刻在了我的心里。他把这件事和其他想做的事都推后到了那个他热切期盼的时候。1815 年，在他第二次退位后，皇帝向我表达了他无法遵守诺言的懊悔。

　　拿破仑在枫丹白露宫度过了 9 月剩下的日子、整个 10 月以及 11 月的前半个月。此前他连续两年下达了修缮这个奢华宅邸的命令，他也为这座宫殿新添置了数目可观的家具。他在这座宫中接见了很多外国人以及德意志王公。外国大使都是在这里递交国书的。枫丹白露宫的花园也非常漂亮。皇帝在这里想要放松一下时，一般会去打猎或是观赏剧院里上演的法国戏剧杰作。负责演出的是以塔

---

① 她的名字是德·蒙维尔诺小姐。——作者注

尔马为首的我国的主要戏剧演员。

对于法国与俄国的和谈提议，以及俄国愿意作为斡旋人的提议，英国方面的回复就是对哥本哈根的炮击。而出于自身的利益和情感与英国绑在一起的葡萄牙，则回避了各个海洋强国联合起来对抗英国暴政采取的有效手段。被伦敦政府奴役的里斯本政府，在面对我们的要求时总是采取暗地里反抗的态度。10 月 27 日，迪洛克将军和伊斯基耶多先生在枫丹白露签署了一份协议。伊斯基耶多先生是一位在巴黎学习自然历史的西班牙绅士，也是一名忠诚的和平亲王①的使者。这份协议的目标是要确定对葡萄牙的军事占领，占领军将由 25000 名法军和同样数量的西班牙军队组成。当时正在巴约讷指挥着监视部队的朱诺将军获得了跨过边境前往葡萄牙的命令，行军的路径已经和西班牙政府协调好了。同时，皇帝还下令组织了第二支军队，指挥权交到了杜邦将军的手上。经过 1805 年的战役，皇帝充分认识到了他的才能。第二支军队的目的地和第一支军队相同，并且会在英军前来帮助葡萄牙时辅助第一支军队。

上文提到的两位谈判代表还签署了一份将葡萄牙分割为三块的协议：第一块将交给伊特鲁里亚国王，用来交换后者手中的托斯卡纳；第二块将成为和平亲王控制的封国，后者对于这个安排也很满意，因为万一他被迫在西班牙下台，这还能确保他的独立自主；第三块则将储备起来，以供未来进行交换，或是封赏。皇帝当时已经着手准备，要在战争结束后让西班牙国王被认可为北美洲和南美洲的皇帝。而作为葡萄牙的法理继承人，这些土地也将会在未来退还给西班牙国王。

两天之后，在枫丹白露宫，我们和一位丹麦使者也签订了一份

---

① 指曼努埃尔·戈多伊，当时是西班牙首相。

协议。丹麦王储被英国政府可恨的行径和加害他人民的野蛮暴行深深激怒了。他拒绝了英国人的所有提议。并且在跟整个欧洲谴责了在哥本哈根发生的骇人事件后，向英国宣战，作为对后者的回应。这位亲王采取了公正的报复手段：逮捕英国公民、没收他们的财产、没收他们持有的所有债权和债券，同时宣布断绝和英国的一切往来，违者将被处以死刑。他与法国和俄国都签署了协议，前者是他可以依赖的靠山，后者提供的保证就不那么真诚了。对于那些因为船只被抢被毁而失业的丹麦水手，拿破仑将他们全部纳入了自己的麾下。

　　在他于枫丹白露居住的最后两周里，皇帝收到了一封来自埃斯科里亚尔①的信，信上的日期是 10 月 29 日。卡洛斯四世在信中告诉皇帝，他发现了一个针对自己的王位以及王后性命的密谋。密谋的领导者是阿斯图里亚斯亲王，也就是西班牙国王的长子。皇帝并不相信这一严重的指控，在他看来，这是这位君主和西班牙王冠的继承人之间因为误解而导致疏离的又一明证。另一方面，在收到这封信的数日前，我们驻马德里的大使德·博阿尔内先生向拿破仑转交了另一封信。这封信是阿斯图里亚斯亲王寄来的。他在自己的父亲不知情的情况下给皇帝写了这封信，并乞求后者保护他不受他敌人的伤害。同时，他也希望可以与皇帝家族中的一位公主进行联姻。皇帝早就对西班牙有些想法，这些信件正好让这些想法又浮现出来。他和贝内文托亲王就这一问题进行了长时间的探讨。后者早就想窥探一下皇帝内心隐秘的想法，因此他抓住了这次机会，表现出可以帮助皇帝的样子。事实上，塔列朗此前已经获得了一个恩典：在欧仁亲王离开法国的这段时间代理他国相的位置。这个头衔

---

① 位于马德里郊外的王宫，西班牙的王室居所，相当于西班牙的凡尔赛宫。

在欧仁亲王那里只是一个荣誉职位，并没有任何外交上的功能。但塔列朗希望可以从这个荣誉头衔里得到更多实在的好处。在他和拿破仑的这次机密谈话中，他更多地扮演了一个倾听者的角色。他带着虚假的、精心排练过的矜持暗示了下面这个提议：拿破仑应该抓住这次误解造成西班牙宫廷分裂的机会，取代现在统治西班牙的这个王朝。反正就我们对抗英国而言，这个王朝不会是一个可靠的盟友，而一旦我们稍微失势，还会马上反过来帮助英国对抗我们。除了这个极端的措施之外，他还提出了另一个方案，就是令西班牙割让领土给我国。通过割让大量的领土来使西班牙必须依赖我们。这些谈话都是在皇帝的工作室里进行的，其中有几次我也在场。在做出决定之前，拿破仑就这个问题思考了很久。他必须要静候一段时间，等待时机成熟。他当时没有马上回复阿斯图里亚斯亲王的信件，只是把它当作一次对王室族长权威的攻击。他向当时的西班牙驻法大使马塞拉诺亲王发表了一份宣言，表示他觉得自己不应该插手西班牙君主家庭内部的纷争。他给卡洛斯国王回了信。在信中，他劝后者行事要耐心且适度。然后他就继续去准备自己的意大利之行了。他没有做任何明显的表示，就把这个事情暂时搁置在那里了。

在枫丹白露的时候，皇帝还接见了德·博尚夫人，她是那个同姓的旺代叛军将领的遗孀。这位将领是被荣誉感牵扯进革命战争中的。他生前常说，自己不追求任何人间的荣誉，因为内战带不来任何荣誉。他宽厚的胸襟为他赢得了参战各方的尊敬。就在他死前，他刚刚拯救了6000名革命党的性命，旺代叛军是强烈要求把这些人都杀掉的。拿破仑急切地想要纪念这位出色的战士，因此亲切地接待了他的遗孀。她将自己年芳12岁或13岁的女儿介绍给了拿破仑，他承诺会赏赐她的女儿。他和德·博尚夫人聊了较长一段时间，当听到后者说起她自己也是因为被一名国民公会成员洛费歇尔搭救，才免于遭受死刑时，拿破仑表现出了极大的兴趣。那是他第一次听说这个人的名字。当时，这位国民公会成员首先尽力延缓了对这位夫人的审判。当她因为自己旺代保皇党将军遗孀的身份而被判死刑后，他又想方设法将她的名字加到了一份特赦名单中。拿破仑对德·博尚夫人不是仅仅施以口惠而已，他给她颁发了6000法郎的津贴。

大概就是在这个时候，皇帝将奥德内将军任命为皇后的第一侍从官。奥德内将军是一名忠诚的军人，一个体面的男人，但他很不习惯宫廷生活。第一待从官这个职位相当于今天的荣誉骑士，但当时还没有荣誉骑士这个职位。拿破仑当时已经注意到了，皇后身边的人总是勉强使自己展显出贵族的感觉。有人曾告诉他，某次举行接见的时候，几位居住在贵族城区的人被介绍给了皇后。这时，她的侍女在一旁说："今天我们可算有佳朋相伴了。"因此，任命奥德内将军担任这个职务，既是因为皇帝想要奖励这个勇敢军官的功劳，也是为了要给皇后的廷臣们上一课。这些人对于皇帝的选择很是懊恼，他们因此发表了一些讽刺的言论，皇帝选择假装没听见。

当拿破仑决定和女大公玛丽-路易莎结婚时，奥德内将军第一侍从官的职位被阿尔多布兰迪尼·博尔盖塞亲王取代了。奥德内将军被任命为贡比涅皇宫的总管，作为他隐退后的职务。巴登女大公的父亲克劳德·博阿尔内伯爵成为新皇后的荣誉骑士。

拿破仑的意大利巡游

11月15日，皇帝离开枫丹白露，开启了意大利巡游。他这次出巡有以下几个主要原因：对奥地利政治意见的不信任；希望见见威尼斯民众以及其他意大利居民，并将他们和自己的政治系统更紧密地结合起来；此外，想和自己的兄弟约瑟夫和吕西安商讨一些事宜。皇帝在步行跨越塞尼山时遇到了暴风雪，险些丧命。他很幸运地找到了一个可以避难的山洞。他之后说起此事时，表示那个山洞就像"一个钻石宫殿"。

人们在米兰和威尼斯都举办了华丽的庆典，向拿破仑致敬，巴伐利亚王国的宫廷成员也出席了这些庆典。在米兰的时候，皇帝将欧仁亲王加封为威尼斯亲王，并将他立为自己意大王国的男性继承人。他专门去了解了"推定继承人"这个头衔的准确意思，还亲自查了《法兰西学院辞典》。欧仁亲王的长女被封为博洛尼亚公主，并获得了一大笔赏赐。当欧仁亲王被收养的消息在地主、学者以及商人三个团体的大会上宣布时，有人看到拿破仑正在跟总督说话，告诉他现场爆发出的掌声都是送给他的，并要他鞠躬致意。意大利王国的首相梅齐被封为洛迪公爵，同时获得了大量赏赐。就在拿破仑的这次出巡中，伊特鲁里亚王后来到了米兰，并将她的儿子引见给皇帝，她也是她儿子的监护人。在她的国王丈夫去世后，托斯卡纳并入帝国，她也离开了那里。

不列颠议会发布了一系列法令，无限期延长了海上贸易的禁令，同时要求所有中立国的船舶停靠英国港口，并为装载的货物支付税金，否则货物就会被没收。针对这一海盗般的法律，皇帝在米兰也发布了命令作为回应。皇帝在命令中宣布，所有船舶只要接受了英国人的登船检查，或是前往英国，抑或是向英国人支付任何税金，都会被马上开除国籍。在米兰短暂逗留了一段时间后，皇帝前去巡视了威尼斯。当地居民热情欢迎了他，并举行了一场华丽的庆典向他致敬。自然，贡多拉和帆船竞赛在其中扮演了重要的角色。大运河上满是精心装饰过的船舶，它们扮成各国的宅邸、神庙、亭子以及小屋，驾船的是身穿相应服装的贡多拉船夫。为了这次庆典，威尼斯所有贵族都付出了至少 1 年的收入。

那不勒斯国王约瑟夫为了面见皇帝也来到了威尼斯，两人在一起待了 6 天的时间。拿破仑去视察港口、炮台以及其他防御工事时，他都陪伴左右。在这一系列庆典的间隙，拿破仑的精力都放在了怎样改善政府的各个部门，以及怎样让威尼斯人重拾辉煌和繁荣上。因此，他成功地增加或改善了这个古老总督城市的民政、军事以及海洋设施。

拿破仑之后离开威尼斯城，去视察旧威尼斯政权的堡垒，中途在曼图瓦稍作停留。这时约瑟夫国王已经离开了皇帝，正在返回那不勒斯的路上。他收到了一封来自弟弟吕西安的信，后者在信中表示他身在摩德纳。两天后，皇帝在曼图瓦时，我收到了下面这两封信：

　　梅尼瓦尔先生，

　　我在内附的这封信中会向皇帝告知吕西安抵达曼图瓦的消息。请您亲自将这封信交到皇帝手上，并请他授权您告诉吕西安，皇帝什么时候可以接见他。

　　您的朋友，

签名：约瑟夫

1807 年 12 月 11 日，曼图瓦

这封信中还附带了下面一封信：

　　阁下，我请求您将内附的信件交给陛下。我现在以那不勒

斯国王秘书的名义住在一间旅店里。我恳求陛下同意让您来这里找我，并将我带到他面前。出于我对您的敬意，选择您来执行这一任务会让我很高兴的。

您的朋友，

签名：吕西安·波拿巴
1807年12月13日，曼图瓦

在收到皇帝的命令后，我在大概晚上9点的时候到那个旅馆将吕西安·波拿巴带了回来。我将他带进了拿破仑的工作室，走的是一个秘密入口，因为他说他不愿意被任何人看见。这两位兄弟之间的会晤一直持续到午夜。离开皇帝后，吕西安显得情绪非常激动，他的脸上淌着泪水。我将他送回了旅馆。在那里，我听说皇帝非常强硬地要求他要么回到法国，要么接受一个外国的王位。但是，兄长给他提出的条件不仅伤害了他的个人感情，而且会影响他的独立自主。他吩咐我向皇帝转达他的告别问候。"我可能再也不会见到他了，"他补充说。但是，拿破仑在发现他不可能动摇弟弟的决心后，还是给了他很长的时间来考虑自己的提议。此后，他还派出自己的其他兄弟，以及塔列朗和富歇两位大臣向吕西安表达过自己的不满，但也没能取得任何效果。拿破仑对他这个弟弟的人格和罕有的才华都很敬重，失去这样一个人才的辅助也让他很遗憾。但是，他对自己提出的要求是不愿退让半分的。吕西安在此后那不幸的日子里飞奔到了拿破仑的身旁，这是出于对哥哥的爱，也是给拿破仑的最美的颂词。

在这次会晤中，拿破仑和自己的弟弟还是达成了一个共识：吕西安应该将自己的女儿夏洛特送到巴黎去。她此时是13岁或者14岁。吕西安和第一任妻子克莉丝汀·博耶育有两个女儿，夏洛特是长女。有人提议，如果拿破仑打算同意费尔南多此前提出的联姻请求的话，可以将夏洛特嫁给这位西班牙王储。吕西安的女儿被安置在了母亲夫人①的宅邸中。她慈祥地养育了吕西安的女儿，但她的品位毕竟和一个小姑娘的品位不大一样，因此小夏洛特还是有一些不高兴的。受到继母教育的影响，她对于自己父亲这边的家族没有任何好感。吕西安的女儿对祖母的关爱毫无回应，她在写给父母的信中不停地抱怨祖母的贪婪，她还写了许多讽刺自己伯父伯母的话。这些信被交到了皇帝手中。之后的某个周日，在家族晚餐结束后，大家都在圣克劳的会客室里。他把这些信拿出来，当着所有人的面读了出来，权当是好玩。在座的每一个家族成员都或多或少地受到了具有针对性的讽刺。这个不谨慎的小姑娘写的这些戏弄的语句让在场的家长们都很不高兴，拿破仑欣赏了一会这个场景。玩笑开够了之后，他恢复了严肃，批评了自己侄女的不知感恩，并决定把她送回她父母的身边。第二天，他把侄女送出了巴黎。他找来一个自己信得过的人全程陪同她到了意大利，并把她亲自交到了她父亲的手中。这样一来，拿破仑本打算将弟弟吕西安的这个女儿嫁给西班牙王储的计划也泡了汤。

拿破仑离开曼图瓦后，回到了米兰，在那待了一个礼拜之后就返回了巴黎。在途经亚历山德里亚时，他还专门去视察了他此前下令在那里建造的巨型防御工事。这个工事把这座城市变成了全欧洲防备最森严的地方。帝国覆灭后，奥地利和萨丁尼亚政府摧毁了这些工事，到了我写作这本书的时候，这些工事都已经灰飞烟灭了，一点痕迹都没留下。

---

① 指拿破仑的母亲。

拿破仑回国及西班牙叛乱始末

　　1808 年 1 月 1 日，拿破仑结束自己的意大利之旅回到了巴黎。当他还在意大利，还没去巴约讷的时候，在大犹太公会①召开前后举行的犹太集会发表了讨论的结果。之前，在 1805 年那场战争时，拿破仑就已经被犹太种族的入侵震惊了。他一直在努力寻找好的方法，可以修复这些放高利贷的人在某些省份所造成的危害，尤其是阿尔萨斯。放高利贷的行为让这些地区最好的地产面临威胁：它们有可能落入一个卑鄙堕落的群体手里。除此之外，他也希望可以引导犹太人从事依靠双手努力的、更慷慨大方的职业，即从事那些体面的工作。为了实施这些有益的改革，我们在巴黎召开了一个由法国和意大利的犹太人精英参加的大会。政府任命了莫莱、波塔利斯和帕斯奎尔三位先生作为专员列席会议。第一次会议的结果就是大犹太公会的召开。大犹太公会是一个临时的高级委员会。以前，犹太人在耶路撒冷就是这样决定国家和教会事务的，但是这样的会议在耶稣出生前就停止召开了。这个自成一格的大会是 1807 年在巴黎召开的，当时拿破仑还在东普鲁士抗击俄国人的进攻。这次大会的组成完全依照历史传统。大会的任务是要将此前在第一次会议上讨论的那些提案发展成教条。莫莱先生在关于政府为什么要召开大犹太公会的报告里，对拿破仑大加赞赏。时人对此事充满了好奇，毕竟这是一个新鲜玩意儿，而且也算是复活了属于遥远黑暗时代的权威和习俗。尽管大会的具体议事过程不对外公开，但还是有很多人溜进了会场。在会场外，人们更是好奇地等待着大会的结果。大

　　①　拿破仑于 1807 年召开的犹太人高级议会。

会在政治、民事以及宗教方面做出了一系列决定，这些决定都被以命令的方式固定下来。除此之外，皇帝还加入了一些特殊条款，用以鼓励犹太人从事农业工作，并且断绝他们以后继续从事走私或是放高利贷工作的希望。虽然我们必须要区别对待犹太人，不能赋予他们和其他公民一样的权利，但是区别有时间限制：10 年。皇帝急切地想要解决这些问题的决心，为他赢得了犹太世界里开明成员的感激。同时，尽管这次特别大会制定的法律没能满足此前人们对它所有的期望，但它还是开了一个有益的先例。假以时日，犹太人内部说不定真的能完成足够的改革，并且结束他们对基督徒的敌意。

1802 年 3 月发布的决议要求法兰西学会要在参政院中向政府提供一份总表，表中要展现自 1789 年以来我们在科学、文学以及艺术领域取得的所有进步。当时要求这份总表须在 1803 年 9 月之前做出来。但是，之后发生的一系列事情，包括《亚眠和约》的破裂、布罗涅舰队的集结和武装以及对奥地利和普鲁士的战争都导致我们无法将这份重要的文件交给皇帝。一直等到 1808 年的 2 月和 3 月，赶在出发前往巴约讷之前，皇帝才终于有空坐下来听取这份报告。首先来到他面前的是物理和数学科学教室代表团，该代表团的发言人是德朗布尔和居维叶这两位院士。皇帝对居维叶先生流利的口才和清晰的头脑留下了深刻印象，后者连着讲了几个小时。不将学者调离研究岗位是他给自己定下的规则，但这次他决定特事特办了。他将居维叶先生任命为参政院的审查官，还任命他在帝国大学中担任重要职位。2 月 19 日，古代历史和古代文学教室发表了报告，发言人是达希耶先生。8 天之后，轮到文学和修辞教室了，发言人是谢尼埃。谢尼埃在报告中表现得既有品位，又知分寸。他公允而又富有才华地批评当时名流们的权利太容易受到伤

害。他的这份报告已经成为一种风格的模板，堪称经典。接着，
3月5日进行介绍的是艺术教室，关于人类知识的总表也就此完
成。发言人是这个教室的秘书勒布勒东先生。拿破仑一手打造的
这份对文学、科学和艺术的大回顾和大检查，展示了人类的智慧
并没有倒退，并没有停下前进的步伐。拿破仑对法兰西学会的每
个代表团都单独做了回复。他向报告官们表达了自己对他们勤劳
研究成果的无比满意。

皇帝在意大利时，又收到了一些来自西班牙的信函，以及卡洛
斯四世寄来的新的信件。他从中获知了马德里这个舞台上正在上演
的事情。和平亲王通过线人得知，阿斯图里亚斯亲王的一些顾问们
（埃斯科依基斯、因凡塔多公爵、圣卡洛斯公爵以及其他一些宫中
的廷臣）正在私下串联，准备罢黜自己，因此他没收了王储的个
人文件。他在其中找到了各种各样的文件，包括用来写秘密信件的
暗号，以及一份任命因凡塔多公爵掌管新卡斯蒂利亚①的委任状草
稿，日期是留白的。这位国王身边的红人不费吹灰之力就将他的这
些发现转变成了证据：证明有人正在计划抢夺国王的统治权，攻击
国王本人。在这位亲王的文件里面，他还找到了之前写给拿破仑
的，请求和拿破仑家族公主联姻的那封信的原件。这一整件事情是
由法国大使德·博阿尔内先生在其中担任秘密中间人的。他是约瑟
芬皇后第一任丈夫的长兄。这位大使的坦率和忠诚是人尽皆知的，
因此他和红人戈多伊之间保持了一段距离。还有两个原因也让他心
甘情愿地做了这个传话人：他知道皇帝肯定不会因为这个提议而生
气，而且，如果皇帝同意了亲王的这个请求，那么他可能会选中他

---

① 西班牙的一个历史地理区，以马德里为核心，相当于西班牙的京畿地区。

的一个侄女，也就是约瑟芬皇后的侄女进行联姻。事实上，拿破仑当时的确回复了我们的大使，让他要多听听人们在说什么，要多摆出友善的模样，虽然不应许下任何承诺，但他必须要对发生的所有事情都有一个掌握，并不间断地把他获得的消息发回巴黎。这也是当时我们能给驻马德里大使的全部建议，关于联姻这个问题，我国政府还没有做出决定，也无法做出决定，因为这件事情最终的结果完全取决于不可预知的事件。在这件事中，扮演主要且唯一角色的，不是外交，而是长剑！

西班牙政府在发现了王储和他的顾问们这考虑不周的行动后，就把他们都抓了起来。但是，这起事件被提交给卡斯提尔委员会后，委员会拒绝给王储定罪。这位亲王因此被无罪释放，他的顾问则全部被流放。

这一轮风暴过后，到来的是表面上的平静。虽然和平亲王和西班牙王后知道王储在联姻后将被置于强有力的保护之下，这对他们来讲是不利的，但他们还是觉得，将费尔南多对皇帝提出的这个申请据为己有对他们自己有利。因此，他们敦促国王要从法国皇族那里为自己的儿子迎娶一位妻子。而阿斯图里亚斯亲王这时也没有展现出丝毫的尊严和勇气，他向王后和红人表示自己犯下了大错，现在非常悔恨。他彻底臣服在了他们脚下。这样的懦弱表现本应让西班牙民众感到不齿才对，但他们依旧把费尔南多当作偶像一样崇拜，由此可见，他们是多么仇恨和平亲王。

这个倒霉的家庭根本不值得别人关心，就这样把自己放进了强邻的手心，任人拿捏。这个强邻对她既无法信任，也根本尊重不起来。她在这个强邻眼前展示了自己的堕落和无能。因此，这个政府对法国不仅毫无意义，甚至还可能造成危险。在卡洛斯四世的治理下，西班牙的确跌落到谷底。其舰队极其无用，只有不到 30 艘可以出海的船舶或战舰。船上的海员人数也不足，他们中的大部分都已经被拖欠了 2 年军饷。军火库和仓库里空空如也。她的殖民地也只能靠自己，贫穷且衰竭，随时准备脱离这个抛弃自己的母国。西班牙的军队只有大概 5 万人，武器不足，士兵衣不蔽体，肚子也吃不饱，军饷更是发不出来。一点可怜的军费都被参谋部吞食干净了，和西班牙的实际陆海军力量相比，这个参谋部的规模大得不成比例。税收安排得不合理，税款也收不上来。财政负债累累，国内百业凋敝，农业更是没人关心。每年大批羊群的迁徙彻底摧毁了西班牙的农业。但掌握着这些羊群的地主拥有特权，可以让它们每年从北往南迁徙，经过的地方寸草不生。掌管王室的国王无能又软弱。他宠信的那个红人爱慕虚荣且毫无原则，但国家大事却都由红人决定。全国人民都厌恶这个红人，他还是那个放荡王后的情人。西班牙的王储则是一个内心和精神都很平庸的人，极其虚伪而有城府，是一个盲目反法的人。

这就是西班牙的境况。她和我们接壤，对于我们的安全非常重要。其政府和王室，在惧怕拿破仑的权力和怒火时，就会爬到拿破仑的脚下。但是，在 1807 年法国、俄国和英国之间谈判破裂时，她又希望加入我们的敌对方。而当普鲁士向我们宣战的时候，和平亲王认定拿破仑无法抵御新一轮反法同盟的攻击，因为只要他尝到了败绩，反法同盟就会不停扩大。因此，他在 10 月 3 日下令让西班牙士兵拿起武器。他虽然没有点明敌人是谁，但他的描述也足够避免任何误解了。我军在耶拿的大胜迫使和平亲王睁开了双眼。他一边慌忙否认之前的命令，一边表示他的命令针对的威胁是摩尔人可能在安达卢西亚登陆，或者是英军可能登陆西班牙。总之，他使出浑身解数才为自己鲁莽的放肆举动求得宽恕。但皇帝对他的信心也被永远摧毁了。自那天起，拿破仑就打定主意要时刻提防这个不忠的盟友：只要有一个机会可以让后者跳起来摧毁他而不用受到责罚，这个盟友是肯定会去做的。因此，他要求西班牙政府派出一支15000人的军队前往厄尔巴岛，辅助岛上的法军，在必要的时候，也可以作为人质。

正是在拿破仑做好了这些准备之后，西班牙发生了一系列事情。他不知道自己应该采取怎样的行动。他应该以联姻的方式和西班牙王室结盟吗？还是应该要求西班牙政府割让埃布罗河①以北的土地？抑或应该直接让西班牙改朝换代？在内心里，他倾向于最后一种选择。在没有做出最终决定的情况下，皇帝就以吉伦特军团和海洋军团的名义组织了两支部队，并把他们和位于东、西比利牛斯的部队一起送到了西班牙南部。他任命贝格大公为所有这些部队的指挥官，并指示他先进军布尔戈斯②，然后在那里等待进一步的指示。

一开始，西班牙人把法军当成了来将他们从戈多伊和他的爪牙下解放出来的朋友。而随着事态的发展，贝格大公摘下了自己的面具。他率领的部队在登陆西班牙之后本来一直向着里斯本和直布罗陀方向进军，这时也转而往马德里方向开进。而西班牙人此时也反应过来了，只是赶走和平亲王的话根本不需要这么多士兵。此后我军出其不意地攻取巴塞罗那、潘普洛纳和圣塞瓦斯蒂安的堡垒后，更是加深了他们的惊讶和怀疑。拿破仑对自己计划的缄默，以及他拒绝公开法西双方在枫丹白露达成的瓜分葡萄牙的协定，更是让西班牙宫廷笼罩在焦虑之中。那时，西班牙宫廷已经逃亡到了阿兰胡埃斯③，并且已经开始以前往安达卢西亚为名准备秘密逃往美洲

---

① 西班牙第二大河，位于西班牙北部，自西向东注入地中海。

② 位于西班牙北部的城市。

③ 位于马德里以南42公里的城市。

了。马德里和阿兰胡埃斯的民众对于眼前发生的事情也愈发感到不安。西班牙宫廷为了安抚民众，否认了任何离开西班牙的打算，并对此发布了公告，但都无济于事。3月18日晚间，随着一个信号的发出，革命在阿兰胡埃斯爆发了。丧失理智的人群涌入了和平亲王的府邸，砸烂了宫殿大门，摧毁了府邸中那些昂贵家具，并且把碎片从窗户里扔了出去。他们把那里翻了个底朝天，就是想要找出和平亲王并杀死他。他逃脱了愤怒的人群，在一个避难所里痛苦地躲了36个小时才走出来。一个哨兵认出了他，并检举了他。于是他被交到卫兵手里。在后者的保护下，他逃到了营房，后面紧追着大批民众。他一路上被人拳打脚踢，伤痕累累。阿斯图里亚斯亲王在他父母的恳求下，同意为自己的敌人出面调停。他想要好好地享受戈多伊的耻辱，然后当着后者的面，以这次的恩惠来回报他家这个红人过去对自己所做的坏事。

国王和王后看到他们钟爱的戈多伊所爱的灾难后，吓个半死，开始担忧起自己的安危。卡洛斯四世宣布退位。匆忙写下命令后，他就把自己毫无荣誉地佩戴的王冠让给了自己的儿子。阿兰胡埃斯的民众急忙前去向新王致敬，人群中爆发出欢呼与喝彩，洋溢着喜庆的气氛。

拿破仑在巴黎听闻这件事情后，马上将德·图尔农先生派往马德里。德·图尔农先生是他的一名侍从和勤务兵，最近刚从马德里执行任务归来。每次遇到困难要处理时，萨瓦里将军的技巧和热忱总会赢得皇帝的赞赏。第二天，他也被派往同一个目的地。

在这里，出现了一个历史难题，直到今天，人们还在就此事进行争论。许多就西班牙革命和战争著书立传的作家们都引用过一封信，信上的落款时间是1808年3月29日。这封信应该是由侍从图尔农先生带到自己受命前往的目的地去的，而大家在引用这封信时，也都默认这封信成功寄出了。但其实贝格大公根本就没有收到这封信。这封信是被插进《圣赫勒拿回忆录》中去的，但不可能是皇帝加进去的，因为当时他身边并没有这些文件。我在讲的这份命令和所有在它之前以及之后发出的命令都是相悖的。而不管是在陆军部还是外交部的档案库，抑或是卢浮宫的私人档案库中，都找不到这份命令的原件。在此后发出的信函里也没人提起过这份命令。我还要补充一下，这份命令里有很多不合理的地方。信上写的地点是巴黎，但是皇帝从 1808 年的 3 月 22 日到 4 月 2 日（他在这天启程前往巴约讷）都待在圣克劳。而如果他在圣克劳的话，信的地点会写圣克劳的。同时，他在写给缪拉的信里从来不会称呼后者为"贝格大公阁下"，而是"我的表亲"。皇帝从不使用"我的外交大臣"这样的表达，这是一个从复辟政府时期才流行起来的表达。他用的从来都是"我的对外关系大臣"，这也是当时对这个职位唯一的称呼。这些问题可能是在多次誊写中不可避免地产生的。除开这些反常的部分，这封信又的确具备正牌拿破仑命令的所有特点，因此只可能是拿破仑的作品。只有他会这样写作。人们或许可以模仿他的风格，或是描述他的想法，但是，这封信中有许多细节和暗示，没有他那广阔的观念和隐蔽的思想，是不可能领会的。

这封信是如何被公开出来的？前后有什么故事？它经过了哪些人的手？贝内文托亲王和西班牙的事情有纠葛，是不是他趁着 1814 年掌控这些资料的时候，把这封信和那些关于昂冈公爵以及西班牙事件的文件一起从卢浮宫的档案库里拿走了呢？又或者说，在塔列朗下令烧毁这些从档案库里拿来的文件时，有谁把这封信救了下来？就像有人神奇地救下了第一执政发出的逮捕昂冈公爵的信函那样。最有可能的假说就是，这封给缪拉的信只是一个草稿。它只是拿破仑在脑筋全面开动面对这个难题时想出的一百个对策里的一个。关于这封信的主要思想，皇帝可能是从德·图尔农先生之前自西班牙发回的报告里得到了灵感。德·图尔农先生当时游遍西班牙，最远走到了安达卢西亚。并不是随便一个侍从都可以影响拿破仑的想法，但是，德·图尔农先生引述的是自己亲眼见到的事情。同时，这么一个坦率而诚实的军官说的话，肯定是要用心倾听的。

事实上，无论我们如何猜测，都不会找到解开这个历史谜团的钥匙。尽管有这么多人对此做了研究，围绕着皇帝写给自己妹夫缪拉的这封信，依旧有许多谜团，而《圣赫勒拿回忆录》的作者也没有为驱散谜团做任何事情。除开别的不说，光是这封信中清楚而明确的语言，再加上它字里行间对索拉诺将军展示出的那种态度，都让我们觉得，那些认为这封信是在事件后才制造出来的观点是站不住脚的。尽管我之前说过，我在这本书里不会复制大家广为人知的历史资料，但我实在没办法不一字一句地在这里复制这封惹人好奇的信。如此一来，各位读者也可以亲眼看看处在问题中心的这份文件：

1808 年 3 月 20 日，巴黎

贝格大公阁下，针对西班牙的形势，我希望您不要欺骗我，也不要欺骗您自己。自从 3 月 19 日发生的事情以来，情况愈发复杂化了。我还是一直非常困惑。不要以为您是在攻击一个没有武装起来的国家，也不要认为您只要带着军队出现，西班牙就会臣服。3 月 18 日的革命显示西班牙人中蕴藏着一股能量。您正在和全新的一群人民打交道，他们充满勇气，也充满热情，就像我们遇到的那些依旧充满政治热情的人一样。

贵族和教士是西班牙的主人。如果他们害怕自己的特权甚至是存在遭到威胁的话，他们就会发动大量人员对抗我们，这样一来，这场战争就没完没了。我现在在西班牙的确有支持者，但是如果我以征服者的姿态出现在那里，我就不可能再有支持者了。

人们之所以怨恨和平亲王，是因为人们指控他将西班牙拱手送给了法国。正是这股不满促成了费尔南多的篡位。人民的表态是最虚弱的。

阿斯图里亚斯亲王没有任何作为国家领袖不可或缺的素质，但是，这并不妨碍他被树立为反抗我们的英雄。我不希望他和他的家人遭到任何暴力的对待。让我们暴露在仇恨中，或是激起仇恨从来就不是什么好事。

西班牙有超过 10 万军人，完全可以支撑他们在国内打一场战争。分散在各地的每一支军队都有可能起义，成为支持王室的一个核心。

现在，这些都是我摆在您面前的，您不可避免肯定会遇到的障碍，至于其他障碍，之后您会自己发现的。

有这么一个让我们更加难受的机会，英国肯定不会坐视不管。她每天都在向自己驻扎在葡萄牙和地中海海岸上的部队派去通报舰，也正在征召葡萄牙和西西里士兵。

王室并没有离开西班牙前往西印度群岛避难。时下，可以彻底改变这个国家形势的只有一场革命了。这大概是整个欧洲最没有准备好迎接革命的国家。能认清这个政府犯下的滔天大罪，以及国内现在礼崩乐坏的无政府状态的只是少数人，大多数人都正从这一罪恶和无政府状态中获益。

出于我的帝国的利益，我可以为西班牙做许多好事。我们应该采取的最佳手段是什么？我应该亲自去马德里吗？还是说我应该扮演一个大保护人的角色，并在父亲和儿子之间做出抉择？在我看来，让卡洛斯四世继续执政恐怕是比较困难的。他的政府和他宠信的那个人都太不得民心了，撑不过3个月的。

费尔南多是法国的敌人，这也是为什么人们让他当了国王。如果将他扶上王位，那正是应了过去25年里都想灭亡法国的那些人的心意。家族联姻也只不过是一个脆弱的纽带：当人们可以不受惩罚地杀死她们来复仇的时候，伊莎贝拉王后①和其他法国公主都悲惨地消失了。我的观点是，不要着急。我们静观其变，随机应变是最好的。我们应该补强现在位于西葡边界上的那些军队，然后静静等待……

我不同意殿下您这么草率地做出的攻占马德里的计划。我军应该要和这座城市之间保持10里的距离。您并没有任何理由保证民众和政府官员会毫不反抗地接受费尔南多。和平亲王在政府里肯定是有支持者的。老国王更是习惯性地依附于他，而这种依附是会产生结果的。您进入马德里，不光会让西班牙人民感到害怕，更是帮了费尔南多一个大忙。我已经派萨瓦里去老国王身边打听情况了，他会和殿下您共同商讨对策。我会在之后决定接下去的行动。与此同时，我觉得我可以给您下面这些指示。首先，除非您认为形势已经发展到我必须认可他担任西班牙国王了，否则，您不要安排我和费尔南多之间进行任何会晤。您要有礼有节地、细心周到地对待国王、王后以及戈多伊。您必须坚持以之前的礼节来对待他们，您也要亲自向他

---

① 指瓦卢瓦的伊丽莎白，又称法兰西的伊丽莎白，是西班牙国王腓力二世的第三任妻子。

们致意。您的种种行动，都必须要保证下面这一条：不能让西班牙人看出我接下去打算怎么做。我觉得这一点应该不难做到，因为我自己也不知道接下去要怎么做。

您必须要让贵族和教士们了解，就算法国真的要干涉西班牙的事务，他们的特权和各项豁免也会得到我们的尊重。您要跟他们这么说，就说皇帝希望西班牙的组织得到完善，这样一来，西班牙可以更好地与欧洲文明和谐共处，同时也可以将这个国家从宠臣当政中解救出来……对政府人员、市民以及开明的人群，您要告诉他们西班牙的政治机器需要被重塑，说她欠缺一些法律，一些可以保证她的公民不受专横统治以及封建家族篡位威胁的法律——同时，西班牙还欠缺一些机关，那些可以复兴工业、农业和艺术的机关。您要向他们描绘一下，尽管处在战争状态中，但是法国依旧非常平静祥和。同时，您还要向他们描述法国宗教的兴盛，这都是托我与教皇签订的《教务专约》的福。您会向他们指出，他们从政治革新中可以获得的好处：国内的稳定与和平、对外获得的尊敬以及辐射的力量。无论是您的写作也好，演讲也好，以上提到的东西都应该是您要表达的中心思想。不要匆忙行事。我可以在巴约讷等待。我也可以跨过比利牛斯山，前往葡萄牙的边境，并把战争带到那里去。

我会考虑您的个人利益，请您不要自己考虑这些……葡萄牙依旧在我的支配之下……不要让私人事务占据您的注意力或影响您的行事，这样会伤害到我，更会伤害您自己。您14日发出的命令太着急了。鉴于3月19日发生的事情，您命令杜邦将军行进的速度太快了，必须要做出调整。您要下令做出新的安排，关于这些，您会从我的外交大臣那里收到指示。我要求更加严格地维持军队的纪律，即便是犯下小错也不能姑息。

必须极其细心地对待当地的居民。尤其要注意尊重教堂和修道院。我军必须避免一切和西班牙军队或是其小分队的遭遇。一个枪子都不能打出去，双方都是如此——就让索拉诺行军越过巴达霍斯①，要时刻监控着他。亲自给我的军队下命令，保证我们时刻都可与西班牙军队之间保持一定的距离。如果战争爆发的话，那就全盘皆输了。

西班牙的命运必须通过政治和协商来决定。我建议您避免和索拉诺或者其他任何西班牙将军或总督谈话。您每天要派出两名信使。如果发生了什么严重事情的话，派您的传令官来。您要马上把携带这份命令的图尔农侍从给我送回来，同时你还要给他一份详细的报告。此致，我向上帝祈祷……

签名：拿破仑

同时，还留在阿兰胡埃斯的老国王和王后一直都活在恐惧之中。听闻贝格大公正在向马德里进军，他们秘密地派女儿伊特鲁里亚王后去恳求他的保护。缪拉亲王从自己的参谋部里派出一名军官巴伊·德·蒙迪翁去安抚他们，同时也向他们提议，应该对他们遭受的暴力对待进行抗议。他们轻易地就接受了这个提议。3月21日，在退位两天后，卡洛斯四世签下了抗议书，并将其交给了贝格大公。

缪拉将其转交到了皇帝那里，后者对他的这一行动表示了认可。从皇帝那里发来的几份命令都督促缪拉要继续向马德里进军。拿破仑的妹夫因此在24日带领部队进入了西班牙的首都。

翌日，匆忙离开阿兰胡埃斯的费尔南多也赶忙组织了一个庄严

---

① 位于西葡边境的西班牙城市。

的入城仪式，仿佛是要确立自己对王座的所有权，那个民众决定授
予他的权力。他坐在马背上，身旁簇拥着军官，受到了马德里市民
的热情欢迎。外交使团们都来向新国王致意。缪拉向费尔南多表
示，因为自己没有从皇帝那里接到任何指示，因此他无法认可费尔
南多为国王，法国大使也没有去向他致意。

　　拿破仑刚一获悉这些消息，就认定是时候开始行动了。他和塔
列朗先生以及尚皮尼先生进行了多次讨论，西班牙问题又一次成为
讨论的主题。在这些谈话中，大家提出了各种各样的观点。无论让
西班牙改朝换代，还是在获得保证的情况下维系这一王室，都需要
想出得体的做法。在他离开前一晚的商讨会上，拿破仑没有发表自
己的看法，因为他还没有决定要采取怎样的对策，他打算亲眼看一
看西班牙的情况。看起来，他在这些商讨会上只追求两件事情：要
么是别人对他的强烈反对，要么是为他倾向的方案提供极有力的理
由。同时，这些会议没有做出任何决定，皇帝就这样离开了巴黎，
没有表示任何决意。

　　皇帝在离开巴黎之前，给他的弟弟荷兰国王写了一封信，向后
者表示，如果他要在西班牙改朝换代，那么后者可以担任该国的国
王。他还表示，虽然这只是一个计划，但如果事态对我们有利的
话，这是可能的，并且在两周之内就可以尘埃落定。因此，他向自
己的弟弟直接提出了这个问题："如果我提名您为西班牙国王，您
会同意吗？"他还说，他只希望听到"会"或者"不会"这样的回
答。他要求自己的弟弟不要就此事征求任何人的意见，因为做这个
决定不能多想。路易拒绝了，拿破仑因此回复他说自己不会再考虑
此事。

　　4月14日，皇帝抵达了巴约讷。此前，他在波尔多逗留了1
周，为这座城市的商业利益带去了很多好处。他在巴约讷市内待了

两天，主要是为了等待城外 1 里的马拉克城堡做好接待他和皇后约瑟芬的准备，后者会在城堡那里和他会合。那座城堡是他购置的产业。

拿破仑对萨瓦里将军有绝对的信心，后者这次被派去西班牙主要有以下几个任务：面见法国大使并搞清楚在马德里和阿兰胡埃斯都发生了什么事情；了解西班牙事务的真实状态，打消疑虑；了解卡洛斯四世的退位是不是真的；阿斯图里亚斯亲王到底是一个怎样的人，以及他值不值得我们信任。拿破仑跟萨瓦里将军讲得很清楚了，如果这一对父子都无法信任的话，他就决定推翻这个统治家族。

萨瓦里将军在到达马德里后，见到了费尔南多亲王和他的顾问。他发现他们都很愿意前往巴约讷去面见皇帝，因为他们认为这样可以让这位掌握西班牙命运的强大君主变得倾向于新国王。因此，这次旅程就这么定下来了，萨瓦里将军陪同这位王公一起上了路。

在抵达维多利亚①后，本来还想着去面见皇帝的费尔南多突然宣布自己不会继续往前走了。还说他要在这座城市里等待皇帝的消息。萨瓦里尝试着劝说这个固执的王公，发现没有效果之后，他只能独自前往巴约讷。他比皇帝早到了几个小时。针对拿破仑此前向他提出的关于费尔南多性格和态度的问题，他回答说，他对于费尔南多对他做出的保证的真诚度怀有疑虑。他还表示，他觉得这位王公此后会被他的反法大臣们摆布。

皇帝第二天派萨瓦里将军原路返回，送一封信给阿斯图里亚斯亲王殿下。在信中，他邀请后者前来巴约讷，但是没有对后者做出

---

① 西班牙北部城市，靠近法西边界。

任何承诺或保证。萨瓦里不在的那段时间里，包括乌尔基霍前大臣在内的数位西班牙重量级人物去面见了阿斯图里亚斯亲王，并告诉他不应该跨过边境，因为这有损他的尊严，也不够谨慎。尤其考虑到拿破仑皇帝还没有认可他的国王头衔。费尔南多和他的顾问们对这些建议若罔闻，皇帝的来信彻底打消了他们的顾虑，第二天，他们就决定启程前往巴约讷。

就在费尔南多准备登上马车的时候，一群拿着武器的农民冲了出来。他们和亲王宅邸中的人一起，尝试着想要阻止他出发。他们剪断了马车的缰绳，拆下了骡子身上的挽具。因凡塔多公爵亲自进入人群中，成功地安抚了暴动的人群。骡子们又被套上了车，马车也得以顺利地出发。亲王在接近巴约讷的时候，慢慢地开始惊诧起来，他根本没看见皇帝的影子。他遇到了迪洛克将军，后者祝贺了他的到达。这边，听说费尔南多抵达了巴约讷，皇帝才翻身上马，前去见他。他拥抱了费尔南多，但是只愿意称呼后者为殿下。他在返回马拉克的路上，派一名侍从去邀请亲王和他的随扈一同来城堡中和他共进晚餐。

拿破仑在和费尔南多以及后者随扈的交谈中，很快就发现了这个亲王的愚笨和粗鄙的奸诈。此外，他的随扈都极其平庸，他们根本无力指导他们的主人。这些第一发现从本质上来说无法改变皇帝的想法。他此时更加坚定了自己的观点：在这样的领导者的带领下，西班牙是不可能获得重生的。他很失望地发现，在亲王的随扈中，他甚至都找不到一个可以跟他谈论他对西班牙政治未来规划的人。埃斯科依基斯教士是亲王最聪明的随扈，也是他最信任的一位。皇帝觉得，他也只有跟这位教士可以敞开心扉地谈一谈。因此，皇帝告诉这位教士，在自己迫使英国和谈的路上，西班牙的支持与助力是不可或缺的。同时，西班牙王室这种糟糕的境地对于该国来说是灾难，对法国来说也同样是灾难。在埃斯科里亚尔和阿兰胡埃斯发生的闹剧都展示出西班牙王室已经堕落到了何等程度。因此，想要把这个王室从泥潭里拉出来几乎已经是不可能的事情了。这样直白的一番话震惊了这位教士，并把他从自己的空中楼阁里拉了下来。在他为自己的学生求情时，皇帝则做出了一些更为实际的发言。

埃斯科依基斯将这番对话报告给了费尔南多，后者表示了抗议，并宣称自己家族的统治权是不可剥夺的。他坚称，父亲退位后，他就是合法的国王。如果卡洛斯四世要撤回自己退位的决定，费尔南多也只会向自己的父亲交还王冠。

皇帝认为，只有把老国王夫妇找来才能终结费尔南多这种抵抗的态度。因此，他派人紧赶慢赶地催促他们，还有和平亲王，请他们快点到达巴约讷。和平亲王此前遭到了民众非常严苛的对待。缪拉不得不把他从扣押者的手上解救下来，和平亲王当时一直认定自己会被绞死。戈多伊抵达后，拿破仑接见了他。拿破仑将自己对这个人的反感隐藏了起来，并和他进行了长时间的谈话。这一席话更是让他坚定了要剥夺费尔南多王位的决心。他还确保了老国王、王后以及和平亲王都可以获得和地位相匹配的津贴。

西班牙国王和王后在 4 月 30 日终于抵达了巴约讷。我们以接待国王的礼仪欢迎了他们。他们进入巴约讷的时候，皇帝专程去迎接。几天前刚刚抵达马拉克的皇后则前去慰问了老王后。根据西班牙的风俗，双方之间还行了吻手礼。费尔南多前来向自己的父亲鞠躬致意，但是卡洛斯愤怒地赶走了他，还禁止他跟随自己走进卧室。他们亲爱的朋友戈多伊正在那里等着他们，他们高兴地拥抱了他。他将拿破仑的计划告诉了他们，他们没有表示任何反对。

第二天，他们来到马拉克参加晚宴。老国王因为身体虚弱，在城堡里上楼梯的时候还要搀扶着皇帝的手臂。拿破仑当时对他是这么说的："靠在我身上吧，我足够强壮，可以支撑我们两个人。"

卡洛斯针对自身退位的《异议书》在马德里发表了。同时，在费尔南多离开马德里之前，卡洛斯就告知了费尔南多的那个小团体。这个小团体的领头人是费尔南多的叔叔唐·安东尼奥。在这份文件中，卡洛斯给自己的儿子写了一封语气严厉的信，斥责了后者罪恶的行为，并呼吁他放弃头上的王冠。费尔南多回复说，虽然自己是因为父亲自愿退位才荣登大宝，但他还是愿意放弃这顶王冠，前提是父亲必须要亲政。同时，复位大典必须在马德里公开举行，所有的议会议员（Cortés）都要在场。卡洛斯国王在撤回自己的退位决定后，宣布自己是整个西班牙的唯一合法君主。他还说在自己去国的这段时间里，他任命贝格大公担任自己的中将，并全权处理国事。同时，他还下令当时依旧留在马德里的唐·安东尼奥王子，也就是国王的弟弟和小团体的主席，还有唐·弗朗西斯·德·波拉，以及伊特鲁里亚王后都要前来巴约讷。

西班牙民众本来已经被这一系列的闹剧搞得心神不宁，现在王室成员一个接一个离开的场景更是极大地刺激了他们。费尔南多从巴约讷发出了很多信件，派出了许多披着伪装的信使。他们点燃了民众的狂热，并一直在再往这股大火里添柴加薪。我们监视并逮捕了这些信使，他们携带的信件也被送入了皇帝的内阁中。这些信函中充斥着对法国人和拿破仑的抨击和侮辱。它们充斥着精心准备的假新闻，意图激起民众的怒火，并将阿斯图里亚斯亲王描绘成了卑劣手段的受害者。这些满口谎言的故事以印刷简报和手抄字条的形式在西班牙快速传播，人们对于阅读这些故事都很有热情。它们激起的民众怒火是如此的强烈，以至于 5 月 2 日在马德里爆发了一场大规模叛乱。愤怒而野蛮的暴民大肆屠杀了躺在病床上的法国病患，还有大街上落单的法军士兵和军官。

皇帝在策马返回马拉克的途中听闻了这个悲伤的消息。带来这个消息的是大公的一位参谋官，德·阿纳库尔先生，他日后成为狩猎总管。皇帝此时异常愤怒，立刻调转马头冲去找到了卡洛斯国王。他向国王展示了这些信函。国王派人找来了亲王，他和王后以最严厉的口吻斥责了费尔南多。国王一直在挥舞着拐杖，就像是要打自己的儿子一样。王后是如此愤怒，以至于她直接走上前去做出了要掌掴儿子的手势。这位亲王这时只是一动不动地站着，双眼低垂，一言不发。皇帝结束了这一痛苦的争吵，他告诉阿斯图里亚斯亲王，他和后者的父亲站在一起，他也只承认卡洛斯是国王。同时，除非费尔南多马上退还自己篡夺的王位，否则他将会被视为反叛者。卡洛斯四世此时大喊，说他不想要一顶已经被玷污了的王冠。同时，他还表示，自己这个不知感恩的儿子在国家的各个角落都激发起了反抗君主的情绪，这样的国家他不想要了。费尔南多这时既迷惑又生气，遂离开了房间，身后跟着在外面会客室里等着的一小拨信使。

在和老国王、王后待了一会之后，拿破仑和他们告别，返回了马拉克。那时的他迷失在了自己的思绪中。他理清了思绪之后，脑中只有一个念头：这个家庭已经堕落到无以复加的程度了。

同一天，人们起草了厘定阿斯图里亚斯亲王地位的文件。同时还厘定了其他亲王的地位，他们都不会返回西班牙。我们将纳瓦拉城堡整体给予了费尔南多，同时还给了他 100 万法郎的收入。其他的所有西班牙亲王，每人都获得了 40 万法郎的年金。费尔南多亲王为自己和自己这一支家族签署了永远放弃西班牙王位和继承权的承诺书。

卡洛斯国王是各方都承认的唯一的西班牙国王，但是他坚持拒绝接受这顶王冠。他将这顶王冠交给了皇帝，让后者自由处置。作为补偿，他终生享有贡比涅的宫殿和森林。同时，我们还将尚博尔城堡整体赐予了他，再加上 3000 万里亚尔（750 万零 3000 法郎）的收入。这笔资金将从法国国库中划拨。

以上就是对引发这一巨大灾难的所有事实进行的简单展示。某些历史学家喜欢在介绍此事牵扯的主要事件时加入一些细节，然后就这些事件进行解读，但是他们的解读不一定都是对的。我这里没有这些东西，我只讲述了在我的职责范围内、我听见的，或是了解到的事情。我不觉得我应该把自己树立为一个评判拿破仑行动的判官。我们必须要承认，这件事情的目标很明显是民族的利益。如果说我们采取的手段不是那么的正规，不是那么匹配这个计划的宏伟性，至少有一点是得到证明的：在巴约讷的整个处理过程中，拿破仑的脑中思考最多的就是法国的利益，而不是什么其他的东西。同时，他是想要在西班牙建立一套系统的，改朝换代这个决定不过是该系统的结果和附属品罢了。

有人是这么解读我们在半岛上尝试的强势手段的：拿破仑一直有一个坚定的信念，就是要将欧洲范围内的波旁王族清除干净。不过，那只是他的一个次要动机罢了。他最关切的还是西班牙这个国家。西班牙是我国领土的延伸，它的繁荣无论对法国还是对它自身来说，都是很重要的。当时这个国家正在衰败，也就是说，假以时日，它肯定会成为英国嘴边的一块肥肉。拿破仑是不能控制未来的。无论西班牙政府在当时那个时间点是多么听他的话，这个政府也的确在耶拿会战之前表露过加入反法同盟的愿望。只要拿破仑还在，这个政府就不敢违抗他。但是，他们面对皇帝的继承人时，还会这么听话吗？西班牙王室卑躬屈膝的臣服让法国的主人意识到，依赖这样的王公，是非常莽撞而危险的。但当时，西班牙政府还是毫不犹豫地将自己的船舶、军队和那少得可怜的资源都给了皇帝。虽然皇帝怀疑西班牙和英国之间签署了一些秘密协议，但这些都没有产生任何即时的效果。法国并没有一个足够强的动机去向西班牙宣战并武力清除波旁王室。这一系列行动，如果是基于一个更加合理的理由的话，会更配得上拿破仑。但是，在当时的那种情况下，他如果采取这样的强硬行动，肯定会招致舆论的批评。当年，路易十四出于王朝利益在西班牙改朝换代，卡洛斯二世①的遗嘱对他有很大的帮助，让人们都很敬仰他。拿破仑这次是出于国家利益，但他却失败了，他没有这样的手段。他也会一直暴露在子孙后代的批评之下。但是，如果他的努力得以持续下去的话，它为法国和西班牙带来的诸多好处是可以让他免受这些批评的。现在人们只看到这个方案的弊端，是因为它失败了。然而，就像继承战争②那样，这个计划本来也是可以成功的。但是，反法同盟接连不断地将他卷入新的战争之中，使他没有足够的时间也无法将自己的力量和精力都集中在这件事情上，并最终将这件事情移出了他的视野。我甚至认定，西班牙国民对改朝换代的反抗和抵触最终也是会消解的：西班牙开明的权贵们终将意识到，这件事情对他们的国家是有益的，而民众也会追随这些人。《巴约讷宪法》本身具有的优势、它的实践本可为民众带去的繁荣、与法国的联盟也可以为他们带去的保护，以及保证促进他们的繁荣也符合我们的利益——假以时日，以上种种因素是肯定可以降服西班牙人的。在这件事情中，我们既不能批

---

① 西班牙哈布斯堡王朝的最后一位国王，他在西班牙贵族的逼迫下立了遗嘱，指定路易十四的次孙安茹公爵腓力为继承人。

② 卡洛斯二世逝世后，因为奥地利对腓力继位的不满，法国和奥地利之间爆发了西班牙王位继承战争，以法国的胜利告终。

评拿破仑鲁莽，也不能责怪他反复无常。他的计划已经很成熟了，并且是以必要的迟缓和审慎在推进。他当时手上握有很多优势：他的全知全能、法国当时繁荣的社会、欧洲大陆的完全和平，以及我们和俄国建立的紧密的同盟关系。在当时看来，那是一个很不错的时机，不早也不晚。拿破仑自己也说过，这是一个天赐良机，他必须要抓住：他可以借此复兴西班牙，把她从英国的爪牙下拯救出来，并且将她融合进我们的系统里。通过这样做，他认为他是在为欧洲的长治久安打下一块基石。

同时，在西班牙采取的这些不合情理的手段，此后也一直占据着拿破仑的思绪，时常让他陷入困惑。他的精神是反抗这种背叛行为的，因为他本能性地憎恶那些虚伪的花花肠子。当时，他在不同的处置方案之间犹豫了很久。他考虑过家族联姻。但世上没什么比政治联姻更靠不住的东西了。另一个方案则是为了保险起见，让西班牙割让埃布罗河以北的省份。但这样会冒犯这些省份的居民，让他们时刻做着反叛的准备。因此他被迫回到了推翻统治家族的这个方案上，之后发生的事情也扫清了皇帝的犹豫：一个遭到侮辱的父亲，被自己的儿子排挤，被自己的人民抛弃。暴力的内讧引起了他的恐惧，出于对自身安全的忧虑，他必须向自己的盟友求援。另一个则是负罪的儿子，卑鄙而胆小，被邪恶的情感支配着。这两个人都将自己投入了拿破仑的怀抱。这一系列特殊事件的混合，再加上马德里的那场叛乱，那场由费尔南多鼓动的，让许多法国人殒命医院和街巷的叛乱，都促使皇帝执行了这个计划。当他看见西班牙王公臣服在他的脚边时，当他判断了他们的毫无价值和软弱后，他觉得自己是在"替天行道"！他在这个王室家族内部目睹的闹剧，让他彻底认识到，想要跟这些王公达成稳定的联盟是不可能的。当时，老国王拒绝回到西班牙。尽管拿破仑很乐于让他重登王座，但难道他可以逼迫这位王公接受王冠吗？卡洛斯国王此前做的事情、他的无能和他宠幸佞臣引发的憎恶都让皇帝清楚地认识到，让这样一个人复辟是不可行的。是不是应该把费尔南多送回马德里呢？但那又将意味着把西班牙拱手送到英国人和反法同盟的手上。因此，拿破仑确认了自己的心意，要将这个邻国的命运掌握在法国人手里。这个重要的国家已经被一个堕落的王室治理得逐渐衰败了，他希望慷慨地拯救这个国家、这个民族。同时，这个政府的政策当下已经开始摇摆踌躇，未来肯定会转为敌视，他必须要做个了断。这两点都是促使拿破仑做出改朝换代这个决定的原因。

于是，皇帝派出一名信使紧急邀请约瑟夫国王到巴约讷来。1807 年时，他和自己的这位兄长曾在威尼斯有过一次会面，他对后者说起过西班牙王室内部的不和可能引发的种种情况，这个王室已经因为内讧而完全分裂了。但是他们那个时候并没有得出什么结论。那不勒斯国王一到巴约讷，拿破仑就赶忙去见他，并把自己脑海中考虑的事情告诉了他，敦促他同意自己的方案。他此前希望吕西安会接受自己在曼图瓦强加给他的条件。如果吕西安更温顺听话一点，拿破仑这时候就会把他扶上那不勒斯的王位，最终这个位置给了贝格大公缪拉。在等待兄长约瑟夫抵达的这段时间里，拿破仑的精力都用在了确保西班牙的殖民地对西班牙忠诚这件事情上。他从西班牙、葡萄牙和法国的港口派出了许多小船，航向南美的港口。船上装着武器和军需品，还有宣告书。皇帝同时要求人们将关于西班牙财政、陆军和海军状况的报告交到他面前。他还命令从特殊财产中拨出 2500 万的补助，提供给西班牙的国库，为西班牙解燃眉之急。最后，他命令遣散半岛上的西班牙陆军，同时将法军派遣到西班牙领土上最需要他们的各个区域，准备应付第一波的反叛。

拿破仑也知道，改朝换代这样的事情，完全不依靠西班牙的民众是做不成的。这也是为什么，他希望在巴约讷召开一个西班牙各阶级领袖参加的会议。他将自己的兄长约瑟夫介绍给了这些富有影响力的人物，他们都向后者宣誓效忠，并欢迎后者作为他们国家的复兴者。这场西班牙各阶层有头有脸的人物参加的会议最终制定了一部宪法，其中囊括了所有西班牙重生所需的元素。巴约讷的这部宪法已经为西班牙打开了一扇大门，如果不是那些家家户户都有的狂热修士，如果不是那些爵爷施加的影响力，如果不是民族的激奋和过度自尊抵消了这部宪法的所有益处的话，西班牙现在早就走上进步的康庄大道了。

正当这个会议的讨论和辩论正在进行时，卡洛斯四世、王后与和平亲王离开巴约讷启程前往枫丹白露。那些西班牙亲王，还有圣卡洛斯公爵以及埃斯科依基斯教士则一起被送到了瓦朗塞①城堡，皇帝将那里作为这些王公的住所。那里是贝内文托亲王的产业，因为事发突然，而且发展速度太快，拿破仑也只是刚好够时间通知那时还在巴黎的亲王到瓦朗塞去迎接西班牙亲王们。

约瑟夫国王从那不勒斯的王座移到了西班牙的王座上，接替他成为那不勒斯国王的是贝格大公。至于缪拉离开后空悬的贝格大公国，则被并入了帝国。1810年路易国王退位并放弃荷兰的王冠后，贝格大公国被赐给了他的长子。

这些事情都做完之后，皇帝带着皇后一起离开马拉克，返回了巴黎。返程的路上，他在波城和塔布各住了一晚。他在波城的住所是亨利四世降生的那个城堡。这个城堡距离城市有大概1000托阿斯远。此后，这个城堡被完全修复了，并且成为帝国行宫。在塔

———————
① 位于法国中部。

布，皇帝睡在了省长的宅邸里。在其中的一个会客厅里，他见到了一幅著名歌剧演员莱的画像，他也是这个省的骄傲之一。

在欧什，拿破仑只逗留了 12 个小时。听说德索勒将军就住在附近，隐居在一个乡间别墅里，他赶忙派纳夏泰尔亲王去找这位将军，给他提供一个职位。在布罗涅的时候，这位将军就拒绝出任拉纳将军的幕僚长。德索勒将军之前是反对给莫罗定罪的，尽管他没有公开表示自己的不满，但他还是找借口退役了。他此前是这位著名将军的幕僚长。他曾经也担任过汉诺威那支军队的幕僚长，当时那支部队的指挥官是蓬泰科尔沃亲王。在元帅不在的时候，德索勒将军甚至还指挥过那支军队。在这两次战役中，他的心里逐渐发展出了对皇帝的仇恨。尽管当时他不敢公开自己的恨意，但是在1814 年的残暴岁月中，他的恨意也宣泄出来了。拿破仑很欣赏这位将领的才能，因此他也不介意主动示好。他将西班牙的一支部队交给了这位将军。过了一段时间后，德索勒将军就要求调回法国。这个将军的反复无常，或者说他隐藏的恶意，并没有让皇帝失去耐心。在出征俄国的时候，他将这位将军任命为欧仁亲王的幕僚长。在我军攻占斯摩棱斯克后，德索勒将军又以健康问题为借口离开了军队。1814 年反法联军进入巴黎的时候，他也在城里。至于他做了什么，我们都很清楚。

皇帝和皇后在图卢兹度过了 48 小时，他们经过蒙托邦和阿让时，都受到了民众的热烈欢迎。拿破仑的出现在各地都激起了民众的无限热情。他在访问了某个城市或省份后，总是会有精心准备的跟进措施，以提升当地的繁荣度。普罗旺斯伯爵（也就是日后的路易十八）的朋友德·巴尔比夫人当时正好在蒙托邦。在波旁王朝复辟之后，我在巴黎见过她，听她跟我吹嘘当年在拿破仑访问蒙托邦时，所有人都异常愉悦，而她是那个光荣的例外。

当皇帝正在南部省份巡视时，西班牙的叛乱已经蔓延到了全国。卡洛斯四世和费尔南多双双退位，以及约瑟夫国王加冕的消息传出后，引爆了西班牙的恨意。此前，这种恨意就一直存在，只是缺乏一个倾泻而出的机会而已。在短短一周的时间里，到了临近5月底的时候，西班牙的东南西北就全部燃起了烽火。全体西班牙人就像一个人那样齐心发动了起义。各地的军火库都被劫掠了，人民武装了起来。各处人民纷纷结党，四处都有大批的军队被组织起来。人民都自发地行动起来，竖起了他们那多疑而野蛮的权力。在他们看来，朝堂之上皆是叛徒。大部分的领军将军都被屠杀了，因为他们不愿意盲目地遵从人民这股暴乱的情绪。但凡有最轻微的犹豫，都会得到死亡这一残酷的惩罚。政府和军队中的开明人士尝试安抚人民。这些开明人士担心法国会报复西班牙，同时他们对于那个可耻旧政府的垮台也很满意，他们期待着新政府改革弊政的措施以及其他对国家的好处。新政府也正在努力让人们忘记自己篡位的这件事情。但是开明人士却成了自己的智慧和爱国情怀的受害者：这些值得尊敬的人或是被迫流亡海外，或是直接被他们自己的士兵和家人杀死。他们的尸体在泥地里被拖行，他们的头颅被扎在了长矛的顶端。从特拉法加那场灾难中幸存的法国海军残部那时正在加的斯的港口中避难。当起义爆发后，杜邦将军的部队无法前来救援这支舰队，左右又是英国人和西班牙人的夹击。面对这样的情况，他们只得自行决定向西班牙人投降以求自保，以免落得一个还没能复仇就被摧毁的下场。

西班牙民众的愤怒与日俱增，并驱使这些叛军对他们可怜的俘虏施加闻所未闻的残忍酷刑。他们把一些可怜的士兵钉在了树上，其他一些士兵则被挂起来，然后在他们脚下燃起大火。有一些人被活埋，还有的被绑在两块木板中间锯成两截。我的笔都不忍写出这些食人族纵容自己对他们倒霉的受害者做出的可怕且丧失人性的行为。妇女和小孩遭受了最骇人的残忍对待。皇帝是在波尔多听闻了拜伦陷落的悲伤消息：耻辱的投降状况、西班牙将军的下作行为都让皇帝心中充满了怒火和悲哀。我们的士兵当时无比饥饿，而且在火辣的日光下喘息不止。这些西班牙将军却拒绝为他们提供面包和水。当他听闻这些可怖和残忍的民众是怎么对待他们的士兵时，是如何拿着石块和小刀在身后追杀这些士兵时，他的怒火和悲伤达到了极点。无论是健康的士兵、生病的士兵还是伤兵，都无法逃脱这些令人极度愤慨的无耻行径。塞维利亚的军政府拒绝认可我军的投降，他们宣布法军士兵都是战俘，并把他们送去了加的斯。一路上，这些法军士兵历经千辛万苦：他们被洗劫、被掠夺、被侮辱，每一分钟都有可能会被杀死。这也是这群愤怒暴民骇人的无节制行为的一个典型。

　　拜伦的这些灾难性的日子，是法国军事史上史无前例的一次挫折：2万名法军被迫从敌人面前走过并放下武器，此前在战场上，都是这些敌军在他们面前四散奔逃的。它在我们的军队身上留下了一个污点，让这支享受了无数荣耀的队伍蒙羞。它也给我们在西班牙的威望带来了致命的一击。的确，这一出乎预料的胜利，让西班牙人打了一个激灵，将此前还在犹豫的人都拉入了革命大军中。这一出人意料的打击对拿破仑来说犹如晴天霹雳。命运击中了这支勇敢的军队，它的领袖们的脑子也突然就不灵光了。否则，你如何解释我们的几位将军竟然会犯下如此致命的错误呢？一位将军[1]的军事履历一直是那么出色，时常能赢得人们的尊敬，皇帝本来早就决定在未来提拔他为元帅的。另一位马雷斯科将军，同样非常出色，

---

[1]　杜邦——作者注

到那时为止都深受拿破仑的尊敬和赏识。还有韦德尔将军，他以在乌尔姆和弗里德兰的出色表现证明了自己，但是这次却不幸地过于遵守上级的命令……而下面这件事情则填满了我们的不幸：皇帝的一名侍从是这支军团参谋部的一员，我们是应他想要参军的志愿才把他派到那里去的。但是，他作为皇家宫廷军官的身份让他在这一糟糕的事件中受到了过多的信任，以及没有经过考虑就被给予了过多的权威，从而造成了严重的后果。

马雷斯科将军那时是工程督察长，只是恰好出现在杜邦军团的大本营中。本来他是被派去侦察加的斯的城防的，但是因为塞维利亚省的叛乱，他被迫要跟着杜邦的军团行动。拜伦事件时他就在场，迫于事态的紧急，他同意进行关于投降的谈判。然后他去卡斯塔格诺的营地，在那份耻辱的协议上签了字。他的名字、他的品行，一直到那时候为止，都是无可挑剔的。据说他还是穿着西班牙的制服去签的字，具体为什么我也不知道。出于杀鸡儆猴的目的，皇帝被迫惩罚了这名将军。他被解除了所有职务。他的妻子也被牵连，失去了自己作为约瑟芬皇后内侍的地位。尽管拿破仑很不愿意这么严苛地对待一个他如此敬重的女士，马雷斯科夫人还是被迫认识到她在宫中已经待不下去了。

在拜伦的投降书上签了名的人都在监狱里被关了或长或短的一段时间。一份命令的草稿曾被提交到参政院，决定他们应该如何受审，但之后也没了下文。人们都批评皇帝没有把这些戴罪之徒移送陆军委员会审判，如此一来判决结果就可以公开。我觉得这样的批评是正确的。大家都认为是一个专断的旨意破坏了司法程序。拿破仑本来打算严厉判决这些人。但是，在三思之后，他放弃了这个想法。可能是因为他认为公开判决的话，会把这些耻辱的情形完全公之于众，这样会带来新的侮辱，进一步玷污我们本就已经受辱的旗帜。除此之外，还有另一层考量，追求绝对公正的人大概也会责备这层考量吧：如果真的审判这些人，即便不考虑这次发生的丑闻，结果也极可能是死刑。这一判决是不可逆转的，这也就意味着皇帝会永远地失去这些军官的帮助。而他们在犯下那个致命的错误之前，履历都是无可挑剔的。他们犯下的错误在他眼中也不足以完全抹杀他们此前的贡献和价值。未来还可能会出现非常的状况，这些人都可能获得一个戴罪立功的机会，就像韦德尔将军在1813年所做的那样。皇帝这次对他唯一的责备就是他在拜伦过于被动地接受了指挥官杜邦的命令。

离开波尔多后，拿破仑继续上路，来到了旺代省，路上经过了桑特和罗什福德。人们在旺代像接待一个施恩人那样欢迎了他。无论男女老少，人们都离开了他们的租田，簇拥在路边，夹道等待皇帝和皇后的经过。在看到皇帝和皇后后，他们都欢呼着向两人致敬。那种情感，一看就知道并不是接获了谁的命令。曾经摧残了这个美丽省份的那场内战，如今已经连一点痕迹都看不见了。宽阔、优质的道路通向各个方向，大大增加了各地的联系。这个区域从曾经的荒野变成了人丁兴旺的繁荣之地。旺代的省府拿破仑市已经建立起了主要的公共设施，其他的建筑也正在热火朝天地建设着。城里大量新近盖好的私人房屋全都住满了租客。皇帝先后接见了当地的市长、诸位神父（来了超过200名神父）、省市各级议会代表、士兵和荣誉卫兵。他向每个人提问，问他们认为旺代省还缺些什么，并赐予了新的恩惠。旺代的居民对这只为他们带来繁荣的手的感激之情，是最好的保证：保证他们会在需要的时候反抗一切妄图引发新的纷争的力量。

离开拿破仑市后，拿破仑在南特逗留了3天，他在那里也没有闲着。之后，他又沿途视察了昂热、图尔和布洛瓦，并在8月14日抵达了圣克劳。

第八章

拿破仑与亚历山大沙皇的会晤

皇帝是在生日前夕回到圣克劳的，他的生日庆典还是那么庄严。同一天，元老院在卢森堡花园组织了华美的游园会；所有的剧院都有免费上演的戏剧；为了庆祝圣拿破仑日，皇家卫兵的参谋部在皇家宫殿组织了一场 300 人参加的宴会。巴黎市向皇帝献上了一场宴会以及之后的一场盛大舞会，皇帝带着皇后和整个宫廷来到了现场。

在接下去那个周日举行的接待会上，俄国大使呈上了礼物，包括玉花瓶、孔雀石的桌子、柱子还有杯子，都特别大。

为旺多姆广场准备的拿破仑雕塑已经被成功铸造出来了，在同一天，这尊塑像被送到了广场上。塑象由肖代制作，使用的材料是我们从敌人那里缴获的大炮。

从巴约讷归来后，皇帝在圣克劳待了 5 周的时间。他在那里接见了新任波斯驻法大使，接待仪式非常庄严。这位大使的名字叫阿斯克尔 – 汗。他是被派来继续维持由米尔扎 – 里萨在芬肯施泰因建立的友好关系的。大使以波斯世袭国王的名字发表了讲话。他受命向皇帝献上了帖木儿和太美斯普 – 古里汗①的宝剑。他呈上的礼物

---

① 本名纳迪尔沙，是伊朗阿夫沙尔王朝的开国君主。

中，还有一些上好的羊绒披肩，都被以皇帝的名义送给了皇后和她身边的女士们。

在圣克劳居住的这段时间，拿破仑去了几趟巴黎：参加在市政厅举行的庆典，视察公共设施的建设，观察市民生态，还有去杜伊勒里宫参加外交使团的接待仪式。在短暂逗留巴黎的时间中，他去过大卫的工作室一次，为的是去看看那幅关于加冕典礼的伟大画作[①]。当时，皇后携她的廷臣也陪伴在皇帝身旁。拿破仑原谅了大卫，前提是他要全身心地投入擅长的艺术创作中。拿破仑将他任命为首席画家。皇帝视察大卫的工作室本身也是对艺术的一种鼓励。

2 万法军在战场上放下了武器，我们在拜伦的这一投降对法国陆军的影响甚至不及乌尔姆投降对奥地利军队的影响。这一投降的消息在马德里造成了极坏的影响。不光是宣誓效忠约瑟夫·波拿巴并陪同他到达马德里的那些西班牙显贵普遍叛变了，就连他带到马德里去的近侍大多也都叛变了。法国的敌人们，还有那些僧侣散布着最奇怪、最荒谬的谣言，妄图煽动被怒火蒙蔽了双眼的民众，将他们推向极端。乡下和城里闲散而又易被煽动的人群那种暴躁而野蛮的性格更是进一步夸大了这些谣言。他们精心准备这些谣言，触到了人民的痛点：他们的民族自尊、他们的宗教、他们对王室的喜爱。传说，一根新的上帝之鞭降临在他们身上，来摧毁他们的民族；将他们驱离故土；将他们驱赶到寒冷的气候中，驱赶到遥远的战争中，自生自灭；他们会成为吞噬一切的野心的受害者。人们都说，法国军队到来后，就会为他们带来镣铐，将他们两两相连地绑在一起。西班牙民众全盘接受了这些感受，心中升起了对法国人的强烈仇恨。这种仇恨难以平息，并且被煽动地异常凶恶。继续待在

---

① 大卫就是法国当时著名的画家雅克 - 路易·大卫。

马德里已经是不可能的事情的。约瑟夫国王决定撤出马德里。7 月
31 日，他在光天化日之下离开了马德里。这座城市因为他离开的
消息而激动万分。他和自己的几位大臣一起，退隐到了维多利亚，
身边还有进入西班牙的法国第一军的部分士兵。此后西班牙爆发了
大规模的起义，这个国家的战争逐渐变得愈发充满仇恨和敌意，皇
帝决意亲自前往西班牙。所有这一切都让拿破仑认定，必须要保证
俄国和自己站在同一战线上。因此他向沙皇提议要举行一次会晤，
他要和亚历山大沙皇亲自探讨这件事情。

　　这次会晤的时间和地点很快就定下了，皇帝在 9 月 22 日离开
巴黎，启程前往会晤的地点——埃尔福特。

　　同一天，大军团的先头部队抵达了巴黎。市政团体在庞坦门欢
迎了他们，并为他们送上了金冠，这是大家在奥斯特利茨战役后投
票表决献给大军团的。这支部队后面还跟着几支其他的队伍，他们
逐一通过了巴黎，目的地都是西班牙。所有这些部队都获得了市政
团体的庄严欢迎，市政府还举办了一系列的宴会和庆典为他们
致敬。

　　拉纳元帅负责前往法军占领地区的边界线上迎接沙皇。拿破仑
先一步抵达了埃尔福特，并在城外一里半①的地方迎接亚历山大。
两位君主在钟声和礼炮声中进入了埃尔福特城。他们交换了双方的
勋章。两位皇帝在埃尔福特驻留的这段时间，拿破仑总是让亚历山
大沙皇坐在他的右手边，由此向后者展示自己才是主人，这是他的
地盘。两人下榻的宅邸都由法国旧王室的家具装饰一新，此间的花
费也全部由法国皇室给付。包括萨克森、巴伐利亚、符腾堡三国的
国王、主教长、巴登大公和大公夫人、萨克森的诸位大公，以及莱

———————
　　①　约合 6 公里。

茵邦联的大部分王公们都来到了埃尔福特。皇帝每天晚上都会招待亚历山大沙皇、他的弟弟康斯坦丁大公以及其他君主来共进晚餐。在某一次晚宴时，拿破仑注意到亚历山大忘了带佩剑，还把自己的佩剑给了他。

法兰西喜剧院的头牌演员们奉上了多场精彩的演出，表演的都是我国最好的那些悲剧。第一天演出时，两位皇帝坐在了剧院中间的包厢里。因为亚历山大耳朵不好，所以包厢和舞台之间的距离使得他听不大清楚演员在说什么。拿破仑于是下令在乐池中搭建了一个台子，两位皇帝的扶手椅和其他国王的椅子被放在了上面。正是在这些演出中，亚历山大俯身向拿破仑复述了《俄狄浦斯》中下面这句台词。伏尔泰的声誉都没能让这句台词成为名言，但此次过后，大家都知道这句话了：

一个伟人的友谊，是诸神赐予的恩惠！

亚历山大的言行是一致的，他那更多是假装出来的情感驱使他引用了这句话。两位君主在埃尔福特共度了3周的时光，两人之间关系无比亲近，并时常共同骑马出巡，检阅法军的部队。萨克森－魏玛大公在魏玛为埃尔福特的人们举办了许多狩猎派对、宴会、舞会和戏剧表演。两位皇帝还造访了耶拿会战的战场。

歌德和维兰德被引见给了皇帝，后者一直都想见见这两个人。他以最高的规格接待了这两位著名的诗人。因为他对这两人才华的认可，他觉得这样的高规格完全是合情合理的。他和两人进行了长时间的谈话。谈话结束后，拿破仑对他们的才华和性格更为尊敬了。他亲手向他们授予了荣誉军团徽章，以证明他对两人的敬重。

　　返回埃尔福特后，皇帝接见了奥地利特使文森特男爵。维也纳政府此前所做的一系列惹人怀疑的行为在拿破仑心中造成了太多不信任，让他觉得自己不应该邀请弗朗茨皇帝或是他的首相来参加这次在埃尔福特的会面。冯·文森特先生这次来向皇帝呈上了友谊保证书，奥地利政府在其中真是不吝溢美之词。同时他也是专程来看看埃尔福特都在发生些什么。关于这位特使到底身负何种使命来到埃尔福特，而他又期望在这里找到怎样的支持，我之后会讲到。

　　就在拿破仑返回埃尔福特的这一天，两位皇帝签署了一份协议。协议的目的是要延续提尔西特的联盟，确立对伦敦政府的共同政策，并认可俄国新近征服的领土以及西班牙的现状。解决了这件事情后，两位君主就互相告别了，同时还互赠了临别礼物。亚历山大沙皇对我装出一副非常亲切的样子。作为他对我的喜爱的证明，他还将一个盒子送给了我。盒子上有钻石拼成的他的姓名首字母。这个盒子大概值 1 万法郎。我是从拿破仑皇帝那里听说这件事情的，他批准我收下这件礼物。亚历山大前来跟拿破仑告别，后者骑马陪同他一直到了他的马车旁边。这一路上，两位君主都在进行单独的谈话。在和拿破仑告别的时候，亚历山大拥抱了他，摆出了一副热情的样子。他们之后还会再度见面的，不过那时就是兵戎相见了！这一系列生动的展示也是这份友谊最后的表达，亚历山大纯粹是出于个人野心才这么做的。此前在提尔西特的时候，双方就同意他们将在此后就土耳其问题再次会晤，这也是沙皇所期待的。不过，随着拿破仑拒绝了亚历山大的要求，又或者说在现阶段仅仅允许俄国吞并瓦拉几内亚和摩尔达维亚①之后，这位王公对这个联盟

----

① 今罗马尼亚的南部和东部，以及摩尔多瓦。

就逐渐冷淡起来。在他看来，这个联盟没有意义了，因为他并没能从中获得自己期望的结果。

我们需要注意一点，就在亚历山大离开埃尔福特返回圣彼得堡后，过了两个月，普鲁士国王和王后就进入了俄国首都。普鲁士的两位陛下在进入圣彼得堡的前一天（1809年1月6日），抵达了斯特列斯纳的一处皇室度假宫殿，这里和圣彼得堡之间有大概两个驿站的距离。亚历山大急忙赶去见了他们，并和他们举行了长时间的会谈。他在第二天早上又去了斯特列斯纳，并且在举行普鲁士国王和王后的庄严入城式前，和他们闭门交谈了两个小时。

亚历山大在埃尔福特时，罗曼佐夫伯爵也在他身边。我之所以会提到这个人，是因为他引起了拿破仑的注意。这位大臣获得了他主人的绝对信任，并且将自己展示为俄法联盟的公开支持者。罗曼佐夫先生积极推动着想要实现彼得和叶卡捷琳娜对东方帝国①的计划。当他细心维持的这一俄法友好关系破裂时，他辞去了自己所有的职务。要么是因为他认为这一政策转向意味着俄方放弃了瓜分土耳其的方案，要么是因为他一贯反英，因此他不愿意参加到与英国的联盟中去。即便在退隐之后，他还是赢得了所有人的尊敬，以及他君主的敬仰。后者常常以最光荣的话语来称赞他。在退休后，他全身心地投入到科学和文学事业中。作为俄国商业和工业的开明保护者，他将自己巨大财富的绝大部分都投入到支持慈善事业，资助海洋探索以及出版关于俄国历史的古老文献和资料中去。作为对俄国和外国学者的支持，他向他们开放了自己藏书丰富的藏书楼。

塔列朗先生留下的回忆录已经公开了某些段落，他的秘书们誊写复制了这些段落，有些人甚至参与创作了这本回忆录。在这些公

----

① 指奥斯曼土耳其。

开的段落里，我们可以发现一个引人好奇的章节，我会在下面进一步地讲一讲这一章的内容。它讲到的正是法国和俄国的两位君主在1808 年于埃尔福特举行的这场会谈，发生在拿破仑御驾亲征西班牙之前。在波旁王朝复辟之后，塔列朗先生总是会自豪地谈起自己当时的所作所为。因此下面我讲到的东西也不算是泄密了。况且，如果我真的是在他自己设定的解密时间之前泄了他的密，大家也会原谅我的这一冒失行为的。从历史的角度来看，这位重要的人物已经是一名公众人物了，他已经成为历史人物了。

　　当两位皇帝定下埃尔福特的会晤时，贝内文托亲王已经不是大臣了，德·尚帕尼先生已经接替了他的职位。不过，皇帝还是把两人都带去了埃尔福特。因为他早已习惯了这位亲王的服务，因此在某些场合他还是需要这个人的。他认为这位大臣在外交会议方面的技能以及他对于自己政治观点的熟悉都能给自己帮忙。这个人此前就参与过反对拿破仑的活动，而拿破仑也正确地阻止了他囊括外交事务大臣、副大选侯和侍从长三个职位的图谋。如果说皇帝这种不谨慎之前就伤害过自己的话，这次将塔列朗带去埃尔福特则是他犯下的一个致命的错误。在埃尔福特时，拿破仑专门任命贝内文托亲王担任自己和亚历山大沙皇之间的机密联络人。那时，塔列朗几乎每天都会在看完戏剧之后，大半夜地跑到图尔和塔西斯公主家里和沙皇进行谈话。我不知道皇帝是不是清楚地知道这些谈话的性质。这些谈话到底涉及什么？贝内文托不仅在自己的回忆录里解答了这个问题，在他的私下对话里也谈起过此事。

　　塔列朗先生在埃尔福特时，每天早上都会来参加晨会。当所有人都离开之后，拿破仑会单独把他留下来。他会跟塔列朗讲自己的计划，对奥斯曼帝国的看法，对西班牙事件的态度，以及他希望可以跟亚历山大沙皇维持的态度，他期望从这一联盟中得到的好处，以及他打算逐步对亚历山大做出的妥协。塔列朗亲王也承认，他毫不犹豫就把这些信息在夜晚的谈话中都透露给了沙皇。因此，他帮助这位王公提前准备好了应对之后和拿破仑谈话的方案，并且也针对后者谈话中的各种暗示警告提醒了亚历山大。在埃尔福特时，亚历山大总会讲起自己是多么想要访问巴黎，多么想要出席拿破仑主持的参政院会议，以及能在这样一位治国大师的身边，自己是多么愉快。我不知道他说的这些话里有几句是真心实意的。我听说沙皇在讲到这些事情时，总是显得非常真挚，但塔列朗对他说的话肯定有所影响，让他没有进一步发展和拿破仑之间的亲密关系。我们要承认，这位前大臣并没有丧失其主人对他的信任，我们这时候就很好理解下面这一点：这样的信任总是关于一些敏感的事情。这份信任如果没有恰当的时机，并被非常审慎地处理的话，就会被人误解，造成糟糕的结果。

贝内文托亲王并不满足于仅仅滥用拿破仑对自己的信任来为俄国提供帮助，他还向奥地利提供了服务。冯·梅特涅先生当时是奥地利驻法大使，他没能为自己的君主获得一份去埃尔福特的邀请函。奥地利政府不能接受自己在埃尔福特一个代表都没有，于是弗朗茨皇帝派出了一名特使。这位特使表面上的任务是去祝贺拿破仑再次来到德意志，并且打消他对奥地利政府的那些正当的疑虑。实际上，这个特使的任务是要观察埃尔福特的形势，并且刺探会议上针对奥地利在计划些什么。冯·文森特男爵被奥地利派来执行这一任务。他之前是在相似的场合被贝内文托亲王在华沙介绍给皇帝的，我们之前讲过这件事情了。他获命要去面见塔列朗先生，并听听看后者对他有什么说的。关于贝内文托亲王和沙皇以及奥地利特使之间的关系，他自己有一套说辞，我之后会讲到。但是，我们很难相信，他是完全被动参与到这个关系中的，但是奥地利到底为他的这些宝贵建议付了多少钱，我没有证据。至于亚历山大沙皇给了他什么好处，我们可以看看下面这件事情。这件事情也是沙皇对他怀有感激之情的诸多证明之一。

贝内文托亲王把拿破仑和他的谈话中提到的信息都用来做了什么，我们前面已经都知道了。就是在某次和拿破仑的谈话中，皇帝告诉他，在自己和亚历山大的谈话中，后者提起了关于自己将来肯定是要离婚的，并且再婚的对象很重要。就在这时，亚历山大向拿破仑提议，后者可以迎娶一名俄国女大公。

塔列朗先生立刻就发现其中蕴藏的对自己的好处。他向亚历山大沙皇表示了祝贺，并且抓住这个机会跟他说了这么一番话："既然陛下您正在安排这么一场幸福的婚礼，请您允许我提出一个小小的请求。我最近不幸失去了我的侄子，一个有着大好前途的年轻人[①]。我还有另一个侄子，我想要给他定门好婚事。但是我在法国是找不到的，皇帝把所有富有的女继承人都留给自己的侍从官了。陛下您的子民里有一个家族，能和他们联姻是我最大的愿望。如果能牵上库尔兰的多萝泰公主的手，那就彻底满足我的侄子埃德蒙的心愿了。"亚历山大沙皇此前曾多次表示想要和贝内文托亲王友好相处，他马上就向他许诺自己会协助他完成此事。他还告诉亲王，他本来就打算回到圣彼得堡后去拜访库尔兰女大公的，他会将埃德蒙·德·佩里戈尔带上一起去的。后者当时是法国驻俄国大使馆的随员，正陪同维琴察公爵在埃尔福特。亚历山大沙皇还向塔列朗表示，自己会确保女大公接受他的侄子，他权当此事已经办妥就可以了。

[①] 路易·德·佩里戈尔伯爵被作为信使派去了圣彼得堡，然后没有休息就立刻踏上归途。说话的这个时候，他刚刚在柏林去世，死因是胸部炎症。他是自己把自己害死的。——作者注

在听完塔列朗自己绘声绘色讲述的那些他和沙皇以及奥地利特使之间发生的故事之后，人们肯定想知道他当时到底用了什么借口来合理化自己的举动。他给自己找的借口是这样的：他觉得拿破仑获得的权力已经太大了，他觉得这样很危险。贝内文托亲王因此是出于"爱国主义"情怀才奋力地要限制拿破仑突飞猛进的发展，才奋力地要阻碍他实施那些冒险的计划。他这样做完全是为了让拿破仑回归稳重和适度。他假装相信，通过引起俄国和奥地利对此的警惕，他首先是为了拿破仑好，然后才是为了法国和欧洲好。这样的辩解让人想起了此前那些背信弃义的军队主计官的说辞。他们被帝国政府惩罚，等到波旁王朝复辟后，就把自己说成是帝国的受害者，并辩解称自己当时贪污腐败也是为了让那个篡位者丧失战争的活力，这样一来就可以让篡位者挨饿，并捆住他的手脚。直到很久之后，皇帝才了解到塔列朗先生和亚历山大沙皇在图尔和塔西斯公主家里的那些夜谈到底是什么性质。

皇帝是在埃尔福特听说了《辛特拉协议》① 签订的消息，这个协议确保法军可以携带武器和行李搭乘英军船只回国。这是一次可怕的失败。不过，尽管拿破仑对此很是悲伤，他却没有对阿布兰特什公爵有任何的怨恨。这位公爵是一名勇敢而又忠诚的军人，他有罕见的勇气，并且对拿破仑忠心耿耿。此后不久，法军在罗什福德上岸了。德·布尔蒙先生也在其中，是朱诺将军在葡萄牙把他找到的。鉴于布尔蒙先生在里斯本为我国做出的贡献，这位指挥官向皇帝请求给布尔蒙一个职位。拿破仑拒绝了这一请求，把这位旺代叛军领导人随军带回来本来就是违抗他命令的行为。

朱诺将军回国后，有人向皇帝抱怨说阿布兰特什公爵在葡萄牙

---

① 根据该协议，在葡萄牙的法国败军获准和平地撤回法国。

时有过度的掠夺行为，被掠夺的物品就包括此前保存在贝伦修道院的那本著名的圣经。为了理解这本圣经对葡萄牙政府的意义，我们必须简略地讲一讲它的历史。当年，在越过好望角发现通往东印度的道路时，瓦斯科·达伽马向葡萄牙国王唐·曼努埃尔①送去了从这些富饶国家获得的第一批成果，包括黄金、珍珠和钻石。根据当时流行的习惯，唐·曼努埃尔认为自己应当将第一批宝物献给教廷。作为回报，当时占据教皇宝座的儒略二世将一本圣经送给了葡萄牙国王作为回礼。这份圣经手稿因具有以下几个特点而闻名：手稿的书写几近完美；书上的装饰图案美轮美奂，而且用黄金描边；封面也非常华丽；书的搭扣上更是镶满了珍贵的宝石。这份手稿是一份四开本的圣经，总共有七卷。书中还配有唐·托马斯·德·里拉②的点评。唐·曼努埃尔那时刚在贝伦修建了一所圣热罗姆主保的修道院，极尽奢华之能事，那时大家都很看重修道院的建设。他将这本圣经保存在那里，并派人精心呵护。即便到了近些年，这本书也只是在极其重大的时候才会拿出来展示。修士们要想移交这本书，必须获得国王亲自手写签名的许可。朱诺将军听人们说起这些传奇后，宣布此物品为战利品，将其借走了。他当时承诺三天之后就会还回去，但此后他忘记了自己的承诺。随着事态的发展，爆发了威梅欧战役③，此后各方签署了《辛特拉协议》，法军必须撤离葡萄牙。为了重新得到那本圣经，圣热罗姆主保修道院的院长请求英国将军介入。一名军官被派到了朱诺将军那里，要求他将圣经物归原主。将军声称这本圣经放在向皇帝报告《辛特拉协议》消息的那艘护卫舰上，已经被送去法国了。他对于无法归还此书表示遗

---

① 指当时的葡萄牙国王曼努埃尔一世，唐是葡萄牙语中对贵族的尊称。
② 指葡萄牙历史上最著名的神学作家托马斯·德·耶稣（Thomas de Jesus）。
③ 法军和英葡联军爆发的战斗，联军取得了决定性的胜利。

憾。这本圣经就这样留在了巴黎，存放在这位将军的藏书楼里。在他死后，他的家具、藏画和藏书都被卖掉了。但是这本书并不在清单上，它被保留下来以私下出售。一位法国人被指派就此事写信给皇帝，这位法国人此前在葡萄牙生活了 12 年，刚刚返回祖国。皇帝当时正在德累斯顿。这封信的主要内容是告诉皇帝关于这本书的故事，并寻求他的支持以将此书物归原主。皇帝写了一封信给警务大臣罗维戈公爵，后者按照拿破仑的指示处理了此事。当时，可怜的阿布兰特什公爵刚刚因为精神错乱而去世。阿布兰特什公爵夫人成了遗孀，也没有从先生那里继承任何的财产。出于对她的考虑，再加上时间过去了这么久，可能他们对这个战利品的占有也合理化了，皇帝并没有继续坚持他此前发出的要求物归原主的命令。更何况，他当时实在是太忙了，实在没多余的精力处理这件事情。因此，这件事情就这样不了了之了。此后，波旁王朝复辟。葡萄牙驻法国大使帕尔梅拉侯爵，还有葡萄牙驻罗马大使丰沙尔伯爵开始谋求让法国归还这部珍贵的手稿。丰沙尔伯爵请求了一次面见路易十八的机会，并从他那里获得了一份命令，要求阿布兰特什公爵夫人将那本圣经物归原主。但是，考虑到这位公爵夫人不稳定的状况，国王坚持葡方应该为她支付 8 万法郎，这也是这本圣经的估价。得益于这一安排，这本带有唐·托马斯·德·里拉点评的圣经回到了那个圣热罗姆主保的修道院，直到今天，它也还在那里。那位可怜的修道院院长，因为自己同意将这本手稿借出，还被流放了 3 年，但他当时又有什么力量说不呢？

拿破仑亲征西班牙

　　皇帝从埃尔福特归来后，仅仅在圣克劳待了 10 天。在那里，他获悉罗马纳侯爵的军队已经在西班牙登陆了。此前，在 8 月的时候，他就知道这支军队已经离开了他们在那些丹麦岛屿上的营地。这是一个精心计算过的登陆行动，他们希望可以进一步鼓舞半岛上的居民，并增强他们反抗的信心。此前和平亲王领导的那个西班牙政府，曾经在皇帝的要求下派出了 15000 人的军队加入法军，作为对他 1806 年 10 月 3 日那份带有敌意的宣言的补偿。关于这份宣言，我们之前已经说过了。这支由罗马纳侯爵率领的军队本来是要被派到北德意志去的。在蓬泰科尔沃亲王（贝尔纳多特）的指挥下，这支部队被派去驻防菲英岛①。这位西班牙将军在听闻了巴约讷发生的事情后，决定筹划带领他的部队返回西班牙，不再辅助法军，并且打算让他的部队支援叛军部队。带着这样的目的，他开始和英国海军将领济慈接触，后者正率领舰队在波罗的海游弋。作为传话人的是一位名叫罗伯森的苏格兰裔西班牙神父。然后，他就开始着手把自己的部队都收拢到海岸的某处，当然是找了各种瞎编的理由，英国的舰队已经做好准备在那里等待他们了。贝尔纳多特对拉罗马纳是如此放心，以至于这位指挥官的卫兵里都有一部分西班牙士兵。通过谎称是按照参谋部发出的命令行事，他成功地让自己的部队在一年中日照最长的一段时间里完成了行军，正常来讲，这本应会引起怀疑的。如此这般，那些分散在菲英岛和日德兰半岛上的部队得以聚集到朗厄兰岛上，丝毫没有引起怀疑。朗厄兰岛也是此前决定的集合地。那些部署地靠近哥本哈根，此前犯下了一些暴行的西班牙军队被丹麦人缴了械。其他的西班牙部队在 3 天之内就完成了集结，扬帆起航。这些部队在路上停靠了英国的港口，英国政府用公币为他们购置了武器和装备。经过一段漫长的航行，拉罗

---

① 丹麦第三大岛屿。

马纳将军在 10 月的第一天于桑坦德①登陆。登陆的军队有 9000 人，他们随即壮大了布莱克将军在比斯开地区的军队。

　　皇帝于 10 月 29 日启程，前往西班牙御驾亲征，我们还从德意志地区调来了新的部队。他只在马拉克住了一晚，就策马前往维多利亚了，约瑟夫国王正住在那里。他在那里逗留了 5 天，这样其他士兵可以跟上他的步伐，他的全部精力都用于确保通信畅通，以及安排部署比斯开、纳瓦拉和阿拉贡地区的军队。我在第二天离开了巴约讷，和皇帝的常任外科医生伊万一起全速前往维多利亚，行李都没拿。我们惊讶地在维多利亚发现了近卫部队的那些精锐老兵。他们都是步兵，仅仅比我们提前一天离开巴约讷。也就是说，他们在两天之内行军将近 25 里②，简直和罗马兵团没什么两样了。此前，奥亚尔特孙③的驿站站长和他的夫人强制让我们等到天亮才重新上路，这大大帮助了我们，因为他们在路上看见了携带武器的农民。在距离奥亚尔特孙一里的地方，我们发现了一名被杀死的法国军官横尸路边。在经过蒙德拉贡时，我们看到当地欢腾的场景，稍微放了心。但是，在路上的另一个地方，我们遇到了一群年轻的征召兵。当时，他们正在站岗放哨，都异常紧张。最终，我们还是平安抵达了维多利亚。我让人从巴黎给我寄来了几把小手枪，我把它们带在了身上。当皇帝听说我如此谨慎后，他告诉我说我做错了，这样人们会认为他的人身安全也得不到保障。但我跟他讲了我这一路上看见的场景后，他也就没有继续责怪我的警惕。我这样做的确仅仅是为了在落单的时候保证安全而已，皇帝和他的家庭一直都非常安全。

---

①　西班牙北部海滨城市。

②　约 100 公里。

③　靠近法西边界的西班牙城市。

11 月 11 日时，皇帝在布尔戈斯①。他刚刚在城市的外围打了一场遭遇战，缴获了一些敌军的旗帜，他把这些旗帜都送到了立法团。这座倒霉城市的公共设施和教堂都被我们洗劫一空。皇帝居住的主教宫中的营火，是由折断的家具碎片点燃的。军官们坐在镀金的扶手椅上，环绕着火堆取暖。修道院在布尔戈斯城外，熙德和希梅娜②就葬在那里，许多人都去拜访了那座修道院。我是和德农先生一起去那里的，他从那里带回了希梅娜的一颗牙。他将那颗牙放进了自己的遗骨盒里。他此前已经收集了许多历史上名人的骸骨残片。

皇帝在布尔戈斯逗留了 10 天或 12 天。之后，他经由阿兰达朝着马德里的方向进发。我们在路上经过了漂亮的莱尔马城堡。这座城堡的酒窖里保存了大量的美酒。我们将这些酒分发给士兵们。他们用这些酒在营火的灰烬上烤了烤饼。士兵们可以说是挥霍无度地泼洒着这些红酒，这就是他们的性格。当我说空气中都弥漫着红酒的味道时，我可没有半点夸张。

西班牙人重兵把守着索莫谢拉的狭路，妄想这样就可以拖住法军，并且关闭通往马德里的道路。蒙布兰将军领导下的波兰轻骑兵卫队发起一次勇猛的冲锋，攻下了这条 1 万人和 15 门大炮守卫的狭路。菲利普·德·塞居尔在战斗中受了重伤。扫清了这一障碍之后，我军迅速就到达马德里城下。12 月 2 日，皇帝来到了马德里的城墙前，那天正是他加冕 4 周年的纪念日，也是奥斯特利茨战役的 3 周年纪念日。约瑟夫国王在当天傍晚来到了大本营。

此时的马德里掌握在一群疯子手里，他们争吵着要不要放法国

---

① 西班牙北部城市。

② 熙德是公元 11 世纪的卡斯提尔贵族，从穆斯林手中征服了瓦伦西亚，是西班牙的民族英雄。希梅娜是熙德的妻子。

人进城。一位参谋部的军官被派进城里和他们谈判，却在城内遭到了暴民的袭击，险些被杀死。鉴于这座城市并没有被加固，皇帝本可以不费吹灰之力就攻占马德里的。但他希望可以让城内的居民免遭攻击的灾难。他和这些疯子进行了两天的谈判，但是他的人道精神反而让他们的气焰更加嚣张了。一些西班牙战俘被带到了营火旁，我也在那里。其中有一些年轻的僧侣，身着长长的黑色大衣，扣子一直扣到下巴那里。他们一开始打算装作士兵，还装出了一副军队的派头。但是当我们要求他们向我们展示日常的操演时，他们却表现得像是从没有摸过任何武器的人一样。因此，他们被要求报告自己的军队番号。当我们调戏够了他们之后，摘下了他们的帽子，看到了他们刚刚剃过头发的脑袋。虽然他们自己感到很困惑，但是这一点就足够暴露他们的真实身份了。

我们占领了丽池宫，这座皇家城堡处于高地上，俯瞰马德里的一座城门，其中也有一些防御措施。占领这座宫殿后，拿破仑拥有了攻占这座城市的能力。但是，他却再次尝试了劝降。作为回复，守城的委员会派出了托马斯·德·莫拉将军。这位将军就是当年在贝伦毫无人道地对待我军士兵的那群人中的一个。他原本是前来请求法军先暂时撤退的，这样好给委员会安抚民众的时间。但是皇帝严肃地接待了他，把他吓坏了。皇帝对他的讲话充满了正义的呵斥，击垮了他，他顾不上完成自己的任务就被吓跑了。我们向他下达了最后通牒，如果他不在 12 小时内投降的话，我们就会对他和他的部队开火。

皇帝下令所有人缴械，马德里的长官们前来表明他们的臣服，并且承认了约瑟夫国王，后者拒绝接见选择留在马德里城中的所有西班牙显贵。那些最具危害性的显贵已经跟随西班牙部队从我们没有占领的城门那里溜走了。其他人则被我们逮捕并送到了法国。马德里遭到军事占领，约瑟夫国王也没有居住在宫殿里。他下榻在普拉多，一座距离马德里 1 里左右的皇家城堡。皇帝同样拒绝居住在马德里，他选择下榻在查马丁①，一个距离马德里大概 1 里的乡村宅邸里。这座宅邸是因凡塔多公爵的产业。查马丁是一座小型的城堡，并没有任何附属的建筑物。此前一般是在夏天天气好的时候作为小居所使用的。当皇帝住在那里的时候，天气还是很冷的，但是那里的房间里一概都没有壁炉。唯一可以用来取暖的就是一些露天的火盆，也就是在大铜盆里放上炭火，然后置于房间的中央。人们急忙在他的卧室和工作室里修建了临时的壁炉。因此，至少在他居住在那的两周时间里，这栋房子是可以忍受的。我在这里顺带提一句，一般来讲，他对于冷是没有感觉的，但是他很怕热。纵使是这样，他在最热的天气里也不会打破自己的习惯，还是穿着他的制服，扣子一直扣到脖子处。

在待在查马丁的这段时间里，拿破仑为保证西班牙的完全臣服，做出了各种各样的安排。他颁布了数条法令，为这个国家提供了一些欠缺的机关。而且，他每天都会在城墙上检阅自己的部队。

我们在查马丁发现了一些那不勒斯王后卡罗琳寄给自己的女儿阿斯图里亚斯女亲王的信。这些信件被遗忘在了一个柜子里。

这些信里有一些是由秘密墨水写的，上面的日期是 1806 年 1 月，正好是法军准备进入那不勒斯的时候。这位王后在信中表达了她对盟友英国的怨恨，她指控后者既背信弃义又懦弱（这是她的原话）。因此，皇帝决定将这些信件公之于众。同时，这些信件也并没有证明西班牙和那不勒斯的王室之间是和睦一致的。自然地，这些信的内容都充斥着浓烈的反法情绪。我们在其中还找到了一份

---

① 今马德里市的一个区域。

那不勒斯宫廷 1802 年的小年鉴。阿斯图里亚斯亲王和那不勒斯公主正好是那一年大婚的，两人的婚礼在巴塞罗那举行，非常壮丽豪华。这份年鉴大概就是上述这场婚礼的纪念品。上面有 12 幅漂亮的水彩画，描绘了那不勒斯城、皇宫以及两西西里地区的众多王室宫殿，每个月都配有一幅画。

皇帝在查马丁逗留期间，做了两件大事，一件严厉，一件宽大。在会议上，皇帝下令要按照最严格的纪律来治军。此前，我们的军纪逐渐散漫，也让人们在执行军法时愈发地不严格。两名帝国卫队的轻步兵，因为犯下了掠夺、偷窃以及其他针对当地居民的可恨暴行，被判处死刑。两人在市民的眼前被枪决了。尽管这两名士兵此前的种种贡献本可以为他们争取到宽大处理的，但是出于维系军纪的考虑，皇帝拒绝了赦免两人的请求。讲到这一实施严峻刑罚的行为，我就不得不反驳一下那些控诉拿破仑放纵军队肆虐的人。他们说，他和他的军队之前有一种无言的默契：他的军队就是一群毫无纪律可言的中年男性，而他们之所以追随他们的领袖，就是因为后者会容忍他们过分的行径。但是，那些参与过帝国陆军的人都知道，拿破仑是多么小心地在控制军队掠夺的行径。如果他听说在自己军队的后方有土匪在肆虐的话，他总是会专门派出一支部队去解决他们。同时，他还会依次去治堡垒指挥官或保卫沟通线的驿站指挥官的罪。他的这些命令赢得了有产者的尊敬，也让那些容忍混乱的人闻风丧胆。维也纳、柏林、马德里以及其他城市的居民都目睹过对犯下劫掠罪行的士兵的判决和行刑过程，这些士兵中既有皇家卫队的成员，也有普通军团的成员。

圣西蒙侯爵是一名在西班牙军中服役的法国人。他此前在指挥一支反叛部队时，被我军当场俘虏，军事法庭判处他死刑。拿破仑赦免了他。这位流亡者的女儿，此前被皇宫中的一些军官保护起来。他们都被她的孝心深深触动了，尤其是担任副官的迪尚队长。因此，她被安排在了皇帝的必经之路上。一看到皇帝，她就扑倒在他的脚边，恳求皇帝赦免她的父亲。看到哭得梨花带雨的圣西蒙小姐，拿破仑也无法拒绝她的请求。况且，他本来也觉得圣西蒙侯爵已经学到教训了。

皇帝在查马丁逗留了 15 天，一直在急切地等待有关英军的消息。终于，他获知英军已经从葡萄牙进入西班牙，经过了萨拉曼卡，正在向巴利亚多利德进军。拿破仑于是即刻起程去迎击敌军。他穿越了瓜达拉马，这是坐落于马德里东北方向的一条山脉。我们在翻越这条山脉时遇到了暴风雪。这场暴风雪差点就把我们都吞噬了，冰霜般的寒冷空气摧垮了军中的一些士兵。在跨越这条山脉时，我们的军队提前体会到了一丝之后我们在可怕的莫斯科撤退时体验到的折磨。在那样的暴风雪中，继续骑马是不可能了。皇帝被迫下马，并且命令他的轻骑兵卫兵也要下马和他步行。他们一起为身后的步兵部队探出了一条路。到达山脚后，他停了下来，等待军队重新完成集结。当时英军听闻他出发的消息后一直在后撤，尽管皇帝迫不及待地想尽快赶上英军，但他还是被迫在托尔德西利亚斯停留了两天，等候部队的到达。他在圣克莱尔修道院的一座建筑里设立了自己的大本营。那座房子本来是供当地主教在到访的时候留宿用的。

拿破仑在这座修道院里留宿时发生的事情，是德·埃杜维尔先生告诉我的，他是皇帝在西班牙时的副官以及翻译官。

当晚在晚餐时，拿破仑命令这位军官将修道院的院长修女带来。一开始，她拒绝跟着德·埃杜维尔先生出来，她表示自己不能打破戒律，不能踏出修道院的大门。前者向她解释受君主之命不算破戒时，她才同意。一路上，她都忐忑地扶着德·埃杜维尔先生的手臂。当他们走到修道院的大拱门那里时，她脚下一软摔倒了。德·埃杜维尔先生不得不把她扶起来。她对他说，自己在60年前进入这所修道院，当时她只有6岁。整整60年里，她从来没有踏出过修道院一步。当她被引见给皇帝时，她的第一反应就是要跪下来。但是，拿破仑使了个眼色后，德·埃杜维尔先生连忙把她拉了起来。皇帝身上的勋章是最吸引她目光的。这位贫寒而简朴的修女忍不住伸出手去摸摸它们。德·埃杜维尔先生及时提醒了她，并向她点明了这样的好奇行为实在很不得体。皇帝向她提了几个问题。首先，他问她是不是这座修道院的女院长。她回答说自己只是修道院中的二号人物，还补充了一句："我可真是幸运！"拿破仑很是好奇，于是接着问她为什么会这么说。她回答说，相比发号施令，自己更希望做接受命令的那一方。这样更加值得赞扬，她的良心也更加安宁。听到这么一个天真的回答，皇帝按捺不住嘴角的笑意。他接下去问道，卡尔五世①的母亲疯女胡安娜就死在托尔德西利亚斯，她是不是被埋葬在这座修道院里。修女思索了一会，回复说地下墓穴里埋葬着许多公主和王后，但是她并不知道她们的名字。当皇帝问起她对于西班牙的历史有何了解时，后者表示自己除了祈祷书和圣经的段落之外什么都不知道，这些也是她的神父唯一允许她阅读的书籍。皇帝发现，虽然她已经是一名老妪，但是她的眼睛依旧炯炯有神，于是问起她年轻时是不是非常漂亮。她非常坦率天真地回答说，她觉得应该是这样的，但是她从没有在镜子里见过自己的样子，也没人跟她说过她很漂亮。谈话就这样继续进行了一会，这位修女的回答总是带着一种天然的机敏和幽默。拿破仑对她的纯

---

①　神圣罗马帝国皇帝，在位时控制西班牙、尼德兰、奥地利、那不勒斯、西西里。是当时整个欧洲以及哈布斯堡王朝历史上最具有权势的君主之一。

洁和天真很是满意，因此告诉她自己愿意满足她的一个愿望，她想要什么都行。当旁人告诉她皇帝言出必行后，她请求皇帝赦免修道院的总管。他此前手持十字架耶稣像率领一群起义民众，被抓走了。拿破仑履行了自己的承诺，同意了她的请求。但是也表示，这位修士以后须小心不要再牵扯进这种事情里，因为自己无法赦免他第二次。这位修女保证，自己会看着他，不让他再踏出修道院半步，并为他负责。皇帝接下去说到，他虽然满足了她的一个愿望，但是帮助的是一个和她的家庭没有关系的人，而他本来是希望为她个人做一件事情的。看她踌躇着没有回答，皇帝于是派人问她家里还有没有亲人。她回答说自己还有一个兄弟，是一名教士。"你希望我把他任命为主教吗？"拿破仑说道。面对这一意外之喜，她跪了下来，向他表示感谢。但是，后来我们发现，拿破仑没法完成自己的这个承诺：她的兄弟被监禁在萨拉戈萨的监狱里了。在这位女修道院院长返回修道院之前，拿破仑派人给她送上了一些咖啡。她不喜欢咖啡的味道，她只习惯巧克力的味道。这位贫寒的修女，再次感谢了皇帝对她的亲切接见后亲吻了他的手。德·埃杜维尔先生将她送回了修道院，她心中充满了感激。

在皇帝离开托尔德西利亚斯之前，德·埃杜维尔先生来找到了我，并以皇帝的名义要走了100个拿破仑金币，是拿去给修道院女院长的。这位女院长已经向院内的其他修女描述了自己和拿破仑见面时的场景，因此，德·埃杜维尔先生进入修道院时，修女们既好奇又亲切地接待了他。她们都跑出来想要看他一眼，或是摸摸他的手。她们看他的好奇眼神，就像那些第一次看见欧洲人的岛民一样。当德·埃杜维尔先生将这100个拿破仑金币交到女院长手中时，她一开始是拒绝的。因为她觉得这样一来，这座修道院就将失去它的一个小小的美好品质：好客。但是，人们在她此前和拿破仑会面时就多次告诉她，她是不能拒绝君主的赏赐的，这次也是一样。她这才决定收下这笔钱。但是她表示，这笔钱将被存放在教区的金库中，并且只有在特殊情况下才会使用，这样，皇帝的这份好意的证明就可以被保存很长的时间。

修女这时问德·埃杜维尔先生，金币上是不是印了皇帝的头像。后者打开纸卷轴，拿了几颗金币出来。她赶忙把金币拿到手上，饶有兴趣地检视起来。一边看，她还一边向身旁围观的修女们保证，她觉得金币上的头像和皇帝本人非常相似。

回到拿破仑身边后，德·埃杜维尔先生向他描述了修道院中发生的事情：在见过这位修女后，皇帝对她燃起了不小的兴趣。他觉得她很有分寸。但是，她没有耕耘这些天资，反而从小就受到了修道院的教育，他对此很是惋惜，毕竟修道院教育的效果就是把所有这些天资都扼杀。不过，虽然她成长于这样无知的环境中，虽然这个质朴而轻信的灵魂见证了这么多宗教世界的可怕，虽然她整日投身宗教事业让她无暇做出自己的判断，但是她性格中的那份和善与讨喜还在，她的卓越天资抵御住了这些不良的影响。"不管怎么说"，他补充道，"这个善良的灵魂对于她现在的处境很是满意。如果说修道院摧残了很多人的话，它也护佑了很多人。"拿破仑之后发表了一番关于修道院作用的长篇大论。由此可见，他其实经常会考虑这些到冥想和祈祷中寻求庇护的人。他表示，有些时候，修道院的生活也有它的优势。他还表示，我们应该确保修道院一直是这样合适的场所，可以接待那些柔软的灵魂、那些不堪世俗烦扰的人。同时，他还觉得我们可以开放一些专供人们退隐的场所，这样对很多人都有利。举个例子，对于那些上校或军官的遗孀来说，她们因为丈夫的逝世，失去了此前一直享有的那份薪水。但是，她们可以集结起来，将津贴和其他各种资源整合在一起，从而依旧可以承担得起马车和其他维持舒适生活必需的开支。如果她们单打独斗的话，肯定无法继续维持这样的生活。他还表示，他觉得不应该再让人们立下那种持续终生的誓言。同时，修道院也不应该招收40岁以下的人，等等。

就像这样，他那热忱而充满想法的灵魂总是会第一时间迸发出许多与人为善的想法。此后，这些想法会随着时间逐渐沉淀，调整，成熟。如果经验显示这些想法在实践过程中很是危险的话，它们就会被抛弃。

拿破仑在向贝纳文特进军的过程中，距离英军的后队越来越近，马上就可以看见他们了。这时，他收到了信使带来的一个公文包，当时的邮局局长把给皇帝的信件都放在那样的公文包里。只有我身上有公文包的钥匙，但是我离皇帝还有1里的距离，拿破仑没那个耐性等我赶过来。他直接把公文包撕开，取出了自己的信件。其中有一封外交事务大臣尚帕尼的信，还有一封巴伐利亚国王寄给纳夏泰尔亲王（贝尔蒂埃）的信。这两封信内容一致：奥地利在重新武装后备部队，巴伐利亚诸国受到入侵的威胁，奥地利军队正在为跨过因河做准备，同时也向德意志地区人民发出了反叛的号召。这样的消息并没有让皇帝感到惊讶。从奥地利刚开始准备密谋时，他的眼睛就盯上奥地利了。他一直在静待下次战事的重开，他也为此做好了准备。

同样地，他对巴黎的那些阴谋也了如指掌。这一点，我们从他此后对贝内文托亲王的呵斥中就可以看出来。因此，他决定要加快脚步返回法国。他一直行军到了阿斯托尔加，并在那里检阅了身后陆陆续续抵达的军队。他指派苏尔特元帅继续追击撤退中的英军，并且向他口述了自己的指示。随后拿破仑就返回了贝纳文特，从那里，他又马上启程返回了巴利亚多利德。在巴利亚多利德城中，他接待了一个由马德里的主要市政官员和市民组成的代表团。这个代表团是来恳求他不要阻止约瑟夫国王返回首都的，他们展示出了对这位新国王的无上忠诚。皇帝和他们进行了非常开诚布公的谈话，并且检视了他们的忠心，最终许诺他会给国王写信，建议国王按照他们的愿望行事。他在巴利亚多利德逗留了一个星期，等待着他的兄长返回马德里的消息，同时也处理了一些紧急的公函。

拉纳元帅这时正在从长期卧病中逐渐恢复，他专门追随皇帝来到西班牙，并且已经在大本营中跟了几天了。但是，健康状况依旧不允许他骑马，因此皇帝将自己的马车交给了元帅，他本来也没有使用那辆马车。我陪同元帅坐在马车里。皇帝在离开巴利亚多利德之前，将拉纳元帅派去指挥萨拉戈萨的围城战了。当时元帅觉得自己的健康还不足以承担更加大开大合的任务，皇帝也想让他再休养一段日子。

在我们驻留在巴利亚多利德这段时期，出于好奇，我去拜访了一个隶属于道明会①的修道院。此前有法国军官在那里被杀死，所以皇帝下令把修道院撤销了。在这座献给宗教裁判所的主保圣人的庇护所里，我有了一个意想不到的发现。在院内满墙的圣像中，我发现了圣拿破仑的画像：头顶戴着桂冠，身上穿着罗马骑士的服装。画像一角有一段西班牙语的描述。

在这短短两个半月的战斗中，皇帝重新占领了马德里，像扫除灰尘那样轻易扫清了他前方的西班牙军队。这群乌合之众在被打散之后，总会后退30里然后又集结在一起。但是，我军取得的胜利

---

① 又称多名我会，或多米尼克修会。是天主教修会的主要派别之一。

本来是可以一扫拜伦的灾难给西班牙人带去的印象，如果我们可以乘胜追击的话。但是，因为拿破仑被迫要快速地离开西班牙，前往巴伐利亚迎击奥地利，因此他再也没有返回西班牙，我们最终也失去了这些胜利的果实。

拿破仑回国对抗反法同盟

皇帝离开巴利亚多利德后，全速策马前往布尔戈斯，沿途不停地换马，最终在路上只花了几个小时的时间。在布尔戈斯，他也只停留了两个小时，就继续启程前往巴约讷了。他前进的速度是如此之快，以至于他的随扈都跟不上他。从巴约讷到巴黎的这一路上，他依旧保持了这样的速度，并在1月23日抵达了杜伊勒里宫。

拿破仑在抵达巴黎之后，马上就开始为即将到来的袭击做各种准备。他命令自己的军队，以及莱茵邦联的仆从部队都必须进入战备状态，随时准备出征。他将贝尔蒂埃元帅派往多瑙河畔组织邦联的部队，并担任他们的临时指挥。

他返回巴黎后不久，就召开了一次枢密院会议。皇帝当时对于贝内文托亲王有诸多不满，理由都很充分。不过在会议的过程中，他还是很好地克制了自己。但是，最终还是决堤了。拿破仑在讲话时的语调越来越激烈，在怒火的影响下，他丧失了对自身的控制：他积攒了许久的愤怒就是在等待一个爆发的机会。他以最严苛的语气对贝内文托亲王说了一番话。得益于他的种种信息来源，皇帝已经听闻了许多关于塔列朗先生的消息。大概就是这些消息，使得在枢密院会议中现场见证了这次暴力争吵的人们都和皇帝站到了一边。此前，在贝内文托亲王和拿破仑针对西班牙的事态进行的多次谈话中，我曾经听他说起马拉格里达和亚历山大这两位耶稣会会士。在告知皇帝他必须亲自前往西班牙后，贝内文托亲王又告诉皇帝，他必须要提防疯子修士的毒药和匕首。拿破仑很确定，预见到他很可能因为毒药、匕首或是胜利游行中西班牙游击队的一颗子弹而殒命的贝内文托亲王，当时已经产生了组织一个政府委员会的想法。他甚至已经挑选好了未来新政府的成员。没有人知道，富歇和塔列朗出于某种目的已经达成了和解。但是，拿破仑还是没有对前者表示出不满。皇帝也很清楚塔列朗先生公开或私下发表的关于西班牙的事情，以及关于昂冈公爵审判的看法。他知道后者不认同这些做法，也否认和这些事情有任何瓜葛。在枢密院会议上，后者一言不发和无动于衷的表情都激起了皇帝的怒火。他是如此的愤怒，以至于他忘记了自己身为皇帝的庄重形象，举起拳头威胁塔列朗。"你竟敢，"他大喊道，"你竟敢否认自己对昂冈公爵审判的参与！而且你竟敢公开表示，并四处散布消息说你和西班牙发生的事情也毫无关系！"等等。说完这番话后，这股喷薄而出的怒火自然地消散下去，看着眼前这张面无表情的脸，拿破仑也疲倦了，他也就没有继续说下去。贝内文托亲王很了解皇帝，他知道皇帝每次越是被情绪牵着走，事后就越是希望大家忘记这件事情，这是皇帝的本性。塔列朗本来就没有什么尊严可说，但是他认为假装忘记这次争吵对自己是有好处的。翌日，刚好是周日，宫中要举行一场觐见。作为一位大臣，加埃塔公爵（戈丹）本打算趁着这个周日把此前皇帝指派给他做的事情做完。但是，他又想起来拿破仑总是希望他的大臣都能参与宫中的觐见，因此加埃塔公爵决定他可以从履行职责的时间里牺牲 1 个小时。于是，这位财政大臣就早早来到了杜伊勒里宫。他打算站到门边，而皇帝就是要从那扇门进来的，这样一来，他就可以跟皇帝打个招呼，然后回家继续做事。这位大臣是第一个抵达杜伊勒里宫的，当时用人们还在熄灭宫中的照明。他想要快点穿过觐见厅，给自己找一个好位置，方便自己之后按计划脱身。当他看见贝内文托亲王独自站在壁炉边上时，他是多么惊讶啊。这个人这么快就忘记了昨天经历的羞辱，让加埃塔公爵也为他感到害臊。再加上加埃塔公爵觉得，在目睹了昨天的争吵后，跟这个人独处一室实在太过尴尬，因此他急忙退回到了觐见厅旁的会客室里。待到觐见厅里的人逐渐多起来之后，他才进去，为的就是在穿过觐见厅的时候不和踱步的贝内文托亲王打照面。之后，因为站的位置，他是第一个和皇帝打招呼的，然后他本就可以离开了。但是，他的好奇心驱使他留了下来。他看到，拿破仑按照惯例，手持自己的鼻烟壶，和大厅里站在第一排的人说着话，时不时地闻几下。贝内文托亲王此时还是站在一开始的那个位置，在壁炉旁。皇帝向站在他左边的人说了几句话后，径直从塔列朗的面前走过，停在他右手边的那个人跟前。接下去的那个周日，塔列朗再次站到了皇帝跟前，没有一丝惊慌或者不安。当他看见站在旁边的人回答不上皇帝的问题时，他还帮那个人回答了问题，从而强迫皇帝关注到他。两人之间的坚冰被这样打破之后，塔列朗更是抓住一切机会来吸引拿破仑的注意。尽管人们总是说科西嘉人记仇，但是拿破仑不是这样的人。因为他自身的强大力量和他卓越的思想都自然而然让他不会去斤斤计较。贝内文托亲王也依旧时常来参加晨会，并且还是那么勤勉，仿佛他还没有失势。而皇帝呢，针对某些事情，他在公开场合对你越是苛刻，私下里就越是不跟你计较。要么是被这个人的耐心说服了，要么是大家的保证动摇了他的信念，拿破仑从没有想过要禁止这个人出入自己的宫廷。虽然他没有足够的证据把这个人送上法庭，但是，在拿破仑眼中，这个人的罪行足以让他以后不再就任何事情向这个人征求意见。

以上这个轶事，前半部分是我当时从枢密院成员那里听来的，他们都在场目睹了贝内文托亲王经历的事情。后面的细节则是由世界上最可靠的人，加埃塔公爵先生，帝国财政大臣告诉我的。既然我提到了他的名字，请允许我再补充几句。在所有的大臣里，他是最尽职尽责而且最富有技巧的。没有任何一个政府官员比他更清白、更诚实、更坚定。私下里，没有人比他拥有更多踏实且讨喜的品质。他是一个深情的好人，谦谦君子。他思想开明但从不四处炫耀，并且忠实地保存着那些优雅礼貌的传统。如今世风日下，还保有这份传统的人越来越少了。

因为枢密院中的这次争执，贝内文托亲王丢失了侍从长的职位。这个位置被交给了德·孟德斯鸠先生。当时的确是密谋四起。圣日耳曼城区被迫流亡了包括德·舍夫勒斯夫人在内的一部分人。皇帝在日后召回了其中大部分人，但有四五个影响力超群，或是冥顽不灵的人则不在赦免之列。这些人中有一部分是因为自己的讽刺以及恶毒的话语触怒了拿破仑，而不是因为他们真的做了什么事情。他大概可以选择无视这些跳梁小丑，他也足够强大。他惯用的复仇手法比流放要更加优雅：他会时常恢复一些旧贵族的权利或是向他们施舍恩惠。一些前朝家族的成员甚至从他这里收到了津贴。奥尔良公爵夫人、波旁公爵夫人和孔蒂亲王当时都隐居在西班牙的菲格雷斯，享受着督政府时期颁发给他们的一小笔津贴，这笔津贴附加的约束和普通终身年金一样。在孔蒂亲王的好友康克劳将军的请求下，拿破仑还将王室的这三位成员的津贴提升到了 6 万法郎。这笔津贴是由和国库联系的一名银行家付给三位旧王室成员的，宅邸也是他们自由选定的。这次的津贴更是不附加任何的约束或条款。

在百日政权期间，皇帝把这笔津贴再次翻了倍。同时他还允许奥尔良公爵夫人和波旁公爵夫人继续居住在巴黎。她们向皇帝和奥坦丝王后都表达了谢意。后者以信件的方式，担任了皇帝和两位夫人之间的斡旋人。

当时，有一位叫作普瓦特里娜的夫人，她是昂古莱姆公爵夫人手下的乳母，哺育了上一任王储，王储的名字我记不住了。这位夫人也获得了帝国慷慨发放的津贴。

虽然拿破仑会把那些变得危险或者有害的异议人士赶出巴黎，但是，就像我前面说过的，他并不是一个独断专行的暴君，他也不是听不进任何反对意见的人。当时在人们交给他的建议流亡名单中，出现了热斯夫雷公爵夫人的名字。当皇帝听说这位女士已经是耄耋之年的老人时，怜悯之心压倒了他心中所有严苛的想法。此后，他更是发现，这位公爵夫人是杜盖克兰的后人，这触动了他作为法国人的心弦。拿破仑不但禁止任何人去打扰热斯夫雷夫人，考虑到她年事已高，他还专门过问了她的健康状况。皇帝还坚持要为这位杜盖克兰的后人颁发一笔津贴，以补充她的微薄财富，使得她可以雇得起一辆马车。

从西班牙战场上返回巴黎后不久，拿破仑就搬进了爱丽舍宫。这是一座漂亮的宅邸，是他从缪拉亲王手上买来的。当时，后者"被提拔成了那不勒斯国王"，我们的士兵就爱这么说。作为补偿，缪拉获得了散布在那不勒斯王国各处的一些产业，都是皇帝在征服这个国家时为自己留下来的。爱丽舍宫为拿破仑提供了一个舒服而宽敞的住所。在这里，他可以随时走进宅邸附属的花园里，不用担心有人突然跳出来要和他讲话。他也可以不引起任何人注意地离开爱丽舍宫。在这里，他觉得自己终于逃离了杜伊勒里宫那个华丽的牢笼。此后，只有在周日的时候他才会回到杜伊勒里宫，去参加弥撒或者接待仪式。

皇帝刚在爱丽舍宫安顿下来，就获知了萨拉戈萨投降的消息。

之前，在图德拉战役中被击败的西班牙残军，和其他散落各处的军队集合起来，总共 5 万人，他们把自己关进了萨拉戈萨。在高墙和热情高涨的武装民众的保护下，他们狂热地保卫着自己。在背后支撑那股狂热的是他们的领袖，以及城内的僧侣。这座城市并没有修筑防御堡垒，但是有一堵厚实的砖混花岗岩城墙围绕整座城市。为了加固城墙，人们还在上面加盖了胸墙。在城市的内部，每一个街口都建起了街垒，每一个街口都进入了防御状态。城中有许多为守军提供补给的仓库，守军手上还有 200 门火炮。守军的总指挥是帕拉佛斯将军，当时他困守在萨拉戈萨城中，被选为守将。这是一个亲近群众的人，很能感受到民众的热情。同时，他也深受那些熟练而狂热的僧侣的影响。他曾经发誓，自己就是被埋在城市的废墟下，也不会向法国人投降。城中一直矗立着绞刑架，威胁着所有胆敢提议投降的人。1 月 20 日，拉纳将军正式抵达并接过了我军的最高指挥权。此时我军开始挖掘战壕，已经过去了 3 周的时间。指挥工兵行动的是皇帝的一名侍从官拉科斯特将军，在他身边辅佐他的还有罗尼亚上校和阿克索营长，这两位军官此后都出了名。拉科斯特将军壮烈地牺牲在萨拉戈萨城下，拿破仑深深地悼念了他。拉纳将军在到任六天后，带领军队对城市发起了总攻。我军夺取了城市的所有外围工事，本来到了这一步，城市投降就是顺理成章的事情了。但是，城里那一小撮狂热的民众大肆地制造恐慌，让所有人都不敢说出"投降"这两个字。这之后的战争，就是在街道和房屋中进行了。在战斗中，僧侣和妇女的抵抗最为激烈。即便是一寸土地，双方也要激烈争夺。我们夺取每一座房屋，都要依靠镐子和坑道。我们的士兵们被暴露在各种危险下，还要忍受多种物资短缺的痛苦。他们都极其厌恶这场骇人的争斗。面对饥饿、疾病和我军士兵的进攻，悲惨的萨拉戈萨居民更是承受了巨大的损失。帕拉佛斯本人都已经处于濒死的状态了，但是僧侣和教士们还是以他的名义统领着守军。此后，我军占领了一个重要的城区，也摧毁了守军驻守的修道院和主要建筑。如此一来，任何继续的抵抗都变得毫无意义了。但是，防御委员会却还抱着继续抵抗的疯狂念头。他们还派出军官，想确保萨拉戈萨不会获救，还要求我们放这些军官出城。拉纳元帅拒绝了所有请求，并要求该城无条件投降。2 月 21日，法军占领萨拉戈萨的废墟。这次围城战吞噬了该城超过一半的人口，在整个战争史上大概也只有两三个例子可以与之匹敌。元帅出于怜悯之心，对城中剩下的人都特别仁慈。他保护了该城的居民，保护了他们的财产，还保证了他们可以继续拥有自己的宗教信仰。守军放下武器，成了我们的战俘。旅人的游记中总是会描述圣柱圣母主教座堂①中无数的财宝。法军士兵在进入萨拉戈萨后，根本就没有看见传说由各个天主教君主送来的金银财宝。这些财富肯定是被用来应付围城战或是建设城市外围的工事了。又或者，他们在法军入侵前就把宝贝都藏起来了。我记得在杜伊勒里宫见过人们带来的一个小盒子。盒子里是一些装饰的残片，做工很粗糙，都是银质、银镀金或是铜镀金的，上面镶嵌着一些廉价的宝石。这些残片就来自著名的圣柱圣母主教座堂。

在同年（1809）举行的画展上，皇帝表示希望画一张展示自己在书房中的全身像。他还命令我也要出现在这幅画里，以正在书写他的口述命令的形象出现。画师加尼耶受命创作这幅肖像画。当这名画师在创作时，我刚好不在巴黎。我当时正陪同皇帝出巡。伊萨贝画师热心地用他的回忆帮助加尼耶克服了这个不利的条件。在

---

①　位于萨拉戈萨市内的主教座堂，相传那里是圣母玛利亚升天前唯一一次显灵的地方。

我回到巴黎后，加尼耶还请求我到他那里去坐了一会，由此他可以完成画作的最后几笔。我不知道皇帝是从谁那里听说，这幅画作的效果并不很好，他还就此让迪洛克将军给博物馆总监德农先生写了一封信。德农先生站在了画师这一边。最终皇帝接受了这幅画，并把它挂在了杜伊勒里宫内。1814 年，这幅画和所有那些描绘了"篡位者"的画作一样，被转移到了屋顶的储藏室里。又或者，人们是把这幅画退回到了它的创作者那里，当时有很多画就是这样被退回到了各自的画师那里。1839 年，我的一位挚友，勒马鲁瓦公爵的儿子在一个画商那里找到了这幅画。他把这幅画买了下来，既是出于对皇帝的感情，也是为了纪念我和他父亲之间的友谊。

在 1809 年的年初，皇帝总算决定要填补 1804 年创立的那两个内阁秘书的职缺了。新上任的其中一名秘书主要负责翻译外国的报纸和期刊，他进了拿破仑的内阁，但他其实大部分时候都不在那里。这位秘书就是穆尼耶男爵，参政院的助理办案员。在 1806～1807 年的那场战争期间，他负责管理西里西亚诸省。穆尼耶先生是一名国民制宪议会成员的儿子。是拿破仑将这位成员从流亡中召回。作为对后者的能力和长处的奖励，在后者回到法国后，拿破仑就将他任命为雷恩的省长。之后，更是将他召进了参政院。皇帝对父亲的尊敬也顺带传到了儿子这里。他是一个聪慧而受过良好教育的人，人们对他的未来有很多期许，他在日后也实现了这些期许。

第二位内阁秘书则专门负责处理关于火炮和工程方面的事宜，他就是德·蓬东男爵，当时他是工兵部队的上校。他此前参与过那场令人难忘的埃及远征，在自己的领域也享有很高的名声，这是他应得的。这位军官日后晋升成为中将，并且成了工程学委员会的一员。

此后，皇帝将巴克莱·德·阿尔布上尉任命为地图室的长官，从而正式完成了内阁所有职位的任命。德·阿尔布上尉日后会成为一名将军。他是意大利军事地图的作者，极有艺术天赋，并且心中总是跳动着拿破仑口中的"神圣之火"。德·阿尔布的身旁有两名出色地理工程师的辅助，他们是拉莫先生和迪维维耶先生。

迫使皇帝全速从西班牙返回后，反法同盟实现了预定的目标：阻止我国处于和平状态，以及分散我们的部队。通过电报，皇帝获知卡尔大公在 4 月 12 日进入了巴伐利亚。后者的军队没有正式宣战就跨过了因河。他们入侵之后的第二天，才派人就宣战一事知会了边境的哨所。4 月 13 日早上四点，拿破仑离开了爱丽舍宫。他一路上以闻所未闻的高速前进，出发后第五天就抵达了多瑙沃特①的大本营。路上，他在路德维希堡和迪林根做了停留，会见了符腾堡国王和巴伐利亚国王。

皇帝在多瑙沃特见到了贝尔蒂埃元帅。他在这里得知，出于对他命令的误解，勒费弗尔指挥的巴伐利亚军团和达武元帅指挥的部队之间的交流被切断了。为了弥补这一失误，他天才的大脑又转动起来。他一系列聪明部署的结果就是，莱茵邦联军队赢下了托伊格恩和阿本斯贝格战役，达武元帅赢得了埃克米尔战役。此役过后，达武元帅获得了埃克米尔亲王的头衔。因为拿破仑前进的速度如此之快，他的随扈都跟不上他。在此期间，拿破仑过的就是一个军人的生活，骑的马也是借来的。

我时常听皇帝抱怨我们和古罗马人比起来差远了。但是，根据那些最杰出的军事作家的说法，他不需要羡慕那些古典时代的英

---

① 位于巴伐利亚境内的城市。

雄。既不用羡慕他们行军的快速，也不用羡慕他们排兵布阵的准确。这次战役的一开始，拿破仑就将这两个特点展现得淋漓尽致。

在这次胜利的进军过程中，发生了两件事情。第一件事差点让我们的军队失去统帅。拿破仑当时坐在一个可以观察我军对雷根斯堡的进攻的位置上。他正在用自己的马鞭抽着地，突然一颗子弹射中了他的大脚趾。这颗子弹应该是由蒂罗尔制的卡宾枪里发射出来的。他受伤的消息瞬间传遍全军，他不得不翻身上马，让士兵们看到他，证明他没事。尽管他的皮鞋没有被击穿，但是他受的伤还是很痛的。不管拿破仑当时在现场表现得有多不以为然，自然法则还是无法违背的。在结束这次短暂的出巡后，拿破仑退到了一个小屋子里，这里距离他被射伤的地方有大概几个步枪的射程。进入屋子后，他终于撑不住了，当场晕倒。幸运的是，这次受伤并没有带来什么严重的后果。

这次战役中的另一件大事，就是我军以无可比拟的勇气攻克了传言中那坚不可摧的埃博思贝格阵地。那是一座 600 尺长的木桥，周边有一个堡垒，还环绕着高地。高地上部署了人数占优的军队，还有 100 门火炮。科埃奥恩将军①攻下了这里。我们轰开这座城市的城门后，紧随而来就是残暴无比的遭遇战。有一些伤兵和战士被逼进了一座房子里。房子着火了，一个人都没逃出来，都在大火中和房子一起化为了灰烬。这座可怜的城市当时呈现的景象是人类所能想象的最可怕的场景之一：大街上散布着被大火吞噬了一半的尸体，散发出阵阵恶臭。皇帝看到此情此景，非常悲痛。他不由自主地称赞了科埃奥恩将军的勇猛，但他也谴责了这次战役中的损失，如果马塞纳元帅下令绕开这个阵地的话，我们本不用遭受这样的损

---

① 科埃奥恩男爵的一个女儿日后嫁给了这本回忆录作者的长子。——作者注

失的。

皇帝第二次到了维也纳这座城市。这座城市的君主曾于1805年，在萨尔－乌什茨磨坊旁那场难忘的会晤中宣誓不再对拿破仑宣战。这次，维也纳决定守城。拉纳元帅此前曾派出了自己的侍从官马尔博上尉带着命令前去劝降。这位年轻的军官遭到了一群暴徒的袭击，受到了极其恶劣的对待，甚至还受了伤。马克西米利安大公认可了这些卑劣的行径，他还把我们派去谈判的这位使者关了起来。经过这次违反国际法的行径，再加上大公拒绝开启城门，我们决定炮轰维也纳。许多人传说，玛丽·路易莎女大公当时因为抱恙，正在皇宫中。他们还说皇帝因此专门下令大炮不要往那个方向射击。这都是胡说八道。人们总是过度迷信地认为伟人们都对自己的命运有一种神话般的预言能力。马克西米利安大公此后匆忙离开维也纳，渡过多瑙河，没有留下任何命令，大概是被自己肩上的重任给吓跑了吧。皇帝当时把大本营设在了美泉宫。维也纳专门派出了一个代表团到美泉宫面见了皇上，请求他派军占领维也纳。5月12日，一支法国军队在维也纳投降后占领了那里。皇帝向代表团成员保证，他会保护他们，也会像1805年时那样尊重维也纳这座城市。

皇帝在美泉宫逗留了8天的时间。与此同时，我军占领了距维也纳城两里运的洛堡岛。多瑙河在此处被分成数支，我军打算在这里建设渡河点。三座桥梁被架起后，托它们的福，5月20日，我军开始渡河进攻河流左岸的敌军了。但是，马塞纳元帅还没怎么接触奥地利军队，这几座小桥就开始断裂了。原来，奥地利人掌控着多瑙河的上游，他们释放了很多满载着石块和炮弹的小船顺流而下。这段时间河水暴涨，水流速度也加快了不少，这些小船借着水流高速撞击我们的桥梁，就把很多部分都撞断了。马塞纳的不屈不

挠以及拉纳的勇猛，弥补了我军第四军团的人数劣势。后者在桥梁
断裂后和自己的部队失去了联系，但是他迫不及待地要参与攻击，
因此跑到了布代的部队那里，以出众的勇气领导了那支部队。两军
在当天晚上进行了正式交战，我们连夜修好了渡河的桥梁。第二天
一早，第二军团、卫队以及重骑兵部队得以渡河。后面跟着的是达
武元帅的部队，以及其他陆续抵达的队伍。前一天打了一半的艾斯
林战役，此时又继续上演了。正当我军的努力马上就要获得回报，
即将宣布胜利消息时，军队里突然开始疯传一个坏消息：跨河的主
桥垮塌了。因此，我们当时能做的只剩下坚守阵地，并在晚上撤回
艾斯林岛。雪上加霜的是，皇帝和我们的军队沉痛地失去了拉纳元
帅。一颗乱射的炮弹打断了这位骁勇军人的两条腿。当皇帝看见躺
在担架上的元帅时，他的脸色变得像死人一样苍白。他命令人们将
担架放置在一边，自己快步走上前去，扑在了这位濒死的英雄身
上。他抱着后者，哽咽着，不停地哭泣。我无法用语言来描述这个
令人心碎的场景给我留下的印象。皇帝是如此悲痛，以至于两天之
后，他还是无法抑制住自己眼中的泪水。元帅被运到了一个叫作埃
伯斯多夫的小村庄，一周之后，他在那里伤重不治。

失去拉纳元帅对皇帝来说是一个无法弥补的创伤。他是陪伴自
己时间最长的战场同志之一，对于他的才能，皇帝从不吝惜各种溢
美之词。每一年，这位元帅都能够进一步提升自己的才能、审慎以
及对兵法的理解，这让皇帝禁不住啧啧称奇。即使不将他视作一名
军人，芒泰贝洛公爵也很有独创精神。针对他说过的那些妙趣横
生、生动有力而又充满表现力的话语，简直都可以写一本书了。光
看他这个人，你肯定猜不到他可以说出这么俏皮的话来。在奥斯特
利茨战役后，他跟塔列朗先生说，胜利用剑削尖了外交的笔头。对
于塔列朗那张面无表情的脸，他总是说，即使有人从背后踢了塔列

朗一脚，后者的表情也是不会发生变化的。他对塔列朗的总结语虽然过于军队化，但还是很到位的："他就是个……包裹着烂泥的丝袜!"

　　顺着这个轶事，我打算讲一下我遇到的一个小意外。当然，和刚刚夺走了我军一个伟大领袖的那场不幸事件比起来，我遇到的这个意外根本算不上什么。当时我正在多瑙河的左岸步行，刚好走到连接洛堡岛的那座桥的面前。我看见皇帝远远地走过来，他爬上了一座磨坊的顶棚，想看清楚周围的环境。我正在注视着他的时候，突然感觉被一股力量拍打了一下（一匹马踢了我一脚），我当场就趴在地上了。拿破仑在从房顶上下来的时候刚好看见我摔倒。他以为我受了很重的伤，于是马上命人把我抬起并转移到岛上去。但其实我只不过是因为事发突然稍微有点头晕罢了。看到我的样子，他放下心来，并说："您快走吧，您刚刚真是吓到我了!"这次意外没有给我带来任何后遗症。

　　指挥重骑兵部队的埃斯帕涅将军被一颗炮弹杀死了。圣伊莱尔将军受了重伤。我们本以为迪罗斯奈尔将军和富勒将军这次也在劫难逃，但后来我们欣喜地得知，前者根本就没有受伤，后者也只是受了轻伤。他们被敌军俘虏了，在瓦格拉姆战役后，敌人把他们送回了我军大本营。

　　被围困在洛堡岛上的部队，尤其是伤兵，在刚开始的那几天饱受物资匮乏的困扰。不过，仓库和野战医院很快就在岛上建了起来，皇帝并没有下令疏散岛上的人群，相反，他命令贝特朗将军在岛上修筑了可以和古罗马媲美的工事。拿破仑在埃伯斯多夫待了12天，这个村子正好和洛堡岛隔河相望。他的精力都放在了救护伤兵，以及为岛上的部队提供物资这两件事情上。看着各项工作都有序展开后，他命令剩下的军队就地扎营，自己则回到了美泉宫。

皇帝对奥地利的夏斯特勒将军在蒂罗尔的所作所为感到非常愤怒，后者放任叛军杀害了 700 名法军征召的士兵以及 1800 名巴伐利亚士兵。皇帝当即下令，这位将军（他当时刚刚被我军俘虏）必须被推上军事法庭并处以枪决。奥地利皇帝在听到这个命令后，宣布奥军将把迪罗斯奈尔将军和富勒将军扣为人质，作为对我军处死夏斯特勒将军的回应。当拿破仑听到这个宣言时，当即做出了必要的部署：派人逮捕当时还留在维也纳城内的科勒莱多和梅特涅两位亲王，还有培尔根以及哈尔戴克两位伯爵。同时，作为报复，这些人被逮捕后都将被带回法国。皇帝同时准许维也纳市的一个代表团出发前去找到奥地利君主，并向后者讲述在蒂罗尔屠杀法军战俘的种种细节。弗朗茨皇帝在获得这些信息后，决定撤回他此前针对两位法军将领下达的命令。

在 4 月和 5 月期间，英国和反法联盟的爪牙们都在四处活动，密谋在此前属于普鲁士或是依附于普鲁士的北德意志诸省引发叛乱。这些省份充斥着大量的退伍老兵、返回家乡的战俘，或者是从战场上逃跑的残兵败将。一名叫卡特的普鲁士军官集合了一大批这样的人，占领了当地的库房，切断了对外交通，想要在当地引起叛乱。在威斯特伐利亚军队的追击下，他逃到了波西米亚。在那里，他带着身边的残兵加入了布伦瑞克－奥厄斯公爵的队伍，后者正在那里组织奥地利志愿军。这位王公是前任布伦瑞克公爵（在耶拿殒命的那位）的儿子，出于为父报仇以及为家族报仇的心理，他自封为德意志各地反叛秘密社团的领袖。他手下的士兵都身着黑色军装，佩戴象征死亡的徽章。

大概 4 月底的时候，威斯特伐利亚国王手下一个叫作德·恩贝格的侍从官举起了反叛大旗。他率领着一群走私客、一群半军事半民政的职员，还有他在威斯特伐利亚和汉诺威招募的武装农民。他率领这一群人向着卡塞尔进军，希望可以打这座城市一个措手不及。但是他在马格德堡城下遭遇了失败。年轻的威斯特伐利亚国王在处理这次暴动时采取的各种措施，以及展现出的魄力，在他的军队将领的支持下取得了很好的效果。但是德·恩贝格还是带着几个残兵成功地跑到了布伦瑞克公爵那里，后者那时是所有革命运动的灵魂。

　　不久之后，1806 年战斗时还在打游击的那位普鲁士少校席尔，率领麾下的 500 骠骑兵，以军事部署为借口离开了柏林。在城外，一个步兵营加入了他，这些人都是以前他手下的游击队员。在尝试攻击北德意志的堡垒但彻底失败之后，他退回到了威斯特伐利亚，去帮助德·恩贝格叛党的残余势力。当时的席尔觉得自己手上的部队足够多了，因此他尝试了去帮助围攻马格德堡的叛军。失败之后，他来到了易北河的下游地区。同时，布伦瑞克公爵正在缓慢地进入萨克森，想要和这位普鲁士游击队长会合。但是，后者此时正在向波罗的海沿岸移动，以期可以和英军舰队搭上线，从英国人那里获得自己缺乏的武器和弹药。席尔在尝试入侵马格德堡后，带着五六千名从普鲁士和奥地利军队中逃出来的马格德堡士兵，以及许多来路不明的人，进入了施特拉尔松德。他围绕着施特拉尔松德修筑了防御工事。格拉蒂耶[①]将军率领一支荷兰军队，在丹麦军队的辅助下，抵达了施特拉尔松德，并且迅速攻下了城市外围的工事。当时，两军在市内进行了激烈的巷战，席尔为了掩盖自己逃跑的路线，还打算放火烧城。不过，最终他没有得逞，包括席尔在内的所有叛军都被杀死了。

　　这边，布伦瑞克公爵进入了威斯特伐利亚王国。他还期盼着自

---

　　①　他是不是真的叫这个名字，存疑。——作者注

己公国原来的臣民会如潮水般涌向自己，争相为他而战。不过，他最终只不过是招募到了几个村民而已。奥地利因为自身的战局不利，也根本无暇关注这位公爵。他在四面八方的军队的夹击下，只得落荒而逃。最终他带着几个支持者一路跑到海边，被英国舰队给救走了。

这些暴动的尝试，获得了上述省份反法情绪的滋养，因为我军的征服改变了这些省份的形势，伤害了它们的利益。这些暴动是此后德意志整体暴乱的先声，反法同盟一直期盼着会发生这样的大暴动，但是大暴动真的发生，要到很久之后了。如果卡特、德·恩贝格、席尔以及布伦瑞克公爵那些组织恶劣的行动是同时进行的话，我们当时对北德意志的控制就会受到严峻的挑战。

奥地利战役及善后

总督指挥的意大利法军，在大军团取得的辉煌胜利的帮助和鼓舞下，得以一雪前耻。在战役刚开始的时候，他们甚至被迫撤回到了阿迪杰河。在帕维亚会战和其他几场遭遇战中，约翰大公指挥的奥地利军队丧失了半数士兵，意大利军团为此前的失败报了仇。我们的尖刀一直追赶着逃跑的大公，他直到跨过分割北意大利和奥地利世袭领土的边境线时才获得了一丝喘息的机会。总督依旧在对自己的敌人穷追不舍，他在 5 月 26 日抵达了布鲁克和大军团胜利会师。意大利军团的信使们纷纷出现在西梅林①，可算是一件大事。皇帝知道意大利军团离我们很近了，便提前派出自己的侍从官洛里斯东到那个方向去。意大利军团第 9 军的一名猎兵遇到了洛里斯东

---

① 维也纳东南的郊区。

将军派出侦察的第 20 军的一名猎兵。两名士兵先是互相打量了一下，当他们发现彼此都是法军士兵后，就热情地拥抱在了一起。欧仁亲王在两天之后抵达了埃伯斯多夫，皇帝亲自接见了他，并好好地表扬了他一番。这些表扬堪称实至名归。

约翰大公率领部队和自己的兄弟普法尔茨大公的军队会合了。欧仁亲王于是向着他们的方向开始进军，并在拉布①附近与之相遇，拉布是位于匈牙利的一个堡垒城市。6 月 14 日，他对这支合军发起了攻击，后者人数上比法军多出了 1.5 万人。敌军被彻底击溃了，死伤超过 6000 人。我军缴获了大量的旗帜和大炮。拿破仑向总督表达了自己对 6 月 14 日取得的大捷的满足，他将这场大捷称作"马伦哥会战的孙女"，以示对其的纪念。8 年前，正是在同一个地点，我们赢得了马伦哥会战的胜利。24 日，我军进入了拉布防御严密的要塞，里面的 2500 名守军成了我们的俘虏。

洛堡岛已经成为马塞纳元帅的军团守卫的一个巨型加固营地。或者，我应该这么说：洛堡岛成了一个环绕着防御工事的要塞。守卫它的是炮兵阵地中的 120 门大口径火炮、臼炮以及攻城榴弹炮。我们在那里修筑了三座坚固的桥梁，足以抵御任何威胁。桥头的防守区域有 1600 托阿斯②那么宽广，由棱堡组成，还环绕着充满水的壕沟。皇帝在美泉宫逗留的那一个月里，还是像以往那样忙碌，经常来到埃伯斯多夫巡视：主要是针对修筑桥梁以及在维也纳周边准备足够的军队以备不时之需。拿破仑对医院的惦念也有所体现，他派出自己的侍从官造访那里。他们收到的命令是，为病床上的每一位士兵准备 60 法郎，为每一位军官准备 120 法郎。

① 今匈牙利的杰尔，拉布是德语名称。
② 大约等于 3000 米。

当军队已经休整完毕，火炮重整完毕，各种弹药和军需物资也都准备妥当之后，皇帝离开美泉宫，并把自己的大本营搬到了埃伯斯多夫。7月4日，大军集结在洛堡岛上。当天晚上，尽管雷电交加，风雨大作，军队还是以极好的秩序，跨过6座事先准备好的桥梁，走出了洛堡岛。出于对士兵的保护，我们还在河面上准备了防栅，那是在2个小时内以惊人的准确度准备妥当的。

大军渡河的这段时间里，我和对外事务大臣德·尚帕尼先生待在一起。我们待在皇帝位于埃伯斯多夫的住所的一个房间里，焦急地等待大军渡河的结果。听到屋外撼天动地的雷声，以及仿佛要把我们淹没的大雨的激流声，我们都有点气馁，也不知道到底这样的条件对我们的行动是有益还是有害。终于，在天要破晓的时候，我们听说这个勇敢的任务获得了圆满的成功。那个可怕的夜晚过后，迎来的是一个美丽的白天。敌人本来被河流另一边的形势误导，觉得我军肯定过不来。当他们看见15万大军突然出现在埃伯斯多夫的原野上时，别提有多惊讶了。他们本来以为这支大军，还有配属的400门大炮都在遥远的另一边，这下却突然像变魔法一样，来到了自己跟前。当天晚上，我军开始攻击一个战略要地。这场战斗就是瓦格拉姆那场大战的序曲，大战的打响是在6日，即第二天早上。我那一整天都在战场附近，骑马陪伴在采尔尼切夫和戈尔戈利两位上校身旁。他们两人都是沙皇的侍从官，是被派到皇帝身边来的，碰巧在大本营里。对于自己没有在战斗中被皇帝召唤到身边担任随扈一事，这两位军官还有些许不满。其中一位还发牢骚说皇帝把他们排除在外，肯定是因为他们佩戴的白色羽饰。

当天晚上，我来到了皇帝的营地。拿破仑刚刚来到营地旁，就听到有人大喊："自求多福吧！"这引发了营地的一阵恐慌。不过幸好，人们很快就平静下来。原来，有一支迷路的敌军碰巧撞上了我军的哨卡，引发了这起闹剧。

瓦格拉姆会战是一场血腥的战斗。奥地利军队丧失了 2.5 万名士兵，奥军还阵亡了 3 名将军。我军的损失虽然要小一些，但是我方也阵亡了 3 名将军，其中包括拉萨尔将军。他是我军阵中最优秀的军官之一。在战斗的前一晚，不知道是不是预感到自己大限将至，拉萨尔将军给皇帝写了一封感人的信，拜托皇帝以后要多多关照他的孩子。

战斗结束后，拿破仑骑马在战场上来回奔驰，嘱咐人们转移并照顾伤员。这项工作他从来都是亲自去做的。他还会时不时地命令大家都安静，这样他好分辨伤员的呻吟声。当他手头上没有其他士兵要照顾或者没有其他紧要事情的时候，他会亲自骑马前往呻吟传来的方向，如果他当时很忙，他也会派人去帮忙。他时常会让自己的随从四下散开，为的就是可以更好地搜索和帮助伤员。

人们经常会谈起有关乌代的事情。他是第 9 步兵团的上校，在这场会战后因为伤势过重不幸殉国。那些专注于军中的秘密团体，或是军事阴谋论的历史学家们搜集了许多毫无根据的流言，把这位上校塑造成了这些臆想出来的团体的领袖，还说他是被人奉拿破仑的命令处决的。之前已经有人轻易就证明了这样的诽谤是空穴来风。不过，这件事情的荒谬程度本身就足以将其证伪了。

瓦格拉姆会战结束之后的第二天，皇帝正在视察军队，封赏有功之人时，遇到了麦克唐纳将军。他向后者伸出手，作为和解的象征。麦克唐纳将军是莫罗的朋友，此前很长的时间里都不受重视，被从军队里剔除了出去。在他申请重新为国效力后，拿破仑出于对他才能的重视，派他去指挥意大利军团的右翼，隶属于欧仁亲王。麦克唐纳将军和乌迪诺将军以及马尔蒙将军一起，被皇帝晋升为了法兰西元帅。

法军在瓦格拉姆的大捷并没有摧毁奥地利军队。后者尽管承受了巨大的损失，但还是有序地撤走了。要等到 8 月 11 日，列支敦士登亲王约翰才以停火谈判代表的身份来到兹纳伊姆①，他还表示，自己甚至获得了开启和谈的授权。提议进行停火谈判的是卡尔大公，他当时享有无限的权力。但是，已经撤退到布达②的奥地利皇帝拒绝批准停火协议，还撤掉了卡尔大公奥军总司令的职务。拿破仑向后者送去了一枚荣誉军团的骑士勋章。5 天后，弗朗茨皇帝幡然醒悟，接受了停火协议。当时他心里的小算盘是，接受停火协议后，他可以在停火期间做好撕毁停火协议的准备。拿破仑皇帝将部队都安排到停火协议指定的区域后，动身前往美泉宫。和会在阿尔滕贝格召开，双方派出的代表分别是德·尚帕尼先生以及冯·梅特涅先生。谈判的进展异常缓慢，因为奥地利代表一直在拖延时间，肯定是一心指望着英军对瓦尔赫伦岛③的进攻可以分散我们的注意力。皇帝干脆就把自己的对外事务大臣召回了维也纳。拿破仑的坚定终结了奥方的躲躲闪闪。10 月 14 日，在拿破仑的注视下，德·尚帕尼先生和列支敦士登亲王签署了和约，后者那时已经接替了梅特涅的职务。

尽管拿破仑想尽办法隐藏自己的感受，但他当时遇到了一件事情，对他产生了极大的影响，这件事情很有可能促使他加快了签署和约的步伐。10 月的某一天，中午时分，拿破仑在美泉宫检阅部队。这时一位年轻男子突然朝着皇帝走来。他手上拿着一张纸，当时人们都觉得那是一份陈情书。旁人告诉他，他应该把陈情书交给当值的侍从官拉普将军。但是他坚持要当面和拿破仑说话。不管我

---

① 今捷克的兹诺伊莫。
② 匈牙利首都。
③ 位于荷兰外海的岛屿。

们多少次把他赶走，他都会跑回来。他的这份坚持显得很是可疑。他那坚定而冷静的表情，他的眼神，还有他一直藏在胸口的右手，都引起了拉普将军的注意。将军下令把他抓起来，并带回宫中。所有这一切都是悄悄完成的，没有引起任何人的注意。此后，我们在这个年轻人的身上搜出了一把硕大的厨房刀。他是埃尔福特大学的一名学生，名叫施塔普斯。当人们问起他想用这把刀做什么时，他毫不犹豫地回答，他想杀死拿破仑。皇帝在返回宫中后得知了此事，他命令把这个年轻人带到会客厅来。当时，纳夏泰尔亲王、贝尔纳多特、迪洛克将军和萨瓦里将军都在大厅里。施塔普斯坚毅且决绝地朝拿破仑走去。他向拿破仑承认，尽管法国君主没有做什么伤害自己的事情，但是自己就是打算要杀死他的。他宣称他坚信，如果杀死了皇帝，那么他就是为自己的民族，为欧洲做了一件大好事。最后，他还补充说自己既不疯也不傻，而且自己也没有把这个计划跟任何人提起过。当时，科维萨尔医生也在美泉宫，皇帝马上派人把他找来，并问后者这个年轻人身上可有一点疯了的迹象。医生在测量了他的脉搏之后表示，自己没有在这个年轻人身上找到任何神经错乱的症状。拿破仑被这个人的狂热震惊了，同时，他的心中也充满了对这个早熟的杀人犯的怜悯。他提出，只要这个年轻人愿意就自己打算犯下的卑劣罪行真心悔过，他愿意赦免后者的罪过。施塔普斯拒绝了所有对他的赦免，他还说自己对于没能执行计划感到很是懊悔。"但是，"拿破仑说道，"你还有家庭，你这么做会毁了他们的。你会让深爱你的少女心中充满绝望。如果我饶你一命的话，你会感激我吗？""就算这样，我还是会杀了你的。"拿破仑没有回答他的话，就下令把这个年轻人带走。他希望在这个年轻人筋疲力尽后，他可以表示自己的悔根，并透露一些有用的信息。施塔普斯在此后的3天里不吃不喝，并且一直一言不发。他走上刑场的时候，口中还在高喊着："德意志万岁！杀死暴君！"拿破仑在从维也纳去往慕尼黑的路上获知他已被处决。

与奥地利达成的和约中，公开和秘密条款加在一起，总共让这个强国割让了 350 万居民的领土，其中大部分领土都落入了和法国结盟的国王和亲王们手中。秘密条款还要求，在法英战争期间，奥地利要将自己的陆军规模限制在 15 万人。同时，奥地利要遣散自己的军队、政府和宫廷中雇用的所有出生在法国领土上的人。最后，奥地利还要支付 8500 万法郎的战争赔款。

和约的一个条款为华沙大公国增加了 150 万人口。我们又向重建波兰这个方向迈出了崭新的一步。为了就此获得俄国的支持，我们将乌克兰边界处的一块领土及其 40 万居民划给了俄国，后者也参与了和约的签订。俄国这次也欢欣鼓舞地收下了这片领土，就像当年在提尔西特愉快地接受了盟国普鲁士的比亚韦斯托克那样。人们可能会认为，俄国这只是在临时为其盟友掌管领土，等到形势允许的时候，是会还回去的。不过，虽然此后在 1814 年和 1815 年发生了那些事情，但俄国从没想过要把这些领土还回去。

俄国政府在此次战争中的表现，看起来是认可了我们给华沙大公国画下的边界。亚历山大正是在华沙警告奥地利不要再次对法国动武。虽然拿破仑没有任何理由相信俄国政府会真的解放自己统治下的前波兰省份，他也知道，进一步谋求解放波兰人在俄国人眼中会显得很有威胁性，因为他们在瓜分波兰时抢到了很大的一块。但是，他依旧有从充分的理由认定自己对亚历山大沙皇已经没有任何的义务了，后者根本就没有履行他们在埃尔福特许下的承诺。拿破仑此前还希望俄国可以像之前在反法同盟内部帮助盟友那样与自己合作，但是，他这次彻底失望了。俄国派出的部队只有 1.5 万人，由戈利岑亲王率领。他拒绝和法军进行任何意义上的合作。这支军团做的所有事情就是在波兰人已经取得了权威的地方重新确立奥地利政府的权威。同时，他们还出人意料地抢先波兰人一步进入了克拉科夫，并且拒绝波兰人入城。当波尼亚托夫斯基亲王威胁要强行攻城之后，俄国人才同意和波兰人共同占领克拉科夫。这样的态度让拿破仑看清了自己完全无法仰赖与俄国人的盟约，不过他将自己的恼怒隐藏了起来。如果他那个时候就知道施瓦岑贝格亲王前往圣彼得堡所担负的任务，不知道他会怎么想呢？这位特使此后担任了奥地利驻巴黎大使，并负责在拿破仑和玛丽·路易莎公主的婚姻之间牵线搭桥，之后他还在1814年的时候担任了联军的统帅。当时，这位特使身负的任务是敦促俄国加入奥地利一方，加入那场刚刚结束的战役。亚历山大的确拒绝了这些提议，但是动机可不是他告诉我们驻圣彼得堡大使的那些：沙皇当时向我们表示，他对于维护提尔西特联盟有坚定的决心，并且他会和我们合作击退奥地利对其盟友那不义的进攻。亚历山大沙皇真正的动机是要为未来那场不可避免的大战争取更多时间来做准备。当时，他的军队一支在瑞典，一支在土耳其，都距离本土太遥远，因此他暂时无力对我们发动战争。后面这个才是促使亚历山大拒绝维也纳政府发来请求的唯一且真正的动机。他的回复并不代表俄国背叛了奥地利，在拿破仑倒台后，从俄国政府发布的宣告中，我们就可以得知，这个回复根本不是真心的。毋庸置疑，如果在1809年，俄国真的想要阻止奥地利对我们宣战，只要知会维也纳政府一声就足够了。很不幸的是，这就是亚历山大沙皇真正的想法。人们都说，穆斯林不会把他们对异教徒许下的诺言当回事，而联军对我们的态度，大概和土耳其人也没什么不同吧。

　　双方此时互相都有不满，而我接下来要讲到的拿破仑的婚事，更是进一步毒化了本已紧绷的法俄关系。法国认为自己出于道义也必须重建波兰王国，而俄国则对此怀有明显的敌意。两个强国之间的利益分歧让巴黎和圣彼得堡的政府在经历了一系列口舌之争后，最终分道扬镳。

一个匈牙利代表团来到美泉宫面见了皇帝。他们是来请求皇帝的保护，并争取后者支持他们和奥地利完成分割的。当时，拿破仑曾经想过要将维尔茨堡大公扶上维也纳的皇位，但是他并没有下定决心。匈牙利暴动和奥地利继承人变更这两件事情在当时很有可能让他深陷其中无法自拔，因此他没有让自己卷入到这些事情中去。考虑到上述这些事情，再加上他已经离开法国太久，国内又出现了使人生疑的形势，都促使他草草签署了和约，尽管他那时对这份和约并没有什么信心。此后，拿破仑经常会为两件事情而埋怨自己：一是他让奥地利保存了太多的实力，无法保证未来的安全；还有就是当年在奥斯特利茨战役后，他没有一鼓作气乘胜追击，彻底摧毁俄国和奥地利的军队。他没有忘记 12 年前当法军在莱奥本的时候，奥地利匆忙和法国求和①。但是，当他去往埃及后，奥地利就马上重新拿起了武器，直到输掉霍亨林登战役后，才同意签署《吕内维尔条约》。此后，当奥地利发现我们正在全身心地准备对英国的远征时，又忙不迭地对我们宣战。直到输掉了奥斯特利茨战役后才签署《维也纳条约》。那次，弗朗茨皇帝在萨尔－乌什茨的会面中保证不再对法国宣战。但此后当皇帝在西班牙的遥远角落追逐英军时，奥地利又想来个出其不意。等到我军第二次攻占维也纳后，奥地利政府才同意签署和约。

---

① 1797 年签订的《莱奥本条约》是大革命后，法国和神圣罗马帝国之间签署的第一份和约。

　　而英国人看到皇帝的注意力都放在德意志战场上，同时指望着艾斯林战役的结果会给后者带来大麻烦，于是尝试着对瓦尔赫伦岛发动了攻击。他们发动这次攻击并不是为了缓解盟友的压力，而是想要夺取安特卫普的船队，并一把火烧掉它们，摧毁船坞的设施：这实在是很有英国特色的战略目标。拿破仑的远见卓识确保了我们在岛上的巨大海军船坞获得了充足的保护。当关于瓦尔赫伦岛受到攻击的第一份报告传递出来时，周边数个省份各阶级的民众就都自发行动起来。还没等陆军大臣下达命令，人力、马匹、马车、补给和草料就被提供给了政府的工作人员。后者要做的唯一工作，就是调整分发这些物资。国民卫队也快速组织起来。当时，贝尔纳多特元帅已经被剥夺了他在德意志领导的第9军的指挥权。皇帝以送他回去泡温泉疗养为借口把贝尔纳多特送回了法国。事实上，皇帝出于种种原因已经对后者很是不满了：贝尔纳多特不服管束，且性格乖张；他还总是喜欢吹牛。之前他总是在信中抱怨自己麾下的萨克森士兵既懒惰又没有活力，但是之后又自作主张地把瓦格拉姆会战胜利的功劳全部揽到了这些萨克森士兵身上。尽管这位元帅知道拿破仑本不会选择自己去对抗入侵的英军，他还是贪婪地抓住这个机会，不顾皇帝的劝告，把自己塑造成了对抗英国不可或缺的人物。他的朋友富歇则在皇帝耳旁说，皇帝必须向世人证明，不需要拿破仑的帮助，法军也可以抵御国土并把敌人赶走。因此，在富歇的助力下，贝尔纳多特成功地被陆军大臣送去了安特卫普。当他到达那里的时候，英军事实上已经失败了，他们并没有达成目标。但是，在现场以高亢的热情指挥了战斗的荷兰国王路易，看到贝尔纳多特来了，而自己又没有收到任何更换总指挥的命令，很不高兴地返回了阿姆斯特丹。虽然贝尔纳多特将锣鼓敲得震天响，其实他做的事情和克勒曼、蒙塞以及贝西埃尔三位将军差不多，但是，人们很少

谈论起后面这三位将军。各军将士的热忱，士兵们的奋勇，再加上
国民卫队以及当地居民的全情投入，还有皇帝从美泉宫下令采取的
有效措施，以及英军指挥官的无能，所有这些要素集合在一起，共
同导致了这次计划的彻底失败。被迫夹着尾巴逃跑的英军远征部队
丧失了三分之一的人员和物资。这一重要计划的不幸失败直接导致
了英国政府垮台。每位大臣都极力推诿，并把失败的责任推卸到同
僚身上。这样的结局不禁让人想起拉辛在悲剧《伊菲莱涅亚》中
写下的那句名言。剧中的两位作者（勒克莱尔和科拉）在要求人
们承认他们的作者资格时，是这么说的：

> 但是当剧本被写出来，
> 就成了烫手山芋，没人想要啦！

讲到这次战役，我就要连带着讲一下皇帝是多么注重他的部队
必须由勇敢而受过良好教育的人指挥。提拔人员的名单都是由陆军
大臣提交给他的。拿破仑派出了他认为最适合这份工作的侍从官来
为名单上的人分门别类，权衡每个候选人的优点，并将最终的分析
结果送来给他签字。因为他认识麾下的军官，所以他在做选择的时
候是很有分辨力的。当各支部队经过巴黎时，皇帝总是会检阅部
队，这可不是单纯的空洞游行。他总是会借这样的机会来交叉询问
他不认识的军官，并且让他们在自己的眼前指挥部队并执行军事战
法。而那些不按常理出牌的军事战法，总是会让某些学院派的军官
感到无所适从。当拿破仑认为一些军官的表现不怎么让他满意时，
他就会要求他们学习这些战法，并让负责指挥的上尉和将军督促他
们。如果有机会的话，他总是会亲自验证，看看他们有没有从中学
到东西。

在检阅军队时，甚至是在战场上的时候，皇帝都会单独拉出一个团，并把其中的军官都叫出来。他会一个个地询问这些军官的名字。他会让这些军官提出他们认为最应该被提拔或最应该获得勋章之人的名字，然后，他会让士兵们也这样做。由同志们提供的这些证词，将各支部队紧密地团结在一起，各支队伍都充分相信并尊重对方。由此而来的晋升，是由士兵们自己提出的，因此在他们眼中也格外有价值。这样的军队封赏仪式就像是家族聚会。有一次，大家向皇帝推举出了一名最勇敢、最优秀的下层军官。他的上校虽然同意此人拥有所有好军官所必需的优秀品质，却遗憾地补充说，自己无法推荐此人接受晋升，因为他有一个严重的缺点。"什么缺点？"拿破仑马上问道。"陛下，他既不会读书也不会写字。""我任命他为军官，上校，您必须接受这一点。"

在检阅士兵的时候，拿破仑也会趁机了解士兵们有没有什么需要，他们的军服和装备状态如何，他们的口粮质量如何，以及军法执行是否严格。每名士兵都可以离开队伍，直接和皇帝谈话，向皇帝献上武器，向皇帝提出请求，或是向皇帝投诉。皇帝永远不会忽视任何一个请求，他会第一时间对它们做出回复。如果提出的请愿有理有据，一般都会得到满足，除非请愿的性质使得我们必须对其做进一步的了解。尽管如此，大概从来没有人在这样的场合向皇帝提出过轻率或莫须有的投诉。

在维也纳举行的一次类似检阅中，拿破仑了解到有一些部队收到了质量不合格的服装和装备，还存在侵吞补给和草料的现象。当人们把相关的信息摆在他面前时，他下令要调查此事。此后的报告确认，这些投诉并非虚构，拿破仑于是向审讯罪魁祸首的军事法庭发去了命令。这些人都被判了死刑。皇帝拒绝了所有为他们求情，希望皇帝特赦他们的人，因为他打算杀鸡儆猴。这一严苛的判罚对所有玩忽职守的人都敲响了警钟。

我记得有一天，皇帝兴高采烈地走进工作室。"您想想看，"他对我说，"我刚刚抓到了一个人，这个人之前以不光彩的手段偷过我们意大利军团的东西。在督政府时期，上面有人保他。感谢上帝，这次让我又逮到他了，我要好好处罚他。"在最初那几次意大利战役期间，波拿巴将军在意大利领兵，这位 F——先生①则是一名军需商。他的所作所为引起了人们严厉的控诉，许多人都向督政府举报他在提供军需的过程中贪污腐败，背信弃义。但是，这位军需商没有受到任何惩罚，全身而退。自那以后，拿破仑就再没有听说过关于他的事情了。我也不知道，拿破仑是怎么嗅出这个人的味道，发现他重出江湖的。他向我口述了命令，要把这个人抓起来严加审讯。但是呢，要么是这个人找到了某种躲避执法机关的方法，要么是拿破仑想到对这一丑闻的审判可能会牵连一些他不想牵连的人，所以他退缩了。总之，F——先生又一次逃脱了制裁。我讲这件事情主要是想证明，拿破仑真的是反对死刑的。同时，他的个人情感总会使他网开一面。在他这里，这种美德看起来总像独断专行。

在奥地利战役期间，发生了一件很重要的事：我们强行把教皇请出了罗马。除开那些关于教会纪律的问题之外，还有很多教会和世俗政治之间有巨大利益冲突的问题，它们都让皇帝和教皇之间产生了新的风暴。自从教皇回到罗马之后，法国的敌人就在不停活动：因为知道庇护七世对自己的法国之行有诸多不满，因为他本以为自己屈尊前往法国可以获得诸多让步，但最终结果让他大失所

---

① 这个名字在原文里就是这样誊写的。——编者注

望。无论怎么说，罗马此时都已经成为针对帝国的密谋滋生的温床。我们的各个敌人，尤其是英国的影响力统治着罗马城。当拿破仑要求教皇对亚得里亚海上的英国船舶关闭港口时，后者义正词严地拒绝了。教皇还表示，自己作为所有信徒共同的父亲，不应该加入任何针对自己孩子的联盟。这一答复引发了此后双方连续不断的书信往来。在皇帝这边，书信的语气一开始还是偏向和解的，之后就愈发有了威胁的意思。教皇这边，书信的语气则一如既往：固执，总是那么负面，字里行间带着额我略和圣波尼法爵①的印记，用的也是过时的语言。这样的言语激怒了皇帝，消磨了他的耐性，他看到自己的提议被教皇一个一个拒绝，自己从教皇那里什么都得不到了。罗马教廷对拿破仑的不满蒙蔽了这个政府的眼睛，让它没有意识到双方的力量多么不对等，于是，它在面对这位令人生畏的对手时继续选择螳臂当车。你可以说当时罗马教廷是要将讨论的内容极端化，并挑战皇帝。拿破仑于是下令我军占领罗马，在占领过程中不干涉教皇国的政府运作，对教皇和他的廷臣也要以礼相待。这一强制性的手段激起了教皇那些顾问的极端反弹。教皇的公使马上就被从巴黎召回了罗马，连告别礼都没有行。罗马对法国举起了自己教会和精神上的武器。在罗马的法军将领则获命要控制教皇国的政府，但是不要干预教皇在精神领域的活动，也要尽力保证这个国家的平稳。局势逐渐严峻起来：教皇在发布了开除教籍的谕旨后，就把自己关在了教皇宫里。宫殿的周围绕着一圈路障，还有佩带武器的人员把守。当虚假的报告在罗马城中散布法军因为埃斯林战役而处境危险时，城中居民也被调动起来了。教廷支持者们的公开反对，对于占领罗马的法军来说变得越来越危险。我们担心双方

---

①　两人都是公元 6~8 世纪时的天主教圣徒。

之间会发生巨大的冲突，这样一来，庇护七世也会身处险境。教皇此时依旧固执地坚持把自己关在房间里，对于总督的要求也是充耳不闻。他也依旧无法安抚已经沸腾起来的大众舆论。因此，我们的总督决定自己行动起来，将教皇请出罗马：我们在7月6日到7日的这个晚上，进入教皇宫中绑架了教皇。当人们在执行这一极端措施时，皇帝正在瓦格拉姆的战场上。教皇在面对皇帝的要求时，一概拒绝，并且愈发固执，这肯定让拿破仑预见到了未来可能迫于情势要采取这种强力手段。但是，拿破仑否认自己下达过绑架教皇的命令。他肯定不希望教皇如此唐突地离开意大利。但是，托斯卡纳女大公和皮埃蒙特总督因为没有接到相关的命令，都不愿意在佛罗伦萨或是都灵接待教皇。皇帝又不希望反对罗马总督，他不能也不想把教皇送回到后者的首都去。因此他下令把教皇送到萨沃纳，因为这条命令发出的时候，后者已经经过了佛罗伦萨和都灵。教皇到达萨沃纳后，居住在当地的主教宫中，受到了大家的礼遇。

瓦格拉姆战役后，皇帝在自己生日那天犒赏全军，为很多人加官进爵。那天的庆祝活动在维也纳举办，所有军团都参加了。贝尔蒂埃、马塞纳以及达武三位元帅分别被封为了瓦格拉姆亲王、埃斯林亲王以及埃克米尔亲王。就像我之前提到过的，麦克唐纳、乌迪诺以及马尔蒙三位将军被晋升为元帅。戈丹、尚帕尼、富歇、雷尼埃、马雷以及克拉克等诸位大臣则被分别封为加埃塔公爵、卡多雷公爵、奥特朗托公爵、马萨公爵、巴萨诺公爵以及费尔特雷公爵。

同时，皇帝颁布法令，建立了金羊毛骑士团。通过此举，拿破仑既希望可以更好地表彰勇猛的士兵们，也希望可以胜过西班牙和奥地利的金羊毛骑士团。同时，他还希望借此可以复兴勃艮第公爵好人菲利普创立的那个骑士勋位。他希望借此来和西班牙以及奥地利的骑士团竞争勋位，假以时日，他可以消灭后两者的骑士团勋章。所有法国子民都会被禁止接受来自这两国的勋章。获得金羊毛勋章的所有条件集合起来，让这一勋章凌驾于荣誉军团勋章之上。尽管拿破仑颁布了建立这一勋位的法令，但是并没有人真的获得这一全新勋章。不管拿破仑出于什么原因弃用这一法令，事实就是，他此后再也没有提起过这件事情。

另外一条命令则是要在巴黎新桥对面的土台上竖立一座方尖碑，材料要选用瑟堡的花岗岩。方尖碑上要刻上这样的文字"拿破仑致法国人民"。基座的浮雕描绘的是耶拿和波兰两场战役中的主要场景。

有一次，皇帝犯了一个错误。现在想来，这个错误的结果大概并不怎么危险，但要是没有挽救回来，肯定会很棘手。我没记错的话，那时皇帝应该是在美泉宫，那时我们已经和奥地利签署了和约。皇帝当时写好了两封信，一封给奥地利皇帝，另外一封给沙皇。那天，他想要亲自把这两封信装进预先写好的信封里，权当消遣。在封好了其中一封后，他把它带出去交给了等候在门外的奥地利将军，后者正在等着拿走给自己君主的信。在拿破仑封上另外一个信封之前，出于审慎考虑，我看了一眼那个信封，赫然发现那个信封上写着奥地利皇帝的名号：也就是说，交给奥地利皇帝的信被放在了给沙皇的信封里。我们马上派出一名信使，要全速赶上那名奥地利军官：他身上带着的那封信是给沙皇的。这种"以物换物"[①]，如果再次发生，指不定会产生什么恶劣后果呢。自那以后，皇帝变得异常小心谨慎：他每次想要亲自用那个漂亮的油封封上信件的时候，最终都会把信件给我，然后说，这么重要的事，他还是

---

① 原文是拉丁语：Quid pro quo。

交给我来做比较好。

又有一次，一位穿着丧服的女士带着两个年幼的孩子来到了美泉宫，他们是来向皇帝请求赦免某人的，但皇帝不得不拒绝了他们的请求。整件事情是这样的：当时，国内有一些出身优越的人，聚集在一起打家劫舍。虽然他们的行径引起了全国民众的控诉，但他们自己夸耀说，他们打劫旅人和马车是在继承旺代党人的遗志。有一位叫东布雷或者孔布雷（德·卡昂）的夫人，和这些人扯上了关系。这些匪徒每次都会把打劫的成果带到她位于路边的乡间宅邸中，然后将这些赃物瓜分干净。这些损害公共安全的犯罪行为让整个省份充满恐慌，拿破仑自然下令严厉打击这样的行为。德·孔布雷夫人因此被逮捕，被判有罪，并处以刑罚。不知道是谁给她出了这个主意，她宣称自己怀孕了，因此获得了缓刑的机会。尽管我们都知道她并没有怀孕，不过她还是借着缓刑的这段时间，四处找人求情，以获得赦免。皇帝对这个人的突然出现很是吃惊，因为此前他既没有收到请求赦免的报告，也没有收到任何可以帮助他做出决定的文件。因此他埋怨了警务大臣：后者竟然允许这个人随随便便就来到距离巴黎 400 里的地方请求他的赦免，然后这个人又因为没有获得赦免而憎恨自己，但是本来就不可能赦免她啊，因为这件事情没有先例。他对这位戴罪的女士解释说，他很遗憾她长途跋涉最终却一无所获。他告诉她，自己的大臣并没有向自己提供任何相关的信息。他还补充说，她牵扯的罪行，不幸属于自己无法赦免的罪行。最后，他说了几句话，表示自己真的无能为力。然后他下令要人们好好对待这位请愿人。我在这里提起这个故事，是因为人们经常以此为由攻击拿破仑没有人性。我觉得读者们可以做出自己的判断。

拿破仑在维也纳逗留的那段时间里，维也纳的市民都饱受饥饿之苦。因为奥地利官员禁止人们运送任何补给进入城内，他们害怕法国士兵也能从中分一杯羹。皇帝此前准许维也纳市派出一个代表团，到奥地利皇帝那里请求他收回成命。但是代表团无功而返。拿破仑被维也纳市民的苦难深深地触动了，他造访了维也纳的各个郊区。并且和军队的军需主管一起，为减轻他们的痛苦想了很多方法。鉴于冬天马上要来了，他批准维也纳的穷人可以到皇室森林中去伐木。在接下去的几天时间里，我们看到了一批批拉着在森林中砍的木材的人从我们面前走过。拿破仑总会在力所能及的范畴里，避免民众遭受战争的困扰。

1809 年，拿破仑在维也纳再次见到了那位著名歌唱家克莱仙蒂尼，后者是意大利剧院里的一颗明珠。他欣喜地记得，此前克莱仙蒂尼在米兰唱响过那些歌颂法兰西军队荣耀的康塔塔。尽管这位聪慧的歌唱家已经不再年轻，拿破仑还是将他收入帝国交响乐团，并把他送去巴黎，给了他 3 万法郎的年薪。自那以后，克莱仙蒂尼就不再公开演唱了。当年岁增长和身体虚弱削弱了他的音色后，皇帝任命他为博洛尼亚艺术学院的教授，他在那里受命创作了一本关于歌唱艺术法则的书。皇帝还为他颁发了铁王冠勋章。虽然他的教授头衔让他可以凭借在音乐上的造诣获得这一荣誉，但皇帝在授勋时其实还有另一个打算。皇帝为克莱仙蒂尼授勋，其实也是在做一个实验，因为他想要为塔尔玛颁发荣誉军团勋章。在古典音乐的家园意大利，为一名歌唱教授颁发勋章，作为对他出色才华的奖赏，在意大利引起的反对声应该会比在法国小。即便是这样，意大利各界还是广泛批评了这个授勋的决定，因此皇帝也不得不承认，自己的权力尽管很大，但还不能为所欲为。面对舆论，拿破仑认为自己不得不打消授勋的想法。纵使这些反对的声音在原则上都是值得嘉奖的，但他还是很遗憾自己没能向塔尔玛这位优秀的艺术家致敬。

他很敬重后者举世无双的才能。

在 1809 年战役期间，皇帝的首席医生科维萨尔来到了维也纳。他一出现在大本营，人们就以为是不是拿破仑已经病入膏肓了，英国政府尤其注意到了这个情况。皇帝当时的确因为战事操劳，染上一些小病，但并不严重，他依旧可以骑马或是进行会晤。这也不是科维萨尔来到维也纳的唯一原因。这位医生是出于好奇心以及对科学的兴趣主动要求来到维也纳的。他想要参观一下这座首都中的医学机构，同时和奥地利皇帝的首席医生弗朗茨聊聊天。同时，军中那时开始零零星星地出现痢疾的病例，人们都害怕会发展成疫情，因此我们也很需要科维萨尔的建议。我还记得，皇帝因为科萨维尔做的一个危险举动还开了后者的玩笑：当时科萨维尔正在瓦格拉姆的战场上巡视，刚好有一枚激战时遗留下来的炮弹，他就凑上前去，但那颗炮弹还没爆炸呢。

和约签订后，拿破仑马上就离开美泉宫返回了法国。离开前，他下令摧毁维也纳的防御工事和堡垒。他对于前两次被这座都城的高墙挡住去路的经历还记忆犹新，而且他一直觉得自己还会第三次回到这里，因此他想到了那时这座城市充足的城防可能会给他带来的麻烦。临行时做出这样的行为，让维也纳的市民很气馁。这一谨慎的预防措施，在他们看来是一种羞辱。在和约签订后做这样的事情，在他们看来是拿破仑出于怨恨在打击报复。

此后，拿破仑来到宁芬堡①，在那里逗留了两天，等待奥地利皇帝批准和约。和约一经批准，他就告别了巴伐利亚国王，继续启程返回巴黎。路上，他在斯图加特停留了一天，经过了斯特拉斯

---

① 宁芬堡宫，位于慕尼黑，是巴伐利亚国王的夏宫。

堡，没有停留。之后，他在让德尔，乌迪诺元帅的家里逗留了几个小时。10 月 29 日上午 9 点钟，皇帝抵达枫丹白露宫，他并没有提前通报他的抵达。因为没有提前接到通报，约瑟芬皇后没有出来迎接他，拿破仑以此为借口，发了点脾气。当时他脑海中已经在酝酿那份痛苦的宣告了，他似乎想要在宣布消息之前，先制造一点摩擦。事实上，他那时候已经彻底下定决心要和约瑟芬离婚了。在接下去的 3 周里，他在枫丹白露宫举行了规模宏大且引人注目的枢密院会议，但关于离婚的事情，都是他自己准备的。

在他返回巴黎后，11 月 16 日，拿破仑听闻前伊特鲁里亚王后参与到了各种各样的密谋中。当时，她正和她儿子以养病为由在尼斯隐居。她曾给英国摄政王写信，向后者提出，自己可以去影响那些关押在法国南部各个兵站的西班牙战俘。她还告诉摄政王，自己一旦出现在西班牙，就会给法国带来很大压力。前王后彻底搞错了状况。自始至终有危险的都只有她而已。皇帝不打算让英国人手里有更多可以进一步恶化西班牙形势的砝码，因此下令将她带去罗马。她被塞进了一所修道院，院长刚好是她的亲戚，一位帕尔马女大公。拿破仑向西班牙国王卡洛斯四世通报了此事，并向后者指出，因为他女儿的卑劣行径，我们都做了哪些预防性的措施，卡洛斯四世当时正住在马赛。

在接下去描述皇帝的离婚和大婚这两件大事之前，我觉得可以简短回顾一下当时西班牙半岛的局势。相比西班牙人毫无组织的起义，奥地利对拿破仑宣战，迫使他离开西班牙这件事更好地帮助了反法同盟。拿破仑的缺席，对我军在半岛的影响是巨大的：我军此后的行动都缺乏整体感和协同性。虽然我们取得了不少大捷，但都没有及时跟进，没有打出决定性的战果。指挥不统一，以及元帅之间互相攻讦都使我们无法收获胜利果实。为了补救这一状况，拿破仑将约瑟夫国王的少将从儒尔当元帅替换成了年纪更小、更熟悉皇帝本人打仗风格的苏尔特元帅。至于葡萄牙，已经被抛弃了。在东部地区，我们的军事行动取得了更大的战果。絮歇将军被任命为阿拉贡部队的指挥后，在当地恢复了秩序和繁荣，并且取得了许多胜利。夺取了阿拉贡和加泰罗尼亚的诸多堡垒，以及在瓦伦西亚的行动都为这位将军赢得了元帅的权杖和阿尔布费拉公爵的头衔。

我还要补充一件可鄙的事情：费尔南多在看见自己国家的人，曾经也是他的臣民，被打得节节败退后，赶忙来向皇帝和皇帝的兄长致以最诚挚的祝贺。在贺词里，他用最卑躬屈膝的词语，展示出对帝国意志的忠诚以及绝对的臣服。

第九章

婚变与新婚

自从 1792 年以来，欧洲就一直没有中断对法国的战争，这是一场誓要灭亡法国的战争，法兰西经受住了考验。敌人的怨恨非但没有打垮她，反而让她变得更强大。皇帝觉得，与一个外国公主联姻，可以安抚这些强国的焦虑情绪。如此一来，他们也就没有理由害怕我们的革命宣传了。同时，这一纽带也将进一步让大家认可他的荣耀，这样可以尽可能地减少法国在最终达成和平时需要归还的东西。总而言之，这一切都是为了长治久安。他也预见到了，自己没有亲生的继承人，会让帝国在自己死后落入敌人的手中。此前亚历山大大帝留下的帝国就是这样分崩离析的。但是，真的要离开这个自己长久以来一直深爱的人，还是让拿破仑犹豫了很长一段时间。出于政治考量，为了未来的世界和平，他不得不这么做。他的年龄也不允许他继续犹豫下去。有人说，他是想要让自己的血脉和王室血脉混合在一起，爱慕虚荣才这么做的。但是，我们可以扪心自问，他有什么好羡慕这些王室的呢？不论是伟大、天资或是权势，他都没什么好羡慕这些王室的。如果虚荣真的在他的行为中扮演了一个角色，或者在这件事上拿破仑的确不敌人类的弱点，那么起码它在他做出决定的过程里是没有太大声音的。欧洲的统治家族

490 帝国浮沉：关于拿破仑一世的私人回忆（1802～1815）·上

趋之若鹜，想和他联姻结盟，但在他眼里，这并没有提升这些联盟的意义或是价值。不过，他由此的确更加肯定了，他可以从联姻中获得自己想要的好处。

不久之前，富歇曾经在没有获得任何许可的情况下，私自去找约瑟芬皇后谈论过离婚的必要性。同时他还四处散布消息说皇帝马上就要离婚了。拿破仑就此严厉地斥责了他，因为当时拿破仑自己都还没有就此做出最终的决定。同时，他也急切地希望避免可怜的皇后太早为此事而伤心。他也不希望让她一直活在离婚的威胁之中，这样对双方都不好。①

到了1809年年底，当拿破仑从枫丹白露宫返回巴黎后，他已经下定决心要开启这个严肃的问题了。在他做出这个痛苦牺牲的几周前，他就让皇后开始怀疑他正在计划离婚了。他并没有直接去跟皇后说这件事情，相反地，他采取的方法是间或给她提供一些暗示，让她自己去思考。人们总是说这个男人冷酷无情，但是他其实最见不得人掉眼泪，他对这样的场景总是毫无抵抗力。两人有时会因为约瑟芬的疑心引起嫉妒从而引发争吵。我有几次看见，皇帝在争吵过后的心情是如此的糟糕，他会在书房里静坐几个小时，一言

---

① 自从1807年的年末开始，富歇就一直在就帝后离婚一事试探舆论。他此前就曾经放风说拿破仑可能和俄国的叶卡捷琳娜女大公联姻。他知道皇帝对于和一个深爱自己并且忠诚于自己的女人分开这件事情，是很抵触的。所以他想要让离婚显得是一件有益的事情，强迫拿破仑这么做。他跟一些参议员讲过离婚的事情，仿佛这件事情已经定下来了，最后他仿佛是官方调停人那样把这个消息告诉了约瑟芬。皇后以为富歇是皇帝派来的，被惊呆了。皇后痛苦地回复说，为了服从她的丈夫，她什么牺牲都愿意做。拿破仑对这些手段并不知情，有一天他看见约瑟芬一边哭泣一边哭出富歇放在她身旁的承诺书。拿破仑被这种放肆的行径激怒了，他派人找来了这位大臣，并严厉地斥责了后者，富歇是自作自受。要是当时拿破仑手下有合适的人选，他会当下就把这个警务大臣撤职。富歇之后找来了缪拉以及皇帝的兄弟们才平息了皇帝的怒火。——作者注

不发，也无法工作。从自己的早年教育中，拿破仑养成了对家人的情感，以及平民的生活习性。在他这里，这些习性又和最高的治国理念结合了起来。

自从埃尔福特的会晤以来，时间的流逝使得拿破仑脑中的离婚计划逐渐成熟了起来。他和沙皇之间那种看似亲近的关系也让他经常会思考，家族联姻将可以进一步加强两人之间亲密的关系，在未来大有裨益。塔列朗先生声称拿破仑曾经派他就这个问题去探过亚历山大的口风。无论事实是不是如此，有一点是肯定的：在两位皇帝于埃尔福特进行的那些私密谈话中，亚历山大向拿破仑提议迎娶安娜女大公。尽管拿破仑当时没有做出任何承诺，但是他对这一提议还是显得很满意和高兴。这个提议一直是两位君主之间的秘密。

当 1809 年年末，他从瓦格拉姆的战场上归来后，公布了自己打算重新联姻，以获得子嗣的决定，当时他的第一反应就是要和俄国皇室的一位公主联姻。他和约瑟芬的婚姻那时已经不可能产生任何的子嗣了。在派出代表前往圣彼得堡就此事秘密和亚历山大沙皇联络时，他的脑海里还有另外两个公主人选：萨克森国王的独生女，以及奥地利皇帝的长女。尽管他想要尽快获得子嗣的愿望让天平往奥古斯塔公主或是玛丽·路易莎女大公这边倾斜，因为她们的年龄都更合适，但是拿破仑还是犹豫了很久。他的政治设想，他对亚历山大的偏爱，再加上他还记得后者在埃尔福特曾向自己做出的提议，都让他决定重新拾起这个自己当初没有明确回复的提议，与一名俄国公主联姻。之后，外交大臣向法国驻圣彼得堡大使维琴察公爵发去了秘密信函，指示他以肯定的态度向亚历山大国王提起联姻的事情。外交大臣寄出的那封信是由他亲自加密的，而且也只有维琴察公爵可以将其解密。信件寄出大概 1 周后，拿破仑下定决心要对约瑟芬皇后打破缄默。自从富歇在两年前对皇后做出了那番暗示之后，尽管我们公开批评了这个胆大包天的糊涂虫，约瑟芬还是不得不认清了这个事实：自己没能为拿破仑生下一个继承人，她要付出的代价就是失去自己的头衔。她在谈话中总是会讲起这件事情，不管是跟我提起，想要从我嘴里套话，又或是跟她自己的近侍们私下聊起此事。自从皇帝返回枫丹白露宫后（具体的情况我们前面也读到了），种种新迹象证实了她的怀疑，也让她意识到，风暴随时都会到来。皇帝对她突然变得冷淡；连接两人卧室的那扇门也突然关上了；皇帝陪伴自己妻子的时间也越来越短；一些鸡毛蒜皮的小事现在也可以引起激烈争吵，影响这个和谐的家庭；盟国的君主更是一个一个赶趟似的来到枫丹白露宫，让她很不能理解，这些都让约瑟芬皇后变得非常焦虑。她是如此焦急，以至于她那段时间经常来找我。我只能闪烁其词回答她的问题，以至于我总是显得非常尴尬。为了逃避可怜的皇后的问题，我被迫要避开她。但是我极力逃避她胡搅蛮缠的行为，在她看来这比任何语言都更有力，于是她的焦虑达到了一个新的顶点。当她碰巧可以和皇帝一起待一会的时候，她完全不敢提起这个问题，因为她害怕那句致命的话会从他的唇间掉出来。这样一种状态肯定是不能长时间持续下去的。其结果就是，夫妇间的关系紧绷到了一种对双方都是折磨的程度。皇帝终于撑不下去了。一天傍晚，在经历了最安静、最痛苦的一顿晚餐之后，他打破了坚冰。可以想象，当约瑟芬皇后最后的一点希望也被夺走后，她是多么痛苦和绝望。而皇帝，从这种无法承受的重压中解放出来后，被他自己造成的这份痛苦深深触动了。从那一刻起，他对她百般呵护，并且想尽办法说她的好话，安慰她。一开始，绝望的约瑟芬听到这些话都无动于衷，不过最终这些溢美之词还是说到了她心里。拿破仑派人找来了她的孩子奥坦丝和欧仁，将二人的母亲托付给了他们。他还向他们保证，自己依旧会像一个父亲一样去关爱他们，保护他们。从一开始的悲痛中冷静下来后，约瑟芬以极大的力量承受了自己的牺牲，人们很难想象她竟然蕴藏着如此的能量。她屈服于命运的不幸，没有任何事情可以弥补她的损失。自那天以后，人们就再也没有在宫中见过她。不过，此后她还曾经两次出现在公众面前：一次是在巴黎圣母院的长凳上，参加为庆祝维也纳和约的签订而组织的《赞美颂》唱诵；还有一次则是陪伴皇帝前往市政厅参加巴黎市政府组织的庆典。除此之外，从告诉她这个残酷的消息开始，一直到离婚正式公布，整整 14 天，她都把自己关在房间里。这 14 天对双方来说都非常痛苦，尤其是对于约瑟芬来说。14 天的时间太短，她还不能接受丧失自己的头衔，她尤其不能接受被迫和自己深爱的拿破仑分开。在他们婚姻生活的最后几个小时里，皇帝以最慈爱、最敬重的举动，想要抚慰她，关心他马上要离开的妻子未来的生活，为她提建议，满足她所有的愿望。

约瑟芬有一种难以抵挡的吸引力。她不是一个普通的美人，就像我们的拉方丹以前常说的那样，她拥有的是“一种比美更美的优雅”。她拥有克里奥尔人的那种淡淡的慵懒感、举手投足的柔软，以及优雅的散漫。她的脾气总是非常平稳。她心地善良，与人为善，不论对谁都是那么友善和包容。她并不是那种特别聪明的女人，但是她卓越的礼貌、她对社交、宫廷生活和其中那些无害诡计的熟悉，都让她知道什么时候该干什么事情。

皇帝深爱过她，此后也一直对她保持着一种特殊的情感。这种情感因习惯以及她自身惹人喜爱的特质而加强。尽管她是因为陪伴在拿破仑身边，被迫成为皇后的，但是，你完全可以说她生来就是要扮演这个角色的。作为他命运和财富的伴侣，她以自己的优雅、和善以及仁慈等优势，很好地辅佐了拿破仑，令人钦佩。她既是出于荣誉，也是出于对他这个人的爱才和他结婚的。尽管她对于政治或是治国理政一窍不通，但是她在力所能及的范围内为拿破仑争取到了国内诸多政治派系的支持。她的生活作风浮华而奢侈，大概超过了她的善心可以允许的程度。因为她奢侈的作风时常导致她最后无法布施足够的善款，不过，拿破仑也多次慷慨解囊，为她填补了因为花钱大手大脚导致的亏空。她下达命令，或是感谢别人的服务时的方式总是那么迷人而优雅，俘获了所有人的心。即便是在遭遇不幸后，她也一直坚定地忍耐着。让她最为难过的就是她必须要离开自己深爱的皇帝，这一点是没得商量的。他从来没有忽视过她。

欧仁亲王和奥坦丝王后在整个过程中表现的非常高贵得体，自尊自爱，他们应该为自己感到光荣。他们对父母的爱是值得敬佩的。他们一边帮助他们的母亲打起精神，极尽温柔地照顾她，一边也没有忘记他们对养父的义务。奥坦丝王后应诏到达杜伊勒里宫的时候，皇帝刚刚帮忙把约瑟芬抬回到她的房间去。陪她走到她母亲的房门口后，皇帝对她说："去把，我的女儿，鼓起勇气！""噢！陛下，我有勇气！"她回答道，艰难地抽泣着蹦出几个字来。

欧仁亲王在维也纳告诉我，在离婚定下来之后，他和自己的母亲进行的第一次会面中，拿破仑也在场。约瑟芬皇后那时要求皇帝将意大利的王冠给予自己的儿子。但是后者极力恳求母亲不要坚持，因为他希望自己从拿破仑那里获得的任何东西都是出于后者的好意和自由意志。同时，他也害怕人们会将这一好意视为他母亲离婚的标价。皇帝被欧仁亲王的克制和谨慎触动了，他向后者保证自己绝对相信后者的爱。

元老院发布了敕令，宣布拿破仑和约瑟芬皇后的婚姻无效。在经过了多番解释之后，巴黎的宗教裁判所切断了两人之间的宗教联系。这第一段婚姻的《民事婚书》中其实包含可以直接撤销这段婚姻的理由，本来这样就足够了。但是，皇帝觉得使用这些手段的想法和自己的尊严不符，因此他甚至不愿意激活这些条款。当年两名证婚人是博阿尔内家的朋友卡尔马雷和拿破仑将军的侍从官勒马鲁瓦上尉。后者当时未成年，他是 1776 年出生的，因此在 1796 年的婚礼时最多 20 岁。结婚证上两夫妇的年龄也是错的。整个婚礼过程中也是状况频出，考虑到当时的环境，这也很正常。没人要求他们出示自己的出生证，就算真的有要求，也只是粗略地看了一眼。在《民事婚书》上，拿破仑将军的出生日期是 1768 年 2 月 5 日。实际上，他是 1769 年 8 月 15 日出生的。这份记录也曾让许多人认为拿破仑是在科西嘉被割让给法国之前出生的。为什么这里会记录这个错误的日期呢？是因为拿破仑将军的律师粗心大意？又或者是将军自己希望通过给自己加上 18 个月的年龄，让自己和德·博阿尔内夫人之间的年龄差距不要太大？后者是不是也是这么想的，所以也改了自己的年龄？拿破仑没有任何一个兄弟是出生在 2 月 5 日的。

在一场悲伤而宏伟的仪式过后，约瑟芬和拿破仑之间的纽带被解开了。如果约瑟芬更有子孙福的话，这段纽带本应可以持续到他们生命的尽头的。此前一直是皇后的约瑟芬下楼返回了自己的房间。皇帝回到了自己的书房，既悲伤，又安静。他就那么瘫在自己平常坐的沙发椅上，完全陷入了抑郁中。他就那样安静地待了一段时间，手撑着自己的脑袋。等他再站起来的时候，脸都变形了。之前他已经下达了前往特里亚农宫的命令。当人们告诉他马车已经备好后，拿破仑拿起自己的帽子，然后跟我说："梅尼瓦尔，跟我来！"我跟着他走上那条曲折的楼梯，楼梯连接着他的书房和皇后的卧室。约瑟芬当时独自一人在房间里，看起来整个人被包裹在最痛苦的想法中。我们进入房间时发出的噪声引起了她的注意，她跳

496 帝国浮沉：关于拿破仑一世的私人回忆（1802～1815）·上

起来扑到了皇帝的怀里，搂着皇帝的脖子不停地抽泣。他把她搂进自己怀里，不停地亲吻她。但是，她因为情感过于激烈，晕了过去。我急忙跑去拉铃，叫来了帮手。皇帝因为不想看到这个他无法舒缓的悲伤场景，因此一看到皇后有复苏的痕迹，就把她放到了我怀里，并嘱咐我不要离开她半步。然后他就快速地通过一楼的会客厅离开了房间，登上了等在门口的马车。皇帝离开后，进来的女人让她平躺在了沙发上，为她的恢复做了必需的事情。她在意识模糊中抓住了我的手，郑重其事地乞求我告诉皇帝不要忘了她，还要告诉皇帝她会永远爱着他，不论发生什么。她让我保证我一到特里亚农之后就会告诉她关于他的消息，并且会让他写信给她。看起来，就连放我走这件事情对她来说都很困难，仿佛我走之后，她和拿破仑之间最后的那条纽带也会断掉。我离开了。我被她真切的痛苦以及真诚的感情感动了。在整段旅途中我都感觉非常不好，残酷的政治考量竟然要暴力撕裂这样一对经受了时间考验的夫妻的情感纽带，同时还要强加另一个充满未知的结合，我情不自禁地发出了悲叹。

抵达特里亚农后，我向皇帝描述了他离开后发生的事情，同时向他转达了托付给我的信息。他那时还沉浸在当天发生事件的场景中，对我大说特说了一番约瑟芬的美好品质，以及她对他的真切情感。他把她当作一个忠实的朋友，并且一直保存着对她的美好回忆。当天晚上，他给她写了一封信，安抚她孤独的灵魂。之后，听那些在马尔梅松见过她的人说，她时常哭泣，他于是又给她写了一封信，温柔地抱怨她不够勇敢，并告诉她自己也饱受分离之苦。

关于拿破仑婚姻的官方商讨开始于特里亚农，拿破仑自然是知道自己的提议会被接受才迈出这一步的。与萨克森王室的联姻和结盟，虽然没有什么困难，但是在经过仔细检视之后被放弃了。因为这个国家是我们的附庸国，这样一来，这段婚姻就毫无用处，在战争爆发时可能还会造成问题。这样一来，就还剩下与俄国的联姻，还有奥地利的女大公。后者是拿破仑自己私下思考时保存的。

皇帝在特里亚农逗留了 8 天，一直处于一种少有的闲散状态中，希望在围猎和射击打猎中分散自己的注意力。他去马尔梅松拜访了那位几天前还是自己妻子的女士。在他返回巴黎的前一晚，他想要招待她以及她的女儿奥坦丝王后来共进晚餐。在注意到这座宅邸并不足以抵御寒冬后，他批准约瑟芬皇后前往爱丽舍宫暂住，等到马尔梅松完成必需的改造之后再搬回去。之后，因为新皇后马上就要抵达了，约瑟芬被迫离开爱丽舍宫，到纳瓦拉城堡里住了一段时间。

拿破仑因为公事返回巴黎后，看着自己空荡荡的宫殿感到很惊讶，宫中不再有约瑟芬皇后活泼的身影了。虽然因为他自己的活力和远见，拿破仑要处理的国事越来越多，但是繁忙的国事并不总能弥补缺失家庭生活带来的空虚。与此同时，圣彼得堡那边也迟迟没有发来回复。俄方为自己的延宕找了各种各样的理由：什么宗教原因啦，什么要征求皇太后的意见啦，或者是要打消后者的疑虑。拿破仑开始怀疑，这份拖延背后其实隐藏着拒绝。

在 1 月的时候，冯·梅特涅先生曾经在和纳尔博纳将军的谈话中做出过暗示，但是后者因为没有收到任何关于此事的指示，所以也就当这件事情过去了。现在，我们必须要搞清楚奥地利宫廷是不是依旧愿意与我们联姻。德拉博德先生和塞蒙维尔先生就此迈出了最初的几步：他们在会客厅里和奥地利大使的秘书聊天时，通过他向奥地利使团提起了这件事情，这位秘书名叫弗洛雷特。这两位先生在提出此事时，把它说成是自己的主意，这样一来，皇帝就不会被他们所说的任何话约束，可以在需要的时候随意否认为他们说过

498 帝国浮沉：关于拿破仑一世的私人回忆（1802～1815）·上

的话承担任何责任。这个提议一经提出，弗洛雷特先生就忙不迭地答应了，这似乎也证实了奥地利对此很上心，这一点我们之前就知道了。

　　另一边，大概就在这个时候，俄国的信函寄到了，它们让皇帝大失所望。俄国政府延宕了这么久才做出回复的真正原因，皇帝清楚得很。对于这段联姻，拿破仑本来也还有两个疑虑：一是安娜公主的年龄问题，她还太年轻，没有到可以结婚的时候；再有就是宗教问题，不光是宗教差别可能引起大家的反对，这还意味着他要被迫接受一大堆俄国神父，他们会把密谋都带进杜伊勒里宫。难道说皇帝的自尊允许他拒绝奥地利友善的提议，允许他等着沙皇和皇太后那边按照自己的节奏做出决定吗？如果真这样做的话，他就会成为全欧洲的笑柄。拿破仑在正确的时间做出了决定。就像他此前数百次证明的那样，他这次也向大家展示了，只有他自己最知道如何利用自己的时间。看到维琴察公爵从亚历山大沙皇那里得到的只有模棱两可的答复后，为了避免此后被善变的对方愤怒地批评，也是为了搞清楚情况到底如何，拿破仑决定直接给俄国君主写信。在这封信中，他告诉沙皇，此前一系列的延宕已经毫无道理地延长了此事处于不确定状况的时间，他现在必须要获得一个清晰的回答，彻底终结现在模糊的形势。亚历山大的答复终于寄来了，信中充满了献媚的话，他说他非常希望可以增加和拿破仑皇帝之间的纽带，但是这封信并没有实质性推动任何事情的进展。考虑到继续拖延下去，不光有损自己的尊严，也对民族的尊严不利，因此拿破仑自作主张地拒绝了这桩婚事。在做出这一决定之前，他做了许多准备，确保自己会获得奥地利驻巴黎大使施瓦岑贝格亲王的全力配合，后者向他允诺了奥地利宫廷是倾向于他的。也就是从这一刻起，拿破仑开始倾向于选择女大公了。他召集了一次枢密院会议，来讨论这三桩婚事（也就是与俄国、奥地利或者萨克森结盟）到底哪个最好。人们在会议上各抒己见，拿破仑也细心聆听了大家就每一桩婚事发表的支持和反对的看法，但是他自己没有发表想法。到了当天的傍晚，拿破仑才将自己的决定告知了外交大臣。欧仁亲王负责将正式通知交到奥地利大使施瓦岑贝格亲王的手上，我们和后者做了约定，第二天去向他提亲。第二天的晚上，双方签署了婚约。卡多雷公爵关于求婚一事发给维琴察公爵的第一封信函是在 1809 年 11 月 24 日送达的。的确，这封信函送达圣彼得堡的时候，亚历山大沙皇不在城中。但是，1810 年 1 月 10 日，维琴察公爵向俄方要求 10 日之内给出最终的答复，他们等到 2 月 6 日都还没有答复我们。拿破仑皇帝一贯不喜欢拖拖拉拉，他的计划做好了就要马上执行。但是，在这个重要的问题上，这个他希望马上解决的问题上，他还是耐心地等了两个半月。

　　皇帝选中了弗朗茨皇帝的长女，直到 1805 年为止，弗朗茨都是德意志皇帝弗朗茨二世。当莱茵联邦的建立改变了德意志各邦国的组成后，这位王公自封为奥地利皇帝弗朗茨一世。他此后一直保有这个头衔。这位君主一生结了 4 次婚，他的第一任妻子是符腾堡的一位公主。他在 20 岁迎娶了后者，后者在婚后 2 年就去世了。他的第二任妻子是两西西里国王费迪南多四世①的女儿玛利亚·特蕾莎。两人趣味相投，婚后生活很是幸福和睦。人们时常会在奥地利的各个皇家宫殿中看见他们。尤其是在拉克森堡公园的小农庄里，人们总会看见两人忘记自己的身份，纯粹地享受田园生活。弗朗茨皇帝的所有子嗣都是这第二段婚姻里产生的。

---

　① 这位君主作为两西西里王国国王时的封号是费迪南多一世，此处作者选的是他之前作为那不勒斯国王时的封号费迪南多四世。

两人的第一个孩子是玛丽·路易莎，也就是从前的法兰西人的皇后，之后的孩子按照顺序分别是：已逝的利奥波丁娜女大公，她曾是巴西皇后；斐迪南大公，他日后成了皇帝；玛利亚·克雷门丁，萨勒诺亲王利奥波多的妻子；已逝的卡罗莲女大公，她嫁给了萨克森的腓特烈亲王；弗兰茨·卡尔大公，他娶了已逝的巴伐利亚国王马克西米利安的女儿；最后出生的是玛丽安妮女大公，她古怪的样貌让她一直不在公共场合露面，大概也阻止了任何婚事的实现①。

弗朗茨皇帝的第三任妻子，拿破仑也认识，是埃斯特家族的玛利亚·贝阿特丽策公主。她是自己丈夫的堂妹。她热爱文学，最喜欢的作家就是奥古斯塔·拉方丹，一位法裔德意志作家。后者在德意志被认为是开创了自己流派的人，受到大家的敬仰。这位新皇后从婚姻开始就对自己的丈夫施加着影响，惹得皇帝的兄弟们有所不满。她怨恨法国人，这是从她的父亲那里遗传来的。因为自身糟糕的健康状况，她的生命早早地就走到了尽头。在遭到神经疾病残暴的攻击时，她发出的尖叫总是回荡在皇宫之中。她于1816年去世了，年仅26岁，让弗朗茨皇帝第三次成了鳏夫。当他在那一年就和巴伐利亚的马克西米利安国王第一段婚姻产下的二女儿结婚时，许多人表示了惊讶。这位公主此前的夫君是符腾堡王储，他后来当然成了国王。在和第一任丈夫离婚后，她隐居到了自己大姐的宅子里。她的大姐就是欧仁·博阿尔内亲王的妻子。她在那里过着恬静的归隐生活，人们也明显把她遗忘了。人们定然想不到命运为她预定了什么：一顶帝国的皇冠，作为对她失去的那顶王冠的补偿。

---

①　利奥波丁娜女大公应该比斐迪南大公小，这里应该是作者记错了。玛丽安妮女大公患有严重的痴呆和面部畸形。

　　玛丽·路易莎皇后的早年生活，就是所有奥地利女大公的早年
生活，她们所受的教育几乎是一模一样的。一直到结婚为止，他们
都生活在父母的眼皮子底下。这些公主远离宫廷的尔虞我诈，和她
们的女伴以及仆人一起过着悠闲的生活。她们对待这些玩伴以及仆
人一般都像对待家人一样，他们甚至可以参与到女大公们的游戏中
来。有专门的家庭教师负责她们的教育，当教授在给她们上课时，
家庭教师也会在场。玛丽·路易莎女大公的女总管是科勒雷多伯爵
夫人，她的家庭教师是拉赞斯基伯爵夫人。这是一个非常有才华的
女人，对学生全心全意，而她的学生也对她很有感情。的确，玛
丽·路易莎所受的教育非常仔细。她熟知多种语言，甚至包括拉丁
语，现在只有匈牙利人还在讲拉丁语。在年纪还很小的时候，她在
音乐和绘画上就取得了不错的成绩。她擅长画油彩，到达法国后，
她师从普吕东，后者是我们最优秀的画家之一。但是她最终被迫放
弃了绘画，因为油和颜料的气味都对她有很不好的影响。

　　人们会用尽所有的预防措施，防止这些年轻的女大公接触到任
何可能会玷污她们纯洁心灵的东西。这个目标固然值得称道，但是
他们采取的方法在我看来并不都那么正确。过分虔诚，以及过分顾
忌只会适得其反。对于那些包含危险段落，可能让公主误入歧途，
或者污染她们心灵的书籍，他们并没有单纯地让公主远离，而是选
择用剪刀把相关的书页、句子，甚至是词汇剪掉。如此笨拙的审
查，只会产生反效果。本来，如果一刀不剪，这些段落估计也不会
引起注意。但是，现在审查激起了年轻人的好奇心，她们有一千种
解读这些段落的想法，并会更愿意假想各种各样的事。同时，这也
导致这些皇室学生对书籍普遍非常冷漠，在她们看来，这些经过胡
乱删减的书籍已经没有了灵魂，完全引不起她们的兴趣。玛丽·路
易莎女大公在成为皇后之后，曾经坦白称自己课本里丢失的这些段

落极大地激起了她的兴趣，当她可以自由选择自己的读物时，她做的第一件事情就是翻出这些段落，看看自己的父母到底想从她这里隐藏些什么。雄性的宠物从来不能进入她们的房间，只有雌性的可以，因为雌性宠物比较不可能做出伤风败俗的事情。我是不是应该最后补充一下这一点？

这套教育小孩的系统在玛丽·路易莎的孩童时期还在使用，但是自那以后应该也经过了调整吧。而且，我这些评论只适用于女大公的童年：她们在年轻时就受到了非常成熟的教育，她们的老师和教授都是从最著名的作家和文人里选择的。

玛丽·路易莎女大公在人们刚开始向她提议嫁给拿破仑皇帝的时候，感觉自己就像是要被献祭给弥诺陶洛斯①的祭品。她经常会跟我说，在成长过程中，她对这个多次让哈布斯堡家族濒临毁灭边缘的男人不说仇恨，至少也是怀有敌意的。这个男人曾经迫使她的家族逃出他们的首都，在迷茫和混乱中从一个城市跑到另一个城市，在匆忙逃亡中这样的情况并不鲜见。她和自己的兄弟姐妹们最喜欢的游戏，就是摆出一排木头或者蜡制的小人，把它们看作法军士兵，然后找一个黑不溜秋、奇丑无比的娃娃来当它们的领袖。他们会一遍一遍地扎这个领头的小人，或者是朝它大吼大叫，以此来为他们自己报仇，报复这个无害的领头娃娃。这个人让他们的家庭心惊胆战，奥地利的军队和维也纳宫廷里的人，不论怎么生气都好，面对这个人都无能为力。玛丽·路易莎从小接受的教育就是要服从命令，因此她还是屈服了命运的安排。她追随家族传统，将自己家族的公主视作为家族谋得荣誉的工具，是为家族力挽狂澜抵御灾祸的工具。因此她没有继续将自己视作一

---

① 希腊神话中的半人半牛的怪物，牛头人。

个牺牲品，反而带着一点骄傲，准备扮演好家族分配给自己的角色。从那一刻起，她打算开始了解一下这个男人。在此之前，每每想起这个男人，她都只有敌意。在听闻了他私下里的美好品质，他给予约瑟芬的幸福，以及法国人民对他的爱戴后，她此前对拿破仑的偏见都被驱散了。她离开维也纳的时候，已经决定要好好取悦拿破仑。等她真的了解了拿破仑的性格后，就被他完全地俘虏了。她在 1813 年跟我聊天时，对皇帝已经发展出了真实的感情，并且对他的目标也感同身受。她的梦想就是有朝一日能陪同他去拜访自己的家人，再去看一眼她儿时记忆中维也纳的美丽风光。

皇帝在巴黎待了 3 个月，其间一直在等待圣彼得堡的协商得出结果。然后，在向施瓦岑贝格亲王做出承诺后，他下令开始准备与玛丽·路易莎女大公的订婚书。卡多雷公爵和奥地利大使在婚书上签下了各自的名字。拿破仑同时以政令的形式任命了组成皇后随扈的先生和女士们。同时，他将纳夏泰尔亲王作为特使派去了维也纳，以他的名义与女大公成婚。在等待的这段时间里，拿破仑闲不下来，他拜访了马尔梅松，在格里农待了 2 天，还去拜访了贝西埃尔元帅的遗孀，之后去了朗布耶。在他返回家中后，他派自己的妹妹卡罗琳王后，带着一名护卫到边境上去迎接自己美丽的新娘。

与法兰西帝国结盟的君主们，都被召唤到了巴黎：包括巴伐利亚、萨克森、符腾堡、荷兰、那不勒斯的国王，还有意大利总督。约瑟夫国王迫于西班牙严峻的形势，无法抽身前来参加皇室大婚典礼。他直到第二年才来到法国，参加罗马王①的祝圣仪式。荷兰国王还专门咨询了自己的枢密院会议，问他们自己到底应不应该出现

①　拿破仑与玛丽·路易莎的儿子。

在巴黎，因为他去了巴黎就代表自己屈服于法国施加在荷兰王国头上的繁重措施。国王的大臣和军官们纷纷表态希望他前往巴黎，并且提醒他，公开反抗法国可能会将荷兰置于危险之中。国王听从了这一睿智的建议，虽然这与他内心中的倾向正好相反。他当时满脑子都觉得自己会被扣押在巴黎，然后我们会以他的名义发出一些他之后无法撤回的命令，说不定我们还会趁他不在荷兰的这段时间出兵占领荷兰。因此他和自己的大臣们商量好了，所有并未按照事先约定的词语结尾的信函，以及所有不是用荷兰语写下的信函，都不算数。在大臣会议上传达了自己去国期间的治国基本方针后，路易国王离开荷兰前往巴黎。离开前，他还专门给布拉班特堡垒的指挥官下了命令，要求后者不能让任何外国军队进入堡垒内部，除非有他亲笔签署的命令。

说到在这段时间内皇帝关心的内政事务，就必须要提一提国家监狱的建立。事先我们已经在参政院里探讨过这个问题了，1810年3月5日，政府正式下达了设立这些监狱的法令。尽管我们为了软化这套系统的专横性质已经提出了许多配套的预防措施和保护措施，同时，虽然我们在实际上实践这套系统的时候，都是抱着非常克制的态度去做的，但是，我在这里并不打算为这套系统辩解，我只是单纯想解释一下这套系统是什么。当这个措施刚刚被采纳，立为规章的时候，它是帝国独裁统治众多让人生气但是又不可避免的结果之一。当时我们国内的问题造成的震撼，余波仍在。我不会过多描述这些国家监狱在安排和管理制度上的细节，我要说的是，这些监狱纯粹是为下面这类人准备的，政府既不方便把他们推上普通的法庭受审，又不能让他们逃脱惩戒：比如像是挑起内战的朱安党人，或者是谋划杀死国家元首的杀人机器制造者，抑或是密谋推翻王位的密探，还有就是疯狂而邪恶的神父。我还要补充一点，没有枢密院的决定，任何人都是不会被关进这些监狱里的。这个枢密院中有最高法院的首席院长以及总检察长，还有政府内部的高官。同时，如果枢密院没有做出新的决定，所有人最多只能被关押 1 年。每年都会有 2 名国务参事前去视察这些监狱，然后向整个参政院做报告。还有，只需参政院中四分之一的票数，就可以释放一名犯人。帝国检察官们都有权视察这些监狱，并且确保监狱里所有被关押的人，都有枢密院的决定。

正是在这样的一个监狱里（万塞讷），我们被迫关押了一个叫作拉扎拉的年轻萨克森男子。拉扎拉是 1811 年 2 月在巴黎被逮捕的，他当时正在伺机谋杀皇帝。他带着好几把装满子弹的手枪，并且宣布他就是想要杀死皇帝，如果我们以让他放弃谋杀为条件放他走的话，他肯定还会再找方法实现自己的目标。在警务大臣提交的报告上，皇帝口述了下面这些话，都是写在报告的留白部分的："这个人的年轻就是他的辩白（他只有 18 岁），没有人在这么年轻的时候就是一个罪犯，除非他生来就是罪犯。只要等上几年，他就会改变自己的想法。丧亲之痛怎么想都是不那么好受的事情，如果我们让一个体面的家庭经历这样的痛苦，我们也会感到抱歉的。他必须被送到万塞讷去，并且在那里根据他大脑的状况，接受一定的药物治疗。我们必须让他读书，同时要写信告诉他的家人。至于剩下的事情，就留给时间去做吧。"这位年轻人在万塞讷一直待到1814 年，他的同胞将他解放了出来。看起来，时间和羁押的经历都没有让他变得更聪明，因为他在百日政权时又被抓起来了。这一次他是在立法院的大门口被抓住的，那天皇帝正好要去为议会开幕。当时，他口袋里的一小包可燃粉末突然炸响了，暴露了他，人们把他抓了起来。但是他旋即就被释放了。他口袋里放的是一种化学物质，并不能真的把人杀死，但是足够形成威胁。拿破仑没有让人去审问拉扎拉拿这种化学物质到底想要干什么。拉扎拉一直在巴黎待到 1815 年 8 月，他在那时因为轻度神经狂躁进入了慈善医院。出院后不久，他就因为狂躁而自杀了。

　　筹备婚礼的事情并没有让皇帝从政治事务上分心。教皇逗留在萨沃纳的时候，拿破仑曾经提议可以将教皇送回罗马，前提是后者要承认这座首都中建立的新秩序，同时要同意此后只关心精神领域的事情。教皇陛下拒绝了。教皇继续维持着自己作为囚徒和被追杀者的身份，他期望引起人们对被压迫者的那种同情。另一方面，皇帝已经习惯了在欧洲的眼中扮演一个压迫者的角色了，所以他这次也承受了这个角色带来的仇恨。但是，习惯于击溃所有反抗的拿破仑，无法忍受罗马教廷给他带来的障碍以及纠缠。迪·皮埃特罗红衣主教是庇护七世留下的权力代理人。他一直在给空缺的主教辖区任命教区神父，还保持着跟不同教区成员的联系。通过这些敕书，教皇一直在培育自己在这场争斗中的代理人。这些高级教士持续不断的反对让拿破仑不胜其烦，他看到教皇反正都不在罗马，就决定一劳永逸地解决教廷给自己带来的诸多麻烦。他决定，不惜一切代价也要扳倒这个顽固的反对势力，后者似乎可以一直坚持反对下去。他砍断了自己解不开的戈耳狄俄斯之结。同时，他一直自视为查理大帝的继承人，他在 1810 年 2 月命令元老院下达了敕令，宣布将教皇国整体并入法兰西帝国，教皇的教权也再次受到了监管。教皇在巴黎和罗马各得一座宫殿，在帝国境内任何他想要待的地方，他都可以获得宅邸，同时每年可以获得 200 万法郎。和教皇之间的这场令人遗憾的宗教争斗就此告一段落。教皇本身是个温和的人，心地善良，皇帝私下里也挺喜欢他的。

　　在这段时间里，皇帝命令《箴言报》刊登了一篇出色的回复，回复的是英国国王在国会开幕时的讲话。然后他还公开了许多与西班牙事态有关的信件，其中许多都是西班牙的波旁王公们的信件。

就在他忙于处理这些事情的时候，皇帝有一天从一个走私客那里收到了一盒英国报纸，是警务大臣寄给他的。在把它们送去翻译办公室之前，他把我叫来让我大概看一看这些报纸，还把其中关于巴黎的部分指出来给我看了看。他和我在读到下面这个故事时都很惊讶：波拿巴有一天晚上坐在自己的书房里时，叫来了一个秘书，名字叫梅尼瓦尔。文章还专门补充说，波拿巴非常信任这个梅尼瓦尔。他命令后者在自己阅读的时候举着一盏灯，这位秘书手上举着的灯离拿破仑的脑袋太近了，后者的头发着火了。然后波拿巴以为有人在攻击他，就急忙掏出了一把手枪。他身边都放着手枪。然后当场用枪口顶着他的秘书就开火了，他的秘书当场就死了！

还有其他很多类似的好玩的小故事。说拿破仑因为某些鸡毛蒜皮的小事和国务卿马雷起了口角。然后他就冲到后者面前，把他一拳打倒在了地上，还拽着他的头发在地板上拖行。过了一会，拿破仑对他的行为感到很羞愧，所以又把马雷找来，命令后者坐下，并给了后者一大片森林作为赏赐。在之前我们计划登陆英国的那时候，英国人在海岸的各个地方都散布了所谓拿破仑的画像：他被描述为一个外表丑陋，精神和性格也不正常的人。所有英国报纸都用大字印刷了这些画像，英国民众就是被这些可耻的手段欺骗了。

这些荒谬的故事在英国媒体和圣日耳曼城区的会客厅里像回声那样来回传播，都把拿破仑描述成一个残忍的人。不光对接近他的人是这样，对于可敬的外国人也是这样，包括对神圣的教皇本人都是这样。时间总是可以纠正错误，驱散恶意。这些可鄙的谎话也随着时间逐渐消散无踪了。即便是自己最不高兴的时候，拿破仑也没有让荒谬的情绪掌控自己。他是如此的庄严尊贵，在公开接待以及庄严的场合他是总是让人忍不住敬仰他，私下里他又是这么平易近人，没有架子，直率而愉悦。不管他心情是好是坏，他的心中总是在向外迸发出善意。这一点不论是他的家人，他的大臣、军官，还是仆人都能感受得到。总而言之，人们总是会在最意想不到的时候感受到他的恩泽！

皇帝在处理了所有需要他特别关注的事务之后，来到贡比涅安排新皇后抵达的相关事宜。尽管规矩是君主间的信件往来都应该由君主们手写，但是因为皇帝的手写体没人看得懂，所以约定俗成地，皇帝的信都是由一名秘书执笔的。但是，考虑到自己的婚事兹事体大，拿破仑希望亲笔给自己未来的岳父弗朗茨皇帝写信。但是这件事情对他简直就是煎熬！最终，在费了九牛二虎之力后，他终于成功写完了一封大概能看懂的信。他让我修改这些写得不成样子的字母，但是必须不能让别人太过明显地看出来：比如把 e 封口，又或者是给 i 加上点。我尽力完成了我的工作，然后将这封致"我的兄弟，奥地利皇帝陛下先生"的信寄了出去。这位君主应该可以毫无障碍地读完这封信，并且肯定让他觉得自己的这位女婿，如果想做的话，还是能做到写字不那么丑的。当然他永远不会知道写这封信让他的女婿多么痛苦。我记得，巴伐利亚国王和王后有一天曾经要求看看为新皇后准备的房间。拿破仑像对待家人一样接待了他们，让国王很是开心。他是在自己的会客厅里接待他们的，他希望让他们不需要那么麻烦，走下中央大楼梯到一楼皇后的房间那里。于是他直接带着他们穿过了自己的工作室，并带他们走下了那个通往皇后房间的小楼梯。因为当时皇后的房间里已经没人住了，所以这段楼梯当时也没有照明。同时，这段楼梯非常狭窄，而巴伐利亚国王是一个胖子，所以他下楼特别困难，最后还不得不侧过身来。国王和王后对于自己身处黑暗之中都感到很惊讶。更糟的是，当他们走到楼梯底部后，发现门锁着。简直尴尬极了。我当时走在最前面，然后是皇帝，再后面是王后，巴伐利亚国王走在最后。感觉皇帝是把他们带进了埋伏圈一样，如果这件事情发生在中世纪的话，指不定国王和王后的脑袋里会有什么可怕的想法呢！巴伐利亚国王大喊，说如果人们知道拿破仑是这样待客的话，大概会很惊讶吧。不过，我们最终还是原地转身走了回去，两人对皇后房间的参观也被推迟到了第二天。国王一直记得这件微不足道的小事，并且在很久之后还跟我说起过这件事情，说他每次想起这事来都觉得好笑，让我觉得很是荣幸。

我们将一份婚约的草稿寄给了我们驻维也纳的大使，同时也赋予了他签署外交协议的权力。我们的大使是奥托伯爵，他曾参与过《亚眠和约》基础条款的谈判。在 1805 年的战争期间，他是我国驻慕尼黑大使。在完成这些任务后，拿破仑对他不吝溢美之词，好好地奖赏了他。奥地利皇帝以及维也纳大主教之前对于拿破仑的离婚是否有效有过一些顾忌，得益于他的努力，这些顾忌都被打消了。奥地利皇帝在 2 月 16 日签署了婚约。2 月 27 日，奥托先生和梅特涅伯爵交换了双方批准的婚约。

皇帝亲自安排了自己的婚礼。他向奥托先生发去一个清单，上面都是法国使团在布劳瑙迎接女大公时应该给她的礼物。这些礼物和当年路易十五在斯特拉斯堡迎接王储妃①时赠送的礼物差不多。拿破仑希望所有事情都气势磅礴。他表示，如果奥方认为需要选择女大公的一名兄弟以他的名义与这位公主举行婚礼的话，必须得是

---

① 就是路易十六的王后，玛丽·安托瓦内特。

帝国王储。如果皇帝的儿子因为年龄太小不能胜任的话，就要选卡尔大公。但是，他又补充说，不管皇帝怎么选，他都高兴。同时，拿破仑发布了新皇后随扈的组成人员名单，还指明了新皇后要走的路线。最终，他将自己一名老资格的勤务兵，安纳托勒·德·孟德斯鸠伯爵，派去了维也纳。后者的任务包括为女大公带去了一幅拿破仑的画像①，协助婚礼的举行，并且在一切仪式结束后马上向拿破仑汇报。

纳夏泰尔和瓦格拉姆亲王被以特使的身份派去了维也纳。他在边境上遇到了保罗·埃施特哈齐亲王，后者将他领进了皇宫，人们为他在这里准备了一个房间。贝尔蒂埃元帅，也就是纳夏泰尔亲王，在进入维也纳的时候，跨过了一座桥。桥下是上次战争后，法军撤离这座首都之前炸毁的城墙的残骸。这样的一场临别演出也让人意识到，拿破仑对奥地利对他的看法没多少信心。他总是等待着奥地利人下次在背后捅他一刀。这位使者在抵达的那一天，就被引入宫中庄严地向皇帝请求挽起女大公的手。他在宫中受到了不同寻常的高规格待遇。第二天，人们举行了向保罗大公授权的仪式，此前拿破仑皇帝已经授权他以自己的名义与女大公举行婚礼。翌日，3月9日，根据惯例，女大公庄严地放弃了自己对皇位的继承权，并宣了誓。当天晚上，双方在宫中的一个大房间里举行了庄严仪式并签署了婚约。所有嫁妆被交给了法国大使，价值50万法郎的金达克特成摞堆满了一箱。

3月11日，在奥古斯丁教堂中举行了婚礼的宗教仪式。仪式结束后，奥方在宫中举行了盛大的宴会，特别大使也列席参加了。在维也纳的宫廷中，大使只有在极少数的情况下才可以和皇帝同桌

---

① 玛丽·路易莎在见到皇帝后宣称，这幅画像一点也没有夸张。——作者注

用餐，并且在甜点上桌时就必须离席，回到宴会厅中的其他先生那里去。这次，维也纳宫廷开了个特例。人们没有忘记提起一件事情，当年在法兰西王王储和玛丽·安托瓦内特女大公的婚礼上，时任法国大使迪尔福侯爵就没有被邀请来参加宴会，这是为了让他避开出席宴会的萨克森－泰申公爵阿尔贝特①。正是这位萨克森公爵阿尔贝特，在步入老年的时候，又获得了一个预留的位置，得以观赏这难得的景象：在旧王座的废墟之上，一个新的王座在法国冉冉升起，而另一个女大公又要坐上这个王座了。他没有出席这场向拿破仑和玛丽·路易莎的婚礼致敬的宴会。这位王公的缺席，是维也纳宫廷高规格接待法国人皇帝的特使的明证。

在婚礼结束后的翌日，贝尔蒂埃元帅亲王接待了普法尔茨大公以及安东尼大公，皇帝的兄弟们。他们是来向这位特使告别的，并向后者送上了帝国皇室最后的告别。这也是一个礼节上的例外。我还可以举出许多这个礼教森严的宫廷做出的妥协。由此可见，维也纳宫廷这一次是多么想取悦拿破仑。同时，这些妥协也证明了拿破仑对自己代表的这个民族的尊严是多么关心和照顾。为了确保他的特使获得了所有他理应获得的待遇，拿破仑专门找来了礼仪专家，为他准备了一份报告，这样他就可以判断人们在维也纳对纳夏泰尔有没有丝毫的怠慢或是礼数不周。拿破仑对于摆在他面前的报告，没有理由不感到满意。事实上，从没有一名特使获得如此之多的关注，被如此豪华的团体接待，又或者收到如此丰厚的礼物。在婚约签署的那天，贝尔蒂埃收到了金羊毛骑士团的勋章，项圈上面挂着一幅奥地利皇帝的画像，周围镶着钻石。维也纳的廷臣们也展现了许多这种表面的，可见的高规格的迹象，他们最会隐藏自己的不

---

① 这位王公当时是低地总督，在 1792 年围攻过里尔。——作者注

满。如果说这整个过程里，有谁是出于真心在高规格地对待我们，大概就只有弗朗茨皇帝了。3月14日，卡尔大公将新任皇后领到她的马车旁。在和家人告别后，她向维也纳的市民们挥手告别。人们的祝福声和教堂的钟声以及礼炮声交织在一起。史上头一遭，人们的窗户贴上了三色旗，奥地利皇家乐队奏响了法国军乐。当车队行出霍夫堡的城门时，城墙上火炮齐鸣，向维也纳的市民昭告了这个消息。弗朗茨皇帝已经先一步抵达了圣帕尔滕，他希望在这里再看一眼自己的宝贝女儿。接下来的事情我就不细讲了。我们在布劳瑙举行了接待会，玛丽·路易莎在慕尼黑、斯图加特以及卡尔斯鲁厄都有停留，各国的君主都以超常规的礼仪接待了她。

尽管奥地利皇室展示了对我们的尊敬和明显的友谊；尽管皇后在抵达法国后，霍夫堡和杜伊勒里宫之间经常通信。但是，奥地利宫廷和贵族谋求和解的心态是不真诚的。在玛丽·路易莎离开后，我们就可以看见明显的征兆：在俄国和英国密探的煽动下，维也纳市民们在公共场所和街道上集结。人们大声地抱怨被强加到皇帝身上的牺牲，以及他女儿的命运。她现在被交到了一个可怕的男人手上，那个男人会粗暴地对待她，并最终毁了她。另一个主要的控诉则是说奥地利会再次受到某些羞辱。政府官员不得不针对这些集会采取措施。冯·梅特涅先生借机警告法国政府，让我们把这些集会视作一个警告，不要过度敲诈勒索奥地利。他在这里指的是上一个条约中的某些条款，当时还没有执行。他还补充说，弗朗茨皇帝宁愿放弃和平带来的好处，也不愿意失去民众的支持。正是这份支持让他在面对敌人时可以时刻保持勇气。这种笑里藏刀的表现，自然会激怒我们的征服者。奥地利君主能保留自己的王冠还得感谢征服者的宽宏大量。因此，拿破仑控诉了这些大臣的信心，并要求他们辞职，因为他们的职业就是与他为敌，但是，在这一点上，他是永远不会被满足的。

　　作为报复，拿破仑维持了自己在战争初期发布的政令。政令要求对所有出生在法兰西新省份和旧省份的，并且为奥地利服务的人，都采取严苛的手段。同时，政令还要求所有这些人在另行通知前都不得返回法国。所有的这些形势本质上都不会减轻双方逐渐增长的对互相的恼怒。皇帝也感受到了这一点，因此，为了不进一步激化矛盾，他为受到这一政令威胁的人发出了特赦令，他们只要在1811 年 7 月 1 日前返回法国，就可以得到特赦。关于此事，双方还签署了协议。此前在莱茵邦联诸省出生的人名下的产业都被查封了，其中就包括施瓦岑贝格亲王和梅特涅伯爵的产业。协议归还了他们这些产业。之后，皇帝批准了某些人继续为奥地利服务，但是他也没有撤回这条政令。后者一直被保存着，如果以后哪天，敌意的表露迫使法国政府要再次实施这一政令，那么它随时都可以这么做。

　　我们之后会看到，《维也纳条约》，甚至是这场婚礼，都没能在巴黎和维也纳的政府之间重新建立良好的关系。奥地利被羞辱了，但是她没有被打垮。她虽然低下了头，但是她的恶意和怨恨还在，她在等待着复仇的机会。虽然签署了和约，虽然缔结了联姻，成了盟友，但是双方都在准备着随时重启战端。拿破仑在和约签署的两天之后离开了维也纳，那时他还有顾虑，担心奥地利政府不批准和约。他先是在帕绍等待，然后又去了慕尼黑。就像我们前面读到的那样，他在慕尼黑决定不继续走了，直到获知和约被批准的消息之后，他才继续启程远离维也纳。皇帝当时下令，让我们以旗语告诉他谈判的正面或负面结果：一旦双方完成换约，就升起白旗；只要讨论还在进行，则要一直举着红旗。

　　主战派的中流砥柱施塔迪翁伯爵被梅特涅伯爵替换了。让前者退休,看起来是为了维护和平而做出的牺牲,但是,这只是换了一个大臣而已,整个政治体系还是没变。当时统治维也纳政府的,是一个强大的寡头集团。这个寡头集团控制着政府的所有部门;它是皇室政治传统的卫道士,这些传统经历了风风雨雨依旧存在。它总是能施加自己的影响力,只不过程度有大有小,这个要视君主的性格而定。奥地利皇室是由一个小贵族建立的。但是,仅仅通过不停的联姻,加上贵族的支持,它就一步一步地爬了上来。贵族掌握了奥地利全国三分之二的土地。它就是这个寡头集团的监护人。在组成这个集团的 300 个大小家族中,绝大部分的家族为了在宫廷中获得好处,都选择效忠于首相。其中,列支敦士登、施塔迪翁、施瓦岑贝格、埃施特哈齐以及洛布科维茨是最为重要的几个家族。人们对于解放的渴望正在逐渐削弱这些家族的影响力,只要有一个强有力的国王,就可以将他们彻底消灭。联姻结盟本应是和解的保证,但是在奥地利这里,却成了她减弱风暴、隐藏密谋,让敌人麻痹的花样。在 1809 年的战争之前,奥地利就用过这种充满城府的招数:表示自己爱好和平,否认任何战争准备,但实际上私底下早就紧锣密鼓地准备了起来,等到时机成熟就会重启战端。这个寡头制度的领袖之一施瓦岑贝格亲王,在 1813 年时曾经准确地描述过当时的情况:"政治造就了这桩婚事,政治也可以把它拆开。"

反法同盟的一切行为,都只有一个目标:消灭帝国。它们已经达成了这个目标。各国政府的供认资料、历史学家的研究,还有时间本身,都已经掀开了许多面纱。今天,关于列强或公开或私密地在扳倒帝国这件事情中扮演的角色,人们可以形成自己的观点。同时,带着现在的知识,我们还可以回过头去,一窥奥地利在 1809年拔剑时的各种形势。在这场战争中,反法同盟拓展了它的各种计谋。它不但没有因为过去的一系列失败而感到气馁,反而从自己的失败中学到了经验。征服者曾经有很多次机会，可以推翻自己最强大的两个敌手，但是他却把他们留在了各自的王位上。这为他带来了长时间的痛苦，反法同盟利用了这一点。自从 1792 年以来，反法同盟的成员一直没变，但它们一直都是分开和我们作战的：我们在 1800 年击败了奥地利，在 1805 年击败了俄罗斯，在 1806 年和 1807 年分别击败了普鲁士和俄国。因此，参与反法同盟的各国开始准备一个更大的战争计划。1808 年之后，依旧强大的奥地利恢复了自身的损失，同时也秘密完成了重建。秘密往来则让柏林和圣彼得堡政府越走越近。普鲁士此前遭受到了毁灭性打击，但是她的军事系统使得她可以以三倍的速度重建军队。在亚历山大沙皇从埃尔福特归国后，普鲁士国王和王后访问他时，秘密访问的目的就是要讨论在现阶段和未来，要如何针对"共同的敌人"。他们续订了 1805 年两国在腓特烈大帝的坟头立下的誓言。俄国在 1809 年战争期间的表现，以及她的不作为是人尽皆知的。布图尔兰上校的供述①终于将她真正的态度昭告天下。那些由布伦瑞克－奥埃尔公爵、席尔、卡特、德·恩贝格以及其他人组织的土匪，还有其他的秘密社团，也是这样被创立以及扩张的。各个君主们带着自己隐藏的怨恨，开启了只针对"那一个男人"的战争。充满谎言的小册子再一次激起了法国统治地区民众的不满或是叛乱。许多密探被召集了起来，他们的任务就是为法兰西皇帝制造敌人，并且激起民众对这位国家元首的不满。他们散布于德意志、西班牙、葡萄牙和意大利。他们讨好意大利人，说会为他们建立一个独立的意大利国家。在法国国内，这些密探与各个党派的人士勾结，不论是保皇党人还是共和党人，他们都去接触。他们利用了一个人热爱密谋的精

---

① 《俄罗斯战役军事史》第 35、36、37 页。——作者注

神，这个人臭名昭著，还喜欢搞事①。另一个人呢——他的名字我们大家可以来猜一猜②——悄悄参与了这些密谋，并且还带着对自己主人的敌意，胳膊肘往外拐。这些"特使"渗透进了我国各个主要国家机关，甚至还渗透进了军队。他们在军队里尝试着打击我们的士兵，引起厌战的情绪。在英国领地上，英国小岛上，或者是欧洲大陆上受英国影响的邻近地方，一座座储存武器和弹药的仓库拔地而起。英国在自己各个港口聚集了总共4万人的庞大军队，随时准备出动。但是他们的目的地是何处，当时还没人知道。因为各国在准备的是一场全面战争，发令枪将由奥地利扣响。只要这个强国取得了一点点小胜利，第八次反法同盟就会顺势诞生，我们那些隐藏在暗处的敌人也会摘下他们的面具。在1809年，我们活跃的敌人是英国人、奥地利人、西班牙人以及葡萄牙人。普鲁士人和俄国人是我们的消极敌人，随时都准备着等待时机揭竿而起。我们还应该把莱茵邦联的诸位王公也加入这个名单中，只要奥地利军队在他们的领土上取得了成功，他们就会随大流地加入反法同盟。

我在这里简略地描绘出的这幅反法同盟蓝图，与其说有所夸大，不如说还不完整。珀莱将军细致入微的观察力让他收集了关于这个蓝图的主要特征，还补充了大量计划发展的过程和证据。这些在他创作的那本《1809年战争史》中都可以找到，这是一本出色的书。

这些计划中，至少有一部分是皇帝知道的。他没办法阻止自己的敌人，让他们不去想坏主意。至于他们决定下来的方案，以及他们准备好执行方案的手段，都笼罩在迷雾中，用各种假象伪装了

---

① 富歇——作者注
② 塔列朗——作者注

起来。

波佐·迪博尔戈伯爵在 1815 年带着意大利人特有的那种自吹自擂，对我说了下面这番话："拿破仑在达成霸业的路上，就差一个人的辅佐。那个人就是我。我本可以向他展示各国政府的秘密，我本可以告诉他人们都在针对他密谋些什么。不过我们两人是永远不可能共事的。如果我落到他手里的话，他一得知我的身份，肯定会把我吊死。"波佐所言的确是事实。

事实上，虽然奥地利是到了 1813 年才正式跳反。但其实她在签署《维也纳条约》的那天就已经下定决心。这份和约本质上只是休战协定。反法同盟跟我们签署的所有和约，其实都只是休战协定。大婚的结果，也只不过是暂时搁置这些敌意而已。奥地利皇室一贯都是以联姻来扩大领土的，这次，它也是想借此收回一些和约中割让的省份。既然它牺牲了自己的一位女大公，也没有达成愿望，奥地利对拿破仑就不再可靠了。玛丽·路易莎也成了奥地利这个谎话精为了不牢靠的联盟而付出的抵押品。奥地利的好战派领袖们看这个联盟早就不顺眼了。胜利迫使欧洲的国王们接纳法国的领袖进入他们的世界，但是，他们反对他跻身君主圈子。不论早晚，他们还是希望有朝一日可以把他剔除出去，在他们看来，这只是个时间问题。这也是拿破仑面临的危机。他认为自己足够强大，可以抵御这个危机。这也就意味着，他迫使自己必须要永远处于这种紧绷的状态。他从来不相信欧洲的君主们会联合起来推翻他，因为他觉得，自己下台也不符合他们的利益。如果说，拿破仑实际上继承了 1789 年革命的遗志，那么他同时也摈弃了革命的糟粕。在他的治下，人们不用再担心民众的暴力起义。是他在支撑着欧洲的各个王国。但是，英国的仇恨、金钱和密谋都激起了各个外国君主的王朝自尊。他们的大臣和贵族也在为此添柴加薪。在皇帝倒台后，不止一个君主表达了自己懊悔的心情。有些人还说他们本来打算阻止这件事情的。我们很难相信他们说的这些话是真心实意的，因为他们下面的人已经公开了他们为推翻帝国所做的事情。因此，反法同盟是一个普遍的联盟。如果奥地利如她所愿在1809年打了我们一个措手不及，那这个联盟在当时就会撕下自己的伪装。皇帝那快速的迎击，那决定性的胜利，虽然击碎了反法同盟的计划，也仅仅是将其延后了4年而已。在1814年，他们还是实现了自己的计划。

我在上文刚刚提起过波佐·迪·博尔，所以我打算趁此机会仔细地讲讲这个人。他是拿破仑最活跃的敌人之一。其中很多细节，都是波佐·迪·博尔伯爵本人告诉我的。

1790年的时候，波佐是科西嘉省政府的成员，和约瑟夫一样。因为志同道合，以及多年的友谊，他和约瑟夫以及拿破仑·波拿巴的关系都很亲近。但是，此后波佐背叛法国让他们分道扬镳。当英军占领这个岛屿后，埃利奥特勋爵以总督的身份管理科西嘉。波佐接受了在他们手下任职，并为他们服务。当科西嘉人终于摆脱英国的锁链后，波佐成了众矢之的。他觉得自己在主子离开之后，已经不再安全了。因此他追随着自己的主子们撤离了科西嘉，逃到了英国。埃利奥特勋爵不久之后被派去了圣彼得堡，波佐也陪在他身边。这位英国大使派他执行了几次会见沙皇的任务，后者很欣赏他的心机和才能。英国人一贯不喜欢外国人，但是俄国人就不同了，只要你肯毛遂自荐，他们就愿意给你一个职位。埃利奥特勋爵发现亚历山大沙皇很喜欢波佐之后，想了一个办法，既可以报答波佐这么多年来为英国的服务，又可以甩掉这个外国人：他把波佐献给了沙皇，沙皇此后将波佐收入了内阁中，还任命他为幕僚长。这个背叛者，英国人的走狗，他过去的所作所为已经让他不可能再返回故土了，那他有什么理由不抓住眼前的机会呢！他就此成为法兰西帝国政府最活跃的敌人之一。他被派到欧洲各国政府中，为法国四处树敌。为此，他还和各国签署了一系列的协议。1809 年，波佐·迪博尔在奥地利身负一项秘密使命。我军占领维也纳之后，他跟随奥地利宫廷逃到了布达。奥地利大臣们害怕他的出现会影响到他们与拿破仑的谈判，同时，他们也了解到俄国政府不光没有承认这名特使，还声明和他毫无关系。因此，他们告诉波佐，奥地利不会继续为他提供保护。后者因为害怕落入法国人手里，逃到了君士坦丁堡。他在经历了九九八十一难之后才抵达那里，途中非常困窘地穿越了匈牙利，翻过了边境上的高山。关于博尔伯爵，我还想补充一点，是奥塞伯爵亲自告诉我的。这话本来是韦尔斯利侯爵告诉奥塞伯爵的，前者是当时英国首相威灵顿勋爵的长兄。波佐·迪博尔在逃离奥地利，又被俄国政府抛弃之后，从君士坦丁堡来到了敖德萨。他在那里，就当时的政治形势写了一本小册子。韦尔斯利侯爵在读了这本小册子之后，既惊讶又高兴，因为上面提出的观点和他自己的一模一样。韦尔斯利侯爵马上就询问了作者的近况，英国政府给他的津贴是否还在正常发放。随后，韦尔斯利侯爵下令应该把欠他的账一并补上，同时，还把波佐·迪·博尔带回了英国。侯爵在和他的谈话中，被他新颖的观点打动了。侯爵认为这样一个人不能没有一官半职。因此，他把波佐·迪·博尔送去了俄国，还附上了一封热情洋溢的推荐信。波佐也认定，除了再次拾起十字架，并忘记自己的悲伤之外，他没有更好的选择。他由此愈发成为俄国政府以及反法同盟死心塌地的效忠者。他带着焕然一新的热情投入到了外交任务中去，尤其是在最后那次战役中。说服俄军在 1814 年一路攻入巴黎，有他的一份贡献。他向俄军保证，自己可以打开巴黎的城门。但是，就在进攻巴黎之前，他本来依仗的秘密协议突然就不管用了。他那时极度迷茫，那天晚上，他度过了大概是人生中最重要的一夜。如果他无法兑现自己的承诺，那肯定人头不保。第二天，他还是成功了。当君主们从庞坦门进入巴黎时，他加入了随行的队列。康斯坦丁大公走到他面前，对他说："波佐，今天是你的幸运日啊。要是我们不在这里的话，估计你就完了！"

　　皇后已经踏上了法国的领土。从斯特拉斯堡到贡比涅，她一路上都受到民众的鼓掌欢迎。她每在一个地方停留，都会找到一名军官，或是宫中的一名侍从，身上带着皇帝给她的信。她在斯特拉斯堡遇到了梅特涅伯爵，后者正在赶往巴黎的路上。在维特里，她接待了施瓦岑贝格亲王和梅特涅伯爵夫人。他们在获得接见之后又返回了巴黎，他们是专程从巴黎赶来面见她的。皇帝此前下了命令，在整段旅程中，随时将她的消息告知她的父亲。

　　拿破仑独自在贡比涅待了一个星期。他让人们整理好了给未来皇后的房间，并亲自主持了对房间的布置，他觉得这样子最能让她开心。他审视着各项准备工作，批准一部分，调整另一部分。还在快速准备他为她安排的结婚喜宴，每天他还会给她写亲笔信。当玛丽·路易莎踏上法国的领土后，拿破仑给她送去的信还会附带最美丽的花束，有时也会附上他打猎的成果。他对于她的回信感到非常高兴，许多回信特别长。这些回复都是用流畅的法语写的，展示着她的优雅和分寸。那不勒斯王后可能助她一臂之力……拿破仑的这位妹妹也经常给自己兄长写信，信中充满了细节，让他很感兴趣。

　　拿破仑在自己另一个妹妹波利娜公主的压迫下，被迫同意让当时最著名的裁缝莱热给自己做一套装饰华丽的行头。波利娜公主的好品味和优雅是人尽皆知的。拿破仑试了试做好的衣服，他感觉很不自在。大衣的剪裁，以及跟这套行头配套的白色领带都不合他的口味，并且让他失去了以往的那份从容。他习惯穿的那套制服，还有佩戴的黑色领带，是唯二适合他的东西。大概是因为人们已经习惯看他穿军装了。不管怎么说，这套波利娜公主推荐他穿的行头，他也只穿了这一次。之后，他又继续穿起了那件白色内衬的蓝色制服，就是他在周日以及宴会时会穿的那件。平日里穿的则是绿色的轻骑兵卫队制服。

　　人们在距离苏瓦松两里的地方，支起了许多帐篷。人们通过两个斜坡进入这些帐篷，这两个斜坡一个在苏瓦松这边，一个在贡比涅那边。根据此前定下来的仪式，皇帝会带着自己家中的亲王和公主、主要军官们，以及随扈中的军官一起从贡比涅城出发。前后将由他的卫队簇拥着。他会首先穿过贡比涅这边的第一个帐篷，皇后会同时穿过苏瓦松这边的帐篷。两夫妇之后会停在中间的帐篷里，其中放置了一个有垫子的脚凳。然后皇后会跪在这个脚凳上，皇帝则要马上把她搀扶起来，并拥抱她。之后，两人会和公主们一起，登上一辆六座的马车。两边的随行人员此时也将合二为一。但是，实际上我们没有按照这个既定的典礼程序来。皇帝在收到皇后的一封信，知道她离开了苏瓦松城之后，便打算直接去见她。他命人准备了一辆敞篷的马车，上面没有绘制任何与爱有关的图案。他拉着那不勒斯国王就上了马车。马车的前方只有一名军官负责开道，他就这样隐姓埋名离开了贡比涅。他派人来叫我，等我到那的时候，他已经和那不勒斯国王一起坐在马车里了。他告诉我，如果收到可能是给他的消息，打开放在那里就好。他告诉我他现在要出发去见皇后，说他傍晚就会回来，然后命令我要将这件事情保密。就像他说的那样，他在晚上 10 点钟左右回到了贡比涅，当时天气特别不好。他在距离苏瓦松几里的地方遇上了皇后的队伍。拿破仑偷偷靠近了她的马车，没有被认出来。但是，之后一名侍从叫出了他的名字，结束了他的微服出行。于是他就登上了皇后的马车，那不勒斯王后也坐在里面。他命令马车不在苏瓦松停留，而是径直前往贡比涅。在贡比涅，皇后当晚就要抵达的消息已经在人群中传开了。大家匆忙地摆出了彩灯，装饰了凯旋门。虽然当晚天气恶劣，整个市镇的人群还是走上街头去迎接两位陛下。宫殿的庭院和长廊都向公众开放了，引来了许多好奇的人群。10点，礼炮齐鸣，告诉大家队列已经抵达了。车队快速在火把点亮的大道上奔驰。马车停稳后，等候在那里的亲王和公主们都被皇帝介绍给了皇后。城镇的官员们都集中在长廊里，一群小姑娘向玛丽·路易莎献上了鲜花，还发表了讲话。奥地利大使施瓦岑贝格亲王也在场。在这个简短的仪式过后，皇后马上在皇帝的带领下回到了自己的房间。皇帝当晚和皇后以及那不勒斯王后共进晚餐。

当时玛丽·路易莎正值芳华。她的上半身非常整齐匀称。她那天身穿连衣裙，身上的短上衣比当时的惯例要长一些，更凸显了她天生的那份雍容。并且和周围法国女士们粗俗短小的上衣形成了很好的对比。因为旅途劳顿以及紧张的心情，她的脸上泛着阵阵潮红。她的头发是浅栗色，发量浓密，发质就像是丝绸一样，簇拥着她清新而饱满的脸庞。她的眼神总是很和善，顾盼生辉。她的双唇有点厚，这是奥地利皇室的特点，就像波旁家的亲王们鼻子总是微微隆起一样。她整个人由内而外地散发出单纯而天真的气息。她的身材丰满，标志着她很健康。在分娩之后她变得苗条了许多。

拿破仑仿效亨利四世在类似形势下对玛丽·德·美第奇①的做法。人们在总理大臣的公署为皇帝准备了一个房间，但是他太心急了，等不及完成这部分仪式，他没有离开自己的宫殿。至于他留在宫中干了什么，人们就可以自由遐想了。第二天，人们在皇帝的书

---

① 她是亨利四世的第二任妻子，也是路易十三的母亲。

房中正式将皇后引进了宫中。他是想通过这样做来告诉皇后，后者享有他的绝对信任？还是说他觉得自己的工作室是整个宫殿里最重要的房间？我们不得而知。不过因此，我也就有幸成了第一批向玛丽·路易莎皇后致敬的人之一。1点时，那些没有前去布劳瑙的皇后侍女和侍从被介绍给皇后，他们纷纷向皇后宣誓效忠。接着到来的是卫兵的诸位将军，在贡比涅的各位大臣、主要的军官，还有挑选来陪同皇后从贡比涅启程的女士们先生们都被一一介绍给了皇后。

翌日，整个宫廷都启程前往圣克劳，大家在那里待了两天。4月1日，人们在那里庆祝了两人的民事婚礼，至于宗教仪式，是第二天在巴黎卢浮宫博物馆的大长廊里举行的。参加了民事婚礼的红衣主教们，几乎全部拒绝参加宗教仪式，只有两人例外。他们拒绝参加仪式的唯一原因，就是教皇没有参与此前拿破仑的离婚。皇帝完全不接受这一借口，也拒绝接受他们之后的臣服，把他们流放到了地方各省，并且禁止他们再穿红袍。红袍是他们尊严的象征。因此他们也得名"黑色红衣主教"。

在宗教仪式结束后的第二天，皇帝参加了皇后的晨间梳洗。在他的注视下，三位女官（两个法国人，一个意大利人①）以及伺候梳洗的夫人一起为皇后戴上了皇冠。针对这顶皇冠，皇帝做了如下决定：

> 在婚礼的当天，皇后将加冕后冠。虽然这顶皇冠并不怎么好看，但是它有特殊意义，而我希望将这种意义和我的王朝联系在一起。这顶后冠只有在特别重大的仪式上才会佩戴。在普

---

① 德·丽塔夫人。——作者注

通的典礼中，皇后佩戴一顶钻石冠冕，这顶冠冕没有特殊意义，我会用皇室珠宝为她打造这顶冠冕。在婚礼结束后的翌日，她在招待会上就会佩戴这顶钻石冠冕。

拿破仑

1810 年 3 月 25 日，于贡比涅

民事婚礼结束后，我们在圣克劳的公园中举行了欢宴。到处都挂起了彩灯，喷泉在火把的照耀下跳动，礼炮的声响不停从巴黎荣军院传来。尽管当时天降大雨，还是有许多民众前来参与宴会。

4 月 2 日，皇帝和皇后庄严地进入了巴黎，场面宏伟极了。两位陛下穿过了设于星型广场关卡处的凯旋门。凯旋门当时被精心装饰了一番，扮成了它建成之后的样子。前一天天空中还飘着雨，入城当天却天朗气清。阳光倾泻而下，洒在行进队列的身上，洒在军队的身上，洒在围观群众的身上。那天的巴黎城，万人空巷。塞纳省长以及其他市政官员在星型关卡迎接了两位陛下。行进的队伍穿过香榭丽舍大道和杜伊勒里花园，抵达了杜伊勒里宫。人们在杜伊勒里花园的入口处也搭起了一座凯旋门。在宫中的会客厅以及狄安娜宫室稍事休息后，一行人来到了博物馆中的阿波罗大厅，我们已经提前在这里搭好了一个小礼拜堂。西班牙王后、荷兰王后、威斯特伐利亚王后，还有埃莉萨和波利娜两位公主，总共 5 人托着皇后的披风。大施赈官费沙红衣主教为二人的婚礼赐福。在仪式过后，为皇后戴上冠冕的几位女官将冠冕和皇后的披风取了下来，由侍从长以及尚服一同送回了巴黎圣母院。当天早上，军官们去将这两样取出来时，就走了一整套流程，现在把它们放回圣母院的宝库里，又经过了一套仪式，它们此后也一直保存在那里。离开阿波罗大厅

之后，皇帝牵着皇后的手，走上了钟表陈列馆的露台。他们在那里观看了帝国卫队各支部队的列队行进。剧院里举行了一场宴会，两位陛下还欣赏了一场音乐会，乐手们在宫殿的窗户下演奏。音乐会结束后，紧接着进行烟花表演。整条香榭丽舍大街上都放起了烟火。

就算我描述了拿破仑和玛丽·路易莎大婚时举行的种种庆典，对于展示它们的宏伟壮观以及巴黎市民的热情来说，也不过是隔靴搔痒。不过，人们在接下很长一段时间里都会牢记这些庆典的。

巴黎市希望自己送出的礼物在豪华和美丽程度上，可以媲美这场壮丽的大婚。它为皇后送了一张梳妆台，通体纯银打造，镀了一层金箔。同时送上一张镀金的银扶手椅，以及一面镀金的银穿衣镜。这一套家具由最出色的艺术家设计，并且他们亲自监工打造。它们的做工是如此完美，以至于当皇后的财务总管巴卢埃先生在1814年以皇后的名义讨要它们，包括罗马王的摇篮时，时任警务部物资供应负责人博诺伯爵拒绝了。他声称，自己拒绝归还它们是因为，这几件珍宝的诞生是天时地利人和缺一不可，这样的机会以后也不会再有了。就算是这批艺术家们也无法重新制造出可以与它们媲美的物件。梳妆台及其附属品在1832年被融化了，所得的金钱被用来帮助遭受霍乱影响的家庭。但是罗马王的摇篮得以幸免于难。玛丽·路易莎将它送给了自己的儿子，后者把它存放在了维也纳帝国的宝库中，它现在还在那里。巴黎市送给拿破仑的礼物则包括了一整套精美的银餐具。根据皇帝的命令，奥地利给玛丽·路易莎的20万弗洛林金币的嫁妆，进了国库。

在各种宴会和仪式都结束之后，宫廷返回了贡比涅。我们在那里举行了一场盛大的外交接待仪式，许多外国名人都参加了仪式。拿破仑在那里收到了许多贺信，几乎所有外国宫廷都寄来了贺信。

贡比涅城堡被精心装饰了一番，非常优雅有品位，很契合当天的仪式。在玛丽·路易莎的那些房间里，有一间小客厅，里面挂满了珍贵的羊绒。之后，皇后叫人把这些羊绒都取了下来。不过，这些羊绒本来就是给她的礼物，她可以随意处置。

约瑟芬皇后在家中有极大的自由。她有许多熟人。因为她想要帮助皇帝，让他更受欢迎，所以她在宫中时，一直保持并扩展着自己的交际网络。皇帝现在跟一位外国公主结婚了，她没什么经验，对巴黎的上层社会更是一无所知。因此，我们必须要改一下这种生活方式，让新皇后的日常生活没有那么独立。我们围绕着她采取的预防措施，是为了避免她被密谋者拉入什么小团体里。但这些预防措施让她很孤独，这带来了严重的后果，不过要到后来我们才看清这一点。皇帝将芒泰贝洛公爵夫人任命为皇后的女官。她是拉纳将军的遗孀，后者在艾斯林战役中不幸殉国。皇帝此前在她和博沃公主之间犹豫了一阵。最终，他决定不选择博沃夫人的理由是，他觉得把反对国家理念的想法引入宫中是不明智的。特别是，一位德意志公主出于阶级和生来就带有的偏见，很可能会被这些想法俘虏。因此，他决定选择公爵夫人，也算是为了纪念他在军中资格最老也最勇猛的一位同志。人们普遍认可了他的选择。德·芒泰贝洛夫人比皇后年长十岁，是一个非常美丽的女人。她冷静，沉着并且做事无可指摘。在任命她的时候，皇帝都感慨："我为皇后任命了一位真正的女官。"德·吕塞伯爵夫人，一个德行出众，礼仪得体而且温和无害的女人，被任命为皇后的尚服。在约瑟芬皇后那个时候，皇后的内务由四名通告女官负责。这次，我们又增加了两人，性格都一丝不苟。她们是从埃库昂的王室和皇家宅邸中挑选出来的，已逝军官的遗孀和女儿有优先权。我们选出的迪朗夫人，就是一位将军的遗孀。她们就像侍从官伺候皇帝那样伺候皇后，唯一的区别就是她们不会陪伴皇后外出。因此，白天她们都在皇后的身旁，到了晚上，她们中的一个人会睡在玛丽·路易莎卧室隔壁的小房间里。她们不会让任何一个男人进入她的卧室，这是给她们的命令。她们也会参加皇后的绘画课和音乐课。她们会写下她口述的信件或是命令，并且负责主持打理所有内务。

皇后的私人津贴是每个月 5 万法郎：其中每个月有 1 万法郎会捐给我们精心筛选出的穷苦人家，剩下的就都是给皇后置办服装和珠宝的。玛丽·路易莎总是精打细算，不会超支。她很喜欢送礼，同时，在她写字桌的抽屉里，总是有一个装着 2.5 万法郎的钱包，但她从来不会碰它。

这场盛大的婚礼，激起了诗人们吟诗作对的热情。富歇之前稍稍暗示了他们，但是皇帝就此批评了他，因为皇帝不希望让人觉得自己命令诗人们赞美自己。拿破仑希望这些作者可以自由发散思维，没必要专门去激发他们的灵感。之后，他从自己的私人金库里拨出了 10 万法郎，奖赏那些满意的诗作。

当法国诗人们都在诠释大众的心声，向这对夫妻致敬时，瓦朗塞的城堡里正在发生一些不那么真心实意的表演。居住在那里的被赶下台的西班牙王公正在激烈地进行着拍马屁大赛。他们在教堂里高唱一曲《赞美颂》，主持了由自己组织的，向皇后和皇帝致敬的宴会。在为两位陛下的健康举杯时，他们讲出了最谄媚的祝酒词和赞美。费尔南多亲王这时常重复鼓掌，或者欢呼。《箴言报》报道了一次这样的宴会，文章说，亲王在祝两位陛下身体健康时，是这么说的："为了我们至高无上的统治者，伟大的拿破仑，和他至高无上的妻子玛丽·路易莎！"一场烟火表演结束了这场庆典。即便庆典有种种夸张的外在标志，它还是无法欺骗任何人。处于这一系列谄媚行为顶点的，则是费尔南多亲王请求皇帝将自己收为养子，并让他可以有幸前往后者的宫廷。这种不要脸的行为让所有人看了都感到很遭罪。

　　同时，在瓦朗塞的城堡里还发生了另一件事情，这次富歇的警察在其中扮演了重要角色。有一位克利男爵，从韦尔斯利侯爵那里得到了指示、授权以及一大笔钱，要来帮助费尔南多和其他西班牙王公逃跑，并要把他们带到库克博恩海军上将那里去。后者正率领一小支舰队在海岸处等着这一任务的成功。这位英国政府派出的密探要执行的任务后来暴露了，他也被逮捕了。一名警署探员带着他的身份证明文件，假扮成克利男爵，找到了费尔南多。不过，不知道是不是已经有人私下里警告过了这位阿斯图里亚斯亲王有人冒名顶替，又或者说他怀疑这是一个圈套，抑或者说他单纯是不敢冒这个风险。总之，他态度恶劣地接待了富歇的探员，还把他举报给了城堡的主管。真正的克利男爵则一直被关押在万塞讷，直到波旁家返回法国才重获自由。

　　自从拿破仑在西班牙打完了那短暂的战役之后，约瑟夫就返回了马德里。约瑟夫这次终于可以将精力放在这个国家的内政上了，他也实施了一些有益的改革。几乎所有强国都承认了这位新的国王，并向他发去了贺信。费尔南多也没有忘记发去贺信，他还请求新国王为他在皇帝面前美言几句，让他可以和皇帝的一位侄女成婚。最初在西班牙发生的一系列军事事件，对我军都是有利的。萨拉戈萨投降了，我军对敌军也取得了数场重要的大捷。这时，突然来了一支由阿瑟·韦尔斯利率领的英军，他们和葡萄牙军队会合后，又恢复了西班牙人的信心。阿瑟·韦尔斯利就是日后的威灵顿公爵。我们的敌人兵合一处，向马德里进发。他们希望可以在我们来不及防御的时候，打我们一个措手不及。国王率领他的预备役部队，离开马德里前去应战。途中，他还统合了由苏尔特、内伊以及莫蒂埃这三位元帅率领的部队。在接下来的战斗中，双方各有胜负。三位元帅之间意见不合，这有利于他们的敌人英国将军的计划。约瑟夫国王虽然拥有许多杰出品质，但是他并不擅长战争。因为他在法军统帅们面前权威不足，所以他也完全无法弥合三人之间的分歧，无法弥补这一分歧带来的负面效应。这场战役，本来可以取得决定性的战果，但最终，我们只限制了敌军行动，并将英葡联军赶回葡萄牙，仅此而已。战斗告一段落后，儒尔当元帅返回了法国，苏尔特元帅取代他成为国王的幕僚长。皇帝对苏尔特元帅更有信心。国王返回了马德里，他的调解精神似乎把许多人都团结在他周围，成为他的支持者，甚至在西班牙人中间也是一样。在此之前，西班牙人对他的反对是有目共睹的。

我们在半岛东部进行的军事行动都大获成功。我们在阿拉贡取得了许多胜利，攻占了加泰罗尼亚地区一座叫赫罗纳的堡垒。西班牙人以守卫萨拉戈萨的那种固执和顽强守卫了这座堡垒。赫罗纳的陷落，也标志着西班牙战争的胜利告终。

在婚礼的庆典结束之后，拿破仑的注意力放到了比利时诸省身上。他决定视察那里，以及新近割让给法国的那部分荷兰领土。他此番访问的其中一个目的是让皇后换换环境，让她见一下比利时民众，以及他新获得的省份。不过，他最主要的目的还是要亲眼去看一看当地的情况，并且亲自评估英军那次失败的瓦尔赫伦岛远征到底对当地产生了什么影响。同时，他也要看一看当地人对大陆封锁的违反到了什么程度。他同时还想了解一下，他可以做些什么来弥补切断与英国的交流后荷兰贸易遭受的损失。他想要尽可能地保证自己的法律被严格执行，同时荷兰的利益也可以得到保障。

想要理解拿破仑决定这次出巡的理由，我们就必须讲一下促使帝国吞并斯海尔德河右岸的荷兰领土并最终吞并整个荷兰的原因。

在查泰姆勋爵率领的英军入侵瓦尔赫仑时，拿破仑注意到了荷兰人对于协防一事多么消极。他同时也看到了，这个国家的官员完全没有监管英国商品的流通。拜走私客和短暂占领赫尔瓦伦的英军所赐，英国商品如洪水般涌入了这个王国，甚至在其首都和国王的宫廷中都不例外。荷兰国王对皇帝给荷兰定下的政策方针一点都不感冒，这有目共睹。而1806年11月21日在柏林发布的这条封锁英国的政令，更加深了两人之间的分歧。在路易国王看来，这样的措施太过了，并且是故意算计着要摧毁荷兰的贸易。他不愿意承认，为了报复英王的枢密院发出的法令，我们必须，也无可避免地要发出这道政令。他全部精力都放在了如何减少贸易封锁给荷兰带来的损失和如何尽可能阳奉阴违上。当我们向他抗议英国商人依旧可以在荷兰港口进行贸易时，他的答复是他无法阻止皮肤出汗。这一反抗行为的结果就是皇帝非常不满。

当拿破仑认定自己受迫于英王的法令，必须要实施大陆封锁政策时，很明显，荷兰要想保持它的独立地位只有两条路可能：忠实地执行这一政策，或者法英之间达成海上和平。皇帝急切要求国王对英国商人关闭自己的港口，国王回答说这样的政策会导致荷兰崩溃。与其这样，还不如让荷兰并入法国好了，如此一来，至少可以获得一个4000万人的市场。国王被要求亲自请英国注意这种情况，且缔结合约，这样才能继续享受独立的荷兰王国带给英国的好处。因此，法国提出的条件被交涉给了英国政府。我们提出的条件都不算苛刻。在拿破仑的首肯下，荷兰国王在1810年2月派拉布谢尔出使伦敦。富歇一直都是赶着出风头的人。他听说我们向伦敦政府提出的要求后，兀自开始和韦尔斯利勋爵进行谈判了。他没有获得任何授权，也没有告诉路易国王或者拿破仑。他派出乌夫拉尔先生执行谈判的任务，但是又不满足于只有一个使者，于是又找了他在伦敦的警探，去和这位英国大臣进行沟通。这位大臣本来就不怎么想和谈，现在这么多人同时找到他，他便起了疑心。因此他急忙给了拉布谢尔先生一个否定的答复，结束了谈判。

皇帝此时马上意识到，为了我国边境的安全，以及为了严格推行大陆封锁政策，他不能再延后占领荷兰边境了。这个国家和英国的联系一直没有断绝，不列颠的商人和货物在荷兰的各个港口还是很有市场。事不宜迟，我们和荷兰方面就此开始了协商。那时路易国王和法国其他各盟邦的君主刚好一起被召唤到了巴黎。这位王公是他的王国里最体面的人之一。但是，他的恼怒、他国内的种种问题，以及他的摇摆不定，都让他变得有些愤世嫉俗。在这次的协商中，他被卡在了自己对兄长的义务，以及他固执的原则之间。在这一重要时刻，他无法下定决心采取暴力手段。不论是乞求、建议、抗议，又或者是重获和平后承诺对荷兰人现在做出的牺牲给予补偿，这些方法都无法抚平国王的顾忌，无法让他下令彻底断绝和英国的贸易往来。路易国王出于对自己的职责、荣誉甚至宗教考虑，都认为不能让荷兰做出任何伤害自身利益的牺牲。他不愿意接受任何强加在自己身上的条件，不愿意做出任何妥协，也不愿意正视严格执行拿破仑的计划可以带来的好处。皇帝和他弟弟之间进行了一些激烈的谈话和解释。正是在这期间，前者威胁说要武力占领荷兰。于是国王写信给荷兰政府，要求他们全力以赴抵抗入侵的法军，即便是炸毁大坝水淹荷兰也在所不惜。他还要求，任何与他现在发出的这条命令相违背的命令荷兰政府一概不需要遵守，他们必须要坚守到他回国。

人们马上就都知道了这些命令。国王面临重重压力，同时，他这样做也等于是在摧毁自己的国家。在重新思考了自己身上的重担之后，他终于同意签署我们强加在他身上的协议。这份 1810 年 3

月 16 日签署的协议，让帝国获得了海尔德河右岸的荷兰领土。同时，在英国政府撤回自己的命令之前，禁止荷兰和英国进行任何贸易往来。协议的谈判过程是如此激烈，我们预计到之后肯定会有不愉快的事发生。因此，乌迪诺元帅受命去占领了位于贝亨奥普佐姆和布雷达的要塞。

关于荷兰国王在巴黎忤逆皇帝的资料有很多，我们打算在这里引述下面这封信。尽管这封信很长，但是它很好地体现出了贯穿这整场争执的那份强烈的民族情感，并且象征着拿破仑对弟弟采取的态度的不满：

> 我的弟弟先生，我已经收到了陛下的来信。在信中您表示希望我告诉您我对荷兰有什么打算。我将坦诚地把我的打算都告诉您。当陛下登上荷兰王位的时候，一部分荷兰人就希望和法国合并了。但是，这个勇敢的国度让我对她颇有敬意，因此我当时希望可以保持她的名字和独立。我亲自为她起草了宪法。这部宪法也是陛下您王位的基础，然后我让您登上了王位。我本来希望，和我一起接受了教育的您对法国应该有深深的情感，法兰西所有子民都理应有这份情感，尤其是法兰西亲王。您也是看着我的政治手腕长大的，我本希望您可以感受到，荷兰作为被我的人民征服的国家，完全是仰赖于法兰西的宽宏大量才得以保持独立。您应该知道，荷兰既弱小，也没有一支像样的军队，她决定与法国为敌的那一天，就是她将被彻底征服的时候。您也应该知道，荷兰无权让自己的政策独立于我，她是由条约和我捆绑在一起的。因此，我本希望将一位我的血亲扶上荷兰的王位，这是最好的一条路，可以融合两个国家的利益，并将它们团结在一个共同的利益之下，团结在对英

国的共同仇恨之下。我觉得我为荷兰提供了她正需要的东西，为此我还感到很自豪。这跟我当年为瑞士提供后者急需的调停时感受一样。但是，不久之后，我就意识到，我只是在自说自话而已。我希望都落了空。陛下在登上荷兰的王位之后，就忘记了自己法国人的身份。甚至还丧失了您的理智之泉，扭曲了您的良心，说服您自己是一个荷兰人。那些对法国友好的荷兰人被您忽略，甚至被迫害。倒是那些此前为英国人办事的荷兰人加官进爵。法国人，从军官到士兵，全都遭到背叛和羞辱。在我的血亲治下，法兰西这个名号在荷兰饱受羞辱，这让我非常痛苦。但是，我心中充满了对法兰西的敬重和对她荣誉的重视，我也知道如何用士兵的尖刀去维护她的尊严和荣誉。无论是荷兰，还是任何其他人，都不能这样攻击法国而不受惩罚。

　　陛下您到底有多偏心，从您的演讲中就可以看出来。在您的演讲里，人们只能看见对法国的恶意。这些演讲并没有让人们忘记过去，反而不停提起过去发生的事情。这让法国的敌人非常开心，满足了她们秘密的感受和情感。说到底，荷兰人到底有什么好抱怨的呢？他们难道不是被我的军队攻占了吗？他们之所以能保持独立，难道不是出于我国人民的宽宏大量吗？他们难道不应该对法兰西的宽宏大量而感恩戴德吗？法兰西让他们的运河和海关可以继续向贸易开放。法兰西在占领荷兰之后所做的也是不断修缮这些设施，让它们变得更好。直到现在，法兰西也一直在用自己的力量保证荷兰的独立。那么，有谁可以为陛下您的种种行为辩解呢？您的行为是对一个民族的侮辱，也是对我的冒犯。您必须理解，我不打算把我和前人分割开来。从克洛维①到公共安全委员会②，我和他们所有人都是一体的。所有随意攻击这些前任政府的言论，在我看来本意都是要冒犯我。我知道，现在有些人很喜欢一边攻击我，一边贬低法国。但是，那些不爱法国的人，就不会爱我。而那些对我的人民恶语相向的人，就是我最大的敌人。看见荷兰人对法国如此轻蔑，我很不满。但是，如果我仅仅是因为这个原因而不满的话，我的皇权本会准许我对这个允许自己的子民侮辱我国的邻国君主宣战。但我没有这么做。

但是，陛下您错误地估计了我的脾气。您错误地估计了我的仁慈，也看错了我对您的感受。您违反了所有您与我达成的协议。您解除了您舰队的武装，遣散了您的水手，让您的军队陷入混乱。这样一来，荷兰就既没有军队又没有舰队。仿佛装满货物的货仓，加上一队队的商人、批发商还有职员就可以稳固您的权力。这些东西可以创造一个富庶的行会。但是，一个没有财政，没有可靠的征兵手段，没有舰队的人，是当不成国王的。

陛下您还做了其他事。趁着我在大陆上麻烦一堆的时候，您延续了荷兰和英国之间的联系。您还违反了贸易封锁的法律，这是唯一可以有效伤害这个强国的方式。我对您关闭了法国的市场，以表示对您这一举动的反对。同时，我让您感受到没有我的军队的帮助的情况，我对荷兰关闭了莱茵河、威悉河、斯海尔德河、默兹河之后，我将您的国家置于极度困难的状况中。甚至比我对您宣战更严重：我孤立了她，对她来说，

---

① 克洛维一世是公元6世纪时的法兰克人国王，他受洗成为基督徒，定都巴黎。被后世认作是法兰西民族历史的开端。

② 法国大革命后期，恐怖统治时期的法国最高权力机关。

这就意味着灭亡。

这一举动在荷兰国内引起了巨大的反响。陛下您跑来乞求我开恩，以兄弟之情博得我的同情，还许诺此后会改变政策。当时的我也觉得，这样的警告就够了。我撤回了我国海关的禁制令，而您马上就返回到了您的第一套系统中：当我在维也纳处理胶着战事的时候，陛下您的港口接受了所有到港的美国船只，虽然它们都是被法国的港口赶出来的，这是事实。我被迫再次对荷兰贸易关闭我的海关。想找出一种比这更加正规的宣战行为，也是很困难的。在这样的情况下，我们可以认定，我们真的已经处于战争状态了。在我对立法院的演讲中，我暗示了我的不满。我不会对您隐瞒，我的本意就是要吞并荷兰：为了增加我的领土，为了尽可能地打击英国，还有就是为了摆脱您内阁里那群匪首对我不断的侮辱。事实上，我必须获得莱茵河和默兹河的入海口。以莱茵河谷作为边境线，是法兰西的原则，也是一项基础原则。陛下您在 17 日写给我的信里提到，您可以确保断绝荷兰和英国之间的一切贸易行为；您有财政手段，有舰队，有军队；您会撤回贵族享有的特权，重建宪法的原则；您会取消元帅军衔，这个军衔对于一个二流国家来说，本来就很可笑，也不符合国力；仓库里的殖民地商品、美国船上运来的东西、不应该进入您港口的东西，您都会没收。我的观点是，陛下您提出的这些措施，根本就执行不了。这样也只不过暂缓法国对荷兰的吞并而已。我承认，莱茵河右岸的领土在我看来和贝尔格大公国和汉萨诸城一样，我对吞并它们没什么兴趣。因此，我会保留荷兰在莱茵河以东的领土。同时，只要两国之间现有的和即将续订的条约得到执行，我马上就会撤回我对海关下达的禁制令。以下是我的要求：

1. 禁止和英国之间进行任何贸易或是其他往来。

2. 建立一支包含 15 艘风帆战列舰、7 艘护卫舰、7 艘横桅双帆船或者轻型巡洋舰的舰队。保证装备精良，物资充足。

3. 维持一支 2.5 万人规模的陆军。

4. 取消元帅这一军衔。

5. 废除所有贵族阶级的特权。这些特权和我起草的宪法的原则相违背，我是宪法的守护人。

基于这些要求，陛下您可以派您的大使和卡多雷公爵开始谈判。但是，我向您保证，只要有一箱货物或是一艘船舶获准进入荷兰，我就会重新对海关下达禁制令。只要有人侮辱我的旗帜，我就会派人逮捕那个做出侮辱行为的军官，并把他吊死在主桅上。只要我觉得您还是法国人，我就是陛下您的兄长。如果您忘记了这份将您和我们的共同祖国联系在一起的感情，那么我向您保证，我会忘记大自然在我俩之间建立的纽带。

总而言之：法国吞并荷兰，不论是对法国、对荷兰，还是对欧洲来说，都是最佳的选项。因为，这样可以最大程度地伤害英国。我们既可以通过协商吞并荷兰，也可以以武力的方式完成吞并。我对荷兰的恨意足够强烈，宣战我是做得出来的。同时，如果荷兰可以以条约的形式让莱茵河成为我的边界，并且保证履行上述条件，我也很乐意签署一份协议。

您忠诚的兄长

拿破仑

1809 年 9 月 21 日，于特里亚农

　　皇帝和皇后在 4 月底离开了贡比涅。路上，他们在圣康坦稍作停留。在这里，拿破仑像往常一样，关注当地的治理和工业需要以及物资等这些细节上。他提出的问题，还是那么精准，向人们展示了他心中的确时时牵挂着人民的利益。两位陛下造访了当地的运河，并且搭乘马车跨越了运河的第一段。这一段当时还没有完全建成。之后，两位陛下来到已经蓄水的运河航段后，亲自划桨在运河上行了大概一里半。

　　之后，他们在安特卫普居住了 5 天。在此期间，皇帝每天天一亮就翻身上马，开始四处视察港口的工作，仔细检查军火库的保卫工作，然后检阅士兵以及舰队。人们还为一艘多层甲板的战舰举行了下水仪式，这艘战舰是有史以来这个港口建造过的最大的船舶。皇帝和皇后接见了当地官员。拿破仑和他们每个人都进行了长时间谈话，检视有什么可以改革的地方。皇后则向所有人展示了她的平易近人，简朴以及低调。人们对约瑟芬的那份优雅以及惹人喜爱的激情的怀念，可能伤到了玛丽·路易莎。人们可能会把她的矜持归结于德意志王朝的那份骄傲。但是她身上完全找不到这样的感觉，没人比她更为淳朴，也没人比她更为高贵。她害羞的本性，还有她扮演的崭新的角色都让她显得有些不自然。她很认可自己的新位置，并且被皇帝向她展示出的尊重和感情深深触动。当皇帝表示，自己必须巡视泽兰诸岛，在此前她可以在安特卫普暂时等候时，她坚决表示要陪在他身旁。尽管他害怕这样的旅程会让她过度操劳。

因此，之后皇帝带着她一起造访了斯海尔托亨博斯①、贝亨奥普左姆、布雷达、米德尔堡、弗利辛恩以及瓦尔赫伦岛。那里四个月前刚被英国人洗劫一空。英国人此次行动表面上的原因是要给奥地利的军事行动打掩护，但是真实目的其实是破坏安特卫普附近的海运以及军事设施——它们一直是英国的眼中钉。拿破仑经由南北贝弗兰，沿着埃斯克河逆流而上回到了安特卫普。他细致地检查了当地的防御建设。他的思维是如此敏捷，双眼是如此锐利，一般他只要骑着马绕着一个地方跑一圈，就能马上看出薄弱之处在哪，回来之后马上就能口述详细的改良方案。

此次出游之后，皇帝在拉肯城堡里住了 3 天。5 月 17 日，他从那里出发，快速视察了根特、布鲁日、奥斯坦德、敦刻尔克、里尔、加莱、布洛涅、迪耶普以及勒阿弗尔等诸城。最后他在鲁昂住了两天，结束了旅程。出于他热爱改良的本性，在这一路上他都留下了自己天才的痕迹。而此次旅程中人们对皇后的欢迎则完全让她着迷了。不论她走到哪里，人们都搭建了凯旋门来迎接她。人们表现出的热情让她都不好意思了——她所到之处，都是人山人海、彩灯高悬，各种舞会和飨宴接连不断——所有这些都是为了向她致敬。她此时已经了解了法国的个性，知道她可以轻松习惯这个国家，这个民族。因为他们对拿破仑无比热爱，后者对法国人民也拥有巨大的影响力。再加上拿破仑对她的感情，法国人民对她也表现出了极大的善意。她这段时间过得十分幸福。而拿破仑这边，对玛丽·路易莎也很满意——这个伴侣贤良淑德，除了让丈夫高兴之外，没有其他多余想法。下面这些人在整段旅程中都陪伴在皇帝和皇后身旁：奥地利皇帝的弟弟维尔茨堡大公、那不勒斯王后、威斯

---

① 原文使用法语名称 Bois-le-Duc。法语与荷兰语名称的意思均为"公爵森林"。

特伐利亚国王和王后、欧仁亲王以及奥地利的两位大臣梅特涅以及施瓦岑贝格。

6月1日，两位陛下返回圣克劳。同年巴黎6月，是欢宴的时节：巴黎市、帝国卫队以及其他的组织和团体都为两位陛下举办了许多宴会。民众也参与到了这一普天同庆的氛围中。在宴会间歇期，皇帝带着皇后拜访了一些公共机构，其中包括国家图书馆，以及动物园。并且他还带着皇后一起，在市内各个主要剧院观看了演出。7月1日，施瓦岑贝格先生在奥地利大使馆为两位陛下举行了一场庆祝会。不幸的是，这场庆祝会最后发生了大家都知道的灾难。主舞厅里发生了火灾。皇室作为大使馆的优先保护对象，旋即被转移到了安全的地点。拿破仑将皇后扶上马车，自己也坐了上去，以安抚她的情绪。但是，当马车到达香榭丽舍大街之后，皇帝走下了马车，让皇后独自返回圣克劳。他自己则返回了大使馆官邸，希望自己可以从火中救出一些人。这场灾难的结果大家都知道了。这次事故也为当时欢庆的气氛蒙上了一层阴影，到那时为止，都没有发生任何事故。所有人都回忆起了当时路易十六和玛丽·安托瓦内特的婚礼庆典上发生的不幸。这种不好的预感引起了大家的焦虑，不过拿破仑的威望很快就抹去了这些一时的情绪。皇帝第二天醒来之后做的第一件事情就是派人去询问，受到这场可怕意外影响的人状况如何。

与此同时，约瑟芬皇后在纳瓦拉度过了4月之后，回到了马尔梅松，整个人都处在忧郁的状态中。她还是难以适应自己的新生活。在离婚之后，她保留了皇后的尊号，每年享有300万法郎津贴。她在马尔梅松也可以继续依照杜伊勒里宫的规格组织自己的侍从和随扈。皇帝也希望，她可以继续在马尔梅松接待宫中的人、各位显要人物、各部大臣以及主要官员：他们只要频繁造访马尔梅松，都会让他高兴。

为了让约瑟芬走出这种忧郁的状态，拿破仑建议她 7 月底可以去水边散散心。于是，她就去了位于萨伏伊的埃克斯城。当戏水的季节过去后，她又急切地想要去瑞士，她此前从没去过那里。不过，当她抵达日内瓦之后，她收到了从巴黎发来的官方布告，又担心皇帝是不是想把她赶出法国。她于是派出自己的女儿奥坦丝王后私下去跟皇帝谈起这件事情。皇帝本人从来没有产生过这个想法，仅仅是想让约瑟芬换个环境。他赶忙写信去安抚后者。他建议她可以去米兰见见意大利总督，但是也允许她可以直接返回纳瓦拉，因为他希望约瑟芬可以自由地做她想做的事。由于自己脑中的恐惧，约瑟芬放弃了瑞士地区的旅行，紧赶慢赶地回到了纳瓦拉。她在那里度过了 1810 年余下的日子和 1811 年的大部分时间。她在 1812 年才终于去了米兰，是去照顾自己儿媳分娩的。

在这一年（1810 年）的 7 月，吕西安写信给皇帝，向后者表达了自己希望退隐去美国的愿望。自从我们此前讲过的曼图瓦的那次会面之后，所有让两位兄弟达成和解的尝试都失败了。拿破仑在最后尝试拉拢了吕西安一次之后，同意了后者将自己放逐海外的愿望。但是，吕西安并没有成功抵达美国：一艘英国三桅战舰在卡利亚里附近水域抓住了他，并把他作为战俘抓去了英国。他在那里一直待到 1814 年。在被关押期间，吕西安投身文学创作，他完成了诗歌《查理曼》以及《切尔内德》。

卡诺瓦曾经在 1802 年 11 月来过巴黎，当时他来为第一执政制作胸像。1810 年 10 月他再次来到了我们的首都。皇帝把他召来是为了给玛丽·路易莎皇后制作一尊雕像。卡诺瓦以和谐的风格雕刻了皇后的塑像，这尊雕像今天被保存在帕尔马。一次，当皇后坐在这位著名的雕刻师面前给他当模特时，他向皇帝说起罗马的圣卢克学院现在处在危难之中：又没钱又没有校舍。他还向皇帝表示，佛罗伦萨大教堂要进行必需的修复工作，需要一些资金。同时，保存及维护佛罗伦萨市内和教堂中大量纪念建筑以及艺术品也需要资金。卡诺瓦和我在他第一次到巴黎时（1802 年）就认识了。他在 1810 年 11 月初写信给我，乞求我提醒皇帝不要忘了对他做出的慷慨承诺。这位艺术家当时马上就要返回意大利了，因此他急切地想要知道皇帝是否已经兑现了对他做出的承诺。等到 11 月 7 日，我向他做出了以下答复：

1. "旧学院"这所德语学校的一部分转让给圣卢克学院集会用。

2. 这所学院将获得 10 万法郎的资助，其中，2.5 万用作学校的资金，7.5 万用作古建筑的维护费。

3. 佛罗伦萨学院的主席将获得一笔 30 万法郎的资金：其中 20 万用于考古发掘，10 万用来鼓励艺术家。

4. 之后我们还将为必要的修复工作提供资金。

听到这些好消息后，卡诺瓦对我的感谢溢于言表。并且愉快地离开了巴黎，把这些好消息带回了意大利。

巴瑟斯特夫人在 1810 年 9 月抵达了莫尔莱，让人们的注意力再次转移到了一件特殊的事情上。这件事情至今还笼罩在迷雾中。人们关于这件事情的各种转述在细节上都是一致的。我会在这里简短描述一下这次非凡的历险，这件事情真的很值得被记录下来。

本杰明·巴瑟斯特先生虽然人很年轻，但是已经官居英国驻维也纳大使。在 1809 年的《维也纳条约》之后，他突然在梅克伦堡的边界失踪了。那时他原计划在波罗的海的一个港口登船立即返回英国。这次旅途中他用的是假名，身边有英国政府的一名信使。在失踪前，他正在佩勒贝格城外的一个驿站里吃晚餐。餐毕离开驿站之后，他走向自己的马车，那位信使已经坐在里面了。但是，正当他把手放到马车的门把手上时，他好像突然想起了什么，转身走到了房子的后面。因为他一直没有出来，人们就去找他。但是人们也没有找到他，一点蛛丝马迹都没有。自那以后，他就消失了，再也没有人见过他。只不过，在他失踪 15 天后，人们在他晚餐的那个驿站附近的路边，找到了他穿的裤子，裤子口袋里有一封写给他夫人的信。尽管那十几天每天都下了很大的雨，但是不论是信纸还是信上的字迹都没有受到任何影响。我们永远也不会知道谁把那条裤子放到那里去的。

巴瑟斯特先生在旅途中一直饱受暴民的困扰。他曾经表达过害怕自己落入敌人手中的恐惧。还曾步行到佩勒贝格市的市长那里，向后者表达过自己对此事的焦虑。当他返回驿站之后，他把自己的所有文件都烧掉了。英国大使馆以及巴瑟斯特家族动用了所有资源来调查此事，询问了很多人，但还是一无所获。直到今天，这个倒霉的男人身上到底发生了什么我们还是一无所知。

巴瑟斯特女士正是希望可以通过亲自调查找到关于丈夫的消息，才和兄弟一起来到欧洲大陆。皇帝在 1810 年 6 月 26 日发出的一封信里，曾要求外交事务大臣以及警务大臣为她提供必要的通行证，并好好接待她。他准许她在法国境内想待多久就待多久。最终她经由德意志返回了英国，并没有发现和巴瑟斯特先生失踪有关的任何线索。关于这件事，外面的风言风语已经够多了，我们再在这里猜测也只是画蛇添足了。我在这里只说两点：整件事没有发现任何和法国政府有关的疑点；同时，在圣赫勒拿岛上充满怨念地迫害拿破仑的那位殖民大臣巴瑟斯特勋爵，是本杰明·巴瑟斯特先生的近亲。拿破仑在 1810 年和善地接待了他的近亲，他就是这样报答拿破仑的：他以难以平息的怨恨迫害这位英国背信弃义的受害者；以最令人厌恶的暴行对待他。而且，拿破仑也不是第一次不顾英国政府对他发动的战争对其子民施以恩惠了。有一位叫帕尔梅的先生，康宁先生很感兴趣。这位大臣向我们提出要求之后，我们就把帕尔梅先生送回英国了。皇帝还同时告诉康宁先生，自己很高兴能有机会为他服务。最后关于巴瑟斯特家族，我再补充一件事情，本杰明·巴瑟斯特夫人此后又遭遇了厄运。她那个年轻漂亮的女儿在 1828 年逝于罗马的台伯河。

拿破仑的婚礼之后几个月，塔列朗先生难忍对权力和阴谋的渴望，觉得自己是时候重新得宠了。于是，他决定写一封信给皇帝，表示自己随时可以为他服务。拿破仑在 8 月 29 日回复了这封信，正式拒绝了他。拿破仑的用词是如此不留情面，以至于塔列朗放弃了所有的希望。在回信的寥寥数语中，皇帝表示塔列朗的来信让他很痛苦，并请求前者不要再给他写信了，因为前者的来信会让他想起那些痛苦的，他想要遗忘的回忆。

路易国王在参加完两国于 3 月 16 日举行的换约仪式和婚礼的宴会之后，于 1810 年 4 月 8 日离开了巴黎，返回荷兰。此间他一直都被扣留在巴黎。同时王后带着王储前往阿姆斯特丹，不过选择了一条和国王不同的道路。拿破仑和他的弟弟进行了最后一次会晤。这次会晤至少在表面上是友好的。会晤时，皇帝手上拿着一把做工精美的刀，很配得上他的地位。搭配刀身上的各种饰品，不愧是匠人的杰作。他将这把刀递给了路易国王。后者犹豫着不是很想接受，声称这把刀会切断他们之间的友谊。"噫，"皇帝说道，"它只能切面包。"

当时两兄弟之间看似重新建立起的良好互信并没有持续多久。

执行 3 月 16 日签署的协议时，出现了全新的问题。大陆封锁政策有种种限制和约束，双方之间的敌意也毒化了执行政策的过程，最终法国大使的侍从在王宫门口蒙受侮辱，使得沟通都以决裂收场。之后的一天早上，皇帝正在朗布依埃，听到了自己弟弟退位并逃亡的消息。没有人事先给他预警，两人之间也没有任何共识。这样的出格行为势必在欧洲造成极坏的影响，但是他也无法掩盖或是弱化这一影响。拿破仑在读这些报告的时候，不时出于惊讶和愤怒而大吼大叫。在读完所有报告之后，拿破仑站了起来，把文件都扔在我的桌子上，以最强烈的言辞谴责了他弟弟不知感恩的行为。悲痛和愤怒让他的眼泪都流出来了。

"我对他就像是父亲一样，"他大喊道，"我怎么能想到他会让我如此愤怒？我当炮兵少尉时用自己那点微薄的收入把他带大。我和他分享我的面包，分享我的床垫。他去找了谁呢？去找了陌生人，好让别人相信，他在法国，或者在任何我控制的国家，都不会安全。"

当路易国王在巴黎时，也就是那年的头几个月，皇帝曾经威胁说要亲自到阿姆斯特丹去，把所有想和英国贸易的人都抓起来。作为对这个威胁的回复，国王秘密下令让人们必须保卫他的首都，即便炸断大坝也在所不惜。在皇帝看来，他的大陆封锁政策是逼迫英国和谈的唯一手段。因此，当他看到这个政策遇到的阻力越来越大之后，他也越来越生气。他甚至把自己的海关官员都派到了阿姆斯特丹的城门那里。他甚至还下令要占领英国人在阿姆斯特丹城内的贸易据点。路易国王对此也做出了过激的反应，他带着自己年轻的长子退守到了哈勒姆。王后之前在 4 月的时候把王储带到了他身边。路易国王的打算是宁愿水淹阿姆斯特丹，也不会让法军占领它。他将这一决定告知了大臣们，但是国务参事会的成员全体反对采取这样的极端措施。国王接下去就提出，要么保卫阿姆斯特丹，要么他退位，大臣们建议他采取后面这一选项。因此，路易国王向立法院发去了王室消息，宣布他决定放弃荷兰王位，传位给他儿子。他还把自己的退位诏书也一并发了过去。当天，他就离开了哈勒姆，前往波西米亚的特普利斯①的水边，身边陪伴着两名侍从军官。当他踏上异国土地后，这两名军官就离开了他。他称自己为圣勒伯爵，那是他名下一个距离巴黎数里远的庄园的名字。皇帝将德卡兹先生派去了特普利斯，后者是他弟弟曾经的内阁秘书，同时还是拿破仑母亲的总管秘书，在巴黎的帝国宫廷担任顾问。德卡兹先生肩负的任务是要邀请路易国王离开奥地利的领土，并前往居住在帝国皇室成员统治的领土上。同时，拿破仑还给我国驻维也纳的大使奥托先生写了一封信。后者将自己使团里的一名秘书派到了国王那里，希望可以讲道理说服国王按照皇帝的想法行事。无论是紧急要求还是建议，都无法动摇路易，也无法让他放弃自己不愿意生活在任何兄长控制的领土之下的决心。他甚至认为，自己的自我放逐，是对法国吞并荷兰的抗议。拿破仑眼看自己无计可施，而且也的确是为弟弟的健康着想，决定不再坚持，让步于弟弟的决定。路易国王的这份坚持，因为是出于一颗正直而真诚的心，所以无疑是值得尊敬的。但是，在当时那样的情况下，他的这份坚持就让人非常遗憾了。因此，路易得以自由地选择自己隐居的地点。最后他选定了位于施蒂利亚一个叫格拉茨的城市，位于奥地利的最南部。但他听说，元老院以敕令的形式为奥坦丝王后和她的孩子分配了采邑

---

① 今捷克的特普利采。

之后，他禁止自己的妻子接受任何东西。他希望她满足于两人名下的产业。针对这道禁令，奥坦丝王后认为自己被迫无法从命。

荷兰当时的情况决定了并入帝国是保证安全的最佳方式。在当时欧洲新的国际形势下，我们根本不可能让这个小国独善其身。将其整合进入一个强大的帝国之后，荷兰人至少获得了直接保护的诸多好处。并入帝国之后，荷兰人的贸易也再次繁盛了起来。因此，有识之士都是希望被并入帝国的。而荷兰的有识之士数量大概是世界上最多的，合并的消息被正式昭告天下。小王储此前被他父亲留在了哈勒姆，正被自己的家庭女教师德布贝夫人照顾。负责保护他们的是宫廷侍从长，布律纳将军。拿破仑下令派人把小王储带回了法国。皇帝还将财政大臣勒布伦派到阿姆斯特丹担任总督。勒布伦亲王的性格和处事风格和荷兰人有几分相似，两边因此很合拍。

拿破仑慈爱地接纳了他的外甥，年轻的拿破仑亲王。他被带到圣克劳的时候，只有 6 岁。他告诉这个孩子，自己会成为他的父亲。当这个孩子长大成人后，要为自己，以及自己的父亲还债。那些被拿破仑变成国王的人，拿破仑对他们都有所期待。他不会放过任何一个告诉他们这一点的机会。"永远不要忘记，"他告诉自己的外甥，"无论我的政策或是我的帝国的利益将您放在什么位置上，您都要首先对我负责，然后您要对法兰西负责。而所有其他人，就算他们是我托付给您的子民，都要靠后站。"

第十章

贝尔纳多特成为瑞典王储

贝尔纳多特被选为瑞典王储，在我看来是一件非常重要的事情，我觉得有必要在这里将整件事的细节好好讲一下。古斯塔夫四世下台之后，人们将这位国王的叔叔南曼兰公爵推举为国王。因为这位公爵没有子嗣，国会在他提议下选举了石勒苏益格－奥格斯滕堡的克里斯蒂安王子作为瑞典的储君。后者很快成为瑞典的全民偶像。不幸的是，1810 年 1 月，他因为急性内出血去世了。当时他正在检阅部队。人们拒绝相信他是自然死亡。因此，瑞典发生了暴乱，宫廷大元帅弗森在暴乱中失去了自己的性命。奥格斯滕堡公爵的殒命非常让人惋惜。如果这位王公没有死，法国和瑞典本来可以维持友好关系。他曾向皇帝提亲，希望可以迎娶一位波拿巴家的公主。

瑞典人认为他们需要一位军人担任王储，因此将目光转向了法国将军。同时，他们认为这样的安排也可以取悦拿破仑。他们那时迫切希望和拿破仑交好。

我接下去讲的故事的其中一部分是从菲利普·塞居尔将军的著作《对 1812 年俄国战役的批判性检视》中节选来的。因为这些事情都发生在我眼前，因此，我可以保证这些文字的真实性。

1807 年瑞典人撤离波美拉尼亚时，两位名叫莫纳的瑞典军官兄弟被带到了贝尔纳多特面前。他们来自同名的一支部队。贝尔纳多特将他们关押在自己家，一个月之后把他们送回了瑞典。1810 年 6 月，这两位军官中的一位来到了贝尔纳多特位于巴黎安茹路上的家中。这位军官此时已经成了上校，他告诉贝尔纳多特，瑞典人希望让后者取代他们刚刚逝世的王储的位置。贝尔纳多特一开始是抱着听笑话的心态听取了这个提议，并没有很当回事。他决定暂时不将此事报告给皇帝，等到瑞典发来了官方请求再说。几天之后，瑞典方面派来了特使瓦雷德男爵，他是专门来见元帅的。他向后者肯定了莫纳上校此前对后者做出的提议，并希望可以获得后者的答复。那天是周六，第二天，贝尔纳多特专程在弥撒前去了圣克劳，将这个消息告诉了皇帝。皇帝是这么跟他说的："我知道这件事情，接受还是拒绝，您自己决定。我已经委派阿尔基耶去提议建立摄政政权，静待事态发展。之后上一任国王的儿子可能会被召回瑞典，但是，瑞典人已经不想和那个统治家族有任何关系了。和其他候选人相比，我更希望您坐在那个位置上。我会支持您的，尽管去做吧。"

贝尔纳多特派一个小伙子（他是时任瑞典驻巴黎领事西格内乌尔的亲戚）前往斯德哥尔摩，并在当地和自己的支持者协同合作。贝尔纳多特还授权他可以视情况需要许诺必需的金钱。这里要补充一句，贝尔纳多特的这位使者很好地完成了自己的任务。他打着拿破仑皇帝的名号，把那些犹豫不决的人拉拢到了我们这边。未来的瑞典国王手中掌握的所有资源就是拿破仑特批以及热拉尔将军（日后成了元帅）借出的总共 200 万法郎。贝尔纳多特能当选，完全是依靠拿破仑的支持。在任命他之前，瑞典人专门找到皇帝，获得了他的首肯。

如果说选择这位帝国元帅让法国君主很不高兴的话，他只要张张嘴就可以阻止此事。瑞典人之所以将目光放到了贝尔纳多特身上，也是因为他和皇帝之间有联姻关系：贝尔纳多特夫人是约瑟夫国王妻子的妹妹。同时，瑞典人也希望这样可以和拿破仑达成和解。但是拿破仑其实希望可以让一个对法国更为忠诚的人登上瑞典王位。他对这位元帅的心理也有一种本能的不信任，此后发生的一系列事件完全验证了这份不信任。在这种偏见的作用下，在婚庆典礼期间，拿破仑曾经派迪洛克将军去过爱丽舍宫。欧仁亲王那时就住在宫里。迪洛克将军找到了欧仁亲王，并提议让后者未来戴上瑞典的王冠。欧仁亲王请求拿破仑给他一天时间，让他好好思考一下这个提议。翌日，迪洛克返回爱丽舍宫。欧仁亲王答复说，他和总督夫人一起仔细考虑了这件事情。在好好琢磨了这一新安排的利弊之后，他们达成了结论：他们应该满足于他们在意大利的现状。他还补充说，必须抛弃天主教信仰让他妻子很不开心[①]。拿破仑当天回复欧仁亲王说，尽管他很希望后者可以接受这一提议，不过后者的拒绝说不定是正确选择。

想到贝尔纳多特获得的种种命运的眷顾，我们肯定会想要回顾一下这位喜爱结党私营的军人的职业轨迹。他从一个普通士兵的营房中，走进了革命党的俱乐部，最后还坐上了外国的王座。这一路上，他都受到一位伟人贯穿始终的保护。正是这份保护让他一飞冲天，在没有任何治国经验的情况下一跃成为一个古老王室的继承人。

他加入王家军队成为一名普通士兵时，只有 16 岁。此后，他跟随自己的部队来到了科西嘉，这个未来皇帝的摇篮。在皇帝崛起

---

① 瑞典是新教国家，王室必须信仰新教。

的路上，他也助了一臂之力。他在圣弗洛朗①的筑路工地上挥汗如雨，同时还在科西嘉政务会议中担任记录员。花了10年时间当上了中士。当大革命爆发时，他正是这个军衔。如果没有大革命，这大概也就是他军旅生涯的终点了。在大革命初期，军队内部一片混乱，所有的纪律和上下关系都被打乱了。在这样的环境里，贝尔纳多特如鱼得水。人们在马赛的营房里看见他站在床铺上，脸上擦着粉，腿上套着腿套，身上穿着漂亮的军装。他就是这样向自己的同志们讲话的。依靠自己流利的加斯科涅语②，他说服了自己的同志们起来攻击他们旧日的领导，并取而代之。他的活跃和他的机智让他快速爬升，1794年，他当上了将军。在领军经历了一系列胜败之后，他被派到了意大利军团中听命于波拿巴将军。在这段时间，他展现了自己的热忱和老练。引起果月政变的部分原因，就是贝尔纳多特在法国旧王室的代理人昂特赖盖伯爵身上搜出的保王党信件被送到了督政府那里。在政变中，这位未来的瑞典国王让自己成了那个带着军队的请愿书前往巴黎让政府惩罚背叛者的人。在巴黎，人们见识到了他的革命热情。他那时拒绝加入远征埃及的英国军团，因为他希望成为意大利军团的指挥官。此后，被任命为驻维也纳大使的时候，他将共和国的旗帜摆在了官邸大门口。当时维也纳民怨沸腾，民心浮动。他这么一个不合时宜也不合理的举动，是经过精心算计的，就是要激起某种怒火好威胁到我们和奥地利之间重新建立的和平关系。这一不谨慎的举动，迫使督政府将埃及远征军暂时留在法国等待新的命令，因为害怕欧陆会重新爆发战争。贝尔纳多特被督政府撤职以后，返回了巴

---

① 科西嘉北部城镇。
② 法国南部流行的奥克语方言，今日已经基本消失。

黎，加入了约瑟夫·波拿巴的麾下。他迎娶了后者妻子的妹妹，这段婚姻也成了他日后所有财富的基石。依靠他连襟的影响力，他被任命为陆军部长。不过，他不久就被西哀士解职，后者觉得他太过激进。下野之后，他对雾月政变是抱有敌意的，不过他又不敢公开表达自己的不满。此后，眼看这一革命大获成功，他又转而开始接受革命的红利。他也同时抑制了自己心中的嫉妒之情。正是这份嫉妒让他一开始没有出手。不过，日后他依靠自己的手段爬上了荣誉的顶点。

1802 年《教务专约》发布时，贝尔纳多特和其他将军联合在了一起，重新站到了反对者的一边。他也因此被派回了西部军团中，他此前就是从那里来的巴黎，旨在反对《教务专约》。回到西部军团之后，他还是继续着自己的密谋和诡计。在后面一次针对第一执政的密谋时，他被后者打了个措手不及，还是靠着连襟约瑟夫为他求情，贝尔纳多特才得以逃过一劫。但是，对于不知感恩的心来说，仁慈只会让它更加愤怒。贝尔纳多特觉得这份感激之情太过沉重，他无法承受。帝国建立后，这位煽动家被任命为帝国的元帅，以及蓬泰科尔沃亲王。在耶拿会战中，指挥一支军队的贝尔纳多特拒绝在奥尔施泰特协助达武元帅：他为了一己的竞争私利，置整支军队的利益于不顾。这一次，他之所以能逃过军事法庭的处罚，完全是因为他和皇帝兄长之间的联姻关系，后者又一次保护了他。在瓦格拉姆会战之后，蓬特科尔沃亲王向自己军中的萨克森士兵下达了一道假军令。他这样做是为了降低法军的公信力，这么做同时也违反了军队纪律。他这些出于嫉妒心的欺骗行为，终于迫使皇帝解除了他对军队的指挥权，并将他送回了巴黎。但是，皇帝还给他留了面子，只借口说他健康状况不佳。尽管皇帝对贝尔纳多特有诸多不满，但他还是为后者赋予了极高的荣耀并且让后者沐浴在赏赐和荣誉之中①。

瑞典的君主被罢黜了。他的继承人没有子嗣，因此他收养了一位丹麦王室的王子作为继承人。这位王子似乎是专门为了让贝尔纳多特可以自由获取瑞典才死掉的。之后，一些瑞典军官提议选举这位元帅为王储。他们此前都在贝尔纳多特的手上当过战俘，后者待他们不错，因此他们想要报恩。同时，他们也希望这样可以获得皇帝的保护，并依靠这位元帅在军事上的名声。说到这里，虽然贝尔纳多特在军事上名声很不错，但是他从来都不是一名出色的军人。法国军队中有许多将领都担任过指挥的职务，他们中的很多人都并不逊色于贝尔纳多特，有一些甚至在他之上。但是在瑞典人眼里，贝尔纳多特是拿破仑的亲戚，这一点掩盖了贝尔纳多特所有不足。为了成为国王，蓬泰科尔沃亲王毫不犹豫地放弃了自己的宗教信仰。同时他还宣称，斯德哥尔摩的布道非常好。

拿破仑对于类似贝尔纳多特、塔列朗以及富歇这样的人的娇纵，是很难用让公众舆论（人们最近都时兴这么叫了）满意的方式来解释的。对这些人来说，拿破仑的宽容只会鼓舞他们犯下新的错误。皇帝肯定会忘记这些错误，他只会记得他们的好。贝尔纳多特这个人一无是处，对于王位肯定没有什么声索权。但他还是撞大运登上了王位。他过去和最近的背叛行为终于修成正果，他的野心终于得到满足。这个时候，他本应该好好审视一下自己的内心才对，但他却还是无法控制自己，依旧在国外散布着挖苦拿破仑或者让拿破仑丢脸的言论。拿破仑可是一手为他创造了财富和运气。

终结皇帝这个不幸的奥古斯都统治的灾难性事件，以及对拿破

---

① 塔列朗也是一样。——作者注

仑那份仁慈的回忆，加上拿破仑对手下的纵容（贝尔纳多特经常能感受到这一点吧），三者合起来都不足以触动一颗天生就不知感恩的心。这颗心总是燃烧着妒火，并且野心勃勃，因此变得躁动不安。

下面这些细节将为贝尔纳多特的性格提供新的特征。他的小气，加上他躲债的时候采取的那些狡黠的手段，为他赢得了"戴着王冠的奥尔恭"①的称号。也让他在死后得以留下超过 3000 万法郎的财富。

反法同盟的各国，虽然此前拒不承认拿破仑在法国领土之外做出的赏赐，但是在最终签订和约后，它们都将此前拖欠的款项支付给了获得这些赏赐的人。只有贝尔纳多特一个人不愿意执行这一要求，拒绝支付他们应得的欠款。法国驻斯德哥尔摩大使馆为了让这些人获得他们应得的欠款，为了确立这个其他各国都遵守了的原则所做出的诸多努力，最终都毫无用处。因此，当人们说出下面这句话时，我觉得很有道理："但是，这些获益人都是他的同胞，和他承担了同样的危险，分享了同样的回报。如果他们的权利不被认可，他们本应该可以把他②视作他们的支持者，以及他们共同利益的保护人。"

1815 年瑞典获得了一笔 2500 万法郎的资金，作为将瓜达卢普归还法国的酬谢。瓜达卢普是一个法国殖民地，在战争期间被英国交给了瑞典。同时，因为瑞典将波美拉尼亚归还给了普鲁士，瑞典在这里还获得了 1200 万法郎补偿金。贝尔纳多特使用计谋让议会将持有的 3700 万法郎都交给了他。在他提交给国内各等级的资产

①　奥尔恭是莫里哀的戏剧《伪君子》中的角色，以吝啬著称。
②　贝尔纳多特——作者注

负债表中，这笔钱刚好等于瑞典在 1815 年前欠下的所有债务。瑞典国内接受了这份资产负债表，贝尔纳多特也开始亲自处理还债的事宜。在获得了三级会议①的同意之后，他开始把自己当作优先债权人。他为自己留下了一笔钱，作为失去蓬泰科尔沃封地以及在瑞典的诸多开销的补偿。这两个要求合在一起，他就拿走了 1200 万法郎。然后贝尔纳多特开始想方设法地从剩下的 2500 万法郎上获利。此间，他既展示出了会计的狡猾，又利用了自己作为国王的权力。为了减少政府任命他负责清偿的债务的总额，贝尔纳多特使用了许多手法。如果要详细讲述其中种种细节，以及他使用的那些把戏，时间就太长了，而且也要有莫里哀的才华才行。不过，我们还是会在这里举几个例子：

丹麦为瑞典陆军提供了一批装备，因此理应获得一笔钱：在经过协商之后，这笔金额被确定为 8 万汉堡金币。但是之后瑞典在付钱的过程中各种拖延，让丹麦的债权人苦不堪言。最终筋疲力尽的他们同意仅仅收取 37600 枚汉堡金币。瑞典还欠美国一笔债务，来自 1812 年法军在施特拉尔松德收缴的棉花。这些棉花后来是法国委托瑞典销售掉的，瑞典本应将获利交还给美国商人。但是，瑞典拖了 10 年，最终这笔欠款被砍掉了五分之二。还有一笔债务，是因为瑞典政府此前没收了古斯塔夫四世的私人财产，本来应该要做出补偿。但是，在最终补偿时少还了四分之一。瑞典此前还从热那亚那里借了 1200 万，主要是想通过货币和外汇交易牟利。这笔债务尽管此前已经被宣布完全合法，但还是经过一系列的坑蒙拐骗，通过付给伦敦 9.9 万英镑的方式就结清了。瑞典国王紧接着又从这 9.9 万英镑中砍掉了 4000 块。他声称，博爱的热那亚人是肯定不

① 瑞典没有三级会议，作者此处应该是代指瑞典的议会。

会拒绝瑞典将这 4000 块捐赠给斯德哥尔摩的慈善机构的。最后的一个例子，是贝尔纳多特想要结清从萨克森那里借来的钱。他对所有的债权人提议，还七成的钱就可以了。大部分的债权人都屈服了，并接受了这一要求。至于那些不同意的，贝尔纳多特无所不用其极，最终强迫他们也同意了自己的要求。我讲的所有这些细节，都是从官方文件里截取出来的。

亚历山大沙皇是贝尔纳多特强大的保护人，在他去世之后，古斯塔夫·瓦萨亲王①进入了俄国政府。这让贝尔纳多特这个王室入侵者很是不安，他害怕俄国政府对这个流亡君主的儿子的兴趣可能会为自己带来危险。这位前帝国元帅的脑中升起了对自己的家族能否延续统治的担忧。他这时说了下面这句话，很能反映他的个性："我的儿子很可能不能拥有一个王国，但他肯定会拥有 3000 万。"

警务大臣职位争夺始末

我必须要讲一下富歇失势的过程。这件事情之所以很重要，是因为引发他失势的那个原因：荷兰国王已经派出拉布谢尔先生出面开启和谈，但是这位大臣在皇帝不知情的情况下，私自在伦敦开始双重谈判。对于艾斯林战役以及英国的瓦尔赫伦岛远征之后富歇和贝内文托亲王之间达成的协议，拿破仑并不知情。这两位大臣在那之前是公认的互相不对付。而当他们在这样的情况下突然和好，肯定会引起皇帝的怀疑。富歇不经过拿破仑就去跟一个敌国的政府直接交涉。这样胆大包天的行为，肯定是要受惩罚的。如果要详细地讲述这个罪恶密谋的细节，那么就太长了。况且，大

---

① 被罢免的瑞典国王古斯塔夫四世的长子，曾任瑞典王储。

众对这件事情也很熟悉了。负责这一谈判的特使乌夫拉尔的确曾经写信给皇帝，请求获得后者的授权推进此事。但是，拿破仑很清楚这个人一贯自负，因此觉得这个人想要搅进外交事务是很荒唐的事情。他连信都没有回。但拿破仑怎么也没有想到，乌夫拉尔竟敢在没有获得他同意的情况下自顾自地开始谈判。

圣日耳曼区对于富歇大臣的去职表达出的惋惜值得注意。毕竟这位大臣在此前可是血腥恐怖统治的支持者。他懂得如何说服这个反对派最后的避难所：让他们相信他才是这群人在拿破仑面前的保护者；如果反对团体中的任何人失势，那是因为他没办法挽救那个人；同时他们可以依靠他来清除或是弱化失势的严重后果。人们曾说，富歇把拿破仑彻底迷住了。即便手中已经掌握了开除富歇的最佳理由，皇帝还是在犹豫。有一天，在圣克劳的时候，皇帝像往常一样坐到了我写字台的一个角上。在跟我说了一些重要的事情之后，拿破仑话锋一转："梅尼瓦尔，我打算让富歇离开。"在我听来，这个表达背后是一颗还在摇摆的心，拿破仑还没有最终下定决心。我情不自禁地大喊："陛下，我一直在等着这一天的到来。只有一件事情让我惊讶，那就是您竟然还没把他打发回家！"他缓缓地站了起来，没有接我的话。他双手背在身后，在书房里转了一两圈，然后就去忙别的事情了。皇帝的这种忧郁，展示出了富歇是多么善于让他自己看起来很重要。又或者说，这展示出了拿破仑是多么难以将自己和已经适应的人分隔开来。即便他对这些人的信任已经动摇了。

富歇在失势之后回到了他在方桥的府邸中。但是，在此之前，他专门把警务部里最重要的文件都带走或者销毁了。皇帝不希望自己的信件落入一个可能滥用它们的人的手里。他派出纳夏泰尔亲王和他的朋友雷亚尔国务参事去取回这些文件。但是，富歇一直坚称自己没有带走任何文件。尽管富歇这种假惺惺的拒绝让皇帝很恼火，但是他也不希望针对富歇采取进一步行动。在经过思考之后，这位前大臣开始升起对于忤逆皇帝的恐惧之心，他最终决定把所有信件都还给拿破仑。拿破仑不希望让这个危险的密谋者那永远转动着的大脑失去食粮。更重要的是，他希望让这个人离开法国。因此，拿破仑把他任命为伊利里亚诸省的总督。此后，他对于没有彻底剥夺这个肮脏的人危害自己的权力，还是有理由感到后悔的。

警务大臣的空缺激起了许多人的野心。皇帝在心中已经把这个位置预留给了萨瓦里将军，也就是之后的罗维戈公爵。当时，萨瓦里将军是他的一名侍从官。他迫切想要好好使用这位军官的才能，以及他对自己的忠诚。这一职务也是对萨瓦里将军多年服务的回报。巴萨诺公爵推荐了塞蒙威尔参议员，这算是前者犯下的错误之一。我这可不是在说他的坏话。拿破仑并没有当即表示反对。因此，当他有一天告诉巴萨诺公爵说他第二天就会公布结果时，公爵觉得自己推荐的人选胜算很大。他还秘密地建议后者前往圣克劳。德·塞蒙威尔先生带着一个包裹来到了圣克劳。包裹里放的是他的参议员礼服和佩剑，还有装饰着白羽毛的帽子。他在巴萨诺夫人家里急切地等待了一晚。翌日，结束了弥撒之后，皇帝命人把巴萨诺公爵和萨瓦里将军叫到了自己的书房里。后者当时完全不知道自己要交好运了，正准备返回巴黎呢，因为他执勤的那周刚好结束了。将军当时正在巴萨诺夫人家里，他看见一名皇室车马侍从骑马前来，身后还牵着另一匹马。侍从告诉他，皇帝要马上见他。萨瓦里穿着鞋子和丝袜肯定没法骑马，所以他专门找公爵借了一双马靴。巴萨诺的小腿很粗，因此他的马靴在萨瓦里脚上显得大了不少。萨瓦里把自己的鞋子放进口袋，好在见到皇帝的时候换上它们。然后他就翻身跳上了那匹牵来给他的马，向宫殿飞驰而去。皇帝当时等得不耐烦了，在将军抵达的时候，正打算出门。拿破仑指着萨瓦里将军，对巴萨诺公爵说："这位就是警务大臣。"萨瓦里将军惊讶极了，巴萨诺公爵也是。这可真是个戏剧性的场面。之后，这个戏剧性场面在巴萨诺夫人的家中重复了一遍。公爵带着萨瓦里回到那里，对着德·塞蒙威尔先生和巴萨诺夫人两人说："这位就是警务大臣。"

与此同时，富瓦将军抵达巴黎。他被马塞纳元帅派来向皇帝解释法军在里斯本陷入的困境。当时是 1810 年年末。《辛特拉协议》签订后朱诺将军被迫放弃了葡萄牙。拿破仑希望可以重新占领葡萄牙，他把这个重要的任务交给了马塞纳元帅。艾斯林亲王以对罗德里戈城和阿尔梅达的占领开始了对葡萄牙的入侵。在经历了布萨库战役的失败后，他来到了托雷斯韦德拉什的前线上。在过去 6 个月里，英军将领在这里挖出了 15 里长的防御工事。其中防守的英葡联军士兵是法军人数的 3 倍。因为他无法正面进攻这道固若金汤的防线，这位元帅被迫将其封锁起来，自己等待增援。然后他决定派出富瓦将军，去向皇帝告知当下的形势并请求后者的指示，尤其还要请求资金上的援助。富瓦将军在这次战役中展示出了勇气和才能。但是，拿破仑只知道他一贯反对帝国政府。他是莫罗将军和勒古布将军的朋友。在审判莫罗将军时，富瓦将军很支持前者。当拿破仑成为皇帝时，富瓦将军投了反对票。并且，当同志们统一向新恺撒送去祝福时，富瓦将军拒绝加上自己的名字。富瓦当时是一名炮兵上校。他对原则不屈的坚持并没有终结他的职业生涯。他在抵达葡萄牙之后就被任命为将军，指挥一个旅。但是，富瓦将军先前的这些表现让拿破仑一点都不喜欢他。不过，当拿破仑听完他讲的话之后对这位将军非常满意：他清晰地回答了拿破仑关于法军位置、行动和资源的问题。皇帝因此对这位军官大有改观。听说富瓦丢失了自己的马车，并且这一路上遇到了很多危险之后，皇帝下令给了他 2 万法郎，同时将他指挥的部队变成了一个师。他对富瓦将军的性格和才能是如此欣赏，以至于他为他预留了一个元帅的位置。他同样为热拉尔、克罗泽尔以及拉马克这三位将军预留了元帅的位置。

直到 1814 年，富瓦将军在战争中还在展示着同样的勇气和才能。1814 年，他离开军队，回归了生活。他将自己的空闲时光投入到了学习和研究中去。之后，他那个省的选民将他选为众议院代表。这位杰出的将军成为最有口才的演讲者之一。他身处反对派中，成了《宪章》①中规定的对权利的保证最孜孜不倦、最老练的捍卫者。他也是复辟政府提出的那些不受欢迎的法律最坚定的敌人。在自己出色的演讲中，他总会在爱国地捍卫公共自由时，攻击已经垮台的帝国政府。这些攻击并不都是公平和公正的。当他的朋友们就此向他抱怨时，他总是说，这样是为了保持自己的一贯性。毋庸置疑，富瓦将军是出于真诚的爱国情感在控诉拿破仑。他在控诉拿破仑牺牲了人民自由的时候，也是在间接攻击王国政府那些狭隘的措施。他是在警告王国政府专制统治的危险所在，并控诉王国政府由此会助长反革命组织的秘密发展。要是这样想的话，这位将军就误解了帝国政府施政时的精神。他没有充分考虑到当时的君主是处在怎样不正常以及非常的形势中。

在富瓦将军逝世后，人们出版了一本关于半岛上的战争的书籍。这本书是这位军人在和平的空闲时光以及他的议会生涯中写成的。总体来说是一本很不错的书。但是其中有一些有失偏颇和错误

---

① 指波旁王朝复辟后，通过的《1814 年宪章》，是复辟政权的宪法性文件。

的地方，稍显不足。据说，这些问题既有作者的原因，也有出版者的原因。书中多处关于战争排兵布阵的部分，出版商都显示了对军事一窍不通。同时，出版者对当时西班牙和葡萄牙发生的事也只知皮毛。富瓦将军并没有写完这本书，他只留下未完成的笔记。《半岛战争史》是基于这些笔记写成的。

法兰西帝国扩张等 1810 年大事记

　　1810 年 11 月，我们和英国政府在 8 个月前开始的针对换俘事宜进行的谈判无果而终。代表法国进行这些谈判的是德·穆斯捷先生，他和我在吕内维尔和会上是同事。代表英国进行谈判的则是麦肯锡先生。法国政府此前提出了许多换俘的方式，希望可以从英国那些条件恶劣的废旧船只战俘营里救出成千上万的法国士兵。看起来英国倾向的换俘方案是所有本国和盟国的俘虏一起集体交换。当我们开始就安排换俘的事宜起草条款时，问题开始出现了。英方的谈判代表虽然表面上看起来是接受了双方此前同意的基础条件，但是他想要插入一些模棱两可的条款。这些条款将使得英国政府可以先取回所有英国战俘，然后交换同等数量的法军战俘。这样一来，考虑到法军和英军战俘的不同规模，就会有 2 万法军留在英国等着交换西班牙战俘。但是，要释放这些西班牙战俘是不可能的，因为这意味着我们要和所有的西班牙政治集团开启并进行初步谈判。这些集团相互独立，也没有组成一个正常的政府。因此，我们这些不幸的同胞就会被无限期地关押在英国的废旧船只战俘营里。因为，对于和他们并肩作战的盟友以及他们以金钱资助的盟友的姓名，英国人一贯毫不关心。法国政府为了达成一个对双方都公平合理的条约，做出了种种努力。但是英国政府那边一直不为所动。英国的谈判代表中断了协商，取回了自己的护照。面对英国冷漠而自私的政策，我们为那些战争的不幸受害者所做的努力又一次失败了。

以上我大致介绍的这些事情，并不是1810年发生的所有大事件。和帝国的其他年份比起来，这一年发生了许多重要的事件。1810年还见证了下面这些事情：汉诺威向威斯特伐利亚国王投降；法兰克福大公国建立，后者世袭成了意大利总督的特权；美洲革命①开始；加拉加斯与西班牙本土分离象征着革命的到来；帝国合并了瓦莱，汉萨诸城以及奥登堡。

瓦莱是在荷兰之后并入法兰西帝国的。原来的瓦莱领土成为一个新的省份，名叫辛普隆。

英国的商业在北海、波罗的海获得了巨大的发展，英国在这两个地方有许多货栈。英国在黑尔戈兰以及其他地方同样取得了极大的商业发展。此处沿海各国对英国明显的优待让大陆封锁系统完全失去了作用。法国为了阻止并纠正串通、走私、某些毫无作为的政府做出了许多的努力，但毫无作用。这促使拿破仑决定无视北海到波罗的海之间不列颠议会的法令，撕碎了欧洲国际法的章程，也授权了人们可以使用最暴力的手段来对抗英国可憎的海上暴政。我们是为了重新解放海洋才采取了大陆封锁的政策。为了保证这一政策的成功，埃斯科河、默兹河、莱茵河、埃姆斯河、威悉河和易北河的河口都必须完全对英国关闭。成为这些地方的绝对主人的唯一方法，就是将它们纳入法国的统治范围。因此，在12月14日发出的元老院敕令中，法国政府宣布，汉萨诸城、奥登堡、马格德堡，以及上述河流河口处的区域都是法兰西帝国的一部分。这些新的领土

---

①　指拉丁美洲的独立战争。

组成了 10 个新省份。

　　这些大事件是人尽皆知的。在它们之上，我要讲述一些大众较少关心的事，但也是这个时候发生的。

　　一件事情的发生让皇帝对塔列朗先生又多了新的不满，并且增加了后者的积怨。塔列朗有一个叫奥古斯特·德·塔列朗的侄子。他想要和奥尔良一位富有的女继承人结婚。这位小姐的监护人坚持这个求婚人必须证明自己有 30 万法郎财产，不然他不会将自己监护的这位小姐交给他。奥古斯特·德·塔列朗先生于是找到了自己的叔叔，后者同意借给他这笔钱。前者希望自己不久就可以把这笔借款还上。这张借条呢，一直在他叔叔的手上，他叔叔保证不会把借条转给别人。但是，不久之后，塔列朗先生自己手头紧张了起来，他就把这张借条给了第三方。别人就拿着这张借条来要求奥古斯特·德·塔列朗还钱了。他那时是我们驻瑞士的大使。他对于这一突然的要求很是惊讶，第一反应就是控诉自己的叔叔没有信守承诺。奥古斯特·德·塔列朗的夫人，对此感到非常愤怒。她离开伯尔尼，来到巴黎。因为她丈夫是皇帝的侍从之一，所以她参加了皇帝的晨会。在晨会上，她告诉了皇帝塔列朗先生将自己的侄子置于怎样的困境之中。拿破仑在掌握了情况之后，叫来了自己的总理大臣。他让后者去向塔列朗先生表达自己的不满，因为塔列朗的行为让一个在国外代表法国的人遭受到了羞辱。他还要求塔列朗必须马上把那张借条收回来。塔列朗先生被迫从命。但皇帝这次直接干预他的家庭事务，在他看来是一次不必要的挑动。这在他的心中激起了怨恨，向他的心中倒入了一剂新的苦胆汁。

　　在这一命运的非常时刻，两位出身低微的法国女性在东方取得了影响力。此后，她们多次用这份影响力来帮助自己的同胞们。这些当代柔克塞拉娜①中的一位，曾经是一名步兵中士的妻子。她丈夫跟随部队参与法国对埃及的远征时她也随君出征，在军队中卖些小商品贴补家用。战争的意外让她落到了耶路撒冷帕夏手上。克莱贝尔将军这时正指挥着在埃及的法军，他命令这位女士回来。但这位女性对自己的新位置以及帕夏对她的宠爱都很是满意。她不愿意放弃这些好处，回到她从前那种朝不保夕的生活中去。之后，她就一直待在帕夏位于耶路撒冷的宫廷中。但尽管她锦衣玉食，她也从未忘记自己是一个法国人，是一个基督徒。因此，她利用帕夏对自己的偏爱带来的影响力，保护了叙利亚的基督徒。拿破仑在听闻此事之后，命令我们的领事和她取得联系，并好好利用她的影响力。之后，她为我国的领事们做了一些事情，也获得了相应的回报。

　　另一位法国女人，是一个来自巴拉涅的科西嘉女性。她被巴巴里海盗抓住后，卖给了摩洛哥苏丹。这位苏丹让她成为自己的宠妃。她在法国还有一名兄弟，她认为自己有权将他引荐给皇帝。迫于这位女人奇异命运带来的影响力，拿破仑急切地想要回应他的女同胞对他的这份信任。因此他下令要找到她的这个兄弟，并且已经准备好要为那个男人做一些事情了。但是，听说这个男人既不会读书也不会写字，什么都做不了之后，他被迫放弃了这个计划。

　　拿破仑那个著名的马穆鲁克②鲁斯唐的故事，在某种程度上和这些不平常的命运差不多。因此，我借此机会就讲讲这个故事吧。有一天，鲁斯唐收到了自己母亲寄来的一封信。我记得，他母亲是在土耳其的一名奴隶。她在给儿子的信中，写到了她听闻的法国卓越地位，还向他讲了自己现在的状况。听到自己的母亲还活着的消

---

①　奥斯曼帝国苏莱曼苏丹一世的皇后，此处指代穆斯林统治者那些出身欧洲的妻子。

②　马穆鲁克是土耳其对奴隶的称呼。——编者注

息，鲁斯唐沉浸在了喜悦中。拿破仑命令我回复这封信，并询问鲁斯唐的母亲，自己能为她做些什么。但是，不知道由于什么原因，我的回信石沉大海。鲁斯唐在格鲁吉亚出生。他的父亲那时当上了帕夏的医生，所以让他的妻子带着两个孩子去和他团聚。他们在旅途中被海盗绑架了。这些海盗私下把抓到的这三个人分开了。鲁斯唐被卖到埃及。他在亚历山大贝伊科莱伊姆的家中长大，被训练成了一名马穆鲁克。这名贝伊①此后因为私通英国舰队，被军事法庭判处了死刑。贝伊死后，拿破仑将鲁斯唐纳入麾下，并将他带回了法国。那时，鲁斯唐还不知道自己的姐姐和母亲命运如何。拿破仑每次出行，鲁斯唐都陪伴在身边，一般是担任骑兵侍卫，极少数时候还当过男仆。他和拿破仑形影不离。在所有皇帝的肖像画的背景中，人们都可以找到他的马穆鲁克的剪影。鲁斯唐完全适应了法国的生活习俗。他迎娶了皇帝一位门房的女儿，并和她生下了几个孩子。在1814年皇帝退位时，鲁斯唐没有能够经受住逆境的考验。就在拿破仑将要离开法国前往厄尔巴岛的前一天，鲁斯唐从枫丹白露宫中消失了。他还带走了一笔钱，那笔钱是我们为了补偿他的妻子和他长年分隔两地而给他的。长久以来被迫忍受的焦虑不安的生活使他心力交瘁，再加上他的未来充满了不确定性，还有他对于家庭生活的喜爱。这些在他眼中都胜过了他对拿破仑的忠诚，也蒙蔽了他的双眼。他没有看出，就这样抛弃一个如此慷慨对待自己的主人，是多么忘恩负义、不知感恩。

在1810年时，皇帝让人找来了警务部内保存的关于圣日耳曼城区的几个居民的报告。富歇此前在任时曾请求驱逐这些人。他惊

---

① 贝伊是中东地区对省长的称呼。——编者注

讶地发现，这些人的罪名都是一些微不足道的事情。因此他赶忙让人把他们从流放中找了回来。其中，只有四五个人没有享受到这次赦免，其中就包括雷加米埃和斯塔尔这两位夫人。皇帝认识她们，她们恶毒的说话方式令他很不满。其中一个人，总是在密谋反对他的权威。另一个人则是无可救药地充满敌意。皇帝认为这两个人都无可救药。斯塔尔夫人的那个走狗雷加米埃夫人也是一样。皇帝以最严厉的条件禁止她们居住在巴黎，也没有给这一放逐令加上时间限制。

在调阅这些人的报告的同时，皇帝也希望可以了解到圣日耳曼城区内真实的情况。这里的某几个居民，要么是出于偏见，要么是出于自身的利益，总是想要让大家把他视为洪水猛兽。因此，他下令搜集关于那些有影响力的家族的信息。这些家族要么是积极的反对派，要么就是喜欢针对新的秩序发一些无害的牢骚。为了这一目标，我还写了一本字典。依靠由塔列朗、塞蒙威尔、迪洛克和富歇等四位先生提供的自相矛盾的报告。不过，我觉得皇帝从来没有来看过这本字典，它现在还在我手上。

我前面已经讲过了，虽然拿破仑有充足的理由对富歇感到恼火，但是，他在决定开除后者时，还是很犹豫的。这是因为他念及后者多年来为他付出了许多，尤其是在他上台的那段时间里。拿破仑对于所有能在他面前提起"旧时情谊"的人，都会生起一种本能的善意。布列纳就是另一个例子。即便是对他身边最卑微职位上的人，他的这份善意，这份对别人帮助的牢记也是一样的。如果皇帝没有批准相关报告的话，没有老用人可以被解雇。而一般来说，皇帝只有在人们第二次或者第三次提起同一件事情时，才会同意解雇某人。有个倒霉蛋车夫，他总是醉得不省人事，根本干不了活。但是，因为他曾经在马伦哥的战场上帮助军队运过补给，所以他在很长的一段时间里都得以逃脱被解雇的命运。

皇帝内阁里的第一门房是一个叫朗多瓦尔的男人。皇帝很喜欢他，也很感谢他多年来忠心耿耿的服务。他在失去了妻子之后，考虑到家里的事情，希望和妻子的妹妹结婚。这样的事情是《民法典》禁止的。朗多瓦尔来找皇帝求情时，皇帝告诉他，自己没法同意他的请求。但是，皇帝最终被这个男人急迫的请求打动了。他找来了大法官，命令后者就此事给他做一份报告。这位大臣在报告的结尾提出的结论是，尽管朗多瓦尔想要迎娶的这个人只是他妻子同父异母的妹妹。但是，禁令就是禁令，如果皇帝要批准这桩婚事的话，就是明目张胆地违反法律。自己这位仆人的痛苦，拿破仑感同身受。所以，他还派人去向后者提议，让后者到某一个《民法典》管不到的邻国去成婚。最终朗多瓦尔到1814年才把这个婚结成，那时候，这样的婚姻已经不再被禁止了。

如果说拿破仑的好意仅仅止于我上面提出的那几个例子的话，那这并不能证明他天生就是一个善良的人。毕竟，就算是再残忍的暴君，也会有那么几次发善心的时候。我想说的是，他日常就是一个亲切善良的人，并且总是抓住一切机会与人为善。就算是在拿破仑认为自己必须要严厉地批评某人的时候，他善良的本性也会占据上风。他总是会就自己之前做得不对的事情做出补偿。善意可能会迟到，但是决不会缺席。我不想跑题太远，也不会一个一个把拿破仑念及旧情的例子都说出来。很多这样的例子人尽皆知。我下面只会讲一个这样的例子，这是一件比较鲜为人知的事情。1809年时，卡诺将军深陷债务之中。自从拿破仑建立帝国以来，卡诺将军就一直对新政权抱有公开的敌意。因为这位将军是出于信仰而不是出于个人情感才厌恶拿破仑的，他依旧认为皇帝对他是宽宏大量的。因此焦头烂额的他决定向皇帝求援。他通过自己的亲戚科利尼翁先生找到了我。我之前就认识科利尼翁先生，后者把卡诺将军的一封信交到了我的手上。在信中，卡诺将军请求我向皇帝请求一笔借款，帮助他渡过难关。卡诺将军对皇帝的信任深深触动了后者，皇帝忙不迭地帮了他的忙。出于一种微妙的情感，皇帝并没有让人告诉他这位将军具体的现状。他也没有让这位将军把收支交给他检查。拿破仑只是找来了陆军大臣，询问后者卡诺将军是从什么时候开始停止收到他作为将军的俸禄。他之后下令我们把欠款都交给卡诺将军，最后付给后者的钱超过了后者的债务。同时，他还赐给卡诺将军一笔1万法郎的津贴，待遇和前大臣相同。卡诺将军对皇帝向自己展示出的慷慨非常感恩，他主动请缨要为皇帝服务。之后，双方之间进行了一系列客套谈话，谁的面子都没有伤到。考虑到卡诺将军的政治信仰，拿破仑并不希望给他的岗位上会包含有与他的政治信仰相冲突的职责。于是，拿破仑只是要求卡诺将军就堡垒防御战术写一本书，希望后者可以署名支持这个极限的防御原则。最近一些例子显示出我们必须重新建立这一原则了。卡诺于是马不停蹄地开始实现皇帝的愿望。几个月之后，他寄来了他的著作，同时还有下面这封信：

　　陛下：

　　我没法将我关于堡垒防御战术的著作的第一册亲手交给陛下，因此我委托了陆军大臣阁下以我的名义将其呈给您。在这本书中，我尽了最大的努力，希望告诉所有想要走这条道路的年轻人真正的职责所在。并且，我也希望让他们产生一种荣誉感，以及对您个人的奉献精神。这肯定可以鼓舞他们。就我个人来说，在写作这本书的过程里，我心中对您深深的感激之情一直指引着我。我的才能实在不足以很好地达成您的愿望，希望我的这份感激可以补充我的不足。

　　陛下，我是您最卑微，最忠诚的仆人和子民。

签名：卡诺

　　此后，当不幸在 1814 年降临法国时，当外敌入侵使得保卫我国的堡垒变得愈发重要时，卡诺给拿破仑写了一封感人的信。在信中，他主动请缨，向拿破仑献上了自己的剑和经验。在我们接受了他的请缨后，他被派去了安特卫普。在安特卫普，他实践了自己此前已经多次熟练并详细地讲解过的理论。

　　谢尼埃这时候已经成了皇帝的敌人。他甚至在自己的作品中还多次批评过后者。即便这样，他还是为了自己需要的一个职位给后者写了一封信。因为我此前就认识谢尼埃，所以这封信他是通过我转交的。很早之前，在谢尼埃离开保民院后，当时的第一执政曾经想要任命他管理邮局。这是一个闲职，可以让谢尼埃全身心地投入到自己的文学创作中去。这份工作很适合他。相比系统性地反对拿破仑，这样的安排绝对会让他处于一个更富足更有优势的地位。此前他在国民公会和一些民众集会中的确拥有影响力。但他在保民院里靠反对拿破仑赢得的所谓影响力不过是虚幻的泡影罢了。尽管他花钱大手大脚，心中笃信共和信仰，过得却是贵族的生活。但谢尼埃还是拒绝了这个肥差。他有一个崇高的理想，那就是要自己挣取自己生活所需的金钱。他之后申请想成为大学督查，这份工作更合他的口味，也更合他的天资。尽管他的健康状况堪忧，他还是勇敢踏上了漫长的监察大学的旅程。他作为诗人的自负使得他难以忍受任何反对意见。这也时常让他忘记，抱着和解的心态才能很好地完成他的这份工作。此后，他桀骜不驯的性格，以及他对早年政治激情的回忆，都让他开始秘密地攻击国家元首。富歇到那时为止都是他的保护人，但是之后富歇发了一份报告让他丢掉了大学督查的工作。财务困难的确很让人焦虑。他在丢了工作之后就陷入了财务困境中，由此带来的焦虑战胜了他的自尊。帕利索一直都很喜欢他。在经过长时间努力之后，帕利索终于说服了他，让他去请求皇帝慷慨解囊。帕利索还向他保证，我会很乐意把他的信交到皇帝面前。拿破仑很尊敬谢尼埃的才能。在读完后者的信之后，他看到这样一个人现在沦落到如此悲惨的境地，很受触动。他赶忙派人给这位诗人送去了还债所需要的钱。同时，他还任命他继续完成《法国史》。他还让谢尼埃负责了其他的一些文学作品，给了后者一份可观的薪水。谢尼埃并没有享受这份恩惠多长时间。因为死亡不久后就带走了正值壮年的他。那时，他的才能刚好攀上了顶峰，正是要大展拳脚的时候。

夏尔·普根斯是一个出色的文学家，也是法兰西学会院士。他不幸失去了自己的视力。虽然他成了盲人，但是他依旧在继续自己的文学创作。大革命剥夺了他所有的资源。但他成功地在之后开了一家出版社。在出版社旁边，他还开了一家书店。拿破仑将军一直知道他。在拿破仑出征前往埃及之前，为他准备随身携带的书籍的人就是普根斯。1803 年，一系列的破产毁了普根斯。在重压之下，他想到了向第一执政求助。第一执政那时正在布罗涅。带着普根斯先生的信的信使，带回了给他的 4 万法郎。这笔钱他需要在 4 年之内还清。10 年过去了，这笔欠款还有一半没有还上。但是，因为拿破仑被这个债务人孜孜不倦的努力以及正直所打动，在 1813 年 4 月 10 日发出的决定中，他免除了剩余的 2 万法郎债务。这份决定书之所以给普根斯先生提供这样的恩惠，是作为我们查封他的出版社的补偿。同时也是对他在完成自己的巨著《起源大典》中所付出的努力的奖赏。这套书因为作者的逝世，并没有全部出版。普根斯先生只印出了一本对开的样书。这本样书展现出了渊博的学识以及广泛的研究。考虑到作者是一个盲人，能做得如此出色还是很让人吃惊的。

关于拿破仑的慷慨大方以及他在帮助别人时是多么细心，我还可以很轻易地举出很多其他的例子和证据。不需要再次提起他对手下的将军们是多么的大方，我就可以说，他手下的大臣、参议员，以及其他的政府官员都享受到了他的乐善好施带来的好处。只要理由合理充分，大家向他求援时，他从来都有求必应。

我曾向皇帝提出过请求，希望他可以从帝国的报刊基金中，给我的老朋友帕利索划拨一份津贴。我和他之间就津贴的数额，进行了长时间的讨价还价。他不希望这份津贴超过 3000 法郎，尽管他最近才给了诗人勒布朗（爱德华）一份 6000 法郎的津贴。在我们的讨论中，拿破仑还同意和我就这两位诗人的才华进行了争论。最终，他授权我去准备一份政令的草稿，给帕利索一份津贴，但是数额不能超过 3000 法郎。我知道，在这些他不太关心的问题上，他可以忍受大家反对他的观点，并且他也时常会遵从反对者的意见。因此我告诉他，既然他已经同意了要给我的保护者一份津贴，那么，这份我要为他准备且他也要签名的政令上的数额就不能低于 6000 法郎。他没有就此做出答复。不过，当我把政令放在他面前时，拿破仑突然喊出了声。他转过身来，就像他惯常会做的那样，揪住了我的耳朵。然后笑着责备我，说我想要这样蒙混过关拿到他的签名。然后他放下笔，再次重申，他认为帕利索的才华远在勒布朗之下。最终，在善意嘲笑了我的固执之后，他决定向我妥协，并给了我值得敬重的朋友一笔 4000 法郎的津贴。后者一直到逝世都享有这笔津贴：他刚好在复辟政权想要剥夺他的这笔津贴之前去世。

要是按照某些人的说法，拿破仑是一个不知道怎么交朋友的人。那些人如此努力地想要污蔑这个伟人的形象，自然是想要从他身上夺走这个代表真正的伟大的最宝贵的特质。拿破仑有真朋友，他也时常会答谢他们的友谊：德塞、拉纳、迪洛克、贝西埃尔、米隆，还有其他人的名字我一下子想不起来了。不幸是友谊的试金石，有些友谊从中得到升华，大部分的友谊都在其中消失了。但是，我上面提到的这些朋友和拿破仑之间有很深的羁绊。他们永远都会忠诚于他，他对他们也是一样。

拿破仑对于自己喜欢的人展示出的关心，证明他也是讲感情的。那时有一位军官，刚刚获得了军中的最高军衔。这位军官从进入军队开始就受到了拿破仑的关照。拿破仑一直精心支持和指导他，并且专门给他提供了许多在战场上大放异彩的机会。拉克萨公爵在受到元帅任命后，第一时间就来到了皇帝的帐篷里，向后者致谢。拿破仑说了这么一番话："我已经给您下达了任命书，我也很高兴可以再次向您证明我对您的喜爱。但很遗憾的是，我可能已经因此招来批评了。批评我在这件事情上更多地遵从了我的情感，而不是您的水平。您是一个非常聪明的人，但是您还缺少一些打仗必不可少的品质。您必须要努力获得这些品质。只在我们两人之间，虽然我认为您还没有做出足够的事情，来证明我的选择是正确的。但是同时，我很有信心，我将在未来祝贺我自己今天任命了您。您也会在军队的眼前证明我做出的选择是正确的。"

听完这番话后，拉克萨公爵被这种父亲般的情感深深触动了。他也同意，他这次是因为皇帝的好意才得以荣获这个头衔。他还表示，他会不辱使命，并在未来向皇帝持续展示自己的奉献与忠诚。

我之所以没有在皇帝的朋友名单里提贝尔蒂埃的名字，是因为

他在1814年的背叛。但我想错了。虽然当时这位元帅因为一时糊
涂离开了皇帝，但贝尔蒂埃对他的旧主还抱着根深蒂固的怀念，完
全可以经得住逆境的考验。1815年时，我在瓦尔德斯差一点点就
遇到了瓦格拉姆亲王。那是属于符腾堡的一座城市。当时，就像是
植物追逐着太阳，追逐着赖以为生的阳光那样，贝尔蒂埃正在和他
夫人会合的路上。他把自己的夫人称作是自己的战友，自己在战争
中忠实的同伴。这边，皇帝也没法忘记他。他曾经笑着说，等贝尔
蒂埃回到自己身边后（拿破仑从不怀疑他会回来这一点），自己对
他唯一的报复就是要让他穿着路易十八的卫兵的制服来到杜伊勒里
宫。我们可以很肯定地说，皇帝肯定不会坚持这么做的。

　　逆境同样也让拿破仑在圣赫勒拿岛上和很多人培养出了亲密的
关系。在他还武运昌隆的日子里，他是肯定不会有机会看到这些人
对他的忠诚的。在这些人之中，我肯定要提一提德·拉斯加斯先
生。正是在他的同情和忠诚中，我们著名的俘虏找到了自己在流亡
中的慰藉。拿破仑对这位自己落难时的廷臣的感情，在一封信中体
现得淋漓尽致：这封信就是他们友谊的丰碑。皇帝给自己忠诚的仆
人写这封信的时候，英国正要求后者离开朗伍德。作为对这封感情
的回应，德·拉斯加斯先生出版了一本书。虽然书中有不少的错
误，不过还是获得了大家的欢迎，并且在未来也一定会继续火热
下去。

　　《圣赫勒拿岛回忆录》是对一个可恨的诽谤系统最初也是最有
力的抗议。成王败寇，胜利者们出于自己的愤怒搭建了这个诽谤
系统。

　　《回忆录》的出版让人们逐渐忘记了另一本著作。这本书在当
年刚出版的时候激起了整个欧洲的好奇心。我讲的这本书，就是
《以未知的方式从圣赫勒拿岛而来的手稿》。这本书刚出版时所有

人都贪婪地想要一睹这份自称来自圣赫勒拿岛的手稿。这份公众的热情主要来自以下几个原因：这份手稿抵达英国时就笼罩在谜团之中，伦敦最著名的书商们都知道这份手稿一般的背景；人们强烈地想要知道拿破仑对自己的看法以及想法；当时市面上出版的针对拿破仑的抨击让民众普遍感到恶心；还有就是拿破仑不幸的陨落激起的人们对他的兴趣。但是同时，人们又对这本书充满怀疑。因为，书里有许多时间混乱的地方。而且，在整本书的那些宏大的思想，具有画面感的描述以及富有个性的描述之间，散布着一些拿破仑不太可能犯的低级错误。有人解释说，之所以手稿的时间轴混乱，是因为这份手稿为了躲避狱卒的检查，被分成了很多份，各自通过不同的方法抵达了欧洲。因此途中有很多混淆，使得重新编排时无法按照正确的顺序编排。人们认为，这种时间上的混乱恰好证明这份手稿是真的，因为没有伪造的作者会犯这样的错误。手稿中的事实错误，则被归咎于散失了几页原稿，因此只能由其他人代笔完成。这些解释，不说好还是坏吧，反正都被接受了。这本书被普遍认为就是拿破仑写的，即便是那些此前出于职务上的要求和他有过直接接触的人也是这么认定的。但是，经过认真的思考以及对手稿的仔细检查之后，人们又再度怀疑起了它的真实性。人们提出了好几个可能的作者的名字。一开始有说是斯塔尔夫人的，之后还有说作者是本杰明·康斯坦的。皇帝自己则认为这本书的作者是一名国务参事，但是具体的人名他没有说。据他说，这人是执政府时期的常任国务参事。最终，舆论认定这本书的作者是西梅翁伯爵的一个亲戚。这个人在法国南部的财政部门里任职。当人们就此事询问西梅翁伯爵时，后者承认自己的亲戚的确是这本书的作者。这本书真正的作者此后也终于向自己的家人吐露了这个自己一直保守的秘密。有许多历史上的著作或是行动，它们的作者或是参与者，我们大概永远也不会知道。《朱尼厄斯的来信》① 就是一个例子。看起来也会这样永远笼罩在谜团中的《圣赫勒拿岛手稿》，其实出自弗雷德里克·吕兰·德·沙托维厄之手。他是日内瓦人，在科学领域已经小有名声了。在缄默了 25 年之后，这位作者承认，是自己在 1816 年写了这本书。他自己把这本书带到了伦敦，并把它交给了一个叫穆雷的出版商。在他死后，人们在他留下的文件里找到了这本书的手稿。整本书的手稿都是他自己写的，上面盖满了他涂改的痕迹。而此前一直被人们认为创作了这本书的西梅翁先生的亲戚也愉快地摆脱了这个名头。

拿破仑喜爱的人中有许多都在本世纪的历史上留下了自己的印记。其中一个就是塔列朗先生。后者很早就预见到拿破仑将军未来会飞黄腾达。那时，督政府刚刚把这位欧坦主教提拔为外交事务部长。第一执政以及皇帝一直记得这件事情，这可能也是为什么拿破仑在此后很长的一段时间里一直支持塔列朗。即便当皇帝迫于有罪的密谋、财政问题，或者是外国君主发来的警告而不得不解除这位大臣的职务并把他从参政院中赶走时，对塔列朗本能的喜爱还是会将皇帝吸引到他的身边。1803 年，皇帝曾经要求教皇世俗化这位前高级教士的身份。出于对礼节的考虑，因为塔列朗已经拥抱了世俗的事业，因此皇帝希望他可以有一个更合适的身份。但是，当塔列朗先生向皇帝表示自己想要结婚时，这就是另一回事了。格朗夫人的朋友约瑟芬皇后用尽了自己对皇帝的影响力来帮助她。但是，皇帝对她的所有乞求都装聋作哑。有时候，约瑟芬会走上那个连接她的卧室和皇帝书房的小楼梯，并敲响书房的门。有一天，我自己

① 1769 年至 1772 年，有人以朱尼厄斯为假名，向伦敦的《公共广告》报纸寄信，批评当时英王乔治三世的政府。

一个人在书房里的时候，我把门打开了。她是来告诉"波拿巴"，格朗夫人到了。她乞求他去听她说一会话。拿破仑终于缴械投降了，他走下楼梯，来到了妻子的房间里。他在那里看到了在苦苦哀求的格朗夫人。她紧紧地握着他的手，恳求他不要在自己的婚姻道路上放置障碍。拿破仑无法抵抗女人的眼泪和哀求，他承诺自己会在此事中保持中立，这也是他唯一能做的事情。婚礼如期举行了，但是这段婚姻注定是不幸福的。

到了 1810 年，塔列朗因为银行家西蒙的破产，损失了 140 万到 150 万法郎。尽管皇帝对他的这位前大臣真的有很多怨气，他还是伸出了援手。他花 200 万多一点的价钱买下了塔列朗想要出售的摩纳哥宅邸。购买这座宅邸的同时，拿破仑其实违背了自己一贯的准则：不购买任何需要花大价钱维护的宅邸或庄园。因为他没有这方面的需求，皇室的产业和宫殿已经完全可以满足他的需要了。

拿破仑同样是真心实意喜欢过亚历山大沙皇的，他认为后者远胜于当时的其他各国君主们。沙皇的诙谐、他的优雅以及他的亲切都让皇帝很是着迷。而尽管当时表面功夫做得很好，到了今天，我们必须要承认，俄国君主对拿破仑的情感从来就不是真诚的。至于后者，尽管有许多强有力的理由应该让他抛弃这个幻象，但他还是死在了亚历山大狡黠的魅力之下。曾经，拿破仑对这位王公的情感是如此真切，以至于他说过，他们两个人坐在一起，只要谈话 1 个小时就足以抚平所有的不满。在提尔西特和埃尔福特，我都目睹了拿破仑和亚历山大之间迷惑人的那种亲近感，以及他们两人在每日的私下信件往来中展示出的那种充满感情的亲密。我愿意相信，那些关于提尔西特和埃尔福特的点点滴滴的回忆以及圣赫勒拿岛艰苦的画面，是导致沙皇在人生的最后时光中饱受抑郁煎熬的原因之一。拿破仑呢，在不影响自己政策的情况下，对亚历山大非常迁就。下面这个事件就是一个例子，虽然它除了政策之外，还触碰到了拿破仑的军事荣耀。在注意到了亚历山大依旧对自己在奥斯特里茨的战败愤愤不平后，胜利者下令把旺多姆广场柱子浮雕上的亚历山大的首字母图案悄悄抹掉①。本来，浮雕上俄军士兵的头盔和胸甲上都是有他的首字母图案的。沙皇在进入巴黎的时候，如果注意了这一点的话，可能会看出，这个首字母图案的消失，正是他这位前盟友对他细致入微的宽容的证据。

拿破仑与罗马教廷的纠葛

教皇在 1809 年宣布开除了皇帝的教籍。这在当时几乎没有引起人们的注意，没有影响到皇帝的婚礼，也没有停止教会委员会关于宗教问题及争论的讨论。

到了接近 1810 年年末时，皇帝听说，关于自己被开除教籍，以及反对我们任命莫里红衣主教为巴黎大主教、反对其他两个主教的任命的《教皇诏书》正在人群中秘密传播。有人甚至会在晚上偷偷地把开除教籍的诏书贴在巴黎圣母院的大门上。我们怀疑巴黎教务会议的代理主教阿斯特罗神父参与了这件事情。对这位神父的文件的检查还有他自己的认罪，驱散了笼罩在这件事情上的所有疑问。但是，这其中让皇帝最为恼火的是他听说国务参事波塔利斯也秘密地接受了这些诏书。波塔利斯是前任公共祈祷部大臣的儿子，皇帝对他父亲的恩惠也延续到了他的身上。拿破仑在自己主持的第一场参政院会议上（1811 年 1 月 5 日）严厉批评了波塔利斯伯爵。在这番呵斥结束之后，他命令后者离开会议室，并且将后者驱逐出

---

① 当然，这个图案在之后又被重新雕刻了上去。——作者注

了巴黎。此后，在圣赫勒拿岛上时，拿破仑对此表示很懊悔，他觉得自己那天让波塔利斯离开会议室太伤后者的面子了。拿破仑这样说大概也没错。他觉得，自己当初已经在整个参政院面前呵斥了波塔利斯，应该满足了。波塔利斯先生那时处在一个左右为难的位置上：一边是他的家人，另一边是有权要求他绝对忠诚的君主。我不打算在这里评价他当初是不是有什么两全其美的做法。

波塔利斯先生所受的耻辱，我感同身受。我俩一起参加了吕内维尔和会，以及亚眠和会。此后，我俩之间一直保持着联系。我甚至还有他从柏林寄给我的信件，那时他是驻柏林使团的秘书。信中有两个互相交织的主题：他对我的友谊，以及他对皇帝的忠诚。当他在 1813 年被召回，并被任命为昂热皇家高等法院的首席院长后，我第一时间就去向他表达了祝贺。

在我们发现这一宗教密谋之后，根据在代理主教阿斯特罗的家中搜出的文件，我们逮捕了几个教士。参政院的那场争吵之后，第二天，1811 年 1 月 6 日，巴黎大主教会议觉得他们应该向皇帝发表一番讲话，表明他们对高卢教会的自由，以及对博须埃四条主张的支持。大部分意大利大主教、主教以及教务会议都对巴黎教务会议的宣言表示了赞同。

拿破仑这时满脑子想的都是他对意大利的宏伟蓝图，同时也打算限制教皇对权力的滥用，于是他在巴黎召开了全国主教会议。这次全国主教会议，表面上的目标是要讨论出当教皇拒绝任命主教的时候宗教机构最佳的选择主教的方法。来自法国和意大利总共 100 名主教参加了这次主教会议。在费沙红衣主教主持下，会议于 6 月 17 日正式召开。皇帝有理由抱怨这个会议错误的走向。这个主教会议根本没有回应他的期待：他们表示自己无法就选择主教这一问题做出任何决定。他们建议应该派一个代表团到教皇那里去，就如何恢复法国和意大利的教会这种混乱的局面和教皇陛下取得共识。包括波尔多大主教在内的许多法国主教展现出了教皇至上的态度，和大部分的意大利主教们正好相反。意大利的主教们大部分都更加独立于罗马教廷。

当皇帝得知主教会议决定宣布他们无能为力后，他下令解散了会议。参与会议的大部分主教在几天之后重新集合了起来，这一次他们认可了会议有能力解决这个问题。他们讨论了我们提交给他们的主要问题，并且确定了教皇有 6 个月的时间为主教们举行教会授职仪式。6 个月过后，大主教就可以举行授职仪式。在大主教缺席的情况下，省份内最年长的主教可以主持仪式。教皇无权干涉。

去年的 1 月，皇帝曾经任命了一个由 9 名法国红衣主教、大主教以及主教组成的宗教委员会，主要目的是就是要解决这个问题。这个委员会在研究了过去的历史后，基于此前的先例做出了决定。他们宣布，在教皇拒绝的情况下，已经获得任命的主教的授职仪式应该由大主教或是他的副主教来主持。之后，这个宗教委员会把这个辩论带到了圣父那里。皇帝把埃梅里神父也加进了委员会里。后者是圣叙尔比斯教堂神学院的院长，皇帝很欣赏他。经过长时间的犹豫之后，教皇终于同意了这个提案。全国主教会议因此下达了一份与提案相符的教谕，并派出了一个庞大的代表团，带着这份教谕到教皇那里，请求他批准。教皇同意了主教会议采纳的决议，但是他给这些获准主持授职仪式的大主教和主教们加了一个正式义务：他们必须宣布他们是以教皇之名在主持仪式。皇帝本来的目标是要让全国主教会议获得超过教皇的权威，并把前者和罗马教廷对立起来。考虑到教皇默许了主教会议的决议，显得好像他才是最终权威，因此这两个目标并没有被完全实现。不过，拿破仑觉得第一步做成这样，他已经满意了。皇帝此时已经计划好要在 1813 年召开的第二次会议了，这次会议将完成第一次会议未竟的事业。但是，事态的发展最终阻碍了这个计划的实现。

同时，拿破仑也严厉惩罚了 3 名法国主教，其中有 2 名是他宫中的主教。他们基于下列罪名被逮捕：参与密谋；非法与黑色红衣主教以及教皇在法国的秘密代理人迪·皮埃特罗通信；私下煽动教士的反抗行为。这些主教分别是：图尔奈主教、根特主教、特鲁瓦主教。其中，第一个主教并不是因为自身品行庄严朴素而受到保护。拿破仑同时还要与他的叔叔，费沙红衣主教的抵抗做斗争。他并没有像他外甥那样系统性反对政府，但是他的确不支持公开与教廷斗争的行为。因此，皇帝通过第一次主教会议，只是取得了部分胜利。上层教士中有许多人，抓住这个机会表达了他们对政府的反抗。来自图尔大主教巴拉尔，尤其是南特主教迪瓦桑的谏言，让皇帝控制住了自己，没有对那些反对他的人发火。皇帝完全信任迪瓦桑。皇帝曾经说过，在神学领域，这位南特主教对他来说就像是他不愿遗失的火把。皇帝总是遵循着这位教士的建议，每当南特主教警告他说他可能伤害到信徒或是损害法国教会的利益时，他都会控制自己。那时有人批评拿破仑，说他禁止《箴言报》上刊登一切有关教会事务谈判的文章，无论是支持还是反对都不行。事实上，这样的论争和他的见解是相反的。他并不担心公众舆论被催眠，甚至是被引入歧途。因为他坚信，当他开始实施他一直在斡旋的方案时，公众一定会支持他。拿破仑在回忆录中说过，他不希望刊发任何关于他和罗马之间的协商的东西。当时，协商的进展还不成熟，因此他不能允许任何官方性质的东西被发表。在他看来，这些协商就像是即将到来的大决战之前的初期小规模战斗。正是抱着这样的心态，他忍受了所有这些协商。但是，他不希望公开这些协商，因为他害怕公布自己个人的看法会影响到他最终希望取得的胜利。皇帝以前常说，他之所以要将教皇赶出世俗的领域，是为了强化以及尊重教皇的精神力量。在拿破仑看来，教皇是非常重要的。他常说，如果世界上没有教皇了，那么我们要创造一个教皇。但是他希望教皇在自己的掌心里，他希望教皇的驻地是巴黎。这样一来，我国首都就可以成为天主教世界的首府。将教廷放置在帝国的首都后，拿破仑可以将其簇拥在无数的富丽堂皇及荣耀之中。同时，这也意味着教皇将一直在他的眼皮子底下。这个远大的理想并不是无法实现的。他大概会获得足够的力量和才能来实现这个计划。将教皇迁到巴黎来会在政治上产生许多的成果。并且，教会领袖对整个天主教世界施加的影响力将会成为法国的财产，代代相传。那是一个充满伟大构想的年代。我们的后代在阅读拿破仑的故事时应该会感觉他们被带到了一个英雄的年代。

总结一下，拿破仑热爱自己的宗教。他想要尊敬自己的宗教，并让它可以蓬勃发展。这一点《教务专约》就可以证明。但同时他又希望将其作为一股社会力量来使用：抑制无序和混乱；巩固他在欧洲的霸权；并最终增加法兰西的荣耀，以及法兰西首都的影响力。当南特主教对皇帝指出教会的领袖对维持信仰的统一有多么重要时，拿破仑是这么回答的："主教先生，您大可放心。我的国家政策和保存以及维持教皇的精神威信是紧密相连的。我需要他变得比以往都更加强大。他永远都不会拥有我的政策让我想要赋予他的那么大的权力。"

法兰西帝国的财政

拿破仑在国家财政以及皇室财政管理中引入的严格秩序让他积

累了大量的钱财。这既是他节约的成果（与人们的想法相反，节约是可以带来财富的），也包括了他支配的私人资金（比如非常产业的收入）。这也使得他可以通过借款或贷款的方式，帮助银行和企业的发展。这些资源同样使得他可以帮助自己关心的家族，如果这些家族有幸地来向他求助的话。无人兑奖的彩票，加上来自游乐场的资金，同样为他带来了一些额外的财源。他一贯是以审慎和富有洞察力的态度管理自己的金钱的。他会通过采购布料的方式来鼓励手工业者和工人们，往往会为此花掉数百万法郎。

为了鼓励工商，拿破仑想出了许多的办法。他计划过在主要的工业中心设立银行的分行，或者是给商人们贴现4%。他还想过要建立当铺，人们可以在那里通过商品获得贷款。在国库大臣和银行经理们的谏言下，他放弃了这些打算。他后来只是给那些偿还信用良好的商人放贷而已。

我对财政事务的了解不足以让我中肯地评价拿破仑的财政系统。关于这套系统的运行机制还有它的优劣，还是让他那些熟练的大臣去评价吧。我在这里只说一点：不考虑时代和形势的差异，拿破仑在债务这件事情上和柯尔贝尔①的观点是一致的，同时，两人治下的政府都没有赤字。平常的税收和战争赔款就足以应付所有开销了。拿破仑对基于公共信用衍生出的财源很熟悉，但是，他认为法国还没有到靠借债建立财政系统的时候。他常常这么说："我在一片废墟中建立了这个政府，它的根基还不稳固，我也还要根据外交政策的变化不断地改进它的形式。如果我要把它置于一套绝对的措施之下，一套因为无法修改所以才有效的措施之下，那么面对整个欧洲时我要把自己置于怎样的境地之中呢？"

---

① 路易十四的财政大臣。

同时，如果皇帝迫于形势需要借债的话，他既不缺信用也不缺借款人。但是他害怕这样的财源会被滥用，他害怕他会因此在自己的脚下挖出深渊。他不希望为投机者们开启新的游乐场，也不希望将自己暴露在高利贷那些足以毁灭他的条条框框之下。在他看来，偿债基金就是一个错觉，因为他一边在还债，另一边却在继续借钱。还有就是，他不认为人们应该为了我们这一代人的利益，就让未来的繁荣无限期地担起重负。不列颠飞速膨胀的国家债务让他感到惊恐，他一点也没被英国的例子吸引。拿破仑对于公共信用的作用有其他的想法，和我们今天流行的想法很不一样。

有一点可以证明皇帝的整个财政系统是有效的，对于财政事务的管理是有序且节约的：尽管我们当时不停在打仗，但是为这些战争埋单的其实是敌人付给我们的战争赔款。尽管我们做出了许多看似超出我们能力的努力，尽管我们经历了闻所未闻的灾难和失败，拿破仑还是成功做出了这么多伟大的事情。虽然发生了这么多事情，虽然他接手时的法国财政基本就是一片废墟，他在下台时还是为法国留下了一个远胜于其他欧洲国家的财政状况。

既然讲到了财政的话题，那么我就要讲一下皇帝那时候怎样管理政府预算。每年，皇帝会召开一个所有大臣都参加的财政会议。在会议上，他会根据自己的想法给各个大臣固定一个信用额度。同时，他还会在会上决定各个部门当年的开支。每个月，皇帝都会为大臣们分配本月支出的金额，国库会据此给各位大臣拨款。每个月，这些金额都会被记录在一张划分了很多列的登记表上。这种登记表是我应他的要求设计的。我在这里补充一段布雷松先生的《财政史》中记录的细节，很准确：

　　　　每年有十二次，政府首脑会抽一个小时的时间来检查所有支出的情况，同时决定接下去的一个月各个部门支出的全额。如果可能的话，他总是希望可以维持收支平衡。同时，根据各个部门获得收入的不同，需求紧急程度的不同，以及面临形势的变化，他会适当地放松或催促某些款项的支付，以及增加或减少某个部门的资金。而且，除非某个大臣已经签署了付款书，并且确认了当年的预算以及每个月他获得的信用额度，否则，国库大臣是不能给那个大臣拨款的。

我要补充一下，拿破仑还把自己的国库大臣任命为了军队财务总检察官。后者会将军队的调动情况以及所有其他下达的牵扯到金钱的行动都报告给他。他这样做是为了让这位大臣可以有效进行这项检查及核验的工作。

从来没有一个税收部门像帝国治下的法国财政部这样受到良好的管理。也从来没有一个税收部门像帝国治下的法国财政部一样要求这么精确的簿记。的确，有一些国家公务获得了大笔的金钱，但那都是外国君主的钱，或者是皇帝的赏赐。财政记录是如此有序以及简单，以至于拿破仑可以随时在他的清单中看到关于收入和支出，关于拖欠款项，以及关于常备和非常财源的准确情况。

皇帝并没有忘记鼓励法国生产企业的繁荣。他时刻都在思考着应该怎样将我们的工业解放出来，让它们不再需要向外国人上贡。

我国与英国之间的战争已然彻底摧毁了我们的海上贸易，拿破仑于是全神贯注于促进我国的国内贸易，以及我们和盟国之间的贸易。对于那些我们已经无法从英国购买的进口物资，以及英国的海上优势使得我们无法从殖民地获得的物资，他都要找到替代商品。因此，拿破仑建立了一个工业生产总委员会。他还以各种荣誉和金钱上的奖赏鼓励生产科学和工艺的发展。他鼓励工厂主们去寻找用国产的糖和咖啡取代殖民地所产糖和咖啡的最佳方式。他还将很多注意力放在了寻找靛蓝染料的替代品上。皇帝还设立了 100 万法郎的奖金，奖励能发明出最优秀的亚麻纺纱机的人。有了好的亚麻纺纱机，我们就可以降低亚麻布的价格，如此一来就可以替代棉布。根据 1810 年 5 月 12 日发布的政令，只要发明出了上述这种机器，就可以获得 100 万法郎的奖金，发明者国籍不限。我们将政令翻译成了多国语言，发给了我们驻外的各个使领馆让他们在当地张贴。拿破仑禁止人们在帝国宫殿中使用外国棉布或是外国木材制造的家具。他还希望进入宫廷的人全部都穿着丝绸做的衣服，这样一来就可以支持里昂的工厂。他还对印度羊绒宣战。不过，面对时尚的暴政和习惯的力量，他还是太弱小了。皇帝曾经威胁皇后说要把后者的羊绒披肩都扔进火堆里，不过毫无作用。皇后对此的回答是，如果人们可以给她像羊绒那样轻便保暖的东西，她肯定会很乐意穿的。因此，皇帝鼓励生产法国披肩。他还委任伊萨贝设计一种类似羊绒的优质白色羊毛织物。我们用这种织物做了一条披肩和一条裙子。玛丽·路易莎略带抵触地穿上了它们。现在这些制品已经很柔软了，但当时还不是这样的。皇后总是抱怨说她的衣服一靠近火堆就会起皱。

　　皇帝在圣克劳、朗布依埃、特里亚农、巴黎和枫丹白露交替着度过了 1810 年剩下的时光。朗布依埃的宫廷生活是最灿烂的。狩猎、戏剧表演、音乐会轮番上演，会客室里热闹非凡。11 月底，皇后怀孕的消息被宣布了。我们向元老院发去了一封信，向他们通告了这个消息。皇后怀孕既达成了皇帝的心愿，也达成了整个国家的愿望，引起了所有人的关注。主教们组织了祈祷仪式，乞求上帝保佑这位母亲。皇帝派出自己的一名侍从德·梅斯格里尼先生，前往维也纳，将一封信交给了奥地利皇帝。信中向后者宣布了他女儿怀孕的消息，那时候她已经怀胎 5 个月了。11 月 13 日，德·梅斯格里尼先生回来了，带回了奥地利皇帝和皇后的回信，信中满是祝福。宣布皇后怀孕的喜讯时，我们在宫中组织了一场戏剧表演，还在宫中的各个大套间中举办了聚会。

12 月 2 日，皇帝接见了元老院成员，纪念加冕和奥斯特里茨战役胜利。元老院成员是来感谢皇帝告诉他们皇后怀孕的消息并对此表示祝贺的。当天，举行了戏剧表演，到处挂起了彩灯。我们参加了弥撒仪式，还在杜伊勒里宫的教堂里咏唱了《赞美颂》。12 名年轻的女性，在各个市长的引导下，来到了大主教座堂的祭坛前。她们的嫁妆都是皇后提供的。我们还向慈善机构捐出了大笔的金钱。总而言之一句话：我们公布了一件举国关注的大事；伴随这一公告的是最庄严最严肃的仪式。

当时发生了一件小事，但是引起了人们的关注：德·迈利夫人获准享受帝国高级将领夫人的地位和荣誉。她是同姓元帅的遗孀。她也同时获准恢复她元帅夫人的尊号。因此，我们向德·迈利夫人发去了一封邀请，邀请她参加 1 月 1 日举行的庄严仪式。她也在那天前来接受了赐给她的身份。大概在同样这段时间里，内政大臣将一个里昂商人组成的代表团介绍给了皇后。这个代表团为皇后献上了一件里昂人制作的华丽的裙子。皇后在新年的第一天就穿上了这条裙子。

皇嗣的诞生

我们公布了皇后怀孕的消息之后，皇帝就建立了一个母亲福利协会。这个协会创立的目的是帮助将要生产的贫穷妇女们，为她们的生产和育儿提供帮助。拿破仑将皇后任命为这个协会的主席，副主席则是德·塞居尔夫人，总理大臣的妻子，以及帕斯托雷夫人。协会由 1000 名皇后指定的妇女组成，其中有 15 名显贵的夫人。这个协会的大委员会设在巴黎，在各省都有执行委员会。还有一名由大神父担任的秘书长，以及一位财政官。皇帝之所以建立这个协会，除了慈善方面的考虑之外，还因为他迫切地想要将皇后推上前台，为她赢得大众的支持。协会每年进账 50 万法郎，主要来自政府债券的固定收益、非常产业的收入，以及大众的捐款。大众捐款的数目超过了我们为之设定的目标。

　　皇帝任命了一位法兰西皇子女教师，他选择了宫廷侍从长的夫人德·孟德斯鸠伯爵夫人担任这个职务。这一选择获得了大家的普遍支持。德·孟德斯鸠夫人出身高贵，她为自己赢得了出色的声誉。她那时 46 岁，是一个名声无懈可击的女人。她信仰虔诚，而且她的奉献是毫无偏见的。她的生活极为简朴，性格坚毅，坚守原则。皇帝出于自己的想法将这个重任交给了德·孟德斯鸠夫人。后者身上拥有所有得体地履行这些职责所需要的品质。

　　皇后的妊娠进展良好。她时常会感到身体不适，这反映出了她怀孕的情况，拿破仑很高兴。他将玛丽·路易莎拥在了自己怀中。他常常把她横身抱起，用最亲切的关怀鼓励她。我时常会目睹这些家庭场景，拿破仑充满爱的本性在其中体现得淋漓尽致。只有那些不了解他的人才会指责他铁石心肠。当天气不错的时候，皇后会在杜伊勒里宫中沿着塞纳河布置的露台上散步。这个露台的四周竖起了齐胸高的栅栏，通过一个台阶与宫殿的一楼相连。此后，我们在露台的尾端处建了一个漂亮的小木屋。罗马王会在那里度过春天和煦的时光，那时候皇室驻在杜伊勒里宫。

皇后生产的时刻终于到来了，拿破仑是多么迫不及待地等待这一刻的到来啊。事实上，我们可以说整个法国都分享了这份急切的心情。3 月 20 日的早上，101 响礼炮向天下昭告了罗马王的降生。王子的降生是以 101 响礼炮来庆祝的。如果降生的是公主，礼炮就只有 21 响。现在的人难以想象，在礼炮最初鸣响的时候，我们是多么焦虑地数着礼炮响的次数。一直到第 21 响礼炮鸣响时，大家都非常安静。但是，当第 22 响礼炮声传来时，巴黎的各个角落都同时爆发出排山倒海般的掌声和欢呼声。民众普遍都为此感到激动，这一点没有任何过来人可以否认。不过，分娩这个被寄予厚望的孩子是一个艰苦的过程。

建立罗马的血脉，是一件如此庞大的工程！[①]

皇后在前一天晚上（1811 年 3 月 19 日）感觉到了第一波阵痛。这股可以忍受的疼痛一直持续到了破晓时分。之后，疼痛就消失了，玛丽·路易莎也得以休息了一会。拿破仑在前半夜一直陪伴在她的床头。看到她入睡之后，他回到自己的房间洗了个澡。当皇后开始感受到阵痛时，我们就将皇室成员、各位显贵夫人，以及宫中的主要军官和女官都召进了宫。但是，在大概早上 5 点钟的时候，助产士迪布瓦先生认为在接下去的 24 小时里，都是不可能生产的。所以，皇帝就让大家都回去了。芒泰贝洛、孟德斯鸠以及吕赛三位夫人留了下来。当时留下的还有医生、护士、布告女官以及侍女们。在拿破仑返回自己的套间后，过了 1 个小时，皇后在极度

---

①　原文是拉丁语：Tanta molis erat Romanam condere gentem！出自古罗马诗人维吉尔的史诗《埃涅阿斯记》。

疼痛中醒了过来。她马上就要分娩了。但是，迪布瓦先生预见到了
这将是一次艰苦的分娩，是一种很少见并且极为危险的情况。皇帝
本来非常平静，这时迪布瓦先生突然打开了门，并且特别气馁地宣
布，分娩的最初阶段让他很是焦虑。正当医生开始解释自己为何这
么焦虑时，拿破仑听都没听就从心底里吼出了这句话："先救母
亲！"然后，他赶忙跳出自己的浴缸，裹上浴袍，跟着迪布瓦先生
下到了皇后的房间里。他藏起自己的焦虑，走到她的床前，温柔地
拥抱了她，用抚慰的话语鼓励她。虽然皇帝当时心中急得要死，但
是他的表情还是非常冷静。这份冷静，加上皇帝本人的到场，都给
了迪布瓦勇气。后者要求叫来最好的大夫，他要听取他们的意见。
皇帝拒绝了这一请求，他告诉这位医生，自己请他来就是因为相信
他的能力。皇帝还要求他要像治疗普通人的妻子那样治疗皇后。
迪布瓦于是开始了痛苦的手术。在整个过程中，他展现出了精湛
的医术以及沉着的心态，幸好他拥有这两样特质。胎儿的脚先出
来了，分娩停了下来。皇后的疼痛变得异常剧烈。她心中开始恐
慌起来，并大喊说他们想要把她牺牲掉。迪布瓦认为他被迫要用
手术钳来释放胎儿头部。心中焦虑的拿破仑看着这一痛苦的场
景，还在以他勇敢的态度鼓舞在场的其他人。终于，经过多重的
努力，在剧痛之中，这个万众期待的孩子降临到了世上。是个男
孩。他皮肤苍白，毫无动静，看起来就像是死了一样。即便我们
使出了这种情况下会使用的所有手段，在整整 7 分钟的时间里，
这个孩子还是没有任何生命的迹象。皇帝站在孩子的面前，静静
地注视着助产士的一举一动。终于，他看见孩子的胸脯略微起
伏，嘴巴张开，呼出了第一口气。他一开始还害怕这会是孩子的
第一口，也是最后一口气。不过，孩子的肺中发出了呼喊声，他
知道，自己的儿子活过来了。心里的石头终于落地了。洋溢着喜

悦的拿破仑向着孩子俯下身去，将他抱在怀里。他不由自主地就把孩子抱到了会客厅的门前。他向着厅内聚集着的帝国显贵们展示着自己的儿子，大喊："这就是罗马王！"然后他返回到产房中，把孩子交还到了迪布瓦先生的手中，口中说着："我把您的孩子还给您。"冈巴塞雷斯总理大臣和纳夏泰尔亲王贝尔蒂埃都在皇后的卧室中，目睹了这次分娩。皇帝在收到在场人们的祝贺后，坚持要亲自将自己的儿子已经降生的这个消息告诉自己所有的随扈。他当时脑中还满是皇后分娩时那痛苦的景象。他表示自己宁愿站在战场上。这件幸事像施了魔法一样不胫而走，传遍了整个巴黎。当圣母院的钟声和礼炮的鸣响将这个消息公之于众时，已经有许多人聚集在皇宫窗户下的花园中了。为了控制人群，也为了避免他们打扰到我们尊贵的病人的休息，从皇家桥的栏杆，一直到钟表厅，我们给整个露台盖上了一层灯芯绒（路易·菲利普国王①把这里改造成了一个花圃）。相比一堵墙，这层薄薄的隔挡给人群留下了更深的印象。人群的规模尽管每分钟都在增加，但是他们甚至和灯芯绒之间都还保持了一段距离。大家都保持了安静，证明他们都很关心皇后。拿破仑站在自己的套间里凝视着这一场景，满足和喜悦的情感溢于言表。

帝国宫廷中的军官、侍从以及信使们纷纷行动了起来，把消息带给了各个主要的国家机关、国内主要的城市，法国和外国的各位大使以及大臣们。被派去各个城市的侍从们都受到了所在城市的优厚照顾。巴黎和都灵的市议会都投票给前来传达好消息的使者发放了一笔津贴。前皇后约瑟芬并没有被遗忘。皇帝派一名侍从去纳瓦拉找到了她。他还回复了这位侍从带回来的信件。虽然他的回信还

---

① 七月王朝的建立者，1830年至1848年担任法国国王。1848年被革命推翻。

是一贯那么简洁，但是其中蕴含着他的感情，那份他永远为自己的第一任妻子保留的感情。

当晚，新生儿在杜伊勒里宫的礼拜堂中由宫廷神父、红衣主教举行了受洗仪式。仪式上使用的是旧法国宫廷上使用的礼节。

第二天，皇帝坐在御座上接受了整个宫廷、元老院、立法院以及其他国家机关、主要官员以及外交使团的祝贺。离开这个庄严的仪式后，他专门去看望了躺在华丽的镀金银摇篮里的罗马王。这个摇篮是去年3月5日，由塞纳省省长弗罗绍和巴黎市议会一起，以巴黎市的名义赠送给皇帝的。

荣誉军团勋位总管和铁王冠勋位总管将他们各自勋章的大绶带挂在了摇篮上。几天之后，奥地利大使施瓦岑贝格亲王献上了圣史蒂芬勋章。

在这个过程中，我们使用的各种形式都借鉴了旧王室的传统和习俗。在许多严苛的批评者看来，这些形式都是花里胡哨的东西，还缺乏独立性。不过，它们都只不过是帝国建立的必然结果罢了。毋庸置疑，一个遗世独立的智者，一个脑袋整天胡思乱想的哲人，一个严厉的共和党人，肯定会蔑视这些浮华的仪式，并且只把它们当作谄媚的做法。但是，我们不能只以抽象的想法来思考皇冠的需求。这些从历史上流传下来的风俗和惯例，即便是在履行它们的人眼中也显得幼稚。但是，在一个世袭君主制中，需要它们来强化人们对掌权者的尊敬和服从，并避免那种随意和不拘礼节的情况发生。尽管人们都更喜欢不拘礼节，但是没有礼法对君权应有的威严来说是有巨大伤害的。更何况，我们搞特殊化，独立于其他欧洲的王室，也不是明智的选择。如果我们轻视他们的传统，那么只会增加他们对我们那种本就存在的不信任。法国政府可是很努力地要抹去这份不信任感的。

　　我已经讲过不拘礼节、不讲礼法的缺点了。事实上，军队中的风俗、共和国的礼仪以及平等思想带来的位阶混乱，让各处的人们都显得没大没小的，不管是在举止还是语言上都是这样。即便一些身居高位的人也是这样。拿破仑自从成为执政以来就一直身居高位。再加上他的权威带来的人们对他的尊敬都让他无法忍受人们在他面前太过没大没小。第一执政以前还常在马尔梅松参加抓人游戏和捉迷藏，我那时也在现场。他不得不放弃这些游戏，因为这种游戏创造的氛围是那么的亲密，人们时常以此为借口不顾礼节，粗心大意。但是，这样的情况发展下去很容易变得过于出格，让国家首脑受到大家的嘲笑。下面这个轶事，就可以支持我这个理论。这件事情不会影响我们对拉纳的尊敬和回忆。有一天，第一执政让人将一些此前别人送给他的阿拉伯马带到了马尔梅松城堡的花园里。拉纳提议第一执政和自己来一场台球比赛，赌注就是一匹阿拉伯马。拿破仑同意了。他本来就打算让拉纳赢，因此后者轻松赢得了胜利。"我赢了你啦，"他对第一执政说，"因此我有权进行挑选。"他对第一执政从来都是用"你"，不用"您"的。然后，他既没有请求许可，也没有等待获得许可，就马上跑去逐一地检视起那些马匹。他挑了一匹最好的马，套上马鞍翻身上马，然后说道："拜拜啦，波拿巴。我晚上不在这吃饭，因为我如果留下来的话，你就可以把你的马拿回去啦！"第一执政还没来得及说一句话，拉纳就已经影子都见不到了。为了避免这样的情况再次发生，拿破仑觉得他应该把拉纳调走一段时间。但同时要让他知道自己和他还是朋友。因此，他就把拉纳任命为了法国驻里斯本大使。

　　迪塔伊将军还是一名普通军官的时候，对之后成为瓦格拉姆亲王和纳夏泰尔亲王的贝尔蒂埃就是称"你"不称"您"的。第一执政制止了这种没大没小的行为，至少在公共场合不能这样。

如果说，拿破仑意识到了没大没小带来的危害，被迫要禁止这种行为的话。那么他在日常的谈话中还是很平易近人很放纵的。从原则上来说，他很小心谨慎。但是，他在表示自己的满意时总是会用更富有感情的方式。他的赏赐虽然可能得等一会，但总是会在绝妙的时机抵达。那些或是因为职责需要，或是在特定场合接触过拿破仑的人，没几个不说他亲切的。要把所有支撑这个结论的故事都讲出来，那就太长了。不过，我接下去讲的这个故事将证明拿破仑在严厉地呵斥过别人之后，总是会努力地去弥合他给别人造成的痛苦。在皇帝亲自指挥的最后几场战役中，有一次，他身边有一个贴身侍从，叫作居丹。居丹是在俄国的瓦鲁提诺不幸殉国的将军的儿子。这位侍从，看到皇帝在上马时身边没人帮忙，就想上去帮帮他。出于心急，这个年轻人的帮忙反而让皇帝伤到了自己：他从马鞍上摔下，不由得大喊了出来。诸如"笨手笨脚的家伙""蠢货"之类的词语劈头盖脸地倾倒在了这个可怜的侍从头上。出于对自身笨拙的惊恐，他退了下去。皇帝从这个意外中恢复过来后，就骑马奔驰而去了，身后跟着他的护卫。抵达他的目的地之后，他花了几分钟的时间视察了一下当地的形势。环顾四周，他看到了那个侍从那张悲哀的脸。拿破仑朝他做了个手势让他过来。皇帝告诉年轻的居丹，说他对于后者的关注和帮忙很是感激。"但是，"他补充道，"你应该换一种行事的方式。当你想帮助一个骑在马背上的人时，你不应该伸出你的左手。你应该用你的右手支撑那个人，直到他在马鞍上坐稳。去吧，小伙子，记得我说的话。"这么说着，拿破仑拍了拍他的脸颊，以示自己的善意，然后就把这个侍从放走了。侍从这时候已经获得了抚慰，心情好了许多。

我还想在这里提起另外一件事情。虽然从时间上来讲，我不应该在这里讲它，但是从写作技法上来说，在这里讲这件事情刚好。我不能跳过这件事情，因为现在是时候还原它的本来面目了。此前，不知是不是出于恶意，人们曲解了这件事情。有一天，拿破仑正在穿过圣克劳的蓝色会客厅。他在那里看到了一个结实的女人。后者一看到他，就拖着自己肥胖的身躯，一摇一摆地朝着他走来。那大概已经是她可以达到的最快速度了。她嘴里含混地说着一些话，但是，因为她见到皇帝后太过激动，她在说什么别人根本就听不懂。在询问了她的名字后，得知她是德波小姐，是一名帽子商人。虽然她已经和伊克斯先生结婚了，但是她保留了自己的本名，因为业界的人都是这么叫她的。皇帝此前已经多次下令所有的商人都不能进入宫中，他们都是来影响随和的约瑟芬皇后的。所以，当他发现一个帽子商竟敢进入宫中，还跑到他面前时，他很是生气。因此他马上找来了当值的守卫军官命令后者把德波小姐赶出去。这个军官把命令转达给了两名当值的警卫，他们步行把这个女人带到了连接圣克劳桥和圣克劳宫殿的那个斜坡的坡底。可怜的德波夫人，她太胖了，走路都很困难。当他们到达坡底时，她请求警卫让她登上在那等待自己的马车，因为她累坏了。但是警卫们拒绝了她的请求。在踏上前往巴黎的道路之后，她问警卫这是要把自己带去哪里。后者回答说："去监狱。"原来，那位军官看到皇帝那么生气，以为发生了很严重的事情。拿破仑本来是要把德波夫人赶出门去，那个军官却听成了送进监狱。一听到自己要进监狱，德波夫人变得歇斯底里起来。而陪同她一起来的丈夫，这时候对自己妻子的处境也开始担心起来。这时，一个男人仿佛是救世主一般来到了警卫的面前，命令他们把她放了。是迪洛克将军在听闻德波夫人遭受的严厉对待后，把这件事情告诉了拿破仑。拿破仑对于自己的命令竟然被误读而感到很愤怒，命令他的大司马立刻去把那个女人放了。对于手下以他的名义犯下的错误，或者说过度热忱地执行了他的命令，他表达了自己的歉意。现在，你就可以判断了。那些说拿破仑把这个女人关在比塞特尔关了一个礼拜的人到底有多荒谬。这些故事还说，因为私自进入宫中，还有拒绝服从君主的命令，这个女人还服了一个星期的刑呢。

剧院和诗人们争相庆祝着罗马王的诞生。出版商们借此机会开启了一次竞赛，一次赞词创作大赛，我国最负盛名的诗人都参加了这次比赛。要是把他们的名字都列出来，那要花好长的时间。不过，我在这里要提一下两位当时还很年轻的诗人。他们在这次竞赛中初露锋芒。卡齐米尔·德拉维涅当时刚刚走出校园，他创作了一篇赞歌，向皇帝继承人的诞生致敬。这篇赞歌才华横溢，让人们对这位年轻的作者产生了许多期待，日后他不负众望，一一达成了这些人对他的期望。把这篇诗歌带给我的，是那个乐于助人的好人吉亚尔。他是《俄狄浦斯在科洛尼德斯》的作者，这部悲剧在我们这个时代依旧是毫无敌手。正是这位作者见证了我早期在诗歌领域做出的笨拙的尝试。他当时欣然接纳了我的拙作，此后他也一直是我的朋友。皇帝一贯拥有慧眼识人的能力。当我将卡齐米尔·德拉维涅的赞歌展示在他眼前时，他对其做出不错的评价。他的评价远比竞赛评委们的评价要好，也要更为公正。这篇赞歌在竞赛里最终只拿到了一个小奖。皇帝很钦佩这个年轻作家的才华，还下令要给他一份特殊的礼物以资鼓励。

彼得·勒布朗那时已经是法兰西贵族，还是皇家印刷厂的厂长。他也借此机会向拿破仑送上了赞歌表达自己对后者的感激。皇帝一直喜欢去视察各个主要的高中，就是在一次这样的视察中，他注意到了这个年轻人。当勒布朗将自己关于耶拿会战的赞歌呈给皇帝时，皇帝是如此高兴，以至于他当即给了勒布朗一份 1200 法郎的津贴。勒布朗一直保持着这份津贴。当 1822 年皇帝逝世时，这位诗人对皇帝的感激之情启发他创作了一篇感人至深的抒情诗。

德·让利斯夫人对拿破仑和他的家庭一直饱含深情。遇到帝国继承人出生这样的大事，她肯定不会保持沉默。这次时间也给了她一个展示自己各种才华的机会。因此，她给皇帝送去了一首童谣。词曲都是她自己创作的。这首摇篮曲的音符是以小玫瑰花来标记的，都是她细心地亲手画上去的。在这份小小的创作中，德·让利斯夫人保持了她在手工活中一贯的整洁和优雅。

这位年轻的国王的形象通过绘画、雕刻、雕塑、雕版以及钱币的形式得到了广泛的传播。热拉尔为他创作了一个可爱的半身像，浑身上下都是婴儿的特征。普吕东描绘了皇子在灌木中安眠的场景。画中的皇子面对我们躺在花朵之中。这幅画和谐的布局，淡雅的形式，还有皇子优雅的姿势，栩栩如生的睡姿，都非常讨人欢心。

公众举行了各种各样的庆祝活动，到处灯火通明，各个团体自发组织的庆典，都是大众喜悦情感的证明。大主教和主教们发表了主教信，与我们处于和平状态的欧洲各国都向皇帝发来了祝福，还派来了特使。这些特使中就包括了波尼亚托夫斯基亲王。是萨克森国王以华沙大公的身份派他来参与受洗仪式的。拿破仑无论是对这位君主，还是对他派来的代表都很喜欢。他特别接待了波尼亚托夫斯基亲王，还送了他 30 万法郎，以及波兰的一片土地。西班牙、那不勒斯以及威斯特伐利亚诸国的国王都亲自来到了巴黎。

为皇后接生的迪布瓦医生，获得了丰厚的赏赐：他收获了 10 万法郎以及男爵的头衔。这次的分娩过程太过艰苦，甚至要用上手术器械，因此迪布瓦医生觉得自己必须告诉皇帝，如果皇后再次分娩的话，那么她肯定会有生命危险。这一消息在拿破仑的脑中留下了一个印象，由此产生的结果我们在当时还无法预知。生育更多的小孩肯定会有利于皇后心理的健康。同时，也会增加夫妇之间的纽带，说不定会让他们的分离更加困难。迪布瓦先生遵从自己的信念做出了一个诚实的人应该做的事情。但是，大自然的力量要远胜于科学，大自然隐藏着许多科学不知道的资源。8 年之后，大自然的这些隐藏资源驳倒了我们这位聪明的医生。

在分娩的 1 个月后，皇后来到杜伊勒里宫的礼拜堂中举行安产感谢礼。仪式庄严而肃穆。玛丽·路易莎也在这里接受了她所有随扈的礼赞。现在，这个经过多年努力才被创造出来的高位获得了一个继承人。看起来似乎这个王朝的生生不息已经得到了命运的保障。之所以这个孩子的诞生让社会各个阶层都充满喜悦，是因为大家认为他可以成为和平的使者，关闭雅努斯神庙的大门。但是，皇帝没有这样的幻想。英国依旧斗志昂扬。她的密谋和她的金钱依旧在对欧陆强权们施加着影响力。在拿破仑的眼中，未来将是充满风暴的。

随着好天气的回归，皇帝和皇后到朗布依埃去住了 8 天，练习打猎。拿破仑在这座宅邸中就像在家里一样，因为这个宅邸相比其他的地方更为简单，也小得多。不过，他因为公务繁忙，没法延长住在这里的时间。

西班牙国王约瑟夫来到这里面见了皇帝。拿破仑此前派出了自己的一名侍从德弗朗斯将军，向他报告了自己的儿子降生的消息，并且还通知了他，他是孩子的教父之一。约瑟夫借此机会和自己的弟弟安排了一次会面，他认为这次会面非常必要。他要在会面中跟弟弟讨论安排西班牙现时利益的方式，还要就一件事情达成共识：后备部队在西班牙不可避免的出现将把他放在一个很艰难的处境中，因为这些军队的领袖把西班牙完全当成了一个被征服的国家。

　　此前，出于对军事占领半岛给法国带来的巨大流血和财政牺牲的担忧，拿破仑在这个国家实行了军管，政府的领导者是法国的将军们。约瑟夫国王曾派德·阿桑萨先生和埃尔瓦斯先生到巴黎去抱怨这一举措。埃尔瓦斯先生甚至给皇帝带去了一封信。在信中，国王向皇帝提出自己要交回这顶王冠，并请求后者允许自己离开这个国家。他说，自己在这个国家既不能做好事，也无法避免恶事的发生。国王表示，军事管理的确立在西班牙人看来是对他们王国统一性的攻击。即便是那些最支持自己的西班牙人也是这么看的。这种对他君权的否定，在西班牙人看来，预示着未来他们这个国家会被废除。同时，这种独裁统治除非是暂时性的措施，否则已经摧毁了他此前努力做出的一些好事。

　　事实上，约瑟夫国王刚刚通过软硬兼施的方式，使安达卢西亚臣服。他向这个省份的西班牙人表达了他坚定的决心：不会同意任何解体王室，或是可能危害到西班牙民族独立的牺牲。他还向他们承诺，如果英国人离开西班牙，那么法军也会离开西班牙。如果他们不认可自己的话，自己也将离开西班牙。这些保证让这个省份冒泡的民意冷静了下来。人们在安达卢西亚的各个主要城市热情欢迎了他：这份热情是精心计划出来欺骗他的。皇帝向自己兄长保证，军管只是迫于形势采取的临时措施，只要事态允许马上就可以取消。拿破仑就这样说服兄长返回了西班牙。他同时还向后者确认了自己想要让法军撤出的意愿，但是有下面这几个前提：英国政府同意撤出葡萄牙；在西班牙民众认可约瑟夫为西班牙国王的时候，英国政府也要承认约瑟夫的地位；还有就是拿破仑要把布拉干萨家族①拉下王位。那时我们已经准备好与英国进行协商了，他也有理

---

　　①　葡萄牙王室。

由期待英国愿意撤离葡萄牙。皇帝同意将军管政府置于国王的控制之下，并且他建议后者尽快召集西班牙议会。约瑟夫国王在 7 月返回了马德里。他希望我们对英国的谈判可以获得成功，也获得了对西班牙王室完整性与独立性的保证。西班牙大众热情欢迎了返回西班牙的国王，他们认为他是带来了好消息的使者。不幸的是，命中注定，这些好消息没能实现。

本书根据 1894 年在巴黎出版的，
由 E.Dentu 所编辑的三卷本法文版梅尼瓦尔回忆录译出。

Mémoires pour servir
a l'histoire de **Napoléon** Ier depuis

1802 jusqu'a **1815**

思想會

1802~1815

关于拿破仑一世的私人回忆

帝国浮沉

下

(Claude-François de Méneval)

〔法〕克劳德·梅尼瓦尔 / 著

徐晓飞 / 译

社会科学文献出版社

SOCIAL SCIENCES ACADEMIC PRESS (CHINA)

目　录

上

下

第十一章

拿破仑的家庭生活

大概在儿子出生的两个月后，皇后恢复了体力。因此，皇帝打算去巡视瑟堡港口的工程进展情况。他希望自己的到场可以激发人们更好地完成这项重要的工作。这座港口正对着英国，地理位置非常重要。因此，他一直非常关心这座港口的建设工作。他甫一掌权，就重启了路易十六在那里开始的工作。这个巨型工程在大革命的危机中被放弃，到他上台的时候，已经基本是一片废墟了。当宫廷驻留在朗布依埃的时候，玛丽·路易莎时常会坐着敞篷马车或者骑着马参加打猎。两位陛下此后离开朗布依埃，来到了卡昂，他们在那里驻留了 3 天的时间。拿破仑在海军大臣以及路桥督查们的陪同下，骑马巡视了这座城市周边。之后，他们离开卡昂，抵达了瑟堡。在他抵达的那一天，皇帝已经如往常那样，从一大早就开始检查这座城市周围的堡垒并俯瞰整座城市的高地。他巡访了港口、船坞、道路以及舰队。他和皇后在堤坝上享用了午餐。从他们落座的桌子那里，就可以看见远处游弋的英军船舰。拿破仑命令我们的舰队进行了一系列机动演习。他还把皇后带上了海军上将的旗舰。皇后仔细地审视了舰上的每一个细节，这对她来说可是件新鲜玩意儿。皇帝在检阅了舰队之后，下到了巨大的船坞中。这个船坞是我们长年累月从巨大的花岗岩中凿出来的。这个巨大的工程，是耐心的杰作。那时，这个工程已经接近尾声了。这个船坞有 40 尺①深，可以容纳 50 艘风帆战列舰。工人们是用十字镐一点一点把这个船坞凿出来的，一次只能凿下一小片的石头。它就像是用一块巨型石料做成的食槽，里面容纳了数百万立方尺的水。

离开瑟堡之后，皇帝又经过了圣洛、阿朗松和沙特尔。他在 6 月 4 日返回了圣克劳。这次为期 3 周的短暂旅行，是皇帝对长距离出访荷兰的一次热身。他打算那时把皇后也带上。皇后痛苦的生产过程极大地动摇了她的健康状况，不过她已经恢复了。

两位陛下在这次旅途上，到处都播撒了大量的施舍。他们沿途经过的城市都从这些惯常的有益措施和善举中受益。除了皇帝从皇室资金中拨出的救济金和津贴之外，我还专门负责保管着一个钱箱。皇室金库每个月会往里面划拨 1 万法郎。这笔资金是用来支付拿破仑分发的礼物和善款的。当我收到当值侍从官或者宫廷侍从传达的口头命令后，我就会支付相关的款项。所有这些支出都会被记录在一个出纳本中，皇帝在每个月的月底会检查支出的情况。

皇帝和皇后无论走到哪里都受到人们的热烈欢迎。一位有着拿破仑的血脉以及继承了他荣耀的继承人的诞生，将拿破仑的受欢迎程度提升到了一个新的高峰。罗马王的母亲也分享着人们的情感。她也知道如何回应这份真情流露：和蔼地接见各省的官员以及居民。

两位陛下急忙赶回巴黎是因为一系列庆祝宴会的临近。人们在巴黎、圣克劳和特里亚农为他们准备了一系列的庆祝宴会，从他们

---

① 大致等于 13 米。

还在瑟堡巡访时就开始准备了。这些庆典伴随着罗马王的施洗典礼，它们富丽堂皇的程度，完全不输婚礼时的盛况。在从瑟堡返回后的三个半月里，宫廷依次驻留在圣克劳、巴黎、特里亚农和贡比涅。

年轻的王子是在圣母院受洗的。三个主要国家机关（元老院，参政院，立法院）成员、地方法官和其他法律官员、地方议会代表、50 个主要城市的代表团以及外交使团都列席参加了仪式。从杜伊勒里宫到圣母院的道路两旁都站着士兵，再加上帝国扈从那华丽的行进队列，共同创造了一幅给人留下深刻印象的图景。但是，真正让这一胜利游行变得异常富丽堂皇的，还是在现场围观的大批巴黎市民和外国人。围观者是如此之多，你甚至可以认为，巴黎所有的人都走出屋子，来到了街道中和广场上。在行进队伍经过的路两旁，每一幢屋子上都垂挂着幕帷，每一扇窗户外都飘扬着旗子。皇子躺在保姆的膝盖上，他的马车行驶在两位陛下的马车前面。当人们看到他时，空气中回荡着欢呼声，以及为他祝福的呐喊声。接下来的宗教仪式，也是少见的大场面。孩子的教父是奥地利皇帝，代表他出席的是维尔茨堡大公。二教父是约瑟夫国王。孩子的教母是皇太后。二教母是那不勒斯王后，代表她出席的是奥坦丝王后。整个典礼中，人们都非常的安静，人们考虑到典礼的圣洁和场所的庄严，都压抑着自己的情感。但是，当拿破仑抱着自己的儿子，将他展示给在场的人群时，人们释放了自己的情感，到处都爆发出欢呼声和掌声，在古老的大教堂中回荡。

离开大教堂后，两位陛下来到了市政厅。在这里，省长以及市内的各个团体接待了他们，并以城市的名义为他们举办了宴会和音乐会。在音乐会后，两位陛下在会客厅间穿梭，其中都是被邀请来的人群。他们和在场的人们进行了谈话。在接近午夜的时候，皇帝和皇后返回了杜伊勒里宫。从市政厅到杜伊勒里宫的这一路上都灯火通明，既照亮了他们回家的道路，也照亮了路上的一系列画作和标记。尽管这些画和标记或多或少都有点有意为之，但是它们所反映的大众情感是真实的。这一天既温和又平静。香榭丽舍和市内的其他地方，向人们提供了许多娱乐消遣的选择：戏剧表演、舞会，还有向人们发放食物、灯饰以及气球的场所。在地方各省，人们也举行了各种娱乐消遣活动。

图卢兹市议会派来的一个代表团为皇帝呈上了一份珍贵的犊皮纸手稿。这是一份书法的杰作。锦上添花的是，上面还有金子描绘的微小图案，每一页的四边都有缘饰，并且每一页上的缘饰都各不相同。这本手稿是四开本，封皮是珍珠色的天鹅绒，是查理曼时期的书，真是一份无价之宝。制成这本书，花费了艺术家们整整 7 年的时间。查理曼当年将这本书献给了图卢兹附近的圣塞宁修道院（今已不存），以此纪念他的儿子丕平的受洗。这本 9 世纪的艺术珍品，一直被当地宗教人员保护得很好。市议会认为，如果把它交给拿破仑，才算是把它交到了命中注定的地方。上帝已经容许同样的事情在 1000 年后再次发生，查理曼的接班人已经出现。在后者的继承人出生的这个场合将这本书呈给他，实在是再合适不过了。因此，议会的成员们组成了一个代表团，来到了巴黎，将这本珍贵的手稿呈给了新查理曼。皇帝接受了这个礼物，并将其保存在自己的图书馆里。今天，这本书被收藏在卢浮宫图书馆。

在市政厅的宴会过去几天之后，我们在圣克劳的私人花园中举办了一场庆典，让皇后想起了她的母国。散布在灌木丛中的交响乐团演奏了舞曲和华尔兹。歌剧院的舞者们身穿德意志牧羊人和农民的服装，伴随着音乐翩翩起舞。幕间表演的剧目是《乡村欢宴》，由艾蒂安创作，尼可罗作曲。表演是在室外舞台上进行的。当时的一名热气球驾驶员布朗夏尔夫人坐着热气球飞上了天空。她在树冠的高度悬浮并保持了一段时间。在信号发出后，热气球很有气势地升上了天空。同时，天上炸开了一朵巨大的烟花。在接下去的几分钟时间里，空中都是一片火树银花。不幸的是，晚些时候下起了大雨，不仅破坏了兴致，还造成了不小的混乱。

这段时间，宫中的各种娱乐活动简直让人应接不暇。8月15日，我们迎来了皇帝以及罗马王的生辰。我们在圣克劳举行了庆祝典礼。皇家卫队的礼炮在典礼上放了烟火，烟火组成了两位陛下以及他们儿子的姓名首字母。人们咏唱了与这个场合相符的赞歌。10天之后，8月25日，是皇后的生辰。我们在特里亚农宫举行了庆祝活动。那天的天气非常不错，因此庆典的组织者得以充分利用小特里亚农宫的美丽花园，还有这座迷人宫殿能提供的其他作为点缀的建筑物、湖泊以及岛屿。在特里亚农宫的剧场中演出了由阿利桑·德·沙泽创作的戏剧，名叫《美泉宫的园丁》。演出还包括了由歌剧院的主要舞者们带来的芭蕾舞表演。皇帝挽着皇后的手，在整个宫廷随扈的陪伴下，在小花园里散了一会步。公园中，人们进行了大合唱，向两位陛下致敬。合唱的曲子是由帕埃尔创作的。庆典的最后是一场美妙绝伦的晚宴。

这场庆典也标志着为庆祝皇帝的婚礼以及罗马王的出生安排的一系列大众娱乐活动接近尾声。玛丽·路易莎在这场庆典上展示出的优雅和尊贵吸引了所有人的眼球。拿破仑看起来很是高兴。他在家中一直那么友善，对皇后也很有感情。当看到她很严肃时，他会讲几个笑话来逗她笑，或者是温柔而充满爱意地拥抱她，打破她的矜持。在公开场合，他总是对她以礼相待。但是，他对她的尊敬中，也包含着一种庄重的亲昵。他对她的态度展现出的是一种完全相信后者的感情。同时，为了保存皇后身上那种让他着迷的纯洁和天真，也为了让她远离轻浮的法国人时常犯下的错误，拿破仑在皇后的仆从中建立了严格的秩序，把后者严密地保护起来，旁人可能会认为他这是出于嫉妒。玛丽·路易莎羞涩的天性、她对家庭生活的热爱、她的不自信、她对宫廷中大部分人的偏见，还有她对法国人喜欢开玩笑的性格的偏见，都让皇后远离了所有会让皇帝不满的男女私通。更何况，在她自己看来，这些东西也毫无吸引力。她把这份偏爱转移到了她身边的亲密女官身上。这份偏爱既是她的成长和教育给她带来的习惯，她在自己孤立的生活中也需要这样的情感寄托。她对女官芒泰贝洛公爵夫人的喜爱填补了她心中的空虚。玛丽·路易莎对自己身边的侍从和仆人从来不会不顾体统地讲话，但是，她对他们都很放纵和亲切。

皇帝希望她可以进行一些骑术训练，因此，玛丽·路易莎在圣克劳的马术学校中接受了自己最初的几堂课。上课时，拿破仑总会走在她旁边，牵着她的手，掌马官则牵着马匹的缰绳。他安抚了她心中的恐惧，鼓励了她。她从课上学到了很多，也变得勇敢多了。到了课程结束的时候，她已经可以很平稳地骑在马背上了。得益于她的教师，她成了一名女骑手。此后，她有时会在私人庭院里的大道上继续自己的课程。这条大道直接通向家族会客厅。会客厅里挂满了帝国皇室成员的肖像画。如果在午饭后有几分钟空闲时间，拿破仑会派人牵来他的马。他会穿着丝袜和搭扣皮鞋翻身上马，和皇后结伴骑行。他会故意惊吓她的马，让后者的马飞奔起来。然后，当皇后因为害怕摔下来而大喊大叫的时候，他会在一旁开心地大笑。因为皇后其实根本摔不下来，整条大道两旁站满了马夫，随时准备着冲上前去让马匹停下来，避免有人跌落。

在特里亚农宫的庆典之后，整个宫廷回到了贡比涅，并在那里停留了3周的时间。皇帝正是在这座宫殿里迎接了刚刚到达法国时的玛丽·路易莎。在这段时间里，这座宫殿也受到皇帝的偏爱。此前，他已经命令建筑师贝尔托针对这座宫殿进行一些改建。工程的进展简直就是神速。这位建筑师修筑了数个全新的花园，宫殿的外观也被完全改造了。他进行的装饰是如此的出色，以至于宫殿中的大花园看起来就像被彻底改建了一样。这座宫殿现在成了皇帝的休憩行宫中最漂亮、最优雅的一座。两位陛下到达贡比涅后不久，就发生了一件不幸的事情：宫殿的管家奥德内将军去世了。在两位陛下抵达后的第二天，他突发脑溢血陷入了昏迷，在莱米尼耶医生的注视下去世了。将军之前专门提前一天来到了贡比涅，迎接皇帝和皇后。拿破仑那时还称赞了他身体很硬朗。他把后者视作自己最勇敢最优秀的军官之一。奥德内将军在此前很长的一段时间里都是卫队中的精锐骑马部队的指挥官，他也出色地履行了自己的职责。他那粗犷而又直接的说话方式，有时候会引得宫中的女士们发出阵阵笑声。他是那种钢铁般的人，无论身体还是精神都是这样。尽管他可能文化水平不高，但他一直忠心耿耿，原则坚定，接受的是最严格的训练，对所有的职责都绝不敷衍。

与此同时，在孟德斯鸠夫人的悉心照料下，罗马王茁壮成长。前者就像是照顾自己的儿子一样照料着罗马王，对他的关怀无微不至。每天早上，他都会被带到母亲身边。皇后在晨起梳妆时会把儿子留在身边。而在白天的其他时候，在绘画课和音乐课的间歇，玛丽·路易莎常常会去小王子的套间，坐在他身边做些针线活。她还会经常把他带到他正在工作的父亲那里，身后跟着王子的保姆。当人们通告王子抵达时，拿破仑会站起来前去迎接他。因为没有外人可以进入他的书房，所以保姆是不能进来的。他会要求玛丽·路易莎亲自把她的儿子带来。皇后从保姆手中接过自己的孩子后，总是很没有自信。因此，拿破仑会快步走到她跟前，把他的儿子抱到自己的怀里，一边走一边亲吻他。这间工作室见证了众多为了驱除我们永恒敌人的进攻而想出的出色计策。它也常常默默地见证拿破仑作为父亲时那温柔的一面。下面这个场景，我不知道见过多少次了：皇帝把儿子放在自己的身旁，迫不及待地要教导后者治国理政的艺术。房间里的壁炉台上摆放着大西庇阿和汉尼拔的胸像作为装饰。壁炉台旁边的那个靠背圆沙发是拿破仑最喜欢的。他的写字台中间略微凹陷，两边则像翅膀一样展开，上面铺满了他的文件。无论是坐在圆沙发上阅读报告，还是走到写字台前签署命令，他都是儿子不离手：要么让儿子坐在膝盖上，要么将他抱在胸前。拿破仑拥有天赐的惊人专注力，因此，他可以一边处理严肃的国事，一边逗小孩开心。有时候，他会把自己手头的工作都抛在一边，和他亲爱的儿子并排躺在地板上，然后像个孩子一样和他玩耍，还要时刻注意有什么会让儿子高兴，尽可能不让儿子生气。

拿破仑命人做了一些兵棋，都是一些桃花心木的小方块，长短和颜色各异。每个方块的顶部都有花纹，代表着一个营、一个旅或者一个师。当皇帝想要实验一个新的军队组合方式，或者一种新的队形变换时，他就会使用这些方块。他会把这些方块摊在地毯上，好给自己更大的施展空间。有时候，当他认真地思考这些方块的排列方式，安排一些可以为他赢得胜利的绝妙布局时，他的儿子会吓他一跳。这个小孩就躺在他身边，很喜欢这些兵棋的颜色和形状，它们就跟他的玩具差不多。所以，他经常会在推演战役进行到关键时刻，敌军即将被击败的时候，伸手把布局打乱。但是，因为拿破仑非常冷静，他也非常爱自己的儿子，因此他不会为此感到烦恼。他会默默地把兵棋摆回到原来的位置上，不会显出一丝的不耐烦。他对于儿子的耐性和仁慈是不会枯竭的。在这样的时候，他对儿子的爱并不仅仅因为后者是他的血脉以及荣誉的继承者。当他把儿子

拥在怀里，并沉醉在后者的抚摸中时，他的脑中占主导地位的感情
可不是什么自豪或者雄心壮志。

　　皇帝的午餐从来都是独自享用的。德·孟德斯鸠夫人常常会带
罗马王参加他父亲的午餐。拿破仑会把儿子放在自己的膝盖上，喂
儿子吃饭，还把自己的杯子推到儿子的嘴边。当儿子因为舌尖尝到
了一滴酒而做出鬼脸时，拿破仑经常会为此大笑，然后责备他。有
一天，当这个孩子伸出嘴去吃他的父亲送上的食物时，后者突然把
自己的手缩了回去。拿破仑本想一直这样捉弄自己的儿子。不过，
等到第三次的时候，小王子把头一扭。纵使他父亲把吃的送到嘴
边，小王子也坚决不吃了。这让皇帝感到很惊讶。德·孟德斯鸠夫
人说，这个孩子不喜欢人们骗他，然后还补充说："他既骄傲又敏
感。""他既骄傲又敏感啊，"拿破仑重复了一遍，"这很好！我就
喜欢他这样。"语毕，皇帝温柔地拥抱了自己的儿子，他很高兴后
者能拥有这两个品质。在这些短暂的时光中，他得以暂时把其他的
国事抛诸脑后。少数几个和他如此亲密，能获得他的许可一起享用
午餐的人，总是保证可以得到他最亲切的接待。

　　约瑟芬皇后请求皇帝帮自己一个忙，批准让罗马王到她那里去
一趟。拿破仑虽然答应了这个请求，但是他担心妻子在看到这个孩
子后会变得激动。不过，他最终还是屈服于她多次的请求。德·孟
德斯鸠夫人带着年轻的王子去了巴加泰勒，那是布洛涅森林里的一
处别墅。玛丽·路易莎皇后对此事并不知情，因为她对约瑟芬很是
嫉妒，她害怕这个自己丈夫曾经深爱的女人对他还保有某种影响
力。看到这个孩子后，约瑟芬皇后想起了那些痛苦的回忆，还有上
天从她那里夺走的幸福。她情不自禁地流下了眼泪。她激动地拥抱
了这个孩子。她似乎在欺骗自己，觉得她是在关爱着自己的孩子，这
让她很是幸福。她一刻不停地在赞美他的力量和他的俊俏。她无法和

这个孩子分开。在她看来，她把他抱在怀里的时间实在是太短了。

拿破仑是世界上最好的父亲，自然也是一个出色的儿子。他对自己的母亲饱含爱意和尊敬。在公共场合，他对她的温柔亲切是和尊敬以及庄重交织在一起的。他将自己的母亲任命为慈善机构的总赞助人。这是他给她的关于自己情感的一份证明。这个令人尊敬的女人对这一任命非常感激。拿破仑的母亲是一个罗马妇女，无论从外表上说，还是从她崇高的精神上讲，都是这样的。她是真的荣辱不惊。人们常常会开玩笑说她很小气，但是只要她的孩子们有需要，她随时准备好慷慨解囊去帮助他们。当皇帝在圣赫勒拿岛上的时候，他的母亲曾把自己的财产都寄给了他，并恳求他使用所有属于她的财产。拿破仑拒绝了这个提议。当时，当她要把自己的资产都交给儿子的时候，有人曾指出她这样会变得一贫如洗。对此，她是这么回答的："这又有什么关系呢？当我一无所有的时候，我就会拄起拐杖，挨家挨户地去恳求大家施舍一点东西给拿破仑的母亲。"

1811 年帝国政府内的诸多事端

有一颗著名的珍珠，以其庞大的体积和纯净的色彩而闻名，叫作"游珠"。在西班牙改朝换代带来的一系列混乱中，这颗本来存放在西班牙王室宝库中的珍珠丢失了。人们为了找到这颗珍珠，发起了大规模的搜查。我不知道这次搜查有没有找到这颗珍珠。不过，尽管我无法确定，但我觉得这次搜查找到了其他的一些东西：几封巴黎寄给那不勒斯国王若阿基姆的信。从信中的内容判断，我们似乎可以确定，缪拉的朋友认为有些事情会发生，帝国宝座将会因此空悬。富歇、塔列朗还有其他一些人早已经为这种情况做好准备了。因为那时候，皇帝既没有子嗣，也没有确定的继承人，缪拉国王可能觉得他应该好好准备一下，确定自己对帝位的宣称权。那个时候，几乎每颗脑袋里都在想着继承这样的好事情，因此，缪拉有这样的野心大概也是情有可原。拿破仑似乎就是这么想的，因为他没有就此对自己的妹夫展现出任何的怨恨。富歇有一天曾说，虽然希望上帝保佑帝位永远都不会空悬，不过，如果这样的事情真的发生，他会采取措施，尽可能地获取权力。皇帝对此的回答我一直记得："您是对的，这是您的权利！"

不过，拿破仑还是觉得应该把若阿基姆国王的一个侍从抓起来：这些信就是从他身上搜出来的。他在万塞讷的监狱里被关押了 3 个月。刑满释放后，我们给了这个军官两个选择，要么返回那不勒斯，要么留在法国，但是他不能待在巴黎。他之后退隐到了他在普瓦图的一个庄园中。那些著名的信件，则被收藏进了皇家档案馆。

这些情况，以及其他一些不快的事情，惹恼了那不勒斯国王。当我们命令他派出一支那不勒斯军队的分遣队加入法军的队伍时，他的坏脾气爆发了。从这年（1811 年）8 月开始，我们和俄国之间的误会，以及这个强国开始秘密进行的战争准备都迫使皇帝必须增加但泽守军的数量。同时让法军的根基更稳固。

缪拉国王希望国王应该优先撤回依旧驻扎在那不勒斯境内的法军，但是被皇帝拒绝了。于是，若阿基姆提出了另一个要求：让所有留在自己手下的法军士兵都归化成那不勒斯人。这下，几乎所有的法国人都申请要离开（只有一个在国王身边担任高位的将军除外，即埃克塞尔曼斯将军），包括其他和国王关系很不错的将军以及政府官员，他们在宫中都担任着很高的职位。但是他们宁愿抛弃所有的这些优势，也不愿意放弃他们的法国国籍。拿破仑在听到这个消息后，对于他的妹夫，即这位国王所做出的要求感到非常愤怒。皇帝给缪拉发去了一条措辞严肃的政令，提醒后者，他的王国是法兰西帝国的一个部分。政令还提醒这个坐在那不勒斯王座上的君主，是法国人的血为他征服了这个王座。这份政令带着冷酷的蔑视宣布，从法理上讲，所有的法国公民都是那不勒斯王国的公民。同时，任何从若阿基姆国王那里发出的与此相违背的法令，在任何情况下，都不适用于法国的子民。那不勒斯国王无法冷静地承受这条法案对他的羞辱。一边是受伤的自尊，一边是对皇帝的热爱。这两股对立的情感在他心中斗争，差点就把他搞疯了。我听王后（也就是他的妻子）说，她把自己的丈夫关在没人的地方整整两天，就是怕有人看见他陷入的那种精神错乱的状态。在震怒之下，若阿基姆国王甚至一度想把王后流放到海堡①去，他以为王后不认同他向法国人提出的归化要求。恢复了神智之后，缪拉派自己的妻子到巴黎去和拿破仑和解。拿破仑是真的很喜爱若阿基姆·缪拉的。虽然他一开始严厉地批评了自己的这位妹夫，不过，不久之后，在双方那里就找不到任何不满的痕迹了。在第二年爆发的对俄国的战争中，那不勒斯国王就像往日那样，重新加入了我们。他带来了他一贯的英雄般的才华，还有他的热情。他总是知道应该怎样鼓舞自己的部队，尤其是骑兵们。

　　1811年的春季，政府中发生了部门首长的变动。在此之前，改换任何一个部门的领导都是一件稀罕的事情，是不怎么发生的。事实上，在拿破仑统治期间，各个部门领导的地位可以说是无法撼动的。只有外交事务部不在此列。我们和欧洲其他国家之间磕磕绊绊的关系造成的各种起伏，都使得我们必须要间或更改外交方针。因此，达吕伯爵进入了外交事务部，接替了巴萨诺公爵的位置。后者自己则坐上了卡多雷公爵之前的位置。达吕伯爵在新的工作岗位

---

①　斯塔比亚海堡，位于那不勒斯近郊。

上展示出了他那不知疲倦的工作热情，这种热情之前就已经引起了皇帝的注意。他的能力，他端正的品行，还有他的刚正不阿，一直是这位大臣整个政府生涯的特征。拿破仑对达吕先生绝对信任，因为这份信任是建立在敬重之上的。当皇帝驻留莫斯科的时候，达吕先生向他汇报了一封自己收到的，来自莫罗将军夫人的私人信件。这位女士当时因为某些家族事宜必须要去法国一趟，因此她此前就提出了申请，她写这封信是希望达吕先生可以支持自己的要求。拿破仑怀疑莫罗夫人此行是另有目的，因此他拒绝批准她的请求。后续发生的事情也暴露了她的真实动机。但是，皇帝并没有因此对达吕先生有任何不满。1813 年，当莫罗出现在反法同盟军大本营的消息传开之后，皇帝也只是针对达吕先生和莫罗在克里姆林宫的通信提醒了一下达吕先生而已。虽然拿破仑对达吕伯爵很是尊敬，但是我们也不能说拿破仑对后者有多少个人情感。他感激后者为他做出的工作，他也觉得后者很好用，但是他说不上对后者百分之百放心。这一边，达吕先生对皇帝的情感，则非常的矜持。我不知道这位大臣每次在见到皇帝时都那么局促是不是有什么原因，我也不知道，是不是他想起自己此前和莫罗将军的关系，或是什么其他的原因，影响了他对拿破仑的态度。无论人们就这个问题做出怎么样的推测都好，事实就是达吕先生热忱且忠诚地向皇帝提供了服务，但是后者并不喜欢他。达吕先生坚信拿破仑不信任他（出于什么原因我也不知道）。在他生命的最后一年里，这位大臣出于对我的尊敬，告诉我说，他当年每次去见皇帝时，都会把自己写字台的钥匙揣在兜里。他这是准备着，看到皇帝有一丝不高兴的迹象，就把这钥匙交给皇帝，并让他派人去找来自己家中的文件。达吕先生接着说："只要把我现在的资产，和我入职前的资产目录对比一下，他就会看见，我从没有用任何违法的手段来增加我的财富。"

在讲起皇帝和玛丽·路易莎在 1811 年进行的出巡之前，我想先大概提一下达武元帅在 5 月底的时候发给他的一条消息。达武元帅那时正领兵驻扎在汉萨诸省。当年，在我们第一次占领这些省份的时候，出现了严重的贪污公款的行为。当时负责管理这些省份和汉诺威的，正是这位将军。此后，他就平步青云了。不过，当时有人质疑他纵容了这些违法的行为。这些被我军占领的邦国的政府官员们给我们提供了很多好处。有人告诉他们，为了他们的城市着想，他们应该行贿。之后过了很长时间，埃克米尔亲王来到了汉堡。他是一个纪律严明的人，自然和腐败行为沾不上边。他要求当地从速把税金收缴上来。当地的各个城镇回复说，我们必须把此前它们已经交过的钱都算进去才公平。它们此前已经交了 400 万法郎了。但是，因为这些钱既没有被交到我军的金库里，也没有被纳入非常产业的资金中，元帅于是要求地方官员们提供他们已经交付了战争赔款的证明。经过了长时间的犹豫之后，汉堡的元老院终于同意向我们提交一份清单。清单上是所有收受过金钱或礼物的人的名字，还有所收金额的具体数字。

在这张清单上，我们可以找到社会各个阶层的人的名字。上到元帅，下到军需官，军队中各个军衔的人也都榜上有名。但是，数量更多的还是各级公务员：上至大使，下到外交官员乃至普通雇员。有的人是直接拿了钱，有的人则是为妻子或是自己要了点礼物。皇帝此前就多次要求看到这份清单，后来终于从埃克米尔亲王那里收到了这份清单。拿破仑把这份清单交到了国库大臣的手里，并且下令要把所有这些敲诈勒索，或是非法收受的钱全部追回来。在当时的情况下，军人们做出这样的事情更加情有可原。和那些无法为自己的贪污动机辩解的民政人员比起来，军人们受到的责罚也没有那么重。而那些民政人员则相应地受到了更严苛的处罚。但是，我们认为对于那些身处高位的某几个人，还是应该适当地放他们一马。有几个受贿的人把他们的赃款都退了回来。帝国的垮台拯救了大部分的罪人。受到此事牵连的人心中的不满是可以想见的。这也是许多人在皇帝虎落平阳之后，离他而去，或是对他爆发敌意的原因。卡多雷公爵获命要去通知一名外交官员，后者的名字就在汉堡元老院提交的那份名单上。这位外交官员那时候是驻汉萨诸城的全权公使。卡多雷公爵告诉这个人，他要像会计交钱给自己的主人那样，把所收赃款的75%付给外交事务部充当经费。这笔钱将被用来建成奥赛码头上的一座官邸：该官邸被定为外交事务大臣的办公室和住所。所以，卡多雷公爵给布列纳的这份命令背后有更为现实的动机。而不是后者在自己的回忆录里吹嘘的那个阴暗的理由。

既然我刚刚讲完一个例子，证明拿破仑虽然明察秋毫，但还是无法避免所有的骚乱。我就再讲一个类似的例子吧。这件事情是之后发生的，而且皇帝在之后很长的一段时间里都不知道这件事情的存在，至少明面上是这样的。至于原因是什么，我们接下来会看见的。在1807年的战役后，我们对埃尔福特省施加了一笔30万法郎的战争赔款。这个省份当时派了一个代表团到我们的大本营，请求减免赔款。他们倾诉的对象正是达吕伯爵，后者当时对他们的态度很是恶劣。但是他们还是一遍又一遍地提出减免的请求。于是大臣告诉他们，他们这样跑来抱怨根本就是错的。30万法郎的赔款根本就没有超过这个省份可以承担的财源额度。对此，他们回答说："如果我们只是欠30万法郎的话，那我们早就已经付清了。""那你们有相关的收据吗？"作为对这个问题的回答，代表团拿出了一张由拨款审核员出具的收据。达吕伯爵于是写信给后者，询问相关的情况。拨款审核员向他承认，当时指挥驻扎在埃尔福特省的部队的元帅和他一起把这 30 万瓜分了：20 万进了元帅的口袋，10 万进了他自己的口袋。这位元帅此时已经平步青云，到了所有司法机关都管不了的层级。达吕伯爵告诉这位公务员，除非后者在限定时间内把所有的金额付到军队的公库中，否则他就会把这件事情告诉拿破仑。结果，这位拨款审核员忙不迭地就把 30 万法郎都付清了。但是，他宣称，这 30 万都是自己出的，那位元帅不愿意退回他拿走的 20 万法郎。达吕先生从没有把这件事情告诉过皇帝，他自己也是在 20 年后，才在私下的谈话里跟我谈起了这件事情。

拿破仑夫妇巡游帝国新疆域

1811 年 9 月 19 日，拿破仑离开贡比涅，踏上了计划多时的荷兰之旅。他的目标是要亲眼看看这个独特的国家，这个国家的特殊吸引了他的注意。他提出要去看看那些已经完工或者正在进行的工程。这都是他此前为了把第三首都和帝国的心脏捆绑在一起，为了让阿姆斯特丹和巴黎之间的沟通变得更加迅捷而下令进行的工程。因此，皇帝是先于皇后出发的，两人将在安特卫普会合。他之所以要这样安排，是为了让皇后免受行军般的旅途的劳累。再说，要是皇后真的参加这段劳累的旅途，她肯定要被迫抛弃她的地位应有的一切华丽仪仗。玛丽·路易莎在离开贡比涅后，来到了拉肯宫①。拿破仑不是很愿意让她出现在一个此前由奥地利皇室统治的省份。皇后在布鲁塞尔周边巡视了一些地方。她得到了与身份相符的接待

---

① 位于布鲁塞尔北郊，现在用作比利时王室的居所。

仪式。她在剧院里露了面。她还造访了一些工厂，她在那里购买了数量可观的蕾丝。皇帝希望可以让皇后的荷兰之旅时刻保持华丽。他表示自己希望皇后不论走到哪里，身边都要簇拥着一群光彩照人的随扈。至于他自己，他在一小群人的陪同下来到了布罗涅，在这里逗留了3天。他巡视了周边海岸上的小港口，检视了舰队的情况，还指挥舰队和一些英国军舰进行了交火。他获得了胜利。离开布罗涅后，拿破仑接着前往了奥斯坦德和布雷斯肯斯。布雷斯肯斯这个港口正好在弗利辛恩的对面。他在布雷斯肯斯安排了一些工程计划。那天的天气非常恶劣，但是巡视的其中一段路，皇帝还是骑在马背上走过去的。他探索了卡德赞德岛，并且仔细视察了岛上的堡垒。他之后的计划是要一艘一艘地登船检视停在安特卫普港里的30艘战舰。这样做不光对这支舰队有好处，对整支海军也有好处。带着这个目标，拿破仑登上了海军旗舰"查理曼"号。这艘舰艇的指挥官米西埃西早早地就在船上升起了皇帝的旗帜。海军大臣陪伴在拿破仑的身旁。那天的天气不错，但是到了晚上，天气突然转差。翌日破晓时分，刮起了猛烈的风暴。这场风暴持续了3天，其间威力没有半点减弱。这场秋分风暴是如此之强，以至于没有任何船只可以出海。因此，皇帝也被迫待在"查理曼"号上。在被迫留在船上的这段时间里，他检视了一份关于舰队状况的报告，封赏了海员们，此外，只要他能够站在舰桥或者甲板上，他就会举着自己的双筒望远镜，凝视肆虐的风暴。拿破仑的文件，还有他的衣服，被装在许多艘船只和小艇上。因为这场风暴，这些船只都被吹散了，散布在这段海岸线的数个港口里。执掌这些船只的，是他的随扈们。他们在海上任由风暴摆布了四五天，既无法接近皇帝，又无法靠岸，时刻都面临着毁灭的危险。许多人甚至都打算写遗书了，他们那时候连自己的遗书能不能留下来都不知道。

之后，随着风暴终于偃旗息鼓，大海也恢复了平静。皇帝于是趁此机会去到了弗利辛恩。他在那里逗留了一天的时间，主要是视察那里正在进行的工程的进展情况。这些工程是他在英军撤走之后下令进行的，主要的目的是让埃斯科河上的武装舰队可以进港躲避敌人的攻击。拿破仑之后逆流而上，前往安特卫普。他沿途检视了河岸边的那些堡垒。他在晚上抵达了安特卫普，第二天早上，皇后也抵达了那里，与他会合。皇帝在城里逗留了四天。城中举办了一个接一个的庆祝会，皇帝也一分钟都没让自己闲下来。他的注意力全部放在了这座城市，以及城市的陆军、海军和商业机构上。他天才般的组织能力让他在如此短的时间里得以建立如此多的机构和设施。在短短的四年中，他将安特卫普改头换面，使其变成了一座新的城市：欧陆一流的堡垒城市以及帝国最重要的港口城市。他这双似乎带有魔法的双手创造了码头、运河、船坞（其中有 30 艘船舶正在建造），以及从弗利辛恩到安特卫普的连续道路（两边有一系列的堡垒保护），在遇到危险的时候，100 艘船舰可以在这里避险。

10 月 4 日早上 3 点，拿破仑离开了安特卫普。他在威廉施塔特和赫勒富茨劳斯做了停留，睡在了自己的小艇上。这艘小艇那时候驻锚在格雷岛近旁。翌日，他抵达了霍林赫姆，在那里见到了玛丽·路易莎。荷兰总督、宫廷财政大臣，还有统兵的乌迪诺元帅，他们都是专程赶来见他的。接下去的旅程，皇帝是在皇后的陪伴下进行的。道路的两旁点缀着乡间别墅，一间比一间要优雅，一间比一间要漂亮。他在乌得勒支稍作停留。两位陛下在那里受到了地方官员，以及一大批群众的迎接。虽然当时天气不好，天色也暗了，但是码头和街道上还是挤满了人。在前往为他准备好的住所前，拿破仑不顾滂沱的大雨，坚持翻身上马，去检阅了当地的军队。这个场景让我回想起了此前一次在大雨中进行的阅兵。那时，拿破仑看见有一些将军小心翼翼地把自己包裹在斗篷中，撤到了旁边。他装作没有注意到这种爱惜自己的行为，第一时间走到了一个排水管前，并且站在了排水管的近旁：给他的将军们上了一堂关于纪律和无私奉献的课。

在返回自己的宅邸后，皇帝继续通过身体力行对身边人进行教育：他连衣服都没来得及换，就坚持要接见等在门外的乌得勒支市政官员们。在获得接见的人群中，我们注意到了一些信仰杨森主义①的教士，他们最近才完成了和罗马教廷的决裂。

两位陛下在 10 月 9 日举行了庄严的入城式，进入了阿姆斯特丹。皇后乘坐的是一辆镀金的马车，马车上装了八扇窗户。城中的显贵家族挑选各家的年轻成员，组成了仪仗队专程前来迎接两位陛下。皇帝是骑在马背上进入阿姆斯特丹的，他身边环绕着光彩照人的随扈。荷兰人生性冷淡，但是，在那一天，他们好像完全把自己的这个本性抛诸脑后了。

两位陛下在阿姆斯特丹逗留了 14 天的时间。在此期间，皇帝还到周边进行了一些巡访。他去了海尔德，这座城市也是他精心打造的。他去了泰瑟尔，还去参观了梅登布利克那些著名的堤坝。在这里，人们为了抵御须德海的海水，修建了许多高大的堤坝。这里的土地全都位于海平面以下，海浪有时可以拍打到堤坝的顶端。人们这时会用帆布盖住堤坝的顶端，以此来阻断惊涛骇浪，并防止海浪打翻居民和工厂主们建起的城墙。有一次，皇帝有 3 天的时间不在阿姆斯特丹。这期间，皇后在阿姆斯特丹的近郊进行了一些短途出巡。其中最值得关注的是她对布洛克的访问。这个地方被称作最能代表荷兰人那矫揉的奢华以及过度整洁的地方。这座城市的道路

---

① 由乌得勒支人康内留思·杨森在 17 世纪创立的天主教运动，强调原罪论。

上没有马车，道路上铺满了花朵形状的地砖。但是，他们为皇后的马车开了个特例。她拜访的是市长的宅邸。她在宅邸里参观了只有婚礼、受洗以及葬礼时才开放的典礼套房。除了举行这三种仪式之外，这件套房总是大门紧锁，就连房门处的三级楼梯都会被移走。街道上一些房子的正面刷满了白色的细沙，上面有用彩色细沙描绘的各种图案。这些房间的内部和外部一样精致和干净。窗户上装点的是用漂亮的中国丝绸制作的窗帘。碗橱里摆放着大量的日本瓷器。到处都不见有人居住的迹象，所有的家具似乎都没人用过。这些房子就像是歌剧院的布景一样，放在那里纯粹是为了好看的。这个村庄好像是由对称的别墅模型组成的，模型里摆放着纽伦堡制造的玩具。村庄里没有谷仓，没有草料棚，没有马厩，没有牛棚，也没有厨房。所有动物，或是任何有脑子的生物，都被放在了村庄的边界之外。人们肯定是在我们看不见的地方吃饭和睡觉的，毕竟这些房子不能只是精神的住所吧。

这位市长，或者说镇长，觉得自己展示出了对皇后巨大的尊敬：因为他为她打破了许多自己都要遵守的规矩。之前有一次，他甚至拒绝了荷兰王后奥坦丝进入这其中一栋房子的要求。国王认可了这一决定，因为王后没有提前通报自己的到访。这些房子的所有者都是百万富翁。他们一直都是被政府供起来的，因为他们是荷兰商业的支柱。即便是在革命爆发时，政府也没有命令他们接纳士兵入住。他们也没有被强迫亲自去服役。因此，这些共和国的子民都非常的高傲，面对任何人，或是任何头衔，都不会低头。

另外一个声名远播的城镇是赞斯塔德。沙皇彼得大帝在这里住过几个月，为了学习造船的技巧。跟布洛克一样，赞斯塔德也不能说是一个市镇。赞斯塔德拥有一系列将现代奢华和珍贵古董合二为一的房子。当然，这些房子也是一尘不染。追求干净是荷兰人的癖好。这些房子一字排开，大概有四分之三里那么长。跟布洛克一样，赞斯塔德的居民也是通过与中国和印度的贸易而暴富的商人。但是，赞斯塔德吸引好奇者眼球的是，城中有一个只有两个房间的破烂棚屋。这个棚屋是木板搭成的，舒适生活所需的设施一概没有：没有花园，也没有阁楼，看起来像是个谷仓。这里保存着彼得大帝睡过的那个床架。墙上写满了向这位君主致敬的文字。这位君主虽然有一些怪癖，但不可否认是一位伟人。在他用来放置衣服和食品的橱柜里，有两本大书。每一页上都写满了前来参观过这个居所的陌生人的名字。居住在这里的君主的权势和他简陋的居住环境之间的反差，让所有人都感到震惊。出于对彼得大帝的敬意，拿破仑将赞斯塔德升格为了一个市镇。

　　这次荷兰之旅非常耀眼。皇帝身边跟随着许多的宫廷随扈，还有他的许多大臣。塔尔玛、达马斯、布古安小姐以及法兰西喜剧院的一部分成员也被叫来进行了演出。剧作家沙泽在旅程中表演了他刚刚写成的一部戏剧《赞斯塔德的工坊》。

　　荷兰人对玛丽·路易莎皇后很是满意。她简朴和蔼的举止与荷兰人的本性相符。我不知道其中有没有荷兰人喜欢新事物的因素，又或者说拿破仑的威名对他们有所影响。皇帝和皇后无论走到哪里，都受到了人们的热烈欢迎。你可能会觉得把荷兰人的国家并入法国是获得了所有荷兰人批准的。

　　皇帝每天都会在阿姆斯特丹仪仗队的陪同下出巡：要么是去视察阿姆斯特丹周边的陆军和海军设施，要么是去探访工厂、船坞、港口、武器库、船舰、舰队，或者是举行阅兵。他接见了所有的主要市政官员，和他们每个人都进行了谈话。他还针对各个地区、治理规则、居民的思想状况、整个国家的物质和精神状态、国家的风俗等多个话题向他们提问。拿破仑那敏锐准确的洞察力一直无人能敌。辅之以这些谈话，以及他自己的观察，他掌握了所有他关心事情的准确情况。他以政令的形式，解决了荷兰的公共教育问题。政令要求在莱顿以及格罗宁根这两座城市建立帝国大学。在这两座城市，以及乌得勒支，皇帝建立了高中。荷兰所有的其他城市则拥有了初中。在阿姆斯特丹，皇帝创设了合并勋章。这个勋章，就像荣誉军团勋章那样，是用来奖赏民政和军事服务的。并且是专门供帝国合并的城市使用的。关于如何才可以补偿海洋贸易暂停给荷兰人带来的恶劣影响，皇帝和总督以及孜孜不倦的国务卿达吕先生进行了争论。他向荷兰人展示了自己最大的善意：他参加了所有他们为他举办的宴会；他和蔼而优雅地记住了所有人的名字（他一贯知道怎么保持和蔼与优雅）。我还必须要说，在这个过程中，皇后很好地支持了他。

皇帝离开阿姆斯特丹时，对于这座伟大城市对自己的接待非常满意。他的体贴，他友好的本性，还有他对未来的承诺都让这座城市重新燃起了希望。他刚来到荷兰时，对这里的居民没有任何好感。这大概是因为人们之前告诉他，荷兰人都对他抱有敌意。但是，甫一接触到他们，他对他们的看法就改变了。他甚至开始喜欢上他们的性格了。他差点就原谅自己的弟弟路易对荷兰人的偏心了。总的来说，荷兰人的品行以及有序的精神都让拿破仑很满意。拿破仑是真心希望荷兰人可以获得繁荣富足的生活，他也认为自己有责任将荷兰恢复到以往那种辉煌的状态。他在哈勒姆稍作停留，这座城市一半是哥特式风格，一半是日本的风格。此外，这座城市还因其居民对郁金香等花卉的热爱而闻名。在路上，他还造访了卡特韦克的船闸，那天晚上他是在海牙过的夜。在这座旧荷兰省督的驻地，拿破仑没有久留，这里没有多少吸引他的东西。他对鹿特丹更感兴趣。他在那里逗留了两天。其间，他接见了城市的官员，接见了市民。他还和当地的公务员进行了频繁且长时间的谈话，讨论减轻贸易压力的最佳方式。他还造访了当地的武器库和港口，当地的港口是整个荷兰最大、最便捷的。他为这座重要的城市做了许多事情。拿破仑比原计划提早离开了鹿特丹，主要是为了尽快赶回巴黎。当时已经下起了雨，预示着坏天气提早到来了。恶劣的天气让我们在这个被运河和沼泽割裂的国家的旅程变得异常艰辛。天气此后确实变得非常恶劣，让这个国家遭受了灾祸。皇帝同时也担心潮湿的空气对皇后的健康有害。因此，皇帝在 10 月 27 日离开了鹿特丹，途经乌得勒支前往罗宫。当皇帝巡视兹沃勒的时候，玛丽·路易莎留在了罗宫。兹沃勒有一个重要的堡垒，由于它位于阿河以及艾瑟尔河的交汇处，因此地理位置更加险要。依靠这两条河流，人们在堡垒的外围挖了两层护城河。这座城市坐落在一块高地上，俯瞰着周围。这里也是《师主篇》的作者托马斯·耿稗思的出生地，这座城市为此很是自豪。这座城市对托马斯·耿稗思的尊敬，和鹿特丹对伊拉斯谟的敬重是一样的：鹿特丹在市场上为这位学者竖立了一尊铜像。

皇帝此后返回了罗宫。第二天，他和皇后一起离开了那里，前往奈梅亨。之后，他迫不及待地要去造访贝格大公国。他把这个大公国赐给了自己的弟弟路易国王的长子。不过，在去往大公国的首都杜塞尔多夫之前，他去韦瑟尔住了一晚。皇后在离开奈梅亨后，前往克桑滕附近的奥滕贝格宫殿住了一晚。她在 11 月 1 日抵达了杜塞尔多夫。拿破仑也在一天之后抵达了那里，与她会合。两位陛下在杜塞尔多夫逗留了 2 天。其间他们处理了国事，举行了接见，并参加了这座城市为他们举行的宴会。之后，他们经由科隆返回了法国。进入法国后，他们一路经过了列日、日韦、梅济耶尔、贡比涅。11 月 11 日，拿破仑和玛丽·路易莎经历 3 个月的旅程后，回到了圣克劳。这也是皇帝访问新法国和旧法国省份时间最长的一次。在出巡时，不论他是在哪里稍作停留，都会事无巨细地处理当地的治理、公共工程、公共债务、贸易、生产、财政以及防御等多方面的事宜。他还会清除当地的弊政，平反冤假错案，奖赏杰出的贡献和才能。他会全身心地为当地的居民谋福祉，让他们在当时艰难的状况下所获得的收益最大化，并且保证他们在未来的繁荣。

帝国是以武力吞并这些领土的，人们常常以此来批评拿破仑的野心无限膨胀，毫无节制。反法同盟更是想尽了一切办法要让人们相信这个观点。但是，这次荷兰之行凸显出的一些特点揭示出此事的另一面，也就是帝国对新领土的关照。这一点从拿破仑对待当地人的态度中就可见一斑。

他必须建立起对英国的包围圈，因此他要把部分国家并入帝国。这都是一些英国走私活动猖獗，或者保护对英国贸易的地方。面对英国的贸易，它们要么是不愿意，要么是无法保护自己。但是，拿破仑将这些地方并入帝国，一般都是临时性的措施。同时，这些国家并不只是他为了保持法国的伟大和支配力而使用的消耗品。相反，他一直在孜孜不倦地努力想要找到缓解它们困境的方法。他踏出的每一步，都包含着一些有益于这些地方的措施。为了达成持久的和平，他对英国宣战。虽然他为了这场战争，将这些国家的资源和帝国的资源结合在了一起。但是，他也让它们享受到了作为法国保护国的好处。他带着和对待法国同样的热情在祛除这些地方的弊政，在为它们的利益着想。他将这些领地上最出色的人都召进了自己的委员会，召进了议会，召进了司法系统以及政府中的各个岗位。他们用自己的才华辅佐他的事业。同时，在他看来，这些人也是各自所属族群权利的维护者以及支持者。最后，拿破仑在前往这些被并入法国的领土时，为它们带去的都是自己的法典、自己那个熟练的政府以及法国先进的工业。这些东西对当地来说都是很有益的。他仿佛是在把繁荣的种子种在这些人的心中，未来这些种子总是会发芽且苗壮成长的。

拿破仑的笔友们

我还没有提过那些在执政府和帝国时期经常给拿破仑写信的人呢。菲耶韦先生是拿破仑最古老，也是最重要的通信者之一。他是在拿破仑担任第一执政时，由勒德雷尔先生介绍给拿破仑的。那时候，因为一些文学上的成功，加上政治上的活跃，这位作家已经小有名气了。1802 年的时候，拿破仑曾经派他去英国执行过任务。我不会在这里提菲耶韦先生写给拿破仑的那些报告，因为菲耶韦先生已经自己把它们都公之于众了。他和拿破仑在第一执政和皇帝时期的信件往来，在 1837 年全部出版了。此时，距离这些信件的写作，已经过去了 30 年的时间，时代也发生了巨大的变化。如果说这些信件在出版的时候，其精神或者文字有任何修改的话，这些修改是极其微小的，没人会注意到。我愿意相信，这份出版物从整体上来说是忠实于历史的。

德斯让娄德先生，是德·塔列朗先生担任奥坦主教时手下的助理神父。他是这位大臣的朋友，此前也长期在这位大臣的手下做事。德斯让娄德先生是获准和拿破仑在信中讨论内政问题的人之一。一般来讲，拿破仑是禁止外人在给他信中提及政治话题的。德斯让娄德先生依次担任过下面这些职务：保民院成员、参政院档案员、大学顾问、学监。

有一个人引起了拿破仑的注意。这个人很有才华，但是他从来不干好事。并且他一直坚持要为帝国政府服务。这个人叫巴雷尔。据说，巴雷尔生来其实是一个态度端正的好人，甚至还有许多美

624 帝国浮沉：关于拿破仑一世的私人回忆（1802～1815）·下

德。但是，在他成长的过程中，恐惧把他变成了一个沾满鲜血的人。他之所以能返回法国，还得感谢共和历8年那条召回流亡者的法律。为了获得新领导人的喜爱，巴雷尔无所不用其极。就连告密或者其他令人不齿的事情他都干过。这个人尽管名声极坏，但是在帝国建立的那一年，竟然被他所在省份推举成了立法院的候选人。但是，元老院全票否决了他的候选人资格。虽然拿破仑的信条一直是，只要能为他所用的人，就叫来身边。但是，在这样的情况下，他也只能违背自己的信条：他没办法招揽一个如此声名狼藉的人。他将这个人排除在了所有的公共职务之外。面对这个名声败坏的前国民公会成员死缠烂打的请求，虽然皇帝无法做出肯定的回复，但他还是允许前者定期发报告到杜伊勒里宫中。报告的内容主要是舆论的形势、政府管理问题以及前者那些一同流亡的老伙计的状况。在这些报告中，拿破仑没有发现任何有益的内容：里面只有空洞的辞藻，都是那些公共安全委员会的成员所惯用的措辞。巴雷尔从1803年开始发来报告，一直持续到拿破仑登基之后的第三年。这些报告中既没有有用的观点，也没有有意义的信息，让拿破仑很是心累。他在这些报告里看见的要么就是谄媚的字眼，要么就是粗鄙的控诉。于是他终止了这段乏味的书信往来。之后，想到巴雷尔在写作方面的才华可以让他成为某份报纸的喉舌，拿破仑把他任命为《抗英备忘录》的编辑。这份报纸的名字可谓饱含深意。我还获命要每个月付给巴雷尔500法郎。这份出版物一点都不成功。拿破仑对其中的文章很不满意。这些文章中从来都只有空洞的抨击，毫无根据的论证；并且经常有浮夸的辞藻掩盖下的蠢话，他以前常这么评价。他于是不再对这个男人有任何兴趣了。更何况，跟这个男人扯上关系，他也不会获得任何的尊重。我相信巴雷尔之后作为《监视者》的成员写了一些东西。这份刊物和《抗英备忘录》的精神是一致的，并且灵感都来自外交事务部的办公室。这个部门的历史学家安德烈·德·阿贝尔和《世界史年鉴》的作者勒叙尔先生主管这份报纸的编辑部。

皇帝和巴雷尔先生之间短暂的交情也让我和后者进行过书信往来。我跟他只有书信往来，从来没有亲自见过这个人。他曾经和我分享过他给路易十二写的悼词。在这份赞歌中，他赞美了"君主制的优越性，人民对国王的忠诚，以及法兰西民族的特点"——这位作者自己倒是残忍地否决了这些情感[1]。

我补充一下，巴雷尔在 1814 年、1815 年和 1830 年都背叛了自己的旧主。没人会为此感到惊讶吧。

戈德史密斯是一名英裔犹太人。《监视者》上由勒叙尔先生、安德烈·德·阿贝尔先生以及其他人所写的文章，就是由他翻译成英语的。他同样沐浴在拿破仑的恩泽中。尽管他也为《抗英备忘录》工作过，但是他和巴雷尔先生之间的关系一点都不好。写作这个专精诽谤小册子的人是从英国逃到大陆上来的，专门就是为了来向法国政府献上了自己的笔。他已经完全失去了母国政府的信任。而当《亚眠和约》的签订使得所有反英报刊失去用武之地后，戈德史密斯也失去了他存在的意义。于是他尝试返回祖国，之后也获得了返回伦敦的许可。因为他假装自己知道法国政府的秘密，皮特收买了他。戈德史密斯重新得势的代价就是他出版的《圣克劳内阁秘史》。这本书充满了谎言和诽谤。不过，复辟政府之后倒是下令把这本书翻译成了法语，还大肆出版呢！戈德史密斯还在英国成了两份报纸的编辑：《抗高卢报》和《反科西嘉纪事报》，这都是英国那边和《抗英备忘录》相对抗的报纸。当《抗英备忘录》

---

[1] 巴雷尔在 1792 年主持了对路易十六的审判，并且对后者的死刑投下了赞成票。

在攻击英国政府的政策时，戈德史密斯的报纸就在大肆宣扬谋杀拿破仑·波拿巴。在这个方面，这两份报纸也成了某些波旁家的王公以及法国流亡者团体中主要人物的喉舌。《圣克劳内阁秘史》《抗高卢报》以及《反科西嘉纪事报》的出版，与他在《监视者》和《抗英备忘录》中的所作所为形成了对比，也让人们对戈德史密斯这个两面派小册子作者很是关注。不过，这种所谓的关注实在是很可悲，也不值得羡慕。

我在别处提到过的 J. 罗克·德·蒙特盖拉尔先生也曾用自己的笔为帝国政权的建立出了一份力。当然，并不是出于什么无私的奉献精神。

德·让利斯夫人曾经也会定期给皇帝发去报告。这位夫人在结束流亡状态，返回法国后，就像许多其他值得尊敬的流亡者那样，变得穷困潦倒。内政大臣沙普塔尔为她在兵工厂图书馆的大楼里找了一个住处。德·让利斯夫人就住在那里，靠自己写书获得的收入度日。时不时地，她也会收到文学家基金的拨款。在拿破仑成为皇帝后，他命令拉瓦莱特每个月付给她 500 法郎。同时，为了照顾她的情绪，拿破仑还派人告诉她，自己希望每 15 天从她那里收到一份关于文学和品德的报告。德·让利斯夫人从拿破仑的善心那里获得的帮助，此后那不勒斯王后茱莉给她的帮助，再加上她自己卖书的所得，最终还是无法让她避免落入财政窘境之中。每次她想要预支一下皇帝给她的那笔收入时，她就找到我。我那时会在共同好友的家中见到萨巴捷·德·卡斯特尔先生。她会恳求这位先生向我提起这件事情。这位妇女文学家非常的自负。她出版过自己的所谓"回忆录"，其中向所有的读者披露了许多事情。她也在其中讲到了自己漫长职业生涯中的曲折。在这本书中，她让自己显得好像忠于自己厌恶以及赞同的东西。不过，不幸的是，对于她职业生涯中交到的好运，她突然就记不清楚了。是一件关于帝国皇室成员的事情（当然，我还会举出其他的例子），促使我做出了这样的评价。这件事情也促使我指出，我们这位女作者的记忆力有时候真的是够差的！萨巴捷先生（他的名字我上文提到过了）将德·让利斯夫人介绍给了品德高尚的朱莉·波拿巴。后者当时是那不勒斯王后。萨巴捷先生同时还向自己的朋友建议，让她要求担任这位王后女儿的教师。德·让利斯夫人一直觉得自己天生就是教书的料，并且也一直喜欢将自己的观点和原则灌输给身边的人，所以她愉快地采纳了这个建议。因此，她给皇帝写了一封信，请求获得他的许可。这份申请书附在了她发给皇帝的报告里面。同时附在里面的，还有她表达自身感激的声明。她表示，希望通过勤勉地完成这个岗位上的职责，来表示自己对这个威严的家族领袖的感激之情。但是这封信没有得到回复。拿破仑还专门告诉自己的嫂子，她要是选择了德·让利斯夫人的话，自己会很不开心。王后是一个非常圆滑的人，肯定不会主动为自己戴上这样的枷锁。同时她也知道，约瑟夫国王是不会同意这件事情的。考虑到这些，就算王后真的想要把自己女儿的教育托付给这样一个人，她也有足够的理由不这么做。德·让利斯夫人的才华是毋庸置疑的，但是她身边的人，还有她的偏见都和新的帝国政府完全无法兼容，因此使得她不适合这个职位。在皇帝拒绝了此事后，为了劝慰德·让利斯夫人，朱莉王后出于她亲切而慷慨的性格，从自己的钱包里拨给了她一笔3000法郎的津贴。但是，在我的认识中，这个受益的女人在的回忆录里对于这个善举，根本连提都没提。

好了，现在让我们回到其他和皇帝有书信往来的人那里去吧。因为这个离题，我们都把他们给忘了。

　　科维萨尔医生向拿破仑提议，可以找勒迈尔先生作为通信人。勒迈尔先生是巴黎学会的拉丁诗歌教授。拿破仑接受了这个提议。这位教授曾经在课堂上巧妙地引用维吉尔的诗句来赞扬国家元首，因此受到了大家的关注。之后，拿破仑注意到勒迈尔先生在寄来的信件里除了关于文学和文学家的概括观察之外，还掺杂了一些人的名字。因此下令让勒迈尔先生停止写信给自己。作为一个基本的规则，皇帝是禁止他的通信人跟他提起关于个人的情况的，他们只能描述事情。

　　德·蒙洛西耶先生是前保民院的成员。他那时是坐在右边的，此后，他也一直没有软化自己坚定的保王党立场。他获准在一系列的书信中，向皇帝展示自己关于政治、政府管理，甚至是宗教事务的看法。此后，他获命写了一本关于法兰西君主制的书。我在拿破仑的书房里读过这本书的手稿，读了很久。但是，皇帝迫于公务繁忙，没有机会阅读这份手稿。他后来专门指派了一个委员会来审阅这份手稿。委员会当时的看法是，这本书整体很不错，但是现在还没有到出版它的时候。作者在后来的复辟政权时出版了这本书，还添加了一些解释性的脚注。

　　这些写信给拿破仑的人基本上都是有酬劳的，金额有大有小。平均下来，每个人每月大概拿到手的是 500 法郎。

　　德·达马丁先生是一名退休的陆军元帅，同时也是立法院的成员。他创作过一些历史和文学类的书籍。在我的引荐下，他在 1813 年和 1814 年成了皇帝的一名无酬通信人。

　　还有一名通信人，从 1800 年开始，一直跟拿破仑通信到 1814 年。这位通信人是公平公正，没有私心的。他的信件，虽然并不特别出彩，但总是非常独立，尺寸也拿捏地很准。这些信件讨论了许多拿破仑治国理政的行为。因为他自己还没有摘下自己的假面，所以我也不会这么做。这个人曾经是审计部的一名审计员。他给自己起了一个假名，叫赫莱多尔。这位匿名作者在 1833 年出版了自己的这些书信，标题叫作《赫莱多尔写给拿破仑·波拿巴的信——自 1800 年 3 月 1 日至 1814 年 3 月 17 日》。

在描述这些给皇帝写信，或者发来报告的人时，我用的名称是"通信人"，因为我想不到一个更好的名称，不过，事实上，拿破仑是从来都不会回复这些信件的。

我在 1809 年的时候被任命为帝国男爵，并且在旧布拉班特省那里获得了一份年俸。1811 年时，我被任命为参政院的审理长，我的年俸也获得了提升。我依次获颁了荣誉军团勋章的骑士和军官勋位[①]。并且，在铁王冠勋章被创立时，我也获颁了铁王冠勋章。在那不勒斯的王座上坐过的两位君主也好心地想要颁给我他们的勋章。虽然他们两人一位是皇帝的兄长，一位是皇帝的妹夫，我还是恭敬地婉拒了所有他们好心地想要赐给我的荣誉。当然，这是获得皇帝同意的。我对这两位君主充满了感情和尊重。他们也是想要给予一个他们对我的敬重的证明，我伤了他们的心。但是，我觉得，作为皇帝的秘书，除了皇帝之外，我必须独立于所有的人。虽然我不是皇帝的妻子，但我也不能做出任何会引起皇帝怀疑的行为。皇帝认可了我的这些顾忌，他也觉得我应该只佩戴那两个以他为领袖的勋章：荣誉军团勋章和铁王冠勋章。他亲自为我戴上了这两个勋章。

[①] 荣誉军团勋章有六个勋位，由低到高依次是：骑士、军官、高等骑士、大军官、大十字以及大师。其中，大师勋位只授予法国的国家元首。

法俄同盟的逐渐瓦解

　　一个继承人的降生看起来是让拿破仑坐稳了位置，他的权力拥有了一个无可动摇的基础。如今，在他那富有创造力的天才大脑面前，打开的是一项自由而光荣的事业。无论是面对和平时期的建设，还是战争时期的运筹帷幄，他都是一个杰出的天才。繁荣的盾牌护佑着他，昌盛的光芒照耀着帝国的各个角落。他这时正在准备对英国发起最后的致命一击，这一计划的成功，将会保证世界的和平。不过，反法同盟这个时候也没闲着。她就像是一只脑袋可以不断重新长出来的百头海怪。她又在开始计划针对它的征服者的阴谋了。她不停地在煽动着亚历山大躁动的野心。她鼓动圣彼得堡的显贵们反对法国。总之，她就是要在这两个盟国之间埋下误会的种子。虽然从外表上看，一切还都不错，但是在秘密的外交协商中，这些种子正在缓慢地成长。这些地下的密谋和诡计很快就会造成战争的爆发。

　　拿破仑一直都忠诚于自己在提尔西特签下的同盟系统。他正在推进他迫使英国求和的宏大计划。的确，他为了达成这个目标所必须使用的手段里，有一些和俄国的利益相抵触。但是，当时的欧洲，有哪个欧洲海洋强权没有受到这些手段的影响呢？拿破仑不能抛弃大陆封锁政策。英国已经逐渐开始痛苦地感受到这个政策的效果了，英国生产者的焦虑已经达到了极点。当最后一个市场也对英国产品关上大门后，这些产品都堆积在英国的仓库里，让英国的工人陷入了悲惨的境地，引起了他们的反抗。同样地，这份焦虑也正在影响英国的社会财富。拿破仑正在研究怎样可以最好地降低执行大陆封锁政策给俄国带去的伤害。他正在努力地要减轻俄国的困难，并且让亚历山大沙皇放心。但是，皇帝和玛丽·路易莎的婚姻让沙皇认定法国的政策转向了。拿破仑脑中对重建波兰王国的构思，在亚历山大看来也是一个充满威胁的幽灵。

因为沙皇觉得自己在提尔西特没得到什么好处，他也不认为自己将来会获得更多的好处，所以英国的蛊惑对他又起了效果。亚历山大固执地夸大了他不满的原因，还坚决拒绝拿破仑做出的所有和好或者补偿的提议。俄国正在准备战争，但是当我们要求它的君主解释为什么要重新武装军队时，这位君主否认了这个消息。但是他依旧在继续集结军队，储备物资，还对法国的商业采取歧视性措施。最终，他在圣彼得堡对法国大使发火了。维琴察公爵此前一直饱受沙皇的喜爱。但是突然，这份信任和令人迷醉的亲密就变成了冷淡和反感。

维琴察公爵此前已经习惯了这位君主在表面上装出的那副亲善的面孔，一下子难以适应这个一百八十度的态度大转变。他忘记了自己的身份：因为他坚信自己无法继续维持和俄国君主之间的那份友好关系，所以他要求我们将他撤回。拿破仑同意了这个请求。同时，他还让亚历山大自己挑选想让谁代替科兰古将军作为新任大使。这也是他展示自己对亚历山大的尊敬的方式。拿破仑提出了几个人选：拉罗什福科先生、纳尔博纳先生以及洛里斯东先生。在维琴察公爵离开圣彼得堡前，拿破仑还要求他再次重申：自己的政策没有发生任何的变化；他坚持两国之间的同盟；他是为了两国的共同利益，也是为了打败英国，才被迫要占领奥尔登堡公国；他也已经为此提出了对应的补偿。作为对这些保证的回复，亚历山大沙皇向欧洲的各个政府发去了抗议书，抗议法兰西帝国吞并奥尔登堡。

皇帝的侍从官洛里斯东将军前去接替了维琴察公爵在俄国的职务。在沙皇第一次接见这位新大使的时候，后者刚一提出和俄国重新武装相关的问题，沙皇就打断了他。沙皇提议，同时派出一名法国军官和俄国军官，去亲眼看看，那些发给拿破仑的报告都是错的。但是这些重新武装的消息都是真的啊！

在所有影响法国和俄国之间友好互信的问题中，波兰问题肯定是排第一的。拿破仑当时已经决定把重建波兰这个问题留待未来去解决。就此，他也是这样向亚历山大沙皇保证的。在后者的要求下，拿破仑无论是在内政还是外交信件中，都没有使用"波兰"这个词。拿破仑也没有重新设立白鹰勋章，他还命令所有曾经获得这个徽章的人，不能继续佩戴它。同时，他还对法国的报纸下令，在描述和华沙公国及其居民的时候，要避免使用"波兰人"以及"波兰"这两个词汇。此外，拿破仑甚至同意让他在圣彼得堡的大使和俄国商讨，并且达成一份协议，注明法国将拒绝援助所有复辟这个古老王国的尝试。负责商讨这份协议的是维琴察公爵，也是他签署了这份协议，时间是1810年1月5日。这份协议有以下几条主要内容：

　　1. 波兰王国永远不会被重建。

　　2. "波兰"以及"波兰人"这两个词语在以后所有的公共文件中都不会被提及。

　　3. 华沙大公国禁止吞并任何此前属于波兰王国的领土。

亚历山大沙皇旋即批准了这份协议。这份协议随即被送往巴黎，接受拿破仑皇帝的批准。我们可以想象，这份文件命令性的语气以及它不寻常的形式，让拿破仑有多么震惊。拿破仑指出，这份文件绝对且专横的表达，冒犯了法国的尊严。他抱怨了这份文件的形式，抱怨它违背了惯例，同时还抱怨沙皇预先批准协议的行为。

拿破仑宣布，自己无法在没有仔细检视条款的情况下就接受一份协议。因为他不仅不同意协议中的条款，他甚至都不知道协议里有这样的条款。而就在他对协议完全不知情的情况下，沙皇却已经批准了这份协议。俄国政府在禁止华沙大公国吞并任何此前属于旧波兰王国的领土时，却不愿意自己也做出对等的承诺：它们不愿意承诺俄国不会吞并波兰。这样完全不对等的条款，很容易让一些支持法国的人厌恶法国，甚至武装起来对抗法国。同时，拿破仑否决的仅仅是这份协议的形式。他认为，自己的大使签署的这份文件应该是一份草案，作为双方未来可能批准的协议的基础。他说："宣称波兰永远不会被重新建立，是不符合命运的安排的。"难道说，没有他的协助，甚至完全没有他的参与，波兰就不会被重建吗？又有谁能预见未来呢？因此，拿破仑用一个新的方案取代了这个最初的方案（这个最初的方案只是达成了俄国的目的）。在这份修改后的方案中，法国承诺不会帮助任何想要重新建立波兰王国的行为。同时，方案还要求俄国和华沙大公国都不可以通过吞并旧波兰省份来扩大自己的领土。沙皇拒绝听取任何这些修改意见。他提出的唯一一点，就是他会和拿破仑皇帝一起阻止任何尝试重建波兰王国的行为。

沙皇之所以如此执着于自己提出的条件，并不是代表他的友好态度。这种坚持表明的是他打算将拿破仑拒绝批准这份协议转变为自己怨恨的借口。在这样一个嫉妒法国的荣耀和拿破仑荣耀的人那里，产生这样的心理再正常不过了。因此，这也成了反法同盟存储起来的又一个针对我们的怨恨。它正在等待着合适时机的到来，到时候就会对我们发起攻击。这些充满敌意的意见，如果一直只是存在于反法同盟的君主以及大臣们的脑海中的话，是很难被我们发现的。但是，今时今日，谁都不能否认，这些敌意在当时是存在的。因为今天，反法同盟的目的已经达成了，他们此前的种种计划也全部公开了。他们的喉舌，那些作者，更是在大肆吹捧他们的种种密谋。

我不会去仔细检视敌人们的计划，我们只需举出他们在 1811 年之前做出的种种事情就可以了。有些人声称敌人的行为只不过是对法国政府某些举措的报复措施，是正当的。但是 1811 年这个时间节点表明事情根本不是这样。首先，就是在 1809 年的战役中，俄国派出的军队也基本没有配合法军的行动。他们的人数也只有之前说好的人数的五分之一。而且，他们派出的这支部队，还只是一支观察部队，根本没有积极地辅助我们。俄国人的这种态度显示圣彼得堡政府根本没有和反法同盟一刀两断（那一年，奥地利是反法同盟的先锋）。俄国上校布图尔林此后的招供更是确凿无疑地证实了这一点①。其次，就是俄国以必须获得皇太后的首肯为借口拒绝拿破仑向安娜公主的提婚。他们花了 2 个月的时间都没有获得皇太后的同意，这肯定不能被当作亚历山大沙皇想要加强他和法国同盟的证据吧。最后，就是这位君主固执地坚持自己在有关波兰的协议中提出的那些命令性的条款。那些条款对我们来说完全是无法接受的。而且，如果不是经过了精心计划的话，我们实在很难理解为什么他会单方面在协议下方签名表示批准。

除了这些因素之外，我还要补充一些标志着提尔西特同盟正在逐渐瓦解的证据：俄国政府秘密地下令工人们在与华沙大公国的边界上修筑堡垒；俄国在扩张他们的军队，这个莫斯科帝国还发布了

---

① 《1812 年战役军事史》，亚历山大沙皇的侍从官布图尔林著，卷一，p. 37。
——作者注

非常征兵令，所有省份都要在每500个男性里征召4人；那些撤回到西伯利亚的军队也开始移动了；得益于俄国和贝尔纳多特达成的秘密协议，在芬兰的俄军也开始了移动；他们还从摩尔达维亚和瓦拉几亚召回了几支部队；这些部队都被部署在了与波兰的边界上，而这时，我军在德意志只有达武元帅指挥的驻扎在汉萨诸省的部队，还有一些在普鲁士驻防的部队，是为了保证普鲁士支付战争赔款；俄国政府还在维尔纳①和明斯克以及其他波兰和沃里尼亚的要塞中建起了巨大的仓库；最后的证据，就是俄国政府和普鲁士在1811年开始进行的协商，我在之后会讲到这件事情。

对于上面这些所有的准备工作，亚历山大沙皇一直都是否认的。其实，除了这些之外，还必须补充一条沙皇敕令。据说沙皇是专门选在1810年12月31日发布的这条敕令，如此一来就可以将其作为同月13日发布的《元老院敕令》的回应。那条《元老院敕令》宣布将汉萨诸省并入法国。但是，圣彼得堡的办公室其实早就开始准备沙皇的这条敕令了。以海关管理的名义，这条敕令不光宣布禁止法国商品进入俄国，甚至还要求销毁所有俄国境内的法国商品。同时，敕令还宣布，英国商船只要悬挂中立旗帜，就可以进入俄国的港口卸货。只要是有利可图的事情，英国商人们就愿意做，悬挂中立旗帜对他们来说不算什么。为这一系列敌意措施收尾的，是一支9万人武装部队的建立。这支部队由线列步兵的高级军官指挥，专门负责确保敕令要求的针对法国贸易的毁灭性措施得到执行。这支新部队获得了边境卫队的称号。从我列举的这一系列行为中，的确很容易就可以看出俄国政府退出大陆封锁的决心。他们又一次和英国人站在了一起。

---

① 今立陶宛首都维尔纽斯。

人们向拿破仑通报了下面这个消息：自从 1811 年的春天开始，俄国就向普鲁士提出了邀请，请后者参与自己正在策划的针对法国的进攻。这样的计划将会把普鲁士置于非常危险的境地。考虑到这一点，加上普鲁士国王的谨慎态度，都让普鲁士政府坚持了自己的义务。亚历山大沙皇在清醒过来后，也放弃了现在进攻我们的计划。并且他还延后了针对我们的所有攻击计划。他希望让拿破仑主动发起进攻，让后者承担罪责。因此，反法同盟共同准备了一个新的方案。就像我们后来看到的那样，这个方案的主要内容就是要把法军引到俄罗斯帝国的领土上来。俄国人则会坚壁清野，以迎法军。他们希望，这样一来，法军会毁于饥饿、物资短缺以及凛冽的寒冬。同时，亚历山大沙皇转入守势，继续秘密地进行着自己的战争准备。

尽管这些准备都是秘密进行的，在时机成熟之前，也没有被披露，但是它们还是逃不过拿破仑富有远见的双眼。皇帝也在做着自己的准备。他悄悄地派兵前往但泽，加强当地的守军力量。亚历山大沙皇为此寄来了一封亲笔信，抱怨法国对他的态度日渐恶劣。紧接着，俄军进行了新一轮的武装。拿破仑眼看亚历山大朝着深渊冲去，曾经尝试过让后者悬崖勒马。他向亚历山大保证，自己也希望生活在和平中，并求后者不要听信谗言。否则，两个帝国之间肯定会地动山摇。但是俄国君主对这些申明和建议充耳不闻，在外国的煽动下，对法国的不信任已经在他脑中深深地扎下了根。英国使者的胡搅蛮缠，俄国野心勃勃的计划在法国的权势这里遇到的障碍，再加上俄国因此而生的针对法国的竞争意识，毒化了两国间本已存在的误解。拿破仑认为，只要亚历山大愿意的话，两位君主本来是可以通过私下谈话来消除这些误解的。

除了两个政府在波兰问题上产生分歧带来的不满，双方之间还针对许多严肃的问题有过互相指责。俄国无法原谅我国政府吞并汉萨诸城的行为。尤其是法兰西帝国对奥尔登堡的吞并，让俄国政府非常不满。对奥尔登堡公爵的驱逐，伤害了亚历山大沙皇的感情，增加了他对我国的怀疑。这其实也可以理解。奥尔登堡公爵是叶卡捷琳娜①女大公的丈夫，沙皇很爱护自己的这个妹妹。法国这边则是无法接受大陆封锁的破裂。俄国政府的态度直接击中了大陆封锁政策的心脏，让皇帝非常恼火。拿破仑努力证明了，我们之所以要吞并德意志北缘沿海地区诸国，是为了对英国关闭市场。此前，英国的商品在这些地方找到了进入大陆的缺口。我们也看见了，奥尔登堡公爵失去自己的公国后，拿破仑为他提供了一笔完全对等的补偿。同时，对于俄国政府对旧波兰王国可能的复兴而产生的焦虑，他也提出了许多合理的提议，尽力地想要缓解俄国的焦虑。拿破仑的性格和关注的问题，都让他极力想要避免战争。但是，俄国正好相反。她看到自己的敌人不想打仗，还努力地要把对方拉入战火。我们的态度让俄国变得大胆起来，俄国政府此后用尽了一切或秘密或公开的手段，想要刺激我们，让我们宣战。

　　汉萨诸城、奥尔登堡以及波美拉尼亚被并入法国一事，不能被认作是对《提尔西特和约》的违反。这些国家无论是真的不行，还是装作不行，都无法禁绝国内港口和英国之间的贸易。我们是在注意到了这一点并且多次做出警告无果之后，才决定吞并这些领土的。因此，这不仅不是对条约的违背，反而是为了更好地履行我们做出的承诺。况且，这些国家的官员纵容英国人在境内进行贸易这件事情，是人尽皆知的。他们主动不遵守大陆封锁政策，让这段海岸线上出现了许多缺口，这些拿破仑都看在眼里，也迫使他将这些

---

　　① 原文使用法语化的"凯瑟琳"。

地方纳为己有。人们一直重复的一个论调是，法兰西帝国吞并易北河、埃姆斯河以及威悉河的河口，是为了永久地将这些土地整合进帝国中。这个错误的论调是俄国人编造出来的。为的是他们批评我国挑衅时，显得更有道理。但是，实际上这个强国针对法国的一系列敌意举动，都比我们所谓的挑衅行为要早得多。皇帝只是希望在海上战争仍在进行时持有这些国家的土地而已。拿破仑这么一个思维透彻的人，不可能梦想将这些偏远的地区永久地并入自己的新帝国中。他的打算是，一旦达成总体和平，就把这些地方吐出来。他很清楚，除非我们退还这些领土，否则欧洲的和平就会是梦幻泡影。但是，他也一直在重复自己的观点：只要不列颠政府坚持它的态度，那么他也会继续执行这个态度迫使自己采取的措施。

想要将法国以及欧陆诸国从英国侮辱性的海洋霸权中拯救出来，是一个宽厚而高尚的想法。皇帝热忱且唯一的愿望，就是要迫使英国政府结束战争。他所有想要通过谈判达成这一目标的努力都失败了；他对英国的入侵计划也失败了；只剩下一个有效的方法，那就是对敌人的关闭所有进入欧陆的贸易入口。不列颠政府在1806年5月16日下达的法令中，宣布封锁从布列斯特到易北河的整个法国及荷兰沿岸。这条法令决定了我们的大陆封锁政策。拿破仑以对不列颠群岛的封锁，回应他们对欧洲大陆的封锁。要成功地执行这么一个巨大的事业，自然需要非常的手段。我们在和俄国、瑞典以及普鲁士签订的和约中的第一条，都是要求它们加入大陆封锁。这个条件同样被强加到了其他欧陆国家头上。这样一来，英国就被整个大陆拒之门外了。自从开始这个伟大的斗争之后，拿破仑就不会让任何人阻碍他实现这个计划。这个计划许诺的结果是如此有益且卓越。欧陆各国付出的努力当然是有代价的。只要再多个一两年，这个目标就会实现的。那些认为这个目标不可能实现的人，并没有考虑到，和英国政府的威胁相比，拿破仑的这个计划是更好实现的。同时，这个男人拥有和他的天赋同等水平的力量。事实上，这个计划是万无一失，肯定会成功的。想要拯救英国，还就需要法国那场闻所未闻的灾难。这场灾难也把那些国家带回到了英国的身边。本来，英国毁灭之后，它们都是能从中分一杯羹的。

如果一个人的思想再阴暗一点的话，他就会发现，法国太伟大，也太强大了。英国是永远不会与她和平共处的。如果我们的国家不是被一只强壮的手支撑着的话，那我们就只能通过依附敌人，臣服于敌人的法律，才能获得具有欺骗性的和平。只要英国还有通过煽动欧洲政府和贵族来让大陆动荡的方法，她就会使出浑身解数，来摧毁法国以及法国的皇室。对于她来说，这就是莎士比亚在《哈姆雷特》中提出的"生存还是毁灭"。摆在法兰西帝国前的只有两条路：要么是把脖子伸进这个宿敌准备的枷锁中，放弃得到公平对待的机会，任人宰割；要么就是坚持拿破仑建立的这个严格的封锁系统。拿破仑并不是什么时候都有选择的。无论是在国外传播的那些针对我们这个时代最伟大的人的诽谤，还是人们在回忆起他时提出的那些老掉牙的指控，说他建立暴政，说他怨恨自由，这些都是会过去的。我们公正的子孙后代会感激他为法国所做的一切，就算是对于他迫于形势而没有完成的那些目标，他们也会表示感激的。

无论是在共和国时期，还是帝国时期，崭新的法国和老旧的欧洲之间都是势不两立的。只有一个情况可以结束这种对立：前者对后者的征服。当时，自由主义的反抗势力在各国都还不成熟，但是她们正在秘密地发展着。拿破仑是知道这个情况的。如果我们取得了胜利，达成了和平的话，自由主义者们追求的目标肯定是会实现的。你想知道拿破仑的秘诀，以及他成功的部分原因吗？这个秘诀就是，他总是在研究人民的态度，以及人民的需求。这样一来，他就可以确定人民情感的总体倾向，并找到获得他们支持的方法。拿破仑的确是一个野心勃勃的人，但是，在大方向上，他一直都是爱国的。他只做了那些他可以做成的事情。在背后不停地支撑他的野心的，正是他对自己的国家诚挚的爱。他所有的想法和行为，都是建立在这份热爱之上的。即便他有时候犯下了错误，这份高尚的情感也是犯错的原因和辩词。这些错误本身又将法兰西这个名字提升到了怎样的高度啊！

在提尔西特时，沙皇看似和拿破仑在对待英国的情感上是一致的。在尼曼河的木筏上，亚历山大说的第一句话就是："和您一样，我也是英国的敌人。"这让拿破仑大为感动，并且也扫清了可能会分隔胜者和败者的一切障碍。之后，当两位君主在埃尔福特再会时，亚历山大还假装保持了同样的情感。拿破仑之所以那时做出了此后让他有理由后悔的牺牲，就是因为他当时觉得自己这样做可以保证盟友会和自己合作，对抗共同的敌人。在提尔西特，他没有让土耳其人重新占领摩尔达维亚和瓦拉几亚。在埃尔福特，他又同意将这些省份交给俄国。在提尔西特，皇帝为了削弱当时英国的头号盟友瑞典，同意将芬兰让给了俄国。这个妥协对俄国来说，有着难以估量的价值。在日后写给亚历山大沙皇的信中，他不无道理地抱怨称，自己为俄国的扩张做出了贡献，到头来却要眼睁睁地看着，在从摩尔达维亚直到芬兰的俄国领土上，法国都无法进行贸易。可是，明明皇帝建立的针对英国的联盟，在未来不光对法国有利，对俄国也是有利的，对于所有北方的海洋强权们都是有利的。

在整个 1811 年，以及 1812 年的头几个月中，俄法两国政府之间进行了大量的外交照会，两国的君主之间也进行了大量的通信往来。总结一下，拿破仑这边表达的大意是："您正在准备战争，这只能是冲着我来的。但是我正在为了我们的共同利益而抵抗英国，因此我并不想攻击您。您正在迫使我以其人之道还治其人之身。纵使我不希望打仗，您自己大概也不希望打仗，战争还是很有可能会爆发。难道我们之间就没有一个达成一致的方法吗？"同时，俄国那边正在秘密地准备开战。我们之前已经引用过布图尔林上校的著作了，他在《1812年战役军事史》第一卷的第58页上，是这么说的："俄国本打算在1811年的春天就开始进攻，但是她后来意识到自己当时还没有准备好这么做。"

最终，在1812年的2月，俄国庞大的军队不再去威胁她的天然敌人，转而被部署到了和华沙大公国的边界上。皇帝派人找来了采尔尼切夫上校。采尔尼切夫上校是沙皇的侍从官，自从1808年开始，就以秘密中间人的身份待在皇帝身边。皇帝对他和盘托出了导致法国和俄国之间误解的原因，并任命他带着法方的和解提议去找他的主人。采尔尼切夫出发了，然后就再也没有回来。他同时还带走了关于法国陆军现状的报告。这份报告是他从一位叫米歇尔的陆军部雇员那里拿到的。这位雇员帮了沙皇的侍从官这个忙，犯下了叛国的罪行。他付出的代价是自己的脑袋。

为了尽量减轻自己被迫采取的禁止措施带来的严苛影响，皇帝想尽了所有的办法。他提出了等价制度，这是一种许可证制度。这个制度可以避免英国通过交易她生产的货物而从大陆上获益。持有这些许可证的商船，可以进口一定量的殖民地商品，前提是它们必须向殖民地出口同等价值的法国商品。每一艘拥有许可证的，装载了原材料的货船，都可以在英国靠港交易。但是，交易的对象限于殖民地物产和原材料，不包括工业制成品。这样一来，英国本身一分钱都收不到，英国的工业品也无法渗透进欧陆市场。那些获得了许可证的商人，经常无视出口法国货物的要求。英国对进口的法国商品加征了很高的关税。商人们时常会在自己的船上满载一些在法国根本卖不动的商品。出海之后，就把这些商品都扔进海里。他们根本不会劳神把这些商品卖进英国。因为这一政策的执行，殖民地的产品和原材料价格也水涨船高。但是这些商人售卖的诸如糖、咖啡以及香料赚得的利润完全可以抹平高涨的成本。大陆上的人们根本离不了这些产品。这也是我们在执行大陆封锁政策时，采取的缓和手段。虽然这个缓和手段无疑是不完美的，但是在当时形势的限制下，我们最多也只能做到这样了。俄国可以采取同样的手段来获取她消费所需的殖民地产品以及她的工业所需的原材料。她可以用自己的柏油、兽皮还有木材来交换。但是，拿破仑这边越是展现出和解的态度，越是希望避免撕破脸皮，亚历山大就越是觉得法国政府没有做好打仗的准备，越是相信法国政府很害怕自己。况且，沙皇那时候也没有自由的意志了，他已经完全被英国蛊惑了。我们这个永恒的敌人，无论是在圣彼得堡还是其他地方，为了煽动民众起来对抗拿破仑，是无所不用其极的：无论是替换文件还是伪造信件和签名，都不在话下。在 1811 年年末的时候，一个阴谋集团捏造了关于一起受贿事件的证据。这个阴谋集团的首脑是阿姆费尔特男爵，他一直都在收受英国的金钱。他们传说，拿破仑是行贿的主使，受贿的则是俄国内阁秘书斯佩兰斯基。斯佩兰斯基和法国参政院的秘书长之间，针对内政的问题有过信件往来。亚历山大那时认为这次通信很有价值，这次通信也得到了法国政府的授权。尽管这些信件的内容和政治毫无关系，那些不怀好意的人还是没有放过这个机会。他们检举了斯佩兰斯基，并且把整件事情描述成了一场密谋。因此，斯佩兰斯基突然就被解职，还被流放了，他连一个为自己辩解的机会都没有。这些奸计既可恨，又充满谎言。但是它们还是增加了亚历山大对拿破仑的不信任。并且对于改变两人之间长期以来的友好关系，也出了一份力。亚历山大沙皇直到两年之后，才发现自己这位御前顾问斯佩兰斯基是清白的。他这位忠心耿耿的仆人，完全不应该受到这样的羞辱。亚历山大沙皇给后者准备了一份微薄的补偿：他把斯佩兰斯基任命为西伯利亚的总督。后者当时就被流放到那里。内斯尔罗德伯爵和加加林亲王取代斯佩兰斯基成了沙皇的内阁秘书。正是通过类似的坑蒙拐骗等手段，英国利用了亚历山大沙皇多疑的性格，成功让皇帝签署了一份密约。直到法国和俄国撕破脸皮，重开战事的那一天，我们才知道这份密约的内容。

事实上，这场正在准备中的战争，是让拿破仑失败的唯一方法。大陆封锁为英国带去了灾难性的后果。但是，因为战争的重开，这个政策被延后，被阻碍，还受到了各种不确定因素的影响。当时，在伦敦、利物浦、布里斯托和其他地方，我们已经可以听见人们因为焦虑和疲惫而发出的悲鸣，这也宣布大陆封锁系统的初步成功，以及完全胜利。而在另一个方面，西班牙的事务又消耗了法国所有的注意力。如果回顾他在那个时候于不同场合口授的各种命令，我们能看出来，皇帝对于当时的情况是很清楚的。他预设了多种情况，在最后，不论是哪一种情况，他的计算都告诉他自己，向俄国宣战肯定会引发一些应该避免的风险。他本来是希望可以至少将这场战争延后 3 年的。那时候，大陆封锁的目标已经达成了，西班牙的局势也会得到平定。他对于未来有许多的期许：只要再有 2 到 3 年的时间，他就可以巩固自己的权力。反法同盟清晰地知道这一点，并且为他制造了很多的麻烦，让他无法返回西班牙。反法同盟精通密谋之法。它用了所有恰当的方式，来影响亚历山大沙皇的心智。从拿破仑的屈就中，亚历山大的野心还是没有获得足够的满足，反法同盟适时地献上了诱饵。尽管他从和法国的联盟中获得了许多的好处，反法同盟还是不停地在他眼前放出波兰重建的幽灵，还说服他是被法国欺骗了。它把法国对奥尔登堡的占领描述成是法国政府不在意他的证据。它老练地利用了亚历山大多疑且善妒的性格，在需要的时候，还会用他父亲悲惨的命运来威胁他。这些巧妙协调的操作，将亚历山大引上了钩。一开始还没什么感觉，不久后就迅速地击溃了两国之间的联盟，将亚历山大引进了一场残忍的战争中，给全人类都带来了严重的影响。结束西班牙战事的紧迫性，解释了拿破仑不愿意与俄国开战的原因。闻所未闻的灾难欺骗了最聪明、最审慎的计算。我们在西班牙的节节胜利，马上就要让拿破仑成为半岛的主人，并释放他被束缚的手脚了。看到这一点的英国政府坐不住了，她必须让自己这个强大的敌人被牵扯进另一场斗争中，让他再次陷入困境。

针对沙俄的战前准备

拿破仑就这样被卷入了一场巨大的远征中，这是违背他的本心的。他更希望可以延后这场战争。因为如果多等一等的话，这场战争或许就不需要打了，就算要打，他也会有更大的取胜机会。他深刻地知道，自从彼得大帝时代开始，俄国人从未改变的愿望就是要用更温暖的天空来取代他们那寒冰的气候，要离开他们干旱的草原，夺取中欧富庶丰饶的土地。拿破仑的秘密目标，是要把俄国人赶回旧莫斯科公国的疆界以内，要重新建立波兰王国，既标记德意志诸国的边境，也作为皇帝抵御他们入侵的堡垒。大陆封锁系统的成功，必然会带来这个秘密目标的实现。正是为了要保证这个恢宏事业的成功，拿破仑将整个南欧都团结在了法国的旗帜下。不幸的是，他的成功要依赖许多靠不住的盟友。也正是因为依赖于这些盟友，他最终毁了自己。他认为犯下这个错误完全是他自己的问题。

他认为这是一个拙劣的错误。的确，为了稳住这些盟友，他必须要到处胜利，时刻胜利。否则，只要有一天他遭遇了失败，这些迫于他的胜利才聚集在他旗帜之下的盟友，肯定会变成充满怨念的敌人。

西班牙的局势进一步恶化了。此前，法国军队对安达卢西亚的征服迫使塞维利亚的军政府逃到了加的斯。看起来，到了一鼓作气继续战斗的时候了。我们还可以把握住西班牙叛党内部分裂的机会。但是，取代塞维利亚军政府组织加的斯防务的是一个由5个人组成的临时政权。面对他们时，法军吃了败仗。约瑟夫国王寻求和解的努力也没有获得好的结果。加的斯这个重要的军港、南西班牙诸省中最重要的地方，就这样成了半岛反抗势力的中心。

在葡萄牙这边，马塞纳元帅在托雷斯－韦德拉什防线前耽搁了几个月，无法推进半步。饥荒、疾病和每日进行的战斗都将他的军队摧残到了一个悲惨的极限。他被迫边打边朝着自己的补给中心撤退，最终撤出了葡萄牙。在他身后追击的英国将军，收复了罗德里戈城以及巴达霍斯。各地频繁爆发小规模的起义，游击队布满了西班牙的全境。我们对皇家卫队和其他几支部队的撤回，还有法国和俄国之间马上要爆发战争的传闻都鼓舞了西班牙叛军的士气。因为各地交通不畅，在马德里和地方各省都爆发了饥荒。皇帝在离开西班牙，向俄国进军之前，将西班牙法军的指挥权交给了约瑟夫国王。拿破仑还把儒尔当元帅派给了自己的兄长。国王也同意，儒尔当元帅比苏尔特元帅要优秀。这一系列的事件都证明，皇帝当时是多么想要结束在西班牙的战争。他当时心中还存有最后一丝希望。自从1809年开始，奥地利就在伦敦维持着一名特使威森堡男爵。奥地利是通过加莱和这个特使维持联系的。拿破仑通过这位特使转达给伦敦的提议提出的原则性目标是让法军和英军都撤出西班牙，同时让西班牙在"现在这个王朝"的统治下，保持独立。谈判持续的时间很短，因为卡斯尔雷勋爵①回复说，如果我们坚持将费尔南多七世以及他的子嗣排除在外，那么英国政府此前许下的承诺将使得他无法同意法国政府的提议。这个直白的口述宣言，让谈判在刚刚开始的时候就破裂了。不幸的是，这时的拿破仑认为自己足够强大，可以同时进行两项如此巨大的事业。

在向俄国宣战并把她的士兵送到前线去之前，法国必须要与奥地利以及普鲁士结成同盟。普鲁士被夹在这两个剑拔弩张的巨人之间。它曾经尝试着请求圣彼得堡政府不要打仗，但是无济于事。普鲁士政府知道，无论他们是保持中立还是对法国宣战，由此引发的矛盾都很可能让普鲁士王室彻底消失。她绝望地想要避免这种矛盾的爆发。普鲁士政府因此决定恳求法国政府，希望和法国结盟。当年他们曾经拒绝过这段同盟关系，要是他们那个时候同意的话，对两边都是好事。但是，这次王室政府决定动用一切资源，达成和法国结盟的目的。这个政府现在之所以想要和我们结盟，只是因为他们无力对我们发动战争而已。尽管拿破仑不可能真的信任这样的一个政府，他还是和普鲁士在1812年2月24日签订了一份纯防御性的盟约。普鲁士国王派出一支2万人的部队，加入了法军。这份条约的一个秘密条款，揭示了法国对普鲁士的不信任。考虑到普鲁士在1806年的所作所为，这种不信任是很有道理的。这个秘密条约规定，普鲁士在没有和法国协调的情况下，不能征召任何士兵，或者调遣任何部队。

皇帝对奥地利提出的条件就宽大许多，在同年的3月14日，

---

① 时任英国外交大臣。

两国之间签署了盟约。奥地利皇室给我们提供的部队被定在了 3 万人。条约中的一个秘密条款规定，如果作为对俄战争的结果，波兰王国得到重建的话，奥地利同意将加利西亚的一部分领土割让给这个新王国。作为补偿，法国同意放弃伊利里亚省，并将其让予奥地利。如果我们取胜的话，法国同样向奥地利许诺了战争赔款，并且会增加后者的领土。这不光是对于她参战的补偿，更是会成为"纪念两国君主之间亲密且持久的联盟的丰碑"。

同时，我们还在和瑞典进行协商。她的地理位置使得她可以威胁并极大地分散俄国的注意力，掩护我们的左翼部队。但是，斯德哥尔摩政府在谈判中完全没有展现出任何的善意。为了马上给大家一个证据，我要指出，瑞典王储就协助我方对俄作战一事跟我们讨价还价时，是 1812 年 5 月 29 日。两个月前，他却已经在 3 月 24 日和俄国签署了一份盟约。瑞典政府此前已经被多次警告，如果波美拉尼亚继续作为英国贸易的市场，同时继续作为攻击法国政府的出版物的避风港，法国政府将被迫占领这个省份。鉴于我们没有就此得到任何令人满意的答复，埃克米尔亲王率领驻扎在汉萨诸省的部队在 1 月 30 日占领了施特拉尔松德。当时我们发给他的是一份针对英国贸易的命令，他将其解读为了占领施特拉尔松德。达武元帅之所以获得了迈出这一步的授权，是因为施特拉尔松德和黑尔戈兰之间的贸易一直没有断绝。黑尔戈兰是离海岸不远的一块岩礁，上面已经成了英国军火、物资、诽谤出版物的宝库，还是阴谋滋生的温床。斯德哥尔摩其实早就预见到我们会占领施特拉尔松德了，他们认为这是无法避免的。但是，斯德哥尔摩还是就此发出了很多噪音。那时，瑞典王储和俄罗斯之间的谈判马上就要完成了。他提出，自己可以有条件地停止与俄方的谈判，但是他提出的条件，连他自己也知道，是我们无法接受的。他要求法国保证他能获得挪

威，也就是要求我们掠夺我们最忠诚的盟友，丹麦。我们已经保证
了后者，尊重后者的领土完整。亚历山大沙皇为了把瑞典拉进反法
同盟，向瑞典许诺将把挪威让给瑞典，作为对俄国吞并芬兰的补
偿。英国呢，本来就因为丹麦对法国的忠诚而特别怨恨丹麦，不只
是批准了俄国的提议，还亲自出兵帮助瑞典夺取挪威。

　　瑞典王储对挪威的狮子大开口并没有阻止拿破仑和斯德哥尔摩
政府之间的谈判。他动用了所有的手段，想要触及贝尔纳多特的内
心。想让他记起自己的义务，以及自己真正的利益所在。当时，王
储妃正好在巴黎，皇帝甚至还派出了王储妃去说服她的丈夫。人们
曾经批评拿破仑连续几个星期都没有回复王储写给他的信件。皇帝
写给斯德哥尔摩政府的信，也许最开始的时候是让后者等了一段时
间。但是，这些信件的语气总是冷静且尊贵的。同时，信件也总是
带着和解的精神，根本不是某些人所说的，什么目中无人或者充满
怨恨。两国政府之间交换的照会就是证据，这些照会是在 1815 年
出版的。

　　拿破仑承诺，除非瑞典重新夺取了芬兰，否则不会与俄国议
和。如果王储因为其他各种原因，无法接受这个提议的话，他至少
也可以保持中立吧。无论是荣誉，还是法国一直以来对瑞典的善
意，或是贝尔纳多特对自己第一祖国的感激之情（这份感激和他
的新义务完全是可以共存的），总而言之，他的整个过去，都至少
让他应该保持中立。但是，他心中的仇恨占据了上风。贝尔纳多特
不光是对法国宣了战，还派人到美国的荒野中找到了自己游荡在那
里的帮凶：莫罗。他不仅夺取了挪威，还抢来了瓜达卢普。后者在
1814 年才被还给法国。

　　我在这里最后讲一次，尽管两人之间的谈判毫无信用可言
（这的确是毫无信用可言的谈判），但是皇帝和瑞典王储之间的友

谊还是持续到了 1814 年的 6 月。大家都知道拿破仑对贝尔纳多特那辛辣的点评："人们娶了老婆之后，不代表他们就不认自己的老妈了，更不代表他们就会想把刀插进老妈的心脏里！"

　　土耳其之所以会叛变，是因为底万①认定法国已经抛弃了和自己的联盟，转而和俄国结盟了。还有一个原因，是我国的大使在这样一个重要的时刻不在苏丹的宫中。阿梅代·茹贝尔骑士是一个真正的法国人。他在土耳其维持的人脉让他获得了许多珍贵且可靠的信息。自从 1812 年 1 月开始，他在私人信件里开始不断地读到警告信息：俄国对君士坦丁堡的底万正在施加着越来越大的影响力。这让他警觉了起来，他专门找到外交事务大臣，告诉了后者这件事情。这位大臣对于事态的严重情况也很震惊，因为他自己的使节们根本就没有告诉他这件事情。大臣将此事禀报给了皇帝。拿破仑敏锐的观察力很少出错。他认为，我们必须派出一名大使到君士坦丁堡去。一名大使说话的分量，要远远大于一个代办。因此，他当即将安德烈奥西将军任命为驻土耳其的大使。后者随即出发前往莱巴赫。他在那里停了下来，旨在等待礼物的抵达，他可不想空手出现在土耳其官员的面前。与此同时，老练的俄国外交官也没有闲着。密谋和贪腐已经在君士坦丁堡占据了一席之地。要是我们在那里有一名大使的话，他本来是可以限制这些密谋的发展的。自从 6 月开始，皇帝就坚持我们必须用各种方法通知君士坦丁堡，我们即将对俄国发起攻势。他希望这样可以重新激起底万那摇摆的信心。至于是什么原因让安德烈奥西在莱巴赫停留了那么长的时间，我不予置评。这位大使终于再次起程了，并且还快马加鞭。但是，虽然以全

---

①　伊斯兰国家的最高行政等级，至今一些伊斯兰国家依旧把部长称作底万。此处指奥斯曼土耳其的议会。

速进行自己的旅程，但到 7 月 25 日的时候，他才设法抵达塔拉比亚①。这时，一封伪造的信被呈到了大维齐尔的面前。信的内容是，拿破仑在和亚历山大沙皇商讨某份和约的第一条时，向后者提议瓜分土耳其。约瑟夫·丰东是一名翻译官，也是迦利布先生的顾问，他做证表示这份文件是真的。丰东收了英国人的钱。纳尔博纳将军出现在维尔纳的消息最终让奥斯曼大臣和苏丹都下定了决心。此前，苏丹是一直拒绝签署前期协议的。奥斯曼政府和俄罗斯的全权代表于 5 月 25 日在布加勒斯特签署了这份协议，它在 6 月 6 日就已经送到君士坦丁堡了。直到 7 月 14 日，苏丹才决定批准这份协议。这对我们来说是致命的。大维齐尔对我们一直抱有很大的偏见。他犯下的这个错误，或者说是背叛行为，最终让他掉了脑袋。他身边那些谎话连篇的顾问也都被处决了。安德烈奥西大使 10 天后才抵达了君士坦丁堡。

德·塔列朗先生热爱密谋的头脑一直让皇帝充满了厌恶。但是，1812 年 3 月，皇帝克服了自己的厌恶心理，决定把德·塔列朗先生派到华沙去。他秘密地就此事找到了后者，并且建议后者不要对任何人提起这件事情。不久之后，拿破仑就获知，有人在威尼斯为这位大臣的账户购买了许多金币，他的任务内容也传开了。看到自己的计划败露，皇帝很不高兴。同时，这种私下的安排，在皇帝看来是串通的证据，也是对威尼斯公债的投机买卖。因此，他抛弃了自己选择的这个人，转而让普拉特神父代替了贝内文托亲王的位置。普拉特神父当时跟着他一起在德累斯顿。

皇帝那时强烈地希望，奥地利提供的部队应该由施瓦岑贝格亲王率领。后者从 1809 年开始就是奥地利驻巴黎大使。为此，他还

---

① 位于君士坦丁堡西部。

专门要求授予后者陆军元帅的军衔。鉴于这位亲王是现役骑兵将军中最年轻的一位,奥地利方面回避了这个请求。两位皇帝之间还就此私下交换了意见。奥地利皇帝一开始表示军队的纪律严格,不能这么做。最终,他还是决定顺从拿破仑的心意。但是,他也强调,他完全是出于对自己的女婿,法国人的皇帝拿破仑的尊重,才决定如此任命卡尔·施瓦岑贝格亲王的。

　　皇帝派采尔尼切夫上校离开巴黎,送去圣彼得堡的那封和解信收到了回复。回信在6周之后才抵达杜伊勒里宫。这份回复是俄国发来的最后通牒。信中提出了下列条件:亚历山大沙皇要求拿破仑皇帝必须撤出普鲁士以及瑞属波美拉尼亚,这是所有谈判的先决条件。如果我们照办了,就意味着要让奥得河沿岸和但泽的堡垒直接暴露在俄军的入侵之下。信中还说,如果我们实现了他们的要求,俄国会同意和我们谈判。但是,谈判的基础是俄国必须可以在自己的港口中接纳所有中立的船只。同时,我们必须承诺不排斥俄国政府为了保护本国贸易所搭建的任何关税壁垒。同时,圣彼得堡政府还宣布它将达成一份有利于瑞典的协议,并且愿意在获得等价补偿的条件下放弃奥尔德堡公国。这份外交照会的形式比内容要更加具有冒犯性。在拿破仑看来,这份照会是如此诡异,以至于他认为这是什么阴谋诡计的结果,就和此前造成御前顾问斯佩兰斯基被流放的阴谋一样。其中提出的要我们撤出德意志的命令,是此前的任何一份协议都没有提出过的要求。这深深地伤害了皇帝的自尊。如此考验拿破仑这样一个荣耀而尊贵的君主,断然不是想要和平的人能做出来的事情!在1806年的时候,普鲁士国王曾经因为脑袋短路而做出过类似的事情。拿破仑在自己光辉的胜利史中,从来都没有想过对自己的敌人做出如此羞辱性的要求。

　　俄国大使库拉金亲王在巴黎向外交事务大臣巴萨诺公爵递交了

一份照会，照会表达的情感和我们上面提到的最后通牒一样。在这样的基础上，巴萨诺公爵拒绝和库拉金亲王进行任何讨论。后者请求面见皇帝，我们无法拒绝这个请求。在会晤中，皇帝隐藏起了自己的不满。他表示，他认为大使带来的消息完全是出于误会。在进行任何解释之前，他迫切想要厘清这些误会。他还表示，他打算就此亲自写信给沙皇。为此，拿破仑第一时间就将纳尔博纳伯爵派去了圣彼得堡。后者肩负的使命是要努力找出沙皇这些行为背后的秘密，并且确认我们和俄国之间是否已经完全无法达成共识了。在巴黎，库拉金亲王逼迫我们接受他的条件，如果我们拒绝的话，就快点把他的护照还给他。德·巴萨诺先生对此一直在打马虎眼。就在这样的情况下，皇帝离开了巴黎，起程前往德累斯顿。几天之后，德·巴萨诺先生也跟随他踏上了旅程。至于库拉金亲王，他退居到了乡下，等待自己的护照。我们一直没有把他的护照寄给他，因为我们不想切断和俄国的所有联系。

至此，拿破仑要做的就只有一件事情：为了这一宏伟事业的成功，准备一支最为精良的部队。这支部队将成为他领导过的最出色、最恢宏的军队。他养精蓄锐，耐心地等待着开启战事的时机。这是一场他不得不打的战争。他希望可以集中自己所有的力量，给敌人致命的一击，然后迅速地回击西班牙（在过去的两年中，他将自己随扈中的一部分和布里戈德侍从一起留在了那里。那里还有他的许多掌马官、许多马匹、驮货物的骡队，还有战争需要的一整套班子）。不过，他也没有彻底丧失避免战争的希望。一直到他跨过尼曼河之前，他都在尝试着最后的可能性。皇帝没有放过任何一个可以触及亚历山大内心的机会。他对这位君主是有真感情的，同时对后者的性格也很有信心。虽然种种事件已经证明这种信心根本就是毫无基础的。皇帝坚信，只要能和亚历山大沙皇私下进行 1 个小时的谈话，就可以解决所有的误会。此后，当战争正打得火热，而战局依旧对他有利时，拿破仑还下令写信给亚历山大。他甚至还通过一切手段，亲自给后者写了信。有时是在军事谈判代表通过的时候，有几个被我们俘虏的俄国将军被带到了他的大本营。还有时，是为了其他的一些事情。举个例子，在他想要尽力减轻俄军在这场血腥战争中做出残忍行径的后果时，也会亲自给亚历山大写信。

第十二章

拿破仑的新婚生活

　　宫中的氛围以及玛丽·路易莎和皇帝之间的亲密关系，都让这位公主忘记了她刚刚抵达法国时，那份天生的僵硬和羞涩。皇帝总是很关心她，对待她的方式简单而充满感情，并且总是充满活力地讨皇后的欢心。她的举止变得更为自然，身材略微瘦了一点，她那对称的手指也变得更加好看了。她那双甜蜜的大眼睛，和新鲜美丽的肤色一起，让她的面庞更加讨人喜欢了。她整个人也变得高贵和优雅。

　　与俄国宣战之前，皇帝肩负着许多指责和需要关心的事情。他的时间都被自己的工作、对军队的检查以及他大臣们的工作占满了。只有在和妻儿在一起的时候，他才能在这疲惫的生活中找到一些慰藉。他白天的空闲时光都是和儿子一起度过的。他很乐意引导自己蹒跚学步的儿子，就像个母亲一样。每当这个备受宠爱的孩子不小心摔倒时，他的父亲总是会一边大笑，一边上前爱抚他。皇后常常也在这些家庭生活的现场，但是她不像皇帝那样，不会如此活跃地参与其中。人们看到这三个人简单的生活时，可能会忘记他们尊贵的身份。他们就像是普通的中产阶级家庭那样，互相抱有深深的感情。那时，谁又能想到他们此后的命运呢？

　　带有偏见的人们总是喜欢说，这个伟大的男人没有任何温柔的情感。但是，他既是一个好丈夫，也是一个好父亲。皇后每次有什么天真的心血来潮，皇帝都不会阻拦。下面这个轶事就可以证明拿破仑在这方面的善良和大度。玛丽·路易莎此前很喜欢讲起这个故事。有一天，皇后回忆起自己小时候在家中品尝过的一个味道，因此她突然兴起要亲自做一个煎蛋饼。她让人把所有必需的材料都带到了自己的套房里。正当皇后忙于自己的料理事业时，皇帝不期而至。他要么是刚好路过，要么是从哪个多嘴的人那里听说了这件事情，想要给玛丽·路易莎一个惊喜。皇帝的突然到访，让后者有点窘迫。她努力地挡着拿破仑，不想让他看见自己在干什么。"这是在干什么呢？"皇帝问道。"有一股很好闻的味道啊……好像是有人在煎什么东西！"然后，他跑到皇后的身后，看见了炉子，还有炉子上的银锅（锅里的黄油正在溶解）、生菜盆，还有几个鸡蛋。"什么！"拿破仑大喊，"原来您是在做煎蛋饼吗？嗨！您根本不知道怎么做煎蛋饼。让我来给您露一手吧。"然后他就开始干活了，皇后负责给他打下手。但是，他教的这个学生其实懂得比他多多了，她在这方面受过良好的教育。皇后的父母很喜欢乡下的生活，他们在帝国公园里建起了一些乡间小屋。他们时常会带着子女们到那里去过农民的生活，还会和子女一起做家务。不管怎么样，煎蛋饼差不多要做好了，还剩下一个艰巨的任务：给它抛起来翻个面。拿破仑本想自己做这个工作，但是他高估了自己的水平。就在他把蛋饼抛起来的时候，他遭遇了和大孔代①一样的命运。据古维尔说，大孔代也曾经想在一个小旅馆里自己做一份煎蛋饼。但是，他

---

　① 　指第四代孔代亲王路易二世·德·波旁。17世纪法国著名军事天才，前期他领　　导了反对路易十四的暴动，后期作为路易十四手下的大将，征战欧洲。

在给蛋饼翻面的时候，把蛋饼抛进了火堆里。拿破仑也不比他好多少：他把蛋饼抛到了地上。他只得承认自己没多少做饭的经验，并让皇后独自继续她的料理事业。

在 1812 年的春天，随着好天气的回归，皇帝又得以在自己的家庭消遣中加入骑马和打猎了。在他骑马或打猎时，皇后也会陪伴在他身旁，要么是在圣克劳，要么是在拉布朗依。他喜欢这两处居所，因为在这里他身边的人更少，他更自由。有时候，天刚破晓，他就会叫醒皇后，和她一起去骑马。和玛丽·路易莎一起，他会骑着马在圣克劳周边的美丽森林中穿行。有时候，这些骑行是有固定且实用的目标的，要么是去巴黎，要么是在周边。有时候，两位陛下会去拜访那些拿破仑下令进行的装饰或是改进工程。有时候，两位陛下突如其来拜访时，这些工程的监工们还处于没睡醒的状态。他们会表情惊讶地看着这两位前来视察的人，以为自己看到了神迹。因为这些短途出巡从来都是临时起意的，所以两位陛下身边的随扈只有当值的侍从官和掌马官，再加上两三个旁人。皇后从来不会带上自己的女官。有时候，一些女官会在她返回时出来迎接她，或者在她的套房中等待。有时候，玛丽·路易莎如果觉得自己累了，会钻进跟在自己身后的马车里。不过，这样的情况很少发生。不管是独自还是和玛丽·路易莎一起出巡，每次归来后，皇帝的脑海中都会产生一些完善工作的想法。如果他在路上发现的一些工程引起了他的注意，他会亲自去检视完成这些工程能够带来多大的好处。拿破仑首先会视察工地，看看哪些工程已经开始了。这样，无论是针对怎样最好地引导工程的进行，还是完成它们所需的时间，以及它们的花费，他都能有一个大致的概念。在他返回之后，他会让自己大臣们去召集手下政府部门的头头脑脑，还有工程师以及科学家，一起组成一个委员会。主持委员会的自然是拿破仑。在听取了他们的报告之后，他会将这些报告和自己在现场获得的第一手印象结合在一起。因为他已经在脑中想好有哪些工作需要进一步改善了。尽管只是快速地巡视了工地，但一般来说，他对工程方方面面的了解，都可以媲美专门负责此事的专家。

拿破仑是自然的宠儿，自然赐予他的才能，让他生来就是要指挥、管理并且启迪人类的。她赐给了他生动而且热烈的想象力，同时还有冷静思考的能力；她赐给他的头脑，在经历了学习研究的加强后，能够经得起最漫长艰苦的劳作的考验。正好相反，他的头脑可以从他的种种工作中汲取新的活力；她赐给了他广阔无垠的思想，既可以拥抱最为宏观的问题，又可以沉下去，考虑最烦琐的细节；她赐给了他超凡的理解力，灵光一闪，就可以揭示人类最为深刻的知识；她还赐给了他出色的记忆力。在这些头脑的天资之上，我们还要加上拿破仑那颗高尚而敏感的心。同时，他的心饱经淬炼，面对命运时，可以做到荣辱不惊。虽然他坚信自己是无懈可击的，但是他在遇到危险时，总是可以保持沉着和冷静。他坚定而不可动摇的意志，还有他那可以击溃一切阻碍的本能般的力量和优势，都让他看到"不可能"这三个字时忍不住发笑，或是直接否认它的存在。对人心的研究，教会了拿破仑怎样让人们依附于他。他的出现和他的语言，能激起人们的热情。他的文辞生动而快速，他的文字充满力量，且深刻，常常令人感到敬畏。他的外在很简朴，但是他宏伟的气质，以及沙场的经验都为他的外在增色不少。他的目光具有特殊的魔力，那种既甜蜜又严肃的表达可以穿透到每个人的心底。两者结合在一起，让人们对他升起尊敬之心，其中夹杂着恐惧和喜爱。历史上从来没有哪个领袖比他更受欢迎，但是他又永远不会为了迎合民众而降低自己的标准。他时刻保持着警醒，要革除各种弊政，要找到各种方法来将法国抬升到他梦想中的显赫位置。同时，他一刻也不会歇息的身体和头脑，都引导他实践着事事亲为的原则。他的心中有着清晰的善恶观念。他的水平远在普通人之上，不管旁人是怎么说的，他是超越了人类情感的。但是，他也知道怎么去同情人性中的弱点。尽管从总体上来说，他对于错误是不怎么追究的，但他有时也会觉得，有必要杀鸡儆猴。但是他这么做的时候是少之又少。他总是对自己的敌人们太过宽容，不忍心对他们下狠手，到头来他常常成为他们的受害者。那些声称他的政府被军人主导的人，大概没有注意到，虽然军队非常热爱他，但是拿破仑给自己的军官们的权力少之又少。他还一直非常注意，让军人要服从民政官员。拿破仑拥有最为出色的军事才能，即便是口碑最出色的将领，在他面前也是相形见绌。但是，拿破仑的声望和帝国，并不只是靠着他的军队打下来的。他还是一名管理者、一名政治家、一名立法者、一名作家，甚至是一名学者。他想当什么，就能当什么，当然他也是一名伟大的军人。他一生付出了这么多的努力，完成了这么多的征服，虽然时间不允许他长久地保留住成果，但是我们可以用一句话来概括他的目的：让所有的人都可以大展身手，并享受各自的才华带来的回报。拿破仑是主动让自己肩负起这个崇高使命的，子孙后代也不会忘记他的贡献。他的思想，他的行为以及他的抱负都是为了这个崇高的目标：让各个国家、各个民族获得重生；向他们传播先进的理念，启迪他们的思想；为各处的各个阶级带去社会和政治上的自由①。

因为他满脑子想的都是自己这个崇高的目标，他知道自己必须要在老欧洲的仇恨面前保护法国的未来。因此，在推行他的想法的

---

① 虽然拿破仑摈弃了大革命中暴力和不切实际的部分，但是打从一开始，拿破仑就希望在实践中传播大革命带来的原则。——作者注

时候，拿破仑被迫会撞上很多的偏见，会伤害到一些人。在清除掉自己前进路途上的阻碍的过程中，他不可避免地会伤害到许多人的利益。普通人都掉进了他的荣耀和辛劳的历程中，他们只以成败论英雄，而没有看到他崇高的理想，以及他的目标。成王败寇，拿破仑在失败后，遭到了许多人的批评，这些批评经常是不公正的，是他不该承受的。即便是在我写作这本书的时候，他也还没有获得人们完全公正的评价。不过，人们对他的仇恨正在淡去。这股感情正在失去它的力量，偏见也正在消散。人们正在慢慢睁开双眼。他的天才走过的道路，他为之努力的目标，总有一天会摆脱一直以来笼罩在其上的黑暗，以真面目被大家知晓。在我看来，这是未来会发生在拿破仑身上的事情。人们在未来肯定会更加意识到他的伟大。

在私人交际中，拿破仑是一个很简单自然的人。无论对自己还是对他人，他都很注重礼节。在家庭生活中，拿破仑简朴、宽容而且大方。他有着有序的品德、宗教的情感以及宽广的心胸。他是一个好父亲、好丈夫、好儿子、好兄弟。

他在私人生活中的这些品质，植根于他的本性之中，拿破仑在公众场合也秉持着同样的品性。他要求自己的大臣以及公务员们都要尊重优秀的品德。对于自己麾下的人，他不仅希望他们有和所做的事情相匹配的才华，还希望他们都是诚实正派的人，心中有平等观和善恶观，同时还有高尚的品德。那些出于工作原因要和他直接联系的人，大部分都拥有这些出色的特点，只有一两个人例外。这几个例外的人，都是他需要的人。并且，出于审慎或是政治方面的考量，他们不能被永久地从他的顾问团中剔除出去。就算是那些职务没有那么重要，拿破仑日常接触不到的人，也会受到他在这方面的关注。任何滥用职权，或者与拿破仑的期待相违背的行为，都会受到严厉的斥责，或者是解雇的惩罚。我还必须要补充一点，从来没有哪一个君主享受过这么好的服务，或是激发过如此多的热忱。在拿破仑的统治之下，问题之少，政策之一贯，以及成果之瞩目，都是前无古人，后无来者的。那些为拿破仑提供了优质服务的人，总是能获得大量的奖赏。

在雾月政变时，这位未来的皇帝已经发现法国正在忍受着致命的内部分歧。自那之后，怎样将全体法国人统一在法兰西民族的共同利益之下，就成了他时刻关心的问题。在执政府和帝国时期，只要是对法国有点用处的人，无论出身或是观点，都被国家元首召集到了身边，帮助他重新组织我们的国家，建立法兰西，以及法兰西民族的统一体，并为拿破仑那套活力四射的治国系统打下基础。这套治国理政的体系，也是拿破仑留给后人的礼物。所有的公民，无论他们是民众，还是军人，都以极大的热情和忠诚支持了拿破仑的事业。因为他就是民族精神和民族意志的化身。

在这个男人的身上，集合了所有伟大的品质。我上面只是略微勾勒了一下这些品质而已。为这个男人加冕的，则是他对国家热忱的爱。这也是为什么，拿破仑可以成为一名不世出的横扫六合之才。我坚信，只要人们能更深入地了解他，就会发现他是世间少有的那种没什么缺点的人。当他说自己可以毫不畏惧地面对上帝的审判时，他是很认真的。就算有时候他做出了一些出格的事情，那也是受到了心中那份至高无上的荣誉感以及正义感的驱使。在安特卫普政治献金案以及建立国家监狱等少数事情上，他意识到了法律也有力所不逮的时候，因此才做出了人们觉得过分的决定。他一直坚持自己对所有事情都要有最终决定权。他的权力是绝对的，但这并不代表他是一个独断专行的人（因为他并没有不管不顾地随心所欲）。他在行使绝对的权力时从来都是以大众的利益或者捍卫道德为出发点的。某些评论人士出于对拿破仑荣誉的嫉妒，总是以抹黑他的政策为乐。但是，历史上那么多的帝王将相做过的丑事还少吗？拿破仑有做过任何类似的丑恶事情吗？难道说他煽动敌人内部的分裂了吗？还是说他将人民和奴隶武装起来对抗他们的君王和主人了？[1]

同时，拿破仑大部分出格的行动，都可以用当时他面对的形势来解释：法国的宿敌们将拿破仑置于一个如此危急的环境中，使得他不得不做出那些决定。考虑到他要操盘的是这么一个复杂恢宏的局势，犯一些错误或有时计算失误，都是很正常的。不过，这些在时人看来失当的政策，说不定就是为将来的繁荣打下了基础。拿破仑所推行的许多善政，都是需要经过时间的慢慢酝酿才能看见成果的。不断前行的时间必将在未来展示出他多彩人生中被忽略的那些篇章，让那些现在被人们厌恶或是难以理解的行为得到应有的肯定。

当时拿破仑所有的精力都放在应对反法同盟无休止的进攻上，根本无法给法国建立一个更为自由的议会体制——这在当时根本就是一个奢侈的梦想。况且，当时的大众根本没有为自由议会做好准备，建立一个更为自由的议会国家也不是人民的普遍诉求。在当时那个危急时刻，要让我们在政府中引入类似的改革，是不合时宜的。这些改革将在帝国政府中造成不间断的扯皮。当时我们无时无刻不在面临外部的威胁，如果帝国政府内部一乱，那么我们肯定会迅速失败。俗话说得好，每个时代都有自己的思潮和准则。孤立的

---

[1] "（在俄国时）我本可以宣布解放当地的农奴，将当地的许多群众武装起来，让他们去窝里斗。当地的许多村庄都向我发来了这样的请求。但是我拒绝了这些请求，因为我知道俄国这个人数众多的阶层是多么粗野，他们会带来无尽的死亡，并将打碎许多家庭。"皇帝与参议院代表们的通信节选（来自1812年12月21日的《箴言报》）——作者注

个人是无法抵抗时代的潮流的。人们总不能提前在春天就要求本应在秋天才结的果实吧。拿破仑下台之后三十年间的历史经验已经证明，要想建立代议制，必须得到全法国的支持。同时，我们全民族的民族性格也要做出相应的调整才行。拿破仑是个聪明人，他知道自己如果一味地对抗人民的意愿，是没有办法长久执政的。他经常说起自己知道政府内部有许多亟待改善的问题。他还补充说，等到形势稳定下来之后，他就会马上提出改革的方案。因此，又有谁敢打包票说等到法国的内忧外患都消失了之后，等到法国迎来和平之后，拿破仑不会撤销原先他被迫设立的种种限制，不会主动放弃独裁的位置，不会让帝国回到自己原本的状态，让自己的儿子得以在恭谨的自由制度的保驾护航下和平地统治呢？

皇帝关于改革帝国的行政、金融以及法律体系所提出的种种设想，完全可以被编辑成一本著作。在其中他对于所有关于人类以及帝国治理的问题都做出了自己的思考。他是一个如此出色的管理者，拥有一颗崇尚秩序与真善美的心，对法国也是一片赤子之心。在如此短暂的时光中，他竟然得以克服重重困难取得如此之大的成就！他在治下取得的成就，还只是他脑中所有伟大设想的一部分而已。我对这个时期，以及对我陪伴这位伟人度过的时间的回忆，现在看来就像是一场梦。这位伟大的君王在我心中激起了满腔的热情，我只能谦卑地接纳难以捉摸的天意：上天先是创造了这么一个完美的人物，然后又在他创业未竟的时候将他早早地召回。或许万能的造物主也无法容忍被自己的作品超过吧。

拿破仑统领欧陆向沙俄宣战

在1812年年初，分别和奥地利以及普鲁士签署了条约（上文提过）之后，皇帝决定在去领军之前，先拜访一下德累斯顿。他提议让自己的友军们都在德累斯顿集合。战争已经箭在弦上，但是他还没有丧失避免开战的希望。拿破仑告诉皇后，他打算邀请奥地利皇帝到萨克森国王的首都来见见自己。玛丽·路易莎听到这个提议很是高兴，因为她最大的愿望就是在此见到自己的父亲和家人。她一直和他们保持着书信往来。

因此，我国驻维也纳大使奥托伯爵获得了下面这个任务：邀请弗朗茨皇帝携皇后、大公以及女大公们（也就是玛丽·路易莎的兄弟姐妹们），共赴德累斯顿。玛丽·路易莎很期待可以在那里和他们共度一段时光。

当时，小麦短缺给法国带来了很大的威胁。为了处理这件事情，皇帝将德累斯顿之行推后了 1 个月的时间。自从 1811 年以来，我们就初步感受到了小麦短缺带来的影响。到了 1812 年的年初，小麦的短缺已经发展成了一个严重的问题。我们采取了许多非常措施，还分发了 2500 万法郎。这笔钱有下面几个用途：降低面包的价格，保证每天廉价汤品的足量供应，最重要的是确保丰收。终于，多管齐下，我们渡过了这次危机。皇帝在处理这件事情期间，展现出了他一贯的态度。每两天，他就会主持一次维护会议，与会的都是很有能力的人。他的惦念和远见卓识触碰到了最为细枝末节的问题。

在开始这次遥远且充满未知危险的远征之前，皇帝担心在自己去国的这段时间里，英国人会尝试强行将教皇从萨沃纳绑走。这样一来，这些异端就可以把天主教教会的领袖变成他们手中温顺的工具。英军的舰船已经游弋在热那亚对面的海域上了。为了避免这种事情的发生，他命令教皇必须被邀请到枫丹白露宫去。这样一来，教皇就可以不受英国密谋的影响。同时，皇帝还把埃泽萨大主教也叫去了枫丹白露宫。教皇很喜欢这位教士，因此拿破仑觉得后者的陪伴既可以让教皇开心，也可以帮教皇做些事情。

皇帝此前还专门把参议员塞蒙威尔先生的儿子德·蒙托隆先生以全权大使的身份派去了维尔茨堡。因为他觉得这个大公国的宫廷，对于这个法国使者来说就是一面镜子，后者可以从反射中看到在维也纳发生的一举一动。奥地利的斐迪南亲王以前是托斯卡纳大公。但是《吕内维尔条约》让他失去了自己的国家。此后，作为1809 年条约的一部分，他获得了萨尔茨堡公国以及维尔茨堡大公国。在他的侄女玛丽·路易莎大婚时，他曾经作为莱茵邦联的成员到过巴黎。他在巴黎待了相当长的一段时间。其间他和皇室家族以及宫廷成员都很亲密。我们派出德·蒙托隆先生的目标，获得了部分的满足。因为他的确为我们发回了关于奥地利和德意志内部事务的有用信息。

蒙托隆伯爵此前的军旅生涯是光彩夺目的。他在雾月政变前的种种服务，以及他在那天的配合，为他赢得了一把荣誉佩剑作为奖赏。此后，因为伤病，他不得不暂时告别沙场。他于是成了皇帝的一名侍从。皇帝派他执行了许多的任务，他在其中大放光彩。不过，他的外交官生涯却突然被一场婚姻打断了，这让皇帝很不高兴。事实上，蒙托隆将军在维尔茨堡时，瞒着家人迎娶了一名之前离过两次婚的女人。她的前两任丈夫还都活着呢。皇帝一开始是拒绝批准这一婚事的。不过，后来在德累斯顿的时候，他又批准了蒙托隆先生和塞居尔议长的侄女结婚：因为皇帝忘记了这位女士和他之前禁止结婚的那个女士是同一个人。人们马上将真实的情况告诉了拿破仑，他于是禁止让这个离过婚的女人出现在维尔茨堡的宫廷中。这种伤害德意志小宫廷情感的行为，至少这一次，是情有可原的。蒙托隆将军也因此被要求马上离职，并返回巴黎。不过，皇帝的不满转瞬即逝。蒙托隆伯爵很快就再次被召入军队之中，并成为某一个省份的指挥官。在拿破仑从厄尔巴岛上返回后，这位忠实的仆人第一时间就赶到了他的面前，把自己完全献给了他。最后，蒙托隆将军带着自己的妻子和孩子一起，跟随拿破仑去了圣赫勒拿岛。在岛上，他向皇帝展示了自己对后者感人的忠诚，直到后者生命的最后一刻。

　　在离开巴黎前，根据习俗，皇帝处理了所有积压的，或是在等待他命令的事情。他此前已经建立了一套体系，规定政府在他去国的时候，应该在大臣会议的指示下运作。主持大臣会议的是总理大臣冈巴塞雷斯。每个星期，一名携带着大臣的文件的助理办案员都会来到国务卿这里。国务卿总是会伴随皇帝一起踏上旅途的。警务大臣则每天都会亲自给皇帝写信。同时，拿破仑每天也会收到那些在政府之外的人寄给他的机密信件。读者们前面已经读到过了，有许多人获准针对国内政治，舆论情况，甚至是文学话题等主题，给拿破仑写信。尽管距离巴黎有八九百里，但是拿破仑依旧在管理着帝国，仿佛他就在巴黎一样。在皇帝去国的时间里，皇后每天就只有一些象征性的事情要做了。每周日，她会去参加弥撒。同时，所有获准可以出现在宫中的人，也都会参加这些仪式。弥撒结束后，皇后会在通向礼拜堂的长廊中来回踱步，和在场的每个人都聊一会天。遇到某些庄严的场合，她也会负责接待的工作。在这种时候，人们总能注意到她的羞涩。而她为了克服这种羞涩所做出的努力总是会让她显得尴尬。每天傍晚，所有名录上有登记的人，不论男女，都可以参加她主持的招待会。

　　列出这份名录的人，是皇帝自己。他专门选择了皇后喜欢的人。这样做的结果就是皇后在会客厅中如鱼得水，总是可以优雅且自然地完成主人的职责。她有时候会选几个宾客，和他们一起打台球。她还会在自己的会客厅里架起牌桌，供客人们玩惠斯特牌戏。每个夜晚，都以一场音乐会或者戏剧表演收尾。

1812年5月9日，皇帝和皇后离开了圣克劳。他们在5月14日抵达了美因茨。两位陛下当晚在那里驻留。他们还在那里见到了黑森-达姆施塔特大公和大公夫人。从美因茨到德累斯顿的旅程是一次没有中断的胜利游行。两位陛下一路上经过的莱茵邦联各国的王公们都在各自的国家接待了他们，同时向他们展示了各自作为两人的大封臣的热情好客。许多王公甚至专程来到路边等候两位陛下，其中就包括符腾堡国王和巴登大公。如果人们认为，皇帝打算让接待他的主人们来为他的娱乐消遣和随扈埋单，那就大错特错了。拿破仑并不希望自己的拜访给任何人带去困扰。他的前后都是自己的随扈，携带了足够支撑这个盛大排场的资金。在距离德累斯顿几里的地方，他见到了萨克森国王。后者在王后的陪同下，专门前来迎接他。皇帝和皇后在萨克森两位陛下的陪同下，在火光的照耀下，进入了德累斯顿。第二天，奥地利皇帝和皇后，以及奥地利大公们，也抵达了德累斯顿。跟在他们身后依次到达的还有威斯特伐利亚王后（国王已经前去率军了）、维尔茨堡大公、普鲁士国王以及王储、其他很多邦联的王公，还有主要的大臣。其中就包括冯·哈登贝赫和冯·梅特涅这两位先生。

弗朗茨皇帝带着明显的感情拥抱了拿破仑。奥地利皇后和大公们热情地接待了玛丽·路易莎，这份热情中也交织着尊敬。普鲁士国王向皇帝介绍了普鲁士王储，并请求皇帝将王储收为侍从官，让他可以跟随皇帝。同时，普鲁士国王还恳求皇帝的其他侍从官，可以友好地对待自己的儿子。

拿破仑1812年在德累斯顿逗留的这段时间，标志着他权势的顶峰。没有文字可以描述他的出现在当地造成的效果。大概从来没有凡人达到过如此一种伟大的程度。有人曾说，在德累斯顿的拿破仑，就是万王之王阿伽门农：当时，不论是对他的权势，还是对他超人的智慧，人们都自然地流露出了尊重与敬仰。站在他身旁的另一位皇帝、数位国王以及无数的王公贵族，仿佛都是他的廷臣，而不是与他地位相同的人。当拿破仑在场时，人们都忘记了奥地利皇帝的存在。拿破仑还必须努力隐藏自己，让大家注意到奥地利皇帝。后者的这位光彩夺目的女婿，获得了所有的注意力。我们不能光看奥地利皇帝和普鲁士国王的表现，就判断他们向他们的征服者展现了真心。就算这些王公自己可能会间或地忘记他们心中的怨恨，他们身边也有大批狡黠的大臣，后者会尽全力保证他们不会忘记这份不满。奥地利皇后是一个熟读诗书的聪明女人。她带着自己身为美妇人，以及作为皇后的高贵，全副武装地来到了德累斯顿。对这个为奥地利皇室带来了史无前例的羞辱的男人，她充满了偏见。玛丽·路易莎的这位年轻继母，来之前就打定主意要抵抗人们对拿破仑的激情，保持着一股轻蔑的矜持。但是，在须臾之间，面对拿破仑对所有人施加的那种影响力，她就缴械投降了。我经常有机会观察这些高贵的聚会。这次，我也有幸见证了拿破仑在德累斯顿宫殿的巨大套房中举行的王室聚会。奥地利皇后的健康状况如此之差，以至于她的身体都无法支撑她从套房的一头走到另一头。皇帝这时会走上前去，一手拿着自己的帽子，一手扶着奥地利皇后乘坐的轿子的门沿，愉快地和她聊天。奥地利皇后似乎对和皇帝的谈话很感兴趣，据身边的人说，她会认真地听皇帝讲话，然后回答后者的问题。所有亲历过这些时刻的人一致认同，借助他讨喜的诙谐，还有他吸引人的举手投足，拿破仑让他的高贵宾客们都不可阻挡地喜欢上了他。可以这么说，这个非凡的男人从年轻的时候开始，肩上就扛起了一个帝国的重担。所以他非常了解如何用语气和举止来支撑他的地位。他的头脑既深邃，又有洞察力，没有什么可以逃过他的双眼。他极有分寸，对各种社交礼仪有本能的敏感。在他非凡的头脑中，这两种天赋和他的成熟和教养结合在了一起。只要他想，这些特质就可以让他成为那个最讨人喜欢、最令人着迷的人。

　　一开始，我们之所以会产生前来德累斯顿的想法，是因为玛丽·路易莎想要再次见到她的家人，并且再次来到德意志人中间。既然奥地利皇帝来了，就意味着普鲁士国王也会来。普鲁士也是法国在这场即将到来的大战中的盟友。拿破仑将莱茵邦联的王公们聚集起来的第一目标，是要向俄国展示，将这些不同的王公维系在法兰西系统中的纽带是多么牢固。通过展示我们和整个德意志的君主们之间亲密的联盟，以及通过展示力量，皇帝还是希望可以震慑俄国，让它选择一条不那么好斗的路线。事实上，拿破仑是非常不想打这一场战争的，这一点我不管重复多少遍都不嫌多。直到最后的一刻，他都依旧希望可以避免这场战争。就在离开巴黎前，皇帝还把自己的侍从官纳尔博纳将军派去了圣彼得堡。因为他在德累斯顿没有获得纳尔博纳将军的消息，又听闻亚历山大沙皇已经到了维尔纳，于是他命令自己的驻俄大使洛里斯东伯爵到那里去，直接跟沙皇沟通。不可否认地，拿破仑那时心中升起了一丝的希望，觉得两国之间的困难说不定还可以解决。他愿意相信，亚历山大在经过思考之后，会倾向于撤回之前俄国政府发给法国政府的言辞激烈的命令。这份《命令书》要求，在进行任何的商讨或是谈判前，我们必须撤出所有我军占领的领土。洛里斯东将军甚至没有获得前往维尔纳的许可，纳尔博纳伯爵也在5月24日回到了德累斯顿，此时距离皇帝出征只剩下5天了。纳尔博纳伯爵见到了俄国君主，但是后者根本不愿意改变自己的想法。这位君主冷淡且固执的态度，他的审慎，以及他对那些让人无法接受的要求的坚持，都让拿破仑确信，沙皇已经下定了决心。后者已经深深地滑到了英国人那一边，无法回头了。鉴于他已经不能再欺骗自己了，皇帝传令到巴黎，命人把库拉金亲王的护照交还给了他。和护照一起交过去的，还有巴萨诺公爵的一封信。信中的措辞告诉俄国大使，他这样坚持要回护照的行为，等于就是宣战了。

德累斯顿的宫中此时还是歌舞升平，要不是我们知道，在我们周边驻扎了50万整装待发的士兵，没人能想到欧洲正在酝酿着战争以及其他一系列的大事件。在场的每个人都参与到了这些大事件中，当然，每个人心里想的东西都是不一样的。

在奥地利皇帝的随扈中，有一个挂着侍从头衔的人。这个人无论是在军事指挥，还是外交任务中，都打出了自己的名声。但是，在德累斯顿的一群王公贵胄中，没人注意到他。他就是奈伯格伯爵将军。玛丽·路易莎皇后在德累斯顿第一次见到了他。当时，她完全没有关注这个在场的人。不过，当她在和皇帝一起去剧院包厢的路上时，她对这个将军说了几句话，因为他挡着她的路了。上帝的安排是多么难以捉摸啊！德累斯顿的欢宴将这三个地位相差悬殊的人召集在了一起。那时，没有人能想到，三人中地位最卑微的那位，在未来命中注定扮演的角色。

到了5月29日，所有的客人都离开了，只有玛丽·路易莎皇后还留在德累斯顿。拿破仑皇帝在那天与她分别，前去领军。奥地利皇帝和皇后也在同一天出发前往布拉格，去抓紧做好迎接他们的女儿和继女的各项准备。前一天傍晚，普鲁士国王和王储离开了德累斯顿，返回柏林。玛丽·路易莎独自在德累斯顿逗留了一段时间，并在6月4日启程前往布拉格。她的整段旅程都是在民众的欢呼和喝彩中进行的。在抵达奥地利的边界时，她穿过了凯旋门，身边还有许多身着制服的骑兵部队的护送。这是人们向她致意的方式。皇帝和皇后前来迎接了她，并和她一起返回了布拉格。她是在礼炮的鸣响和教堂的钟声中进入的布拉格。布拉格的市政及宗教领袖，整个宫廷以及当地的显耀贵族家庭都被介绍给了她。无论是在餐桌上，还是在马车里，奥地利皇帝和皇后都把主座让给了玛丽·路易莎。她在所到之处都受到了人们的热烈欢迎，享受的是只有奥地利君主在庆典时才能享受的荣誉。她在布拉格逗留了超过 3 个星期的时间。每天都充满了宴会、舞会、出游、华灯以及戏剧表演。奥地利皇帝的宫殿和玛丽·路易莎的宫殿交替举行了接待会。拿破仑的妻子在奥地利的领土上，沐浴在无数的荣耀中。或许可以这么说，哈布斯堡家族响应命运的号召，正在为这个男人送上自己最后的宏伟敬意。这个男人闪耀的光芒马上就会暗淡下来，并最终完全消失。

在这欢愉中，玛丽·路易莎也一刻都没有忘记皇帝，她每天都会给皇帝写信。在 6 月 25 日，她给拿破仑的母亲写了这样的一封信：

1812 年 6 月 25 日，布拉格

皇帝的状况很好。他还是在哥尼斯堡近郊，总是那么忙，总是骑在马背上。但是，他肯定是越来越好的。他不在的这段时间里，我唯一的慰藉就是想到他虽然很劳累，但是他的健康肯定是无虞的。他经常会给我写信，只要我收到了他的信，那么那天就是幸福快乐的……皇帝不在身边，没有什么可以彻底抚慰我的心，就算是我的家人都在身旁也不行。

7 月 1 日，玛丽·路易莎和她的父亲一起离开了布拉格，后者陪她一直到了卡尔斯巴德①。她在 18 日就再次返回了圣克劳。

与此同时，拿破仑造访了格洛高、波森、桑城、但泽以及哥尼斯堡②。皇帝在哥尼斯堡停留期间，在弗里德兰举行了一次盛大的阅兵。这让他回忆起了自己最恢宏的胜利之一③。他检查了各军的情况，率领他们抵达了尼曼河边。6 月 24 日，大军跨过了尼曼河。同月的 22 日，我们已经对俄国宣战了。在此前的 5 月 25 日，俄国已经和奥斯曼土耳其政府签署了《布加勒斯特协议》。同月 29 日，俄国还宣布本国的港口对所有国家开放，也就意味着它们对英国开放贸易了。

在我们对俄国宣战的第二天，拿破仑亲自前去侦察尼曼河沿岸最适合渡河的地点。他在自己的大衣上套了一个罩子，还带上了卫队中波兰轻骑兵佩戴的侦察帽。依据他的命令，我们在科夫诺④附近建起了三座桥梁。大军在 6 月 23 日晚间开始通过这些桥梁渡河，渡河行动一直持续到了第二天才结束。渡过尼曼河之后，大军在从科夫诺前往维尔纳的路上，基本没有遇到俄军。只有在维尔纳附近遭遇了一些轻装部队。法军没有进行任何战斗就进入了维尔纳城。在我们跨过尼曼河后，天气大变。滂沱大雨引发了洪水，淹没了道路，让我军的后勤供应陷入了混乱。皇帝在 6 月 28 日进入了维尔纳。人们热烈地欢迎了他，将他视作解放者，是重建独立波兰的人。接下来，我要讲一件发生在我们的波兰部队身上的意外，他们

---

① 今捷克的卡罗维发利，德语名称为卡尔斯巴德。
② 分别是今日波兰的格沃古夫、波兹南、托伦、格但斯克以及俄罗斯的加里宁格勒。
③ 指 1807 年 6 月 14 日的弗里德兰战役。此役，法军取得大胜，俄军败走，第四次反法同盟瓦解。
④ 今立陶宛的考纳斯。

那时正在跨过一条小河。我之所以要讲这件事情，是因为外人夸大了这支部队当时遭受的损失。当时，暴涨的河水冲垮了桥梁，勇敢的波兰士兵选择了游泳渡河，就像鞑靼人那样。在渡河的过程中，他们失去了一名轻骑兵：他被洪水从同伴身边冲开，并因此溺死了。

亚历山大沙皇在3天前离开了维尔纳，前往他设在斯文齐亚尼的大本营。

详细描述俄罗斯战役中发生的事情不在这本书的范围之内。已经有诸多一丝不苟的历史学家公平公正地完成了这个任务。未来会出版的回忆录会讲起这次战役中发生的事情，并且让人们更好地知道这场致命战争的种种细节。现在大部分的作者，在谈起这场战争时，都不够公正客观。一位作者对倒台的帝国政府充满敌意，在他的记叙中，我们可以感受到他狂热的恨意，以及他不公正的偏见。还有一位作者呢，对波旁政府忠心耿耿。他想把拿破仑这个伟大的受害者献祭给波旁家。第三位作者①，在这场战役的各个阶段中发现了严肃史诗的素材，激起了他的文学野心。他耗尽自己梦幻般的想象力，把这场战役写成了一部戏剧。其中的起承转合，跌宕起伏，还有结局，都是他为了戏剧效果自己安排的。尽管他对于这次值得纪念的远征涉及的具体细节和计策并不全部了解，但是这位作者知道怎么按照自己的想法（噩梦）来编排这些事件。他哀婉的才能愉悦地为这次战役中的种种不幸涂抹上了最黑暗的色彩。这些不幸的事件，本来就足够残酷了。根本不需要再通过夸张来刺激人们的头脑。这场巨大的灾难已经在人们的心中引发了强烈的情感，人心总是贪婪索求这样的情感。

---

① 菲利普·德·塞居尔将军。——作者注

俄国将军巴拉科夫在维尔纳执行的任务，就是在为这场致命的战争做着准备，也是它最确定无疑的先锋。当时我们根本不知道这项任务的目的。此前，沙皇在维尔纳接待了纳尔博纳伯爵。他在会面中展示出来的态度浇灭了所有保持和平的希望。同时，他还拒绝接见我们的大使洛里斯东伯爵。他甚至都不让自己的首相和洛里斯东伯爵进行对话。但是，现在战争已经开始了，拿破仑已经攻进了立陶宛，这位俄国军官却出人意料地抵达了帝国军队的大本营。他的抵达也让我们又升起了一丝希望。这位将军是俄国的警务大臣。他这次来肯定只是想观察我军的情况。他为拿破仑带来了一封沙皇的亲笔信。在这封信中，亚历山大抱怨我们侵犯了他的边境。同时，他还表示："库拉金亲王根本没有获得要回身份文件的授权。如果皇帝是因此才认为他跟自己处于战争状态的话，这整件事都是一个天大的误会。如果拿破仑愿意让军队撤出俄国领土的话，那么他愿意对发生的事情睁只眼闭只眼，双方还可以达成某种协议。"皇帝把俄国走的这步棋、库拉金亲王对取回护照的坚持、亚历山大拒绝见我国的大使，还有他在维尔纳对纳尔博纳伯爵的冷淡态度放在一起比较了一下。他对于俄方如此滞后的反应感到很是震惊。不过，他还是询问了俄方的特使，是否有权马上在大本营中议和。巴拉科夫将军既没有获得相关的指示，也没有任何议和的权力。他的任务仅仅是重复库拉金亲王在巴黎提出的要求，并要求我们退出这些领土。皇帝收到这么一份莫名其妙的照会，很是不满。但是他隐藏起了自己的不满，还是热情地接待了这位信使。他还说了很多后者主人的好话。不过，在他看来，亚历山大的这封信根本就是对自己的羞辱，是后者身边的智囊们精心策划的。

拿破仑在维尔纳逗留时，发生了另外一件重要的事情：他在城中接待了华沙议会派来的代表团。他们此行的目的是希望让皇帝公开宣布他支持重建波兰。表达这份愿望的请愿书是由普拉特神父执笔的，因为他觉得这个代表团本来准备的请愿书不够严谨。这个愿望将皇帝摆到了一个很尴尬的位置上。如果说，他不愿意公开做出波兰人希望他做的决定，也就是"重建波兰王国"，那是因为他不愿意在战争的开始做出任何承诺。没有人可以预测战争的进展。他也不希望用这个承诺来束缚自己。因为如果他做出了这个承诺，就意味着他在达成这个目标之前都不能停止战斗。他事实上的想法是，如果我们无法成功，那就要马上议和，而不是继续这场战争。继续战争不仅会耗光法国的资源，对于解决波兰问题也毫无帮助。只有取得战争的胜利，再加上此后的和平，才可以让他解放这个民族，宣布后者的独立。因此，一切都取决于战争的走向以及波兰人在其中做出的贡献：这就是皇帝的想法。我们前面已经讲过了，在战前我们和奥地利达成的盟约中规定了，如果战争结束后的和约重建了波兰，那么奥地利会将加利西亚的部分领土割予新生的波兰。在 1806 年我们将普属波兰诸省建立为华沙大公国时，拿破仑也是这么做的，他一直到确保胜利后才宣布了这个决定。

因此，决定皇帝对波兰人的答复的理由是正当且真诚的。尽管他当时已经决定，如果胜利再次忠于法兰西的旗帜的话，那么重建波兰王国肯定会是和约的条款之一，但是，他对波兰人的讲话还是非常审慎、非常含蓄。不过，这样审慎的发言在波兰，甚至在法国国内都造成了不好的影响。人们批评拿破仑在这件事情上过于审慎了。但是，如果人们仔细地读一读他的宣言，就可以发现，他在其中清晰地承诺了对波兰民族的支持。如果说他只是号召俄属及普属的波兰省份起来反叛，没有加入奥属的波兰省份，那是因为这是一场只针对俄国的战争。因此，他的号召只是针对俄属及普属的省份发出的。更何况，拿破仑也不希望暴露自己的秘密计划。他更不希望在战争刚开始的时候，就因为欠考虑的行为而离间他和奥地利之间的关系。两国之间是签署了协议的。如果他在一次庄严的会晤中，因为不审慎的言行冒犯了一个强国。而这个强国还和普鲁士的军队一起组成了他的队伍的侧翼。那么，他还怎么以德服人呢？如果我们在这场战争中取得了胜利的话，奥属波兰诸省肯定是会被退还给重建的波兰王国的。奥地利也会因此收获对等的，甚至更大的补偿。

为了让大家领会拿破仑对于重建波兰一事有多么重视，我必须要披露他向自己驻华沙大使下达的命令。更为重要的是，大家要知道，他为什么选择了这个人担任驻华沙大使。因为这名大使实际上在波兰要扮演的是总督的角色。所以，为了确保这名大使能够拥有主导的权威，拿破仑专门在教会的高级教士中选择了这名大使。大主教的地位，给了这位法国大使一个政治属性，并将他放在了一个特殊的位置上。没有将军或是民政官员可以在波兰的将军和部长们面前拥有他这样的优势①。只不过，拿破仑选择的这个人特别的不灵光。一般来说，拿破仑总是可以找到称职的人去担任某个职位。但是，选择这位大使，是他为数不多的错误之一。

总结一下，拿破仑下达给德·普拉特先生的指示就是要看到一切、了解一切、指导一切并且组织一切。但是，他必须要隐藏在幕后，不能让人看到他的双手。在波兰，所有皇帝不方便或不愿意说的事情，都是通过这名大使的影响力来完成的。后者收到的命令是要让波兰这个民族重新燃起对旧联邦②的向往；让波兰人清楚地表达这个愿望；让波兰人尽情地展示他们的力量；让波兰人发起反对

① 波兰是虔诚的天主教国家。
② 指此前存在的波兰－立陶宛联邦。

俄国的大起义。这位大使所做的事情和他收到命令正好相反。他努力地平息了所有的动荡不安，消灭了所有的游行示威，冷却了所有的革命热情。他获得的命令是要让波兰的议会一直集结在一起，要鼓舞这个议会，要保持它的爱国热情，同时要一直激励议会的成员。说到底，我们给他下达的命令是要保证这个议会永不解散。这样一来，那些获得授权的人就总会有一个向这个国家发声的舞台，可以点燃波兰的民众，并保持这股神圣火焰的燃烧。德·普拉特先生却在开了 3 天的会之后就解散了这个议会。他把所有的代表都送回了家，只保留了一个小型的委员会。就连这个小型委员会，他也很少召集起来开会。而且，他还禁止这个委员会做出任何的行动。人们那时写成了一份宣言，其中包括了许多波兰大臣的发言。这些大臣都是出了名的有才华，并且爱国，所有波兰人都熟悉他们的声音。但是，我们的这位大使却觉得宣言的语言太过原始，他按照自己的想法重写了这份宣言。新的宣言毫无波兰的民族特色。他还用同样的方法把联邦的宣言也修改得面目全非。

在维尔纳时，皇帝听闻了这些与自己下达的命令大相径庭，并且反复无常的行为。他开始后悔自己做出的选择，并且打算召回德·普拉特先生。但是，考虑到在当时的情况下，召回普拉特可能会造成不好的影响，他就只得向后者发去了一份措辞严厉的斥责信，并且再次肯定且专横地下达了自己的指示。但是，自负的呓语蒙蔽了大主教的双眼。一天早上，他在醒来后，疯了一样地认定有 6 万俄军正在威胁着华沙公国的消息。他立刻就打算要逃跑。在这个流言的影响下，他开始努力地煽动波兰人，督促他们踊跃参军，组织游击队，并增加地下反叛组织的密探。不过，第二天，这个想象中的危机消失了，德·普拉特先生就觉得这些举措统统都是没有意义的，于是又回到了他此前那种无动于衷的状态中。

　　毋庸置疑，如果皇帝的指示获得了忠实执行的话，所有波兰人都会与我们合作。但是，那位在华沙代表法国的人，似乎是将麻痹这些努力视为自己的使命。

　　当我们考虑到德·普拉特先生在大使馆中的种种行为，他针对基于他自己收到的急件，来自皇帝的指示，以及外交事务部发来的通知所做出的反应，都让我们倾向于怀疑，这个决定了我国命运的人是一个叛国者。但是，他轻浮且反复无常的性格，都让我们排除了他叛国的这个可能性。人们难以想象，这样一个人会提前两年就秘密地从事着推翻帝国的事业。他受拿破仑的嘱托在华沙执行任务的这段时间里，犯下的所有错误，都是出于他目中无人的高傲，以及他那愚蠢荒谬的虚荣。

　　这样的一个人，在拿破仑的权势如日中天的时候，对他百般阿谀奉承，还因为自己的无能在波兰为拿破仑带来了严重的伤害。等到拿破仑虎落平阳之后，他就只可能做一件事情：大肆诽谤侮辱这个不幸的伟人。他也的确是这么做的。他就是一个靠不住的仆人，当无法再指望从旧主人那里得到什么好处之后，他也就没有理由害怕后者了。《华沙大使馆记事》是薄情寡义的懦弱者的耻辱柱。历史肯定会给它的作者一个恰当的评价①。

　　我们在维尔纳建立了临时政府。组成这个政府的 7 名成员，属于立陶宛最具影响力的几个家族。以下是这些成员的名字：索尔坦伯爵、亚历山大·萨皮埃哈亲王、波托茨基伯爵、西拉科夫斯基伯爵、普罗佐尔伯爵、泰森豪斯伯爵，还有维尔纳大学的校长斯尼亚代基先生。奥金斯基伯爵领导的一支仪仗队被纳入皇帝的麾下。这

---

　　① 　无耻的混蛋，这就是拿破仑对德·普拉特先生的评价。——作者注

支仪仗队跟随他一直打到了莫斯科，之后还跟着他一起撤回了维尔纳。这支仪仗队虽然规模不大，但是他们的热情一直非常饱满。他们组成了卫队中的波兰轻骑兵部队第二团的核心。出于爱国的情感，还有想要更有效地为重建波兰出一份力的希望，许多的波兰人领袖以志愿者的身份跟随帝国大本营前行。他们和法国军队一起经历了路上的艰难险阻。

皇帝将巴萨诺公爵任命为立陶宛总督。他让后者驻留在维尔纳，负责作为交流和组织的中心。德·巴萨诺先生负责出版与法军的动静有关的新闻。他还负责我们与奥地利、普鲁士，尤其是和土耳其之间的通信。我们必须关注土耳其的动向。同时，在必要的时候，也可以让他们起兵对抗俄国。拿破仑下达的命令的最后这部分，总是无法得到全力以赴地执行。之所以会这样，是有很多原因的。首当其冲的就是交通的缓慢和困难。随着大军距离维尔纳越来越远，交通的缓慢和困难进一步恶化了。巴萨诺公爵同时还负责与华沙政府之间的联系。有时候他还要负责向军队后方的部队转达命令。他的最后一项使命，就是为大军提供仓库、弹药以及补给。所有从法国来的信使、军官以及助理办案员们，都是先到维尔纳报道之后，再由德·巴萨诺先生派到皇帝身边的。

正是在维尔纳的近郊，拿破仑遇到了符腾堡王储，后者正在指挥自己的军队。他向这位王子严肃地抱怨了符腾堡军队抗命的行为。符腾堡的士兵们引起了很多的混乱，以至于到处都有人抱怨他们无情地打家劫舍的行为。从法国官员，到波兰官员，再到当地居民无不怨声载道。皇帝强硬地向王储指出，后者必须马上控制这些混乱的行为。王储面无表情地听完了这番抱怨，没有答话。他认为自己被羞辱了，并因此怀恨在心。

我觉得，大家可以好好读一读我从古尔戈将军的著作《针对德·塞居尔伯爵作品的批判性检视》中节选的下面这一段内容。这段内容较为详细地描述了拿破仑在战争期间每天的饮食起居：

　　他（皇帝）在营地中过怎样的生活，是取决于军事行动的。一般来说，当我们在追击敌人，或是很接近敌人时，他总会骑马和大部队一起前进。如果军队正在排兵布阵，并且战场和他有一段距离的时候，他会等待身边的部队都抵达指定的位置，之后再返回并留在大本营中。在大本营里，他会收到许多报告。这些报告是由各支部队的将领发来的。它们要么是直接寄给他的，要么是由参谋长转交的。同时，在大本营中他也会处理法国国内的事务，答复巴黎的各个大臣们发给他的报告。这些大臣每天都会给他写信。而大臣们的报告则是每周由一名参政院的助理办案员带来给他的。这些助理办案员还会听从部队中的总务军官的差遣，执行各种任务。通过这样的方式，他得以一边管理自己的帝国，一边指挥自己的军队。他对自己的时间一直是精打细算的。每次离开大本营之前，他都会计算自己出发的时间，这样一来，他就可以在需要的时候刚好抵达部队的前部。然后他就会钻进马车开始飞驰。不过，即便是在旅途中，他也不会闲着。他总是会给自己找很多事情做，比如阅读急件。他还经常会在马车里收到将军们给他的报告，他会当场做出回复。传令兵们从巴黎带给他的急件，都是被锁在一个公文包里的①，有时也会一起被交到他手上。在他的马车的地板上放置了一盏灯，在晚上的时候会照亮整架马车。借助着这盏灯，他可以像在工作室里一样工作。在这些旅途中，参谋长

———————

①　我觉得这里缺了一个词，缺了"这些文件"。——作者注

一般都陪在他身边。他的侍从官和勤务兵则骑马跟在马车旁。他的坐骑则在专人的护送下跟随在马车的后面。

这个杰出的男人的身体是如此的强壮，以至于他可以睡 1 个小时的觉，被叫起来发布一条命令，然后再次入眠，再被叫醒。这样完全不会影响他的健康和休息。他只需要 6 个小时的睡眠就足够了。这 6 个小时既可以是连续的，也可以是分散在一天 24 小时当中的。

在战斗打响的前一天，他会一直骑在马上：侦察敌情，选定战场，巡视他的部队驻扎的营地。即便在大战前的那个晚上，他的习惯也是到前线去，通过对面的火光再次确认敌人堡垒的数量。在仅仅几个小时的时间里，他就会让好几匹马精疲力竭。在战斗打响的那一天，他会把自己放在一个中间的位置上，从那里可以看见战场的全貌。他的侍从官和传令官在他身边待命，随时传递他的命令。在皇帝身后不远处的地方，是 4 支卫队，分属 4 个不同的兵种。但是，当他离开那里的时候，他只会带上 1 支卫队作为护卫。他会事先告诉自己的元帅们，这次他选择的观战地点是哪里，这样他们派出的军官就可以轻易地找到他。一旦战场上的某个地方需要他亲自前往，他会快马加鞭地赶往那里。

在这些细节之上，我还要做出一些补充。皇帝不论在哪里稍作停留，管它是一座宫殿，一间茅屋，还是一座陋室，他首先关心的都是在那里建立工作室。甫一确定临时居住地，拿破仑就会马上把下面这些东西摆在桌子上：装着他的文件和地图的文件包；还有几个桃花心木的盒子，盒子里分门别类地装着他旅行时随身携带的书籍。如果那里没有桌子，就找来木板或者门板，用架子一撑，也可以。如果只有一个房间的话，他的小铁床和他的起居必需品也会放在那个房间里。在那里，他会口授许多需要发出的命令。参谋长总是住在离他很近的地方。参谋长会把所有自己收到的报告呈到他面前，然后从那里带走回复。

如果战事要求拿破仑在他的冬季营地，或者占领国的首都驻留的话，他大部分的时间都会花在自己的内阁里。他一边满足军队的需求，一边也不会忽视对帝国的管理。他常常会把国务卿叫来面前，后者会给他带来许多大臣委员会发来的急件。国务卿会从他这里获得指示、命令以及决定，然后负责把它们发回巴黎。皇帝下达过的许多命令的内容都是让军队修正，为他们安排扎营的地点，重整部队，并让他们在此后可以更好地投入战斗。他总是仔细地注视人们执行他的命令，为了达成最好的效果，他还会经常重复自己的命令。不管天气如何，他每天都会外出，举行阅兵。有时候他会进行一些短途出巡，视察他的军队，或是战略要地。在每个军的后面，都有一队备好马鞍的马。其中两匹是他的，剩下的都是给他的军官准备的。这些马还负责运输他的行军床，以及一个装着换洗衣物的箱子。战时，拿破仑每天的午饭和晚饭都是和参谋长以及其他几名元帅或将军一起吃的。饭后，他有时候会玩惠斯特纸牌游戏，有时候玩二十一点。他更喜欢后面这个游戏，因为大家都可以参与其中。这些纸牌游戏可以让他忘记白天的操劳。一般来说，他从来不会一心二用。他要么就是全身心地娱乐，要么就是专心地处理事务。虽然玩游戏时从来都是小赌怡情，但是拿破仑对这些游戏还是很上心的。有时候，他会和牌桌上的另一名将军搭伙，如果皇帝受到幸运女神的眷顾，他会把自己赢的钱都给这位同伴。

拿破仑在军队里非常平易近人：和士兵们打成一片，对军官们也亲切和蔼。在军营中，君主和他的战友之间没有什么繁文缛节。

士兵们可以随时越级向皇帝举枪致敬，或是向皇帝提出任何的要求，口头提出或是写信都行。无论最终准许与否，皇帝都会第一时间处理士兵提出的要求。当我们无法准许某个要求时，我们都会向那个士兵告知拒绝的原因，并且亲切地向他解释清楚。经常是这样的，虽然我们无法批准某一个请求，但我们会为那个士兵做一些别的事情，作为补偿。如果某位军官有任何事情要向拿破仑坦白，皇帝总会洗耳恭听，并且会像父亲一样倾听他的请求。

在接着讲述俄国战役之前，我必须纠正部分研究拿破仑的历史学家重复在犯的一个错误。许多人指责瓦格拉姆亲王会改变，甚至隐瞒皇帝下达给他的命令，又或者是延后传达皇帝的命令。他们把这个事情讲的跟真的一样。但是，会说出的这样的话，就说明这些人不了解那时参谋长和皇帝之间合作的模式：战时，参谋长总是住在皇帝的近旁，后者一声令下，参谋长就可以来到皇帝面前。参谋长拥有可以睁着一只眼睛睡觉的天赋，而且他基本不需要睡觉。当那些带着命令的军官找到他时，他总是醒着的。然后他会来到皇帝面前，那些军官也会跟在后面，这样拿破仑在必要的时候就可以向他们提问。如果那时候皇帝在睡觉，他会马上起身，套上自己的绒布睡衣（有些睡衣上面带着白色的污渍）并向参谋长口授一个答复。后者会把写好的答复原样发出去给下面的元帅或者将军。同时，他会在自己的日程表里记下派出去送信的军官的名字，以及这名军官出发的时间。在下达另一个命令之前，皇帝会让参谋长把这本日程表呈到自己面前，重新读一下之前发出的那个命令的内容。在元帅们和将军们的回复中，他们也总是会加上，自己回复的这个命令，具体是在什么时候收到的。

任何了解瓦格拉姆亲王的人都清楚地知道，他是不可能这样滥用皇帝对他的信任的。他对皇帝的忠诚、他的性格，还有他的责任感都让他不会这么做。更何况，他天生就没有一颗密谋的心。他也没有这么厚颜无耻，承受得了如此玩忽职守的后果。

我曾听人说过，瓦格拉姆亲王是所有参谋长的楷模。说他缺席1815年的战斗，对皇帝的影响是致命的。我一点也不想否认贝尔蒂埃将军的才能。无论是执政府时期的意大利、埃及战役或是帝国时期的最初那些战役，他在其中都展现出了自己的才能。就像拿破仑那时在评价他自己和他的战友们时所说的：他还很年轻，还大有可为。但是，为了说出真相，我必须补充一点：随着贝尔蒂埃将军获得的荣誉和财富越来越多，他那出众的、真正的才华逐渐消失了。想要证明这一点，我只需要讲一下我在1812年的战斗期间目睹的情况。皇帝经常会在我的面前指责他粗心大意。皇帝那时常常这么对他说："贝尔蒂埃啊，我会让他们在格罗斯布瓦把您枪毙的。您现在就是成事不足，败事有余。"每次被批评完之后，贝尔蒂埃都会兀自地生闷气，也不来和皇帝一起晚餐（他一般都是和拿破仑一起用餐的）。皇帝这时会派人去找他，并且直到他来之前，都不会落座进餐。等他来了之后，皇帝会拥抱他，告诉他他们是不可分离之类的。他还会就维斯康蒂夫人①开贝尔蒂埃的玩笑。最后，他会让贝尔蒂埃和自己同桌落座，坐在自己的对面。

每当抵达一个过夜地点后，皇帝总是会第一时间为自己的卫队和部队安排住处。他认为这是自己的职责。除非有什么紧急的命令要发出，否则这都是他第一件做的事情。之后，他会继续骑在马背上，巡视自己的住所周围的营地。看看士兵们是不是都有足够的食物，各处之间的沟通是不是通畅。总而言之，他就像是一个普通的

---

① 贝尔蒂埃的情妇。拿破仑不允许两人结婚。

参谋部军官一样。当拿破仑在忙着处理这些事情的时候，参谋长才会赶忙回到自己的住处，安顿下来。

有一天，皇帝碰巧派我去找参谋长，具体是为了什么我不记清了。我找到他的时候，他正独自待在卧室里，胳膊肘撑在桌子上，双手掩面。他抬起眼睛看向我的时候，双眼都闪着泪光。当我问起他为何如此伤心时，他突然爆发了，开始抱怨自己现在痛苦的生活。他说：“给我150万利弗尔，一座在巴黎的豪华宅邸，一个漂亮的庄园，又有什么用呢？我就像是坦塔罗斯①！我会因为过度辛劳而死在这里的。一个普通的列兵都比我要幸福！”然后他用手背擦了擦眼睛，说：“现在又要让我干什么？我们必须把萨拉蒙和勒迪克叫来。”这两位是他的秘书。我当然没有把这些评论转述给皇帝，不过，皇帝对于这件事情其实清楚得很。虽然贝尔蒂埃身上有很多不完美的地方，但是拿破仑还是通过一条纽带和他绑在一起：习惯。在拿破仑这里，习惯这条纽带的力量是很强的。此后，他之所以会为这位老战友的缺席而感到惋惜，和后者的品质没什么关系，我们的参谋长早就没有那些品质了。真正的原因是皇帝习惯了他的服务，皇帝一直活在过去的印象中。一个更出色的参谋长大概可以更好地帮助拿破仑。但是，在拿破仑眼里，没有人可以代替贝尔蒂埃。因为贝尔蒂埃从一开始就陪伴在他身边，并且一直对他不离不弃。在顺境中产生的这种谜一般的信心，让皇帝在和这位老战友合作时，一直都感到非常安心。这种安全感，更多的是表面上

---

① 古希腊神话中宙斯的儿子，因触怒宙斯被打入冥界。传说，当他口渴想喝水时，水就退去；他的头上有果树，肚子饿想吃果子时，却摘不到果子，永远忍受饥渴的折磨；还说他头上悬着一块巨石，随时可以落下来把他砸死，因此永远处在恐惧之中。因此，他在西方一般用来指代受到某事的诱惑，却永远得不到那件东西。

的，并不是真实的。我曾听拿破仑说，他第一次将贝尔蒂埃纳入麾
下的时候，后者还是一只"小鹅"，是他把贝尔蒂埃培养成了一只
雄鹰。你不得不承认，他太了解这个自己封为瓦格拉姆亲王的人
了。1814 年的时候，正是在枫丹白露，贝尔蒂埃向皇帝告假两天，
到巴黎去安排一些事情。看着他离去后，皇帝说："这个人再也不
会回来了。"

　　参谋长在 1809 年战役之初将法国部队放在了一个错误的位置，
关于这一点，已经有很多人从军法的角度责备过他了。他的军事能
力到底怎样，也是存在争议的。但是，关于这一点，我不置可否。
首先，我本来就不能评价军事上的事情，其次，我不想让别人说我
是在诽谤他。说起来，瓦格拉姆亲王从来没有亲自指挥过军队，为
什么要评价这样一个人的军事才能呢？就算他背地里真的是一个特
别出色的将领，拥有最出色的排兵布阵的能力，我们也不会知道，
因为参谋长的工作也只不过是执行细节而已。他也大可不用为了皇
帝对他的呵斥而伤心。因为，当你是被拿破仑这样一个伟人批评
时，可没什么好感到耻辱的。但是，还有一些人不相信拿破仑这个
名字代表的卓越的天才……这么说吧，不管是贝尔蒂埃也好，塔列
朗也好，还是其他的那些人也好，他们下达的所有命令、发出的所
有急件，都是由拿破仑口授的。拿破仑不光会提出所有的想法，就
连这些想法具体实施的细节，也都是他自己想出来的。我并不是说
他希望所有事情都由自己一手包办，但是，他超人的智慧时常会把
他引到这条路上去。同时他也觉得自己有足够的时间和手段，可以
完成所有的事情。他的工作是去组织、去创造。他事无巨细地完成
了这项工作。他发出了许多命令，各种性质的都有；他为各种各样
的任务下达了指示，不论主题是军事、政府、财政还是文学；他还
为他的各个大使起草了递交给出使各国宫廷的文书，等等。所有这

些都是他自己完成的，他做这些事情就像是玩一样，没有半点绞尽脑汁的样子。就是这样，拿破仑让自己手下的所有人都显得很出色，好像这些事情都是他们做的。其实，所有的一切都是拿破仑做的。

我又离题了，希望读者们可以原谅我！我情不自禁地被过去的回忆支配了，一不小心就被牵着走了……

7月18日，皇帝离开了维尔纳。他来到格鲁博基，在那里建立了军械库。之后，他又抵达了贝肯-科威茨基。他本来希望可以在这里遇到俄军。他在波兰的克雷普托维奇伯爵①的乡间别墅里待了一天。这个漂亮的宅邸里到处都是艺术珍品，到处都装饰着美丽的画作和花朵，和战争的可怕景象形成了奇异的对比。当我们进入这座宅邸的时候，里面井井有条。这座宅邸是被匆忙抛弃的，因此里面还满是此前人们生活的痕迹。在摇篮里还能看见婴儿身体留下的印记。这座宅邸的男女主人在大婚时，发生了一件悲惨的事情。我是在惨剧发生的地点听人讲起这个故事的。伦恩小姐是俄国人。有一位叫阿尔塞纽的军官非常爱她，他是沙皇的卫兵。这位军官听闻克雷普托维奇伯爵和伦恩小姐的婚约之后，找到了自己的情敌，并威胁后者说，如果他坚持和伦恩小姐成婚，那么自己就会杀了他。克雷普托维奇伯爵回复说，这样的威胁只会让他决定更快地成婚。两人之间于是举行了一场决斗，阿尔塞纽失去了自己的性命。虽然克雷普托维奇伯爵用自己的剑赢得了妻子，但是，他对艺术、音乐和绘画的热爱要胜过对自己妻子的爱。此后，他离开了家，开始四处云游。他环游了世界，探索了亚洲和非洲。在旅途中，他的

————————

① 又好像是切雷波维奇。——作者注

身边总是带着两样东西：他的小提琴，还有一幅画作。离了这两样东西他就活不下去。

我们输掉了在奥斯特夫诺的战斗。我们本来预期俄军主力会全部出现在那里。此后，为了引诱俄国将军巴克莱·德·托利出来打一场大战，拿破仑行军到了维捷布斯克。不停地追击一个无法下定决心来跟自己决战的将领（这是真的），已经让拿破仑无比的厌倦。有时候，这位俄国将军看起来满腔斗志，终于决定不再后撤，和拿破仑打一场决定性的战役。但是，第二天，拿破仑的现身又会震撼这个将军，他前一天的那些决心都会消失得一干二净。

拿破仑在维捷布斯克逗留了 15 天。在此期间，他下令建造了一些防御工事，还建造了一座巨大的军用面包厂。这也让人们认为他打算在这座城市周边扎营，并把这里作为自己的防御线。但是，他至今都还没和敌军有任何接触，这样他是没法在 7 月结束战斗的。他让军队暂时停下的原因，主要是为了让疲惫的部队休整一下，同时他也需要观察俄军的动静。听闻俄军离开斯摩棱斯克周边，前来进攻他后，皇帝马上领军前去迎击。他率领部队沿着第聂伯河的左岸快速进军，顺流而下，赶在敌军返回之前抵达了斯摩棱斯克。这样的操作，让敌军没有注意到法军的移动。敌军的侧翼和后部就这样暴露在了我们的面前。这次部署的大胆和熟练，让俄国人自己都钦佩有加，也被认为是整场战役中最出色的神来一笔。但是拿破仑的星光已经逐渐黯淡下去了：朱诺将军在行军途中迷了路，内伊元帅对斯摩棱斯克堡垒的进攻，则不幸没有成功。对于法军的移动后知后觉的巴克莱将军，此时正在急忙回师斯摩棱斯克。被关在斯摩棱斯克堡垒中的两个俄军师成功地守住了这个地方，坚持了整整一天。如此一来，就等到了两支俄国的援军。拿破仑本来希望巴克莱因为不想让这座旧俄国的通衢就这样落入我们手中，肯定会和我们打一仗。但是巴克莱仅仅是掩护俄军撤退，并和巴格拉季昂的军队会合后就跑了。巴格拉季昂的军队那时跑到了法军的前面，我们本来是要切断他的撤退道路的。

战后，拿破仑和他的副官之间就是否要在斯摩棱斯克停留，又做了一番讨论。促使皇帝离开维捷布斯克的理由，和他现在决定离开斯摩棱斯克的理由是同一个。法军只有在一种情况下才会停止进军，在这两座城市扎营：获得一场我们惯常获得的大胜，让我们觉得马上可以签订和约。但是，现在的情况正好相反：俄国人不仅没有怎么保卫这座守护俄国的堡垒，也没有任何和我们谈判的意思。当时还是 8 月，让法军整个夏天都耗在斯摩棱斯克是不可能的。在那时候，我们也没有任何理由退兵，或者退守第聂伯河左岸。因为，冬天一到，第聂伯河就会冻上，也不会为我们在抵御敌人时提供什么保护。既如此，我们是不是就要保持守势，一直等待呢？这样的缩头战争，我们法国人天性就厌恶，更何况，我们这时候距离我国边境有整整 500 里。而且，这样一来，敌人就有充足的时间四处出击，摧毁我军的物资。他们自己想要获得这些物资是很容易的，毕竟这里是他们的国土。拿破仑自然不愿意这样做。俄国人为了保卫莫斯科肯定会被迫和我们决战。那里就是达成和平的地方。这是皇帝当时的想法。我们只需要一场伟大的胜利，只要获得了这场胜利，亚历山大沙皇就会被迫跟我们议和。拿破仑补充说，这份和约还会控制我们的战争开支。这份和约将为我们所有的努力加冕，是和平的开始。

法军在向着斯摩棱斯克进军的途中，遭遇了一个俄军师，双方在克拉斯诺爆发了战斗。正是在这场战斗中，在一次出色的骑兵冲锋中，年轻的马尔伯夫受了致命伤。失去这位军官，让皇帝非常悲痛。这位年轻人是由他的母亲，马尔伯夫伯爵的遗孀引荐给皇帝的。马尔伯夫伯爵是科西嘉岛的前任总督，他和这位女士结婚时，自己也是一名鳏夫。当德·马尔伯夫夫人在 1805 年向皇帝引荐自己的儿子时，她的儿子刚好 20 岁。拿破仑将他收为了自己的传令官。下面这封信将会向大家展示，拿破仑对德·马尔伯夫先生此前对波拿巴家族的照顾，一直深深地铭记在心。我觉得应该在这里摘录一下这封信：

共和历 13 年风月 18 日（1805 年 3 月 9 日），巴黎

第二十五龙骑兵团军官德·马尔伯夫先生，我已经赐给您一份 6000 法郎的终身津贴，从皇室资产中拨出。我已经命令我的管家德·弗勒里厄先生给您带去一份敕书副本。我还将下令，从我的私人财产中拨款 1.2 万法郎，为您置办军装。无论在任何情况下，我都希望向您展示我对您的关心。这都是源于我对您父亲的美好回忆和他为我做出的种种服务，我很怀念他。我希望您可以追随他的脚步。此致，我向主祈祷他将您置于他神圣而高贵的守护之下。

拿破仑

可以这么说，皇帝是收养了这个孩子，他打算为后者带去荣华富贵。他将蒙布朗路 11 号的那座漂亮宅邸赐给了这个孩子。这座宅子是从库务总长皮埃洛那里购得的。在德·马尔伯夫先生去世后，皇帝把这座宅邸赐给了帕多瓦公爵。

拿破仑对小马尔伯夫的母亲一直都是以礼相待的。人们说，当年在确定帝国的各个仆从和随员时，拿破仑的母亲曾经向他提议，将德·马尔伯夫夫人任命为自己的侍女。拿破仑拒绝了这个提议，

因为他觉得这样有点微妙。据说，他是这么说的："考虑到马尔伯夫先生为我们所做的一切，我们不能让他的遗孀来伺候我们。"

沉浸在丧子之痛中的德·马尔伯夫夫人离开了女儿的家。她的女儿嫁给了路易·德·安布吕格科伯爵。这桩婚事也是经皇帝的恩准才成的，这位伯爵在1813年时是一位上校。德·马尔伯夫夫人此后进入圣心修道院隐居，并于1839年在那里去世，享年76岁。她的丈夫也是在这个年龄去世的，她在丈夫去世后寡居了53年。

敌人在撤离斯摩棱斯克之前，一把火把那里烧了个精光。此后，敌人继续后退。内伊元帅的军队在古丁的部队的支援下，于瓦鲁提诺－果拉的高地上进攻了俄军一半的主力部队。这些部队在这次遭遇战中表现非常出色。但是，由于朱诺将军莫名其妙的行为，敌军这次又侥幸逃脱了：指挥威斯特伐利亚部队的他，拒绝去切断俄军的后路。在这场遭遇战中，勇敢的古丁将军的两条腿都被炮弹炸断了。至于朱诺呢，他不光拒绝遵从皇帝多次下达给他的援助内伊的命令，还无视那不勒斯国王的紧急要求。后者甚至亲自来到他的面前，就为了说服他去做他应该做的事情。皇帝当时留在了斯摩棱斯克，他没有预料到这场遭遇战会变成一场大战。当他听到这个消息赶到战场时，战斗已经差不多结束了，俄军还是继续在后撤。拿破仑严厉地批评了朱诺将军。但是这位倒霉的将军那时已经开始受到精神疾病的困扰了。一年之后，他的精神病迎来了大爆发。皇帝本来任命了拉普来取代朱诺的位置。拉普不光会讲德语，神志也是清醒的。但是，拉普拒绝了这项任命，还为他的战友做了斡旋。拉普的居中调停，加上拿破仑对他资格最老的侍从官无法抑制的善意，让阿布兰特什公爵保住了他指挥官的位置。古丁将军被快速运送到了斯摩棱斯克。但是，皇帝的全力关怀也没能挽救他的生命。

他的逝去让他的君主和整支军队都非常伤心。大家都很欣赏他杰出的品质。古丁被葬在了斯摩棱斯克的堡垒中。

　　施瓦岑贝格亲王率领的军队在右翼取得的一些胜利，以及古维翁·圣西尔将军在左翼取得的胜利稍微抚慰了皇帝受伤的心灵。圣西尔将军此前取代了乌迪诺元帅的位置，后者受了严重的伤。圣西尔将军取得的胜利也让他获得了元帅的权杖。此后，我军一直在追击撤退的俄军。敌军在连续烧毁了恰什尼基①和维亚济马这两座城市以及城中富庶的市场后，终于在莫扎伊斯克停了下来。我们在那里得知，库图佐夫元帅已经取代巴克莱·德·托利将军，成为俄军的统帅。

莫斯科战役及城中的大火

　　在名留青史的莫斯科战役前夜，拿破仑想到明天要打响的血腥战斗，心中满是严肃的焦虑。正是在这种气氛中，他收到了自己儿子的肖像。皇后委托德·博塞先生在赶来大本营的时候，把年轻王子的肖像带给孩子的父亲。皇帝迫不及待地命人在他面前打开了盒子。画中的皇子正坐在摇篮里，玩着棒接球的游戏。那个球可能是从地球仪上取下来的，棍子大概是一根权杖。拿破仑注视着儿子的画像，想到他和法国以及儿子之间的距离，还有对这场他期待已久的大战的准备，心中升起了浓烈的情感。他命令自己的一名男仆将这幅画像带到帐篷外面去，高高地举起，这样所有放哨的卫兵都能看见。这个场景让所有附近的士兵和军官都跑了过来。为了满足不断涌来的士兵的好奇心，皇帝下令把罗马王的画像摆在他帐篷里的

———————————

①　要么是叫恰什尼基，要么是叫贾茨。——作者注

一张折叠椅上。他把这张折叠椅放在了所有士兵都能看见的地方，放了一整天。这些勇猛的士兵看到这幅画，同情和感动的神态溢于言表，这深深触动了皇帝。

库图佐夫元帅在博罗金诺附近摆好了阵势，静待法军的到来。他的阵地中间有一个大型的堡垒，侧翼还有许多防御工事。法军和俄军针对这些堡垒展开了激烈的争夺，几经易手后，我们夺取了所有的堡垒。蒙布兰将军和掌马官的兄弟科兰古将军在此次战役中壮烈牺牲。9月7日这血腥的日子里，有30万人投入了厮杀，没人知道他们为什么那么无情。800门火炮将死亡抛掷到了双方的队伍中。俄军将这次大战称作"博罗金诺战役"，法国人则称之为"莫斯科战役"。这次大战是历史上最血腥的战斗之一。这是两个巨人之间的战斗。俄方承认他们损失了5万人，包括战死、受伤和被俘的人数。造成这一巨大伤亡的原因，是俄方顽强的抵抗意志：他们宁愿战死在堡垒中，也不投降。法方的损失大概是3万人的减员。战斗中总共有30名俄军将领，以及15名法军将领战死、受伤或被俘。浸泡在血水中的两军一直对峙到了最后。法军取得了胜利，俄军则准备撤退。

人们曾经批评拿破仑皇帝，说他没有派出所有军队去追击敌军。他把帝国卫队留了下来，他们没有参与行动。针对这些抱怨，他是这么回答的："要是第二天又有一场战斗，我要靠谁来战斗呢?"事实上，库图佐夫的确有第二天再打一场的打算。我们来看一下两军各自的状况：其中一支部队（俄军）背靠自己的首都，可以源源不断地获得补给和人员补充。主场作战的他们，还有宗教狂热和爱国主义的加成；另一支部队呢（法军），离法国有800里，无法获得任何及时的人员补充，并且迟早是要打道回府的。拿破仑这样一个优秀的领袖是不会在还没有彻底击败敌人，敌人还有可能反扑的时候，匆忙地放下武器返回驻地的。如果要打第二场仗的话，保留 2 万帝国卫队这样勇猛的部队，就可以保证我方的胜利。难道说，后来不正是这些卫队掩护了我军的撤退吗？战斗结束后，皇帝让这些年轻的卫兵占领了战场。他命令他们在敌人获得增员，于晚上反扑的时候，必须要守住。

在莫斯科激战的一天结束后，皇帝在一座乡下小屋里住了一晚。这座小屋距离战场不远。此前的几晚，他都是在营地里度过的。他经常得站着，同时也非常劳累。一来二去，他感冒了，并且很快就说不出话来了，这让他很不高兴。他的手从来跟不上自己飞速转动的大脑的速度，但他这时却被迫要艰难地将各种繁杂的命令写在小纸片上，发往四面八方。在乡下小屋睡了一晚之后，他就摆脱了这个短暂的疾病。

在莫斯科城外打的这场仗，一开始让我们认为俄国人是真的想要防御这座城市。战斗结束之后，法军的先头部队抵达了这座俄罗斯帝国旧都的城下。他们在高地上看见莫斯科后，情绪高涨起来。这股情绪也很快感染了整支军队。我们希望可以在城中获得整顿，更重要的是，我们希望可以找到补给物资。这座伟大的城市突然出现在地平线上，是一个稀奇且让人印象深刻的景象：这座城市是亚洲风格的，而不是欧式的；它就这样在一片荒芜而裸露的平原的尽头铺展开来，城中有 1200 座尖顶和天蓝色的圆顶，其中点缀着金色的星星，由镀金的链子连接在一起。我们为了占领莫斯科，付出了巨大的代价。不过，那时候拿破仑还抱着幻想，觉得占领了莫斯科，俄国就会被迫议和。那不勒斯国王是第一个进入城中的，他派人来告诉皇帝，这座城市似乎已经被抛弃了，里面空无一人。没有任何民政或军事长官、贵族或神父来找他。俄军在撤退的过程中，把大部分的莫斯科居民都带走了。一部分没有遵从撤离命令的俄国和外国商人，前来找到了皇帝。他们乞求皇帝保护自己免受劫掠的威胁。城中还剩下的，就只有几千个属于社会最底层的人。他们反正也没什么可以失去的，所以就留下来静观事态变化了。

这天是 9 月 14 日，当天晚上，拿破仑住在一个叫多罗戈米洛沃的郊区，第二天他才进入莫斯科。这次入城仪式，并没有往常我们占领一个伟大城市之后的喧哗。除了大炮和火炮的运输车发出的声音之外，城市的街道一片寂静。莫斯科就像是沉沉地睡着了，像是我们在阿拉伯的故事里读到的那些被施了魔法的城市一样。我们通过的街道两旁，基本都是漂亮的建筑，它们都门窗紧锁。带柱廊的豪华宫殿、教堂，还有被欧洲和亚洲的奢侈品装点起来的宅邸，就这样和陋室们混杂在一起。所有的建筑物都在向我们诉说着这个因贸易而兴盛的伟大城市的富裕和奢华。城中居住着无数富有的贵族。一些我们得以进入的大宅子，都有着漂亮的陈设和豪华的家具，有一些美得让人眩目。它们的主人看起来不像是会永远抛弃它们的样子。

皇帝径直来到克里姆林宫，这是城市中心的一座巨型堡垒。它坐落在一座小山上，四周围着一道墙。墙上每隔一段距离就有一座高塔，塔上有御敌用的大炮。克里姆林宫本身就是一座城市。其中包含了皇宫、军火库、元老院、档案库、主要的政府部门、大量的教堂和圣殿。教堂和圣殿里堆满了历史珍品、君主加冕的用品，还有就是从土耳其人那里缴获的战利品和旗帜。其中的一座圣殿中，埋葬着历代沙皇。在这座威严的大教堂里，弥漫着一种半野蛮性质的、原始的宏伟感。教堂的墙上都覆盖着厚重的金银铭牌，上面雕刻着神圣的历史①。建筑的穹顶上吊着硕大的拜占庭风格的银色吊

---

① 指基督教的历史。

灯。地上则摆放着用同样的金属制作的枝型烛台，伸出许多分叉。在这座教堂中，还可以看见一幅圣母像，据说是路加画的。这幅画像的相框上镶嵌了许多珍珠和宝石。克里姆林宫里面还有一座叫伊万塔的巨型钟楼，钟楼的顶端是一个巨大的十字架。在这个十字架的中间，还有一个小小的纯金的十字架，里面放着那个真正的十字架①的一个残片。这个十字架，以及克里姆林宫中许多能被移动的珍宝，都被从克里姆林宫送去了巴黎。

　　皇帝刚刚进入克里姆林宫，基泰格罗德，也就是中国城，就燃起了大火。这是一个巨大的市场，它周围环绕了一圈柱廊，入口就在街道的正中央。在市场的商铺和地下室里，堆满了各种各样的奇珍异宝：比如披肩、皮草以及印度和中国的织物。我们为了救火做出了无数的努力，但全都无济于事。这个燃烧的市场成了点燃整个城市的信号。这场迅速蔓延的大火，在3天的时间里就吞噬了莫斯科四分之三的城区。每一刻，人们都能看见烟从完好的房子里冒出来，然后伴随而来的就是大火。最后，整座城市的每一座房子都着火了。整座城市就像是一座大熔炉，一束束蹿天的火舌照亮了大地，散发出炽热。这数股火焰交织在一起，遇上了一股强劲的风，马上朝着四面八方散布开去。伴随着火焰而来的，还有风的呼啸声，以及爆炸声。这些都是倒塌的墙壁以及商铺和宅邸里的易燃物炸裂发出的声响。在这些呼啸的声音之上，还有人的呼喊声。这都是想要趁火打劫的人，却深陷火海。就算他们有些人能从着火的房子里逃出来，也会殒命在街道中。着火的街道就像是迷宫一般，没人能逃出生天。我们就这样看着这个可怕又壮观的场景。每个人都动弹不得，也说不出话来，恍恍惚惚的。我们只感到无能为力，什

---

①　指耶稣被钉死在上面的那个十字架。

么忙都帮不上。

城中传来迅疾而频繁的枪声，宣告我们正在及时地将纵火犯们就地正法。他们被抓的时候刚刚从被他们点燃的房子里逃出来，手上还握着用硫黄处理过的导火索。皇帝下令要为他找到在莫斯科逗留期间可以居住的宅邸。为此，我们挑选了斯洛博达宫。这座宫殿是叶卡捷琳娜女皇修建的，宫中的豪华装饰也出自她手。应皇帝的命令，参谋长和皇帝的一名侍从官德·纳尔博纳先生一起去检查了这座宫殿，他们认为这座宫殿正合适。宫中的枝形吊灯上还插着蜡烛。这座皇宫看起来许久没有人居住了，人们必须要翻窗户才能进入其中。但是，当纳尔博纳将军在向拿破仑回禀完自己探访的结果，再次返回打算整理这座宫殿时，宫中的多处地方都已经同时燃起了大火。第二天，这座宫殿就被烧了个精光。

莫斯科总督罗斯科普钦伯爵在使出浑身解数操纵了这些愚蠢的民众之后，竟然胆大包天地摧毁了这个俄罗斯帝国的第二首都。他到底是独自做出的这个残忍决定，还是在得到了亚历山大的秘密授权之后，才下达了火刑判决呢？俄罗斯那群疯狂的守旧派，是不是狂热地迫使总督做出了这个野蛮的决定呢？没有人愿意承担造成这个灾难的责任。为了完成他可鄙的目标，罗斯科普钦释放了一些苦役犯，把他们安排在城市的各个地区。这些苦役犯藏身在已经被抛弃的主要建筑和房屋中。罗斯科普钦还下令制造了大量用来点燃房屋的烟火，还有可以被扔到房顶上的纵火引信。他为此找的借口是要建造巨大的热气球，然后把易燃的材料倾倒在法军身上。在撤离莫斯科的时候，这位总督让各个阶级的人都先走了，带走了所有最值钱的东西，他自己负责殿后。他甚至还有过一个特别可怕的念头：把消防器材全部带走。有一些作者非常敬佩这样的决心。但是，俄国从这样可怕的牺牲中，能获得什么好处呢？法军在此前占领欧洲各国的首都时，都展现出了极大的克制。这难道不足以保证，胜利者会保护莫斯科吗？如果这场灾难的始作俑者，在想出这条毒计之后，分担了这份危险，自己也被埋在了这座城市的废墟下，那么我们大概还可以勉强认为他是纯粹疯了，可以原谅他。但是，此后出现在巴黎的是同一个男人。他在巴黎的时候，受到了我们的保护，面不改色心不跳地在我国的文明中追求最高雅的享受，为卖艺人的插科打诨鼓掌，似乎这场可怕的灾难和他一点关系也没有。就算他是出于崇高的爱国主义情怀做了这件事情，这件可怕的事情也应该让他的心一直在滴血才对。

吞噬着莫斯科的大火，扑向了克里姆林宫，开始威胁后者的城墙。伴随着大风，火星和燃烧的碎片在空中四处飞舞，有一些落在了武器库前的庭院中，点燃了地上铺着的亚麻。武器库中储藏的弹药箱有爆炸的危险。后来，很幸运地，爆炸没有发生。但是，即使是在面对着这样的危险时，拿破仑的决心也没有被动摇，因为他根本不知道害怕为何物。他那时认为还没到要离开克里姆林宫的时候。正好相反，他在那里面临的危险反而让他决定要留下来。随着大火的不断逼近，欧仁亲王和元帅们都乞求皇帝快点撤走，但是全都无功而返。皇帝所在套房的窗玻璃变得又红又烫，火焰从四面八方朝着克里姆林宫袭来。克里姆林宫面临被大火包围并彻底摧毁的威胁。但是，拿破仑此时还在犹豫。他很不愿意就此逃离，并放弃自己付出了如此大的代价才获得的胜利果实。人们向他指出，他要是再不走，就会和驻扎在莫斯科城外的军队彻底隔绝，这样敌人进攻的时候，军队就无法和他取得联系了。拿破仑这才同意撤离这座城市。他来到了彼得罗夫斯基，这是一座距离莫斯科大概一里的皇宫。以前，沙皇就是从这里出发，在庄严的仪式中进入旧都，参加加冕典礼的。皇帝是步行从一座大门那里离开克里姆林宫的，身后跟着他的军官们，一路上都平安无事。在抵达莫斯科河畔的码头后，拿破仑跃身上马，平安地在马背上完成了从莫斯科到彼得罗夫斯基的旅程。他路过了完全被烧毁的莫斯科城区，避开了那些还在燃烧的街道。因为他经过的城区，房子已经被烧成灰了，所以拿破仑也避免了被铁盘融化后的铁水打倒的危险：大部分的建筑上都覆盖着这样的铁水，像是油漆一样。事实上，即便是那些还在燃烧的街区，这些铁盘也不过是一个威胁，不算是危险。要躲开它们还是很容易的。我的同僚穆尼耶和我自己，坐着马车穿过了这些街区，一路上没有遇到任何事故。

拿破仑在彼得罗夫斯基逗留了两天之后，返回了克里姆林宫。

在返回莫斯科后，拿破仑不仅满足了军队的各项需求，还做了许多其他的事情，他一贯都是这样的。那些留在城中的可怜居民，都被这场大火搞得穷困潦倒。拿破仑为他们打开了庇护所的大门。同时，他还命令将补给和金钱分发给他们。无论是受伤的俄国人，还是莫斯科的各个主要机构，他都一视同仁地给予关怀。在他保护的机构中，包括莫斯科的孤儿院。为了见到孤儿院的主管图托尔明将军，他亲自前往那里，并向将军询问了孤儿院的情况。拿破仑还造访了市内的医院，他发现医院缺乏许多物资，于是下令我们要将所有剩下的医疗物资集中起来，建立一个医疗机构，处理所有的疾病。他将军队的首席外科医生，受人尊敬的拉雷医生任命为这个机构的负责人。皇帝还在市内设立了许多简易房屋，用来接收生病或者受伤的人。他还命令人们频繁地将市面上的情况报告给自己。为了帮助这座堕入无政府状态的城市，他做了自己所能做的一切。同时，他也尽自己所能为军队搜集了没有被摧毁的物资。法国驻俄国总领事德·莱塞普斯先生，不久之后从圣彼得堡来到了莫斯科。他的到来让拿破仑得以创建一个市政组织，以及一些地方委员会，成员都是由本地人组成的。我们的这名总领事被任命为这些机构的领导。德·莱塞普斯先生肩负着许多艰巨的任务。他依靠自己的热忱和聪明才智，以及不间断的工作，用这些虚弱的手段维持着秩序。

当大火熄灭之后，我们在火焰没有触及的阁楼里发现了许多葡萄酒、白兰地、面粉、饼干、马铃薯、腌肉、糖、咖啡还有茶。这为我们提供了大量的物资。这些房子里都储存着能吃几个月的食物。居民们在撤离时把所有不方便拿走的东西都留下了。饥饿的俄国民众就像是狩猎一样地扑向所有他们知道储存着能轻易取得的物资的地方。他们还会把这些隐藏地点告诉我们的士兵，并且和他们分享战利品。皇帝甚至被迫要将卫兵派到商店和仓库中去，就是为了保证这些地方不被暴民劫掠。这群暴民的贪欲是永远无法满足的。

在这样满足了士兵和居民的物质需求之后，皇帝转而关心起了士兵们的精神需要。他知道戏剧表演是一种很好地将人们的注意力从痛苦的想法上转移走，并让人们放松的方式。当时，莫斯科有一群由奥萝尔·巴尔塞伊夫人管理的法国戏剧演员。他们举行了多场表演，获得了士兵们的热烈欢迎。一位出色的意大利歌唱家在克里姆林宫为拿破仑组织了一些音乐会。这位歌唱家当初是为了授课而来到俄罗斯的。最后，那份著名的关于法兰西喜剧院的莫斯科法令，也是在这个时候发出的。

孤儿院的主管来请求拿破仑的许可，希望后者可以批准他给俄国皇太后写一封信，告诉她被托付给自己的孤儿院得到了保存。俄国皇太后是孤儿院的保护人。拿破仑要求他在信里加入有关和谈的提议。两天之后，拿破仑给亚历山大沙皇写了一封信，并委托俄国驻斯图加特大使的兄弟为自己送信。后者那时候刚好在莫斯科。就在几乎同一时间，皇帝把洛里斯东派去了总指挥库图佐夫那里。这次出使表面上是协商停火协议，实际上是去给沙皇送了第二封信。库图佐夫假装自己要寻求请示，只允许自己的侍从官沃孔斯基亲王将洛里斯东将军携带的信件送出去，而并不允许后者前往圣彼得堡。而且，这位总指挥是一个老斯基泰人①，头脑灵活且狡诈，就像是半开化的野蛮人那样。很多俄国将军都是这样的。虽然装出一副非常友好的样子，但是他们将烧毁莫斯科一事算在了法国人头上，其影响已经开始初步显现了。这些摧毁了这座伟大首都，摧毁了俄罗斯帝国圣城的始作俑者，就是希望让整个民族对入侵者的恨意达到最高点，这样一来双方之间就不可能达成和解了。事实上，我方所有将亚历山大从英国的影响下夺走的尝试，全都徒劳无功。

虽然拿破仑那时还抱着一点点希望，觉得自己可以收到回复，不过，在莫斯科等待的这段时间里，他一直在重组和补充自己的军队。此前，我们被迫将许多拉火炮的马匹留在了克里姆林宫。因此，我们必须找来其他辎重队的马匹，以及军队中那些超出配额的多余马匹来填补火炮部队的空缺。我们在征召马匹时，都给马匹的主人付了款。依照皇帝的命令，我军在莫斯科城外的罗斯科普钦被摧毁的房间里找来了火药，在战场上捡来了炮弹，作为弹药的补充。除此之外，在大火之后剩下的东西里，所有法军无法使用的物资，都被抛弃了。就在为我们的伤病员提供帮助的时候，拿破仑也没有忘记准备足够的运输工具，把他们运往斯摩棱斯克。他同时还下令在后方建立仓库，储存补给、装备以及弹药。他还命人在斯摩棱斯克建立了一个集中站，里面集中了我们行军沿途发现的被抛弃在路边的火炮运输车和马车。拿破仑希望把这个城市建设成一个大型的仓储中心，为他现在和将来的战事提供支持。他同时还为贝卢

①　古希腊时期生活在东欧和中亚地区的游牧民族，此处应是俄罗斯人的代称。

诺公爵和勒佐公爵分别指挥的第 2 军和第 9 军下达了关于行军路线和行军目的地的详细指示。这两支军队都被召集到了立陶宛,作为我军的增援。

之后法国军队遭遇的各种灾难,促使许多理性的人批评拿破仑不应该在莫斯科逗留一个月的时间。但是,这一休整不仅不是在浪费时间,反而正好足以让皇帝重整自己的军队,让军队得以开始撤退。无论从哪个角度来思考,俄国旧都的彻底焚毁都不是一件可以预测的事情。莫斯科的焚毁也彻底打乱了拿破仑的计划,这也是让我们的威武之师此后遭遇一系列厄运的主要原因。当他下令烧毁莫斯科的时候,罗斯科普钦伯爵是不是已经预见到了这个结果呢?我觉得这是值得商榷的。这位伯爵的宅邸是莫斯科没有过火的少数几座建筑之一。我们在那里找到了一份建议书,是他在担任外交事务大臣时提交给保罗沙皇的。在这份《建议书》中,他向沙皇提交了自己为俄法关系勾勒的图景。这个建议是在 1801 年提出的。当时,保罗沙皇刚刚和第一执政达成和解,7000 名战俘被送回了圣彼得堡。这份建议书中提出的政策是:让俄国和法国的国家元首靠拢,同时秘密激化法国和英国之间的误解,激发两国之间本就存在的那种天生的竞争意识。最终的目的是要让英法之间爆发大战,这样一来,两国都会被削弱,俄国就可以在它们的废墟之上拓展自己的影响力了。

法军开始撤退

通过从圣彼得堡获得的消息,我们得知,在莫斯科陷落后,这座城市很害怕法军的到来。因为它认为拿破仑只需要一次大胆的进军,就可以夺取这座俄罗斯帝国的新都。城中所有的档案和珍贵资产都被转移。皇室以及城中的显贵们也在做着离开的准备。焚毁莫斯科的举动似乎表示，俄国人为了抵抗我们的入侵，愿意争个鱼死网破。即便是这样，因为拿破仑对亚历山大极为偏爱，所以他还是希望可以让沙皇远离我们敌人的胡搅蛮缠和蛊惑，让后者发现自己真正的利益所在。拿破仑觉得，这样一来，亚历山大很快就会发现大不列颠的战争建议是多么的自私自利：每次反法同盟愚蠢地开战，都是为了满足英国的一己私利。这一希望再次落空了。将近1个月过去了，圣彼得堡没有寄来任何回复。这些希望是由那不勒斯国王和洛里斯东将军唤起的，但是从各个方面来说，都没有成真。拿破仑不得不承认，觉得亚历山大会找他议和，完全是在自欺欺人。

与此同时，库图佐夫正在准备一次针对那不勒斯国王指挥的先锋部队的进攻。那不勒斯国王那时和缪拉达成了共识，两者指挥的军队在沃孔斯基亲王返回之前，都不宜轻举妄动。沃孔斯基亲王那时去圣彼得堡为拿破仑送信去了。库图佐夫率领的俄军主力对我军外围的突然袭击让拿破仑决定向自己的援军和仓储中心的方向撤退。为了求和，他已经做了自己所能做的一切。现在，这次战役和其他各种努力的目标都没有达成，拿破仑的计划是撤退到斯摩棱斯克，在立陶宛建立冬季营地，等到下个春天再重启战事。那年可怕的冬天来得特别早，特别寒冷，打击了我们的雄师，重创了我们的军队，也在拿破仑实现计划的路途上设置了难以逾越的障碍。这可怕的严寒痛击了我军可怜的士兵，在撤退的途中，杀死了成千上万的同胞。这也是造成此次令人难忘的远征最终灾难性结局的原因。

早在10月6日，皇帝就下令把所有能运走的伤员都抬走，开始撤退。一支部队护送着受伤的南苏蒂将军，在克拉帕雷德将军的指挥下，于几天之后离开了莫斯科。同时离开莫斯科的还有装载着克里姆林宫中各种珍稀历史遗物的战利品马车。

10月19日，天朗气清，拿破仑离开了俄国的首都。他只留下了七八千人殿后。领导这支部队的是莫蒂埃元帅。他们会在炸毁克里姆林宫的防御工事后，赶上来和拿破仑会合。各式车辆排成数列，拖着长长的尾巴在大部队的后方行进，其中有大量携带伤病员的马车：四轮货运马车、四轮双座篷盖马车、敞篷四轮马车，还有许多装载着物资、衣服以及各种掠夺来的物资的双轮货运马车。

大军沿着来时的道路返回了莫扎伊斯克。不过，为了在库图佐夫将军面前掩盖行军的路线，拿破仑佯装是要向卡卢加行军。拿破仑在离博罗夫斯克2里，距离莫斯科20里的地方听闻欧仁亲王的部队在小雅罗斯拉夫韦茨遭到了优势敌军的攻击。于是他全速向那里赶去，最终他及时赶到并指挥了战斗。在这场血腥的遭遇战中，1.6万法国和意大利军队战胜了6万俄军。我们为这场胜利付出了巨大的代价：我们失去了勇猛的德尔宗将军以及他的弟弟。德尔宗将军的弟弟那时整个人扑在了兄长的身上，像个肉盾一样。最终他被一枚落在兄长附近的炮弹击中，因为自己对兄长感人肺腑的爱而殒命。俄军在小雅罗斯拉夫韦茨的这次进攻，让我们普遍认为俄军正焦急地想要和我们进行决战。因此，拿破仑决定在附近一个叫作戈罗德尼亚的小村庄稍作停留。但是，在周边巡视了一圈之后，拿破仑觉得敌人正在准备撤退。因此，他掉头回到了自己原来的地方，更加坚定了继续撤退的决心。

大军在戈罗德尼亚扎营时，皇帝居住在一个贫穷织布工的小木屋里。他在那天傍晚返回小木屋的路上，险些被一些哥萨克骑兵的突然冲锋抓住。当时，他身边只有3个猎兵排以及一支卫队中的波兰枪骑兵。除此之外，就只有他身边的几个侍从官和传令官。在混乱之中，一名叫勒库尔特的军官被皇帝身边的一名猎兵攻击了，后者从勒库尔特的身上冲了过去。因为这位将军当时在制服之外套着一件绿色的大衣，手上拿着刚从哥萨克骑兵那里夺来的长枪，所以猎兵把他错当成了一名哥萨克骑兵。出于罕见的运气，勒库尔特先生并没有因为这次重伤而丧命，他一直活到了1845年。

大军在撤退的路上，再次见到了莫斯科会战的战场，大家心中都百感交集。被用作医院的科洛特科伊修道院中，还躺着俄国和法国的伤兵。我们勤勉的外科医生保住了他们的性命。拿破仑命令把所有法国的伤病员都转移到了大部队后方的马车上。

我们又经过了恰什尼基①和维亚济马。这两座城市曾经是如此繁荣。但是，自从俄军在经过时烧毁了它们，并且把所有可怜的居民都驱赶走了之后，两座城市现在都是一片死寂。在维亚济马，敌军曾尝试阻挡我们的行进，不过被欧仁亲王和达武元帅率领的军队击溃。

直到这时为止，天气都还很温和，太阳也很温暖。不过，到了11月6日，当军队距离斯摩棱斯克还剩两天路程的时候，降下了第一场雪。一夜之间，温度就降到了零下12度，两天之后，更是降到了零下18度。从这一天开始，寒冷与日俱增。因为拿破仑此前多次下令在斯摩棱斯克储存大量的各类物资，我们本来希望可以在那里找到补给、服装以及草料。但是，因为人们没有彻底执行他的命令，军需部门还有大量玩忽职守的人员，我们的期待彻底落了空。大军被迫在同样的缺衣少食的窘境中继续行军。在抵达斯摩棱斯克之前，拿破仑听闻了关于马莱密谋的消息。我在之后会详细讲述这件事情。

负责斯摩棱斯克的巴拉盖·德·伊利耶将军在工作上的疏忽，

---

① 又叫贾茨。——作者注

以及我们抓获的他属下一支放下武器投降的部队，都让皇帝对这位将军非常愤怒。他解除了后者的职务，把后者遣送回了柏林。这让我们不幸的境况变得更加错综复杂。

拿破仑在斯摩棱斯克逗留了几天，收拢后方的部队，也好让自己的部队修整一下。在严寒和物资短缺的影响之下，他的大军正在消解，字面意义上的消解。但是，此后不久，形势的发展使得我们不得不离开这座城市。从这时起，法军就一直在遭受各种骇人灾难的痛击。每天晚上，在营地中，我们都会损失成千上万的马匹；它们的肉都被用来哺育饥饿的士兵了。我们的骑兵渐渐地都开始步行，火炮和辎重部队也没了拉车的牲口。不过，拿破仑的盛名威慑了敌人，他们没有进行新的进攻。

在克拉斯诺，为了进一步威慑敌人，并且向他们展示这些灾难没有影响我军的勇猛，皇帝命令率领着年轻卫队的罗盖对俄军发起夜袭。当时，一支俄国军队正驻扎在克拉斯诺附近，威胁着我们前进道路的左翼。尽管我们士兵的双手被严寒冻得麻木，连枪都拿不稳了，但是这次勇猛的进攻还是大获成功。

在这次遭遇战中，一位年轻的参政院助理办案员丧失了生命。他是自己的奉献精神的受害者。德·维尔布朗什先生是来将装有大臣们工作情况的公文包送到大本营的。约瑟芬皇后此前给我寄了一封信，让我在皇帝面前大力推荐这个年轻人。他是她一位挚友的儿子。这个引人注目的年轻人被以总监的名义留在了斯摩棱斯克。如果没有遭受这个悲剧性的结局，他在之后肯定可以接受拿破仑的恩泽。在大军离开斯摩棱斯克的时候，这位助理办案员也跟着一同撤走了。在战斗中，他遇到了一位总督手下的军官。后者受了严重的伤，几乎难以自主移动了。他跑上前去，扶起了这位军官，一起往前走。就在这时候，一枚炮弹落在他们身边，不仅取走了这个伤员的性命，也杀死了这个勇敢地在一旁帮助他的年轻人。

在离开斯摩棱斯克后，皇帝命令内伊元帅负责防守他的后方。同时，要在摧毁了斯摩棱斯克的城防之后才能离开那里。在达武元帅的支援下，内伊元帅的部队于 11 月 17 日离开了斯摩棱斯克。但是，当天晚上，敌军的运筹帷幄将内伊元帅和达武元帅的部队分割开来。后者的部队在内伊的前面，有一段距离。皇帝在克拉斯诺听闻了俄军的动向，他认为自己的两名元帅和他们的部队都在危险之中。拯救他们的最佳方法，就是把俄军吸引到他这里来。到底是继续撤退，还是为了挽救两支部队而被迫战斗？拿破仑做出选择时丝毫没有犹豫。因此，他在第二天掉头返回，去迎击敌军。他在破晓时分带着一小队人马离开了克拉斯诺，进攻了火炮保护下的俄国军队。他领导着自己的卫队，向俄军发起了冲锋，用大胆的进攻打散了俄军，迫使他们撤离道路，达武元帅部队面前的通路打开了。但是，内伊元帅的部队这时却没有出现。没人听到任何关于他的消息。这时，皇帝留在克拉斯诺的殿后部队也面临着危险，他们有可能在奥尔沙被切断。尽管内伊元帅的生死未卜让拿破仑既痛苦又焦虑，他还是决定返回克拉斯诺，继续撤退。皇帝认为自己已经失去了内伊元帅。

拿破仑此次展现出了大无畏的决心：为了拯救他的两名元帅，他情愿将自己暴露在俄军的包围中。这样的举动为他赢得了许多的敬意，即便在他的敌人中也是如此。同时，这件事情也展示了，即便在大灾难中，他也知道如何保持思维的活跃。

内伊元帅在离开斯摩棱斯克，和大部队分隔之后的经历，激起了人们的大量关注。虽然许多人已经讲述过了他的这段经历，但我还是无法抗拒诱惑，要在此大致地描述一下这次历险的主要经过。

就像我此前讲过的，为了保护军队的后方，同时在放弃斯摩棱斯克前炸毁城中的防御工事，内伊元帅和达武元帅的部队被留在了那里。达武元帅在 11 月 16 日离开斯摩棱斯克，赶往克拉斯诺。内伊元帅的部队接到的命令是要为全军殿后，因此到第二天早上才向着同一个方向起程。部队中有大概 6000 名士兵，以及 12 门大炮。在部队的后方，还跟着许多落在后面的辎重，以及属于其他部队的士兵。他们都是因为惧怕俄军的炮火而聚集到了元帅的保护之下。但是，在当天晚上（就像我们此前看到的），敌军在斯摩棱斯克到克拉斯诺的道路上占据了一个坚固的阵地，直到第二天早上才被拿破仑击退。尽管内伊进行了一系列闻所未闻的突围尝试，但这些尝试最终都无济于事。他还是率领着自己的这支独立军，和法军主力分隔开来。在这种严峻的形势下，仅仅依靠自己缺衣少食的部队，被十倍于自身数量的敌军包围在这片寒冷而陌生的土地上，元帅一直没有动摇，一直在鼓舞着身处不幸中的同伴。尽管俄军不停地袭扰他的部队，但他还是率领着部队在有序地前进。伴随着每一声炮响，他都要被迫阻止一群企图冲散他队列的俄国人。库图佐夫元帅还派出了一名军官来劝降内伊。库图佐夫向内伊指出，后者的小股法军根本没有任何逃脱的可能。作为对劝降书的回复，内伊扣留了这名送信的军官，将其作为俘虏。值得一提的是，这封劝降书的用词极为谄媚殷勤，俄方认为这是这名伟大战士应得的。8 万名俄军占据着高地，不断地打击着他弱小的部队。但是，元帅的勇气非但没有减弱，反而上升到了英雄般的程度。他不停地鼓舞着自己的士兵，并将自己无畏的勇气带进了士兵的心中。他们死心塌地地跟随着指挥官，对庞大的俄军发起了猛烈的进攻，攻破了俄军的第一列士兵。这份在绝望中爆发出的勇气，极大地震慑了敌军。敌军此后一路跟随内伊的部队，没有再尝试攻击他们。内伊的士兵们将他们的元帅团团围绕在中间，元帅就是他们安全的象征。从他的双眼中，士兵们获得了不屈不挠的决心。在搜索一个村庄的时候，他们找到了一个佃农，后者把他们引领到了第聂伯河的岸边。他们必须跨过这条大河，但是他们并没有任何浮桥。河上漂浮着许多冰凌，只有在一个地方，因为某些阻挡，冰凌快速堆积在一起。尽管元帅想尽办法准备在那天剩下的时间里渡河，但是，他的人马有一半还在后方。他亲自留在了后面，等待后军的抵达。在等待的过程中，这位英勇的军人把自己裹在披风里，就这样在雪地里睡着了。他健壮的体魄中，装载着一个无所畏惧的灵魂。在部队抵达后，他们在半夜开始渡河。第一支部队成功地抵达了河对岸，但是后来的士兵和火炮很多都陷进了破裂的冰凌中。元帅用上了身体的每一块肌肉，几乎出现在所有的地方。他一边向需要帮助的人伸出援手，一边鼓励着其他的人。历经了千难万险，部队最终渡过了第聂伯河。不过，一小部分士兵实在无法渡河，和辎重以及火炮一起被留在了河流的左岸。

与此同时，元帅和他大受损失的部队开始了他们的苦难行军。当他们抵达一个大型村庄后，所有人都十分疲累，想要好好休息一下，但是盖特曼·普拉托夫指挥的数千名哥萨克骑兵从四面八方向我们的士兵涌来。不过，内伊英雄般的态度，约束了这些野蛮人。元帅本来希望当晚可以悄悄地撤离营地，但是刚刚迈出最初的几步，就遭到了一轮轮猛烈的炮击。因此，在接下去的3天里，他一直在6000名哥萨克骑兵的追逐下行军。他没有大炮，也没有骑兵。面对追兵，他就像被猎人追捕的雄狮一样，一点点地撤退：从一片树林到另一片树林，把握住所有地形，依靠掩护，一直和敌军之间保持着一段距离。当敌军和他之间的距离太近时，他就会派出一小股士兵攻击敌人。他的士兵都非伤即弱，饱受严寒、疲劳和饥饿的摧残。这群勇猛的同伴，每踏出一步，都是一场激烈的遭遇战。终于，在经历了这么多苦难以及残酷的冒险后，奥尔沙出现在了内伊和他士兵们的视野中。这一系列的苦难让我们见识到了一个人的能量可以怎样地保障一个团队的安全。他们那时还在担心奥尔沙是不是在敌人的控制之下。因此元帅派出了一些波兰人，作为先头部队。看见这些波兰士兵后，欧仁亲王立刻召集了数千名士兵，前去援救内伊。见到内伊时，他冲进了后者的怀抱中，脸上都是喜悦的泪水。没有文字可以描述两支部队见面时的那种震惊、百感交集以及好奇。他们交融在一起，互相拥抱。在面对共同的敌人时，人们在精神上团结的程度，还有使对方兴奋的程度，真是令人惊叹！心中对内伊的消失感到无比悲伤和焦虑的皇帝，从他的勤务军官古尔戈那里得到了这个消息，真是名副其实的失而复得。他一开始对这个出人意料的消息还表示了些许怀疑。不过这个情绪旋即就转变成了喜悦。他大喊道："我宁愿付出杜伊勒里宫金库里所有的财宝，也不愿意失去这样一个勇猛的男人！"内伊元帅实证了拿破仑此前惯常地用夸张修辞来表达的观点："宁愿要雄狮指挥的一群鹿，也不要鹿指挥的一群雄狮。"

皇帝在没有获得内伊元帅的消息时，那种悲伤而又坐立难安的样子，我是看在眼里的。如果这位出色的战士光荣战死沙场的话，拿破仑还可以略感宽慰。但是，整个军队和它勇猛的领袖要是莫名其妙地殉国，拿破仑会沉浸在悔恨之中。

拿破仑在评价内伊时，提到了自己的金库，这让我有机会评论一下他的金库：皇帝在杜伊勒里宫的金库里，既没有3亿法郎，也没有2亿法郎。他金库中的财富从来没有超过1.4亿法郎，这都是10年来从皇室开支中省下来的钱，也只有一部分是金币。这笔钱几乎都用在了战时的开支上，包括重整军队，或者在为危机时的各类公共服务提供资金。剩下的部分大概有 1200 万，被临时政府在 1814 年时以各种编造的借口没收了。

为了运送伤员，我们动用了所有的马车，从皇帝的马车到军队的马车，无一例外。拿破仑自己的马也被用来运送伤员了。就像是此前在意大利、埃及、德意志以及西班牙战役中那样，他在此时也表现出了对可敬的伤员的关怀。我为此可以引用许多证据，其中就有这封寄给莫蒂埃元帅的信。后者当时是留在莫斯科殿后的。皇帝是这么写的："我在此严肃地把所有的伤员都托付给你了。把他们放在年轻卫队的马车上，放在骑兵步行空出来的车上，总之，动用你能找到的所有马车。罗马人会为拯救了公民性命的人颁发冠冕。在我眼中，您挽救的这些人足够让您获得许多的冠冕！让我们的马驮着他们，让所有人的马一起驮着他们，我在阿卡就是这么做的。从军官开始，然后是士官，优先运送法国人。召集您手下的将军和军官，向他们强调，在这样的情况下，人性要求他们如何去做。"

马克·德·博沃亲王的两个儿子在这次战役中表现得非常出色。他们现在跟着大军一起撤退。其中年长的那位，是来复枪骑兵队的一名中尉。他受了很严重的伤：在塔鲁提诺的战斗中，他的大腿被一把长枪割开了。托拿破仑的福，他才捡回一条命。因为皇帝把他安置在了一辆马车里，还专门嘱咐掌马官要好好照料他。皇帝在撤退中也经常关心他的情况。皇帝非常敬重博沃家这两位小伙子的父母，他们也没有忘记皇帝的这份恩情。德·博沃亲王是皇帝身边最勤勉的侍从之一。在拿破仑从厄尔巴岛归来后，德·博沃先生官复原职，并且在帝国贵族院中担任代表。德·博沃亲王夫人是皇后宫中的侍女。皇帝对这位女士尤其赏识，并且在为玛丽·路易莎皇后选择随扈时，曾经打算给她一个光彩夺目的职位，这一点我之前已经提到过了。

第十三章

法军灾难性的撤退

皇帝的坚韧和他的决心，是和他所处形势的危险程度共同增长的。在杜布罗夫诺的时候，营地上响起了独特的警报声。当时天刚蒙蒙亮，营地突然就陷入了混乱。我当时一听到声响就急忙穿好衣服往皇帝过夜的房子那里跑去，我的住处就在旁边。我在路上遇到了达吕伯爵，他也正在往那个方向赶，跟我一样焦急。我们在那里看见了穿衣服穿到一半的拿破仑，他正站在门口发号施令，让士兵们把哥萨克骑兵赶走。我们当时都认为肯定是一群哥萨克骑兵造成了混乱。但是，造成混乱的其实不是敌军的进攻，而是因为有人大声地在喊一个叫奥赞的人。这个名字从一个营地传到另一个营地，让人们误以为有人做出了"拿起武器"的号召①。这种无序和我军的组织混乱以及疏于防卫②密不可分，哪天再出一次这样的误报，很可能将我们置于危险之中。拿破仑骑马在营地中穿行，命令警卫要加倍警惕，并且要负责监督并维持军队的纪律。在这样的情况下，我们空前地需要维持纪律。

---

① 奥赞（Ozanne）在法语中的发音近似"拿起武器"（aux armes）。

② 这么快就松懈了！——作者注

当时这样的境况，再加上戈罗德尼亚发生的事情还历历在目，让皇帝发现自己依旧暴露在类似的危险中，而且他当时还在焦虑地等待着内伊元帅的消息，这都让他的脑中充满了沉重且悲伤的思考。在1805年奥斯特利茨会战之后，一位法国元帅对一位君主的言语的尊重（那位君主撒起谎来面不改色心不跳）让亚历山大避免了落入法军手中的不幸命运。拿破仑当年对于达武元帅的这个做法也默认了，但是，他现在算是看出来了，这位君主对他没有丝毫的感恩。皇帝知道，此时的沙皇正被敌人不同寻常的敌意和影响支配着。后者出于怒火，可以做出任何事情。一想到自己如果不幸落败，就会被迫成为这些无情敌人用来装点胜利的饰品，拿破仑完全无法接受。因此，他命令他的常任医药顾问伊万医生给他准备了一剂毒药。毒药装在一个小袋子里，佩戴在他的脖子上。这样他就可以避免被哥萨克骑兵活捉，免受这些野蛮人的羞辱。

在奥尔沙，军队发现了一些物资，包括40门大炮，还有2架浮桥。因为浮桥会陷在破烂道路中，同时我们要把所剩无多的马匹用来运输火炮，所以我们放弃了它们①。为了尽量减少敌人可能获得的战利品，拿破仑下令把他大部分的马车、行李，还有我手上的公文包里的机密文件都烧毁了。正是因为这个公文包，我才获得了"公文包秘书"的头衔，皇帝之前是这样任命我的。

鉴于大部分的骑兵现在都只能步行了，大概五六百名依旧骑着马的军官组成了一支小队，守卫着拿破仑。在这支小队中，普通军官是列兵，上校们担任士官，将军们则是军官。这支小队后来得名"被诅咒的部队"，因为其中的成员一个接一个地失去了马匹。指挥这支部队的是格鲁希将军，以及他上面的那不勒斯国王。

---

① 这次放弃在后来撤退的路上造成了致命的问题。——作者注

　　皇帝在熟悉了最佳路径之后，决定从奥尔沙快速行军到鲍里索夫，他想要先于敌人抵达别列津纳河边。敌人正沿着维尔纳附近的一条道路快速向我们靠近。奇卡科夫元帅当时正指挥着摩尔达维亚的军队，鉴于奥军统帅施瓦岑贝格亲王和俄国达成的中立协议，这位元帅拥有完全的行动自由。他那时正在朝着别列津纳河进军。他抢先渡过了这条河，不过，被乌迪诺元帅给打了回去。他再次反向渡过这条河后，摧毁了河上的桥梁。拿破仑和法国军队因此陷入了更为危险的境地。加上贝卢诺和勒佐的军队，皇帝身边也只有4万人。包围他的则是超过10万的俄军。俄军装备精良，武器一应俱全，还是主场作战。我们则有过半数的士兵饱受了寒冷和疲劳的摧残，同时，一系列的挫败，还有和祖国之间的遥远距离都让他们精神萎靡。这巨大的危机非但没有削弱拿破仑的能量，反而激发出了他精力充沛的头脑和全面的潜能。通过一系列的假动作欺骗了敌军之后，他成功地在鲍里索夫渡过了别列津纳河。在其他时候，气候变暖对我们的士兵来说都是好消息。但是，这次气候的变暖却为我们带来了全新的厄运。本来坚硬的河冰会成为我们的桥梁，然而温暖的气候融化了坚冰，别列津纳河上的坚冰破碎成了一块块的冰凌。为了架起桥梁，我们勇敢的工兵和架桥兵在埃布莱将军的指挥下经常要被迫浸入齐肩的冰水中。水流推动的冰凌不光会阻碍他们的行动，还会不时对他们造成伤害。尽管面对如此多的艰难险阻，这些勇敢的人还是快速建造了数座桥梁。他们的奉献值得所有人尊敬。我们不幸军队的剩余人员，就是通过这些桥梁渡过了河流。渡河的顺序是皇帝决定的，他也亲自监督了行动的实施。中途，这些桥梁发生了多次断裂，进一步恶化了我们疲惫不堪的架桥兵们的状况：他们被迫要修复这些损伤，并从头再来一遍。尽管拿破仑多次规劝，并命令河流另一边的人必须马上撤离，还是有数千件辎重和非战斗人员无法下定决心抛弃他们的马车和行李。最终迫使他们下定决心逃命的是敌人的炮火声：敌人的大炮在这群疯子中播撒了绝望与死亡。这片混乱迅速变成了言语无法描述的恐怖景象，桥梁也经受不住这群可怜人的重量，纷纷崩塌，所有没能渡河的人都落入了俄国人的手中。这一天既有无比悲惨的厄运，同时又充斥着我们勇敢军队的荣耀。要描述这样的一天，实在是超出了我的能力范畴。正是在这样的危机之中，法国士兵们展现了他们的品质。有人旁敲侧击地说，拿破仑在这样一个艰难的形势下，已经身心俱疲了。拿破仑在当天展现了灵活的思维，他一直没有停歇，他出现在所有的地方，采取了所有的措施，注视着所有的事情，所有这些就是对此最好的回复。那天，面对灾难时的拿破仑展现出了前所未有的伟大，他麾下的大将们也展现出了足以媲美他的英雄主义精神。他在这些骇人的时刻中，展现出了最强大的精神力量，挥洒了最多的才能。此后，在萨克森和法国的战斗中面对一系列沉重事件时，他也是这样做的。

　　同时，我们也必须要还内伊元帅以公道。他所展示出的勇猛和坚忍不拔的意志值得所有人敬仰。这位元帅是整个撤退中的英雄。这位勇猛的战士展现出了，在危险之中可以迸发出怎样的献身精神和机智头脑；对战争的熟悉，再加上勇气，可以创造怎样的奇迹。他既是将军，又是普通的士兵。为什么人们对他英雄般行为的记忆，他应得的无数槲叶环①和桂冠，都没能让他免受被雷电击倒的命运呢？②

---

① 古罗马时期授予以实际行动于危难之中拯救同胞的罗马公民。
② 拿破仑的百日政权垮台后，内伊被以叛国的罪名枪决。

　　此时，我们已经无力维持任何军纪了。每个人都在拼尽全力地奔向维尔纳。在莫洛杰奇诺时，拿破仑收到了信使给他送来的许多急件，此前这些急件都没能被送到他身边。这些信件提供了关于马莱政变尝试的种种细节。他在抵达斯摩棱斯克前的那个夜晚，已经获得了这个消息。一直到马莱政变前，所有关于失败的布告都没有在巴黎造成任何公共安全上的问题。但是，元首和军队与巴黎之间的距离，加上俄军抵抗措施的野蛮，还有莫斯科的焚毁，都在法国造成了一种朦胧的焦虑情绪。突然，马莱莽撞的举事就爆发了。他的大胆让巴黎和城中的官员都非常惊愕。政府采取的杂乱的应对措施，显示了其自身的举棋不定。要是这个密谋的参与者们获得的支持再多一点的话，说不定就会带来严重的后果。当时，皇后和她的儿子正平静地住在圣克劳。突然，陆军大臣派来的一群卫兵就鲁莽地冲进了宫殿的庭院中，这让她突然警觉起来，自己和儿子有危险。她急忙穿着睡衣跑了出去，头发散乱地在脑后飞舞。她跑到了一个俯视着庭院的露台上，正是在那里，她得到了关于政变尝试的消息。她怎么也想不到会发生这样的事情。不过，她很快就从惶恐中恢复过来。但是，给法国和整个欧洲留下了深刻印象的是下面这个事实：一个默默无闻的男人，无钱无权，没有任何同党，竟然就敢逃出监狱，尝试政变，还差点成功了。同样令人惊讶的还有下面这几点：他竟然如此轻易地就说服卫兵，皇帝已经死了，帝国完了；地方官员对他的命令竟然如此顺从；还有人们竟然都遗忘了罗马王和他的母亲。

　　利用拿破仑远征去国的机会推翻帝国，是马莱这个狂热的密谋者很久之前就有的想法。在1806年的埃劳战役之后，以及1809年的艾斯林战役之后，马莱看准战事不顺，拿破仑无法马上班师返回法国，都曾经借机尝试过要发起类似的动乱。虽然当时的种种迹象都表明他和这些革命党人的密谋有关，但我们没能找到给他定罪的决定性证据。因此马莱没有被送上法庭，而只是在政令下被关押在一个国家监狱中。1809年时，警务部获悉，马莱正在计划一次监狱暴动，打算在周日行动。那个周日，政府预备在圣母院咏唱《赞美颂》，纪念我国军队进入维也纳。我们对他的宽宏大量反而让马莱的胆子越来越大。他觉得，我们从莫斯科的撤退以及路上的不幸遭遇，就是他一直在等待的那个机会，让他终于可以实现那个一直坚持的计划。

因为军队一直面临着近在咫尺的危险，所以皇帝此前一直不愿意和军队分隔开来。但是，他现在意识到了自己必须出现在巴黎。因此他终于决定要朝着法国进发。在撤退途中，拿破仑一直穿着亚历山大在友好时期送给他的毛皮大衣，头上则戴着俄国羊羔皮的帽子。在撤退途中，他经常选择在卫队的护送下，和军队一起步行：一手拄着拐杖，一手搀扶着那不勒斯国王，或是某位元帅。只有在少数的情况下，他才会进入马车，或是跃身上马。

12月5日，也就是抵达斯莫尔贡的这一天，皇帝把军队中的所有领袖们都召集在了一起，向他们宣布了自己起程的决定。他对方方面面都下达了详细的指示，并且把军队的最高指挥权交给了自己的妹夫缪拉。纳夏泰尔亲王被任命为缪拉的参谋长。12月2日时，他已经派出了阿那托勒·德·孟德斯鸠上校先行前往巴黎，沿途在城镇和乡村中发布好消息。这样可以安抚波兰、德意志以及法国的情绪。一直迟迟没有军队的消息，肯定让这些地方无比焦虑。拿破仑在出发前，还发出了第29号公报，他在其中对于我军遭遇的灾难，没有丝毫的隐瞒。12月5日，他和维琴察公爵一起乘坐着雪橇离开了。除了马穆鲁克鲁斯唐以及一名马夫之外，他的身边没有任何护送人员。冯索维奇伯爵坐在雪橇的头部，他扮演翻译官的角色。皇帝抵达了华沙，他在那里又有了新的对普拉特神父不满的理由。之后他来到了德累斯顿，他的大使塞拉和萨克森国王都在那里。他接着抵达了埃尔福特和美因茨。他在埃尔福特稍作停留，向他驻在莱茵邦联的各个王公宫廷的大使们寄出了信件。同时，他还向驻扎在德意志的我军将领们下达了命令。他在离开美因茨之后就一路回到了巴黎，中途没有停留。皇帝在 12 月 18 日的深夜抵达了杜伊勒里宫。那时，心绪不佳且身体略有不适的皇后刚刚就寝，因为拿破仑没有通知她自己即将抵达。她的卧室连接的会客厅里发出了噪声，惊吓到了她。玛丽·路易莎爬起身来想要看看发生了什么，她正好看见皇帝走了进来。他向着她走过去，把她拥入怀中。在卧室外发出的那个惊吓到皇后的噪声，其实是两个穿着斗篷和毛皮大衣的男人和睡在皇后卧室旁的侍女之间讨论的声音。这位女士当时正尽职地守着卧室的大门。其中一个男人把斗篷解开后，露出了皇帝的真身，让这位女士一下子变得茫然而不知所措。

　　拿破仑再次看见了祖国的土地。跟他离开的时候相比，祖国的土地还是那么伟大，或许变得更伟大了。他大胆而熟练的运筹帷幄，以及他迸发的才智，不止一次将法军从看似无法避免的毁灭中挽救回来。面对逆境，他是如此坚强，甚至是坚定不移的。逆境唤醒了他精神的活力，唤醒了那些多年刻苦学习培养出的品质。因此，当命运女神离他而去时，并没有让他变得衰弱。但是，她削弱了他战无不胜的威望。我们的军队则一点没有失去它光荣的声誉。在这些地狱般的日子里，它展现出了勇猛、忠诚以及其他战争美德，惊艳了整个世界。我们的军队只是输给了环境。不过，虽然我们的士兵在身体上可能被打倒了，但他们的心从来没有认输。这支英武之师的领袖们也证明了他们都是值得尊敬的人。尽管遭到了各种灾难的袭击，尽管减员到了只有几个士兵，尽管士兵们虚弱到几乎连武器都拿不动，但是这支军队依旧赢得了敌人的尊敬。当然，在这些勇敢的士兵中，肯定是有许多例外的，所有暴露在大灾难面前的群体里都会出现临阵脱逃的人，因为不是每个人的精神都这么坚强。但是，当大部分人都展示出坚韧和勇气时，为何要提起这些例外呢？在"例外"榜上那些有名的人，大部分都不需要逆境的考验来展示他们的不完美、他们的软弱、他们的堕落。

对俄战争以灾难收场

第 29 号公报比皇帝提前 36 个小时抵达巴黎。这份公报解释了大军团一直没有消息的原因，并且讲述了撤退过程中种种不幸的灾难。这些凶险的画面让人们大为震惊，大家开始将我们从莫斯科的撤退与冈比西斯对埃及的远征①放在一起比较。有几个好事的人，还把《罗马盛衰原因论》中的一段话（第 17 章）用在了拿破仑身上，令人震惊地契合。在这段话中，孟德斯鸠刚刚讲完了野蛮人受到查理曼帝国衰落的鼓舞，开始针对欧洲大举入侵，之后，他补充道："如果一个王公要在今日的欧洲造成同样的破坏，那些被赶到极北之地的民族就会在那里坚守，等待他们第三次入侵欧洲的机会。"

付出极大的代价取得了胜利，却又一无所获；闻所未闻的灾难；法国史上最精锐军队的毁灭；这就是对俄国致命远征的结果。一片广阔的战场由此打开，人们在其中互相指责，互相抱怨，表达懊恼。即便是我国最亲切温和的党派，甚至是我们的盟友波兰人，

---

① 冈比西斯二世是公元前 6 世纪的波斯统治者，居鲁士大帝的儿子。他在任内征服了埃及，但是在班师回朝的途中病死。

也不例外！看到拿破仑此后在圣赫勒拿岛上展现出的那份自信，许多人都认为这是他巧妙而诱惑人心的谎言，是为了欺骗时人，也是为了欺瞒子孙后代。希望大家允许我以下面这段拿破仑回忆录中的节选，来反驳这些严苛的评判。这是一份梗概，总结了他在执政关键时期的计划和行动。在我看来，这都是真心诚意的话语，没有半点吹嘘。

关于俄罗斯战役的历史永远不会被人们熟知，因为俄国人要么不会写字，要么就是满口谎言。同时也因为法国人被冲昏了头，他们开始为自己带来耻辱，他们开始证明自己获得的荣耀都是假的。从亚历山大沙皇违反《提尔西特协议》和《埃尔福特协议》的那一天起，为了维持大陆封锁系统，和俄国的战争就是不可避免的。不过那时影响了拿破仑并且让他下定决心的，是一个更加重要的考量。他在一系列胜利之后，建立了这个法兰西帝国。如果他不把俄国人赶到博里斯泰内河①的另一边去，并重建波兰王国作为帝国的天然屏障，法兰西帝国在他死后肯定会解体，欧洲的权杖会落入一个沙皇的手中。1812 年时，奥地利、普鲁士、德意志、瑞士以及意大利都团结在了法兰西的雄鹰之下共同进军。难道拿破仑不会认为已经到了巩固他建立的这座大厦的时候了吗？只要俄国还可以随意地将它的大军派到奥德河畔，难道她不会用尽全力压倒这座大厦吗？就像他的帝国一样，亚历山大那时既年轻又充满活力。所有人都认定，他肯定可以活得比拿破仑长。这就是这场战争的所有秘密。不像某些作者声称的那样，这个问题没有牵扯任

---

① 第聂伯河的古希腊语名称。

何个人情感。纵观古今，对高卢人来说，俄罗斯战役都是最辉煌、最艰难，也是最光荣的一场战役。

"这场战争本应是现代社会最得人心的战争之一。这是一场为了常识，为了真正的利益而进行的战争。这是一场为了所有人的安全而进行的战争。这场战争是为了保护一切，这场战争的胜利将会确立一套机制，扫除当时人们面对的危险，取而代之的会是宁静的和平。在我的意图中，没有任何个人野心。人们当时会相信，我将在这个战场上失败并遭到毁灭吗？我从来没有做得比这次更好，我也从来没有比这次更应该获得胜利。但是，仿佛舆论也感染了某种传染病一样，突然之间，舆论中就只剩下了一种喧哗，只剩下了针对我的情感。我被说成了压迫国王们的暴君。我，给他们续了命的我！我只剩下了一个身份：各民族权利的毁灭者。我，为他们奉献了一切，并且时刻准备着为他们做任何事情的我！人民和君主，这两种水火不容的势力，竟然联合起来密谋反抗我！人们不再考虑我这辈子做过的所有事情了。我告诉自己，只要我获得胜利，人民肯定会回到我这边来。但是，我没有确保胜利，我被击败了。这就是人性，这就是我的故事。但是，人民和君主会怀念我的，说不定会在一起怀念我。人们对我的回忆会充分地为我遭到的不公评价复仇！"

在描述完俄国面对欧洲时占据的有利位置后，拿破仑补充道："想到下面这点，人们都会忍不住战栗：如此多的人，你既无法从侧翼攻击他们，也无法从后方攻击他们，他们可以安然无恙地如潮水般涌到你的身上；如果他们获得了胜利，那么他们就会像洪水一般冲走一切；如果他们失败了，他们还可以撤回到冰天雪地之中，撤回到毁灭和死亡的怀中，那里就是他们的避风港，他们会在那里等着东山再起的时候。这难道不就是九头蛇的头吗？这难道不是寓言中的安泰俄斯①吗？只有和他激烈肉搏，用胳膊让他窒息才能打败他……但是，我们要去哪里寻找赫拉克勒斯②呢？似乎，只有我们冒险扮演他的角色这一条路可选……"

　　不过，是不是俄国人单单靠自己的努力就彻底消灭了我呢？答案是否定的。击败我的是一个不顾其中的居民而被焚毁的首都，还有外国人的阴谋诡计；击败我的是突然出现并且疯狂肆虐的冬天和冰霜；击败我的是错误的兵力运用，是奥地利军团的反向行军，是错误的报告，可鄙的阴谋，是背叛，是愚蠢。一言以蔽之，人们将来可能会了解到我被击败的原因，他们会找到我在外交和战争中真正犯下的唯一一个笨拙的错误：在进行这样的大计划时，我的侧翼（那里旋即变成了我的后方）留下了我无法掌控的两个宫廷，以及只要我稍微遇到挫折就会变为敌人的两支盟军。作为对这一点的总结，也算是把我前面所说的一切都一笔勾销，我想说的是，这场著名的战争，这次大胆的行动，根本就不是我想要的。我一点都不想打仗。亚历山大其实也不想打仗，但是，当我们面对面时，形势让我们兵戎相见，剩下的事情就由死神负责了。

　　拿破仑说他在 1812 年不想对俄国宣战是正确的，他也做了力

---

① 古希腊神话中大地女神盖亚和海神波塞冬的儿子。只要安泰俄斯保持与土地的接触，就可以源源不断地从母亲那里获得力量，无法被击败。

② 在希腊神话中，杀死九头蛇的是赫拉克勒斯。

所能及的一切来避免这场战争。他当时的首要需求是结束在西班牙的战争。皇帝和他的大臣们，以及那些最了解俄罗斯帝国的人之间进行的会议和解释，就是他这种焦虑最好的证据。当他意识到必须踏出某一步时，当他下定决心要为某事承担所有的责任时，他认为进行任何的争辩都是多余的。相反地，当他还在犹豫的时候，他会直接或间接地咨询有能力之人的意见；他会在谈话中举出自相矛盾的提议，并且引发争论，这些争论最终要么会启发他，要么会确认他心中已经下定的决心，确认他做出的最优选择，或者会帮助他修改决定，甚至彻底放弃执行心中的计划。他会在心中认真地权衡利弊，在没有长时间地思考某事，没有用心地思考某事之前，他是不会做出任何严肃决定的。

在他沉思的时候，我时常会听见拿破仑用下面这个表达来描述当时的处境。他是在安静的工作室里泄气地说出这番话的："这把弓被撑得太开了。"是谁造成了这样的处境？松开这把弓是不是只靠他一个人就可以做到呢？我知道人们对于这个宏大的问题会做出怎样的评价。但我不能在这里讨论这些问题。有人指出，拿破仑的独裁统治持续的时间太长了。但是，我上面引述的表达难道不能证明，拿破仑比任何人都更清楚地知道当时境况之下所蕴藏的危机吗？

当时，严峻的形势让法国面临的危险并没有削弱皇帝的勇气，反而激发了他头脑的活力，为他充满动力的活跃状态提供了新的食粮。他做的第一件事情就是让自己了解在马莱进行那个胆大包天的密谋时，巴黎到底发生了什么。拿破仑忧惧他的去世可能会带来的种种灾祸。他责备了司法系统在惩罚密谋的始作俑者时的仓促和鲁莽，尤其是针对那些仅仅是牵连其中的人。但是，他同时也觉得，必须要让民政官员们重新认真积极地履行他们的职责。因此，拿破仑惋惜地宣布替换塞纳省省长，后者让马莱太过轻易地就发出了告示，发布了命令。

皇帝在庄严的召见仪式中接见了国家主要机关的首脑。元老院提出现在是时候为罗马王加冕了。他们此前就向拿破仑表达过类似的愿望，后者没有对此做出明确的答复，这鼓舞了元老院的决心。我们为皇后和她儿子的加冕典礼做出了详细的计划和安排，不过，因为眼下还有更加重要的事情，这些计划没有被马上实施。

前任荷兰国王路易那时在格拉茨过着完全退隐的生活。他听闻法军在俄罗斯战役中遭遇的灾祸，以及皇帝返回法国的消息之后，给后者写了一封信，请求后者允许他返回荷兰。路易国王觉得这是在荷兰重建法兰西王朝的大好时机，并且认为拿破仑应该毫不犹豫地把他推上王位，这个马上会成为反法同盟猎物的王位。在给弟弟的回信中，拿破仑要求后者到巴黎来。拿破仑表示，弟弟在巴黎不会见到一个被冒犯的哥哥，而会见到那个将他养育成人的父亲。拿破仑进一步向路易宣布，荷兰已经属于法国了，后者是根据自身的意愿退位的，不要想着能重新登上这个王位。此后，前荷兰国王路易向布拉格和会①做出过一次申请，带着同样的目标，但没有任何效果。他那时候已经离开奥地利的领土，来到了瑞士，为了可以更好地了解事态的发展。

这时，重整军队成了拿破仑的首要任务。他日以继夜地工作着，就是为了弥补我军遭受的损失。我们整个国家心甘情愿地强烈支持他为达成这个伟大目标所做的种种努力。就像坎尼会战后罗马元老院专

---

① 1813 年，拿破仑与第六次反法同盟短暂地达成过 9 周的停火。

门去面见瓦罗并感谢他保护了共和国的安全那样①，法国旧省份、法国新省份，以及意大利似乎恢复了它们的力量，走出了上一场战役造成的灾难。巴黎市，以及帝国的各个省份，都迫不及待地做出了各种各样的牺牲。它们比任何时候都更加坚信，法国需要拿破仑。同时，因为拿破仑依旧在它们这里，储备着他所有的能量，因此它们其实没有失去什么。人们向他发表的演说，写给他的信件，呈给他的请愿书，都是整个国家这种真诚且自发情感表达的证据。炮兵部队以及其他军种的人员和物资很快就获得了重整。用一句话来说，法国军队再次准备好走上战场了，军队的人数和灾难前的一样。获得这样丰厚的成果，仅仅花了 3 个月的时间。我们用来增援军队的年轻士兵们，只需要经历一天的战斗，在面对敌人时就变得和老兵一样的勇猛且令人钦佩。不幸的是，和后者不同，他们还是容易疲劳，并且也不像老兵那样习惯强行军：我们要记得，拿破仑此前常说的，他打仗依靠的是麾下士兵的两条腿。

为了让古老家族的年轻成员们也融入帝国的命运，拿破仑在仪仗队中建立了特殊部队，列兵只要在里面服役满 1 年就有可能成为军官。这些年轻的旧贵族本来就是帝国政权的敌人，懒惰和不满已经深深烙印进了他们的身体。拿破仑这样做也是为了把不安定因素从后方牵引出来，同时也补充他的骑兵数量。这些仪仗队的创立，取得了皇帝预期中的成功。这些新的部队为我军提供了 1 万名出色的骑手，他们的教育要么已经完成，要么可以轻松地完善。队伍的士气，以及法国人天生对军旅生涯的偏好，迅速让这些年轻旧贵族的心中燃起了对祖国、对旗帜的热爱。但是，一开始的时候，这些

---

① 第二次布匿战争期间，瓦罗坚持主动出击，迎战来袭的迦太基统帅汉尼拔。因此罗马征召了一直大军，但是罗马军队在坎尼会战中惨败于汉尼拔的军队。瓦罗只身逃回罗马后，却没有遭到元老院的责罚，反而受到欢迎。

被迫征召入伍的人自然是展现了他们的反抗精神和不服从精神。尤其是在图尔召集的第 1 团，指挥这支部队的是菲利普·德·塞居尔将军。这个团的成员大部分都是来自布列塔尼和旺代的旧贵族子弟，他们结成了某种组织，目的是要绑架皇帝。为了达成这个目标，这个组织的成员寄希望于他们的部队可以借助偶然的机会，靠近君主。为此，路易·德·拉罗什雅克兰①联系了这个组织中的几个主要成员。其中有一个叫沙雷特的人，他和那个同姓的保王党将军是亲戚。警察在获知了这个密谋后，逮捕了几个主谋，并把他们押送到了巴黎。他们的长期失踪激起了所在部队的不满，一个代表团专门来面见了上校，质问我们对他们的同志做了什么，同时命令我们马上释放他们。在被上校拒绝后，其中一名来自内努米埃雷斯家族的仪仗兵直接掏出手枪近距离射击了上校。但是，子弹只是擦过了他的脸颊，穿过了他大衣的领子，没有伤害到他。这次暴动没有造成其他的后果。政府官员只是逮捕了德·内努米埃雷斯和其他几个牵扯其中的年轻人。他们被关押在圣帕拉吉。在狱中他们过得非常滋润，1814 年，复辟政权在监狱里找到了他们，并把他们放了出来。

皇帝收到了还在俄国的军队灾难性的消息。自他从斯莫尔贡离开后，大军继续在那不勒斯国王的指挥下朝着维尔纳前进。拿破仑的存在本身就可以激起所有人心中的勇气，现在他离开了，我们的军队又暴露在了新的危险中。严寒那时更甚，气温恶化到了零下 30 摄氏度，彻底击垮了我们的军队。从斯莫尔贡到维尔纳的道路两旁到处是我军的尸体。在拿破仑的预先指示下，他们在

① 保王党将领。

维尔纳储存了大量的各类补给，还有从哥尼斯堡以及立陶宛各处运来的补给。但是，想要有序地分发这些补给品，是不可能的。马上就要饿死的人群冲到仓库前，大肆洗劫了它们。因此，这些本来足够 30 万人利用的丰富资源，就这样被浪费且遗失了。整个维尔纳城都笼罩在一种可怕的混乱中。在距离城市 1 里远的地方，有一座小山，小山上面一个结了冰的斜坡，就成了我们的马匹和马车无法逾越的障碍。所有马匹和马车都被弃置在了山脚下。军队的资金被分配给了每一个士兵，他们都忠诚地把托付给他们的金额带了回来。终于，在经历了 6 周史无前例的灾难和厄运后，这支高尚而伟大的军队的残余力量抵达了科夫诺。6 个月前，那只雄壮、庞大、出色的军队在这里跨过了尼曼河。今天，跨过尼曼河的则是一支残军。军队在经历各种不幸撤退到这里时，人数只剩下当初的四分之一。虽然他们被严酷的环境打败了，但他们的荣誉感和忠诚依旧是不可动摇的。这场战役中的英雄内伊元帅领导着一支虚弱的殿后部队，就像一个普通士兵那样仅仅携带着一把步枪。他使出浑身的力气，跨过了科夫诺的桥梁，成了最后一个离开这片荒野的人。

这次战役对俄军来说也是一场灾难，想到此，算是一点可怜的慰藉。在我们撤退时，他们的军队也因为各种灾难和严酷的天气而严重减员。俄军在严酷天气中受的苦不比法军少。根据英国驻俄军专员罗伯特·威尔逊勋爵的说法，俄军总共损失了 20 万正规军。俄罗斯帝国的第二首都和其中的无数财富毁于一旦。为了对我们实行焦土作战，俄军自己摧毁了本国的很多省份。

正当这些不幸事件接踵而至时，约克将军指挥的普鲁士军队离开了麦克唐纳的军团，和敌军达成了和议。虽然普鲁士国王一开始否认了这个消息，但是，仅仅 2 个月之后，约克就因为和俄军在布雷斯劳签署盟约而受到了同一位君主的奖赏。施瓦岑贝格亲王指挥的奥地利军队，在为前来别列津纳河切断我们渡河道路的俄军让出位置之后，撤出了俄国领土，退守到了加利西亚。因为他那时已经和亚历山大沙皇的军官们签署了协议[1]！

1813 年 6 月 27 日的《箴言报》是这样报道那不勒斯国王离开军队返回自己国家这件事情的："那不勒斯国王由于身体欠佳，将大军的指挥权交给了总督。后者更习惯于大规模的管理工作：他享有皇帝的信任。"

帝国军事外交多线告急

西班牙的情况也是一样的糟糕。约瑟夫国王对集结在莱昂的西班牙议会给出了各种提议。西班牙议会那时正在研究决定西班牙新宪法的基础。法军在阿拉贡和加泰罗尼亚的胜利，让国王针对新宪法的基础条款给出的提议有了一些分量。但是，与此同时，马尔蒙元帅不等国王带去的增援部队抵达就开战，致使我们输掉了萨拉曼卡战役；这一严重的挫折，让英国将军攻进了马德里。这些事情都改变了西班牙人一度愿意和解的态度。在多次命令之下，苏尔特元帅终于同意撤离加利西亚和安达露西亚，返回马德里。为了避免自己被包围，英国将军忙不迭地撤出了马德里。英军此后围攻布尔戈斯未果，迪布勒东将军在那里奋勇地抵抗了整整 35 天。英军此后在我们葡萄牙方面军的追击之下逃回了萨拉曼卡，遭受了巨大损失。法国军队集结在了托尔梅斯河河畔，国王将大军的指挥权交给

---

[1]　别忘了，是拿破仑为施瓦岑贝格亲王从奥地利皇帝那里争取到了陆军元帅的军衔。——作者注

了苏尔特元帅。国王这时感觉自己有机会为萨拉曼卡的失败复仇，但是，倾盆大雨让道路变得难以通行，阻碍了我军的行进，给了英军撤退的时间。国王进入马德里，他希望这次可以让自己留在这座城市。尽管拿破仑从驻西班牙的法军中调走了多支部队，但在半岛的中部和西部依旧有 9 万的驻军，在阿拉贡和加泰罗尼亚则有 4 万人。他们的指挥官是苏尔特元帅。

皇帝此时的要务之一，是和教廷达成和解。1813 年 1 月 19 日，他陪同皇后来到了格罗布瓦。瓦格拉姆亲王在那里举行了一场盛大的狩猎，为两位陛下致敬。但是，此后拿破仑没有返回巴黎，而是去枫丹白露住了一晚，那里的人们都没有做好准备迎接他。第二天，皇后也到那里加入了他。在这座宅邸中，有几位意大利和法国的红衣主教、大主教以及主教们围绕在教皇身边。他们正忙着商讨一个安排，以求结束过去几年中教廷和杜伊勒里宫廷之间的争执。谈判进展得很缓慢，让拿破仑越来越不耐烦。同时，他知道自己对庇护七世还是有影响力的，希望抓住这个优势，亲自跟教皇商讨协议。因此，皇帝和教皇陛下之间进行了数次私下会晤。结果就是，双方在各自的顾问以及整个宫廷的见证之下，在皇帝的套房内签署了新的《教务专约》。玛丽·路易莎皇后在促成和解的过程中扮演了重要的角色。在教皇抵达枫丹白露宫的时候，她专程去迎接了他。《教务专约》签署后，她又主动回到了枫丹白露宫，向教皇表示祝贺。教皇是一个出色的使徒，非常和善仁慈。尽管发生了一些事情，他还是喜欢拿破仑的。拿破仑也很尊敬教皇，甚至可以说是很喜欢教皇。如果不是教皇在罗马的顾问们整天捣乱，他们两人之间肯定是可以达成共识的。那些顾问一刻不停地在教皇面前晃悠，告诉他如果他放弃教会的权利，哪怕只是做出小小的牺牲，他都会遭到天谴。枫丹白露《教务专约》注定将从源头上解决所有的宗教争执。它为所有最重要的问题都提供了解答。首先，教皇将搬到阿维尼翁，那里将成为基督教世界的教廷；第二，设立了一个时长为 6 个月的期限。如果说在这个期限之内，主教没有获得教廷的授职，那么大主教就可以为主教举行授职仪式。1801 年的《教务专约》没有提及这件事情，因此教廷抓住这个遗漏，不止一次地令法国、意大利和德意志的教堂里缺少神父。尽管如此，每当教皇独自一人时，他就又落入顾问的影响之中。这些顾问都被拿破仑从流亡中召唤回来。他们拿着法国敌人的金钱，进行着各种秘密的计划。他们利用教皇温柔可敬的心，让他否决了自己此前出于和谐与安抚的目的而自由做出的妥协。在新《教务专约》签署的两个月后，教皇屈服于顾问们的建议，给皇帝写了一封信。在信中，他解释了自己的顾虑以及诱使他不执行这个协议的原因。皇帝对此唯一的回复就是一条法令。法令规定所有的大主教、主教以及教区都要严格地执行《教务专约》中的条款。

德意志地区的事务，尤其是我们和奥地利之间不稳定的同盟关系，迫使拿破仑严肃地关注这里。奥地利向我们展示了最友好的情感，也在各种场合宣誓两国之间的友谊。但是，维也纳宫廷一贯模棱两可的做法，让皇帝依旧保持着对他们的不信任。这份不信任当然是完全正当的。他从维也纳收到的每一份报告都在告诉他，在那里的政治圈子中，人们正在讨论解散莱茵邦联和华沙大公国的事宜。当然，这些都被说成了是反法同盟的意图。不过，从他们字里行间讨论此事的语气中，可以感受到他们是很希望这些意图被实现的。为了搞清楚自己脑海里的这些疑惑，拿破仑觉得应该用他的侍从官纳尔博纳伯爵，来替换我国驻维也纳的大使奥托先生。纳尔博纳伯爵和维也纳贵族们是老相识了，此前在流亡期间就和他们很熟悉。这使得他可以更好地探查维也纳政府私下的意图。新大使上任不久后就有了一个重要发现：维也纳政府想要提出武装调停，这样一来，奥地利就可以成为和平的仲裁者。奥地利尝试扮演的这个新角色改变了我国的处境：很明显，法国马上就要丧失它手上对付奥地利的欺诈的最重要底牌。宣称自己是调停方后，奥地利本来许诺给我们的援军就不会再来了。从这一刻开始，两国之间的同盟依靠的就是人们能想象出的最脆弱的基础，还有维也纳政府从不吝惜给出的友谊的保证，但是拿破仑完全有理由怀疑，这些都是虚伪的保证。

在等待这些事态的发展时，拿破仑把精力投入到了国内的治理上。在不忽视各个已经开始的工事所取得的成就的基础上，他削减了分配给各个项目的资金。他巡视了各个公共机构，还拜访了郊区。他简单而温馨的举止，激起了人民的热情。这些在巴黎城内的巡视，不停地启发皇帝想出新的改善政策、锦上添花的方案以及有益的改革。他下达了这些值得注意的命令：让地方政府在城市的各个区域建造供水系统，并且增加喷泉的数量；建设市场、屠场、下水道以及桥梁；建造一系列的大型建筑，容纳帝国档案馆、大学及其附属机构，还有一间附带工作室和展览厅的艺术学校；还有就是在巴黎的四个方位建立四座大型公墓。拿破仑在战争的几个间隙做出的这些有益的工作，正是他规划的出巡可以为各个省份带去好处的范例。本来他是打算在取得长久和平、有了时间之后就开始进行巡视的。

拿破仑还和皇后一起去了荣军院。他慰问了那里的老兵们，询问了他们的需求，品尝了提供给他们的食物，还让皇后也品尝了那些食物。两位陛下在陈列室里参观了帝国各处城镇和海港堡垒的规划图。在这么多的规划图中，皇帝评价了布列斯特港口的规划。这个港口刚刚被建成，他对此很是赞赏。

在 1813 年的年初，皇帝亲自为立法院举行了开幕典礼。在演讲中，他开诚布公地提及了自己的损失、自己的希望，还有自己对和平的渴望。他的演讲结束之后，内政大臣进行了讲话，主要是描述了过去两年帝国的状况。

拿破仑同时也在忙着组建摄政的班底，他决定将这个重任委托给皇后。有人向他提出，应该为皇后分配特别随员，并任命一名总监来管理这些人。虽然皇帝一般反对在宫内设立新的管事职务，不过他似乎觉得这个职务很重要。于是，他的目光落在了德·纳尔博纳先生的身上。后者的聪明才智和得体的宫廷礼仪一直都很让拿破仑满意，他觉得纳尔博纳先生是最适合这个职位的人。不过他很快就抛弃了这个计划，转而把这位军官任命为自己的侍从官，再后来，他就把后者派去了维也纳。德·纳尔博纳先生没有辜负拿破仑对他的恩宠，一直到死都效忠于拿破仑。他是在托尔高去世的，他于 1813 年被任命为那里的总督。

拿破仑对旧贵族代表们的偏爱，是他的融合系统的一部分，也是出于他要将法国所有的优点发扬光大的决心。虽然旧贵族们文雅的举止、淡雅的恭维、出色而辞藻华丽的诙谐、良好的品味以及优雅的传统对他或许有一定的吸引力，不过，在选择进入宫廷的贵族时，他更看重的还是开头提到的那一点。以上所有的因素，都促使拿破仑从掌权时，就开始结交这些家庭的代表。尤其是利用德·塔列朗先生来推动这项融合与和解的事业。这也是为什么他在建立元老院时就把舒瓦瑟尔－普拉兰公爵以及吕讷公爵安排了进去。

针对皇后摄政的总管秘书这个职位，人们提名了许多人选。其中就有费朗先生，他曾经在巴黎高等法院中担任顾问。这位先生在第一次复辟时，还担任了路易十八的大臣。面对当时那些精心设计来让民怨沸腾的法律，他无畏地担下了所有的责任；除此之外还有迪歇纳·德·吉勒瓦辛先生，他也是一名最高法院的成员。这些人选全部都没有获得批准，皇后摄政的总管秘书这个职位也因此一直空悬。当皇帝决定为皇后摄政搭建班底的时候，我病得很重。因为我从莫斯科撤退归来后，积劳成疾。因此，我也没法再为拿破仑效力了。他让宫廷大司马迪洛克写信给我，告诉我说，因为我必须要休息，而他又不希望我离开他的身边，这促使他让我"在康复期间"（借用他的表达）待在皇后的身边。因此，他将我任命为皇后的总管秘书。几天之后，他以准许状的方式赐予皇后摄政权力。皇后在内阁会议前宣了誓。为此我们专门将内阁成员全部召集到了爱丽舍宫。约瑟夫国王被任命为皇帝的中将，总理大臣则被任命为摄政的第一顾问，所有摄政府发出的文件都要有他的许可才行。其中一名国务大臣卡多雷公爵被任命为摄政府的秘书。同时，当达吕伯爵陪伴皇帝远征时，也是由卡多雷公爵代理国务卿的工作。孔内利阿诺公爵元帅被任命为掌管卫兵的大将军。皇帝的侍从官卡法雷利将军则负责指挥那些留在巴黎的卫兵部队。

在皇后总管秘书的这个新岗位上，依照皇帝的指示，我从国务卿达吕伯爵那里收到了下面三份文件的副本：皇帝任命玛丽·路易莎皇后为摄政的特许状；组成摄政府的元老院敕令；确定皇后可以继承的遗产数额的元老院敕令。

下面就是达吕伯爵的来信：

　　　男爵先生，皇帝在将您任命为皇后摄政的总管秘书后，命令我将下列文件交给您。因为它们与皇后的利益相关，所以您也需要对它们有所了解。因此，我有幸在此为您寄来关于摄政

府的组织性元老院敕令以及确定皇后可继承遗产数额的元老院
敕令的副本。

　　您应该时刻将这些文件放在皇后的手边，这样每当她想要
阅览这些文件的时候，您都可以把它们呈给陛下。皇帝同时还
希望您准备皇后内阁的会议记录，并将它们交给对外事务大
臣，后者会负责将它们呈给陛下。会议记录的原本将保存在您
这里。同时，您必须要将所有可能是寄给皇后的信件和报告从
对外事务部中拿出来，将来您要负责草拟对它们的回复。

　　男爵先生，您必须获取与帝国皇室地位以及国家的宪法性
文件相关的所有东西，并且，无论皇后陛下什么时候需要它
们，您都要将它们立刻呈上。

　　男爵先生，这就是皇帝的意思。陛下命令我将这些命令告
诉您。

　　我有幸在此向您表达我最崇高的敬意。

　　　　　　　　　　　　　　　　　　　　　　（签名）达吕

　　我在被任命为摄政府的主管秘书时，并没有领取这个职位的薪
水，因为我只是临时担任这个职务。皇帝自掏腰包为我提供了一份
每月 4000 法郎的薪水，同时在圣克劳为我准备了一座漂亮的宅邸。
每当皇后住在圣克劳时，那座宅邸就是我和家人的住所。同时，皇
帝还给了我和我的妻子每天傍晚进入皇后会客厅的许可。最后，他
还命令我要每天给他写信，我做到了，一天都没有中断。

　　在皇后被宣布为摄政之前的几天，我就开始在皇后身边效劳
了。我此前曾经多次感受到皇后的温和及亲切。此后和她常常见
面，我更是深刻体会到了这些带给人好感的品质。她努力使我的工
作尽可能变得简单有趣，我的工作真的是一份赚钱多的闲职。皇帝

在日常事务的处理中建立的秩序是如此完善，以至于人们很少认为需要摄政介入。只有在遇到非常事态时，我们才会请她出马。幸运的是，没有发生这种非常事态①。我主要的工作就是和去国的皇帝通信，以及处理我在参政院的事务，我是那里的常驻人员。

沙俄高歌猛进，法兰西盟友纷纷倒戈

依靠他的远见卓识，在安排好了所有事宜之后，包括我们上述的事情在内，拿破仑立即准备出发和军队会合。几乎就是在他出发的前一晚，施瓦岑贝格亲王终于抵达了巴黎。他早就宣布自己带着好消息。因为皇帝急切地想要赶赴战场，他只是派出了巴萨诺公爵去和施瓦岑贝格亲王沟通。俄国人已经跨过了易北河，正在占领德累斯顿。萨克森国王已经离开那里，前往布拉格。普鲁士已经在2月27日，于卡利奇②和俄国达成了盟约。皇帝在4月15日凌晨4点钟离开圣克劳，前往美因茨。

在当日上午，我从皇后那里收到了这样的短笺：

> 您肯定知道皇帝已经离开了。我相信您肯定也为此感到非常伤心。我请求您，如果费恩先生还没有离开的话，告诉他我非常希望他将皇帝的消息告诉我。我没能找到亲自告诉他的机会。我还要请求您将获准进宫会见我的人的名单给我，皇帝希望这些名单在今天交到我手上。我请求您相信，我对您充满信心。

---

① 比如说皇帝去世之类的。——作者注
② 今波兰的卡利什。

路易莎

1813 年 4 月 15 日，圣克劳

　　皇后第一次在新岗位上小试牛刀，是接见一个外交使团。这是接下去那个周日发生的事情。她高贵而和蔼地承担起了摄政的职责。

　　1813 年战役的第一场胜利，是皇帝在抵达军队的 6 天之后取得的，地点在吕岑。双方进行了激烈的战斗，这场胜利也为法军打开了通往德累斯顿的道路。此后，萨克森国王忙不迭地返回了自己的首都。

　　同时，施瓦岑贝格亲王和巴萨诺公爵正在巴黎举行会谈。因为奥地利特使的原因，这些会谈最终的成果只是一大堆友好宣言。但考虑到它们的数量如此之多，这些友好宣言基本上丧失了实际价值。不过，在其中的一次会谈中，这位亲王一不小心说漏了嘴，给出了一个重要的表态。关于家族联姻自然而然带来的义务，施瓦岑贝格亲王是这么说的："政治能促成这桩婚事，也能拆散它。"尽管德·巴萨诺先生没有把这个评价转述给皇帝，但是出于奥地利大使的矜持，他一直没有做出任何的宣言，这让我们起了疑心，怀疑他根本就不想谈出成果，只是在拖延时间。最终，奥方终于提出了那个武装调停的提议。随之而来的是一份新的友好宣言。奥方还保证，他们重新武装只是为了迫使反法联军与我们议和。拿破仑于是把欧仁亲王派去了意大利。他认为一旦谈判破裂，欧仁亲王在意大利对我们更为有利。同时，他还将苏尔特元帅从西班牙叫了回来，他打算让苏尔特元帅执掌大军团。

　　正当皇帝在德累斯顿的时候，奥军将领布布纳被派到了他身边。奥地利的说辞还是那一套，但是，在沉默了许久之后，奥方暗示自己需要一些补偿才能继续忠于与法国的联盟：法国要放弃莱茵邦联保护国的身份；华沙大公国要解体；伊利里亚要退还给奥地利，这一点不容许有任何争议。布布纳先生同时提议举行一次大和会，他宣称："普鲁士和俄罗斯承认奥地利的居中调停，但是他无法透露这次调停的性质将是什么。"

拿破仑此时已经不再相信奥地利展示出的所有友好态度，但是，他还是装作不在意。他决定将维琴察公爵派去俄军大本营，希望可以就普遍和平与沙皇达成共识：相比一个不忠的盟友，他更倾向于和一个公开的敌人打交道。亚历山大沙皇那时已经开始和奥地利交涉，他拒绝接见维琴察公爵。

同时，我军在包岑和伍茨琴的胜利，让反法同盟决定提出停火。他们还补充说，在停火期间，调停的势力会公布和谈的基础。武装调停也因此被宣告废除。拿破仑再次同意停火，此后他都有理由为这一决定而感到懊悔。不过，当时他希望——借用他自己的话——"更好地审视自己的棋盘"，并借着停火的机会，寻求接近亚历山大沙皇，同时让奥地利为背信弃义付出代价的方式。

就在我担任皇后的主管秘书时，有一天她从皇帝那里收到了下面这封信：

> 夫人并亲爱的朋友，这封信是给奥特朗托公爵的公开信。您将会召来这位公爵，并亲自将这封信交给他。如果他需要身份文件，那么您将命人给他提供身份文件。我希望这次任务要保密。当然，您可以向总理大臣提起这件事情，我不希望向他隐瞒任何事情。但是，您必须这样安排：当总理大臣来见您时，您必须已经见到奥特朗托公爵，他必须在场。

（签名）拿破仑

1813 年 5 月 11 日，德累斯顿

    基于这封交给他的信件中的要求，富歇离开巴黎，起程前往德累斯顿。考虑到法国和帝国政权现在的状况，拿破仑出于审慎，觉得不应把这个人单独留在巴黎。这封信的目的是要让富歇离开巴黎，把他派去伊利里亚接替贝尔蒂埃将军。贝尔蒂埃将军在军中可以发挥更大的作用。

    在当天的另一封信里，皇帝还委托皇后把巴萨诺公爵也送去德累斯顿。不过，这两封信的写作目的大不相同！

    既然我已经开始摘录拿破仑写给玛丽·路易莎的信件，那么我就再抄写两封吧。第一封信将展示皇后的单纯、皇帝在处理礼仪规范问题时的敏锐，以及他在处理这些问题时有多少顾虑：

    夫人并亲爱的朋友，我已收到您的信，您告诉我您躺在床上接待了总理大臣。我希望您无论在任何情况下，无论有什么借口，都不要躺在床上接待任何人，无论那个人是谁。只有等到您 30 岁之后，躺在床上接待客人才是得体的行为。

（签名）拿破仑

1813 年 6 月 7 日于海瑙①

下面是另外一封来自皇帝的信件：

    夫人并亲爱的朋友，我收到了您在 5 月 30 日寄来的信件。

———————————

① 今波兰的霍伊努夫。

我觉得您没必要专门去圣母院为伍茨琴会战吟诵《赞美颂》，您只要去杜伊勒里宫就足够了。您要在宫中惯常的时间，在礼拜堂里组织人们以宏大的排场吟唱《赞美颂》，然后在傍晚举行大规模的接待会。当然，我写这封信的前提是官方还没有宣布您会前往圣母院。如果这件事情已经公布了，那就不能取消。这样的话，不去就会造成更多不便了。

（签名）拿破仑

1813 年 6 月 9 日，利格尼茨①

在另一封寄给玛丽·路易莎的信中，拿破仑又提到了这个问题：他告诉皇后，去参加为吕岑会战吟唱《圣母颂》的仪式，她做得很好。但是他指出，这样的仪式不应太过频繁，它们正是因为稀缺，所以才令人印象深刻。他补充道："一般来说，人们应该在战争后的那个周日吟诵《圣母颂》，任何的拖延都是错误的。我不觉得五旬节和吟唱《圣母颂》之间有什么冲突的地方。当一件事情结束后，很多其他事情会接踵而至，这会造成诸多不便。在圣克劳举行一场盛大的戏剧表演，把所有廷臣都召集起来吧。"

这些信件抵达时，我们已经在《箴言报》上公布了庆典的计划，因此皇后带着随扈，浩浩荡荡地前往圣母院，这也和她收到的命令相符。

在 1813 年战役的辉煌开端中，皇帝和军队遭受了两个值得注意的损失。在吕岑会战前夕的一次侦察任务中，伊斯的利亚公爵（贝西埃尔）被一颗子弹击中头部，牺牲了。在拿破仑的意大利军

---

① 今波兰的莱格尼察。

团中，他是标兵上校，之后成了帝国卫队的指挥官。贝西埃尔跟随拿破仑参加了所有的大小战斗。他的勇敢、他在骑兵部队中的经验以及他对拿破仑的忠心耿耿，让他晋升到了元帅这个级别。

失去贝西埃尔元帅已经让皇帝非常悲痛，此后弗留利公爵（迪洛克）的死，更是让皇帝的悲痛达到了顶点。迪洛克没有前者那么幸运，他在伍茨琴会战的那天晚上受了重伤，之后还被伤痛折磨了 12 个小时。一颗从远处打来的敌军炮弹在人群中找到了他。当时他正在和基尔格纳将军还有莫蒂埃元帅谈话。这颗炮弹将大司马开膛破肚，杀死了基尔格纳将军，但仅仅擦伤了特雷维佐公爵。在迪洛克的弥留之际，拿破仑一直陪在他身边。他在哨兵换岗后赶去探望了迪洛克，后者被转运到了一个房子里。拿破仑到达的时候，迪洛克还很清醒。两人的会面让人潸然泪下。拿破仑和他的军官中最令人惋惜的一位谈了一会话：迪洛克表达了自己对拿破仑最纯粹的忠诚，皇帝表达了他深深的懊悔，并且希望他们可以在另一个世界重逢。拿破仑此时被最剧烈的情感俘获，在接下去的一刻钟里，他都紧紧地攥着迪洛克的右手，他还将头倚在了迪洛克的右手上。寂静笼罩着这个让人心碎的场面，打破寂静的是迪洛克。他乞求皇帝离开，不要目睹这么悲伤的场景。拿破仑当时几乎说不出话来，他只能从齿间挤出这么一句话："那好吧，永别了，我的朋友！"然后他就在苏尔特元帅和大掌马官的搀扶下退了出去。接下去的整个晚上，他都把自己关在帐篷里，为自己的朋友哭泣，同时也在思考着命运给自己的警告。他这样的天才，肯定感受到了这一点。

皇帝之后前往美因茨和皇后共度了一段时光。在返回的路上，拿破仑在大司马逝世的那栋乡村房屋前停下了脚步。他派人找来了神父，并让神父在这座陋室里建起一座纪念碑，纪念他在这里失去的人。拿破仑希望这座房屋的租户可以成为它的所有者，并负责保存其中的纪念碑。因此他下令即刻付清购买房屋以及修建陵墓的金额。

人们或许可以这么说，拿破仑自己一直受到命运的垂青，但是他为自己身边的人都带来了厄运：就在迪洛克逝世后的第二天，皇帝的侍从官贝尔纳上校在护送皇帝的马车时，把自己的一条腿弄断了。

法国、俄国和普鲁士专员们签署了一份停火协议。之后，冯·梅特涅先生抵达了德累斯顿。6月28日，他和拿破仑之间进行了那次著名的会晤。在会晤中，他撕下了伪装。作为奥地利忠于与法国联盟的补偿，他要求法国割让伊利里亚和半个意大利，同时还要放弃对莱茵邦联的保护，放弃荷兰和西班牙，停止对瑞士的调停，放弃华沙大公国。面对如此傲慢的要求，皇帝难以抑制自己胸中迸发的怒火，这份怒火是完全正当的。他对此的回复人尽皆知："啊！梅特涅，为了让您向我做出这样的提议，英国人给了您多少钱？"对奥地利这种措辞的解释，的确在不久后就传达了。我们获知，奥地利大臣施塔迪翁先生在6月27日，也就是梅特涅和拿破仑会晤的前一天，签署了一份协议。协议规定反法同盟接受维也纳政府的调停，同时确定了对法国施加的条件。7月9日签署的特拉岑贝格①条约中更加绝对地确立了这些条件。这个条约确立了反法同盟的军事行动方案，同时分配了英国提供的补贴。奥地利和瑞典是条约的缔约国，他们将自己的军队和俄军及普军合在了一起。

在经过上文这么多的解释之后，再要深究奥地利政府是什么时候开始和同盟各国政府谈判的，就有点没意思了。多种迹象都显

---

① 今波兰的日米格鲁德。

示，从施瓦岑贝格亲王被派去巴黎大唱友谊赞歌，表示忠于与法国的盟约时，奥地利政府就开始接触同盟各国了。各位读者也知道，那正好是拿破仑离开巴黎前去领军的时候。再也没有比这更过分的背叛行径了！

在等待预定于布拉格召开的和会，同时等待延长停火期限的谈判结束时，皇帝出发前往美因茨。这时他已经非常确定，奥地利人已经和反法同盟达成了共识。他希望在那里待一会，做出各种安排。他觉得，一旦战事重开，这些安排对于帝国将很有帮助。

他还让皇后也到那里去陪伴他，在信里，他还指明了皇后应该选谁作为随扈。他提到了我的名字。同时，他还给皇后寄去了一封信，其中是给总理大臣的信，内容也是要后者前往美因茨。他甚至还给《箴言报》寄去了一篇文章，宣布这次旅程的消息。他就是这么警惕。

皇后在 7 月 23 日早上六点钟离开了圣克劳，途中在沙隆和梅斯过了夜，并且接待了当地的主要官员。她在 25 日凌晨 3 点抵达了美因茨，当时天气特别差。她之前还一直担心皇帝会比她先到，但是皇帝直到当天傍晚 6 点钟才抵达。拿破仑的身体依旧健康，军营中的空气让他变得粗犷了，他也晒黑了不少。能和皇帝重逢，我开心极了，他也亲切地接待了我。在他的内阁抵达前，我再次充任了他的秘书，为他做了许多事情。能再次如此亲近地和拿破仑在一起，享受他的信任，让我很高兴。之后，我悲伤地目送着他离开。离开他后，我的心情非常压抑，因为我担心奥地利种种令人怀疑的动作，我对布拉格和会的议题也持怀疑态度。

几位大臣被从巴黎召唤到了美因茨。在美因茨的这段时间，皇帝过着非常闲适的生活。他每天在工作室里忙于处理军事和外交方面的信函，并且交替着和大臣们，尤其是财政大臣一同工作，安排

内政上的事务。同时，他也着眼于即将开始的斗争，这次的战争会
持续多久，没人知道。莱茵邦联中的王公们，都趁着皇帝在美因茨
的机会，来觐见了他。其中包括巴登大公及大公夫人、亲王大主
教、拿骚亲王和黑森－达姆施塔特大公。那时天气也转好了，再次
变得平静安宁。这使得皇后可以每天都搭乘敞篷马车出游。随着瓦
格拉姆亲王夫人的抵达，她身旁的随扈又多了一个人。瓦格拉姆亲
王夫人将她的儿子带到了美因茨，来见她的丈夫。她的丈夫急切地
盼望着洛堡伯爵夫人的抵达，后者对于她来晚了这件事情还很不高
兴。当她总算抵达时，距离拿破仑原定的启程日期就只剩下一天
了。皇帝在美因茨逗留期间，皇后打算给皇帝一份礼物，庆祝他即
将到来的命名日。于是，她命令在维希泡温泉疗养的伊撒贝将她和
儿子的肖像一起画在了一个鼻烟壶上。

皇帝在 8 月 1 日傍晚 6 点离开了美因茨，返回德累斯顿。他在
4 日早上 9 点抵达了那里。正是在这座城市里，拿破仑发出了一条
政令，后来很多人都将其说成独断专行之举。在 1811 年秋天的荷
兰之行中，拿破仑在安特卫普听说当地的市长和关税领导被控腐
败，给安特卫普带来了超过 200 万的损失。两个侵吞公款的人把这
笔钱瓜分了。因此，9 月 28 日时，皇帝在弗利辛恩发布了一条政
令，将这两名被控贪污的人送到了布鲁塞尔的刑事法庭受审。在经
历了漫长的审判之后，这两个人被无罪释放了。之所以会出现这样
的判决，是因为有一名陪审团成员此前被这两个贪污的人收买了。
不出所料，这份判决成了一个巨大的丑闻。拿破仑在审阅了财政检
察官的报告之后，知道这个关税收缴人在市长和省里部门领导的指
使下，针对关税的收据制作了阴阳两个账本。他不会允许这样的欺
诈行为逃脱惩罚。凭借他的权威，他暂缓了法院对这两个骗子做出

的无罪判决。同时，他委托最高法院组织了一个新的法庭，对案件进行重审。这个决定毋庸置疑是对司法独立的损害，但是如此放任腐败分子逍遥法外，极大地损害了道德规范，同时也激怒了君主的良心：他们正是以拿破仑的名义做出了这么一个明显罪恶的判决。在这样的情况下，到底是要以无罪判决来鼓励贪污公款的行为，还是要雷厉风行地弥补法律的不足呢？拿破仑断然不会为这样一个伤害公共道德观念的判决承担责任。这也证明了，即便是在战争之中，他依旧心系公民的利益。

同时，瑟堡的海港船坞也完工了。将海水注入船坞是一件大事。皇帝向皇后表达了希望她出现在开幕仪式上的愿望，这样可以让开幕仪式更加庄严。因此这事就定下来了，玛丽·路易莎在从巴黎返回后将择日前往瑟堡。我下面展示的这封信，是拿破仑在返回德累斯顿之后，就此事写给总理大臣的信。我之前展示的信件，加上下面这封信，足以展示皇帝的远见卓识，以及他可以关注到多么微小的细节：

> 我的表亲，皇后如果前往瑟堡的话，我将会非常欣喜。她在那里首先可以观赏海水进入船坞时的美丽场景；其次，也可以让这个仪式更显庄重。海军大臣可以先于皇后抵达瑟堡，并组织接待的事宜，也可以准备皇后在当地的娱乐消遣项目。皇后应该在 17 日或者 18 日启程，这样开幕典礼就会在她的生日那天举行。该省的主要官员都将到场，这样一个好玩的场景肯定也会吸引很多围观的民众。要让报刊报道皇后此次美因茨之旅以及返回路上的大小事情。此致，向上帝祈福……
>
> （签名）拿破仑
>
> 1813 年 8 月 7 日，德累斯顿

离开美因茨后，皇后沿着莱茵河，经由亚琛返回了巴黎。她在8月2日登上了一艘游艇，这是拿骚亲王提供给她的，负责在游艇上尽主人之宜的是一名拿骚家的军官。但是，她的身边有这样一些人：芒泰贝洛公爵夫人；荣誉骑士德·博阿尔内伯爵，他跟随她一起去了美因茨；塔卢埃夫人和洛里斯东夫人；卡法雷利将军；沃尔格伦南和科内利西安两位侍从；宫廷主管屈西；还有我本人。抵达圣戈阿尔之后，皇后做的第一件事情就是给皇帝写信。第二天，她在莱茵河上继续自己的旅程，沿途在科布伦茨和科隆做了停留。她在8月5日抵达亚琛，造访了当地的大教堂。此后，她经由列日、那慕尔、苏瓦松和贡比涅，抵达圣克劳。在沿途停留的所有城市，她都受到了当地主要官员的接待。同时，她也没有忘记在离开之前接见他们。在我们抵达科布伦茨后，我在打算用作皇后住所的宅邸等候室里遇见了我同僚的妻子，这让我很是惊讶。皇帝前来美因茨的时候，她的丈夫留在了德累斯顿。他于是趁着皇帝不在的机会，来科布伦茨和自己的妻子见了一面。穆尼耶夫人这次前来是想要被介绍给皇后。能帮她这个小忙，我自己也很高兴。德·孟德斯鸠夫人正在皇后马车停下的地方等待，准备将皇后的儿子交到她的手中。他那时是一个很不错的孩子，身体处处透着力量和健康。他的智力也正在以惊人的速度发展。那不勒斯王后送了一辆小敞篷马车给他。他常常会开心地在宫殿的庭院中驾驶这辆小马车。负责拉这辆马车的是一队绵羊，它们都是由一个聪明的掌马官训练出来的。

瑟堡港口的开幕典礼本来应在8月15日，也就是皇帝的生日那天举行的。后来被推迟到了8月25日，也就是玛丽·路易莎的生日，方便皇后可以舟车劳顿从美因茨返回之后好好休息一下。她贴心地没有让我跟着她一起去瑟堡。按照她自己在8月25日和26日信中的说法，她抵达瑟堡的时候已经"因为卡朗唐附近糟糕的道路而累得半死不活了"，那段烂路上的灰尘还让她"差点窒息，胸脯也很痛，好像感冒了"。在皇后出于好心写给我的另一封信里，她向我描述了开幕典礼的样子："人们昨天把船坞打开了，但是水流咆哮着涌入的时候，大家都在吃晚饭，因此没人看见这个绝景。而且，都说祸不单行，我还错过了烟火大会。"

奥地利背叛法国

布拉格和会开幕了。反法同盟肯定不想求得和平，但是他们被迫要将本意隐藏起来。奥地利需要时间来做好战争准备。实际上，布拉格和会不过是一个障眼法。人们甚至都没有交换证明文书。谈判代表相互之间甚至都没有见面。放弃伊利里亚、放弃半个意大利、放弃荷兰和西班牙，这就是奥地利为维持与法国的同盟开出的价码。当时拿破仑还有 30 万军队驻扎在德意志的中心地区。鉴于奥地利还没有达成自己的目的，她以调停人的身份主宰了整个会议。她完全忘记了自己的责任，以及必须保持公平公正这一点。奥地利光顾着为自己谋利，同时推动反法同盟的要求。本来预定 7 月 5 日开幕的和会，直到 29 日才开幕。反法同盟说会议的延宕完全是法国谈判代表迟到导致的，法国的代表们在 27 日才全部抵达布拉格。其中一名是维琴察公爵，另一名是德·纳尔博纳伯爵。后者是和俄国以及普鲁士的代表一同抵达布拉格的。维琴察公爵此前负责在诺伊马克特进行延长停火协议的谈判。他一直滞留在那里，直到 27 日才签署了协议。之所以会这样，是因为反法同盟说他们的文件在路上拖延了，鬼知道是真是假。拿破仑之所以没有马上派维琴察公爵前往布拉格，还有另一个原因：俄国选择了德·安斯泰特作为代表。德·安斯泰特是法国人，现在却做着反对法国的事情。

在拿破仑看来，这是对他的侮辱。此前帝国曾经发布政令，拒绝一个法国人代表外国势力参与与法国利益相关的讨论。坚持这个人选是一个信号，显示出了当时确定奥地利也会叛变的反法同盟根本不屑于和我们按照平常的外交礼节议和。当时，在特拉岑贝格举行的会议已经确定了反法同盟的军事计划。奥地利和瑞典也参加了这一会议。俄国和普鲁士的特使非常清楚这两个国家如此做的意图。在过去的几个月里，拿破仑一直都怀疑有人在进行针对他的密谋，现在，证据是如此之多，怀疑几乎都要变成确信了。因此，拿破仑被迫要非常小心谨慎，他也必须要找出对方给他下了什么圈套，以及暴露在他面前的这个巨大危机的真相。停火协议在 8 月 10 日就会到期。12 天的时间（一部分时间还要用来讨论类似和会中采用的形式或是传统），真的足够我们解决这个问题，让如此多的利益方和解，并在欧洲实现总体和平吗？更何况，调停国那些或明显或掩盖着的要求，进一步复杂化了各方坚持的各种利益要求。在调停国的支持下，俄国和普鲁士的代表提出了种种旨在找茬的问题，进一步浪费了宝贵的时间。他们脑子里想的都只有怎样缩短这个和会的时间。调停国表面上摆出对法国代表很友好的样子，把它背叛的计划隐藏起来。但是它公然的背叛行为，包括它的所有行为，都显示奥地利介入布拉格和会的唯一目标就是要强迫我们就范。最终，在停火协议到期 3 天前，法国谈判代表接到了最后通牒。即便是在有准备的情况下，也没人会不经过仔细检视就接受一份最后通牒。因此，我们需要足够的时间来把握这些无法申诉的牺牲的本质。即便是屈服，我们也要带着荣耀和尊严屈服。

第二天，也就是 8 月 9 日，拿破仑了解到，他此前同意做出的都是怎样的让步。它们包括了反法同盟此前提出的所有要求，只有保留的里雅斯特的港口除外，只有调停国对占有这个港口感兴趣。

法国的坚持仅仅是要各方保证丹麦的领土完整，这也是我们对这个忠诚的盟友所能做的最后一点事情，是我们忠心的体现。翌日，也就是 10 日的午夜，反法同盟的各位代表没有答复我方提出的最后几条请求，就通过奥地利代表告诉我们，他们不再继续和谈了。他们是受到了我军在西班牙失利的消息的鼓舞，才做出这一决定。我军在维多利亚大败，结束了法国对西班牙的统治。奥地利代表在将这个消息转达给我方的同时，还补充说他的任务也到此结束了。即便是承认奥地利的调停结束了，也不代表这个国家应该停止所有与我方的商讨。奥地利政府这样不顾身份、勾结敌国的行为，真是糟蹋了调停国的头衔。不过，她之所以能和敌方勾搭在一起，说不定也要感谢这个调停国的头衔。不过，至少在名义上，我们还没有和弗朗茨皇帝进入战争状态。奥地利这时必须确定她接下来对我们的态度：保持中立、继续作为盟友，或者宣战。她选择的是粗暴地撕下之前戴在脸上的透明面具，对法国宣战。奥方没有就此做任何的解释。她已经做好准备了：她和反法同盟之间做好了所有的安排，她完成了自己的背叛。当纳尔博纳将军来向拿破仑报告和会解散的消息时，拿破仑还在等待着对方对他的提议的答复。维琴察公爵出于最后一丝希望，还留在布拉格。不过，在听到这个消息之后，拿破仑同意了对方提出的所有要求，并让布布纳将军将这个消息全速通报给弗朗茨皇帝。奥方的答复是，我们来晚了一步（只是晚了几个小时而已！），现在拿破仑必须直接和亚历山大沙皇沟通。这位君主在 16 日抵达了布兰代茨，奥地利皇帝正驻留在那里。亚历山大沙皇拒绝了我方的所有提议，并且敦促奥地利皇帝冒险开战。同时，奥地利的真实意图也展露出来了。德·巴萨诺先生在指出奥方的背叛行径后，向冯·梅特涅先生发去了最后的照会。在照会中，德·巴萨诺先生提出召开一个和会，所有大小国家都要派代表参加，人们将在那里庄严地讨论所有的问题。人们不应该指望各国可以在 1 个星期，或者 1 个月的时间里解决这些问题。和会上的代表们将听取各国的意见，对已经做出的牺牲提供补偿，并订立一份对所有人都有益、让所有人都有尊严的和约。奥地利大臣对这个提议躲躲闪闪，没有正面回复。8 月 16 日被定为战事重开的日期。如果我们能在布拉格达成和约的话，那肯定是一件好事，尤其是和此后敌人强加在法国身上的苛刻条件相比。但是，相信我们对于敌人和调停国的毫无诚意都有了一个看法。此前，拿破仑在 6 月于德累斯顿接见梅特涅时曾经批评他被英国收买。这样的斥责的确不太审慎，但是，这不是造成奥地利叛变的原因。这次叛变背后唯一且真正的原因，就是维也纳政府和反法同盟各国政府的利益太一致了：抓住我们屡遭灾祸的这个机会，打垮我们。奥地利早就算计好了，和数目众多的朋友联合起来，肯定好过继续留在被孤立的盟友身边。后一种情况会让奥地利暴露在危险之中。鉴于奥地利所处的这个位置，她会有这样的考量是很正常的。要是奥利地政府可以摈弃背信弃义的行为，开诚布公地表达自己的愿望，拿破仑在相信奥方诚意的情况下，肯定会批准这些出于忠诚而要求的牺牲。因为他当时已经觉得法国必须要做出让步了。如果你还记得一年前奥地利和法国之间达成的协议，两国在协议中承诺保证对方的领土完整，你就会理解政治联盟有多么脆弱。我们承诺给奥地利的，后者要求的补偿和领土增加，可不光是为她参与俄罗斯远征做出的补偿，更是（千万别忘了）"纪念两国君主之间亲密且持久联盟的丰碑"！

　　1812 年战争不幸的结局，让法国不可能再实现她做出的承诺。奥地利于是认为，忘记自己的承诺，击垮我们，是更安全的一条路。早在 2 月的时候，她就改变了自己的信念。但是，她那时还没有改变她的语气。维也纳政府自己也承认，在条约正式确认这一联合之前，反法同盟和奥地利就已经达成了原则上的一致。那为何还要撒谎做出如此多友谊的宣言呢？因为奥地利需要时间，来完成她的武装，准备她的叛变。维也纳政府做出这一背信弃义的行为背后的精神，和1812年时她和法国签署盟约时遵从的精神是一致的。许多人都承认，奥地利在盟友遭难时跳船，是老练的政治计算，可以被原谅。不管怎么说，在我们看来，奥地利政府本来可以扮演另外一个角色，对国家的未来有更大的好处，对于奥地利大臣的品格来说，也更有好处。维也纳政府本应该忠实于自己的政策，它都为此牺牲了一名女大公了。从那一天开始，它就应该和法国保持紧密的联盟。这会迫使拿破仑考虑到奥地利睿智且忠诚的态度。但是，奥地利政府并没有这么做。它一开始没有显露自己想要推翻拿破仑的想法。看到拿破仑遭难了，才想从中分一杯羹，加入了整个欧洲的反法同盟。人们常说，如果我们像英国一样四处撒钱，那么胜利的天平就会倾向我们。许多人至今都抱有这样的观点，认为行贿是成功的必备元素。这也是富歇的准则。在布拉格和会期间，皇帝向他展示了一个漂亮的鼻烟壶，上面装饰了钻石。皇帝打算把这个鼻烟壶送给冯·梅特涅先生。拿破仑说："你知道这个礼物值3万法郎吗？"富歇打断他，大喊道："您就打算靠这个拉拢奥地利大臣吗！您不应该给他3万法郎，您应该给他百万法郎。"面对这个阴暗的回答，皇帝做了一个表示反胃的手势。他可是最恐惧贪腐的。

有一个事实看起来是毋庸置疑的，随着时间的流逝，真相肯定会大白于天下。那就是，在梅特涅大臣启程前往德累斯顿之前，奥地利皇帝主持了一个只有少数几个近臣参加的秘密会议。有文件提到了参与这个会议的人的名字。而且，资料还指出，在这个会议上，针对奥地利政府到底应该维系与法国的联盟关系，还是抛弃法国，转投反法同盟，双方爆发了激烈的争论。奥地利皇帝将一位前大臣巴尔达尼伯爵召集到了会议上。这位伯爵以激烈的反法观点而闻名。除了玛丽·路易莎的婚礼之外，法国媒体对这位大臣都没什么好话。这也是奥地利皇帝决定召回这位大臣的原因，事态的发展让他对这位大臣越来越有信心了。人们轻易就可以想象出来，这个人在讨论一个如此重要的问题时，会发表怎样的观点。我们只要提到下面这一点就足够了：会议上大部分的人都认为，与法国结盟并没有带来预期的好处；继续忠于这段盟约也没什么意义；另外，要是奥地利和反法同盟站在一起，可以获得实实在在的、有决定意义的好处。因此，奥地利政府下定决心要和反法同盟达成共识，并准备和法国断绝关系。正是带着这样的指示，冯·梅特涅先生启程前往德累斯顿。这位大臣所执行任务的结果，以及他和拿破仑之间的谈话都是广为人知的。可以说，在这场谈话中，梅特涅为重建奥地利帝国的伟大、为重建这座丰碑，打下一个出色却不坚实的基础。同时，梅特涅知道，将放弃伊利里亚、放弃半个意大利、放弃保护莱茵邦联、放弃荷兰和西班牙作为维持和自己主人联盟的价码，肯定会伤害拿破仑的自尊。就算他当时还在犹豫着要不要切断两个帝国之间虚弱的纽带，现在他也会下定决心的。

这些奸诈的谈判和协商，让我可以提一下一部分人对巴萨诺公爵的斥责。他们认为在那种危机的关头，巴萨诺伯爵不应该说服皇帝放弃签署布拉格和约。我不知道人们是基于什么做出了这样的指责。这只能展示出人们对拿破仑性格的不了解，觉得他是那种可以被别人影响的人。当他在做出关键抉择时，只有他自己是最终的决断者。无论对自己的顾问们有多大的信心，他都不会让他们影响自己的决定。更何况，这样的指控不适用于巴萨诺公爵，他是支持签署和约的。在那些忠诚地用自己的才智和奉献精神为皇帝效劳的人中间，有这位大臣一个光荣的位置。他帮助皇帝进行了这项高贵的事业：为自己国家的利益和伟大而奋斗。同时，他对皇帝的忠诚也不是一味谄媚。他为法兰西做出了贡献，为自己的领袖做出了贡献。他忠心耿耿，富有洞察力。他值得为此获得褒奖。他从来没有背叛过领袖对自己的信任，并且在逆境中也保持了对领袖的忠诚。

皇帝又要和反法同盟的军队作战了。现在反法同盟中还加入了奥地利的所有力量。本来，要是没有这个国家的调停，我们本可以达成和约的。奥地利在布拉格和会中的偏心可以用一个更好的名称来描述：背信弃义。同时，本来可以谈判的让步，反法同盟也拒绝和我们协商；谈判破裂的方式更是冷酷而具有侮辱性，让我们求和无门。以上的一切，都让拿破仑坚信，他面前只有三条路：征服敌人；死亡；被民众抛弃而退位。之后，当看起来他的退位可以保证法国的福祉时，拿破仑也这么做了。但是现在这个时候，皇帝觉得自己不能就这样将领土让给外敌：法兰西民族将保护领土完整的重任托付给了他。如果他成功的话，他会从时人，甚至是自己的敌人那里获得多少掌声和尊敬啊！人们又会何等怀念他啊！

奥地利背叛的致命消息深深地影响了玛丽·路易莎皇后。她害怕这会让皇帝不再喜欢她，但是皇帝没有停止向她展示他对她的信任。她则尝试告诉自己的丈夫，她对父亲的正直有信心。或许是出于对法国的感情，她还主动提议可以帮助两人议和。玛丽·路易莎当时的确已经完全表现出了法国的习惯和风俗。她在用德语写给父亲的信中，都时不时地被迫使用法语表达，因为她忘记这个表达在德语里怎么说了。

奥地利的背叛打击了我国人民的希望。但是，直到 1813 年 8 月 30 日为止，法国军队在战场上仍节节胜利，让人们重新燃起了希望。好消息令我国人民普遍都很满意，皇后也是一样。她在 8 月 31 日的时候，从瑟堡给我写了一封信，让我非常荣幸。信中讲的是我军于 27 日在德累斯顿取得的胜利。下面就是她的这封信：

> 如果我没有感冒、胸闷的话，我本应该很健康的。现在这
> 场感冒让我很是疲惫。不过，我在回到巴黎之前都不应该进行
> 治疗。而且，今天我收到的好消息对我的帮助要胜过所有人们
> 能想象出来的药剂。我希望这场伟大的胜利将可以很快将皇帝
> 带回来，将和平带回来。

还有一封信，是 9 月 2 日从鲁昂寄出的。玛丽·路易莎在返回
巴黎的路上在鲁昂逗留了一会。这封信是这样的：

> 皇帝刚刚取得的一系列辉煌的胜利肯定让您非常开心。最
> 让我欣喜的就是他没有受伤。上帝保佑这些胜利将为我们带来
> 和平。我是如此迫切地期盼和平，所有忠于皇帝的人都是
> 这样。

奥地利的叛变似乎预示着会有新的敌人起来反对我们，奥地利
为反法联军带去了 20 万的兵力。因此拿破仑被迫要面对这个新的
局面。在 8 月 16 日的时候，他就已经离开德累斯顿了。他将守卫
这个中心点的重任交给了圣西尔元帅。此后，为了摸清普鲁士军队
的阵势，他率军进入了西里西亚。皇帝在之后的几场遭遇战中都击
败了普军，然后他调转方向，回击已经攻入萨克森的大股奥地利军
队。奥军被此前拿破仑的离开欺骗了，他们以为拿破仑还在西里西
亚，想趁他不在的时候夺取德累斯顿，并击垮圣西尔元帅的军队。
但是，为了挽救德累斯顿，拿破仑迅速返回了萨克森的首都，反法
同盟的军队已经兵临城下了。他在 8 月 26 日的早上抵达那里，后

面跟着内伊元帅的部队。这时，这座城市已经被大量的敌军围了个水泄不通，圣西尔元帅只依靠手上少得可怜的部队，肯定撑不了多久。拿破仑出人意料的抵达，鼓舞了数个德意志军团的斗志，他们都是法军的盟友。同时，拿破仑的抵达也鼓舞了国王和他的家人，他们都做好了战斗的准备。德累斯顿的人民将他尊为解放者。皇帝旋即做出了战斗计划。在 8 月 26 日至 27 日的那个晚上，施瓦岑贝格亲王率领的奥俄联军发出了进攻的信号，随之而来的是一场大规模的血腥战斗。许多军官就在拿破仑的身边被杀死，或是受伤。直到当天晚上 9 点，战斗才告一段落。反法同盟减员 3 万人，或是战死，或是受伤，或是被俘。他们还丧失了一部分火炮、大量辎重、许多掉队的人，还有运送伤员的马车。在贝尔纳多特的怂恿下，法国将军莫罗从美国返回了欧洲，成了沙皇的顾问。他也参加了这场战斗，并且受了很重的伤。人们把他的两条腿都截肢了。之后不久，他就死了。这就是这个军事才华横溢的法国人的悲惨结局：他死在敌人的行伍中，死的时候还在对抗自己的国家。

　　沙皇将莫罗将军的遗体安葬在了圣彼得堡的天主教教堂中。他给莫罗将军的遗孀寄去了一封慰问信，同时还给了她 50 万卢布的抚恤金，还有 3 万卢布的津贴。沙皇当然有权这样纪念莫罗，向他致敬，并且赐予这位将军的家族许多恩惠。他的家人也很乐意接受这些赏赐。不过，法国国王路易十八在复辟之后赐给了莫罗夫人元帅的权杖，他本来是打算将其交给这位夫人的丈夫的。同时，路易十八还批准莫罗夫人享有元帅的妻子和遗孀才能享受的荣誉和特权。这是什么情况？1814 年 4 月 26 日，元老院的一名成员提出了一个议案，获得了其他几个同僚的支持。这个议案的目的就是要宣称莫罗将军值得公众的尊敬，值得国家的感谢。这又是什么情况？同年 6 月 23 日，在国王的批准和资助下，政府在巴黎的圣保罗教堂为皮什格鲁、乔治以及莫罗，还有那 11 个和乔治一起被判死刑的刺客们举行了宗教仪式。这究竟是什么情况？1815 年 2 月 27 日，一道王室政令下令为莫罗和皮什格鲁树立雕像。这到底是什么情况？这种对国家荣誉的解读，激起了公众的反感。这种为了一个家族的利益而对国家犯下的罪行却被说成是一种荣誉。把乔治·卡杜达尔的家族封为贵族的时候，大家都忍下来了。但是，大张旗鼓地公开纪念这些叛国者，纪念这些拿起武器对抗法国的人，是邪恶政策的产物，是对国家的侮辱，是对人民的羞辱。

在皇后受到关于德累斯顿大捷的信件之后，整整 8 天的时间里，她没有得到任何和皇帝有关的消息。她在 9 月 11 日一大早就从圣克劳好心地给我寄来了下面这封信：

> 我昨天深夜收到了皇帝的来信，我在此将它寄给您。我觉得您读到这封信会很高兴的，因为您和我一样焦虑。请您在读完之后，从速把这封信寄回来。

德意志战场形势恶化，拿破仑败退离开

获得德累斯顿大捷之后，我军被接连击败，付出了惨痛的代价：勒佐公爵乌迪诺在大贝伦被击败；塔朗托公爵麦克唐纳在卡兹巴赫遭遇惨败；内伊元帅率领的部队也输掉了丹尼威兹会战。在大贝伦和丹尼威兹，贝尔纳多特击败了他两个老同志指挥的法国士兵，真是"光荣"。对我们最致命的打击，是旺达姆将军在库鲁姆的失败。因为一些沟通失误，他率领的 3 万人落在了后面。到底是

什么沟通问题，一直没人能解释清楚。至于他的部队，不仅人员损失了大半，还损失了 60 门火炮，他自己也落到了敌方哈克索将军手里。胸襟狭隘的敌军侮辱了他，这位将军成了俄罗斯和普鲁士民众以及士兵羞辱的对象。科尔比诺将军则幸运得多。他率领手下的骑兵和 1.2 万名步兵成功地杀出一条路，跟上了大部队。本来，我们整个战役的成败就看旺达姆将军的行动了。他的错误指挥却对接下去的一系列不幸事件产生了极大影响。不幸的是，拿破仑没法一人现身多处，命运女神也正在逐渐离开她曾经的宠儿。

　　在德累斯顿大捷之后，拿破仑突然病倒了，这也可以说是宿命吧。就在他准备进入皮尔纳追击敌军时，病魔突然袭击了拿破仑。这次的疾病，来得快去得也快，发病时非常激烈，这很可能是拿破仑此前多日暴露在大雨中导致的。他当时会频繁地呕吐，甚至让人们担心他是不是被下毒了。这个伟大的灵魂，就像是从某个神圣源头散发出来的一样，此时也不得不屈服于他虚弱的肉体。皇帝不得不被全速送回德累斯顿，那时的他，无论是精神还是身体，都很虚弱。那时反法同盟的军队是如此混乱，以至于他们自己都承认，要是我们当时继续追击的话，他们很可能就玩完了。这个致命的事件挽救了联军的命运，我们在战场上赢得和平的所有希望也就此消失了。

　　从这一天开始，我们经历了一系列厄运：在莱比锡那几天发生的灾难，让巴伐利亚、符腾堡以及莱茵邦联的所有邦国都一个接一个地叛变了。

　　另一个势必极大影响了皇帝的叛变（如果我可以用这个词的话），就是几位法军将领心中藏匿的反叛精神。我们都注意到了这一点，他们没能很好地隐藏起这种反叛的倾向。论根源，这种反叛是从我们在俄罗斯战役中遭遇各种灾难时开始出现的。当拿破仑宣布下面这个大胆计划时，这种倾向便发展成了实打实的抵触：拿破仑计划向联军打开通往莱茵河的道路，然后攻击他们的侧翼，并威胁联军疏于防御的柏林和波茨坦；同时，这样也可以解除敌人对多处堡垒的围攻，我们在那些堡垒中还留有守军。腓特烈大帝在七年战争时，曾经成功地实现过类似的操作，因此拿破仑的这个计划很可能也会成功。但是，看到没什么人支持他之后，拿破仑犹豫了。同时，加入反法同盟的国家越来越多，迫使他放弃了这个计划。巴伐利亚国王和他的大臣在不久之前才刚刚向皇帝表示了他们会忠于与法国的联盟。因此，拿破仑本来希望巴伐利亚的背叛不会来得这么早。在参政院的一次会议期间，我曾经听拿破仑激烈地抱怨过巴伐利亚的这种行径。巴伐利亚国王是一个心地善良，但是容易被说服的君主。事态的快速发展将他搜走了。同时，野心勃勃的弗雷德将军领导的一个小团体也说服了国王。皇帝之前没少赏赐弗雷德将军。9 月 27 日，拿破仑给皇后摄政寄去了下面这封信：

夫人并亲爱的朋友，您将前往元老院主持会议，并做如下演讲。陆军大臣会做一个报告，然后参政院的各位演说家们将公布一份关于征兵的元老院敕令。您将乘坐检阅马车，带着相应的仪仗前往那里，这也是我前往立法院时的惯例。

（签名）拿破仑

1813 年 9 月 27 日，德累斯顿

P. S. 因为演讲稿是加密的，巴萨诺公爵将负责解密讲稿，然后将其交给总理大臣。总理大臣会把讲稿交到你的手上。

信中提到的演讲，就是 10 月 8 日出版的《箴言报》上的那篇讲稿。

元老院的敕令下令征召 28 万名新兵，其中 12 万人在 1814 年或之前就要开始服役，剩下的 16 万人则在 1815 年开始服役。这样提前征召 2 年的士兵，不是什么好兆头，也让皇后的心中充满了悲伤。她对未来感到非常焦虑。她要在元老院扮演的角色，对于她来说也是头一遭，让她很是紧张。不过，她的青春、能力以及谦卑的态度都给参议员们留下了深刻的印象。德·塔列朗先生在有天晚上前往皇宫看戏的路上曾说过，皇后既不大胆，也不害羞。还说皇后显得很有尊严，同时也很圆滑老练，很熟悉礼仪。

德累斯顿大捷之后的一系列挫折，以及巴伐利亚的叛变，都让皇帝无法再继续在易北河和奥德河之间的土地上自由运兵了。因此，他打算到莱比锡去迎击敌军。施瓦岑贝格亲王的军队也在朝着那里进军。10 月 7 日，皇帝离开了此前一直作为他大本营的德累斯顿。他让圣西尔元帅率领 2.5 万士兵留守在那里。同时圣西尔将军手下还有马格德堡、维滕堡以及托尔高的守军。皇帝于 10 月 15 日抵达了莱比锡，萨克森国王和王后也抵达那里与他会合。

他抵达后的第二天，联军的部队在瓦豪进攻了法军。他们被击败了，并且损失了 2 万人。波尼亚托夫斯基在那里赢得了他的元帅权杖。但是，无论我们给敌军造成了多大的损失，对于可以随时以新鲜部队代替疲惫士兵的敌人来说，这些损失又算得上什么呢？奥地利将军梅尔菲尔德在此次战斗中被俘虏了。拿破仑将他送回到奥地利皇帝那里，还送去了求和的提议。反法同盟对此则反应冷淡。

敌人在第二天重新发起了攻势。尽管人数上占据劣势，法军士兵还是凭借着英雄主义的精神，进行了顽强的战斗，甚至还占据了优势。不过，30 万敌军组成了一条坚不可摧的战线，还有超过1000 门大炮在保护着他们。我军既无法绕过敌军，也无法在他们的战线上划出一道口子。萨克森人和符腾堡人的叛变，则让决定法国和欧洲未来的天平，开始往反法同盟那边倾斜。

所有军事方面的作家都记录了这血腥两天中发生的灾难。但就算是这样，我也必须要讲一下在这两个值得悼念的日子中发生的可耻事件（一个要用黑色石头标记的日子）[1]：在战场上，在酣战之中，背叛盟友，投靠到敌人的那边去，这在现代战争史上是闻所未闻的事情。在战斗的关键时刻，正当每个人都争抢着要去最危险的地方时，那些萨克森人，假装跟着大部队在前进，往敌人的方向进军……却是去加入敌人的。看到一个法国人[2]指挥的外国军队，就这样接纳了我们不忠的盟友，并共同在一面被背叛玷污的旗帜下行军，实在是让人恍惚。我是不是要补充一下，这个法国人还无耻地威胁萨克森的炮兵长官。因为这位长官还留有最后一丝体面，犹豫着不愿把此前还在用来自卫的炮口转而对准法军。

军队的疲惫和弹药的短缺都让我们没办法再打一场仗了，皇帝因此决定撤退。他返回莱比锡去向萨克森国王和王后告别。国王和王后乞求他离开，唯恐他落入敌手之后会遭受更多的厄运。他们要求拿破仑让他们自己去面对悲哀的命运。拿破仑感动地流下了眼泪。他感激二人如此的忠心，因此对于要抛弃他们一事感到非常犹豫。与此同时，被敌人包围的危险变得迫在眉睫，因此皇帝屈服于他这两位忠诚且脆弱的盟友的乞求。他和两人告别，并且拥抱了他们。同时，他还向两人保证，无论自己遭到怎样的命运，法国在未来都会报答他们的恩情[3]。

---

① 原文是拉丁语 Nigro notanda lapillo，古罗马人用白色鹅卵石标记发生喜事的日子，遭到厄运时则用黑色石头标记。

② 贝尔纳多特。——作者注

③ 这个预言在后来的维也纳和会上成了真。——作者注

我们都知道，在莱比锡战败之后，军队在撤退过程中遭遇到的灾难。其中比较著名的，就是埃尔斯特河上的桥梁不合时宜地断了，导致我们的几支部队落入敌手。勇敢的波尼亚托夫斯基也殉命在这条河中。反法同盟在进入莱比锡之后抓住了萨克森国王，把他押送去了柏林。因为他对于法国矢志不渝，他们要治他的罪。

拿破仑带着自己的残军撤退到了埃尔福特。那不勒斯国王在那里和皇帝告别。在告别时，双方都很激动，因为他们都感到，这大概是他们最后一次见面了。至于奥地利在若阿基姆国王的哨所进行的种种暗示，我们必须承认，对他产生了效果。他在这点上，比不上可敬的萨克森国王。尽管在撤退的路上，有许多游击队袭扰了我们的部队，但是总体上来说，我军的撤退，执行得还是比较圆满的。不过，在哈瑙附近，6 万巴伐利亚和奥地利军队曾尝试过阻挡法军。指挥这支联军的是弗雷德将军。这位将军此前常说，自己被本世纪的头号英雄尊敬，让他很是自豪。同时让他自豪的，还有他从拿破仑那里收到的每年 3 万法郎的赏赐。不过，前一天刚刚改换门庭的他，现在带着对新主人的热忱，开始毫不犹豫地进攻一支已经被击败且在撤退中的军队。成功也不能证明这些忘恩负义和罪恶的念头是正当的。虽然雄狮已经受了重伤，但还没有死呢。哈瑙会战的胜利为法军打通了回家的道路。在这场血腥的遭遇战中，奥巴联军损失了超过 1 万人。弗雷德将军在战斗中受了重伤，他的女婿厄廷根亲王更是失去了性命。

皇帝就此事给皇后写了一封信，下面这封信是打算刊登在《箴言报》上的：

夫人并最亲爱的妻子，我给您寄去了 20 面在瓦豪、莱比锡以及哈瑙战役中缴获的旗帜。这是我在愉快地向您的致敬。

我希望您将其看成是一个证明，证明我对您摄政职权的行使非常满意。这封信件没有其他任何目的。我向主祈祷，让他将您置于他神圣而高贵的守护之下。

（签名）拿破仑

1813 年 11 月 1 日，于法兰克福

和我军在这些灾难性战斗中遭受的损失相比，这些战利品算不上什么。但是，它们是我军最后的一点光泽。命运女神，还有荣耀，都在准备抛弃我们。

皇帝紧紧跟随着我上文引用的那封信，他在第二天抵达了美因茨，残军在这里渡过了莱茵河。他在美因茨只逗留了很短的一段时间，仅仅够他对我国边境的防御做出初步的部署。现在威胁着我国边境的是反法同盟，以及所有德意志邦国的力量。在不久之前，这些德意志邦国还是团结在法国旗帜之下的。在下达了重整军队的最紧急的命令之后，拿破仑启程前往圣克劳，并在 11 月 9 日抵达了那里。

第十四章

帝国与反法国同盟的和谈

再次见到妻子和儿子的喜悦，稍稍抚慰了拿破仑的内心。同时，这也让他可以短暂地逃离那些繁忙的军务。他的所有时间都被用在安排保卫国土的事宜上了。每一天的每一个小时，皇帝都在主持政府会议。我们采取了各种非常的手段来征召士兵，铸造火炮，制造武器装备，等等。过去 10 年中杜伊勒里宫的地下室里积攒的财富，现在都被用来应付非常的开支了。这笔财富是每年从皇室拨款中节省 1400 万法郎的结果。即便如此地节省，法国的宫廷也是整个欧洲最华丽的。这就是没有弊政、管理良好的体现。

在返回巴黎后，皇帝听到了他留在德累斯顿的圣西尔元帅的部队投降的消息。根据投降时设立的条件，这些部队本来将会返回法国。同时他们必须保证在一定的时间里不与反法同盟作战。总指挥官施瓦岑贝格拒绝批准这一条款，他向圣西尔元帅提出了一个荒谬的提议：让法军返回此前驻守的德累斯顿，等法军休整好之后，可以再打一仗。因此，元帅和他的部队也就一直都是战俘。奥军统帅这种违背誓言的可鄙例子，马上就被反法同盟的君主们学去了，这次他们欺负的是在但泽的守军。反法同盟拒绝批准投降协议，这份投降协议本来会准许拉普将军和法国守军返回法国。于是，我们可敬的士兵们成了敌人诡计的受害者，被关押在基辅的监狱之中。反法同盟在维滕堡和托尔高的守军投降时也出尔反尔，违背了他们自己提出的协议。我军在德意志守卫的其他堡垒也一个接一个地落入了敌人手中。我们留在德意志的那些守军本来是足以组织一支大军团的！

　　从西班牙传来的消息也好不到哪去。西班牙人将他们军队的指挥权交给了威灵顿勋爵。他们已不再是为自由而战了。他们在威胁着法国的领土。皇帝决定和费尔南多签署协议。费尔南多那时还被关在瓦朗赛。协议是在 1813 年 12 月 11 日签署的。这个协议给西班牙人送去了一个一心想要向法国复仇的主人。通过这份协议，拿破仑承认费尔南多为西班牙及印度国王①，并同意将法军撤出西班牙领土。国王则承诺让英军也撤出西班牙。两边将交换所有的战俘。在其他的条款中，国王还给了自己的父亲卡洛斯四世以及王后一份 3000 万里亚尔（750 万法郎）的年金。我在这里还有一件不能省略的事情，因为这是费尔南多的特点之一：尽管他根本就不打算履行条约的内容，他还是再次提出要和皇帝的一名侄女达成婚约，他看中的是约瑟夫国王的其中一个女儿。

　　絮歇元帅受命去迎接了从西班牙归来的约瑟夫国王和他的家人。约瑟夫国王在东部省份成功地撑了很长一段时间。获知我们在维多利亚战败的消息时，这位元帅正在瓦朗赛。他接到了前往边境，同时不要忽视沿途防御的命令。他很好地保障了对沿途主要堡垒的保卫工作，各地守军加起来有 2 万人。法军的撤退是从 7 月 5 日开始的，絮歇元帅当时已经因为卓越的功绩被封为阿尔布费拉公爵。在集合了阿拉贡地区的军队之后，他将自己的营地设在了巴塞

---

　　①　这里的印度指的是西印度，也就是美洲地区。

罗那近郊。他将阿拉贡和加泰罗尼亚境内的堡垒移交给了费尔南多。后者亲手写下了协议，允许还留在堡垒中的法军士兵尽快回国。他并没有遵守自己的诺言。费尔南多的背信弃义，以及对瓦朗赛条约的拒绝执行，使得絮歇元帅只能重新跨过比利牛斯山。

约瑟夫国王虽然被我们重新带回了他的首都，但他无法维持在那里的地位，因此他被迫开始思考离开马德里的问题。在1.2万法军获得返回法国的命令之后，半岛上的法军力量再次被削弱了。此后，通过第29号公报发表的我军在俄罗斯的一系列灾难，促使人们加快了从马德里的撤离，这一次我们要永久离开马德里了。约瑟夫来到了巴利亚多利德和布尔戈斯。他在那里逗留了一段时间，率领一支3万人的部队，组织了防御，并护送辎重队伍和2000多个愿意追随拿破仑兄长的西班牙家族的行李。地方将领的行动迫使约瑟夫国王退守维多利亚。一部分的车队被引导去了托洛萨。6月21日，约瑟夫国王的部队在维多利亚遭到了3倍于自身数量的敌军的左右夹击，被彻底击溃了。克洛泽尔将军的部队没能及时援助他。这灾难性的一天决定了西班牙的命运。但其实我们的人员损失并不太多，我们主要是害怕道路的阻塞会影响法军的行动：我们总共损失了大概5000人，包括死亡、受伤以及被俘的人数。敌人的损失和我们差不多，但我们的物资都落入了敌人手中。法军在潘普洛纳的一个堡垒里留下了4000人，剩下的人都后撤到了巴约讷。在这段奇异的、与他温柔的举止和性格大相径庭的生活结束之后，约瑟夫放弃了他的空头国王头衔，回到祖国休息去了。又或者说，此后，他就被人们遗忘了。

当务之急，是要给西班牙的残军派去一个领导，整合这一盘散沙，并遏制敌人前进的步伐。皇帝将苏尔特元帅任命为总指挥，令其全速赶往西班牙。英西联军以不可阻挡之势越过了比利牛斯山。

苏尔特元帅在寸土必争的原则下，边打边撤，退守到了巴约讷。一路胜利的敌军在后面紧追不舍。图卢兹会战打得非常激烈，两军都遭受了巨大损失。战局就此陷入僵持，这也是这出大戏的最终一幕。

关键的西班牙远征，就这样结束了。和令人难忘的俄国远征一样，世界上最勇敢的士兵，在出身名校的将军的指挥下，在古往今来最出色的领袖的指引下，在不朽的斗争中，结束了一段20年的光辉历程。这些斗争并不是没有意义的，这些老兵光荣地完成了他们的使命。从埃及到欧陆的各国首都，他们一路高奏凯歌。从北方的冰原到堆满赫丘力之柱的地方，他们沿途播撒了文明的种子，播撒了慷慨而致用的想法。总有一天，它们会结果的。他们展现出的英雄主义情怀和军事美德会成为后世的楷模。

除了吕西安之外，皇帝的所有兄弟们都被召集到了巴黎。吕西安留在了罗马，他一直到1815年才回到拿破仑身边。当英西联军跨过比利牛斯山后，约瑟夫国王回到了祖国。他一开始离开祖国也不过是服从自己强大的弟弟的意愿和安排而已。威斯特伐利亚国王因为德意志地区的叛变和敌军的逼近，不得不放弃了自己的王国，和凯瑟琳王后一起来到法国避难。敌军对瑞士领土的入侵，使得前荷兰国王路易无法继续待在那里了。他在1814年1月1日抵达了巴黎，皇帝冷淡地接待了他。但是他在法国获得了支持和庇护。他依旧急切地想要重获自己的王位，因此在1813年3月向皇帝提出了申请；在9月底的时候，他又去求助阿姆斯特丹的官员；但是荷兰那时候已经在静待反法同盟定下规则了。拿骚家族的复辟彻底掐灭了路易国王所有的希望。他决定忘掉这一切，并且打算就此退隐。他当时的健康状况很差，四肢几乎都是瘫痪的，没有任何药物可以控制这种疾病的发展。路易国王来到巴黎时，心中的愿望是可以前往他在圣洛的庄园生活。但他后来跟着皇后一起离开巴黎前往了布卢瓦。当波旁家族返回巴黎后，他离开皇后和她的儿子，前往瑞士，之后又经由那里前往罗马。约瑟夫国王同样也去瑞士避难了。他一直安静地生活在那里，直到皇帝从厄尔巴岛上归来。威斯特伐利亚国王跟随他的王后一起，回到了他的岳父符腾堡国王那里。后者完全把他当作流亡者对待。在1815年3月的事件将他召回巴黎前，他在的里雅斯特，正准备前往罗马。

当时，宗教事务的状况以及教皇不在罗马这件事情刺激了一部分人。不久之后，随着教皇重新回到罗马，所有的问题都解决了。针对此事的磋商，是在枫丹白露宫举行的。我们派出的谈判代表是布里尼奥勒伯爵夫人，她是皇后身边的女官，也是日后复辟政权下萨丁王国驻巴黎大使的母亲。她是皇帝在外交谈判中唯一任命过的女性。我在这里必须要补充一点，皇帝之所以选择了她，既考虑到了她的个人品质，也考虑到了这位女士和孔萨尔维红衣主教之间的友谊以及她和罗马之间的关系：她的一个儿子就在那里担任高级教士。

简而言之，所有可以减少我们的灾祸，或者增加我们资源的手段，都被尝试过了。同时，反法同盟沉醉在了他们取得的一系列胜利之中。他们利用了拿破仑的自负和不幸。拿破仑的痛苦在他们那里成了开玩笑的谈资。他们筑起的温床里滋生了雅各宾派，滋生了民族偏见，滋生了盲目的狂热。所有这一切都是为了点燃德意志人民的激情，让他们起来反对这个男人，这个熄灭了法国大革命带来的仇恨和愤怒的男人。他们盲目地要摧毁这个君主。但是，正是这个君主保护了这些国家的王室不受革命宣传的影响。正是这个君主在法国建立了一个和欧洲各国政府类似的政治制度，打消了欧洲大小王公的疑虑。拿破仑本可以在国内再次大规模征兵，如果各个主要国家机关出于爱国的情感和皇帝拧成一股绳，批准了这一号召的话，法国可能还是有救的！但是，让自己成为一个阴谋家；用恶毒

的想法来玷污自己的荣耀；用非法且让人不安的手段复活那个自己
摧毁的派系以及无政府状态，甚至开启一场内战，这都是拿破仑不
愿意做的。因为看到了这些危险性，他牺牲了自己的皇冠，牺牲了
他儿子的未来，牺牲了他家族的未来。他不希望让子孙后代认为他
只是一个庸俗的野心家。另一边，法国人民拒绝了理想主义者对拿
破仑的那些粗鄙指控，法国人民拒绝认定他是公众自由的敌人，法
国人民给了拿破仑应得的历史评价。

　　德·圣艾尼昂先生从法兰克福传来了虚假的和平信息，敌人装
出了一副缓和的面孔。这位先生此前是我国驻魏玛大使，因此被扣
押在了那里。正当奥地利、俄国和英国的大使在和德·圣艾尼昂先
生的通信中显得想要开启谈判时，敌方将军们正在制定入侵法国的
计划。反法同盟装出一副爱好和平的样子，对他们也有好处：这样
可以进一步迷惑法国人民，孤立拿破仑。因为他们可以指着拿破仑
表示，这个男人的野心是和平的唯一障碍。但是，皇帝却命令德·
圣艾尼昂先生同意了下面这些条件：法国的领土将被限制在其自然
边界（以莱茵河、阿尔卑斯山、比利牛斯山为界）之内；西班牙
的旧王室将被重新建立；意大利、德意志以及荷兰都将重获独立。
拿破仑提议，以此为基础，各方在曼海姆举行和会，进行和谈。奥
地利大使回复说，两位皇帝以及普鲁士国王都很高兴他同意了他们
提出的要求；他们已经将这个消息传递给了反法同盟内的其他国家；
同时他们也认可选择曼海姆为和谈地点。而正当反法同盟让奥地利
大使去欺骗拿破仑，让后者认为还有议和的希望时（他们其实根本
不想议和），他们在 12 月 1 日发表了《法兰克福宣言》。在宣言中，
他们明确表示，他们并不是在和法国作战，他们的敌人只有一个：
皇帝，还有皇帝在帝国的边界之外享有的霸权。他们对法国展现出
了最大程度的善意：他们希望法国可以继续保持"伟大、强壮、幸

福"，这些保证的真心程度，和他们那些和谈的提议差不多。当我们的敌人下定决心，跨越我国的边界之后（他们还是犹豫了一会的），这一点就一目了然了。尽管冯·梅特涅先生之前满口答应，但是等在哨所外的维琴察公爵最终都没能进入和谈的会场。一直没有断绝的敌意，在此后也被推上了新的高峰。

在返回法国后，维琴察公爵被任命为对外事务大臣，接替了巴萨诺公爵。人们认为后者是被我们牺牲了，这都是主和派的阴谋。这是不对的。我们选择维琴察公爵的真正原因，是希望这位大臣在圣彼得堡担任大使时和亚历山大沙皇之间的交情可以对我们有所帮助。这也使他成了可以让事情愉快收场的最佳人选。

德·巴萨诺先生回到了国务卿的岗位上，达吕伯爵则去了陆军部：拉屈埃·德·瑟萨克先生退休之后，陆军大臣的位置就空悬了。皇帝任命达吕先生作为这位诚实且严格的管理者的继承者，是因为达吕先生身上不光有着同样的品质，还更适应这个巨型部门庞杂繁复的事务。

马萨公爵（雷涅）当时健康状况欠佳，亟须休息。因此，他把司法部永久地交给了莫莱伯爵，后者从 6 月开始就一直在代理他的职务。在地方法官的圈子里，莫莱早就大名鼎鼎，再加上他对于复杂工作的熟悉程度（他在 25 岁时出版的一本极有价值的书可以证明这一点），引起了皇帝的注意。这位《伦理政治评论》的年轻作者在 1806 年创立助理办案员制度时，就是第一批成员。此后他迅速地提拔成了省长、国务参事以及路桥部门总监。拿破仑很欣赏莫莱先生，对他总是非常亲切。后者也以绝对的忠诚报答了皇帝。从厄尔巴岛上返回后，拿破仑先后想要让莫莱先生担任对外事务大臣和内政大臣。不过这位前大法官都拒绝了。他觉得自己受制于此前对复辟王室许下的诺言，无能为力。尽管从个人感情来说，我觉得莫莱先生在那样危机的关头拒绝为皇帝效劳是值得惋惜的。但是，他的这种顾虑绝对值得我们称赞，而不是批评。谁都不能否认，莫莱伯爵有一颗忠诚的心，和一颗过人的头脑。在朝时，他展现出了极大的智慧和出众的能力。他可贵的品行为他赢得了大家的敬仰和尊重。

皇帝在 1813 年 12 月 19 日主持了立法院开幕典礼。他对国民代表们的发言既高贵又感人。代表们组成了一个委员会来起草他们的回复。立法院的回复，不只会对舆论产生影响，对于反法同盟的意图也会有影响。出于对议会中大部分成员爱国热情的信任，他希望这个委员会由独立人士组成。事实上，委员会中包括许多从未担任过公职的人，这些人醉心于文学与法律的研究。不过，他们中的很多人都觉得，与为国家效力相比，还是宣扬自己的遗世独立更为重要。他们甚至还支持某些保王党的思想。这个委员会是由下面这些代表组成的：莱内先生，他是波尔多的一名律师；雷努阿尔先生，他是悲剧《圣殿骑士团团员们》的作者；加卢瓦先生，他是一名前保民院议员。弗洛热尔格先生，他是图卢兹的一名律师；还有迈内·德·比朗先生，他此前是旧法国王室卫队的成员。他受到大家的敬重，但他并不了解当时法国和皇帝面对的危急形势。讲稿是加卢瓦先生写成的。拿破仑曾经指控莱内先生与英国人私下串通，意图让波旁王室复辟。我知道，皇帝一直对莱内先生抱有戒心。面对这个指控，莱内先生还下场为自己进行了辩解。雷努阿尔先生则是因为暴力的行为引起了大家的注意。他有部题为《布洛瓦诸等级》的悲剧，1810 年的时候在圣克劳的剧院举行过演出。他的悲剧《圣殿骑士团团员们》也是一样，它们都受到了皇帝辛辣的点评。这位诗人的自尊受到了伤害。难道我们不能认为，这时的雷努阿尔先生回想起了此前拿破仑批评他戏剧的事情，影响了他的决断吗？

这份回复，虽然认可了我们需要奋力自卫才能取得和平，但它并没有号召整个国家都紧密地团结在领袖的身边，反而抱怨了政府对人民的压迫，要求设立对抗专权的保护措施，并且要求通过促进自由以及自由施行政治权利的法律。这些抗议和抱怨在其他任何时候都是可以被接受的，但当时提出真的不合时宜。同时，这也成了对拿破仑的起诉书。但是，当时只有这个男人有能力挽救我们的国家。正当我们需要号召整个民族起来抵抗外敌入侵时，他们在整个欧洲和整个民族面前败坏了他的名声。当年的希腊人也是这样的：穆罕默德二世都已经开始冲撞君士坦丁堡的大门了，希腊人还在就宗教问题争吵不休①！

立法院以极大多数通过了委员会的报告。这份报告一被送到皇帝那里，他就召开了枢密院会议，会上通过了解散立法院的激进政策。因为我们没有任何达成共识的手段，立法院就这样被强制解散了，因为立法院非但没有成为我们的力量，反而成了阴谋分子掌控的俱乐部。当天晚上我和皇帝见面的时候，他正因这件事情而感到非常焦虑：就在他迫切需要帮助时，这些反对者却趁着他落难的机会起来击垮了他。他问我皇后是如何看待这些权力斗争以及之后的一系列举措的。这些事情对于皇后来说都是新鲜事。我要在这里提一下，虽然我当时不在皇帝身边工作了，但我还是和以前一样可以私下里和皇帝见面，尽管他很努力地在控制自己焦虑的情绪，在我看来他还是一副忧心忡忡的样子。不过，在公开场合，他的神情总是冷静而使人放心的。在我们的谈话中，他曾表示自己已经厌倦战争了，并且已经不能继续长时间地骑马训练了。他依旧会开我的玩笑：说当

---

① 指拜占庭帝国灭亡前，国内对是否应该与罗马教廷和解而发生的争吵。

我在享受滋润的生活时，他却还在痛苦地拉着犁（这是他的原话）。他那时候就觉得自己不再幸福快乐了。每个人看到他时都忍不住会感到悲伤，看到拿破仑如此不幸福，我对他的尊敬又增加了。

敌军进入法国领土

敌人在 1813 年的最后一天跨过了莱茵河。此前，反法同盟的军队犹豫了很长的一段时间：荣誉的光芒依旧笼罩在我们的边界上；同时，同盟内部列强政治利益的分歧也造成了在是否入侵法国这个问题上的分裂。法国国内各个密谋者的怂恿和煽动并没有让他们做出决定，他们还是很犹豫。最终让他们下定决心的是一份经由瑞士传递给他们的提议。伯尔尼的寡头团体在《调解法案》出台之前就曾请求过奥地利来干涉瑞士的内政。现在，他们又旧事重提了。森夫特·冯·皮尔萨赫男爵是一名萨克森军中的叛徒，在他的怂恿之下，伯尔尼的这个寡头团体向业已成为联军统帅的施瓦岑贝格亲王提议，联军可以取道瑞士的山谷。瑞士此举实在是丝毫不注意自己的独立地位，还忘记了她从《调解法案》中获得的诸多好处。她就这样违背了自己中立的原则，而且瑞士的议事会此前刚刚重申过瑞士的中立有不可侵犯性。她就这样向联军打开了自己的边界。这下他们可以毫无阻碍地跨过我们的边境了，因为法国此前对于瑞士太有信心，根本没有防御那段边界。

立法院休会之后的第 5 天，即 1814 年 1 月 4 日，皇帝把维琴察公爵派去了联军的大本营。皇帝给维琴察公爵的指示后来被公开了，展现了拿破仑求和的愿望。在这些指示中，他表示，如果命运女神背叛了他，那他对皇位也没什么好留恋的：他宁愿退位，也不会答应侮辱性的条件。维琴察公爵在吕内维勒被羁押了 15 天之后，终于获得了前往沙蒂永的邀请。卡斯尔雷勋爵刚刚抵达那里。当敌人假装在沙蒂永和我们举行和会时，他们的军队正在法兰西的领土上继续行进。玛丽·路易莎皇后一直频繁地和她的父亲通信。她一直在从父亲那里获得利益的保证，后者多次承诺，无论发生什么，他都不会牺牲自己女儿和外孙的利益。但是，这可不是反法同盟的意向。普遍来讲，这些君主在个人情感上对于皇帝都没有任何敌意，他们只不过是被英国以及欧洲的贵族们带头影响，甚至主宰了。英国和这些贵族对各国的政府和军队领袖都有着极大的影响力。拿破仑在圣赫勒拿岛上曾经说过，民主制虽然是暴力的，但你开始是可以和她达成共识的；贵族制则正好相反，她冷漠，难以驯服，并且永远不会妥协，不会和解。

在 6 周的时间里，依靠自己的决心、能量、超人般的活动运作能力，拿破仑已经创造了他所能创造的最大资源，他现在必须马上赶到军队中去。1 月 23 日，也就是他出发的 2 天前，皇帝在杜伊勒里宫中将所有的皇室卫队军官们都召集了起来。他将皇后和罗马王带到他们面前，接着说道："我马上要出发迎敌了。在此，我将我最亲爱的人托付给你们：我的妻子皇后和我的儿子罗马王。"在以新的准许状认可了皇后的摄政地位后，他于 24 日启程。离开之前，他拥抱了自己的妻子和儿子，这也是他这辈子最后一次见到他们。

离开这座宫殿时，拿破仑既焦心劳思又充满希望。不过，就在离开杜伊勒里宫之前，拿破仑听到一个让他悲伤的消息：那不勒斯国王约阿基姆·缪拉，也就是他的妹夫，已经和奥地利和英国签署了和约，宣布自己倒向了反法同盟一边。缪拉正率领着那不勒斯军队朝着欧仁亲王指挥的法军行进。尽管欧仁和缪拉之间的战争仅限于言辞的交锋，但是，针对拿破仑这次不幸的政治和军事失算带来的致命后果，我不会再费笔墨。我对英勇而不幸的那不勒斯国王充满尊敬的回忆以及我苦涩的懊悔，都让我决定保持缄默。我知道约阿基姆国王在做出这个致命的决定之前，挣扎了许久。他最终告诉自己，现在踏出这极端的一步，他就可以保存实力，以后继续为皇帝效劳。他当时完全没有想到，这件事情会在不久之后让他失去自己的宝座，以及自己的性命！

拿破仑出发前往军队后的第二天，冈巴塞雷斯向皇后摄政引见了一支国民卫队的代表团。代表团的团长是卫队的主管副官蒙塞元帅。在皇帝去国的这段时间，他负责指挥国民卫队。蒙塞元帅宣读了国民卫队对皇帝讲话的回复。皇帝说了什么，我在上文已经提到过了。当天很晚的时候，我从皇后那里收到了这样一封信：

> 我希望您明天可以尽早到我这里来。明天的任务是要起草一份关于国民卫队发言的回复。我现在对此毫无头绪，我希望您的建议将可以帮助我写出一份出色的演讲稿。请求您相信我对您一贯的深情。
>
> 路易莎

第二天，我一大早就赶到了皇后那里。在她的注视下，我起草了下面这份对国民卫队的回复：

> 卫队的军官先生们，你们刚刚表达的情感，深深地感动了我。我将愉快地把你们的讲话转达给皇帝。巴黎国民卫队曾多次向皇帝证明他们的忠诚和奉献。现在，当皇帝身处如此多的

焦虑情绪和事务之中时，能再次看到巴黎国民卫队对他的忠诚和奉献的证明，肯定会让他高兴的。皇帝将我和我的儿子托付给你们，也顺应了我的愿望。我对巴黎的好市民们有着绝对的信心。我从他们那里收获了许多情感的证明，这些证明正是我对未来期许的保证。如果人们认为我和巴黎人民之间没能早就心意相通，认为我的利益和法国的利益依旧不是不可分割的话，那么当下的形势正是加强我和他们之间的纽带的绝好机会。

玛丽·路易莎顿时感到赢得巴黎人民信任和关心的重要性，因为敌人有可能打到首都的大门前。因此她采纳了这份回复，但是她也必须将其提交给总理大臣，获得后者的批准，因为后者是执政府的首席顾问。总理大臣觉得这份回复不够高贵，还觉得这份回复有点太亲密了。他最终让皇后说的是这样的话：皇后赞同皇帝在讲话中表达的情感；与皇帝一样，她对于卫队军官们的勇气、奉献以及忠诚都有绝对的信心；同时她还会下令将卫队军官的讲话立即转交给皇帝。皇后告诉总理大臣，她害怕这份答复有点过于冷淡了。国民卫队充满了爱国主义情怀，在这种危难时刻，他们从来没有让我们失望过。我之所以提起这件事情，是因为它证明了此时玛丽·路易莎皇后身上的善意以及值得称道的感情。

领土遭到了入侵，皇帝以辉煌的布列讷会战开启了他那不朽的法兰西战役。但是，不久之后，在面对数量三倍于己的敌军时，他输掉了拉罗蒂埃会战。在巴黎，人们开始恐惧，害怕敌人会兵临巴黎城下。当时的形势是如此的紧迫，以至于人们一度开始讨论是否应该撤离这座伟大的城市。这个潜在的危险，以及随之而来的皇后摄政的政府和帝国内阁可能面临的危险，都困扰着皇帝。他从军中向兄长约瑟夫寄去了数封信件。今天，所有这些信件都已经人尽皆知了，并且在许多出版物上都能看到这些信件的身影。因此，我接下来只会摘录那些我觉得最重要的信件。2 月 8 日，皇帝在诺让给自己的兄长寄去了下面这封信：

> 1814 年 2 月 8 日，于塞纳河畔诺让
>
> 我的兄长，请把这封信交到约瑟芬皇后的手中。我之前给她写了信，让她写信给欧仁。请让她把写好的信交给你，然后马上派信使送出去。
>
> 爱你的弟弟
> 拿破仑

约瑟夫国王在 2 月 10 日给皇帝回了信，通知后者，约瑟芬皇后给欧仁亲王的信已经由信使寄出了。同时，这封信是以加急中的加急寄出的。信的内容主要是命令欧仁亲王向日内瓦进军，并和奥热罗将军会师。如果接下来发生的事情，尤其是那不勒斯的事情，没有迫使皇帝撤回这个命令的话，这支部队或许可以取得重要的战果。欧仁亲王如果率领部队进入法国，就可以进行一系列的全新且富有成效的军事行动。那时候，单靠奥热罗将军软弱的指挥，是肯定不行的。但是，那不勒斯国王的叛变让意大利一下子面临着巨大的威胁，使得皇帝非常焦虑。于是他给约瑟夫国王写了下面这封信：

> 1814 年 2 月 26 日，特鲁瓦

　　我的兄长，看起来联军还没有批准那不勒斯国王的协议。我希望您派出一名手下，全速赶到那位国王那里去。您应该给他写信，坦白地指出他这种行为是罪恶的，并且主动提议担任帮助他浪子回头的调解人。您要告诉他，这是他唯一可以做的事情，否则他就注定会迎来毁灭，要么是毁在法国人手上，要么是毁在联军那里。我不必提醒您要对他说什么了吧。英国人根本不承认他的王位。拯救意大利，并且将总督重新派到阿迪杰河沿岸，现在还不算晚。还要写信给王后，批评她的忘恩负义，没有什么可以为她的行为辩解，甚至联军都为她感到不齿……别忘了补充说法军和那不勒斯军队之间还没有爆发战争，事情还有回旋的余地，但是要事不宜迟马上行动。

　　鉴于富歇参议员也在那里，您也可以给他写信，让他和您派去的人一起处理这些问题。

（签名）拿破仑

　　抛开这个和若阿基姆国王有关的插曲，我要马上开始按照时间顺序讲述1814年这悲伤的一年发生的事情了。在这段痛苦的时光里，约瑟夫国王一直待在拿破仑身边，以自己的审慎和坚韧支持着拿破仑。下面的这封信就可以证明这一点。这封信充满了澎湃的情感和高尚的屈服。

约瑟夫寄给拿破仑的信

2月9日，早上11点，巴黎

陛下：

　　我收到了一封来自陆军大臣的信，我将这封信的原件寄给了陛下。您会看到，我们的步枪储备只剩下6000支了。因此，想要在巴黎保持三四千人的预备队是不可能的。陛下，天命难违，事情发展到现在这样，我觉得保住能力范围内的东西才是真正的光荣。将一条如此宝贵的生命暴露在如此明显的危险之中，不算什么荣耀的事情。因为有许多人都将他们的存在依附于您的身上，您要是有个什么闪失，对他们来说就是灾难了……我写给陛下您的这些文字，完全是我自由的发言，我想到什么就写了什么。宫廷内没有人能够直接或者间接地影响我。

您必须勇敢地服从命运的安排，无论命运将允许您为多数人带去幸福，还是迫使您犯下错误，从而只能选择死亡或者受辱。而从现在的形势来看，我觉得陛下您没有什么不体面的，除非您放弃皇位，因为这样一来可能伤及许多把一切托付给您的人。如果到了最后时刻，您可以求和，那么就要不计一切代价地求和。如果不行的话，那么您就要像君士坦丁堡的最后一个皇帝那样迎来毁灭。这将是您的盛大落幕！如果这样的话，陛下您尽管放心，我会谨遵您的命令做任何事情，并且绝对不会做任何让您或者我自己丢脸的事情。

约瑟夫

正当军事行动还在继续时，和会在塞纳河畔的沙蒂永召开了。联军为他们在拉罗蒂埃取得的胜利感到非常骄傲。2月7日，他们翻脸不认账，否认了他们自己在法兰克福提出的和谈基础。这个和谈基础将法国的领土限制在了自然边界之内，皇帝也同意了这一基础。反法同盟提出的新条件是法国要退回到1792年时的边界，她必须放弃对意大利、德意志以及瑞士的主权或保护。维琴察公爵在2月5日的时候获得了签署和约的权力。但是，拿破仑在赋予他这个权力的时候，并不知道反法同盟改主意了。维琴察公爵也觉得他不应该使用赋予自己的这个权力。他将反法同盟提出的新要求告知了皇帝。拿破仑表示他不能让法国比 1800 年时还小，他就是在那一年接管法国的。他还表示，自己不会以签署有辱人格的条约为代价来保住自己的皇位。他同时表示，要是人民都不支持他的话，他愿意退位。巴萨诺公爵和瓦格拉姆亲王乞求皇帝服从命运的安排。拿破仑于是同意不再过问此事，但是他拒绝口授这些羞辱自己的条件，或是用任何自己亲手签署的命令促成法国的衰落。不过，他并没有撤回给维琴察公爵的无限权力。后者带着勇气和奉献精神，完成了他在和会上那些痛苦的职责。因此，他屈服于要求法国退回 1792 年边界的严苛条款。不过，他也要求所有带有敌意的行为必须马上停止。但是，反法同盟的代表们满足于获得了我方的让步，他们对我国代表的回复只有一个：中止和会。他们假装要等待新的指示。他们害怕自己此前的表现还不够严苛。他们认为，法国肯定还没有落到最低点，所以他们打算让法国坠入更深的深渊。

从这样的敌人那里，拿破仑已经没有什么期待了。他并没有让自己被敌人的苛求打倒。他依靠自己的天才，找回了自己很熟悉的那种运筹帷幄。结果就是，他接连赢得了尚波贝尔、蒙米赖和沃尚普三场会战，以及其他数场战斗的胜利，让反法同盟陷入了恐慌。他们的谈判代表赶忙拾起了惯用的伎俩：他们又假情假意地提出停火。下面这封信，是拿破仑就此写给约瑟夫的：

1814 年 2 月 18 日，奈吉斯

我的兄长，施瓦岑贝格亲王终于展示出他还活着的迹象了。他刚刚派人送来了停火的旗帜，希望我们可以中止敌对行为。能懦弱到这样的程度也是不容易的。在但泽和德累斯顿陷落之后，他坚持用最侮辱人的词语拒绝接受我提出的停火提议，甚至连接受我送去的停火旗帜都不愿意。能做出这么骇人听闻的事情的人，在历史上也找不出几个。但是只要听到一声枪响，这些无赖就马上跪下来了！幸运的是，他们没有放施瓦岑贝格亲王的侍从官进来，我只是收到了他的信件而已，我打算等有空的时候再答复。直到他们退出我们的领土之前，我都是不会和他们停战的。根据我掌握的信息，联军内部已经出现了翻天覆地的变化。沙皇几天之前打破了谈判，因为他想要对法国施加比退回原边境更苛刻的条件，他现在倒是焦急地想要重启谈判。我希望不久之后就可以基于法兰克福的基本原则达成和约，这也是我所能达成的最低限度的不会让我脸上无光的和约。在重新开始我军的行动之前，我已经向他们提议，基于法国的旧疆界签署和约，但前提是他们要马上停止所有的敌对行为。维琴察公爵在8日提出了这个要求。他们给出了否定的答复，声称仅仅签署准备协议不能成为停止敌对行为的理由。他们说，必须要等到和约的所有条款都确定了之后，才能停止敌对行为。这个不可思议的回复被公开发表出来，而就在昨天，也就是17日，他们又跑来请求我和他们签署停火协议。您可以想象，当初在那场战斗之前，我已经决定了不成功便成仁。并且，如果我失败了，我的首都就会落入敌手。为了避免这样的情况出现，无论是什么条件，我都会答应的。无论是出于我的自尊，出于对我人民的负责，还是出于我的家族声誉，我都必须做出这样的牺牲。但是，既然他们拒绝了我的要求，既然战场形势风云突变，战局又恢复了正常，他们无法再靠一场战斗的结果就威胁我的首都，当所有的可能性都对我有利时，我必须要为了达成真正的和议而谈判。无论是为了帝国的利益，还是为了我自己的荣誉，我都要这么做。如果我之前签署了退回旧疆界的和约，那么两年之后我就会重新起兵。我也会告诉我的民众，我签署的不是和约，而是有条件的投降书。但是，在新的形势下，我不能再这么说了，因为运气又回到了我这一边，我的命运现在掌握在我自己的手里。而敌人这边的处境，和当初提出《法兰克福条约》，并保证大部分士兵不会跨过我国边境时相比，已经是大不相同了。他们的骑兵已经基本都累垮了，他们的步兵也因为各种行军而疲惫不堪。总之，敌军已经彻底失去了信心。因此，我希望我可以达成一份和约。这份和约将会让所有理性的人满意，而我也不打算提出任何超过法兰克福提议的要求。

（签名）拿破仑

施瓦岑贝格亲王侍从官带着求和旗来执行的这个任务，促使拿破仑直接给奥地利皇帝写了一封信。在信中，拿破仑表示希望谈判可以朝着和解的方向进行，这样或许可以让各方尽快签订和约。奈吉斯和蒙特罗的胜利让拿破仑燃起了新的希望。

同时，沙蒂永的和会在 2 月 17 日又重新开幕了。同一天，皇帝撤销了他此前赋予维琴察公爵的无限权力，法军的胜利明显改变了敌人面对我们时的形势。不过，卡斯尔雷勋爵也刚刚抵达，所以他也在现场参与了和会。第一轮谈判的目标是重启协商，协商的基础是法国要退还所有她在 1792 年后获得的领土。这其中就包括了退还安特卫普，这是英国方面提出的底线。同时，联军还要求法国境内的一些堡垒城市也必须要交给他们。他们说，自己提出要求的基础是法国全权代表在 2 月 9 日，也就是和会中止时做出的妥协。

23 日，文策尔－列支敦士登亲王从奥地利皇帝那里带回了给拿破仑的回信。列支敦士登亲王表示，联军无论是对拿破仑的皇朝，还是对拿破仑本人，都没有任何恶意。奥地利皇帝的特使还宣称，就算形势不是像今天这般，她也绝对不会做出类似的举动，她唯一期望的就是和平。事实上，和其他国家相比，这个强国对持续战争的意愿是最小的。因为她恢复了对意大利和德意志的影响力，她最主要的目的已经达成了。列支敦士登亲王再次提出了停火提议。这次，出于对和平的热切向往，拿破仑决定同意这个提议。

联军被一系列失败搞得垂头丧气，他们于是决定撤退。这场撤退险些演变成一场大灾难。因为他们在外围聚集了如此多的部队，所以撤退时的累赘和混乱也是成比例增加的。施瓦岑贝格亲王的大军，似乎遭到了骇人的恐慌情绪的袭击：他们的队列被逃兵和辎重拉得很长。就这样，这支军队开始全速朝着莱茵河后退。

拿破仑在返回特鲁瓦之后，做出了向布吕歇尔指挥的部队的后部进攻的安排。虽然施瓦岑贝格还在继续撤退，但布吕歇尔看到莫蒂埃和莫尔蒙元帅指挥的部队在人数上有劣势，受到了引诱，正在鲁莽地朝着莫城进军。

拿破仑致兄长约瑟夫的信：

> 1814 年 2 月 24 日上午 7 点，特鲁瓦

> 我的兄长：

> 我已进入特鲁瓦。故军正在向我发来无数的求和旗帜，请求我和他们停火。今天早上，各方之间可能就会谈出一份停火协议。但是，要做到这一点的唯一前提，就是在沙蒂永的和谈必须建立在法兰克福的基本原则上……

> 内政大臣就是一个胆小鬼，他对于人们的看法，就跟疯子

一样：无论是他，还是警务大臣，对于法国的了解，都和我对中国的了解差不多。

N.

约瑟夫国王给皇帝的信

2 月 25 日晚上 9 点，巴黎

陛下：

今天在皇后主持的会议上，我见到了各位大臣。我跟他们说了陛下您取得的胜利，以及您的期望。内政大臣正在您指出的方向上努力地工作。明天还会再召开一次会议。

德·蒙塔利韦先生非常热切地想要为陛下您效劳。

J.

皇帝欣喜地觉得，又或者是假装欣喜地觉得，重新开始的谈判将有一个好的结果。他在 2 月 26 日的傍晚 6 点钟，在特鲁瓦写了下面这段文字：

与此同时，和会正掌握在我们的手中。这也证明，敌人的所有算计都失败了。卡斯尔雷勋爵还专门询问过他的个人安全是否有保障，因为他并不是正式的使者。他肯定有安全上的保障，这是毋庸置疑的。任何人，无论是直接还是间接地与和会有关，都会受到国际法的保护。

N.

联军做出停火请求的时候，皇帝迅疾的行军和出人意料的胜利都让联军心灰意冷。但是，当他们回过神来，并且俄国和英国的全权代表掌控了和会之后，他们就在吕西尼中断了和会。他们的借口是拿破仑在协商中掺杂了军事问题，而这是超出沙蒂永和会讨论范围的。这些和会总共持续的时间，不超过 4 天。

与此同时，布吕歇尔指挥的西里西亚部队唯一的撤退路径，就是经由苏瓦松。法军早就占领了普鲁士将军被迫必须要走的这条道路。如果布吕歇尔那时候没有成功地在苏瓦松突围的话，被逼到埃纳河边的他，处境就会变得非常危急了。当时，我们在苏瓦松准备了很不错的防御措施，还补充了 1500 名守军。不过，指挥将军的无能让敌人抓住了机会。他根本就不理解自己防御的这个堡垒有多么重要，在敌军抵达苏瓦松城下后的第二天，他就投降了。他要到的投降条件是城内的守军不会成为战俘，这样他就满足了。正是这样，布吕歇尔才得以在 3 月 3 日至 4 日的那个晚上成功地率领整支部队渡河，并且和敌军大部队会师。我们面前的敌军数量也因此上升到了 10 万人。

苏瓦松出人意料的投降彻底打乱了皇帝的计划，对战役的结局带去了致命的影响。这次胜利重新鼓舞了联军的士气。巨大的人数优势让他们安下了心来。他们很快就从垂头丧气中走了出来，变得信心爆棚。他们逃跑时的耻辱；这么多支军队在君主的领导下行军穿过一个动荡中国家带来的危险；人们随时有可能阻挡他们返回莱茵河的路，他们也没有任何储备物资和弹药了；最后再加上他们从巴黎收到的鼓舞，都让他们决定停止撤退。他们已经成功地用虚假的和谈欺骗了他们的敌人，为自己争取了时间。

因此，联军非但没有减少他们的声索，反而达成了一致：坚持他们的要求，这对他们有百利而无一害。他们看明白了，拿破仑取得的那几场胜利，依靠的只是几个英雄的英雄主义的精神，这些英雄根本没有其他人的支持。同时，这几场胜利都是惨胜，其实还削弱了拿破仑。四大强国在 3 月 1 日于肖蒙签署了一份协议，让他们的联盟更加紧密了。因此，他们决定开始共同进攻，而不是分开撤退。他们邀请了其他国家也加入进来，并且为了达成他们的目标无所不用其极：推翻皇帝。英国又提供了新的补贴。

3 月 2 日，约瑟夫国王从皇帝那里收到了下面这封信：

1814 年 3 月 2 日，茹阿尔

我的兄长：

我希望您在收到这封信之后，把下面这些人召集到摄政主席那里去：各位显贵、我的大臣们还有参政院的各位议长。然后您要向他们宣读下面这些信件：联军的提议、我写给奥地利皇帝的信、施瓦岑贝格亲王寄给参谋长的信，还有就是我刚刚口授给维琴察公爵，准备提交到和会上去的照会。总之，就是所有这些可以解释当下事态的文件。卡多雷公爵将记录下每个人的发言。我不想要正式的观点，我想知道每个人真实的想法。

约瑟夫国王是这样回信的：

1814 年 3 月 4 日，巴黎

陛下，按照您的要求，皇后今天召集了非常政府会议。我命令人们宣读了您寄给我的文件。会议上的每个人似乎都有一样的观点。他们认为敌人的提议毫无道理，他们对于陛下您对全权代表下达的命令也有绝对的信心。这样陛下您就可以先在当下承受人们要求您做出的牺牲。不到万不得已的时候，您是不会做出这些牺牲的。您比任何人都更有能力做出这样的判断。不过，大家还达成的一个共识是，与其让首都受到威胁，我们不如退回到1792年的边界。我们认为，如果我们的首都被占领，那就意味着现存秩序的彻底终结，也标志着巨大厄运的开始。想要让法国退回1792年边界的是一个团结起来的欧洲。就让这个条件成为形势施加在我们身上的和约的基础吧。但是，敌军必须要马上撤出我国的领土。总而言之，无论和约提出了什么条件，我们都必须要迅速求和，这将为我们带来2到3年的和平。不过，无论和约是好是坏，我们都必须马上取得和平。皇帝将尽力地减少和约中对我们不利的内容。在现在的形势下，和平对我们有百利而无一害，因为这样一来皇帝就可以全身心地投入到国内事务上。通过出色的管理，他不久之后就将东山再起，夺回敌人从他这里无理夺走，而他又英明地同意给予的东西。

其实，自然边界对于法国和欧洲来说才是最有益的，这样可以保证欧洲的长久和平。不过，没人会被迫去做不可能的事情。今时今日，和平是不可或缺的。等到法国有朝一日，重新回到一个要求自己权利的位置之后，这段和平就可以结束了。秘密地达成和约吧，因为我们的敌人是不会允许您达成一个公正的和约的，同时，现在的事态也不允许您期待法国将为您提供您所希望的支持。我们认为寄给奥地利皇帝的信非常庄重，而且也很讲道理。

您将留在法国，法国也将一直留在您身边，就像在她惊艳欧洲的那段时间里一样。您此前拯救过法国一次。今天，如果您签署和约的话，就是救了她第二次，也是把您和她一起拯救了。让英国承认您，让法国免遭哥萨克骑兵和普鲁士人的践踏，法国有朝一日会重新祝福您的。只有肤浅的人才会觉得您已经失去了法国的祝福。我注意到我太啰唆了。无论陛下您今天取得了胜利，还是遭到了失败，您都必须想着求和的事情。这就是所有人心中的所想，以及他们表达的观点。

J.

　　的确，枢密院会议的成员们一致认为和平是现在法国最需要的东西。不过，敌人提出的让我们放弃边境上的关键据点，让他们占领贝桑松和其他主要堡垒这个条件，使一部分人陷入了踌躇。在所有参与枢密院会议的人员当中，我必须要提到德·塞萨克先生，还有德让将军。后者是工兵部队的首席监察官。他们在这个庄严的场合中表现得最为坚定。德让将军是一个高尚的人。大家也都知道，在1815年的时候，他是多么高尚地反抗了那个屈服于外国人强加的法律的决定。拿破仑在1810年的时候曾经公开地表示过他对德让将军的尊敬。

　　3月9日，约瑟夫国王向皇帝在克拉奥讷取得的胜利表示了祝贺。同时，他也非常清晰地督促皇帝趁此机会，赶快达成和约。但是，拉昂会战的结果抵消掉了克拉奥讷的胜利。在拉昂会战中，皇帝要对抗一支人数5倍于自己的军队。为了避免自己被大军包围，拿破仑被迫撤退了。他给约瑟夫国王写了下面这封信：

1814年3月11日，沙维尼翁

　　我的兄长：
　　我已经调查了敌军的位置。敌军太强，如果进攻，我方也必定会遭受极大损失。因此，我决定退回苏瓦松。出于被攻击的恐惧，敌军可能还没有和拉克萨公爵遭遇，就已经撤出了拉昂。拉克萨公爵这次表现得像个少尉一样。敌军在进攻克拉西村时遭受了巨大的损失。昨天，他们5次尝试进攻这个村庄，每次都被打了回去。经过多次的战斗，年轻的卫队官兵已经像雪花一样融化了，老兵们还保持着坚韧。我的骑兵卫队也大部分都殉国了。奥尔纳诺将军必须要开始征召龙骑兵和轻骑兵，从退伍老兵开始。我们必须下令在蒙马特①修筑防御工事。

N.

下面是拿破仑寄出的另一封信：

1814 年 3 月 13 日，苏瓦松

我的兄长：

在开始修筑巴黎的防御工事之前，我们必须对防御工事的蓝图有一个了解。他们递交给我的那个计划看起来非常复杂。我们需要建设的是非常简单的工事。同时，我一直在收到公民们针对市长和公民领袖的投诉，抱怨他们不让公民们拿起武器来保卫自己。在我看来，巴黎的情况也是一样的：人民拥有能量和荣誉。我担心的是有一些领袖不愿意战斗。如果是这样的话，那到时候他们肯定会自作自受，吞下苦果。

N.

---

① 巴黎北郊。

另一封来自拿破仑的信：

1814 年 3 月 14 日，兰斯

我的兄长：

我于昨天抵达了兰斯。那时兰斯正被圣普列斯特总指挥率领的 3 个俄国师，还有 1 个从斯德丁围城战那里退下来的普鲁士师占领。我打败了他，重新占领了这座城市，缴获了 20 门大炮、大量的辎重以及弹药箱，还停房了 5000 人。圣普列斯特将军受了致命的伤。他们不得不截断了他的大腿。有一点值得注意，让圣普列斯特受伤的炮手，正是杀死莫罗的那个炮手。这个时候就可以高呼："啊！这就是天意！"

N.

还有一封来自皇帝的信的节选。信上的日期是 1814 年 3 月 17 日，埃佩尔奈：

……我的行动将让敌人的后部陷入混乱和迷茫，我对此非常期待。如果敌人的大本营还在特鲁瓦，那么他们也会陷入混乱及迷茫。派来我这里的传令兵要走下面这条路线：途经拉费泰苏茹阿尔，然后经由埃佩尔奈和蒙米赖抵达奥尔布河畔阿尔西。您必须告诉陆军大臣和警务大臣，在通过诺让和我沟通的通信管道搭建起来之前，除了必要的信息之外，必须三缄其口，并且所有重要的信息都要加密。派军官到苏瓦松、贡比涅、兰斯还有埃佩尔奈去。我从梅斯带来了一支 1.2 万人的部队，我已命令他们继续前往沙隆。我不知道这道命令到底能不能抵达目的地，要看运气了。

N.

还有一封来自拿破仑的信：

1814 年 3 月 18 日，埃佩尔奈

我的兄长：

整支军队都在移动，我们将在经过费尔尚庞瓦斯之后过夜，然后继续朝着奥尔布河畔阿尔西，以及敌人在那里搭建的桥梁行进。我和我们在凡尔登以及梅斯的守军取得了联系。我在等待着一支 1.2 万人的部队，是我从这两个堡垒里抽调来的。看来敌人已经离开了努瓦永，这就意味着贡比涅周边安全了。这个市镇的应对措施堪称完美。

N.

拿破仑对圣普列斯特将军的胜利、对兰斯的占领以及拿破仑在那座城市和埃佩尔奈的出现，都打了联军一个措手不及，让他们重新回到了举棋不定的状态中。能证明这一点的，就是联军的撤退。敌军带着辎重一起撤回了特鲁瓦，看起来巴黎的警报暂时解除了。人们都说，亚历山大沙皇当晚就派人去找到了施瓦岑贝格亲王，要当场派出一名使者去沙蒂永，马上基于法国代表提出的要求签订和约。为了自身的安全，奥地利皇帝则朝着第戎的方向逃窜，身边只带了一个军官和一名男佣。冯·梅特涅先生在第戎成功地和奥地利皇帝会合，身边还带着几名秘书。他们在那里待了 30 个小时，其间与外界的联系都被切断了。

　　就在离开特鲁瓦，继续撤退的前夜，亚历山大沙皇从恐慌中恢复了过来，召开了战时会议。在会议上，他着重强调了，连日的逃亡让他失去了耐性。他明明手下握有重兵，为什么要在面对一小股敌军时逃亡呢？同时他宣称，想要获得和平的唯一方法，就是要将联军集中起来，向着巴黎进发。在中止了撤退命令之后，他们决定将联军的两支大军集中起来，会师的地点定在了沙隆的原野上。给联军带来安全感的有下面两点：我国的一部分领土还在惯性之中，对于脱离拿破仑的承诺非常上心；还有就是巴黎那些保王党协会的祈祷和鼓励，他们跟沙蒂永和会之间一直保持着通信。基于自己与外国政府及宫廷大员们保持的秘密关系，贝内文托亲王与和会上的各国代表都保持着联系：无论形势如何发展，他都做好了从中牟利的准备，同时还会加倍谋划他在巴黎，以及海外的各种阴谋。

　　达尔贝格公爵此前已经被皇帝归化成了法国人。但是，尽管皇帝对他的关怀无微不至，将他封为公爵，还赐给他一份 20 万法郎的年金，都无法改变他的心。他是内斯尔罗德以及施塔迪翁这两位使者的亲戚和好友。他以他那忘恩负义的内心所能激起的最大的热情，支持了他的老板贝内文托亲王。在参政院中，因为没有外务部门，他被派到了我所属的内政部门。每天，他都会为我们带来令人绝望的消息。他用的语言，就是一个加入了联军密谋的人会用的语言。因此，正当背信弃义的外交政策支持下的大量敌军在战场上让拿破仑和他的军队那些光荣的努力都化为乌有时，在后方，在帝国的废墟中，有人正在悄无声息地完成自己的背叛。

　　就在联军决定合兵一处，进军巴黎时，他们也停止了那些空洞的"谈判"演出。他们宣称沙蒂永和会关闭，提出的理由是法国全权代表因为法军的某些胜利就推翻了他们自己此前的提议。联军的代表声称双方无法达成一致，并且把谈判的中断全部说成是法国的责任。维琴察公爵曾经要求联军给他 24 小时的宽限期，这样他才能接到全新的指示，但是联军根本不听。这些指示本来将授权他做出所有可能的妥协，并且讨论我们还可以做出哪些让步。但是，联军的代表们坚持谈判已经结束了。他们不顾法国全权代表的抗议，就自顾自地宣布和会解散，全部离开了。在沙蒂永，就像在布拉格时那样，我们没有任何自由讨论的机会，联军代表完全无视外交礼仪，以及文明国家之间的交往应该给予对方的尊重。带着皇帝发给使团的命令的信使，在半路上遇到了从大本营返回的维琴察公爵。后者专门停下来给梅特涅写了一封信。他在信中表示，对于谈判的戛然而止，他感到非常遗憾，尤其是因为他已经收到了一系列的指示，让他可以解决许多谈判中的问题：这也是我方的最后一次尝试，自然是毫无作用。这也证明了我们当时是处在多大的危难之中，以及我们敌人的恶意是多么难以平息。

在皇帝让他尝试着这么做之前，约瑟夫·波拿巴就已经思考过了让瑞典王储（贝尔纳多特）脱离联军的方法。我们都知道，约瑟夫是贝尔纳多特的连襟。因此，他还保留着一丝希望，希望这个浪子在背叛了自己的国家，在将自己的国家交到复仇的敌人手中之后，当他重新踏上祖国的土地时，会感到懊悔。约瑟夫国王觉得，对于家族联盟的回忆，可以在这位被擢升为法国元帅的前法国军人心中激起仁慈的情感。因此，约瑟夫国王经由一位叫夏普的前国民公会议员，将弗兰岑贝格医生送到了他的连襟那里。夏普是两家人共同的好友。弗兰岑贝格医生成功地抵达了瑞典的大本营。但是，这次尝试毫无成果，贝尔纳多特宣称已经太迟了。他已经和反法同盟进行了更加深入的合作，他为他们做出了新的贡献，并且正在期待着相应的回报。在那时，几乎可以肯定的是，反法同盟给了他一个虚假的承诺：让他接替拿破仑皇帝，登上法国的最高宝座！德朗热隆先生是一名在俄军中指挥部队的法国流亡者，他宣称自己截获了一些信件，并将这些信件转交给了亚历山大沙皇。看到贝尔纳多特听取了巴黎方面提出的条件，让联军担心不已。这个发现也让亚历山大沙皇对贝尔纳多特做出新的许诺。自那以后，这位前帝国元帅的野心就开始了无边无际的膨胀，让他对荣誉和职责的提点都充耳不闻。2月25日，皇帝从特鲁瓦给约瑟夫国王写去了下面这封信：

> 据说瑞典王储正在科隆。您能不能，以您个人的名义，派个人去找他，让他意识到自己的所多所为有多么疯狂，并诱使他改变自己的行为呢？试试看吧，但是不要将我牵扯其中。
>
> N.

在下面的这封信中，约瑟夫国王向皇帝告知了他已经按照弟弟的意愿，采取了相应的措施：

> 1814年3月13日，巴黎
>
> 陛下：
> 我派去找瑞典王储的人，今天回来了。他是10日在列日和王储分别的。如果陛下您想要亲自审查这个人的话，只需要给纳沙泰尔亲王下命令就可以了，我已给他寄了一封信。如果陛下您不想见这个人，他可以针对他刚刚经过的一些重点地区提交一些军事信息。
> 瑞典王储讲起波旁王朝的回归，讲了很多次，并且相当地

直白。根据他自己的说法，他正在为您拖延时间，好让您达成和约，因为他也想返回家乡。

J.

皇帝给约瑟夫国王的回信：

1814 年 3 月 17 日正午，兰斯

我的兄长：

我已见过您送来的那位王后身边的军官。他给我提供了许多有用的信息，但也讲了很多错误的东西。如果您可以相信他的话，那么我觉得您有必要再派他出去一趟，并送去其他的消息。这样做难道不会让我们更加了解那些省份，给我们更大的优势吗？

巴萨诺公爵已经给欧特里夫伯爵写了一封信，后者将把联军在沙蒂永的宣言的副本交给你。虽然联军只是四个国家，但他们希望代表所有国家和我们议和。您可以秘密地将这份文件交给王储，敦促他努力派出一名使者参与和会。毕竟，让四巨头决定整个欧洲的事务，对瑞典没什么好处。瑞典必须要自己争取自己的利益，一直以来都是这样的。在派出这个人之前，要确保他不是一个叛徒。

N.

皇帝有许多理由保持疑虑，但约瑟夫国王的信使是一个忠诚的人，一个优秀的法国人。他以极大的热忱和忠诚完成了自己的任务。这些通信之后也就没了下文，还是无济于事。

　　皇帝激起了法国人心中对这些野蛮人军团的抵抗精神。联军将他们的野蛮人军团呕吐到了文明的中心上。这些野蛮人犯下了人们难以想象的罪行。通过展示从敌人那里夺来的战利品，他希望可以保持人民的勇气。2月27日，内政大臣将我们在蒙米赖和沃尚普的会战，以及蒙特罗的遭遇战中缴获的10面俄罗斯、普鲁士以及奥地利军旗呈给了皇后。负责展示这些旗帜的是皇家卫队和国民卫队的军官。把它们带回巴黎的是皇帝的副官莫特马尔男爵，他今天已经是公爵了。报纸上充斥着助理办案员们的报告。他们获命要把联军在占领地的那些欺压人民的残忍行径全部记录下来。尽管他们的君主都在场，联军的军纪还是如此败坏。巴黎市政委员会接待了来自香槟和勃艮第诸城的代表团，他们讲述了外敌占领下，这些省份的悲惨遭遇。不过，人们对战争是如此倦怠，以至于这些报告没有造成我们期待的同仇敌忾的效果。但是，人们在剧院中围成一圈，高唱着迪帕蒂谱写的乐曲，其中带有这样的歌词："好好守卫她！"以及"他出发了！"

　　巴黎仍然处在警戒状态中，下面这两封来自皇后的信清晰地描述了巴黎人民当时的感受。2月12日时，玛丽·路易莎给我写了下面这封信：

　　　　好消息，皇帝已经摧毁了约克的军团，并且获取了后者的物资：剩下的都被抛在了道路两旁。皇帝今晚会在菲尔泰苏茹阿尔过夜，他的身体很健康。这些都是阿纳托尔①先生在3点半的时候报告给总理大臣的。所以我赶忙就给您写信了。请求您相信我对您一贯的深情。

① 皇帝的侍从官阿纳托尔·德·孟德斯鸠先生。——作者注

路易莎

3月27日，她给我写了下面这封信：

> 我将您今天早上借给我的信件送还给您。我还加上了两封请愿书，我请求您把它们交给大臣们。我在请愿书里加入了我自己的想法。看起来，拉克萨公爵那边的情况是如此糟糕，以至于我们不久之后就会迎来访客了。多么可怕的一个未来啊！
>
> 路易莎

敌人朝巴黎进军，帝国首都人心惶惶

皇帝在敌军的侧翼移动时，在奥尔布河畔阿尔西遭遇了施瓦岑贝格的军队，后者那时候正在河流的一侧进行活动。面对大量的军队，在苦苦奋战了1天之后，拿破仑在当天晚上重新跨过了奥尔布河。在这场战斗中，拿破仑遇到了极大的危险，他已经是一心求死了，只不过死神还不愿意带他走。他在23日抵达了圣迪济耶，在那里见到了维琴察公爵，后者在3月20日和会中断后离开了沙蒂永，在返回的路上经过了圣迪济耶。

在这个危急关头，拿破仑曾经打算执行他在3月2日和4日的信中向兄长描述过的计划：通过在敌军背后的布置，阻止敌军前往巴黎。这样的布置将让他可以集合阿尔萨斯和洛林堡垒中的守军，组织一次大规模的暴动，切断联军对外的联系。这个计划还是有一些成功可能的，如果获得执行的话，没准就可以拯救法国。在做出最终决定之前，皇帝想针对敌军真实的动向取得一些消息。为此，他往前线派出了一支强大的侦察部队。他自己也来到杜勒旺扎了营。整个 25 日，他都在杜勒旺等待侦察部队的消息。施瓦岑贝格和布吕歇尔的大军已经完成了会师。同时，皇帝还得知，来自保王党的全新且急迫的建议让联军的胆子更大了，也打消了他们的疑虑。联军再一次踏上了他们一度放弃的通往巴黎的道路。他们现在正全速朝着首都进军。

听闻这些消息，拿破仑返回了圣迪济耶，并且在那里过了夜。一整个晚上，他都在思考自己计划的优势，以及暴露巴黎带来的劣势。他不希望让巴黎落入敌人手中。这时，他那一贯果断的头脑中，考量了太多的事情，被深深地困扰了：他军中的将领们都非常气馁，已经到了失去组织的程度；他也担心不会有援军来支持自己，或者说来支持的援军无法很好地完成任务；他身边的人纠缠不清，要是在平常，他肯定不会容忍这种纠缠不清的；他还收到了那些反革命分子的消息，他们竟然如此大胆；还有巴黎舆论的冷淡；还有让首都受到各种灾难威胁的这个责任。由拉瓦莱特伯爵这个可靠且忠诚的人秘密传来的消息最终让拿破仑下定决心，全速回师挽救巴黎：拉瓦莱特伯爵向皇帝告知了保王党人的秘密阴谋，以及他们和敌人之间的通信。

在离开圣迪济耶之前，皇帝委托奥地利驻伦敦大使冯·维森贝格先生将一封密信交给了奥地利皇帝。此前，冯·维森贝格先生和其他几名敌军的民政和军事长官一起，被一些农民逮捕，并押送到了帝国的大本营。在这些被逮捕的人之中，就有德·维托勒先生。他当时肩负着巴黎保王党指派给他的秘密任务，不过，因为他伪装了自己，所以人们没能认出他来。我们托付给冯·维森贝格先生的任务没有取得任何效果。这位信使声称他根本见不到奥地利皇帝，后者那时候被困在第戎附近一个叫尚索的地方，与世隔绝。

这时，发生了一件令人遗憾的事情，加剧了我们在杜伊勒里宫中的焦虑。皇帝之前给皇后写了一封信，信中提到了他在圣迪济耶这个方向的行动，目的是要扼制敌军向巴黎的进发，同时逼迫他们回师。不幸的是，这封信落入了普鲁士军队的手中。它让敌军了解了皇帝的计划。在读完了这封信之后，普鲁士人把这封信充满尊敬地送到了皇后那里。皇后觉得她应该将此事保密。不过，她认为这件事情是一个非常不好的预兆。

同时，我们还听闻了另一个模糊的传言：法军中弥漫着厌战情绪，据说厌战情绪是如此强烈，已经达到了抗命的程度。这也是另一个让我们警觉的原因。

正当保王党的妇女们忙着在她们家中最隐蔽的房间里制作白色的帽徽，期待着旧王朝的归来时，玛丽·路易莎皇后和她的宫廷女官们正在宫中的大会客厅里像中世纪的王后和女士那样，为伤兵们准备纱布。

国家的主要机关里暗流汹涌，人心浮动。一开始只是一些含沙射影，不久之后就变成了更透明直接的行动，目的都是要将拿破仑赶下台，诱使他退位，传位给自己的儿子。元老院的其中一名议员甚至还去咨询了几名同僚的意见。这些同僚就包括塞居尔伯爵，后者同意保守这个秘密。这个计划是要让人们相信皇帝已经疯了，并最终逼迫他停止履行自己的职务。其他的密谋则是为了向外国人效劳，促成波旁家的复辟。不知感恩的达尔贝格公爵在参政院上都没有掩饰自己这个恶毒的愿望。就像我之前所写的，他那时候在参政院中担任着非常职位。

德·塔列朗先生还是装出一副无所事事的样子，嘴上说的也都是虚伪的爱国话语。但是，在这个伪装之下，他当时跟国内和国外的敌人们都保持着联系。不过，他很小心谨慎地，没有直接参与任

何行为，又或者写下任何可能危及自己的文字。他一贯都是这样
的。拿破仑非常清楚，他在国内外的敌人正在准备利用元老院宣布
拿破仑二世继位。同时，通过离间皇帝和他的儿子、他的家族，联
军还希望可以在法国引起内战。当时发生的各种事情都证明了皇帝
的这种猜测。拿破仑不觉得波旁家能有多大的成功可能，他知道，
这些主谋唯一的目标就是迫使他将皇冠交给自己的儿子。大概只有
莫尔特枫丹的小团体不这么想，不过这个团体的影响力不大。一些
元老们已经就此征求过了约瑟夫国王的看法。他们也向前者提出，
他可以在新皇帝年幼时担任帝国的摄政。拿破仑这位兄长的忠心耿
耿，让他想到这些东西就感到恶心。国内形势的动荡，让他希望我
们可以不惜一切代价马上求和。最终，有一次在皇后那里完成工作
之后，约瑟夫国王和总理大臣向我建议，把他们的这个愿望转达给
皇帝。在迈出这一步之前，我要求他们事先知会拿破仑一声，因为
我有一种预感：他不会喜欢这个消息的。事实上，我后来收到了一
封拿破仑亲手写的信①，信上的时间是 3 月 12 日下午 2 点，信是从
苏瓦松寄来的。信的开头是这么几句话：

> 我收到了您的来信，您回答得很好。谁要是先向我提议求
> 和，我将认为这是叛乱的行为……
>
> 拿破仑

　　拿破仑非常清楚地知道，如果我们还有可能和敌人议和的话，
任何国家机关展现出的对和平的向往都只会延缓我们求得和平。因

---

① 这是很罕见的情况。这封信是被卷起来存放在一把钥匙的内部的，这么做是为
了避免节外生枝。——作者注

为外国人肯定会添油加醋地将其宣传成皇帝和民众之间的意见不合。约瑟夫国王从来没想过要把他负责的那些通信公之于众。他选择我来做这件事情，更加证明了他希望此事秘密进行。同时，皇帝也借此机会敲打了所有有意在这个方向向他提出官方申请的人。

敌人的侦察兵出现在了巴黎城外，这让城市周边的居民都逃进了巴黎城内。他们的家具、食物还有家畜将巴黎的各个城门挤得水泄不通。富有的家族们则开始朝着卢瓦尔河的方向逃亡。在一种朦胧的焦虑感的驱使下，一部分巴黎市民要么是在街道、广场以及大道上游荡，要么则跑到了通往乡下的道路尽头，或者城市周边的高地上。

在联军进入巴黎之前的最后几天里，我也受到了焦虑感的传染。我会经常前往邮局总管的办公室，获得一些关于敌军动向的新消息。我们很少收到来自法军大本营的消息，这些消息也没有起到安抚民众的作用。从战场上逃下来的信使和各种各样的人，如潮水般涌入邮局，他们会描述他们刚刚经历的事情，同时尝试和依旧留在他们逃离的城镇和乡村的亲戚朋友取得联系。我在那里经常可以见到德·布列纳先生。他到那里去的理由可没有我的理由那么单纯，不过他总是会将真实的理由隐藏在对帝国政府夸张的狂热下。他每次都会心满意足地回家，因为我们收到的消息一点也不让人放心。敌人完全没有停下前进的脚步。

皇帝针对保卫巴黎下达的命令，大部分都得到了执行。防御委员会也完成了各种细节上的工作。不过，因为我们必须要求助于皇帝，再加上我们遇到了很多只有皇帝在场以及他充满能量的头脑才能解决的障碍，使得计划中的工事没有得到必要的扩建和完善。

没有人可以忽略这个事实：拿破仑拥有天赐的可以吞噬一切的

活力，他的头脑拥有如此丰富的资源，他拥有时刻保持注意力的能力，在巨大天赋的包容下，他可以掌握战争的所有细节，并且同时还掌握政府中的各个分支；即便是在最激烈的军事活动中，他也会找到处理内政事务的时间；他的命令总是可以在恰到好处的时候抵达他的大臣那里；他掌握着一切资讯，所有的事情都在他的掌控之中，他还会为所有人着想。结果就是，所有为他效劳的人都不敢自己做出任何决定，他们总是更愿意等待皇帝的命令。职位越高的人，在这方面就越加谨慎。因此，皇帝在这个关键时期的缺席，麻痹了人们的热忱。本来如果他在巴黎的话，是可以将这股热情推到最高点的。

3月27日，约瑟夫国王检阅了武器和制服都不齐备的国民卫队，以及由皇家卫队组成的薄弱的巴黎守军。我们是如此缺乏武器，以至于一部分国民卫队要装备长枪。他们也只是勉强地接受了只能获得这些装备的事实。这些部队在皇后面前走过，皇后和罗马王在一起。部队的心中充斥着美好的情感，他们对守卫首都，保卫玛丽·路易莎和年幼的王子充满了热情。

下面这封皇帝寄给约瑟夫国王的信，让后者下定决心，在几天之后将皇后和她的儿子送走了：

1814年3月16日，兰斯

按照我给您下达的所有口头指示，以及我此前寄给您的所有信件的中心思想，您无论在什么情况下，都不能让皇后和罗马王落入敌人手中。因为我接下来要进行军事行动，您可能在接下去的几天里都不会从我这里得到任何消息。如果敌军冲向巴黎的势头太强，我们无法抵抗的话，请把皇后摄政、我的儿子、各位显贵、各位大臣、各位帝国官员、德·拉布耶里男爵，以及宫中的财宝都往卢瓦尔河的方向转移。不要离开我的儿子。而且您要记住这点：我宁愿看到他沉在塞纳河的河底，也不愿意让他落入法兰西敌人的手中。被希腊人俘虏之后的安斯泰安纳克斯①的命运，在我看来是历史记录中最悲惨的。

爱您的弟弟

拿破仑

马尔蒙元帅和莫蒂埃元帅的部队这时只剩下很少的一部分兵力。来势汹汹的敌军将他们逼回了巴黎，首都受到威胁。同时，皇帝寄给皇后的信件落入敌人手中，使得事态愈加恶化。这时，约瑟夫国王认为，皇帝在口头命令和信件中准确描述的时间点，就是现在。因此，他将自己收到的信件呈交给了皇后和冈巴塞雷斯。3月28日，我们召开了一次枢密院会议，参加会议的有各位显贵、各位大臣，以及元老院的主席。刚开始的时候，我们没有将皇帝的信件交给与会人员作为辩论的内容。会议上人们只讨论了一个问题：皇后是应该离开巴黎，还是和她的儿子一起留在那里。包括布莱·德·拉·默尔特在内的大部分与会人员都认为，皇后不应该离开。他们觉得，皇后的存在将安抚首都，并且迫使入侵者也尊重我们。布莱先生表达了这一观点，并且此后一直积极地为其辩护。他甚至提议皇后应该前往市政厅，出现在巴黎人民的面前，怀中抱着自己的儿子，就像是另一个玛利亚·特蕾西亚。但是留在巴黎的这个决定和皇帝表达的意愿相悖，如果与会的大部分成员都支持一个相悖

---

① 特洛伊战争时，特洛伊第一勇士赫克托耳的儿子。特洛伊城破后，安斯泰安纳克斯被希腊人当着他母亲的面扔下了特洛伊的城墙。

的决定，那么会议就会把自己置于两难的境地中了。摄政政府于是在 3 月 16 日公开了皇帝的信。所有的讨论都终结了，离开巴黎这件事情就这么定下来了。只有约瑟夫提出，我们必须要了解跟在马尔蒙和莫蒂埃两位元帅身后的敌军的真实力量，因此他自愿留在了巴黎。和他一起留下来的还有陆军大臣、战时管理大臣以及海军大臣。大家就下面几点达成了一致：会议的决定应该被公开发表；敌军的力量应该被侦察清楚；如果敌军的力量是如此之强，以至于所有的抵抗都不可能的话，那么约瑟夫国王以及三位大臣应该跟随政府撤往卢瓦尔河。在皇后和她的儿子离开之后，我们在城中的墙壁上张贴了公告，来缓和居民们低迷的情绪。当人们在会议上问及陆军大臣，到了有需要的时候，他可以调配多少支枪时，他回答，只剩下很少的一部分修补中的枪支，因为完好的枪支都被供给每天开赴前线的征召兵了。

　　会议一直持续到了午夜时分。会议结束后，约瑟夫国王和总理大臣跟着皇后回到了她的房间，我也在场。在针对抛弃巴黎可能带来的灾难性后果交换了一些意见之后，约瑟夫国王和总理大臣大胆地告诉皇后，在现在这个形势危急的时候，只有她可以决定我们接下去的几步怎么走。皇后的答复则是，两人都是对她负有义务的顾问，如果没有获得他们签名认可的正式建议，她是不能独自下达一个与皇帝命令相违背的命令的。更何况，皇帝的这个命令还获得了政府会议的认可。两人都不愿意承担这个责任。

　　现在我们都可以冷静下来分析过去了，难道说我们真的有权批评这样的举动吗？如果荣誉和忠诚不是大话空话，约瑟夫和冈巴塞雷斯难道可以牺牲那个信赖他们的男人，趁他不在的时候和敌人议和吗？如果他们批准了对皇帝的罢免（不服从他的命令就是要激起对他的罢免），他们肯定可以为皇后争取到各国对她儿子的承认。约瑟夫国王会成为帝国的摄政，总理大臣也将保住他的尊严……但是付出的会是怎样的代价啊！

在谈话的最后，皇后表示就算她和她的儿子要如皇帝所说，被沉入塞纳河底，她也会不假思索地离开巴黎。她的丈夫如此正式表达的愿望，在她看来就是一道神圣的命令了。

拿破仑此后曾经抱怨说人们在执行他的命令时，太过死板了：他说的是执行他的命令时，也要考虑形势的发展，而跟他下达命令的那一天相比，形势已经发生了变化。皇后留在巴黎的话，将可以战胜城中那些罪恶的计谋，给拿破仑足够的时间赶在敌人之前抵达并拯救首都，这一点是毋庸置疑的。枢密院会议感受到了这一点，皇后和她的顾问们也理解了这一点，但是又有谁敢违背我们记录下来的官方指示呢？更何况，从皇帝给出这个指示，到我们执行这个指示，其间总共有 15 天，皇帝在这期间寄来的信件都没有取消或修改这个指示。

国库里的资金和最珍贵的财宝也被装上了车子，跟在皇后护卫的身后。我派人找来了管理皇帝内阁的档案员，并根据我收到的命令，把拿破仑没有来得及带走的最重要的文件都告诉了这个档案员，好让他把它们都烧掉。这个命令没有得到完全执行，复辟政府还是找到了大量本应被销毁的文件。我随身带走了一些家庭文件和信件。我打算一直保留它们，除非遇到什么危险，它们可能被夺走，到那时候我就会把它们烧掉。然后我就回到了自己的家中。为了第二天带着家人和皇后一起离开，我做了相应的安排。大家事先同意的是约瑟夫国王将亲自前往城外的哨所，了解马尔蒙和莫蒂埃这两位元帅的处境。皇后要等到他返回之后，才启程离开。

启程的时间定下了，是第二天，也就是 3 月 29 日早上 8 点。套好了马匹的马车已经在卡鲁索广场整装待发。皇后也已经着装完毕，随时可以出发。她自从早上 7 点开始就和自己的儿子以及侍女一起在房间里等待了。皇后当时心神不宁，脑中都是一些不好的预感，她躲避了儿子的提问：这个不寻常的场景，让平常一贯无忧无虑的皇子也变得不安起来。天刚蒙蒙亮，会客厅里就挤满了被指派来跟随皇后的人。一开始，人们还在互相讨论一些大家都关心的事情。不久之后，这种喧闹就被痛苦的死寂代替了。虽然大家都没有说话，但空气中还是弥漫着极大的焦虑感。大门打开突然带来的噪音，让在场的所有人都受到了惊吓。我们本来期待见到的是破晓前就赶到巴黎城门那里的约瑟夫国王，或者至少是他派来的什么人。但是，突然进来的是在杜伊勒里宫执勤的国民卫队军官，他们和一些此前就已经在房间里的军官找到了皇后，纷纷乞求她不要离开巴黎，并宣称他们会誓死保卫她。军官们的眼泪和奉献精神让玛丽·路易莎非常感动。她把皇帝的命令告诉了他们。不过，她之后推迟了自己的出发时间，一个小时又一个小时地往后推，因为她觉得自己的离开将会是一次公众灾难。虽然不好明说，但是她心中也希望可以发生什么幸运的事情，让她不必离开巴黎。陆军大臣克拉克在前一晚就坚持皇后必须离开巴黎，他在这天早上也派来了一名军官，告诉皇后事态紧急，她必须要出发了。被夹在想要尽快离开，以及想要留下的两拨人中间，玛丽·路易莎两头受气。其间，她还曾经回到自己的卧室里，带着情绪把帽子扔到床上，坐在了安乐椅上。就是在那里，她双手掩面，开始哭泣。在她因为哭泣而断断续续的抱怨中，人们听到她一直在不耐烦地重复这句话："我的上帝啊！让他们下定决心，结束这个煎熬吧！"最终，到了将近 10 点的时候，陆军大臣向她发来消息，告诉她不能再耽搁了，否则她就可能让自己落入哥萨克骑兵的手中。

　　皇后到这时都没有收到约瑟夫国王的消息，她决定出发了。当上车的时刻到来时，罗马王不愿意离开他的套房。这个可怜的孩子似乎已经猜到了自己未来的命运。"不要去朗布依埃，"他对自己的母亲哭诉说，"那个地方一点也不好，我们就待在这里吧！"当时，抱着他的是掌马官德·卡尼西先生。罗马王在他的怀中挣扎，边挣扎边喊："我不想离开我的房间"（他一直重复着这句话）"我不想走，既然爸爸不在，那我就是一家之主！"他抓着门框和楼梯的扶手不愿意离开。他的固执让所有见证这个痛苦场景的人心中都非常悲痛。同时，也让大家心中有了一种难以言说的悲伤且不详的预感。

尽管人们都期待着从皇家桥大门那里会传来停止撤离的命令，马车还是缓缓地开动了。10 辆门上刷着皇室徽章的重型双轮敞篷马车、大批辎重马车以及运货车组成了一字长蛇阵，横穿了整个广场。大概有 60 到 80 个围观者，在沮丧的寂静中围观了这个悲伤的队列。他们就像是在注视着一个送葬的队伍。确实，这就是帝国的葬礼。他们没有通过任何方式表达自己的情感：对于这次残酷的分离，没有一个人发出致敬或是惋惜的声音。如果当时有人勇敢地冲到车队面前的话，皇后是不会离开的。她通过杜伊勒里宫广场的大门时，眼中含着泪水，心已经死了。抵达香榭丽舍之后，她最后一次向帝都致敬：这是她最后一次离开这座城市，她也将永远地告别这座城市。

反法同盟攻入巴黎

首都面临的威胁让巴黎市内人人自危。市内的所有警报都是整夜敲响，国民卫队正在全速集结。同时，还有一些志愿部队加入了拉克萨公爵和特雷维佐公爵指挥的军队中。这些志愿部队中，还有巴黎综合理工学院勇敢的学生们，他们加入了火炮部队。他们这是在提前回报祖国对他们的恩情。其他人则来到了巴黎的各个街垒处，准备捍卫这座城市的入口。所有人都怀着满腔的斗志。大家对敌人造成了如此大的伤害，迫使他们召来了预备部队。市郊的民众也怀着满腔热血，想要拿枪上阵，但是武器非常短缺。就在巴黎人民群情激昂的时候，他们获得了摄政政府转往地方的消息，这让他们非常惊讶。本来，政府以及各种国家执法力量的缺席，会造成混乱。但是，大家对外敌的仇恨，以及城市面临的巨大危机，都让这种混乱没有发生。

3月29日，天刚破晓，一支普鲁士先头部队抵达了法国首都的城下：他们是武装起来的整个欧洲的先锋。一小群法兰西勇敢的孩子们组织了起来，想要保卫这座城市。但是，面对大量的敌军，他们的努力都无济于事。皇帝和他的主力部队离巴黎都很遥远，我们已经9天没有接到关于他们的任何消息了。在这样的日子里，巴黎城需要的是一个卡米卢斯①，或是元老院的英雄主义精神：就像是很久之前布伦努斯②在卡比托利欧山上见证的威严的元老院那样。

在这段时间里，约瑟夫国王一直和陆军大臣、战时管理大臣以及海军大臣待在一起，在城防的外面。正是在那里，他们从一位巴黎消防队的工程师口中获得了一个消息：几乎整个联军的所有部队，都抵达了巴黎城下。这名工程师在那天上午曾经被敌人俘虏，他在被带到沙皇、普鲁士国王以及施瓦岑贝格亲王面前之后，又被送回到了我们的哨所。他之前已经将自己的所见报告给了马尔蒙元帅，后者把他送到了约瑟夫国王这里。

① 公元前4世纪罗马的执政官。
② 高卢酋长，曾经在公元前390年攻入罗马城。

　　而且，不久之后，拉克萨公爵就警告约瑟夫国王，自己所处的位置现在非常危险，最多还能再撑几个小时：他请求后者允许他和敌军达成协议，法军无法阻止敌军的武力占领，巴黎很可能今晚就会被攻占。约瑟夫国王和大臣们都意识到，抵抗已经是不可能的了，可以这么说，巴黎马上就要被风暴卷走了。随着我们愈发感受到事态的紧急，于兰将军被派到了马尔蒙元帅那里，负责和敌人谈判。的确，敌军的队伍已经出现在了原野上，并在逐渐吞没两位元帅手下薄弱的部队。敌军开始朝着圣丹尼的方向移动，并夺取了那里的桥梁。仅仅就在几分钟前，约瑟夫国王和几位大臣刚刚从那里通过。后者现在能做的，只剩下服从命令跟着皇后和摄政会议了。

　　约瑟夫国王曾经向巴黎的公民们许诺，会和他们待在一起。他遵守了自己的诺言。他并没有待在城市里面，而是来到了非常危险的城门处。只要还有一丝守卫巴黎的希望，他就没有放弃努力。当莫蒂埃和马尔蒙两位元帅在一次英雄般的抵抗之后宣布，他们无法继续坚持时，拯救首都免受占领的恐怖职责，就落到了国王的肩上。他批准元帅们和敌军谈判。在皇后和罗马王撤离后，他待在巴黎，其实也没什么作用。在良心和荣誉感容许的范围内，他已经尽力避免了这次撤离。他证明了，自己既是一个优秀的公民，也是皇帝忠诚的兄长。如果约瑟夫国王那时候在巴黎继续待下去的话，他将会受到时人还有历史怎样的批判啊！要是出于个人情感，他是会留下来的，但是，他这样只会落入联军的手中，成为废黜他弟弟的工具。他将无法逃脱扮演这个可恨角色的命运，为了保护他侄子的利益，他也会被迫这么做。

　　总而言之，当约瑟夫·波拿巴心中希望他还能起到任何作用的时候，他一直都待在巴黎。反之，当这个希望消失了之后，他就离开了。不过，他是最后一个离开的。

第十五章

巴黎投降，帝国政府垮台

　　玛丽·路易莎皇后在 3 月 29 日接近中午的时候离开了杜伊勒里宫，悲伤地踏上了前往朗布依埃的旅程。我们有一个模糊的概念，觉得会在这座宫殿停留，但其实我们没有任何在那里停留的积极动机。皇后在逃难时，身边带了这些人：女官芒泰贝洛公爵夫人；梳妆侍女吕赛伯爵夫人；宫廷侍女卡斯蒂利奥内夫人、布里尼奥尔夫人以及蒙塔利韦夫人；荣誉骑士博阿尔内伯爵；侍从德·贡托先生以及德·奥松维尔先生；首席掌马官阿尔多布兰迪尼亲王；掌马官德·埃里希先生和朗贝蒂先生；宫廷主管德·屈西先生以及博塞先生；大司仪德·塞塞勒先生；廷尉盖尔希先生；还有就是组成医疗团队的科维萨尔、布尔迪耶、拉库尔内以及鲁瓦耶四位先生。服侍在罗马王身边的是下面这些人：他的女家庭教师孟德斯鸠夫人；他的副女家庭教师德·布尔贝耶和梅斯格里尼两位夫人；掌马官德·卡尼西先生；还有医生奥维蒂先生。总理大臣，以及其他碰巧在巴黎的宫廷要员都和皇后一起离开了巴黎。为车队提供护卫的大概有 1200 人，包括帝国卫队和近卫骑兵中的精锐士兵、轻骑兵、龙骑兵以及枪骑兵。

　　皇后在同一天（3 月 29 日）抵达了朗布依埃，并且在第二天就离开了那里，前往沙特尔过夜。她一直没有收到任何关于巴黎的消息。省长并不在沙特尔，皇后在省长的宅邸里过了夜。她急切地想获得关于皇帝的消息。约瑟夫国王和热罗姆国王带着他们的王后，还有陆军大臣、战时管理大臣以及海军大臣在那天晚上抵达了沙特尔。他们都是傍晚 5 点离开的巴黎。我们没有任何关于拿破仑的直接消息，唯一的消息就是他将自己的一名侍从官德让将军派来宣布他正向巴黎进军。我们也得知了向奥地利皇帝提出的建议，看起来这个建议可以扫清议和路上的所有障碍。为了履行德让将军给莫蒂埃元帅带来的指示，后者向施瓦岑贝格亲王派去了使者请求停火，理由是我们已经开始和奥地利皇帝谈判了。但是，奥军总指挥表示自己完全不知道有这么一回事，拒绝停火。他那时已经和马尔蒙元帅就巴黎的投降事宜达成了协议。我们还得知，只有塞纳省省长和巴黎的警察局长还留在巴黎。为了做好万全的准备，贝内文托亲王曾经以自己留在巴黎可能会有用为借口，请求警务大臣批准他留在巴黎。虽然我们一眼就能看出他葫芦里卖的什么药，但是当时官员们的权威已经不够大了，无法迫使他跟着政府一起前往布卢瓦。因此，我们告诉他，没有人会向他下达任何命令。在他看来，这个回复并不表示他已经完全安全了。他想要谁都不得罪，所以他离开了自己下榻的酒店，装作要追随皇后的样子。不过，他设计让人在城门口把他扣留下来。这样，他的这出戏就算是演完了。贝内文托亲王于是返回家中，静观事情的发展。奥坦斯王后已经和约瑟芬皇后一起返回了纳瓦拉。这就是我们在沙特尔收到的消息。

　　我们本来是打算前往图尔的，不过在旺多姆的时候，皇后收到了一封皇帝寄来的信，是由约瑟夫国王送来的。在这封信中，皇帝宣布他已经于 3 月 30 日抵达了法兰西宫廷①，并且在那里听闻了巴黎投降的消息。这封信中还包含一份命令，要求皇后前往布卢瓦。同时，我们也在旺多姆听说，沙皇和普鲁士国王率领着联军刚刚进入了巴黎，贝内文托亲王正在主持元老院。皇后在 4 月 2 日夜间抵达了布卢瓦，并且受到了省长克里斯蒂亚尼男爵的接待。她在省长的宅邸里安顿了下来。那些此前已经前往图尔的大臣和国务参事，也是在这里与皇后会合的。皇后在布卢瓦一直待到了 4 月 8 日。关于摄政政府离开巴黎之后，城中发生的一系列事情，我们也是在布卢瓦得知的。

马尔蒙元帅借由约瑟夫国王给自己的授权，派出了一名军官到施瓦岑贝格亲王那里，商讨向联军投降的事宜。正是因为这个投降，除了奥地利皇帝之外的联军君主们才得以率领着俄军和普军在 3 月 31 日进入巴黎城。亚历山大沙皇本人对于波旁家族没什么好感。普鲁士国王无论是言语还是态度上，都和沙皇保持一致。施瓦岑贝格亲王在奥地利皇帝和皇帝的主要大臣缺席的情况下无法做出决定。亚历山大沙皇下榻在弗洛伦蒂娜路上塔列朗的宅邸里，他的大臣内斯尔罗德已经提前到了那里。在那里，俄国君主身边的人都在说服他，说拿破仑已经被全体法国人抛弃了。各种讨论的主要目标都是要厘清这个复杂的问题：到底是应该维持皇帝的位置，还是宣布成立摄政政府，抑或是把波旁家请回来。塔列朗本来就已经失去我们的信任了，现在他一看皇帝大势已去，就彻底撕下了自己的伪装。他把达尔贝格公爵、路易神父、普拉特神父、德·索勒将军以及其他的一些人说成是民意的代表，并由此说服了两位君主，宣

---

① 法兰西宫廷（Cour-de-France）的说法来源于中世纪的法国王宫（la Cour du Roi de France）。不同时期对应的宫殿不同。——编者注

布联军不再将拿破仑视作谈判对象。此间，施瓦岑贝格亲王一直保持着沉默，这让塔列朗和他的党徒们有些紧张。最终，为了避免承担拒绝和谈的责任，奥地利总指挥屈服了。他代表自己的君主许下了相同的承诺。受此鼓舞，这群叛徒还在宣布联军不把拿破仑视作谈判对象的宣言中加上了后面这句话："也不将他家族中的任何人（视作谈判对象）。"

如果人们怀疑复辟是外国势力一手造成的，那么我们只需要记住一点：联军的君主们之所以允许发表召回路易十八的文件，是因为第 3 军团指挥官①的叛变让他们完全没有了后顾之忧。因此，就像人们非常正确地指出的那样，将波旁家的主支重新扶上宝座的，既不是国民的愿望，也不是法理权力的权威，或者这个家族的种种头衔。是两位君主的一时兴起，再加上一位奥地利将军的帮助，在民众全然不知的情况下，为路易十八打开了法国的大门，把他送上了宝座。

印刷商米绍一直在旁边的会客厅里等候，一拿到联军的这份声明，就马不停蹄地将其加印并张贴在了巴黎各地。接下来要解决的问题，就是要建立一个怎样的政府，来取代之前被这些阴谋和戏法推翻的旧政权。自亚历山大沙皇抵达贝内文托亲王的宅邸时起，就有几个保王党人一直缠着他，乞求他把他们的旧主带回来。经由他们的发言人贝拉尔，巴黎市政议会也表示可以将波旁家召回。沙皇到这时为止，都没有表达自己的观点。维琴察公爵是拿破仑皇帝忠实的辩护人，无论什么困难都不会改变这一点。至于贝内文托亲王呢，他已经破釜沉舟了。他既不愿意，也没办法继续和旧政权留在一起。因此，他召集了元老院会议。经过议会的辩论，元老院任命

———————————

① 指内伊元帅。

了一个管治委员会，负责管理工作以及起草新的宪法。这个临时政府的总统是贝内文托亲王，政府的成员包括伯农维尔将军、达尔贝格公爵、若古参议员以及孟德斯鸠神父。

师团将军伯农维尔在迪穆里埃的军队里被称作"法兰西的大埃阿斯"。他曾在一份报告中吹过这样的牛皮：敌人损失了 1 万人，而法军只有 1 名轻骑兵丢失了小指。在帝国政府时期，无论是在军事上还是外交上，这个人都饱受恩惠。伯农维尔将军在 3 月 31 日很晚的时候离开了拉瓦莱特先生。此前他们正在一起谴责当天发生的一系列事情，并且约定第二天白天再次见面。第二天，当拉瓦莱特来到伯农维尔家时，听闻贝内文托亲王在前一晚派人来找了这位将军。当拉瓦莱特看到临时政府成员的名单时，他就知道贝内文托亲王来找伯农维尔有何目的了。塔列朗需要一名将军加入他的政府，他选这个人真是选对了，伯农维尔将军对他忠心耿耿。之前我们已经讲过关于达尔贝格公爵的事情了。他是总主教亲王的侄子，一开始是巴登驻巴黎大使，之后在拿破仑的恩惠下归化成了法国人，并获封公爵，还当上了国务参事，娶了布里尼奥尔小姐为妻。他还获得了 400 万法郎的赏赐。同时，在背叛了待他不薄的君主之后，他又得到了一笔钱财。德·若古先生一开始在制宪议会，之后在保民院和元老院中都以自己自由主义的原则以及高尚的品格而获得大家瞩目。约瑟夫国王接纳了他，并且保护了他。他这次是迫于旧情：他和德·塔列朗先生之间有 25 年的情谊，即便是在流亡时期，也没有中断。临时政府的第 5 名成员是德·孟德斯鸠神父，之后成了公爵。他曾经是教士阶级的代言人，也曾是保民院的成员。在保民院中，他克制而富有激情地为自己这个等级的特权做了辩护。在执政府和帝国时期，他是波旁家忠诚的仆人。1800 年里尔伯爵向第一执政提出申请时，担任使者的就是他。他一开始遭到流放，但尽管做了许多可疑的事情，他还是轻易获得了返回巴黎的许可。此后他一直蛰伏在巴黎，直到 1814 年这个多事之秋。他跟侍从长孟德斯鸠伯爵一家人的关系都很好，后者在帝国政府时期也是他的保护者。孟德斯鸠神父有时候会去拜访罗马王的女家庭教师。在一次这样的拜访中，他乞求自己的表亲可以让自己在隐蔽的地方见见皇帝。作为对他的帮助，孟德斯鸠夫人把他安排在了一个可以通过长廊看见拿破仑的地方。神父全神贯注地看着拿破仑时，忍不住小声地嘀咕出来。虽然声音很小，但是也足以让他的表亲听见了。"没人能把这个小矮子赶走吗？"这个人和善无害的外表下竟然隐藏着如此的恨意，让孟德斯鸠夫人很不高兴。之后，她在处理和这个神父亲戚之间的关系时，都更加小心谨慎。

贝内文托亲王最大的技能，就是不论事情如何发展，他都能从中获利。同时，当命运抛弃他效劳的各个不同政权时，压死它们的最后一根稻草，也都是他放上去的。现在，他依靠一个叫"保守党"的团体，正在实现皇帝的毁灭。拿破仑在他 4 月 4 日的对军队的讲话中严厉地斥责了这个团体。这个团体在毫无授权的情况下，就解散了法国的政府。同时，在宪法草案中，这个团体还不忘加入让他们永久享受年金，包括从皇帝那里获得特权的条款！

立法院通过了元老院的所有法案。当时人们找来了几个核心代表，就组成了这个议会。之后议会人员获得了补充，变得完整了。无论立法院干了什么，它都已经完全成为元老院的奴仆。突然之间，各种各样的侮辱和诽谤就取代了对皇帝的尊敬和忠诚。仅仅 1 天之前，他们还是对皇帝顶礼膜拜的。自那一刻开始，国家主要机关的大多数人，就不顾什么礼义廉耻了。对于许多聪明公正的人来说，拿破仑那时是保障我们安全的唯一机会。那些无法理解这一点的人，纷纷离开了他。当他出于爱国主义情怀，抛弃了自己时，人们是有权抛弃他的……但是，在这次普遍的灾祸中，丧失所有的尊严，跪倒在外国人的脚下，不顾形象地去叛变，去侮辱一个受逆境折磨的天才，这些事情我们看到了都觉得很惋惜，我们会永远牢记这些痛苦的回忆。这些事情并不会玷污我们民族的性格，因为犯下这些可悲错误的只不过是一些个人罢了。和他们不同，当厄运降临在领袖身上时，我们这个民族并没有去侮辱，或是否定他。

对于一个落魄的昔日英雄来说，在他身边会出现一些不可避免的事情。在冷静考量了这个痛苦时期发生的种种叛变行为之后，我们可以就此看到一些新的例子：各种各样的诽谤者。时人总是或多或少会受到情绪的影响，因此，在他们那里，我们是等不到公正评判的。在他眼中，这个男人的天才和性格的伟大，总是可以争论的。即便亲眼见证了他主导的一系列重要事件，他们也依旧会这样认为，正是那些根本没有参加过这些事情的人，最喜欢大放厥词。

我在这里暗示的大多数人，又把自己绑上了新主人的战车。他们把自己此前如此顶礼膜拜的偶像践踏在脚下，就是为了保住他们的产业、他们的荣誉，还有帝国政府赏赐给他们的种种好处。对这些无耻的叛徒来说，拿破仑不可饶恕的罪过就是失势之后无法继续再为他们提供好处了。有些人对几句应得的呵斥会一直怀恨在心。还有一些人则觉得他们为帝国效劳之后没有获得相应的补偿。有部分将军和政府官员，心中还因为旧莱茵军团的事情发酵着嫉妒心，又或者是怀念着旧主对自己的好。还有一些人，浸透在共和派或是保王党的思想中，本来一直将敌意藏在自己心中最隐蔽的地方，现在一看大厦将倾，就让仇恨都浮上来了。

自尊，这个捉摸不透的普罗透斯①，造成了另一些人的不高

---

① 古希腊神话中的早期海神，传说会经常变换外形，使人无法捉住他。

兴。拿破仑不会承认，这个世界上有任何难以逾越的障碍。他也不会接受那些以此来为自己的失败找借口的人。尽管他的多疑经常是假装出来的，但他认为在使用那些胆大包天的人时，保持他们心中的圣火不灭（这是他用的表达方式），是很重要的。那些在他的行为中只看出了额外的不公的人，都忘记了，面对着重重阻挠的拿破仑，是个想将"不可能"从法语字典中抹去的人。同时，如果他在明确反对了某些人的结论之后，还依旧相信那些人的话，这证明在他的眼里，这些人都值得好好对待，证明他会继续欣赏他们的才干和忠诚。的确，无论情况怎样，皇帝总是会综合考虑所有人为他做过的服务。不过，具体到某一个时刻的奖赏时，就算拿破仑默默地给出了赏赐，在某些人眼中，这也不足以抵消他们此前可能遭受过的不公或是责骂。时至今日，我们大概还是可以遇到这样永远记着旧账的人。到了叛变的时候，他们大概可以用这些孩子般的虚荣受损作为理由说服自己吧。

还有一些人对拿破仑不满，因为他们觉得拿破仑没有重视他们充满智慧的建议，或是他反对他们的计划，又或是他规划未来蓝图时没有采纳他们的意见。其他一部分人觉得他们奉献精神的展示，并不总是可以受到对等的情感回应。相比第一拨人，他们更容易受伤害，但并不代表他们的不满就更正当。但是，这些人都必须承认一点：他们并没有因此受到什么伤害。同时，在奇妙直觉的影响下，头脑下意识会表现出喜好，不过，这并不会影响我们对人的尊敬或信任。他们对领袖的这种迟到的抱怨，不正好可以证明他们所谓的忠心也不怎么真诚吗？

对于某些皇帝喜欢的人和富有却不受人尊敬的家族达成的婚约，皇帝都是不认同的，这让达成这些婚约的人很不高兴。但是他担心的正是这些人会受到婚约的影响，无法再获得人们的尊重啊。

如果某些人的升迁不如自己期待的那么迅速的话，他们不会认为这是缺乏机会造成的，他们会责怪皇帝对待他们不公正。不过，要是真的想举出一个拿破仑忽略了真正的效劳，或是公认的才华的例子，是很困难的。即便是在那些他视作敌人的人中，要找到这样的例子也不容易。他的原则就是，所有的才华都应该得到利用，也就是得到奖赏。无论是他自己对某人的看法，还是某人曾经针对他做过的事情，从来都不会让他背离这条原则。

再继续历数拿破仑的手下会出于什么原因与他为敌，也没什么意义了。为了将法国从英国暴君般的炫耀中拯救出来，为了将法国重新推上那个位置（她不断扩张的邻居总是想方设法地要把她拉下来），拿破仑承担了各种操劳，忍受了各种匮乏，面对了各种危险。他放弃了所有生活的乐趣，鄙视那些物质上的享受（即便是最高尚的灵魂也间或需要这样的享受）；为了保证计划成功，在未来结下果实，他愿意承受一时的恶名，他也知道孤独的滋味。当他做出这些事情的时候，他有权要求他手下的人也做出同样的牺牲。如果他是在苛责的话，他苛责的更多是自己，而不是别人。

我已经指出了拿破仑这些所谓国内敌人所犯下的种种过错。现在，我将描述各种各样的反对者。帝国政府垮台后，他们都宣泄了自己的激情和感受。他们对于皇帝的头条指控就是，他在战胜了反法同盟之后，并没有放松他独裁政府的缰绳。他们不愿意承认这些事实：我们的敌人之间依旧有着共识；那个同盟的敌意系统也还在，他们手中的大量资源使得他们可以恢复元气，并且永不停歇地重新发起战争。面对如此多的不停冒出头的敌人，拿破仑没办法纵容自己进行政治自由方面的实验。做出这种批评的人，要么是没安好心，要么是愚昧无知，要么就是缺乏常理。我们已经看见他们服务于外国势力的仇恨和积怨，把他们和身边那群王公以及廷臣的利益捆绑在一起。这些毫无道理的无病呻吟和非难结合在一起，创造出了对帝国领袖充满敌意的舆论浪潮。它们传播了一系列的诽谤言论，直到今天，在法国国内以及国外都还有一部分人受到这些言论的蛊惑。

拿破仑第一次退位

这种最不幸的反对皇帝的情感，影响了军队中大部分的领袖。他们非但没有回应拿破仑掷地有声的呼喊，反而逼迫他退位。为了保护他儿子的权利，皇帝同意做出这个牺牲。除了维琴察公爵外，他还加上了拉克萨公爵和莫斯科瓦亲王。在拉克萨公爵不在的情况下，他又派出了塔朗托公爵。拿破仑命令三人共同将退位的文件带到了联军君主那里去。但是，皇帝本以为可以在逆境中依赖的马尔蒙，却在这个时候，出于对自己名声不保的恐惧，抛弃了法兰西的雄鹰。此前，波尔多的拉萨巴蒂家族敦促拉菲特先生说服拉克萨公爵的家人好好做他的工作。终于，拉菲特先生在几天之前说服了元帅的姐夫去跟元帅聊聊，指明继续抵抗已经没有意义了。这个背叛的种子就此播下了。虽然那个时候，那片土壤还没有做好接受这颗种子的准备，但不久之后，这颗种子就结下了恶果。

马尔蒙元帅的叛变对于帝国是一个致命的打击。到那时候为止，亚历山大沙皇还在设立摄政府的事情上犹豫不决。此事一出，他马上以各国联军的名义严厉要求拿破仑无条件退位。他们在4月4日的晚间，将这个通知交到了法兰西帝国全权代表的手中。6日，将路易十八召回法国的文件就在巴黎发表了。

波旁家族在流亡了整整25年之后出人意料地返回法国，自然会让人想到这些王子王孙在漫长时光中经历的沉浮。路易十八那时候的称号还是里尔伯爵。一开始，在 1798 年 3 月的时候，沙皇保罗一世出于对法国大革命的仇恨，邀请他去了米陶。不过，之后，保罗一世对路易十八的态度来了个一百八十度大转变。他粗暴地命令后者离开俄国领土。在路易十八被驱逐之后，仅仅过了 4 年，亚历山大沙皇就恢复了他的父亲曾经赐给路易十八的 20 万卢布年金，还邀请这位王公返回米陶。那时候，亚历山大沙皇已经和法国撕破了脸。在《提尔西特和约》签订时，里尔伯爵突然离开了米陶。俄国多变的政策在 10 年的时间里就是波旁家首领受宠或失宠的晴雨表。他就这样被俄国玩弄在股掌之间。亚历山大沙皇当时并没有要求里尔伯爵离开米陶，后者是自行离开的。沙皇在将这个消息转达给拿破仑的时候，也表示自己不知道是什么促使这位王公做出了这个决定。拿破仑传话给亚历山大，说他对于王位觊觎者的行踪不感兴趣。他还说，如果里尔伯爵愿意返回法国的话，他很乐意把凡尔赛宫让给里尔伯爵居住。这位未来的法国国王此后流亡到了英国，在那里安顿下来。但是他没有获得在伦敦居住的许可。于是他去了哈特威尔，在那里租了个宅子，就这样一直住到 1814 年返回法国为止。

阿图瓦伯爵，也就是日后的查理十世，在 1789 年离开了法国的领土。他此后接连住在都灵和曼图瓦，在那里和利奥波德皇帝①举行了会晤。在游历了德意志、伦敦以及爱丁堡之后，这位王公去了圣彼得堡。俄国皇后在那里给了他一把没用的剑。从俄国返回之后，阿图瓦伯爵曾经出现在布列塔尼的海岸附近，甚至还一度登陆

---

① 神圣罗马帝国利奥波德二世，是我们此前见过多次的弗朗茨的父亲，于 1792 年逝世。

了耶岛。1813 年，他在德意志，1814 年，他在巴塞尔。此后他经由弗朗什 - 孔泰返回了法国，头衔是王国的摄政。

除了和外国势力的勾结，自从流亡的那一刻起，路易十六的这些兄弟就一直在巴黎安插着密使。并且，他们一直在通过这些密使主动接近工会或是督政府的成员，以及身居高位的官员或是将军。

皮什格鲁在征服荷兰之后在法国国内享受的巨大声望，让这些保王党注意到了他。自从 1795 年开始，这位将军就和孔代亲王以及其他波旁家的密使搭上了线。他为保王党的效劳一开始是秘密的，以后将会公开。作为对皮什格鲁在过去及将来为保王党效劳的报酬，他们许诺给他阿尔萨斯的治理权、香波尔城堡，还有 100 万现金、每年 20 万利弗尔的年金、阿尔布瓦的地产（这块地将带上皮什格鲁的名字）、12 门大炮、圣灵勋章和圣路易勋章的大勋位，还有法兰西元帅的头衔。这么丰厚的奖励和这种背叛行径的严重程度是成正比的。

保王党们许诺给巴拉斯的奖赏就没有这么丰厚了。1799 年 4 月，迈松福尔侯爵向里尔伯爵推荐了这位督政官。在接下去的那个 7 月，巴拉斯收到了一封国王（指路易十八）和德·圣普列斯特联合署名的信，信封上盖着大纹章。信中不仅保证会赦免他，还许诺给他 1200 万法郎的赏金，给他的同伙 200 万法郎的赏金。这是雾月 18 日之前 4 个月时发生的事情。拿破仑一开始不知道这个秘密协定，他是从勒布伦执政那里获知这个消息的。告诉勒布伦执政的，则是孟德斯鸠神父。

1796 年 6 月 9 日，里尔伯爵授权皮什格鲁去接近意大利军团中一些有影响力的将军。罗克·德·蒙加亚尔也在果月 18 日之后不久，受命来接近波拿巴将军，许诺给后者科西嘉总督的位置、法兰西元帅的头衔，还有蓝色绶带①。但是这位密使并没能完成自己的使命，他根本没法接近波拿巴将军。

在缴获了金林将军的军用运货马车后，莫罗将军在马车里发现了皮什格鲁和孔代亲王之间的通信。但是，在整整 6 个月的时间里，他都保持了沉默②。我们都觉得，这种沉默在某些人看来就证明莫罗有意参与保王党的阴谋。不过，自从此事发生，已经过去了半个世纪。关于这件事情，再也没有什么新的发现，我们现在依旧认为，莫罗没有参与到皮什格鲁的密谋中去。

至于某些人传闻的觊觎者和革命党人之间的关系，历史可能会在未来的某一天为我们揭露真相吧。反正至今为止，我们获得的都是一些模糊不清、不完整的信息。

除了里尔伯爵写给第一执政的信，旺代党人的领袖以及其他的一些人以他的名义向第一执政做出的请求之外，阿图瓦伯爵忠于他一贯的骑士风度，还曾派出风姿绰约的吉什公爵夫人去引诱第一执政身边的人。这位未来的国王查理十世以为约瑟芬同情保王党人，同时对拿破仑一定的影响力（其实两者都是假的），便派吉什公爵夫人去向约瑟芬做出了大量的承诺：只要第一执政同意让波旁王朝复辟，那么波旁家肯定不会亏待约瑟芬的。约瑟芬非常亲切地接待了公爵夫人，甚至邀请她一同享用午餐，但约瑟芬非常礼貌地拒绝了后者的提议。有人曾提议，应该在卡鲁索广场上竖起一根立柱，柱子的顶端是第一执政给波旁家的人加冕的雕像。第一执政对此的回复人尽皆知，他说："我的坟墓将会是这尊雕像的基座！"

波旁家这两兄弟的密使常常带着相悖的指示：里尔伯爵假情假

---

① 即圣灵勋章。这个勋章的绶带是蓝色的。

② 一直到果月 18 日的事情败露之后，他才把这个发现报告给督政府。——作者注

意地表态自己支持立宪君主制，支持大赦，还表态会和所有促进国家繁荣的人都保持友好的关系；阿图瓦伯爵则一心只想着绝对君主制以及复仇。这两位王公都得到了英国和俄国的帮助。

有一点值得一提，奥尔良家的王公们没有参与过任何针对自己祖国的密谋，也没有勾结过外国势力，更没有收受过欧洲诸国的金钱。唯一一个已知的例外，就是奥尔良家族首领和加的斯摄政府在1810年5月时的交涉。

皇帝在我国的三种颜色上洒满了荣耀，让它们获得了世界的尊敬。随着皇帝的退位，这三种颜色也被禁止使用。这件大事非常轻易地就获得了执行，让外国人都震惊不已。出于对民族荣耀的蔑视，新政府的第一个行动就是把国民卫队都请到巴黎来，戴上白帽徽。十二个军团的领袖们一开始看似不愿意服从，不过一周之后，当政府第二次下达命令的时候，红白蓝三色消失了。这一明显的屈服鼓舞了临时政府，他们宣布，未来的法国从军官到列兵，所有人都将他们的怨恨深深埋进了心底。

保王党的肆意妄为让联军很是紧张。他们请求新的国王在统治时使用一些革命的元素，并给法国一部宪法。不过，他们觉得禁止蓝白红三色的出现，是为了保持国家的安全稳定。这些颜色会让他们回忆起那些他们想要忘记的东西。更何况，要是不举起白旗的话，他们害怕法国人民会站起来反抗他们的士兵。其他更有远见的外国人则担心，被禁止的三色会成为失势皇帝支持者们集结在一起时永久的标志。白色标志此后被强加在法国身上整整15年的时间。作为反革命分子的最后一个标志，终究还是没有存活多久，伴随着被1830年革命推翻的那个政府一起消失了。那天，一个民主的政府在法国恢复了三色，最终被整个法兰西民族采纳。法兰西民族在回忆起蓝、白、红的旗帜象征的伟大和胜利之后，再也不会接受其他的东西了。

最后的逃难之旅

在枫丹白露宫签署了退位书后，拿破仑和玛丽·路易莎之间还保持着活跃的信件往来。他被他的同伴们抛弃了，他的同伴们已经迫不及待要迎来和平，去享受他们的荣华富贵了[①]。尽管通往布卢瓦的道路已经被敌军截断了，拿破仑还是每天都会往皇后那里派出一名传令官。玛丽·路易莎有时会后悔自己离开了巴黎，她还提到自己想要和皇帝重聚。尽管她有这样的想法，但是实现这个目标路上的种种障碍，以及她身边的人对此表达的冲突的意见，都让她不得不一再推迟实现这一会面的努力。她的焦虑已经达到了顶点：她必须要承受波涛般的情感；她不停地在流泪；她整夜整夜痛苦地失眠；这些都让她的精神高度紧张，到了快要崩溃的边缘。她无法想象是什么激情在搅动着法国。她时常会想起父亲对她做出的承诺：她无法说服自己相信父亲会牺牲她的丈夫和儿子。同时，在巴黎迅速发生的事情打碎了她的所有幻想。她非常困惑。就像一个溺水的女人一样，她死死地抓着父亲对她的爱，在她看来，那是她最后的安全保障了。听闻奥地利皇帝不在巴黎之后，她期盼他不会同意人们在他缺席时所做的一切，也期盼他能听她说的话。她派卡多雷公

---

① 从没有任何一个政府首脑如此慷慨地奖励过军功。我在这里只举一个例子。在 1809 年的战争时，皇帝命令财政大臣给了所有元帅以及即将迎战的主要军团的指挥官们数额不等的一笔钱。这笔资金是为了让他们在巴黎置业的。除此之外，皇帝还多次慷慨地大肆封赏过手下，尤其是 1806 年的战役过后。他总共赏赐了 1100 万到 1200 万，赏赐的对象包括他的副官们，三十几名将军，几名文官，以及波兰将军扎杨思切克和达布罗夫斯基。这些元帅和副官的感觉是如此理所当然，以至于其中的一人甚至拒绝为获得的百万奖赏提供收据，仿佛他根本就不需要这么做。当时负责的大臣不得不找来那个人的一个近亲，使其介入此事才拿到了收据。——作者注

爵给他送去了一封紧急的信件。卡多雷公爵是此前法国驻维也纳大使。在担任大使期间，弗朗茨皇帝待他不薄，还同意屈尊担任他其中一名孩子的教父。他在 4 月 6 日离开了布卢瓦，摄政府的国务卿也因此换成了德·蒙塔利韦先生。第二天，勒尼奥·德·圣让当热利伯爵也被派去执行同一个任务。在 8 日，德·圣欧莱尔和德·博塞两位先生又带着皇后写给奥地利皇帝的全新信件出发了。皇后在布卢瓦逗留期间，一直在期待拿破仑的决定，以及事态会如何进一步发展，在恐惧和希望之间经历着大起大落。她没有实施任何重要的政府行为。皇后依旧每天主持摄政会议，不过，会议的目标并不是处理事务，而是沟通各方收到的消息，并交换意见。那个让一切运转起来的人，已经不在了。因为没人可以预知第二天会发生什么，大臣们来觐见皇后时一般都随身带着自己的旅行箱。政府在撤退到布卢瓦之后所做的唯一一件事情，就是发出了一份《告法国人民书》。让我们这么说吧，这份《告法国人民书》没有引起任何人的关注。

皇帝的兄弟约瑟夫和热罗姆，还有总理大臣一起在 8 日早上向皇后提出了一个申请。这个申请被后人错误解读了。摄政的顾问们对拿破仑的妻子和儿子的安全有各种担心，这些担心都不是空穴来风。这也是为什么他们向皇后提议她应该离开布卢瓦，带着王子前往卢瓦尔河，并将政府转移到那里。玛丽·路易莎对于无止境的奔波生活已经厌倦了。她下定决心哪也不去，没人可以动摇她的这个决心。尽管热罗姆激动地解释了他之所以坚持这样做的种种理由，皇后也不为所动。皇后身边以卡法雷利将军为首的军官误以为有人在对拿破仑的妻子施暴，以一种略显混乱的方式站在皇后一边并介入了此事。3 小时之后，一名俄国专员赶到，确保了皇后和她儿子的安全。

　　舒瓦洛夫伯爵是在下午两点的时候抵达了布卢瓦。这位联军的专员，是沙皇的侍从官。他身边还陪伴着拿破仑皇帝的掌马官圣艾尼昂男爵。后者也是维琴察公爵的连襟。专员解释了他此行的目的：将皇后和她的儿子护送至奥尔良。舒瓦洛夫将军的抵达也给了皇后身边的要员们一个信号：他们是时候要离开了。他们都到市政府去取来了自己的身份文件，让俄国军官在上面签了字。后者的住处整整一天都挤满了人。大多数大臣和国务参事们都离开布卢瓦前往巴黎。我见到陆军大臣费尔特雷公爵（克拉克）时，他的脸上挂着他一贯的笑容。他告诉我，他是来和老同事告别的（他曾经担任过内阁秘书）。同时也要把一封他写给皇帝，向皇帝告别的信交给自己的老同事。他还补充说，当人们在告别时，必须要注意礼数；他还说，他会好好清点战争档案库的情况以及地图的储存情况等；他说他不愿意被当作一个小偷。

　　从那一刻开始，皇后能不能和皇帝重逢，就不是她能决定的事情了。不论她在这一刻还保留着怎样的幻想，两夫妇的分割就此决定了。此后奥地利大臣以及弗朗茨皇帝多次做出保证，保证她可以居住在厄尔巴岛上，或者是她的新领地，又或者是在帕尔马和厄尔巴岛上各住一段时间。如果他们的这些承诺是真心实意的话，那就表示他们此后也失去了遵守这些承诺的力量。

　　4月9日一大早，我来到了皇后的宅邸。我到的时候，她已经起床了，正在为那天的旅程而紧张。她派人取来了皇室珠宝，她自己也不知道应该怎么处理这些珠宝。她知道自己会经过哥萨克人的检查站，也知道护送自己的会是外国军队，因此她担心自己的马车可能会遭到劫掠。她又打算把这些珠宝都做成首饰，戴在自己身上。她倒是没有考虑过自己被搜身的这个可能性。还有那把帝国宝剑，剑把上镶嵌着摄政王钻石，剑身则让它很难随身携带。因为没办法相信任何人，我只能亲自把这把剑的剑身从剑把上拆了下来。因为当时身边没有任何堪当此用的工具，于是我灵机一动，想到了皇后套房壁炉里的支架。我高兴地发现这个支架是黄铜制成的，因此我不怎么费力地就把剑拆开了。我将剑把藏在了衣服里面，然后径直地走向了我的马车。在路上我还得穿过许多马匹和马车的阻碍，为了保护我这个贵重的负担，我差点就摔倒了。到这时为止，皇帝命令我从杜伊勒里宫中带走的那些家族信件和重要文件，我在离开巴黎后就一直带在身上。我打算遇到这些文件可能被没收或丢失的危险时，再销毁它们。现在，我觉得时候到了，所以把它们都扔进了火堆。

我觉得我应该在这里指出一点：这些文件里不包括外国君主寄给拿破仑的信件。如果它们在我携带的这堆信件之中的话，至少我们现在就确切知道它们最终的命运了。一直到现在，它们到底去了哪里，还是一个未解之谜。

约瑟夫国王、巴萨诺公爵还有我自己都奉皇帝的命令调查过这些信件的下落，不过都一无所获。

这些信件本来在叙尔维利耶伯爵从巴黎寄往纽约附近的庞特布里兹的行李箱中，它们是从箱子里被偷走的。被偷走之后，按照欧米拉医生的说法，它们落入了一个叫穆雷的英国人手里，他是一名居住在伦敦的出版商。据说，俄国驻英国的大使冯·利文先生以1万英镑的价格把这些君主的信件都买了回来。

在我的记忆中，这些信件里面最有趣的，大概是亚历山大沙皇写来的信。那些西班牙、巴伐利亚、符腾堡的君主写来的信件，还有普鲁士君主写来的一部分信件，大概也可以激起人们的好奇心。当然，它们也是史料的一部分。而剩下的那些信件，根据我的回忆，就不那么有意思了。不过，因为皇帝曾经下令誊抄过这些信件，所以它们有朝一日还是有可能重新出现的。

在结束了对舒瓦洛夫伯爵的接见之后，早上 10 点，皇后在她的儿子、以及皇族王子公主们的陪伴下，离开了布卢瓦，前往奥尔良。在博让西的时候，哥萨克骑兵拦下了她队列最后面的那辆马车，并洗劫了那辆马车。不过在舒瓦洛夫将军的命令下，所有被抢走的东西都还了回来。玛丽·路易莎在晚上 6 点抵达了奥尔良。民政和军事官员们在城门口迎接了她。从城门口一直到她下榻的主教宫的路两旁，都站着国民卫队和守军组成的队列。在她抵达之后，这些士兵高喊着"皇帝万岁！"和"皇后万岁！"向她致意。

在我们抵达奥尔良之后的那个夜晚，我收到了一封加密的信件。是皇帝在 4 月 8 日时口授的。这封信在我离开之后寄到了布卢瓦，并被转发到奥尔良。这封信让我的心中充满了痛苦和惶恐。这封信是他在心灰意冷的时候写下的，通篇都反映出他深深的忧伤。这封信的主要内容是：我们已经和奥地利皇帝达成一致，皇冠将被传给罗马王，皇后将担任摄政；冯·梅特涅先生将负责促成这一协议；在这个形势下，皇帝必须时刻知晓奥地利皇帝的行踪，好获得他的保护；同时，我们必须做好万全的准备，一切都有可能发生，包括皇帝的死亡。我被命令读完这封信之后就立即把它烧毁，同时，应该如何对待信的内容，也完全取决于我。我服从了这个命令，烧毁了这封信。我甚至感觉这道命令是皇帝死前的愿望。这个致命的秘密让我非常的困扰，我觉得我应该找到芒泰贝洛公爵夫人：她深受皇后的信任，如果皇后遭此厄运的话（我当时很害怕这会成真），她是最适合给皇后打气、安抚皇后的人。然后我就像热锅上的蚂蚁一样焦急地开始等待从枫丹白露宫传来的消息。获知皇帝的意愿后，皇后觉得她应该保持和父亲的沟通，所以她把卡多雷公爵、勒尼奥·德·圣让当热利、德·博塞以及德·圣欧莱尔三位先生接连派到了奥地利皇帝那里。

自从大臣和宫廷要员们都离开后，皇帝在皇后和他自己之间就没有中间人了，我成了皇后身边唯一一个他信任的人。因此，经由我的同事费恩男爵，皇帝和我之间建立了信件的往来。这种安排一直持续到费恩男爵前往枫丹白露宫为止，在那之后，担任我和皇帝联络中间人的就是贝特朗将军。费恩先生告诉我，他寄给我的每一封信，都是从头到尾由皇帝口授给他的。我每天都会收到来信，有时候是一封，有时候是不同时刻寄出的两封信。我不会在这里誊抄这些信件的全部内容，我只会放上一些段落。这些段落可以揭示当时的事态发展，并展示皇帝对皇后的关心。

4月9日寄来的信里，附带了皇帝任命的全权委员会和施瓦岑贝格亲王达成的停火协议。委员会中包括了莫斯科瓦亲王以及塔朗托公爵这两名元帅，还有维琴察公爵。在停火的48小时里，双方之间进行了初步的协商，画下了一条停火线。停火线从海边开始，沿着下面这些省份之间的边界线展开：索姆、瓦兹、塞纳－瓦兹、塞纳－马恩、约讷、科多尔、索恩－卢瓦尔、罗讷、下塞纳、厄尔、厄尔－卢瓦、卢瓦雷、涅夫勒、阿列，以及卢瓦尔。然后，这条线顺着伊泽尔省的边界抵达塞尼山。在塞纳－马恩省中，停火线是沿着塞纳河的河床走的，右岸由联军占领，左岸则由法军占领。

自从拿破仑的三名全权代表开始和联军谈判以来，施瓦岑贝格亲王不顾奥地利皇帝对自己女儿表示的善意，不愿答应拿破仑的请求，将托斯卡纳给予皇后。皇帝剩下了一些自由，他可以自由选择自己的居所。不过他最后选择了厄尔巴岛。

另外一封在9日寄给我的信，告诉我说拿破仑"正在等待巴黎传来的消息，好定下自己的旅程"；说他"想和皇后在日安附近会和"；还说他觉得"夫人（他的母亲）和兄弟们已经在前往普罗旺斯的路上了……"他还想知道"皇后是不是搭乘着她自己的马车，被自己马匹拉着出行。"然后，他把主题转移到了我身上：他觉得跟随皇后到她去的地方也是我的想法；他还说，到气候温暖的地方去，对我的健康有好处；他还说我的妻子和孩子可以跟我一起到那里去；他说，这样一来，我既可以按照自己的心意踏出一步，又可以继续为皇帝效劳；他还说，他最大的忧伤就是想到皇后现在经受的一切，以及这些事情对她健康的影响。

　　一封 10 日晚上写好的信里说，根据皇帝收到的信件，皇后想去见她的父亲。"不过，"他补充道，"她知道她的父亲在哪里吗？根据昨天的报告，他那时在布里孔特罗贝尔，今天就会抵达巴黎。所有这些报告都含混不清。如果您那里有更准确的信息，请告诉我们。皇帝今晚会接见维琴察公爵，后者会为他带来关于他的人民做出的最终决定。皇帝希望您打探出皇后的真实想法。她到底是愿意跟着皇帝走进这悲惨未知的命运，还是想前往人们给她的庄园中隐退，抑或带着儿子回到她父亲的宫殿中。皇帝同样希望您可以告诉他，皇后以及罗马王身边的那些红衣女性[①]都有什么打算……也试着去了解皇帝的三个兄弟都有什么打算。当然，这封信是机密的。"

　　我答复说，皇后恐怕已经没法自由地和皇帝会合了；还说，她个人肯定是想和皇帝团聚的，但是她也相信她父亲的感情。她常说，她的父亲是不会让她与自己的丈夫以及儿子分隔两地的；她还说，既然皇帝也认可她这么做，那她打算静待奥地利皇帝对她的请求做出反馈。我还补充说，她的另一个担忧是害怕在路上被逮捕。

---

① 红衣女性也就是皇后的通告女官。皇帝之所以这么称呼她们是因为她们都身穿苋红的裙子。皇帝把皇后的侍女们都称坐白衣女性，因为她们一般都身穿白衣。——作者注

同时，光是逃亡的这个想法就让她反感。

此后，在当天晚些时候寄来的信里，皇帝命令我告知他皇后的健康状况。他说他想听听科维萨尔医生针对此事的观点。

在一封11日4点寄到的信中，拿破仑是这么跟我说的：冯·梅特涅先生已经抵达了巴黎，不过他看起来也没有比施瓦岑贝格亲王更有打算；同时皇后去见她父亲的计划现在看来还是可行的，但是在巴黎没人知道奥地利皇帝在哪里；还有，如果皇后知道她的父亲在哪里的话，他希望她在出发之前可以把奥地利皇帝的所在地告诉他。

在一封同一天中午寄来的信里，皇帝把下面这些事情告诉了我：看起来维琴察公爵和俄国、奥地利以及英国的代表已经在昨夜签署了协议；厄尔巴岛被交给了皇帝；帕尔马、皮亚琴察以及瓜斯塔拉则被交给了皇后以及罗马王。不过，皇后继续向她的父亲索要托斯卡纳总是无害的。此外，如果有可能的话，除了帕尔马和皮亚琴察之外，还要争取到卢卡、皮奥恩比诺、马萨-卡拉拉以及蓬特雷莫里诸地，这样一来，皇后就可以和厄尔巴岛建立联系了……皇帝的计划是，在自己的事情尘埃落定之后，就前往布里阿尔。他希望皇后可以在布里阿尔和他会合，这样他们就可以结伴前往讷韦尔、穆兰、西塞山，乃至帕尔马。皇帝之后会前往厄尔巴岛做好迎接皇后到来的准备，在此期间，皇后可以和罗马王在帕尔马休息。条约中声明了，每一个自愿跟随他的法国人，都将保有他作为法国人的权利，以及他的产业，并且可以随时自由地返回法国……

他还在信中讲到了要给他的儿子替换家庭教师，因为他听说孟德斯鸠伯爵夫人不愿意离开巴黎。我也不知道是谁这么跟他说的。皇帝还在这封信中强烈坚持，所有的皇室珠宝都必须被归还。

我将这封信的内容告知了皇后。她说她会将信中提出的安排告诉自己的父亲。我给皇帝发去消息，告诉他我们已经遵从他的命令，将剑把镶嵌了摄政王钻石的宝剑送了回去，所有皇室的钻石都交给了德·布耶里先生。

关于孟德斯鸠夫人，以及她所谓的意向，我告诉拿破仑，他儿子的家庭教师从没有表达过任何想要回到巴黎的意思。正相反，她让我告诉他，不论发生什么，她都不打算和自己的皇家学生分离，除非是人们强行把他从她怀中夺走。

皇帝表达了想要让威斯特伐利亚王后（前符腾堡公主）不顾一切留在巴黎的愿望。不过，无论发生什么，这位忠于婚姻的模范都不会和她的丈夫分开。热罗姆国王还给拿破仑带去了希望。正是在这个时候，他成熟的判断力发展了他天生就有的那些品质，命运在此时揭示了出人意料的安排，将他召唤为了拿破仑最坚定的支持者之一。在皇帝的艰难时光中，热罗姆以热情和绝对的忠诚支持了他。他在短暂的滑铁卢战役中给了皇帝最后的忠诚的证明：在做出了巨大贡献之后，他是最后一个离开战场的。

抵达奥尔良之后的第二天（这天是复活节），皇后在弥撒之后接见了卡多雷公爵。他刚刚结束面见奥地利皇帝的任务返回。他在第戎附近的尚索见到了奥地利皇帝。拿破仑向圣迪济耶的移动造成了许多人的匆忙逃离，逃亡的人群把奥地利皇帝拉扯到了那里。奥地利皇帝独自一人在尚索，和自己的军队以及大臣都分开了。

当时，皇后脑中思绪万千。基于拿破仑的建议，她和自己的父亲取得了联系。当时，身边人采取的种种防护措施已经让皇后警觉起来，一直以来保护着她的力量已经不如以往那么强大了。在卡多雷公爵交给她的奥地利皇帝的信中，这位皇帝再次表示了自己的善意，但是他也表达了自己的担忧，担心盟友们不如自己这般关心她的利益。这让皇后变得愈发焦虑。她已收到了如此多的没有意义的宣言，以至于她不再依赖这些空话了。因此，在她思绪繁杂的大脑中，与拿破仑皇帝团聚这件事情成了一个必须履行的义务。她对于自己拖延了这么久都没有做这件事情，很是懊恼。

她身边的顾问们一直无法达成一致。有一天，为了从这些人身边逃离，她衣冠不整地逃出了自己的化妆间，走过连接她和她儿子套房的阳台，扑到了孟德斯鸠夫人的怀中。她很敬重这位夫人。总是有人在密谋着将皇后和这位夫人分开。后者严肃的性格以及众所周知的对美德的固执要求，促使她总是可以提醒玛丽·路易莎，让皇后知道自己的职责所在。有些人有时候会努力让皇后忘记这些职责。皇后一直记着孟德斯鸠夫人在重要时刻给自己的建议，对于后者的智慧以及原则的纯洁性也有绝对的信心，因此她不由自主地会被吸引到孟德斯鸠夫人这里来。这位夫人在逆境中，保持着绝对的忠诚，别无二心。在她的影响下，皇后下定决心，要前往枫丹白露宫，和皇帝团聚。然后她就开始认真地进行各种出发前的准备了。她此前已经派德·博塞和德·圣欧莱尔先生给奥地利皇帝送去了信件，她打算一收到回复就出发。她焦虑地等待着这两位先生的归来。他们获得的命令是前往巴黎，他们希望奥地利皇帝已经抵达了那里。

4月11日这一整天里，皇后的随扈、侍从、侍女以及掌马官中的一大半，都来向这位被废黜的君主告别了。对于她来说，这些告别势必是非常令人痛苦的。

冯·梅特涅先生是在特鲁瓦和奥地利皇帝告的别，他直到11日早上才抵达巴黎。卡斯尔雷勋爵专程去见了他。在他的马车里，卡斯尔雷把他缺席的这段时间发生的事情都告诉了他，并敦促他代表自己的君主同意这些安排。所有身居高位的人，以及所有或多或少地参与了推翻帝国政府的人都在期待着梅特涅的抵达。内斯尔罗德先生本来在德·塔列朗先生的会客厅里（那里已经成了从输家这里叛逃的人们，以及冉冉升起的太阳的崇拜者们集会的地点），他一听说奥地利大臣抵达的消息，就马上离开了。两个小时之后才返回塔列朗的宅邸。这座背信弃义神庙的大祭司，在和俄国大臣讲了一会话之后，就转向自己的朋友们。他那张平常面无表情的脸，此时带着喜悦的表情，他说："先生们，奥地利皇帝认可我们所做的一切。"

同时，还有一些忠诚的仆人，以及 600 名勇者愿意在厄运中跟随拿破仑皇帝。他携带着 340 万法郎，准备离开法国。这个曾经掌控整个欧洲的男人，这个曾经掌控帝国财政的男人——胜利曾经将大量的金钱倾倒到在他的手中——就带着这么一点微薄的资金，马上要获得自己简陋的隐居地。他的敌人们面对这个强大的手下败将，也不敢不给他一个隐居地。此前拿破仑从来没有思考过要为自己找一个舒服的地方，落难之后可以躲去那里：他已经彻底和法国融为一体，当他被迫要和法国分离时，他就别无所求了。

当玛丽·路易莎还在奥尔良的时候，迪东先生身负一项特殊的使命，来到了奥尔良。迪东先生此前是参政院的审理长，他能平步青云，还得感谢总理大臣的提携。此前，因为擅自离开西班牙，他招致了拿破仑的不满。临时政府认为帝国政府的这个不满者是一个绝佳的密使，于是委派迪东先生，将魔爪伸向了皇帝的财富。为了让这个邪恶的抢劫行为显得正当，临时政府假装收到了消息，说在联军占领巴黎之前，有很大一笔钱被转移走了。他们还说，我们在撤离之前洗劫了公共金库、市政金库、慈善典当行，甚至是医院！就此发布的政令要求所有掌握这些资金的人，要马上申报，并把这些钱交给地方或国家的税收部门。如果不这么做的话，就会被视作抢劫犯，并因此受到民法及刑法的制裁。这条政令是在 4 月 9 日发布的，上面有五名临时政府成员的署名：塔列朗、达尔贝格、弗朗索瓦·德·若古、伯农维尔以及孟德斯鸠神父。

迪东先生知道他在奥尔良可以找到皇室的财宝，这也是临时政府那条法令的目标。抵达奥尔良之后，迪东先生就来到了皇室财政大臣德·布耶里男爵的家里，后者和公共财富一点关系都没有。迪东先生告诉后者，他是政府派来的专员，并且让后者取来了库房的账本，放在了他的面前。然后他来到了卡法雷利将军的家里，告诉后者，政府发布的政令已经没收了皇帝的所有财产，因为这些财产都是劫掠公共资金得来的。将军和卡多雷公爵坚称迪东先生展示的那条政令不适用于皇室财产，因为后者是皇帝的私产。同时，账本也清晰地显示了，这些钱都是皇帝从皇室拨款里节省下来的。不过，不顾两人的抗议，迪东先生还是在当天晚上，在负责守卫库房的宪兵军官的帮助下，把存放皇室资产的运货车都拉走了。这些运货车那时停在广场上，其中有价值大概几千万法郎的金币和银币；价值 300 万法郎左右的银器和镀金银器；大概价值 40 万法郎的鼻烟壶以及镶钻戒指，这些都是用来作为礼物的；皇室的各种服装，还有各种金丝刺绣的装饰品；甚至上面绣了字母 N 以及帝国皇冠的手帕都没有被放过。我们要求俄国将军舒瓦洛夫介入，但他面对这样让人反胃的行为，什么都没有做。

第二天，也就是 4 月 13 日，康布罗纳将军带着两个卫兵营抵达了奥尔良。皇帝听闻玛丽·路易莎不愿意来枫丹白露宫的其中一个理由是害怕在路上被敌军逮捕，因此，派出这支护卫队肯定是来保护她的。不过，我其实不知道康布罗纳将军具体接到了什么指示，因为事先没有人通知我们有人回来。他在奥尔良没有找到皇后，因为皇后在前一天已经前往朗布依埃了。将军的任务也就变成了仅仅是把剩下的皇室资产护送到枫丹白露宫。在奥尔良一直保护这些资产的是佩吕斯先生。虽然皇帝曾经一度误会过他的热忱和忠诚，不过他从来没有让皇帝失望，一次也没有。

迪东先生在奥尔良没收的那些装着拿破仑私人资产的货运马车被拉到了巴黎。担任帝国皇室司库的是德·拉布耶里先生，此后他在路易十八那里也继续做着同样的工作，下面这件事情是我从他那里听来的：拿破仑的这些私人资产剩下的部分被拉进了杜伊勒里宫，其中一个装满黄金的桶被打开了，阿图瓦伯爵身边的那些流亡者像虎狼一样把这些金子瓜分了。阿图瓦伯爵当时是国王的摄政，他根本就不反对这样哄抢财产的行为。当时的财政大臣路易男爵知晓了这次劫掠行为，急忙跑来把剩下的钱保护了起来。不过，当德·拉布耶里先生申请取走 200 万法郎，来兑现拿破仑对身边的军官以及仆人许下的承诺时，"先生们"却已经在路易男爵和德·塔列朗先生的一致要求下，把剩下的帝国皇室资产（大概 800 万到 1000 万）都充公了，一开始是作为借款，之后就永久地存进了国库里。拿破仑对身边的随扈发放遣散费这一点可是《枫丹白露条约》①的第 9 条规定的。

这就是这些财产的最终命运，拿破仑在过去 10 年里从皇室拨款的进项里省下来的钱，就落得个这样的结局。在总共的 1 亿 2000 万中，有 1 亿都是以高尚的方式花掉的：要么是用来重整军队，要么是用来填补国库的需要。剩下的，就像我刚刚所讲的，成

---

① 1814 年 4 月 11 日由各联军君主和拿破仑皇帝达成的协议。

了小人的猎物。

就在人们对他剩下的物质财产犯下如此罪行的这一天，皇帝在枫丹白露宫签署了自己的退位诏书。

启程前往弗雷于斯之前，拿破仑通过贝尔特朗将军给我发来一个信笺，我会把它誊抄在下方。按照他的命令，我把这个信笺交给了皇后，告诉她，皇帝希望她可以将其交给另一个皇帝，她的父亲。玛丽·路易莎忠实地完成了这个任务。下面就是我说的这个信笺：

> 根据条约第 11 条，所有源自皇室资产的东西，都属于皇帝。
>
> 卡多雷公爵那里有皇室拨款的总表，以及过去 14 年里的储蓄情况。
>
> 他们违规在奥尔良抢走了 1000 万到 1200 万的资产，现在这些资金被保管在巴黎。
>
> 卡多雷公爵，以及皇室资产司库德·拉布耶里先生保管着所有属于皇室的凭据，例如银行票据以及在各处的投资。
>
> 很明显，现在法国政府的行为充满恶意，从各种层面上来说都是不公正的。皇帝投资了 200 万的政府债券，本意是用来维持厄尔巴岛上的种种开销。现在看来，如果没有外国势力介入的话，这笔钱皇帝是肯定拿不回来的。
>
> 还有价值四五十万的礼品，包括一些皇帝的肖像画，都是由皇室拨款购买的。它们和他的金银器一起在奥尔良被抢走了。皇帝的藏书，还有皇帝和皇后的日常生活用品也都被夺走了。

尽管玛丽·路易莎皇后向父亲急迫地提出请求，但《枫丹白露条约》中所有照顾拿破仑皇帝的条款统统都被无视了。甚至是他的家具和地产，这个条约许诺给他和他的家族成员的东西，也统统被查封了。下面这个给路易十八的文件可以证明这一点，这也是获得了他的首肯的：

1814 年 12 月 18 日，巴黎

陛下：

您的大臣们认为必须停止波拿巴家族对名下家具和产业的自由使用权，并且把它们查封保存起来，直到陛下您未来另有规定时再说。他们乞求国王授权他们这么做。

（签名）法兰西国务参事当布雷

孟德斯鸠神父

费朗

路易

伯尼奥

达尔马提亚公爵元帅

布拉卡·德·奥普

弗朗索瓦·德·若古

（同意，附签名）路易

皇后携皇子与奥地利皇帝见面

4 月 12 日，是玛丽·路易莎在奥尔良度过的最后一天，德·

博塞先生一大早就抵达了，还带来了一封拿破仑的信，这封信是博塞先生经过枫丹白露时送来的。他同时还带来了一封梅特涅亲王的信。勒尼奥·德·圣让当热利先生没能抵达自己的目的地。德·圣欧莱尔和德·博塞两位先生在巴黎也没能找到弗朗茨皇帝。于是他们把信交给了梅特涅亲王，后者那时刚刚抵达巴黎，就去了施瓦岑贝格亲王的宅邸：这两位先生正在那里等待他。

　　4月11日，冯·梅特涅先生在巴黎是这么答复皇后的：德·圣欧莱尔和德·博塞先生已经把她写给她高贵的父亲的信交给了自己；虽然自己刚刚抵达巴黎，但还是尽快把信送去了那个高贵的目的地；等到第二天，自己就将有幸给她送去全新的，证明皇帝对她和罗马王的爱护的证据；自己之所以会先于皇帝陛下抵达，是为了先了解和拿破仑皇帝陛下谈判的各项安排；等到谈判结束，自己就将荣幸地派出一个人来接她；不过，自己现在就可以提前保证，她将拥有独立的封地，她高贵的儿子将拥有封地的继承权；就没必要再强调皇帝一直很关心她了，同时，他将很高兴在自己的宫殿中接待她；现在最适当的安排是她带着自己的孩子到奥地利去等待；等时机到了，她将可以自由选择拿破仑皇帝和她自己的居所；这样一来，皇帝将可以亲自为她擦干脸上的泪水，她有太多正当的理由流泪了；这样她就将生活在和平中，未来也可以自由地行动；她可以带上自己最信任的人；皇帝再过两三天就会抵达巴黎。

　　冯·梅特涅先生接下去补充道：自己告诉她的这些与她奥地利之旅相关的信息，完全是她高贵的父亲出于家长的心情提出的愿望；自己恳求她，对于路上的安全大可放心；她此前常常屈尊相信自己，在这个危急的时刻，更应该这么做；自己是基于对全盘信息的掌握，向她做出的这些保证。

　　等到梅特涅亲王抵达巴黎的时候，联军的各个君主和施瓦岑贝格亲王之间已经把所有事情都决定好了，甚至有些举措都开始实施了。后者当时正在积极砍断这段家族和婚姻的纽带，他当年促成这桩婚事的时候，也是这么积极。冯·梅特涅先生所做的仅仅也只是批准所有既成事实而已：卡斯尔雷勋爵亲自出马，打消了梅特涅的顾虑。

这位奥地利大臣在给皇后的信里，只讲了一句真心话，就是希望她前往维也纳。他还保证她的儿子将可以继承领地，以及保证她可以自由地在拿破仑皇帝的领地以及她自己的居所之间选择。对于这两个保证，我都懒得评价。

我们收到这封信之后，仅仅过了几个小时，保罗·埃施特哈齐亲王和魏泽尔–列支敦士登亲王就抵达了奥尔良。他们带来了梅特涅亲王的另一封信：后者在信中告诉皇后，大家已经做出了对她的安排，就像他在 11 日的信里说到的，这是皇帝对她以及她的儿子关爱的证明，也就是将帕尔马和皮亚琴察这两个公国割让给她。这封信的另一个目的，是邀请玛丽·路易莎到朗布依埃宫去见奥地利国王，后者正在从巴黎赶往那里。

奥地利特使们敦促皇后带着她的儿子尽快出发前往朗布依埃，最终她决定当天（4 月 12 日）傍晚就出发。

她剩下的时间，只够给自己的丈夫写一封信，告诉他两人的团聚又要往后推迟了。同时，她还将自己收到的立即动身前往朗布依埃的命令告诉了他。她告诉他，自己将在那里见到父亲。

就在皇后向皇帝宣布自己前往朗布依埃的消息时，皇帝在 4 月 12 日上午 10 点给我寄来了下面这封信：

皇后被人们如此粗暴地对待，她得有多苦恼啊！皇帝在此将冯·梅特涅先生和德·科兰古先生昨天写来的一封信的副本寄给您。陛下料想德·圣欧莱尔先生应该带着消息直接从奥尔良去找您了。对于皇帝来说，朗布依埃显得有些远了。更何况，他觉得那座宫殿会唤起皇后的悲伤回忆，他不觉得去那里是个好主意。不过，皇后还是要判断怎么做对自己是最好的。维琴察公爵先生还没有把谈判结果带来，我们觉得今天就可以见到他。到时候我会立刻向您派出一名信使。现在看来，最合适的是皇后、罗马王以及皇帝应该一同出行……

上面提到的，维琴察公爵刚刚从冯·梅特涅先生那里收到的信件的副本在此：

> 我正将保罗·埃施特哈齐亲王和列支敦士登亲王两位先生派往玛丽·路易莎皇后处，邀请皇后陛下来和她高贵的父亲见面。我们觉得，朗布依埃是最适合会面的宫殿。我乞求阁下尽您最大的努力，让拿破仑皇帝陛下也同意这一安排。我们仔细地将朗布依埃及其周围的一片区域中立化。我的主人，皇帝，将很希望看到陪伴皇后的是您，我的公爵阁下。
>
> 我的公爵阁下，请接受我对您最崇高的致意。
>
> 梅特涅

这封信是从巴黎寄出的，日期写的是 1814 年 4 月 11 日。

尽管冯·梅特涅先生看似是想要获得拿破仑皇帝的同意，同意他们选择朗布依埃宫作为皇后和她的父亲会面的场所。他们敦促皇后出发的时候，是如此急迫，以至于皇后离开奥尔良的时候，冯·梅特涅先生给维琴察公爵的信件才刚刚被交到皇帝手里。而且，就算拿破仑不同意这个选择，等他的否决递到，黄花菜都凉了。奥地利政府这一明显的安排，就是赤裸裸的嘲弄：他们专门这样安排事务，就是为了让自己的承诺都没有意义。

在收到我上文引用的这封信之前，我还收到了另一封信，是同一天早上 4 点寄出的。这封信我们之后会看到。

说到这里，我必须要提一点：我拒绝相信人们所说的，拿破仑对这些背信弃义的敌人展现出的信任。他们正打算将他和他的妻儿分开呢。或许他这么做是为了让他们放下对他的恶意？① ……无论如何，当皇帝处在权势顶峰时，要仁慈多了，也没想过将拆散夫妻，或是父子，下面这个轶事就是最好的证明：

在 1806 年，或是 1807 年的时候，我见到一个年轻人抵达了圣克劳。他是一个看上去就很优雅的人，面容很是有趣且高贵。他身穿骑兵军装，上身还套着淡黄色的盘花纽短上衣。来者是符腾堡王储，他是来感谢皇帝对他的亲切仁慈，以及皇帝对他的帮助的。此前，这位年轻的王子，迫于他父亲暴君般的统治，逃离了自己的宫廷，来巴黎避难。他经常往阿贝尔先生的住所跑，那里是汉萨诸城驻巴黎的大使馆。这位大使先生迷人的女儿给年轻的王子留下了深刻的印象，让他有了娶她的打算。对方对他也有好感，再加上符腾堡国王给他带去的沉重打击，都让他下定了决心。拿破仑在听说了符腾堡王子在巴黎的情况后，邀请后者来见他。他热情地接待了符腾堡王子，像父亲那样给了他许多建议，甚至还从自己的金库里拨出了款项，以应这位王子的不时之需。同时，皇帝还给符腾堡国王写了一封信，希望可以让后者对儿子的态度更温柔一些。他成功地

---

① 敌人对他的恶意再明显不过了。奥地利皇帝当时给在沃苏勒的阿图瓦伯爵送去了一顶带着白帽徽的帽子。我们可能也知道，弗朗茨皇帝在波西米亚得知法军在西班牙的维多利亚战役遭受的厄运时，给出的冷血而残酷的讽刺："看起来，我的女婿不光怕冷，还怕热嘛！"——作者注

让这位国王和儿子达成了和解，并重新接纳了儿子。王储就此受到了皇帝的保护，这些托皇帝的福才得以升等的王公天然地就受到皇帝权势的影响。王储回到了斯图加特，国王也同意不计前嫌。他此后一直和父亲和平地生活在一起，直到 1816 年继承父亲的位置。

接下来言归正传，我要引用另外一封信：

1814 年 4 月 12 日早上 4 点，枫丹白露

带着您昨天关于卡多雷公爵的任务的那封信的信使刚刚抵达。我马上就将皇帝口授的回复寄回给您了。

看起来奥地利皇帝已经抵达了巴黎。那里的人民对于他对待皇后的方式都很愤怒，他们不会给他好脸色看的。他接下来会提议在朗布依埃见自己的女儿。这样一来，皇后就必须要旅行 25 里的距离。最终要怎么做还是她的决定。但是，在经历了这样严苛的遭遇之后，皇帝不觉得她会通过这次会晤得到什么东西。如果奥地利皇帝真的想要见她的话，她可以告诉他，让他到距离奥尔良 8 里或者 10 里的地方来：她身体不好，就算这么点距离也不见得能承受得了。而且，科兰古还没有到我们这里，我们判定他要白天才能抵达，到时候皇帝会再写信的。您现在已经知道了，帕尔马被交给了皇后。

皇帝还是觉得，让皇后和他一起缓慢踏上旅程是最好的安排。她可以在帕尔马或是皮亚琴察停留，也可以停留在意大利的某个矿泉水水源地。皇帝觉得，现时对皇后的健康最有帮助的，就是和皇帝待在一起，并认为科尔维萨也同意这个观点。（科尔维萨医生执意要求皇后饮用萨伏伊艾克斯地区的泉水。

他坚称，其他地方的泉水，不光对皇后的健康无益，而且还有害。)

　　这些信件，以及当天晚上 10 点寄出的信件，都在奥尔良被交到了我的手上，信件里带着 4 月 11 日签署的条约的副本。我赶忙将条约内容告诉了皇后，同时，将其中涉及帝国家族成员的条款转寄给了约瑟夫国王。约瑟夫国王旋即就出发前往瑞士了。母亲夫人（皇帝的母亲）、路易国王以及费沙红衣主教在前一天离开了奥尔良，前往意大利。朱莉王后，约瑟夫的妻子带着她的孩子们返回了巴黎。这些公主和王子在出发的前一天，都来和皇后行了告别礼。

　　玛丽·路易莎是在晚上 8 点钟离开的奥尔良，于第二天中午抵达了朗布依埃，她那时候已经筋疲力尽了。在昂热维尔的时候，她遭遇了俄国的军队。正是在那里，一直护送皇后的帝国卫队被解散了。卫兵们之后去了枫丹白露，到了皇帝的身边。陪同在皇后身边的舒瓦洛夫将军，指派了 25 名哥萨克骑兵，一路护送我们去了朗布依埃。在宫殿的入口和内部担任保卫工作的都是俄军的士兵。

　　皇后是从庭院进入宫中，即使是这样，她还是看见了外国的军服。在各个门口，都有俄军的哨兵站岗。一抵达朗布依埃，皇后就后悔那么紧赶慢赶地离开奥尔良了：她得知奥地利皇帝 14 日才抵达巴黎，他最早能抵达朗布依埃的日期，也要到 16 日了。联军们肯定是知道康布罗纳将军正带着两个帝国卫队营赶来的消息。他在皇后出发之后的那天抵达了奥尔良。

　　皇后在朗布依埃逗留了 2 天，被俄军看守着，焦急地等待着父亲的到来。他在 16 日抵达了朗布依埃，还带着梅特涅亲王。当天的整个早上，她都处于焦虑之中。未来在她眼中，染上了最阴郁的色彩。听到皇帝抵达的消息之后，她亲自来到宫门口迎接了他，身后跟着她的儿子，由孟德斯鸠夫人领着，还有随行人员中的一些军官和女士。看到自己的父亲，皇后很感动，她把自己的儿子抱起来，投到了她父亲的怀抱中，王子那时正在哭泣。然后她用最痛苦的语气，对着自己的父亲用德语说了一些什么。皇帝拥抱了自己的孙子，但是小王子看起来对这一亲昵举动很不感兴趣：他盯着外祖父又长又严肃的脸，显然受到了惊吓。当人们带他去见他的外祖父时，他是这么说的："我就要见到奥地利皇帝啦！"等他返回自己的套房之后，他说："我刚刚见过了奥地利皇帝，他长得可不好看。"对于他软弱的外祖父给他带来的伤害，这位早熟的、可怜的失去了父亲的孩子，用一种温柔的方式，用这句俏皮话，完成了自己的复仇。他当时已经意识到了这个事实：这个重要的人物，光是名字就可以造成人们的骚动，正是造成他母亲的痛苦和眼泪，以及造成他自己在离开杜伊勒里宫之后身边出现的种种问题的始作俑者之一。他那时常说，布吕歇尔是他最大的敌人；还说路易十八抢占了他爸爸的位置，并且把他的玩具都抢走了；他还说，路易十八总有一天会把他爸爸和他的玩具都还给他的。孟德斯鸠夫人的审慎，让这个孩子的心中没有产生任何仇恨的情感。但是，即便那些他在玩耍中偶然听到的词语，也在他年轻的脑袋里扎下了根，纵使他根本不理解那些话是什么意思。

皇后急切地想要单独和她的父亲待在一起，因此，她都没来得及把自己身边的人都介绍给他，就拉着弗朗茨皇帝进了她的套房——出于他们共同情感的流露，父女俩多次拥抱了对方，眼中都带着泪花的。然后他们派人找来了小王子。皇帝对于夸奖小王子，是乐此不疲，还说，流淌在他血管中的确实是自己家族的血液。他告诉自己的女儿，他会把孙子置于自己的保护之下，并且会像父亲一样对他。他还告诉她，无论他们在巴黎做了什么，都是没有得到他的同意的，因为命运决定了他那时被法军阻挡在了第戎附近的尚索，失去了和施瓦岑贝格亲王的联系。针对这点，人们还是要夸奖奥地利君主和他的大臣们的，他们还是知道基本的礼仪的：这对母子被废黜的时候，他们至少没有在现场表示同意。

从这一天开始，奥地利就成了皇后和她儿子的监护人。两个奥地利步兵营，还有两个奥地利骑兵中队取代了俄国守卫。奥地利近卫步兵取代了俄罗斯哨兵的位置，在皇宫的大门处，还安排了两名骑兵。

拿破仑第一次被流放

自从我在 4 月 8 日收到了那封骇人的信，让我对拿破仑的人身安全感到非常焦虑之后，这股可怕的感觉逐渐从我脑海中消失了。就像大家看到的，我从枫丹白露宫收到了好几封信件，它们都向我展示了，皇帝正在以他一贯清晰的头脑处理着各种事务。此后，大司马维琴察公爵和孟德斯鸠上校分别来到朗布依埃，向我通报了那个消息。到那时为止，我都怀疑并害怕这个消息会成真。我觉得，玛丽·路易莎应该一直以来都不知道皇帝曾经尝试过轻生。反正她是没跟我提起过。

在 4 月 11 日的晚上，一贯坚强的拿破仑，屈服于丧气的情绪，尝试完成那个罪恶的计划。我坚信，这个想法从 8 日开始就一直在他的脑子里。他所有的希望都落空了；他尝试抓住的各种幻想也都破灭了；他费尽心思，克服艰难险阻建起的大厦轰然倒塌，这些都在他的心中升起了最尖锐的痛苦。最重要的是，他知道他的敌人们对他的仇恨是不会消失的，只要他还活着，这就是他儿子面前难以跨越的一道坎。面对这个将他击垮的暴击，他屈服了。

不过，尽管他想要这么做，但上帝还暂时不会允许他牺牲自己的性命。上天为他准备了其他的试炼，最终将让他迎来一个光荣的结局：一个落入逆境的伟人，以超人的尊严和冷静，掌控了自己的命运。

下面是我们对这次痛苦的自杀尝试所掌握的确切信息。我之前已经提过了，在从莫斯科撤退的路上，1812 年 11 月 18 日，军队在杜布罗夫诺过夜之后，第二天早上发生了假警报，人们以为哥萨克骑兵发动攻击了。当时，我补充说，为了避免落入敌手，拿破仑朝他的常任医生伊万要来了一小袋毒药，这样他就可以以死亡来避免在被俘之后遭到羞辱。当时，皇帝很幸运地不需要使用这种极端的手段。返回巴黎之后，他把那个装着毒药的黑色塔夫绸小袋子从脖子上摘了下来，放进了旅行袋的小盒子里。毒药就在那里一直放到了 1814 年。当抑郁情绪突然袭击他时，他记起了那个小袋子。有一天，在咨询了伊万各种终结生命的方法之后，他在医生面前拿出那个小袋子，打开了它。这可把伊万吓坏了，他赶忙把里面的部分药水倒进了火堆。第二天，皇帝好像再次陷入了阴沉的想法之中，绝望控制了他。拿破仑没有招呼任何人，就独自起身，把剩下的毒药装进了一个高脚杯里，然后一口气喝了下去。这个致命毒药剩下的部分，要么是量太小，要么是被过度稀释，反正不足以致死了。1814 年 4 月 11 日大概晚上 11 点的时候，枫丹白露宫中的寂静被一阵呻吟声，以及人们的脚步声打破了。巴萨诺公爵和维琴察公爵，还有贝尔特朗将军冲到了皇帝的身旁，他们还派人找来了伊万。拿破仑躺在卧室的沙发上，他的头枕在手上。他对伊万医生说了下面这番话："我是不会死的，你知道我喝的是什么。"伊万这下又震惊又焦急，他磕磕绊绊地说自己不知道陛下说的话是什么意思，说他什么都没有给陛下。最终他彻底丧失了理智，冲出了房间，陷进了隔壁房间的一个扶手椅里。他那时简直是歇斯底里了。

拿破仑那天晚上过得很平静。第二天，伊万医生、德·蒂雷讷先生还有其他一些人在参加皇帝的晨会时，发现他已经从前一晚的精神和肉体上的冲击中恢复过来了。他非常冷静，非常伤心，并且谴责了他现在不幸的处境，他就要离开法国了。至于伊万医生，昨晚发生的事情还深深地困扰着他，他也无法忘却那个场景给他带来的恐惧感，他决定离开宫廷。在结束晨会之后，他冲到庭院中，找到门边拴着的一匹马，骑上就走了。

奥地利皇帝在朗布依埃过了一夜，在翌日早上9点启程返回了巴黎。离开之前，他向玛丽·路易莎皇后行了告别礼。在会晤中发生了什么？梅特涅先生为什么要陪同他的君主前来？玛丽·路易莎获知了什么消息？他们给她灌输了什么机密的理由，让她去维也纳，而不是厄尔巴岛等待前往意大利的时机？他们难道是当着她的面揭示了他们将这对夫妇分开的决心？这些是我的问题，至于它们的答案，我可以推测，但是想要获得确切的解答，怕是很困难了。奥地利皇帝说过，想要让皇后去维也纳待几天。皇后对她父亲的尊敬，毋庸置疑地影响了她。还有一个因素是她想要早一点前往许诺给自己的领土，到了那里，她就彻底自由了。她觉得，到了那时候，她就可以自由地在新居所和厄尔巴岛之间分配自己的时间了。无论如何，事态发展得如此迅速，给皇后带来的情感波动，极大地伤害了她的健康，并使她陷入深深的忧郁之中。重新见到父亲的喜悦，并没有减轻这个悲伤处境为她带来的痛苦。她常常会把自己关在卧室里，把手肘放在膝盖上，双手掩面，沉浸在痛苦的思绪中，大声地哭泣。

第二天，奥地利宫廷的首席掌马官特劳特曼斯多夫伯爵就来到了朗布依埃，此行的目的是要确定去往维也纳的这趟旅程的种种细节。俄国将军舒瓦洛夫离开了朗布依埃，前往枫丹白露。他已经获命要陪同皇帝前往厄尔巴岛。奥地利将军沃洛莱克取代了他的位置。维琴察公爵、弗拉奥伯爵、还有包括德·吕赛和德·普莱桑斯夫人在内的几位女士都来向皇后行了告别礼。

19 日，沙皇来到朗布依埃，还和皇后共进了晚餐。看起来，是奥地利皇帝逼迫她一定要见沙皇一面的，至少皇后是这么抱怨的。没有什么能比在这个时候接待亚历山大沙皇更让她痛苦的了：她才刚刚拼尽全力擦干了眼泪，重新振作。沙皇来过之后，过了 2 天，普鲁士国王也来了。这些君王都无法忽略这个事实：玛丽·路易莎深知推翻帝国这件事情，他们都有参与。他们毁掉了这个女人的丈夫和儿子，现在看到她屈辱的样子，他们一定会获得一种怪异的满足感吧。据说，这些拜访的目的是要掩盖这位受害者的真实情感，从而让人们相信，她当时和皇帝站在同一战线上不是出于自己的自由意志，她现在已经抛弃了皇帝，站到了敌人的那边。真是个可鄙的计划。就算这不是普鲁士国王和沙皇前来拜访的目的，那么有一点我们也必须承认：他们在这样的形势下来拜访玛丽·路易莎，让很多人相信了我前面所说的那种论调。尤其是沙皇，他这样的行为和之前人们传说的宽宏大量，深知礼节，可是大相径庭。

这位君主热情地表示无论是什么，他都可以为皇后效劳，并请求她有什么需要，不要去找别人，就去找他。他提出想见见罗马王，但是她根本不打算让他见。沙皇是独自去见年轻的王子的，并看到了孟德斯鸠夫人陪同下的罗马王。他见到这个场景，只是说了一些冷淡的漂亮话。普鲁士国王在 22 日的下午抵达了朗布依埃，他只在那里逗留了几分钟的时间。他同样也提出想见罗马王。这些拜访让这个引人注目的孩子非常困扰。虽然他年纪不大，但是他看得很清楚：这些人来见他根本就不是出于对他的关心，他只不过是这些人轻率的好奇心的目标而已。

关于这些拜访，我收到了一封枫丹白露寄来的信。信上的时间是 4 月 18 日早上 5 点钟。下面是信中内容的一些摘录：

> 皇帝无法想象奥地利皇帝会看不出在这个时候将普鲁士国王和沙皇带去朗布依埃是多么不得体的行为，皇后还病着呢。
>
> 皇后必须尝试到水边去一趟，毕竟到了这个季节。
>
> 听到您会陪伴在皇后身边的消息，皇帝很高兴。陛下希望您一有机会就可以将她的消息告诉他。

我将这封信交给了皇后。她和皇帝一样不认同这些外国君主的造访，但是到了这个时候，她已经没有任何力量可以阻止这些拜访了。

4 月 20 日中午，拿破仑离开枫丹白露，启程前往厄尔巴岛。在他身边陪伴他的是俄国将军舒瓦洛夫、奥地利将军科勒、普鲁士军官特鲁克泽斯－瓦尔德堡伯爵，还有英国上校坎贝尔。离别的场景非常动人，让人印象深刻：他对自己的鹰徽和旧卫队中勇敢的军官和士兵们都行了告别礼。

第十六章

皇后起程前往维也纳

4月22日，在普鲁士国王短暂的拜访之后，金斯基参谋长抵达了朗布依埃，并且展示了旅程的各种安排。他被任命在这段旅程中陪同玛丽·路易莎皇后。金斯基身边还有几名副官：德·塞布伦伯爵、欧根·沃尔布纳伯爵（侍从长的儿子）、侍从塔夫，以及参谋部军官卡拉奇扎伊。

同时，人们也在确认皇后离开奥尔良时，马车里所放金钱的总额。数额和国库管理员的账本对上了。我把箱子重新捆好，同时，按照皇帝在信件里的命令，我把这些箱子的钥匙都收集在一起，全部交给了皇后。同时交给皇后的，还有经过审核的账本。皇后知道，我是出于某种好心的远见才坚持要把所有的资金都交到她手上，她感激地表达了她的满足。然后把卡法雷利将军、富勒将军、德·圣艾尼昂先生、德·博塞先生还有我召集在一起，讨论应该如何管理她的随行人员。其实这只是走个过场而已。我们没有定下任何规定就散会了。在将皇后护送到维也纳之后，卡法雷利、富勒以及圣艾尼昂先生将返回法国。他们拒绝承担任何责任。于是，我敦促德·博塞先生作为宫廷主管记录食品和其他开销。皇后看起来在这件事情上放弃了所有的权威，她同意了我的安排。至于我自己，我是从来不愿意管钱的。我有各种理由，可以为做出这个决定而鼓掌。

朗布依埃是玛丽·路易莎居住过的最后一个帝国行宫。她离开朗布依埃之后，就再也没有返回过法国，径直前往了维也纳。她在格罗斯布瓦逗留了一天，奥地利皇帝在那里等她。她在下马车时，奥地利皇帝就迎了上来。瓦格拉姆亲王为了将自己的宅邸让给玛丽·路易莎和她的父亲，自己带着妻子和儿女退到了马罗莱去。马罗莱是靠着格罗斯布瓦的一座小宫殿。侍从长孟德斯鸠先生也和他们一起在马罗莱。瓦格拉姆亲王专门来到了格罗斯布瓦，向奥地利皇帝介绍一些拿破仑皇帝和皇后身边的军官和女士。玛丽·路易莎接待了这些人，他们是专程从巴黎赶来格罗斯布瓦和她告别的。当最后一个人也退下去之后，这位被废黜的皇后感觉自己陷入了孤立的状态中：她和法国之间最后的纽带也被斩断了。

玛丽·路易莎皇后居住在朗布依埃和格罗斯布瓦的这段时间，我多次去过巴黎，去执行皇后给我的任务。在这些短途旅行中，我好奇地去见过一次贝内文托亲王。对发生在皇后和她的儿子身上的事情，他让我去向皇后表示遗憾之情。他说，只要拿破仑还活着，那么他就没有什么可以做的。要是皇帝死了的话，那么一切就都好说了。但是，只要皇帝还活着，那么所谓的退位都只不过是假装出来的而已。他还说，如果他们当时建立了摄政府，令皇帝的儿子继位的话，皇帝肯定会回来取代儿子的位置。虽然他拙劣地想要掩饰，不过这算是对他此前种种行为的坦白了。看起来，他这种背叛的行为，一点也不使自己受到困扰。在说完这一番话之后，德·塔列朗先生还讲到了我的事情。他想要说服我不要跟着皇后走。他说我就算离开这个国家，也不会获得什么利益。他觉得我就算留在法国也没什么好懊悔的，应该接受既成事实。看到我一直保持沉默，德·塔列朗先生改变了态度，又闭口不谈他之前对我的拉拢，说他其实不怎么参与分配官职这个事情，说有很多他认为有能力，想提拔的人才，他都没能得偿所愿。他跟我提到了德·雷米萨先生，他一直想任命后者担任省长，但是一直都不成。他还说，之前在波旁家缺钱的时候，他们收买支持者的方式就是封官许愿，都是有凭据的。等他们复辟之后，这些支票都是要兑现的。现在他们真的复辟了，他说他每天都会受到一大堆人的骚扰：这些人拿着这样的凭据，请求在他的部门里能获得职位。这个男人深不可测，想要真的搞清楚他的想法是不可能的。不过，在我看来，如果拿破仑死了，他可以全权掌控时局走向的话，他好像更希望建立摄政府，而不是让波旁家复辟。

数年之后，我在年度艺术品展览沙龙上又见到了德·塔列朗先生。尽管我尝试着要躲开他，他还是来到了我的跟前，带着讽刺的语气跟我说："您可见过许多比这个要好得多的沙龙吧！"

在接着评述玛丽·路易莎皇后的维也纳之旅之前，我必须回过头来讲一下意大利的局势。因为那不勒斯国王的叛变，意大利总督将自己的士兵都集结在了明乔河一线，将大本营设在了曼图瓦。总督夫人也到曼图瓦和总督会合了，并且于 4 月 13 日，在那里生下了他们的第五个孩子。在总督离开米兰的时候，已经有一个反对法国支配的小团体在秘密活动了。陆军大臣皮诺将军也在同一时间抛弃了和法国站在一起的立场。奥地利的奈佩格将军，3 个月前和那不勒斯的对外事务大臣签署了对抗法国的条约，现在又在瓦滕贝格伯爵（巴伐利亚国王的侍从官）的陪同下来到了欧仁亲王的大本营。奈佩格将军带来了一封国王的信，国王在信中劝他的女婿追随自己的例子，抛弃这个绝望的事业。奈佩格将军还将巴黎被联军占领，以及皇帝已经被废黜的消息都告诉了总督。针对这些消息，欧仁亲王给出了下面这个高尚的回答："我对政治一窍不通，但是常识和其他感情告诉我，现在我们要做的唯一一件事情，就是将法军和奥军联合在一起，一同向巴黎进军，保护玛丽·路易莎和她儿子的权利。"这当然不是奈佩格将军的本意。

第二天，也就是 17 日，欧仁亲王和贝勒加德元帅达成了协议，法军可以回到他们的国家。就在这时，《枫丹白露条约》签订的消息传到了意大利。依据这个条约，拿破仑放弃了对意大利的一切声索权。紧接着到来的就是他退位的消息。这两个消息在半岛上快速发酵，带来了可怕的后果。4 月 20 日，米兰发生了暴动，其间，财政大臣普里纳被人们用雨伞打死了。欧仁亲王不可能继续待在意大利了。4 月 25 日，他和总督夫人一同离开了曼图瓦，总督夫人那时候刚刚从生产中恢复过来。他们经由维罗纳抵达了慕尼黑。在慕尼黑，他接到了母亲写给他的信件，让他去她的身边。于是，他把妻子留在慕尼黑，旋即去了巴黎。

4 月 25 日，玛丽·路易莎皇后和父亲告别，后者要返回巴黎，去阿图瓦伯爵的家中用晚餐。此时玛丽·路易莎已经是帕尔马女大公了，但她还是在使用自己的第一头衔。跟父亲告别之后，她踏上了旅途，一路上再也没有耽搁。在玛丽·路易莎身边陪同的有德芒泰贝洛夫人、德·布里尼奥尔夫人、卡法雷利将军、德·圣艾尼昂男爵、德·博塞男爵，还有我自己。帕尔马亲王此时已经失去了罗马王的头衔。在他身边陪同的是他那高尚而忠诚的女家庭教师孟德斯鸠夫人（她拒绝和他分开），以及苏夫洛夫人。在旅途中保卫我们的是奥地利将军金斯基伯爵，以及他手下的人。从格罗斯布瓦到普罗万的路上，我们经过了奥军和哥萨克人的营地。那里四处是凋敝的景象。肆意奔驰的马匹摧毁了所有丰收的希望。皇后在普罗万给皇帝写去了一封信。我将她和我在普罗万写的信都交给了贝尔特朗将军。这些信寄到了目的地，在 5 月 25 日抵达了菲拉约港①。此前，在从巴黎到特鲁瓦的路上，我们看到的也是同样的凋敝情景，这让我们在从格罗斯布瓦启程时，都非常伤心：农田被毁，村落被烧，诺让村更是只剩下一堆废墟。没有任何一栋房屋是完好无损的。还没有倒下的建筑，只剩砖头烟囱了。皇后在特鲁瓦时，下榻在德梅斯格里尼先生的家里。这位先生是皇帝的一位掌马官的父亲，也是罗马王的副家庭教师的公公。

我们在沙蒂永，一个充满了恶毒回忆的地方逗留了一晚之后，于 28 日的傍晚抵达了第戎。当地的军事长官尤来将军，还有弗雷内尔将军以及其他一些奥地利将军和高级军官接待了他们主人的女儿。所有的奥地利军队都拿着武器站在了第戎街道的两旁。尤来将军下令，要鸣响礼炮，城市也要装点起来。幸运的是，皇后提前得知了这个消息，她得以躲开这个不合时宜的过度致敬。

奥地利人如此这般地向君主的女儿致敬，都是装出来的：他们这些敬重和服从的表示，致敬的对象是女大公，不是皇后。玛丽·路易莎之后在一队瑞士骑兵的护送下抵达了巴塞尔，骑兵们专门在边界上迎接了她。她是在奥军和巴伐利亚军队的夹道欢迎中进入的巴塞尔城。她下榻的宅邸，之前是奥地利皇帝住过的地方。之后一路上，他们都精心安排了她的住宿，全部都是在她父亲曾经住过的地方。因为担心旅途劳顿会让儿子过分劳累，同时也为了逃离紧追在她身后的那些勉强的致敬，玛丽·路易莎决定在巴塞尔休息一天。

皇后在朗布依埃时派往枫丹白露的信使，为她带回了一封拿破

---

① 厄尔巴岛上的港口城市。

仓于 28 日在弗雷于斯写的信。皇帝已经在同一天，从圣拉斐尔启程，前往厄尔巴岛了。我还从同一个信使那里收到了两封贝尔特朗将军的信，信上的日期也是 28 日。这些信件让玛丽·路易莎非常懊悔自己没有在枫丹白露宫和皇帝团聚。这是一种秘密的痛苦，虽然她尽力想掩盖自己的感受，这种懊悔还是时常溢于言表。在瑞士的旅途中，她看到了许多美丽的风景，但是这都不足以转移她的注意力：在沙夫豪森，皇后从各个角度欣赏了莱茵瀑布；在苏黎世，她泛舟湖上。冯勒布泽尔滕先生是大使空缺期间，奥地利驻瑞士议事会的代办。他曾请求可以带着俄国、巴伐利亚代表，以及外交使团的其他成员一起面见她。但是玛丽·路易莎拒绝接见他们，理由是她要微服出行，不想被认出来。她在康斯坦茨逗留了 24 小时，其间去湖上划了船，还拜访了迈瑙岛。在瓦尔德塞，她下榻在了亲王的宫殿中，亲王向她介绍了自己的夫人和女儿。他的夫人那时候正准备产下他们的第 17 个孩子，他的女儿是萨尔茨堡某个教堂的修女。在我们穿越我国凋敝的国土，以及奥地利的国土时，玛丽·路易莎的抑郁加重了。她晚上饱受失眠的折磨，同时她也常常以泪洗面。有一天，在蒂罗尔的时候，她眼含泪水对我说，自己在布卢瓦的时候真是缺乏决心，当时没有什么理由可以延宕她前往枫丹白露。这样的懊悔当然值得我们的赞扬，但是没什么意义。此后，时间可能也没有完全抹去这份懊悔。弗朗茨皇帝指派给他女儿的向导们，都遵从了指示，无时无刻不在尝试唤醒玛丽·路易莎对她德意志祖国的回忆。我们之前已经说过了，在法国境内，一直到瑞士的边界为止，他们都将她簇拥在致敬和荣誉之中。但是，等到皇后进入蒂罗尔，公众的热情简直没了边：在菲森、在莱蒂、在因斯布鲁克，一直到萨尔茨堡，所有人都跟疯了一样。

乡村里的居民们，为了看一眼他们爱戴的君主的女儿，成群地涌到了路边。一路上，我们都可以听见歌声：为此他们还安排了歌手在距离我们不远的地方，与士兵们一唱一和。蒂罗尔的居民们就这样举行着露天无乐器的音乐会。在菲森，人们鸣响了一轮又一轮的礼炮；在莱蒂，人们刚刚远远地看见皇后的马车，就有 20 个蒂罗尔人带着绳子前去迎接她。他们把马匹卸鞍，然后将她拉到了她的住所。在晚餐的时候，还有一队男男女女在她的窗外唱着赞颂她的歌曲。第二天早上 7 点钟，一个布遣会的僧侣，带着两三个年轻人来到皇后的套房前，在她门口唱了好几首歌曲。

那天早上一直在下雪，但是这并没有浇灭蒂罗尔人的热情。从莱蒂到因斯布鲁克的这一路上，沿途村庄的居民们都来到了路两边，夹道迎接皇后，还一起唱着奥地利国歌。当他们看见马车时，就会举旗致敬，同时鸣响礼炮。在他们看来，皇后只不过是一名奥地利公主。或许在这愉悦而嘈杂的人群中，没有一个人知道她曾经以拿破仑皇帝妻子的身份统治过法国。她在晚上 8 点钟抵达了因斯布鲁克。她发现整个城市都被彩灯照亮了。人们以同样的热情在那里接待了她：她的马车是被拉拽，或者说抬到她下榻的宫殿中去的。

那里聚集的人是如此之多，以至于有两个男人和一个小孩在城门口被挤死了。巴伐利亚官员们正在城堡入口处的大台阶底端等待着皇后，看起来是要她来保护他们。这些在蒂罗尔任职的可怜的巴伐利亚官员迫不及待地想要离开这里，看到这么多激动的群众，他们都觉得自己有生命危险。不过，他们在管理当地的时候，其实还是很克制的，给了当地居民许多的自由。蒂罗尔人对奥地利皇室这种激动的感情黏着（奥地利皇室的一位公主大驾光临，更是进一步强化这种感情），无疑是给巴伐利亚的一个警告：这些省份对奥地利皇室的感情，还有他们对外国人的仇恨都是根深蒂固的，不要想着可以保留这些地方。因此，一个月之后，蒂罗尔就被归还给了奥地利。

玛丽·路易莎在因斯布鲁克逗留了两天的时间，之后她前往了萨尔茨堡。巴伐利亚王储的宫廷大司马等在她下榻的宫殿门前。王储妃去那里拜访了她。王储妃是一个很漂亮的女人，大概 20 岁。第二天，玛丽·路易莎回访了这位公主居住的米拉贝尔宫。所有这些王公贵族居住的宫殿，都非常巨大空旷。

孟德斯鸠夫人照料的小王子，只有在稍作停留的时候才能见到自己的母亲。他已经忘记了当初离开杜伊勒里宫时的悲伤：他见到的这些新鲜事物让他很是开心，他在享受着自己无忧无虑的童年。

在萨尔茨堡休息了一天之后，皇后经由梅尔克，继续踏上了前往维也纳的旅程。掌马官特劳特曼斯多夫亲王专门来迎接了她，并代替奥地利皇后问她之后打算走哪条路去维也纳，因为奥地利皇后想要去迎接她。

她在圣帕尔滕和锡格哈茨基兴之间的一个地方见到了奥地利皇后，那里距离维也纳还有 4 里的距离。奥地利皇后把自己的马车让给了德·芒泰贝洛夫人，以及拉赞斯基伯爵夫人（玛丽·路易莎还是女大公时的首席女官），她自己上了玛丽·路易莎的马车。当晚，皇后抵达了美泉宫，她这趟旅程的目的地。她家族中的所有亲王，她的兄弟和叔伯们，全部都从维也纳来到这里迎接她。她的妹妹们正在套房的门口处等待着她。把她领去那里的是奥地利皇后。年轻的女大公们扑到她的怀里，双手挂在她的脖子上。她们见到她安然无恙，都很高兴，仿佛她是刚刚逃脱了什么危险一样。

皇后在维也纳的生活

玛丽·路易莎回到维也纳时的心境，和她四五年前离开维也纳时差不多。只不过，这次她拥有了更多苦涩的回忆。奥地利政府的政策曾经给她的那个高贵的地位，现在也没了。她对于自己即将获得的那个封地还是感到高兴的，但是她为了这块封地，将付出惨痛的代价。在她注定要成为拿破仑的妻子时，她的父亲，奥地利皇帝在跟她告别时说："做一个好妻子，一个好母亲，无论任何事情，都要和您的丈夫共进退。"奥地利的政策其实有这样的暗示："前提是他依旧那么强大，幸福，对我们的家族还是那么有用。"在那个拿破仑为她挑选的宝座上，在那个她父亲迫不及待地应允的宝座上，玛丽·路易莎听话地服从了父亲的命令。她作为妻子时的一言一行，都无可指摘。如果皇帝命中注定可以承受住这些灾难的话，她势必会青史留名的。她私下里展现出的品行和美德，就像路易十四和路易十五的妻子一样。作为皇后的她，无论是出于自尊，还是出于责任心，对于帝国的繁荣一直感到自豪。面对我们遭受的苦难，她并没有漠不关心。她不会容忍任何破坏法国繁荣稳定的密谋。在苦难来临前的那些时光中，她是奥地利皇帝和她丈夫之间最热心、最好心的中间人。但是，她也从来没有被她的第二祖国同化。她天生就不主动，对政治不熟悉，党派斗争对她来说是个新鲜事，她只会面带恐惧地看着这一切。她在法国居住的时间也不够长，并没有建立起足够强大的关系网。因此，当厄运降临在我们头上时，她没有像奥地利的安妮，或是玛丽·安托瓦内特①那样，积极且热烈地将我国的问题和危机当作自己的问题和危机。她不怎么费力地就抛弃了自己的新祖国，在自己的家族中找到了庇佑。她的家族将一直保护她，使其不受新风暴的影响。当她返回后，她的父

---

①　两位都是出自哈布斯堡王室的法国王后。奥地利的安妮是路易十三的妻子，路易十四的母亲，在路易十四年幼时担任摄政，挫败了投石党叛乱。

亲在美泉宫对她说："作为我的女儿，我拥有的一切都是你的，我的血和我的生命也不例外。但是作为君主，我不认识你。"源于她小时候接受的教育，她坚信这个世界上没有什么要大于奥地利王室的利益，因此，听到父亲说出这样的话，她也只能低下头，以沉默接纳这个不可抗拒的力量。弗朗茨皇帝说的这些话，正好印证了人们对于奥地利公主们一贯的偏见，对法国的命运产生了致命的影响。

玛丽·路易莎的家族热情地迎接了她。奥地利皇后还有其他的女大公专门来到美泉宫接待她，并和她住在一起。在最初的几天里，这些公主常常互相串门，她们之间有永远聊不完的话题。皇后剩下的时间，则分配给了她的儿子（就住在她的隔壁）还有那些跟她一起来到维也纳但不久后就要离开的法国人那里。洛堡伯爵此前虽然在德累斯顿投降了，但还是被当作战俘抓了起来。他在返回巴黎之前专程来美泉宫待了两天。他是在 6 月 29 日离开的。6 月30 日则是定下的芒泰贝洛公爵夫人离开的日子。这次分别对皇后来说非常痛苦，唯一让她有点慰藉的，是有可能在艾克斯的温泉那里和公爵夫人重逢。德·圣艾尼昂先生，以及科尔维萨先生和芒泰贝洛公爵夫人共同离开了，他们也向皇后行了告别礼。第二天，轮到卡法雷利将军返回法国了。这一连串的告别，再次唤醒了皇后心中的悲痛：她又失去了这么多她深知对自己忠心耿耿的人。她将一个自己使用的摩洛哥皮小笔记本送给了高贵而忠诚的卡法雷利。她还在第一页上写了一些友好的话。

玛丽·路易莎抵达美泉宫之后，她下达了组织随从的命令，但是没有定下任何具体的规则。她甚至想要禁止一切的繁文缛节，就此实现自己的梦想：自己一个人居住。她拒绝和家人们住在一起，保持了自己的独立地位。她还是按照以前的时间用午餐及晚餐

（上午 11 点以及晚上 7 点）。陪她一起用膳的是布里尼奥尔伯爵夫人、德·博塞先生，还有我自己，在她身边的也就只剩下我们这几个人了。

她那时候还会轮流邀请家族中的一小部分成员，大臣和他们的妻子，奥地利皇帝身边的先生和女士，还有其他国家的显贵来做客。我们在这个宫廷中受到的接待因人而异，不过我们肯定没有被视为朋友。总的来说，我们受到的待遇不冷不热，既没什么好抱怨的，也没什么值得称道的地方。

皇后在维也纳住了大概六周的时间。她一直在等着奥地利皇帝的返回，后者将给她带来前往帕尔马和厄尔巴岛的许可。她在美泉宫居住的这段时间里，有一个慰藉，就是西西里王后的陪伴。西西里王后是她的祖母，她情感真实，表达观点时也非常激动。虽然这让皇后有点受到了惊吓，但也极大地抚慰了她。这位王后是玛利亚·特蕾西亚最后一个还在世的女儿，也是玛丽·安东瓦内特的姐姐。她抵达维也纳的时间和玛丽·路易莎差不多。因为无法继续忍受英国人在西西里作威作福①，她从英国人的枷锁中逃了出来。从巴勒莫悄悄出发后，她勇敢地经受住了危机四伏的海上航行。她此行是来游说自己的女婿奥地利皇帝归还那不勒斯王国的。她下定决心，要私下里见每一位君主，并且不把若阿基姆国王赶走，就决不罢休。她事在人为的性格，还有她的固执，都为奥地利政府带去了一些麻烦。她则指控奥地利政府自私自利。这位王后，在拿破仑如日中天的时候，是他公开的敌人，因此我们肯定不能说她的观点是偏心的。她对于拿破仑的品质表示了最崇高的敬仰。听闻我曾经是

---

① 早在 1810 年的时候，这位王后就已经在西西里的政府中失去了所有的影响力，让她很不高兴。她从那时候开始就在每天晚祷时诅咒英国人。——作者注

拿破仑的私人秘书之后，她专门找到了我，和我聊起了拿破仑的事情。她说，她此前有理由抱怨他，因为他迫害了她，还伤害了她的感情，"因为我当时只有 15 岁，还很年轻。"但是，看到他现在如此不幸，她已经把那些事情都抛诸脑后了。看到人们努力地切断自己孙女那些荣耀的纽带，并且从皇帝那里剥夺他在遭受巨大的牺牲之后唯一的甜蜜抚慰，她非常愤怒。她还补充说，如果人们不让他们夫妻重逢的话，玛丽·路易莎应该把床单绑在窗口，然后乔装打扮溜出去。"如果我是她的话，我就会这么做，"她说，"因为一个女人只要结婚，那就是一辈子的事情。"这种大胆的举动和老王后事在人为的性格相符，但是玛丽·路易莎是做不出来的，这也和她心中的礼节观念不符。同时，她那时心中还有这个愿望：她马上就可以获得帕尔马了，到了那里，她就是自己的主人，想去哪都行。玛丽·路易莎那时常常会去拜访自己的祖母。老王后住在一座叫赫岑多夫宫的小宫殿中，从美泉宫的庭院里有一条大道可以抵达。她给了自己的孙女很多建议。在奥地利皇后和奥地利内阁看来，这些建议都太大胆了，让他们很不高兴。西西里王后在审视玛丽·路易莎的首饰盒时，看到了一幅镶钻的拿破仑画像，她马上敦促孙女要把它戴上。和玛丽·路易莎相比，她一点也不羞于表达自己的情感。有一天，她和自己的侍女说，光把那个画像戴在胸前还不够，还得要戴在心里才行。这位尊贵的王后也非常喜爱拿破仑的儿子，对他很是照顾。

玛丽·路易莎的继母，以及整个维也纳宫廷对她的关切，都是为了隐藏一个计划：他们要控制她的思想，将她限制在自己的家族中，同时要指导她的一切行为。于是，他们开始表示，玛丽·路易莎不一定可以去艾克斯。尽管玛丽·路易莎此前已经就此事获得了皇帝的许可。他们说，在匈牙利有一座宫殿，她可以去那里度过一个愉快的夏天。当联军的各个君主都在维也纳时，她也可以住在那里。他们已经定下了会面的时间，就在7月中。人们觉得，让她离会议召开的城市太近不太好，她可能触景生情。如果她真的需要治疗的话，何必要去艾克斯呢？卡尔斯巴德，或者德意志其他地方的泉水，对她的健康就很好嘛。她还可以不必离家人太远。他们还让她担心，可能会发生某些事情，让她去不成帕尔马。这些暗示让皇后很是困扰。但是她坚持要去艾克斯，因为她的父亲已经答应她了，结束温泉疗养之后，她就可以直接去帕尔马。另一个原因是她已经和芒泰贝洛夫人约好了要在艾克斯见面，她很想念这位夫人。当时，对法国以及对皇帝的思念依旧吸引着她。

皇后当时似乎是模模糊糊地在她身边的这些麻烦事中，看出了想要将她和拿破仑分开的秘密意图。她埋怨自己当时认定不可能和他团聚，也埋怨自己太过相信人们给她的承诺。我还要补充一点，在皇帝寄来的信里，他一直在提出各种让他们团聚的计划。

这些烦心的事情在某种程度上干扰了玛丽·路易莎在美泉宫恬静的生活。每个早上，她都和儿子待在一起，她会绘画、演奏乐器，还会学习意大利语；等她到了新的封地之后，这方面的知识就很必要了。每天在午餐后，孟德斯鸠夫人都会把年轻的王子带进来。他会获得一些美食作为奖励，他把它们称作"好吃的"。通常这些食物是奥地利人餐桌上数以百计的蛋糕中的一种。

每天下午，玛丽·路易莎会翻身上马，或是在美泉宫漂亮的花园中散步。重新看见美泉宫中的这些建筑，让她很开心。

在她刚到的那段时间里，拿破仑的夫人引起了维也纳人民的好奇和兴趣。在城市中穿行时，她的马车后面会默默地跟着一大群人，他们都想一睹她的容颜。在最初的那几个礼拜天，美泉宫的花园成了维也纳居民的聚会场。他们带着尊敬窃窃私语，恭喜玛丽·

路易莎回到他们中间，同时也赞叹她儿子俊俏的面容。

6 月 15 日，皇后一大早就离开了美泉宫，去和奥地利国王会面。她在锡格哈茨基兴停了下来。这里距离维也纳有三个驿站的距离，奥地利皇后和皇帝的孩子们已经先一步等在那里了。她和父亲会面的那个驿站，就是 1805 年时代表团向拿破仑呈上维也纳钥匙的那个驿站。

我对于 9 年前目睹的那个场景的回忆，将它生动地带回到了我的脑海中。我再一次看到了那个光荣的胜利者，在他面前，津赞多夫伯爵和维也纳的市政官员们深深地弯下了腰。他们呈上了一个银色的碟子，上面放的是奥地利伟大首都的钥匙。我再一次看到了那些代表的态度和神情：他们正在劝告拿破仑宽容地对待这座城市，还有其中的居民。这股幻视是如此的强大，以至于我不由自主地闭上了眼睛。我的双眼今天看见的这个场景，是多么不一样啊。我看见的不是一个获胜的军人，不是一个骄傲，但又出于天生的善良克制自己的军人；我看见的是几乎跪倒在地上，眼中含泪的公主，在一位君主面前弯下腰去。那名君主以半骄傲半温柔的姿势把公主扶了起来。这位公主是拿破仑的妻子。而这位君主，虽然今天排斥她的丈夫，但当年在萨尔－乌什茨的营地请求法兰西恺撒手下留情的也是他！

一直到最后一个换马的驿站为止，玛丽·路易莎都和弗朗茨皇帝单独待在他的马车里。抵达那个驿站之后，她离开了他，因为她急切地想要比他早一刻钟抵达美泉宫，这样她就可以让他的孙子做好见他的准备。在维也纳和周边的地区，聚集起了壮观的人群。他们守在道路的两旁，公园的大道两旁，甚至入侵了宫殿的外围房间。

奥地利君主第二天离开了美泉宫，庄严地进入奥地利的首都。

他骑在马背上，身边是他的兄弟，那些大公，前后则是他的卫兵们。在队伍的头部领导卫兵的是第一皇室礼仪卫兵队的队长朗贝斯克亲王（在维也纳人们称他为洛林亲王）、皇室卫兵队队长利涅亲王，以及匈牙利贵族卫队队长埃施特哈齐亲王。后者的制服，以及坐骑的马具上，都镶嵌着价值连城的珍珠和钻石。根据风俗，皇帝和他的队列经过的每一条街道，两旁都有大量的围观者在鼓掌。这场穿越城市的游行持续了整整 5 个小时，最后在圣史蒂芬主教座堂前停了下来。在教堂的门口，维也纳大主教向弗朗茨皇帝做了致辞。之后，弗朗茨皇帝就进入教堂中，参与了吟诵《赞美颂》的仪式。有人曾经建议奥地利皇帝骑着一匹阿拉伯马进入维也纳。那匹阿拉伯马之前是属于拿破仑的，跟着皇后的马车一起被带到了巴黎。奥地利皇帝还是于心不忍，他拒绝通过这种行为来宣誓自己的胜利。

第二天，奥地利君主返回了美泉宫。并且一直留在了那里，直到玛丽·路易莎启程前往艾克斯温泉为止。虽然皇帝同意了玛丽·路易莎的这次出行，但是他也表示，未来必须要在她的身边安排一个人，作为她的顾问，以及她和奥地利政府之间的联络人。皇帝选择了尼古拉·埃施特哈齐亲王担任这个职务。此人的地位、年龄以及审慎都适合这个职位。但是，奥地利政府将人选换成了奈佩格伯爵将军。后者那时候正在帕维亚指挥奥地利军队，因此被命令马上赶往艾克斯。

这个奥地利将军此前已经以他君主的名义占领了帕尔马公国。玛丽·路易莎也派出了一名特使，去那里了解当地的政治情况和现状。当地的奥地利官员将这些意大利省份完全当成了被政府征服的领土。这位特使很明显也没有受到当地奥地利官员很好的对待：他被粗暴地对待，甚至被关了起来。最终是在女大公向自己的父亲奥地利皇帝做出紧急求助之后，帕尔马女大公的使者才重获自由。

这时，玛丽·路易莎依旧认为自己可以自由地直接前往帕尔马。她打算带两位著名的艺术家一起去，她此前一直在跟着他们上课。也是他们自己提出想跟着玛丽·路易莎一起去帕尔马的。其中一名画家叫帕埃尔。在帕尔马出生的他，很高兴自己可以叶落归根。一种知恩图报的感情，让他愿意跟着自己的皇室学生一起，到她的新国家那里安顿下来。皇帝在耶拿的大胜之后，就把他和他的妻子都带到了巴黎，让他们在宫中担任乐师，给了他们很高的薪水。自那以后，他就一直沐浴在皇恩之中。他此前被任命为宫廷剧场演出的指挥，同时也是皇后的歌唱教师。1812 年时，他接替斯蓬蒂尼成为意大利剧院的管理人。但是，关于将他带去帕尔马的交涉才刚刚开始，他就被任命为了路易十八的乐队指挥。此后，他还担任了贝里公爵夫人的音乐指导和作曲人。皇后想要带走的另外一人，是伊撒贝先生。皇后已经习惯了这名熟练且诙谐的艺术家的绘画课。她很喜欢他，也很喜欢他那些善意的笑话。更何况，他还是科维萨尔的朋友，并且受到芒泰贝洛公爵夫人的保护。皇后对于后者非常信任。通过迁居帕尔马，伊撒贝想要重新取得他离开巴黎后丧失的那些优势。在皇后看来，他太浮夸了，自己已经没有那么富有，那么伟大，无法满足他的需求了。她就此给我写了信，让我感到很荣幸。在信中，她说："还有，就算他跟我去帕尔马是不带任何目的的，我也不能在没有皇帝同意的情况下就把他带走。您也知道皇帝有多不喜欢他，我必须要尊重他的偏见。尽管我和他分隔两地，但是我的一言一行，还是要对丈夫负责。"

奥地利皇帝放下架子接见了德·布里尼奥尔夫人、德·博塞先生，还有我。他亲切地接待了我们，并且和我们进行了长时间的谈话。在谈话中，没人提起政治问题。皇帝着重讲到了他对于自己家长式的政府很满意。他还说，自己的各个省份，以及世袭国家之间，都有着亲密的宛若家人的联系，这也让他很满意。他告诉我们，有时候他下辖的领土生产的粮食不够，城市需要麦子的时候，他会将自己私人田产产出的谷物运给这些城市，第二年丰收之后，这些城市会再还回相应数量的粮食。在我听来，这就好像是一个蛮荒时期的部落头目在讲述他是如何保护和支持自己的部落的，完全不像是一个帝国的领袖在讨论他广阔国家的政府形式。

跟这次会面有关的一件事情让我非常惊讶。弗朗茨皇帝接见我们的房间，正是 1805 年和 1806 年拿破仑用作工作室的房间。在这个房间里，到处是对一个伟大女王，玛利亚·特蕾西亚的纪念：里面装饰着她的雕像，以及她后代们的画像。同时，这个房间里还回荡着拿破仑对维也纳宫廷中某些人严厉的训话。在这些人的影响下，人民和他们的君主愈发离心离德。奥地利皇帝描绘出的这幅君民和谐共处的画面，以及他对民众需求的关心，似乎就是对拿破仑皇帝此前对他说过的一番话的抗议。

在这第一次旅程中，皇后在维也纳逗留了 5 周的时间。其间，她收到了拿破仑皇帝寄来的几封信。其中一封是科勒将军在从厄尔巴岛上返回时带来的，他之前是陪同皇帝前往那里的奥地利特使。其他的信都是附在贝尔特朗将军寄给我的信件里的。玛丽·路易莎及时地回复了所有这些信件。她甚至趁着一位名叫桑德里尼的前信使前往厄尔巴岛的机会，给拿破仑写了一封信。布里尼奥尔伯爵夫人给他写了一封推荐信。

读者们将在之后看到贝尔特朗伯爵的来信，大概描述了拿破仑在厄尔巴岛上情况，还有他那时依旧抱有的希望：可以与皇后以及他的儿子重逢。

下面就是贝尔特朗给我写来的信件，要么是奉皇帝的命令，要么是皇帝口授。

　　陛下已经收到了您的来信，并且特别用心地阅读了您给他提供的细节。他希望皇后可以公开她现在财政上的窘境。否则的话，皇帝，也就是她的父亲，可能会觉得她还很富有，但是，事实是她现在一无所有了。您会在附件里找到一张便签，专员们已经同意把这张便签带上。皇后可以参考这个来讲话。"这张便签讲的是人们在奥尔良把拿破仑的私人金库以及私人物品全部没收的那件事情……我在今天早上给你写了几句话，意思是皇帝可能没办法给皇后陛下写信了，因为我们要提前出发。但是，因为风向不对，我们的出发时刻被推迟了。皇帝早上呕吐了一些东西，不过你也知道，这样的不适只会持续几个小时。在写信的时候，皇帝已经恢复了健康。他刚刚给皇后写了信。

　　此致……

（签名）贝尔特朗

1814 年 4 月 26 日傍晚 6 点，弗雷于斯

　　我在准备启程前往厄尔巴岛的时候收到了您的信。现在风向很好，我们在两天之内应该就可以抵达目的地。您应该可以想象到，我们这一路经历了一次悲伤的旅程。穿越法国的大部分时间中，其实都还不错。但是，在普罗旺斯我们受到了人们的侮辱。不过，幸运的是，这些侮辱并没有带来更严重的后果……您可以想象到，我们急切地希望皇后可以前来，在帕尔马和厄尔巴岛之间分配自己的时间。这对皇帝来说意义重大，

对我们也是一样。如果可以间或地见到她，会让我们感到非常
幸福。她对我的妻子和我自己都是如此的亲切，没人比我更想
要再次见到她了。请将我的致敬、我的尊敬以及我的忠诚放在
她的脚边。除了上个月的严峻情况之外，皇帝的健康一直很
好。他将他给皇后的回复交给了舒瓦洛夫将军的侍从官，后者
正在前去面见奥地利皇帝的路上。因为这封信不会被直接交给
皇后，所以皇后可能会因为没有收到皇帝的回信而感到焦虑。
我将我的这封信交给了信使，这样一来您就可以告诉皇后，她
的信会从速寄到。您可能很难看得懂我的字迹，但是我现在正
赶时间，心中想着很多的事情，以至于我自己都不知道我在写
些什么。不过，我的心一直和您在一起。您知道的，从很久之
前开始就是这样了。

（签名）贝尔特朗

1814 年 4 月 29 日早上 7 点，弗雷于斯

　　科勒将军将要离开厄尔巴岛，他可能会到皇后那里去。这
样一来他就可以将我们这个岛的各种细节告诉您。这个岛比我
们想象中的要漂亮。岛上的植被很多，也并不太热。皇帝在这
里的生活不会太差。他很健康。请向皇后转达我的敬意。

（签名）贝尔特朗

1814 年 5 月 9 日，费拉约港

　　我收到了您在 4 月 26 日从普罗万寄来的信件。从报纸上
我们读到了皇后到访沙夫豪森的消息。她肯定会在 16 日抵达

维也纳。我已经将您信封中附上的信件交给了皇帝。皇帝本来希望通过舍普夫和赫特里布士官回复皇后的信，他们两人正要回到科勒将军那里。但是他们的船只准备起航的时候，皇帝还在外面骑马，因此他们只得没有接到皇帝的信件就匆匆离去了。我对此感到非常遗憾。

皇帝在这里非常幸福。他似乎已经忘记了，仅仅是在不久之前，他的处境还是如此的不同。他正忙于打理自己的房子，采购各种家具。他还在找一个适合建造乡间别墅的风景优美的地点。

我们时常会提到我们非凡的皇后，那些妻子们为皇后陛下服务的军官，以及那些有幸在第戎向她表示了敬意的人，刚刚抵达了我们这里。他们为我们带来了你们的消息。

我向您重复……

（签名）贝尔特朗

1814 年 5 月 27 日，费拉约港

自从您离开巴黎并从普罗万来信之后，我们就没有你们的任何消息了。我们从报纸上得知，皇后已经在 5 月 18 日抵达了维也纳。

皇帝的状态一直很好，我们时常会出游，要么是骑马、乘车或者搭船。皇帝的住所已经完全平静下来。在岛上的各个地方，都有人们忙碌的身影。

我们急切地想要尽快得到关于皇后以及她儿子的健康的消息，天气逐渐热起来了。请将我的敬意呈在皇后的脚边。

（签名）贝尔特朗

1814 年 6 月 25 日，费拉约港

我在几天前收到了您 6 月 4 日的信件，昨天收到了您 6 月 21 日的信件。

自从您在普罗万给我写了信以来，我就一直没有再收到您的消息。您 4 日的信中包含两封皇后给皇帝的信，编号 5 和 6。这之前的信都没有送达。您 21 日的信中包含另一封给皇帝的信。今天我们寄出了回信。我们对外的通信还是没有完全建立，陛下并不怎么写信。我相信您不久就会收到一两封我之前写给您的信。我知道有一封您的来信已经在路上了，我不日就会收到的。

如果皇后还在维也纳等待回复的话，皇帝希望她不要前往艾克斯。如果她已经启程了的话，那么皇帝希望她只在那里待三个月，然后就尽早回到托斯卡纳。那里的泉水质量和艾克斯一样，而且离我们更近。……我们从报纸中得知，马雷卡尔基先生曾经是奥地利皇帝驻帕尔马的特派专员。如果您看见科勒将军，记得向他提起我们。这是一个出色的男人，我们对他只有赞赏。您给我们提供了许多罗马王的近况，我们对此表示感谢，我们都很关心他。

祝愿皇后可以尽早恢复体力！我们时常讨论她的近况。我们是怎样用心地阅读您写来的她的生活日常，想必我无须跟您说了。我希望罗斯皮利奥西将军可以尽快地将这封信寄给您。此致……

（签名）贝尔特朗

1814 年 7 月 3 日，费拉约港

我收到了您 6 月 6 日的信。在这封信中您向我们报告了你们离开美泉宫的消息。我们在报纸中看到了你们经过瑞士的消息。我们对于完全没有收到你们的消息而感到非常震惊。皇帝期待可以在 8 月底见到皇后，同时也希望她可以把儿子带来。皇后陛下肯定经常给皇帝写信，但是这些信件大概都被其他人给截住了，可能是被她父亲截住了。无论怎么说，没人有权命令皇后或者她的儿子。

夫人已经健康地抵达了，她已经安顿了下来。虽然房子不怎么漂亮，但是空间很大，她也很舒服……皇帝身体很好。我们的娱乐消遣还是那些：在白天做些事情，傍晚就骑马或是乘船短暂地出游。过去几天天气逐渐热了起来，不过早晨和傍晚还是凉快的。看到大公的信使回来，我觉得您应该已经收到我之前写给您的信了。在信里我提到 9 日寄出的信就是那封我委托科勒将军的信。他已经将它交给您了。我的妻子也已经平安抵达。她在热那亚见到了马雷卡尔基先生。布里尼奥莱夫人的一家都很好。

（签名）贝尔特朗

1814 年 8 月 9 日，费拉约港

另外，本应为您带去这封信件的军官没和我打招呼就出发了。我抓住于罗先生出发的机会，让他把这封信带了出去。他那时迫不及待地想见到自己的妻子。我们希望可以在 9 月见到你们，到时候皇后陛下应该已经结束温泉疗养了。

8 月 20 日

皇后出发前往艾克斯的日期日渐临近了。因为年幼的王子不应陪伴他的母亲踏上这次的旅程，她专程派人找来了奥地利皇帝的御医弗兰克医生，并将自己儿子在维也纳居住期间的健康托付给了他。她为此正式写了一封信给这位医生。

拿破仑的儿子，此前被托付给孟德斯鸠夫人，在她母亲般的精心照料下，就和后者一起待在了美泉宫。这个年轻的王子，出生时收到我国国内的多方祝福。他当初看起来是要继承大业的人，但是此后他将永远无法离开奥地利这个他前来避难的牢笼。他将在那里一直等待，直到坟墓的大门向他敞开。

在皇后出发的两天前，弗朗茨皇帝携家人一起前往巴登的温泉。这些温泉距离维也纳 4 里，坐落在一个叫圣赫勒拿的山谷里。玛丽-路易莎到那里去跟弗朗茨皇帝告别。在她返回维也纳的时候，她接见了所有宫中来向她告别的人。布里尼奥莱夫人的身体一度抱恙，让我们很是担心了一阵。不过幸运的是，她之后很快就恢复了。我们也因此推迟了 24 小时才启程。奥地利皇后在晚饭后专程前往美泉宫，和自己的继女告别。直到将后者送上马车后才和她分别。

皇后前往艾克斯疗养，我与皇后的短暂分别

玛丽-路易莎以科洛尔诺公爵夫人的名义踏上了这次旅程。科洛尔诺是帕尔马的一处行宫的名字。她一路都没有休息，直到抵达摩尔斯堡。在那里我们遇到了先于我们出发的德·博塞先生。他因为痛风发作，耽搁在了那里。她在这座城市里逗留了一天。她选择的旅行道路使得她必须要经过慕尼黑。在那里的驿站，她见到了意大利总督和总督夫人。两人带她共同享用了晚餐。布里尼奥莱夫人和我当时都风尘仆仆，衣冠不甚整齐，但还是跟着她一起赴宴。我

们在总督的宫中和符腾堡王储妃一起享用了晚餐。她是总督夫人的妹妹。这位公主此前因为拿破仑的决策而被迫和丈夫离婚，因此专门来到姐姐这里寻求安慰。上天保佑她，一年之后她就将登上奥地利的帝国皇位。

在接着经过伯尔尼、帕耶讷以及沙莫尼之后，玛丽－路易莎在7月17日抵达了艾克斯。在卡鲁日时，奈佩格将军骑在马背上迎接了她。他来到她的马车前向她致意，并陪同她一起抵达了艾克斯。这是她第二次见到他。见到他让皇后很不高兴，她对此没有丝毫隐藏。

但是我也不得不说，奈佩格伯爵当时外表的确比较抱歉。一条黑色的绷带覆盖在他的伤疤上：那次受伤让他失去了一只眼睛。不过，如果仔细端详他一番的话，这个劣势很快就会消失。这道伤疤跟他富有军人气息的脸庞很是切合。他的头发是淡淡的金色，稀疏而卷曲。他的目光明亮而具有穿透力。他的特征既不粗俗也不出众。集合这些特征勾勒出的是一个聪明而稳重的男人。他的肤色依旧红润，但是饱经战火洗礼之后，早就褪去了稚气。他身高中等，体格健壮。他身上匈牙利制服开阔的剪裁更是凸显了他的优雅。奈佩格将军当时大概42岁。

这个男人在玛丽·路易莎的人生中扮演了如此重要的角色，对她的命运产生了如此重大的影响，以至于我必须要解释一下他拥有怎样的品质，才得以赢得她的信任。奈佩格伯爵在待人接物上总的来说是审慎的。他是一个亲切的人，同时又不失殷勤和威严。他举止彬彬有礼，又会说漂亮话，而且润物细无声。他多才多艺，还是个出色的音乐家。他活跃，聪明，毫无顾忌。他知道怎么用简朴的外表隐藏他敏锐的内在。他不论是口头还是书面表达都很得体。他非常懂得察言观色：他是一个用心的聆听者，他会用心研究别人跟他说的话有何深意。他会时而摆出一副温柔的表情，时而又用视线搜寻人们隐藏的深意。他在观察他人时有多聪明，自己在行事时就有多谨慎。除开这些谦虚的表征之外，他还是一个非常虚荣和野心勃勃的人，不过他从不谈自己。

阿芒迪先生是意大利军中的炮兵上校。在 18××年罗马涅的风波中①，出任陆军大臣的正是他。他向我保证奈佩格伯爵在 1814年获知自己被选中前往新帕尔马女公爵的宅邸时，正在米兰情人的家中。他的情人尝试挽留他，不过无济于事：在他心中，野心远远胜过爱情。这位意大利情人问奈佩格伯爵，他和玛丽·路易莎一起会做什么，以及他的新位置是不是意味着他又往上爬了一步时，据说他是这么回答的："我希望在 6 个月之内就和她建立亲密关系，并且在不久后成为她的丈夫。"

为了让这份奈佩格的档案更加完整，我必须要提起这桩奇怪姻缘中的一个不寻常的地方。这位奥地利将军是一个法国人的儿子。奈佩格伯爵，也就是这位将军公认的父亲，之前有一次在巴黎执行外交任务。他在巴黎认识了一位出身显赫的法国军官。他在家中亲切地招待了这位军官，而奈佩格伯爵夫人并没有忽视这位 H 伯爵的魅力。后者对她也很有兴趣。伯爵夫人和这位年轻的军官之间马上燃起了爱火，奈佩格将军就是这爱火的结晶。奈佩格伯爵夫人写的一封信里有证明此事的证据。这封信是人们在 H 伯爵死后在他的遗物里找到的。对那些认为冥冥之中一切总有定数的人来说，这一系列的事情提供了新的谈资。

玛丽·路易莎在艾克斯郊外的一处宅邸下了马车。这宅子属于一位叫舍瓦莱的先生。为了迎接她，巴卢埃先生已经把一切都打理

---

① 指 1814 年意大利王国的崩解。

好了。他是指定给皇后的管家，此前他就已经是奥坦斯王后的管家了。在我逗留艾克斯的时间里，皇后只在官方的场合和奈佩格伯爵见过面。皇后当时还没有机会完全变回德意志人，几位对她不离不弃的法国人依旧让她和法国之间保留着某些联系。皇后在艾克斯见到了等候在此的科尔维萨和伊撒贝先生。芒泰贝洛公爵夫人直到 8 月初才抵达。她抵达艾克斯的 2 天之后，我就离开了玛丽·路易莎，去和家人一起度过疗养的时光。

皇后并没有怠慢和皇帝的通信，不过通信的机会和方式变得愈发稀少和困难。她此前将一封信交给了博塞先生，并派他前往帕尔马，嘱咐他在那里找机会把信送到厄尔巴。

我在巴黎度过的 7 周时间里，皇后给我寄来了许多很长很长的信件。我挑选出了一些，从中我们可以看出她的思想状况以及她对皇帝的感情。我希望她可以原谅我在她在世时就出版这些信件的行为。不论如何，我都认为我出版这些我和帕尔马之间的通信时没有做错什么。虽然我非常想要取得她的许可，但是玛丽·路易莎在 1830 年革命后对我一直保持缄默，让我很难这么做。

第一封信

1814 年 8 月 4 日

我还在等待着父亲的来信，通知我何时可以启程前往帕尔马。若有消息我会第一时间通知您。尽管我非常希望您可以马上回到我身边，但是我觉得您肯定希望可以再多陪伴梅尼瓦尔夫人一会。我相信我允许您这么做，应该也算得上是我的大公无私吧。

您亲爱的

（签名）路易莎

第二封信

1814 年 8 月 9 日

　　……感谢您不辞辛劳地处理了我的箱子。您提到的邦贝尔先生关于此事的评价在我看来没有什么帮助。我未来的命运依旧处在痛苦的不确定性中。我通过卡拉扎伊先生给我父亲寄了一封信，请求他允许我可以最迟在 9 月 10 日在帕尔马安顿下来。他会不会答应我的请求呢？恐怕不会。如果我的预感是错误的，那么我会第一时间通知您，这样您就可以马上让梅尼瓦尔夫人和孩子们动身。我知道这样做您肯定会高兴的。如果您整个冬天都见不到他们的话，您肯定会伤心的，我也会为此感到遗憾。如果我得到否定的答复，那么我在各国君主离开之前是不会返回维也纳的。同时我也会尽力让儿子回到我的身边。我将在日内瓦或者帕尔马安顿下来，等待会议①结束。在疗养季节结束之后我是不可能继续待在这里的。我无法告诉你我是多么急切地想要得到一个答复。我想让您就我的决断提供谏言，如果您觉得我的决断反反复复的话，请务必直言相告，不必害怕。您在我看来就像朋友一样，请务必坦诚地将您的意见告诉我。

　　我刚刚收到了皇帝从厄尔巴岛寄来的一封信，信上的日期是 7 月 4 日。他乞求我不要前往艾克斯，而是去托斯卡纳泡温泉。我将就此写一封信给父亲。您知道我是多么急切地想要执行皇帝的愿望。但是这次他的愿望和父亲的命令相悖，我

――――――――――――

　　①　指维也纳会议。

是否还应该继续遵循他的愿望呢？我还寄给了您一封费拉约的来信。我很想亲自打开它，其中可能会有更多的细节。如果其中包含任何细节的话，请务必告诉我。我很感激您此前给我寄来了那些信件，我迫切地需要它们，因为我已经太长时间没有收到任何消息了。总的来说，我的情况不容乐观，心情很差。我接下去走的每一步都必须慎之又慎。有时候，我脑中是如此的混乱，以至于我会觉得我最好的出路就是去死……

我的健康还是不错的。这是我的第 10 次泉水浴了。如果我的脑中没有这么多思绪的话，它们会发挥更大的功效。直到摆脱这该死的疑虑之前，我都是不会快乐的。我很高兴您不久就会来到我的身边，跟我讲道理，让我可怜的头脑冷静下来。我迫切地需要您。博塞先生几天之前离开了。他把我想看的那些文件也都带走了。我本打算检视一下这个月的开支情况，也因此没能做到。我正在焦急地等待他从帕尔马派回来的侍从。我本来为了 28 日做了华丽的计划，但是后来事情没办成。之前我让德·布里尼奥尔夫人检视了一下我的计划，不过到了真的要执行的时候，我因为害怕突发状况，最后什么都没干。您肯定会笑话我的胆小。我的旅行见闻才刚写到我对布松冰川的拜访。之前在舞会上的时候，人们还谈起了我的游记，并表示我应该把它出版出来。这时于罗夫人说：“是啊，用梅尼瓦尔先生的小印刷机就行了。”有个她不认识的人在后面表示：“梅尼瓦尔先生还有台小印刷机吗！我记住了。”于罗先生①把

---

① 之后他当上了将军。于罗·德·索贝先生当时正陪伴妻子一起在皇后的宅邸里。——作者注

这件事情告诉了我，并请求我务必要把这个故事转告给您，以便您尽快处理掉您的印刷机，或者把它和我的行李一起寄去帕尔马。我听说私人如果被发现持有印刷机的话，要遭到严苛的处罚。再考虑到您此前长期在皇帝的内阁中做事，我真是忧心忡忡。我可以向您保证，只有听到您已经做了相关的处理之后，我才能安下心来。

您亲爱的

（签名）路易莎

另外，从他们写给我的信来看，我的儿子很好，一天比一天要讨人喜爱。我迫切地想要再次见到这个可怜的孩子。

第三封信

1814 年 8 月 15 日

关于上封信里我提到的给父亲的信，我还是没有收到回复。在我看来这份疑虑太残酷也太漫长了。我正在焦急地等待着答复，我会第一时间通知您结果的。我有种不好的预感，感觉不会得到我想要听到的答复。不过，我今天心情特别不好，所以也可能只是我的错觉。在 15 日①这一天，我本应和我最亲近的两个人一起度过这个对我有重要意义的节日的，但是现在我离他们这么遥远，我又怎么会开心呢？我希望您可以原谅我对您倾诉这些悲伤的思绪，不过我们的友谊，以及您对我一直以来的关心给了我勇气。不过，要是我让您感到无聊了，请

---

① 8 月 15 日是圣母升天节。

务必告诉我……希望您可以相信我是您真诚的朋友。

> 您亲爱的
>
> （签名）路易莎

　　另外，我刚刚收到了一封帕尔马的来信，信中说马雷卡尔基先生的职务已经被马戈利先生接替了。后者刚刚把临时政府整个推倒重来。马雷卡尔基先生现在就只是我宫中的区区一个奥地利大使而已。父亲还把德·圣维塔先生指派来当我的侍从长，根本没有征求我的意见。这让我愤懑不已。马戈利先生在帕尔马说我的父亲已经把德·圣维塔先生派去维也纳作为我的代表。他还说我也应该受邀前往维也纳并在会议期间一直待在那里。这是一幅多么悲伤的图景啊！我想要求他允许我冬天都待在佛罗伦萨，为此我答应他以后跟皇帝之间的通信都会经过大公的手。看起来他肯定是会拒绝的。但是我意已决。各国君主都在维也纳的时候我是不会去那里的。我祈求您，给我一些建议吧。我向您保证我现在真的悲惨极了。

第四封信

8 月 15 日的晚上

　　我刚刚收到了您 8 月 9 日的信。信件的延宕让我很是焦虑，我得到的都是过时的消息。我将梅特涅亲王写来的信抄复给您了一份，这样您就可以获悉卡拉奇扎伊先生带给我的那个消息。我一想到自己有可能被迫返回维也纳就很不高兴。再想到他们根本没有给我提供一个很好的理由，我就更不高兴了。我觉得自己不应该在 9 月底或者 10 月初之前前往维也纳。我应该在9月3日或者4日离开这里并前往热那亚，在那里待1个星期，然后前往伯尔尼并逗留两周的时间，之后再去维也纳。因此我对梅尼瓦尔夫人充满了歉意。如果您可以将她带来日内瓦的话，她可以在生产之后和你会合。我知道将您带上我的流亡之路对您来说肯定没什么意思，但是，自私的我又不得不提出这个请求。我想要您的建议，我需要和您沟通。您知道我对您充满信任。想到能将您留在身边是我现在为数不多的愉快想法之一……我还寄了一封信给您，是寄到我这里找阿姆兰先生的。请您把它转交到他手上。关于付款人，我已经什么都没法保证了，我从没有这么无力过。就像您所见到的，没人征求我的意见。我觉得他们这样做是错误的，他们理应更多地顾及落难者的心情才对。公爵夫人会给您带去很多口信，都是一些我没法自己写下来的消息，因为我忍气吞声，伤心过度。明天我就要和公爵夫人说再见了，这将是对我最重的一击，但是我不会抱怨什么。到现在我已经习惯了世间的种种不幸。不过，想到世上还有一些好心人对我抱有怜悯之心，我就稍稍宽慰了一些。您就是他们中的一员。我乞求您相信我对您的尊重和信任。

您亲爱的

（签名）路易莎

第五封信

8月20日的傍晚

我昨天收到了您在本月12日寄来的信件。我在其中欣喜地读到，您收到了一些我寄给您的信。您肯定也收到了我告诉

您的，父亲给我的悲伤的答复。您提出无论遇到什么都会一直
跟随我，让我很是感动。我也的确需要有益的建议，现在比以
往任何时候都要迫切。因此我希望我不日就可以与您重逢。我
希望您做出妥当的安排，这样梅尼瓦尔夫人和您分离的时间可
以尽可能地短暂。我清楚地知道让你们两人分开是多么令人伤
心的事情，恐怕她对我也会有怨言。我给父亲和梅特涅亲王都
回了信。在给后者的信里，我还用优美的语句重申了我对他的
信任。我尤其表达了对于他们保证我可以前往帕尔马一事的满
足。看起来，马戈利先生已经做出了许多有益的改变，割除了
临时政府的许多弊政。我从德·博塞先生那里收到了许多长长
的来信，等我回去之后就把它们都寄给您。我想让您知道关于
我的大小事情。8月6日的时候，我收到了皇帝的消息。他对
您不吝溢美之词，同时也请求我不要相信外面那些针对他的风
言风语。他身体很好。心情也很不错，很平静。他无时不在想
着我的儿子还有我自己……我请求您要按时给我写信，并坚信
我对您的友谊。

您亲爱的

（签名）路易莎

我不打算大批量地在此复述我有幸从皇后玛丽·路易莎那里收
到的信件。上述的这些文件就可以达成我的目的了。皇后抵达艾克
斯之后，过了1个月，芒泰贝洛夫人和科维萨尔以及伊撒贝两位先
生就都先后离开了。前两者返回了巴黎，伊撒贝先生去往了维也
纳。他要去那里为前来参加会议的君主们画像。在他们离开之后，
皇后在艾克斯又逗留了2周时间，焦急地等待着承诺的履行。这个
承诺是她在离开维也纳时人们对她许下的。

　　玛丽·路易莎在其中一封信里提到了梅特涅亲王的来信，我在上文里也复述了。这封信部分地摧毁了皇后的幻想。这封信告知她，条约中赋予她的领地现在存在不确定性，并以皇帝的名义邀请她返回维也纳，请求她让自己全权处理一切事宜。一封来自奥地利皇帝的信件表达了同样的意思。皇后深深陷入悲伤的情感中。她本来满心期待着可以自由地享受自己梦寐以求的独立生活，但是这个梦想却被打破了。此后她屈服于新的权威。这个新的权威撼动了她对皇帝的忠贞，并说服她，说她现在需要别人的保护。她渐渐告诉自己，只要她乖乖听话，那么她就可以扫清阻挡她获得帕尔马的所有障碍。之后她屈服于强加于自己身上的种种命令，不再有力量反抗。奈佩格将军那时已经被任命为她的专属随从，受命将她护送回维也纳。此后他们两人将被更为亲密的纽带捆绑在一起。

　　在继续这段故事之前，我想要稍微停顿一下，讲述出身显赫的公主依旧纯洁的前半生的故事（从我们的角度来看是这样的）。如果自然在赋予她这些品质的同时，也给了她更坚定的性格的话，她的品质本应让她获得整个法国的尊敬的。因缘际会将她和一位伟人的命运连接在了一起。但是，到了人们不再害怕拿破仑的那一天，这段纽带又被当初促成它的自私而冷酷的政策给残忍地斩断了。玛丽·路易莎所犯下的错误，都应该归咎于那些把她当作仇恨和复仇工具而操纵在掌心中的人。我们的同胞们，不管是出于最近的印象，还是出于对过去痛苦的回忆，几乎一直对玛丽·路易莎同仇敌忾。我可以断言，如果拿破仑皇帝还在世的话，这样的仇恨肯定会让他十分心痛。他以联姻赋予了这个女人荣耀。他和她一起度过了许多快乐的时光。她是他挚爱儿子的母亲。他只要言及这个女人，必然是好话连篇。她对他虽然称不上主动，但是绝对没有敌意。他也理解她的艰难处境。对于她一直以来的挣扎，他也一直记挂着。

这样的一个女人，有权获得我们的宽恕。让我们将怒火留给那些造成并推动了她垮台的人吧。

　　我在 9 月 6 日离开了巴黎。不过就算我日夜兼程，到达日内瓦时也已经是 9 日的早上了。之后我马不停蹄地赶去了塞雪隆，皇后离开艾克斯后就一直住在那里。她非常友好地接待了我。她当时正要启程前往伯尔尼，去伯尔尼高地郊游。她的打算是在瑞士四处游览一番，尽可能地延长旅行的时间，越晚到维也纳越好。我有幸获得邀请陪她共游，她还在伯尔尼安排了我们的会面。我见到她时，她看起来心情很不错，我还就此祝贺了她。当时德·布里尼奥尔伯爵夫人，其他几位随从以及奈佩格将军也和她一起在塞雪隆。奈佩格将军为了完成自己的任务，可以说是跟她寸步不离。我在塞雪隆短暂地见了她一面，不过，等到返回伯尔尼后，她才打开话匣子跟我详谈。在跟她告别的时候，我听说一位军官几天前刚从厄尔巴岛归来，给她带来了一封皇帝的来信。这位军官现在是将军了，当时他的夫人是皇后身边的女官之一。那时这位军官是奉命来护送她前往厄尔巴岛的，大家都在那里等着她。不过，他在我返回的前一天前往了巴黎，没有完成使命。

　　在塞雪隆休息了 1 天之后，我前往了普朗然，在那里待了 1 天。此地离日内瓦 4 里，就在湖边。约瑟夫·波拿巴的夫人，尊敬的茱莉皇后阁下带着孩子们在不久前刚刚抵达这里。我急切地想要和这尊贵而有德的一家人重逢。他们在我年轻时亲切地护佑了我，我在莫尔特枫丹和他们一起度过了许多快乐的时光。自从奥尔良一别之后，我就再没有见过两位殿下了。我见到约瑟夫国王时，他一点都没变，还是那么友好亲切，平易近人。他就像是重新拾起耕犁的辛辛纳图斯，对田园生活和弟弟未来命运的关注远远超过了对过往波澜壮阔的事业的怀念①。他那时刚刚亲手结束了自己的事业。约瑟夫·波拿巴对拿破仑有多敬仰，就有多么热爱他。除了兄弟之间的纽带之外，迥异的性格也强化了两人之间的惺惺相惜之感②。拿破仑英明神武，终成大业，自然是无人可以比拟的。这些丰功伟业说起来也没有超出约瑟夫·波拿巴的能力范畴，但是他并没有被种种荣耀激起野心。一旦开始做事情之后，他总是可以投入恰当的精力和能量。他政治生涯的前半段被各种各样的谈判占据。在谈判中，他一直保持着热忱且深邃的思考，谈话清晰而易懂，还有就是他的坦诚。事实证明，坦诚可以对抗一切。此后，他被委派去先后管理了两个国家，在此期间他展现出了相同的品质。他是一个温柔的哲学家，拥有绅士该有的品质，还有一颗直率的心以及高贵的人格。无论生活如何对待他，就像皇帝常说的那样，是金子都会发光的。

　　这两个兄弟之间在性格上的差异，可以由一句话点出。那是拿

---

① 古罗马共和国时期的英雄，在公元前 458 年临危受命担任罗马的独裁官，成功退敌后不久就回归田园了。

② 现在还是有人质疑拿破仑和兄长之间感情不好。下面这封信就可以证明那些这么说的人对拿破仑是有多么不了解。这封信是寄给约瑟夫·波拿巴的，日期是共和里三年获月 6 日。原件上还有泪痕，是写信的时候滴上去的。
"命运已经让你经历了不少起伏，我的朋友，你也非常清楚，你没有任何一个朋友有我这么珍视你，像我这样真心地希望你幸福。生活就像是一场逐渐飘散的轻梦。如果你觉得你马上就要启程，而且要离开一段时间的话，请把你的画像寄给我。我们一起生活了这么多年，关系如此亲密，我们的心早就连在一起了。你比任何人都更清楚，我的心都是你的。在写下这些字句的时候，我感受到了一种我这辈子很少遇到的情感。我知我们重逢的日子又要耽搁了，我写不下去了。
再见，我的朋友。

（签名）拿破仑"
这封信展示出的情感是如此的生动和广博，再加上本人的签名，是永远不会骗人的。我时常会亲眼见证这些情感，我也保管着这封信。——作者注

破仑还在担任第一执政时的一句评价，约瑟夫·波拿巴那时还没有同意正式为他效力。"约瑟夫有如此多的才能，为什么他却如此懈怠懒惰呢？"在这个几乎人人都争名逐利的世上，拿破仑将兄长的淡泊名利视作懈怠懒惰。

约瑟夫国王的夫人是善良的化身。在她看似脆弱的外表下，隐藏着一颗坚强的灵魂，以及崇高的思维。她一生都在四处行善。在她作为两国的王后时，她的善举更是扩展了出去，让人称道（对此她说过一句罕见的富有哲理的话，她说一个女人在走下王位的时候大概比登上王位时要幸福）。

谈论这件事情又让我跑题了。但是能在风暴结束之后再次见到我的好友让我很高兴，我也就放任自己跑题地谈论了一下在普朗然接待了我的人们。我在他们的宅邸里度过的时光如白驹过隙，我抵达伯尔尼的时候，皇后已经离开了。她给我留下了口信，让我按照她的旅行计划跟着她，直到21日。同时，她也好心地给了我留在伯尔尼的选项。我选择了后者。皇后这次出游，在身边陪伴着她的是奈佩格伯爵和这位将军手下的一名军官。德·布里尼奥尔伯爵夫人以及另外一名女官是此行她身边唯二的法国人。

在从普朗然前往伯尔尼的路上，我在帕耶讷停留了一下。就在我要离开那里的时候，有人告诉我，一名在酒店里过夜的旅人想见我。主人将我领到了一个房间门前，里面的人的正是路易国王，我惊讶极了。他当时正以圣洛伯爵的名义在周游瑞士。自从婚礼庆典之后，我就再也没有见过他了，即便是在布洛瓦我也没能见到他：等我知道他也在那里时，他已经离开了。我见到他时，他因为疾病的折磨，正躺在床上。后来随着年岁的增长，他的健康更加恶化了。那时我在他的床头坐了1个小时。他懊悔地跟我讨论了时事的发展，同时也热情地谈起了自己的兄长。他那时依旧还记着皇帝在枫丹白露想要取他性命的事情，他说这个极端的举动让他非常伤心。他说，既然上天帮他躲过了此劫，那么肯定表示上天还有新的大任要交给他，当然也还有新的考验。他补充说："如果路易十八当时就这么自杀的话，他现在就不会出现在杜伊勒里宫里了。"圣洛伯爵当天毫无意识地就预言了未来。他将一封写给皇后的信交给了我，然后我就离开了。能在这里出人意料地见到他，我很高兴。

我与皇后重逢，共同返回维也纳

我在等待皇后归来的这段时间里，没什么其他的事情可做，于是纵情于伯尔尼周边的山水之中。到了 21 日，也就是玛丽·路易莎预定要从冰川返回的日子，出于迫不及待地想要与她重逢的心情，我专门前往图恩去和她见面。我见到她时，她显得非常开心。她身边的人都说这次旅程很是累人，但是她并没有受到很大的影响。我当时在德·布里尼奥尔夫人的宅邸里，她好心地专程在那里见了我。我跟着她进入了她的套房。对于我的归来，以及我放下家庭前来跟随她的决定，她不吝溢美之词。她把所有阻挡她前往帕尔马的障碍，都一一跟我说了。她还告诉我她对于被迫返回维也纳一事有多么悔恨。她在会议期间真是不知道站在谁那边好。我跟她谈起了皇帝，她说自从上次于罗上校抵达之后，她就再没有收到过关于他的消息了。她还说，没有征求父亲的意见之前，她没法服从拿破仑的请求前往厄尔巴岛和他会合。至于她父亲就此事的观点，拿破仑肯定是清楚的：她将梅特涅亲王的那封信寄给了他。大家大概也能想到，向她指出与拿破仑会合困难重重的，是奈佩格伯爵。

在旅途中，玛丽·路易莎听闻了西西里王后，也就是她的祖母逝世的消息。她是在晚上因为中风去世的。这位王后曾经尝试拉铃求救但是没有碰到铃铛。当人们在早上发现她时，还可以看到她伸手想要去拉铃铛的样子。为了不让悼念的情景扫了参加会议的代表们的兴，身居高位的人们决定等到会议结束之后再发表弗朗茨皇帝岳母去世的消息。得益于这个让已经死去的王后继续活着的谎言，各种庆典活动都没有被中断。

皇后在伯尔尼逗留了两天。她在那里接待了威尔士王妃①。后者打算去罗马过冬，在路上专门于伯尔尼稍作停留来见皇后一面。这位王妃当时看起来大概 45 岁。她身材不高，而且非常肥胖。她的五官突出，双眼透露出了一些舆论盛传的她的"艳遇"，是真是假就不知道了②。她的随扈只包括 1 名侍女和 4 名军官。我承认我当时对于这位王妃非常的好奇。英国人把她和摄政王之间的丑闻在整个欧洲四处传播，她也因此算是"名留青史"了。

那个夜晚大家都非常尽兴，奈佩格将军在钢琴那里为我们演奏了乐曲。皇后请求王妃为大家献唱一曲，后者同意了，不过前提是玛丽·路易莎要和她一起唱。皇后说他太害羞了，只要有人在听她唱歌，她就没法放开嗓子。王妃鼓励了她，说自己从来就不害怕，除非是当着朋友的面要唱歌。我在这里要实话实说，关于王妃的歌声，我只有一句话好说的，她真的是很有勇气。她旅途上的计划之一就是要去厄尔巴岛拜访皇帝。她那时身边还带着一个大概 12 岁的孩子，长得很标致。她没有把他带去皇帝的宅邸。这位就是著名的"奥斯丁"。以她的名义出版的回忆录对他大书特书。而他则公

---

① 当时英国的王储妃，不伦瑞克的卡罗琳。

② 她和威尔士亲王婚姻不和在当时欧洲上流社会是公开的秘密，此次出游，外界盛传她将情夫带在了身边。

开表示这些都是诽谤。她说她不知道这个孩子的父亲是谁，不过她就像是爱自己的女儿一样爱他。

她身穿宽松的白色平纹长裙，以蕾丝镶边。她的头上也是穿金戴银，还戴着一面巨大的薄纱，就像希腊悲剧里女祭司的打扮。这面薄纱盖住了她的腰身、肩膀以及胸前的两乳。薄纱系在钻石冠冕上。她还佩戴着一副华丽的项链，有好几层的珍珠链子。她就是以这副打扮出游的。除了她惹人注目的身材和打扮之外，威尔士王妃是一名出色的女性：简单、率直，让每个人都感到放松。她的侍女在身材上一点不输给自己的主人。军官们倒是都仪表堂堂。其中一人是英国著名女性克莱文小姐。她嫁给了安斯巴赫边侯。其他两人则是威尔士亲王部队中的年轻军官。第四个人则是霍兰医生，据说他是一名技术精湛的医生。

我们离开伯尔尼，启程返回维也纳，一路穿过许多小州。在皇后身边的有奈佩格将军，他的副手赫拉博夫斯基，德·布里尼奥尔伯爵夫人，埃罗夫人以及她的丈夫等。德·屈西夫人已经返回了巴黎。德·博塞先生和于罗·德·索贝夫人则先行到林道去等待她了。德·索贝夫人是皇后的两名女官之一，从皇后离开巴黎开始就一直陪伴在她左右。

玛丽·路易莎同样希望可以拜访一下鲁道夫·冯哈布斯堡的城堡，那里已经是废墟了。奈佩格将军虽然肩负把她带回故土的任务，但是也没法拒绝她拜访奥地利皇室的龙兴之地的请求。他甚至宣称，自己在那里发现的一个铁片是鲁道夫的剑的残片。皇后出于好心，迎合了他的谎言。这个铁片的一部分被用来制作了一些戒指的指座。她在维也纳命人铸造了这些戒指，送给了奈佩格将军、德·博塞先生以及我自己，作为一个新的骑士徽章。她还送了一个给德·布里尼奥尔夫人，作为这次旅途的纪念。皇后在旅行中是如此的愉快，让我当时有理由认为这次旅程将被延长。我太了解她在维也纳会落入怎样尴尬的处境，因此她延长旅程的决定并不让我感到惊讶。但是我迫切地想要前往维也纳。我必须要获取在那座城市里等待着我的信件，我非常好奇其中的内容，因此我必须要去维也纳。同时，我待在这里也对皇后没有任何帮助。在努力劝说我留下来之后，她善良地接受了我的请求，允许我离开。我在施维茨和她告别。不过，出乎我意料的是，她只比我晚了3天抵达美泉宫。那天正好是弗朗茨皇帝的生日。她在临别时交给我一封信，就是给弗朗茨皇帝的。

皇后与维也纳和会

离开施维茨之后，她取道圣加仑、康斯坦茨、慕尼黑以及布劳瑙抵达了维也纳。她在最后那个城市过了一夜。她的回忆将她带到了4年前，她正是在布劳瑙以法兰西人民的皇后之名受到迎接的。也正是在布劳瑙，她踏上了登上荣耀宝座的胜利旅途。日后她也分享了这份荣耀。但现在看到自己返回的这座城市，却已是沧海桑田，她的心中会升起怎样汹涌的情感啊！

她终于重新拥抱了自己的儿子，后者一直和孟德斯鸠夫人一起留在美泉宫。年轻的王子对她既温柔又充满爱意。他的健康状况很好，母亲的离开一点也没有影响他。弗朗茨皇帝一听闻女儿抵达的消息就前来探望了她。奥地利皇后则因为自己被迫出席的种种庆典而感到疲惫不堪，留在了维也纳。奈佩格伯爵圆满地完成了自己的任务，获得了两位陛下的认可。在会议期间，他曾一度被任命为帕尔马女公爵的侍从。

玛丽·路易莎在维也纳见到了所有聚集在此的君主们。丹麦、巴伐利亚、符腾堡三国的国王，还有其他的王公都已经先于俄国皇帝和普鲁士国王抵达了维也纳。这些君主们在 1814 年 9 月 25 日举行了庄严的入城仪式。奥地利皇帝以及他的宫廷官员陪同在他们身旁。他领着自己的廷臣专门到城外去迎接了各位君主。奥地利皇族以华丽的仪式接待了这些君主。帝王们下榻在帝国宫殿中，享受的是最奢侈的接待。这么多王公聚集在一个宫廷中产生的花销是巨大的。奥地利帝国宫廷新增了 1500 名仆从和 1200 匹马。每一名君主和他的军官们都配有马车和马匹，时刻在一旁待命。他们每人还都有一张装饰华丽的桌子，费用都是由皇帝负担。午膳在每天的下午 2 点呈上，晚膳则是晚上 10 点。这个时候会议还没有正式开始呢，所以这些盛大的庆典可以转移这些尊贵客人的注意力，让他们暂时不关注政治上的事务。会议本来只打算召开 2 周的时间，无非是确定一些次要德意志邦国的利益。《巴黎条约》已经确立了列强的领土调整，让它们获得了各自的领地。

玛丽·路易莎皇后和儿子一起被限制在美泉宫，过起了完全不闻窗外事的生活。维也纳的各个君主享受的种种娱乐活动都与她无关。她静静地等待着正义的到来，依赖于自己对条约和父亲的信心。在她返回美泉宫的 5 天后，宫中举行了一场宴会，各国君主纷纷到场。人们乘着敞篷马车在花园中巡游，还有一场戏剧表演和温室中的晚宴。皇后一整天都把自己关在房间里，不敢出去见人。她害怕见到那些胜利者，他们和她被迫进入的悲惨境地形成了太大的反差。这些娱乐项目庆祝的是对她来说如同灾难一般的事件。不过，虽然参与这些活动肯定会影响她的心情，她的好奇心还是让她透过连接着维也纳宫殿大厅阁楼的一扇窗户，悄悄地观赏了宫廷舞会的场景。4 年之前，就在同样的大厅中，人们为了她的婚礼举行了一场宴会，她那时是绝对的主角。她过去的美好回忆和现状之间的对比所激起的情感本应足够让她不再观看这样的场景了。不过，她实在是无所事事，同时回忆勾起的情感需求又不时地将她吸引到这里。

奥地利皇后将玛丽·路易莎引荐给了俄国皇后。同时，她也回访了俄国女大公们。后者在玛丽·路易莎抵达美泉宫的两天之后就来拜访了她。各位君主们却都还按兵不动，都在等待一个破冰的人。巴伐利亚国王那时说，如果俄国皇帝愿意以身作则的话，他们都会效仿他。亚历山大极富骑士精神，或者说他非常爱慕虚荣，根本就不需要这样的鼓励。他和奥地利将军哈尔德格伯爵一起来到了美泉宫，其他的国王和王公马上纷纷效仿。

皇后一一接待了这些因为会议而聚集在维也纳的国王、王后、王妃和亲王。她还同意会让自己的宫廷恢复到前往艾克斯疗养之前的水平。利涅亲王是最殷勤的。他是一个 80 岁的老人了，看起来时间都遗忘了这个人。他身材中等，与普通人无异，步态典雅，即便是他的元帅军装也非常简朴。他柱起拐杖来的样子也十分优雅，看起来他似乎并不需要拐杖来支撑自己。以上种种都让他有一种与众不同的气质。他的头上有一圈银丝，就像是王冠一样。其中居住的虫豸，有时会被留在他坐过的椅子上。他的五官还算标致，不过他迷离的双眼掩盖住了他机敏和舌战群儒的能力。他可是因此而闻名欧陆的。我还记得他曾经夸过皇帝的一句话，说皇帝对荣耀永远"欲求不满"。这个词用来形容会议的精神简直再合适不过了。朗贝斯克亲王那时也常常前来拜会玛丽·路易莎皇后。这个人的名字①和 1789 年革命的最初一系列事件密不可分。他那时喜欢穿骑马的长靴，总是擦得油光锃亮，他说那都是他自己准备的。不过那

---

① 朗贝斯克亲王是法国保王党将领之一。

个清漆的味道可真是难闻，他的嗅觉神经大概不太灵了。

回到美泉宫之后，她重新过起了她第一次住在这里时的那种生活。我们都是一家人一起吃饭的，大家都身穿礼服，脚踩长靴。在这令人熟悉的田园生活方式中，散步、偶尔的拜访、台球以及音乐是娱乐生活的主角。每周的周二和周六是接待访客的时间，皇后希望一周的其他时间都可以保持空闲。她那时几乎每天都会在1点的时候离开美泉宫去拜访她的父亲，有时候会带上她的儿子。至于奥地利皇后，小王子只有在诸如生日或者宴会这样的重大场合才会被带去她那里。皇帝最年轻的儿子弗兰茨大公那时经常到美泉宫来和自己的侄子一起待上几天的时间，两人的年龄相差不大①。真心对玛丽·路易莎和她儿子好的，只有她的父亲和妹妹们。皇室的其他成员对这个孩子都不上心，因为后者年幼，也没什么地位。奥地利皇后和她的小叔子们总是提起要将他任命为主教，这时常迫使皇帝让他们闭嘴②。人们从法兰西帝国那里夺走的战利品将一大批使者和作家都吸引到了维也纳，他们也分享了这份对拿破仑和他儿子的敌意。这份敌意在维也纳的部分阶级中也获得了不小的呼应。在皇后拜访某位外国王妃的时候，一群围在她马车四周的人说，她还在马车以及侍从的纽扣上保持着法国皇室的徽章，实在是很不得体。这样的风言风语迫使玛丽·路易莎把徽章都改换掉了。

她的叔叔们很少来看望她。鲁道夫大公是其中最年轻的一位，他健康的外表下隐藏着一种复杂的疾病。他在身体情况允许的时候，来见过侄女一面。他非常友好，非常温柔。长期以来疾病的折磨，让他显得郁郁寡欢。他是一个出色的音乐家，画画的技法也很

---

① 拿破仑的儿子生于1811年，弗兰茨生于1802年。

② 成为主教后，玛丽·路易莎的儿子就会丧失继承权。

高超。他有时会坐在钢琴前即兴演奏一曲，不过这时候他常常会被疼痛攻击。疾病的攻击是如此猛烈，他经常会就此晕过去。

奥地利皇帝在俄罗斯皇帝和普鲁士国王的陪同下，在 10 月起程前往匈牙利。在进入布达的时候，亚历山大皇帝专门身穿匈牙利军装，骑行在弗朗茨皇帝的身旁。当时人们盛传沙皇在匈牙利的某些省份进行了一些秘密的计划，因此奥地利君主对他的信任在支持皇室的匈牙利人看来，很是不妥。

等到 10 月都进入最后一天了，会议还没有开始。这也正好印证了利涅亲王的那句名言："大会只是在跳舞，完全没有行动。"同时，在一系列的舞会、宴会以及花样繁复的娱乐活动进行的同时，人们的确也在讨论严肃的问题。不过，这些问题是如此的复杂，还同时牵扯多方的利益，所以即便是要确立条约的基础也异常困难。皇后的利益也因为同样的原因而一直处于不确定中。从返回维也纳开始，她就遇到一系列的艰难险阻，都是为了使她获得帕尔马公国的这个问题复杂化。维也纳内阁以敏感为由，假装拒绝听取任何对玛丽·路易莎有益的提议。亚历山大皇帝表明了他希望维持 4 月 11 日《枫丹白露条约》中的条款的内容：条约保证了皇后对帕尔马的主权。俄国人对这个问题本来也不怎么在意。普鲁士和英国也觉得无所谓。不过，路易十八的政府和西班牙则对此表示了强烈的反对。玛丽·路易莎曾经身居高位，但是现在竟然沦落到了任人宰割也无法抗争的地步。她只有仰人鼻息，通过展示顺从来安抚人们对于拿破仑妻子的不信任。当时唯一一个看起来在捍卫她利益的君主，就是亚历山大。他从不会放过任何一个展示自己骑士精神的机会。曾经贵为法兰西人皇后的这位女士在维也纳扮演了一个无法面见法官的起诉人的角色。她的家人虽然足以保护她，但是在这件事上却令人失望地保持中立。她在整个过程中只有一个朋友和一个强人的支持。这个强人支持她也不是真心地想要帮她，只不过是为了给自己脸上贴金而已。

她公开的敌手是西班牙的全权代表们。前任伊特鲁里亚王后没能为自己的儿子争取到托斯卡纳（1801年就割让给她的丈夫帕尔马亲王了），所以她死死地抓住了帕尔马公国，这也是她儿子从父亲那里可以继承到的领地。西班牙使团坚定地支持了这位王后的要求。西班牙使团对拿破仑皇帝深深的敌意让他们的支持有增无减。法国使团也倾向于支持这一主张。奥地利内阁此时的政策倾向于入侵意大利半岛，因此他们非常希望可以让一位奥地利女大公成为帕尔马公国的主人，更不要说皮亚琴察重要的军事意义了。当然，表面上他们不能表现得太明显。弗朗茨皇帝却希望可以让其他盟友来决定事关他女儿利益的这件大事，同时还把她女儿应得多少补偿金这件事也交给了盟友去决定。奥地利内阁要么是出于保持中立的假象，要么是出于对皇帝的尊重，没有表示反对。他的切割是如此决绝，以至于他竟然同意了法国使团提出的要求：让被称作"巴伐利亚属普法尔茨①"的这块属于托斯卡纳大公的波西米亚领地来承担给她的补偿金。也可以将其转移到弗朗茨皇帝的私人领地上去。这些领地之后都被交给了拿破仑的儿子，作为拒绝他继承帕尔马领地的补偿。这些领地主要坐落在邦茨劳、克拉陶、利特梅里茨、拉克尼茨②这几个区域。

这些地区的产业和产出如果换算成货币的话，产业大概有1330万到1340万法郎（这是按照当时维也纳的汇率计算）产出则有大概60万法郎（法国货币）。奥地利虽然做出了这个妥协，但

---

①　此处可能是作者笔误，巴伐利亚属普法尔茨位于今日德国的西南部地区，但是此后他提到的地区全部位于波西米亚，也就是今日的捷克以及波兰南部。

②　今波兰的博莱斯瓦维茨以及捷克的克拉托维、利托梅日采和拉科夫尼克。

并不是真心实意的。同时，伊特鲁里亚王后的儿子获得了卢卡公国以及一份基于这片领地的 50 万法郎的产出（不可转让），这无疑确保了玛丽·路易莎皇后可以在有生之年一直掌控帕尔马。

西班牙政府提出的请求并没有让反法同盟的君主们感到不愉快：他们一想到拿破仑的妻子有可能在意大利获得领地，就感到惴惴不安。正是这种不安，让他们又有了新的说法：她应该在关于皇帝前途的讨论中保持中立。她同意了。人们向她指出，只要有一点点与丈夫共谋的迹象，她就会永远失去人们出于对奥地利的友谊才留给她的好处。失去这些不光对她不利，对奥地利帝国也不是个好消息。这些考量被小心地呈送到了她的面前，让皇后恐惧自己会伤害到父亲。尽管她的父亲表面上冷淡，但其实对她充满感情，她对父亲的敬重也是与日俱增。同时，她也意识到自己大概永远无法和皇帝重逢。奥地利的舆论也无孔不入地在影响着她，她根本无力招架。之后，看到她如此温顺，有人甚至要极端地逼迫她公开谴责皇帝，但是她拒绝了。她对过去的回忆的确没有那么强烈了，但还远远没有被磨灭。

同时，身兼侍从、首席掌马官以及临时代办等数职的奈佩格将军进入了皇后的核心圈子。他此时正在忙着向皇后保证，条约将确保她的完整主权。他运用了自己对首相的影响力，以极大的热忱写了一封建议书，为她发声。皇帝也安排了自己的女儿和自己权势熏天的大臣之间的会面，这样一来她就可以直接向他陈情。每天都有一个全新的故事：一会帕尔马被许诺给她，一会又被给了别人。每天她都在恐惧和希望之间反复，一直处在焦虑之中，同时也让她容易做出别人要求的牺牲，只求她的命运早日获得确定。这种寄人篱下的耻辱处境让她对法国产生了想法，而他们看起来正是抓住这一点，在激化这种负面的感觉。

　　奈佩格将军几乎每天都在晚上的时候来到美泉宫，来用膳并奏乐。之后他就会返回维也纳。他的每根神经此时都只有一个目标：完成他的使命，让皇后忘记法国，忘记皇帝。他成功地逐渐获得了皇后的信任，这让奥地利内阁十分高兴。如此一来，宫中的法国人，尤其是那些大家都知道的和拿破仑皇帝关系深厚的法国人，自然都遭到了白眼。他们激起了许多人的不信任，也让他们在帕尔马无法担任任何公职。如果皇后要前往帕尔马的话，没有法国人可以随行。陪同她前往当地的将会是一名奥地利大臣，以及一名奥地利总督。这位奥地利总督将是皇后身边唯一的亲信，并将总理一切公共事务。皮亚琴察主教法乐·德·博蒙此前是被拿破仑任命的。他奋力地想要保住自己的位置，但还是无济于事。11 月，圣维塔伯爵被引荐给了玛丽·路易莎，担任帕尔马公国的侍从长。这又重新燃起了她的希望之火。在她看来，这都是奈佩格将军四处活动取得的结果，也预示着她不久就会前往帕尔马。在这位将军的建议之下，她给俄国皇帝和普鲁士国王写去了一封信，向他们提起自己的事情。这两封信的内容获得了她父亲的认可，由奈佩格携带着送出去了。这位将军同时还受命就此议题给卡斯尔雷阁下发去口信。后者看起来很乐于帮助皇后。两位君主在没有接见奈佩格伯爵的情况下答复了皇后的信件。亚历山大的答复和他在公开场合的表现是一致的。普鲁士国王的信则充满了模糊而宽泛的许诺。卡斯尔雷阁下当时只是口头答复了奈佩格将军，他觉得没必要用书面的形式答复。不过一周之后，他带着兄弟斯图尔特阁下一起来到了美泉宫。他们身上穿的是普通的骑马装，脚上穿的是高筒靴，他手上还拿着马鞭。发现没人来接待他们之后，他们提出要签个到。发现这样也没人理他们之后，他们就走了。这位英国大臣就像英国政府一样，擅用保护国来为己服务。他那时肯定觉得，这位成为拿破仑夫人的女大公，仅就嫁给拿破仑这一点来看，就丧失所有的权益了。来自盟军的阿伽门农的保证，以及英国的容忍让皇后获得了些许的安全感。帕尔马看起来注定是她的了。现在就只剩下一个问题（这个问题在她看来至关重要）：她什么时候才能前往那里。

第十七章

维也纳和会乱象

此前，会议的进展都异常缓慢，现在终于展示出一丝生气了。不过，大会还是没有做出什么决定：唯一的决定就是将热那亚交给了萨丁尼亚。这也让德·布里尼奥尔伯爵夫人颇为感慨，本来她觉得全欧洲的君主们都聚集到了维也纳来决定自己祖国的命运，是一件荣耀的事情。没想到他们却做出了这么一个决定。的确，这就是大会当时唯一的成果（如果不考虑可怜的利涅亲王的死亡的话，一连串的宴会害死了他），不过，那时候大会已经开始酝酿令人悲痛（而且非常邪恶）的一击了：也就是将萨克森国王从他自己的国土上驱逐出去。这位国王是个和蔼的老好人，是君主们最忠诚最友好的伙伴。不过其他君主只是因为他是拿破仑最忠诚最持久的朋友，就毫无怜悯之心地攻击他。对这种滥用权力的卑劣行径，萨克森国王表示了抗议。他接到的大会决议将萨克森王国的管理权交给了普鲁士的特派专员。国王就此公开发表了他的反对意见。同时，他也公开表示他永远不会放弃自己从先祖那里继承而来的国土，他也不会接受任何就此提供给他的补偿。这次伸出援手的是法国内阁。法国全权代表们强硬地支持了萨克森的要求。奥地利不久后也加入了法国一方。萨克森地区的诸位公爵也表达了他们的抗议，表示他们不会接受使萨克森国王丧失任何领土。这些小德意志邦国的声明，表明了他们不会接受对任何一个德意志邦国的肢解，最终迫使列强们保持了节制。他们最终只是从萨克森国王那里夺走了他一半的国土，这些国土都被普鲁士吞掉了。

英国当时将自己说成是整个欧洲的唯一拯救者，同时在会议上也骄傲地表示自己别无所求。这场战争，以及此后的《巴黎条约》已经实现了她的种种野心。在欧洲，她夺取了马耳他和爱奥尼亚群岛。同时她还夺取了几乎所有的法国殖民地。在每一片海域，她都获得了军事要地。这样一来她的贸易获得了极大的发展，她也获得了伤害他国贸易的手段。同时，为了确立自己的霸权以及陆上强国的形象，她专横地单方面宣布将自己的汉诺威选侯国升等为一个王国。她还按照自己的意思吞并了邻近的他国封地，扩张了汉诺威的领土。

威尼斯此前宣布自己重获独立。奥地利对此的反应则是派兵吞并了威尼斯。

12 月 12 日，也就是皇后的生日这天，外国后妃们纷纷按照德意志地区的传统，向她发来了祝福。她专门在这天跑去了巴登，就是为了躲避纷至沓来的拜访和祝福。两天之前，奥地利皇后在各位男女大公（玛丽·路易莎的兄弟姐妹）的陪伴下专程来到了美泉宫，一家人一起庆祝她的生日。弗朗茨皇帝之前也说过要来的，不过那天因为公务紧急不得不留在维也纳，没能到场。

大概就是这个时候，富歇从巴黎给梅特涅亲王写了一封信。拿破仑的这位前大臣，那时候闲得慌，什么事情都想要掺一脚。他在给奥地利大臣的信中说，现在是让摄政皇后重返法国的最佳时机。社会舆论对法国的新政府是如此不满，皇帝的儿子就算是骑着驴，由一个农民领着进入斯特拉斯堡，他遇到的第一支部队也会直接把他领到巴黎去。路上不会遇到任何的阻挠。我是从阿尔迪尼伯爵那里听到关于这些信件的事情的。梅特涅亲王把这些信都展示给了阿尔迪尼伯爵。阿尔迪尼伯爵此前曾经在巴黎担任过意大利国王的国务大臣。奥地利内阁因为惧怕他的影响力，以需要向他咨询意大利事务为由把他召来了维也纳。他时常可以见到首相，不过更多的时候只是为了露个脸，并不是要为首相做事。

自从 8 月皇后在艾克斯给皇帝写了那封信之后（也就是德·博塞先生从帕尔马寄出的那封信），看起来所有她和厄尔巴岛之间的通信都被禁止了。我很想知道她为什么没有继续写信。我那时经常会写信给皇帝，报告皇后以及她儿子的近况。在玛丽·路易莎返回美泉宫后不久，我曾经请求她也写一封信，可以和我的信一起寄出去。然后我就听到了一个令我感到悲伤的消息：梅特涅亲王在与她谈话时让她许下承诺，保证她不会在未经父亲许可的情况下给皇帝写信，同时所有她收到的信件也要先经过她父亲的手。皇后还补充说，她是违背自己的意愿答应了这个残忍的要求，因为她觉得自己没法拒绝。她每天都会去维也纳的帝国宫殿。有一天，她从那里回来的时候带着一封拿破仑皇帝的来信，日期是 11 月 30 日。这封信是她父亲交给她的。皇帝在信中抱怨皇后一直保持沉默，并请求皇后写信给自己，报告她和自己儿子的近况。奥地利皇帝把这封信扣在他那里 4 天。带来这封信的是托斯卡纳大公的一位廷臣。毫无疑问，这封信肯定被展示给了各国的君主。弗朗茨皇帝之所以要求女儿同意把所有她丈夫写来的信件都先交给自己，就是为了能够这么做，并向自己的盟友们证明奥地利别无二心。皇后没有回复这封信，因为她没有得到许可。为了弥补她的缄默带来的影响，我得自己写一封信。

虽然我当时也受到多方的监视，但拿破仑总还是能获得一些关于妻子和儿子的消息。我那时真是想方设法地要给他写信。最后我是通过维也纳云集的商贾们完成了我的职责。一些好心的商人热情地向我提供了协助。他们的心还没有被政治侵蚀，他们在 1805 年和 1809 年两次法军占领时也没有遭受任何损失（说这个并不是为了贬低他们的善举）。他们通过里窝那和佛罗伦萨把我寄给贝尔特朗将军的信都送了出去。

皇后自从离开法国之后，就一直疏于绘画。刚巧伊撒贝来到维也纳，她也就趁此机会重新开始跟他上课。我在前面也讲过了，这位出色的艺术家是来给各位君主们画像的。事实上，他当时正在绘制一幅大会的集体像。不仅画中的人物惟妙惟肖，伊撒贝在构图上把他们聚集在一起的方式也很机智。他肯定会时常拿不稳自己的画刷，因为绘制这样一幅作品对于一个法国人来说肯定很痛苦。他那时每周会抽出几个小时的时间来找皇后，并给她上课。她从这些课程中学到了很多。她苦于每天过于空闲，再加上她生活的环境带来的回忆的影响，促使她开始从自己孩童时的游戏中寻求放松。如果因为天气不好，没法进行每日例行的散步，或者前往维也纳的皇宫时，她就会沉浸在这些又傻又天真的游戏中。有时候她会克服自己对公务的厌恶，阅读一些报告。这些报告要么是由奈佩格将军发来的，要么是由管理帕尔马公国的大臣发来的。后者为了向她做报告还专程来到维也纳。奈佩格将军有一天给她读了一份很严肃的建议书，她听得津津有味。这份建议书包括了一系列关于意大利的政治和军事考虑。作者在提建议的时候明显是更多地受到了地米斯托克利的政治信条的影响，而没有考虑阿里斯提德的美德原则①。起草

---

① 地米斯托克利和阿里斯提德是古希腊时期雅典的一对政治家。两人的政见完全相反。地米斯托克利强调为实现目的不择手段，阿里斯提德则注重堂堂正正地达成目的。

这个计划的人以前经常大声控诉拿破仑怀抱卑劣的野心。现在他起草的这份计划对奥地利非常有益，但同时也很不公正。

奈佩格伯爵的这份建议书提议在意大利建立邦联体系。这套体系会逐渐将整个半岛置于奥地利的统治之下。半岛上所有不由奥地利皇室掌控的君主都会悄无声息地消失。人们现在或许还可以在维也纳档案馆的深处找到这份建议书。

让撒丁王国吞并热那亚就是朝着建立帮助奥地利对抗法国的邦联体系的方向迈出的第一步。这位君主一直以来就站在我们的对立面，是我们敌人的盟友。在列强看来，扩大他治下的领土注定可以增强他行动的能力，将他变成在意大利抵挡法国的第一人。一言以蔽之，同盟政府的目的就是要将亚历山德里亚的堡垒转变成抵抗我们的前沿，保护下意大利不受法国海上入侵的威胁。

我最大的喜悦就是在小王子的套房里待几个小时。他是那么俊俏，那么温柔。他总是妙语连珠，让人为之倾倒。那时的他大概 4 岁。身体健康强壮。一头浓密的金色卷发衬托着他年轻的面庞。他的五官不算突出，但是那双漂亮的蓝色眼睛让人难忘。他非常聪明，他掌握的知识甚至要胜过许多比他年长的孩子。德·孟德斯鸠夫人从未离开过他身边半步。她就像一个母亲一样关爱着他。她那时每天早上 7 点会准时起床，在祷告之后就开始他一天的课程。小王子那时候不光已经可以流畅地阅读，甚至还略懂一些历史和地理，在知识上已经入门了。法国使团中的随团牧师是兰蒂神父，他有时会来和小王子用意大利语交流。同时宫中还有一位男佣，跟小王子之间只讲德语。这个孩子那时就已经可以用这两种语言表达自己了。但是他很不喜欢讲德语，他觉得这种语言发音既复杂又粗鲁。

1815年的新年在皇后的心中重新唤醒了此前被严厉打压的那份对法国的回忆。在法国，新年那一天是尽情欢宴的日子。在维也纳呢，这一天和平常比起来也没什么特别大的不同。因为在维也纳，人们都是在新年前的那一周时间里交换礼物和新年祝福的。那时候的维也纳，大街小巷都挤满了马车和行人。所有人都盛装打扮。看起来，维也纳的市民们好像更注重庄严地跟旧的一年告别，而不太庆祝新的一年的到来。这种回归我国传统的行为，让我们觉得美泉宫总还是没有彻底遗忘法兰西的。皇后在礼拜之后接待了她所有的宫中侍从们。她送给我一些精美的维也纳产工艺品作为新年礼物。她还附送了一张小小的彩色图画卡。在一年的某些特定时候送这样的卡片是德意志地区的习俗，代表着未来会更好的祝福，也有可能是重回过去的某些美好时光。这天，就连奈佩格将军都显得殷勤而深情。

在主显节①这天，各国君主们都来到宫中，参加盛大的宴会。我不记得是谁吃到了蚕豆，当上了国王②。在美泉宫，皇后那天还为她的儿子，她年轻的弟弟弗兰茨大公以及她的妹妹们准备了下午的点心。她的儿子当上了主显节的"国王"。这也成了对他生来就拥有的王权的不幸象征。

12日，皇后回访了俄国皇后以及俄国的女大公们。那时候刚好是俄历的新年，也就是格里高利历的1月13日。

大概就在这个时候，帝国王储（现在他是皇帝了）的导师埃尔贝克男爵在宫中的会客室突然癫痫发作。之后他疯了，不久就死了。这个事件给他尊贵的学生留下了很深的印象。关于这件事情，

---

① 每年的1月6日是基督教世界的主显节。

② 按照法语区的传统，主显节时要吃一种叫国王饼的糕点。国王饼里面藏着一颗蚕豆，谁吃到了这颗蚕豆，谁就会被选为"国王"并佩戴王冠。

外界有各种各样的讨论。这位老师在疯癫状态下所说的一些话，人们也多有评价。在我看来，那不过是将死之人的呓语罢了。就我自己的记忆来看，他是说有人要取帝国王储的性命，或是要做些什么让他变成笨蛋。

韦尔纳神父是一名出色的传教士，也被认为是德意志地区当时一流的诗人之一。他创作了一大批脍炙人口的悲剧。他在此时抵达了维也纳。奈佩格伯爵于是觉得，如果皇后能听到这个人吟诗的话，肯定会很高兴。优美的诗句再加上出色的吟诵，将会让皇后重新爱上德意志的语言。她的几位大公叔叔们，还有两位她此前的家庭教师（科洛雷多夫人和拉赞斯基夫人）都被邀请来到了朗诵会的现场。我对德语一窍不通，也就没有参与这一活动。韦尔纳神父朗诵了他的悲剧《库内贡德》。他拥有丰富的想象力。这个特质和他严肃的表情合在一起之后，让他看起来像是个走火入魔的人。他最开始的时候是信仰路德宗的，不过之后他转信了罗马天主教。然后他又炫耀似的大摇大摆地跑去罗马，当着教皇的面放弃了自己天主教的信仰。

我们都在焦急地等待着会议的结果。人们每天都说会议就要结束了。不过，主持会议的各位老爷们似乎是太过钟情于仪式和飨宴，没空去真的处理事务。1月21日，法国的代表在圣史蒂芬大教堂纪念了路易十六的忌日。维也纳大主教也列席参加了仪式，场面宏大。所有的君主们都身着丧服，后妃们则穿上了黑色的衣裙，上面还罩着一层绉纱。之后，为了将大家的注意力从这个悲伤严肃的仪式上转移开，君主们在美泉宫举行了一场他们亲自参与的雪橇竞赛。欧仁亲王也获得了邀请。那天的宫中人山人海。德·孟德斯鸠夫人和德·布里尼奥尔夫人不得不让各位君主经过她们的房间前往剧院。只有皇后的套房幸免于难。

萨克森和波兰的归属权问题打破了与会列强之间表面上的和平。自从奥地利背叛我们之后，列强之间已经趁着自己武运昌隆之际秘密达成了协议：它们将在法兰西帝国的尸体上重建各处的领地，如果它们乐意的话，一些小国的利益也可以牺牲。当同盟各国共同的敌人还存在时，它们都坚信着"团结就是力量"的格言。不过，如果说将它们团结在一起的是征服的需要，那么对战利品的瓜分就将分化它们。列强们分裂成了几股势力。人们开始疯传英国和奥地利之间已经达成了针对俄国和普鲁士的密约，法国后来也被加了进去。面对这一分赃的场面，法国扮演的是一个疏离的旁观者的角色。不过，法国的代表们大概不是这么想的。尽管她扮演的是这么一个和善的角色，却并没有获得一丝一毫的退让。相反，法国想方设法地摧毁了自己在意大利的最后一点力量，确保了奥地利在当地的统治。有人觉得法国代表会为了自己的利益而争取保留他从拿破仑那里得到的贝内文托公国。又有人说他会从那不勒斯的波旁家那里得到一大笔补偿金。考虑到这位大臣此前的所作所为，这些怪罪他的话也不能完全视为谣言中伤。德·塔列朗先生此前已经和西班牙使团狼狈勾结，就是为了从前任主人的妻子那里夺走帕尔马公国，让她沦落到寄人篱下的境地。对波旁家族以及正统性狂热般地热爱吞噬了他。他对那不勒斯王室的关心胜过了他对法国的热爱。同样是在和会上，为了保全各个王朝的利益，人民的利益就被弃如敝屣。不过，虽然法国做出了种种努力，萨克森的好国王还是没法避免损失一半国土的命运。

与会列强最关心的事情之一就是厄尔巴岛给它们带去的恐惧。在秘密会议上，各种阴谋诡计开始浮现。它们要用或强制或密谋的手段打击这位"统治"着地中海上一个小据点的令人畏惧的君主。法国使团全身心地投入了针对他的密谋中，主张要赶快把他转移走。我们不说人们针对他做出了怎样的决定，也不去看为什么同盟的部队依旧保持着武装，有一点是确定的：外国的军队非但没有解除武装，到了 12 月底的时候，驻军的人数反而增加了，还进入了战备状态。

数量庞大的俄军当时就继续保持着武装。在这段时间里，俄军还完成了兵员的补充。在吞并波兰之前，俄国还组织了一支波兰部队。俄军同时行军进入了波森①，有一部分军队还接到命令要继续行军，前往汉诺威。普鲁士则撤回了此前驻扎在法国北部的部队，还将自己的大本营转移到了布鲁塞尔。同时，普鲁士在卢森堡、科布伦茨和特里尔的驻军都得到了补充。巴伐利亚国王也将自己在莱茵河两岸的驻军增加了三分之一，还命令克莱沃和于利希的工事堡垒全部进入守势。荷兰军队也增加了几个新的营。奥地利则是最积极武装的一个，她的军队也是最活跃的。依据帝国皇室法院②的命令，奥地利帝国的所有军队都完成了补员，进入了战备状态。为了运输火炮和其他军需物资，奥地利在全国范围内购买了数千匹战马。弗里蒙特将军的部队接到了重新前往莱茵河左岸的命令。奥地利还在意大利组织了一支 4 万人的后备部队。奥地利陆军此时的军队数量达到了 45 万人。维也纳的官方报纸报道了政府采取的部分军事和准备措施。皇帝的一份诏书是这么说的："现阶段要从战争状态转入和平状态依旧存在许多困难，我们必须依旧保持一支庞大的军队。为了提供必需的军费，现对各行业都加征 50% 的税。"诏书中的其他条目则明确表示，直到政治情势完全明朗之前，士兵们都不能回家。巴伐利亚国王的一条命令宣布："国外的形势使得我

---

① 今波兰的波兹南，当时属于普鲁士。
② 这里的帝国皇室法院是奥地利帝国新设立的战时委员会。1806 年前神圣罗马帝国曾有过同名的最高法院，但是两者之间没有承接关系。

们无法召回国境之外的士兵，无法让军队重回和平状态并解散志愿军。为了应付这些部队的开支，政府将会开征附加税。"

《维也纳报》在12月宣布，大会将在1月底的时候结束。之后，同样的这份报纸在1月又说各位君主们在2月底前都无法离开维也纳。然后，这份报纸又说无法确定各位君主们在奥地利首都会逗留到什么时候。

这些从12月中开始进行的军事行动和部署一直持续到了1月和2月。这些部署中的一部分大概是为了占领列强获得的领土，但是关于剩下的部署，没人能给出一个令人满意的解释。基于维也纳会议的秘史，肯定可以写出一本引人入胜的书。各种各样的人都会对这本书感兴趣的。这样的一本书肯定可以吸引一些才华横溢的作家。在歌舞升平的表象下，隐藏的是欲望、滥权、嫉妒、不满以及恐惧。各种舞会和宴会迷惑了人们的视线，掩盖了导致会议停滞不前的真正原因。奥地利宫廷肯定也觉察到了，从财政的角度上来讲，与会各方的滞留变得愈发难以为继。光是在这方面花的钱，就跟打一场战争有同样的毁灭性效果。从这个角度来说，维也纳宫廷就此要求一笔补偿金也完全在情理之中。在领土的划分上，奥地利的确没有获得足够的补偿。

法国和西班牙的谈判代表是最积极地要求驱逐若阿基姆国王的。早在12月的时候，德·塔列朗先生就秘密地向卡斯尔雷勋爵做出了下面这个提议：与会的欧陆各国承认斐迪南国王为那不勒斯国王；列强达成一致，不会直接或间接地支持任何反对他的王位声索。卡斯尔雷勋爵旋即同意了这个提议。

同时，这两个支持那不勒斯旧王室的宫廷针对若阿基姆国王的部署，其实针对的也是奥地利。不过，奥地利在这个问题上的利益和观点却依旧模糊不清。与会的其他列强对于在那不勒斯改朝换代也没什么兴趣。在列强心目中，若阿基姆国王最大的问题在于，他们怀疑他依旧私底下心向着皇帝。

1815 年 5 月 2 日，卡斯尔雷勋爵将拿破仑寄给若阿基姆国王和王后，也就是他妻子的信的副本呈交给了英国议会。这位大臣想要通过这些信件证明，虽然若阿基姆国王和同盟各国共同签署了条约，但他其实根本不打算履行条约中规定的义务。这些信件是由法国政府交给卡斯尔雷勋爵的。现在已经证实，这些信件上的日期根本就是错的，它们讲的是以前的事情，甚至有一些内容是伪造的。皇帝从厄尔巴岛返回后，在皇家档案库里找到了自己信件的副本。这些副本都是在 1814 年或者 1815 年制作的。路易十八在 1815 年 3 月 19 日离开杜伊勒里宫时，布拉卡大臣没有把它们带走。这些副本写在特别的纸张上，宽度有普通纸张的两倍。有半边是留白的，所有被修改过的文字都用红色的墨水标识出来。1815 年 6 月的时候，我见到了这些副本。其他人只要想了解真相，那时都可以看到这些副本。若阿基姆国王后来之所以会和厄尔巴岛上的拿破仑联系，完全是因为他那时有充分的理由怀疑同盟军和复辟政府在密谋夺取他的王冠。他是为了自保。当确信奥地利要赶他下台之后，缪拉才决定主动出击。

亚历山大沙皇有时会在欧仁亲王的陪同下于午饭时间来到美泉宫。他来之前从不会找人通报，还会像熟人一样直接坐在皇后身边。他还记得之前在提尔斯特和埃尔福特见过我。他对我的态度很好，还送给我不少礼物。他甚至通过欧仁亲王传话给我，让我去俄国。他向我保证，我在俄国会重获在法国曾经享有的待遇。于情于理，我都不会接受这个提议。不过，对于他提出这个建议，我还是心怀感激的。我不知道我之前有没有提过这个事情，不过沙皇那时候告诉我，要是大陆封锁系统可以再维持一年的话，英国就不行了。亚历山大是在拜访了英国的主要工厂，并且和主要工厂主们交流之后得出的这个结论。

同时，他肯定也想到了这个政策为欧洲各国，尤其是俄国工业带去的促进效应。就算我们单看结果，这个构想也完全是合理正确的。他在提到英国的时候，语气中带着些许不悦。他对于伦敦的社交圈没有什么好感。尤其让他感到震惊的是这个习俗：女士们在晚餐后会前往会客厅，男士们则会继续留在餐桌旁小酌。在维也纳，他一直很看重别人对他的看法，他想受到所有人的欢迎。他在出访外国的时候，总会和所有见到的军官打招呼，还会走到他们跟前，跟他们握手和闲聊。他总是身着燕尾服或者双排扣长礼服，在进出时也拒绝人们向他行军礼。如果对此不知情的卫兵看到他想要行礼时，他会要求卫兵返回值班室，无须注意他。

玛丽·路易莎随扈的规模缩水了不少：现在基本只剩下奈佩格将军和我了。德·孟德斯鸠伯爵夫人有时会到我们这里来，但来的时候不多。出于对自己岗位的责任感，她也不会离开自己的学生太久。德·布里尼奥尔夫人则自从年初就开始生病。因此她被迫一直待在自己的房间里，有时候甚至会卧床不起。

德·博塞先生则饱受痛风之苦，没有任何喘息的机会。鉴于这两个人的缺席，每周二和周六例行的接待也中断了。

到了2月中，帕尔马公国本来应该是毋庸置疑地属于皇后了。但是，奈佩格将军却把我拉到一旁，面带忧虑地告诉我，皇后的事情又节外生枝了。在我表达了自己对于这个突然报警的惊讶之后，他说他和梅特涅亲王就此谈了1个小时。这位大臣向他解释了所有让皇后的权利再次陷入疑问的原因，其中就包括与会各国现阶段无法允许她的儿子跟着她一起去意大利。如果皇后的儿子出现在意大利会损害皇后的利益，她的友人们肯定会乞求她把儿子留在维也纳，奈佩格将军对此深信不疑。他们会允许她每年和儿子见面的权利。这是一个精心释放出来的信号：当时他们要么已经决定剥夺小王子对帕尔马的继承权，要么就是马上要做出这个决定。翌日，奈佩格公爵当着德·博塞先生的面又跟我讲起了这个事情，他显然觉得他必须把我争取到他那边去。同时，他还让我听取了他的报告，内容是帕尔马公国至今为止经受的种种困难，以及奥地利皇室对于这片土地毋庸置疑的权利。这份报告书和维森贝格男爵就同一问题所做的建议书一起被呈交给了意大利委员会。

亚历山大沙皇出于一贯的对欧仁亲王的感情，在大会上力陈了后者的请求。他一开始是打算为欧仁亲王争取爱奥尼亚群岛的。这一点值得注意：正当各个势力都希望在瓜分帝国的过程中分得一杯羹的时候，爱奥尼亚群岛倒是在很长的一段时间里都没人争抢。这块地盘那时是先来先得。之后，英国出手吞并了这些岛屿，突然让其他列强眼前一亮。它们之前要么是忘记了这块肥肉，要么是胆子不够大，不敢直接出手。俄国皇帝之后还在大会上提交了一个提议，将莱茵河左岸一块有 30 万居民的领地划给欧仁亲王。他选择将拿破仑的养子安置在紧挨着法国国土的地方，说明根本不在意此前被召回法国的各位旧王公的利益。说实话，从他的言语中也可以看出这一点。他说他是在米陶与路易十八相识的。在他看来，这些人跟其他欧洲王室相比根本就是暴发户。他说："他们现在重新坐上王座了，最好就平稳地在上面待着。要是他们又被赶下来，可别指望我再出手相助。"

梅特涅亲王给奈佩格将军的那个信号诱使皇后赶来和这位首相见了一面。她在奥地利皇帝的宫殿中见到了他。后者向她保证自己会坚定地捍卫她对帕尔马公国的所有权。同时，后者还说大家也注

意到了她温顺的表现，会将其纳入考虑之中。奈佩格将军请求面见
卡斯尔雷勋爵，后者将时间定在了晚上 11 点。奈佩格将军获得了
这位大臣和威灵顿勋爵的保证。皇后在 2 月 16 日给俄国皇帝写了
一封信。她在信中除了重申相信他会一如既往地支持自己之外，还
表示自己不会接受来自法国的任何东西。也就是说她会放弃 4 月
11 日条约①中第三条规定的 100 万法郎的收入。她也同时放弃自己
对波西米亚诸领地的权利。采尔尼切夫将军带回了亚历山大沙皇的
回复。在信中，他重申自己会保持一贯以来为皇后着想的态度。他
请求第二天可以与她会面。翌日他抵达的时候，皇后正要落座：她
那时候不知道他会不会来一起用午膳。他在那里再一次重申了自己
在信中做出的承诺。

我在维也纳的生活

　　自从皇后做出妥协，表示不会把儿子一起带去意大利之后，各
种各样让人放心的保证就从四面八方纷至沓来。有一天，奈佩格将
军从维也纳回来之后对她保证，奥地利政府会坚决地捍卫她的权
利。奥方甚至不会允许人们就此继续进行讨论，这件事情就算定下
来了。10 个月之前，奥方已经以她的名义占领并开始治理当地了。
法国代表团对此的态度则大相径庭。西班牙代表们也加入法国一
边，对此表示强烈的反对。达尔贝格公爵在德·布里尼奥尔伯爵夫
人（也就是他的岳母）的家中时表示，皇后是不会得到帕尔马的。
同时他还说盟军不会允许波拿巴家族的任何人拥有一个独立的
公国。

---

① 指 1814 年的《枫丹白露条约》。

阿纳托尔·德·孟德斯鸠男爵大概这个时候也来了，和他的母亲一起生活了几个星期。见到他使我非常高兴，因为现在在美泉宫里，已经没有几个和皇帝站在同一边的人了。

同时我也收到了一封贝尔特朗将军从费拉约港寄来的信，上面的日期是 1 月 28 日。同时寄来的还有一封费沙红衣主教从罗马写来的信，上面的日期是 2 月 4 日。皇帝的身体很好，不过他已经个把月没有收到关于皇后以及他儿子的消息了，这让他非常焦虑。我把这些信件展示给了皇后。第二天用午膳时，她告诉我如果我还没有回复昨天的那些信件的话，我不应该回复它们。至于为什么不行，她晚些时候会告诉我。她还说，其中的缘由与其说和她有关，不如说和我有关。皇后肯定是出于好意提出了这个要求，我尊重她的要求。不过，我觉得我是没法不回复这些信件的。同时我也相信，自己之所以可以继续不受阻碍地与厄尔巴岛通信，肯定是因为她的保护。

作为一个无力但也不冷漠的旁观者，我看着身边发生的这一切。皇后当时被夹在了她作为妻子和母亲的职责以及她想要前去治理帕尔马的愿望（她只有牺牲前面的两个职责才能实现这个愿望）之间。到这时候为止，这个两难的境地一直让她非常焦虑。不过，看到她突然轻易地就做出了选择，让我感到痛苦。这一轮轮的风暴，并没有改变她温柔善良的性格。不过，在经历了长时间的焦虑之后，她现在终于获得了极大的安全感。我觉得，她之所以会获得这份安宁，大概是因为她对父亲给予保护的信心，以及她终于下定决心要放弃自己对法国的情感。

这段时间我常常会来到可怜的德·布里尼奥尔伯爵夫人床边陪她几个小时。看到她病得如此之重，让我又生出了其他的感慨。密谋和钩心斗角（包括一些无害的密谋）已经成为这个出色女人身体的一部分，她习惯于受到各个阶层的男性对她的尊重。现在待在一位从不把任何事情放在心上的帝后身边，她有点无所适从。在合理的范畴内，德·布里尼奥尔伯爵夫人对于皇后的想法拥有极大的影响力。但是她也因此被迫要变得更加灵活，每天耗费更多的脑力，忍受每天不定时出现的恼怒、焦虑以及烦忧。这与她在背后操纵热那亚共和国的政事或者在枫丹白露和教皇谈判时比起来，还要累人。这个出色而精致的女人，那时需要身体和思想上的休息。但是，她被扯进了这一系列狂暴的事务之中，最终它们把她给害死了。我此前时常建议她到意大利去休息一段时间。不过，她过去在意大利拥有的一切都已经被推翻了。更何况，她又怎么会下定决心放弃自己在皇后这里拥有的影响力呢？

离开德·布里尼奥尔夫人的套间后，我一般会前往德·博塞先生的套间。大部分时间我看到他的时候，他都躺在床上。在极少数时候，他会陷在自己的扶手椅里，裹在老式的羊绒披肩和一大张绣花的被子里。这一整套行头让他满头大汗。他的目光直直地盯着天花板，一会显得哀伤，一会又显得愤怒。这另外一位病号已经彻底被放弃了。有时候整整三个星期的时间都不会有人来找他，留下他自己躺在病床上兀自痛苦。病床上的他整日浸泡在自己的汗水和泪水中：当痛风袭来的时候，他会像个孩子一样哭泣。

我应该讲一些没那么悲伤的事情。就说说亚历山大沙皇和一位威尼斯女士之间打的赌吧：打赌的内容是看谁能更快地换好衣服。整件事情发生在一个会客厅里。会客厅已经被屏风隔成了两个部分，两人分别在各自的区域里换装。现场围观的人负责把每一件衣服递进去，以确保他们真的换下了全套的服装。要么就是这位女士真的动作神速，要么就是沙皇故意让了她，因为她赢得了赌注。她在头上戴了顶帽子，缩短了时间（女士梳妆打扮耗费的时间是最长的），这的确是事实。由此可以看出，他们的娱乐生活多姿多彩。凡是可以让他们分心的事情，他们都很欢迎。就在同一天，宫中还表演了一场芭蕾哑剧，剧目是《奥林匹斯》。他们找不到能扮演维纳斯的人，准确地说，是没有女士愿意扮演这位女神。后来一位巴格拉季昂家①的女亲王勇敢地站了出来。不过，就在幕布拉开之前，她临阵退缩了。本来她愿意扮演这个角色也只是为了帮其他表演者排忧解难而已。天才的伊撒贝想出一个好主意：只展示维纳斯在幕布后的背影。

　　法国和西班牙的代表们此时还在坚持要求若阿基姆国王必须下台。后者其实没有给奥地利任何反对他的理由。不过，大会这时打算采取强硬的手段实现自己的目的。为此，法国政府不惜表示会使用武力。奥地利内阁等的就是这个时候，它马上宣布自己将保持中立，不过只要法国政府或者拿破仑的军队踏上意大利的领土，奥地利就会出兵对抗。为了证明这种武装中立的态度，奥地利在意大利部署了一支55000人的军队，由弗里蒙特将军率领。同时，索劳伯爵头顶伦巴第总督的头衔被派往了米兰。格尔茨将军被派去了威尼斯。这个声明被通报给了巴黎和那不勒斯的宫廷。法国政府之后则摆出一副正在组织远征军的样子。这支部队将从土伦出发，在西西里登陆并与当地的部队会合。然后大军会尝试在那不勒斯沿海登陆。战争大臣同时将里卡尔将军派到了维也纳，和法国大使一起就远征军一事达成共识。不过，这支军队一直停留在纸面上，并没有真的获得组建。

　　奈佩格将军在宫中的剧院遇到了冯·梅特涅先生。后者告诉他要做好准备前往都灵。他的副手，赫拉博夫斯基中校则同时获得了

---

① 沙俄的贵族家族，源自曾经统治格鲁吉亚的巴格拉季昂王朝。

前往米兰的命令，投奔弗里蒙特将军麾下。奈佩格将军第一时间就赶去把这个消息报告给了玛丽·路易莎皇后。翌日，皇后就前往了维也纳，请求她的父亲延后将军出发的日期，延后到她的事情都尘埃落定之后再说。弗朗茨皇帝没有做出任何承诺。奈佩格伯爵从维也纳给玛丽·路易莎写了一封信，让她尽快按照计划和梅特涅亲王见面。她马上就将一封事先准备好的信寄给了这位大臣。2 点钟的时候，玛丽·路易莎带着儿子来到了维也纳。之后她派马车把儿子送回了美泉宫。她在自己的妹妹，利奥波丁娜女大公的家中等了冯·梅特涅伯爵很长一段时间。利奥波丁娜女大公家是事先约好的见面地点。待到这位大臣终于抵达之后，皇后成功地获得了他的许诺：在大会就帕尔马问题做出决定之前，奈佩格将军不会离开。他的看法是，在 3 月 8 日到 10 日之间应该就能做出决定。

皇帝离开厄尔巴岛造成维也纳的恐慌

与此同时，若阿基姆国王也知道自己面临的危险。他知道法国政府已经和其他几个列强达成了共识要把自己赶下台。奥地利狡诈的行径也没有逃脱他的注意。聚集起来的奥地利军队 6 倍于一支普通观察部队需要的人数，这让他非常焦虑。想到这支部队集结起来就是针对他的（也的确是这样），他决定先发制人。在皇帝待在厄尔巴岛上的这段时间，拿破仑和那不勒斯国王之间建立起了联系。当皇帝决定离开厄尔巴岛的时候，双方达成了口头协定，那不勒斯国王会率军在伦巴第的边境上等待，威慑奥地利但是并不主动进攻。关于这个安排的一份协议由皇母夫人的侍从带去了那不勒斯。此后，因为事态发展太快，这份协议并没有得到签署。在安科纳举行了一次会议，有一名法国代表以及两名那不勒斯代表参与。在会议上，代表们讨论了一个关键的问题：那不勒斯国王是否应该抓住机会先发制人反抗奥地利。两位那不勒斯代表都是土生土长的当地人，他们认为应该尊重奥地利的表面中立。他们的理由是，如果先发制人的话，国王也就呼应了奥地利的秘密计划，这样可能会让国王失去自己的王冠。对此，国王回复说既然奥地利已经决定要推翻他，自己就必须马上采取攻势。其中一名叫作祖洛的那不勒斯代表，出于忠诚和缜密的考量坚持国王应该保持守势。人们此前一直以为他是西西里王后的密探，其实根本不是这么一回事。这些观点得到了第三名代表的支持。他是一个典型的法国人，对若阿基姆国王也非常忠诚。他尤其坚持国王要严格地执行跟拿破仑皇帝达成的计划。国王好战且焦急的性格本来就会促使他选择战争。同时他对奥地利针对自己的密谋也非常愤怒。在上述因素的影响下，他选择了采取攻势。皇帝的其中一名兄弟寄来了一封信，这封信在安科纳的一场舞会上被交到了国王手上。信的具体内容无人知晓，大概是揭露了什么秘密计划。这封信促使他做出了决定。他摘下手套，跨过了卢比孔河①。

　　这时一些君主已经离开了维也纳。其他没离开的，要么正在做临行的准备，要么已经或早或晚地定下了启程的日期。卡斯尔雷勋爵也被召回了伦敦，准备即将开始的议会新会期。作为替代，威灵顿公爵也抵达了维也纳。总而言之，看起来大会就要闭幕了。不管英国政府是出于什么原因，但要等到事情基本尘埃落定之后才把这么一号重要的人物派来都显得奇怪，这位反法同盟英雄的到来，为与会的各国君主们带来了新的享乐的理由。在过去的 5 个月里，奥

---

① 西方谚语，意同"破釜沉舟"。典故来自古罗马时期，恺撒打破将领不得带兵跨过卢比孔河的禁忌，进军罗马进攻庞贝。

地利皇帝的这些高贵的客人对于各种娱乐活动是乐此不疲。正当各种欢宴享乐重新开始的时候，传来了令人震惊的消息：皇帝离开了厄尔巴岛！我根本没办法描述这个消息制造的情绪。这个消息是在3月7日的下午2点传到美泉宫的。带来这个消息的是一位叫泽格柳斯的神父。他是维也纳的圣安娜教区的牧师。他来美泉宫是见德·孟德斯鸠夫人的。把这位神父带来的马车夫则是在首相府听到了这个消息，一位信使将这个消息带去了那里。神父抵达的时候，皇后不在。她正在奈佩格将军的陪伴下在外骑马。返回美泉宫后，将军发现了一张他的副手赫拉博夫斯基中校留的字条。字条中提到，后者已经被命令前往米兰传信，马上就要出发。布里尼奥尔侯爵在当天晚上抵达了美泉宫。他告诉玛丽·路易莎，从中午开始，意大利各地陆续抵达的信使们带来了同样的一个消息：皇帝的确离开了厄尔巴岛。至此，大家就再也没有任何的疑问了。各位君主和他们的大臣受到了极大的震动。当天晚上，宫中出现了难得一见的场景，大家都在激烈地讨论这个消息。法国代表们还有一些外国代表坚持皇帝已经抵达了那不勒斯。这让他们针对若阿基姆国王是旧恨又添新仇。只有很少的一部分人觉得他已经返回了法国，但没人相信他们。不过大家在一点上是达成了共识的：必须要马上行动起来对抗拿破仑。巴伐利亚国王挤过人群找到塔列朗亲王，告诉后者自己会加入反抗的队伍。他的儿子巴伐利亚王储则说拿破仑皇帝和若阿基姆国王都会被抓起来并送上法庭。当时在场的这些名门贵胄表达出的种种恍惚、恐惧或充满希望的情感，很难用言语描述。

皇后肯定在结束骑行返回之后听到了这个消息，或者说她很可能听到了这个消息。不过她看似是忽略了它。当天的晚膳、台球和音乐表演还是照常进行。翌日，这个消息在美泉宫的小小法国天地中迅速传开了。这个消息激起了如此多的讨论和观点的表达，以至于一位官员觉得应该下令禁止人们再谈论这件事情。皇后决定不再掩盖这个重击（当时人们是这么称呼这个消息的）给她带来的情绪。她在第二天开始经常讨论这个消息。她觉得皇帝这么做是让他自己陷入了巨大的危险之中，让她很紧张。因为她坚信皇帝是不会成功的。之后她还表达了自己的另一层恐惧：皇帝的这次冒险可能会让她在帕尔马的事情化为泡影，同时影响她儿子的未来。

她前往维也纳去向俄国皇后告别，后者要启程前往慕尼黑。在返回之后，她说奥地利皇帝对拿破仑的所作所为表示了强烈的不满。同时他也表示会派遣大军前往意大利阻止拿破仑的一切行动。确实，奥地利旋即下令让意大利海军马上起航，同时还派遣了18万军队，由施瓦岑贝格亲王率领进入意大利。

一如往常，在这种大事发生的时候，所有人都会想方设法推卸责任。

奥地利皇帝批评俄国皇帝和普鲁士国王此前否决了在厄尔巴岛派驻外国军队，并且禁止法国士兵在当地驻扎的提议。

维也纳所有的庆祝活动全部停止。取而代之的是一片寂静，各方都紧锣密鼓地行动起来。大会的议程也成了无人知晓的谜。维也纳的报纸（名叫《观察家报》，是首相控制的一份报纸）一直保持沉默，即便是关于维也纳的最简单的消息，人们也必须要去阅读其他德意志邦国的报纸才能获知。所有与法国之间的通信都被禁止。监视活动逐步加码，变得让人难以忍受。警察就像是马蜂一样，对路上的每一个行人都严加盘问，同时不管人们走到哪里，后面都有警察跟着。他们还想出了无数的借口侵犯人们的隐私。德意志人的仆人们被维也纳的警察逼到了绝望的境地。警察们逼迫他们供出的都是他们根本没法给出的消息，因为他们根本就什么都不知道。

由拿破仑的大胆行动引发的混乱并没有阻止盟国抢夺萨克森王

国的计划。这种混乱反而让她们加快了脚步。萨克森国王那时在普雷斯堡隐居。他已经下定决心，不会同意任何分裂自己国家的提议。威灵顿勋爵、梅特涅亲王以及贝内文托亲王在接到拿破仑离开厄尔巴岛的消息之后的翌日就赶往了普雷斯堡。他们的目标是说服国王同意这个剥夺他一半国土的方案。他们抵达之后发现他坚决不肯退让。不过，之后这位不幸的君主还是屈服于武力了。

因为拿破仑的计划而忧心忡忡的不只是与会的各位贵胄们，所有人都牵挂着事态的进展。此后又过了两天，拿破仑在法国登陆的消息才传到这里。弗朗茨皇帝这下对意大利放心了。然后他对自己的女儿说，如果拿破仑获得成功的话，在确定自己的女婿这次是抱着和平且审慎的目的之前，自己是不会允许她返回法国的。这位皇帝的第一直觉总是好的，但是他的良好直觉和天生的忠诚总是会屈服于后天的政治考量。

到了 3 月 8 日，那时还留在维也纳的各位君主就达成了协议，将他们的军队再次集结在一起，组成反法同盟。威灵顿勋爵表示，对抗拿破仑皇帝的战争马上就将开始。在他抵达维也纳之前，大会曾经商讨过将皇帝从厄尔巴岛转移到大洋中的某个小岛上去的方案。人们那时候盛传是他在抵达维也纳之后否决了这个方案。威灵顿勋爵还表示，拿破仑会被俘虏并押解去英国。在英国，他会获得与身份相配的待遇。

皇帝离开厄尔巴岛的消息传到维也纳之后的 3 个星期的时间里，谣言四起，很多时候完全自相矛盾。一会说拿破仑在昂蒂布①遭遇了失败，重新上了船。其他版本的言论又说他在昂蒂布受到了旺达姆将军的接待。一会又有人说他已经在朝着里昂行军了，但是

---

① 法国南部港口城市，靠近尼斯。

他在路上遭到了袭击，损失了 3 门大炮。人们说，他经过的那些省份只是假意臣服，等他离开之后又马上回到了波旁家的统治之下。一会人们说他手下有 6000 人，苏尔特元帅也已经归顺了他。一会又说阿图瓦伯爵领导的，古维翁·圣西尔指挥的部队在第戎遭遇了皇帝的部队并让后者承受了大败！还有说路易十八在贡比涅被俘的。还有说内伊元帅击败了皇帝的。又有说内伊元帅已经率军归顺了皇帝的。其他的消息也有说他是独自归顺的，因为他的部队抛弃了他云云。这些谣言并不是下层民众制造的，它们反映的都是两位皇帝以及普鲁士国王收到的信件的内容。奥地利皇后把所有自己收到的消息都转达给了自己的继女。这些消息大部分都是假的。法国的报纸被全面禁止了。收到这些报纸的奥地利和其他各国代表都会小心地把它们藏好。能刊登法国新闻的只有德语报纸。

约瑟夫国王当时正隐居在瑞士。是他将皇帝的行军消息都告诉了我。他向我派来了信使，专门告诉我真实的事态是如何。这也让我拥有了反驳灾难性报告的能力。这些报告在大会上和维也纳市内疯狂地传播。它们都是由富什－博雷尔①炮制出来的。皇后唯一的消息来源就是这些东西。

事态的飞速进展让皇后非常焦虑。听到皇帝一会成功，一会失败，让皇后完全丧失了平和的心境。尽管我一直仔细地告诉她真实的情况，但是因为我并不是一直都可以告诉她我的消息来源，所以她更倾向于相信维也纳宫廷中传来的消息。无论内容为何，只要有新的消息传来，都会让皇后焦虑。一会她会说自己不会返回法国，因为她觉得法国会一直混乱下去。一会她又说，如果皇帝愿意放弃

---

①　富什－博雷尔是当时的一名出版商，以他对波旁家的狂热情感而闻名。——作者注

他侵略的计划，进行和平的统治，她看不到任何阻止她返回法国的障碍，同时她也完全不抗拒再次返回法国，因为她对法国人一直抱有好感。

这时，出现了许多针对德·孟德斯鸠夫人的不满。此前各方做出的，将小王子和他出色的女管家分开的决定逐渐开始浮现。人们说她告诉小王子，如果他的父亲成功的话，他会拥有怎样的未来。因此德·博塞先生获命去找到了孟德斯鸠上校，告诉他，他母亲现在受到多方监视，必须谨言慎行。鉴于德·孟德斯鸠夫人本身非常审慎，这样的建议完全就是多此一举。她没费什么工夫就说服了皇后，自己根本不会用这种小孩子无法理解的话题去打扰他的思绪。自己也不会告诉他这些可能让他激动，进而伤害身体和头脑的话。

德·布里尼奥尔伯爵夫人的健康状况持续堪忧。3 月 11 日，她多次晕厥，德·孟德斯鸠夫人因此让她领取了最后一顿圣餐。3 点钟的时候，按照皇室的习俗，皇后在冯·科洛雷多夫人、安托万 - 布里尼奥莱夫人以及其他廷臣的陪同下来到了礼拜堂。在那里，她和她的随扈们都领取了点亮的蜡烛。牧师端着圣餐在前领路，我们跟随在后面，来到了这位生病女士的房间。在祷告和进行临终涂油礼的过程中，我们都在现场，双膝跪地。德·布里尼奥尔伯爵夫人的虔诚和顺从让我们都学到了很多。她用坚定而洪亮的声音，为自己曾经造成的伤害请求了原谅，既不狂妄，也不谄媚。仪式结束之后，我们排着同样的队列将牧师送回了礼拜堂。这个既感人又令人难忘的场景似乎让她恢复了力量，她在整个过程里都神志清醒。第二天早上，她甚至可以和皇后见面，并和我们每一个人谈话。她这时展现出的安详和清晰的头脑让我们都差点忘记了她面临的危险。

在这次会面当中，玛丽·路易莎向奈佩格伯爵耳语，说他们应该去完成一封信。我们到第二天才得知这封信的内容。信的内容是告诉冯·梅特涅先生她和拿破仑皇帝的计划之间没有任何的关系。同时，她宣布将自己置于同盟军的保护之下。这份声明马上就被交到了与会各国君主以及他们的代表手上。他们似乎都在等着这份声明，好确定他们针对皇帝的共同宣言的内容。这份宣言就是著名的1815年3月13日的声明，直接挑动谋杀，仿佛是野蛮人时代的产物①。至于这份法国代表团提出的谤文让同盟自身都觉得太过暴力，后面修改了其用语这件事情，我觉得都不必说了。紧接着，在3月25日提出的条约是这份宣言的实践以及补全。这是一份放逐的文件，体现的是恐惧，是傲慢，是所有被放大到最大的仇恨情绪。法国代表那时肯定预料不到，通过这样煽动外人对法国的仇恨，推动《休蒙条约》的续期，他正在为1815年11月20日耻辱性的《巴黎条约》做着准备。到了真的要签字的那一天，他才意识到自己根本没法在这样一份条约上签字，但是已经太晚了。

　　皇后此时看起来很是伤心，也很受折磨。她的精神正忍受着一波痛苦的感受和思考的折磨。无论是对德·孟德斯鸠夫人抑或是对我，她都不完全信任，不会对我们毫无保留地吐露心声。她当时甚至做出了如下评论，我觉得不能就此保持沉默。据说，她是这么说的："如果我可以确认我不会因为没有前往厄尔巴岛而受到责怪的话……"她并没有说完这句话，就马上补充说："但是我身边可都

---

① 签署《巴黎条约》的各国齐聚维也纳会议，获知拿破仑入侵以及率军进入法国的消息，出于自身的尊严，出于社会秩序的利益，带着此事在他们心中激起的庄严情感，发出这份宣言。破坏将他安置在厄尔巴岛上的协议之后，波拿巴已经摧毁了他拥有的唯一合法头衔。他在返回法国破坏社会稳定的同时，也亲手剥夺了法律对他的保护。同时他也向世人证明，他就是希望烽烟不止。因此各国在此宣布，剥夺拿破仑·波拿巴的一切民事和社会关系。作为世间和平的敌人与破坏者，他已经成为全民公敌……（宣言的内容）——作者注

是抓住一切机会指责我的人。"我觉得话都说到这种地步了，也不大可能是什么误会了。所以我就第一时间找到了她，就她对我说的坏话提出抗议。我问她是不是觉得我滥用了她好心对我的招待，成了一名告密者。我告诉她，我比任何人都清楚，她心底里是很想到皇帝身边去的。她没能按照心愿履行自己的指责，完全只是因为事态不允许罢了。人们对她严加监控，同时对她的一举一动都充满警惕。我接着补充说，我到底是出于什么动机会做出对她不尊敬的事情呢？她每次提起皇帝的时候，难道不是都充满了对他的关心和情感吗？难道不是她自己承认这些情感一直都没有消失吗？我还趁这个机会表示了我对她前几天做出的宣言的遗憾之情。她的那份宣言被大会赋予了恶劣的用途。我以最焦急的口吻劝诫她不要签署任何会将她和同盟捆绑在一起，或是针对皇帝的文件。我劝诫她要严格地保持中立，我认为这是她在当下的局势中唯一可以采取的立场。她耐心地听完了我的一席话，然后告诉我她看出了其中的审慎。她还说，如果我指的是 3 月 13 日的宣言的话，她跟我一样对其表示遗憾。她说那是一份前所未见的暴力宣言，同盟在未来肯定会为此感到后悔的。但是她也补充说，她对于自己的行动不再有任何控制了。她已经答应父亲将自己完全交给他，行事完全按照他的建议进行。她说，自己无论是出于个人利益还是出于大家的利益，都没办法反对任何他想要做的事情。她不能食言，更不能让父亲失望，他是她儿子唯一的保护者。她说，奥地利的公主们都只不过是家族族长手中的工具罢了。她说，自己就是在这种绝对服从的原则下被教育长大的。她已经不再是一个独立的君主了。现在的她不受任何保护，也无力反抗。她说自己只能接受落在自己身上的枷锁，无法公开反抗父亲和家族。我可以想象，如果她反抗了，她的儿子会遭受怎样的命运。她从出生的那一刻起，就注定是永远无法获得幸福的。

　　一想到拿破仑的儿子还掌握在忠诚于他的人手中，欧洲的这些头头脑脑就寝食难安。奥地利皇帝向他的女儿宣布，考虑到现在的形势，各国君主们希望小王子应该在维也纳生活。3 月 18 日，皇后从维也纳返回之后马上派人找来了德·孟德斯鸠夫人，让她准备带年幼的王子前往维也纳的皇宫，入住王储套房。之前，皇后带着自己的儿子在维也纳面见了弗朗茨皇帝。这道命令下达之后，宫中上下都忙碌了起来，为第二天前往维也纳做准备。出发的那天也是一个令人悲伤的纪念日。当初那些聚集在一起表达祝福的强国国民们，有谁能想到，他在 4 年之后会身处维也纳，成为同盟的囚徒，成为新的安斯泰安纳克斯。虽然他父亲极力想要避免这样的情况发生，但他还是将遭受悲惨的命运。19 日，皇后从维也纳返回之后，来到了儿子的套间，将奥地利皇帝的意愿告知了德·孟德斯鸠夫人，要求她准备好在晚上 8 点出发。她并没有说为什么要如此仓促地启程。到了预定好的时候，她和德·孟德斯鸠夫人以及自己的儿子一起登上了马车，陪着他们前往帝国皇宫，然后将他们留在了那里。

　　在回到美泉宫之后，皇后告诉我她已经给自己的父亲写了信，希望他可以保护自己和儿子。她说她是迫于压力才写的这封信，有人已经专横地告诉她，这封信她非写不可。她还说，弗朗茨皇帝已经决定要保证他的孙子可以获得帕尔马领地的继承权。他会请求法国国王同意这个安排，这也是弗朗茨皇帝支持后者复位的条件。同时，奥地利内阁开始帮助玛丽·路易莎对公国发布政令，不过是代表奥地利方面。他们害怕拿破仑皇帝会以皇后的名义派出总督到当地进行接管。

　　贝内文托亲王在维也纳很不招人待见。人们不管看他做什么，都觉得他是一个双面间谍。有人说，他知道拿破仑在法国高歌猛进，同时后者在里昂发布的敕令也把他排除在了赦免名单之外，因此他已经做好了前往伦敦的准备。如果他启程的话，他的侄女会带着自己的孩子和库尔兰公爵夫人一起跟着他前往伦敦。他之所以还没有执行这个计划，是因为静观事态发展是他最爱的原则。不过，又有人说，他已经和拿破仑达成了秘密协定。这些人还说，大会已经提议要封存所有他的文件了。

3 月 27 日，在见到了一位巴黎前来的特别信使之后，德·塔列朗先生宣布他要关闭自己的宅邸，同时结束自己的使命。在全部 4 名法国代表中，德拉图尔迪潘先生离开了维也纳。贝内文托亲王、达尔贝格公爵以及亚力克西·德·诺瓦耶伯爵则留在了维也纳，等候进一步的指示。几天之后，大会签订了一系列的协议，德·塔列朗先生也就在那时离开了维也纳。德·拉贝纳尔迪埃先生在 4 月底的时候离开了德·塔列朗先生，并在 5 月初返回了巴黎。他在巴黎说的所有的话感觉都是精心准备过的，为的就是打击大家的士气。为了隐藏返回巴黎的真实动机，他假装对德·塔列朗先生非常不满：不过其实他返回巴黎正是为了让后者了解巴黎发生的大小事情。我在维也纳的时候，曾经多次见过这个人。我那时就发现，这个人无论是对皇帝还是对军队，态度都不好。总的来说，他对帝国政府的一举一动都充满敌意。每次他谈到这些话题，都会疯狂地抱怨一番。德·拉贝纳尔迪埃先生一到巴黎就成了富歇的爪牙。在滑铁卢战役之后，富歇任命他担任了负责与地方将领谈判的代表之一。与他一同担任代表的有瓦朗斯和安德烈奥西将军，还有布瓦西·德·安格拉以及弗洛热尔格先生。尽管德·拉贝纳尔迪埃先生喜欢夸大其词这件事情是人尽皆知的，尽管他在两周之前还在维也纳和会上代表王室，富歇依旧坚持要选择他。对于所有反对的意见，他的回答都是他需要选择一个有外交经验的人去担任代表。这完全就是欠考虑的行为。我差点忘记提一下德·拉贝纳尔迪埃先生在维也纳的具体职责是什么了。在复辟之前，他是外交部北方局的头头。当时外交部里有两个主要分支：北方和南方。之后他被任命为国务委员，进入了贝内文托亲王的使团。当他完成使命于1815年9月从维也纳返回后，为了报答他对波旁家的"忠诚服务"，他获得了一笔巨额养老金，回到他在图赖讷的庄园中隐退。他后来在那里去世了，死后留下100万的遗产。他是以健康问题为理由退休的。不过这个人其实对自己的健康非常上心。这位所谓的老兵每次出门都会带上自己的医生、妹妹，还有狗。

皇子被强行带回维也纳

3月20日是皇帝重新回到杜伊勒里宫的日子。侍从长沃尔布纳伯爵在那天叫来了德·孟德斯鸠夫人，并婉转地告知她自己在前一天去过美泉宫，并在那里接到了一个令他难受的任务：皇帝下令要让她和自己的外孙分开，并让她返回法国。这位伯爵夫人鲜明的观点，以及她希望在自己的学生心中培养对他的父亲，也就是皇帝的感情的这份职责，都让她在维也纳的宫中饱受猜忌。尽管她不停地祈祷、恳求以及抗议，她还是被迫要遵从这份残酷的命令。她被迫要抛弃她从小就抱在怀中的这个孩子。自从这个孩子出生的那一刻起，她就一直陪伴在身边，一直照顾着他。不过，她也提出了自己的要求：奥地利皇帝必须亲自发来书面的命令，她才会放弃自己的这份职责。这也是她对于这种暴力行径的抗议：这份职责是由谁交给她的，就理应要交回到那个人手上。她同时还要求奥地利皇帝寄来一份医生证明，证明她在离开小皇子的时候，他的身体非常健康。作为回复，她收到了一封奥地利皇帝寄来的信。在信中，后者告诉她，之所以要对皇子身边的随扈进行改换，是因为情况的变化。他还说，自己在让德·孟德斯鸠夫人离开前，肯定会对她一直以来对自己孙子的关照表示感谢。为了表达他的感激之情，弗朗茨皇帝在礼物里还加上了一组蓝宝石。

同样也是在那天，我们得知了年轻皇子此前之所以要紧赶慢赶地前往皇宫的原因。冯·科洛雷多夫人在前来和皇后午餐的时候告诉我们，阿纳托尔·德·孟德斯鸠伯爵那时动过绑架王子的念头。包含此事证据的报告在那天晚上被交到皇帝那里，为此准备的马车已经一直安排到了巴塞尔。这个绑架皇帝的儿子并让他和父亲重逢的所谓阴谋完全是想象出来的。虽然在关于这个时期的回忆录里都会讲到这件事情，但是关于此事散布出去的报告完全都是没有事实依据的。

第二天，也就是 3 月 21 日，皇后前往维也纳和自己的儿子待了几个小时，然后就返回了美泉宫。当天傍晚，德·孟德斯鸠夫人和阿纳托尔伯爵一起来到了美泉宫。路上乘坐的是侍从长派去的宫廷马车。她是等到皇子睡着了之后才离开的。在启程之前她还接待了西金根伯爵，后者是奥地利皇帝的侍从及好友。

冯·西金根伯爵的名字让我想起，拿破仑皇帝曾经在弗朗茨皇帝的请求下赐给这位侍从 5 万法郎的年金。这笔钱是从特殊储备金里划出的。因为西金根伯爵丧失了自己在莱茵河左岸的地产，这笔年金是作为补偿发放给他的。

就在德·孟德斯鸠夫人要和儿子返回法国的前夜，皇后给她寄去了一封充满感情的信，还在信中附上了自己的一缕头发。之后，因为在获取通行许可上遇到了一些问题，这对母子一直在维也纳滞留到了傍晚。正当他们在焦急等待时，沃尔布纳伯爵发来了消息，告诉他们由于事态的变化，奥地利皇帝决定取消此前发出的出行许可，并已经派人在美泉宫里为这对母子安排了一个房间。德·孟德斯鸠夫人拒绝了这个安排，说如果这样安排的话，"被迫害者就离迫害者太近了。"她要求奥地利皇帝必须选择下面三个请求中的一个：要么放她回法国，要么重新让她管教小皇子，要么就让她待在圣母往见会的修道院里，等待返回法国的许可。她之所以想要回到这座修道院，是因为她是在这个修道会的影响下长大的，她也是从那里获得了她视之为人生指引的宗教情感和荣誉。拿破仑皇帝当时之所以将如此重任交给她，也是因为她拥有的这些品质。沃尔布纳伯爵许诺她，第二天早上就会带回答复。最终她在中午获得了答复。弗朗茨皇帝让德·孟德斯鸠夫人到圣母往见会的修道院中去了。冯·沃尔布纳先生回答说他之前刚刚去过那里，那所修道院里没有空余的房间了。所以他在冯恩岑贝尔格先生（路德维希大公的侍从）位于维也纳的居所里选了一个三间房的套房，她可以住在那里。德·孟德斯鸠夫人接受了，决定前往那个为她准备出来的套房中居住。可怜的小皇子早已习惯了自己的家庭教师无微不至的关爱，这次分别让他异常痛苦。他一直喊着要找"鸠妈妈"。看到他在见不到自己的时候如此难过，德·孟德斯鸠夫人在这样痛苦的情况下可以感到一丝慰藉。

在一封 3 月 12 日从里昂写给玛丽·路易莎的信里，皇帝告诉她，自己是受到了法国人民的召唤；无论自己走到哪里，获得的都是人民的欢迎；他应该在几天之内就可以抵达巴黎；他希望可以在月底见到她和儿子。这封信是在王子被带去维也纳的那一天被交到皇后手上的。奥地利的布勃纳将军同时还转交了另外一封语气相近的信，是写给奥地利皇帝的。这两封信都被呈递到会议上。我不知道这两封信在多大程度上导致了德·孟德斯鸠夫人和她的儿子被扣留在维也纳的决定。后者在几天之后获得了返回法国的许可。不过，在抵达奥地利边境上的兰巴赫时，他又被借故逮捕，送回了维也纳，在一个秘密的监牢里关押了4天。直到被迫做出了不会不经许可离开维也纳的许诺之后，德·孟德斯鸠先生才得以重获自由。德·塔列朗先生也从中做了斡旋。这位满身荣誉的军官，无论是凭借自己的地位还是众所周知的忠诚，都不应该遭到这样的对待。而做这些事情的警察们，是全欧洲最卑躬屈膝、最残忍的警察。因为维也纳当时还有几个待在皇后身边的法国人，从而激起了这些警察的怀疑。当他们看到一个皇帝的侍从官，他的母亲还是拿破仑儿子的家庭教师时，这份怀疑更加被放大了。这些针对她儿子的指控极大地伤害了德·孟德斯鸠伯爵夫人。她要求维也纳的报纸刊登一篇否认所谓绑架年轻王子的密谋的告示，不过没有成功。根本没人关注她的请求。

在圣周期间，玛丽·路易莎皇后勤勉地参加了弥撒，每天早上9点就离开美泉宫去参加各种宗教仪式。在复活节前的那个周四，奥地利皇帝和皇后为20名老翁和老妪洗了脚，他们的年龄加起来有将近2000岁。玛丽·路易莎在维也纳的种种虔诚行为一直持续到了复活节。那天，她已经在美泉宫的礼拜堂里参加了弥撒，不过还是前往了维也纳，去参加在主教座堂里举行的赐福仪式。在那段时光里，她一直通过参加宗教活动的方式来寻求解脱。她说，除了宗教之外，已经没有什么可以让她感到宽慰的事情了。

厄尔巴岛脱逃一事引发的各种各样的流言蜚语继续在四处传播，满足了各种闲而无事的人的好奇心。同时也让关心这件事情的人们时而焦虑，时而充满希望。

这时所有人的目光都集中在那不勒斯。据说，若阿基姆国王已经召集了他的顾问以及所有国务要员并发表了讲话；他的儿子阿希尔也已经获得了胜利；国王也已经御驾亲征，宣布意大利独立。最后，为了让这个对奥地利政府有利的观点变得更有戏剧性，人们还错误地加上了下面这段信息：威尔士王妃因为和若阿基姆国王坠入爱河，拒绝搭上派去将她接回英国的战舰，而是选择追随国王奔赴前线。

复活节当天，皇后参加了在维也纳举行的一场家庭宴会。当时举行的是奥地利皇帝重新宣誓保护及支持天主教的仪式。维也纳大主教也在场。为此，奥地利皇帝和皇后搭乘哥特风格的金色马车在队伍的簇拥下前往了圣斯蒂芬教堂。在帝国马车前后护送的士兵们都身着华服。

就在小王子被从德·孟德斯鸠伯爵夫人那里带走的同时，奥地利政府下令要将所有法国皇室的成员逮捕并扣押在奥地利。施瓦岑贝格亲王派出两名军官来到沃州的普朗然[①]。他们的任务是逮捕约瑟夫国王并把他带去摩拉维亚的布隆。不过在他们抵达之前，国王就离开了普朗然。埃莉萨公主，也就是托斯卡纳女大公，在布洛尼亚遭到逮捕并被带到了布隆。他们只给了她两个小时的准备时间就带她上路了。出发前她的套房里还挤着不少军官。她将自己的儿子留在了布洛尼亚，带着女儿前往了布隆。她曾经请求前往维也纳附近的地区，或者是巴登居住，因为布隆的气候对她的健康有害。她的要求没有获得许可。

自从德·孟德斯鸠夫人被迫退休之后，拿破仑的儿子被交到了

---

① 位于瑞士西部。

一个男人手上。后者根本没法提供一个小孩在童年时所需的关爱。于是他们任命了一位米特罗夫斯基夫人来担任皇子的家庭教师。她是一名奥地利将军的寡妇。她被带到了皇后的面前。这位女士看起来有 30 岁到 32 岁。她虽然长得不很好看，但也算精致，同时看起来和蔼可亲，很讨人喜欢。她的女儿当时大概 10 岁，也在她身边。当时她和一位名叫斯卡拉皮的先生要再婚，这件事情已经定下来了。这位斯卡拉皮先生是奥地利吕西尼昂军团中的一位高级军官。他当时刚从军中退下来，准备转行去当文官。他本来是要去冯·文森男爵在根特的代表团里做事的，不过在他和米特罗夫斯基夫人结婚之后，帕尔马女公爵给他在自己的府上谋了个差事，这样他好和妻子生活在一起。这位女士在被引荐给皇后之后，适逢德·布里尼奥尔夫人逝世。她就被任命为皇后的侍女。发出任命书的是奥地利皇帝的内阁。她就这样身兼二职地干了一年。奥地利皇后之前一直关照着米特罗夫斯基夫人，她亲自下令说人们必须尽快准备好米特罗夫斯基夫人的套房，在她返回美泉宫前就要准备好。

德·布里尼奥尔夫人的健康好转只不过是昙花一现。她的健康状况此后每况愈下，还猛烈地发着高烧。我那时经常每天待在她的床边，跟她说话，和她聊天，或者是给她读书。她时不时地会打断我，给出一些公正且让人印象深刻的思考。她的谈吐还是那么优雅，背后反映出她缜密的心思。在她感觉好一点的时候，她要么会沉浸在回忆中，要么会抓紧时间安排自己的后事。有一天，她将许多私事拜托给了我，并请求我务必要保密。她还向我口授了一份照会，上面记录了她身后的捐款事宜，以及她希望处理的财产，同时还指出所有的文件都应该被送到她在热那亚的经理人那里去。在她死后，我马不停蹄地把这份照会寄给了她的儿子。在她生命的最后时刻，我没法陪伴在她身边，因为我自己也卧病在床，无法离开我的房间。她在死前的最后几天陷入了癫狂的状态，让我无法将法国的消息告诉她。因为害怕进一步激化她的情绪，所以我们其他人都很谨慎，没有把接连发生的大事告诉她。我听德·孟德斯鸠夫人说，她在德·布里尼奥尔夫人逝世前的那天，把所有的事情都告诉了她。因此，至少布里尼奥尔伯爵夫人①是带着希望进入坟墓的。对于那些活着的人来说，只消两个月，这份希望就被摧毁了。

在她咽下了最后一口气之后，她的女婿达尔贝格伯爵赶忙来找到了我。他急切地想从我这里知道自己的岳母有没有给自己留下些什么。对于这位女士的英年早逝，我深感惋惜。她无论是头脑还是内心都出类拔萃，她那时还不到 50 岁。她是夜间在医生的怀中去世的，当时她的身边只有两个仆人。她也没能得到向儿子告别的机会，后者当时作为热那亚的代表正在参加会议。他在前一天的晚上刚刚来看望过自己的母亲，从那时他母亲的状态来看，他完全没想到母亲这么快就会离去。等他赶到时，她已经去世了。正当他沉浸在这份痛苦中的时候，他 5 岁的女儿也因为咽喉炎症而不幸去世。因此，就在这么短暂的时间里，他就失去了两个挚爱。仿佛死神是抓准了他不在的时候带走了两人。可怜的德·布里尼奥尔侯爵遭受到了世间少有的不幸。

德·布里尼奥尔夫人逝世后的第二天，在医生进行了尸检之后，她的遗体被安葬在了席津的公墓中。这是一个美泉宫附近的村庄，许多在流亡中逝世的法国人都被葬在了这里，包括路易十六的侍从克莱里。在米特罗夫斯基夫人的陪同下，玛丽·路易莎也到场参加了教堂中的葬礼。米特罗夫斯基夫人那时刚刚被任命为玛丽·路易莎的侍女。

---

① 最近逝世的德加列拉公爵夫人是德·布里尼奥尔伯爵夫人的女儿。——作者注

《维也纳条约》签订，最后的反法同盟建立

3 月 25 日的条约正式签订了。这边和会的行动告一段落之后，那边军事行动紧接着就开始了。亚历山大沙皇看起来成了奥地利军队的总指挥。每天他都会身穿奥地利的军服，前往霍夫堡宫广场或者普拉特检阅穿越维也纳市内的军队。他那时还会将奥地利皇储带在身边。维也纳的市民们看热闹的内容也变了：市内不再举行什么游园会、马车竞赛或者雪橇竞赛，代之以军事游行、鼓乐喧天和火炮的轰鸣。小国的君主们这时候都接连离开了维也纳。奥地利皇帝跟在俄国皇帝的身后，正要随着他前往布拉格检阅那里的俄国部队。施瓦岑贝格亲王这时正要离开维也纳奔赴前线指挥奥地利的大军。卡尔大公则刚刚接受了治理美因茨的任务。

俄国皇帝当时情绪非常高昂，甚至有些狂暴。此前他一直很喜欢的欧仁亲王，如今在他眼里也成了被怀疑的对象。后者身边的一个马夫之前返回法国去探亲，在 3 月 22 日离开巴黎，带回了奥坦斯王后、拉瓦莱特伯爵以及苏朗热·博丹先生（亲王的管家）的信。他们的信中讲到了皇帝的归来引发的热情；对于皇后以及她的儿子能从速归来的希望，以及奥坦斯王后希望前往斯特拉斯堡迎接他们的愿望。王后的信中有一些表达，冒犯了亚历山大沙皇。这位信使在斯图加特遭到逮捕，并被押解到了维也纳。他身上携带的信件也在与会代表们面前被宣读。由此他们得出结论，欧仁亲王是拿破仑返回法国的共犯。采尔尼切夫将军来向亲王宣布了前者主人的决定：亚历山大沙皇必须切断一切与他的通信。尽管欧仁亲王竭尽所能，还是无法打消他们的疑虑。为了洗脱一切和拿破仑皇帝同谋的嫌疑，他被迫做出了不会离开德意志地区的承诺。如果说同盟只

是不想让欧仁亲王返回法国，让他为皇帝所用的话，奥地利则更对他在意大利的存在而感到担忧。她刚刚返回这些因为战争而丢失的省份，就马上开始无所不用其极地扩大她的影响力。她走的第一步棋就是将意大利军队中的所有将军和主要军官都派去了匈牙利，取而代之的都是奥地利的军官。那时，在欧仁亲王的宅邸中，我经常可以看见途经维也纳到新地点上任的意大利的将军们。看起来，针对此采取的措施给他们带去了很不好的影响。他们被剥夺了铁王冠勋章：此时一套新的带有弗朗茨皇帝肖像的勋章已经启用了。勋章上还记录着奥地利重夺意大利领土期间的大事件。约翰大公被派到了这些省份，他的头衔是总督。他获得了巨大的权力，目的就是要确保皇帝在当地的权威。阿尔迪尼伯爵对于他在维也纳无所事事的生活感到厌烦了，于是请求返回家乡，但是遭到了拒绝。

这个时候，我见到了德·塔列朗先生，并和他进行了数段对话。此前，尽管他向我许诺过官职，我一直在极力避免和他见面。我趁着和他见面的机会，向他之前为我说话表示了感谢。亚历山大沙皇此前曾表示，为了弥补我失去埃斯考省的津贴，应该给我一笔赏赐。德·塔列朗先生对此表示了支持（当然，最终此事无疾而终）。他问我之后打算做什么。我告诉他，只要重获自由，我就会第一时间返回巴黎。他的这个提问让我胆子也大了起来，所以我决定反过来问他对将来的打算。"我的上帝啊！"他大喊："在这样的时势下，有谁能做任何的计划吗？您问我我打算做什么，我根本不知道。我打算静观其变。"这个不可捉摸的外交家此刻这份彻底且出人意料的坦率和此后兰格瑙将军跟我说的话对上了。兰格瑙将军是施瓦岑贝格将军军中的指挥官。我是在此后向奥军总指挥请求同行许可的时候和兰格瑙将军说上话的。他告诉我，贝内文托亲王和德·拉贝纳尔迪埃先生都表达了返回法国的愿望。梅特涅亲王对于批准他们返回是没有意见的，但是施瓦岑贝格亲王对此有不同的看法。根据这位将军的讲法，奥地利的总指挥指出，德·塔列朗先生返回巴黎的话对于奥方非常不利：因为他知道所有和会期间讨论过的秘密。冯·梅特涅先生被说服了，也就拒绝了批出许可。从我的角度来讲，我完全有理由相信这个故事是真的。同时，大家由此也可以看出同盟军对德·塔列朗先生是多么不信任。根据他们的声明，就算是在根特的时候，他们也觉得这位代表受到的监控力度不够，让他们觉得不安。

德·塔列朗先生跟我讲起了他在过去的一个月里经受的两个重大损失：也就是德·布里奥纳伯爵夫人和德·布里尼奥尔伯爵夫人的离去。德·布里奥纳伯爵夫人是朗贝斯克和夏洛特两位女亲王的母亲。夏洛特女亲王此前因为和佩里戈尔神父之间的关系而为人所知。这位佩里戈尔神父正是德·塔列朗先生。德·布里尼奥纳伯爵夫人那时刚刚在普雷斯堡逝世。在她逝世前，她女儿的这位旧情人刚去向她送上了最后的告别。他告诉我，随着德·布里尼奥纳伯爵夫人的逝世，皇后失去了一名能给她献上"有力建议"的人。他坚持要用这个词，不过我没问他什么才叫"有力"的建议。我觉得光是问他未来的打算就够不谨慎的了。

既然提到了德·塔列朗先生，那我就必须要讲一个让我感到惊讶的地方：他和他的那群朋友竟然把拿破仑政策的一大部分都归功于了他。他最熟练的就是他的种种技巧、阴谋诡计，以及隐藏喜好的能力。他总是将自己置于一位强人的保护之下，这样他就可以悄悄地搭顺风车，构建自己的名声。他就这样先是躲在米拉波身后，然后躲在拿破仑身后。这位政客之所以可以如此被舆论所重视，靠的可不是学识丰富的聪明头脑，或者是在辩论中发展出来的才能，抑或是他的巧舌如簧。他之所以可以获得时人的敬重，主要靠的就是他在执政府和帝国时期的种种外交行动（他在这其中是一个热情而聪明的代表），还有就是他在漫长的职业生涯中熟知怎样保有荣耀，最后靠的就是那种可以用俏皮话来概括严肃问题的技巧。当这位代表还率领着外交部的时候，我参加过多少次他和第一执政以及皇帝之间举行的每周例会啊！拿破仑那时总会念出自己大臣带来的信件，然后就其中提到的事宜给予详细的指示。德·塔列朗先生总是会很认真地聆听，但是我很少听到他发表自己的看法。而且，他的回答也从来都是单音节的。到底是因为他小心谨慎，还是说他希望在发表自己的看法之前先清楚地理解皇帝的看法呢？当这些谈话马上要结束的时候，拿破仑有时会被叫去进行一些接待的工作。他在离开德·塔列朗先生之前，就会这么说："您已经清楚地理解了我的意思，把我的想法总结一下写在纸上吧，我一会就回来。"但是，实际情况是，当他在一两个小时之后返回时，德·塔列朗先生总是什么都没写。拿破仑这时不会显出任何的惊讶或者不悦，他只会把文件收集起来，然后开始口述针对文件的答复。然后他会让自己的大臣把他口述完的答复带走，同时还要复印一份。有时候听他口述的就是我自己。德·塔列朗先生在回去之后，就会把自己部门里的头头脑脑都叫来，然后给他们分派工作。有时候我早上会在一间小屋子里看见正在睡觉的他。屋子里还有其他两三个他的写字员，站在特龙金写字台前，润色着德·塔列朗先生马上就要交给拿破仑的报告。润色完成之后，德·塔列朗先生会耐心地自己再把报告誊抄一遍。虽然这位大臣如此懒惰，但他在保护自己的名声，不让这些事情败露上倒是不遗余力的。我们有理由相信，就连那些德·塔列朗亲王从维也纳写给路易十八的信，也是由德·拉贝纳尔迪埃先生先写好后他去誊抄的。在外交部的档案馆里，这样的信件多如牛毛，人们已经找到了带着德·拉贝纳尔迪埃先生字迹的手稿。

不过，德·塔列朗先生对于皇帝最有价值的一面，就是他超人的外交沟通技巧。在将他和其他的大臣做了一番比较之后，拿破仑曾这么跟他说过："那些喜爱谈话的人，出于对沟通的热爱，总是会在套出别人的秘密之前，就不小心把自己的秘密给透露出去了。塔列朗则不同，他不会让任何人了解自己，并且总是可以从谈话对象那里挖出我想知道的信息。"从这个角度来看，塔列朗是皇帝的得力助手。有很多人都说过，自从德·塔列朗先生不再执行拿破仑的政治想法后，成功就离拿破仑而去了。正因为他拥有如此的声望，我害怕当人们听见我对这位红人的看法之后，会说我和那个雅典的农民没什么不同：那个农民在放逐的陶片上写了阿里斯提德的名字，只不过是因为他厌倦了整天听到这位"正义"公民的事情。

在我们看来，德·塔列朗先生的名声大部分都要归功于他一直以来坚持的小心谨慎，保持缄默。他不会让自己和任何人进行讨论。他的宗旨就是让别人说话，自己从不回应。关于这一点，我曾听拉马克将军讲过这么一件事情：这位将军之前跟一个叫卡尼埃尔的将军之间起了一些争执。这位卡尼埃尔将军曾是一名热忱的共和派人士，不过后来成了保皇党。卡尼埃尔通过给报社写信的方式，对拉马克将军进行了猛烈的攻击，后者也奋力地为自己进行辩护。有一天，当他在《宪法报》上发表了一封自己很是满意的信之后，晚饭时，他发现自己正好坐在塔列朗亲王的旁边。亲王用自己的手肘轻轻推了推他，说道："拉马克将军，我之前一直以为您是个聪明人。"当将军对这个评价表示惊讶之后，亲王接着说道："我之所以会这么说，是因为我今天早上在报纸上读了您发表的那封信。您怎么能这么天真地就直接下场跟攻击您的人对抗呢？您这么做是正中了他们的下怀。相信我，让他们说去吧，您只要保持沉默就好。我就是这么做的。我从不回应任何人，您看我这不是生活得很好嘛。"

　　奈佩格将军在 4 月 1 日启程离开，前往意大利。在离开前，他给玛丽·路易莎留下了一封很长很长的信，信中都是建议。玛丽·路易莎现在已经离不开奈佩格将军的意见了。在这位将军缺席的这段时间里，皇后和他之间开始了频繁的通信。奈佩格伯爵的信读起来就像是回忆录一样：某些信甚至有 8 页到 10 页那么长。

　　在奈佩格伯爵离开之后没过几天，德·蒙特龙先生就抵达了维也纳。他将一些信件交给了我，其中有一封皇帝写给皇后的信，还有维琴察公爵写给德·孟德斯鸠夫人和我自己的一些信件。根据德·蒙特龙先生告诉我的话，他之所以能进入奥地利，全得感谢阿尔蒂埃利神父发出的通行证。这位神父是教皇派去巴黎回收梵蒂冈档案的。此前拿破仑在胜利之后把梵蒂冈的档案从罗马都转移到了巴黎。德·蒙特龙先生告诉我，皇帝此前尝试着往维也纳派出了包括德弗拉奥先生和德斯塔萨尔先生在内的许多信使以及军官，但全都无功而返。所有的通道都被封死了。

　　弗拉奥伯爵是皇帝的侍从官。斯塔萨尔男爵则在帝国政府中担任过最高行政法院的助理办案员以及地方省长。他之后还当过奥地利皇帝的侍从。他们在克服了重重困难之后，都在林茨①被挡了下来。德斯塔萨尔先生之后前往慕尼黑并在那里等待奥地利皇帝的回复：他之前给奥地利皇帝写了一封信，在信中附上了此次负责递送的信件。他在信中还重申了拿破仑的提议，保持《巴黎协议》的条款。那时候的时间是 5 月初。当欧仁亲王派人去找他的时候，他

---

　　①　位于现在奥地利的北部，多瑙河上游的城市，距离德国和捷克都不远。

在慕尼黑已经待了一些日子了。欧仁亲王那时候则已经在慕尼黑待了一个月了。亲王告诉德斯塔萨尔先生，冯·梅特涅先生通过瓦雷德亲王（他前天刚从维也纳来到慕尼黑）向自己提出了邀请，说只要拿破仑皇帝愿意马上让位给自己的儿子，奥地利不仅会承认他的帝国王朝，还会在此后和法国站在同一战线上。同时他还要求拿破仑要向自己的岳父投降。然后，在等待大家认可他的主权之前，应该前往奥地利世袭领土上的一座城市中去居住。德斯塔萨尔先生马上把这个经过多手传递来的消息告诉了拿破仑。拿破仑可能曾经一度想过接受某些提议，不过他对维也纳政府和同盟各国政府的态度还是缺乏信心，因此他最终没有接受这个提议。

与此同时，冯·梅特涅先生还安排了另一路人马做出了类似的提议。这次他是通过维尔纳先生找到了奥特朗托公爵。奥地利政府为此专门把维尔纳先生送去了巴塞尔。一个月之前，维也纳还派出了布列松先生，执行的也是类似的秘密任务。这些也代表了拿破仑的宿敌做出的最后一些和解的尝试。它们同时正在为给拿破仑致命的一击做着准备。

德·蒙特龙先生还笑着告诉我，说他完全可以绑架玛丽·路易莎。如果需要的话，还可以给她穿上男人的衣服，乔装打扮一番"还不用担心她的屠弱……"——之后的种种迹象，以及他那开玩笑的语气都向我表明（其实我早就这么怀疑了），这个将皇后带走的计划，不过只是出于好玩而已，不是他来奥地利的目的。巴黎的帝国政府突然这么信任他，让他很惊讶。因为他在此之前都一直处在流亡之中，被帝国政府迫害。我就更加惊讶了。因为我一直以为他来维也纳是为了帮德·塔列朗先生，而不是帮拿破仑做事的。事实上，德·蒙特龙先生的确也身负着富歇交给他的秘密任务，让他找到路易十八国王在和会上的前任代表。他那时下榻在法国大使馆的宅邸中。我们都是约在维也纳或者美泉宫的花园中见面的。他会装作是一个学习园艺或者温室植物打理的新手，以此来蒙蔽跟随着我们的众多间谍。

维琴察公爵告诉我，德·蒙特龙先生会带回那些针对信件的答复。他还告诉我，皇帝已经很久没有得到皇后和儿子的消息了；同时他急切地想要了解在维也纳发生的那些与他有关的事情。于是我赶忙给德·科兰古先生写了一封信。要在一封信里写下所有我想对皇帝说的话是不可能的。因为我没法和拿破仑见面，与他交谈，我也无法预知我可以回答他的哪些问题。同时，我在信中也提到了我觉得他需要了解的主要问题。我写给维琴察公爵的这封信，以及之后我找到的手稿，包含了许多细节。这些细节刚好就适合在这个时候展示出来。虽然这封信是在仓促之中写就的，显得有些混乱，但是关于以下这几个方面，它还是很有用的：展示关于皇帝和皇后的主要事实、回顾当地的印象，以及展示当时的特征。这个表达现在很流行，我也就在此借用一下。

这封信以及后面跟着的文字，机缘巧合地被保存在了巴黎的外交部档案库中，它现在还在那里。

我寄给维琴察公爵的信的抄件

1815 年 4 月 7 日，维也纳

公爵阁下：

我在今天早上收到了您在 3 月 26 日发出的照会。奥地利政府和同盟各国的君主仔细地把所有他们收到的法国报纸都藏了起来。因此我们只能从德语报纸上获得关于法国的消息。和会的一切谈判事务都被中止了，所有的事情都暂时维持原状，等待事态的发展。部队正在四处出击。奥地利皇帝在月底就要跟着俄国皇帝一起前往布拉格，去检阅俄军部队。俄国皇帝对我们的皇帝抱有深深的敌意，并且在煽风点火，支持同盟各国去反抗我们的皇帝。

据说，他已经对着圣经发了誓，只要皇帝还是法国的主人，他就永远不会放下武器。为了达成这个目的，同盟各国的代表在 3 月 25 日签署了一份条约。亚历山大沙皇一直在检阅离开或是经过维也纳的奥地利军队。在他身边陪伴他的只有奥地利皇储。只要他让各国王公聚集在法兰克福（他不久就要前往那里），又或者是其他的什么地方，他就可以鼓动他们，确保他们对拿破仑的仇恨。不过，他们对他的这份仇恨很可能会逐渐让他们感到疲倦。尤其当我们考虑到他们的财政都濒临破产，以及他们的军队已经在德意志地区逗留了很长的一段时间这个事实之后。从这些王公的态度，以及他们发表过的大大小小的演说来看，我们有理由相信，他们不会是第一批进入法国的。

今天的纸币汇价是 450，也就是说 450 弗洛林纸币只等于 100 弗洛林银币。这种贬值的情况已经让维也纳的居民们开始发牢骚了。而贬值什么时候会结束，更是无法预测的。

维也纳政府刚刚发出了 5500 万弗洛林纸币的公债。他们许诺的利率是 2.5%，并且将以银币给付。这份公债加速了纸币贬值的速度。

布列松先生已经启程前往巴黎，他肩负的任务，您肯定是知道的。

两天前，依据命令，意大利将军们失去了他们的铁王冠勋章。不过他们也获得了保证，会得到新的勋章，具体是什么，还没有决定。

德·塔列朗先生今天成为所有人怀疑的目标。对于俄国皇帝来说，无论法国是民主政府、王权政府还是贵族政府，只要法国不是拿破仑当政，他就满意了。如果说有人能从这位君主这里得到任何东西的话，那只能是您了。

我不知道皇后什么时候会前往法国。我也无法预知这样的事情。从现阶段来看，这里的政府对于这个想法一点都不感兴趣。皇后的头脑已经被深刻地影响了，现在返回法国这个想法只会给她带去恐慌。在过去的 6 个月里，为了让她离开皇帝，人们无所不用其极。这样一来，她也就不会受到她所信任的"皇帝的人"的干扰了，在过去的 6 个月里，我被禁止从她那里接受任何命令。只要我有机会和她说上话，我都会恳求她保持中立，什么都不要签署。不过，之前她已经有几次被迫要宣称自己与皇帝的计划无关了。她这么做都是为了获得父亲和同盟各国的保护，以及帕尔马的王冠。奈佩格将军是被奥地利政府派到她身边的，也已经对她形成了巨大的影响力。他刚刚离开，前往了意大利。他将一位叫米特罗夫斯基的夫人安排到了她的身边。这个人日后也将成为小王子的家庭教师。不过现在她只是暂时代替德·布里尼奥尔夫人的职务，后者的死讯想必您很快就会知道的。

上个周日的时候，刚好只有我和皇后两人在一起用晚膳。用餐完毕后，陛下对我说会议上刚签署的一份契约已经保证了她对帕尔马的所有权。同时，现阶段这个公国将由奥地利政府来管理，后者每个月会向她支付 10 万法郎。她还说她没能为自己的儿子争取到公国的继承权，伊特鲁里亚王后的儿子将成为自己的继承人。不过她说她会为自己的儿子争取托斯卡纳的斐迪南大公在波西米亚的封地：这块封地每年能提供大概 60 万法郎的收益。她还告诉我，她已经下定了决心，永远不会和皇帝重逢，这份决心是不会动摇的。当我问及她为什么下了个这么奇怪的决心时，她一开始提出的几个理由都被我驳倒了。终于，她坦白说既然她没能和皇帝共患难，那么她就不应该跟他同富贵。她还补充说，她就此还没有写下任何的东西，她将等到可以和皇帝通信之后再跟他写信解决这个问题。她说她知道自己没办法让儿子成为帕尔马的统治者，但她还是决定做出这个牺牲。她此间只咨询了两个人的意见：卡尔大公和一名律师。两人都认为这样的安排是无懈可击的。您肯定可以看出，皇后的叔叔在这件事情上有极大的影响力。无论如何，这就是她现在的梦想了。我希望您谨慎地利用这些信息。一想到这个消息对皇帝有可能产生的影响，我就感到惶恐。

在复活节的那个周日的早上 6 点，下面附上的这份约瑟夫国王的照会由一名瑞士人交给了我。

（这份照会主要告诉我，皇帝在法国获得了一系列预料外的胜利以及他很快就抵达了巴黎。再有就是他希望与奥地利以及其他列强重新建立和平关系，还有与妻儿团圆的愿望。照会中要求我秘密地将这些消息告诉皇后。）

我当天就达成了这个使命。在这个过程里我没有将照会展示给皇后，也没有提到皇帝的名字，因为她告诉我她已经答应了自己的父亲，会将所有皇帝寄给她的信件都交给父亲。她之后跟她父亲提到了我的名字，说我获命来请求她做出许诺。奥地利皇帝通过她向我表达了谢意，至少她是这么告诉我的。她之所以会这么说，肯定是为了鼓舞我告诉她是谁寄给了我这封信，以及将我以后获得的消息都告诉她。皇后的这种偏向性使得我无法在她面前畅所欲言。我今天拐弯抹角地跟她提起了文森特先生的事情。她向我保证她最近没有见过他，也没有从他那里收到任何的东西。她还补充说，她听说这位先生没有见到皇帝，但是见到了您和弗拉奥先生。还说您想要给他一些信件，但是他没有接受。不过她说自己的父亲跟她提到过文森特先生的秘书比他晚一天离开巴黎，这位秘书给自己带来了一封信。不过父亲没有把这封信交给她，因为他不希望她和皇帝之间有任何的联系。他自己也不希望和皇帝通信。在等待纷乱的形势安静下来，等待皇后重拾判断力的这段时间里，我跟她讲起了皇帝返回法国后民众箪食壶浆的场景，讲起了人们期待重新见到她的心情，以及皇帝期待与她重逢的愿望，等等。不过我这些话都是悄悄讲的，因为这些话题总是让她很窘迫。而且为了皇帝我必须要小心谨慎。不管有多小心，我都饱受恶劣间谍的困扰。我的身边蛰伏着一群卑劣的间谍，研究着我的举手投足，我的步伐以及我的面庞。恐怕我会被扣留在这里很长一段时间。我希望呼吸其他的空气。我希望能再次与您重逢。我的身体越来越不好。唯一还享受着健康的就只有皇后和她的儿子。跟从前相比，皇后强壮多了。帝国皇子则拥有天使般的美貌和力量。他也像天使一样甜美。德·孟德斯鸠夫人每天都会因为他而哭泣。这个可怜的女士遭到了很不好的待遇。她被关在维也纳市内的一个只有两个房间的小套房里。她的儿子虽然获得了前往法国的许可，但还是在兰巴赫被扣押了 6 天。直到昨天他才被释放并回到自己母亲的身边。现在他是她唯一的慰藉。他已经发了誓，不会在未经许可的情况下离开维也纳。他之所以能重获自由，德·塔列朗先生的四处奔走起了很大的作用。至于导致他母亲与小皇子分开的事由，要花费大量的时间才能解释清楚。况且，我也知道她会给您写信的。

欧仁亲王在今天早上 3 点的时候跟随巴伐利亚国王一起离开了。他来维也纳是为了确保得到 4 月 11 日的条约中许诺给他的东西。他在维也纳饱受猜疑。在过去的 3 个月中，他似乎是赢得了亚历山大沙皇的喜爱，后者每天都会跟他一起散步 2 个小时。不过，自从他在 3 月 22 日从巴黎收到的信件被亚历山大沙皇发现之后，后者就再也没有见过他。和会为了帮他做点事情，在几天之前提出将蓬泰科尔沃公国封给他。但是有一个条件，那就是在事态明朗之前，他不能去当地居住，他要去拜罗伊特①跟家人住在一起。在他拒绝了这个要求之后，会议决定他理应获得一块领地，但是在决定具体细节之前，他应当继续享有在意大利的领地和津贴。不过直到今天，也就是 4 月 7 日为止，还没有下达任何相关的命令。昨天直到半夜零点三十分，欧仁亲王都没有收到出发的许可。自从 4 月 3 日以来，他们就在辩论到底应不应该放他离开。他们想让他发誓不会离开巴伐利亚，但是他拒绝了，因为他并不是一个战俘。他打算在慕尼黑逗留 1 周到 2 周的时间，和王妃以及孩子们会合，然后一同前往拜罗伊特。

在过去的 6 个月中，我给贝尔特朗将军写过许多的信件，还给他寄去了两本小册子。我不知道他收到没有。

4 月 8 日

我昨天仓促给您写了这封信，信的内容也显得毫无章法。我还有其他千千万万的事情想要跟您说，要是都写下来，怕是

---

① 位于今德国东部，靠近捷克。

要花上很长的时间。我要提醒您在转达关于皇后的消息时务必审慎。皇后的心是好的，不过她现在受制于外部势力的影响。

在上面这封信中，我讲到了欧仁亲王。不过我没讲的是拿破仑的继子是怎么来到维也纳，以及为什么要来维也纳的。我们回想一下，在帝国垮台之后，这位意大利副王被迫要前往慕尼黑避难。然后，在母亲约瑟芬皇后的要求下，他前往了巴黎。波旁家的人和同盟各国的军队在那里对他以礼相待。俄国皇帝对他尤其友好，还敦促他要来维也纳参加会议。亚历山大在奥地利的首都和他安排了一次会面，向他许诺自己会支持他要求《法兰克福条约》第 8 条中许诺给他的领地。亚历山大沙皇依靠自己在维也纳巨大的影响力争取到了奥地利政府以及其他与会君主对欧仁亲王的支持。人们对待他就像是对待王储一般，所有的宴会都邀请他出席。拿破仑从厄尔巴岛的出逃让亚历山大沙皇和欧仁亲王之间的友好关系戛然而止：亚历山大沙皇怀疑欧仁亲王参与了此事。现在亚历山大沙皇看见欧仁亲王还留在维也纳就会发牢骚。直到亲王返回慕尼黑之后，沙皇对他的态度才有所好转。因为列强对领土的巧取豪夺，等到他们要落实《枫丹白露条约》中许诺给欧仁亲王的法国以外的领土时，已经没多少东西可以被分给他了。在亚历山大沙皇的影响之下，会议将 4 月 11 日条约中关于约瑟芬皇后儿子的条款变成了补偿金，具体数额由那不勒斯王国支付，大概等于一个 5 万人口的公国会产生的收益。根据欧仁亲王的估算，这相当于 1200 万法郎，不过那不勒斯政府将补偿金缩减到了 500 万。亲王得以保留他意大利王国的领地，以及皇帝此前在罗马和伦巴第给他的赏赐。他离开时留在意大利国库中的 270 万法郎也被归还给了他。最后，他的岳父巴伐利亚国王还把巴伐利亚的艾希施泰特给了他。同时，欧仁亲王还获得了巴伐利亚王国的一等爵位（这里遵从的是其他王室王子的先例）以及洛伊希滕贝格公爵的爵位。他还获得了一支巴伐利亚猎兵部队。

拉斯卡斯伯爵在从圣赫勒拿岛归来之后，曾经联系过欧仁亲王。在获得了岳父巴伐利亚国王的许可之后，后者接收了这份通知。在 1814 年的时候，皇帝曾把 16 万法郎存放在了拉瓦莱特伯爵那里。后者把这些钱藏在了拉韦里耶尔的宫中一个房间的地板下面。这个地方离朗布依埃不远，是拉瓦莱特伯爵的产业。这座宫殿之后被同盟军队占领了，不过幸运的是他们没有发现这份财宝。在军队离开之后，拉瓦莱特伯爵出于对安全原因的考虑，请求欧仁亲王分担了这些金钱的一半。亲王做出了相应的安排，并且在皇帝生命的最后两三年中，每个月都会从中给拿破仑寄去 2 万法郎。当这部分财产马上要被用完的时候，欧仁亲王向其他皇族成员提出了请求，希望他们可以慷慨解囊。这些商讨最终因为拿破仑的逝世而告一段落。

欧仁亲王在 1824 年的 2 月去世了。此时距离他的长女和奥斯卡王子（瑞典国王贝尔纳多特的儿子）的婚礼仅仅过去了不到一年。因此，除非有其他外力阻止，否则拿破仑本来在 1810 年就想要给予欧仁亲王的瑞典王位将会传给亲王的女儿。

皇后遭受屈辱

在我寄给维琴察公爵的信中，主要内容就是两点：玛丽·路易莎皇后被迫同意剥夺自己儿子对帕尔马领地的继承权，以及她下定决心永远不会再与皇帝重逢。考虑到过去的 6 个月里，我身边发生的种种事情，我已经知道皇后在经历了众多磨难之后，肯定要迎来一个不幸的结局了。这位公主失去了一切保护，周围处处都是陷阱，她听信谗言而误入了歧途。她现在已经成了政客手上温顺的工具。尽管我一直对此有不好的预感，但当我看到玛丽·路易莎抛弃了她出于荣誉也应该死守的唯一一条路线时，还是感到万分痛苦。皇后对于自己将儿子抛弃在维也纳独自前往帕尔马的这个决定，给出了许多理由。其中有一条理由是这样的，我在信中也讲得很清楚了：她是被迫做出这个牺牲的，虽然她也非常痛苦，但她觉得这样做是为了她的儿子好。她还补充说，如果她无法获得一块比较重要的领地的话，她是没办法为儿子做任何事情的。而她去往帕尔马之后，就可以每年存下50万法郎。这笔钱再加上波西米亚领地的产出，就可以在她死后保证儿子拥有独立的地位。对此我斗胆回复皇后说，她儿子的地位问题和金钱没什么大的联系。如果他的名字，以及他作为拿破仑儿子的身份都无法让他变得伟大，无法让世界对他产生好感的话，一年100万法郎也是无法弥补他因为地位落差造成的损失的。所以她不能就这样剥夺儿子的继承权。他本来就已经丧失了对父亲头衔的继承权，现在因为会议的一个不公正的决定，又要丧失对母亲头衔的继承权。他将会成长于一片法外之地，没有祖国，没有头衔，没有名号，因为没人知道应该怎么称呼他。

至于她表达的和皇帝分开的想法，我重提了拿破仑对她的感情，以及他经常为此展现的证明。还有就是他对于两人重逢的路上出现的种种障碍所表现出的痛苦。他完全没有为此怪罪她。我最后还讲到了她丈夫的另一个痛苦：他觉得大家都会针对这次分别去怪罪她。我告诉她，现在法国人民会像迎接和平天使一样迎接她。她如果现在返回法国，那么法兰西民族将会永远感谢她。我说我希望她可以改变心意，放弃她的那个决定，这个决定与她的内心和利益都不相符。我向她保证，如果她可以发表一份言辞坚定的声明，推翻她此前的说法，这样对自己愿望的表达将很有分量。不过，在这个话题上，我发表的这些言论对玛丽·路易莎都没有产生太大的影响。她重申，在面对这样一个事关重大的问题时，她没办法仰赖自己的感觉或者判断。她说，卡尔叔叔和律师的建议扫清了她心中的疑虑。她还说，在和拿破仑皇帝达成某种共识之前，她没有签署，也不会签署任何东西。她说她已经下定决心不会同意任何要和他离婚的要求。不过，只要有机会给他写信，她会马上开始与他商讨和平分居的事宜。

　　我把我的信件交给了德·蒙特龙先生，乞求他务必只能把信交给维琴察公爵。他向我保证会按我说的做，他也的确忠实地完成了任务。当我此后返回法国，才知道这位大臣马上就把信交给了皇帝。因为拿破仑急切地想要获得来自维也纳的消息，所以他阅读了我的信件原件。这样一来，我在信中提到的那些请求大臣审慎向皇帝传达信息的话都没了用武之地。在德·蒙特龙先生启程之前，我问他是否有要传递给德·塔列朗先生的消息。他告诉我，这位大臣现在对皇帝来说没什么用了。事实上，因为同盟各国对拿破仑的敌意是如此之强，他们针对他的力量是如此强大，任何想要帮拿破仑做事的想法在他们看来就是犯罪。德·塔列朗先生肯定不是一个会反抗这种态度的人。他的性格与此背道而驰不说，他如果真的这么做了，在同盟中激起的对他的敌意也是他难以承受的！

第十八章

若阿基姆国王的命运

我已经讲过那不勒斯国王是如何下定决心先发制人的了。奥地利的宣言已经被发表在了官方的《维也纳报》上，两国之间爆发了战争。每天都会接到关于那不勒斯军队行军消息的报告。报告同时会讲到奥军还尚未取得优势。这些报告让所有人的心都悬在空中。

这场战斗中的种种事件引起了大家的广泛关注，尤其是在美泉宫中。有一天，赖纳大公来见皇后，告诉她奈佩格将军率领5000士兵在摩德纳遇遭遇了那不勒斯军队，他击败了对手，还俘虏了800人。奈佩格将军以奇袭的方式，仅凭借自己的骑兵就攻占了卡尔皮的堡垒。这可以与耶拿战事中拉萨尔将军攻占斯德丁的事迹相媲美。最后，人们还说，为了强渡波河，若阿基姆国王对奥基奥贝格发动了数次进攻，都没有成功，被迫撤兵了。这些就是4月份在维也纳流传的消息。

在接着讲述那不勒斯国王和奥地利之间这场悲伤的战斗之前，我必须要倒回去讲一下是什么迫使可怜的缪拉选择走上这么一条绝望的道路。在1813年1月16日于波森离开法国军队之后，国王马上就返回了那不勒斯。他觉得我们对俄国战争的失败将会危及他头上的王冠。因此他听信了奥地利给出的诱人提议（奥地利方面坚称是若阿基姆先去找他们的）。双方通过英国将军威廉·本廷克开始了接触。在没有获得皇帝许可的情况下，国王提出可以担任法国和敌对列强之间的调停人。不过最终，他对过往在法军中取得的荣耀的怀念，还有他对祖国的感情，再加上他对拿破仑的情感，都让他在 1813 年的战斗中回到了我们这边。不过，他脑海中一直盘算着这个计划，再加上我们在莱比锡遭遇了大败，让他在 1814 年时再次回到了意大利。他在埃尔福特与皇帝告别之后，就返回了那不勒斯。这时的他比以往任何时候都要坚信，拿破仑的权力根基已经动摇了。拿破仑距离垮台已经不远了，已经没什么可以拯救他了。而那些受到国王信任的那不勒斯人则通过真真假假的报告让他保持了这样的信念，将他引入了歧途。最终是富歇的建议让他决定已经到了和拿破仑分道扬镳的时候了。他有自己的一套说法，来减轻叛变带来的负罪感。他说如果他自己，作为那不勒斯国王和拿破仑仅存的盟友，也和拿破仑一起倒台的话，那就真的所有希望都没有了。但是，如果他可以在帝国覆灭之后继续存在，那么他就可以等待未来再次帮助拿破仑的机会。这么一个重要的角色让他感到有点头晕目眩。我们必须承认，他之所以这么做，还有一个不那么冠冕堂皇的理由。他此前已经认定拿破仑会将那不勒斯并入意大利王国。他身边那些所谓的朋友也是这么跟他保证的。这些流言说，拿破仑会为这位丧失王位的君主提供一笔补偿金。在他看来，无论给他多少钱，都比不上那不勒斯的王冠：他希望可以把这顶王冠传给子孙后代。因此缪拉达成的结论是，如果拿破仑在意大利维持稳定的统治，那么他的王位就不会安稳。这也是为什么他重新开始协商，不过这时候他手上的筹码没有之前那么多了。

1814 年 1 月 11 日，经过内心的一番争斗之后，缪拉与奥地利签订了攻守同盟协议，成了奥地利的强劲盟友。根据条约的内容，缪拉将在同盟列强的支持下对法国开战。战争的目的是重建权力的平衡，保证欧洲尤其是意大利的和平。签署条约的双方会互相保证对方在意大利的领土。这份条约的目的是将拿破仑的帝国限制在阿尔卑斯山、莱茵河以西和比利牛斯山以北。不过若阿基姆当时还相信奥地利皇帝和拿破仑之间的家庭联系。他怎么也想象不到这场针对法国的战争会演变成一场针对这位皇帝的女儿、女婿以及孙子的私人战争。梅特涅亲王的好帮手奈佩格将军很会勾魂引魄，被派去那不勒斯缔结条约的就是他。

威廉·本廷克勋爵也在同一时间抵达了那不勒斯，并与那不勒斯政府签订了协议。虽然这份协议名义上只是停火协议，但实际上英国与那不勒斯之间已经因此协议重归和平。两国之间的自由往来被重新确立，港口也重新互相开放。英国重新承认那不勒斯的船籍旗，并对后者提供保护。这份本廷克将军代表英国签署的协议是为后续正式和议所做的准备，至于为什么没有在当时就正式签署和议，主要是为了不阻滞奥军、英军以及那不勒斯军队的联合军事行动。此后，阿伯丁勋爵被任命为全权大使，完成了最终协议的签署工作。在本廷克勋爵签署的这份初步协议中，有一条是这么规定的：如遇特殊情况，本协议无法获得批准，那么双方在互相递交警告前，不许重启敌对行动。一会我们就会看到，为什么协议里会有这样一条规定。最终商讨出来的协议，其实并没有获得双方的同意。英国政府声称其延缓协议达成的时机，主要是因为英国无法在没有为盟友（西西里国王）争取到补偿金的情况下就剥夺其世袭领土。但是卡斯尔雷勋爵又给那不勒斯国王寄去了许多信件，其中的内容都是关于英方对于忠诚履行协议内容的承诺。因此，实际上，英国和那不勒斯之间在当时只达成了一份军事协议。而这份军事协议，随着战场上的风云变幻，是会被任意修改的。

虽然若阿基姆国王对盟友很有信心，以至于奥地利还没有批准和那不勒斯之间的条约时，他就迫不及待地开始向博洛尼亚进军了，但是，其实奥地利皇帝的这一举动还是让他心中升起了一丝顾虑。本廷克勋爵被任命为西西里军队的领导，他的态度也很模棱两可。两西西里的前君主还大放厥词，说这支军队就是要夺回自己被那不勒斯夺走的王位。同时，还有人在不断地鼓动若阿基姆国王手下的将领们，唆使他们背叛自己的领袖。这些事情都让缪拉国王感到担忧。另一方面，担任英国派驻意大利奥军专员的罗伯特·威尔逊又受到本廷克勋爵以及贝勒加德元帅的要求，不断地安抚那不勒斯的国王。威尔逊将军告诉后者，他应该将卡斯尔雷勋爵寄出的那些许诺一份正式和约的信件，视作一份正式的和约。同时，威尔逊将军还说，无论是英国议会还是英国的其他当权者，都没法否认这份许诺。这位英国专员还说，在他个人看来，这份许诺比普通的和约还要管用。因为这份许诺既包含荣誉，也兼有信任。本廷克勋爵还专门来到若阿基姆国王的行营，向后者重申自己的政府会严格遵循奥地利与那不勒斯在 1 月 11 日达成的协议。他还再次确认了英国将给缪拉提供的利益——也就是将马尔凯地区的安科纳割让给后者，当然前提是后者的军队要马上积极地配合反法大军的行动。他还说，导致双方迟迟无法正式签订条约的唯一原因，则依旧是对补偿西西里国王一事的分歧。缪拉对这些解释感到很满意，他也就因此不再有顾虑了。

正当那不勒斯国王沉浸在对盟友的信任中时，法国在维也纳和会上的代表正在不顾一切地争取奥地利断绝与拿破仑这个妹夫的同盟。暗中支持塔列朗这一"宏伟大业"的，则是两面三刀的英国代表们。他们共同督促奥地利对这位君主发起"神圣且正统的战争"，纵然奥地利与他之间已经达成了协议，已经保证了后者的领土完整。奥地利政府没有第一时间就同意法英两国的请求。前者以财政困难为由拖拉了一段时间，换来了英国使者全额承担此次军事行动的费用，以及派出一支英国舰队辅助奥军行动的承诺。

当若阿基姆国王获知这些见不得人的勾当时，他选择性无视了英国政府在其中扮演的角色。面对如山的铁证，他选择了视而不见。等到他不得不正视现实，意识到奥地利迟早要攻击自己的时候，他还梦想着可以击退所有的进攻。在与厄尔巴岛取得了联系，获知拿破仑愿意既往不咎后，他与后者再次定下密约。此后，当这位反法同盟的强敌东山再起，出发去重夺自己的帝国，并让自己的敌人们再次颤抖的时候，那不勒斯国王对奥军发起了进攻。他步步为营，将奥军逼到了波河边上。这是一直以来保护着两人的命运对他们最后的眷顾。此后，命运女神就将离他们而去。缪拉此时在快速朝着勒佐逼近。他的右翼部队朝着奥基奥贝洛行进，左翼部队的目标则是佛罗伦萨，最终目的地是皮斯托亚。他自己的进军目标则是米兰。他认为在那里抵抗自己的只会是奥地利的军队，因为他那时还坚信英国不会介入自己和奥地利之间的争斗。因此当本廷克勋爵要求他不要侵犯英国盟友撒丁王国的领土时，他也同意了。他的这次屈服，带来了致命的后果。当时他只要稍微借道皮埃蒙特，就可以在皮亚琴察渡过波河——当时此地防守松懈。但是，出于对撒丁王国边界的尊重，他选择了全力攻打奥基奥贝洛，但没有成功。而且，他的这一举动也没有换来善意。英军以那不勒斯国王违背协议为由，与奥军会师：违背的条款就是没有在进攻开始前提前三个月发出警告①。若阿基姆此时感到十分后悔，一是没有听从拿破仑

---

① 我们之前已经读到过了，协议里说的是"在没有获得批准的情况下"双方必须要在重启战端前提前三个月发出警告。卡斯尔雷勋爵在信中给国王的承诺和英国将军威尔逊的保证，以及本廷克勋爵自己对这份保证的重申，在他看来都不构成对协议的批准。这些背信弃义的人啊！——作者注

皇帝的要求保持守势，二是被自己派驻维也纳和伦敦的官员们蛊惑，主动发起了进攻。不过，若阿基姆不是一个会被轻易打败的人，他还是马上重整旗鼓，准备打一场关键战役。他在安科纳与里米尼之间的一处营地重新集结了自己的军队——此时依旧有 3 万人。两日后，他对奥军发起了一场持续两天的宏大战役。战斗的地点是托伦蒂诺的平原。但是，因为此前遭遇一连串的失败，那不勒斯的部队早就没了士气。纵使他们拥有如此出色的一名领袖，在面对数量远胜自己的敌人时，还是一触即溃了。军队作鸟兽散后，大部分都被奥军截获俘虏，剩下的少数狼狈地逃回了那不勒斯。这次溃败的后果本来不会那么糟糕的。但是指挥那不勒斯主力的皮格纳泰利 – 斯特朗戈尔过早地撤离了佛罗伦萨。这样一来，通往罗马的道路就在奥军统帅根特面前打开了——有人说那不勒斯的这位统帅是忙中出错，也有人说他就是背叛了自己的国王。这一致命的失误，再加上缪拉已经死亡的谣言，还有英军在那不勒斯登陆的消息，以及少数一些军官的叛变，都让那不勒斯军队内部陷入了混乱与恐慌。被部下抛弃的若阿基姆，只得返回那不勒斯。他在几名骑兵的陪伴下返回了那里。他在自己的侄子博纳福上校以及 4 名枪骑兵的陪同下进入了自己的首都。入城后，他径直来到了宫中，在那里见到了王后。那时的他穿着脏乱的枪骑兵制服，面色惨白，身形瘦削。他轻柔地亲吻了自己的妻子，然后对她说："除了我的这条命之外，我已经一无所有了。很不幸，我没能战死沙场。"

在与妻儿告别之后，若阿基姆剪断了自己齐肩的长发，褪去华服，穿上了不起眼的衣服。他步行来到了遥望着尼西达岛的一处海边，登上了一艘前往伊斯基业岛的船。他在那里隐姓埋名地停留了 3 天的时间。到了第 4 天，正当他和自己忠实的侄子在岸边散步，讨论怎样才能返回法国时，他们看见一艘盖着罩布的小船正从东边向着他们驶来。国王赶忙跳上一艘渔船，一边朝着那艘船的方向驶去，一边大声呼喊，让后者与自己会合。果然，他高兴地发现船上搭乘的是自己的首席掌马官洛卡－罗马涅公爵，以及副官朱莱尼侯爵。两人都成功地逃出了那不勒斯，正在四处寻找他们不幸的国王呢。国王在最后离开那不勒斯之前，曾经给了这两位军官许多的黄金，还将自己打算和侄子逃亡伊斯基亚岛并最终逃回法国的计划也透露给了他们。现在他们终于重逢了，国王也得以在 1815 年 5 月的最后几天里成功起航并抵达戛纳。一路上幸运地平安无事。

而当我们上文讲述的这段奥德赛正在进行的时候，卡罗琳王后正在和埃克斯茅斯勋爵谈判。后者那时指挥着围困那不勒斯的英国舰队。卡罗琳王后提出以 2 艘那不勒斯战舰为交换，让英军将自己与孩子安全地送到土伦。她此前已经将孩子们送往加埃塔躲避战端。但是当时拥有绝对制海权的埃克斯茅斯海军上将却想将他们送到的里亚斯特，交到奥地利军队的手上。被迫屈服于这些羞辱的条件，勇敢而又冷静的卡罗琳·缪拉登上了一艘英国的军舰。在前往加埃塔接上了家人之后，拿破仑的妹妹踏上了前往的里亚斯特的旅程。

若阿基姆国王在刚离开那不勒斯的时候，就给富歇写信了，主要是希望他能从皇帝那里要来让国王去往巴黎的许可。作为回复，拿破仑则质问自己的妹夫，法国和那不勒斯之间自 1814 年以来签署了和平协议吗？因此，富歇建议缪拉暂时按兵不动。同时富歇还告诉后者，他待在那里也可以为自己的祖国尽一份力——只要尽力鼓舞当地军民抵抗侵略的士气就好。但是缪拉是做不到这件事情的，因为法国人民还没有忘记 1814 年他的叛变。他的话语又怎么可能鼓舞法国军民的士气呢？

因此，缪拉只能暂时闲住在土伦近郊的一处乡间小屋。然后，就传来了滑铁卢战役的消息，之后拿破仑传位给了自己的儿子，法国建立了临时政府。待到路易十八返回巴黎之后，此前一直受到帝国保护的若阿基姆突然发现自己身处险境。他此前过了6周的退隐生活，无人打扰，但是现在情况变了。为了避免被刺客们发现，他只敢在夜深人静的时候出门，四处躲避。他害怕如果落入刺客之手，就会落得一个和布律纳元帅①一样的下场。缪拉此时在四处散播谣言，说他已经前往突尼斯避难了。但是，这样的假消息是不会糊弄刺客们太久的。里维耶尔侯爵给缪拉发来了信件，希望后者到他那里去。当年这位侯爵因为参与乔治的密谋而被判了死刑，还是因为缪拉为他说情才捡回一条命。现在这位德里维耶尔先生告诉若阿基姆，后者应该相信人性本善，相信法王的宽宏大量。同时，埃克斯茅斯勋爵也在尝试说服若阿基姆。这些信件都是通过警察局长若利克莱尔交给若阿基姆的。若利克莱尔知道后者的藏身之处，但是拒绝将其告知法国政府。正因他的这种不畏权贵，这位局长被撤职了。不出所料，若阿基姆拒绝了里维耶尔侯爵的请求。他对埃克斯茅斯海军上将也没什么信任可言。此前正是这个人拒绝了他上船避难的请求——当时若阿基姆的打算是在船上等待反法同盟对自己的发落。此时，觉得自己在法国不再安全的缪拉，梦想着可以到勒阿弗尔去，然后从那里想办法去科西嘉。洛卡 - 罗马涅公爵为此租了一艘船，带着博纳福上校以及国王的两个仆人出发了。他们带着国王的钱财和衣服等其他日用品。他们本应在上船之后就派一艘小艇到土伦湾的一个静谧地点去接国王的。不幸的是，那艘小艇走错了路，没找到国王就回来了。刺客们早就知道这次出逃的计划了，

---

① 布律纳在波旁王朝复辟后，于阿维尼翁被保王党暴民杀死，尸体被丢进了罗讷河。

他们相信国王就在那艘小艇上，所以蜂拥而至。不过，找了一圈都没发现国王，他们强迫船长马上扬帆起航。国王则是天黑之后就离开了自己的藏身之所。他本来是要上船的，但是就如我们前面所见，船走错了地方，所以他就这么痛苦地等了一夜。等到天边泛起了鱼肚白，为了找到这艘自由之船，他不得不在岸边来回奔走，登上每一座山坡。他最终看到了这艘船，但没能引起对方的注意。他只能眼睁睁地看着这艘船渐行渐远，最终消失在了视线中。再次受到打击的缪拉现在已经不知道自己的未来在哪里了。不过，幸运的是，他没有回到自己的藏身之所。那些刺客在船上没有找到他，已经回到他的藏身处守株待兔了。这个可怜的人漫无目的地走着，一路小心翼翼，躲避路人和士兵。他就这样在荒野中走了几日几夜，没吃没喝。最终，他实在饿得受不了了，走进了一处农场。他在那里只找到了一个老妪。他谎称自己是土伦的驻军，迷路了才走到这里，请求老妪给他点吃的。这个好心的妇人热情地招待他进屋并告诉他自己的主人出门去散步了，她会做个蛋饼给他吃。正当她忙着做饭的时候，屋子的主人回来了①。他看到屋里坐了个陌生人，就顺势又要了一个蛋饼，并在自己的客人身旁坐了下来，权当是给他做个伴。这位主人曾在杜伊勒里宫的元帅厅中见过那不勒斯国王的画像。眼前这位客人与画像十分相似，让主人感到惊讶。这个勇敢的男人马上眼中含泪站了起来，请求国王原谅自己的无礼，并将自己的一切都交给了国王。而那个好心的妇人，听到自己的主人说了这么一番话，更是激动得不能自已，手上端着的蛋饼都掉到了地上。

国王在这座房子里又躲了几天，与此同时，曾是海军军官的房

---

① 不幸地，作者没能知晓这位先生的名字。他慷慨地保护了我们可怜的流浪者。

子主人则搬到了朋友家。他已经为自己这位尊贵的客人准备好了后者需要的一切。国王的敌人们则加倍想要找到他的藏身之所——因为他们相信国王身上携带着大量的黄金和钻石。此时获命保护若阿基姆国王的，是那位老妪。她保持着全天候的警惕。每天晚上国王睡觉的时候，她都会来到屋子里，在楼上找个靠窗的地方坐下，这样就可以眼观六路。8 月 13 日的晚上，有一股大概 60 多个人的队伍，趁着夜色沿着小径想往缪拉的住处走。但是我们这位机警的女哨兵老远就看到了他们其中一人提着的灯笼。预感到这些人图谋不轨，她赶忙叫醒国王并向后者通报了自己的发现。若阿基姆当时是穿着全套制服睡觉的，手边放着一把匕首和两把手枪。他赶忙把自己用来藏匿武器的礼服大衣披在身上。然后，这位无畏的勇士，这个不惧一切的骑士，这个曾经在战场上数次直面死亡的将军，这一天却被迫要蜷缩在葡萄园里。这里距离他的藏身之所只有不到 30 步的距离。他刚跑出房子，那里就被包围了。老妪此前把门锁上了，为的是争取时间，把国王睡过的床垫收起来，将屋子恢复原样。然后她才慢悠悠地去把门打开，理由是自己需要时间穿好衣服。她刚把门打开，这群人就拥进了房里，把四处翻了个底朝天。其中还有一部分人到外面的花园和葡萄园中翻找。他们多次经过国王藏身的地方，嘴里说着对他的污言秽语，梦想着要么把他活捉，要么把他杀了，然后瓜分他的财宝。当时，若阿基姆已经下定决心了，要是被这些刺客发现，那么与其被他们抓住换取赏金，落得个头破血流的下场，不如同归于尽。逃过一劫之后，他决定回到那栋房子里。因为他觉得这时候那里才是最安全的地方。房子的主人对若阿基姆一如既往地忠诚，将房子完全留给了他，自己到城里去住了，也是为了帮他转移注意力。

可怜的若阿基姆那时还联系过地方官员，寻求保护。他保证自已不会通过讲话或者任何其他的手段来危害社会和谐。他同时还给路易十八写过信，希望后者可以大人不记小人过。但是这封信石沉大海了。最终，这样日复一日毫无结果地向反法同盟请求保护，让他疲倦了。他终于意识到自己根本什么都得不到。他也没办法继续这样躲下去了。他的脑袋已经被明码标价——24000 法郎。这其实就是要他的命，因为他们知道活捉他是不可能的。在艰难的状态下，他只能随机应变。现在他要在陆上进行任何的旅行，都是不安全的。而现在再出发去勒阿弗尔与洛卡－罗马涅公爵以及自己的侄子会和，也已经晚了。现在唯一能给他提供庇护的地方，就是科西嘉。那里的岛民武德充沛，热爱波拿巴。岛上还拥有高耸的群山和茂密的丛林。他可以在那里获得绝佳的保护，可以安心地厘清反法同盟对他的意图。所以国王和招待他的房主达成了共识，应该用一艘小船把他送到科西嘉去。房主主动请缨要和自己的其他两名伙伴一起为国王掌舵。8 月 22 日，若阿基姆写信把自己的计划告诉了富歇。当晚，他就和三名友人一起从土伦的锚地起航了。24 日，在猛烈风暴的吹袭下，他们的船大量进水，逼得四人只能不停地用帽子往外舀水。当天下午，他们看到邻近有一艘朝着反方向行进的船只，连忙靠过去请求收留。他们还给了船长一笔酬金，希望后者可以把他们带到巴斯蒂亚①。这位船长船上装着要运往土伦的葡萄酒。他看到四个全副武装的男人突然出现，心生疑虑。他不仅拒绝了四人的请求，还努力想要把他们的船撞沉。要不是国王和他的伙伴们沉着冷静且敏捷灵活，他们的船可能真的就沉了。逃过一劫之后，他们本来是打算登上这艘船进行报复的，不过冷静下来后，他们还是放弃了这个想法。不久之后，国王和伙伴们幸运地遇到了在

---

① 科西嘉岛北部港口城市，现为上科西嘉省省会。

土伦和巴斯蒂亚之间运行的渡轮。渡轮来得正是时候，他们的小艇在经历了风暴以及商船的双重打击之后已经残破不堪，没法支撑下去了。

国王在渡轮上见到了好几个身份显赫的旧相识。他们也是因为某些考虑，选择在壮年时离开法国。缪拉在巴斯蒂亚停留了一天的时间。次日，他和自己的三个同伴一起去了位于巴斯蒂亚南部15里处的一个叫作维斯科瓦托的村镇。他径直来到了镇上最大的房子前。房子的主人是当地的镇长科隆纳－切尔卡迪，也是忠诚的波旁支持者。为此这个人流亡了许多年。切尔卡迪先生在当地以正直仁慈而闻名。国王找到了他，并告知后者自己为何需要在科西嘉暂避。最后他请求后者可以在反法同盟的君主对自己做出最终决定前收留自己。科隆纳－切尔卡迪先生尊敬地接待了若阿基姆国王，并向后者保证，热情好客是科西嘉人的神圣准则。他还说，政府没有任何一条法律要求国王的子民将一个曾任那不勒斯国王的法国人视为敌人。在这里，国王还高兴地找到了自己以前的一位副官，弗朗切舍蒂。他最近才和妻子一同回到这里。他的妻子是切尔卡迪先生的女儿。

不过，此时巴斯蒂亚市的军事长官得知了若阿基姆国王就在科西嘉。因此他命令后者主动自首，在监禁中等待法国国王的发落。缪拉认为这个军官对自己没有任何管辖权，因此拒绝听命。于是巴斯蒂亚的这位军事长官宣布若阿基姆是国王路易十八的敌人，同时是公共秩序的破坏者。他还派出了数百名士兵到维斯科瓦托来抓捕若阿基姆。不过就在这时候，科隆纳－切尔卡迪的朋友和父母行动起来，因为他们觉得作为主人必须要保护客人的安全。不出几日，就有超过600人从全岛的四面八方聚集到了这里。除此之外，还有200名左右的此前曾在国王麾下战斗过的老兵也加入他们的队伍。

他们在帝国崩溃之后，本来都已经解甲归田了。面对这支队伍，那些从巴斯蒂亚来的士兵，没几个能毫发无损地逃回。支持若阿基姆国王的人们此时希望他可以攻下巴斯蒂亚，甚至攻下整个岛屿。如此一来，若阿基姆就能获得一支不俗的军队，以及岛上大部分的人口。缪拉对人们的忠心表示了感谢，但是他自己是来科西嘉避难的，不会做任何针对路易十八的事情。之后又过了三个星期，若阿基姆还是没有从反法同盟那里收到任何回复。此时他才意识到，自己已经被欧洲诸强给抛弃了。山穷水尽的他此时只能做绝望的最后一搏——亲自夺回自己的王冠。为了避免和巴斯蒂亚的军事长官之间发生更多的冲突，他离开了维斯科瓦托。他从自己的队伍中挑选了400名志愿者，并和他们走水路来到了阿雅克肖。听闻他们前来的消息之后，城内大部分的官员都逃跑了，只剩下市长留在那里维护公共秩序。当地的居民热烈地欢迎了若阿基姆国王，后者的军队也非常遵守纪律。为了不打扰任何居民，国王没有在任何人的家中下榻，而是住在了旅馆里。正是在那里，他购买了5艘船只，搜集了自己远征所需的武器和物资。这些准备活动花掉了几天的时间。

在上述这些惊险情节中，若阿基姆国王的一位副官正在努力为他效命。这位副官是个英国人，叫马西罗内上校。他之后出于奇怪的原因来过巴黎，我从他那里引用了大量的细节①。深知富歇与自己被罢黜的君主之间交情深厚的马西罗内上校，此前曾经和这位大臣打过照面。那时两人都在威灵顿勋爵的麾下，富歇还是马西罗内上校的手下呢。那时奥特朗托公爵正在偷偷地尝试和这位英国将军搭上线。马西罗内通过自己和威灵顿勋爵之间的交情，从冯·梅特涅先生那里为若阿基姆要到了前往奥地利的避难许诺。他成功了，

---

① 《关于若阿基姆·缪拉的陨落及死亡的若干奇闻》。——作者注

下面的这份文件就是证明：

　　马西罗内先生获准可以向若阿基姆国王宣布，奥地利皇帝陛下将为他提供来到自己治下领土避难的许可。但必须要遵守以下条件：

　　1. 国王必须改名。王后已经选择了利波娜这个名字，我们向国王也推荐了新的名字。

　　2. 国王可以在波西米亚、莫拉维亚以及上奥地利选择任意的一个城市作为居住地。如果他希望住在乡野中的话，也不成问题。当然，选择范围还是以上三个地区。

　　3. 国王必须向皇帝陛下保证，在没有陛下允许的情况下，不会离开奥地利诸省。

　　下述签署人受皇帝命令，签署该声明，以昭信守，以合礼数。

1815 年 9 月 1 日，于巴黎

签名：梅特涅

　　获得这份声明以及通行许可后，马西罗内先是来到了土伦。在这里，他得知缪拉国王已经去了科西嘉。因此，为了完成自己的使命，马西罗内上校登上了前往巴斯蒂亚的渡轮。在巴斯蒂亚，他见到了英国上校巴斯塔德。后者在那里指挥英国海军战舰曲流号。这位军官将若阿基姆国王最近的经历以及启程反攻的消息都告诉了马西罗内。他也坦诚地告诉马西罗内，那不勒斯的人们对此的确感到紧张，但是他们也做好了阻挡国王的准备。这位海军指挥官同时向马西罗内宣布，自己已经接到了阻挡缪拉的命令，一旦国王的舰船离港进入深水，自己就将出动阻截。

在离开巴斯蒂亚前，马西罗内还在那里见了两个科西嘉人①。他们是搭乘曲流号从里窝那来的。两人中的一人此前曾是王家科西嘉军团中的上尉，现在为英国服务。另一人则在新任那不勒斯国王的政府中担任文职。两人都是受命来全力阻止若阿基姆国王的。命令他们的是那不勒斯的美第奇大臣②。和巴斯塔德上尉一样，两人在见完马西罗内之后，也都认为缪拉将会很快接受奥地利皇帝发出的避难提议。

马西罗内在9月28日抵达了阿雅克肖。他为若阿基姆国王送去了两名此前为他服务过的仆人，一笔资金，一些内衣裤以及其他的行头。尽管若阿基姆国王热情地迎接了马西罗内，但是他根本不想听后者的意见。上尉使出了浑身解数，想要让国王接受奥地利政府发出的避难邀请。奥地利已经把旅程都安排好了，一艘英国军舰将把国王送到的里亚斯特。但是国王回复说已经太迟了，覆水难收。他说自己此前提心吊胆地等待了3个月，但是欧洲的各个君主没有任何的回复。因此心灰意冷的他已经决定赌上一切去夺回自己的王位。缪拉国王还补充说，虽然他对自己的成功很有信心，但是这次行动的结果对他来说已经不重要了。无数次在战场上与死神擦肩而过后，就算这次行动失败，他也算是死得其所。他还说，尽管自己被奥地利击败了，但是这不足以剥夺自己的王权。当年整个欧洲都是认可了他的王位的。他也从未签署任何退位的诏书。他之所以坚定地要夺回王位，还有最后一个原因——他不希望辜负这300名跟随自己的勇敢的军官。他不愿放任他们遭到法国国王的报复。马西罗内上尉眼见若阿基姆国王心意已决，也就不再强求。他只是

---

① 卡拉贝利兄弟。——作者注
② 指当时那不勒斯的财政大臣路易吉·德美第奇（Luigi d'Medici），次年成为两西西里王国首相。

希望国王能为他带来的这份许可出具一份书面回复。国王不希望更多的人知道自己的计划，尤其是不希望敌人手上有一份书面证明。因此他在一封信中对马西罗内说："我已经收到了通行许可，我将用它抵达指定的地点。"但是，在他启程的前夜，缪拉给马西罗内写了另一封信。在信中，国王表示此前的那封信他是出于保密的原因才会那么写的。但是现在，无论出于他的自尊及坦诚，还是出于他对上尉的信任，他都必须将自己的本意对马西罗内和盘托出。这封信很长，在信中，若阿基姆控诉了反法同盟诸君主对他的态度。他还说，自己已经下定决心要重夺自己的王位，等到马西罗内读到这封信的时候，他已经出发了①。马西罗内赶忙找到当地的英国驻军，报告国王已经离开的消息。但是，国王的船队其实 48 小时前就离开了，那时信还没寄到呢。

　　缪拉当时的打算是在萨莱诺上岸，这个港口距离那不勒斯大概 30 里。不少以前的那不勒斯士兵已经集结在那里了。但是一场风暴将他和自己的船队打散了。因此，缪拉当机立断决定不再继续前往萨莱诺与手下会合，而是直接在皮佐②附近上岸。若阿基姆国王搭乘的船上有大概 30 名他的老部下，其中就包括弗朗切舍蒂将军。缪拉身着将军服领导着这支小队上了岸。在海滩上他们遇到了几个巡逻的士兵，这些士兵认出了国王，马上加入了他的队伍。这支队伍争分夺秒地进入了皮佐城中心的广场。缪拉在那里对环绕他的市民发表了讲话。人群中有些人高喊他才是国王，还提供了马匹给他的小队。但是，大部分的人都显得犹豫不决。若阿基姆对此毫不在意，马不停蹄地来到了蒙泰莱奥内。国王离开后，英凡塔多公爵的

---

① 这封信我附在了本卷的结尾。——作者注
② 意大利南部小港，在那不勒斯以南约 400 公里处。

手下抵达了皮佐。这位公爵在皮佐拥有许多产业，因此在当地很有
影响力。他的手下威胁当地的民众，要是他们不全力阻止篡位者的
话，就会遭到费迪南多政府的打击报复。之后他甚至还成功地组织
了一支部队。若阿基姆国王在前往蒙泰莱奥内的路上遇到了一名叫
作特伦塔卡佩利的上校，他是王室近卫队成员。后者那时也正在从
蒙泰莱奥内去往皮佐的路上。缪拉邀请他加入自己的队伍，但是这
位军官委婉地拒绝了——他看到缪拉手下只有寥寥数人，就觉得缪
拉是不会成功的。上校指向蒙泰莱奥内的方向说，那里的塔楼上飘
扬谁的旗帜，他就对谁效忠。国王之后就这样把特伦塔卡佩利放走
了，实在是一招臭棋。这位上校抵达皮佐之后，遇见了英凡塔多公
爵的手下。后者那时正在鼓励当地民众拿起武器跟随自己去攻击缪
拉。上校也加入了他的队伍。不仅如此，这位上校还一马当先地率
领一支队伍去追捕若阿基姆国王，并且在半道追上了国王。国王和
自己的伙伴们看到特伦塔卡佩利带着一支队伍从远方快速赶来，还
以为他是来加入自己的。为了在进入蒙泰莱奥内之前补充人员，国
王还专门停下脚步等待他的部队。待到这支队伍靠近后，缪拉还专
门走上前去欢迎他们。这时还有人听到了"乔阿基诺国王万岁！"①
的喊声。缪拉万万没想到，自己等来的是发射的火枪。缪拉国王不
得不仓皇迎战。在勇敢与绝望中迎战的缪拉一行人，死亡数人，更
是有多人受伤。眼见寡不敌众的情况下也无法进攻蒙泰莱奥内，国
王决定突围回到自己的船上。和弗朗切舍蒂将军以及其他十数名手
下一起，他向着密密麻麻的敌人发起了冲击。他亲手砍伤了许多敌
人，还差点用手枪击中了特伦塔卡佩利上校。国王凌厉的攻势让敌
人一下子陷入了混乱，他抓住机会朝着海岸的方向突围。虽然他身

---

① 原文此处是意大利语：Viva il re Giacchino!

边的人都被击中了，但是国王本身却毫发无伤。不过，当时在海边停靠的舰船的船长——一个叫巴巴拉的皮埃蒙特军官——却在听到岸上传来枪声之后，慌张地逃走了。可能他那时已经被费迪南多国王收买了吧。若阿基姆国王就这样被抛弃了。绝望之中，国王跳入水中，朝着一条渔船游去。弗朗切舍蒂以及剩余的部下跟在他身后。此时命运开了个玩笑——这艘船搁浅了。虽然大家努力地想要把它推出去，但到最后还是全无效果。他们只能奔向大概20步之外的另一艘更小的船只。在此期间，敌人已经抵达了岸边。敌人看着他们的行动，陷入了震惊，既没有开枪，也没有尝试靠近他们。此时厄运再次降临。本来这艘船是足够装载国王和部下逃出生天的，但它却被铁链牢牢地拴住了。他们尝试了许多方法砸断铁链，全都没用。此时，小艇的主人出现了。这个渔夫大概是不想失去自己的船，死命地拉着铁链。另一名渔夫则抓住了拼命往海里游的国王。这两名渔夫做出表率后，其他人纷纷跳入了水中。船很快就翻了。不过国王本人没有遭到任何粗暴的对待。国王最后出于绝望展示了他前往的里亚斯特的许可。不过敌人不为所动，国王也只能束手就擒。

国王被捕的消息很快通过电报传到了那不勒斯政府那里。那不勒斯政府为了给若阿基姆国王定罪，组织了一个军事法庭——用意很明显。缪拉听到自己的罪名之后，露出了轻蔑的微笑。他在人生的最后时光给自己的妻子写了一份信，信里附上了自己的一缕头发。下面就是这封信的内容：

　　我亲爱的卡罗琳：

　　我的大限已至，不久之后，我就将告别人世。不久之后，你就将失去自己的丈夫。永远不要忘记我，也不要埋怨我，我是冤死的。永别了，我的阿基里斯；永别了，我的莱蒂西亚；永别了，我的吕西安；永别了，我的路易莎！你们一定要长大成才，让我们家门楣生辉。我没能给你们留下一个王国，我什么都没能给你们留下。你们一定要时刻团结在一起，战胜未来的一切艰难险阻。时刻谨记你们现在以及曾经的身份。上帝会保佑你们的！我人生最后的遗憾，就是没能在我的孩子们身边离去。请接受我作为一个父亲对你们的保佑，接受我对你们的亲吻以及我的眼泪。永远要牢记你们不幸的父亲。

签名：若阿基姆

1815 年 10 月 13 日，皮佐

缪拉国王决定要以天主教徒的方式结束自己的生命。在人生的最后时光中，他召来了一位神父。他将妻儿的照片放在胸口。他拒绝了对方提供给他的椅子，也拒绝了用来蒙住眼睛的罩布。就连开火的命令都是他亲自下达的。刑场上的他，表情坚毅，没有一丝的恐惧。

这个男人就这样死了。命运把他高高举起后又重重地摔落。他是一个无畏的士兵——坦率、忠诚、和蔼。在他一生担任的所有职务中，他都将这些品质发挥到了极致。他作为国王时也不例外。他对自己总是充满自信，大概有时候太过自信了：在应该乘胜追击的时候，他愿意与敌人议和；到了要捍卫自己尊严的时候，他又会不顾一切地重启战端。这也是他陨落的原因。

第十九章

我的艰难归国路

许多从法国寄来的信件都在呼吁我快点回去。我自己看到在法国的人对外面的信息是如此匮乏，也感到必须早日启程。因此我也就做出决定，开始申请各种所需的许可。在 4 月 9 日时，我请求皇后让奥地利皇帝发给我通行许可。只有他特别批出许可才行。在尝试了多次深情地劝我留下之后，玛丽·路易莎慷慨地决定向父亲谈起这件事情。我揣着这个承诺等了一段时间。之后皇后告诉我，她尝试着说服奥地利皇帝放我离开，但是遇到了许多困难。她还说奥地利皇帝在批给我通行证之前，希望我可以去见梅特涅亲王一面，后者会尽快派人来找我。这种似乎要托我办事情的态度，加上我观察的这些我认识的显赫人物的谈吐，对比一下他们的态度，还有奥地利皇帝迟迟没有前往布拉格的这个事实，都让作为旁观者的我在心中升起了一丝希望。不幸的是，这份希望并没有成真。

我当时坚信，他们肯定是在等待着什么事情的发生。拿破仑皇帝可能会再来一次那些闪电突击，这样一来，奥地利政府可能会通过我去给他传话。德·塔列朗先生当时告诉某人，说他经常和首相在一起工作，后者时常朝令夕改。而我在此展现给读者们的都是我的推测，因为此后根本没人来找我去见梅特涅。

对于法国人来说，在维也纳的美泉宫的生活已经变得难以忍受：警察对他们的态度极其残暴。阿那托勒·德·孟德斯鸠伯爵有一天在从维也纳来美泉宫的路上，在走出玛利亚希尔夫城门时被扣留了。他们说他越界了。德·孟德斯鸠先生之后去了警察局，那里的人也没有给他任何解释。他只能回到母亲家中，在那里等候。25分钟之后，从警察局长哈格尔那里来了一个信使，为这个误会耽搁他的行程表示了歉意。信使还保证说这样的事情绝不会再次发生。虽然有这样的保证，但我们还是时常会遭遇类似的事情。

自从奈佩格将军去了意大利之后，奥地利政府大臣韦森贝格男爵（也是参与会议的一名谈判代表）便成了皇后和梅特涅亲王之间的联系人。每次前往维也纳的时候，皇后都会在儿子的房间里和梅特涅亲王会面。她时常会把寄给奈佩格将军的信件交给梅特涅。卡尔大公看起来也同样深得皇后的信任。

4月13日，在维也纳举行了纪念玛丽·路易莎的母亲，玛利亚·特蕾西亚忌日的宗教仪式。她和家人一同出席了仪式。她在回到美泉宫之后，好心地告诉我一封由德·弗拉奥先生带到维也纳的信。有人将信件的内容告诉了她。他们还是不愿意将皇帝的信件交给她，因为他们不希望让她和自己的丈夫联系。就像德·斯塔萨尔先生在林茨被逮捕那样，德·弗拉奥先生是在斯图加特被逮捕的。他们在将身上的信件交给奥地利官员之后就被迫返回了。

同样是在这天，维也纳报纸刊登了一份奥地利皇帝的布告。布告上的日期是4月7日，内容则是成立伦巴第－威尼西亚"王国"。在野心的驱使下，各个君主都纷纷在他们继承的这片巨大领土上建立君主制国家。俄国皇帝取得了波兰国王的头衔，英国国王拿到了汉诺威国王的头衔，荷兰国王则夺来了比利时。荷兰也永久地成为一个王国。

有一天，皇后在回到美泉宫的时候，怒气冲冲。让她愤怒的是她在离开维也纳的皇宫时听到的谈话。那是两个在用法语交谈的男人，他们大声地说："这位夫人选择待在父亲身边当间谍实在是个错误的决定，她要是返回法国和丈夫生活在一起的话会过得更好。"这句批评深深地伤害了她。不过因为她天生内敛，虽然我们都建议她派人去找这两个人，但是她没有这么做。阿尔迪尼伯爵刚刚从埃莉萨公主，也就是拿破仑的妹妹那里将一封信带到了美泉宫。在信中她恳求玛丽·路易莎运用自己对奥地利皇帝的影响力，让她可以返回法国。尽管好心的皇后为此专程去了维也纳，去为自己的小姑求情，不过奥地利内阁对此没有给出任何回复。

4 月 16 日，奥地利的首都开始了一系列的祈祷和集会仪式，祈求对法国以及拿破仑战事的胜利。参加这些群众游行集会的主体是还在学校里的年轻女孩和男孩，当然也有一些大人的参与。他们在各色旗帜的引导之下，走遍了维也纳市内以及市郊的道路，最终来到了圣史蒂芬主教座堂以及其他教堂内祈祷。宫廷成员也参加了这些祷告仪式。奥地利皇后也正式要求她的继女到场和其他家人在一起，不过没有成功。她的要求是如此咄咄逼人，以至于她甚至把状告到了奥地利皇帝以及他的两个弟弟那里去。他们反对这样的做法。皇后展现出的情感和她所处的位置是一致的。不过我必须要遗憾地指出，皇后之所以会这么做，是为了可以坚定她不回法国的决心。我那时刚刚收到了一封来自皇帝的信，一封来自约瑟夫国王的信，还有一封来自他的夫人，即王后的信，都是写给皇后的，也都是由特殊的信使寄来的。我把这些信件全都交给了她。同时我告诉她，我就此卸下了这个此前落在我肩上的责任。她提醒我说她必须要把这些信件全部交给父亲，而如果我想要自己保留这些信件的话，她会睁一只眼闭一只眼的。考虑到这些信件是给她的，最好应该由她来阅读，我乞求她收下然后自己处置它们。之后我们就她做出的不和皇帝会合的这个痛苦决定进行了一些探讨。她坚定而温柔地回答说她的决心是不会改变的。我反对说，这世界上就没有永远不会改变的决心，事态的发展可能会让她不得不返回法国。她马上回应说就算是她的父亲也没有这么大的权力。我这时忍不住表示她所展现出的这些情感是不公平的，和她的性格也背道而驰。如果法兰西的人民听到她这番抵触的言论，会很受伤。当自己奉上了真心，却被这样泼了一盆冷水是最让法国人痛苦的。虽然他们现在认为她是和平的象征，希望她前往法国，但是听到这样的话之后他们会拒绝她的。这段对话也是我和她关于这个话题的最后一次讨论。在我看来，她的决心是如此坚定，我说什么都没用了。更何况，只有时间和变化的事物才是真正的主宰。

萨克森的安东亲王，也就是萨克森国王的弟弟，当时因为健康问题在美泉宫休养。玛丽·路易莎皇后时常会去看望他。因为他们对拿破仑的感情，整个家族都被禁足了。纵使可怜的安东亲王是奥地利皇帝的连襟，他在德累斯顿的宫殿还是被一大堆军人占领，他还必须为他们的饮食起居付钱。国王遭到的待遇则更为恶劣，他已经没了生活来源，正靠贩卖身边的钻石来过活。尽管他已经将仆从的规模缩减到了仅有很少的一些忠实的用人，每个月还是要耗费1.6万法郎，卖钻石得来的钱并不总是可以应付宫中的庞大开支。普鲁士人似乎打定主意要用饥饿来打击国王，他们这时还入侵着他一半的领土，毫无怜悯之心。国王一直都拒绝认可这种对自己领土的肢解，不过，最终他还是被迫接受了这个被强加在自己身上的痛苦的牺牲。这么说可不是夸张，跟卡斯尔雷阁下在写给哈登贝格亲王的信中列举的那些卑劣原则比起来，这可是小巫见大巫。这些原则都是英国人在议会里辩论出来的。

　　这封信所展示的列强的种种过分手段，在会议的大部分决议中都是一样的①。萨克森国王不仅失去了华沙大公国，还丧失了自己半数的世袭领地。普鲁士真是大发慈悲，只抢到一半就满足了。国王那时已经离开普雷斯堡，来到拉克森堡②的宫中居住，这里距离宣判萨克森命运的法庭更近一些。他对此也没有任何上诉的权利。他希望在战时居住在自己首都的请求一直没有获得批准，同盟各国也毫不掩饰对他的不信任，他被迫将自己的两个侄子，也就是马克西米利安亲王的儿子送到奥地利军中去服役，作为人质以保证他的忠诚。每次来美泉宫看望自己的弟弟时，他都要乔装打扮一番，这两个流着王族血液的弃儿会一同为自己家族遭受的灾难而哭泣。

　　各种庆典的停止，以及欧仁亲王的离去似乎打乱了亚历山大沙皇的生活习惯。他现在每天都会去施瓦岑贝格亲王的家中消磨时间。我时常会听到元帅抱怨，这样对他有诸多不便。每当他安排好了准备陪伴家人一天，选好了一个自己喜欢的宫殿打算放松一下之后，他就会看见亚历山大跑过来要求在那里举行派对。施瓦岑贝格亲王作为一个拥有独立人格的人，并不总会掩饰自己对沙皇不断叨扰的不满：后者决定奔赴前线之后才终于让他们获得了解脱。沙皇本来宣布要与皇后告别的，不过后来他没有履行自己的承诺，估计是面子上挂不住吧。

　　这时出了一个小新闻，在其他地方都没有人注意，只不过在美泉宫引起了诸多讨论：奈佩格伯爵夫人去世了。此前，当奈佩格将军在维也纳工作时，这位夫人一直居住在符腾堡，也就是奈佩格将

---

①　这封信的日期是 1814 年 10 月 11 日，由卡斯尔雷阁下写给哈登贝格亲王，与萨克森有关，信的内容可以在当时的报纸上找到。——作者注

②　位于维也纳南郊。

军的出生地。她是在 4 月，经历了两天的重病之后逝世的，身后留下了 4 个子女。据说她非常漂亮，但并不十分聪明。奈佩格伯爵是带着她从她的第一任丈夫那里私奔的。她的第一任丈夫一直到她死前的几个月都还活着。从玛丽·路易莎那天在餐桌旁宣布这个消息时的神态上可以看出，她对此并不感到遗憾。

奥地利皇后保证了自己的继女可以时刻了解意大利事态的最新发展。她给后者发来的最新消息都是有关那不勒斯人的坏消息，这一点随后也被奈佩格将军发来的信件所确认。这位将军告诉帕尔马女大公，她的卫兵部队先是拒绝进攻那不勒斯军队，然后又高喊"皇帝万岁！"，因此已经被解散了。在读到这个消息的时候，玛丽·路易莎的眼中燃起了光芒。她并没有说要惩罚这些人，她也不认为这是一次反叛，她从性格上就不喜欢严厉待人。不过她还是静静地等待着可以奖励这些忠诚之人的机会。奥地利皇帝看出了她的心思，告诉她说自己会重组她的卫队，将人数从原先的五六千人削减为 3000 人。这个做法看起来是在帮她，实际让人感觉更像是在责备她。

有一点是值得注意的：自从预料那不勒斯问题以及保证意大利和平的战报不断传来之后，参与会议的贵胄们的怒火以及德意志报纸的暴力程度都有了显著的提升。大会现在除了进行针对共同敌人的辩论之外，什么都不做了。各方延续了进攻的条约，君主们来不及细想就批准了各种各样的交易。奥地利、俄国以及普鲁士与英国签订了新的协议，从后者那里获得补贴。整个欧洲现在就像是变成了一个人似的。三支俄国大军正在穿过匈牙利和西里西亚。

奥地利这时正在皮埃蒙特和莱茵河畔各集结一支部队。普鲁士也在采取各种不同寻常的措施——她在荷兰及莱茵河畔组织了两支军队。德意志的各个君主把他们的士兵都派来了。英军士兵正在荷兰登陆。西班牙也正在组织部队。为了进攻拿破仑，各国集结了超过一百万的士兵。最终到了 5 月 12 日，同盟各国都确认了他们在 3 月 13 日发出的宣言：只要法国承认拿破仑为君主，那么他们就将对法国宣战。亚历山大沙皇是其中最活跃的。这位君王曾经是拿破仑的座上宾，对拿破仑也曾经摆出一副友好的样子。现在他却愤怒地发誓，为了阻止拿破仑再次登上法国的王座，他愿意牺牲自己的最后一名士兵，耗光自己的最后一枚卢布。

奥地利人在意大利对若阿基姆国王取得的决定性胜利驱散了皇后对自己帕尔马领地仅存的一点疑虑。在她眼中，现在已经没有任何事情可以阻挡她获得这块领地了。自此之后，她的脑海中不再有返回法国的想法，她全神贯注地想要前往帕尔马。她还以自己一贯的热情在研究这个国家的主要管理分支。不过她最关心的还是这个地方能给她的私人生活提供哪些资源。

她详细了解了下面这些信息：怎样最好地在那里安顿下来，帕尔马宫中的事务安排，对宫中房间的新安排，当地多处消夏场所的位置，她可以为当地居民们所做的事情。她下达了诸多命令，组织了公国的服务人员，任命了宫中的多个岗位。完成这些事情花费了她好几天的时间，我这么说也并没有责备她的意思。就像一个此前一无所有，现在第一次成为地主，可以随意发号施令的人那样，她对帕尔马倾注了全部的热情。她还计划好了要前往佛罗伦萨、热那亚、罗马、那不勒斯（若阿基姆国王不再是那里的统治者了）以及英国。每年来维也纳见儿子的旅程她也想好了。这段时间她谈的一直都是这些东西。

官方在 4 月 14 日发表了一份布告，直到此时为止都没有引起人们的注意。布告的内容是帕尔马女大公希望父亲可以暂时管理公国，直到事态允许自己亲自前往那里为止。这份布告上的日期是 3

月 3 日，上面附有奥地利皇帝的许可。

在起程参军之前，意大利总督约翰大公前来与玛丽·路易莎告别。这位亲王在听说皇帝离开厄尔巴岛时，曾经说过这样的话："我可怜的路易莎，我为你感到悲伤。我希望他可以摔断自己的脖子，这是为了我们大家好，也是为了你好。"他此次到访，给了玛丽·路易莎一个谈起这一评价的机会。我忍不住对皇后说，她肯定是不赞成这句话的。她承认这些话的确欠妥当，但她也发现说出这些话的人都是可能因为皇帝返回法国而遭到灾祸的王公。就在同一天，巴登大公也派人来找她。大公本来是明天就要离开的，不过根据他自己的说法，他被扣押在了维也纳。人们希望他解释一下他此前在会议上提出的一份纪要。这份纪要的内容主要是关于联邦议会的一些评论。这个议会是由会议建立的。通过自身的影响力，奥地利将可以通过议会决定德意志地区的事务。议会的主席也将是奥地利的大臣。

我离开维也纳之前目睹的玛丽·路易莎最后的一些举动，虽然仅仅只和皇后的信仰有关，但我觉得在这里讲一讲也是可以的。我之所以会在这里提及，是因为它向我们展示了皇后的宗教情感。早上 7 点，在美泉宫的礼拜堂中，她在父亲的见证下完成了自己的祈祷。也正是在那天，此前被任命为她侍从长的圣维塔伯爵正式走马上任。

自从我被命令在返回法国前要与梅特涅亲王会面以来，已经过去了超过 3 个星期的时间。我不再觉得自己能够见到这位首相。这下我对于自己无谓地拖延出发的时间而感到后悔了。如果奥地利内阁现在真的在秘密考虑和拿破仑皇帝和好，如今在我看来，也只有一些不确定且遥远的事情能迫使他们迈出那一步。因此我已经没有任何继续留在维也纳的理由了。我也不想继续留在维也纳了。我再次发出了获得通行证的申请，不过弗朗茨皇帝那时候刚好生病了，无法处理任何事务。之后，我的计划又遇到了新的困难：除了通行证之外，我还需要一份签证。这个签证必须由施瓦岑贝格亲王签发在我的通行证上。当时已经下达了断绝一切与莱茵河左岸通信的命令。所有想要渡河的人都需要有奥地利军队统帅签发的许可。而施瓦岑贝格先生此时已经启程前往大本营了，这就让事情变得非常复杂。在吃了许多闭门羹之后，我燃起了一丝希望：有人告诉我，我只要跟随一名奥地利军官的马车一起，就能离开。我自然马上就同意了这个提议。我也终于从使馆那里获得了通行证。不过，为了解决包括签证在内的种种问题，又耗费了一周的时间。经过和施迪普奇茨将军以及兰格瑙将军的多番周旋之后，我才终于获得了启程的许可，条件是要接受一名奥地利军官的护送。卡拉奇扎伊上尉既彬彬有礼，又对我关怀得无微不至，作为旅伴我别无所求。他是一名年轻的匈牙利军官。此前玛丽·路易莎皇后在 1814 年离开法国时，以及此后前往萨伏伊的艾克斯时，负责陪伴她的就是这位军官。

在离开之前，我专程前往维也纳的帝国宫殿中与小皇子告别。看到他神情严肃甚至有些忧郁，我很伤心。他已经失去了那份孩童特有的愉快与活泼的气质。曾经的他是那么耀眼。他没有像以往那样来迎接我。看到我进来时，他也没有任何表示，仿佛不认识我。不幸大概已经开始在他的小脑袋瓜里产生影响了。在他初临世间时，弄人的命运曾经把一顶王冠装点在他的头上。那时的场景是多么的恢宏啊。他就像是那些被鲜花装点着的祭品一样，终归是要被献祭的。在我去找他的时候，尽管他已经和新的看护在一起待了 6 个星期的时间，他还是没有完全习惯他们。看着这些陌生的面孔，他的脸上还满是疑惑。他们在场的时候，我问他有什么话希望我带给他的父亲。他忧伤而又意味深长地看了我一眼，没有回答。然后他缓缓地把手从我掌心抽走，默默地走到了不远处的窗台旁。和会客室里的其他人短暂交谈之后，我走到了他身边。他正在用心地望着窗外。正当我弯下腰去跟他告别时，受到了我情绪的感染，他把我拉到窗边，满怀深情地看着我，对我轻声说："梅瓦先生，您要告诉他，我还是一直那么爱他。"这个可怜的孤儿已经意识到他不再自由，不再和父亲的朋友们在一起了。他一直忘不掉自己的"鸠妈妈"，他就是这么叫她的。他会时常问马尔尚夫人在哪里。马尔尚夫人很喜欢他，也被留在了他身边。这位伟大的夫人在他刚出生时也是抱过他的，之后也一直陪伴在他身边。她在一年之后返回了法国。她的离开让年轻的皇子又多了伤心的理由。当旁人不再以拿破仑来称呼他时，他很不高兴。他们开始强行称呼他弗朗茨。他觉得这个名字既普通又丑陋。我承认，这些不过是他这个年龄的孩子面对突变时的习惯性反应，过不久就会被他们快乐的天性取代。或许年轻的皇子发现自己的处境是如此严峻，影响了他的心智，促成了他的早熟。

我离开的时候，他的身体还很好。他的身体很强壮，没有任何问题，看起来是会长寿的样子。他长相英俊，为人善良，浑身上下都是讨人喜欢的特质。这也是为什么他在日后可以博得外祖父的喜爱。

当他丧失了对帕尔马领地的继承权，自己的名字也被夺走之后，如何给他的现在和未来找一个位置就变得非常必要了。1818年7月发布的一道诏书让他获得了莱西斯塔德公爵的封号。莱西斯塔德是他在波西米亚其中的一块封地的名字。这份诏书同时还确定了他的盾徽，同时给予他仅次于奥地利皇室亲王的优先权：6个月前，一份诏书将波西米亚的巴伐利亚属普法尔茨领地赐给了他。如果他没有子嗣，那么领地就将回归奥地利皇室。只有在他成年，或者是他的母亲逝世之后，他才能享受这些领地的利益。只要皇后还掌握着帕尔马、皮亚琴察以及瓜斯塔拉，她就要负担皇子的开支。这个可怜的孩子从来没有享受到领地的利益，因为他成年后不久就去世了。也就是说，虽然奥地利皇帝很喜欢他的这个外孙子，但他没有给后者任何东西。玛丽·路易莎负担了儿子大部分的生活和教育开支。在皇帝的许可之下，迪特里希施泰因伯爵被任命为他的主要老师。他的所有老师都是杰出人士，也给了他与他才华相称的教育。迪特里希施泰因伯爵在 1831 年至 1832 年的那个冬天因为健康原因来到了尼斯。他那时和贝尔特朗将军的女儿多有谈起拿破仑的儿子。他主要说了下面这些事情：年轻的皇子很高大威武；他长得很像他的父母；与奥地利大公们不同，他没有他们的那份单纯与天真；不过他举手投足间都透露着非凡的器宇；他的五官受到了忧郁和沉思的影响；他对外界的事情很了解，对严肃学问和兵法都很有兴趣；尽管他在童年时期就离开了法国，但他还保存着对那里的记忆；每次见到法国人，他都会很高兴；这从他看他们的眼神，以及希望了解他们的心情上就可以看出。迪特里希施泰因伯爵补充说："我一般不会夸耀我的学生，这不是我的风格，不过在我看来，他真的天资优越，和我的努力相辅相成。莱西斯塔德公爵是个男子汉。" 6 个月之后，这个年轻的皇子就撒手人寰了！

　　我和皇后最后告别是在 5 月 6 日的晚上 10 点钟。她很受触动。她好心地对我说，我的离去让她感到惋惜，同时，她感觉未来自己和法国之间将不再有任何的联系，但是她会永远记得她的第二祖国。她托我告诉皇帝，她对他只有祝福。她还告诉我，她希望皇帝可以理解她自身所处的不幸处境。她再次重申，自己不会同意任何离婚的要求。她觉得他会接受一个友好分居的提议。她说这样的分居已经不可避免了，不过自己对他的尊敬和感激并不会因此减少半分。她交给我一个鼻烟壶，上面装点着钻石拼出的她的姓名首字母，就算是给我的纪念了。然后她就离开了，为的是隐藏她心中的情感。我与她告别时心情非常沉重，很是痛苦。

翌日的早上6点，我就和旅伴一同启程了。我在恩斯遇到了文森特男爵。他正在前往根特赴任的路上。他要去那里担任路易十八的大使。在从维也纳前往慕尼黑的路上，我还见到了运输士兵的部队，旁边是行进中的骑兵部队以及火炮部队。指挥第一军团的霍亨索伦亲王的大本营就在施托卡赫。

当我经过慕尼黑的时候，欧仁亲王就在那里。他在那里的处境是如此的敏感，以至于我为了不让他遭遇新的不愉快而没有去见他。更何况，他曾经警告过我，秘密地乞求我不要去找他：身边监视我的人太多了。

瓦尔德塞的驿站站长告诉我，纳夏泰尔亲王一天前刚刚从这里经过，身边带着他的妻子和一位军官。他们本来是要返回巴塞尔的，不过几个小时之后被迫要回到这里，他们在施托卡赫被强制掉头了。之后他们重新取道了班贝格。

我在5月11日的早上6点抵达了巴塞尔。我在这里和我的旅伴分别。对于这段旅程中他对我的态度，我只有无限的赞美。与其说他一路上是在监视我，不如说是在保护我。不论是在边界上，堡垒旁，还是其他和同盟军队打照面的场合，他都保证了我在军事和民事官员面前没有遭到一丝的不愉快。在巴塞尔，我发现当地居民对于南格建设的炮台很不满意。这个炮台可以直接威胁巴塞尔的桥梁及市镇。我在自由堡（又叫圣路易）① 见到了特别警察专员阿雷

---

① 位于今日法国上莱茵省的圣路易，靠近巴塞尔，在法国大革命后曾改名自由堡。

尔先生。他对我们充满了猜疑。从那座城市到巴黎的路上，我见证了人们对皇帝的热情，以及对战争的狂热，这是一种我无法描述的情感。不光是士兵和新招募的兵员是如此，大部分的人口都分享了这份情感。在贝尔福，我被勒古布将军的参谋长叫去了。勒古布将军的大本营就在那里。他以勒古布之名焦急地找到了我们，问我有没有带来皇后和她的儿子将马上抵达的消息，问我是否还有理由期望战争不会爆发。我在路上还遇到了忠诚的德·马米耶先生，他是皇帝的副官。他自己出钱组织了一支志愿军。他也一样急切地问了我同样的问题。

我与拿破仑皇帝的久别重逢

皇帝一直在焦急地等待着我。我在中午来到了他居住的爱丽舍宫。在抵达之后，我马上就被带到了他的房间里。我见到拿破仑时，他正坐在一个圆形靠背沙发上，一手托腮，沉浸在思绪之中。看见我之后，他立马起身来迎接我，还热情地握住了我的手。然后，他推开一扇虚掩着的门，带着我进入了花园。我们一直在那里待到了傍晚 6 点。他有无数的问题要问我。他让我第二天一早就回来，参加他的晨会。我抵达的时候，他刚刚结束了更衣。我跟着他进入花园后，他又开始问我问题了。这样的谈话延续了好几天。晨会一般是早上 9 点开始的，不过皇帝经常等到 11 点才想起来要离开我去参加晨会。就算我觉得自己已经将可能让他感兴趣的，可以满足他好奇心的东西都说完了之后，他还是可以通过搜寻我记忆的最深处找出新的信息。我不会在这里详细地记录这些谈话。这些谈话就是他问我答，其中的许多细节在本书前面的章节都讲过了。总的来说，皇帝这些谈话的主题是严肃的，看起来也让他非常痛苦。

他谈话时的语气也少见地凝重。不过，有一天，在听取了关于皇后私人生活的一些细节之后，他开玩笑一般地问我她的那些叔叔有没有去向她献殷勤。拿破仑跟我谈起自己的儿子时非常的温柔，有关他亲爱孩子的消息，无论多么无关紧要，他都会用心地聆听。他对皇后说的话都充满了对她的尊敬，很为她着想。对于她被迫面对的种种阴谋诡计，他表示了怜悯。同时，预感到我会帮皇后说好话，他说她肯定是遭受强迫才表达出了对法国以及对他自己的那些情感。他命令我给她写信，这样玛丽·路易莎和法国之间微弱的联系就不至于断绝。

奥地利皇帝此前让我延后出发，去见梅特涅亲王的那道命令，我也跟皇帝说了。我告诉他，虽然没有被明确告知会面的目的，不过我当时有50%的信心认为，如果之后事态的发展让奥地利政府主动示好的话，这个会面大概是为了议和。我还告诉他，在等待这个会面1个月都无果之后，看着时光流逝，我感觉这个会面怕是永远不会发生了。如果维也纳的政府之后打算议和的话，也很容易就可以找到一个中间人把提议书带来巴黎。因此，我决定应该回到皇帝身边。如果我滞留在维也纳只是为了把这个消息带给他的话，那我还是回到法国对他的帮助更大。拿破仑认为我做出了正确的决定。他觉得奥方之所以在批出我的通行证上有所延宕，是因为那时梅特涅和富歇正在巴塞尔进行秘密协商。是拿破仑的一名秘书从维也纳方面收到了相关的通信，富歇并没有派来信使：他想要背着皇帝偷偷行动。

在谈及那些随着复辟返回的王公时，皇帝告诉了我很多事情，其中最让我印象深刻的是，他说自己在从厄尔巴岛返回后，推翻的并不是路易十八（这位国王是不可能在法国的王位上稳坐6个月的），他推翻的是奥尔良公爵。他说自己对此感到很抱歉，因为这位王公是他整个家族里唯一的法国人，也是最有才干的，等等。那时，让拿破仑深受触动的是奥尔良公爵在两个月前前往北部指挥莫蒂埃元帅麾下的部队时展现出的爱国情怀。同时还有他在隐退之后写给元帅的一封信。不过最主要的还是阿塔兰上尉告诉皇帝的话。阿塔兰上尉是奥尔良公爵的一名副官，之后奥尔良公爵批准他回到皇帝身边担任传令官。这位王公告诉他，必须阻止外敌对法国的再次入侵。为此他即便看到那些曾经为他带来悔恨的颜色①，也会感到幸福。皇帝在评价君主们的政策时，一直是公正客观的。他认为他们的政策很暴力，不过他也没有其他的期望。他说自己之前如果以身作则做了好的表率，现在这些君主说不定会仁慈一些。他还说那些听信自己大臣们的君主自然而然地就会采取破坏繁荣的措施。他告诉我，这也是为什么现在发生的一切都不会令他感到惊讶。他说这就是自然的规律。经过尝试之后，他已经深刻地知道自己现在能依靠的只剩下人民的爱国情怀以及自己手上的利剑。"至于剩下的嘛，"他犹豫地笑着说，"上帝是伟大且仁慈的。"他的话语全都带着一份平静的忧伤，以及一种认命的感觉，给我留下了深刻的印象。他身上那份必胜的笃定已经消失了，正是这份笃定让他之前一直保持着自信并战无不胜。他曾经对于命运的信念，那份支撑他从厄尔巴岛返回，支撑他奇迹般地穿过法国的信念，在他进入巴黎城的那一刻就抛弃了他。他感觉自己不再拥有此前的那份热忱，再加上他自愿带上的枷锁，他现在已经不再像从前那样自由了。

在满足了他一开始的好奇心之后，皇帝出于一贯的善意，自然会关心我的私事。他首先对我提起的就是我现在适合什么工作，并且鼓励我就此自由地发表看法。拿破仑手下的一名大臣回想起了玛

---

① 指三色旗。

丽·安托瓦内特的主管秘书奥加尔先生的先例。奥加尔先生当时还是巴黎的司库。这位先生在任上时因其强烈的保皇党倾向令当时的政府非常不满。这位大臣觉得这个职位应该成为皇后主管秘书的"保留封地。"当时占据这个位置的是塞居尔伯爵的女婿。再加上当时的形势，让我并不想当这个官，因此我也没去考虑这个提议。在某次接见我的时候，皇帝告诉我，有人将这个提议也告诉了他。不过他觉得我不适合从事财政方面的工作。他说只要能给德·拉瓦莱特先生找个其他的差事，他就打算让我去当邮政主管。他还补充说政府里面还有一个我能最大限度帮助他的职位：国家档案库的馆长。他说我可以临时先担任这个职务，他会给这个职位加上国务委员的头衔。在奔赴前线之前，他命令约瑟夫国王准备了一份关于上述任命诏书的草稿。随后，1815 年战役灾难性的收尾，让拿破仑没能将这些对我的好意变为现实。

　　我在巴黎获知，在 1814 年 4 月 2 日，德·塔列朗先生在皇帝被推翻前后的这片忙碌和混乱中，竟然还有空将档案库中所有不利于他的文件都销毁了。亚历山大沙皇抵达圣弗洛朗坦路上的宅邸后，只过了一天，德·塔列朗先生就命令信得过的人去翻遍了卢浮宫中的档案库。他们以各种各样的借口检视了所有可能对他不利的文件：由他发出的，或者是发给他的，关于昂冈公爵以及西班牙事务的信件、笔记和报告；可能揭露他肆意妄为的文件；可能曝光他金钱问题的文件；等等。他们的报告一交到他的手上，那时已经当上临时政府首脑的德·塔列朗先生就立刻借着职务之便将德·维莱先生任命为帝国档案馆的馆长。这位临时人员自然将所有获命处理的文件全部清理了。文件一到这位帝国前外交大臣的手上，他就把它们都烧掉了。德·维莱先生的任务完成之后，也就结束了自己的使命。

　　大家都很想知道皇后和她的儿子会不会回来。这时人们是如此的焦虑，以至于所有我遇到的人都有无数的问题要问我。作为警察的富歇是问得最深入的，就像是在审问犯人一样。他想知道过去一年中发生在维也纳的所有事情。他敦促我去见他。不过我可不想这么干。每次见到这位大臣，我心中都会涌起厌恶的情绪。我将他不停来找我的事情告诉了皇帝，皇帝建议我去见他，但是要注意听他讲话，而不是把所有事情都告诉他。我于是来到了他的宅邸。在问完第一轮问题之后，他讲起了皇帝，语气还是那么镇定："反正他现在就在这。我们想要的不是他，不过我们可没法像移走棋盘上的一颗棋子那样把他赶走。我们看看为了让他留在那里，能做些什么吧。"这是他的原话。我将这些话回禀给了皇帝。皇帝自然知道富歇就是这样的人，他只不过耸了耸肩表示不屑。富歇说的这些真心话和我再次返回巴黎之后听到的消息是能对上号的：自从皇帝从厄尔巴岛返回之后，富歇和梅特涅亲王就达成了秘密协议。在一位密使的协助下，双方想要协力使皇帝让位给自己的儿子。拿破仑在发现了如此骇人听闻的忤逆之后，还能继续让富歇留任警务部门，让我很惊讶。在我和皇帝的对话中，我获悉维琴察公爵已经将富歇的密谋告诉了皇帝。关于富歇此前的密谋，以及他委派德蒙特龙先生在去维也纳给维琴察公爵送信时偷偷做的事情，皇帝也都知道。之后我才明白，就在维尔纳先生被派去巴塞尔的时候，有一个中间人也给皇帝带来了类似的书信。德·斯塔萨尔先生也证实了这一点。

　　返回巴黎之后过了 15 天，我在战神广场上以普通旁观者的身份参加了一场仪式。在仪式上，政府正式宣布通过了《帝国宪法附加法》。拿破仑还为巴黎国民卫队以及帝国卫队举行了授旗仪式。军队的代表们则于 3 天后，在卢浮宫的大长廊中拿到了他们的旗帜。《帝国宪法附加法》受到了广泛的批评，但是这份法案比路易十八的宪章要自由得多。我个人是不喜欢这份单独的法案的。这份法案打开了通往无数争论及热烈讨论的大门，但那时候法国皇帝的第一要务应该是御敌。我们觉得，等到一个更加平静的时候再推出完备的宪法是更为妥当的。因为1815年春天的法国比以往任何时候都更需要独裁统治。当时国家面临的危机让所有人都认定独裁统治是必要的。这些关于附加法的讨论让我可以提及德·斯塔尔夫人对此的满意。以下都是拿破仑的这位宿敌从科佩写给约瑟夫国王的信里说的："这些附加条款就是法国所需要的一切，不多也不少。您弟弟的归来是如此的不可思议，超越了所有人的想象力……我将我的儿子推荐给您……"

滑铁卢的终局之战

皇帝在返回法国之后发现，军队已经被削减到了不足10万人。在2个月之内，他就把这个数目翻了5倍。在拿破仑的身后，有一个热忱且活跃的政府在支持着他的行动。同时整个民族也动员起来，通过自发捐款、组建志愿军队等方式证明了大家对守卫祖国疆土的热情。皇帝在下面两个方案中犹豫了一段时间：要么是保持守势，将敌人引来里昂或者巴黎，要么是主动进攻。他最终决定采取后一种方案。在给我们边界上的堡垒都补充了足够的士兵和给养，为巴黎和里昂组织了充分的城防，建立了更多的武器厂并收集了大量的各色弹药之后，拿破仑在6月12日离开了巴黎。在阿韦讷时，他秘密发出了关于军队的第一次行动的命令。14日时，率领着第4军团一个师的布尔蒙将军，还有工兵上校克卢埃、参谋维尤特埃（他还曾是皇帝的掌马官）以及其他一些军官一起做出了投敌这样令法国蒙羞的行为。他们也背叛了在6月13日下达给他们的命令。

　　尽管发生了这一让人不齿的背叛行为，战斗的开始还是充满了对法国有利的吉兆。拿破仑成功地骗过敌军，打了普军和英军一个措手不及。他娴熟的操作将这两支敌军分割开来，带来了利尼的胜利。这也让人心中燃起了希望：这些成功将为我们带来决定性的胜利。巴黎无疑弥漫着这样的情绪，人们等待战报时都充满了信心。就在这个时候，战报带来了灾难的消息，扰乱了所有人的思绪。不久之后，滑铁卢的惨败就传到了所有人的耳朵里。这个致命的消息在首都造成了不断扩散的恐慌。之后如雪片般传来的灾难性的战报更是将这份恐慌推到了顶点。尽管在这短暂的战役中，尤其是在这致命的一天里，我们犯下了许多错误；尽管在面对需要快速执行的命令时，人们有诸多的延宕与犹豫；尽管莫蒂埃元帅撤退之后，没人继续指挥帝国卫队，白天进行的滑铁卢战役本来是能被我们赢下来的。但比洛率领的普鲁士部队以及布吕歇尔麾下的部队之后抵达了战场，加之我们又缺失了格鲁希的部队，导致最终落败。厄运扰乱了一个绝妙的计划，在拿破仑面前夺走了近在咫尺的胜利。在战斗最危急的时候，威灵顿自己都对前来听令的希尔将军说过下面这番话："我没什么命令能给您了，我们除了死在这里之外别无他法，我们连后路都被切断了！"之后，命运却将败者变成了胜者，将成功变成了失败。

　　拿破仑和他的士兵们虽败犹荣。法兰西军队在滑铁卢战场上展现出的英雄主义精神和无畏决心，是前所未见的。年轻的将军、上校以及各支部队的军官们心中燃烧着同样的热火。不过，在另一方面，一些军队中的主要领导人却被 1814 年的一系列回忆干扰，丧失了斗志，也就失去了成功的希望。一连串的背叛和临阵脱逃将我们的一次失败变成了一场溃退。在这次灾难之前，法兰西的军队一直以其高昂的斗志和高贵的品质而受到敬仰。但如今，它却在惶恐和茫然中开始了撤退。

皇帝在战斗后抵达沙勒罗瓦并在那里停留了几个小时。他发出了重整部队的命令，同时还派人去侦察了敌军前进的情况。然后他就前往拉昂，并且在那里将苏尔特元帅任命为大本营指挥，这里也被确定为各支部队会合的地方。之后他从弟弟热罗姆那里收到了一些较为振奋的消息：他此前派热罗姆去重整部队，重新恢复撤退的秩序。这时他稍稍陷入了犹豫，自己到底是应该和队伍留在一起，还是返回巴黎呢？他随后决定，在军队完成重整之前，自己在军中待着也没什么作用，还是返回巴黎更加重要。更何况，他此时离巴黎只有不到 30 里了。皇帝也就这样返回了首都。他在 6 月 21 日早上 8 点抵达巴黎。我一听到他返回的消息，就马上赶去了爱丽舍宫。我在那里见到了拿破仑，他沉浸在疲惫与忧虑中，但还是在努力控制着自己心中的悲伤。他那时正在浴缸里。他一回来就泡了进去，为的是重获力量。在他离开军队之前，许多人都劝他不要这么做。不过，他不光是一名将军，同时还是帝国的首脑。拿破仑来到议会中，寻求他们的帮助（他没打算忽略他们）以应对再次向巴黎进发的敌军。不过，拿破仑很快就发现，他除了再次退位之外别无他法：议会中充斥着疯狂的对立，共和派和保皇党之间互不相让，巴黎的每个人都头晕目眩。在皇帝第二次退位的前后 2 个小时的时间里，我看着他陷入了残酷的回忆和迷茫中。无论是退位还是无视议会成为光杆司令，对法国的未来意味着什么，他都了然于心。这让他心中出现了无数冲突的情感，让他陷入了最痛苦的焦虑之中。此时已经麻木的他，对兄弟还有忠诚手下提出的采取措施的建议也表现得漠不关心。不过他刚刚经受的这些试炼也打开了他的双眼。他不希望国家在外敌入侵之余再遭受内斗的折磨，所以他不希望挑起自己和议会之间的矛盾。他感到自己已经走到尽头，没法东山再起了。天时、地利、人和，他现在已经一样都没有了。为了再次拯救法国，只能让整个国家机器紧密地团结在他身边。但在国家现在的形势下，是不可能的，拿破仑也因此认定，他是不可能获得成功的了。他当然可以向民族和军队发出呼吁，两者对他的感情都是毋庸置疑的。但他害怕这样做会造成法国内部的对立。

在尝试让议会认清现实无果之后，皇帝选择摘下自己的皇冠。他已经清楚地告诉议会，自己的退位会为法国带来怎样的后果。这本书下面的内容会显示他根本就是在对牛弹琴，因为大家这时已经不想再打仗了。为了能获得休息，他们可以不计代价。

众议院的大部分议员大概都胸怀纯净的爱国情感。但他们大部分人在行动中却只会砸碎法国的剑与盾。从没有一个国家的代表像他们这样对国家真正的利益如此无知，如此不称职。同时他们面对的还是如此严峻的形势，这些话说出来都让我感到痛苦。正当数支敌军正从四面八方向我们涌来时，这些人却还在进行无意义的对骂，或者是进行关于抽象的宪法理论的讨论。他们既不能激发法国人心中对外的同仇敌忾，指出祖国面临的危险，又无法让自己支持拿破仑的独裁统治：这大概是我们面对如此庞大的联盟时唯一的取胜途径了。在造成并确保了皇帝的退位之后（他们惧怕皇帝甚于惧怕敌人），议会才终于意识到我们面对的危险，开始大力支持国民卫队、联盟军①以及军队。这个朝三暮四的议会，暴力地从拿破仑手上夺来了权力之后又不知道如何去使用它。他们连重担都不愿意扛起，将责任扔给了一个政府委员会。这个委员会根本就不能，或者不想去使用这份权力。这个委员会给我们对外敌的愤慨降了

① 1815 年百日政权期间组成的反抗保皇党的部队。

温。它只是决定派出五名谈判代表，其中包括两名众议院议员，去要求同盟军实现一个镜花水月般的承诺：同盟军在 1815 年战事重开的时候，出于对战争的忧虑，放出话来，说他们会尊重法国的独立和领土完整。现在我们失去了背后的枪杆子，再拿着这些要求去面对他们，很容易就可以预料将获得的结果！因此我们痛苦地看到，这样一个多次战胜这些敌人的伟大民族的代表们，如今只能在同盟军的政府内阁和将军营帐中摇尾乞怜，饱受胜利者的侮辱。

我那时见到了富歇。后者让我去告诉拿破仑，我们的代表在争取让拿破仑二世获得认可。至于其他要求，总而言之就是除了波旁家回归之外，什么都可以接受。

正当这些代表带着满脑子的虚幻指示前往同盟军大本营时，富歇正在派出密使和威灵顿阁下以及梅特涅亲王商讨让波旁家返回的事宜。我们可以再次见到马西罗内的身影了：他是奥特朗托公爵委托的密使之一。关于富歇命令他去威灵顿公爵那里做的事情，缪拉国王的这位前任副官给出了一些让人好奇的细节。马西罗内上校在 1815 年目睹了法国士兵高涨的士气。他曾经亲眼见到过他们，还差点被杀掉，因为他们以为他是间谍。所以，拿破仑如此轻易就退位了，让他感到很是震惊：当时仅仅在巴黎周边就有超过 8 万名拥戴他的士兵。他们都非常抗拒即将承受的枷锁。他们心中的激情几乎所向披靡。马西罗内那时候也刚好见过普鲁士和英国军队的情形：他们正为了是否支持路易十八再次复辟而争吵。我们亲眼见过对准杜伊勒里宫的普鲁士大炮。那时担任军事长官的达吕元帅向我保证，格奈泽瑙将军已经主动找了那时的巴黎司令迈松将军，让他加入布吕歇尔元帅的行列，把波旁家赶走，让一个普鲁士王子来当法国国王。迈松将军虽然表面上说会考虑一下，不过他早就决定了，路易十八还是好过普鲁士人的奴役。

　　约瑟夫·波拿巴针对法国议会在帝国最后时光中的作为所做的思考，是值得在此细细品读的。有人甚至说这些思考是拿破仑自己做出的：

　　　　我们不应该把众议院成员的过错怪到全体人民的头上。是他们在 1813 年的时候支持了莱内先生的意见，此后的事情已经证明了他对波旁家的感情。还是他们在 1815 年，朗热内担任主席的时候，抛出了那一系列的言论。朗热内先生是一个正直的人，但是他目光短浅。他就像是一个平民出身的加图，无论是谁都可以欺骗他。法兰西民族就像分裂的意大利那样，是分成许多个小团体的。法兰西就在手工业者的工坊里，在平民有产者的家中，在政府官员的书房中，在农民的田野中，在所有牢记着民族荣耀的人的心中。在我们长久的历史中产生了许多英雄。法兰西民族是那个当拿破仑从厄尔巴岛上返回时迎接了他的民族。她知道什么是对的，什么是错的。法兰西不会苛责这个她敬仰的男人，此后也会一直认为自己是他的遗孀。虽然许多人在散布这样的看法，但法兰西民族并不愚蠢，并不任性，并不善变。她今天的感受和奥斯特利茨战役过后第二天的感受是一样的。但是，在过去的 15 年里，欧洲一直压制着她。虽然欧洲击垮了法兰西的意志，但是还没能消灭掉她。

　　　　每个民族里，都会有一些意志力薄弱的人，纯粹出于运气而登上高位。这些人在关键时刻往往可以决定国家和民族的命运。他们往往会在自己都没有注意到的情况下就被个人情感左右。不幸的是，在 1813 年和 1815 年的议会中，有许多这样的人。当他们看到脚下由自己开启的深渊，也只能以头抢地，后悔不已。

法国的不幸在于，像西哀士、梅兰、卡诺、勒德雷尔、布莱·德拉默尔特等这样的人在议会中不占多数。多数派的领袖要么是心怀不轨，要么就是缺乏远见，爱慕虚荣地想要当罗马人的布伦努斯或者是网球场上的米拉波。他们在这个时候真正应该做的是团结在独裁的卡米卢斯①身旁，赶走波旁家，也就是外敌。

关于这件事情，我记得西哀士在听闻滑铁卢战败的消息之后就来找到了我，愿荣光永远属于他。他找到我时，我正在和众议院的议长朗热内交谈。他告诉我："如果您想要用言语说服他的话，那您可得费一番力气，请让我来吧。"他接着说："拿破仑终于打了一场败仗，他现在需要我们。他正在回来的路上，让我们去帮助他吧，这样他好把野蛮人都赶走。只有他可以在我们的协助下实现成功。如果他在成功之后想要再当专制君主，那我们到时候再一起把他绞死也并非不可。不过，今天让我们和他共同前进吧，这是我们获得安全的唯一希望。让我们去拯救他，如此一来他才能反过来拯救我们。我们做了这件事情，整个国家都会为此感激我们的。因为他现在是整个国家的化身。"

全法国这样想的人不在少数，如果我们认为这不是事实的话就太不公正了，看看法兰西在此前多个关键时刻做出的反抗吧。

无疑，拿破仑是希望法国人和意大利人过上快乐自由的生活的。他以前常说："剩下的事就要留待时间去完成了。时间

---

① 公元前 5 世纪至公元前 4 世纪古罗马的将领。于公元前 390 年罗马城被包围时临危受命出任独裁官。

是位绅士①。我只要安抚他们国内的形势然后将他们送上正确的轨道就行了。"

《教务专约》、帝国、帝国贵族、他的婚姻，所有这些都是为了同一个目标，那些无药可救的人是不会了解这一点的——他这样做是为了让所有人都能获得成功。他有时会开玩笑地跟我说："第4军团的上校先生，队伍向右，开始左转。"拿破仑希望与英国达成和约，希望实现革命倡导的，1793 年的恐怖统治夸大了的权利。为此他必须集结所有人的力量，让他们为了同一个目标努力，那就是法国、意大利乃至整个欧洲的幸福。同时，他也可以达成自己的无上荣光。英国成功地阻止了这个目标的实现，拿破仑也和他自己的计划一起消散了。在他失败的时候，他真正的规划以及真正的目标尚无人知晓。

我在这里要补充一段，如果我们的民族此前显得很被动，她可没有那么健忘。我们民族的品质决定了我们不会纠结于痛苦的回忆之中。我们有多容易沉浸在无限的繁荣中，就有多容易受到反手一击。法兰西对皇帝的热爱并没有消失，但是接连的灾难让她更容易受到丧气或不怀好意的意见的影响。因为气馁，她放任人们说了许多话，做了许多事，这都是在好年景时不会发生的事情。不过这份麻木完全不是因为她对拿破仑产生的厌恶情绪。法兰西就这样放任他人掌控了自己的未来。不久之后她醒悟过来了，她一个激灵走出了自己麻木的状态。她可能会通过另一场大动乱来实现自我的解放。无论这意味着什么，法国人民永远都会记得自己曾经的荣耀，也永远会记得自己的悔恨。

---

① 原文此句是意大利语：Il tempo è un galantuomo。

拿破仑第二次退位，帝国覆灭

尽管有许多反对声音，拿破仑还是签署了退位诏书。一年内两度退位的不幸让德·鲁奥将军悲痛不已，卡诺在退位诏书中看见了法国死亡的证明。这位有远见的公民，在1804年的时候是反对拿破仑登上帝位的。但是看到1815年事态的严重程度，同时预见到丧失一位尚有可能拯救国家的军事天才带来的悲伤结果，他尽了自己的一切努力想要避免拿破仑的退位。拉法耶特则全力地促成了皇帝的退位。

在此比较一下这两位先生的做法，在我看来，可以给我们上有益的一课。这两人都以各自的爱国情感著称，都在这段时期扮演了重要的角色，同时两人在政治上也都不同意皇帝的观点。卡诺是一个真诚坦率的人，对国家一腔热血。就像所有正直没有城府的人那样，他被富歇欺骗了。就算他一直以来并不非常具有真知灼见，但他在1815年的时候就认识到了众议院中的多数派政客们会给法国带来怎样的伤害。我至今都可以回想起他在爱丽舍宫与皇帝告别时的情景。皇帝那时正要前往马尔梅松城堡。他在马上要走下通往花园的楼梯之前停下了脚步。这位简朴的公民，迫于胸中迸发的情感，抱住了拿破仑，还把自己的头埋在拿破仑的肩膀上，以掩盖自己眼中涌出的泪水。拉法耶特则是一名诚实的共和党人。他对国家的爱是真诚的，但他缺乏经验，因此他梦想实现的是一个不可能达到的乌托邦。法国在1815年所处的状态让他感到自己实践理论的机会来了。他以前所未有的热情，进行了出色的演讲，唤起了民族的一些美好回忆。这个声音的力度一直没有改变，不过此前的数年间，人们都听不到他的声音。他获得了一批支持者。这些人敬仰这种 25 年不变的信仰，却没有去深究背后的原因。他就这样砸碎了拿破仑手中守护自己的剑。

这两位公民不同的行动带来了同样令人遗憾的结果。卡诺在流亡中去世，一直到死前，他都为保护我们的唯一力量就这样被盲目地摧毁而流泪。拉法耶特也旋即意识到了他对我们国家的命运造成了怎样不幸的影响。我手中有一封信可以作为证明。这封信是由拉法耶特先生亲自寄给我的，信中还有下面的这份笔记，是他亲自写的：

> 1815 年 11 月 5 日，拉格朗格
>
> 我有幸遇到了德·梅尼瓦尔男爵先生，所以我马上就给他送去了一封信。我本应在华盛顿收到这封信的，不过后来这封信被美国友人带到了这里。如果他能在收到这封信之后告诉我一声，那就再好不过了。我希望他接受我的以下保证：能为他效劳让我无比快乐。
>
> （签名）拉法耶特

拉法耶特先生寄给我的这封信的日期是 1825 年 9 月 8 日，是从纽约附近的微风岬寄出的。下面是这封信中关于 1815 年发生事情的部分：

> 我亲爱的梅尼瓦尔，
>
> 拉法耶特先生会将这封信交给您。他来见了我两次，还和我长时间讨论了我们之所以犯下致命错误的原因。现在法国的情况让他非常难过，在我看来，他是出于好心……
>
> （签名）约瑟夫，叙尔维利耶伯爵

（约瑟夫·波拿巴）

　　我将约瑟夫国王信中提到拉法耶特先生的部分提取了出来，信中剩下的内容是对美国政府优越性的思考以及对于做一件正直且正确事情所能带来满足感的描绘。这位美国人的贵客，华盛顿的朋友和战友在一系列的欢呼声中还是忘不掉 1815 年的事情。拉法耶特先生在美国的旅程和在法国的短暂停留中，可能耳闻了可敬的美国前总统约翰·亚当斯对一位法国将军和一位 1815 年临时政府成员坤奈特男爵说过的话："先生们，你们没有理解拿破仑皇帝。"当时两人都在美国避难。

　　皇帝退位后，他的儿子成为拿破仑二世。但这并没有让富歇满意。他想要的是让波旁家可以自由归来。在议会任命的临时政府委员会中，虽然富歇受到各派的猜忌，但他还是极大地影响了对五位委员的选择过程。这五位委员分别是：富歇、众议院中的卡诺、格勒尼耶将军，还有贵族院中的坤奈特和科兰古。富歇自然被选为委员会的主席。看人下菜碟的他总能找到对方喜欢的风格，不过他对每个人都努力散布的消息就是拿破仑是我们获得和平路上最大的绊脚石。他在两院中都找到了愿意公开支持其观点的人。这些诚实的人在不知情的情况下就听信了他恶毒的建议，成了他密谋的帮凶。曼努埃尔提案称，因为他父亲已经退位，因此拿破仑二世已经是国王了。这个提案获得了两院的通过，两院也就此承认了拿破仑儿子的地位。但是，富歇控制的临时政府却认定自己不受古老君主制的限制。临时政府在法案的开头写的是"以法国人民之名"，忽略了拿破仑的名字。少数一些人零零散散地就此提出了抗议，不过无济于事，也没有引起什么波澜。

　　在我们前面提到过的临时政府成员中，维琴察公爵科兰古对皇帝的忠诚是没人可以质疑的。在和皇帝一同登上巅峰，并同舟共济之后，拿破仑的这位忠诚的仆人命中注定要在这场帝国戏剧的收尾中扮演最后一个角色。皇帝一直都很喜爱也很尊敬科兰古。这位军官是科兰古侯爵的儿子，达尔维尔将军的侄子。两人都是约瑟芬皇后的老朋友。当第一执政首次将他选为副官的时候，他是第二卡拉宾骑兵团的上校。之后第一执政派他去执行了许多外交任务。就像我们之前讲到过的，拿破仑的命令以及手下士兵对命令的被动遵守让科兰古间接地参与了对昂冈公爵的逮捕。这件事情也助他平步青云。拿破仑想要尽力补偿自己这位副官因此遭受的不公正待遇，后者遭到了许多保皇党的攻击。因此，在决定帝国宫廷的组成时，他被任命为首席掌马官，之后又成了维琴察公爵。在首席掌马官任上，他恪尽职守，确立了秩序和规矩，让拿破仑很高兴。只要认为这个命令是对自己有益的，皇帝有时会允许首席侍从发出与自己的想法相悖的命令。皇帝出行时追求速度，骑马也总是骑得飞快。首席掌马官则希望让马匹多休息，同时，他觉得皇帝骑得太快也容易发生事故，很危险。拿破仑常常会不耐烦地要求马车再走快一点。这时人们就会看见，跟在皇帝马车后面的大司马从自己的马车里探出身子，大声要求马车夫和副手控制马匹的速度。拿破仑听到这些相悖的命令，面露不快。大概他在心里还是觉得自己是对的。

　　在帝国的最后时光中，维琴察公爵以极大的热忱完成了拿破仑指派给他的诸多任务。从小受到军队教育的他非常重视纪律。他从来都是严于律己。当年从莫斯科撤退的时候，外面的气温有零下25度，他既没有戴帽子，也没有戴披风，只穿了一件毛边的短夹克，上面绣着象征他军阶的徽章。他性格外向，甚至有时显得粗鲁。他的谈吐总是冷静且严肃。他的举止礼貌而富有感情。他富有骑士精神。拿破仑曾说他是一个勇敢又正直的人。

帝国覆灭之后，维琴察公爵迎娶了德·卡尼西夫人。卡尼西夫人的第一段婚姻是在 15 岁的时候嫁给了自己的表亲卡尼西先生。这位夫人的父亲认为世界上没有优于卡尼西的家族，因此促成了这第一桩婚事。那时，德·卡尼西小姐还处在一个缺乏经验无法抉择的年龄，她的父亲在安排婚事的时候也没有考虑到性格和趣味是否合适。因此，这桩婚姻并不那么幸福美满。两人婚后不久就分居了。丈夫曾是皇帝的掌马官，妻子曾是约瑟芬皇后的侍女，之后也是玛丽·路易莎皇后的侍女。

维琴察公爵当初是因为德·卡尼西夫人的优雅才拜倒在她石榴裙下的。这位夫人的头脑就像她的脸蛋一样出色，她曾是帝国宫廷中一抹亮眼的色彩。他之前还专门找到皇帝，恳请他同意德·卡尼西夫人结束第一段婚姻，并让自己与她成婚。虽然拿破仑认为离婚对于社会是必要的，但要让他批准身旁这些他真正在意的人的离婚请求，他还是有些抗拒的。他觉得离过婚的女人就带上了污点。德·卡尼西夫人是皇后身边的侍女，他很尊敬这位夫人。但是如果变成维琴察公爵夫人的话，纵使他对公爵颇有好感，也没法让她继续在宫中待下去了。因此他运用自己对科兰古将军的影响力，劝他放弃了这段婚事。直到波旁王朝二次复辟之后，在 1816 年，赶在离婚被禁止之前，他们才成婚。

完成了自己的最后一个痛苦牺牲之后，皇帝离开了爱丽舍宫前往马尔梅松。身处不幸之中的他依旧是一个伟人，和他当初头戴皇冠四处封王的时候并无二致。当时，马里尼大道上总是挤满了想要看他一眼的人。他离开爱丽舍宫时，专门避开了他们的欢呼与喝彩。对那些高呼向他效忠，要追随他的联盟军军人，他挥手表示了谢意。

　　到了马尔梅松之后，我还会时常见到他。他的伟大之旅正是从这座宫殿开始的，这里能同时勾起他甜美与苦涩的记忆。当再次见到这座宫殿时，我的心情也是五味杂陈。正是从这里开始，我一步一步地追随着他，看着他走上命运的顶峰。我曾在那里看见他初露锋芒。那时的他已经身处个人荣耀带来的光环中。那时，他和美丽的妻子一起在这个怡人的地方消夏。他的妻子是最惹人怜爱、最出色的女性，按照他以前常说的，就是女性优雅的化身。我曾经在那里看见他被家人和忠实的朋友与仆人簇拥在中间，参与他们的游戏，在花园的阴凉中休憩，在或严肃或幽默的深刻谈话中播撒他澎湃想象力的成果。那时候，作为他宾客中最卑微的一个，我也曾坐在他的桌旁。不久之后，人民对他的感激就将他越抬越高，他身后的人也因此变得越来越多。他被迫要找来一张单独的桌子，然后又组建了自己的宫廷。不过这些愈发繁杂的礼节从未改变他善良的本性。当尊敬的天主教会首脑来到法国为皇帝加冕祝福时，他在马尔梅松受到了应得的礼遇。王公贵胄们也都拜访过这处宅邸，既是向一个强大的君主致敬，也是向一位伟人致敬。

　　出于政治考量，一段两情相悦的结合被打断了，也迫使拿破仑必须离开这座宫殿。这里成了那哀怨弃妇的见证者与保密人。同时这里也组成了一个小宫廷，总是以宏大的宴席来掩盖最痛苦的哀怨。这位皇后的英年早逝，让这处居所失去了一个热爱它的主人。似乎命中注定要大富大贵的约瑟芬在丧失了自己的皇冠之后就已经完成了使命，在这世上再没有角色需要扮演了。从高位跌落的拿破仑此时回到这里，来向自己第一位妻子的坟墓告别。在此接待落难者的是他的继女奥坦斯王后。她无微不至的关怀以及作为子女的感情都抚慰了厄运中的拿破仑。我在那里见到了一同遭受厄运的宫廷贵胄们，他们依旧愿意为了这位屡遭厄运的领袖上刀山下火海，在所不辞。罗维戈公爵依旧如此充满活力，如此忠诚。他要是待在拿破仑身边的话，本可以发挥很大的作用。贝尔特朗将军及其夫人的忠诚被逆境打磨得愈发闪亮。蒙托隆先生和夫人在逆境中可以给予他孩子般的关爱。古尔戈勇猛的心以及活跃的头脑让他的这份奉献变得更加与众不同。高尚的拉斯加斯还有他年轻的儿子（他的青年时期是在有名的学校中度过的）将为我们献上出色的成果。马尔尚高贵的主人也将即刻回报他感人的服务：他将称呼马尔尚为自己的朋友。

　　有一天，当我和皇帝在他书房外的私人花园里散步的时候，他告诉我他希望我可以跟他一起走。我当时也没有其他打算。因为我需要一点时间来打点好我的事情，我就问他我应该在哪里和他会合。他说他一开始是想要去美国的，不过这条路不太好走，所以他打算去英国生活。他还补充说，自己会坚持获得和所有英国公民一样的权利。我对他的这个决定表示惊讶，他激动地说："要不是形势不允许，我肯定会东山再起的！"听到他突然说出这番话，我更加惊讶了。我忍不住说："可是陛下，如果这是您的想法的话，不要等到未来，现在距离您几步远的地方，就有许多忠诚的将军，许多爱戴您的军队在等待着您的召唤，您在这里可不是一个囚徒。"他回答说："我在这里只有一支卫队，会在我的命令下逮捕贝克尔①，也会护送我。"他在沉默了一会之后，拉了拉我的耳朵，接着说，"年轻人啊，像这样的事情，可不是说做就做的。"我马上看出，他天生的那份骄傲一瞬间就让他看到了东山再起路上面临的威胁，不过他一开始根本没考虑这些问题。这个场景深深地铭刻在

---

　　① 贝克尔将军被临时政府派来担任拿破仑的警戒工作，同时也是来监视他的。——作者注

了我的回忆中。在谈话结束的时候，他说想让我留在马尔梅松，让我去向奥坦斯王后要一个房间。因此我当晚留下来，在那里用了晚餐，整个晚上也和王后待在一起。当时我满脑子想的都是巴黎还有事情在等着我呢。

9点的时候，我听到皇帝已经回到自己的卧室去了。和我共同在马尔梅松用了晚餐的一位友人没有坐马车前来。他告诉我，他还指望我把他带回巴黎去呢。我把皇帝告诉我的话转述给了他。他说皇帝在明早之前肯定不会派人来找我的。我本不应该就这么被说服的，因为我知道拿破仑经常晚上起床。一想到妻子和儿女没有看到我回去会多么焦急，我自己就很想返回巴黎。当时的我沉浸在这些思绪里，根本没有认真思考。我当时完全可以把我的马车借出去，然后写一封信给家人。我按捺着自己想要回家的欲望，又等了1个小时，然后传来了皇帝已经就寝的消息。我决定相信友人的承诺：他第二天一大早就会来接我，把我送回马尔梅松。在离开前，我请求留在那里的罗维戈公爵告诉皇帝，我在他晨会前就会返回。然后我就出发前往巴黎了。第二天，我等待昨夜的旅伴一直到了6点，却没有任何消息。因此我派人去问他为什么迟到了这么久，他说他早上5点就已经出发了。于是我赶紧启程前往马尔梅松，不过等我来到巴黎城门前时，发现城门紧闭，所有人都不能出城。我赶忙全速返回去让人给我开个特例。正当我忙了一圈准备重新启程前往马尔梅松时，传来了拿破仑已经登上马车前往罗什福尔的消息。前一晚没有任何迹象表明他会如此仓促地启程。这个突发状况让我非常痛苦。当时我的第一反应就是皇帝离开前肯定觉得我也抛弃了他，觉得我虽然之前许下了跟随他到天涯海角的诺言，但是又后悔了。这个想法折磨了我很长时间。直到跟随皇帝一起流亡的蒙特隆夫人在1819年或1820年返回法国时，才告诉我，拿破仑从没有过这样的想法。他谈起我的时候从来都是和善的，也赞美了我的忠诚。皇帝屈尊在遗嘱里给我留下了东西，也让我安了心。不过，无论如何，我一直都在埋怨我自己，在这样的情况下心智不够坚定。我的软弱是无法被原谅的。自此之后，我就和拿破仑分隔两地，再也没有见过他了。为了能跟随他，和他一起流亡，我做出了许多尝试，但全都无功而返。我还专门为此找到了威尔逊将军从中斡旋。正是他让拉瓦莱特伯爵可以逃出生天。我通过他找到了英国政府的殖民部。不过后者在答复中唯一允许我做的，就是前往开普敦。抵达那里之后，我就要写信给圣赫勒拿岛的总督，请求他批准我登岛。我能否获得许可要看哈德森·洛维阁下的定夺。除了这份披着伪装的否决书之外，我再也没有获得其他任何答复。

之后，我听说拿破仑在离开马尔梅松之前，还曾想着要为祖国做最后一件事情。普军和英军在快速向巴黎推进的过程中，被胜利冲昏了头脑。他们在首都的大门前决定分兵。普军率先渡过了塞纳河。此时我们是有机会在英军抵达之前击溃普军的。拿破仑觉得这样的纰漏给了法军一个逐个攻击敌军的绝佳机会。即便我们无法击溃他们，也可以通过击败他们来让我们在和谈中获得更好的条件。他因此向临时政府提议，自己应该临时重获军队的指挥权，在取胜之后再归还权力。由于富歇的背叛，以及委员会中一些成员的不信任，他的提议被否决了。面对一个恐惧拿破仑甚于敌人的议会，委员会里没有人愿意担起这个责任。这个提议尤其打乱了富歇的计划。他是打算和同盟军秘密求和的。他害怕拿破仑这一仗会赢回权威与声望，让国家恢复斗志。在富歇的操作下，同盟军和巴黎掌权者达成了协议，让他们感到安心。如果他们采纳了这位统帅的建议，他们担心自己会失去这份安宁。就算让他放手一搏，也是最后关头的垂死挣扎了。不过，在如此绝望的时候，本来就应该什么都尝试一下才对。富歇在厚颜无耻地背叛了皇帝和国家的同时，还在催促拿破仑离开。他说这是为了拿破仑的个人安全，但只不过是借口罢了。他的真实目的是要摆脱掉这个不幸的人，这个让他依旧感到害怕的人。皇帝此前那晚在马尔梅松的时候曾经提起过奥特朗托公爵："我就应该把他绞死。不过我现在把这件事情留给波旁家的人去做吧。"波旁家的人将这位弑君者任命为了大臣！

　　托爱国的富歇的福，普鲁士军队毫无阻碍地就来到了巴黎城下。拿破仑再待在马尔梅松的话就有可能被他们抓住。因此在临时政府的督促之下，皇帝在 6 月 29 日启程离开。皇帝在那天离开了自己在马尔梅松的休憩所，再也没有回去。在一些忠诚仆从的陪伴下，他开始了流亡生涯。

关于帝国覆灭，我的一点见解

　　历史上最宏伟、最荣耀的一段统治，就这样落下了帷幕。我觉得应该在此稍微中断一下我的讲述，来看一看是什么导致了这个伟大的帝国没能巩固自己，并最终衰亡。造成这一点的原因是多种多样的。其中排第一的肯定就是欧洲古老王室们对法国大革命的仇视，排第二的就是英国对拿破仑海洋策略的成功阻击。除了上述的两个主要原因之外，还要加上外国君主们在看到这个强大、富有改革精神、孜孜不倦的天才时所升起的恐惧心理。这个天才全身心地支持着那些与旧世界君主制无法兼容的原则。

　　除了这些无法平息的敌意之外，还有以下这些问题：

　　1. 昂冈公爵的定罪。这是一个痛苦的时间，是拿破仑统治时期一个致命的章节。我国邪恶的敌人在他们针对法国及其领袖的宣传战中对此大书特书。

2. 在西班牙的战争是一次灾难。这场战争分散了我们的力量，也让拿破仑没能取得对同盟各国君主的绝对胜利。

3. 1812年的俄国远征几乎注定是会失败的。因为那年冬天异乎寻常的寒冷，为我们带来了致命的影响。

最后一个因素，这是一个我们必须讨论，并且承认其威力的因素：国内的背叛。虽然这些背叛的尝试一开始只是暗中进行，悄悄地露了个头。但后来反叛分子的翅膀逐渐都硬了，开始明目张胆地与境外势力勾结。

和拿破仑的命运紧紧捆绑在一起的，是两个男人，又或者说是两个邪恶的天才。大家都知道，我在这里指的是富歇和塔列朗。

塔列朗是旧时代的那些贵族老爷最后的代表人物。他能屈能伸，含沙射影，极其小心谨慎，永远都控制着自己。他没有任何良心，在政治舞台上时时暗算也是常态。利用自己的影响力勾结敌人更是平常。他总是能将自己隐藏的密谋包裹在神秘之中。

富歇曾经是一腔热血的革命打手，但是这个野心勃勃的糊涂虫将自己的红色弗里吉亚帽交了出去，换来了一顶公爵的桂冠。密谋就像空气一样，是他生存所不可或缺的东西。和塔列朗相比，他就远没有那么会保密了，有时会掉进自己的陷阱里。拿破仑厌恶他在政治上的不道德。不过拿破仑还是愿意用他，因为坚信他对自己很重要。至于为什么拿破仑会有这样的想法，我也不知道。皇帝相信前者的背叛和后者弑君的行为都保证了他们会对自己忠诚。虽然他之后渐渐远离前者，不再听取他的建议，但还是没办法完全阻止塔列朗勾结外人损害国家利益的行为。而他一直将后者留在身边，这跟在胸前养一条毒蛇没什么两样。这两个人对拿破仑带来的伤害是同等的，只不过他们达成伤害的方式不同：一人是通过退隐，一人则是通过不停地参加枢密院会议。他们都不是什么拥有过人智慧的人，不过他们拥有各种特殊的邪恶品质，让他们在拿破仑身边获得了成功。就凭他们做的事情，他们完全应该受到审判。不过拿破仑出于对自己力量的信心，觉得审判他们带来的丑闻是不必要甚至有害的。而且，公开承认自己信任的大臣竟然胆大包天，用自己赋予他们的力量来进行反对自己的密谋，对他的自尊也是很大的伤害。而且，他们都是跟着他一起打天下的，他还记着两人一直以来立下的功劳。这个男人虽然常说政治家的心应该要放在脑袋里，但他自己的心却一直在原来的地方。拿破仑对这两个人尤其厌恶。在向法国告别时，看着自己再也不会见到的海岸逐渐从视野中消失，他大喊："这英雄之地，再见了……我亲爱的法兰西，再见了！虽然出了那么几个叛徒，但你依旧会是最伟大的国家，雄踞寰宇！"

拿破仑皇帝的流亡之路

皇帝在离开马尔梅松之后，前往朗布依埃过了一夜。7月3日的时候，他抵达了罗什福尔，兄长约瑟夫跟随在他身后。拿破仑在罗什福尔和艾克斯岛上逗留了12天的时间，此间他一直在犹豫，自己到底是应该前往美国还是英国。他收到了许多法国和外国海军将领发来的提议，还有一些将军也给他发来了消息。英国海军的封锁以及英国将领的宣言封死了前往美国的通路。人们提出了许多避开封锁线的方案，这些方案要么无法实现，要么让人无法接受。拿破仑不希望任何一艘船舶或任何一个船员为自己牺牲。他想等待英国方面给自己发放安全通行证。安全通行证没有抵达，不过他获得了英方的保证：他在抵达英国之后将获得应有的尊重。同时英方也许诺他在前往英国后将帮助他前往美国。因此他登上了英国海军的旗舰"柏勒洛丰"号。他在启程前还专门给英国的摄政亲王发去了一封亲笔信①，委托古尔戈将军将信交到亲王手上。在做完这件事情之后，拿破仑皇帝就把自己完全交到了英国人的手上。他相信英国人会尊重自己的劲敌。"柏勒洛丰"号在同一天启程前往英国，并在普利茅茨落锚。船上的人都在翘首等待着上岸的一刻。7月30日时，两名英国专员上船来向拿破仑转达了英国政府的决定：他将被转移至圣赫勒拿岛。接下去皇帝的抗议，以及此后一系列在他生命最痛苦的这个时期发生的事情，英国水手和士兵对他的敬意，还有他靠近英国海岸激起的好奇是众所周知的事情，我就不细说了。我在这里只讲一个细节：拿破仑获得了大家普遍的同情，许多人都乘着船专程到海面上来凝望他的身影。

"柏勒洛丰"号无法带着皇帝进行如此长距离的航行，他和一小部分获准跟随他的忠诚部下一起登上了"诺森伯兰"号。这艘船旋即就向着流放地启程了。那块流放地也因为拿破仑在逆境中展现的伟大灵魂以及他的逝世而被永久铭记。

皇帝囚徒生涯的最初两天是在一个正直的英国人家中度过的。虽然这里不甚舒适，物资也很贫乏，不过主人一家对他的关怀和尊敬弥补了这些缺憾。两个月之后，拿破仑搬进了朗伍德的居所，就此开始他那持续6年的痛苦，最终走进坟墓。

皇后终得前往帕尔马

同盟君主的三巨头在5月底离开了维也纳。指挥他们部队的军

---

① 这封以"国王陛下"开头的信，内容人尽皆知。——作者注

官们已经提前上路前往法国了。在两位皇帝和普鲁士国王离开的15天之后，除了西班牙代表之外，留在维也纳的其他所有代表都签署了会议的决议。西班牙拒绝签署的原因是前伊特鲁里亚王后反对将帕尔马和皮亚琴察公国交给法国皇后。她觉得这块领地应该依据父系继承的原则交给自己的儿子，堂卡洛斯。后续协议确认了在玛丽·路易莎死后，这些领地将被交给西班牙王子，才结束了这一争端。在维也纳会议一系列非法的独断专行中，就包括剥夺帕尔马女公爵的儿子继承母亲土地的权利。举世瞩目的维也纳会议本应是一个公平公正的大会，讨论出的公法应该保证欧洲的长治久安。但实际上，会议却成了争夺战利品，以大欺小的竞技场。四大强国手上握着人民给予君主的权力，却无视人民的利益，忽略了改善人民生活的诺言。各个君主和他们的大臣想的仅仅是如何让自己的家族获得更多的特权，如何牺牲自己的弱小邻国的土地来扩张领土。他们狼狈为奸，肢解他国领土，行各种鸡鸣狗盗之事，全然不顾大众的利益，也不顾自己的体面。更是滥用人民赋予他们的权利。结果，这些专横的决定播撒下了不满的种子，让冲突慢慢地发酵，并在欧洲埋下了战争的隐患。最后，虽然他们对于道德和公益都不屑一顾，但以亚历山大沙皇为首的这些人还要将自私贪婪的政策隐藏在宗教的外衣下。这些君主在没有大臣斡旋的情况下签署了一份叫作神圣同盟的神秘条约。他们宣称耶稣基督是他们的榜样和主人。他们声称将会按照救世主教导他们的公正、慈善以及和平的原则来治理国家。这些声称会一直遵守的原则，在实际的行动中早就不知道被违反过多少次了。

　　奈佩格将军戴着意大利战役中获得的满身桂冠从战场上归来了。他带着全新的对奥地利政府的感激之情，重新当起了控制玛丽·路易莎情感和愿望的最高指挥者。皇后在前往自己的领地之前，又在奥地利住了一年的时间。虽然在她抵达之前，奥地利政府刚刚在当地发布了为奥地利帝国征收 300 万战争税的法令。不过当地居民还是像欢迎耶稣再临一样地欢迎了玛丽·路易莎：超过两年的奥地利军管终于结束了。她就像是上天派来解救他们并让他们重获繁荣的使者。我必须要说，当地居民之所以会如此热烈地欢迎玛丽·路易莎，其中最重要的理由就是她曾经是拿破仑的妻子。在帕尔马举行的庄严的入城式上，奈佩格公爵出现在她的身边，以及队伍的最前列。他当时是她的荣誉骑士，也是她权威的守护者。

拿破仑逝世，时代的落幕

我开始的这项使命也马上就要抵达终点了。在这个过程中，我的准则一直都是，除非是我亲眼见证的事情，否则我不会详细地去描写。我也没有长篇累牍地去讲述皇帝在圣赫勒拿岛的晚年生活。玛丽·路易莎虽然已经和拿破仑之间没有了任何联系，她表面上看起来也过着锦衣玉食的生活，但她却比拿破仑更加悲惨。她肯定会想起那些悲伤的回忆，想到自己的丈夫被命运抛弃，被敌人摆弄，被丢在一块悲伤的礁石上，上演虎落平阳的戏码。

被限制在圣赫勒拿岛上最不卫生的区域，我们都知道，拿破仑在那里生活了将近六年。他不停地受到欺压。他的狱卒是一个粗人，根本不理解他所遭受的巨大不幸。皇帝不仅要忍受身体上的痛苦，还要遭受精神上的折磨。哈德森·洛维就好像是获命要折磨这个尊贵囚徒的精神和身体。拿破仑的身体和精神抵御这些累积的疾病长达五年。最终他的身体还是垮了。从 1820 年开始，他染上了重疾。要是他生活在气候更温和的地方，这个疾病是可以得到控制的。在经历了长时间的痛苦之后，这个伟人在 1821 年 5 月 5 日逝世了。在逝世前，他请求宗教陪伴，并得到了批准。伦敦的政府专门下令封锁了朗伍德监狱的消息，因此外人一开始并不知道。但是这个悲剧般的结局还是传了出去。

虽然我觉得我准备好了，但是皇帝死去的消息还是令我异常震惊和沮丧。我因此产生了许多幻觉。有一天晚上，我翻来覆去睡不着，迷迷糊糊地觉得自己来到了杜伊勒里宫的会客室，四面都覆盖着绿色天鹅绒布。房间里昏暗的光线还有朴素的环境都创造出一种肃穆哀伤的感觉。我看见皇帝时，他正依靠在壁炉上的隔板旁，隔板上点着一支蜡烛。微弱的烛火只能照亮一部分的房间。他孑然一身，看起来是在等我。他的面容看上去极度忧伤。他穿着一件白色法兰绒睡袍，头戴马德拉斯布的帽子。之后就是一段肃静，我也不敢打破这份寂静。然后他对我说了下面这短短的一句话："走，去吃晚饭！"一边说一边向着壁炉旁一扇打开的门走去。我跟在他后面。我们穿过了一间间大门敞开的会客室，里面都光线昏暗，挂着暗色的天鹅绒布。我们像是幽灵一样行走，厚厚的地毯消去了我们的脚步声。忧郁的寂静笼罩在空无一人的房间里：既没有军官，也没有侍从和仆人。然后我们在一间很大的房间中停了下来。房间的中间摆放着一张巨大的桌子，上面覆盖着绿色的毯子。我从桌子的一头看到另一头，看到桌上放着两个巨大的银托盘，上面各放着一套餐具。一个分出三枝的烛台，上面罩着灯罩，放在两个银托盘之间。每个托盘面前摆着一张扶手椅。这个房间跟其他房间一样，空无一人，也没有其他家具。皇帝用手示意我到离门比较近的桌旁，然后一言不发地来到另一边的餐具前坐了下来。我看到自己的盘子里盛的是一些粗劣的饭菜。我尝了一口，不过味道实在是过于苦涩，难以下咽。我和拿破仑之间的光线妨碍了我望向他的视线。不过在我抬起头，往那边看的时候，我还是看到了一幅让我惊恐的景象：皇帝的眼中带着诡异的神情，正在盯着我看……他站了起来，在我看来身形很高大。他面无血色，如死尸一般。他的幽灵跟跟跄跄地走了几步，消失在了我的视线无法穿透的黑暗之中。我的头发都竖了起来，我努力地想要走到他那里去，但是双脚却被牢牢地钉在地上。我想要大喊，声音却被锁在了身体里。光线还是那么昏暗，可怕的寂静和骇人的孤独笼罩着这个房间。通过这个梦，我真的是参加了一次亡者的宴会。一个激灵把我带出了这种半梦半醒的状态。我全身都被汗水浸湿了。虽然梦境已经消失，但是由此留下的痛苦印象，在我的脑海中存留了许久。

　　这个伟人的一生就是一场持续不断的斗争。他是最辛劳的卫道士。就算他在繁重的工作之余，获得了些许欢愉，这也是他辛苦挣来的。他的内心虽然无比强大，但是看到自己一生辛劳取得的成果，曾经成功地回击了质疑，回击了批评，回击了不公正的预设的这些成果毁于一旦，那份无法言说的痛苦还是让他强大的内心屈服了一瞬。拿破仑亲眼见过人们是怎样去歪曲了他的本意，怎样将他渲染成一个可怕的人物。这个伟人受到许多仇恨和嫉妒的攻击，想要让他质疑自己的不朽。他们想要夺走这个不幸的天才仅剩的一点慰藉。我们坚信，子孙后代将给这段波澜壮阔的回忆一个公正的评价。他们将会为这个伟大的男人感到惋惜。出于恐惧，一群国王蜂拥而上对抗他一人，最终将他献祭给了这份恐惧。他的名号让我们的军队永垂不朽。因为他过于相信英国人，所以他心甘情愿地把自己交到了他们手上，导致他在还活着的时候就被关进了一座陵墓里，就连自己妻儿的消息都无法获得。和自己的子民天各一方，被大部分人遗忘。人们偶尔记起他来也只是为了侮辱他罢了。他在自己狭小的禁锢地居住了6年，身体日渐衰弱。但是他永远都是那么伟岸，一直没有向厄运低头。纵使遭遇这么多的不幸，也阻挡不了他的荣光！这个不幸的奥古斯都当年在演讲稿中写下这句话的时候，已经预言了自己的未来。大家可能还记得这句话，我之前引用过：

> 伟人们就像是流星，注定要燃烧自己从而点亮他们的时代！

有人会说，拿破仑太热爱战争了。这句话没错。但是和这些不愿和谈，小肚鸡肠，甚至缺乏基本诚信的敌人之间，又怎么可能达成持久的和平呢？他们对法国的政策，背后都是由仇恨驱动的。正是因为他们孜孜不倦地攻击我们，帝国政府才得以一步步走向辉煌。当帝国让我们的民族强大又繁荣时，英国政府的脑子里就只有一个想法：打倒这个欧陆强权然后从中渔利。它此后一系列的举动，都是为了这一个目标：扩张自己的商业和海上霸权。包括她花费金钱让欧洲其他国家为她的利益服务也是为了达到这个目标。时至今日，这已经是一个众所周知的事实了。

我们现在想要再按图索骥地复兴那个英雄辈出的年代，是不大可能了。曾经有一个令人畏惧的力量，让英国距离失败只有一步之遥，让英国政府马上就要为自己的所作所为付出代价。但是，现在那个力量已经消失了。我们永恒的敌人现在已经无所畏惧了。不过，总有一天人们会团结起来，对抗英国让人难以忍受的统治。拿破仑已经为击垮海上暴政做好了准备。要是不列颠在海上的专制统治有朝一日会被它自己制造的对手打垮，皇帝在九泉之下也可以安息了。

我们可以充满信心地预言，我们为圣女贞德和拿破仑复仇的时候，英国的霸权衰落的时候，欧洲没有一个人会为此感到遗憾！

图书在版编目（CIP）数据

帝国浮沉：关于拿破仑一世的私人回忆：1802 –
1815：全二册 / （法）克劳德·梅尼瓦尔著；徐晓飞译
. -- 北京：社会科学文献出版社，2021.3
（思想会）
ISBN 978 – 7 – 5201 – 7318 – 6

Ⅰ.①帝…　Ⅱ.①克…②徐…　Ⅲ.①拿破仑（
Napoleon，Bonaparte 1769 – 1821）– 生平事迹　Ⅳ.
①K835. 655. 2

中国版本图书馆 CIP 数据核字（2020）第 182993 号

·思想会·

帝国浮沉：关于拿破仑一世的私人回忆（1802 ~1815）（全二册）

著　　者 / 〔法〕克劳德·梅尼瓦尔（Claude-François de Méneval）
译　　者 / 徐晓飞

出 版 人 / 王利民
责任编辑 / 刘学谦

出　　版 / 社会科学文献出版社·当代世界出版分社（010）59367004
　　　　　　地址：北京市北三环中路甲 29 号院华龙大厦　邮编：100029
　　　　　　网址：www. ssap. com. cn
发　　行 / 市场营销中心（010）59367081　59367083
印　　装 / 北京盛通印刷股份有限公司

规　　格 / 开　本：880mm × 1230mm　1/32
　　　　　　印　张：32.125　字　数：805 千字
版　　次 / 2021 年 3 月第 1 版　2021 年 3 月第 1 次印刷
书　　号 / ISBN 978 – 7 – 5201 – 7318 – 6
定　　价 / 188.00 元（全二册）